Matthias Edbauer (Hrsg.)

ALLGEMEINBILDUNG XXL

Was jeder wissen muss

Uwe Goppold
Weltgeschichte; Europäische Geschichte; Deutsche Geschichte; Kunst; Literatur; Musik; Theater und Film; Architektur; Mythologie; Philosophie; Religion

Annerose Sieck
Wirtschaft und Finanzen; Kommunikation und Verkehr; Naturwissenschaften; Technik; Mathematik; Mensch und Gesundheit; Geografie und Geologie; Universum; Sport

Compact Verlag

Text: Uwe Goppold und Annerose Sieck unter Mitarbeit von Dr. Florian Breitsameter, Andreas Burgwitz, Matthias Edbauer, Georg Feulner, Anja Garms, Iris Hammelmann, Mike Hillenbrand, Bernhard Huber, Alfred Kissner, Dr. Christa Kordt, Irina Lorenz-Meyer, Dr. Rahild Neuburger, Kay Potzger, Peter Röbke-Doerr, Linda Tidwell, Jörg Werremeyer, Norbert Wolf
Chefredaktion: Dr. Angela Sendlinger
Redaktion: Dr. Matthias Feldbaum
Produktion: Wolfram Friedrich
Abbildungen: Gruppo Editoriale Fabbri, Mailand; Lidman Production, Stockholm; pixelio, München
Titelabbildungen: Compact Verlag, München (3); dpa-Picture-Alliance, Frankurt (1); Gruppo Editoriale Fabbri, Mailand (2); IFA-Bilderteam, München (3); Lidman Production, Stockholm (3)
Gestaltung: Axel Ganguin
Umschlaggestaltung: Inga Koch

ISBN 978-3-8174-5985-8
5459853

Besuchen Sie uns im Internet: www.compactverlag.de

Vorwort

Dieses praktische Nachschlagewerk bringt Informationen zu den wichtigsten Sachgebieten unserer Zeit mit knappen, dabei präzisen und leicht verständlichen Erklärungen auf den Punkt.

Von Alter und Entstehung des Universums bis zu den Techniken der modernen Informationsgesellschaft; von der Einteilung des Tierreichs bis zu den Funktionen eines menschlichen Organismus; von der Geschichte der Weltreligionen bis zu den Titeln, Regisseuren und Darstellern unvergessener Filme, von Kunst, Musik und Literatur bis zum Freizeitsport führt das Buch den Leser durch das Vermächtnis, das sich in zehn Jahrtausenden Wissensgeschichte angesammelt hat.

In mehr als 4000 Fragen und Antworten hilft dieses umfangreiche Nachschlagewerk, den eigenen Kenntnisstand zu überprüfen und zu erweitern. Für die spielerische Art der Wissensvermittlung sorgen die bunt gemischten Fragen innerhalb der 20 Sachkapitel. Farbig hervorgehobene Schlagwörter verhelfen zum leichteren Einstieg in die jeweilige Frage, wodurch der Leser sowohl nach Herzenslust schmökern als auch konzentriert pauken kann.

Ob es darum geht, wer die Zentralperspektive entdeckt hat, was ein Oxer ist oder welche Funktion ein Aufsichtsrat hat – der Benutzer wird um keine Antwort mehr verlegen und für den modernen Alltag bestens gerüstet sein.

Inhalt

Was bedeutet Antisemitismus?

Der Antisemitismus war während des Mittelalters eine Form religiöser Intoleranz, der sich aber im 19. Jahrhundert wandelte. Judentum galt nun nicht mehr als Frage des Glaubens, sondern der Rasse. Dies war die ideologische Grundlage für den von den Nationalsozialisten veranlassten Mord an sechs Millionen Juden während des Zweiten Weltkrieges.

Was ist die NATO?

Ein 1949 gegründetes westliches Militärbündnis. Die NATO wurde während des Kalten Krieges gegründet und verstand sich als Schutzbündnis gegen militärische Übergriffe aus dem Osten. Nach dem Zusammenbruch der sozialistischen Staatenwelt definierte die NATO ihre Aufgaben neu und versteht sich seither immer mehr auch als Organ zur Krisenbewältigung außerhalb des Bündnisses.

Wie heißen die Ureinwohner Australiens, die seit Anfang der 1990er-Jahre verstärkt auf ihre Landrechte pochen?

Es sind die Aborigines. Sie stellen heute nur noch etwa 1,5 % der Bevölkerung. Nach dem Eintreffen der ersten Siedler aus Großbritannien 1788 wurden sie allmählich in Reservate zurückgedrängt. Erst 1967 wurden sie rechtlich den weißen Australiern gleichgestellt.

Welche indianische Hochkultur bestand neben den Mayas im heutigen Mexiko?

Die Kultur der Azteken, die im 12. Jahrhundert einen hohen Stand im Kunsthandwerk erreicht hatten. Um 1370 gründeten sie ihre Hauptstadt Tenochtitlán. Sie lebten vom Anbau von Mais, Bohnen, Kürbis, Tomaten, Kakao und Baumwolle.

Wen bezeichnete man als Boatpeople?

Mit diesem Begriff waren ursprünglich vietnamesische Flüchtlinge gemeint, die nach der Eroberung Südvietnams durch das kommunistische Nordvietnam ihr Land verließen und mit einfachen Booten versuchten, das südchinesische Meer zu überqueren. Viele Boote sanken oder wurden von Piraten gekapert.

Welche beiden verfeindeten Staaten schafften im Camp-David-Abkommen von 1978 eine Friedensvereinbarung?

Israel und Ägypten. Erstmals erreichte Israel mit einem arabischen Land durch den Abschluss eines Friedensvertrages ein normales diplomatisches Verhältnis. Israel zog sich von den im Sechstagekrieg eroberten ägyptischen Gebieten auf der Halbinsel Sinai zurück.

Inwiefern gefährdete die Kubakrise 1962/63 den Weltfrieden?

Die Sowjetunion verfolgte den Plan, auf Kuba Abschussrampen für Mittelstreckenraketen zu errichten, die Ziele in den USA binnen weniger Sekunden hätten erreichen können. US-Präsident John F. Kennedy (1917–63) stellte Moskau ein Ultimatum und riskierte dabei den Ausbruch eines Krieges. Auf dem Höhepunkt des Konflikts lenkte die UdSSR schließlich ein.

Wie heißt der Führer Libyens, der bisweilen auch internationale Terroristen unterstützt?

Moamar al-Gaddhafi (*1942), der seit 1969 das Land regiert und ein erklärter Gegner der USA und Israels ist. 1969 stürzte er

König Idris I. in einem unblutigen Militärputsch, verstaatlichte alle ausländischen Erdölunternehmen und Banken. Er unterstützte die PLO, die IRA sowie andere revolutionäre Gruppen mit den Einnahmen aus Libyens reichen Ölvorkommen.

Was sind die erklärten Ziele der Frauenbewegung seit Mitte des 19. Jahrhunderts?

● Die politische, soziale und kulturelle Gleichstellung der Frau.

Aus welcher Metropole im Zweistromland stammt das älteste erhaltene Gesetz?

● Aus Babylon, das bereits im 2. Jahrtausend v. Chr. eine Hochkultur entwickelte. Der babylonische König Hammurabi (1728–1686 v. Chr.) bildete ein Großreich und schuf das älteste erhaltene Gesetz. Nach der Vorherrschaft der Assyrer erlangte Babylon unter Nebukadnezar II. (605–562 v. Chr.) seine höchste Blüte.

Welche Folgen hatte 1979 die Intervention der Sowjetunion in die politischen Auseinandersetzungen in Afghanistan?

● Sowjetische Truppen befanden sich von 1979 bis 1989 in Afghanistan. Die von den USA finanziell wie militärisch unterstützten islamischen Rebellentruppen konnten sich schließlich behaupten, allerdings versank das Land in der Folgezeit im Chaos eines verheerenden Bürgerkriegs, in dem radikalislamistische Kräfte erstarken konnten.

Aus welchem Krieg in Südostasien nach 1945 mussten sich die USA erfolglos zurückziehen?

● Aus dem Vietnamkrieg, in dem die USA Südvietnam gegen Nordvietnam unterstützte. 1964 begannen die USA mit ihrem militärischen Engagement in Nordvietnam, 1968 waren bereits eine halbe Million Soldaten vor Ort, den Krieg aber konnte die westliche Supermacht nicht gewinnen. Der amerikanische Rückzug erfolgte 1973.

Woher kommt der Begriff Kalter Krieg?

● Ursprünglich bezeichnete man damit den drohenden Kriegszustand zwischen den Weltmächten USA und UdSSR zwischen 1946 und 1962. Anstatt direkt einen militärischen Konflikt einzuleiten, versuchte man den Gegner durch Spionage, Propaganda, Wettrüsten, Bündnispolitik wie auch durch das Eingreifen in regional begrenzte Krisenherde zu schwächen.

Wer gewann 1911 den Wettlauf zum Südpol?

● Roald Amundsen (1872–1928). Der norwegische Polarforscher und der Brite Robert Falcon Scott (1868–1912) hatten sich von entgegengesetzten Richtungen auf den Weg zur südlichsten Stelle der Erde gemacht. Scott erreichte den Südpol fünf Wochen nach Amundsen und erfror auf dem Rückweg. Die Spuren Roald Amundsens verloren sich bei einer späteren Nordpolexpedition im ewigen Eis.

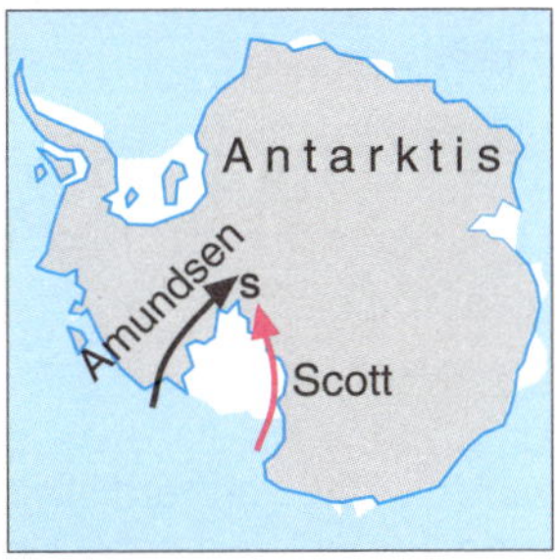

Die Routen der beiden Rivalen

Zu welchem Zweck wurde ab dem 5. Jahrhundert v. Chr. die Chinesische Mauer erbaut?

● Als Befestigungsanlage zum Schutz vor Eindringlingen, nicht jedoch als eigentlicher Grenzwall, denn sie lag ein gutes Stück zurückgezogen hinter den eigentlichen Grenzen des riesigen Reichs. Die insgesamt rund 6300 Kilometer lange Mauer ist so breit, dass man sie auch als Verkehrsweg nutzte, mit bloßem Auge ist sie aber vom Mond aus entgegen anderen Behauptungen nicht zu erkennen.

Welche beiden Staaten des indischen Subkontinents stehen sich im Kaschmirkonflikt gegenüber?

● Indien und Pakistan, die aus der Auflösung Britisch-Indiens 1947 hervorgegangen waren und sich um das seither geteilte Kaschmir wiederholt kriegerische Auseinandersetzungen lieferten.

Zu welcher friedlichen Revolution trugen die Studien von Alfred Charles Kinsey entscheidend bei?

● Zur sexuellen Revolution, d. h. zu einer Liberalisierung der Sexualmoral in der westlichen Welt seit den 1960er-Jahren. Der amerikanische Sexualforscher Kinsey (1894– 1956) veröffentlichte seinen so genannten Kinsey-Report zum Sexualverhalten der US-amerikanischen Männer 1948 und zu dem der US-amerikanischen Frauen 1953.

Wie hießen die Teilnehmer an den römischen Kampfspielen?

● Gladiatoren. Es waren meist Sklaven, Kriegsgefangene oder verurteilte Verbrecher, die in Gladiatorenschulen ausgebildet wurden und bei Volksfesten zur Unterhaltung des Volkes dienten. Gladiatorenkämpfe sind seit 264 v. Chr. bezeugt und wurden bis etwa 500 n. Chr. veranstaltet.

Worauf beruht der Grundgedanke des Kommunismus?

● In der kommunistischen Gesellschaft, die sich nach dem zwangsläufigen Untergang des Kapitalismus einstellen soll, gibt es kein Privateigentum an Produktionsmitteln mehr, diese gehen vielmehr in Gemeineigentum über. Darauf bezieht sich auch die lateinische Herkunft des Wortes „communis", „allen gemeinsam".

Was war die Folge der Gründung der Konföderierten Staaten von Amerika?

● Der Amerikanische Bürgerkrieg. Nachdem sich die elf Südstaaten 1861 von den USA losgesagt und die Konföderierten Staaten von Amerika gegründet hatten, kam es zu einem äußerst blutigen Bürgerkrieg.

Welche Großreiche unterschiedlicher Religion machten Konstantinopel nacheinander zu ihrer Hauptstadt?

● Konstantin der Große (um 274–337) gründete hier die Hauptstadt des Oströmischen Reichs, 1453 fiel die Stadt durch die türkische Eroberung in die Hände der Osmanen. Auch jetzt wurde Konstantinopel wieder Hauptstadt, nunmehr des islamisch geprägten Osmanischen Reiches. Erst 1923 musste sie den Rang einer Hauptstadt an Ankara abtreten. Heute heißt Konstantinopel Istanbul.

Wer war von 1923–38 der erste Staatspräsident der türkischen Republik?

Erster Staatspräsident der von ihm geschaffenen türkischen Republik war Kemal Atatürk (1881–1938), genannt „Vater der Türken". Durch seine umfassenden Reformen und die Ablehnung des Panislamismus machte er die Türkei zu einem modernen Nationalstaat.

Kemal Atatürk

Welche Kriegsparteien standen sich 1950 im Koreakrieg gegenüber?

● Das kommunistische Nordkorea, das von chinesischen Truppen unterstützt wurde, und das westlich orientierte Südkorea. In den Krieg intervenierte die UNO unter amerikanischer Führung auf südkoreanischer Seite. 1953 wurde ein Waffenstillstand erzielt, der die Grenzlinie entlang des 38. Breitengrades festlegte und der trotz immer wieder aufkeimender Konflikte bis heute andauert.

Welchem geschichtlichen Abschnitt ordnet man die Altsteinzeit zu?

● Der Vorgeschichte oder auch Urgeschichte (Prähistorie). Hierher gehören auch Mittelsteinzeit, Jungsteinzeit, Bronzezeit und Eisenzeit. Sie werden als vorgeschichtlich bezeichnet, da sie vor dem Einsetzen der schriftlichen Quellen lagen. Funde über Wohn- und Grabstätten, Werkzeuge, Waffen, Schmuck und Alltagsgegenstände geben Aufschluss über die einzelnen Kulturen.

Was ist mit der Abkürzung IFOR gemeint?

● Sie steht für „Implementation Force", eine internationale militärische Truppe unter NATO-Oberbefehl, die im Zuge des Friedensabkommens von Dayton zur Überwachung friedensbildender Maßnahmen 1995/96 im ehemaligen Bürgerkriegsgebiet von Bosnien-Herzegowina im Einsatz war.

Wo wurden erstmals umfassend die Menschen- und Bürgerrechte proklamiert?

● In der Französischen Revolution 1789, als die Nationalversammlung in 17 Artikeln die Menschen- und Bürgerrechte verkündete.

Wann trennten sich Ostrom und Westrom endgültig?

● Im Jahr 395 durch die Teilung Kaiser Theodosius' des Großen (347–395). Von nun an festigte sich das byzantinische Reich, nachdem bereits 324 Konstantinopel zur Hauptstadt des Oströmischen Reiches gemacht worden war.

Welches war um die Zeitenwende das mächtigste Volk Mittelamerikas?

● Die Azteken, die von einem König und einem Oberpriester regiert wurden. Die Hauptstadt des Reiches war Tenochtitlán, von wo aus die Azteken ihre erfolgreichen Eroberungsfeldzüge starteten. Um 1500 hatten sie fast ganz Mexiko unterworfen. Die Religion der Azteken galt als blutrünstig, denn ihren Gottheiten mussten Menschenopfer dargebracht werden.

Azteken mit Kriegsbemalung

Aus welchen Bündnispartnern setzten sich im Ersten Weltkrieg die Mittelmächte zusammen?

● Aus dem Deutschen Reich, Österreich-Ungarn, Bulgarien und der Türkei.

Was ist nach Montesquieu (1689–1755) die Grundlage des Rechtsstaates?

● Die Gewaltenteilung. Die Staatsgewalt ist in drei von einander unabhängige Organe unterteilt: gesetzgebende Gewalt (Legislative), ausführende Gewalt (Exekutive) und Rechtsprechung (Judikative).

Welche Bedeutung hat die Judikative in demokratischen Staaten?

● Sie ist die richterliche Gewalt, d. h. sie übernimmt die Rechtsprechung.

Wer war der wohl berühmteste Rhetoriker im alten Rom?

● Marcus Tullius Cicero (106–43 v. Chr.). Nach dem Studium wurde er ein berühmter Redner. Mit seinen vier großen Reden präsentierte er die so genannte Catilinarische Verschwörung der Öffentlichkeit. 55–51 v. Chr. entstanden seine Hauptschriften. Nach Caesars Ermordung wandte sich Cicero als Führer des Senats gegen Mark Anton (um 82–30 v. Chr.), der ihn 43 v. Chr. ermorden ließ.

Cicero

Was versteht man unter dem Schlagwort multikulturelle Gesellschaft?

● Eine Gesellschaft, die durch eine ausgesprochene ethnische, kulturelle, religiöse und sprachliche Vielfalt gekennzeichnet ist. „Multikulturell" bedeutet in diesem Zusammenhang auch die Akzeptanz von Gewohnheiten und Auffassungen, die der eigenen Lebensweise eher fremd sind.

Für welchen Zweck stiftete Alfred Nobel den Friedensnobelpreis?

● Damit soll eine Person, ein Verein oder eine Institution für deren Verdienste um den Erhalt des Friedens geehrt werden. Die Preisträger wählt ein Ausschuss des norwegischen Parlaments. Überreicht wird er durch den norwegischen König.

Welche umwälzenden Ereignisse stehen an der Wende zwischen Antike und Mittelalter?

● Der Zusammenbruch des alten Weströmischen Reichs. Mit Odoaker (um 430–493), einem germanischen Söldnerführer, gelang es 476 erstmals einem Nicht-Römer die Gesamtherrschaft über Italien zu übernehmen. Das Weströmische Reich war damit zerstört.

Welcher Politiker errichtete in Kambodscha den so genannten Steinzeitkommunismus?

● Der Anführer der Roten Khmer Pol Pot (1928–98), dessen dreijährige Terrorherrschaft über einer Million Menschen durch Umsiedlungsaktionen, Hunger und gezielte Massentötungen das Leben kostete.

Wann war die Oktoberrevolution?

● Im November 1917. Nach altem russischen Kalender fand die Revolution zwar am 25./26. Oktober statt, nach dem bei uns gültigen gregorianischen Kalender entspricht dies aber dem 7./8. November.

Welcher antike Staat verwendete das Kürzel S.P.Q.R. auf seinen Hoheitszeichen und was bedeutete es?

● Das Römische Reich. S.P.Q.R. ist die Abkürzung für die beiden Kräfte, die den römischen Staat trugen, nämlich „Senat und römisches Volk" (lat. Senatus Populusque Romanus). Das Kürzel S.P.Q.R. wurde vermutlich schon in den ersten Jahren der Römischen Republik verwendet.

Was versteht man unter Populismus?

● Propaganda einer politischen Partei oder Gruppierung. Populisten schauen – wie man so sagt – „dem Volk aufs Maul", um Stimmungen wie Unzufriedenheit aufzugreifen und aktuelle Konflikte für ihre Zwecke auszunutzen. Populistische Thesen, Konzepte, Vorschläge, Programmatiken sind absichtlich einfach gehalten, um eine breite Masse anzusprechen.

In welchem heutigen Land lag früher das Reich der Inka?

● In Peru. Mit der Ermordung Atahualpas (um 1500–33) durch die Spanier unter Pizarro (1476–1541) ging die tausendjährige

Herrschaft der Inka zu Ende. Atahualpa, der zunächst gefangen genommen wurde, gab den Spaniern für seine Freilassung ein Lösegeld in Form eines Blockes von 6,6 mal 5,1 mal 2,4 m geschmolzenem Gold – einen Block in der Größe seiner Gefängniszelle. Dennoch wurde er hingerichtet, nachdem man ihn noch christlich getauft hatte.

Wer gab den Befehl zum Abwurf der ersten Atombombe?

US-Präsident Harry S. Truman (1884–1972), der Nachfolger des am 12. April 1945 gestorbenen Franklin D. Roosevelt (*1882). Truman setzte die bisherige Kriegspolitik konsequent fort und gab im August 1945 den Befehl für die Atombombenabwürfe über Hiroshima und Nagasaki.

Atompilz

Wie heißt das Parlament Israels?

● Knesset, mit Sitz in Jerusalem. Das israelische Parlament wird alle 4 Jahre gewählt.

Was ist unter einer politischen Säuberung zu verstehen?

● Die Entfernung von leitenden Beamten, Politikern, Künstlern und Wissenschaftlern aus den staatlichen Behörden bzw. der Gesellschaft aus ideologischen Gründen. Berüchtigt waren die sog. Säuberungen, mit denen der sowjetische Diktator Stalin (1879–1953) 1936–38 die „alte Garde" der KP nach willkürlichen Schauprozessen liquidieren oder verbannen ließ.

Wie hieß der erste römische Kaiser?

● Augustus (63 v. Chr.–14 n. Chr.). Der Großneffe von Caesar (100–44 v. Chr.) wurde Kaiser, nachdem er sich im Bürgerkrieg gegen Antonius (um 82–30 v. Chr.) und Lepidus (87–um 13 v. Chr.) durchsetzte.

Augustus

Welche Kriegsparteien standen sich im Sechs-Tage-Krieg 1967 gegenüber und wie endete er?

● Ägypten, Syrien und Jordanien einerseits und Israel andererseits. Israel konnte innerhalb von sechs Tagen (5.–10. Juni) siegen und die Golanhöhen in Syrien, das Westjordanland in Jordanien sowie die ägyptische Halbinsel Sinai und den Gazastreifen besetzen.

Wer waren die Kelten?

● Eine westindogermanische Völkergruppe, die erstmals im süddeutschen und böhmischen Raum nachweisbar ist. Seit dem 6. Jahrhundert v. Chr. sind Spuren ihrer Siedlungen auch auf den Britischen Inseln, in Gallien, Norditalien, auf dem Balkan, der iberischen Halbinsel und in Kleinasien zu finden. Sie begründeten die reiche La-Tène-Kultur und waren gerade in den südlichen Ländern anderen Völkern in der Eisenbearbeitung weit überlegen.

Welche Gesellschaftsordnung war bestimmend für das Mittelalter und die frühe Neuzeit?

● Der Feudalismus, in dem eine adlige Oberschicht in engem Verbund mit der Kirche die politischen und wirtschaftlichen

Vorrechte genoss, während die Mehrheit der Gesellschaft ihr untergeordnet war. Gestützt wurde dieses System unter anderem auch dadurch, dass die Macht des Adels von Gott und seiner Weltordnung abgeleitet wurde.

Was unterscheidet die Republik von der Monarchie?

● Sie bestellt eine Regierung durch ein frei gewähltes Parlament, während die Regierung in der nicht-konstitutionellen Monarchie vom Kaiser, König oder Fürsten abhängig ist.

Was waren die Hauptanklagepunkte der Hexenprozesse des 14. bis 16. Jahrhunderts?

● In den Hexenprozessen waren die Anklagepunkte meist Blasphemie (also Gotteslästerung), Schadenzauber und Buhlschaft – d. h. sexueller Verkehr – mit dem Teufel. Geständnisse wurden meist unter Folter erzwungen.

In welchem Zusammenhang sprach man erstmals von Emanzipation?

● Emanzipation meint grundsätzlich die Befreiung aus einem Zustand der Abhängigkeit und Entrechtung. Sie war eine zentrale Idee in der Epoche der Aufklärung Ende des 18. Jahrhunderts. Immanuel Kant (1724–1804) definierte Aufklärung als „Ausgang des Menschen aus seiner selbstverschuldeten Unmündigkeit". Hier begannen die Emanzipationsbewegungen des Bürgertums, der Sklaven, Juden und auch der Frauen.

Wie hieß der Engpass in Griechenland, wo Leonidas und seine Spartaner bis zum letzten Mann gegen die Perser kämpften?

● Die Thermopylen (griech. „warme Tore"), die die einzige Passverbindung zwischen Mittel- und Nordgriechenland darstellten. Hier sollte der spartanische König Leonidas († 480 v. Chr.) mit seinen Kriegern 480 v. Chr. die Stellung vor dem heranrückenden persischen Heer halten. Dies gelang auch, bis die Perser durch einen Verrat des Ephialtes die griechischen Stellungen umgingen und die Spartaner vernichteten.

Welche Fernhandelsverbindung stellte die Seidenstraße seit der Antike her?

● Sie war eine Karawanenstraße von China durch Zentral- und Vorderasien zum Mittelmeer. Ihr Name rührt von der auf ihr transportierten chinesischen Seide her.

Was ist eine Quadriga?

● Ein von vier nebeneinander gespannten Pferden gezogener, nach hinten offener Streitwagen der Antike. Seit dem 4. Jahrhundert v. Chr. werden Quadrigen als Bekrönung auf Bauwerken angebracht und finden sich z. B. auch auf dem Brandenburger Tor in Berlin oder auf dem Siegestor in München.

Brandenburger Tor

Wo vermutete man das sagenhafte Eldorado?

● Das sagenhafte Goldland vermuteten die spanischen Konquistadoren in den Urwäldern Mittel- und Südamerikas. Obwohl die Spanier von den Azteken und Inkas Gold in Hülle und Fülle raubten und in Bolivien 1545 das größte Silbervorkommen der Erde entdeckten, blieb Eldorado (span. „der Vergoldete") unentdeckt. Heute gebraucht man den Begriff auch, um einen paradiesischen Zustand oder Ort zu beschreiben.

Wer begann die erste Weltumsegelung, ohne dass er ihren erfolgreichen Abschluss erlebte?

● Der portugiesische Seefahrer Fernão de Magalhães (um 1480–1521). Mit fünf Schiffen stach er 1519 in See und fand 1520 die nach ihm benannte Magellanstraße zwischen dem südamerikanischen Festland und Feuerland. Nach knapp vier Monaten erreichte er die Philippinen, wo er in einem Kampf mit Eingeborenen erschlagen wurde.

Fernão de Magalhães

Wie lautet der Titel des japanischen Kaisers?

● Tenno, japanisch für „Himmlischer Souverän". Bis 1945 leitete die japanische Kaiserdynastie ihre Abstammung von der Sonnengöttin Amaterasu ab.

Welche staatliche Regierungsweise bezeichnet man als Totalitarismus?

● Jene, in der alle Bereiche des öffentlichen und privaten Lebens durch das Diktat einer Partei- bzw. Staatsführung bestimmt werden. Totalitäre Systeme waren z. B. die Diktaturen Stalins (1879–1953) und Hitlers (1889–1945).

„333 – Bei Issos Keilerei!" Was ist mit diesem alten Gymnasiasten-Merkspruch gemeint?

● Im Jahr 333 v. Chr. besiegte Alexander der Große (356–323 v. Chr.) bei der alten kilikischen Seestadt Issos (in der heutigen Türkei) auf seinem Rachefeldzug gegen die Perser den persischen Großkönig Dareios III. (um 380–330 v. Chr.).

Wer gründete 1619 Batavia?

● Die Niederländer. Heute heißt die damalige Siedlung Djakarta und ist die Hauptstadt Indonesiens. Batavia wurde zum Zentrum der niederländischen Vereinigten Ostindischen Kompanie und der Sitz des Generalgouverneurs von Niederländisch-Indien.

Welche 1920 gegründete internationale Organisation war der Vorgänger der Vereinten Nationen?

● Der Völkerbund, der auf eine Anregung des US-amerikanischen Präsidenten Wilson (1856–1924) zurückging, dem aber die Vereinigten Staaten letztlich nicht angehörten.

Welcher Präsident einer Weltmacht wird indirekt über Wahlmänner, die in Vorwahlen ermittelt werden, bestimmt?

● Der Präsident der Vereinigten Staaten von Amerika (USA). In den so genannten Primaries (Vorwahlen) wählen die wahlberechtigten Amerikaner in den 50 Bundesstaaten und im District of Columbia die Wahlmänner, die in den Parteikonventen den Kandidaten nominieren. Erst danach erfolgen die Präsidentschaftswahlen. Der im Einzelstaat erfolgreichen Partei fallen sämtliche Wahlmännerstimmen zu, die gewöhnlich alle dem nominierten Präsidentschaftskandidaten zukommen.

Woher kommt der Begriff Kreuzzug?

● Abendländische Herrscher „nahmen" 1095 erstmals „das Kreuz" und zogen 1096 in seinem Zeichen mit ihren Heeren auf dem See- und Landweg ins Heilige Land, um es von den Arabern zu erobern. In Palästina gründeten sie Kreuzfahrerstaaten. Gerade weil die Kreuzfahrer in heftigem Glaubenseifer agierten, kam es regelmäßig zu grausamen Ausschreitungen gegenüber Nichtchristen, wie etwa bei der Eroberung Jerusalems.

Welcher mit Gewalt erzwungene Gesellschaftswandel verbirgt sich hinter dem beschönigenden Begriff Kulturrevolution?

● Die politisch-ideologische Kampagne in der Volksrepublik China von 1966–69, mit der Mao Tse-tung (1893–1976) traditionelle chinesische Strukturen und westliche Denkansätze beseitigen wollte. Das gewaltsame Vorgehen, das v. a. von der Jugend mitgetragen wurde, kam einer Säuberungs- und Umerziehungsaktion gleich, der zahlreiche Gegner Maos zum Opfer fielen. Auch wertvolle Kunst- und Kulturschätze wurden vernichtet.

Für welchen Staat sollte 1930 der Young-Plan die Reparationszahlungen, die aus dem 1. Weltkrieg entstanden waren, regeln?

● Für das Deutsche Reich. Es sollte in 59 Jahresraten durchschnittlich zwei Mrd. Reichsmark zurückbezahlen. Der Young-Plan wurde schon 1931 durch das Hoover-Moratorium aufgehoben, weil das Reich zahlungsunfähig geworden war. Nach dem Londoner Schuldenabkommen von 1953 beglich die BR Dtl. bis 1980 die 1930 vom Deutschen Reich aufgenommene Young-Anleihe.

Was begünstigte den Sklavenhandel ab 1542 zwischen Afrika und den spanischen Kolonien in Amerika?

● Die gesetzliche Gleichstellung von Indianern und Spaniern. Der spanische Dominikanermönch Bartolomé de las Casas (1474–1566) hatte 1542 bei Kaiser Karl V. (1500–58) das Verbot erreicht, in den spanischen Kolonien die indianische Bevölkerung zu versklaven. Obwohl Indianer auch danach noch Zwangsarbeit leisteten, verstärkte sich nun der Menschenhandel mit Afrika.

Bartolomé de las Casas

Was bezeichnet der staatspolitische Begriff Souveränität?

● Die höchste, allumfassende und unbeschränkte Staatsgewalt, wie sie die Staatstheoretiker im Zeitalter des Absolutismus entworfen haben und auf der absolutistische Herrscher wie Ludwig XIV. (1638–1715) ihre Macht begründeten. Auch der moderne Rechtsstaat besitzt sie nach außen im völkerrechtlichen Sinn und nach innen durch seine Verfügungsgewalt über die inneren Angelegenheiten.

Wie hieß der Kaiser, in dessen Reich die Sonne nicht unterging?

● Karl V. (1500–58), König von Spanien und seinen Besitzungen in der Neuen Welt, römisch-deutscher König, Herrscher über Burgund und in Italien. Er legte mit der Eroberung von Mexiko (1519–21) und Peru (1523–33) den Grundstein für das spanische Kolonialreich. Der strenge Katholik war ein Gegner Martin Luthers (1483–1546) und der Reformation.

Karl V.

Was strebt die politische Utopie des Anarchismus an?

● Sie möchte die staatliche Ordnung beseitigen und an ihre Stelle eine utopische Gesellschaft setzen, in der jeder frei ist. Da Anarchisten in der Geschichte vielfach Attentate auf Repräsentanten des Staates verübt haben, gilt der Begriff fälschlicherweise auch als Synonym für terroristische Gewalt. Zar Alexander II. (1818–81) und auch Elisabeth von Österreich (Sisi; 1837–98) wurden von bekennenden Anarchisten getötet.

Die Chinesische Mauer

Wer begann mit dem Bau der Chinesischen Mauer?

Die chinesische Herrscherdynastie der Qin, die ein riesiges Reich zu verwalten hatten, das sich von permanenten äußeren Angriffen durch Nomaden bedroht sah. Die Chinesische Mauer sollte als Netz von Schutzwällen mit einer Länge von schließlich 6300 Kilometern das Reich vor Angriffen schützen und gilt heute als weltweit größtes Bauwerk.

Welche wichtige internationale Institution ist im Haager Friedenspalast untergebracht?

Der Internationale Gerichtshof von Den Haag, der aus dem 1920 begründeten Ständigen Internationalen Gerichtshof 1946 durch eine Satzung der Vereinten Nationen hervorging. Es ist das oberste Gericht der UNO in Völkerrechtsfragen und steht jedem Mitglied der UNO zur Einreichung von Klagen offen.

Wer wurde nach Abschaffung der Apartheid 1994 erster schwarzer Ministerpräsident Südafrikas?

Der Politiker Nelson Mandela (*1918), der von 1962 bis 1990 wegen seiner führenden Rolle in der verbotenen militanten Partei ANC (African National Congress) inhaftiert gewesen war. Seine Freilassung wurde durch die umfangreiche Verfassungsreform seines weißen Vorgängers Frederik Willem de Klerk (*1936) ermöglicht, die die Abschaffung der Rassentrennung vorsah. Mandela und de Klerk erhielten 1993 zusammen den Friedensnobelpreis.

Über welche Elitetruppe verfügt die US-Armee?

Über die US-Marines, knapp 200.000 gut trainierte Soldaten, die im US Marine Corps zusammengefasst sind. Sie kommen immer bei besonders schwierigen militärischen Operationen zum Einsatz, wie etwa im Golfkrieg. Entstanden war das Corps 1775 aus einer Sondertruppe von Soldaten im amerikanischen Unabhängigkeitskrieg. Da sie ihren Hals gegen Säbelhiebe mit einer ledernen Krause schützten, nennt man sie seitdem „Leathernecks" (engl. „Ledernacken"). US-Marines werden auch zum Schutz von diplomatischen Vertretungen u. Ä. eingesetzt.

Welche Aufgabe hat der Internationale Gerichtshof in Den Haag?

Er entscheidet nach dem Völkerrecht Streitsachen, die zwei oder mehrere Staaten ihm vorlegen. Er ist ein Hauptorgan der UN. Er soll vorrangig dazu dienen, Kriege wegen Grenzstreitigkeiten zu vermeiden. In den 1960er-Jahren wurde etwa der Streit um die Anteile von Dänemark, Deutschland und den Niederlanden an den Erdölfeldern in der Nordsee vom Internationalen Gerichtshof (IGH) beigelegt.

Welchen Begriff prägten die alten Griechen für ein politisches System, in dem das Volk die Herrschaft ausübt?

Demokratie (griech. „Volksherrschaft"). In der direkten Demokratie nimmt das Volk an den Volksversammlungen teil (z. B. Kantone in der Schweiz); in der repräsentativen Demokratie wählt das Volk das Parlament (z. B. BR Dtl.).

Was sind ABC-Waffen?

Atomare, biologische und chemische Waffen. In Deutschland verzichtet man schon seit 1954 auf die Herstellung dieser Kampfmittel.

Wo befindet sich die Alhambra und wem diente sie als Residenz?

● Sie thront auf einem Berg im spanischen Granada und wurde um 1377 als Festung der letzten maurischen Herrscher in Spanien fertig gestellt. Sie war bis 1492 die letzte Bastion der Nasriden-Dynastie. Ein ungewöhnlich hoher Mauerring mit 23 Wehrtürmen umgibt die bedeutende islamische Palastanlage.

Tropfsteingewölbe in der Alhambra

Welches Symbol fand man früher auf dem Hoheitszeichen der UdSSR und seiner kommunistischen Teilrepubliken?

● Hammer und Sichel, die nach der Parteidoktrin den „sozialistischen Aufbau“ und gleichzeitig die Verbrüderung der Arbeiter und Bauern symbolisieren sollten.

Welches war die bedeutendste Bibliothek der Antike?

● Die Bibliothek von Alexandria (Alexandrinische Bibliothek). Im dortigen „Museion“ forschten und lebten zahlreiche Gelehrte, ihnen standen rund 900.000 Buchrollen zur Verfügung. Um 300 v. Chr. von Ptolemaios I. (um 367–283 v. Chr.) angelegt, wurde die Bibliothek im 3. und 4. Jahrhundert n. Chr. zerstört.

Aus welcher Schule floh Spartakus?

● Aus der Gladiatorenschule in Capua. Dort sollte der Sklave Spartakus († 71 v. Chr.) aus Thrakien für die Schaukämpfe im Kolosseum ausgebildet werden. Ihm und 70 weiteren vor diesem Schicksal Entflohenen schlossen sich die Leibeigenen der Umgebung an und bildeten ein Heer von 60.000 Mann. Sie wurden 71 v. Chr. durch Crassus (um 115–53 v. Chr.) besiegt, Spartakus starb im Kampf.

Wie erklärt sich die Abkürzung CARE für die Hilfssendungen, die nach dem Zweiten Weltkrieg aus Amerika nach Europa versandt wurden?

● CARE ist eine private Hilfsorganisation namens Cooperative for American Relief to Everywhere (bis 1954: Cooperative for American Remittances to Europe). Bis 1960 wurden CARE-Pakete in die BR Dtl. verschickt (nach Berlin bis 1963). Seit dem Koreakrieg wurde die Hilfsaktion auch auf außereuropäische Länder ausgeweitet.

Wie gelangte Alaska, der größte Bundesstaat der USA, in amerikanischen Besitz?

● Durch Kauf. Alaska wurde 1867 für 7,2 Millionen US-Dollar Russland abgekauft.

Welches Attentat am 28. Juni 1914 war ein wesentlicher Anlass für den Ausbruch des Ersten Weltkriegs?

● Die Ermordung des österreichischen Erzherzogs Franz Ferdinand (1863–1914) und seiner Frau Sophie (1868–1914) durch einen serbischen Nationalisten in Sarajevo. Österreich nahm den Anschlag zum Anlass, dem mit Frankreich verbündeten Serbien den Krieg zu erklären, was eine Kette weiterer Kriegserklärungen auslöste.

Warum heißt der amerikanische Bürgerkrieg auch Sezessionskrieg?

● Weil am Vorabend des Krieges elf amerikanische Südstaaten aus dem Bündnis der USA austraten und die Konföderierten Staaten von Amerika gründeten (lat. secessio, „Abspaltung“). Anlass dazu gab die Wahl des

Republikaners Abraham Lincoln (1809–65) zum US-Präsidenten. Die Südstaaten, deren wirtschaftliche Grundlage auf der Plantagenwirtschaft mit Sklaven beruhte, zogen schließlich für das Recht auf Sklavenbesitz in den Krieg. Der eher industriell orientierte Norden war für die Abschaffung der Sklaverei. Mit der Kapitulation der Südstaaten wurde die nationale Einheit der USA wieder hergestellt.

Wo begann 1879 der Salpeterkrieg?

● In der chilenischen Wüste. Chile führte bis 1883 einen Krieg gegen Bolivien und Peru, die sich die reichen Salpetervorkommen an der chilenischen Grenze sichern wollten. Der Krieg endete mit der Niederlage Boliviens und Perus und sie mussten Gebiete an das Nachbarland abtreten.

Wer oder was war der Oberste Sowjet?

● Der Oberste Sowjet war das höchste Organ der Staatsgewalt und die höchste gesetzgebende Instanz in der ehemaligen Sowjetunion. Er wurde vom Kongress der Volksdeputierten der UdSSR gewählt.

Wer gilt als der Entdecker Amerikas?

● Die Wikinger waren zwar schon um 1000 als Erste auf dem amerikanischen Kontinent, später sollen noch bretonische und galizische Fischer nur wenige Seemeilen vor seiner Küste gefischt haben. Doch erst 1492 nahm die Alte Welt Notiz von der Neuen Welt, nachdem der genuesische Seefahrer Christoph Kolumbus (1451–1506) dort – d. h. auf der Bahamas-Insel San Salvador – gelandet war.

Christoph Kolumbus

Der Begriff Chauvinismus hatte früher eine andere Bedeutung als heute – welche?

● „Chauvinismus" bedeutete extremer Patriotismus bzw. Nationalismus. Heute wird der Ausdruck abfällig für selbstgefälliges, überhebliches Verhalten von Männern verwendet.

Auf welcher Insel liegen Tamilen und Singhalesen in erbittertem Streit?

● Auf Sri Lanka (Ceylon). Zur Zeit der britischen Kronkolonie wurden mehrere Millionen Tamilen aus Südindien als billige Arbeitskräfte für die Kaffee-, Kautschuk- und Teeplantagen ins Land geholt. Obwohl die Tamilen schon seit dem 9. Jahrhundert die Insel bevölkerten, wurden sie nach der Unabhängigkeit nicht als Staatsbevölkerung anerkannt. Heute streben sie, zum Teil mit Gewalt, im Norden einen eigenen Staat an. Obwohl man sich im Dezember 2002 auf eine Beilegung des Konfliktes einigte, gestalten sich die Verhandlungen nach wie vor schwierig.

Was versteht man unter einer konstitutionellen Monarchie?

● Dies ist eine Form der Monarchie, in der die erbliche Gewalt und somit Machtausübung des Königs durch eine Verfassung (Konstitution) eingeschränkt ist. Diese Staats- und Regierungsform ist seit dem 19. Jahrhundert in vielen Ländern üblich, verantwortliche Minister und ein Parlament bestimmen in der Politik mit.

Für welche Kultur wird der Begriff Hellenismus verwendet?

● Für die griechische Kultur nach Alexander dem Großen (356–323 v. Chr.). Der Einfluss dieser Kultur verbreitete sich vor allem durch dessen Eroberungszüge, wurde später von den Römern aufgenommen (v. a. durch Cicero [106–43 v. Chr.], der durch seine

Schriften die griechische Gedankenwelt weiter verbreitete) und wirkte über die Renaissance bis in die heutige Zeit.

Welche besondere Rolle war den Kalifen zugeschrieben?

● Sie waren nicht nur weltliche Herrscher, sondern – als Nachfolger des Propheten Mohammed – auch jeweils das geistliche Oberhaupt des Islam. Das Kalifenreich zerfiel nach der Eroberung Bagdads durch die Mongolen 1258.

Was ist mit der jungsteinzeitlichen Revolution gemeint?

● Der Übergang der Menschen vom nomadenhaften Jägerdasein zu Ackerbau und Viehzucht, d. h. zur sesshaften Wirtschaft. Dies wurde möglich, nachdem die Gletscher der Eiszeit abgeschmolzen waren. Bedingt durch die neue Lebensweise, wurden auch neue Geräte erfunden, z. B. Axt und Beil oder Tongefäße. Die Jungsteinzeit wird auch Neolithikum genannt.

Wo fanden 1899–1902 die Burenkriege statt?

● In Südafrika, und zwar zwischen Großbritannien und den Burenstaaten Transvaal und Oranje-Freistaat (gegründet 1835–38). Die Buren, Nachkommen der seit 1652 im Kapland eingewanderten Holländer, aber auch deutscher und hugenottischer Siedler, verloren den Krieg, ihre Staaten wurden britische Kolonien. Daraus sowie aus den Kolonien Kapland und Natal bildete sich später die Südafrikanische Union, seit 1961 die Republik Südafrika.

Wer bildete im Zweiten Weltkrieg die Achsenmächte?

● Die Mitglieder des Dreimächtepakts von 1940: Deutschland, Italien und Japan. Hitler (1889–1945) und Mussolini (1883–1945) hatten zuvor die so genannte Achse Berlin-Rom propagiert.

Welche drei Staatschefs trafen sich kurz vor Kriegsende 1945 auf der Konferenz von Jalta?

● Der amerikanische Präsident Roosevelt (1882–1945), der britische Premierminister Churchill (1874–1965) und der sowjetische Staatschef Stalin (1879–1953). In Jalta wurde vom 4. bis zum 11. Februar die alliierte Nachkriegspolitik festgelegt. Man einigte sich dabei auf das Prozedere der Aufteilung Deutschlands in Besatzungszonen und andere Grenzveränderungen.

Churchill, Roosevelt, Stalin (von links)

Wer waren die Autoren des Kommunistischen Manifests von 1848?

● Die Begründer des Marxismus, Karl Marx (1818–83) und dessen Freund Friedrich Engels (1820–95), der Marx in seiner Exilzeit auch finanziell unterstützte.

Wo waren die Maya beheimatet?

● Dieses Indianervolk brachte in Mittelamerika vom 4. bis 6. Jahrhundert eine hoch entwickelte Kultur hervor. Ihre Stadtstaaten gründeten sie im heutigen Mexiko, Guatemala, Belize, El Salvador und Honduras.

In welchem Kaiserreich wurden früher die Fürsten Schogune genannt?

● In Japan. Die Schogune waren vom Tenno (Kaiser) ernannte Heerführer, ab 1192 übernahmen sie auch die Regierung des Landes.

Der Kaiser verlor dadurch an Einfluss, wurde aber weiterhin als Gottheit, als „Sohn der Sonne", verehrt.

Wodurch wurde der Engländer Thomas Lawrence bekannt?

● Thomas Lawrence (1888–1935), der auch Lawrence von Arabien genannt wurde, war ein englischer Archäologe, Schriftsteller und Diplomat. Er setzte sich u. a. auf der Friedenskonferenz von Versailles (1919) für die Forderung der Araber nach Unabhängigkeit ein. Sein Einsatz im Wüstenkrieg machte ihn zur Legende.

Lawrence von Arabien

Wie heißt das Parlament der USA?

● Kongress. Er besteht aus 100 Senatoren und 435 Abgeordneten, die jeweils durch Direktwahlen bestimmt werden. Der Kongress der USA hat die gesetzgebende Gewalt, alle Gesetzesvorlagen müssen sowohl vom Senat als auch vom Repräsentantenhaus gebilligt werden.

In welcher Stadt regierte der legendäre Kalif Harun ar-Raschid?

● In Bagdad. Mit diesem Kalif von Bagdad begann die Herrschaft der Abbasiden. Obwohl ar-Raschid (766–809) in den *Märchen aus 1001 Nacht* als „der Gerechte" verklärt wurde, gilt er als äußerst grausamer Herrscher, der auch vor der Ermordung seiner treuesten Minister nicht zurückschreckte.

Welches ist die vorrangige Aufgabe des Weltsicherheitsrats?

● Die Aufrechterhaltung des Friedens. Der Weltsicherheitsrat ist ein Organ der UN, er hat mit China, Frankreich, Großbritannien, Russland und USA fünf ständige, daneben zehn nichtständige Mitglieder, die alle zwei Jahre wechseln. In Fällen der Friedensgefährdung müssen sich die betroffenen UN-Mitgliedsstaaten der Entscheidung des Weltsicherheitsrats unterwerfen.

In welchem Land war der Peronismus lange Zeit bestimmend?

● In Argentinien. Die Peronisten sammelten sich um Staatspräsident Juan Domingo Perón (1895–1974) in der argentinischen Arbeiterpartei (Partido Laborista). Der Peronismus widmete sich zwar den ärmeren Schichten, schreckte aber vor dem Einsatz diktatorischer Mittel nicht zurück und brachte das Land in wirtschaftliche, politische und soziale Schwierigkeiten.

Wer prägte den Begriff Eiserner Vorhang?

● So bezeichnete der britische Premierminister Winston Churchill (1874–1965) die Grenze innerhalb Europas, die den westlichen, am amerikanischen Modell orientierten Block von dem kommunistischen Ostblock trennte.

Winston Churchill

Wie hängt das United Kingdom mit dem Commonwealth zusammen?

● Mit dem Vereinigten Königreich von Großbritannien und Nordirland (United Kingdom) haben sich im Commonwealth ca. 50 autonome Staaten, die früher britische Kolonien bzw. „Dominions" waren, zu einem lockeren Bund zusammengeschlossen. Einige erkennen die britische Königin als Staatsoberhaupt an. Die Bezeichnung „Commonwealth of Nations" gilt seit dem Zweiten Weltkrieg.

Worum ging es beim Boxeraufstand?

● Um einen antikolonialen chinesischen Aufstand. „Boxer" nannten sich die Mitglieder eines chinesischen Geheimbundes mit fremdenfeindlichen Tendenzen. 1900 belagerten sie in Peking das Diplomatenviertel. Weil dabei der deutsche Gesandte getötet wurde, besetzten die ausländischen Mächte die Stadt.

Wie kam Amenophis IV. zu seinem Beinamen Echnaton?

● Weil Amenophis in seinem Reich die Sonnenscheibe als einzigen Gott verehrte, wurde er auch Echnaton, „der dem Aton (der Sonne) wohlgefällig ist" genannt.

Relief Echnatons und seiner Gemahlin Nofretete mit ihrer kleinen Tochter

Nach wem ist die Bundeshauptstadt der USA benannt?

● Nach George Washington (1732–99). Er führte als General im amerikanischen Unabhängigkeitskrieg die Truppen der 13 Kolonien siegreich gegen das Mutterland. 1787 übernahm er das Präsidentenamt der verfassungsgebenden Versammlung, zwei Jahre darauf wurde er einstimmig zum ersten Präsidenten der Vereinigten Staaten von Amerika gewählt.

Warum wurde der russische Mönch Rasputin ermordet?

● Wegen seiner Verstrickungen in die russische Politik. Rasputin (1864–1916) lebte seit 1907 am Hof des Zaren Nikolaus II. (1868–1918). Dort sah man ihn als Wunderheiler an und glaubte daran, dass er die Bluterkrankheit des Thronfolgers heilen könne. Rasputin nutzte das Vertrauen, um auf die Politik des Zaren großen Einfluss zu nehmen – später sah man ihn deshalb als Ursache für den Zusammenbruch des Kaiserreichs an.

Wer war David Ben Gurion?

● Ben Gurion (1886–1973) war erster israelischer Ministerpräsident. Er wanderte bereits 1906 nach Palästina ein und rief am 14. Mai 1948 den unabhängigen Staat Israel aus. Er gilt als „Vater des modernen Israel", dem eine erste Stabilisierung des Landes gelang.

Ben Gurion

Unter welchem Herrscher erlebte die Stadt Babylon ihre höchste Blütezeit?

● Unter Nebukadnezar II. (um 605–562 v. Chr.). Er war es, der nach der Eroberung Jerusalems im Jahr 586 v. Chr. die jüdische Oberschicht nach Babylon deportierte (Babylonische Gefangenschaft). Nebukadnezar ließ Babylon mit Stadtmauern und Ischtar-Tor, mit dem Tempelturm Etemenanki und mit den Hängenden Gärten, einem der Sieben Weltwunder der Antike, ausbauen.

Welcher sowjetische Politiker leitete nach dem Tode Stalins eine politische Tauwetterperiode ein?

● Nikita Chruschtschow (1894–1971). 1954 räumte er auf dem 20. Parteitag der KPdSU mit dem Führerkult um Stalin (1879–1953) auf und verkündete die Doktrin der „friedlichen Koexistenz" mit dem Westen. Chruschtschow, der von 1954 bis 1964 regierte, ist jedoch auch für den Mauerbau und die Kubakrise 1962 verantwortlich, die fast zu einem Atomkrieg geführt hat.

Wer wurde 1963 US-amerikanischer Präsident?

● Lyndon Baines Johnson (1908–73). Der Nachfolger des ermordeten John F. Kennedy (1917–63) kommentierte das Attentat von Dallas mit den Worten, mit dessen Tod sei ein Teil Amerikas untergegangen. Johnson wurde noch am Tage des Anschlags als 36. Präsident der USA vereidigt.

Welche Partei führte Tschiang Kai-schek?

● Die nationalrevolutionäre Kuomintang. General Tschiang Kai-schek (1887–1975) war ab 1928 Präsident der chinesischen Republik. Im Bürgerkrieg (1947–49) musste er sich nach Taiwan zurückziehen, wo er von 1950 bis 1975 autoritärer Staatspräsident war.

Gegen wen errichteten die Römer seit dem 1. Jahrhundert n. Chr. den Limes?

● Gegen die Völker der Germanen, mit denen sie nicht verbündet waren. Der Limes war ein 548 km langer befestigter Schutz- und Grenzwall, zum Teil mit Palisaden, steinernen Wachtürmen und Kastellen.

Welches Angebot machte die Sowjetunion 1952 in den so genannten Stalinnoten?

● Die vier diplomatischen Initiativen boten an, die deutsche Frage zugunsten einer gesamtdeutschen Regierung, die zwischen den Weltmächten eine neutrale Position einnehmen sollte, zu lösen. Das Angebot stieß bei den Westmächten und besonders auch bei der westdeutschen Regierung unter Konrad Adenauer (1876–1967) auf Ablehnung, weil man einerseits erhebliche Zweifel an der Ernsthaftigkeit des diplomatischen Vorstoßes hegte, anderseits aber auch, weil die Vorschläge Adenauers eigenem Konzept der Westintegration der BR Dtl. zuwiderliefen.

Gandhi mit Spinnrad

Indien erlangte 1947 die Unabhängigkeit. In die Nationalflagge des Landes wurde das Spinnrad aufgenommen. Welche symbolische Bedeutung hatte es für das Volk?

● Das Spinnrad ist das Symbol für Gandhis (1869–1948) gewaltlosen Kampf gegen die britische Kolonialmacht (1912). Zum Protest gegen das britische Textilmonopol sollte die Bevölkerung Kleidung aus weißer, von eigener Hand gesponnener Baumwolle tragen.

Was versteht man unter Imperialismus?

● Das Bestreben einer Großmacht, die Herrschaft über andere Länder und Völker zu erlangen und diese ökonomisch auszubeuten. Als Phase des klassischen Imperialismus gilt die Zeit von 1870 bis 1950, die vom Aufbau und Untergang der großen Kolonialreiche England und Frankreich gekennzeichnet war.

Was versteht man unter einem Ultimatum?

● Allgemein eine letzte Aufforderung, verbunden mit der Androhung von Konsequenzen. Nach den UN-Satzungen sind Ultimaten, die Staaten in Verbindung mit Gewaltandrohungen stellen, völkerrechtswidrig.

Elefant Hannibals

Welcher karthagische Feldherr fiel mit Elefanten in Italien ein?

Hannibal (247–183 v. Chr.). Statt über das Mittelmeer zu kommen, wollte er die Römer auf dem Landweg überraschen. Mit rund 60.000 Söldnern, 10.000 Pferden und 37 afrikanischen Elefanten startete er 218 v. Chr. von Spanien aus und eröffnete damit den Zweiten Punischen Krieg.

Wer wurde 1789 zum ersten Präsidenten der USA gewählt?

George Washington (1732–99), der im amerikanischen Unabhängigkeitskrieg 1775–83 gegen England den Oberbefehl über die amerikanische Armee hatte. Er leitete 1787 auch die amerikanische verfassungsgebende Versammlung.

Welcher formale Akt beendete den Zweiten Weltkrieg?

Die Unterzeichnung der bedingungslosen Kapitulation am 7. Mai 1945 im alliierten Hauptquartier in Reims durch Generaloberst Alfred Jodl (1890–1946). Am 8. Mai wiederholte sich die Unterzeichnung der Kapitulationsurkunde im sowjetischen Hauptquartier in Berlin-Karlshorst durch Generalfeldmarschall Keitel (1882–1946).

Wie hieß der Vertrag, der den Friedensschluss zwischen den alliierten Siegermächten des Ersten Weltkrieges und dem Deutschen Reich besiegelte?

Versailler Vertrag. Das Deutsche Reich musste vertragsgemäß Teile seines Staatsgebietes im Westen und Osten an Frankreich und an Polen abgeben. Darüber hinaus verlor es auch seine Kolonien; das Rheinland wurde zur entmilitarisierten Zone erklärt und das Heer und die Marine auf 115.000 Mann beschränkt. Außerdem wurde es zu Zahlungen von 132 Mrd. Goldmark verpflichtet.

Warum nennt man den Einfluss von Interessengruppen auf politische Entscheidungsprozesse Lobby?

Diese Gepflogenheit bürgerte sich aus dem politischen Sprachgebrauch in Großbritannien ein. Dort wird die Wandelhalle im Parlamentsgebäude so bezeichnet; hier können auch außen stehende Vertreter von Interessengruppen mit den Abgeordneten in Kontakt treten und so versuchen, Einfluss zu nehmen.

Welche Stadt profitierte vom Brand Krakaus im Jahre 1596, indem sie Residenz des polnischen Königreiches wurde?

Warschau, das von da an – mit Unterbrechung durch die Polnischen Teilungen – Hauptstadt Polens war. Im Zweiten Weltkrieg wurden der Stadt durch die Kämpfe zwischen deutschen Besatzungstruppen und der polnischen Untergrundbewegung (1944) sowie durch den Aufstand der Warschauer Juden gegen ihre Unterdrückung (1943) schwere Schäden zugefügt. Nach dem Krieg konnte die Stadt mit internationaler Hilfe wieder aufgebaut werden und stieg schnell wieder zum wirtschaftlichen, kulturellen und politischen Zentrum Polens auf.

Welche Amerikanerin wurde zur Fürstin von Monaco?

Grace Kelly

● Gracia Patricia, geborene Grace Kelly (1929–82). Bevor Kelly 1956 Fürst Rainier III. (1923–2005) von Monaco heiratete, errang sie als Schauspielerin Weltruhm, u. a. in *Zwölf Uhr mittags* (1952), *Über den Dächern von Nizza* (1955) und *Die oberen Zehntausend* (1956). Gracia Patricia kam bei einem tragischen Autounfall ums Leben.

Wie nannte man die vom Versailler Vertrag dem Deutschen Reich 1919 aufgebürdeten Kriegsentschädigungen?

● Reparationen. Das waren Geld-, Sach- und Dienstleistungen zur Entschädigung der Sieger für die erlittenen Schäden im Ersten Weltkrieg. Seitdem allgemeine Bezeichnung für Sach- oder Geldleistungen, die der Siegerstaat vom Besiegten als Ausgleich für Kriegs- und Folgekosten verlangt.

Welches Volk, das sich selbst Inuit nennt, wurde von seinen Nachbarn als Rohfleischesser bezeichnet?

● Die Eskimos. Da in ihrem Lebensraum teilweise gar keine Bäume wuchsen, blieb den hauptsächlich von Jagd und Fischfang lebenden Inuit oft nichts anderes als der Verzehr rohen Fleisches übrig. Ihre indianischen Nachbarn nannten sie deshalb Eskimos, das übersetzt nichts anderes als „Rohfleischesser" bedeutet.

In der Flagge welchen Landes ist eine Zeder abgebildet?

● Die Flagge des Libanon zeigt zwischen zwei roten in einem weißen Querbalken eine Zeder. Der Baum ist typisch für das von Norden nach Süden durch das Land verlaufende bis über 3000 Meter hohe Libanon-Gebirge.

Welche Namen hatte das heutige Sankt Petersburg in seiner Geschichte?

● Die von Zar Peter I., dem Großen (1672–1725) im Jahre 1703 an der Mündung der Newa in die Ostsee gegründete Stadt hieß zunächst Sankt Petersburg. Von 1914–24 wurde sie dann Petrograd genannt, bevor sie nach dem Tode Lenins 1924 in Leningrad umbenannt wurde. Seit 1991 heißt die Stadt wieder Sankt Petersburg. Die rund 4,5 Millionen Einwohner sind auf bedeutende Kunstmuseen (Eremitage) und die verhältnismäßig starke Wirtschaft der Stadt stolz.

Welcher Staat schenkte 1876 den USA die Freiheitsstatue?

Die Freiheitsstatue in New York

● Frankreich, das damit an die 100 Jahre zuvor erfolgte amerikanische Unabhängigkeitserklärung erinnerte, die auch den Weg der Französischen Revolution beeinflusste. Die 46 Meter hohe Kupfer-Plastik im Hafen von New York wurde von dem Elsässer Bildhauer Frédéric Auguste Bartholdi (1834–1904) geschaffen.

In welchem asiatischen Land kam es von 1950–53 zu einem Krieg zwischen dem Norden und dem Süden?

● In Korea. Das geteilte Land hatte in den 1950er-Jahren unter dem so genannten Koreakrieg zu leiden, der ersten großen militärischen Auseinandersetzung des Kalten Krieges. Nach drei Jahren wurde die Waffenstillstandslinie in der Nähe des 38. Breitengrades quer über die koreanische Halbinsel gezogen, die nur wenig von der Vorkriegsgrenze abwich.

„Im Übrigen meine ich, dass Karthago zerstört werden muss!" Von wem stammt dieser berühmte Ausspruch?

● Von Cato d. Ä. (234–149 v. Chr.). Mit diesem Satz beendete der Senator jede seiner öffentlichen Reden. Cato hegte nicht nur gegen die Karthager, sondern auch gegen die Griechen einen ausgesprochenen Widerwillen.

Cato

Was verfolgten die USA 1853/54 mit ihrer Open-Door-Policy?

● Die Öffnung Japans gegenüber dem Westen, v. a. in der Handelspolitik. Die USA erzwang im Vertrag von Kanagawa die freie Zufahrt zu den Häfen von Shimoda und Hakodate.

Wie heißen die beiden chinesischen Staaten?

● Zum einen ist das die Volksrepublik China, zum anderen die im Wesentlichen aus der Insel Taiwan bestehende Republik China, mit dem amtlichen Namen Ta Chung-Hua Min-Kuo. Zwischen beiden Staaten herrschen Spannungen, da die im Bürgerkrieg der kommunistischen Armee Mao Tse-tungs (1893–1976) unterlegenen Kuomintang hierher flüchteten und das Recht für sich in Anspruch nahmen, ganz China zu vertreten.

Welche Stadt war einst als Paris des Nahen Ostens bekannt?

● Beirut. Als Exil der PLO war die Hauptstadt des Libanon immer wieder in die Auseinandersetzungen zwischen PLO und Israel verwickelt. Zusätzlich traf der Bürgerkrieg zwischen christlichen und muslimischen Bevölkerungsteilen die Stadt, die dadurch viel von ihrer Attraktivität als Drehscheibe des Handels und als Kulturstadt verlor.

Wie nannten die ersten europäischen Seefahrer den heutigen westafrikanischen Staat Ghana?

● Goldküste. Die Seefahrer hatten den westafrikanischen Küstenabschnitten entsprechend ihren primären Exportgütern Namen gegeben: So gab es die Pfefferküste, die Elfenbeinküste, die Goldküste und die Sklavenküste.

Wer war Captain Cook?

● James Cook (1728–79) war britischer Seefahrer und Entdecker. Zweimal umsegelte er die Welt, entdeckte als erster Europäer Australien und nahm es für die englische Krone in Besitz. Auf seinen Fahrten kartografierte er große Teile der Küsten; seine Karten blieben bis ins 19. Jahrhundert in Gebrauch.

James Cook

Eritrea ist das jüngste afrikanische Land. Von wem wurde es 1993 unabhängig?

● Nach einem fast dreißig Jahre andauernden Unabhängigkeitskampf bestätigte eine Volksabstimmung schließlich die Unabhängigkeit Eritreas von Äthiopien. Die ehemalige britische Kolonie Eritrea hatte 1952 auf Beschluss der UNO eine Föderation mit Äthiopien gebildet und war 1962 von dem größeren Nachbarn annektiert worden.

Welche Staaten gingen aus der Kolonie Deutsch-Ostafrika hervor?

● Deutsch-Ostafrika wurde zum einen Teil britisches Mandatsgebiet, zum anderen Teil wurde es der belgischen Kolonie Belgisch-Kongo einverleibt. Das britische Mandatsgebiet wurde 1961 in die Unabhängigkeit entlassen und bildet seit 1965 mit der Insel

Sansibar den Staat Tansania. Aus dem belgischen Gebiet gingen später Ruanda und Burundi hervor.

Im westafrikanischen Land Sierra Leone endete im Sommer 1999 ein achtjähriger Bürgerkrieg. Was waren seine Ursachen?

● Misswirtschaft und Diktatur hatten das fruchtbare und mit Bodenschätzen wie Gold und Metallerzen reich ausgestattete Land in den Bürgerkrieg getrieben. Als zündender Funke diente jedoch die Frage nach dem Besitz der Diamantenfelder im Südosten des Landes.

Der östliche Teil welchen Mittelmeerlandes ist seit der Antike als Cyrenaika bekannt?

● Der Osten Libyens. Das Land wurde 1912 italienische Kolonie und war im Zweiten Weltkrieg Schauplatz heftiger Kämpfe zwischen Deutschen und Briten. 1951 wurde das nach dem Krieg von Briten und Franzosen verwaltete Libyen unabhängiges Königreich, nach einem Staatsstreich 1969 schließlich Republik.

Welche Güter wurden über die Seidenstraße transportiert?

● Bereits seit dem 2. Jahrhundert v. Chr. wurde Seide aus China über den Landweg nach Syrien transportiert. Daneben spielten auch Jadeschnitzereien und Porzellan als begehrte chinesische Exportprodukte eine wesentliche Rolle.

Wieso erlitten die Amerikaner im Jahr 1957 den so genannten Sputnik-Schock?

● Weil es den Russen gelungen war, am 4. Oktober 1957 mit Sputnik I den ersten künstlichen Satelliten ins Weltall zu entsenden. Bis zur amerikanischen Mondlandung 1969 sah es so aus, als hätten die USA den Wettlauf im All verloren.

Welcher amerikanische Präsident musste sich wegen einer Liebesaffäre einem Amtsenthebungsverfahren stellen?

Bill Clinton

Bill Clinton (*1946), der 1993 als Kandidat der Demokraten den Präsidentschaftswahlkampf gewann. Den politischen Schaden, der ihm wegen der Lewinsky-Affäre entstanden war, versuchte er u. a. auch durch den mehrwöchigen Kosovo-Luftkrieg gegen Jugoslawien, den die NATO-Luftwaffe erfolgreich beendete, wieder wettzumachen.

Wie kamen die Indianer nach Amerika?

● Nach allem was man heute weiß, stammen die Ureinwohner Amerikas von Völkern ab, die vor etwa 20.000 Jahren über die Beringstraße in das von Menschen unbewohnte Amerika einwanderten.

Warum interessiert sich die Weltöffentlichkeit immer wieder für Aserbaidschan?

● Ein wichtiger Grund sind die Ölfelder rund um Baku, an deren Nutzung seit 1993 auch westliche Firmen beteiligt sind. Auch die gewaltsamen Auseinandersetzungen zwischen muslimischen Aserbaidschanern und christlichen Armeniern in der weitgehend von Armeniern besiedelten Enklave Nagorny-Karabach rücken das Land immer wieder in den Fokus der Weltöffentlichkeit.

Welcher südostasiatische Inselstaat wurde nach einem spanischen König benannt?

● Die Philippinen verdanken ihren Namen König Philipp II. (1527–98), der Spanien von 1556 bis 1598 regierte. In seine Regierungszeit fällt ab 1565 die spanische Kolonialisierung von über 7000 pazifischen Inseln, die später seinen Namen tragen sollten. 1898 gelangten die Inseln in den Besitz der USA, die sie erst 1946 in die Unabhängigkeit entließen.

Welcher Mongolenführer schuf im 13. Jahrhundert ein Großreich, das vom Chinesischen Meer bis nach Europa reichte?

● Dschingis Khan (um 1162–1227), Großkahn der Mongolen, dessen Reiterscharen ein Feld der Verwüstung hinterließen. Seine Feldzüge führten bis nach Korea, Nordtibet, Indien, Iran und Russland. Sein Weltreich umfasste etwa die Hälfte der damaligen Menschheit.

Dschingis Khan

Weshalb kam es 1992 in Los Angeles zu schweren Unruhen?

● Bevor die Unruhen in der US-Metropole ausbrachen, war mit Spannung ein Gerichtsurteil gegen vier weiße Polizisten erwartet worden, die einen Farbigen bei einer Routinekontrolle brutal zusammengeschlagen hatten. Als Beweis diente ein heimlich gedrehtes Video. Da das Urteil der öffentlichen Meinung nach zu milde ausfiel, kam es zu den seit Jahren schwersten Rassenunruhen in Los Angeles.

Welcher politische Skandal erzwang 1974 den Rücktritt des US-Präsidenten Richard Nixon?

Richard Nixon

● Die Watergate-Affäre. Parteifreunde Nixons (1913–94) waren während des letzten Wahlkampfes in das Hauptquartier der Demokratischen Partei eingedrungen, um sich Vorteile zu verschaffen. Nixons Mitwisserschaft und der Versuch die Verantwortlichen zu decken, führten zu einer Vertrauenskrise und schließlich zum Rücktritt des US-Präsidenten.

Wodurch gelangte die Hündin Leika zu Berühmtheit?

● Sie war der erste Hund im All. Am 3. November 1957 wurde Leika mit dem russischen Satelliten Sputnik II in den Weltraum befördert, um die Bedingungen für lebende Organismen auf längeren Raumflügen zu testen.

In welchen afrikanischen Ländern kam es zwischen den Hutu und den Tutsi zu blutigen Auseinandersetzungen?

● In Ruanda und Burundi. Obwohl die Hutu in beiden Ländern etwa 85 % der Bevölkerung stellen, wurden sie lange Zeit im politischen und gesellschaftlichen Leben durch die Tutsi, die die Oberschicht stellten, ins Abseits gedrängt.

Wer schaffte im Breitling Orbiter 3 die Umrundung der Erde in 19 Tagen, 21 Stunden und 25 Minuten?

● Der Schweizer Bertrand Piccard (*1958) und der Brite Brian Jones (*1948). Sie starteten am 1.3.1999 mit ihrem Ballon in den Schweizer Alpen, ihre Reise führte sie über Nordafrika, die arabische Halbinsel, Indien, den Pazifik, Mexiko, den Atlantik zurück nach Nordafrika.

Was verstand man in der Antike unter Euthanasie und was im Nationalsozialismus?

● Wörtlich bedeutet Euthanasie „leichter Tod“. In der Antike wurde darunter das Töten eines Menschen verstanden, um ihn von seinen Leiden zu befreien (heute auch als aktive Sterbehilfe bezeichnet). Im Dritten Reich wurde mit dem Begriff die brutale Ermordung von körperlich oder geistig behinderten Menschen verschleiert.

Wann wurde der bis heute geltende Gregorianische Kalender eingeführt?

● Er wurde 1582 von Papst Gregor XIII. (1502–85) eingeführt. Durch die Differenz zum Sonnenjahr ergab der seit 45 v. Chr. gültige Kalender von Julius Caesar (100–44 v. Chr.) bis zum 16. Jahrhundert eine Abweichung von zwölf Tagen. Der Gregorianische Kalender geht dagegen in 3333 Jahren nur einen Tag vor.

Was waren die Schwerpunkte des geisteswissenschaftlichen Wirkens von Hannah Arendt?

● Als Politikwissenschaftlerin, Soziologin und Philosophin beschäftigte sich Arendt (1906–75) u. a. mit dem Antisemitismus, der Geschichte politischer Ideen und totalitären politischen Systemen.

Welcher asiatische Kaiser thront angeblich auf dem Chrysanthementhron?

● Der japanische Kaiser, auch Tenno genannt. Allerdings ist dies eine westliche Auffassung, weil Kaiser und Könige im alten Europa einen Thron hatten. Die japanische Kultur kennt dagegen keine Stühle oder Sessel. Hier machen andere Vorkehrungen den Standesunterschied deutlich: Anordnung der Sitzplätze, Sitzhaltung, unterschiedliche Ebenen des Bodens u. Ä. Die sechzehnblättrige Chrysantheme ist lediglich das Wappen des Tenno.

Welcher deutsche Hobbyarchäologe entdeckte 1870 das antike Troja?

Heinrich Schliemann

● Heinrich Schliemann (1822–90), der an einen historischen Kern der Sagen um den Trojanischen Krieg geglaubt hatte und viel Geld aus seinem Privatvermögen für die Ausgrabungen aufwandte. In zwölfjähriger Grabungsarbeit legte er das antike Troja frei.

Was wurde im 16. Jahrhundert das Weiße Gold genannt?

● Porzellan. Das kostbare Gut musste damals aus China und Japan importiert werden. Erst 1708 gelang J. F. Böttger (1682–1719) in Dresden die Erfindung des europäischen Porzellans, 1710 wurde auf der Albrechtsburg in Meißen die erste europäische Manufaktur eingerichtet.

Wo ist die Yakuza eine der italienischen Mafia vergleichbare Organisation?

● In Japan, wo rund 90.000 Personen dem organisierten Verbrechen angehören sollen. Es benennt sich nach der Zahlenkombination 8-9-3 („Ya-ku-za“); in einem japanischen Kartenspiel ist diese Zahlenreihe nutzlos und die Japaner nannten so auch den Taugenichts.

Welche bedeutende Stadt in Mesopotamien wurde von den Assyrern zur Hauptstadt ausgebaut?

● Ninive, das der assyrische König Sanherib († 681 v. Chr.) 705 v. Chr. zur Residenz erhob, die sich zuvor in Dur-Scharrukin befand. Während ihrer Blütezeit hatte die Stadt rund 170.000 Einwohner; sie war die größte im Assyrerreich. Der Stadtgrundriss hatte die Form eines Dreiecks und war von einer doppelten Festungsmauer umgeben. Die Paläste Sanheribs und Assurbanipals († 627 v. Chr.) schmückte die assyrische Reliefkunst, von denen noch heute bedeutende Stücke erhalten sind.

Welches Hauptziel verfolgt die internationale Organisation Greenpeace?

● Den Schutz von Natur und Umwelt. Mit spektakulären Aktionen – etwa 1995 gegen die Versenkung der Ölbohrinsel Brent Spar auf offener See – gewann die Umweltschutzorganisation großes Ansehen in der Weltöffentlichkeit und einen Zuwachs an Mitgliedern.

GREENPEACE

Logo der Umweltschutzorganisation

Woher kommt der Ausdruck Brot und Spiele?

● Aus dem alten Rom. Der Schriftsteller Juvenal (um 65–128) warf seinen Zeitgenossen vor, dass sie vom Staat nicht mehr forderten, als dass dieser ihnen die Bäuche fülle und sie mit „circenses" (Gladiatoren- und anderen Kämpfen in der Arena) von wichtigeren Dingen ablenke.

Woher kommt die Redewendung Etwas auf dem Kerbholz haben?

● Im Mittelalter war das Kerbholz ein Instrument zur Überprüfung von Lieferungen und Arbeitsleistungen. Es bestand meist aus zwei Teilen, einem für die Schuldner und einem für die Gläubiger. Die Kerben in beiden Teilen mussten bei der Abrechnung genau aufeinander passen. Heute wird mit der Redewendung umschrieben, dass jemand etwas ausgefressen hat.

Katharina die Große

Welche russische Zarin deutscher Herkunft erhielt den Beinamen die Große?

● Katharina II., die Große (1729–96), die sich 1762 nach der Beseitigung ihres Gemahls, an der sie nicht unbeteiligt gewesen sein soll, an die Spitze Russlands stellte. Sie machte durch Reformen von sich Reden, holte u. a. deutsche Kolonisten ins Land und errang für Russland den Zugang zum Schwarzen Meer sowie Gebietsgewinne bei den polnischen Teilungen. Russland stieg so zur europäischen Großmacht auf.

Was ist unter den so genannten Out-of-area-Einsätzen der NATO zu verstehen?

● Einen Einsatz von NATO-Streitkräften zur Krisenbewältigung auch außerhalb der Grenzen der verbündeten Nationen. Der Kosovo-Krieg 1999 war der erste offizielle Out-of-area-Einsatz der NATO.

Wer war der letzte große Pharao des Neuen Reiches?

● Ramses III. (um 1180–1152 v. Chr.), der in seinen Kriegszügen die Libyer, Philister u. a. Seevölker bezwang und die Kriegsgefangenen als Söldner verpflichtete. Die kostspieligen Feldzüge führten zu einer Wirtschaftskrise mit Teuerung, Korruption und schließlich sogar Streiks. Der erste nachweisbare Streik in der Geschichte überhaupt wurde von Arbeitern der Nekropole Deir el-Medina durchgeführt, die zwei Monate vergeblich auf ihre Entlohnung warten mussten. Ramses III. fiel 1152 v. Chr. einer Verschwörung zum Opfer.

In welchem afrikanischen Land organisierten sich Angehörige des Zulu-Stammes in der Befreiungsbewegung Inkatha?

● In Südafrika. Noch zur Zeit der Apartheid gründete sie 1979 der Zulu-Chef Mangosuthu Buthelezi (*1928), der zugleich Chefminister des Homelands Kwazulu war. Buthelezi stand mit der Inkatha, die ausdrücklich auf Gewaltanwendung verzichtete und sich für ein friedliches Zusammenleben der Rassen in Südafrika unter einer gemeinsamen Verfassung aussprach, von Anfang an in Opposition zur mächtigen Schwarzen-Partei ANC. Ein blutiger Machtkampf war die Folge, der besonders in Natal, dem Heimatland der Zulus, viele Opfer forderte.

Mitglieder der Inkatha

Wer wurde nach der Civil Rights Act von 1866 US-amerikanischer Staatsbürger?

● Grundsätzlich alle in den USA geborenen Personen, die dadurch mit Bürgerrechten ausgestatten wurden. Eingeschlossen wurde dabei erstmals die afroamerikanische Bevölkerung. Ausgenommen waren dagegen die Ureinwohner, die Indianer.

Welcher Germane wurde 392 erstmals römischer Regent?

● Der fränkische Heerführer Arbogast († 394), der im Sold des Römischen Reiches stand. Er veranlasste vermutlich die Ermordung des Westkaisers Valentinian II. (371–392) und erhob den Leiter der Hofkanzlei, den Rhetoriklehrer Flavius Eugenius († 394), zum Kaiser des Westens. Bis 394 beherrschte Arbogast große Teile des Westreiches, nämlich Britannien, Gallien, Spanien und Italien. Dann wurde Eugenius von Theodosius (347–395), dem Ostkaiser, besiegt und hingerichtet. Arbogast beging schließlich Selbstmord.

Welche Aufgabe haben die Vereinten Nationen?

● Aufgabe der Vereinten Nationen (United Nations Organization / UNO) ist die Förderung der internationalen Zusammenarbeit und die friedliche Regelung von Konflikten. Auf diese Weise soll die Sicherheit der Mitgliedsstaaten gewährleistet werden. Der UNO-Sicherheitsrat, das Hauptorgan der Organisation, kann ein Land mit wirtschaftlichen oder politischen Sanktionen belegen oder ein militärisches Mandat vergeben.

An der Spitze des Römischen Reiches stand 60 v. Chr. und 43 v. Chr. ein Triumvirat. Was ist mit diesem Ausdruck gemeint?

● Das Triumvirat ist ein Bündnis dreier mächtiger Männer, die sich zusammengeschlossen hatten, um das Reich gemeinsam zu regieren. Das erste Triumvirat (lat. tres / trium, „drei" und vir, „Mann") bildeten 60 v. Chr. Pompeius (106–48 v. Chr.), Caesar (100–44 v. Chr.) und Crassus (um 115–53 v. Chr.). Zum zweiten Triumvirat schlossen sich 43 v. Chr. Octavian (63 v. Chr.–14 n. Chr.), Antonius (um 82–30 v. Chr.) und Lepidus (87–um 13 v. Chr.) zusammen.

Wann und wo wurde die erste Atombombe abgeworfen?

Harry S. Truman

● Am 6. August 1945 auf die japanische Hafenstadt Hiroshima; den Befehl dazu gab der amerikanische Präsident Harry S. Truman (1884–1972). An diesem 6. August starben etwa 200.000 Menschen innerhalb weniger Sekunden, viele kamen aber auch noch Jahre danach an den Langzeitschäden qualvoll ums Leben. 80 % der bebauten Fläche Hiroshimas wurden völlig zerstört.

Warum ist in dem südamerikanischen Staat Französisch-Guayana der Euro das offizielle Zahlungsmittel?

● Französisch-Guayana, das an der Nordküste Südamerikas liegt, ist ein Departement Frankreichs und gehört deshalb zum europäischen Wirtschaftsraum.

Was ist der Club of Rome?

● Wirtschaftsführer, Politiker und Wissenschaftler aus über 30 Ländern schlossen sich 1968 in der italienischen Hauptstadt zum Club of Rome zusammen, der sich der Erforschung von sozialen, ökologischen, wirtschaftlichen und politischen Zukunftsfragen widmet und mit seinem 1972 veröffentlichten Bericht einen dringenden Appell für einen rücksichtsvolleren Umgang mit der Umwelt und den natürlichen Ressourcen an Bürger und Politiker richtete.

Welchem Verteidigungsbündnis traten 1999 die Tschechische Republik, Polen und Ungarn bei?

● Sie wurden Mitglieder der NATO. In einer weiteren Runde schlossen sich 2004 Bulgarien, Estland, Lettland, Litauen, Rumänien, die Slowakei und Slowenien an.

Wer einigte zum letzten Mal das Römische Reich?

● Theodosius I. (347–395) war von 379 bis 395 römischer Kaiser. Ihm gelang es, 394 durch einen Sieg über Eugenius († 394) zum letzten Mal das Römische Reich zu einen. Nach Theodosius' Tod wurde das Reich unter seinen Söhnen Arcadius (um 377–408), der das Oströmische oder Byzantinische Reich erhielt, und Honorius (384–423), dem das Weströmische Reich zufiel, aufgeteilt. Das Westreich löste sich durch den Einfluss einfallender Germanen schnell auf. Das Ostreich musste im 7. und 8. Jahrhundert große Teile an die Araber abtreten, hatte aber noch bis ins 15. Jahrhundert Bestand.

Wer ist Abdullah Öcalan?

● Öcalan (*1949) war der Anführer der verbotenen Arbeiterpartei Kurdistans (PKK). Er führte ab 1984 einen Guerillakrieg gegen die türkische Armee, um die Befreiung des Kurdengebietes zu erreichen. Nach seiner Gefangennahme, die in zahlreichen europäischen Ländern zu oft auch gewalttätigen Demonstrationen von Kurden zur Folge hatte, wurde er von einem türkischen Gericht 1999 zum Tode verurteilt.

Welches historische Ereignis fand 1979 in Camp David statt?

● Der ägyptische Politiker Anwar as-Sadat (1918–81) und der israelische Ministerpräsident Menachem Begin (1913–92) trafen sich in Camp David unter der Vermittlung von US-Präsident Jimmy Carter (*1924) zu Friedensverhandlungen und unterzeichneten ein Friedensabkommen.

Was versteht man unter der Gewaltenteilung im Staat?

● Die Macht innerhalb des Staates ist verteilt auf die gesetzgebende (Legislative) und die vollziehende (Exekutive) Staatsgewalt, die auf die Theorie John Lockes (1632–1704) zurückgehen, sowie auf eine unabhängige richterliche Gewalt (Judikative), die Charles de Montesquieus (1689– 1755) in seiner Staatstheorie ergänzte. Alle drei Gewalten sollen sich gegenseitig kontrollieren.

Wie starb Robert F. Kennedy?

Robert F. Kennedy

● Der jüngere Bruder des früheren Präsidenten John F. Kennedy (1917–63) fiel ebenso wie dieser einem Mordanschlag zum Opfer. Robert F. Kennedy (1925–68) war aussichtsreicher Präsidentschaftskandidat, als die tödlichen Schüsse fielen. Mit Robert F. Kennedy starb ein wichtiger Hoffnungsträger besonders der amerikanischen Jugend, gerade weil er den amerikanischen Krieg in Vietnam heftig kritisiert hatte.

Was ist das Pentagon?

● Das US-Verteidigungsministerium in der Nähe von Washington D.C. wird nach der Form des Gebäudekomplexes Pentagon genannt. Es ist als gleichmäßiges Fünfeck mit jeweils 300 m langen Seiten angelegt. Bei den Terroranschlägen vom 11.9.2001 war das Pentagon – neben dem World Trade Center – Ziel islamistischer Terroristen, die ein gekapertes Passagierflugzeug in das Gebäude steuerten.

Welche Institution leitete Erzbischof Desmond Tutu?

● Unter der Leitung des Erzbischofs Desmond Tutu (*1931) untersuchte die südafrikanische Kommission für Wahrheit und Versöhnung die politischen Vergehen des Apartheidregimes von 1960 bis 1993. Am 29.10.1998 erhielt Präsident Nelson Mandela (*1918) einen ersten Abschlussbericht der Kommission. Ein siebenbändiger Abschlussbericht wurde im März 2003 an Präsident Thabo Mbeki (*1942) übergeben.

Wurde das Attentat auf US-Präsident John F. Kennedy (1917–63) jemals wirklich aufgeklärt?

John F. Kennedy

● Nein. Zwar wurde nach den tödlichen Schüssen von Dallas ein mutmaßlicher Todesschütze verhaftet, der aber unmittelbar nach seiner Verhaftung selbst erschossen wurde. Es gilt als ziemlich sicher, dass hinter dem Anschlag eine Verschwörung steckte, über deren Hintermänner dank der Ermordung des einzigen gefassten mutmaßlichen Mittäters aber nur spekuliert werden kann.

Was ist der Alternative Nobelpreis?

● Der Alternative Nobelpreis (Right Livelihood Award) wurde von dem deutsch-schwedischen Publizisten und Umweltschützer Jakob von Uexküll (*1944) gestiftet. Er wird seit 1980 einmal im Jahr für besondere Leistungen zur Lösung von drängenden Menschheitsfragen vergeben und ist mit 200.000 Euro dotiert. 2002 ging der Preis an den paraguayanischen Menschenrechtler Martin Almada (*1937), den australischen Universitätsprofessor Martin Green (*1948) für seine Forschungen zur Solarzellentechnik, die schwedische Stiftung Kvinna till Kvinna, die seit 1993 Menschen in Kriegsgebieten hilft, und das Centre Jeunes Kamenge (CJK) in Burundi, das seit 1991 in Ostafrika jungen Menschen ein friedliches Zusammenleben auch während des Bürgerkrieges ermöglicht.

Gegen welchen afrikanischen Staatschef verhängte die EU Sanktionen, die im Februar 2003 verlängert wurden?

● Die EU verhängte gegen Robert Mugabe (*1925), den Staatspräsidenten Simbabwes, Sanktionen wie das Einreiseverbot in EU-

Länder und das Einfrieren von Guthaben. Der Grund dafür waren Unregelmäßigkeiten bei den Präsidentschaftswahlen, massive Einschüchterungen der Opposition sowie Menschenrechtsverletzungen.

Welcher Nationalheld war der Anführer der lateinamerikanischen Unabhängigkeitsbewegung gegen die spanische Fremdherrschaft im 19. Jahrhundert?

Simón Bolívar

Simón Bolívar (1783–1830). Er hatte auf Europareisen die Ideen der Französischen Revolution kennen gelernt. 1810 bildete er zusammen mit anderen in Südamerika eine Junta, die sich gegen die Spanier erhob. Er befreite Venezuela, Ecuador, Peru und Hochperu, das sich nach ihm Bolivien nannte.

Welches politische Amt bekleidet der Mister Universum von 1970–75 und von 1980 seit Oktober 2003?

Der aus Österreich stammende Profibodybuilder Arnold Schwarzenegger (*1947) ist seit dem 8. Oktober 2003 Gouverneur des US-Staates Kalifornien.

Was verstand der indische Politiker Mahatma Gandhi (1869–1948) unter Gewaltlosem Widerstand?

Eine religiös motivierte Form des Protests gegen die britische Kolonialherrschaft. Gewaltlosigkeit, das „Festhalten an der Wahrheit" und Nächstenliebe sollten die Gegner zu Einsicht und Umdenken bewegen. Gandhis Programm der „Non-Cooperation" beinhaltete Kampagnen des „zivilen Ungehorsams" gegen britische Gesetze und Vorschriften, Boykott und Streiks.

Die Pyramiden von Gizeh

Welches der sieben Weltwunder ist als Einziges erhalten geblieben?

Die Pyramiden von Gizeh. Aus dem 3. Jahrhundert v. Chr. stammt die Bezeichnung der „Sieben Weltwunder", mit der sieben monumentale Kunst- und Bauwerke der antiken Welt bezeichnet wurden.

Warum spricht man bei der Industrialisierung des 19. Jahrhunderts auch von einer industriellen Revolution?

Weil die Industrialisierung die gesellschaftlichen Verhältnisse innerhalb kürzester Zeit grundlegend veränderte. Aus diesem Grund kann man sie in ihren Auswirkungen durchaus mit einer politischen Revolution vergleichen.

Auf wen geht die Entwicklung des Marshallplanes zurück?

Der Marshallplan, ein Programm zur Wiederaufbauhilfe in Europa, das offiziell European Recovery Program (ERP) hieß, war von dem amerikanischen Außenminister George C. Marshall (1880–1959) entwickelt worden. Marshall war zuvor Generalstabschef und oberster militärischer Berater von Präsident Roosevelt (1882–1945) gewesen und übernahm 1950/51 das Amt des Verteidigungsministers. 1953 erhielt Marshall den Friedensnobelpreis.

Welche internationale Organisation setzt sich für den Schutz der Menschenrechte ein?

Die 1961 gegründete Organisation amnesty international (ai) mit Sitz in London prangert weltweit Menschenrechtsverletzungen an und kann dadurch vielfach Menschen vor Folter, Gefängnis oder Hinrichtung retten. Richtschnur zur Beurteilung von Regierungsmaßnahmen ist für amnesty international die Allgemeine Erklärung der Menschenrechte der Vereinten Nationen.

Was ist mit Free Trade Area of the Americas (FTAA) gemeint?

Der englische Ausdruck ist einer von vier Namen für die geplante gesamtamerikanische Freihandelszone, die allerdings äußerst umstritten ist. Die Zone soll von Alaska bis nach Feuerland reichen und daher Länder, die englisch, spanisch, portugiesisch und französisch sprechen, umfassen. Es gibt deshalb vier verschiedene Namen für das Handelsabkommen. Gegner des Abkommens kritisieren, dass eine solche Freihandelszone v. a. den USA und weniger den ärmeren Länder Mittel- und Südamerikas ökonomische Vorteile bringen würde.

Wie nennt man den Zusammenschluss der unabhängigen arabischen Staaten zur wirtschaftlichen, politischen und kulturellen Zusammenarbeit?

Die Arabische Liga. Sie wurde 1945 in Kairo gegründet, heute gehören ihr 21 arabische Staaten und Palästina an. Mitglieder sind Ägypten, Algerien, Bahrain, Dschibuti, Irak, Jemen, Jordanien, Katar, Komoren, Kuwait, Libanon, Libyen, Marokko, Mauretanien, Oman, Saudi-Arabien, Somalia, Sudan, Syrien, Tunesien und die Vereinigten Arabischen Emirate. Durch ihre Zusammenarbeit soll die Souveränität der Mitgliedsländer gewahrt werden.

Welche Regierungsform bildet das Gegenteil zur Monarchie?

Das Gegenteil einer Monarchie ist von der Grundidee her die Republik (von lat. res publica, „öffentliche Sache, Staatsgewalt"), auch wenn diese durchaus Elemente einer Monarchie enthalten kann. Idealtypisch geht in der Republik die Staatsgewalt vom Volk aus, das über ein frei gewähltes Parlament die Regierung stellt. In der Antike konnte die Republik aristokratisch oder demokratisch geprägt sein, je nachdem ob nur eine kleine adelige Elite oder die gesamte Bürgerschaft am Prozess wesentlicher politischer Entscheidungen partizipierte.

Wer wurde Nachfolger Nixons im Amt des US-Präsidenten?

Richard Nixon (1913–94) wurde von Gerald Ford (*1913), dem damaligen Vizepräsidenten der USA abgelöst. Ford hatte das Präsidentenamt von 1974 bis 1977 inne.

Wer unterzeichnete den Moskauer Vertrag?

Im Mai 2002 hatten der russische Staatschef Wladimir Putin (*1952) und US-Präsident George W. Bush (*1946) den Moskauer Vertrag unterzeichnet, in dem beide Staaten sich verpflichten, Nuklearwaffen mit einer Reichweite von über 5000 km abzubauen. Beide Staaten verpflichteten sich dazu, bis 2012 die Zahl ihrer Atomsprengköpfe durch Verschrottung oder Deaktivierung auf 1700 bzw. 2200 zu reduzieren.

Was war das Lebensziel Martin Luther Kings Jr.?

Martin Luther King Jr.

Der schwarze Bürgerrechtler trat für die Gleichstellung der schwarzen Bevölkerung vor allem in dem von Rassentrennung geprägten Süden der USA ein. King (1929– 68) begründete eine schwarze Bürgerrechtsbewegung, die ausdrücklich auf Gewaltanwendung verzichtete und dafür gewaltlosen Widerstand leistete. Der Friedensnobelpreisträger wurde 1968 von einem rassistischen weißen Fanatiker erschossen.

Welcher indische Politiker ist das Vorbild für gewaltlosen, passiven Widerstand?

Mahatma Gandhi

● Mohandas Karamchand Gandhi (1869–1948), genannt Mahatma, der 1920 zum gewaltlosen Kampf gegen die britische Kolonialmacht in Indien aufrief. Mit seinen Aktionen versuchte er Indien aus der britischen Abhängigkeit zu führen. Er wurde achtmal inhaftiert, erreichte durch Hungerstreiks immer wieder seine vorzeitige Entlassung.

Was versteht man unter der Herrschaftsform des Prinzipates?

● Das Prinzipat (lat. principatus / princeps, „der Erste") ist die von Augustus (63 v. Chr.–14 n. Chr.) 27 v. Chr. geschaffene neue Staatsform, bei der durch die Häufung von Amtsgewalten oder besonderes Ansehen ein erster Bürger des Staates zum Entscheidungsträger und damit zum Herrscher wird. Republikanische Einrichtungen bestehen daneben weiter.

Welches Staatsoberhaupt des islamischen Irans versuchte einen Reformkurs durchzusetzen?

● Der iranische Staatspräsident Saijid Mohammed Chatami (*1943) bemühte sich seit seiner Wahl im Jahr 1997, sein Land zu demokratisieren und den Dialog der Kulturen zu fördern. Sein Reformkurs wurde durch die konservativen Kräfte im Land und die feindselige Haltung der USA erschwert. Die Einladung Chatamis in die BR Dtl. und sein Besuch im Juli 2000 waren Ausdruck der Würdigung seiner Politik durch die Bundesregierung. Nach seiner Abwahl im Jahre 2005 drohen im Iran erneut islamistische Radikale die Oberhand zu gewinnen.

Welcher amerikanische Präsident wehrte sich gegen die Einmischungen Europas in amerikanische Angelegenheiten?

● Präsident James Monroe (1758–1831) warnte in der am 2.12.1823 verkündeten Monroedoktrin die europäischen Länder vor Einmischung in die Angelegenheiten der USA, insbesondere im Hinblick auf das Unabhängigkeitsstreben der lateinamerikanischen Kolonien. Er kündigte an, diese Einmischung als „feindliche Handlung" zu werten und behielt sich vor, mit Kampfhandlungen darauf zu reagieren.

Wo befand sich der Regierungssitz der Vereinigten Staaten vor seinem Umzug nach Washington D.C.?

● Bevor der Kongress im Jahr 1800 in das Kapitol genannte Gebäude in Washington D.C. einzog, war New York amerikanischer Regierungssitz.

Wer wurde im Oktober 2002 zum Präsidenten Brasiliens gewählt?

● Luiz Inácio (genannt Lula) da Silva (*1945) erhielt in der Stichwahl 61,3 % der Stimmen. Der ehemalige Gewerkschaftsführer vertritt die Interessen der Arbeiter, Landlosen und Intellektuellen und trat mit einem dezidierten Antikorruptionsprogramm zur Wahl an. Seine Partei geriet allerdings 2005 selbst unter erheblichen Korruptionsverdacht.

Welches Angebot zur Kooperation machte der Vatikan im Februar 2003 den Historikern?

● Der Vatikan ermöglichte den Historikern den Zugang zu seinem Archiv, um so die Erforschung der Beziehungen zwischen dem Papst und dem Nationalsozialismus möglich zu machen. Dabei wurden allerdings zunächst nur die Akten bis zum Jahr 1939 geöffnet, in dem das Pontifikat von Papst Pius XII. (1876–1958) begann, um dessen Haltung zum nationalsozialistischen Deutschland es in erster Linie in den historischen Fragestellungen geht.

Was versteht man unter Absolutismus?

● Das 17. und 18. Jahrhundert war geprägt von der Staatsphilosophie, dass ein König uneingeschränkt (absolut) und ohne Gewaltenteilung in seinem Land herrschen dürfe. Vorbild aller absoluten Herrscher war der Sonnenkönig Ludwig XIV. (1638–1715) von Frankreich, dessen Einfluss in alle Lebensbereiche seiner Untertanen reichte.

Welche Bedeutung hat Lenin für die russische Geschichte?

Lenin

● Der im Exil lebende Führer der Bolschewiki avancierte während der Oktoberrevolution 1917 zur politisch wichtigsten Person Russlands. Unter seiner Führung wurde 1922 die UdSSR gegründet. Auf dem von Lenin (1870–1924) aufgebauten Staats- und Parteiapparat errichtete 1924 Stalin (1879– 1953) sein diktatorisches Regime.

Wer waren die Buren?

● Die Buren waren Nachkommen der seit 1652 nach Südafrika eingewanderten Holländer sowie deutscher und hugenottischer Siedler. Sie gründeten 1835–38 die Staaten Transvaal und Oranje-Freistaat. Zwischen 1899 und 1902 kämpften die Buren in den sog. Burenkriegen gegen die britische Kolonialmacht. Sie verloren den Krieg, aus den beiden Staaten wurden britische Kolonien. Später entwickelte sich zusammen mit den Kolonien Kapland und Natal die Südafrikanische Union, 1961 schließlich die Republik Südafrika.

Wovor wird das Südpolargebiet seit 1959 durch einen Vertrag geschützt?

● Durch den Antarktisvertrag soll verhindert werden, dass im Südpolargebiet Militärstützpunkte eingerichtet, Waffen erprobt, Atomversuche unternommen oder Atommüll gelagert werden.

Wer war während der Völkerwanderung unterwegs?

● Vom 2. bis 8. Jahrhundert verließen zahlreiche Germanenstämme ihre Heimat. Durch den Einfall der Hunnen wurden die Ost- und Westgoten aus ihren Siedlungen nordwestlich des Schwarzen Meeres vertrieben und wanderten nach Süden und Osten. Dadurch begannen weitere Germanenstämme nach einer neuen Heimat zu suchen. Die Völkerwanderung führte schließlich dazu, dass das Römische Reich unterging und sich neue Staaten und Reiche in Europa bildeten

Wohin segelte die Mayflower?

● Die Mayflower war das Segelschiff, mit dem die puritanischen so genannten Pilgerväter (Pilgrim Fathers) von England aus in Richtung Amerika aufbrachen, um sich dort anzusiedeln und ihre Religion frei ausüben zu können. Am 21. November 1620 landeten rund 100 Passagiere im heutigen Massachusetts. Dort gründeten sie die neuenglische Kolonie Plymouth.

Mit dem Dritten Golfkrieg endete im Irak im April 2003 nach 24 Jahren die Herrschaft des Diktators Saddam Hussein. Warum wurde er nicht sofort gefangen genommen?

● Hussein (*1937) hielt sich nach seiner Niederlage im Dritten Golfkrieg versteckt. Er wurde erst im Dezember 2003 von amerikanischen Truppen in einem Erdloch in der Nähe seiner Heimatstadt Tikrit aufgespürt und gefangen genommen. Seit 2005 muss sich Hussein vor einem irakischen Gericht verantworten, seine Verurteilung scheint aber außer Frage zu stehen.

Was ist eine Junta?

● Junta (span. „Versammlung, Rat") ist der vor allem in Spanien und den Ländern Lateinamerikas gebrauchte Begriff für einen Regierungsausschuss oder für die Machthaber einer Militärdiktatur, die durch Umsturz an die Macht gekommen sind. Junta kann auch eine Regierung heißen, die für eine begrenzte Zeit eingesetzt wurde.

Wer rief 1949 die kommunistische Volksrepublik China aus?

● Mao Tse-tung (1893–1976), der als Führer der KP Chinas 1927 den Guerillakrieg gegen die nationalchinesische Kuomintang unter Tschiang Kai-schek (1887–1975) begann. 1947–50 eroberte seine Rote Armee ganz China und verdrängte die Nationalchinesen vom Festland. Am 1. Oktober 1949 rief er die Volksrepublik China aus.

Mao Tse-tung

Welches Amt übernahm im Jahr 2000 Hillary Clinton?

● Hillary Clinton (*1947), die Ehefrau des ehemaligen US-Präsidenten Bill Clinton (*1946), wurde im Jahr 2000 zur Senatorin des Staates New York gewählt.

Welchen Status gaben sich 1955 die Staaten, die weder der NATO noch dem Warschauer Pakt angehören wollten?

● In Bandung auf Java trafen sich Vertreter von 23 asiatischen und sechs afrikanischen Staaten zu einer Konferenz, auf der sie sich für blockfrei, also keinem der Machtblöcke zugehörig, erklärten. Die blockfreien Staaten, zu denen auch die Volksrepublik China gehörte, verpflichteten sich zur „aktiven Neutralität" und schlossen sich zum Kampf gegen die „Ausbeutung der unterentwickelten Länder" und damit gegen den Kolonialismus zusammen.

Welche Annahmen versuchte der Norweger Thor Heyerdahl mit seinen abenteuerlichen Bootsfahrten zu untermauern?

● Mit der 4000 Kilometer langen Fahrt auf dem aus Balsaholz gebauten Floß Kon-Tiki von Peru nach Tahiti wollte Heyerdahl (1914–2002) die These beweisen, die Südseeinseln seien von Südamerika aus besiedelt worden. Die Fahrt mit einem Papyrusboot von Afrika in die Karibik sollte zeigen, dass die Ägypter schon lange vor Kolumbus (1451–1506) in Amerika hätten sein können.

Das Floß Kon-Tiki

Wie heißen die UN-Soldaten, die in Krisengebieten eingesetzt werden?

● Die Vereinten Nationen senden auf der Grundlage eines Mandats die so genannten Blauhelme in Krisengebiete. Die bewaffneten Soldaten sollen dort zur Sicherung des Friedens beitragen.

Welches Terrornetzwerk gründete Osama bin Laden?

● Der in Saudi-Arabien geborene Millionär Osama bin Laden (* um 1957) gründete das internationale Terrornetzwerk Al-Qaida (arab. „die Basis"), das im September 2001 mit Passagierflugzeugen die Anschläge auf das World Trade Center und das Pentagon verübte. Wo sich der Anführer des Netzwerkes extremistischer Islamisten aufhält, ist nicht bekannt. Ziel der Terrorgruppe ist der Kampf gegen nichtislamische Regierungen, insbesondere gegen die USA und gegen Israel.

Was ist ein Konsul?

● Ein Konsul ist ein hoher Staatsbeamter. In der Römischen Republik gab es zwei Konsuln, die obersten Beamten, die auf ein Jahr gewählt wurden. Sie befehligten im Krieg auch die römische Armee. Während der Französischen Republik waren Konsuln ebenfalls die höchsten Staatsbeamten. Napoleon (1769–1821) selbst war Erster Konsul, der, beraten von zwei weiteren Konsuln, Gesetze erließ und Offiziere, Richter, Beamte und Senatsmitglieder ernannte. Seit dem 19. Jahrhundert ist der Konsul ständiger Vertreter eines Staates in einem anderen und besonders für Wirtschaftsfragen zuständig.

Warum verkaufte Russland 1867 seinen Besitz Alaska für 7,2Millionen US-Dollar an die USA?

● Das riesige Territorium, das heute den größten Bundesstaat der USA bildet, war aufgrund seiner Entfernung für Russland zur Belastung geworden. Das Zarenreich legte mehr Wert auf den Ausbau der Verbindungen innerhalb des Reiches und strebte daher eine Ausdehnung in den asiatischen und pazifischen Raum an.

An wen verlor der japanische Kaiser ab 1192 seinen Einfluss?

● Ab 1192 übernahmen die Schogune die Regierung in Japan. Sie waren Fürsten, die vom Kaiser zu Heerführern ernannt worden waren. Der Kaiser regierte zwar seitdem nicht mehr, behielt aber seinen Status als Gottheit und wurde als „Sohn der Sonne" verehrt.

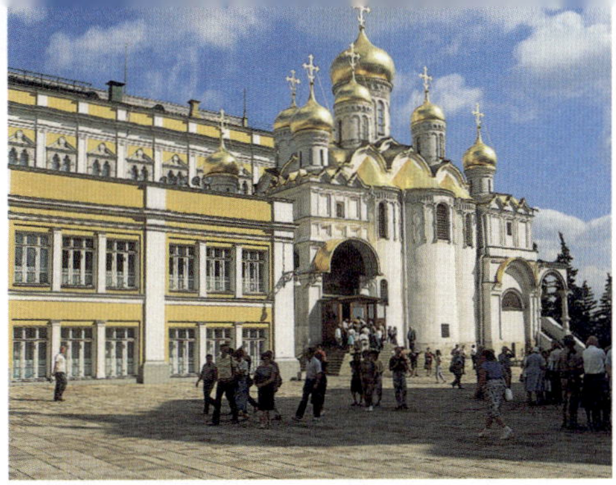

Der Kreml

Wessen Herrschersitz war und ist der Kreml?

● Der Herrscher Russlands. Im Mittelalter hatten die Großfürsten ihre Residenzen im Moskauer Kreml. Auch hohe Staatsbeamte lebten dort, während der Zar selbst nicht hier wohnte. Von 1918 bis 1991 residierten die Staats- und Parteichefs der Sowjetunion im Kreml.

Was geschah am so genannten D-Day?

● Als D-Day, eigentlich der Tag eines strategisch geplanten Militäreinsatzes (engl. day-day, „Tag-Tag"), ging der 6.6.1944 in die Geschichte ein, der Tag, an dem die Alliierten in der französischen Normandie landeten und Frankreich von der Naziherrschaft befreiten. Am 6.6.2004 fand in Caen eine große Feier zum 60. Jahrestag des D-Day statt, an der zahlreiche Staatsoberhäupter und Tausende von Veteranen teilnahmen.

Der Begriff der Demokratie als Herrschaft des Volkes stammt bereits aus dem alten Griechenland. Welche Hauptformen der Demokratie existieren heute als Regierungsform moderner Staaten?

● Man unterscheidet heute im Wesentlichen die direkte Demokratie, bei der das Volk selbst in Volksversammlungen politische Entscheidungen fällt, wie z. B. in einigen Kantonen der Schweiz, und die repräsensentative Demokratie, in der das Volk das Parlament wählt und ihm stellvertretend die Entscheidungsbefähigung überträgt. Eine repräsentative Demokratie ist z. B. die BR Dtl.

Wo lag der römische Hadrianswall?

● An der Nordgrenze der römischen Provinz Britannien. Kaiser Hadrian (76–138) ließ damit 122–136 die Provinz vor den Einfällen der Kaledonier, den Vorfahren der Schotten, schützen. Er verlief zwischen dem Solway Firth und der Mündung des Tyne. Sein Verlauf bildet heute noch die Grenze zwischen Schottland und England.

Hadrian

Der Hadrianswall

Worum ging es im Amerikanischen Bürgerkrieg?

● Es ging um die Einheit der Nation und die Abschaffung der Sklaverei. Der Wahlsieg des Rechtsanwalts Abraham Lincoln (1809–65), der sich gegen die insbesondere im Süden der USA auch ökonomisch wichtige Sklaverei wandte, im November 1860 hatte die Abspaltung (Sezession) von South Carolina und zunächst sechs weiteren Südstaaten von den Staaten des Nordens zur Folge. Die Konföderierten (Confederate States of America), wie sich die Südstaaten nun nannten, wählten den Großgrundbesitzer Jefferson Davis (1808–89) zu ihrem Präsidenten. Präsident Lincoln erkannte die Konföderierten nicht als unabhängige Staaten an und appellierte an sie, die Einheit wiederherzustellen. Im April 1861 eröffneten die Sezessionisten das Feuer, im April 1865 waren sie besiegt. Die Einheit der Union war wiederhergestellt, die Sklaverei wurde durch den 13. Verfassungszusatz verboten. Am 14. April 1865 wurde Lincoln von dem fanatischen Südstaatenanhänger J.W. Booth (1838–65) ermordet.

Welches Land wurde 1997 in Demokratische Republik Kongo umbenannt?

● Der Rebellenführer Laurent-Désiré Kabila (1939– 2001) nannte den Staat Zaire nach dem Umsturz im Mai 1997 Demokratische Republik Kongo. Kabila hatte Mobuto Sese-Seko (1930–1997) gewaltsam abgesetzt und wurde neuer Präsident des Landes.

Welche Grundregel ist beim Unterzeichnen von Staatsverträgen unerlässliche Voraussetzung?

● Im internationalen Recht basieren Staatsverträge auf der Voraussetzung, dass die Vertragspartner den Vertrag „bona fide", also in ehrlicher Absicht, unterzeichnen und dass die Verträge „guten Glaubens" erfüllt werden. Ein bewusst unrechtes Handeln würde als „mala fide" bezeichnet.

Was feiern die Amerikaner am 4. Juli?

● Der 4. Juli ist der Amerikanische Unabhängigkeitstag. An diesem Nationalfeiertag gedenkt man in den USA der Unabhängigkeitserklärung der 13 Kolonien am 4.7.1776.

Woher kommt der Begriff Politik der offenen Tür?

● Ende des 19. Jahrhunderts verlangten v. a. Großbritannien und Amerika von China „the open door for all nations' trade" („die offene Tür für den Handel aller Nationen").

Heute verwendet man den Begriff losgelöst vom historischen Hintergrund allgemein als Offenlegung der Absichten einer Regierung oder auch eines Unternehmens.

Welcher amerikanische Präsident besuchte als erster nach dem Vietnamkrieg wieder das ostasiatische Land?

Bill Clinton (*1946), der als erster US-Präsident am 17. November 2000 in Vietnam eintraf und dort ein Handelsabkommen schloss. Zudem kündigte er Bürgschaften in Höhe von 200 Millionen Dollar für US-Investitionen in Vietnam an.

Wer wurde 1997 Generalsekretär der Vereinten Nationen (UNO)?

Am 1. Januar 1997 wurde der aus Ghana stammende Wirtschaftswissenschaftler und Politiker Kofi Annan (*1938) UNO-Generalsekretär. Er ist der erste Farbige und UN-Beamte, der in dieses Amt gewählt wurde.

Wer entdeckte Amerika?

Am 3. August 1492 stach der in spanischen Diensten stehende genuesische Seefahrer Kolumbus (1451–1506) mit den drei Karavellen Niña, Pinta und Santa Maria von Palos de la Frontera in See. Am 12. Oktober 1492 landete er auf den Bahamas und glaubte, den westlichen Seeweg nach Indien entdeckt zu haben.

Welcher US-amerikanische Sozialwissenschaftler geriet 1996 mit seinem Buch über die NS-Zeit in die öffentliche Diskussion?

Daniel Jonah Goldhagen (*1959), Professor an der Harvard-Universität Cambridge, hatte in seinem 1996 erschienenen Buch Hitlers willige Vollstrecker die These aufgestellt, die antisemitische Einstellung der Bevölkerung habe die Verbrechen der NS-Diktatur gefördert. Goldhagen diskutierte in Deutschland selbst mit Vertretern von Politik und Medien öffentlich über sein Buch. Zahlreiche deutsche Darstellungen über die NS-Zeit sind als Antwort auf Goldhagens Thesen erschienen.

Die Wahl welches amerikanischen Präsidenten löste den Amerikanischen Bürgerkrieg aus?

Abraham Lincoln

Die Wahl Abraham Lincolns (1809–65), der den einseitigen Austritt der elf Südstaaten aus den USA nicht hinnehmen wollte und für die Einheit der Nation kämpfte. Weniger engagiert war er in der Frage der Sklavenbefreiung, die er eher moderat verfolgte.

Wer wurde nach Nelson Mandela südafrikanischer Staatspräsident?

Nachfolger von Nelson Mandela (*1918) im Amt des Staatspräsidenten Südafrikas ist seit 1999 Thabo Mbeki (*1942), der ab 1994 Vizepräsident der Republik Südafrika gewesen war.

Welcher US-amerikanische Politiker hatte Pläne für das Nachkriegsdeutschland entwickelt, die dieses zum Agrarland gemacht hätten?

Nach den Plänen des US-Finanzministers Morgenthau (1891–1967; Morgenthauplan) sollte Deutschland nach 1945 aufgeteilt, die Wasserstraßen und das Ruhrgebiet internationaler Kontrolle unterstellt und die Industrie demontiert werden.

Was ist eine Polis?

Eine Polis (griech. „Stadt") war im antiken Griechenland ein Stadtstaat. Die Polis war eine Gemeinschaft von Bürgern, für die es feste soziale und ethnische Zugehörigkeitskriterien gab und die sich z. B. gegen Sklaven und Fremde klar abgrenzte. Sie war gekennzeichnet durch die Selbstverwaltung der Vollbürger. Diese traten regelmäßig zur Volksversammlung zusammen und konnten in den Rat gewählt oder durch Los aufgenommen werden.

An wen verloren in Russland die Zaren ihre Macht?

● Zunächst an gemäßigte demokratische Kräfte unter Alexandr Kerenski (1881-1970), schließlich aber an die radikalen russischen Sozialisten. Diese „Bolschewiki" (Mehrheitler) beseitigten 1917 unter der Führung Wladimir Iljitsch Lenins (1870-1924) endgültig das zaristische Regime und setzen am 8. November 1917 eine Regierung der Volkskommissare ein. Zar Nikolaus II. (1868–1918) hatte bereits am 15. März 1917 abgedankt und war gefangen genommen worden.

Was versteht man unter dem Louisiana Purchase?

● Die USA kauften im Jahr 1803 für 15 Mio. Dollar von Frankreich Louisiana, das riesige Gebiet zwischen dem Mississippi und den Rocky Mountains, das die Franzosen erst kurz zuvor von Spanien erworben hatten. Das Gebiet der USA wuchs damit auf die doppelte Größe seiner vorherigen Ausdehnung.

Welche Ziele hat die islamisch-fundamentalistische Hamas?

● Ziel der Hamas (arab. „Eifer") ist es, in den palästinensischen Autonomiegebieten einen islamischen Staat zu gründen. Jede Aussöhnung mit Israel wurde lange Zeit abgelehnt. Dadurch kam immer wieder auch zu Konflikten zwischen den Anhängern der Hamas und der palästinensischen Regierung, die letztlich die Destabilisierung der palästinensischen Regierung und die ständigen Gefährdung des Waffenstillstands zwischen Israel und den palästinensischen Autonomiegebieten zur Folge hatten.

Welche umwälzenden Ereignisse stehen an der Wende zwischen Mittelalter und Neuzeit?

● 1445 erfand der Mainzer Johannes Gutenberg (um 1397–1468) den Buchdruck mit beweglichen Lettern. 1492 entdeckte Christoph Kolumbus (1451–1506) Amerika; der Horizont öffnete sich buchstäblich „neuen Ufern". 1517 leitete der Mönch Martin Luther (1483–1546) in Wittenberg die Reformation ein. Ein zentrales Fundament des Mittelalters – die Einheit der Kirche – wurde damit zum Einsturz gebracht.

Martin Luther

Johannes Gutenberg

Wie hieß die Gemahlin des ägyptischen Herrschers Amenophis IV., der den Beinamen Echnaton trug?

● Amenophis IV. (um 1364–1334 v. Chr.) war mit Königin Nofretete (ägypt. „die Schöne ist gekommen") verheiratet. Ihre Modellbüste wurde 1912 bei Ausgrabungen gefunden.

Unter welchem antiken Herrscher gab sich der Stadtstaat Athen eine demokratische Verfassung?

● Athen erhielt 508/507 v. Chr. unter Kleisthenes (um 570–507 v. Chr.) eine demokratische Verfassung, nachdem dieser den Herrscher Isagoras vertrieben hatte. Die Bürgerschaft wurde in Demen (Gemeinden) gegliedert. Zehn neue Stammesverbände (Phylen) wurden gegründet, die jeweils 50 Mitglieder in den neuen Rat der Fünfhundert entsandten.

Was verstand man in Griechenland ursprünglich unter einem Tyrannen?

● Der Begriff „Tyrann" wurde ursprünglich für einen Alleinherrscher gebraucht, der kein König war. Mit der Ausbildung der athenischen Demokratie wurde das Wort zur Bezeichnung für einen machtbesessenen Alleinherrscher, der rechtswidrig und gewalttätig die Herrschaft an sich brachte.

Welche Spezialtruppe überwacht seit Juni 1999 die Sicherheit im Kosovo?

● Die UN hat seit dem Sommer 1999 im Kosovo zeitlich unbefristet die bewaffnete Schutztruppe Kosovo Force (KFOR) in der ehemaligen jugoslawischen Provinz Kosovo stationiert. Die serbischen Truppen hatten sich nach einem mehrere Wochen dauernden Luftkrieg der NATO gegen Jugoslawien aus der Provinz zurückgezogen.

Welcher König führte die Juden in die bereits in der Bibel überlieferte Babylonische Gefangenschaft?

● Nach der Vorherrschaft der Assyrer führte der babylonische König Nebukadnezar II. (602–562 v. Chr.) das Reich zu seiner höchsten Blüte. Er war es auch, der die Juden in die Babylonische Gefangenschaft brachte. Im Jahr 539 v. Chr. wurde das Reich des letzten babylonischen Königs Nabonid (555–539 v. Chr.) durch die Perser zerstört. So war es bereits im Menetekel prophezeit worden, das im Buch Daniel dokumentiert ist.

Warum bildeten die Ägypter nicht mehrere voneinander entfernte Stadtstaaten aus, wie es in ihrer Zeit üblich war, sondern einen zentralen Flächenstaat?

● Weil zur Ausbildung der ägyptischen Hochkultur das fruchtbare Nildelta maßgeblich beitrug. Das Wasser des Nils ermöglichte den Anbau von Getreide und Obst und stellte die Existenzgrundlage des Volkes sicher.

Wer war Ho Chi Minh?

Ho Chi Minh

● Ho Chi Minh (1890–1969) war der Präsident des sozialistischen Nordvietnam, unter dessen Führung das Land in den Krieg gegen den westlich orientierten Süden und die USA hineingezogen wurde.

Wozu verpflichteten sich die Unterzeichnenden des Briand-Kellogg-Paktes?

● Die Unterzeichnenden dieses Vertrages verpflichteten sich, auf Krieg als Mittel der Politik zu verzichten. Am 27. August 1928 unterzeichneten in Paris Vertreter Belgiens, Deutschlands, Frankreichs, Großbritanniens, Italiens, Japans, Polens, der Tschechoslowakei und der USA den Vertrag. Bis zum Jahr 1939 waren 63 Staaten diesem Vertrag beigetreten, dessen völkerrechtliche Regeln Bestandteil der UN-Satzung wurden.

Was versteht man im heutigen politischen Sprachgebrauch unter Immunität?

● Im politischen Sprachgebrauch bedeutet Immunität, dass Abgeordnete und Diplomaten während ihrer Amtszeit nicht strafrechtlich verfolgt werden können. Durch den Beschluss des Parlaments, zu dem ein Abgeordneter gehört, kann seine Immunität allerdings aufgehoben werden.

Was verstand man im antiken Griechenland unter einer Agora?

● Die Agora war der zentrale Platz, der den Mittelpunkt einer griechischen Polis bildete und von allen Bürgern erreicht werden konnte. Dort spielte sich das öffentliche politische Leben und die identitätsstiftende direkte Kommunikation der Bürger ab. In Rom bildete das Forum diesen Ort öffentlicher politischer Kommunikation.

Wo liegt die Verbotene Stadt und warum heißt sie so?

● Die Verbotene Stadt liegt im heutigen Beijing (Peking). Sie stellt das Kernstück der Kaiserstadt dar und beherbergte seit Kubilai Khan (1215–94) den Palast der chinesischen Kaiser. 500 Jahre lang war es bei Todesstrafe verboten, den von einem 50 m breiten Wassergraben sowie von einer über 10 m hohen Mauer umgebenen Bezirk zu betreten.

Die Verbotene Stadt in Beijing

Was wurde den Inuit 1999 von Kanada zugestanden?

● Am 1. April 1999 erhielten die Inuit, die kanadischen Ureinwohner, ihre eigene Provinz, Nunavut, die sie eigenständig regieren und verwalten.

Welche Bedeutung hat der Zwei-plus-Vier-Vertrag?

● Die Siegermächte des Zweiten Weltkrieges (USA, Frankreich, Großbritannien und Sowjetunion) schlossen den Vertrag 1990 mit den beiden deutschen Staaten. Vor der Wiedervereinigung legten die Parteien die Oder-Neiße-Linie als Grenzen zu Polen sowie die Reduzierung der Bundeswehr fest. Der Vertrag war Grundlage der Zustimmung der vier Siegermächte zur Wiedervereinigung Deutschlands.

Durch welche Interessen unterschied sich Russland als imperialistische Großmacht im Osten im 19. Jahrhundert von anderen Staaten?

● Da es immer wieder Konflikte mit England und Österreich um die freie Durchfahrt durch die Meerengen gab, wollte man nach Ostasien und in das Osmanische Reich expandieren. Dadurch erhoffte man sich den Zugang zu den Meerengen und die Absicherung der eigenen Grenzen.

Was bezeichnet man als den Nahostkonflikt?

● Den Konflikt zwischen dem Staat Israel und seinen arabischen Nachbarstaaten sowie der Palästinensischen Befreiungsorganisation (PLO). Es geht dabei um die staatliche Gestaltung des ehemaligen britischen Mandatsgebietes Palästina. Der Konflikt entstand mit dem Rückzug Großbritanniens aus Palästina (15.5.1948) und der Ausrufung des Staates Israel (14.5.1948).

Worum ging es bei der Boston Tea Party?

● Im Hafen von Boston versenkten am 16. Dezember 1773 als Indianer verkleidete Einwohner der Stadt 342 Kisten Tee der East India Company von deren Schiffen aus im Wasser. Damit protestierten sie gegen die von den Briten auf Tee erhobene Steuer.

Wer gab am 28. Juni 2004 die Souveränität an den Irak zurück?

● Die amerikanische Zivilverwaltung, die seit dem Ende des Dritten Golfkrieges (1.5.2003) den Irak verwaltete, übergab die Souveränität an die bereits am 1. Juni 2004 neu konstituierte irakische Übergangsregierung. Interimspräsident wurde der sunnitische Stammesführer Ghasi al-Jawer (*1958) und Regierungschef wurde Ijad Allawi (*1945). Trotzdem blieben mehr als 150.000 ausländische Soldaten weiterhin im Irak stationiert.

Welche Organisation gründete Malcolm Little in den USA?

● Malcolm Little (1925-65), genannt Malcolm X, gründete die Organisation der Afro-Amerikanische Einheit. Zunächst hatte sich der Bürgerrechtler den radikalen Black Muslims angeschlossen, mit denen er sich aber zerstritt. Er gründete eine in vielen Fragen moderatere Organisation, was einige Kreise innerhalb der Black Muslims nicht hinnehmen wollten: Angeblich waren sie es, die ihren ehemaligen Weggefährten 1965 hinterrücks erschießen ließen.

Malcolm X

Wer kontrollierte bis zum Jahr 1999 den Panamakanal?

● Der Kanal zwischen Atlantik und Pazifik war nach seiner Fertigstellung im Jahr 1914 von den USA kontrolliert worden. Seit 1979 hatte eine Kanal-Kommission unter Führung der USA die Oberaufsicht über den Seeweg. 1999 übergaben die USA die Kontrolle über den Kanal an Panama.

Was drückte der Satz No Taxation without Representation (engl. „Keine Steuer ohne Mitwirkung") aus?

● In dem Satz ist der Protest der amerikanischen Kolonisten gegen das 1765 erlassene Stempelsteuergesetz (Stamp Act) der britischen Regierung zusammengefasst. Die darin von Großbritannien geforderte direkte Steuer wurde von den Kolonisten als Angriff auf ihre Freiheit betrachtet und als Verstoß gegen die traditionelle britische Verfassung, nach der Steuern nur durch das Volk bzw. seine Vertreter beschlossen werden können. Das Stempelsteuergesetz war jedoch ohne Mitwirkung der Kolonien im Parlament von Westminster beschlossen worden.

Warum wird Zar Iwan IV. Wassiljewitsch auch Iwan der Schreckliche genannt?

● Angeblich weil er, vom Verfolgungswahn besessen, ein Terrorregime errichtete, dem sowohl höhere Aristokraten als auch Geistliche zum Opfer gefallen sein sollen. Mit 17 Jahren hatte sich der Großfürst von Moskau zum ersten Zaren von ganz Russland krönen lassen. Zwar hatte das Land unter Iwans (1530–84) Herrschaft wegen ruinöser Kriege gegen Polen-Litauen und Schweden zahlreiche Verwüstungen zu erleiden, der wenig schmeichelhafte Beiname „der Schreckliche" ist allerdings eine Erfindung seiner politischen Gegner .

Iwan der Schreckliche

Welche Umwälzungen löste die Industrielle Revolution aus?

● Bahnbrechende Erfindungen wie die Dampfkraft führten seit dem 18. Jahrhundert von England ausgehend zu tief greifenden Veränderungen in industrieller Produktion und Arbeitsabläufen. Arbeitsteilige, maschinelle Herstellung in Fabriken verdrängte Handwerksbetriebe und Manufakturen. Das entstandene Eisenbahnnetz erschloss neue Märkte und entwickelte im Transport eine neue Dynamik.

Welche Kolonie gab Portugal im Jahr 1999 an China zurück?

● Am 20. Dezember 1999 gab Portugal seine letzte Kolonie, das südwestlich von Hongkong gelegene Macao, an die Volksrepublik China zurück.

Welche Inselgruppe wurde vom Diktator Ferdinand E. Marcos 21 Jahre mit brutaler Gewalt regiert und ausgebeutet?

Ferdinand E. Marcos

Die Philippinen. Marcos (1917–89) regierte das Land mit Unterstützung der USA und des Militärs mit eiserner Hand und erschlich sich dabei ein Vermögen von rund 20 Mrd. Euro. Als er sich 1986 einem Putsch der oppositionellen Kräfte gegenübergestellt sah, floh der Diktator ins Ausland.

Unter welchem Namen ist der letzte König von Lydien, der im 6. Jahrhundert v. Chr. regiert hat, auch bekannt?

Der letzte König von Lydien ist auch unter dem Namen Krösus (595–nach 526 v. Chr.) bekannt und wurde wegen seines sagenhaften Reichtums in der Umgangssprache zur Allegorie für einen unvorstellbar wohlhabenden Menschen.

Was ist die Bronzezeit?

Eine Kulturstufe zwischen Steinzeit und Eisenzeit, in der Bronze der wichtigste Werkstoff für Waffen, Geräte und Schmuck war. Die ältesten Bronzegeräte traten in Mesopotamien, Kreta und Ägypten auf (um 2500 v. Chr.).

Woher kommt der Begriff Proletariat?

Ursprünglich wurden im alten Rom die Besitzlosen Proletarier genannt, die nichts als ihre Nachkommen besaßen (lat. proles, „die Nachkommen") und daher auch keine Steuern zahlen konnten. Karl Marx (1818-83) schließlich bezeichnete die Arbeiterklasse, die mit der Industrialisierung als neue Gesellschaftsschicht entstanden war, als modernes Proletariat.

Welche Nachbarn der Babylonier übernahmen im 13. Jahrhundert v. Chr. die Macht im Mittleren Osten?

Die Assyrer, die das Gebiet von Assur im Zweistromland am Mittleren Tigris bewohnten, wurden im 13. Jahrhundert v. Chr. zu einem mächtigen Volk. Im Jahr 612 v. Chr. wurden sie von den Babyloniern und Persern besiegt und ihr Reich wurde vollständig vernichtet.

Welche Länder schlossen sich 1815 zur Heiligen Allianz zusammen und was waren ihre Ziele?

Auf Anregung des Zaren schlossen sich 1815 die Monarchen Russlands, Österreichs und Preußens zusammen. Zahlreiche Fürsten kamen später dazu. Großbritannien gab eine Sympathieerklärung ab. Die Monarchen verpflichteten sich auf die christlichen Gebote der Gerechtigkeit, der Liebe und des Friedens und zur gegenseitigen brüderlichen Hilfe. Durch den Einfluss Fürst Metternichs (1773–1859) entwickelte sich die Heilige Allianz zu einem Bündnis gegen liberale und nationale Bestrebungen, das zum Inbegriff der Restauration wurde.

Wo regelte das Zwölftafelgesetz die Rechte von Plebejern und Patriziern?

In Rom um 450 v. Chr. Ausgearbeitet wurde es durch eine Zehnmännerkommission. Anfänglich waren es zehn Bronzetafeln, denen dann noch zwei weitere folgten, die das Privat-, Straf- und Sakralrecht regelten. Diese Tafeln wurden auf dem Forum Romanum öffentlich aufgestellt und bildeten bis in die frühe Kaiserzeit die Grundlage des gesamten Rechtswesens.

Wofür kämpfen die Kurden besonders in der Türkei?

Die 20 Millionen Kurden, von denen etwa 50 % in der Türkei leben, wo sie eine unterdrückte Minderheit bilden, fordern als Volk mit eigener Kultur und Sprache auch ein eigenes Staatsgebiet. In Ostanatolien entstand Ende der 1980er-Jahre eine kurdische Separatistenbewegung.

Was wurde am 4. Juli 1776 in einem von Thomas Jefferson (1743–1826) entworfenen Dokument verkündet?

● Die Amerikanische Unabhängigkeitserklärung (Declaration of Independence), in der 13 britische Kolonien in Nordamerika ihre Loslösung vom Mutterland Großbritannien verkündeten. Aus diesem Grund ist der 4. Juli in Amerika der Unabhängigkeitstag (Independence Day).

Thomas Jefferson

Wer entscheidet in den USA über Gesetzesvorlagen?

● In den USA hat der Kongress die gesetzgebende Gewalt. Sowohl der Senat als auch das Repräsentantenhaus müssen eine Gesetzesvorlage annehmen.

Wer wurde am 26. März 2000 zum Präsidenten Russlands gewählt?

● Russischer Staatspräsident ist seit dem 26. März 2000 Wladimir Putin (*1952). Er war zuvor Chef des Geheimdienstes und seit dem 31. Dezember 1999 Übergangspräsident, nachdem Boris Jelzin (*1931) von seinem Amt zurückgetreten war.

Womit begründeten die USA den Eintritt in den Vietnam-Krieg?

● Die USA fürchteten, dass es nach dem Zweiten Weltkrieg zu einer immer weiteren Ausbreitung des Kommunismus kommen könnte, insbesondere in Südostasien. Sie beschrieben diese Situation mit der so genannten Dominotheorie, nach der, wie bei den aufgereihten Dominosteinen, der Sturz eines Regimes den Fall weiterer automatisch nach sich zieht.

Woher kommt das so genannte Vetorecht?

● Aus dem alten Rom. Mit ihrem Veto (lat. „ich verbiete") konnten die römischen Volkstribunen Senatsbeschlüsse und Amtshandlungen verbieten. Dieses Einspruchsrecht kommt in modernen Staaten meist dem Staatsoberhaupt gegenüber Parlamentsbeschlüssen zu, wobei es häufig nur eine aufschiebende (suspensive) Wirkung hat.

Warum konnte die Wahl des 43. US-Präsidenten erst fünf Wochen nach der Abstimmung entschieden werden?

● Da zunächst keiner der beiden Kandidaten eine klare Mehrheit erreicht hatte, wurden die Stimmzettel in Florida noch einmal per Handauszählung überprüft. Am 13.12.2000 stand George W. Bush (*1946) schließlich als neuer Präsident der USA fest.

Weshalb traten die USA in den Ersten Weltkrieg ein?

Zu Beginn des Ersten Weltkrieges erklärten die USA ihre Neutralität. Als allerdings 1915 das britische Passagierschiff Lusitania angegriffen wurde und zahlreiche US-Amerikaner umkamen, die Deutschen ihren U-Boot-Krieg ausweiteten und deutsche Bündnispläne mit Mexiko publik wurden, traten die USA 1917 in den Krieg ein. Begünstigt wurde dies durch eine immer stärker werdende antideutsche Stimmung im Land.

Was wird in der Genfer Flüchtlingskonvention geregelt?

● Durch die Genfer Flüchtlingskonvention von 1952 wird die Anerkennung von Flüchtlingen in ihrem Zufluchtsland geregelt und über ihr Aufenthaltsrecht entschieden. Die Entscheidung über die Anerkennung von Asylbewerbern ist dadurch nicht geregelt.

Wer war der erste demokratisch gewählte Präsident Russlands?

● Boris Jelzin (*1931). Er hatte sich in den 1980er-Jahren als Verfechter von Gorbatschows Reformprogramm der Perestroika (russ. „Umgestaltung") hervorgetan. Seit einem Umsturzversuch im Oktober 1993 regierte Jelzin teilweise mit autoritären Mitteln oder dem Instrument der Willkür. Seit 1996 war er gesundheitlich angeschlagen und konnte seinen Amtsgeschäften oft nur eingeschränkt nachgehen.

Boris Jelzin

Welche ägyptische Herrscherin war sowohl für ihre geschickte Machtpolitik als auch wegen ihrer verführerischen Schönheit berühmt?

● Die ägyptische Herrscherin Kleopatra VII. (69–30 v. Chr.). Sie hatte eine Liebesbeziehung mit Caesar (100–44 v. Chr.) und heiratete nach Caesars Tod den Triumvirn Marcus Antonius (um 82–30 v. Chr.). Nachdem Alexandria von Augustus (63 v. Chr.–14 n. Chr.) erobert worden war, begingen Kleopatra und Antonius Selbstmord.

Wer verkündete 1941 die Atlantikcharta?

● Am 14. August 1941 veröffentlichten der amerikanische Präsident Franklin Delano Roosevelt (1882–1945) und der britische Premierminister Winston Churchill (1874–1965) an Bord des britischen Schlachtschiffes Prince of Wales eine gemeinsame Erklärung, die zur Grundlage der Erklärung der Vereinten Nationen werden sollte. Darin wurden in acht Punkten u. a. das Selbstbestimmungsrecht der Völker, der gegenseitige Verzicht auf Annexionen, der freie Zugang zu den Rohstoffen der Erde und der Aufbau eines kollektiven Sicherheitssystems gefordert.

Wer waren die Roten Khmer?

● Die kommunistische Guerillabewegung Kambodschas, die in einem Bürgerkrieg (1970–75) kämpften und unter ihrem Anführer Pol Pot (1928–98) ein von 1975–79 dauerndes Terrorregime aufbauten.

Wer sind die fünf ständigen Mitglieder des Weltsicherheitsrates?

● Ständige Mitglieder des Weltsicherheitsrates, der als UN-Organ v. a. die Aufgabe hat, den Weltfrieden aufrecht zu erhalten, sind China, Frankreich, Großbritannien, Russland und die USA. Außerdem gehören der Organisation zehn nichtständige Mitglieder für jeweils zwei Jahre an.

Zwischen welchen Regierungszentren wurde 1963 ein heißer Draht eingerichtet?

● Als Konsequenz aus der Kubakrise beschlossen die USA und die Sowjetunion unter Leonid Breschnew (1906–82), eine ständige Telefonleitung zwischen Moskau und Washington einzurichten. Über diesen „heißen Draht" sollte es bei auftretenden Spannungen sofort zu einer Klärung kommen.

Worauf bezieht sich die in der Geschichtsschreibung übliche Bezeichnung einiger Epochen als Metallzeit (Bronzezeit, Eisenzeit)?

● Die Bezeichnung richtet sich nach dem in diesem Zeitalter jeweils wichtigsten Werkstoff für die Herstellung von Werkzeugen und Waffen. Ab ca. 2500 v. Chr. begann man in Mesopotamien (in Mitteleuropa ab 1700 v. Chr.), Werkzeuge und Waffen aus Bronze, einer Mischung aus Kupfer und Zinn, herzustellen. Nach 1400 v. Chr. wurden diese Geräte in Mesopotamien aus Eisen gemacht (in Mitteleuropa ab 800 v. Chr.).

Welche Merkmale wiesen die seit etwa 3000 v. Chr. entstehenden Hochkulturen auf?

● Geschichtsforscher bezeichnen diejenigen Kulturen als Hochkulturen, die bereits eine zentrale Regierung kennen, Bewässerungsanlagen und wirtschaftliche Einrichtungen planen, Städte und Staaten ausbilden, eine Schrift benutzen und einen umfangreichen religiösen Kult praktizieren. Diese Kulturen entstanden zunächst in den großen fruchtbaren Tälern von Strömen wie Euphrat und Tigris, Nil, Hoangho und Indus.

Wer gilt als der bedeutendste Asienreisende des Mittelalters?

Marco Polo

● Marco Polo (1254–1324). Mit seinem Onkel und seinem Vater gelangte er bis in die Mongolenhauptstadt Kambaluk (Peking / Beijing) an den Hof von Kubilai Khan (1215–94). Als Gesandter dieses Kaisers reiste Marco Polo bis nach Südchina, Burma (heute Myanmar) und Indien. Erst 24 Jahre später kehrte er nach Venedig zurück. Er zeichnete in seinen Beschreibungen der Welt ein völlig neues Bild der Erde.

Was war der so genannte Nero-Befehl Hitlers?

● Nachdem auch Hitler (1889–1945) erkannt hatte, dass der Zweite Weltkrieg nicht mehr zu gewinnen war, ordnete er an, dass alle für den Feind nutzbaren Industrie- und Versorgungsanlagen zerstört werden sollten. Der mit der diesem Befehl beauftragte Albert Speer (1905–81) verweigerte jedoch die Ausführung.

Was ist die Besonderheit der phönizischen Schrift?

● Die phönizische Schrift ist eine Buchstabenschrift, die nur Konsonanten verwendet und deren Zeichen sich von der Keilschrift Mesopotamiens und den Hieroglyphen der Ägypter unterschied. Die Griechen übernahmen später die phönizischen Zeichen und führten zusätzlich Vokalzeichen ein. Aus der griechischen Schrift entstand schließlich auch das lateinische Alphabet.

Wer waren die römischen Patrizier?

● In Rom waren die Patrizier (lat. pater, „Vater") diejenigen Einwohner, die zu den ältesten Adelsfamilien gehörten. Später nannten sich auch die Mitglieder der reichen Kaufmannsfamilien in den Städten des Spätmittelalters Patrizier.

Von wem wurde das Friedensabkommen von Dayton unterzeichnet?

● Das Friedensabkommen für die Nachfolgestaaten Jugoslawiens, das in Dayton/Ohio ausgehandelt wurde, unterzeichneten am 14.12.1995 Serbien, Kroatien und Bosnien-Herzegowina. Die Umsetzung wurde von den UN-Friedenstruppen IFOR (Implementation Force) und später SFOR (Stabilization Force) kontrolliert.

Warum rief das Nordatlantische Verteidigungsbündnis NATO 2001 erstmals den Bündnisfall aus?

● Wegen der Terroranschläge vom 11. September 2001 in New York und Washington stimmte der NATO-Rat am 12. September darin überein, dass dies als ein Angriff auf das gesamte Bündnis angesehen werde und rief am 2. Oktober erstmals in ihrer Geschichte den Bündnisfall aus. Während der folgenden Maßnahmen gegen den Terrorismus in Afghanistan und im Irak verzichteten die USA jedoch auf NATO-Beteiligung.

Matterhorn

Wann und von wem wurde das **Matterhorn** zum ersten Mal bestiegen?

● Am 14. Juli 1865 erreicht eine Gruppe von sieben Männern unter der Führung des Briten Edward Whymper (1840–1911) den Gipfel nach einem dramatischen Wettlauf mit dem Italiener Carrel (1829–90), der sich mit Whymper nicht über eine gemeinsame Route hatte einigen können.

Wer unternahm im 18. Jahrhundert drei **Weltumsegelungen**?

● Der britische Seefahrer James Cook (1728–79) brach zu drei Weltumsegelungen auf, bei denen er den pazifischen und subantarktischen Raum erforschte. Er entdeckte neben mehreren Inselgruppen Australien und die Hawaii-Inseln. Auf seinen Fahrten legte er mehrere wichtige Karten seiner Reiserouten und der dortigen Küstengebiete an.

Was ersetzt die am 16. Oktober 2002 eröffnete **Alexandrina**?

● Die Bibliothek in der ägyptischen Stadt Alexandria ersetzt die ursprünglich um 300 v. Chr. gegründete Bibliothek von Alexandria. Dort soll das gesamte Wissen der Antike mit etwa 700.000 Papyrusschriftrollen aufbewahrt gewesen sein.

Wie viele Menschen waren vom bisher größten **Stromausfall Nordamerikas** betroffen?

● Ungefähr 50 Millionen US-Amerikaner und Kanadier saßen vom 14. zum 15. August 2003 stundenlang im Dunkeln. In New York, Cleveland, Ohio, Detroit, Michigan, Toronto und Ottawa brach das Stromnetz wegen Überlastung zusammen.

Welcher **deutsche Politiker** war der erste, der eine Rede vor der Knesset in Jerusalem hielt?

● Der deutsche Bundespräsident Johannes Rau (1931–2006) hielt im Februar 2000 als erster deutscher Politiker eine Rede vor dem israelischen Parlament, die in Israel viel beachtet wurde, in Deutschland jedoch weniger Aufmerksamkeit erfuhr.

Was geschah 1945 in der japanischen Stadt **Nagasaki**?

● Am 9. August 1945 warf die US-amerikanische Luftwaffe eine Atombombe über der Stadt ab, drei Tage nach der Zerstörung von Hiroshima. Dabei wurden etwa 70.000 Menschen getötet oder verletzt. Mindestens ein Drittel der Stadt wurde zerstört.

Wofür erhielt der ehemalige US-Präsident **Jimmy Carter** 2002 den Friedensnobelpreis?

● Für seine Beiträge zur Ost-West-Verständigung und für seine Vermittlungen im Nahostkonflikt. Carter (*1924) hatte in seiner Außenpolitik die Menschenrechte als Maßstab für die Beziehungen zu anderen Staaten herausgestellt. Auch seine Kritik an der aggressiven Außenpolitik des amtierenden Präsidenten Georg W. Bush (*1946) wurde vom Nobelpreiskomitee gewürdigt.

Was veranlasst Historiker, nach Moorfunden zu suchen?

Moorleiche

● Die Suche nach stein- und eisenzeitlichen Überresten. Seit der Jungsteinzeit, besonders aber in der Eisenzeit, wurden Opfer- und Votivgaben im Moor versenkt. Sie sind, ebenso wie Moorleichen (z. B. Menschenopfer), perfekt erhalten und geben wertvollen Aufschluss über die Sitten und Gebräuche längst vergangener Zeiten.

Wann wurde der Atomreaktor in Tschernobyl vom Netz genommen?

● Nach dem Atomunglück in der Ukraine im Jahr 1986 blieben Teile des Werkes vorerst in Betrieb. Ein erster Block war dann 1991 vom Netz genommen worden. Die letzten Einheiten des Reaktors wurden am 15. Dezember 2000 heruntergefahren.

Zu welchem Zweck trafen sich im Juni 2004 die Staats- und Regierungschefs der NATO zu einem Gipfeltreffen in Istanbul?

● Um die nach dem Ende des Dritten Golfkrieges notwendigen Maßnahmen zum Wiederaufbau des Irak zu diskutieren. Auf der Konferenz beschloss man zwar, das Land beim Wiederaufbau zu unterstützen, die Hilfe wird allerdings durch permanente Terroranschläge, die das Land seit Kriegsende erschüttern und denen die US-Besatzung ohnmächtig gegenübersteht, erschwert.

Wovon waren die Matrosen Christoph Kolumbus' (1451–1506) beunruhigt?

● Zwar befand man sich mit den drei Karavellen auf modernen Schiffen, als allerdings die Vorräte soweit zur Neige gingen, dass die Rückfahrt auf gleichem Weg immer problematischer erschien, kam es zu Unruhe unter den Matrosen. Als allerdings vorüber fliegende Vögel auf die Nähe von Land hinwiesen, schöpften die Seeleute neue Hoffnung.

Welche Naturkatastrophe erschütterte die Welt am 26.12.2004?

● Ein Seebeben vor der Nordwestküste Sumatras im Indischen Ozean mit einer Stärke von 9,3 auf der Richterskala. Als gegen 8:00 Uhr Ortszeit die Erde bebte, verursachte dies eine riesige Flutwelle, die verheerende Auswirkungen v. a. an den Küsten Indiens, Indonesiens und Sri Lankas hatte. Sogar im tausende Kilometer vom Epizentrum entfernten Ostafrika starben Menschen durch die Flutwelle.

Was waren die Folgen des bis dato verheerendsten Tsunamis der Menschheitsgeschichte?

● Der Tsunami forderte insgesamt über 200.000 Menschenleben, selbst rund ein Jahr nach der Katastrophe wurden noch bis zu 50.000 Menschen vermisst. Eines der gefährlichsten Folgeprobleme war die Verseuchung von Trinkwasserquellen.

Was wurde nach dem verheerenden Tsunami Ende 2004 harsch kritisiert?

● Das völlige Fehlen eines funktionierenden Vorwarnsystems im Indischen Ozean. Tatsächlich ging von Hawaii unmittelbar nach dem Beben eine Warnmeldung aus, die aber in den betroffenen Gebieten niemanden erreichte.

Welche krisengeschüttelte Region wurde im Oktober 2005 von einem so genannten Jahrhundertbeben erschüttert?

● Das Grenzgebiet zwischen Pakistan und Indien. In der Kaschmirregion bebte am

8. Oktober 2005 zwei Minuten die Erde. Ganze Dörfer wurden in der unzugänglichen Bergregion verschüttet – und Hilfe ließ lange auf sich warten. Allein in Pakistan sollen bei dem Beben bis zu 86.000 Menschen gestorben sein, im indischen Teil Kaschmirs starben 1400 Menschen.

Welchen Namen hat Konstantinopel heute?

● Konstantinopel, ursprünglich das griechische Byzanz, hatte 330 von Konstantin dem Großen (280–337) dessen Namen erhalten. Seit der Eroberung durch die Türken 1453 war Konstantinopel die Hauptstadt des Osmanischen Reiches. 1923 wurde die Hauptstadt der Türkei nach Ankara verlegt. Konstantinopel wurde am 28. März 1930 auf Veranlassung Kemal Atatürks in Istanbul umbenannt.

Konstantin der Große

Was war ein Konquistador?

● Wörtlich übersetzt bedeutet der spanische Ausdruck „Eroberer". Die Konquistadoren folgten den Entdeckern Amerikas, sie eroberten das Land, unterwarfen die Bevölkerung im Namen des spanischen Königs. Ihre eigene Motivation war in der Regel materieller Natur, ging es ihnen doch um die Plünderung und Ausbeutung der eroberten Gebiete.

Wer war der erste demokratisch gewählte Sozialist, der in einem südamerikanischen Land an die Macht kam?

● Salvador Allende Gossens (1908–73). Am 4. Oktober 1970 wurde er zum chilenischen Staatspräsidenten gewählt. Er versuchte die ökonomischen Probleme des Landes durch Verstaatlichung von Industriebetrieben zu erreichen. Das sorgte nicht nur bei der konservativen innenpolitischen Opposition für Unruhe: Allende kam 1973 bei einem von den USA unterstützten Militärputsch unter General Pinochet (*1915) um.

Hurrikans sind im Golf von Mexiko keine Seltenheit. Warum wird den Bewohnern des US-amerikanischen Südosten aber der August 2005 wohl lange in Erinnerung bleiben?

● Weil die Folgen des Hurrikans Katrina, der Ende August 2005 über den Südosten der USA fegte, die Menschen vergessen ließen, dass sie in einem der wohl reichsten Länder der Erde lebten. Die Stadt New Orleans stand unter Wasser, 1300 Menschen starben und die Küstenstädte waren völlig verwüstet. Von staatlicher Seite wurden nur langsam Hilfsmaßnahmen ergriffen.

Warum war die Lage in der Stadt New Orleans, nachdem der Hurrikan Katrina über sie hinweggefegt war, besonders schwierig?

● Die Lage der Stadt war deshalb besonders problematisch, weil sie unterhalb des Meeresspiegels liegt. Als zwei Deiche brachen, waren weite Teile gegenüber den Fluten völlig ungeschützt. In der Folge versank New Orleans in bis zu 7,60 Meter hohen Fluten.

Warum gilt der 11. September 2001 als einschneidendes Datum der Weltgeschichte?

● Weil an diesem Tag die USA Ziel von mehreren Terrorangriffen waren. Die islamistischen Terroristen hatten insgesamt vier Passagierflugzeuge entführt und diese in das World Trade Center und in das Pentagon gesteuert. US-Präsident Bush (*1946) nahm in der Folgezeit den auch von der NATO unterstützten internationalen Kampf gegen den Terror zum Anlass für seine Kriege in Afghanistan und im Irak.

Was war das Ziel der meisten Entdeckungsfahrten des 15. und 16. Jahrhunderts?

● Indien. Etwa seit 1400 waren zahlreiche Expeditionen von Europa aus aufgebrochen, um neue Seewege nach Indien aufzutun. Dabei wurde nicht nur erstmals das Südkap Afrikas umschifft, sondern auch – eher zufällig – Amerika entdeckt.

Warum war der mittelalterliche Fernhandel ein sowohl Gewinn bringendes wie riskantes Geschäft?

● Weil wertvolle Güter oft Tausende von Kilometern transportiert werden mussten und dies naturgemäß mit Risiken verbunden war. Überfälle, Krankheiten oder die Härten der Natur gefährdeten die sichere Ankunft der wertvollen Ware. Anderseits war der Verkauf von Fernhandelsgütern ein äußerst Gewinn bringendes Geschäft, bei dem man es – wie z. B. die Augsburger Familie Fugger zeigt – nicht nur zu Reichtum, sondern auch zu politischer Macht bringen konnte.

Von welchem Zaren wurde 1703 Sankt Petersburg gegründet?

Peter der Große

● Von Peter dem Großen (1672–1725), der sein Land der westlichen Kultur öffnen wollte und tief greifende Reformen in Armee, Verwaltung, Kirche und Gesellschaft durchführte. St. Petersburg wurde 1712 Hauptstadt des Russischen Reiches und blieb es bis 1918.

Mit welchem Anliegen trat Christoph Kolumbus vor zwei der wichtigsten Herrscher Europas?

● Der geborene Genueser bat zuerst erfolglos den König von Portugal um finanzielle Unterstützung einer Expedition über den Atlantik, die der Entdeckung einer Westroute zu den reichen Küsten Indiens dienen sollte. Beim spanischen König fand er schließlich – auch gegen einige Widerstände – die notwendige Unterstützung für sein Projekt. So entdeckte Kolumbus (1451– 1506) 1492 den amerikanischen Kontinent, den er aber bis zu seinem Tode für die Ostküste Indiens hielt.

Was verstand man ab 1500 über Jahrhunderte unter dem atlantischen Dreieckshandel?

● Den Handel zwischen Europa, Afrika und Amerika. Zwischen diesen Regionen nämlich wurde Gewinn bringend gehandelt: Man schaffte billige Waren nach Afrika, wo man hierfür Sklaven erhielt, die wiederum nach Amerika weiterverkauft wurden. Dort erhielt man dann wertvolle Rohstoffe, mit denen sich, zurück in Europa, enorme Gewinne erzielen lassen konnten.

Aus welchem Grund schlossen sich die Kaufleute der Renaissance zu Handelsgesellschaften zusammen?

● Um die Schutzmaßnahmen des gefährlichen Ferngütertransports auf mehrere Schultern zu verteilen. Die Kaufleute wollten die nicht geringen Risiken des individuellen Fernhandels verringern und reisten deshalb in sehr großen Gruppen zu ihren Handelszielen, wodurch auch die Finanzierung bewaffneten Schutzes solcher Transporte möglich wurde.

Warum machte man sich gegen Ende des Mittelalters immer häufiger auf die Suche nach neuen Handelsrouten auf den indischen Subkontinent?

● Indien verfügte zwar über zahlreiche Rohstoffe, war aber, nachdem die Türken den Nahen Osten erobert hatten, auf dem Landweg nur schwer zu erreichen. Aus diesem Grund suchten europäische Abenteurer im Namen ihrer Könige alternative Routen. Durchaus beabsichtigt war dabei die Entdeckung des Seeweges rund um die Südspitze Afrikas, unbeabsichtigt dagegen die Entdeckung Amerikas.

Wer besiedelte um 1120 die Osterinsel?

● Polynesier, deren Herkunft nicht völlig geklärt ist; denkbar ist, dass sie aus Südostasien kommend sich über Java und Mikronesien verbreiteten und ab 300 mit der Besiedelung Ostpolynesiens begannen. Charakteristisch für die Osterinsel am Ostrand Polynesiens sind die großen Ahnenstatuen aus Tuffstein. Daneben kannte die polynesische Kultur auf der Insel eine Schrift, die bis heute noch nicht ganz entziffert werden konnte.

Statuen auf der Osterinsel

Was bezeichnet der Begriff Inka?

● Im eigentlichen Wortsinn ein bestimmtes Herrschergeschlecht in den nordwestlichen Anden. Der Begriff wird aber auch synonym für das von Mitgliedern dieser Familie beherrschte Volk verwendet, das bei der Entdeckung Amerikas eine wirtschaftliche, technische, politische und kulturelle Hochphase erlebte. Das Reich der Inka erreichte 1520 seine größte Ausdehnung und wurde von den spanischen Eroberern 1533 zerstört.

Was sind Handelswege?

● Mit dem Begriff „Handelswege“ bezeichnet man häufig genutzte Routen des Warentransports, die verschiedene Handelszentren miteinander verbinden. Seit dem ausgehenden Mittelalter entstand auf dem europäischen Kontinent ein sehr enges Netz von Handelswegen.

Warum war das Marktrecht für die Städte des Mittelalters von großer Bedeutung?

● Weil eine Stadt, nur wenn es über dieses Recht verfügte, auch in eigener Regie Märkte abhalten konnte. Das Marktrecht wurde vom König oder vom fürstlichen Stadtherrn verliehen.

Wer errichtete 1863 das Kaiserreich Mexiko?

● Frankreich, dessen Interventionstruppen die Hauptstadt México eroberten und den Habsburger Maximilian (1832–67), einen Bruder von Franz Joseph von Österreich (1830–1916), zum Kaiser ernannten. Nach nur drei Jahren endete 1867 die Monarchie nach einem erbitterten Guerillakampf unter der Führung von Benito Juárez (1806–72). Der abgesetzte Kaiser wurde zum Tode verurteilt und hingerichtet.

Wie bezeichnet man den Handel mit Menschen, die man weitgehend ihrer Freiheiten beraubt hat?

● Sklavenhandel. Das Kaufen und Verkaufen von Menschen war seit der Antike verbreitet und wurde im mittelalterlichen Europa übernommen, um den enormen Arbeitskräftemangel, der später auch in den Kolonien herrschte, zu decken. Der Handel mit Menschen wurde erst im Laufe des 19. Jahrhunderts weitgehend verboten.

Woher kamen die Sklaven, die europäische Kaufleute zu Hunderttausenden in die amerikanischen Kolonien verkauften?

● Von der afrikanischen Küste. Die Menschen waren gegen ihren Willen von Sklavenhändlern in ihren Heimatdörfern entführt worden. Man verschleppte sie in die westafrikanischen Hafenstädte, wo sie von europäischen Kaufleuten gekauft und nach Amerika verschifft wurden. Dort mussten sie unter unsäglichen Bedingungen arbeiten und leben.

Was war Ronald Reagan, bevor er zum 40. US-Präsidenten gewählt wurde?

Ronald Reagan

● Die steile politische Karriere des erzkonservativen Reagan (1911–2004) begann 1967 mit seiner Wahl zum Gouverneur Kaliforniens. Zuvor aber war er Hollywoodschauspieler gewesen und hatte in zahllosen Filmproduktionen mitgewirkt. Angeblich sei er – so wurde verbreitet – für die Rolle des Rick im Film *Casablanca* vorgesehen gewesen, dies ist aber falsch.

Welcher portugiesische Vizekönig starb 1524 in Indien?

● Vasco da Gama (um 1469–1524). Der Seefahrer hatte 1497 im Auftrag des portugiesischen Königs mit vier Schiffen die gefürchtete Südspitze Afrikas umsegelt und schließlich Indien erreicht. Da Gama kehrte nach Lissabon zurück, wo ihn der König zum Vizekönig von Indien ernannte. Nach mehrmaligen Reisen zwischen seiner Heimat und dem indischen Subkontinent starb da Gama schließlich in Indien.

Wer war Léopold Sédar Senghor?

● Senghor (1906–2001) war der erste Staatspräsident der neugegründeten Republik Senegal. Als Mitglied der französischen Armee geriet er im Zweiten Weltkrieg in deutsche Kriegsgefangenschaft. Er engagierte sich im Nachkriegsfrankreich für die senegalesische Unabhängigkeit. Seine Politik war bestimmt von dem Versuch, europäische und afrikanische Kultur und Konzepte zu verbinden. Neben seiner politischen Laufbahn war der studierte Philologe ein bedeutender Lyriker.

Welche Nobelpreise werden vergeben?

Alfred Nobel

● Der von Alfred Nobel (1833–96) gestiftete Preis wird außer für besondere Leistungen für den Erhalt des Friedens auch für außergewöhnliche Verdienste auf den Gebieten der Chemie, Physiologie und Medizin, Physik sowie Literatur vergeben. Seit 1969 ergänzt die schwedische Reichsbank die Würdigungen um einen Preis für Wirtschaftswissenschaften.

Welche berühmt gewordene Stadt hatten die Phönizier 814 v. Chr. im Gebiet des heutigen Tunesien gegründet?

● Karthago, das sich dank der phönizischen Seefahrtskunst zu einer der größten Seemächte der Antike entwickelte. Mit dem ebenfalls expandierenden Rom kam es zu einigen ernsthaften Konflikten, die schließlich in den drei so genannten Punischen Kriegen zwischen Karthago und Rom kulminierten. Am Ende des Dritten Punischen Krieges wurde die Stadt von den Römern erobert und zerstört.

Welchen rechtlichen Status hatten Sklaven von der Antike bis zum 19. Jahrhundert?

● Sklaven wurden nicht als menschliche Lebewesen, sondern primär als Ware angesehen und waren vollkommen rechtlos. Sie waren der Willkür ihrer Besitzer und deren Helfer ausgeliefert.

Welcher Dynastie gehörte die 1918 von den Bolschewisten ermordete Zaren-Familie um Nikolaus II. an?

● Der Dynastie der Romanows, die Anfang des 17. Jahrhunderts begründet wurde und der u. a. auch Zar Peter der Große (1672–1725) angehörte.

Die Zarenfamilie um Nikolaus II.

Welcher Stiefelchen genannte römische Kaiser galt schon unter seinen Zeitgenossen als wahnsinnig?

● Kaiser Caligula (lat. „Soldatenstiefelchen"; 12–41 n. Chr.), der sich selbst für einen Gott hielt und auch sonst alle Zeichen ausgeprägten Wahnsinns zeigte. Caligula ließ Zuschauer der Circusspiele willkürlich in die Arena jagen und von wilden Tieren zerreißen. Sein gewaltsamer Tod wurde nur von wenigen Zeitgenossen ernsthaft bedauert.

Gab es in den Perserkriegen des fünften vorchristlichen Jahrhunderts einen Sieger?

● Nein. Zwar konnten die Griechen 492 v. Chr. einen persischen Invasionsversuch verhindern und den Feind auch bei Marathon schlagen. Dagegen siegten die Perser an den Thermophylen, drangen bis Athen vor und zerstörten die Stadt. Aber auch dieser Sieg war nicht endgültig.

Was war die Ursache für die Völkerwanderung der Goten, die letztlich das Römische Weltreich zusammenbrechen ließ?

● Ein Einfall der ursprünglich in den mongolischen Steppen beheimateten Hunnen in die Siedlungsgebiete der Goten um 350 n. Chr. Die gotischen Völker wurden immer weiter nach Westen vertrieben, wo sie schließlich in das Römische Reich einfielen. Im Jahre 410 n. Chr. eroberten die Westgoten Rom.

Mit welcher Maßnahme wollten sich die Römer ihrer karthagischen Konkurrenz endgültig entledigen?

● Mit der völligen Zerstörung der Stadt nach dem Ende des Dritten Punischen Krieges. Die Legionen ließen nach der Eroberung Karthagos im Jahre 146 v. Chr. in der Stadt buchstäblich keinen Stein auf dem anderen und ermordeten systematisch die Zivilbevölkerung. Schließlich wurde Salz auf die Felder gestreut, um den Grund für immer unfruchtbar werden zu lassen.

Was waren die römischen provinciae?

● Kleinere territoriale Verwaltungseinheiten, die das riesige Weltreich zerteilten und so regierbar machten. Als Provinzstatthalter wurden römische Bürger ernannt. Um die Zeitenwende hatte das Römische Reich insgesamt 32 Provinzen.

Welchen Krieg beendete der älteste Friedensvertrag der Welt, von dem noch heute eine Kopie im UNO-Gebäude in New York ausgestellt wird?

● Die militärischen Auseinandersetzungen zwischen Ägypten und den Hethitern. Die in Anatolien beheimateten Hethiter waren bis an die Grenzen des ägyptischen Pharaonenreiches vorgestoßen, wodurch es zum Krieg zwischen den beiden Völkern kam. Die Könige Ramses II. (um 1290–24 v. Chr.) und Hattusili III. (um 1290–45 v. Chr.) schlossen 1270 v. Chr. den Friedensvertrag.

Unter welchem amerikanischen Präsidenten traten die USA in den Zweiten Weltkrieg ein?

Franklin D. Roosevelt

● Unter Franklin Delano Roosevelt (1882–1945). 1932, 1936, 1940 und 1944 hatte er vier (statt sonst traditionellerweise höchstens zwei) aufeinander folgende Amtszeiten als Präsident. F. D. Roosevelt verkündete im August 1941 mit Churchill (1874–1965) die Atlantikcharta, in der die Grundsätze der zukünftigen Kriegs- und Nachkriegspolitik Großbritanniens und der USA festgelegt wurden.

Auf wen geht der Titel Kaiser zurück und was bezeichnet er?

● Auf Gaius Julius Caesar (100–44 v. Chr.). Da unter den Römern der Titel „König" als nicht opportun galt, wurde der Begriff „Caesar" zum festen Bestandteil des römischen Monarchentitels. Rund 300 Jahre nach der Abdankung des letzten römischen Kaisers ließ sich Karl der Große (747–814) 800 n. Chr. zum Kaiser ernennen.

Welche Bedeutung hatte die Abdankung des römischen Kaisers Romulus Augustulus (um 461–480) am 4. September des Jahres 476?

● Die vom Germanenfürsten Odoaker (430–493) erzwungene Abdankung war gleichbedeutend mit dem Ende des Römischen Reiches, das zu diesem Zeitpunkt auf eine über 1200-jährige Geschichte zurückblicken konnte.

Wie bezeichnet man die von den römischen Kaisern ergriffenen Maßnahmen zur Verhinderung der Ausbreitung des Christentums?

● Christenverfolgungen, zu denen es vor allem unter den Kaisern Nero (37–68 n. Chr.), Decius (200–251), Valerian (um 200–262) und Diokletian (245–313).

Welcher Stand leistete im Mittelalter Kriegsdienst und war adliger Herkunft?

● Der Ritterstand. Seine Vertreter – die Ritter – waren entweder reichsunmittelbar, d. h. dem König zu Diensten oder hatten ihr Lehen von einem großen Fürsten. Auf ihren Rittergütern betrieben sie Eigenwirtschaft bzw. ließen Teile davon von abhängigen Bauern bewirtschaften.

Ritter mit Pferd

In welchem Krieg wurde die kaukasische Stadt Grosny nahezu vollständig zerstört?

● Im Krieg zwischen tschetschenischen Rebellen und der russischen Armee. Nachdem sich Tschetschenien 1991 unabhängig erklärt hatte, marschierten russische Truppen in das Land ein. Seit 1994 war die Hauptstadt Grosny heftig umkämpft. 1996 brach der Widerstand der Rebellen zusammen, 1999 kam es zu erneuten kriegerischen Auseinandersetzungen. Seither wird Russland von Angriffen tschetschenischer Terroristen wie bei der Besetzung eines Musicalhauses in Moskau oder einer Schule in Beslan erschüttert.

In welcher Zeit gab es die Römische Republik?

● Die Römische Republik entstand der Legende nach im Jahr 510 v. Chr., nachdem die Römer ihren letzten König vertrieben hatten. Die Zeit der Republik war 27 v. Chr. mit Beginn von Augustus' (63 v. Chr.–14 n. Chr.) Aufstieg zum römischen Kaiser vorüber.

Wann wurde die britische Kronkolonie Hongkong wieder an China zurückgegeben?

● Am 1.7.1997. Nach 155 Jahren britischer Kolonialherrschaft fiel die Stadt wieder an die Volksrepublik China zurück. Heute ist die Stadt Sonderverwaltungsregion mit bestimmten Freiheiten und Sonderrechten.

Womit errang Albert Schweitzer internationale Anerkennung?

Albert Schweitzer

Mit der Gründung des Tropen-Hospitals in Lambaréné (Gabun), wo er selbst als Missionsarzt tätig war. Schweitzer (1875–1965) war daneben auch Theologe, Philosoph und ein bedeutender Organist. Sein Hospital finanzierte er u. a. durch seine Orgelkonzerte, Vortragsreisen und schriftstellerische Arbeiten. 1952 erhielt der Philanthrop für seine aufopferungsvolle Tätigkeit den Friedensnobelpreis.

Was ist eine Hierarchie?

● Ursprünglich und in seinem griechischen Wortsinn war eine Hierarchie eine „heilige Herrschaft“, heute versteht man darunter eine aufsteigende Ordnung von Personen oder Institutionen.

Ein Großschiff durchfährt den Suezkanal.

Warum kam es wegen des Suezkanals 1956 zu kriegerischen Auseinandersetzungen?

● Weil der ägyptische Staatschef Gamal Abd el-Nasser (1918–70) den Suezkanal sperren und verstaatlichen ließ. Englische, französische und israelische Truppen begannen daraufhin mit militärischen Aktionen gegen Ägypten. Erst als die UNO dieses Vorgehen ausdrücklich missbilligte, wurde der Konflikt beigelegt.

Wann begann die Besiedlung Ägyptens?

● Ägypten wurde schon vor mehr als 25.000 Jahren von Jägern und Sammlern besiedelt, das Land bestand damals aber noch nicht zum größten Teil aus Wüste, sondern war eine fruchtbare Steppe.

Mit welchen Maßnahmen reagierte die Führung Chinas auf friedliche Studentenproteste, in denen die Demokratisierung des Landes gefordert wurde?

● Nachdem sich am 4. Juni 1989 über 100.000 Menschen auf dem Platz des Himmlischen Friedens in Peking zu einem Sitzstreik versammelt hatten, ließ die Regierung den Platz mit Panzern überrollen. Bei der Aktion starben 3400 Menschen.

Wodurch erlangte das indische Bhopal traurige Berühmtheit?

● Durch die bislang schwerste Giftgaskatastrophe in der Geschichte der Menschheit, die sich hier am 3. Dezember 1984 ereignete. Aus einem zum US-Konzern Union Carbide gehörenden Chemiebetrieb trat hochgiftiges Gas aus und vergiftete über 200.000 Menschen, die sich in der Umgebung aufhielten. Über 5000 Menschen starben bei dem Unglück.

Welches mittelamerikanische Land litt unter einem mehr als zehnjährigen Bürgerkrieg?

El Salvador. In dem Küstenstaat regierte mit Hilfe des Militärs und mit Unterstützung der USA ein Regime reicher Landbesitzer, die so genannte Todesschwadronen für die Ermordung politischer Gegner bezahlten. Zwischen 1980 und 1991 starben rund 70.000 Menschen, bis schließlich politische Reformen eingeleitet wurden.

Wo lebten die Hethiter?

In Anatolien. Ihr Reich nannten sie Hatti und seine Hauptstadt war Hattusa im nördlichen Zentralanatolien.

Wo wurde eine Viererbande wegen konterrevolutionärer Aktivitäten vor Gericht gestellt?

In China. Nach dem Tod Mao Tse-tungs (1893–1976) hatten sich um dessen Witwe drei weitere Politiker geschart. Diese so genannte Viererbande erlangte erheblichen politischen Einfluss, wurde aber 1980 vor Gericht gestellt. Maos Witwe wurde 1981 zum Tode verurteilt, nach zwei Jahren schließlich zu lebenslanger Haft begnadigt.

Warum blieben zahlreiche Sportler westlicher Länder den Olympischen Spiele von Moskau 1980 fern?

Wegen des Krieges in Afghanistan, der 1979 mit dem Einmarsch sowjetischer Truppen begonnen hatte. Aus Protest dagegen erklärten die westlichen Staaten den Boykott der Olympiade von Moskau und tatsächlich entsandten nur 81 Staaten Athleten in die russische Hauptstadt.

Wie viele deutsche Soldaten überlebten die Schlacht um Stalingrad?

Von den ursprünglich 284.000 deutschen Angehörigen der 6. Armee unter General Paulus (1890–1957) überlebten nur 90.000 die Kämpfe.

Wie hieß die einflussreiche, staatlich gelenkte Tageszeitung der ehemaligen Sowjetunion?

Prawda (russ. „Wahrheit"), die von 1918 bis 1991 das Organ des Zentralkomitees (ZK) der KPdSU war. 1996 wurde ihr Erscheinen eingestellt.

Logo der ehemaligen Tageszeitung Prawda

Worauf geht der Name China zurück?

Auf die Herrscherdynastie der Qin, die um 200 v. Chr. eines von mehreren chinesischen Königreichen beherrschten.

Wie nannte man die in der Republik Südafrika praktizierte Politik der Rassentrennung?

Apartheid. Von der weißen Minderheitsregierung des Landes war ein entsprechendes Apartheidgesetz bereits kurz nach der Unabhängigkeit des Landes erlassen worden. Inzwischen bezeichnet man mit dem Begriff „Apartheid" jede Form von Diskriminierung und Benachteiligung der nicht weißen Bevölkerung.

In welchem mittelamerikanischen Land siegte 1979 die sandinistische Revolution?

In Nicaragua. Bis 1979 hatte das Land unter einer brutalen Diktatur zu leiden, nach der erfolgreichen Revolution übernahmen die sozialistischen Sandinisten die Macht, worauf einflussreiche Kreise mit großer Ablehnung reagierten. Mit Unterstützung der US-Regierung versuchte man die eigenen

Interessen durch Unterstützung so genannten Contra-Rebellen zu wahren und zettelte so einen jahrelangen Bürgerkrieg an.

Mit welchem Namen ist die Freiheitsbewegung der nordamerikanischen Indianer verbunden?

● Mit dem Namen des Häuptlings der Sioux-Indianer, Sitting Bull (etwa 1831–90), mit indianischem Namen Tatanka Yotanka. Er führte die Indianer in einer letzten großen Schlachten ihrer Freiheitsbewegung, der Schlacht am Little Big Horn im Jahr 1876. Zunächst schlugen die Indianer die Kavalleristen vernichtend. Dann zerfiel die indianische Koalition und Sitting Bull und seine Getreuen gingen nach einer Hungersnot in ein Reservat nach North Dakota. Dort wurde Sitting Bull 1890 nach einem Aufstand zu Unrecht beschuldigt und von indianischen Hilfspolizisten, die ihn festnehmen wollten, erschossen.

Sitting Bull

Was versteht man unter Terrorismus?

● Das Wort Terrorismus kommt aus dem Lateinischen und steht für die meist politisch oder religiös motivierte Verbreitung von Angst (lat. terror, „Schrecken"). Dabei spielt die Anwendung von Gewalt – Attentate, Entführungen, Bomben-, Sprengstoff-, Giftgasanschläge – eine zentrale Rolle.

In welchem südamerikanischen Land wurde der kubanische Revolutionsheld Ernesto (Che) Guevara Serna geboren?

● In Argentinien. Der studierte Arzt hatte an der Seite Fidel Castros (*1926) erfolgreich die sozialistische Revolution auf Kuba organisiert und wurde Industrieminister Kubas. Doch hielt es ihn nicht lange auf dem Ministerstuhl, denn er wollte die Revolution in anderen Staaten Südamerikas durchsetzen. In Bolivien geriet Che Guevara (1928–1967) in einen Hinterhalt und wurde umgebracht. Sein Leben, seine Ideen und seine Person entwickelten sich bei der politischen Linken weltweit zu einem Mythos.

Welche politischen Begriffe waren mit den politischen Zielen des ehemaligen sowjetischen Parteichefs Michail Gorbatschow verbunden?

● Für die von Gorbatschow (*1931) seit 1985 angestrebten Reformen in der sowjetischen Gesellschaft stehen v. a. die Begriffe Glasnost und Perestroika. Glasnost (russ. „Offenheit, Öffentlichkeit, Transparenz") bezeichnete die neue Informations- und Diskussionsfreiheit anstelle von Zensur und Unterdrückung der Kritik. Perestroika (russ. „Umbau, Umgestaltung") stand für Reformen in Politik und Wirtschaft.

Michail Gorbatschow

Wo kam es 1954 zu einer Staatsteilung?

● In Vietnam. Nachdem das Land 1945 seine Unabhängigkeit von Frankreich erkämpft hatte, kam es 1954 zur Teilung in den westlich orientierten Süden und den sozialistischen Norden. Durch den Sieg Nordvietnams im Vietnamkrieg wurde das Land 1975 wieder vereinigt.

Wen löste 1974 der Republikaner Gerald R. Ford im Amt des US-Präsidenten ab?

● Richard Nixon (1913-1994). Als Nixon wegen der Watergate-Affäre vom Präsidentenamt zurücktreten musste, wurde der Texaner Ford (*1913) als sein Nachfolger nominiert. Er versuchte den bislang betriebenen politischen Stil ein wenig zu ändern und entließ beispielsweise inhaftierte Deserteure des Vietnamkriegs. Ford regierte die USA aber nur zwei Jahre, 1976 unterlag er bei den Präsidentschaftswahlen seinem Konkurrenten Jimmy E. Carter (*1924).

Seit wann waren beide deutsche Staaten Mitglieder der UNO?

● Seit 1973. Nachdem die BR Dtl. und die DDR den Streit um die gegenseitige Anerkennung beendet hatten, war der Weg dafür frei, so dass die 28. Vollversammlung der UNO auf Antrag der Regierungen beider deutschen Staaten am 18.9.1973 die DDR als 133. und die BR Dtl. als 134. Staat aufnahm.

Was war der Warschauer Pakt?

● Das osteuropäische Gegenstück zur NATO, das sich unter der Führung der UdSSR am 14. Mai 1955 in Warschau konstituierte. Es ermöglichte der UdSSR, die Stationierung sowjetischer Truppen in den Ostblockstaaten rechtlich neu zu legitimieren. Nach dem Zusammenbruch des Ostblocks löste sich der Warschauer Pakt am 31. März 1991 auf.

Was versteht man unter der Intifada?

● Darunter versteht man den organisierten Aufstand der Araber in den palästinensischen Gebieten Israels. Erstmals brach der Konflikt im Westjordanland und im Gazastreifen 1987 aus. Ziel war die Gründung eines unabhängigen palästinensischen Staates. Die gewaltsamen Auseinandersetzungen konnten, trotz zahlreicher Waffenstillstandsabkommen, nie dauerhaft beigelegt werden.

Wie und wo entstand die südamerikanische Hauptstadt Brasília?

● Die Stadt wurde auf dem Reißbrett geplant und in einer noch völlig unerschlossenen Region mitten im Amazonasregenwald gebaut. Über 1000 Kilometer von der atlantischen Küste entfernt entstand so in den 1950er-Jahren ein neuer Verwaltungsmittelpunkt Brasiliens, der 1960 zum offiziellen Sitz der Regierung erklärt wurde.

In welchem Land herrschten ab dem 16. Jahrhundert die Großmoguln?

● In Indien. Die mongolischen Herrscher eroberten das Reich der Sultane von Afghanistan aus. Als berühmtester Großmogul ist Akbar der Große (1542– 1605) bekannt, der Agra zur Hauptstadt seines Reichs machte. 1687 erstreckte es sich von Kabul im Norden bis fast zur Südspitze Indiens. Die Moguln waren tolerante Herrscher, unter ihnen erlebte Indien eine kulturelle Blütezeit.

Akbar der Große

Was begann am israelischen Jom-Kippur-Fest des Jahres 1973?

● Der Jom-Kippur-Krieg. An diesem Feiertag griffen ägyptische und syrische Streitkräfte die von Israel seit 1967 besetzten Gebiete auf dem Sinai und den Golanhöhen an. Der Angriff verlief zunächst erfolgreich, nach fünf Tagen aber wendete sich das Blatt. Schließlich vermittelten die UdSSR und die USA in dem Konflikt und setzten einen Waffenstillstand durch.

In welchem nordafrikanischen Staat entwickelte sich in den 1950er-Jahren ein blutiger Bürgerkrieg, in den Frankreich maßgeblich verwickelt war?

● In Algerien, das im 19. Jahrhundert zur französischen Kolonie geworden war. Zwar entließ der französische Staat 1958 Algerien in die Autonomie, dies allerdings stieß auf den Widerstand französischstämmiger Kolonisten, die in einem blutigen Bürgerkrieg die Zugehörigkeit des Landes zu Frankreich zu erzwingen versuchten.

Wie nennt man den Prozess, der nach dem Tod des sowjetischen Staatschefs Jossif Stalin einsetzte und in dessen Verlauf seine Politik gebrandmarkt wurde?

● Entstalinisierung. Auf dem XX. Parteitag der KPdSU wurden unter Leitung Nikita S. Chruschtschows (1894–1971) die Gewaltmethoden Stalins (1879–1953) und der Kult um seine Person strikt verurteilt. In der Folge wurden zahlreiche Parteigenossen aus ihren Ämtern entfernt und ersetzt.

Was bezeichnete man seit den 1950er-Jahren als Gleichgewicht des Schreckens?

● Das militärische Gleichgewicht zwischen den beiden Supermächten USA und UdSSR. Es beruhte darauf, dass sich beide Seite so waffenstarrend gegenüberstanden, dass sie sich gegenseitig hätten vernichten können.

Wer war Georgij M. Malenkow?

● Der persönliche Sekretär und unmittelbare Nachfolger des sowjetischen Staats- und Parteichefs Jossif Stalin (1879–1953). Malenkow verlor seine Macht aber sehr schnell an Nikita S. Chruschtschow (1894–1971) und Nicolai A. Bulganin (1895–1975) und wurde 1957 schließlich sämtlicher Parteiämter enthoben.

Wie nannte man die seit den 1950er-Jahren zunehmende militärische Aufrüstung der beiden Supermächte USA und UdSSR?

● Rüstungswettlauf. Mit diesem Begriff wurde ein verhängnisvoller Prozess beschrieben, in dem jede Beschaffung immer noch größerer Waffenmengen mit erneuten Aufrüstungsmaßnahmen der Gegenseite beantwortet wurde.

Worum ging es im so genannten Falklandkrieg?

Margaret Thatcher

● Die Falklandinseln, die seit über 150 Jahren britische Kolonie waren, wurden 1982 von der argentinischen Militärregierung besetzt. Daraufhin schickte die britische Premierministerin Margaret Thatcher (*1925) zur Befreiung der 1800 Einwohner 5000 Marineinfanteristen auf die Insel im Südatlantik.

Was war eine Besonderheit des Zweiten Weltkrieges, die ihn von früheren Kriegen maßgeblich unterschied?

● Die ausgesprochen hohe Zahl an zivilen Opfern. In früheren Kriegen waren die meisten Opfer Soldaten gewesen, von den 60 Millionen Toten des Zweiten Weltkrieges aber war jetzt jeder zweite Zivilist.

Wer waren die Zapoteken?

● Ein indianisches Volk, das bis zur Mitte des 8. Jahrhunderts die Kultur Mittelamerikas nachhaltig geprägt hatte. Sehr früh schon kannten sie komplizierte Bewässerungssysteme, früher auch als Mixteken, Maya oder Azteken entwickelten die Zapoteken ein eigenes Schriftsystem.

Warum ging der Übergang von der Omaijaden- zur Abbasiden-Dynastie im arabischen Raum um 750 n. Chr. in die Geschichte ein?

● Weil dieser Dynastiewechsel äußerst blutig verlief und mit erheblichem religiösen Streit verknüpft war. Die Familie der Omaijaden stellte seit geraumer Zeit die Kalifen, mithin die Nachfolger Mohameds. In einem langen Bürgerkrieg, in dem es auch um islamische Glaubensfragen ging, wurden schließlich fast alle Omaijaden umgebracht, ihre Dynastie ging unter und wurde von der der Abbasiden abgelöst.

Mit welchem hebräischen Ausdruck wird die Massenvernichtung der europäischen Juden beschrieben?

● Mit dem Ausdruck „Shoah", der soviel wie „Untergang" oder „Katastrophe" bedeutet. Mit ihm wird der systematisch betriebene Massenmord von Nationalsozialisten an sechs Millionen Juden im Dritten Reich bezeichnet.

Welcher weiße Politiker erhielt 1993 zusammen mit Nelson Mandela den Friedensnobelpreis?

● Frederik Willem de Klerk (*1936), der Vorgänger Nelson Mandelas (*1918) im Amt des Ministerpräsidenten, erhielt gemeinsam mit diesem 1993 den Friedensnobelpreis. Eine Verfassungsreform de Klerks, die zur Abschaffung der Rassentrennung in Südafrika führte, ermöglichte die Freilassung Mandelas, der von 1962 bis 1990 wegen seiner führenden Rolle in der verbotenen Partei ANC (African National Congress) inhaftiert gewesen war. Im Jahr 1994 wurde Mandela erster schwarzer Ministerpräsident Südafrikas.

Nelson Mandela und Frederik Willem de Klerk

Das Weiße Haus

Wie heißt der Amtssitz des amerikanischen Präsidenten?

● Weißes Haus. Es wurde 1792 nach Vorstellungen George Washingtons (1732–99) in klassizistischem Stil erbaut. Nach den Brandbeschädigungen, die 1814 britische Truppen verursachten, wurde es weiß verputzt.

Wie nennt man Personen, die sich an Kampfhandlungen beteiligen, ohne Mitglieder offizieller militärischer Organisationen zu sein?

● Partisanen. Im Zweiten Weltkrieg kämpften sie mit einer Guerillataktik, also gezielten Angriffen und schnellem Rückzug. Damals genügte den deutschen Behörden der bloße Verdacht, jemand sei ein Partisan, für ein Todesurteil.

Mit welcher Maßnahme versuchten japanische Militärs die Invasion amerikanischer Verbände in ihre Heimat zu verhindern?

● Mit dem Einsatz so genannter Kamikaze-Flieger. In den letzten Monaten des Zweiten Weltkrieges versuchten japanische Piloten, sich mit Bomben beladenen Flugzeugen auf US-Kriegsschiffe zu stürzen. Ihren Tod nahmen diese Selbstmordpiloten dabei in Kauf.

Zu welchem Zweck trafen sich die politischen Führer der Alliierten 1943 in Teheran?

● Um den weiteren Kriegsverlauf zu planen, aber auch um für die Zeit nach dem Krieg die Interessensphären in Europa festzulegen. An der Konferenz von Teheran nahmen US-Präsident F. D. Roosevelt (1882–1945), der britische Premierminister Churchill (1874–1965) und der sowjetische Staatschef Stalin (1879–1953) teil.

Welchen Aufgaben widmet sich die internationale Organisation UNICEF?

UNICEF (United Nations International Children's Emergency Fund) ist das Kinderhilfswerk der Vereinten Nationen. Es wurde 1946 gegründet, um Kindern zu helfen, die durch den Zweiten Weltkrieg in Not geraten waren. Heute engagiert sich UNICEF für die Verbesserung der Lebenssituation von Kindern in Entwicklungsländern und die Rechte der Kinder auf der ganzen Welt.

Logo der UNICEF

Wie nennt man die unfreiwillig verrichtete Arbeit, die unter Zwang und der Androhung von Strafe verlangt wird?

● Zwangsarbeit. Durch die Jahrhunderte galt sie als adäquates Mittel der Bestrafung und diente gleichzeitig der Ausbeutung der Arbeitskraft von Häftlingen. Unter den Nazis wurden politische Häftlinge, Kriegsgefangene und deportierte Juden unter Androhung schärfster Sanktionen zur Arbeit genötigt.

Wie nannte man die Zusammenarbeit von Teilen der Zivilbevölkerung okkupierter Länder mit den deutschen Besatzern während des Zweiten Weltkriegs?

● Kollaboration. Kollaborateure waren für die deutschen Verwaltungen von größter Bedeutung, kannten sie doch die einheimischen Gegebenheiten bestens. Der Kollaboration überführte Personen wurden nach dem Krieg hart bestraft.

Die Terrakotta-Armee

In welchem Land wurde in einer rund 2200 Jahre alten Grabanlage eine Terrakotta-Armee ausgegraben?

● In China, nahe der chinesischen Stadt Xi-an, wo sich der erste Qin-Kaiser Qin Shi Huangdi (259–210 v. Chr.) über 6000 (bisher ans Tageslicht beförderte) lebensgroße Statuen von Soldaten und Pferden in eine gewaltige Grabanlage stellen ließ, die bis heute noch nicht völlig ausgegraben wurde.

Welche Bedeutung hatte die Schlacht von Stalingrad für den Verlauf des Zweiten Weltkrieges?

● Die Schlacht gilt als Wendepunkt des Zweiten Weltkrieges, denn die deutsche Wehrmacht erlitt an diesem strategisch äußerst wichtigen Ort erstmals während des Krieges eine vernichtende Niederlage.

Welche Politik verfolgte der sowjetische Staats- und Parteichef Leonid Breschnew?

● Ökonomisch um Modernisierung bemüht, festigte Breschnew (1906–82) nach innen den restriktiv-autoritären Kurs seiner Vorgänger. Außenpolitisch versuchte er die sowjetische Weltmachtstellung zu erhalten und weiter auszubauen. Aus diesem Grund reagierte er auch äußerst empfindlich auf etwaige Gefährdungen des sowjetischen Einflusses und ging z. B. bei der Niederschlagung des Prager Frühlings auch mit Waffengewalt gegen die Opposition vor.

Als was werden viele Schlachten des Ersten Weltkrieges bezeichnet?

● Als Materialschlachten. Der Begriff drückt den Sachverhalt aus, dass in vielen Schlachten des Ersten Weltkrieges unglaubliche Mengen an Material verwendet wurden, um den Feind durch zahlenmäßige Überlegenheit zu bezwingen. Es entstand ein tödliches Patt und in den Schlachten wurden Menschen und Material sinnlos geopfert.

Welches waren die sieben Weltwunder?

● Die Pyramiden von Gizeh, die Hängenden Gärten von Babylon, der Artemistempel in Ephesos, das Zeus-Kultbild des Phidias in Olympia, das Mausoleum von Halikarnassos, der Koloss von Rhodos sowie der Leuchtturm auf der Insel Pharos vor Alexandria.

Wen bezeichnet man als Vertriebene?

● Allgemein aus ihrer Heimat gewaltsam vertriebene Personen. In der BR Dtl. wird das Augenmerk besonders auf die deutschen Vertrieben nach dem Zweiten Weltkrieg gerichtet. Sie waren nach 1945 infolge des Potsdamer Abkommens aus ihrer Heimat in die vier Besatzungszonen umgesiedelt worden.

Wie bezeichnet man die Herrschaftsform Jossif Stalins (1879–1953) wie auch an dieser orientierte Herrschaftssysteme?

● Stalinismus bzw. stalinistisch. Kennzeichen dieser Herrschaftsform sind der autoritäre Führungsstil, ein ausgesprochener Personenkult um den politischen Machthaber wie auch die rigorose Verfolgung oppositioneller Kräfte.

Mit welchem Regierungschef ist der Begriff Faschismus untrennbar verbunden?

● Mit Benito Mussolini (1883–1945), der 1922 in Italien an die Macht kam. Faschismus bezeichnet daher eine Regierungsform, die sich durch autoritären Führungsstil, extremen Nationalismus, kapitalistische Wirtschaft und kleingeistigen Konservatismus auszeichnete.

Nach welchem Entdecker wurde die 1492 entdeckte Neue Welt benannt?

● Nach Amerigo Vespucci (1454-1512), der sowohl im Auftrag des spanischen wie des portugiesischen Königs zwischen 1497 und 1504 mehrere Entdeckungsfahrten in die Neue Welt unternahm. Erst Amerigo erkannte, dass Kolumbus nicht die indische Ostküste angesteuert, sondern einen zusammenhängenden Erdteil entdeckt hatte, der schließlich drei Jahre nach Amerigos Tod ihm zu Ehren „Amerika" genannt wurde.

Amerigo Vespucci

Aus welcher Region stammten die Magyaren, die im 9. Jahrhundert in Ungarn einfielen?

● Aus dem Uralgebiet. Unter ihrem Anführer Árpád († um 907) wanderte das gefürchtete Nomadenvolk aus seinem ursprünglichen Siedlungsgebiet in Richtung Westen und hielten halb Europa in Furcht und Schrecken. Erst 955 wurden sie geschlagen und zogen sich daraufhin in das Gebiet des heutigen Ungarn zurück.

Wer eroberte 1453 Konstantinopel?

● Mehmed II. Fatih (1432–81). Nachdem die Osmanen bereits weite Teile Vorderasiens unterworfen hatten, standen sie schließlich 1453 vor den Toren der einst prächtigen Kaiserstadt Konstantinopel. Zwei Monate dauerten die Kämpfe, bis die rund 8000 Mann starke byzantinische Verteidigungstruppe aufgab. Die Stadt, von ihren Eroberern in Istanbul umbenannt, wurde schnell zum neuen Zentrum des Osmanischen Reichs.

Welcher Nationalität gehörten die Nobelpreisträger Bertha von Suttner und Konrad Lorenz an?

Österreich. Suttner (1843–1914) erhielt 1905 den Friedensnobelpreis für ihre engagierte Arbeit in der modernen Friedensbewegung. Lorenz (1903–89) erhielt für seine Leistungen in der Verhaltensforschung 1973 den Nobelpreis für Physiologie und Medizin. Darüber hinaus bekamen weitere elf Österreicher den Nobelpreis.

Konrad Lorenz

Bertha von Suttner

Wie endete der englisch-amerikanische Krieg um den Besitz Kanadas?

● Mit der Wiederherstellung des Status Quo, denn die USA hatten das kanadische Territorium nicht in ihr Staatsgebiet einverleiben können. Mit dem Frieden von Gent wurde der von 1812 bis 1814 dauernde Konflikt beigelegt.

Wo siedelte seit 700 v. Chr. das Volk der Arawak?

● Auf nahezu sämtlichen karibischen Inseln. Die Arawak waren ursprünglich in der Region des heutigen Venezuela beheimatet und besiedelten von dort aus die Karibik. Ihre Kultur galt als äußerst friedfertig, ihr Charakter wurde von Kolumbus (1451–1506) als freigiebig und unschuldig umschrieben. Dem aggressiv-kriegerischen Volk der Kariben hatten sie allerdings wenig entgegenzusetzen, so blieben den Arawak allein die Inseln Jamaika, Kuba und Hispaniola – und auch dies nur bis zur Ankunft der Europäer: Um 1600 galt das Volk als fast ausgerottet.

Welcher spanische Konquistador unterwarf das Aztekenreich?

Hernán Cortés

● Hernán Cortés (1485–1547). Zuvor hatte die aufständische aztekische Bevölkerung ihren Herrscher Moctezuma II. (um 1466–1520) durch Steinwürfe getötet und damit ungewollt die Eroberung der Hauptstadt Tenochtitlán (heute Mexiko-City) durch die Spanier enorm begünstigt. 1521 wurde die Stadt nach zweieinhalbmonatiger Belagerung von den Spaniern eingenommen. Der nach Macht und v. a. nach Reichtum strebende Cortés wurde Generalkapitän und Statthalter von Neuspanien.

Wie kam Kolumbus nach seiner dritten Entdeckungsreise zurück nach Spanien?

● In Ketten. Nachdem Kolumbus (1451–1506) auf seiner dritten Entdeckungsreise Trinidad und die Mündung des Orinoco entdeckt hatte, wurde er aufgrund von Intrigen am spanischen Hof angeklagt, in Ketten gelegt und nach Spanien verschifft. Zwar wurde Kolumbus freigesprochen, doch seinen Posten als Statthalter des Königs in den überseeischen Kolonien verlor er.

Wann wurde Tasmanien britische Strafkolonie?

● 1803. Die 1642 entdeckte südöstlich von Australien gelegene Insel im Südpazifik war erst seit Beginn des 19. Jahrhunderts von Schafzüchtern besiedelt worden. Aufgrund ihrer Lage und ihrer Größe erschien sie aber der englischen Regierung nicht als idealer Ort, um dort eine Strafkolonie für Schwerverbrecher zu errichten.

Auf welcher Karibikinsel wurde 1803 von schwarzen Sklaven ein unabhängiger Staat ausgerufen?

● Auf Hispaniola. Am Beginn des 19. Jahrhunderts war es auf der Insel, einer französischen Kolonie, zum Aufstand schwarzer Sklaven gegen ihre weißen Kolonialherren gekommen, in dessen Verlauf die Unabhängigkeit erklärt wurde. Heute liegt im Westen der Insel der Staat Haiti, im Osten die Dominikanische Republik.

Wer entdeckte 1922 das Grab des Tutanchamun im Tal der Könige?

● Howard Carter (1873–1939). Er war der Expeditionsleiter des 5. Earl of Carnarvon, einem betuchten britischen Ägyptologen. Die Grabkammer des Tutanchamun (14. Jh. v. Chr.), die Carter entdeckte, war unversehrt und barg einen Schatz von 5000

Der Pharao mit seiner Frau

Grabbeigaben, darunter die elf Kilogramm schwere goldene Totenmaske des Königs der 18. Dynastie. Die ägyptischen Könige waren aus Furcht vor Grabräubern vom monumentalen Pyramidenbau abgekommen und hatten sich seit Thutmosis I. (um 1500 v. Chr.) nur noch in den versteckten Felsengräbern im Tal der Könige bestatten lassen.

Welcher zahnlose Rechtsanwalt war der zweite Präsident der Vereinigten Staaten von Amerika?

● John Adams (1735–1826). Nachdem George Washington 1796 eine dritte Wiederwahl zum Präsidenten abgelehnt hatte, wurde der Anwalt Adams, der wegen seines hohen Tabakkonsums schon früh sämtliche Zähne verloren hatte, zum zweiten Präsidenten der Vereinigten Staaten von Amerika gewählt, blieb aber nur bis 1801 im Amt.

Wann wurde das legendäre Königreich Siam eine konstitutionelle Monarchie?

● 1932. Das Land, das seit 1939 (mit Ausnahme der Jahre 1945–49) nicht mehr Siam, sondern Thailand heißt und das als einziges südostasiatisches Land niemals europäische Kolonie war, war schon seit Jahrhunderten ein Königtum, als man 1932 seine politische Verfassung modernisierte und es zu einer konstitutionellen Monarchie umgestaltete. Der heutige thailändische König Rama IX. (*1927) wurde 1950 gekrönt.

Welche Organisation wurde 1948 u. a. mit dem Ziel der Etablierung einer panamerikanischen Freihandelszone gegründet?

● Die Organization of American States (engl. „Organisation Amerikanischer Staaten", Abk. OAS). Es handelt sich dabei um eine zwischenstaatliche Organisation amerikanischer Länder mit Hauptsitz in Washington. Gegenwärtig hat die Organisation 35 nord- und südamerikanische Mitgliedsstaaten.

Wer war der erste **Mensch im All**?

Juri Gagarin

● Der russische Kosmonaut Juri Alexejewitsch Gagarin (1934–68). Er startete seinen Raumflug am 12. April 1961 mit der Wostok.

Wie kam **Attila** zu dem wenig schmeichelhaften Beinamen Geißel Gottes?

● Weil er mit seinem Volk, den Hunnen, raubend und mordend vom Gebiet des heutigen Ungarn aus bis nach Italien und weit ins Frankenreich zog. Die Hunnen waren ein ursprünglich in Zentralasien beheimatetes Nomaden- und Reitervolk.

Welcher **südamerikanische Staat** war im 19. Jahrhundert ein **Kaiserreich**?

● Brasilien. Nachdem Napoleon (1769–1821) Portugal besiegt hatte, floh der portugiesische König in die einzige südamerikanische Kolonie seines Landes, Brasilien. Nachdem er nach Europa hatte zurückkehren können, übernahm sein Sohn als Pedro I. (1798–1834) die Herrschaft in Brasilien. Er ließ sich zum Kaiser krönen und führte das Land in die Unabhängigkeit. 1889 putschte das Militär gegen Pedro II. (1825–91) und zwang ihn zur Flucht, womit zugleich das Ende der brasilianischen Monarchie besiegelt war.

Wer eroberte 1204 **Konstantinopel**?

● Ein christliches Kreuzfahrerheer. Konstantinopel, das prächtige Ostrom, war ein autonomes Kaiserreich gewesen. Als es zu Beginn des 13. Jahrhunderts zu innenpolitischen Zerwürfnissen kam, mischten sich europäische Mächte immer mehr und immer tiefer in die inneren Angelegenheiten Konstantinopels ein. 1204 schließlich gelang es einem Kreuzfahrerheer die mächtigen Verteidigungsanlagen der Metropole zu überwinden.

In welcher **ehemaligen Kolonie Portugals** kämpfte die Bevölkerung bis 1999 für ihre Unabhängigkeit?

● Auf Timor. Nachdem der portugiesische Teil der Insel in die Unabhängigkeit entlassen worden war, besetzten indonesische Truppen 1975 das Land. Seither kämpfte im Osten Timors eine Befreiungsarmee für die Unabhängigkeit des Landes. Erst Ende 1999 erklärte die indonesische Regierung die Besetzung für illegitim. Am 20. Mai 2002 wurde Osttimor offiziell in die Unabhängigkeit entlassen.

Wer waren die **Hunnen**?

● Eine größere Gruppe zentralasiatischer Nomadenvölker. Nachdem das Reich der Hunnen von den Chinesen im 3. Jahrhundert v. Chr. erobert worden war, flohen diese allmählich immer weiter in den Westen. Unter ihrem Herrscher Attila (um 406–453) erreichten sie schließlich das östliche Mittelmeer.

Attila (Gemälde von E. Delacroix)

Welche beiden politischen Konkurrenten und US-Präsidenten starben am selben Tag?

● John Adams (1735–1826) und sein direkter Nachfolger Thomas Jefferson (1743–1826). Der Verhältnis der beiden Nachfolger George Washingtons (1732–99) war von politischer Konkurrenz geprägt. Bei der Präsidentschaftswahl von 1797 traten sie gegeneinander an und Adams siegte über Jefferson. Erst vier Jahre später konnte Jefferson ins Weiße Haus einziehen. Beide Politiker starben am Amerikanischen Unabhängigkeitstag, dem 4. Juli 1826.

Welche Staaten waren oder sind nach wie vor geteilt?

● Nord- und Südvietnam wurden nach dem Vietnamkrieg 1976 unter einer kommunistischen Regierung vereinigt, Nord- und Südjemen einigten sich 1990, im selben Jahr kam es auch zur deutsch-deutschen Wiedervereinigung. Lediglich Korea ist nach wie vor ein geteiltes Land.

Die Bewohner welchen Kontinents standen trotz ihrer Isolation in regem Austausch mit anderen Kulturen?

● Die Ureinwohner Australiens, die Aborigines. Woher sie ursprünglich kamen ist unbekannt, man weiß aber, dass sie vermutlich seit über 60.000 Jahren auf dem Kontinent leben und dass ihre Kultur somit weltweit eine der ältesten ist. Obgleich der australische Kontinent sehr isoliert und abgeschieden scheint, suchten melanesische, chinesische und indische Seefahrer und Händler die Küsten Australiens auf, wovon nicht zuletzt zahlreiche alte Felsenmalereien zeugen.

Welche beiden südpazifischen Inseln bildeten den Kern des niederländischen Kolonialreichs?

● Die heute zu Indonesien gehörenden Inseln Java und Sumatra. Zunächst gelang es den Niederländern das kleinere und südlichere Java zu unterwerfen, das zunächst v. a. von portugiesischen Händlern angefahren worden war. Da Java bereits in vorkolonialer Zeit großen Einfluss auf die Nachbarinseln genommen hatte, fiel es den Niederländern nicht schwer, von hier aus auch Sumatra zu erobern.

Welchem israelitischen König aus biblischer Zeit wird bis heute eine nach ihm benannte Weisheit nachgesagt?

Salomo (byzantinisches Mosaik)

● König Salomo (um 965–922 v. Chr.), ein Sohn König Davids (um 1040–961 v. Chr.) und der Bathseba. Er baute Jerusalem mit dem Bau des Tempels und der Residenz zu einer mächtigen Metropole aus. Auf ihn sollen auch einige Psalmen und das Hohelied des Alten Testaments zurückgehen.

Was versteht man unter eurozentrischer Weltgeschichte?

● Eine Geschichtsschreibung, die Weltgeschichte nahezu ausschließlich aus einer europäischen Perspektive betrachtet. Im schlimmsten Fall findet außereuropäische Geschichte dabei keine Beachtung. Üblicher ist es aber, außereuropäische Ereignisse danach zu beurteilen und entsprechend darzustellen, von welchem Nutzen oder von welcher Bedeutung diese für Europa sind.

Bis wann existierte das Osmanische Reich?

● Bis 1923. Mit dem Begriff wird eigentlich das Reich bezeichnet, das von einer bestimmten Herrscherdynastie, nämlich den Osmanen, beherrscht wurde. Osman I. Ghasi

(1258–1326) hatte am Beginn des 14. Jahrhunderts dieses Reich begründet, im 16. und 17. Jahrhundert erlangte es seine größte Ausdehnung. Die v. a. von Kemal Atatürk (1881–1938) angestoßenen Reformen bedeuteten 1923 das Ende der Monarchie und damit auch des Ende des Osmanischen Reichs, dessen Nachfolgestaat die Türkei wurde.

Welches Reich wurde in der Antike von Rom aus regiert?

● Das Römische Reich, das der Sage nach am 21. April 753 v. Chr. gegründet wurde und 476 n. Chr. mit der Absetzung des letzten weströmischen Kaisers Romulus Augustulus unterging. Unter Kaiser Trajan (53–117) erlebte es seine größte Ausdehnung: Die Mittelmeerländer, Gallien, Britannien sowie Teile Germaniens und des Balkan gehörten zu Rom.

Kaiser Trajan

Was verstand man unter der so genannten Gewürzroute?

● Der Seeweg von Europa zu den hinterindischen Gewürzinseln. Entdeckt wurde die Route von den Portugiesen, deren ostasiatische Handelsposten aber im Laufe der Zeit an die Holländer verloren gingen. Der Handel mit begehrten Produkten wie Myrrhe, Pfeffer, Muskat, Weihrauch oder Zimt, die so in die niederländischen Hafenstädte gelangten, war nicht zuletzt wichtiger Grund für den Reichtum des niederländischen Königreichs.

Wo befindet sich der Sitz der UNO?

● Der Hauptsitz der UNO (Vereinte Nationen) ist in New York, daneben werden auch Sitze in Genf, Wien und Nairobi unterhalten.

Logo der UNO

Was war 1839 Auslöser für den Opiumkrieg in China?

● Die Beschlagnahmung eines britischen Opiumlagers in Kanton durch China, das damit die illegale Einfuhr von Opium aus Indien durch britische Händler unterbinden wollte. Der Krieg endete 1842 mit einer Niederlage Chinas. Im Vertrag von Nanking musste China Hongkong an Großbritannien abtreten, fünf Häfen für den britischen Handel öffnen sowie eine Entschädigung zahlen.

Wie wurde das deutsch-japanische Bündnis von 1936 bezeichnet?

● Antikominternpakt. Das im November 1936 erstmals geschlossene Bündnis machte sich den Kampf gegen den internationalen Kommunismus zur wichtigsten Aufgabe, daher auch ihr Name bzw. die Abkürzung für „Anti-Kommunistischer-Internationaler Pakt". 1937 trat der italienische Faschist Mussolini (1883–1945) der Allianz bei und schließlich 1939 der im Spanischen Bürgerkrieg erfolgreiche General Franco (1892–1975).

Wer stand sich im Krimkrieg von 1853 bis 1856 gegenüber?

● Anfänglich das Osmanische Reich und Russland, 1854 entsandten Frankreich und Großbritannien Truppen gegen Russland.

Auslöser war die russische Forderung, Christen im Reich der Osmanenfürsten eine bevorzugte Stellung zu gewähren. Dahinter steckte jedoch ein stärkeres machtpolitisches Engagement der Russen auf dem Balkan, dem Großbritannien, Frankreich und Österreich (nicht aktiv) entgegentraten.

Welche Seefahrer umfuhren angeblich um 600 v. Chr. erstmals das Kap der Guten Hoffnung?

● Phönikische Seeleute im Auftrag des ägyptischen Pharaos Necho II. (vor 610–595 v. Chr.). Sie waren seit dem Untergang der minoischen Kultur das beherrschende Seefahrervolk, mit Handelsniederlassungen im ganzen Mittelmeerraum. Die Expedition begann im Roten Meer und dauerte drei Jahre. Die nächste Umrundung der Südspitze Afrikas schaffte über 2000 Jahre später (1497) der Portugiese Vasco da Gama (um 1469–1524).

Warum gab der US-Präsident Ronald Reagan 1983 den Befehl zur Invasion in Grenada?

● Vordergründig, um die 100 in Grenada lebenden US-Bürger zu schützen. Dies jedenfalls war der Vorwand für die Invasion, die am Morgen des 25. Oktobers 1983 begann. Tatsächlich aber wollte Präsident Ronald Reagan (1911–2004) um keinen Preis, dass der karibische Inselstaat „den kubanischen Weg" einschlug. Denn kurz zuvor hatten orthodoxe Kommunisten die Macht in dem Staat übernommen, die gemäßigt sozialistische Regierung abgesetzt und erschossen. Nach kurzen Gefechten hatten die US-Truppen die Insel erobert.

Wer erhielt 1854 die Erlaubnis für den Bau und die 99-jährige Nutzung des Suez-Kanals?

● Der französische Diplomat und Ingenieur Ferdinand Marie Vicomte de Lesseps (1805–94), der den ägyptischen Vizekönig Said Pascha (1822–63) für das Projekt gewinnen konnte. 1858 folgte die Gründung der privaten ägyptischen Suez-Gesellschaft, die vornehmlich mit französischem Kapital unterstützt wurde. Sie erhielt 1858 die Baubefugnis. Die Arbeiten begannen 1859 und wurden 1869 abgeschlossen. Der Kanal hatte eine außerordentlich große ökonomische Bedeutung.

Mit welchem Staat schloss der Kaiser von Äthiopien 1889 einen Vertrag?

● Mit dem Königreich Italien. Der Negus Negesti (äthiopischer Kaisertitel) Menelik II. (1844–1913) erhofft sich damit Hilfe bei der Modernisierung seines Landes. Italien dagegen plante die Errichtung einer kolonialen Herrschaft. In der Schlacht bei Adua gelang es Äthiopien 1896, seine Unabhängigkeit zu verteidigen.

Welche Ziele hatten die Blumenkinder?

● Aus den USA kommend richtete sich diese Jugendbewegung zunächst gegen die Konsum- und Leistungsmentalität ihrer Eltern. Die „Blumenkinder" formten eine neue Kultur, in deren Mittelpunkt Musik, Liebe, bewusstseinserweiternde Drogen und neue Formen des Zusammenlebens standen. Durch die strikte Ablehnung des Vietnamkriegs erfuhr die Bewegung eine zunehmende Politisierung.

Gegen wen richtete sich der Hereroaufstand?

● 1904 revoltierten die Hereros – ein Volk in der deutschen Kolonie Südwestafrika – gegen die Kolonisten, bei denen etwa 120 Weiße getötet wurden. Erst nachdem die deutsche Schutztruppe massiv verstärkt worden war, konnte der Aufstand niedergeschlagen werden. Bei der Verfolgung der aufständischen Hereros gingen die deutschen Einheiten mit äußerster Brutalität vor: Man trieb sie in die wasserlose Steppe und ließ sie dort verdursten.

Welchen Hintergrund hatte die Bartholomäusnacht?

Die Mutter des französischen Königs, Katharina von Medici (1519–89), wollte ein Übergewicht des protestantischen Glaubens in Frankreich verhindern, das durch die Heirat des Protestanten Heinrich von Navarra (1553–1610) mit Margarete von Valois (1553–1615), der Schwester des Königs, drohte. Daher zettelte sie ein Massaker an den Hugenotten, Franzosen protestantischen Glaubens, an.

Bartholomäusnacht

In welchem der beiden Houses of Parliament in London ist der Adel vertreten?

Im House of Lords, dem Oberhaus des britischen Zweikammernparlaments. Heute hat es fast nur noch beratende Funktion.

Welches Land regierte General Franco (1892–1975)?

Spanien. Mit Unterstützung Hitlers (1889–1945) und Mussolinis (1883–1945) siegte der General 1939 im Spanischen Bürgerkrieg und errichtete eine faschistische Militärdiktatur. 1947 erklärte er das Land zur „katholischen Monarchie", womit aber keineswegs eine Öffnung und Demokratisierung verbunden war.

Wo spielten die Babenberger im Mittelalter eine wichtige Rolle?

Die Babenberger waren Markgrafen der Ostmark und ab 1156 Herzöge von Österreich. Herzog Leopold V. (1157–94) aus dieser Linie nahm 1192 wegen eines persönlichen Zwists den englischen König Richard Löwenherz (1157–99) gefangen.

Aus welchen Bundesländern setzt sich die Republik Österreich zusammen?

Österreich hat neun Bundesländer: Burgenland, Kärnten, Niederösterreich, Oberösterreich, Salzburg, Steiermark, Tirol, Vorarlberg und Wien.

Wie heißt das Adelsgeschlecht des monegassischen Fürstenhauses?

Grimaldi. Fürst Rainier III. von Monaco (1923–2005) und dessen verstorbene Frau Gracia Patricia, die ehemalige Filmschauspielerin Grace Kelly (1929–82) haben drei Kinder: den heutigen Regenten Albert II. (*1958) sowie die Prinzessinnen Caroline (*1957) und Stephanie (*1965).

Welche radikale politische Gruppierung der Französischen Revolution hatte ihren ersten Versammlungsort im alten Kloster Saint-Jacques in Paris?

Die Jakobiner, die unter ihrem Anführer Maximilien de Robespierre (1758–94) 1793/94 ein Schreckensregiment führten, dem in ganz Frankreich Zehntausende von Menschen zum Opfer fielen.

Welche Gliederung hat die Schweizerische Eidgenossenschaft?

Einen bundesstaatlichen Aufbau. Die Schweiz gliedert sich in 26 Kantone: 20 Voll- und sechs Halbkantone; Vollkantone sind z. B. der Aargau, Graubünden und Schwyz;

Halbkantone sind z. B. Appenzell-Ausserrhoden sowie Appenzell-Innerrhoden.

Was folgte auf die Schlacht von Königgrätz 1866?

Das über Österreich in der Schlacht siegreiche Preußen gründete 1867 unter seiner Führung den Norddeutschen Bund. Damit war das Ringen um die staatliche Einheit des Deutschen Reichs zugunsten einer so genannten kleindeutsch-preußischen Lösung entschieden. Österreich sonderte sich ab und gründete die Doppelmonarchie Österreich-Ungarn.

Um welche französische Festung erreichten 1916 die Materialschlachten des Ersten Weltkrieges einen Höhepunkt?

Um Verdun. An dieser strategisch wichtigen Festung beabsichtigte die deutsche Generalität die Kriegsentscheidung herbeizuführen. Die Kämpfe dauerten von Februar bis Dezember; dann wurde die deutsche Offensive eingestellt.

Was bezeichnete man im Mittelalter als Lehen?

Die Herrschafts- und Nutzungsrechte, die ein Vasall von seinem Lehensherrn verliehen bekam. Damit waren nicht nur Grundbesitz, sondern auch Gerichts-, Zoll- und andere wirtschaftliche Rechte verbunden. Nach dem ständischen Gesellschaftsaufbau konnte der König Herzöge und Markgrafen, diese wiederum Grafen und Ritter belehnen. Letztere konnten auch von Bischöfen und Erzbischöfen belehnt werden. Der Vasall war in einem Treueverhältnis an seinen Herrn gebunden und verpflichtet, an dessen Heerfahrten teilzunehmen.

Wann begann und wann endete der Dreißigjährige Krieg?

Er dauerte von 1618 bis 1648. Er begann als Konfessionskrieg, weitete sich aber immer weiter zu einem Krieg um die Vormachtstellung in Europa aus.

Wo wohnt die englische Königsfamilie?

Im Buckingham Palace. Das Schloss, das sich mitten in London befindet, wurde 1703 erbaut und mehrmals erweitert. Es dient seit 1837 als Residenz der englischen Königsfamilie.

Buckingham Palace

Welches Fürstengeschlecht beherrschte vom Ende des 15. Jahrhunderts bis in die Mitte des 18. Jahrhunderts die Stadt Florenz?

Die Bankiers- und Kaufmannsfamilie der Medici, die Herzöge und Großherzöge der Toskana wurden. Sie waren große Kunstmäzene, denen Florenz und die Toskana die bedeutendsten Kunstwerke der Renaissance verdankt.

Welcher französische Kaiser hatte italienische Vorfahren und starb in britischer Gefangenschaft?

Napoleon Bonaparte (1769–1821), dessen Karriere als Offizier in den Revolutionskriegen begann. Er krönte sich 1804 im Beisein des Papstes selbst zum Kaiser der Franzosen und unterwarf bis 1812 weite Teile Europas. Seine Reformen in Verwaltung und

Rechtskodifikation hatten weltweit Vorbildcharakter.

Wodurch sind die beiden mittelenglischen Städte Oxford und Cambridge bekannt geworden?

Durch die dort entstandenen ersten beiden Universitäten Englands. Das King's College der Universität Cambridge wurde 1284 gegründet, die Universität Oxford bereits im 12. Jahrhundert. Der alljährliche Ruderwettbewerb der beiden Universitäten ist eine außerordentlich beliebte und bekannte Veranstaltung.

Cambridge

Wer sind die Habsburger?

Ein österreichisches Herrschergeschlecht, das sich nach der Habsburg bei Brugg in der Schweiz nennt. Abkömmlinge dieses Hauses, ursprünglich eine Grafenfamilie mit großen Besitzungen im Elsass und in der Schweiz, stellten erstmals 1273 und dann von 1438 bis 1806 mit Ausnahme der Jahre 1742–45 alle deutschen Könige und Kaiser.

Welches Ereignis war der Auslöser des Dreißigjährigen Krieges?

Der zweite Prager Fenstersturz 1618. Protestantische Adelige wehrten sich gegen die vom Kaiser angestrebte Rekatholisierung Böhmens durch den Habsburger Kaiser. Der Hinauswurf zweier Räte durch ein Fenster war das Signal für den Aufstand gegen die Habsburger Herrschaft. Beim ersten Prager Fenstersturz 1419 wurden ebenfalls zwei katholische Ratsherrn aus dem Fenster geworfen.

Wie bezeichneten die Römer das Gebiet des heutigen Frankreich?

Gallien, genauer Gallia Transalpina – das „Gallien jenseits der Alpen". Es wurde 125–51 v. Chr. von Rom erobert.

Wie lautet die Abkürzung für die 1957 gegründete Europäische Atomgemeinschaft?

EURATOM. Sie dient u. a. zur Einhaltung einheitlicher Sicherheitsstandards in der Atomwirtschaft in den Staaten der EU.

Welche Amtssprachen hat die Schweiz?

Deutsch, Französisch und Italienisch, seit 1996 auch das Rätoromanische.

Wen besiegten die Schweizer Eidgenossen 1386 in der Schlacht von Sempach?

Ihren Erzfeind Habsburg. Das habsburgische Ritterheer wurde dabei vernichtend geschlagen; nicht zuletzt auch dadurch, dass die Schweizer Fußtruppen die Pferde der österreichischen Ritter niederstachen. Die Waldstätte und Luzern erlangten dadurch ihre Unabhängigkeit.

Was verbarg sich hinter dem Begriff Entente cordial (frz. „herzliches Einverständnis")?

Das Bündnis zwischen Großbritannien und Frankreich 1904, das die Grundlage für die 1907 erfolgte Erweiterung zur Tripelentente mit Russland bildete und damit die politische wie militärstrategische „Einkreisung" Deutschlands vor dem Ersten Weltkrieg zur Folge hatte.

Die Schlossanlage von Chambord

An welchem europäischen Fluss liegen u. a. die Schlösser Chambord, Blois und Amboise?

An der Loire, wo bereits im Mittelalter Burgen und Schlösser lagen. Auf manchen dieser Burganlagen entstanden im 16. Jahrhundert die berühmten Renaissanceschlösser, die dem französischen Königshaus sowie dem französischen Hochadel als Aufenthalt dienten. Chaumont-sur-Loire diente zum Beispiel der französischen Königin Katharina von Medici (1519–89) als Bleibe.

Was forderten die Suffragetten vor 1914 in England?

Das Frauenwahlrecht und die Gleichberechtigung im politischen wie im sozialen Leben (lat. suffragium, „Wahlrecht"). Ihr Kampf gipfelte 1913 in Großdemonstrationen mit mehreren 100.000 Teilnehmerinnen, in deren Folge zahlreiche Frauenrechtlerinnen inhaftiert wurden. Das Wahlrecht erlangten Großbritanniens Frauen erst 1926.

Unter welchem Namen sind in Großbritannien die Anhänger der konservativen Partei bekannt?

Als Tories. Diesen Namen übernahmen Mitte des 17. Jahrhunderts die Königstreuen und Gegner der republikanischen Bewegung (Whigs). Die Bezeichnung stammt aus dem Irischen und bedeutet „Verfolgter". In der Revolution von 1688 mussten sie die Rechte des Parlaments gegenüber dem Königtum anerkennen.

Welches germanische Volk plünderte 455 zwei Wochen lang die Stadt Rom?

Die Vandalen, die ursprünglich aus Jütland oder Mittelschweden kamen und nach einer Jahrhunderte dauernden Wanderung über Schlesien und Westpolen schließlich nach Spanien und Nordafrika gelangten. Hier gründeten sie auf damals römischem Boden das erste unabhängige Germanenreich.

Wer vereinte England und Schottland?

Oliver Cromwell

Oliver Cromwell (1599–1658). Er entschied zunächst den Englischen Bürgerkrieg für sich und die Parlamentarier, denen er aber 1648 das Vertrauen entzog. Er ließ König Karl I. (1600–49) hinrichten, einigte Britannien und führte als Lordprotector Kriege gegen die Niederlande sowie gegen Spanien.

Was ist ein Pogrom?

Der aus dem Russischen kommende Begriff (russ. „Zerstörung") steht für Ausschreitungen gegen Minderheiten, die vom Staat gebilligt oder gar organisiert werden, wie z. B. die von den Nationalsozialisten 1938 initiierte so genannte Reichskristallnacht.

Was verstand man zur Zeit der Französischen Revolution unter dem Dritten Stand?

Die Bürger und Bauern. Die mittelalterliche Ständegesellschaft, die eigentlich nicht mehr so recht in die Verhältnisse der Neuzeit passen wollte, unterschied drei Stände: die Geistlichkeit, den Adel und den Dritten Stand, der zwar die Hauptsteuerlast in Frankreich trug, aber politisch als unmündig galt.

Welchen Krieg beendete der Westfälische Frieden von 1648?

Den Dreißigjährigen Krieg (1618–48). Im Westfälischen Frieden wurden u. a. die Unabhängigkeit der Niederlande und der Schweiz vom Deutschen Reich sowie die Souveränität der einzelnen deutschen Fürsten festgelegt.

Wer schuf den Code civile und welche Auswirkungen hatte er auf Europa?

Napoleon I. Bonaparte (1769–1821), weshalb das Werk auch Code Napoléon genannt wird. Er vereinheitlichte die Rechtsprechung in Frankreich und war Vorbild für einige Staaten Europas und Amerikas.

Was wurde 1868 in der französischen Höhle Cro-Magnon ausgegraben?

Altsteinzeitliche Siedlungsreste und Skelette des Cro-Magnon-Menschen, eines frühen Homo sapiens sapiens, der vor 25.000–30.000 Jahren lebte. Die Cro-Magnon-Menschen waren vermutlich die Vorfahren der heutigen Bewohner Süd- und Westeuropas.

Cro-Magnon-Mensch

Wer verlor durch die Magna Charta an Macht?

Der englische König. Die Magna Charta war eine Art Vergleich zwischen englischen Baronen und dem König Johann Ohneland (1167–1216). In 63 Artikeln wurde u. a. festgelegt, dass der König sich der Kontrolle durch das Recht zu unterwerfen hatte und nicht willkürlich handeln durfte. Das Dokument wurde am 15. Juni 1215 unterzeichnet und war ein erster Schritt zum Verfassungsstaat.

Welche Bedeutung hat das Amselfeld für die serbische Geschichte?

Jene Ebene im Kosovo war im Jahr 1389 Schauplatz einer Schlacht, in der das serbische Heer und seine christlichen Hilfstruppen von den Türken vernichtend geschlagen wurden. Die Türken traten daraufhin eine jahrhundertelange Herrschaft auf dem Balkan an.

Wie nannte sich die 1980 in Danzig gegründete oppositionelle Gewerkschaft?

Solidarność (poln. „Solidarität"). Anfang der 1980er-Jahre entwickelte sich die unabhängige Gewerkschaft zu einer antikommunistischen Massenbewegung. 1981 wurde sie verboten und erst nach dem Zusammenbruch der sozialistischen Herrschaft 1989 wieder zugelassen.

Warum bezeichnen sich die Schweizer als Eidgenossen?

Weil ihr Staatssystem aus dem im August 1291 geschlossenen und von den Beteiligten beschworenen Schutzbund der drei Urkantone Uri, Schwyz und Unterwalden hervorging. Das „ewige Bündnis" wurde angeblich auf dem Rütli, einer Bergwiese, durch den Rütlischwur, einen Eid, besiegelt und richtete sich vor allem gegen habsburgische Territorialansprüche. Politische Bündnisse wurden damals als Eidgenossenschaften bezeichnet.

Was war die Reconquista und in welchem Land fand sie statt?

Reconquista (span.) heißt „Rückeroberung". Gemeint ist die Rückeroberung der Iberischen Halbinsel, die ab 711 n. Chr. von den Mauren besetzt worden war. Erst 1492, dem Jahr, in dem Kolumbus (1451–1506)

Amerika entdeckte, wurde die letzte Feste der Mauren in Granada (Andalusien) unter den so genannten katholischen Königen Isabella I. von Kastilien und León (1451–1504) und Ferdinand II. von Aragonien (1452–1516) eingenommen. Die Reconquista war damit beendet.

Wer war der Vertreter von König Richard I. Löwenherz, als dieser am dritten Kreuzzug teilnahm?

Sein jüngerer Bruder Johann Ohneland (1167–1216). Dieser wollte Richard (1157–99) ausschalten und selbst König von England werden; als Richard Löwenherz von Österreich gefangengenommen und an den deutschen Kaiser ausgeliefert wurde, verweigerte Johann Ohneland deshalb das geforderte Lösegeld.

Welche Politikerin erhielt aufgrund ihrer rigorosen Haltung den Spitznamen Eiserne Lady?

Margaret Thatcher (*1925). Sie war die erste Frau, die das Amt einer britischen Premierministerin innehatte. Sie regierte von 1979 bis 1990.

Welche Schlacht ist als Dreikaiserschlacht in die Geschichte eingegangen?

Die Schlacht von Austerlitz am 2. Dezember 1805. Hier trafen die Truppen Napoleons I. (1769–1821; Frankreich), Kaiser Franz I. (1768–1835; Österreich) und Zar Alexander I. (1777–1825; Russland) aufeinander. Napoleon konnte die Schlacht gewinnen.

Warum wurde die niederländische Tänzerin mit dem Künstlernamen Mata Hari hingerichtet?

Weil sie als Doppelagentin für Deutschland und Frankreich tätig gewesen war. Die gefeierte Tänzerin hatte zahlreiche Liebesaffären mit verschiedenen Offizieren, das Ausmaß ihrer damit verbundenen Spionagetätigkeit ist aber nicht ganz aufdeckt. Mata Hari (1876–1917) wurde schließlich von der französischen Spionageabwehr enttarnt.

Nach welcher Herrscherin ist das Elisabethanische Zeitalter benannt?

Nach Elisabeth I. von England (1533–1603). Ihre Politik begründete den Aufstieg Englands zur Weltmacht: Im Inneren ließ sie ihre katholische Rivalin Maria Stuart (1542–1587) ermorden und wehrte die Gegenreformation ab. Außenpolitisch entwickelte sich England unter ihrer Führung zur weltweit bedeutendsten Seemacht. Das Elisabethanische Zeitalter war auch eine Zeit geistiger Blüte.

Elisabeth I.

Welcher Staat wurde auch als Donaumonarchie bezeichnet?

Das 1804 proklamierte, 1867 zur Doppelmonarchie Österreich-Ungarn erweiterte österreichische Kaiserreich.

Was bedeutet die Abkürzung KSZE?

Konferenz über Sicherheit und Zusammenarbeit in Europa. Sie wurde am 3. Juli 1973 von 35 Außenministern aus Europa, Kanada, der damaligen UdSSR und den USA eröffnet. In mehreren Folgesitzungen ging es um die Entspannung innerhalb Europas, um die Wahrung von Menschenrechten und Grundfreiheiten sowie um Zusammenarbeit in Wirtschaft, Wissenschaft und Technik, Umwelt usw.

Was erleichtert das Schengener Abkommen Reisenden zwischen manchen Ländern in der EU?

Den Grenzübertritt. Das 1985 in der Nähe des luxemburgischen Schengen zustande gekommene Abkommen führte dazu, dass in den unterzeichnenden EU-Ländern an den Grenzen keine Personen- und Warenkontrollen mehr vorgenommen wurden.

Welcher Teil Irlands gehört bis heute zu Großbritannien?

Nordirland mit der Hauptstadt Belfast. Irland war 1171/72 von Heinrich II. von England (1133–89) erobert worden, erst 1921 wurde der Süden Irlands als Freistaat anerkannt. Die Republik Irland (seit 1949, mit der Hauptstadt Dublin) umfasst mehr als vier Fünftel der Insel.

Wer war der ehemalige kommunistische Partisanenführer und spätere Staatschef Jugoslawiens?

Der Kroate Josip Broz, genannt Tito (1892–1980), dessen Partisanenverbände Jugoslawien im Zweiten Weltkrieg von der deutschen Besetzung befreit hatten. Tito beschritt bald einen von der Sowjetunion unabhängigen sozialistischen Weg. Die ethnischen Gegensätze innerhalb Jugoslawiens führten bald nach seinem Tod zur schrittweisen Auflösung des Staates und zu blutigen Bürgerkriegen.

Welche österreichische Kaiserin wurde volkstümlich Sisi genannt?

Elisabeth von Österreich

Elisabeth I. von Österreich (1837–98). Die Zweckehe der Tochter des Bayernherzogs Maximilian mit Kaiser Franz Joseph I. (1830–1916) diente deutsch-österreichischen Interessen. So lebte die eher liberale Sisi vom konservativen Wiener Hof relativ abgesondert. Die meiste Zeit verbrachte sie auf Reisen, u. a. zu ihrem Cousin Ludwig II. von Bayern (1845–86). Sisi wurde von einem italienischen Anarchisten erdolcht.

Ist die Jungfrau von Orléans eine Legendengestalt?

Nein. In der Endphase des Hundertjährigen Krieges zwischen England und Frankreich (1337–1453) fühlte sich das 13-jährige Bauernmädchen Jeanne d'Arc (um 1412–31) von Gott berufen, dem in Bedrängnis geratenen französischen Thronfolger zu helfen. Tatsächlich gelang dem französischen Heer mit ihr eine Wende im Krieg. Sie wurde 1430 von Philipp dem Guten von Burgund (1396–1467) an die Engländer ausgeliefert und von diesen als Hexe verbrannt.

Welches internationale Treffen von Staatsmännern ordnete Europa 1814/15 nach der napoleonischen Ära neu?

Der Wiener Kongress, der der Restaurierung der alten Machtverhältnisse diente. Die leitende Figur war der spätere österreichische Staatskanzler Klemens Wenzel Fürst von Metternich (1773–1859).

Wer gewann die Schlacht von Liegnitz 1241?

Ein mongolisches Reiterheer, das das christliche Heer unter Herzog Heinrich II.

von Schlesien (1196–1241) vernichtend schlug. In der Schlacht fielen der Herzog ebenso wie zahlreiche polnische und deutsche Adelige. Obwohl die Mongolen nun ungehindert ins Deutsche Reich hätten einfallen können, traten sie den Rückzug an.

Welcher General wurde 1945 in Paris als Befreier Frankreichs gefeiert, obwohl er nach der Kapitulation Frankreichs im Zweiten Weltkrieg im Exil lebte?

Charles de Gaulle (1890–1970), der nach dem Krieg Ministerpräsident und nach der Verfassungsänderung 1958 erster Staatspräsident Frankreichs wurde. Zusammen mit Konrad Adenauer (1876–1967) legte er den Grundstein für die deutsch-französische Aussöhnung.

Welcher politisch engagierte Schriftsteller wurde 1989 tschechoslowakischer Staatspräsident?

Václav Havel

Václav Havel (*1936), der bereits 1968 bei der Niederschlagung des Prager Frühlings zu den Regimekritikern des kommunistischen Staates gehörte. 1989 war er einer der herausragenden Wortführer für demokratische Reformen, die nach Massenkundgebungen durchgesetzt wurden.

Welcher Staat ordnete 1921 die Ruhrbesetzung an, was nicht zuletzt die Inflation im Deutschen Reich verstärkte?

Frankreich, das einen Rückstand der Reparationszahlungen Deutschlands zum Anlass nahm, die 1921 begonnene Besetzung 1923 auf das gesamte Ruhrgebiet auszudehnen. Das Deutsche Reich wehrte sich v. a. mit Generalstreiks bis zur wirtschaftlichen Erschöpfung.

Welcher politische Philosoph wurde durch seine Abhandlung über die Politik der Macht berühmt?

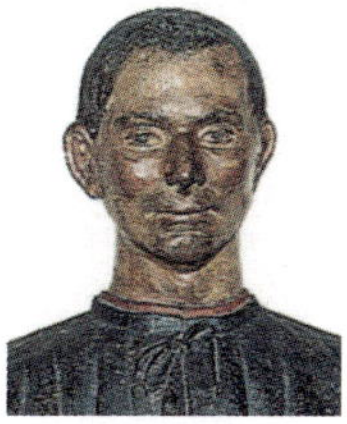
Niccolò Machiavelli

Niccolò Machiavelli (1469–1527). Er untersuchte in seinem Werk *Il principe* ausgehend von seinen Erfahrungen in der Republik Florenz unter der Herrschaft der Medici die Mechanismen der Macht. Seine nüchterne Analyse, die sich moralischer Wertung enthält, wurde immer wieder als Anleitung zur Tyrannei missverstanden.

Welchen Sieg hat das wilhelminische Deutschland von 1872 bis 1918 mit dem Sedanstag an jedem 2. September gefeiert?

Den Sieg im Deutsch-Französischen Krieg von 1870/71, an dessen Ende Napoleon III. (1808–73) in Sedan gefangen genommen wurde. Nach der Kapitulation Frankreichs ließ der spätere deutsche Reichskanzler Otto von Bismarck (1815–98) am 18. Januar 1871 im Spiegelsaal von Versailles den preußischen König Wilhelm I. (1797–1888) zum Deutschen Kaiser ausrufen.

Was bedeutet Liberté, Égalité, Fraternité?

„Freiheit, Gleichheit, Brüderlichkeit“. Diese Parole fasste die Grundforderungen der Französischen Revolution von 1789 zusammen.

Was ist die OSZE?

Die Organisation für Sicherheit und Zusammenarbeit in Europa, die vormalige KSZE, an der sich Staaten des westlichen wie des östlichen Militärbündnisses beteiligten. Seit Auflösung der Sowjetunion und des Warschauer Paktes schwand die Bedeutung der OSZE.

Das Forum Romanum

Wo befindet sich das Forum Romanum?

● In Rom. Es war seit dem 6. Jahrhundert v. Chr. das gesellschaftliche und politische Zentrum des römischen Staates. Heute finden sich hier in mehr oder weniger gutem Zustand altrömische Heiligtümer und Tempel, Markt- und Amtsgebäude sowie der Platz der Redner und der Volksversammlungen.

Unter welchem Namen ging die Schlacht des Arminius gegen Varus im Jahre 9 n. Chr. in die Geschichte ein?

● Als Schlacht im Teutoburger Wald. Arminius (um 18 v. Chr.–19 n. Chr.) war ein Cherusker, der eine Zeit lang auf Seiten der Römer gekämpft und ihr Vertrauen gewonnen hatte. So konnte er Publius Quinctilius Varus (um 46 v. Chr.–9 n. Chr.) und seine Legionäre in ein sumpfiges Waldgebiet locken, wo sie von Germanen überfallen und besiegt wurden.

Für welche Gemeinschaft wurde der Begriff Montanunion verwendet?

● Er wurde für die Europäische Gemeinschaft für Kohle und Stahl verwendet. Sie entstand im Jahre 1951/52 und wurde von der Bundesrepublik Deutschland, Frankreich, Italien und den Beneluxstaaten gegründet. Für die Bereiche Kohle und Stahl wurden Ein- und Ausfuhrzölle und alle mengenmäßigen Beschränkungen im Wirtschaftsverkehr der Mitgliedstaaten aufgehoben. Die Montanunion beendete 2002 ihre Arbeit.

Wer war der Vorläufer der EU?

● Die EG, die Europäische Gemeinschaft.

Was ist der Rat der Europäischen Union?

● Der Rat ist das bedeutendste gesetzgebende Organ der Europäischen Union. Die 25 beteiligten Mitgliedstaaten sind in ihm durch die Minister ihrer Regierungen vertreten.

Wurden mit der Gründung der EU die verschiedenen Europäischen Gemeinschaften aufgelöst?

● Nein. Die Europäische Gemeinschaft (EG), die aus der Europäischen Wirtschaftsgemeinschaft hervorgegangen ist, die Europäische Gemeinschaft für Kohle und Stahl (EGKS, bis 2002) und die Europäische Atomgemeinschaft (EURATOM) bestehen bzw. bestanden auch nach Gründung der Union weiter.

Wie heißt das 1957 in Rom unterzeichnete Vertragswerk?

● Die Römischen Verträge. Sie begründeten die Europäische Wirtschaftsgemeinschaft und die Europäische Atomgemeinschaft.

Welche Aufgaben nimmt der Europarat wahr?

● Der 1949 gegründete Europarat ist ein Zusammenschluss europäischer Staaten. Er soll den wirtschaftlichen und sozialen Fortschritt in Europa fördern und der Wahrung der Menschenrechte dienen. Sitz des Europarates ist Straßburg.

Welche Aufgabe hat Europol?

● Die Europäische Polizei sammelt, verknüpft und wertet Daten im Hinblick auf Rauschgiftgeschäfte und Geldwäsche aus und ist für grenzübergreifende Ermittlungen zuständig. Sie hat ihren Hauptsitz in Den Haag.

Was beinhaltet der Amsterdamer Vertrag von 1997/99?

● Er macht die Sicherheits- und Beschäftigungspolitik sowie die Bürgerrechte zu Angelegenheiten der Europäischen Union. In diesen Vertrag wurde das Schengener Abkommen integriert.

Wessen Regierungszeit gilt als Blütezeit des antiken Athen?

● Die des Perikles (um 495–429 v. Chr.), während der zahlreiche auch heute noch berühmte Baudenkmäler errichtet und ebenso viele berühmte literarische Werke geschaffen wurden. Es war auch eine Phase des politischen und sozialen Aufbruchs. Perikles schuf einen speziellen Richterstand. Er führte mit der so genannten Theorika außerdem eine Art Sozialhilfe zur Linderung ärgster Not ein.

Perikles

Der Mont-Saint-Michel an der französischen Küste wurde nicht durch seine Höhe berühmt. Wodurch dann?

● Auf dieser Felseninsel vor der Küste der Normandie steht seit 966 eine Abtei. Bei Ebbe kann die Insel zu Fuß erreicht werden, bei Flut ist sie jedoch vom Meer umschlossen.

Was prägte die Geschichte Sankt Gallens seit dem frühen Mittelalter?

● Die Klosterabtei, die Mitte des 9. Jahrhunderts nach dem Reichenauer Klosterplan erbaut wurde. Die Äbte von Sankt Gallen waren mächtige Reichsfürsten und zugleich Hüter einer von Mönchen getragenen Kunst- und Geisteskultur. Die barocke Klosteranlage existiert noch heute.

Mit dem Aufstieg welchen europäischen Herrschers setzte das Erste Empire ein?

● Mit dem Aufstieg Napoleons I. (1769–1821; frz. Empire, „Kaiserreich“). In Frankreich entwickelte sich eine eigene Spielart des Klassizismus, die sich von der Innenraumdekoration bis zur Mode (hochangesetzte Taille, schmaler Schnitt) auswirkte.

Belgien ist seit einer Verfassungsreform 1993 ein in drei Regionen gegliederter Bundesstaat. Wie heißen die beiden größten Regionen?

● Flandern (Vlaanderen) und Wallonien (Wallonie). Die Grenzziehung erfolgte entsprechend der Muttersprache der Mehrheit der Bewohner: Im Norden wird überwiegend flämisch, im Süden dagegen französisch gesprochen. Die Hauptstadt Brüssel bildet die dritte Region. Sie ist offiziell zweisprachig.

Wie heißt die von König Christian IV. von Dänemark (1577–1648) als Christiania erbaute Stadt in Norwegen heute?

● Oslo. Nach einem Stadtbrand ließ der dänische König die Stadt in dem damals zu Dänemark gehörenden Norwegen im 17. Jahrhundert wieder aufbauen, deshalb erhielt sie den neuen Namen Christiania. 1925 wurde die Stadt, 20 Jahre nach der Unabhängigkeit von Schweden, zu dem es seit

1814 gehörte, wieder umbenannt: Sie erhielt den alten norwegischen Namen Oslo zurück.

Welcher König soll sein Selbstverständnis als Herrscher durch den Spruch L'État c'est moi! (frz. „Der Staat bin ich") ausgedrückt haben?

Der Sonnenkönig Ludwig XIV. (1638–1715). Er entmachtete die Parlamente und prägte die absolutistische Monarchie, wobei er sich selbst mit dem Staat identifizierte. Eine Zentralregierung mit drei bis vier ihm untergebenen Ministern war nicht für das Volk, sondern für den „Roi Soleil" (frz. „Sonnenkönig") tätig.

Der Sonnenkönig

Woher hat die französische Region Normandie ihren Namen?

Im Jahre 911 erhielt der Wikinger Rollo (860–um 931) vom französischen König Charles III. (879–929) die Normandie zugesprochen, um so die ständigen kriegerischen Einfälle anderer Wikinger zu beenden. Da die Franzosen die Wikinger als „normands" bezeichneten, wurde der Name bald auf die Landschaft übertragen.

Mit welcher Währung bezahlt man in Liechtenstein?

Die 30.000 Einwohner des nur 160 km^2 großen Fürstentums am Oberrheintal bezahlen mit Schweizer Franken. Auch sonst ist Liechtenstein wirtschaftlich, gesellschaftlich und politisch wesentlich mehr auf die Schweiz als auf seinen zweiten Nachbarn Österreich ausgerichtet.

Was bedeutet Fin de siècle?

Es ist zum einen die französische Bezeichnung für „Ende des Jahrhunderts" und deutet die Endzeitstimmung von 1880 bis zum Beginn des Ersten Weltkrieges an. Zum anderen ist es ein Lustspiel aus dem Jahr 1888 von F. de Jouvenot und H. Micard.

Welchem Zweck dient die 1923 in Wien gegründete Interpol?

Der grenzüberschreitenden Verbrechensbekämpfung. Die Internationale kriminalpolizeiliche Organisation wurde 1946 in Paris neu gegründet.

Welche Änderung an dem Wappen Polens wurde 1990 im Parlament des Landes beschlossen?

Der weiße Wappenadler durfte wieder eine Krone tragen, die unter der kommunistischen Regierung entfernt worden war.

In welches hohe Amt wurde die Schweizerin Ruth Dreifuss im Jahr 1999 gewählt?

Die Wirtschaftswissenschaftlerin Ruth Dreifuss (*1940) wurde im Jahr 1999 als erste Frau zur Bundespräsidentin der Schweiz gewählt. Mit der Sozialdemokratin wurde in der Schweiz zudem erstmals eine Person jüdischen Glaubens zum Staatsoberhaupt bestimmt.

Welcher Nation gehören die Nobelpreisträger Jean Henri Dunant und Hermann Hesse an?

Der Schweiz. Dunant (1828–1910) erhielt 1901 den Friedensnobelpreis (zusammen mit Frédéric Passy [1822–1912]) für seine Arbeit um die Gründung des Roten Kreuzes 1863. Der im schwäbischen Calw geborene und während der Naziherrschaft in die Schweiz emigrierte Hesse (1877–1962) erhielt 1946 den Literaturnobelpreis. Insgesamt stellte die Schweiz 19 Nobelpreisträger.

Was haben Dänemark und Schweden hinsichtlich der europäischen Währung Euro gemeinsam?

In beiden Ländern entschied sich die Mehrheit der Bevölkerung in einer Volksabstimmung gegen die Einführung des Euro. Die Dänen stimmten 2000 ab und die Schweden entschieden sich 2003. Das schwedische Referendum wurde vom Attentat auf die Außenministerin Anna Lindh (1957–2003) überschattet.

Was ist der Élysée-Vertrag?

Es handelt sich um den am 22. Januar 1963 in Paris geschlossenen deutsch-französischen Freundschaftsvertrag, einen wichtigen Meilenstein in dem Bemühen um eine Aussöhnung zwischen Deutschland und Frankreich nach dem Zweiten Weltkrieg.

Wofür ist das House of Commons in Großbritannien zuständig?

Im britischen House of Commons, dem Unterhaus, sind seit dem 13. Jahrhundert der niedere Adel und die Bürger vertreten. Bis ins 19. Jahrhundert wurden die Mitglieder dieses Parlaments nach verschiedenen Wahlmodi in die Kammer gewählt. Seit dem 19. Jahrhundert stellt das Unterhaus die demokratische Volksvertretung in England dar.

Wie hieß die nach der deutschen Besetzung tolerierte französische Regierung in Südfrankreich?

Die Vichy-Regierung, die von 1940 bis 1944 bestand und von Marschall Pétain (1856–1951) geführt wurde. Sie war auf eine enge Zusammenarbeit mit den deutschen Besatzern angewiesen und hatte einen diktatorischen Charakter.

Philippe Pétain

Wer waren die Sansculottes?

Ursprünglich war der Begriff (frz. „ohne Kniehosen“) ein Spottname für die unteren Schichten, weil sie im Gegensatz zur aristokratischen Mode des Ancien Régime keine Kniehosen (Culottes), sondern lange Hosen (Pantalons) trugen. Mit Beginn der Französischen Revolution wurde der Begriff für die Republikaner verwendet.

Warum wird die Zeit nach dem Wiener Kongress als eine Phase der Restauration bezeichnet?

Weil man versuchte, in Europa die Machtverhältnisse vor der Revolution wiederherzustellen. Die liberalen und nationalen Ideen der Revolutionszeit betrachtete man als staatsgefährdend und versuchte, ihre Ausbreitung einzudämmen.

Wer waren die Wikinger?

Die Wikinger oder Normannen waren ein skandinavisches Volk, das sich im 8. Jahrhundert auf den Weg nach England und Nordfrankreich machte. Nachdem sie in Nordfrankreich die Normandie erobert und besiedelt hatten, eroberten sie 1066 England und später sogar Sizilien.

Wer traf sich im Oktober 1997 in Belfast?

Der britische Premierminister Tony Blair und der Vertreter der Sinn Féin Gerry Adams (*1948) kamen im Oktober 1997 zu Gesprächen zusammen. Es war das erste Treffen zwischen einem britischen Premierminister und einem Vertreter der IRA-nahen Partei.

Welcher Jakobiner war maßgeblich für die Schreckenszeit in der Französischen Revolution verantwortlich?

Robespierre

Der Jurist Maximilien de Robespierre (1758–94), den man auch den „Unbestechlichen" nannte. Er nützte die ihm über den Wohlfahrtsausschuss zuwachsende Macht, um vermeintliche Gegner der Revolution hinzurichten. Unmittelbar nach seinem Sturz 1794 endeten er und ein Teil seiner Anhängerschaft selbst auf der Guillotine.

In welchem Land Europas gab es zuerst das Frauenwahlrecht?

Die europäischen Frauen durften zuerst in Finnland wählen, wo sie 1906 das Wahlrecht erhielten. In Deutschland wurden Frauen erst 1918 zu den Wahlen zugelassen, in Norwegen 1913 und in Großbritannien 1926.

Wie lautete die Parole der Französischen Revolution?

Die Revolutionäre des dritten Standes forderten „Liberté, Égalité, Fraternité" (frz. „Freiheit, Gleichheit, Brüderlichkeit"). Sie erklärten sich am 17. Juni 1789 zur Nationalversammlung. Mit der Erstürmung der Bastille am 14. Juli 1789 begann der offene Aufstand.

Marie Antoinette

Welche Tochter Maria Theresias (1717–80) endete 1793 in Frankreich auf der Guillotine?

Marie Antoinette (1755–93). Seit 1770 mit Ludwig XVI. (1754–93) verheiratet, war sie beim Volk als vergnügungssüchtige Königin verhasst. Als es in Paris kein Brot mehr gab, soll ihre Reaktion gewesen sein: „Sie haben kein Brot? Dann sollen sie Kuchen essen!".

Warum gab sich Ludwig XIV. den Beinamen der Sonnenkönig (Roi Soleil)?

Ludwig XIV. (1638–1715) verglich seine Position im Staat mit der Stellung der Sonne im Sonnensystem, die ihren festen Platz am Himmel hat, alle Planeten überstrahlt und von ihnen umkreist wird. Entsprechend schrieb sich Ludwig XIV. die zentrale Rolle im Staat zu.

Wie hießen traditionell die Anhänger der beiden großen Parteien in Großbritannien?

Die Konservative Partei Großbritanniens bilden die Tories, die 1679 entstandene königstreue Vereinigung. Ihre Gegner waren die Anhänger der republikanischen Bewegung, die sich Whigs nannten. Sie bilden die Liberale Partei und verfolgen seit ihrer Gründung freiheitliche, parlamentarische

Ziele. Heute haben sie ihre Bedeutung zugunsten der Labour Party verloren.

Welcher Nobelpreis wird nicht in Schweden verliehen?

● Den Friedensnobelpreis, der für Verdienste um den Erhalt des Friedens vergeben wird, verleiht nach der testamentarischen Verfügung Alfred Nobels (1833–96) ein Ausschuss des norwegischen Parlaments. Traditionell wird dieser Preis von dem norwegischen König in Oslo übergeben.

Woraus setzt sich der Union Jack, die Flagge Großbritanniens zusammen?

● Auf der britischen Flagge sind die Symbole Englands (rotes Kreuz auf weißem Grund), Schottlands (weißes Schrägkreuz auf blauem Grund) und Irlands (rotes Schrägkreuz auf weißem Grund) miteinander verbunden.

Durch welche Ideale zeichnete sich im Mittelalter der Ritterstand aus?

● Grundlagen der ritterlichen Ethik waren „zuht" (Selbstbeherrschung) und „mâze" (Maßhalten), die Hauptaufgaben eines Ritters der Schutz von Schwachen und Bedrängten, eine christliche Lebensführung, Geschicklichkeit im Umgang mit der Waffe und mutiger Einsatz im Krieg sowie Treue gegenüber dem Lehnsherrn. Die Ritter dienten dem König als berittene Krieger in schwerer Rüstung. Dafür erhielten sie Grund und Boden als Lehen, das sie bewirtschaften ließen.

Was versteht man unter Splendid Isolation?

● Splendid Isolation (engl. „glänzende Abkapselung") war ein Grundsatz der englischen Außenpolitik bis zum Beginn des 20. Jahrhunderts. Weil England sich als Seemacht stark genug fühlte, um keine Bündnisse mit anderen Staaten eingehen zu müssen, hielt es sich aus den Konflikten anderer Staaten untereinander weitgehend heraus. Je komplexer jedoch die internationalen Beziehungen wurden, desto weniger ließ sich diese Politik aufrecht erhalten.

Welche Länder unterstützten General Franco im Spanischen Bürgerkrieg?

Francisco Franco

● Francisco Franco (1892– 1975), der Chef der nationalspanischen Regierung, wurde von Deutschland, Italien und Portugal im Kampf gegen die Verfechter der spanischen Republik unterstützt. Frankreich und Großbritannien blieben neutral, die Sowjetunion unterstützte den Kampf der Republikaner.

Was ist die Trikolore?

● Die Trikolore (franz. „drei Farben") ist die französische Flagge. Sie entstand 1794 aus der blau-roten Fahne von Paris, deren Farben mit dem Weiß der Königsfamilie der Bourbonen kombiniert wurde.

Was wollte England mit dem Two-Power-Standard erreichen?

● Es war ein Bestandteil der englischen Rüstungspolitik vor dem Ersten Weltkrieg und besagte, dass die englische Kriegsflotte so stark sein sollte, dass sie den beiden nächstgrößten Kriegsflotten gewachsen war.

Worum geht es im Vertrag von Maastricht?

● Mit dem Vertrag von Maastricht wurde am 7. Februar 1992 beschlossen, die Europäische Gemeinschaft (EG) zu einer europäischen Wirtschafts- und Währungsunion (EU) zu erweitern und den Euro als Leitwährung einzuführen. Außerdem sollte die politische Integration vorangetrieben werden.

Welche Staatsform herrscht heute in Spanien?

Juan Carlos

● Die parlamentarische Monarchie. Staatsoberhaupt ist seit dem Ende der faschistischen Diktatur 1975 König Juan Carlos I. (*1938), die Regierung wird vom frei gewählten spanischen Parlament bestimmt.

Was versteht man in Frankreich unter Cohabitation?

● Von „Cohabitation" spricht man in Frankreich, wenn Präsident und Regierung jeweils unterschiedlichen politischen Lagern angehören. In den Jahren 1986, 1993 und 1997 führten die Parlamentswahlen jeweils zu dieser Situation.

Warum verzichtete Eduard VIII. nach nur kurzer Regierungszeit 1936 auf den britischen Thron?

● Eduard VIII. (1894–1972) gab nach knapp einjähriger Regierungszeit im Dezember 1936 den britischen Thron auf, um Wallis Simpson heiraten zu können. Seine zukünftige Ehefrau war bürgerlicher Herkunft, Amerikanerin und zweimal geschieden, sodass Hofetikette, die britische Regierung und die anglikanische Kirche Widerstände gegen die Heiratsabsicht des Königs vorbrachten.

Was versteht man unter der Zauberformel des Schweizer Bundesrates, die in den Wahlen vom 10.12.2003 gesprengt wurde?

● Der Schweizer Bundesrat setzte sich seit der Bundesratswahl vom 17.12.1959 nach der so genannten Zauberformel zusammen, das bedeutet aus je zwei Mitgliedern der Parteien FDP, CVP, SPS und einem Mitglied der SVP. Damit entsprach diese Formel den Wähleranteilen der großen Parteien in Nationalrat und Ständerat der Schweiz. Aus der Wahl im Jahr 2003 ging jedoch die SVP als stärkste Partei hervor und beanspruchte einen zweiten Sitz im Bundesrat.

Wer residiert in der Londoner Downing Street No. 10?

● In der Downing Street No. 10 in London befindet sich der Amtssitz und offizielle Wohnsitz des jeweiligen britischen Premierministers.

Was verstand man im Mittelalter unter der Grundherrschaft?

● Die Grundherrschaft, die in Europa vom frühen Mittelalter bis zur Bauernbefreiung bestand, machte den Eigentümer des Bodens jeweils auch zum Herren über die Bauern, die diesen bewirtschafteten. Die Bauern mussten dem Grundherren Abgaben und Frondienste leisten. Das Abhängigkeitsverhältnis nach dem Vorbild der Grundherrschaft prägte im Mittelalter Wirtschaft, Gesellschaft sowie Politik und war die Grundlage des Lehnswesens.

In welcher Stadt wurde der Bürgerkrieg zwischen Serben, Kroaten und Bosniern hauptsächlich geführt?

● Der Bürgerkrieg wurde von 1992 bis 1995 hauptsächlich in Sarajevo, der Hauptstadt von Bosnien-Herzegowina, geführt, aber auch weite Teile Bosniens hatten seit 1991 unter dem Krieg zu leiden.

Welchem österreichischen Herrscherhaus verhalf Prinz Eugen von Savoyen zu seiner Großmachtstellung?

● Da Ludwig XIV. (1638–1715) Prinz Eugen von Savoyen (1663–1736) wegen seines kleinen Wuchses nicht für eine militärische Karriere geeignet hielt, trat dieser in die Dienste des Hauses Habsburg und errang für dieses bedeutende Siege über die Türken.

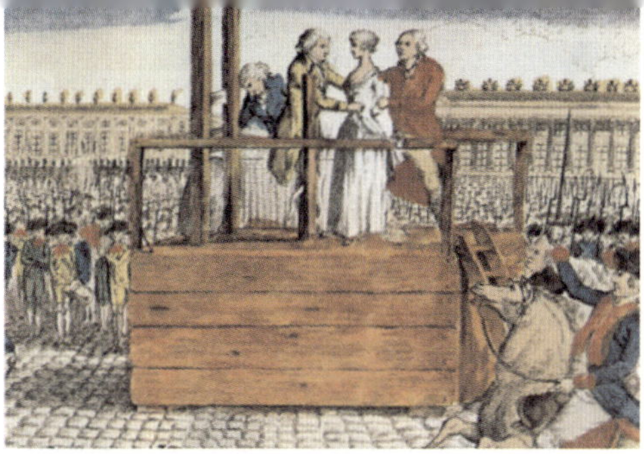

Hinrichtung durch eine Guillotine

Welches Hinrichtungsgerät ließ sich Ludwig XVI. (1754–93) vorführen, wenige Jahre bevor er selbst darunter den Kopf verlieren sollte?

● Die Guillotine, benannt nach dem Arzt Joseph-Ignace Guillotin (1738–1814), der vorschlug dieses Fallbeil bei der Ausführung der Todesstrafe zu verwenden. Dem Verurteilten sollte mit der Guillotine ein schneller und „humaner" Tod ermöglicht werden. In Frankreich und seinen Kolonien blieb die Guillotine von 1792 bis zur Abschaffung der Todesstrafe im Einsatz.

Unter welchem mittelalterlichen Herrscher erfuhr der christliche Glaube in Mitteleuropa eine erste weit reichende Ausbreitung?

● Der Merowingerkönig Chlodwig I. (um 466–511), der das Fränkische Reich bis über die weströmischen Grenzen ausdehnte, nahm den christlichen Glauben an und ließ sich 497 oder 498 mitsamt seinem Gefolge von Bischof Remigius (um 436–533) in Reims taufen. Als christlicher Herrscher eines großen Reiches verbreitete er seinen Glauben in ganz Mitteleuropa.

In welcher italienischen Stadt leistet ein Schweizer Söldnerheer bis heute Militärdienst?

● Schweizer Söldnerheere waren bis ins 19. Jahrhundert hinein in verschiedenen Staaten stationiert. Heute sind sie noch als Schweizergarde in Rom zu finden, wo sie seit 1506 den Papst schützen. Die Schweizergardisten, die heute auch Polizeifunktion haben, tragen noch immer die Renaissancetracht. Zur Schweizergarde wird nur zugelassen, wer ledig, katholisch und größer als 1,75 Meter ist.

Was versteht man unter Restauration?

● Als Restauration (lat. restaurare, „wieder herrichten") wird das politische Bemühen bezeichnet, alte Zustände wiederherzustellen. Der Begriff steht auch für die politische Entwicklung in Europa zwischen 1815 und 1848.

Welcher römische Kaiser ist mit dem einzigen aus der Antike erhaltenen Reiterstandbild auf dem Kapitol in Rom dargestellt?

● Kaiser Mark Aurel (121–180 n. Chr.). Dass die bronzene Plastik eines heidnischen Herrschers auch die christlichen Jahrhunderte fast unbeschadet überdauerte, ist auch der Tatsache zu verdanken, dass lange Zeit angenommen wurde, es handle sich um ein Denkmal des christlichen Kaisers Konstantin (um 274–337 n. Chr.).

Welcher Volksstamm begründete die La-Tène-Kultur?

● Die La-Tène-Kultur (nach dem Fundort La Tène in der Schweiz), die sich besonders durch die kunstvolle Eisenbearbeitung auszeichnet, wurde von keltischen Volksgruppen getragen, die sich im 5. bis 1. Jahrhundert v. Chr. in Süddeutschland, Böhmen, auf den Britischen Inseln, in Gallien, Norditalien und auf dem Balkan sowie auf der Iberischen Halbinsel und in Kleinasien niederließen.

Was besagte das Instrument of Government, das 1653 in England verkündet wurde?

● Mit dem 1653 verkündeten Instrument of Government erhielten England, Schottland und Irland die erste schriftlich festgehaltene Verfassung. Darin wurde Oliver Cromwell (1599–1658) als Lordprotektor von England, Schottland und Irland bestimmt und hatte damit faktisch sämtliche Staatsgewalt inne. Er regierte als Diktator mit gleichsam monarchischer Stellung und errang wichtige Seesiege über die Niederlande und Spanien.

Welcher Tiroler Freiheitskämpfer behauptete sich erfolgreich gegen napoleonische und bayerische Truppen?

● Andreas Hofer (1767–1810), ein Gastwirt, der den Tiroler Aufstand gegen die von Napoleon Bonaparte (1769–1821) unterstützte bayerische Besetzung leitete. Er besiegte deren Heere 1809 mehrmals am Bergisel bei Innsbruck, geriet aber durch Verrat in Gefangenschaft und wurde darum in Mantua standrechtlich erschossen.

Andreas Hofer

Was feiern die Briten an ihrem Nationalfeiertag am zweiten Samstag im Juni?

● Am zweiten Samstag im Juni feiern die Briten jeweils den offiziellen Geburtstag der Queen, die aber tatsächlich am 21. April geboren ist.

Welcher Gewerkschaftler wurde 1990 polnischer Staatspräsident?

● Lech Walesa (*1943), der Führer der Gewerkschaft Solidarność (poln. „Solidarität"), die 1980 in Danzig gegründet worden war und sich zu einer Protestbewegung gegen das kommunistische Regime entwickelte. Nach dem Zusammenbruch des sozialistischen Regimes wurde Walesa 1990 zum polnischen Staatspräsidenten gewählt und blieb bis 1995 im Amt. Sein Nachfolger wurde Aleksander Kwasniewski (*1954).

Wofür erhielten 1926 der deutsche und der französische Außenminister gemeinsam den Friedensnobelpreis?

● Gustav Stresemann (1878–1929) und Aristide Briand (1862–1932) schlossen im Jahr 1925 die Locarnoverträge, die wesentlich zu einem politischen Ausgleich zwischen Deutschland und Frankreich beitrugen. Im Jahr 1926 erhielten die beiden Außenminister dafür den Friedensnobelpreis.

Wo wurden zum ersten Mal Dukaten in Umlauf gebracht?

● Seit dem Spätmittelalter die Bezeichnung für Goldmünzen mit einem Gewicht von 3,5 g, die zum ersten Mal in Venedig geprägt wurden. Der Name ist von der lateinischen Inschrift auf der Münze abgeleitet: „Sit tibi Christe datus quem tu regis iste ducatus" (Dir, Christus, sei dieses Herzogtum gegeben, das du regierst).

Wessen Motto lautet Honi soit qui mal y pense (frz. „Verachtet sei, wer Arges dabei denkt")?

● Es ist das Motto des Hosenbandordens, des höchsten britischen Ordens, den König Eduard III. 1348 gestiftet hat. Angeblich geht die Stiftung des Ordens auf einen Zwischenfall zurück, bei dem der König einer Gräfin ihr Strumpfband aufhob.

Gegen welche Mächte mussten sich die Venezianer behaupten?

Venedig konkurrierte schon im Mittelalter mit Genua um die Vorherrschaft am östlichen Mittelmeer. Von 1257 bis 1381 führten beide Städte einen Krieg, in dem Venedig überlegen war. Danach war das Osmanische Reich der wichtigste Gegner Venedigs.

Wer waren die Girondisten?

● Die Girondisten waren eine die republikanische Gruppe während der Französischen

Revolution, die gemäßigtere Ziele vertrat als die radikalen Jakobiner und sich deshalb von diesen trennte. Ihr Name leitet sich aus dem Verwaltungsbezirk Gironde ab, aus dem die führenden Vertreter dieser Gruppe stammten. Die Girondisten waren die Partei des Großbürgertums und wollten zunächst mit dem König zusammenarbeiten.

Wer bekam als erste Frau den Friedensnobelpreis verliehen?

Als erste Frau erhielt im Jahr 1905 die österreichische Pazifistin und Schriftstellerin Bertha Freifrau von Suttner (1843–1914) den Friedensnobelpreis. Insbesondere ihr Roman *Die Waffen nieder!* von 1889 wurde weltweit berühmt.

Welchen besonderen Status hatte Venedig bis 1797 inne?

Venedig war seit 697 eine unabhängige Adelsrepublik, die von einem Dogen regiert wurde. Napoleon (1769–1821) löste die Republik 1797 auf.

Mit welcher englischen Königstochter war der Braunschweiger Herzog Heinrich der Löwe verheiratet?

Heinrich der Löwe (um 1129–95), Herzog von Sachsen und Bayern, war seit 1168 mit Mathilde (1157–89), der Tochter des englischen Königs Heinrich II. (1133–89) und Schwester von Richard Löwenherz (1157–99), verheiratet.

Während welcher Revolution sollte der Beginn eines neuen Zeitalters durch die Einführung eines neuen Kalenders dokumentiert werden?

1793 wurde während der Französischen Revolution ein neuer Kalender eingeführt, der mit dem 22. September einsetzte, dem Tag der Proklamation der Republik. Man teilte das Jahr in gleich lange Monate und wählte deren Namen nach dem Naturjahr (z. B. Nivôse, „Schneemonat"; Floréal, „Blütenmonat"). Der Tag sollte nicht mehr 24, sondern zehn Stunden haben.

Was ist der Unterschied zwischen einem Französischen und einem Englischen Garten?

Der Französische Garten wird von einer strengen Regelmäßigkeit durchzogen, bedeutendstes Beispiel ist der Garten von Schloss Versailles. Der Englische Garten, der seit dem Ende des 18. Jahrhunderts immer mehr in Mode kam, besticht dagegen durch seine Unregelmäßigkeit und wird mit Ruinen, Tempeln, Einsiedeleien u. Ä. geschmückt. Ein berühmtes Beispiel ist der Englische Garten in München.

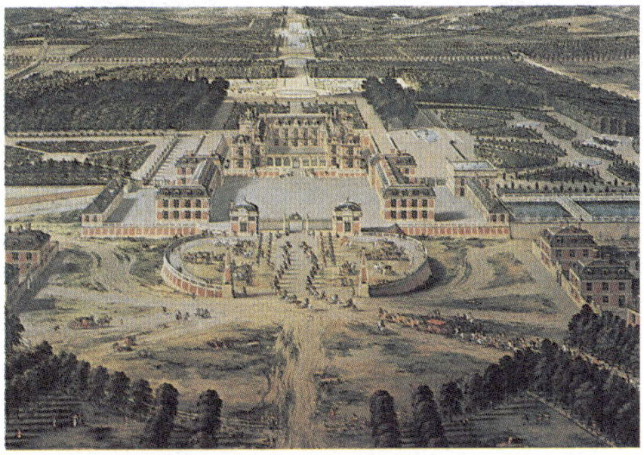

Schloss und Garten von Versailles

Welcher deutsche Politiker schaffte es, das Deutsche Reich, in ein komplexes Bündnissystem in Europa zu integrieren?

Sein ausgeklügeltes Bündnissystem war ein wichtiges Element der geschickten Außenpolitik des Reichskanzlers Otto von Bismarck (1815–98) und ein Kunstwerk der Diplomatie. Im Dreikaiserabkommen (1872–87), dem Zweibund (1879–1917), dem Dreibund (1882–97), einem Kolonialabkommen (1890), dem Rückversicherungsvertrag (1887–90) und dem Mittelmeerabkommen (1887) verband er nach und nach sämtliche europäischen Großmächte über Verträge miteinander.

Worum ging es in der Seeschlacht bei Trafalgar am 21. Oktober 1805?

● Um die Vorherrschaft auf See. Da Horatio Nelson (1758–1805) die Schlacht gegen die vielfach überlegene französisch-spanische Flotte gewann, sicherte er Großbritannien die Seeherrschaft und den Seeweg nach Indien. Trafalgar ist ein Kap südöstlich von Cádiz (Spanien).

Seeschlacht von Trafalgar

Wer wird im Pariser Panthéon begraben?

● Hier werden berühmte französische Männer und Frauen begraben, die sich in besonderer Weise um ihr Vaterland verdient gemacht haben. Das Panthéon war ursprünglich eine Abteikirche, die man im Verlauf der Französischen Revolution zu einer Grabstätte umfunktionierte. 1791 wurde die Kirche deswegen umgebaut.

Welcher ehemalige serbische Präsident muss sich vor dem Haager Kriegsverbrechertribunal rechtfertigen?

● Slobodan Milošević (*1941). Er wurde im Mai 1999 vom Internationalen Kriegsverbrechertribunal für Jugoslawien wegen Verbrechen gegen die Menschlichkeit und Verstöße gegen das Völkerrecht im Kosovo angeklagt. Zoran Djindjić (1952–2003), erster nicht kommunistischer Ministerpräsident Serbiens, ließ ihn am 1. April 2001, nach einem Ultimatum der USA, festnehmen und lieferte ihn am 28. Juni aus. Die Anklage wurde auf Verantwortlichkeit für weitere Kriegsverbrechen (u. a. das Massaker von Srebrenica) ausgedehnt.

Was geschah bei den Parlamentswahlen in Spanien am 14. März 2004?

● Unter dem Eindruck der Terroranschläge, die Madrid nur wenige Tage vor der Wahl am 11. März erschüttert hatten und bei denen 190 Menschen ums Leben kamen, gewann die sozialistische Arbeiterpartei mit ihrem Spitzenkandidaten José Luis Rodríguez Zapatero (*1960) die Parlamentswahlen und löste die seit acht Jahren regierende konservative Volkspartei ab, die sich außenpolitisch eng an die Seite der USA gestellt und diese im Dritten Golfkrieg militärisch unterstützt hatte.

Welche schwedische Politikerin wurde im September 2003 Opfer eines Attentats?

● Am 11. September erlag die schwedische Außenministerin Anna Lindh (*1957) ihren Verletzungen, die ihr einen Tag zuvor von dem serbischstämmigen Schweden Mijailo Mijailović (*1978) zugefügt worden war. Das Attentat geschah im Vorfeld der Volksabstimmung über die Einführung des Euro, bei der am 14. September über die Hälfte der Wähler gegen die gemeinsame Währung votierten.

Unter welchem Namen ist der französische Arzt und Astrologe Michel de Notre-Dame besser bekannt?

● Unter dem latinisierten Namen Nostradamus (1503–66), der u. a. in König Heinrich II. (1519–59) und v. a. in dessen Frau Katharina von Medici (1519–89) bedeutende Gönner hatte. Nostradamus' Berühmtheit ging schon zu Lebzeiten auf seine Prophezeiungen zurück; das sind knapp 1000 gereimte Vierzeiler, an deren dunkler Sprache sich mittlerweile unzählige Deuter abgemüht haben.

Wer waren die Gründer der sizilianischen Hafenstadt Syrakus (um 734 v. Chr.)?

Siedler aus Korinth, einem der mächtigen griechischen Stadtstaaten. Die Kommune dominierte schon bald nicht nur die Insel, sondern auch das italienische Festland. Syrakus war intensiv in den Peloponnesischen Krieg (431–404 v. Chr.) gegen Athen involviert und stand in den Punischen Kriegen mal an der Seite Roms, mal an der Karthagos, bis sie schließlich 212 v. Chr. von den Römern erobert wurde.

Welche Position vertrat Sulla im ersten Bürgerkrieg, der die römische Republik erschütterte?

Sulla (138–78 v. Chr.) vertrat die Position der so genannten Optimaten und stand somit auf der Seite des Senats. Denn die Optimaten versuchten, die Macht des Senats weiter auszubauen. Im Kampf gegen seinen politischen Gegner Marius (um 157–86 v. Chr.) ergriff Sulla auch militärische Maßnahmen und riskierte dadurch den ersten Bürgerkrieg der Republik.

Warum griff der Karthager Hannibal Rom auf dem Umweg über die Alpen und nicht zur See an?

Weil Karthago nach dem Ende des Ersten Punischen Krieges seine Kriegsflotte verloren hatte. Daher nahm der karthagische Oberbefehlshaber Hannibal (247–183 v. Chr) mit seinen Soldaten und den berühmten Elefanten den Umweg über Spanien, die Pyrenäen, Gallien und schließlich 218 v. Chr. auch über die Alpen in Kauf und fiel von Norden in Italien ein.

Welche französische Stadt wurde nach Kaiser Aurelian benannt?

Orleans. Nachdem es Kaiser Aurelian (214–275 n. Chr.) gelungen war, germanische Angriffe auf Rom abzuwehren, stellte er auch im römischen Gallien den Frieden her, und ermöglichte damit zugleich neue Städtegründungen.

Wer sorgte 1588 für den Untergang der spanischen Armada?

Sir Francis Drake

Sir Francis Drake (um 1540–96). Die Kriegsflotte, die Spanien 1588 gegen England aussandte, bestand aus 129 Schiffen sowie 30.000 Mann und galt als unbesiegbar. Der englische Seefahrer und Freibeuter von Königin Elisabeth I. (1533–1603) war zwar nur Vizeadmiral, aber maßgeblich am Sieg über die spanische Armada beteiligt.

Wodurch wurde der römische Kaiser Commodus berühmt-berüchtigt?

Commodus (161–193 n. Chr.), der Sohn des römischen Kaisers und Philosophen Marc Aurel (121–180 n. Chr.), wurde 180 n. Chr. römischer Kaiser und entwickelte sich zum lebenden Musterbeispiel für den so genannten Cäsarenwahn: Er vernachlässigte seine Regierungsgeschäfte und trat stattdessen als Gladiator im Circus auf, bis er einer Verschwörung zum Opfer fiel.

Von welchem römischen Herrscher heißt es, er habe seine Mutter wie auch seine Frau ermorden lassen?

Von Kaiser Nero (37–68 n. Chr.). Zwar war Nero für seine umsichtige Außen- und Innenpolitik bekannt, er machte sich aber in der alten römischen Aristokratie viele Feinde. Nach seinem Selbstmord rückten die Feinde Neros im Senat das Andenken an den Herrscher in ein extrem negatives Licht, obgleich dieser vermutlich nicht brutaler oder willkürlicher als andere römische Kaiser gewesen war.

Schlacht von Waterloo

Wem gelang 1815 bei Waterloo der Sieg über Napoleon?

● Dem britischen General Arthur Wellesley, Herzog von Wellington (1769–1852) gelang es mit der Unterstützung der preußischen Truppen unter Fürst Leberecht Blücher (1742–1819), Napoleon (1769–1821) in der Schlacht bei Waterloo, in der Nähe von Brüssel, zu schlagen. Napoleon musste daraufhin endgültig abdanken und wurde in die Verbannung nach St. Helena geschickt.

Auf welche Ideale war die Gesellschaft des alten Sparta ausgerichtet?

● Auf die Gleichheit aller Bürger. Ferner galt eine ausgeprägt kriegerische und unluxuriöse Lebensführung unter Verzicht auf selbstsüchtigen Egoismus und persönliches Gewinnstreben als weiteres wichtiges Ideal.

Von wem wurden die spartanischen Kinder und Jugendlichen erzogen?

● Vom Staat. In Sparta wurde ein Erziehungssystem installiert, das sich an den Idealen körperlicher Härte und militärischer Disziplin orientierte. In den Bildungsanstalten sollte aber auch die geistige Klarheit der Kinder durch entsprechende Sprach- und Denkausbildung gefördert werden.

Wer bezeichnete wen in der Antike erstmals als Barbar?

● Die Griechen der Antike nannten alle Nichtgriechen Barbaren und machten sich mit diesem Begriff über deren Sprache lustig. Die Römer, die selbst noch von den Griechen als Barbaren bezeichnet worden waren, übernahmen den Begriff. Sie nannten solche Menschen Barbaren, die nicht über die klassische griechisch-römische Bildung verfügen konnten, weil sie keine römischen Bürger waren.

Was bezeichnet man als Minoische Zeit?

● Die Phase politischer, wirtschaftlicher und kultureller Blüte auf der Insel Kreta. Um 2600 v. Chr. kamen durch asiatische und afrikanische Einwanderer neue Techniken auf die Insel. Die damit einsetzende Hochphase Kretas endete erst 1500 Jahre später.

Welche herausragende militärische Leistung gelang den Westgoten unter Alarich I.?

● Die Eroberung des gesamten Balkans, Griechenlands und Italiens. Die westgotischen Stämme waren vor den Hunnen auf den nördlichen Balkan geflohen und verbündeten sich zunächst mit Rom. Als sie an militärischer Stärke gewannen, begannen sie einen Krieg gegen den ehemaligen Bündnispartner, den sie unter Alarich (um 370–410 n. Chr.) schließlich gewannen.

Welches Volk stammt vermutlich ursprünglich aus den Gebieten nördlich des Karpatengebirges und östlich der Weichsel?

● Die Slawen, ein Volk mit indoeuropäischer Sprache. Aus ihrer Heimat breiteten sie sich vermutlich seit dem 1. Jahrhundert v. Chr. in südlicher, westlicher und östlicher Richtung über Europa und Asien aus. Seit Beginn des Mittelalters trennten sich die slawischen Völker voneinander und begannen mit dem Aufbau unabhängiger Reiche.

Wo lag das antike Thrakien?

● Auf dem östlichen Balkan, im Grenzgebiet zwischen dem heutigen Bulgarien, Griechenland und der europäischen Türkei. Die Thraker hatten ein mächtiges Reich gegründet, das erst unter Alexander dem Großen

(356–323 v. Chr.) erobert und zerschlagen wurde. Seit 44 n. Chr. gehörte Thrakien zum römischen Weltreich und fiel später an Ostrom.

Als was diente die Insel Rhodos im Mittelalter?

● Als Kreuzritterbastion. Die ägäische Insel war bei einem verheerenden Erdbeben im Jahre 227 v. Chr. nahezu vollständig zerstört worden, dem auch der berühmte Koloss von Rhodos, eine Zeusstatue von ungeheurem Ausmaß, zum Opfer gefallen und in die See gestürzt sein soll. Während der Kreuzzüge nutzten die europäischen Kreuzfahrer die strategisch günstige Lage im östlichen Mittelmeer und errichteten hier eine wichtige Festung.

Welcher ostböhmische Feldherr focht mit eigener Privatarmee für die katholische Seite im Dreißigjährigen Krieg?

● Albrecht von Wallenstein (1583–1634), ab 1625 Herzog von Friedland. Sein angeheirateter Reichtum ermöglichte es ihm, ein eigenes Heer aufzustellen, mit dem er in die Dienste des Kaisers und der katholischen Liga trat. Durch militärische Erfolge baute Wallenstein seine Macht im Reich aus. Wegen seiner Kontakte zum Gegner misstrauisch geworden, setzte ihn der Kaiser ab und bezichtigte ihn des Hochverrats. Kurz darauf wurden er und seine engsten Vertrauten in Eger ermordet.

Wallenstein

Wer waren die Plebejer?

● Der Begriff kennzeichnete im alten Rom alle diejenigen, die nicht den altehrwürdigen adeligen Patrizierfamilien der Stadt angehörten oder deren Familien keine Senatoren und Ritter stellten. Später wurden aber auch Menschen mit niedrigem Bildungsniveau als Plebejer bezeichnet. In diesem Sinne findet der Begriff auch heute noch Verwendung.

Welcher Region gab das keltische Volk der Boier seinen Namen?

● Böhmen. Die Boier verließen um 400 v. Chr. ihre gallische Heimat und ein Teil von ihnen wanderte von der Loire ausgehend immer weiter nach Osten. Schließlich siedelten sie sich im Gebiet zwischen Donau und Theiß, dem heutigen Böhmen an.

Was ist eine antike Akropolis?

● Der oberhalb der eigentlichen Siedlung gelegene Teil der Stadt, der von besonderem strategischen Interesse war. Aus diesem Grunde wurde die Akropolis meist zu einer städtischen Festung ausgebaut, die auch die Tempel der wichtigsten städtischen Götter beheimatete. Die wohl berühmteste Akropolis befindet sich oberhalb der heutigen Millionenstadt Stadt Athen.

Wer war Marius?

● Ein Römer, der zur Zeit der Geburt Caesars die römische Politik beherrschte. Er gehörte zur Partei der Popularen, die die politische Bedeutung der Volksversammlung gegenüber dem Senat zu stärken versuchten. Zwischen Marius (um 157–86 v. Chr.) und seinem Gegenspieler Sulla (138–78 v. Chr.) kam es zum offenen Kampf um die politische Macht in Rom.

Wie nennt man die Nachfolger Alexanders des Großen?

● Diadochen. Weil Alexander (356–323 v. Chr.) keine legitimen Nachfolger hinterlassen hatte, wurde das gesamte eroberte Reich unter seinen ehemaligen Feldherren und Nachfolgern – den Diadochen Lysimachos (361–281 v. Chr.), Kassandros (um 355–297 v. Chr.), Demetrios (um 336–283 v. Chr.), Ptolemaios (um 367–283 v. Chr.),

Antipater (um 398–319 v. Chr.) und Antigonos (um 382–301 v. Chr.) – aufgeteilt. Wie so oft war man sich bei der Aufteilung des riesigen Erbes aber uneins, was schließlich zu den so genannten Diadochenkämpfen führte.

Was ist in der Höhle von Altamira bei Santander in Spanien zu bewundern?

Höhlenmalerei von Altamira

● Prähistorische Wand- und Deckenmalereien. Dargestellt sind Tiere (Hirsche, Bisons, Pferde, Wildschweine) in meist rötlichen Farben mit schwarzen Umrissen. Das Betreten der Höhle ist nicht mehr gestattet, weil Temperaturschwankungen zur Zerstörung der 13.000 bis 20.000 Jahre alten Höhlenmalereien führen. Eine Kopie kann aber im archäologischen Museum von Madrid besichtigt werden.

Was war der Fall Gelb?

Der Codename für den Angriff und die Eroberung Frankreichs durch deutsche Truppen am Beginn des Zweiten Weltkriegs. Der Überfall auf den westlichen Nachbarn war von den Strategen der Wehrmacht minutiös berechnet worden und war militärisch überaus erfolgreich. Nach nur 20-tägigen Kämpfen zogen deutsche Truppen in Paris ein.

Wofür kämpft die ETA seit 1959?

● Für die Unabhängigkeit des Baskenlandes von Spanien. Seit ihrem Gründungsjahr starben über 800 Menschen bei Anschlägen der ETA, die v. a. durch Morde an Regionalpolitikern ihre Forderung nach der baskischen Unabhängigkeit durchsetzen will. Offensichtlich ist die Organisation in dieser Hinsicht aber relativ erfolglos geblieben und selbst in ihrer Heimat äußerst umstritten.

In welcher Region brach 1991 ein Bürgerkrieg aus, der erst 1995 beendet werden konnte?

● In Bosnien-Herzegowina. Bosnien hatte 1991 seine Unabhängigkeit von Jugoslawien erklärt, auch die in der Region lebenden Serben und Kroaten riefen eigene Staaten aus. Darauf brach ein grausam geführter Bürgerkrieg aus, in dem Massaker, Vergewaltigungen, „ethnische Säuberungen" an der Tagesordnung waren. Im Frieden von Dayton, den US-Präsident Clinton (*1946) vermittelte, wurde der Krieg beendet.

Wo regierte der Diktator Nicolae Ceauşescu?

● In Rumänien. Ceauşescu (1918–89) ließ sich nach stalinistischem Muster als Freund des Volkes feiern und hatte einen Sicherheitsapparat aufbauen lasen, in dem v. a. der Geheimdienst Securitate von größter Bedeutung war. Als sich die rumänische Bevölkerung gegen das Regime erhob, wurde der Diktator gefangen genommen und im Schnellverfahren zum Tode verurteilt. Seine Hinrichtung erfolgte am 25. Dezember 1989 unmittelbar nach dem Urteilsspruch.

Wo begann der Eiserne Vorhang löchrig zu werden?

● An der österreichisch-ungarischen Grenze. Im Sommer 1989 begannen ungarische Grenzsoldaten auf Befehl ihrer Regierung damit, die Grenzanlagen zu Österreich zu demontieren. Das „Loch im Zaun" ermöglichte zahlreichen Bürgern des Ostblocks die Flucht über die grüne Grenze in den Westen.

Welche europäische Hauptstadt wurde innerhalb der vergangenen 250 Jahre gleich zweimal von verheerenden Katastrophen heimgesucht?

● Lissabon. Schon 1755 hatte hier ein verheerendes Erdbeben gewütet, dass die Zeitgenossen zu zahlreichen philosophischen

Überlegungen veranlasste. 1988 breitete sich ein Brand von einem Kaufhaus ausgehend in der sommerlichen Hitze schnell über die rund 200 Jahre alten benachbarten Gebäude aus. Erneut wurden Teile der portugiesischen Hauptstadt zerstört.

Was drückte Bundeskanzler Willy Brandt 1970 mit seinem Kniefall vor dem Mahnmal des Warschauer Ghettos aus?

Willy Brandt

● Den Willen der Bundesregierung, in ihrer Ostpolitik grundsätzlich neue Wege betreten zu wollen. Willy Brandt (1913–92) versuchte mit der von ihm betriebenen Entspannungspolitik das Verhältnis zwischen den beiden deutschen Staaten zu verbessern und suchte zugleich den Dialog mit Polen und der UdSSR.

Welcher britische Umweltskandal wurde nahezu 30 Jahre lang vertuscht?

● Der Atomunfall im britischen Windscale, dessen Reaktor heute unter dem Namen Sellafield bekannt ist. Bei dem Unglück war 1957 radioaktive Strahlung freigesetzt worden, doch die Behörden spielten den Vorfall herunter. Erst als 30 Jahre später die Windscale-Protokolle veröffentlicht wurden, wurde deutlich, dass der Unfall erheblich gefährlicher war als von der Regierung zugegeben und dass die erhöhte Zahl von Krebserkrankungen in der Region wohl mit dem Unfall zu tun hatten.

Zu welcher Katastrophe kam es 1987 in der belgischen Hafenstadt Zeebrugge?

● Die zwischen Belgien und England verkehrende Autofähre Herald of Free Enterprise kenterte und riss rund 200 Menschen in den Tod. Zu dem Unglück war es gekommen, weil die Bugtore der Fähre beim Ablegen versehentlich nicht geschlossen worden waren. Wasser drang in den Innenraum des Schiffes, das noch im Hafenbecken kenterte.

Wie reagierten 1984 rund 200.000 britische Bergarbeiter auf die akute Bedrohung ihrer Arbeitsplätze?

● Mit einem Streik. Zuvor war bekannt geworden, dass die britische Premierministerin Margaret Thatcher (*1925) 20 Zechen schließen lassen wollte, um so den britischen Steinkohleabbau „gesundschrumpfen" zu lassen. Die britische Regierung versuchte den Streik durch Einsatz von Gewalt zu beenden, was jedoch misslang. Erst nach einem Jahr wurde der längste Arbeitskampf in der britischen Geschichte zugunsten der Regierung beendet.

Welches Attentat auf einen skandinavischen Politiker ist auch heute noch ungeklärt?

● Der Mordanschlag auf den schwedischen Ministerpräsidenten Olof Palme (*1927) im Jahr 1986. Der Sozialdemokrat hatte Schweden seit 1969 fast ununterbrochen regiert und entscheidend geprägt. Am 28. Februar 1986 wurde Palme in der Innenstadt von Stockholm von einem vermutlich rechtsextremen Unbekannten erschossen, die tatsächlichen Hintergründe sind bis heute ungeklärt.

Was geschah im ukrainischen Tschernobyl am 26. April 1986?

● An diesem Tag explodierte ein Block des örtlichen Atomreaktors. Zwei Explosionen im Reaktorkern hatten durch ihre Sprengkraft schwere Verwüstungen angerichtet. Die eigentliche Katastrophe war, dass bei dem Unglück fast das 40-fache der Radioaktivität der Hiroshima-Bombe freigesetzt wurde und nun eine radioaktiv strahlende Wolke quer über Europa zog. So war etwa der

Regen in diesem Sommer verstrahlt, frische Lebensmittel konnten nicht mehr gegessen werden.

Welches Königsgeschlecht hat Windsor Castle als Stammschloss?

Die englische Königsfamilie der Windsor hat hier in Berkshire, etwa 35 Kilometer westlich von London eine Sommerresidenz. Schon Wilhelm der Eroberer (um 1027–87) errichtete hier erste Gebäude. Der heutige Bau ging aus zahlreichen Veränderungen hervor, die alle auf die Burg König Eduard III. (1312–77) zurückgehen.

Windsor Castle

In welcher italienischen Stadt kam es 1980 zu einem blutigen Anschlag von Neofaschisten?

In Bologna. Als am Sonntag, den 2. August 1980 zahlreiche Menschen auf den Bahnsteigen des Bahnhofs der Stadt auf ihre Züge warteten, zündeten rechtsextreme Terroristen 25 Kilogramm Sprengstoff. Die Explosion zerstörte einen Teil des Bahnhofs vollkommen und tötete 85 Menschen. Acht Jahre nach dem Anschlag wurden die inzwischen gefassten Täter zu lebenslanger Haft verurteilt.

Als was ging Klaus Barbie in die Geschichte ein?

Als „Schlächter von Lyon". Der ehemalige Gestapo-Chef von Lyon und Nazi-Kriegsverbrecher Barbie (1913–91) war nach dem Krieg nach Südamerika geflohen, 1983 aber aus Bolivien, wo er jahrelang untergetaucht war, nach Frankreich abgeschoben worden. Die französische Polizei verhaftete Barbie noch auf dem Flughafen, ein Gericht verurteilte ihn zu lebenslanger Haft.

Wo reichten sich die Regierungschefs Deutschlands und Frankreichs 1984 symbolisch die Hände?

An den Gräbern der im Ersten Weltkrieg in Verdun gefallenen Soldaten beider Nationen. Am 22. September 1984 gedachten der deutsche Bundeskanzler Helmut Kohl (*1930) und der französische Präsident Mitterrand (1916–96) Hand in Hand der gemeinsamen Kriegstoten. Die Geste drückte symbolisch die nach dem Zweiten Weltkrieg begonnene Aussöhnung zwischen den beiden europäischen Nachbarn aus.

Wann wurde das Europäische Parlament erstmals direkt gewählt?

Am 10. Juni 1979. Man hatte beschlossen, das europäische Parlament von der EG-Bevölkerung direkt wählen zu lassen, um den Charakter dieser Institution als europäische Volksvertretung zu stärken und diese attraktiver zu machen. Die Wahlbeteiligung war aber ziemlich gering, denn viele Bürger wussten nicht, welche Funktion dem von ihnen zu wählenden Parlament überhaupt zukommen sollte.

Was ereignete sich am Morgen des 10. Juli 1976 in Seveso (Italien)?

Die bislang größte Chemiekatastrophe Europas. Im ortsansässigen chemischen Betrieb, der zum Hoffmann-La Roche-Konzern gehörte, strömte an diesem Morgen hochgiftiges Dioxin aus. Die Leitung der Firma klärte die Öffentlichkeit nicht sofort über die Ursachen für die auf einmal auftretenden Hautreizungen v. a. bei Kindern und den plötzlichen Tod zahlreicher Tiere auf. Erst zehn Tage nach dem Unfall erklärte ein Pressesprecher, was geschehen war.

Wer war Chlodwig I.?

● Ein merowingischer König, der die Grundlagen für die spätere Größe des Fränkischen Reiches legte. Chlodwig I. (um 466–511) beseitigte potenzielle Thronrivalen und besiegte 486 den letzten römischen Statthalter Galliens. 498 nahm Chlodwig den christlichen Glauben an.

Chlodwig I.

Von wem wurde die deutsche Botschaft in Stockholm am 24. April 1975 besetzt?

● Von sieben deutschen RAF-Terroristen, die die Botschaftsmitarbeiter als Geiseln nahmen. Als die Bundesregierung unter Kanzler Schmidt (*1918) der Forderung nach Freilassung von 26 in Deutschland inhaftierten Terroristen nicht nachkam, wurden zwei Geiseln erschossen. Schließlich stürmten schwedische Sicherheitskräfte das Gebäude. Sie befreiten die Geiseln und nahmen die fünf Terroristen fest, die die Aktion überlebt hatten.

Wo fand die Nelkenrevolution statt?

● In Portugal. Das Land war über 50 Jahre lang von Diktator Salazar (1889–1970) und seinem Nachfolger Caetano (1906–80) mit Gewalt regiert worden, bis am 25. April 1974 oppositionelle Streitkräfte in die Hauptstadt Lissabon einmarschierten und das Regime unblutig stürzten.

Was war der Blutsonntag von 1972?

● Der vorläufige Höhepunkt des Bürgerkriegs in Nordirland, der 1969 begonnen hatte. An diesem Sonntag forderten brutale Übergriffe der britischen Polizei auf katholische Demonstranten mehrere Todesopfer forderten. In der Folge verschärfte sich der v. a. von der Irisch Republikanischen Armee (IRA) und von protestantischen Extremisten gelenkte Bürgerkrieg, in dem unzählige Menschen innerhalb und außerhalb Nordirlands insbesondere bei Anschlägen ihr Leben verloren.

Wer putschte sich 1967 in Griechenland an die Macht?

● Der vom Militär unterstützte Georgios Papadopulos (1919–99). Nach einer Regierungskrise hatten sich die demokratischen Parteien gerade auf Neuwahlen geeinigt, als das Militär am 21. April 1967 mit Panzern und Soldaten wichtige Gebäude der Hauptstadt besetzte. Papadopulos erklärte sich daraufhin zum Ministerpräsidenten und unterdrückte Oppositionelle mit Deportation und Folter.

Was bezeichnete man als Prager Frühling?

● Die politischen und ökonomischen Reformen, die im Januar 1968 unter Führung des Partei- und Regierungschefs Alexander Dubček (1921–92) begonnen wurden. Die Regierungen der übrigen Staaten des Ostblocks fürchteten ein Überspringen dieser

Reformbewegung und marschierten am 20. August 1968 in die ČSSR ein. So wurde das ambitionierte Reformprogramm, das die Idee eines „Sozialismus mit menschlichem Antlitz“ verfolgte, gewaltsam beendet.

Welches Land und welche Partei führt Tony Blair (*1953)?

● Er steht an der Spitze der britischen Labour Party, die nach seiner Amtsübernahme außerhalb ihrer üblichen Klientel auch in der bürgerlichen Mitte Wähler fand. 1997 wurde er Premierminister und seitdem spielt Großbritannien wieder eine wichtigere Rolle im Einigungsprozess der Europäischen Union.

Tony Blair

Was erklärte die Schweiz zu Beginn des Zweiten Weltkrieges?

● Die Schweiz erklärte 1939, sich weiterhin strikt neutral verhalten zu wollen. Dies hatte verschiedene Ursachen: Erstens war Neutralität seit jeher ein außenpolitischer Grundsatz der Eidgenossen, zweitens sah sich das Land mit der deutschen Wehrmacht einem quantitativ wie qualitativ stärkeren potenziellen Feind gegenübergestellt und drittens machten Schweizer Banken und Firmen gute Geschäfte mit Deutschland, selbst aus der Judenverfolgung vermochte man Kapital zu schlagen.

Was war der COMECON?

● Der auch Rat für gegenseitig Wirtschaftshilfe (RGW) genannte COMECON wurde am 25. Januar 1949 mit dem Ziel der Koordination und Harmonisierung der verschiedenen nationalen Planwirtschaften und der „internationalen sozialistischen Arbeitsteilung“ gegründet.

Als was gilt die Landung der Alliierten in der Normandie am 6. Juni 1944?

● Als „Anfang vom Ende“ des Zweiten Weltkrieges. Denn mit der erfolgreichen Invasion begann der Sturm auf die „Festung Europa“. Die alliierten Einheiten konnten sich nach der Landung in der Normandie festsetzen und begannen das eroberte Gebiet auszubauen.

Was waren Résistance und Maquis?

● Die beiden bekanntesten französischen Widerstandsgruppen während des Zweiten Weltkrieges. Im bewaffneten Kampf versuchten sie gegen die deutschen Besatzer ihrer Heimat vorzugehen und diese zu schwächen. Die deutschen Militärs reagierten auf Anschläge von Résistance oder Maquis häufig mit brutalen Racheakten, denen auch Unbeteiligte zum Opfer fielen.

In welchen von der deutschen Wehrmacht besetzten Ländern konnte die Deportation der jüdischen Bevölkerung auf breiter Front verhindert werden?

● In Bulgarien, Dänemark und Italien. Durch Schutzmaßnahmen der Regierungen bzw. der Armee und der Kirche konnte hier den verbrecherischen Anliegen der Besatzungsmacht entgegengesteuert und so Massendeportationen verhindert werden. Tausende von Juden, die auf Anweisung der deutschen Regierung ausgeliefert werden sollten, konnten in diesen Ländern gerettet werden.

Welchem Zweck sollte die Einführung des so genannte Judensterns dienen?

● Mit der Verpflichtung, einen gelben Stern zu tragen, sollten Juden ab 1941 im Deutschen Reich und den besetzten Gebieten in der Öffentlichkeit kenntlich gemacht werden, damit die gegen sie gerichteten diskriminierenden Bestimmungen greifen konnten. Zu diesen Bestimmungen gehörte das Verbot der Nutzung öffentlicher Verkehrsmittel und des Kaufs von Zeitungen, die Nichtberücksichtigung bei der Lebensmittelzuteilung und die Unterlassung von Hilfeleistungen.

Wer prophezeite bei seinem Amtsantritt als Premierminister seinem Volk für die kommenden Jahre Blut, Schweiß und Tränen?

● Winston Churchill (1874–1965). Churchill war zunächst konservativer, dann liberaler Politiker und wurde 1908 Handelsminister. 1911 ernannte man ihn zum Ersten Lord der Admiralität, 1917/18 war er Munitionsminister. Am 10. Mai 1940 übernahm er das Amt des britischen Premierministers.

Womit begann der bis heute schwelende Zypernkonflikt?

● 1955 begannen griechische Nationalisten auf der Insel systematisch damit, die türkische Inselbevölkerung in regelrechten Hetzkampagnen zu bekämpfen. Der Konflikt eskalierte 1963 und 1964 in einem mit aller Härte geführten Bürgerkrieg zwischen den verfeindeten Volksgruppen. 1974 landeten türkische Truppen auf Zypern, bis es schließlich 1975 zur nationalen Spaltung der Insel kam, die wegen des Nationalismus der Beteiligten bis heute nicht überwunden ist.

Warum rief Stalin mit der öffentlichen Bekanntmachung eines Deutsch-Sowjetischen Nichtangriffspaktes 1939 weltweit größte Verwunderung hervor?

● Weil der sowjetische Staatschef seine Nation jahrelang auf den NS-Staat als größtmöglichen Feind eingeschworen hatte – eine Position, die auch die unzähligen in die UdSSR geflohenen deutschen Kommunisten teilten. Das weltweite Erstaunen über den Pakt wäre wohl noch größer gewesen, wäre auch das geheime Zusatzprotokoll, in dem sich Stalin (1879–1953) von Hitler (1889–1945) die Hälfte des noch zu erobernden polnischen Staatsgebiets versprechen ließ, bekannt geworden. Der Weltkrieg hatte schließlich noch nicht einmal begonnen.

Wodurch rückte die tschechoslowakische Hauptstadt Prag 1989 in den Blickpunkt der westdeutschen Öffentlichkeit?

Hans-Dietrich Genscher

● Zahlreiche DDR-Bürger waren dort in die westdeutsche Botschaft geflohen und baten um Aufnahme in die BR Dtl. Am 30. September 1989 verkündete der bundesdeutsche Außenminister Hans-Dietrich Genscher (*1927) nach langen Verhandlungen mit den Regierungen der ČSSR und der DDR, dass die Flüchtlinge aus der Tschechoslowakei aus- und in die BR Dtl. einreisen durften.

Wie verhielt sich die Republik Irland im Zweiten Weltkrieg?

● Neutral – und dies hatte verschiedene Gründe. Einerseits befand sich die Wirtschaft Irlands erst im Aufbau, andererseits kam es auf der Insel immer wieder zu inneren Unruhen, die durch einen Kriegseintritt auf Seiten der verhassten Engländer noch angefacht worden wären.

Was war die so genannte Legion Condor?

● Eine Einheit der deutschen Luftwaffe, die im Spanischen Bürgerkrieg ab 1936 die faschistischen Einheiten unter General Franco (1892–1975) unterstützte. Die unverteidigte baskische Stadt Guernica wurde 1937 von der Legion Condor überfallen und völlig zerbombt. Für die Deutschen war der Einsatz der Einheit ein Übungs- und Testfeld für den späteren Einsatz im Zweiten Weltkrieg.

Papstpalast in Avignon

Wie kommt es, dass in Avignon ein Papstpalast errichtet wurde?

Nach dem Zerfall der staufischen Macht in Italien geriet das Papsttum in die Abhängigkeit Frankreichs. Zwischen 1309 und 1376 hielten sich die Päpste in dem festungsartigen Papstpalast von Avignon in Südfrankreich auf.

Wo kämpften die Internationalen Brigaden?

Im Spanischen Bürgerkrieg 1936–39. In diesen Einheiten kämpften Freiwillige aus den verschiedensten Nationen gegen die Truppen General Francos (1892–1975). Ein Problem dieser Einheiten war ihr geringer Organisationsgrad und ihre Zerstrittenheit untereinander. So kam es vor, dass kommunistische Einheiten auch gegen anarchistische Divisionen kämpften, statt die Kräfte auf den faschistischen Feind zu konzentrieren.

Wie nannte man den Versuch, ein Bündnis linker und bürgerlicher Parteien gegen die faschistische Radikalisierung Europas zu schmieden?

Volksfrontpolitik. Unter Leitung der Kommunistischen Partei der UdSSR war die Idee eines breiten antifaschistischen Bündnisses entwickelt und teilweise auch in die Praxis umgesetzt worden. Dies markierte gerade für die Kommunistischen Parteien einen Wendepunkt, hatten sie doch bis dato gerade in der Sozialdemokratie den größten zu bekämpfenden Feind gesehen.

Woran scheiterte 1937 eine diplomatische Lösung der Danzigfrage?

Am Widerstand Polens. Der deutsche Außenminister Joachim von Ribbentrop (1893–1946) und der britische Außenminister Edward F. Halifax (1881–1959) versuchten, eine einvernehmliche Lösung des Problems zu erarbeiten, wie die Wiedereingliederung der nach dem Ersten Weltkrieg selbstständigen Stadt Danzig in das Deutsche Reich zu realisieren sei. Die Frage um die nationale Zugehörigkeit Danzigs wurde von Hitler (1889–1945) propagandistisch als Vorwand für den Überfall auf Polen ausgeschlachtet.

Was war für die italienischen Faschisten das Mare Nostro (ital. „unser Meer)?

Das Mittelmeer. Mit diesem Begriff verdeutlichte der faschistische Führer Italiens Benito Mussolini (1893–1945) seit 1930 die territorialen Ansprüche Italiens, sein Weltmachtstreben und seinen unbedingten Willen zur Expansion. Italien sollte zu alter nationaler Stärke zurückkehren, womit auf das antike römische Weltreich angespielt wurde.

Was machte sich der Pan-Europa-Kongreß von 1926 zur Aufgabe?

Die Verständigung über einen etwaigen europäischen Einigungsprozess. Dahinter stand die Idee, den Kontinent vor einem kommenden Krieg dadurch zu bewahren, dass die nationalen Gegensätze aufgehoben und die Nationen in einem vereinigten Europa eingliedert werden sollten. Außerdem erhoffte man sich von der Einigung Europas auch eine Eindämmung der Ausbreitung des Kommunismus.

Wie bezeichnete sich die nach dem Ersten Weltkrieg in Deutschland aufgekommene radikal-nationalistische, antidemokrakratische, antisemitische Ideologie selbst?

Nationalsozialismus. Sozialpolitisch strebte die Ideologie die Versöhnung der Nation über Klassengegensätze hinweg an. Die Frage aber, wer nicht dieser Nation angehörte, daher als „minderwertig“ ausgegrenzt, diskriminiert, verfolgt, deportiert oder ermordet werden sollte, wurde allein nach irrationalen, rassistischen Kriterien entschieden.

Was war das erklärte Ziel des Risorgimento in Italien zwischen 1815 und 1870?

● Die Einigung (ital. „Wiedererstehung") des in mehrere Kleinstaaten zerfallenen und zum Teil von den Österreichern und Bourbonen besetzten Landes zu einem Nationalstaat. Wichtigste Symbolfigur des Risorgimento war der Nationalheld Giuseppe Garibaldi (1807–82). 1861 wurde schließlich das geeinte Königreich Italien ausgerufen, 1871 Rom zur Hauptstadt gemacht.

Guiseppe Garibaldi

Wie hieß das von Felix E. Dserschinskij (1877–1926) gegründete Organ, das durch den Roten Terror das Sowjetsystem stabilisieren sollte?

● Tscheka. Diese nach der Oktoberrevolution gegründete Geheimpolizei ging 1922 in der GPU, der Politischen Staatspolizei, auf und übernahm allgemeine Aufgaben der Staatssicherheit. 1934 wurde diese Behörde dem Volkskommissariat für innere Angelegenheiten, kurz NKWD unterstellt, der wiederum als KGB seit 1953 Spionageabwehr und Geheimdienst der UdSSR lenkte.

Welche Epidemie raffte unmittelbar nach Ende des Ersten Weltkrieges nochmals mehr als eine Million Europäer dahin?

● Die Spanische Grippe. In Europa waren die Menschen von den Kriegsfolgen ausgemergelt und entsprechend krankheitsanfällig. Allein in Deutschland, in dem schon während des Krieges fast eine dreiviertel Million Menschen durch Hunger und Seuchen gestorben waren, starben nochmals über 200.000 an den Folgen der Grippe.

Woraus ging am 1. Dezember 1918 das Königreich Jugoslawien hervor?

● Aus ehemaligen Teilen Österreich-Ungarns, des Osmanischen Reichs und Serbiens. In der 1921 verabschiedeten Verfassung war ein serbischer Führungsanspruch im Vielvölkerstaat festgelegt worden, was bereits in den 1920er-Jahren zu schweren innenpolitischen Unruhen führte und schließlich im jugoslawischen Bürgerkrieg Ende des 20. Jahrhunderts kulminierte.

Wie hieß der Staat, der 1918 auf dem Gebiet des ehemaligen Österreich-Ungarn aus böhmischen, mährischen und schlesischen Landesteilen gestaltet wurde?

● Die Tschechoslowakei, die von der K-und-K-Monarchie einen Teil des Vielvölkerproblems übernahm. Denn die ethnischen Minderheiten, Deutsche, Ungarn und Polen, die unter den Präsidenten Tomáš Masaryk (1850–1937) und Eduard Beneš (1884–1948) auch in dem Staat lebten, wurden in ihren nationalen Rechten im Vergleich zu Tschechen und Slowaken eingeschränkt.

Aus welchem Anlass wurde 1913 das Völkerschlachtdenkmal in Leipzig errichtet?

● Anlässlich der Völkerschlacht bei Leipzig, bei der die napoleonischen Truppen geschlagen worden waren. Mit dem gigantischen Denkmal sollte in einer Zeit, in der die Kriegsvorbereitungen für den Ersten Weltkrieg längst auf Hochtouren liefen, an die vergangene und die gegenwärtige Stärke Deutschlands sowie an die militärischen Siege gegenüber dem so genannten Erbfeind Frankreich erinnert werden.

Im Jahr 1804 krönte Napoleon I. sich selbst zum Kaiser. Wodurch erweckte er den Anschein, damit den Willen des Volkes zu erfüllen?

● Napoleon (1769–1821) ließ sich durch ein Plebiszit, eine Abstimmung des ganzen Volkes, als Kaiser bestätigen.

Napoleon

Was bedeutet der Name der irisch-nationalistischen Sinn-Féin-Partei wörtlich übersetzt?

● Der Name entstammt dem Gälischen und bedeutet „Wir selbst". Die 1905 gegründete Partei entwickelte sich seit 1916 zum Sammelbecken der nationalistisch-republikanischen Kräfte im englisch besetzten Irland und konnte schon bei der Unterhauswahl von 1918 dreiviertel aller irischen Sitze erlangen. 1921 nach der Unabhängigkeit des südlichen Teils der irischen Insel spaltete sich die Partei, in Nordirland wurde sie zum politischen Arm der IRA.

Wie nennt man die Bemühungen um einen politischen und kulturellen Zusammenschluss aller Slawen?

● Panslawismus. Die Bewegung, die in Russland und auf dem Balkan seit Beginn des 20. Jahrhunderts erheblichen Zuwachs verzeichnen konnte, wurde insbesondere vom russischen Zaren instrumentalisiert, um die eigene Bevölkerung von den erheblichen ökonomischen und sozialen Problemen des Reichs abzulenken.

In welchem Land währte bis 1901 das so genannte viktorianische Zeitalter?

● In Großbritannien. Die Epoche wurde nach der über 60 Jahre regierenden Queen Viktoria (1819–1901) benannt und war einerseits eine Phase enormen imperialen Machtausbaus, wirtschaftlichen Wachstums und Stabilisierung der britischen Monarchie. Anderseits gilt sie auch als Zeit kultureller Kargheit, der Prüderie und sozialer Immobilität.

Welchen Zeitraum bezeichnet man als Mittelalter?

● Die Phase etwa von 500 bis 1500. Damit wird der Zeitraum vom Untergang des Römischen Weltreichs bis zur Entdeckung Amerikas erfasst, womit bereits angedeutet ist, dass der Begriff „Mittelalter" eine rein europäische Kategorie der Geschichtsschreibung ist.

Das Verhältnis welcher beiden Staaten bezeichnete man nicht erst seit Beginn des 20. Jahrhunderts als Erbfeindschaft?

● Das problematische Verhältnis zwischen dem Deutschen Reich und Frankreich. Mit dem Begriff spielte man auf beiden Seiten des Rheins auf die vielen Kriege zwischen den beiden Staaten an, erst nach dem Ende des Zweiten Weltkrieges wich die Erbfeindschaft immer mehr dem Gedanken deutsch-französischer Freundschaft.

Wann wurde Europa von Menschen besiedelt?

● Vor weniger als einer Million Jahren. Hatte sich der frühzeitliche Mensch ausgehend von Afrika zunächst Schritt für Schritt den asiatischen Kontinent erschlossen, wurde vor etwa 800.000 Jahren auch Europa besiedelt.

Welches Schicksal verbindet Galileo Galilei und Giordano Bruno?

● Die beide italienischen Gelehrten vertraten Auffassungen, die der kirchlichen Lehrmeinung widersprachen und wurden so Opfer der Inquisition. Der Naturforscher Galilei (1564–1642) widerrief unter Androhung von Folter seine Meinung, Bruno (um 1548–1600) dagegen starb nach sieben Jahren Kerkerhaft auf dem Scheiterhaufen.

Galileo Galilei

Mit welchem Begriff wird die Expansion der europäischen Länder in die überseeischen Regionen bezeichnet?

● Mit dem Begriff Kolonialismus. Grundsätzlich wird damit ein Prozess umschrieben, in welchem ein Staat außerhalb seiner Grenzen Kolonien zum Zweck der Ausbeutung des entsprechenden Territoriums und seiner ursprünglichen Bewohner gründen lässt. Kolonialismus ist daher keine ausschließliche Erscheinung der europäischen Neuzeit. Neben der Erfindung des Buchdrucks und des Schießpulvers prägte er aber die Geschichte Europas wie auch der gesamten Welt ab dem 15. Jahrhundert nachhaltig.

Wie oft wurde Polen in seiner Geschichte geteilt?

● Genau genommen viermal: 1772 wurde das Land zwischen Russland, Österreich und Preußen aufgeteilt, bei der Zweiten Polnischen Teilung war Österreich nicht beteiligt. Die Dritte Polnische Teilung 1795 fand wieder unter Beteiligung Österreichs statt. Die vierte Teilung erfolgte zu Beginn des Zweiten Weltkrieges: Nach der Eroberung Polens durch die deutsche Wehrmacht wurde gemäß dem geheimen Zusatzprotokoll des Hitler-Stalin-Paktes das Land zwischen dem Deutschen Reich und der UdSSR aufgeteilt.

Welchem späteren Königreich gab das baltische Volk der Pruzzen den Namen?

● Dem späteren Königreich Preußen. Die Pruzzen siedelten ursprünglich im Dreieck zwischen Weichsel, Memel und Minge und konnten sich lange Zeit ihrer Christianisierung wie auch ihrer Unterwerfung durch andere Völker widersetzen. Erst die Feldzüge des Deutschen Ritterordens im 13. Jahrhundert brachten hier eine Änderung, allerdings sollen im Zuge der Auseinandersetzungen etwa die Hälfte aller Pruzzen zu Tode gekommen sein.

Was verbirgt sich hinter dem Namen Arme Ritterschaft Christi vom salomonischen Tempel?

● Einer der wichtigsten Kreuzfahrer- und Ritterorden: der Templerorden. Zu Beginn des 12. Jahrhunderts gegründet, hatte sich diese Gemeinschaft mit hehren Idealen wie Armut, Keuschheit und Gehorsam v. a. aber dem Schutz christlicher Pilger im Heiligen Land verpflichtet. Später gelang es dem Orden, seine vielfältigen politischen, diplomatischen und militärischen Kontakte für den eigenen Machtausbau zu nutzen, was manch einem Konkurrenten ein Dorn im Auge war. Daher löste der Papst 1312 den Orden auf, seine wichtigsten Protagonisten wurden verbrannt.

Welche österreichische Kaiserin musste im 18. Jahrhundert nach dem Tod des Vaters ihr Erbe u. a. gegen Friedrich den Großen (1712–86) verteidigen?

Maria Theresia

Maria Theresia (1717–80), die in den Schlesischen Kriegen (1740–42 und 1744/45) Teile Österreichs an Preußen verlor. In ihren Stammlanden setzte sie gemäßigte Reformen durch und förderte den Landesausbau auf dem Balkan, indem sie deutsche Siedler ins Land holte. Sie war zwar eine absolut regierende, aber im Volk sehr beliebte Landesmutter.

Welcher Zar modernisierte Russland nach westlichem Vorbild?

Zar Peter I. (1672–1725). Das Russische Reich war noch bis weit in das 17. Jahrhundert hinein in überkommenen mittelalterlichen Strukturen erstarrt, die seine politische und ökonomische Entwicklung stark bremsten. Zar Peter I. erkannte dies und ergriff Maßnahmen zur Modernisierung des Landes. So engagierte er Fachkräfte aus Mittel- und Westeuropa und gründete mit der Stadt Sankt Petersburg das neue kulturelle, politische und wirtschaftliche Zentrum Russlands.

Was verbirgt sich hinter dem Begriff Säkularisierung?

Die Übertragung von Kircheneigentum in weltlichen Besitz. Mit Säkularisierung geht damit immer auch der Verlust kirchlicher Macht einher. Die wichtigste Phase europäischer Säkularisierung findet sich an der Wende vom 18. zum 19. Jahrhundert. Damals wurden in weiten Teilen Europas oft unter Einfluss oder Druck der napoleonischen Truppen zahlreiche Klöster aufgelöst. Noch heute sind oft staatliche Behörden in diesen Gebäuden untergebracht. Auch Staaten, die von geistlichen Herren, so genannten Fürstbischöfen, regiert wurden, fielen an weltliche Mächte.

Welche französische Stadt, in der seit 1179 die französischen Könige gekrönt wurden, ist besonders für ihre Kathedrale bekannt?

Reims. Die Stadt in der Champagne hat heute viel von ihrer einstigen Bedeutung verloren. Die gotische Kathedrale aus dem 13. Jahrhundert und die hier ansässigen Champagnerfirmen ziehen dennoch jedes Jahr zahlreiche Besucher an.

Die Kathedrale von Reims

Wodurch ist ein laizistischer Staat gekennzeichnet?

Ein laizistischer Staat zeichnet sich v. a. dadurch aus, dass hier Kirche und Staat streng von einander getrennt sind. In einem solchen Staat gibt es daher keine Staatsreligion und der Staat mischt sich ebenso wenig in kirchliche Fragen ein wie die Kirche über keinen direkten politischen Einfluss verfügt. Die Idee des Laizismus kam in Europa Mitte des 19. Jahrhunderts auf. Im Anschluss an eine Krise, zu der politische Einflussnahmen der katholischen Kirche erheblich beigetragen hatten, wurde er in Frankreich 1905 erstmals gesetzlich verankert.

Wie bezeichnet man einen Vertrag, der zwischen einer weltlichen Macht und dem Papst bzw. der Kirche geschlossen wird?

● Einen solchen Vertrag nennt man Konkordat. So wurde beispielsweise der so genannte Investiturstreit im Wormser Konkordat, einem Staatskirchenvertrag zwischen Kaiser Heinrich V. (1086–1125) und Papst Kalixt II. (um 1060–1124) im Jahre 1122 beigelegt.

Welche Bedeutung hatte die Schlacht von Abrittus?

● In der Schlacht von Abrittus (251 n. Chr.) wurde Rom eine seiner schwersten militärischen Niederlagen bereitet. Außerdem fielen sowohl der römische Kaiser Decius (*um 190 n. Chr.) wie auch sein Sohn in dieser Schlacht. Im Kampf gegen die in der Gegend des heutigen Bulgarien auf römisches Territorium vordringenden Goten, hatte Rom seine Legionen mobilisiert. Doch schwerwiegende Fehler des kommandierenden Generals Trebonianus Gallus (um 206–253) führten schließlich zur römischen Niederlage und Kapitulation.

Verfügen die europäischen Staaten auch heute noch über außereuropäische Kolonien?

● Ja, denn der Zusammenbruch der Kolonialreiche bedeutete nicht notwendigerweise, dass auch alle Kolonien verloren gingen. Über die größten überseeischen Besitzungen verfügen nach wie vor England und Frankreich. Außerdem gibt es bis heute niederländische und spanische Kolonien. Nicht zu vergessen ist Sibirien, das letztlich russischer Kolonialbesitz ist.

Wer wurde in der Schlacht auf dem Lechfeld 955 vernichtend geschlagen?

● Die Ungarn, die auf ihren Raubzügen nach Mitteleuropa bis vor die Tore Augsburgs gekommen waren. König Otto I. (912–973) bezwang sie mit seinem schnell aufgebotenen Heer aus allen deutschen Stämmen sowie böhmischen Truppen. Die Schlacht fand nach neueren Forschungen aber wohl nicht auf dem Lechfeld südlich von Augsburg, sondern westlich davon statt.

Krone von König Otto I.

In welchem Krieg kämpften Preußen und Österreich um Schlesien?

● Im Siebenjährigen Krieg. Preußen hatte unter Friedrich II. (1712–86) in Kriegen zuvor Schlesien von Österreich erobern können, was die österreichische Kaiserin Maria Theresia (1717–80) nicht akzeptierte. So begannen die Auseinandersetzungen um Schlesien 1756 erneut. Angesichts der weltpolitischen Interessen der Großmächte bekam der Krieg aber bald die Dimension eines Weltkrieges und weitete sich auch auf Nordamerika aus.

Wie nannte man das Deutsche Reich in der Zeit von 1919 bis 1933?

● Weimarer Republik, benannt nach der wegen politischer Unruhen nach Weimar umgezogenen verfassungsgebenden Nationalversammlung. Die Weimarer Republik, ein demokratischer Bundesstaat, der eine Mischform aus Präsidialsystem und Parlamentarismus war, übernahm die schweren Lasten, die mit der Niederlage des Deutschen Kaiserreiches im Ersten Weltkrieg verbunden waren. Die Republik war seit ihrer Gründung nahezu permanenten Angriffen aus dem links- und rechtsextremen Lager ausgesetzt.

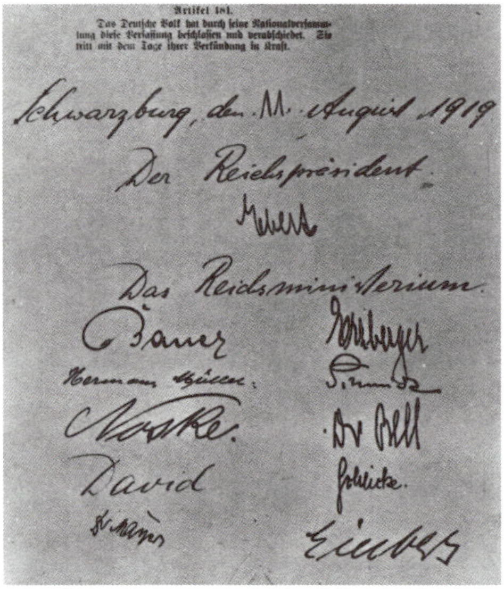
Artikel 181.
Das Deutsche Volk hat durch seine Nationalversammlung diese Verfassung beschlossen und verabschiedet. Sie tritt mit dem Tage ihrer Verkündung in Kraft.

Schwarzburg, den 11. August 1919
Der Reichspräsident
Ebert
Das Reichsministerium
Bauer
Noske
David

Weimarer Verfassung

Welches neue Bundesland entstand 1947 aus der ehemaligen preußischen Provinz Sachsen und dem Land Anhalt?

● Sachsen-Anhalt, das die DDR-Führung 1952 in die Bezirke Halle und Magdeburg auflöste. 1990 wurde es kurz vor der Auflösung der DDR neu gebildet.

Durch welches Ereignis wurde die Märzrevolution in Deutschland ausgelöst?

● Durch die französische Februarrevolution. Liberale Ideen und der Wille zu einer weiteren Parlamentarisierung lösten Aufstände in den Staaten des Deutschen Bundes aus. Diese bürgerliche Revolution führte zur Bildung des ersten gesamtdeutschen Parlaments in der Paulskirche in Frankfurt am Main. In Preußen, Österreich und Süddeutschland wurde die Bewegung aber mit Waffengewalt niedergeschlagen und der vorrevolutionäre Zustand wieder hergestellt.

Warum erhitzte der mit der DDR ausgehandelte Grundlagenvertrag von 1972 die Gemüter in der Bundesrepublik Deutschland?

● Wegen des Passus, dass beide Länder gutnachbarliche Beziehungen „auf der Grundlage der Gleichberechtigung" pflegen wollten. Dies schien einer Anerkennung der DDR gleichzukommen, was dem Gebot der Wiedervereinigung widersprochen hätte.

Was meint man, wenn man sagt, dass ein Abgeordneter des Deutschen Bundestages ein freies Mandat besitzt?

● Die Mitglieder des Deutschen Bundestages sind laut Grundgesetz dem ganzen Volk verantwortlich. Ihre Mandate sind nicht imperativ, sondern frei, d. h. der Abgeordnete ist bei Abstimmungen nur seinem Gewissen verpflichtet und nicht an Weisungen der Partei gebunden.

Welche Behörden kontrollieren die Verwaltungsausgaben des Bundes und der Länder?

● Die Rechnungshöfe. Für den Haushalt des Bundes ist der Bundesrechnungshof zuständig, für die Länder sind es die Länderrechnungshöfe.

Was geschah am 3. Oktober 1990?

Nach 41-jähriger Teilung kam es am 3. Oktober 1990 zur so genannten Wiedervereinigung Deutschlands. Der Begriff „Wiedervereinigung" ist aber insofern falsch, weil es einen deutschen Staat in diesen Grenzen in der deutschen Geschichte noch nie zuvor gegeben hat.

Welche Bedeutung hat ein Parlamentarischer Staatssekretär in der Bundesrepublik Deutschland?

Er ist einem Bundesminister beigeordnet, den er unterstützen soll. Der Parlamentarische Staatssekretär kommt im Gegensatz zu den verbeamteten Staatssekretären aus dem Deutschen Bundestag.

Was bezweckten die Alliierten nach 1945 mit der Entnazifizierung?

Die Entfernung ehemaliger Nationalsozialisten aus wichtigen Stellungen im Staat, was den Aufbau eines demokratischen Deutschlands und seiner Verwaltung ermöglichen sollte. Die Kategorisierung der volljährigen deutschen Staatsbürger in Hauptschuldige, Belastete, Minderbelastete, Mitläufer und Entlastete entschied über Gefängnisstrafe, Vermögensentzug oder Berufsverbot.

Spiegelt sich in den ehemaligen Blockparteien der DDR eine echte Parteienpluralität?

Nein, denn sie waren alle unter der Führung der staatstragenden SED (Sozialistische Einheitspartei Deutschlands) zusammengeschlossen. So wurde auch die Sitzverteilung in der Volkskammer, dem Parlament der DDR, schon vor den Wahlen festgelegt.

Wie heißen die Präsidenten der BR Dtl. seit 1949?

Theodor Heuss (1949–59), Heinrich Lübke (1959–69), Gustav Heinemann (1969–74), Walter Scheel (1974–79), Karl Carstens (1979–84), Richard von Weizsäcker (1984–94), Roman Herzog (1994–99), Johannes Rau (1999–2004), Horst Köhler (seit 2004).

Wer wurde nach dem Ende des Deutschen Kaiserreiches 1919 zum ersten Reichspräsidenten der Weimarer Republik gewählt?

Der SPD-Politiker Friedrich Ebert (1871–1925), der das Amt durch Wahl der verfassungsgebenden Deutschen Nationalversammlung erhielt.

Friedrich Ebert wird Reichspräsident

Welche Unrechtsbestimmungen enthielten die Nürnberger Rassengesetze von 1935?

Juden wurde das deutsche Staatsbürgerrecht entzogen und die Eheschließung sowie der Geschlechtsverkehr mit „arischen" Deutschen verboten. Verstöße wurden als „Rasseverrat" bzw. „Rassenschande" geahndet.

Welche staatliche Einrichtung der BR Dtl. verfolgt verfassungs- und staatsfeindliche Bestrebungen?

Der Verfassungsschutz, der die im Inland fassbaren Betätigungen an die Strafverfolgungsbehörden weiterleitet. Er steht seit 1999 neben dem Bundesnachrichtendienst und dem Militärischen Abschirmdienst unter verstärkter parlamentarischer Kontrolle.

Der SPD-Fraktionsführer Fritz Erler gratuliert Ludwig Erhard zu dessen Wiederwahl als Bundeskanzler

Welcher Zigarre rauchende Politiker der 1950er- und 1960er-Jahre gilt als Vater des deutschen Wirtschaftswunders?

Der Wirtschaftsminister und CDU-Politiker Ludwig Erhard (1897–1977). Mit seinem Konzept der sozialen Marktwirtschaft schuf er die Grundlagen für den wirtschaftlichen Aufstieg der BR Dtl.

Wann trat das Grundgesetz der Bundesrepublik Deutschland in Kraft?

Am 24. Mai 1949.

Seit 2005 wird die BR Dtl. von einer Großen Koalition aus SPD und CDU/CSU regiert. Gab es auf Bundesebene früher schon eine Große Koalition?

Ja. CDU/CSU und SPD regierten bereits gemeinsam unter dem Kanzler Kurt Georg Kiesinger (1904–88) und dem Vizekanzler sowie Außenminister Willy Brandt (1913–92) von 1966 bis 1969.

Was verstand man unter der Barschel-Affäre von 1987?

Der Ministerpräsidenten von Schleswig-Holstein Uwe Barschel (1944–87) musste aufgrund des sich festigenden Verdachts, dass er eine verleumderische Kampagne gegen seinen Konkurrenten Björn Engholm (SPD; *1939) im schleswig-holsteinischen Landtagswahlkampf in Auftrag gegeben hatte, zurücktreten. Barschel beging vermutlich Selbstmord und wurde tot in einem Genfer Hotel aufgefunden.

Welche Überschrift befindet sich am Gesims des Säulenportikus des Deutschen Reichstages?

„Dem Deutschen Volke“.

Welches historische Ereignis führte zur Erhebung von Bayern und Württemberg zu Königreichen?

Der Sieg Napoleons (1769–1821) über Österreich und Russland in der Schlacht von Austerlitz 1805. Danach traten 16 süd- und westdeutsche Fürsten, zu denen auch die Kurfürsten von Bayern und Württemberg zählten, aus dem Heiligen Römischen Reich Deutscher Nation aus. Bayern und Württemberg, die durch Napoleons Sieg Gebiete hinzugewannen, nahmen die Königswürde an. Die so entstandenen souveränen Staaten bildeten dann unter dem Protektorat Napoleon Bonapartes den Rheinbund.

Was war der Kreisauer Kreis?

Er war eine 1940 von Helmuth James Graf von Moltke (1907–45) auf seinem Gut Kreisau in Niederschlesien gegründete Widerstandsgruppe, die das nationalsozialistische Regime beseitigen und an dessen Stelle eine rechtsstaatliche Ordnung errichten wollte. Die meisten Mitglieder, unter ihnen Oberst Claus Schenk Graf von Stauffenberg (1907–44), wurden nach dem Attentat auf Hitler (1889–1945) am 20. Juli 1944 entdeckt und am selben Tag hingerichtet.

Welches Bundesland hat Hannover zur Hauptstadt?

Niedersachsen. Den Hauptteil des Landes bildet die ehemalige preußische Provinz

Hannover. Hannover war vorher Königreich und Kurfürstentum; Georg Ludwig Kurfürst von Hannover (1660–1727) wurde 1714 durch Erbfall König in England. 1946 schuf die britische Militärverwaltung aus Hannover, Braunschweig, Oldenburg und Schaumburg-Lippe das Land Niedersachsen.

Was bezeichnete man als Todesstreifen?

Einen an der DDR-Grenze zur BR Dtl. angelegten Streifen, der vermint und mit Selbstschussanlagen ausgestattet die illegale Überwindung der 1961 durch die DDR errichteten Mauer verhindern sollte. Zusätzlich hatte die DDR-Grenzpolizei den Schießbefehl, d. h. die Anordnung, „Republikflüchtige" mit Waffengewalt zurückzuhalten.

Welche Aufgabe hatte die Gauck-Behörde?

Die nach ihrem ehemaligen Leiter Joachim Gauck (*1940) benannte Behörde sollte die Bespitzelung der DDR-Bevölkerung durch das Ministerium für Staatssicherheit (Stasi) offen legen.

Welche Behörde der DDR verbirgt sich hinter dem Kürzel Stasi?

Das Ministerium für Staatssicherheit, das die Herrschaftssicherung der SED u. a. mit den Mitteln von Spionage und Bespitzelung gewährleistete. Sie überwachte die eigene Bevölkerung mit einem weit verzweigten Informations- und Spitzelsystem. 1989/90 wurde die Stasi, die damals noch rund 86.000 hauptamtliche Mitarbeiter hatte, aufgelöst.

Welches Bundesland hat Schwerin als Hauptstadt?

Mecklenburg-Vorpommern. Mecklenburg wurde bereits im Hochmittelalter – früher als Vorpommern – christianisiert und dem deutschen Kulturbereich eingegliedert. Später bildeten sich die Herzogtümer Mecklenburg-Schwerin und Mecklenburg-Güstrow, das zu Mecklenburg-Strelitz wurde.

Was ist das oberste exekutive Bundesorgan der Bundesrepublik Deutschland?

Die Bundesregierung, die ein kollegial gebildetes Gremium ist. An ihrer Spitze steht der Bundeskanzler, der die Richtlinienkompetenz ausübt, gefolgt von den Bundesministern und den nicht stimmberechtigten Staatssekretären.

Welche Augsburger Bankiers- und Kaufmannsfamilie war so reich, dass sie sogar Kaiser und Päpste finanzierte?

Die Fugger, namentlich Jakob II., der Reiche (1459–1525) und Anton Fugger (1493–1560). Jakob hinterließ mit der Fuggerei eine berühmte Wohnsiedlung für Bedürftige.

Die Fuggerei in Augsburg

Was sind Arbeitgeberverbände?

In Arbeitgeberverbänden organisieren sich Interessenvertreter aus Unternehmen eines Wirtschaftszweiges, die in den Tarifverhandlungen mit den Arbeitnehmerverbänden, den Gewerkschaften, z. B. die Tarifverträge aushandeln.

Welcher Steinzeitmensch wurde nach einem Tal bei Düsseldorf benannt?

Neandertaler

● Der Neandertaler, der zwischen 150.000 und 40.000 v. Chr. lebte. Überreste dieses Frühmenschen wurden 1856 von Jochen Fuhlrott (1803–77) in besagtem Tal gefunden. Der Fund war damals eine wissenschaftliche Sensation.

Wo ist der Sitz des Bundesverfassungsgerichts?

● In Karlsruhe.

Wie viele Einwohner hat die BR Dtl.?

● 82,5 Mio.

Welche Beurkundungen nimmt das Standesamt der kommunalen Verwaltung vor?

● Geburten, Eheschließungen und Todesfälle.

Welche Ziele verfolgte die Friedensbewegung in Deutschland Mitte der 1980er-Jahre?

● Durch Massendemonstrationen wie z. B. den Ostermärschen sollte die Durchführung der atomaren Nachrüstungsprogramme der NATO, besonders des so genannten „NATO-Doppelbeschlusses", der eine Aufrüstung bei den Mittelstreckenraketen vorsah, verhindert werden.

Welches Bundesland führt seine Entstehung aus der Vereinigung der nördlichen preußischen Rheinprovinz und Westfalen im Jahr 1946 zurück?

● Nordrhein-Westfalen, das durch seine v. a. im Ruhrgebiet vorkommenden Bodenschätze (Kohle) zu einem der größten europäischen Stahlproduzenten wurde.

Seit wann gibt es in Deutschland das allgemeine Frauenwahlrecht?

● Seit 1918, als die Monarchie im Deutschen Reich abgeschafft wurde und an ihre Stelle eine demokratische Verfassung trat. Obwohl Deutschland damit relativ fortschrittlich war, waren die deutschen Frauen nicht die ersten Europäerinnen, die sich auf den Weg zur Wahlurne machen durften. In Finnland konnten Frauen schon 1906 des erste Mal wählen.

Welches Gericht ist in der BR Dtl. das oberste Rechtsprechungsorgan für Zivil- und Strafrecht?

● Der Bundesgerichtshof mit Sitz in Karlsruhe bzw. Leipzig.

Welche Möglichkeit hat der Wähler beim Panaschieren?

● Er kann Kandidaten auf der von ihm gewählten Liste wählen und diese gleichzeitig in bestimmtem Umfang durch Kandidaten anderer Listen ergänzen (frz. panacher „mischen").

Welches neue Bundesland war zu DDR-Zeiten in die Bezirke Erfurt, Gera und Suhl gegliedert?

● Thüringen, das im Frühmittelalter ein Stammesherzogtum war, aber immer weiter aufgeteilt wurde. Erst 1920 vereinigten sich sämtliche thüringischen Länder zum Land Thüringen. Während der sowjetischen Besatzung wurde das land aufgelöst. 1990 erfolgte bei der Wiedervereinigung Deutschlands die Wiedererrichtung Thüringens.

Was bedeutet die Abkürzung NSDAP?

Nationalsozialistische Deutsche Arbeiterpartei, die 1919 als national-antisemitische Partei gegründet wurde, deren Führung 1921 Adolf Hitler (1889–1945) übernahm. 1933 wurde die NSDAP durch Hitlers Ernennung zum Reichskanzler Regierungspartei, nach Kriegsende 1945 selbstverständlich verboten.

Welche Aufgabe haben Frauenbeauftragte?

Sie sollen z. B. in den Kommunen und bei öffentlichen Arbeitgebern dafür Sorge tragen, dass Frauen im öffentlichen Leben nicht benachteiligt werden.

Welche Sozialversicherung ist in der BR Dtl. 1995 als fünfte Säule der Sozialversicherung in Kraft getreten?

Die Pflegeversicherung, zur finanziellen Vorsorge gegen das Risiko der Pflegebedürftigkeit. Der Beitrag von 1,7% vom krankenversicherungspflichtigen Einkommen wird je zur Hälfte von Arbeitgebern und Arbeitnehmern bezahlt.

Warum ist der Staatsaufbau der Bundesrepublik Deutschland ein Beispiel für den Föderalismus?

Weil die Landesregierungen der 16 Bundesländer an der Gesetzgebung (Legislative) über den Bundesrat mitwirken, insbesondere bei der Bundesgesetzgebung, die auch die Länder betrifft. Seit 2004 arbeiten Regierung und Opposition, seit 2005 die so genannte Große Koalition an einer Föderalismusreform.

Nationalversammlung in der Paulskirche

In welchem Gebäude tagte 1848 die Frankfurter Nationalversammlung?

In der Paulskirche von Frankfurt am Main, wo sich nach der Märzrevolution 1848 Parlamentarier aus allen deutschen Ländern versammelten, um eine konstitutionelle deutsche Monarchie zu schaffen.

Welche Rechtsfälle werden durch das Privatrecht geregelt?

Streitigkeiten zwischen Privatpersonen; eine wichtige Rechtsquelle ist das Bürgerliche Gesetzbuch (BGB).

Welche offizielle Bezeichnung führten die Streitkräfte des Deutschen Reiches von 1919–35?

Reichswehr. Sie war ein Berufsheer und aufgrund des Versailler Vertrags auf insgesamt 115.000 Mann begrenzt.

Welches Bundesland ist 1946 aus der bayerischen Pfalz, aus Rheinhessen sowie Teilen der preußischen Rheinprovinz und aus der preußischen Provinz Hessen-Nassau entstanden?

Rheinland-Pfalz.

Welche terroristische Gruppe versuchte ab den 1960er-Jahren bis in die 1980er-Jahre durch Anschläge den Fortbestand der BR Dtl. zu gefährden?

Die RAF (Rote-Armee-Fraktion), die aus der Studentenbewegung und der Außerparlamentarischen Opposition hervorgegangen war. Wegen ihre beiden Gründungsmitglieder nannte man die RAF auch Baader-Meinhof-Gruppe.

Wer war nach Heinrich Lübke (1894–1972) und vor Walter Scheel (*1919) deutscher Bundespräsident?

● Der SPD-Politiker Gustav Heinemann (1899–1976), der während des Dritten Reiches ein Organisator der Bekennenden Kirche war. Als Bundespräsident bemühte er sich um die Aussöhnung zwischen Deutschland und seinen Nachbarn.

Gustav Heinemann

Welches Bundesland der Bundesrepublik Deutschland ist flächenmäßig das größte?

● Größtes Bundesland ist Bayern mit 70.550 km², gefolgt von Niedersachsen (47.606 km²) und Baden-Württemberg (35.751 km²). Bevölkerungsreichstes Bundesland ist allerdings vor Bayern Nordrhein-Westfalen mit 17,76 Mio. Einwohnern.

Welches neue Bundesland mit der Mark Meißen als Kernland blickt auf eine über 1000-jährige Geschichte zurück?

● Sachsen, das 1806 Königreich und 1918 Freistaat wurde. In der DDR teilte man es in die Bezirke Chemnitz, Dresden und Leipzig auf. 1990 wurde es wieder hergestellt.

Was ist das nördlichste Bundesland der BR Dtl.?

● Schleswig-Holstein, das 1864 im deutsch-dänischen Krieg vereint an den Deutschen Bund kam. Bis 1945 preußische Provinz, entstand 1946 das Land Schleswig-Holstein, das 1949 der BR Dtl. beitrat.

Welches Geschwisterpaar wurde wegen seiner Mitgliedschaft in der Widerstandsgruppe Weiße Rose von den Nationalsozialisten hingerichtet?

● Hans (1918–43) und Sophie (1921–43) Scholl, die unter dem Eindruck der Niederlage von Stalingrad Flugblätter gegen das Hitler-Regime in den Lichthof der Münchner Universität warfen. Hierbei wurden sie beobachtet und angezeigt. Kurz darauf verurteilte sie der Volksgerichtshof zum Tode.

Wann wurden die Farben Schwarz-Rot-Gold erstmals auf deutschen Hoheitszeichen als Nationalfarben verwendet?

● Offiziell im Revolutionsjahr von 1848 durch Beschluss des Deutschen Bundes. Zuvor trugen die Lützow'schen Jäger in den Befreiungskriegen schwarze Uniformen mit roten Vorstößen und goldenen Knöpfen. Schon auf dem Hambacher Fest von 1832 – einer Massendemonstration für die deutsche Einheit – sah man zahlreiche schwarz-rot-goldene Fahnen und Embleme.

Wo in Ostdeutschland ist die Volksgruppe der Sorben beheimatet?

● In der Ober- und Niederlausitz. Hier erhielt sich die ethnische, sprachliche und kulturelle Eigenart der westslawischen Volksgruppe. In der DDR genossen sie als nationale Minderheit Kulturautonomie.

Wie entstand das Bundesland Baden-Württemberg?

● Es besteht in seiner heutigen Form seit 1952, als es sich aus den Ländern Baden, Württemberg-Baden und Württemberg-Hohenzollern bildete. Über den strittigen Zusammenschluss entschied eine Volksabstimmung am 6. Dezember 1951, in der sich 69,7 % der Wähler für den Südweststaat entschieden.

Welches Staatsorgan verfügt in der Bundesrepublik Deutschland über das Haushaltsrecht?

Der Deutsche Bundestag bewilligt oder verwirft den Haushaltsplan der Bundesregierung und hat somit Einfluss auf die Gestaltung der Einnahmen und Ausgaben des Staates, insbesondere besitzt er das Steuerbewilligungsrecht.

Welche Staatsform hat die BR Dtl.?

Sie ist seit 1949 eine parlamentarische Bundesrepublik, also ein föderativer Staat mit 16 Bundesländern, die über den Bundesrat an der Gesetzgebung des Parlaments mitwirken.

Welchem deutschen Herrschergeschlecht gehörte Friedrich I. Barbarossa an?

Den Staufern, die von 1138 bis 1254 die deutschen Könige bzw. römisch-deutschen Kaiser stellten. Barbarossa (1122–90) und sein Sohn Heinrich VI. (1165–97) schufen ein Reich, das neben Deutschland auch die Königreiche Burgund und Arelat sowie Sizilien umfasste. Der letzte staufische König Konradin (1252–68) wurde 1268 von seinem Rivalen Karl von Anjou (1226–85) auf Sizilien hingerichtet, seine Geschwister verbrachten teilweise noch Jahrzehnte im Kerker.

Was war die Hanse?

Die deutsche Hanse war ein um 1350 entstandener genossenschaftlicher Bund von Kaufleuten und Reedern deutscher Nord- und Ostseestädte wie Hamburg und Lübeck, die mit fürstlichen Privilegien ausgestattet Handelsniederlassungen im Nord- und Ostseeraum gründeten.

Wer wurde 1949 erster Bundespräsident der Bundesrepublik Deutschland?

Theodor Heuss (1884–1963), Schriftsteller und Professor für Geschichte, wurde 1948 erster Vorsitzender der FDP und 1948/49 Mitglied des Parlamentarischen Rates, in dem er maßgebend an der Formulierung des Grundgesetzes mitwirkte.

Theodor Heuss

Was ist mit parlamentarischer bzw. außerparlamentarischer Opposition gemeint?

Die Opposition des Parlaments steht der Regierung als politischer Gegner gegenüber; sie kann hier z. B. auch Untersuchungsausschüsse einberufen. Daneben kann sich auch außerhalb des Parlaments eine Opposition zur Regierung bilden. Bekannt war die APO-Bewegung der 1960er-Jahre, die von linken Studenten und den Gewerkschaften gegen die Koalition aus CDU/CSU und SPD gebildet wurde.

Was stellte der Einigungsvertrag vom 31. August 1990 wieder her?

Die deutsche Einheit nach 41-jähriger Teilung. Der Vertrag bereitete die Modalitäten für den Beitritt der DDR zur Bundesrepublik Deutschland am 3. Oktober 1990 vor. Im Einigungsvertrag sind Vorschriften zur Angleichung des Rechts sowie Regelungen zur Vereinheitlichung der politischen, wirtschaftlichen und sozialen Lebensverhältnisse enthalten.

Über welche deutsche Stadt schlossen die vier Siegermächte des Zweiten Weltkrieges 1971 das Viermächteabkommen ab?

Über Berlin, wobei zahlreiche praktische Verbesserung erzielt wurden, ansonsten jedoch der Viermächtestatus Berlins, d. h. die Teilung der Stadt in West- und Ost-Berlin sowie die Hoheit der vier Mächte aufrechterhalten blieb.

Wo wirken Staatssekretäre an der Regierung der BR Dtl. mit?

● In den einzelnen Ministerien. Hier sind sie als beamtete Staatssekretäre im Gegensatz zu den parlamentarischen Staatssekretären, die ein Bundestagsmandat haben, dem jeweiligen Minister beigeordnet. Er kann seinen Minister in allen internen Angelegenheiten des Ministeriums und allen Verwaltungsmaßnahmen vertreten.

Wer war von 1998 bis 2005 deutscher Bundeskanzler?

● Gerhard Schröder (*1944), der ehemalige SPD-Vorsitzende und frühere Ministerpräsident von Niedersachsen (1990–98). Schröder löste die Regierung Kohl ab, die 16 Jahre im Amt war. Nachdem seine Partei bei Landtagswahlen herbe Niederlagen hatte hinnehmen müssen, kündigte Schröder Neuwahlen an, nach denen die rot-grüne von einer schwarz-roten Koalition abgelöst wurde. Die CDU-Vorsitzende Angela Merkel folgte Schröder im Kanzleramt.

Gerhard Schröder

Wie wurden im Mittelalter die deutschen Könige bestimmt?

● Durch Wahl. Das deutsche Königtum war im Unterschied zu England und Frankreich, wo das Geblütsrecht entschied, ein Wahlkönigtum, was häufig zu Doppelwahlen führte. Wahlberechtigt waren alle weltlichen und geistlichen Reichsfürsten. Seit 1198 wählten die Kurfürsten in Frankfurt am Main den König. 1356 legte die Goldene Bulle Karls IV. (1316–78) das Wahlgremium endgültig fest, das mit einfacher Mehrheit entschied und aus den Kurfürsten bestand: die Erzbischöfe von Trier, Mainz und Köln, der Pfalzgraf bei Rhein, der Herzog von Sachsen, der Markgraf von Brandenburg und der König von Böhmen.

Wie hieß in der DDR das Parlament?

● Volkskammer. Sie wurde nach Einheitslisten gewählt, deren Zusammensetzung die SED kontrollierte. Die erste und letzte frei gewählte Volkskammer, die im März 1990 gewählt wurde, beschloss den Beitritt der DDR zur BR Dtl.

Wer ist im Bundesrat der Bundesrepublik Deutschland vertreten?

● Die 16 Bundesländer der BR Dtl. Sie wirken an der Gesetzgebung (Legislative) und Verwaltung des Bundes mit. Für Bundesgesetze, die Länderkompetenzen betreffen, ist die Zustimmung des Bundesrates erforderlich. Er wählt zur Hälfte die Richter des Bundesverfassungsgerichts und wirkt als Teil der Bundesversammlung an der Wahl des Bundespräsidenten mit.

Welches bayerische Herrschergeschlecht leitete vom 12. Jahrhundert bis 1918 die Geschicke Bayerns?

● Die Wittelsbacher, die 1180 von Friedrich I. Barbarossa (1123–90) mit Bayern belehnt wurden und im Laufe der Zeit auch in der Kurpfalz und in zahlreichen Bistümern herrschten. Sie brachten auch zwei Kaiser hervor: Ludwig IV., den Bayern (um 1281–1347) und Karl VII. Albrecht (1697–1745).

Mit welcher wirtschaftspolitischen Vereinigung schuf man 1834 für die deutschen Einzelstaaten ein einheitliches Zollgebiet?

● Mit dem Deutschen Zollverein, dem unter Führung Preußens fast alle deutschen Staaten angehörten. Er begünstigte die „kleindeutsche" Lösung, die 1871 mit der Neugründung des Deutschen Reiches ohne Österreich vollendet wurde.

Mit welcher Stimme gibt der Wähler bei Bundestagswahlen eine Stimme für die Kandidatenliste einer Partei ab?

Mit der Zweitstimme. Die Erststimme gilt einem Kandidaten aus dem Wahlkreis des Wählers, der nur dann gewählt ist, wenn er die meisten Stimmen auf sich vereinigt, das so genannte Direktmandat.

Wonach benannte man das Petersberger Abkommen von 1949 zwischen der BR Dtl. und den drei Alliierten Hohen Kommissaren?

Nach dem Hotel Petersberg im Siebengebirge, wo vereinbart wurde, dass die BR Dtl. im Ausland konsularische Vertretungen einrichten und sich an internationalen Organisationen beteiligen durfte.

In welchem Staat wurden 1996 auf Bankdepots Vermögenswerte von jüdischen Opfern des Nationalsozialismus entdeckt?

In der Schweiz. Aus einem Schweizer Mikrofilm-Archiv ging hervor, dass Schweizer Banken Goldbestände horteten, die jüdischen Opfern des Dritten Reiches gehört hatten, und dass sie die Eigentumsfrage dabei geschickt verschleierten. Die verantwortlichen Banken mussten sich ihrer moralischen Verantwortung stellen und richteten einen Hilfsfond für Überlebende des Holocaust ein.

Was geschah in der so genannten Kristallnacht von 1938?

Menschen jüdischen Glaubens wurden in einer von den Nationalsozialisten organisierten Pogromnacht verhaftet oder getötet sowie jüdischer Besitz und Kulturgüter wie

Kristallnacht

Synagogen etc. zerstört, geplündert oder beschlagnahmt. Der verharmlosende Propagandaausdruck ist eine Anspielung auf die zahlreichen zerbrochenen Fensterscheiben.

Was versteht man unter der Sperrklausel bei Wahlen in der BR Dtl.?

Die Mindestzahl von 5% der Wählerstimmen (die so genannte Fünfprozenthürde), die eine Partei für sich gewinnen muss, um in den Deutschen Bundestag einziehen zu dürfen.

Wer musste sich 1521 auf dem Reichstag von Worms vor Kaiser Karl V. verantworten?

Der Reformator Martin Luther (1483–1546), der wegen seiner Schriften vom Papst gebannt wurde. Auch vor Karl V. (1500–58) schwor Luther nicht seinen als ketzerisch eingestuften Lehren ab, sodass er der Reichsacht verfiel und für vogelfrei erklärt wurde. Im Schutz seines Landesherrn Kurfürst Friedrich des Weisen (1463–1525) zog er sich auf die Wartburg zurück, wo er die Bibel ins Deutsche übersetzte.

Das Elsass-Lothringen genannte Gebiet wurde 1871 als Reichsland Teil des neu gegründeten Deutschen Reiches. Welche langfristigen Folgen hatte das?

Die Tatsache, dass Frankreich dieses Gebiet an Deutschland abtreten musste, trug wesentlich zur Feindschaft zwischen den beiden Nationen bei, die erst nach dem Zweiten Weltkrieg überwunden werden konnte.

Welcher hohe Offizier der Wehrmacht verübte am 20. Juli 1944 ein Attentat auf Hitler?

Graf von Stauffenberg

Oberst Claus Schenk Graf von Stauffenberg (1907–44), der einer Widerstandsgruppe von Wehrmachtsoffizieren angehörte, die Hitler (1889– 1945) beseitigen und das Regime in einem Putsch stürzen wollte. Das Attentat schlug jedoch fehl und die daran Beteiligten wurden zumeist noch in der Nacht zum 21. Juli standrechtlich erschossen.

Wie heißt die Hauptstadt von Brandenburg?

Potsdam. Brandenburg schließt zwar die Enklave Berlin ein, hat jedoch eine eigene Landeshauptstadt.

Welcher Staatsmann bezeichnete sich als erster Diener des Staates und was war damit gemeint?

Friedrich II., genannt der Große (1712–86). Ideell vertrat er eine von den Prinzipien der Aufklärung geleitete Herrschaft: Der König sei zwar als „erster Diener des Staates“ unbeschränkt souverän, aber grundsätzlich der Wohlfahrt seines Volkes verpflichtet.

Wie lange bestand die DDR?

Vom 7. Oktober 1949 bis zum 3. Oktober 1990. Am 7. Oktober 1949 wurde sie auf dem Territorium der bis dahin bestehenden sowjetischen Besatzungszone (SBZ) gegründet. Die Eigenstaatlichkeit der DDR endete am 3. Oktober 1990 mit dem Beitritt zur BR Dtl. Friedliche Massendemonstrationen ab dem 25. September 1989 führten zur Öffnung der Berliner Mauer am 9. November 1989.

Wie heißt das kleinste Bundesland Deutschlands?

Die Freie Hansestadt Bremen ist mit 404 km² und etwa 680.000 Einwohnern (Bayern: 70.550 km², Nordrhein-Westfalen: 17,76 Mio. Einwohner) zwar das kleinste Land der BR Dtl., aber nach Hamburg der wichtigste Seehafen Deutschlands. Die Stadt Bremen liegt 113 km landeinwärts an der Unterweser.

Wer ist das Staatsoberhaupt der Bundesrepublik Deutschland?

Der Bundespräsident. 2004 wurde Horst Köhler (*1943) als Nachfolger von Johannes Rau (1931–2006) verfassungsgemäß von der Bundesversammlung für fünf Jahre zum neunten deutschen Bundespräsidenten gewählt. Der Bundespräsident kann nur für eine weitere Amtszeit wiedergewählt werden.

Wodurch wurde Helmut Schmidts Karriere als Bundeskanzler im Oktober 1982 beendet?

Durch ein konstruktives Misstrauensvotum. Nach dem Rücktritt von vier FDP-Ministern des Kabinetts Schmidt (*1918) stürzte die FDP unter dem Vorsitzenden Hans-Dietrich Genscher (*1927) gemeinsam mit der CDU/CSU die Regierung. Nachfolger Schmidts wurde Helmut Kohl (*1930), der bis 1998 im Amt blieb.

In welcher nach ihr benannten Stadt wurde Agrippina die Jüngere geboren?

In Köln, damals Oppidum Ubiorum genannt. Agrippina (15–59 n. Chr.) ließ ihren Geburtsort dann in Colonia Agrippinensis umbenennen. Die Kölner haben jedoch wenig Anlass, auf ihre Stadtgründerin stolz zu sein – hinterhältig soll sie 54 n. Chr. ihren Gatten Claudius (10 v. Chr.–54 n. Chr.) vergiftet haben, um ihren Sohn Nero (37–68 n. Chr.), den Claudius adoptiert hatte, auf den

Kaiserthron zu bringen. Schließlich wurde sie selbst von Nero ermordet.

Wie setzt sich der Bundesrat der Bundesrepublik Deutschland zusammen?

Die 69 Mitglieder werden von den Länderregierungen bestellt und abberufen. Dabei verfügt jedes Bundesland je nach Einwohnerzahl über drei bis sechs Sitze.

Welcher nationalsozialistische Politiker fragte seine fanatisierten Zuhörer bei einer Rede 1944: „Wollt ihr den totalen Krieg"?

Der Propagandaminister Joseph Goebbels (1897–1945). Als Doktor der Philologie gehörte er zu den wenigen akademisch gebildeten politischen Führungspersönlichkeiten des Dritten Reiches. Dem Demagogen gelang die perfekte Gleichschaltung der öffentlichen Medien und des kulturellen Lebens, mit der versucht wurde, bis Kriegsende die öffentliche Meinung zu beherrschen.

Welche wichtige Funktion hatten vom 13. Jahrhundert an die sieben Kurfürsten?

Die Kurfürsten (althochdt. kuri, „Wahl") traten zum ersten Mal 1257 als alleinige Wähler des Königs im Heiligen Römischen Reich auf. Mindestens vier von ihnen mussten an der Mehrheitswahl beteiligt sein, wenn diese Gültigkeit haben sollte.

Wie lautete der Kernsatz des Augsburger Religionsfriedens von 1555?

„Cuius regio, eius religio" (lat. „Wessen das Land, dessen die Religion"): Fortan durften die Landesfürsten über die jeweilige Konfession ihrer Untertanen frei und ohne Rechtsnachteile bestimmen. Diese Regelung sicherte den Protestanten ihren Besitz und stellte sie den Katholiken rechtlich gleich, bezog sich aber nicht auf die Anhänger Zwinglis (1484–1531), Calvins (1509–64) und die Wiedertäufer.

Was bedeutet die Abkürzung SED?

Sozialistische Einheitspartei Deutschlands, die herrschende Staatspartei der DDR. Entstanden war sie 1946 durch den zwangsweisen Zusammenschluss von SPD und KPD. Nach dem Sturz des DDR-Regimes benannte sich die Partei in PDS (Partei des Demokratischen Sozialismus) um und ist heute im Bundestag vertreten.

Wen nannte man im Ersten Weltkrieg Roter Baron?

Manfred Freiherr von Richthofen (1892–1918), den erfolgreichsten Jagdflieger im Ersten Weltkrieg, der im Luftkampf über 80 feindliche Flugzeuge zerstörte, bevor er selbst über Frankreich abgeschossen wurde.

Der Rote Baron

Wie lange dauert eine Legislaturperiode im Deutschen Bundestag?

Vier Jahre, spätestens nach Ablauf dieser Frist sind neue Bundestagswahlen auszurichten.

Wo hat die fürstliche Familie Thurn und Taxis ihre Residenz?

In Regensburg. Die Vorfahren der Familie erhielten das von ihnen im Spätmittelalter aufgebaute Postwesen ab 1615 als erbliches Reichspostregalat verliehen.

Welche Bedeutung hat der Spruch Stadtluft macht frei?

Im Mittelalter hatten Landbewohner, die ein Jahr und einen Tag in einer Stadt gelebt hatten, die Möglichkeit in die Rechtsgemeinschaft der Stadt aufgenommen zu werden. Eine vorher möglicherweise bestehende Unfreiheit, etwa Leibeigenschaft, konnte so abgestreift werden.

Wer entführte und ermordete den Arbeitgeberpräsidenten Hanns-Martin Schleyer (1915–77)?

Terroristen der RAF (Rote-Armee-Fraktion). Sie hielten ihr Opfer vom 5. September bis 18. Oktober in Gefangenschaft, um damit die damalige Bundesregierung zu erpressen. Als diese nicht auf die Forderungen einging, inhaftierte Terroristen freizulassen, erschoss die RAF ihre Geisel.

Hanns-Martin Schleyer

Warum gilt die Goldene Bulle als das wichtigste Reichsgesetz des Heiligen Römischen Reiches Deutscher Nation?

Sie regelte u. a. erstmals definitiv die deutsche Königswahl durch die sieben Kurfürsten sowie deren reichsrechtlich-zeremonielle Stellung. Kaiser Karl IV. (1316–78) ließ 1356 an die Urkunde eine goldene Siegelkapsel, eine so genannte Bulle anbringen. Die Goldene Bulle war bis zum Untergang des Heiligen Römischen Reiches 1806 gültig.

Was forderten die Teilnehmer der Montagsdemonstrationen in der DDR 1989?

Zunächst Reformen und eine demokratische Erneuerung der DDR. Die Protestbewegung wuchs sich zu friedlichen Massendemonstrationen aus, an denen Hunderttausende, Anfang November in Ost-Berlin sogar rund eine Million Menschen teilnahmen.

Welches deutsche Bundesland wurde erst 1957 nach einer Volksabstimmung in die BR Dtl. eingegliedert?

Das Saarland, das 1919 aus Teilen der preußischen Rheinprovinz und der bayerischen Pfalz gebildet wurde und bis 1934 unter der Beobachtung des Völkerbundes stand. 1935 hatte bereits eine von Hitler (1889–1945) propagandistisch vorbereitete Volksabstimmung die „Rückkehr ins Reich" bewerkstelligt.

Auf wen geht das heute gebräuchliche deutsche Wörterbuch Duden zurück?

Auf den Gymnasiallehrer und Schuldirektor Konrad Duden (1829–1911), der sich um eine Vereinheitlichung der unterschiedlichen Schreibweisen in der deutschen Sprache bemühte und 1880 ein *Vollständiges orthographisches Wörterbuch der deutschen Sprache* herausgab, das von der staatlichen Kommission für die erste Rechtschreibreform (ab 1. Januar 1901) als grundlegend anerkannt wurde.

Welches im klassizistischen Baustil errichtete Tor im Zentrum Berlins war zwischen 1961 und 1989 nicht passierbar?

Das 1788–91 von Carl Gotthard Langhans (1732–1808) erbaute und von Gottfried Schadow (1764–1850) mit einer Quadriga aus Bronze gekrönte Brandenburger Tor. Das Tor passierten bereits Napoleon Bonaparte

(1769–1821), die Truppen Hitlers (1889–1945) und die sowjetischen Soldaten nach der Eroberung Berlins 1945. Als es nach dem Mauerbau 1961 in den Sperrbezirk der Mauer einbezogen wurde, wurde es bis zum 22. Dezember 1989 als Übergang geschlossen und durfte nicht mehr passiert werden.

Woher hat das Ruhrgebiet seinen Namen?

Vom Fluss Ruhr, der im Süden der Industrieregion von Osten nach Westen fließt und bei Duisburg in den Rhein mündet. Der aus den Wäldern und Bergen des Hochsauerlandkreises kommende Fluss ist heute das wichtigste Wasserreservoir für die Großstädte an seinem Unterlauf.

Welche deutsche Stadt hieß zwischen 1953 und 1990 Karl-Marx-Stadt?

Chemnitz in Sachsen. Während des Bestehens der DDR wurde der alte Name Chemnitz in Karl-Marx-Stadt geändert. Wegen der traditionellen Textilindustrie und Metall verarbeitenden Industrie war die Stadt schon früh eine Hochburg der Arbeiterbewegung. Heute leben rund 300.000 Einwohner in Chemnitz.

Welche beliebte Ferieninsel erhielt Deutschland im Tausch für die ostafrikanische Insel Sansibar von England?

Helgoland. Der Tausch fand 1890 anlässlich eines Ausgleichs der deutschen und englischen Interessen in Afrika statt. Nach dem Zweiten Weltkrieg wurde die Insel wieder von den Briten besetzt. Erst 1952 zogen sie ab, sodass die Helgoländer auf ihre Insel zurückkehren konnten.

Worauf geht der Pillenknick zurück?

Auf die Einführung und wachsende Verwendung von Antibabypillen seit Beginn der 1960er-Jahre, der ein sichtlicher Geburtenrückgang folgte.

Welcher preußische Staatsmann machte durch die Sozialistengesetze und die Sozialversicherung von sich reden?

Otto Fürst von Bismarck (1815–98). Mit den Sozialistengesetzen versuchte er 1878 die sozialistischen Gegner seines autoritären Regierungsstils zu bekämpfen. Das Gesetz hieß daher auch „Gesetz wider die gemeingefährlichen Bestrebungen der Sozialdemokratie“. Mit der staatlichen Sozialversicherung schuf Bismarck eine dauerhaft vom Staat organisierte Versicherung zur Alters-, Kranken- und Unfallvorsorge.

Otto Fürst von Bismarck (Gemälde von F. Lenbach)

Welches ist die drittgrößte deutsche Stadt?

Nach Berlin (ca. 3,5 Millionen Einwohner) und Hamburg (1,7 Millionen) ist München mit rund 1,25 Millionen Einwohnern die drittgrößte deutsche Stadt. Die 1158 an der Isar gegründete Stadt wurde 1506 bayerische Landeshauptstadt. Der Englische Garten, der größte innerstädtische Park der Welt, das Oktoberfest, das größte Volksfest der Welt und die bedeutenden Museen tragen zur weltweiten Bekanntheit der Stadt bei.

Wer war nach der Gründung der DDR als Erster Sekretär des ZK (Zentralkomitee) der SED der maßgebliche DDR-Politiker?

Walter Ulbricht (1893–1973), der bis 1945 in der Sowjetunion im Exil lebte. Er leitete den Aufbau der Herrschaft der SED und die Integration der DDR in den Ostblock.

Walter Ulbricht

Wo tagte 1919 die Verfassungsgebende Nationalversammlung der neuen Republik?

Im Deutschen Nationaltheater in Weimar. Die Stadt, nach der sich die von Goethe (1749–1832) und Schiller (1759–1805) begründete deutsche Klassik benannte, hatte seit 1779 ein Liebhabertheater, für das Goethe Pate stand. 1825 wurde der klassizistische Neubau eröffnet, der bis 1907 stand und dann nach dem Abriss 1908 wieder eröffnet wurde.

Wer fälschte 1983 die Hitler-Tagebücher?

Konrad Kujau (1938–2000). In einer kreativen Phase verfasste er mehrere so genannte Hitler-Tagebücher und verkaufte sie an die Illustrierte *Stern*. Die Zeitschrift veröffentlichte sie als echt und war blamiert, als der Schwindel aufflog.

Woher hat die AVUS ihren Namen?

Es ist eine Abkürzung für „Automobil-, Verkehrs- und Übungsstraße". So wurde die 1921 fertig gestellte Schnellstraße im Grunewald in Berlin genannt. Bis 1998 wurde sie für Autorennen genutzt.

Welcher deutsche Reichskanzler äußerte den Wunsch nach einem Platz an der Sonne?

Bernhard Fürst von Bülow (1849–1929), der am 16. Oktober 1900 zum Reichskanzler ernannt worden war. Mit dem berühmt gewordenen Satz drückte er den deutschen Wunsch nach eigenen Kolonien aus. Seine Außenpolitik war jedoch nicht sonderlich glücklich. So zeichnete sich unter seiner Ägide die Entstehung eines gegen Deutschland gerichteten Bündnisses zwischen England und Frankreich ab, welches das noch von Bismarck (1815–98) geschaffene Bündnissystem, das Bülow eigentlich erhalten wollte, vollständig zerstörte.

Welches Abkommen trafen die Deutsche Bundesregierung und die Energiekonzerne am 11. Juni 2001?

Sie unterzeichneten den so genannten Atomkonsens, eine Vereinbarung zum schrittweisen Atomausstieg. Danach sollen Atomkraftwerke abgeschaltet werden, die eine bestimmte Energiemenge produziert haben.

Welches Gremium wählt in der Bundesrepublik Deutschland den Bundespräsidenten?

Der Bundespräsident wird von der Bundesversammlung für fünf Jahre gewählt. Die Bundesversammlung setzt sich aus den Abgeordneten des Bundestages und der gleichen Anzahl von Mitgliedern, die durch die Länderparlamente bestimmt werden, zusammen. Diese werden von den jeweiligen Bundesländern als Wahlmänner und -frauen entsandt.

Zu welcher Einzelgewerkschaft schlossen sich am 19. März 2001 mehrere Gruppen in Berlin zusammen?

Sie bildeten die Vereinte Dienstleistungsgesellschaft ver.di, die mit ca. drei Millionen Mitgliedern die zurzeit größte Einzelgewerkschaft der Welt ist.

Welche Partei gründete sich 1980 in der Bundesrepublik im Zuge der beginnenden ökologischen Diskussionen?

Die erhöhte Aufmerksamkeit für Umweltfragen und das zunehmende Engagement verschiedener gesellschaftlicher Gruppen zum Schutz der Umwelt führte 1980 zur Gründung der Partei Die Grünen. Den Schwerpunkt ihrer Politik legte die neu gegründete Partei auf ökologische Fragen. In ihrem Saarbrücker Grundsatzprogramm von 1980 sind als Grundwerte der Partei „ökologisch – sozial – basisdemokratisch – gewaltfrei" festgeschrieben.

In welchen Angelegenheiten wurde im Mittelalter der Sachsenspiegel zurate gezogen?

Der *Sachsenspiegel* ist das bedeutendste mittelalterliche Rechtsbuch. Es wurde 1224/25 von Eike von Repgow (ca. 1180–1233), einem sächsischen Ritter, nach einer lateinischen Urfassung in niederdeutscher Sprache niedergeschrieben. Das Buch fasst das ungeschriebene Gewohnheitsrecht des Sachsenlandes in lehrhafter Form zusammen. Es wurde zum Vorbild für weitere deutsche Rechtsbücher und Rechtsbücher der Nachbarländer. Es blieb in Thüringen und Anhalt noch bis ins Jahr 1900 gültig.

In welchem deutschen Bundesland hatte eine Frau bis 2005 das Amt der Ministerpräsidentin inne?

In Schleswig-Holstein war seit 1993 Heide Simonis (*1943) Ministerpräsidentin. Die SPD-Politikerin und Diplomvolkswirtin war die erste Frau an der Spitze der Regierung eines Bundeslandes. Ab 1996 bildeten SPD und Bündnis 90/Die Grünen die Regierungskoalition. Diese wurde bei den Landtagswahlen im Jahr 2000 bestätigt.

Welcher Offizier des Ersten Weltkrieges und Anhänger Hitlers (1889–1945) gab sich u. a. den Titel Reichsfeldmarschall?

Hermann Göring

Hermann Göring (1893–1946). Er war zunächst preußischer Innenminister und als solcher verantwortlich für die Verfolgung von Sozialdemokraten und Kommunisten. Von 1934 bis 1939 baute er die deutsche Luftwaffe auf, die jedoch die Luftschlacht um England 1940/41 verlor. Görings Einfluss sank danach. In Nürnberg wurde ihm 1945/46 der Prozess gemacht; er beging kurz vor der Vollstreckung des Todesurteils Selbstmord.

Wer verabschiedete das Grundgesetz für die Bundesrepublik Deutschland?

Erarbeitet und verabschiedet wurde das Grundgesetz vom Parlamentarischen Rat auf Initiative der drei westlichen Siegermächte des Zweiten Weltkrieges.

An wen erinnert das Hermannsdenkmal im Teutoburger Wald?

Es erinnert an den Cheruskerfürsten Arminius, verdeutscht Hermann (um 18 v. Chr.–19 n. Chr.), der im September 9 n. Chr. das 20.000 Soldaten umfassende römische Heer in der Varusschlacht besiegte. Früher hatte man angenommen, die Schlacht, die vermutlich im Gebiet von Kalkriese stattgefunden hat, habe sich im Teutoburger Wald ereignet. Arminius wurde durch seinen Sieg über die Römer zur bekanntesten Heldenfigur der germanischen Frühgeschichte. Der römische Geschichtsschreiber Tacitus (um 55–115 n. Chr.) würdigt Arminius als Befreier Germaniens.

Gegen welchen letzten noch heidnischen Germanenstamm führte Karl der Große mehrere erbitterte Kriegszüge?

Gegen die Sachsen. Ihr Anführer Widukind († um 807) entfachte zwischen 778 und 785 immer wieder Aufstände gegen die fränkische Herrschaft. 784/85 verwüstete Karl (747–814) ihr Land, Widukind musste sich unterwerfen und taufen lassen.

Karl der Große

Welche Protestaktionen sind mit dem Namen Gorleben verbunden?

Seit 1984 werden in dem niedersächsischen atomaren Zwischenlager Gorleben Brennelemente und gering strahlende Atomabfälle gelagert. Zuvor hatten Atomkraftgegner heftig gegen die Einrichtung des Zwischenlagers protestiert. Bis heute kommt es immer wieder zu großen Protestaktionen.

Wer kann in der Bundesrepublik Deutschland zum Bundespräsidenten gewählt werden?

Grundsätzlich kann in der Bundesrepublik jeder deutsche Staatsbürger zum Bundespräsidenten gewählt werden, der das Wahlrecht zum Deutschen Bundestag besitzt und mindestens 40 Jahre alt ist.

Karl IV. (1316–78) hatte im Jahr 1356 in der Goldenen Bulle den Ablauf der Königswahl festgelegt. In welcher Stadt sollte sie stattfinden und war dies eine Neuerung?

Die Königswahl fand in Frankfurt am Main statt. Weil Ludwig II., der Deutsche (um 804–76), ein Sohn Karls des Großen (747–814), der über den Ostteil des Reiches herrschte, sich häufig in der Frankfurter Königspfalz aufhielt, wurden dort 855 Lothar II. (um 835–869) zum König Lotharingiens und 887 Arnulf von Kärnten (um 850–899) zum Herrscher des Reichs der Ostfranken gewählt.

Wodurch wurde entschieden, wer im 13. Jahrhundert jeweils König des Heiligen Römischen Reiches wurde?

Der König des Heiligen Römischen Reiches wurde seit 1257 von den sieben Kurfürsten (althochdt. kuri, „Wahl") gewählt. Der neue König musste die Mehrheit der Stimmen auf sich vereinen. Die Wahl war nur gültig, wenn mindestens vier Kurfürsten daran beteiligt waren.

Das Fränkische Reich gilt als die bedeutendste germanische Reichsbildung des frühen Mittelalters. Wer begründete dieses Reich?

Die salischen Franken (die erst 1024 an die Macht kommen sollten) siedelten seit dem 4. Jahrhundert im südlichen Belgien. Im 5. Jahrhundert begründeten die Merowinger eine Herrschaft mit Zentrum in Tournai (im heutigen Belgien). 687 gewann der Karolinger Pippin II. (um 635–714) die Alleinherrschaft im Fränkischen Reich. Sein Enkel, Pippin III. (714–768), setzte die Dynastie der Merowinger endgültig ab und machte sich 751 zum König der Franken.

Welche Aufgaben hat der Bundestagspräsident?

Das Amt des Bundestagspräsidenten ist das zweithöchste Amt in der Bundesrepublik nach dem Amt des Bundespräsidenten. Der Bundestagspräsident leitet die Sitzungen des Bundestages und übt das Hausrecht aus.

Wer war zwischen 1998 und 2005 deutscher Bundestagspräsident?

Präsident des deutschen Bundestages wurde 1998 der SPD-Politiker Wolfgang Thierse (*1943). Der studierte Kulturwissenschaftler und Germanist war in der DDR als Wissenschaftler tätig und wurde 1989 Mitglied der Oppositionsbewegung Neues Forum.

Wer wurde nach dem Rücktritt des Politbüros in der DDR zum Ministerpräsidenten gewählt?

Hans Modrow (*1928), der als Hoffnungsträger der Reformen im Osten galt, war von November 1989 bis April 1990 Ministerpräsident der DDR, ohne jedoch viel Einfluss auf die politische Entwicklung nehmen zu können. Er ist seit 1990 Ehrenvorsitzender der PDS, war zwischen 1990 und 1994 Mitglied des Bundestags und gehört seit 1999 dem Europäischen Parlament an.

Wodurch wurde die Leipziger Nikolaikirche bekannt?

Ab 1981 bis Anfang der 1990er-Jahre fanden in der Leipziger Nikolaikirche montags Friedensgebete statt. Im September 1989 wurden diese zum Ausgangspunkt der Montagsdemonstrationen, auf denen immer mehr Bürger gegen die SED-Regierung protestierten. Obwohl Kontrolle und Druck der Behörden immer stärker wurden, versammelten sich bis Oktober mehrere 10.000 Bürger zu den Montagsdemonstrationen, die schließlich maßgeblich zum Rücktritt der SED-Spitze und zur Öffnung der Mauer beitrugen.

Welcher deutsche Außenminister der Weimarer Republik machte sich u. a. um die Aussöhnung mit Frankreich verdient?

Gustav Stresemann (1878–1929), der als Anhänger der Monarchie der neuen Republik zunächst skeptisch gegenüberstand, sich dann jedoch große Verdienste um die Stabilisierung Deutschlands nach der Ruhrbesetzung durch die Währungsreform und die Beseitigung der Inflation erwarb. Mit seinem Amtskollegen Aristide Briand (1862–1932) schloss er 1925 die Locarnoverträge. Erfolgreich verhandelte er auch die Verringerung der Reparationsleistungen, die Deutschland aus dem Ersten Weltkrieg zu leisten hatte. 1926 erhielt er zusammen mit Briand den Friedensnobelpreis.

Gustav Stresemann mit seiner Frau (1923)

Welches politische Ziel wurde 1832 auf dem Hambacher Fest zum Ausdruck gebracht?

Das Hambacher Fest am 27. Mai 1832 wurde zu einer Massenkundgebung des Liberalismus und der Forderung nach einem vereinigten Deutschland.

Der Wiener Kongress

Was versteht man unter dem Deutschen Bund, der auf dem Wiener Kongress gegründet wurde?

● Auf dem Wiener Kongress wurde durch die Bundesakte vom 8. Juni 1815 ein Zusammenschluss der deutschen Einzelstaaten zu einem lose zusammengefügten Staatenbund beschlossen. Ihm traten 37 souveräne Fürstentümer und vier Reichsstädte bei. Die Gesandten der Mitgliedstaaten trafen unter dem Vorsitz Österreichs zusammen.

Wer versammelte sich 1848 in der Frankfurter Paulskirche?

● Am 18. Mai 1848 kam in der Frankfurter Paulskirche zum ersten Mal die Deutsche Nationalversammlung zusammen. Die nach der Märzrevolution, die eine nationale Volksvertretung forderte, etwa 600 gewählten Abgeordneten des Parlaments hatten die Aufgabe, die Verfassung für einen gesamtdeutschen Bundesstaat zu schaffen.

Was sind die Karlsbader Beschlüsse?

● Die u. a. von Fürst von Metternich (1773–1859) vorbereiteten und von der Bundesversammlung am 20. September 1819 angenommenen Karlsbader Beschlüsse dienten der Unterdrückung nationaler und liberaler Bewegungen des Bürgertums. Die Karlsbader Beschlüsse waren bis 1848 gültig.

In welchem Bundesland kamen Die Grünen im Jahr 1985 erstmals als Koalitionspartner an die Regierung?

● Die Grünen bildeten 1985 in Hessen eine Regierungskoalition mit der SPD unter dem Ministerpräsidenten Holger Börner (*1931), die bis 1987 an der Macht blieb.

Mit welchem Schritt demonstrierte die Regierung Adenauer 1955 ihren unbedingten Willen zur Westintegration der BR Dtl. – auch auf Kosten einer deutsch-deutschen Wiedervereinigung?

● Mit dem Eintritt der BR Dtl. in das westliche Militärbündnis NATO. Nachdem das Land im Deutschlandvertrag die volle Souveränität erhalten hatte und die Besatzungszeit offiziell beendet worden war, wurde zunächst die Bundeswehr aufgebaut. Damit war der Weg frei für die Integration in die NATO.

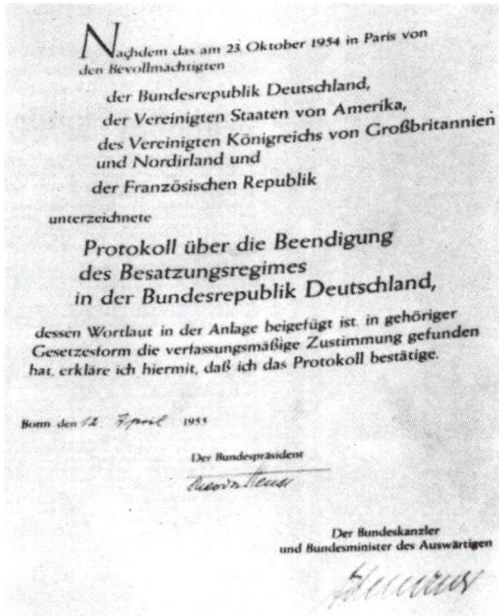

Nachdem das am 23. Oktober 1954 in Paris von den Bevollmächtigten

der Bundesrepublik Deutschland,
der Vereinigten Staaten von Amerika,
des Vereinigten Königreichs von Großbritannien und Nordirland und
der Französischen Republik

unterzeichnete

Protokoll über die Beendigung des Besatzungsregimes in der Bundesrepublik Deutschland,

dessen Wortlaut in der Anlage beigefügt ist, in gehöriger Gesetzesform die verfassungsmäßige Zustimmung gefunden hat, erkläre ich hiermit, daß ich das Protokoll bestätige.

Bonn den 12. April 1955

Der Bundespräsident

Der Bundeskanzler und Bundesminister des Auswärtigen

Aufhebung des Besatzungsstatus

Wer schloss sich nach 1945 in Deutschland zur Bizone zusammen?

● Die amerikanische und die britische Besatzungszone schlossen sich in Deutschland 1947 zur so genannten Bizone zusammen. Damit war ein erster Schritt zur Entstehung der BR Dtl. aus dem in eine französische, britische, amerikanische und sowjetische (später DDR) Besatzungszone geteilten Deutschland unternommen.

Welches Bundesland der BR Dtl. war 2004 das bevölkerungsreichste?

Nordrhein-Westfalen mit 18,02 Mio. Einwohnern. Es ist damit das bevölkerungsreichste Bundesland der BR Dtl. vor Bayern mit 12,16 Mio. Einwohnern und Baden-Württemberg (10,48 Mio.).

Wer war Theodor Mommsen?

Theodor Mommsen

Ein Jurist, Historiker und Politiker. Zunächst war er als Juraprofessor tätig, bevor er wegen Beteiligung an der Revolution von 1848 sein Lehramt verlor. Als Professor für Alte Geschichte begründete seine *Römische Geschichte* (1854–85) die neuere Geschichtsschreibung über die römische Antike. Außerdem war Mommsen (1817–1903) Landtags- und Reichstagsabgeordneter der bürgerlichen Linken. Er erhielt 1902 für die *Römische Geschichte* den Literaturnobelpreis.

Welches Institut in Allensbach erstellt so genannte Politbarometer?

Das 1947 von der Publizistin Elisabeth Noelle-Neumann (*1916) gegründete Allensbacher Institut für Demoskopie erforscht in Meinungsumfragen die Ansicht der Bevölkerung zu aktuellen Themen, insbesondere zu politischen Fragen. Die Politbarometer machen deutlich, wo Politiker und Parteien gerade in der Wählergunst stehen

Wer waren die Göttinger Sieben?

Als die Göttinger Sieben werden die sieben Göttinger Professoren W. Albrecht (1800–76), F. C. Dahlmann (1785–1860), H. Ewald (1803–75), G. G. Gervinus (1805–71), J. und W. Grimm (1785–1863 und 1786–1859) und W. Weber (1804–91) bezeichnet, die König Ernst August II. von Hannover (1771–1851) am 14. Dezember 1837 aus ihrem Amt entließ, weil sie gegen die Aufhebung der Verfassung durch den König im Jahr 1833 protestiert hatten. Ihnen wurde Hochverrat vorgeworfen, Dahlmann, Gervinus und Jakob Grimm mussten außerdem das Land verlassen. In ganz Deutschland wurden die sieben Professoren jedoch von der Bevölkerung in ihrer Kritik unterstützt, die die liberalen Bewegungen des Landes förderte.

Wer war als erster Vertreter der Grünen Minister in einer Landesregierung?

Erster Minister der Grünen in einer Landesregierung wurde im Jahr 1985 Joschka Fischer (*1948). Als Mitglied der ersten rot-grünen Landesregierung unter dem hessischen Ministerpräsidenten Holger Börner (*1931) wurde Fischer Minister für Umwelt und Energie.

Welche Ereignisse sind mit dem Namen Günther Guillaume verbunden?

Günter Guillaume (1927–95) war gemeinsam mit seiner Ehefrau Spion im Kanzleramt Willy Brandts (1913–92). Er spionierte für die DDR-Regierung und wurde 1974 entlarvt, was zum Rücktritt des Kanzlers führte. Guillaume wurde zu 13 Jahren Haft verurteilt. 1981 wurde er in die DDR abgeschoben.

Welcher deutsche Staatsmann galt im Ersten Weltkrieg als Nationalheld?

Wegen seines Sieges über die Russen bei Tannenberg wurde Paul von Hindenburg (1847–1934) als Nationalheld gefeiert. 1916 wurde er Oberster Heeresleiter, 1925 und 1932 wählte man ihn zum Reichspräsidenten.

Wer stand 1945–49 in den Nürnberger Prozessen unter Anklage?

Im Hauptverfahren die nationalsozialistische Führungsspitze, wie z. B. H. Göring (1893–1946), A. Jodl (1890–1946), J. v. Ribbentrop (1893–1946) oder R. Heß (1894–1987) und in zwölf weiteren Prozessen politische, militärische und wirtschaftliche Führungsgruppen des Dritten Reiches. Das internationale Militärtribunal sprach im Hauptverfahren zwölf Todesurteile (zehn wurden vollstreckt) und zahlreiche Haftstrafen aus.

Die Anklagebank während der Nürnberger Prozesse

Welche Einrichtung brachte Oskar von Miller nach Deutschland?

Der deutsche Ingenieur Oskar von Miller (1855–1934), Mitgründer der AEG und der Berliner Elektrizitätswerke, richtete nach dem Vorbild der großen technischen Museen in London und Paris 1903 in München das Deutsche Museum ein.

Wer prüft die Verfassungstreue der von Bundestag und Bundesrat verabschiedeten Gesetze?

Die Verfassungstreue der verabschiedeten Gesetze zu prüfen ist Aufgabe des Bundespräsidenten. Mit seiner Unterschrift wird ein Gesetz erst rechtskräftig.

Was ist die Hallsteindoktrin?

Die Hallsteindoktrin aus dem Jahr 1955 besagt, dass die BR Dtl. aufgrund ihres Alleinvertretungsanspruches für das gesamte deutsche Volk mit keinem Staat diplomatische Beziehungen aufnehmen oder unterhalten würde, der seinerseits in diplomatischen Beziehungen mit der DDR stehe oder solche eingehe.

Welcher Staatsmann wurde der Eiserne Kanzler genannt?

Otto von Bismarck (1815–98) wurde im Volksmund auch der Eiserne Kanzler genannt, da er sich zum einen gern in seiner Kürassiersuniform zeigte. Zum anderen wurde sein Beiname durch seine unnachgiebige und entschlossene Außen- und Innenpolitik geprägt. Der deutsche Staatsmann gilt als Gründer des Deutschen Reiches und war dessen erster Reichskanzler.

Wen ernannte Reichspräsident Paul von Hindenburg (1847–1934) am 30. Januar 1933 zum Reichskanzler?

Adolf Hitler (1889–1945). Bereits 1923 hatte Hitler versucht, als Vorsitzender der NSDAP zunächst in Bayern und dann in ganz Deutschland die Macht an sich zu reißen, wie etwa mit dem so genannten Hitlerputsch. 1924 übernahm er, frühzeitig aus der Haft entlassen, wieder die Führung der NSDAP und bei den Reichstagswahlen 1930 gelang ihm der politische Durchbruch auf Reichsebene.

Welche Regelung trat nach der Arbeitsmarktreform Hartz IV im Januar 2005 in Kraft?

Nach dem Vierten Gesetz für moderne Dienstleistungen am Arbeitsmarkt, kurz Hartz IV, wurden zu Beginn des Jahres 2005 Arbeitslosen- und Sozialhilfe zusammengelegt. Nachdem die Minister der Bundesländer im Osten der BR Dtl. zunächst ihre Zustimmung zu dem Gesetz verweigert hatten, einigte man sich dennoch am 12. Juli 2004 auf die Reform. Vereinbart wurde außerdem, dass in Gebieten, in denen die Arbeitslosigkeit bei mehr als 15% liegt, bei Neueinstellungen Zuschüsse für die Lohnnebenkosten gezahlt werden.

Wer wurde im April 2000 als erste Frau Vorsitzende einer Volkspartei?

Auf dem Parteitag der CDU in Essen wurde im April 2000 Angela Merkel (*1954) von den Delegierten zur neuen Parteivorsitzenden gewählt. Im November 2002 wurde sie in Hannover für weitere zwei Jahre in ihrem Amt bestätigt. 2005 wählte eine Große Koalition aus SPD und CDU/CSU Merkel zur ersten Bundeskanzlerin der BR Dtl.

Welche Ziele verfolgte Otto von Bismarck mit seiner Außenpolitik?

Ein großer europäischer Krieg sollte verhindert und Frankreich außenpolitisch isoliert werden. Außerdem intensivierte Bismarck (1815–98) die Kolonialpolitik und baute die Flotte in großem Stil aus.

Worum ging es im Historikerstreit?

Als Historikerstreit bezeichnet man die in den Jahren 1986 und 1987 von Journalisten, Publizisten, Soziologen, Politologen und Historikern geführte Diskussion um die Bedeutung und Bewertung der Judenvernichtung in der Zeit des Nationalsozialismus in der deutschen Geschichte. Dabei stand die Einzigartigkeit des Völkermordes an den Juden (Holocaust) im Mittelpunkt der polemisch geführten Diskussionen.

Wofür wird in Aachen jährlich der Karlspreis verliehen?

Der Internationale Karlspreis zu Aachen wird seit 1950 jährlich am Himmelfahrtstag im Krönungssaal des Aachener Rathauses an Menschen und Gremien verliehen, die den Gedanken der europäischen Einigung in politischer, wirtschaftlicher und geistiger Hinsicht gefördert haben.

Auf welche Gesellschaftsschicht bezog sich im 19. Jahrhundert der Name Biedermeier?

Auf das deutsche Bürgertum des Vormärz (etwa 1815–48), das sich – eingeschüchtert durch die restaurativen Maßnahmen der regierenden Fürsten – „bieder", d. h. brav und fromm – in sein Privatleben zurückzog und sich in einem unpolitischen Wartezustand hielt. Die Literatur des Biedermeier brachte an die deutsche Klassik orientierte, auf Harmonie und Idylle bedachte Lebensentwürfe hervor; so etwa Adalbert Stifters (1805–68) Erzählungen und Romane oder Eduard Mörikes (1804–75) Lyrik.

Das deutsche Bürgertum zur Biedermeierzeit

Wie bezeichnet man deutsche Staatsbürger, die im Ausland leben?

Deutsche Staatsbürger, die im Ausland leben und dort lebende Deutschstämmige, die ihre Herkunft nachweisen können, werden auch als Auslandsdeutsche bezeichnet.

Was versteht man unter dem Solidaritätszuschlag?

Es handelt sich um eine Abgabe, die in Höhe von 5,5% der Steuerschuld in Ergänzung zu dieser erhoben wird. Sie wird an den Bund abgegeben und soll einen Beitrag zum wirtschaftlichen Aufbau in Ostdeutschland leisten.

Ruine des Heidelberger Schlosses

Wieso wurde das Heidelberger Schloss zur „malerischsten Ruine Deutschlands"?

Weil es Ende des 17. Jahrhunderts von französischen Truppen gesprengt werden sollte, was aber misslang. Die noch heute erhaltene Ruine des Heidelberger Schlosses ist eines der Hauptdenkmäler der deutschen Renaissance.

Welche Aufgaben übernahmen im Mittelalter am fränkischen Königshof die Inhaber der Hofämter?

Der Truchsess hatte die Aufsicht über Küche und Tafel, der Mundschenk war für Keller, Lagerhaltung und Weinberge zuständig, der Marschall war der Stallmeister, der Kämmerer hütete Schatz und Palastgebäude und der Hausmeier verwaltete die Königsgüter.

Wobei durften Rotkäppchensekt, Spreewaldgurken und FdJ-Hemden nicht fehlen?

Bei so genannten Ostalgie-Partys. Etwa 13 Jahre nach der Wiedervereinigung breitete sich die so genannte Ostalgie (von „Osten" und „Nostalgie") mit rasender Geschwindigkeit aus. Im Fernsehen liefen die DDR-Show und Ost-Warenhäuser öffneten ihre Pforten. Die Welle ist inzwischen wieder abgeebbt.

Was war ein Markgraf?

Ein Markgraf hatte die Oberaufsicht über die Mark, ein Gebiet, das die fränkischen Könige seit Karl dem Großen (747–814) jeweils an den Grenzen des Frankenreiches anlegten. Die vom König eingesetzten Markgrafen waren für den Grenzschutz an den Marken zuständig und für die Eingliederung der Gebiete in das Reich.

Welcher deutsche Offizier wird auch Lügenbaron genannt?

Karl Friedrich Hieronymus Freiherr von Münchhausen (1720–97), der nach einem abenteuerlichen Leben und vielen Reisen in fremde Länder begann, seine Reise- und Abenteuergeschichten zu erzählen. 1781 wurden sie von G. A. Bürger (1747–94) erstmals herausgegeben.

Welches bundesdeutsche Staatsunternehmen gibt es seit dem 1. Januar 1995 nicht mehr?

Die Deutsche Bundespost. Das staatliche Unternehmen wurde durch das an diesem Tag in Kraft tretende Postneuordnungsgesetz privatisiert und in drei Aktiengesellschaften umgewandelt: Die Deutsche Post AG, die Deutsche Postbank AG und die Deutsche Telekom AG. Allerdings geschah der Übergang ganz allmählich, z. B. behielt die Deutsche Telekom bis 1997 ihr Telefonmonopol, erst danach konnten Anbieter privater Telefondienste in Konkurrenz zur Telekom treten.

Wer wurde 1984 Bundespräsident der BR Dtl.?

Richard von Weizsäcker (*1920). Der frühere Berliner Bürgermeister und CDU-Politiker wurde 1984 von der Bundesversammlung zum Nachfolger von Bundespräsident Carstens (1914–92) gewählt. Von Weizsäcker nutzte die Kompetenzen des Präsidialamtes in vollem Umfang aus, als es um die Frage des Hauptstadtumzugs von Bonn nach Berlin ging. Am 8. Mai 1985 hielt er eine vielbeachtete Rede, in der er betonte, Deutschland sei 1945 befreit worden. 1989 wurde von Weizsäcker wiedergewählt.

Wo wurde 16 v. Chr. die älteste Stadt Deutschlands gegründet?

Dort, wo traditionell das Volk der Treverer siedelte, gründete Rom die Stadt Augusta Treverorum, das heutige Trier. Die Kommune gewann im frühen Mittelalter dadurch große Bedeutung, dass sie Sitz eines Erzbischofs war. Bereits die römischen Kaiser hielten sich häufig dort auf. Zahlreiche spätantike Prachtbauten sind bis heute erhalten geblieben.

Was ist die so genannte Praxisgebühr?

Zum 1. Januar 2004 trat die jüngste Gesundheitsreform der rot-grünen Bundesregierung in Kraft. Neben Leistungsausgrenzungen (z. B. bei Zahnersatz [ab 2005], Sehhilfen, Fahrten zur ambulanten Behandlung, Krankengeld) und höheren Zuzahlungen bei Medikamenten, sieht die Reform eine Praxisgebühr von 10 Euro beim ersten Besuch eines Arztes, Zahnarztes oder Psychotherapeuten im Quartal vor.

Was bedeutet der Name des westgermanischen Volks der Franken wörtlich übersetzt?

„Die Freien". Die Franken fielen im Verlauf der Völkerwanderung in Gebiete der heutigen Bundesländer Bayern, Baden-Württemberg, Hessen, Rheinland-Pfalz, Saarland, Thüringen ein. Sie vertrieben die dort sesshafte Bevölkerung und siedelt sich schließlich selbst in diesem Raum an.

In welchem Zusammenhang fragte die DDR-Regierung, ob es nötig sei, die eigene Wohnung zu tapezieren, nur weil der Nachbar dies tue?

Im Zusammenhang mit den Reformen des sowjetischen Staatschefs Gorbatschow (*1931). Diese staatlich verordneten Veränderungsprozesse in der UdSSR wurden von der ostdeutschen Regierung nicht eben begeistert begrüßt, und man fragte sich, warum Veränderungen am politischen System der DDR überhaupt notwendig sein sollten.

Welcher deutsche Bundeskanzler hatte bisher die längste Amtszeit?

Helmut Kohl

Die längste Amtszeit als Bundeskanzler in der Geschichte der BR Dtl. hatte bisher der CDU-Politiker Helmut Kohl (*1930). Er war insgesamt 16 Jahre lang Bundeskanzler (1982–98) und unterlag in der Bundestagswahl 1998 schließlich den Sozialdemokraten. Er wurde von Gerhard Schröder (*1944) abgelöst, der eine Koalition zwischen SPD und Bündnis 90/Die Grünen bildete.

Wie heißt der Geheimdienst der BR Dtl.?

Bundesnachrichtendienst (BND). Er wurde 1955 als Auslandsnachrichtendienst gegründet.

Wie hieß das berüchtigte Propagandablatt der SS?

„Das Schwarze Korps – Organ der Reichsführung SS – Zeitung der Schutzstaffeln der NSDAP". Die Wochenzeitschrift kam seit 1935 mittwochs heraus und war eines der propagandistischen Instrumente, mit dem Front v. a. gegen Juden und Linke, aber auch gegen die katholische Kirche gemacht wurde.

Wo und wann kam es 1980 zu einem blutigen Bombenanschlag westdeutscher Neonazis?

Auf dem Münchner Oktoberfest am 26. September 1980. Der Täter, ein 21-jähriger Neonazi, Mitglied der rechtsradikalen Wehrsportgruppe Hoffmann, kam bei der Explosion einer selbst gebastelten Bombe um. Mit ihm starben weitere zwölf Oktoberfestbesucher, 200 Menschen wurden verletzt.

Welche Haltungen kennzeichneten Kaiser Wilhelm II. als Vertreter seiner Zeit?

Der junge Kaiser Wilhelm II. (1859–1941) wollte die Regierungsgeschäfte selbst in die Hand nehmen und seine Ziele durchsetzen. Sein Handeln bestimmten ein starker Nationalismus und Imperialismus – er wollte Deutschland zur Weltmacht machen – sowie gleichzeitig Fortschrittsgläubigkeit und politischer Konservatismus.

Wilhelm II.

Wen wählte die Bundesversammlung 1974 in welches Amt?

Die Bundesversammlung wählte Walter Scheel (*1919) zum Bundespräsidenten. Scheel war Parteivorsitzender der FDP und hatte die sozial-liberale Koalition, die seit 1969 unter Willy Brandt (1913–92) regierte, eingefädelt. Seit 1979 war Scheel Ehrenvorsitzender seiner Partei.

Welcher Paragraf des bundesdeutschen Strafgesetzbuches geriet seit Beginn der 1970er-Jahre heftig in die Kritik?

Der § 218, der bestimmte, Schwangerschaftsabbruch strafrechtlich zu verfolgen. 1974 beschloss der Bundestag das Gesetz zur Fristenlösung des § 218, gegen das jedoch vom Bundesverfassungsgericht eine einstweilige Verfügung erlassen wurde. Da die Gesetzeslage in beiden deutschen Staaten sehr unterschiedlich war, musste nach der Wiedervereinigung von BR Dtl. und DDR 1990 die rechtliche Regelung des Schwangerschaftsabbruchs nochmals überdacht werden.

Welche Partei prägte bei den Bundestagswahlen 1969 das Motto Mehr Demokratie wagen?

Die SPD. Sie wurde bei dieser wichtigen Bundestagswahl zwar nicht stärkste Partei, ihr gelang es aber, in einer Koalition gemeinsam mit der FDP die Bundestagsmehrheit zu erlangen: Am 21. Oktober 1969 wurde Willy Brandt (1913–92) zum ersten sozialdemokratischen deutschen Kanzler der Nachkriegszeit gewählt. Dem Kabinett gehörten elf Sozialdemokraten, drei Freie Demokraten und ein Parteiloser an. Die sozial-liberale Koalition zerbrach nach 13 Jahren gemeinsamer Regierung 1982.

Wer war 1968 Vorsitzender des Sozialistischen Studentenbundes (SDS)?

Rudi Dutschke (1940–79). Die von ihm und dem SDS organisierten Proteste richteten sich in erster Linie gegen den Vietnamkrieg, aber auch innen- und bildungspolitische Themen wurden problematisiert. Im April 1968 wurde Dutschke bei einem Attentat, für das viele seiner Anhänger die Springerpresse verantwortlich machten, schwer verletzt. Weihnachten 1979 erlag er den Spätfolgen der Schussverletzung.

Wer war Nachfolger Adenauers im Bundeskanzleramt?

Ludwig Erhard (1897–1977). Der „Vater des Wirtschaftswunders“ hatte 1963 Konrad Adenauer (1876–1967) gegen dessen Widerstand noch während der Legislaturperiode Kanzleramt abgelöst. Obgleich die Wahlen 1965 für seine Partei, die CDU, nicht schlecht verliefen, wuchs die innerparteiliche Kritik an seinem Kurs. Im Dezember 1966 trat Erhard vom Amt zurück und machte damit den Weg für eine große Koalition aus SPD und CDU/CSU frei.

Warum galt das Jahr 1962 in der BR Dtl. als Katastrophenjahr?

Weil in diesem Jahr bei zwei Katastrophen über 600 Todesopfer zu beklagen waren. Am 7. Ferbruar 1962 forderte ein Schlagwetterunglück im Bergbau bei Völklingen 299 Todesopfer. Nur zehn Tage später brachen in Norddeutschland die Deiche: Während der Sturmflutkatastrophe in Nordfriesland und Hamburg starben über 300 Menschen. Der Hamburger Innensenator und spätere Bundeskanzler Helmut Schmidt (*1918) konnte sich bei der Hilfskoordination als Katastrophenmanager bewähren.

Wer verkündete unmittelbar vor dem Bau der Berliner Mauer, er beabsichtige nicht eine solche bauen zu lassen?

Walter Ulbricht (1893–1973). Das Zitat war ein bewusstes Täuschungsmanöver, mit dem die DDR-Regierung unter Führung Walter Ulbrichts insbesondere die westdeutsche Öffentlichkeit hinters Licht führte.

Warum sah die DDR-Führung die Notwendigkeit, die Berliner Mauer zu errichten?

Wegen des hohen Verlusts an ostdeutschen Arbeitskräften, der durch die Flucht vieler DDR-Bürger in den Westen gerade über die mehr oder minder offene Grenze in Berlin entstanden war. Der Arbeitskräftemangel schwächte die Wirtschaft der DDR erheblich, daher ordnete die DDR-Regierung unter Führung Walter Ulbrichts (1893–1973) und in Absprache mit der UdSSR den Ausbau der Grenzanlagen zwischen Ost- und West-Berlin an. Am Morgen des 13. August 1961 begannen erste Bautrupps mit dem Bau der Berliner Mauer.

Was versteht man unter dem Wirtschaftswunder?

Ludwig Erhard

Den überraschenden Boom der deutschen Wirtschaft nach dem Zweiten Weltkrieg. Mithilfe der Währungsreform und des Marshallplans wurden die im Krieg zerstörten Produktionsstätten neu aufgebaut, auch die ehemalige Kriegsindustrie begann rasch mit der Produktion ziviler Güter. Ludwig Erhard (1897–1977) galt als Vater des Wirtschaftswunders.

Seit wann gibt es den DGB?

Seit 1949. Nachdem die Gewerkschaften während der Nazizeit zerschlagen worden waren, begann ab 1945 allmählich deren Wiederaufbau. 1949 wurde der Deutsche Gewerkschaftsbund (DGB) als Dachorganisation der Einzelgewerkschaften geschaffen.

Wer stand im Mittelpunkt der Spiegelaffäre von 1962?

Neben Redakteuren der Zeitschrift *Der Spiegel* v. a. der damalige Verteidigungsminister Franz J. Strauß (1915–88), der 1962 die Redaktion des Magazins durchsuchen und einen Redakteur sowie den Verleger verhaften ließ. Hintergrund war ein Artikel der Zeitschrift über das geheime NATO-Manöver „Fallex 62“. Doch konnte *Der Spiegel* die gegen ihn geäußerten Verdächtigungen widerlegen. Strauß aber hatte den Bundestag falsch informiert und musste schließlich von seinem Amt zurücktreten.

Mit wie vielen Bundestagsstimmen Mehrheit wurde Adenauer am 15. September 1949 zum Bundeskanzler gewählt?

Mit einer Stimme Mehrheit. Da die Mehrheitsverhältnisse im ersten deutschen Bundestag knapp waren, hatte es sich der CDU-Kandidat Adenauer (1876–1967) nicht nehmen lassen, sich selbst seine Stimme zu geben und sicherte sich so den Wahlsieg gegenüber dem SPD-Kandidaten Kurt Schumacher (1895–1952).

Konrad Adenauer

Mit welcher Maßnahme versuchte man den Arbeitskräftemangel in der BR Dtl. von den 1950er-Jahren bis 1973 zu begegnen?

Mit der Anwerbung von Gastarbeitern. Wirtschaftswunder und Koreaboom hatten die deutsche Wirtschaft soweit vorangetrieben, dass allmählich ein Arbeitskräftemangel spürbar wurde. Daher entschied sich Wirtschaftsminister Ludwig Erhard (1897–1977), ausländische „Gastarbeiter" anzuwerben. Bereits 1960 waren rund 300.000 vorwiegend südeuropäische Arbeiter in der BR Dtl. tätig. Ende 1973 wurden die Anwerbemaßnahmen wegen der beginnenden Rezession beendet.

Spätestens wann und wo verabschiedete sich die SPD von ihren marxistischen Wurzeln?

In Bad Godesberg 1959. Hier beschloss die Partei ihr so genanntes Godesberger Programm, mit dem sie ihren Willen demonstrierte, aus der ehemals klassenkämpferischen Arbeiterpartei eine Volkspartei zu machen. Die Idee für das Godesberger Programm stammte von Herbert Wehner (1906–90), der selbst früher Mitglied der KPD gewesen war. Um also auch von „Nichtarbeitern", Angestellten, Beamten gewählt zu werden, gab die SPD u. a. sämtliche Pläne zur Verstaatlichung der deutschen Groß- und Schwerindustrie auf.

Was hieß die Armee der DDR?

Nationale Volksarmee (NVA). 1956 ging sie aus den seit 1952 mehr oder weniger heimlich aufgebauten Land-, See- und Luftstreitkräften hervor und unterstand dem Ministerium für Nationale Verteidigung. International eingebunden war die NVA in den Warschauer Pakt. Ähnlich wie die Bundeswehr rekrutierte sie ihre Truppen über Freiwillige und – ab 1962 – über Wehrpflichtige. Als die NVA im Rahmen der deutschen Vereinigung aufgelöst wurde, verfügte sie über eine Truppenstärke von rund 172.000 Mann.

Was geschah in der John-Affäre, die die BR Dtl. im Sommer 1954 in Atem hielt?

Der Präsident des Verfassungsschutzes der BR Dtl. Otto John (1909–97) hatte im Juli 1954 vom Ostberliner Radio aus erklärt, er sei freiwillig in die DDR übergewechselt. Die Bundesregierung dagegen ging von einer Verschleppung durch DDR-Behörden aus. Im Dezember desselben Jahres tauchte John wieder in der BR Dtl. auf. Er wurde wegen Landesverrat angeklagt und verurteilt.

Welchem deutschen König gelang es den Konflikt zwischen Staufern und Welfen beizulegen?

Friedrich I. Barbarossa (1122–90). 1152 wurde der Sohn eines Staufers und einer Welfin zum deutschen König gewählt. Schon aufgrund dieser Abstammung war er dazu prädestiniert, den seit langem schwelenden Konflikt zu beenden.

Blick auf Dresden

Was passierte in der Nacht vom 13. auf den 14. Februar 1945 in Dresden?

Die Stadt versank angesichts der alliierten Bombenangriffe in Schutt und Asche. Militärisch sinnvoll war die Aktion kaum, sie kostete aber über 35.000 Menschen das Leben. Denn eine Flugabwehr stand zur Verteidigung Dresdens nicht bereit und so hatten die angloamerikanischen Lufteinheiten leichtes Spiel. Zunächst verwandelten Bomber die Stadt in ein Flammenmeer und verhinderten durch weitere Angriffe Löscharbeiten.

Wer war der letzte merowingische König?

Childerich III. (um 720–754). Der Merowingerkönig wurde vom Karolinger Pippin III., dem Jüngeren (um 714–768) als König abgesetzt und ins Kloster verbannt. Daraufhin war der Weg für die Herrschaft der Karolinger frei und Pippin ließ sich 751 zum König aller Franken wählen.

Wer wurde schon mit sechs Jahren zum König des karolingischen Ostreichs gewählt?

Ludwig IV. (893–911). Die Herzöge der Franken, Sachsen, Alemannen und Bayern wählten das Kind zum König, nur um nach seinem Tod mit 18 Jahren einen der Ihren zu seinem Nachfolger bestimmen zu können.

Warum kniete König Heinrich IV. angeblich drei Tage nacheinander nur im Büßergewand bekleidet vor der Burg Canossa?

Um von dem in der Burg anwesenden Papst Gregor VII. (um 1021–85) die Absolution vom gegen ihn verhängten Kirchenbann zu erbitten. Diese demütigende Geste war notwendig, weil sich angesichts der Opposition des Papstes gegen den deutschen König im Reich selbst allmählich der Widerstand der Fürsten gegen ihren königlichen Herren regte. Nachdem Heinrich (1050–1106) die päpstliche Absolution empfangen hatte, gelang es ihm nach weiteren Auseinandersetzungen mit den widerständigen Fürsten schließlich, diese hinter sich zu scharen.

Was versteht man unter dem Reichskirchensystem des Kaisers Otto I.?

Ein System, in dem wichtige Herrschaftsämter von mit dem Kaiser vertrauten Kirchenmännern besetzt wurden. So konnte Otto I. (912–973) die Kontrolle im Reich wahren, ohne dauerhaft die Macht etwa an die Herzöge abgeben zu müssen, denn die mit der Herrschaft betrauten Mönche und Bischöfe konnten schließlich keine legitimen Nachfolger hinterlassen.

Was verbirgt sich hinter dem Tag an der Aller?

Ein von Karl dem Großen (747–814) angeordnetes Massaker an rund 4500 Sachsen. Zuvor hatte er den nach wie vor heidnischen Stamm besiegt. Um seinen unbedingten Willen zur Christianisierung zu demonstrieren, die nicht zuletzt auch einen Machtzuwachs für ihn bedeutete, ordnete Karl die Massenhinrichtung an.

Was ordnete Karl der Kahle (823–877) in seinem Todesjahr an?

Der Kaiser bestimmte in seinem berühmten Kapitular von Quirzy, dass die Söhne seiner Vasallen die Lehen, die ihre Väter vom Kaiser erhalten hatten, erben durften.

Was war die Ursache der Unruhen in der DDR am 17. Juni 1953?

Am 1. Januar 1953 hatte die DDR-Führung verkündet, den Aufbau des Staatssozialismus in der DDR weiter vorantreiben zu wollen und ein halbes Jahr später einen „neuen Kurs" bekannt gegeben. Die vorgesehene Erhöhung der so genannten Arbeitsnormen, die Intensivierung staatlicher Repressionen, die Mangelwirtschaft und der niedrige Lebensstandard führten schließlich zu den Protesten, die nur mit Waffengewalt beendet werden konnten.

Welcher führende Kopf der SPD war zwischen 1933–44 in Konzentrationslagern inhaftiert?

Kurt Schumacher während einer Besprechung (1946)

Kurt Schumacher (1895–1952). 1930 war er erstmals Mitglied des Reichstags geworden und wurde unmittelbar nach der Nazi-Machtergreifung verhaftet und in verschiedenen KZs interniert. Trotz Folter und Dunkelhaft blieb sein politischer Wille ungebrochen.

Woran erinnerte vor der Wiedervereinigung der Tag der Deutschen Einheit?

An eine Revolte gegen die Staatsführung der DDR am 17. Juni 1953. Zunächst v. a. ökonomisch motiviert, weitete sich der Aufstand rasch aus. Schließlich wurden in Berlin stationierte sowjetische Truppen gegen die Demonstranten eingesetzt, die deren Aktionen blutig beendeten. Die Führung der DDR verkündete daraufhin einen gemäßigteren Kurs und die Zusage zur Verbesserung des Lebensstandards.

Welches hohe Amt übernahm Wilhelm Pieck in der jungen DDR?

Der zu den Gründervätern der KPD zählende Arbeitersohn wurde erster Staatspräsident der DDR. 1933 war er zunächst nach Paris, von da aus weiter nach Moskau geflohen, um 1945 zusammen mit Ulbricht (1893–1973) nach Berlin zurückzukehren. 1949 wurde Pieck (1876–1960) erster Staatspräsidenten der DDR und blieb bis zu seinem Tod im Amt. Politisch stand er stets im Schatten Ulbrichts.

Wie viele Deutsche starben im Zweiten Weltkrieg?

Insgesamt gehörten von den insgesamt 60 Millionen Opfern des Zweiten Weltkrieges etwa 6,5 Millionen der deutschen Bevölkerung an. Damit starb etwa jeder zehnte Deutsche entweder an den Kriegsfronten, im Bombenhagel in der Heimat oder bei Flucht und Vertreibung. Etwa die Hälfte aller deutschen Opfer waren Zivilisten.

Wie nannte Hitler das in Ostpreußen gelegenen Führerhauptquartier?

Wolfsschanze. Von hier aus dirigierte Hitler (1889–1945) seine Truppen und überwachte die militärischen Aktionen. Am 20. Juli 1944 scheiterte hier das Attentat von Claus Graf Schenk von Stauffenberg (1907–44) auf Hitler. Anfang 1945 wurde das Führerhauptquartier in die Berliner Reichskanzlei verlegt, weil immer mehr Ostprovinzen Deutschlands den vorrückenden sowjetischen Truppen anheim fielen.

Was war der Volkssturm?

Das letzte deutsche Aufgebot, das am Ende des Zweiten Weltkrieges an die Front befohlen wurde. Am 25. September 1944 rief Hitler (1889–1945) alle Männer zwischen 16 und 60 Jahren zur „Verteidigung des Heimatbodens" im Volkssturm auf, der dann sowohl dem „Sekretär des Führers" Martin Bormann (1900–45), als auch der SS und ihrem Führer Heinrich Himmler (1900–45) unterstellt war. Statt einer Uniform erhielten die nur wenig militärisch ausgebildeten Angehörigen des Volkssturms, deren Einsatz zwecklos und unverantwortlich zugleich war, eine Armbinde.

Wer war für die Vorbereitung und Durchführung des Holocaust verantwortlich?

Der SS-Obersturmbannführer Adolf Eichmann (1906–62). Eichmann war als Protokollführer an der Wannseekonferenz 1942 beteiligt, wo ihm auch die bürokratische Gesamtleitung des Völkermordes an den europäischen Juden übertragen wurde. Als einer der wichtigsten Hauptverantwortlichen des Holocaust tauchte Eichmann 1945 unter. 1960 wurde er von israelischen Beamten in Argentinien entdeckt, im Jahr darauf in Jerusalem zum Tode verurteilt und schließlich hingerichtet.

Zu welchem Zweck trafen sich am 20. Januar 1942 die Spitzen des NS-Staats und der NSDAP in einer Villa am Berliner Wannsee?

Zu der so genannte Wannseekonferenz hatte Reinhard Heydrich (1907–42) geladen, um die Koordination der systematischen Ermordung der jüdischen Bevölkerung Europas zu planen. Hier wurde die Massenvernichtung von elf Mio. Juden zu einem der wichtigsten Ziele der deutschen Politik erhoben.

Welcher enge Vertraute Hitlers sprang am 10. Mai 1941 mit einem Fallschirm über Schottland ab?

Rudolf Heß (1894–1987). Der blind ergebene persönliche Adjutant des „Führers" wollte in geheime Friedensverhandlungen treten und den gemeinsamen Kampf Großbritanniens und Deutschlands gegen den Hauptfeind Sowjetunion planen. Wie weit die Aktion mit Hitler (1889–1945) abgesprochen war, ist ungeklärt, erfolglos war sie auf jeden Fall. In England wurde Heß interniert und 1946 zu lebenslanger Haft verurteilt.

Welche beiden Parteien schlossen sich 1946 zur SED zusammen?

SPD und KPD. Der Zusammenschluss wurde aber nur im Osten Deutschlands vollzogen. Nach 1949 wurde die SED (Sozialistische Einheitspartei Deutschlands) staatstragende Partei der DDR, ihr Generalsekretär war faktisch Staatschef, ihr Zentralkomitee (ZK) engster Regierungskreis. Nach der Wiedervereinigung beider deutscher Staaten löste sich die SED in ihrer alten Form auf, ein Teil ihrer Mitglieder gründete die PDS (Partei des Demokratischen Sozialismus), die heute im Bundestag vertreten ist.

Welches wichtige Amt übernahm Hitlers Intimus Martin Bormann (1900–45)?

Er wurde persönlicher Sekretär Hitlers (1889–1945) und erhielt durch sein Gegenzeichnungsrecht bei personellen Entscheidungen ministerähnliche Kompetenz und großen Einfluss. Bormann war insbesondere für illegale Hinrichtungen und andere inoffizielle Vorgänge verantwortlich und starb vermutlich bei dem Versuch, 1945 aus der umkämpften Stadt Berlin zu fliehen.

Welche verbrecherischen Maßnahmen verbargen sich hinter dem Begriff Arisierung jüdischen Kapitals?

Die mehr oder minder offen betriebene Beschlagnahmung jüdischen Besitzes durch die Nazis. Nachdem jüdische Bürger seit 1933 zunehmend unterdrückt wurden, wurde ab 1937 Besitz und Kapital von deutschen Juden systematisch beschlagnahmt.

Ein Teil des gestohlenen Geldes konnte in Depots von Schweizer Banken versteckt werden, wo es auch nach dem Krieg jahrelang unentdeckt blieb.

Wie wird die Einführung der Deutschen Mark am 20. Juni 1948 auch bezeichnet?

Blick in eine Wechselstube

● Währungsreform. Jeder Bewohner der Trizone – dem Zusammenschluss der US-amerikanischen, englischen und französischen Besatzungszone – erhielt 40 DM ausgezahlt und konnte das Geld, das er noch in Reichsmark besaß, im Verhältnis 100 RM : 6,50 DM umtauschen.

Was ist die Dolchstoßlegende?

● Eine Lüge, mit der die deutsche Generalität und die konservative Rechte die Schuld an der deutschen Weltkriegsniederlage linken Kräften zuzuschieben versuchten. Diese seien 1918 der angeblich kurz vor dem Sieg stehenden Truppe revoltierend in den Rücken gefallen. Tatsächlich aber war Deutschland 1918 militärisch am Ende und der Zusammenbruch an der Westfront stand unmittelbar bevor.

Welches Lied galt der nationalsozialistischen Herrschaft als zweite Nationalhymne?

● Das Horst-Wessel-Lied, das von dem Jurastudenten und SA-Mann Wessel (1907–30) schon in den 1920er-Jahren verfasst und komponiert worden war. Wessel starb angeblich bei einem Streit mit einem Kommunisten und wurde von Propagandaminister Goebbels (1897–1945) zu einer braunen Märtyrerfigur stilisiert.

Was sollte das für die Zeit nach dem gewonnenen Zweiten Weltkrieg geplante Germania sein?

● Die Hauptstadt des Deutschen Reichs, die quasi auf das alte Berlin aufgestülpt werden sollte, sodass dies nicht mehr wieder zu erkennen sein sollte. Alles sollte hier nicht nur groß, sondern riesig und von nie gekannten Dimensionen sein. Am Ende des Zweiten Weltkrieges hatte sich dann Berlin angesichts der gewaltigen Kriegszerstörungen tatsächlich maßgeblich verändert, doch wohl kaum so, wie dies die nationalsozialistischen Pläne vorgesehen hatten.

Wohin floh Kurt Tucholsky?

● Nach Schweden. Tucholskys (1890–1935) kritische und satirische Schriften wurden 1933 in Deutschland nicht nur verboten, sondern auch in den Bücherverbrennungen im Mai 1933, der so genannten Aktion „wider den undeutschen Geist" öffentlich verbrannt. Um der Verfolgung durch die Nationalsozialisten zu entgehen, floh Tucholsky nach Skandinavien. Im schwedischen Exil beging er Selbstmord.

„Rosinenbomber" über Berlin

Was waren die Rosinenbomber?

Amerikanische Versorgungsflugzeuge, die während der sowjetischen Berlinblockade den Westteil der Stadt mit Grundnahrungsmitteln versorgten. Weil Stalin (1879–1953) die politische Abspaltung der Westsektoren vom Osten Berlins verhindern wollte, blockierten sowjetische Soldaten zwischen dem 24. Juni 1948 und 12. Mai 1949 Westberlin vollständig. Am 26. Juni 1948 begannen US-Luftstreitkräfte eine Luftbrücke aufzubauen, die fast für ein Jahr die Versorgung der Westberliner Bevölkerung mit dem Nötigsten garantierte.

Als was war der gefürchtete NS-Richter Roland Freisler in der Ukraine tätig?

Als sowjetischer Kommissar. Freisler (1893–1945), der promovierter Jurist war, war während seiner russischen Gefangenschaft für Lenins Kommunisten tätig gewesen. Dennoch wurde er 1925 Mitglied der NSDAP, 1942 schließlich Präsident des Volksgerichtshofes. Als solcher übte er brutalste Terrorjustiz gegen Regimegegner aus.

Was nahm Hitler 1934 zum Anlass, missliebige innerparteiliche Konkurrenz auszuschalten?

Den angeblichen Röhmputsch. Der Führer der SA Ernst Röhm (1887–1934) habe angeblich geplant, gegen Hitler (1889–1945) zu putschen, was aber nicht stimmte. Tatsächlich nutzte Hitler nur die Gelegenheit, sich der politisch erstarkten SA zu entledigen. Am 30. Juni 1934 ließ er Röhm zusammen mit über 200 weiteren SA-Männern und anderen unbequem gewordenen Gegnern hinterrücks von der SS umbringen.

Was verbirgt sich hinter dem Kürzel Gestapo?

Die so genannte Geheime Staatspolizei. 1933 innerhalb des Berliner Polizeipräsidiums entstanden, unterstand sie Heinrich Himmler (1900–45) und Reinhard Heydrich (1904–42) und war mit uneingeschränkten Vollmachten ausgestattet. Bis 1945 wurde sie von den Nationalsozialisten zur Ausschaltung, meist Folter und Ermordung, politischer Gegner eingesetzt.

Wie hieß der 1921 von Hitler gegründete Ordnungsdienst der NSDAP?

Sturmabteilung (SA). Die uniformierte und bewaffnete SA war 1923 kurzzeitig verboten worden, konnte aber 1925 neu gegründet werden und hatte seit 1929 enormen Zulauf. Als regelrechte Bürgerkriegsarmee waren SA-Schergen an unzähligen politischen Krawallen beteiligt. Nach der Machtergreifung verselbstständigte sie sich zusehends. Daher ließ Hitler (1889–1945) 1934 ihre Führung ermorden und schaltete die Schlägertruppe politisch aus.

Wann ereignete sich der so genannte Kapp-Putsch?

Am 13. März 1920. An diesem Tag stürmte Wolfgang Kapp (1858–1922), der Gründer der rechtsextremen Deutschen Vaterlandspartei, mit militärischen Einheiten das Berliner Regierungsviertel und bildete dort eine provisorische Regierung. Angesichts dieses rechtsextremen Putschversuchs musste die reguläre Reichsregierung kurzfristig aus Berlin fliehen. Nachdem die Berliner Arbeiterschaft aufgrund der politischen Bedrohung der Republik in den Generalstreik trat, brach der Putsch kläglich zusammen.

Was war die OHL?

Die deutsche Oberste Heeresleitung während des Ersten Weltkrieges.

Plenarsitzung des Deutschen Bundestags in Bonn

Was wurde Gerhard Schröder als erstem deutschen Bundeskanzler am 2. Mai 2001 überreicht?

Gerhard Schröder (*1944), Jurist und ab 1998 Bundeskanzler, erhielt den Schlüssel für sein Büro im neuen Kanzleramt an der Spree. Damit war der Umzug der Bundesregierung von Bonn nach Berlin endgültig abgeschlossen.

Wo ereignete sich die Novemberrevolution?

In Deutschland. 1918 begann die Novemberrevolution als unmittelbare Folge der Kriegsniederlage mit der Meuterei von Matrosen, griff dann auf die Hafenstädte über, um schließlich auch die küstenfernen Großstädte zu erreichen. Die Revolutionäre vermochten es zwar, die alte Monarchie zu zerschlagen, sie waren sich auf politischer Ebene aber so wenig einig, dass es nach der erfolgreichen Revolution zwischen ihnen immer wieder zu gewaltsamen Auseinandersetzungen kam.

Welche Nazigröße nannte sich bei seiner Verhaftung Feldwebel Hitzinger?

Der Führer der SS Heinrich Himmler (1900–45), der sich schon früh der NSDAP angeschlossen hatte und eines der ersten Mitglieder der SS wurde. Ab 1933 war er für die Verfolgung von Oppositionellen verantwortlich und baute das Terror- und Bespitzelungssystem von Gestapo und SS auf. Außerdem initiierte und organisierte er den Massenmord an den europäischen Juden. Als 1945 die wahre Identität des angeblichen Feldwebels Hitzinger aufgedeckt wurde, beging Himmler in britischer Gefangenschaft Selbstmord.

Was verstand man seit 1914 unter dem Burgfrieden?

Den Versuch, den inneren Zusammenhalt Deutschlands zu stärken und auf jegliche Opposition zu verzichten, um die Kräfte für den Krieg zu bündeln. So verkündete Kaiser Wilhelm II. (1859–1941) 1914, er kenne keine Parteien mehr, sondern nur noch Deutsche.

Welche Partei zählt August Bebel zu ihren Gründungsvätern?

Die SPD. Bebel (1840–1913) hatte die Partei trotz vieler Anfeindungen gestärkt und gefestigt. Obgleich überzeugter Marxist, brachte er die Partei auf realpolitischen Kurs und machte sie 1913 zur stärksten Fraktion im Deutschen Reichstag. Als deren langjähriges Mitglied kämpfte Bebel um soziale Reformen im wilhelminischen Kaiserreich.

Gegen was richtete sich die so genannte Göttinger Erklärung von 1957?

Gegen die Absicht der bundesdeutschen Regierung, die gerade erst gegründete Bundeswehr auch mit Atomwaffen auszurüsten. In der Göttinger Erklärung äußerten 18 westdeutsche Atomwissenschaftler und Nobelpreisträger die Befürchtung, dass jede atomare Bewaffnung der Bundeswehr eher den Weltfrieden gefährden würde, als ihm zu nützen. Die BR Dtl. sollte ausdrücklich und freiwillig auf den Besitz von Atomwaffen verzichten.

Die Einrichtung welchen Ministeriums markierte 1951 einen wegweisenden Schritt zur Souveränität der BR Dtl.?

Die Einrichtung des Auswärtigen Amtes. Hinter diesem Namen, den die Institution von ihren Vorgängern übernommen hatte, verbirgt sich das Außenministerium der BR Dtl., das für die Außenpolitik des Landes zuständig ist und heute auch Fragen der EU-Politik bearbeitet. Chef des Auswärtigen Amtes ist der Bundesaußenminister.

Bereits 1951 wurde eine bewaffnete Behörde zum Schutz der Grenzen der BR Dtl. gegründet – welche?

Der Bundesgrenzschutz, kurz BGS. Er sollte v. a. die innerdeutsche Grenze zur DDR sichern und war militärisch organisiert. Damit kann der BGS als Vorgänger der Bundeswehr charakterisiert werden, was sich nicht zuletzt auch daran zeigte, dass diese bei ihrer Gründung über die Hälfte aller Grenzschützer übernahm. Seit den 1990er-Jahren wandelte sich der BGS aber immer mehr zu einer polizeilichen Behörde und wurde aus diesem Grund auch umbenannt: Seit 2005 heißt der BGS Bundespolizei.

Welches Ereignis nutzte Hitler zur Anwendung des Ermächtigungsgesetzes?

Den Reichstagsbrand in Berlin am 27. Februar 1933, für den man die Kommunisten verantwortlich machte. Da dieses Ereignis angeblich die öffentliche Sicherheit und Ordnung im Reich gefährdete, erließ der greise Reichspräsident auf Hitlers (1889–1945) Weisung am 28. Februar 1933 die so genannte Notverordnung zum Schutze von Volk und Staat, die wichtige Grundrechte außer Kraft setzte. Am 23. März 1933 nahmen alle Parteien außer der SPD das Ermächtigungsgesetz an.

Reichstagsbrand in Berlin

Was verstand man vor allem in den 1920er-Jahren unter der bündischen Jugend?

Unter dem Begriff „bündische Jugend“ versteht man die Form, in der sich ein Großteil der Jugendlichen zur Zeit der Weimarer Republik organisierte – nämlich in zahlreichen Jugendbünden. Diese oft politisch oder konfessionell geprägten Organisationen waren streng hierarchisch aufgebaut, egal ob sie politisch einen linken oder rechten Hintergrund hatten. Nach 1933 wurden bis auf die HJ (Hitlerjugend) und ihre Unterorganisationen alle Jugendbünde verboten und aufgelöst.

Was versteht man unter dem Begriff Keynesianismus?

John M. Keynes

● Der Begriff geht zurück auf den britischen Wirtschaftswissenschaftler und Nationalökonomen John Maynard Keynes (1883–1946). Dieser stellte die Theorie auf, dass eine erfolgreiche Volkswirtschaft staatlicher Eingriffe bedürfe. Er widersprach der damals gängigen Auffassung, dass eine Wirtschaft über Selbstheilungskräfte verfüge, die Krisen eigenständig überwinden könnten. Er forderte beispielsweise die Steigerung der staatlichen Nachfrage in Zeiten eines rückläufigen privaten Konsums.

Wer schloss sich im Mittelalter den Zünften an?

● Die Handwerker. Es herrschte Zunftzwang, d. h. wenn jemand ein bestimmtes Handwerk (z. B. Schuhmacher) oder sogar eine Kunst (z. B. Malerei) ausüben wollte, musste er seiner jeweiligen Zunft angeschlossen sein. Hier wurden Preise festgelegt, die Ausbildung der Lehrlinge und Gesellen geregelt usw.

In welcher Organisation sind die 30 führenden westlichen Industrieländer zusammengeschlossen?

● In der OECD (engl. Organization for Economic Cooperation and Development), der Organisation für wirtschaftliche Zusammenarbeit und Entwicklung. Zu den Mitgliedern gehören auch Staaten aus Asien und Osteuropa. Die 1961 gegründete Organisation plant und koordiniert weltweit die wirtschaftliche Zusammenarbeit und Entwicklung. Das OECD-Sekretariat in Paris betreibt Forschungsprojekte zur Vorhersage wirtschaftlicher Entwicklungen, insbesondere auch in den Staaten der Dritten Welt, aber auch zum sozialen Wandel und neuen Technologien.

Welche Funktion hat ein Aufsichtsrat?

● Der Aufsichtsrat ist ein Kontrollorgan bei Aktiengesellschaften, Genossenschaften und Gesellschaften mit beschränkter Haftung. Er überwacht die Geschäftsführung und berichtet der Hauptversammlung. Er besteht aus mindestens drei Mitgliedern und fasst seine Beschlüsse mit einfacher Stimmenmehrheit.

Was versteht man unter Spekulation?

● Spekulation heißt ein Geschäft, welches in der Erwartung eines nicht kalkulierbaren Gewinns abgeschlossen wird. Das Spekulationsgeschäft ist mit einem Risiko verbunden und kommt meist bei Wertpapiergeschäften vor.

Was kennzeichnet einen Akkordlohn?

● Er ist ein leistungsabhängiger Lohn. Grundlage bildet das mengenmäßige Arbeitsergebnis, also nicht die Länge der Arbeitszeit in einem Betrieb. Es gibt zwei Formen: Zeitakkord und Stückakkord. Beim Zeitakkord wird eine feste Zeit für einen bestimmten Arbeitsauftrag vorgegeben und für diese Zeit ein bestimmter Betrag bezahlt, beim Stückakkord wird für jedes fertig gestellte Stück ein bestimmter Geldbetrag festgesetzt.

Was wird in einem Tarifvertrag festgelegt?

● In einem Tarifvertrag werden die Löhne bzw. Arbeitsbedingungen für bestimmte Berufszweige einheitlich festgelegt. Die ausgehandelten Bedingungen gelten für beide Partner bis zum Ablauf des geschlossenen Vertrages uneingeschränkt.

Wie bezeichnet man die gesetzliche Geldordnung eines Staates?

Die Währung ist die gesetzliche Geldordnung eines Staates. Das Umrechnungsverhältnis zwischen zwei Währungseinheiten bezeichnet man als Wechselkurs. Werden von den Banken ausländische Währungen angekauft, so zahlen sie den Geldkurs, werden dagegen ausländische Währungen von den Banken verkauft, so fordern sie den Briefkurs.

Was sind Konvergenzkriterien?

Kriterien, die im Maastricht-Vertrag von 1992 als Voraussetzung zur Teilnahme eines Landes an der Europäischen Wirtschafts- und Währungsunion aufgestellt wurden. Die vier Kriterien sind Preisstabilität, Wechselkursstabilität, Haushaltsdisziplin und Zinsniveau. Eine Hauptbeitrittsbedingung ist z. B. eine geringe Staatsverschuldung. Die Neuverschuldung des öffentlichen Haushalts darf 3 % des Bruttoinlandsprodukts nicht übersteigen. Außerdem darf der gesamte Schuldenstand der öffentlichen Hand nicht mehr als 60 % des Bruttoinlandsprodukts betragen.

Wer wird in das Handelsregister eingetragen?

Es ist ein öffentliches Register, das bei den Amtsgerichten geführt wird und in dem Kaufleute und Handelsgesellschaften unter ihrer Firma (Name) verzeichnet sind. In der Abteilung A werden die Einzelunternehmen und die Personengesellschaften, in der Abteilung B die Kapitalgesellschaften geführt. Das Handelsregister kann von jedermann eingesehen werden.

Was versteht man unter Leasing?

Die Vermietung von Gebrauchsgütern an Privatpersonen bzw. die Vermietung von Investitionsgütern an Unternehmen. Der Leasinggeber überlässt dem Leasingnehmer gegen Entgelt (Raten) eine Sache oder Sachgesamtheit zum Gebrauch; dabei trägt regelmäßig der Leasingnehmer die Gefahr bzw. Haftung für Instandhaltung, Untergang und Beschädigung, während der Leasinggeber dafür seine Ansprüche gegen Dritte dem Leasingnehmer überträgt.

Wie nennt man ein Verfahren zur Beilegung von Streitigkeiten um einen Tarifvertrag?

Schlichtung. Sie soll eine Einigung auf gütlichem Wege herbeiführen und einen Arbeitskampf, einen so genannten Streik, vermeiden. Sie wird beantragt, wenn sich die Tarifpartner in den Verhandlungen nicht einigen können und eine der beiden Seiten die Gespräche für gescheitert erklärt.

Welche Währung wird als Valuta bezeichnet?

Als Valuta wird in der Regel ausländisches Währungsgeld bezeichnet.

Wie bezeichnet man den Gewinnanteil auf Aktien?

Auf die Gesellschafter einer AG, die so genannten Aktionäre, wird die Dividende entsprechend ihrer Aktienanteile verteilt. Sie hängt vom Reingewinn des Unternehmens ab. Über die Höhe der Dividende entscheidet die Hauptversammlung. Die Dividende wird in der Regel in Prozent des Nennwertes der Aktie ausgedrückt, ist somit kein Zins, sondern ein Anteil am Gewinn eines Unternehmens.

Was ist der Zweck eines Embargos?

Durch ein Embargo, das z. B. ein staatliches Ausfuhrverbot bestimmter Waren umfasst, soll ein Land zu einem bestimmten Tun oder Unterlassen gezwungen werden. In der Geschichte bedeutete der Begriff ursprünglich die Beschlagnahmung einer Schiffsladung nach Kriegsrecht.

Was beinhaltet der Begriff Autarkie?

Darunter versteht man die wirtschaftliche Selbstversorgung eines Landes mit dem Ziel, von anderen Ländern unabhängig zu sein.

Was ist der Kurswert?

Der Kurswert oder Kurs ist der amtlich notierte Preis, den ein Wertpapier an der Börse erzielt. Er kann über oder unter dem Nennwert liegen. Man spricht dann von unter oder über Pari. Pari bedeutet, dass der Kurswert und der Nennwert eines Wertpapiers gleich sind.

Was verbirgt sich hinter dem Begriff Incoterms?

Es ist ein Überbegriff für internationale Regeln in Auslandsgeschäften. Sie beziehen sich etwa auf Lieferbedingungen. Man fasst darunter 13 Maßgaben für unterschiedliche Lieferorte, z. B. FOB: Lieferung frei an Board.

Was bezeichnet man als Boom?

Damit wird ein unvermittelter Aufschwung an den Waren- und Wertpapierbörsen bezeichnet; umgangssprachlich wird Boom auch für einen starken Anstieg der Verkaufszahlen eines Konsumgutes verwendet.

Was versteht man unter Investition?

Darunter versteht man die Anschaffung von Sachgütern, Grundstücken, Gebäuden, immateriellen Vermögensgegenständen, um Güter zu erzeugen bzw. Dienstleistungen anbieten zu können sowie den Produktionsprozess zu rationalisieren, d. h. wettbewerbsfähiger zu machen. Die Bedeutung liegt hauptsächlich darin, dass Investitionen die zukünftige Leistungs- und Wettbewerbskraft einer Volkswirtschaft bestimmen.

Wall Street

Wie heißt die bekannteste Wertpapierbörse der Welt?

Die New York Stock Exchange (NYSE) wurde 1792 gegründet und hat sehr strenge Zulassungsvorschriften; ein Sitz dort ist sehr teuer.

Welche Funktion hat eine Holding?

Eine Holding ist eine Gesellschaft, die nicht selbst produziert. Ihre wirtschaftliche Tätigkeit erstreckt sich auf die Verwaltung der von ihnen beherrschten Unternehmen. Sie übt somit auf diese eine gewisse Kontrolle aus. Die Holding ist demzufolge eine so genannte Dachgesellschaft.

Um welche Form der Beschaffung handelt es sich bei Just-in-time?

Es handelt sich um eine moderne Form der Beschaffung vorwiegend großer Unternehmen, um Lagerkosten zu sparen. Die für die Produktion notwendigen Roh-, Hilfs- und Betriebsstoffe werden je nach Zweckmäßigkeit produktionssynchron angeliefert, d. h. abweichend von der Vorratspolitik durch Lagerhaltung sollen durch eine wechselseitige Anpassung der Lieferanten Lagerkosten eingespart werden. Eine geringere Kapitalbindung ist die Folge. Es sind also nur die von der Fertigung gerade benötigten Güter vorhanden.

Welche Aufgaben hat der Europäische Rechnungshof?

Der Europäische Rechnungshof (EuRH) prüft die Einnahmen und Ausgaben der Europäischen Union und überwacht die Haushaltsführung. Sitz des Rechnungshofs ist Luxemburg. Jeder Mitgliedsstaat entsendet ein Mitglied in den Europäischen Rechnungshof.

Was beinhaltet der Begriff Kapital?

Volkswirtschaftlich bezeichnet man mit Kapital einen der drei Produktionsfaktoren neben Boden und Arbeit. Betriebswirtschaftlich spiegelt sich das Kapital eines Unternehmens in der Form von Anlage- und Umlaufvermögen sowie dem vorhandenen Geldkapital wider. Kapital wird somit in Sach- und Geldkapital unterschieden, das in der Passiva der Bilanz als Eigen- und Fremdkapitalposten und in der Aktiva als Anlage- und Umlaufvermögen steht. Kapital ist also auch ein betriebswirtschaftlicher Produktionsfaktor, der sich auf die Faktoren Werkstoffe und Betriebsmittel verteilt.

Was ist ein Kartell?

Der freiwillige Zusammenschluss von rechtlich selbstständigen Unternehmen, die auf einer gleichen Produktionsstufe stehen. Sie vereinbaren ein gemeinsames Handeln oder die Beschränkung des Wettbewerbs und geben somit einen Teil ihrer Selbstständigkeit auf. Kartelle sind – bis auf wenige Ausnahmen – verboten.

Was ist ein Blue chip?

Als Blue chip werden an der Börse Aktien erstklassiger Firmen aus den USA bezeichnet. An der Frankfurter Börse entsprechen die deutschen Standardwerte den amerikanischen Blue chips. Der Begriff leitet sich aus den Casinos ab, wo blaue Spielchips für den besonders hohen Einsatz verwendet werden.

Wie bezeichnet man heute den Konkurs?

Seit dem 1. Januar 1999 besteht ein neues Recht, das die alte Konkursordnung ersetzt. Dieses Recht ist in der Insolvenzordnung festgeschrieben. Das Gericht ernennt einen Insolvenzverwalter (früher Konkursverwalter), der über die Verwendung der zur Insolvenzmasse gehörenden Vermögens- und Schuldenteile des Schuldners durch Verfügungs- und Verwaltungsmacht entscheidet. In der Regel erfasst und verwertet der Verwalter die Masse und verteilt den Erlös an die Gläubiger.

Wie bezeichnet man die Gemeinschaftsgründung eines Unternehmens durch zwei Geschäftspartner?

Als Joint Venture. Selbstständige Unternehmen, die sich zum Zweck der Durchführung eines bestimmten Projektes zusammenschließen, teilen sich Verantwortung und Risiko. Die Bezeichnung wird v. a. für Gründungen in den Entwicklungsländern oder heute auch für Gründungen im ehemaligen Ostblock benutzt.

Wozu ist der Inhaber einer Kreditkarte berechtigt?

Gegen Zahlung eines Jahresbeitrages ist der Inhaber berechtigt, Rechnungen ohne Bargeld oder Scheck bei angeschlossenen Geschäften zu begleichen. Sie ist eine Ausweiskarte einer Kreditkartengemeinschaft.

Was bedeutet die Abkürzung SCHUFA?

Sie steht für „Schutzgemeinschaft für allgemeine Kreditsicherung". Die Gemeinschaft wurde bereits 1927 gegründet. Sie stellt ihren Mitgliedern Daten über die Bonität ihrer Kunden zur Verfügung. Jedermann kann Auskunft verlangen, welche Daten über ihn gespeichert sind.

Wie definiert man einen Konzern?

Als Zusammenschluss mehrerer Unternehmen unter einheitlicher Führung.

Welche Währung nimmt im internationalen Finanz- und Währungssystem besondere Aufgaben wahr?

Die Leitwährung. Sie fungiert als Reservewährung, d. h., die Notenbanken der Länder legen ihre Währungsreserven ganz oder teilweise in dieser Währung an.

Wann spricht man von Automatisierung?

Wenn Maschinen bestimmte Funktionen übernehmen, die von Menschen nicht mehr ausgeführt werden. Der Prozentanteil der Funktionsübernahme bestimmt den Automatisierungsgrad eines Unternehmens.

Was bewirkt der so genannte Leitzins?

Mit dem von der Europäischen Zentralbank festgelegten Zins wird das Geschehen auf dem Geld- und Kapitalmarkt in der EU beeinflusst. Die Notenbanken der angeschlossenen EU-Staaten haben sich bei ihren innenpolitischen Entscheidungen zwingend danach zu richten. Der Leitzins wirkt sich indirekt auf das allgemeine Zinsniveau aus.

Welche Firmen gehören zur Bio-Tech-Branche?

Hierzu gehören Betriebe, die zur Produktion von Chemikalien, Arzneimitteln, Nahrungsmitteln u. a. biologische Prozesse auf den technischen Bereich übertragen. Neue Produktentwicklungen ergeben sich vor allem durch die Gentechnologie, die auch Erbgutmanipulation genannt wird.

Worin unterscheidet sich die soziale Marktwirtschaft von der freien Marktwirtschaft?

Die soziale Marktwirtschaft unterscheidet sich von der freien Marktwirtschaft darin, dass sie staatliche Eingriffe zur Sicherung der Funktionsfähigkeit der Märkte zulässt. Durch eine Rechtsordnung sollen ein Machtmissbrauch verhindert und die sozialen Belange der Marktteilnehmer berücksichtigt werden.

Was bedeutet der Begriff Kaufkraft?

Die Fähigkeit, mit einer Geldmenge eine bestimmte Warenmenge zu erwerben.

Was ist ein Binnenmarkt?

Der Binnenmarkt umfasst das gesamte Zusammentreffen von Angebot und Nachfrage innerhalb der Grenzen eines Landes. Den Handel, der innerhalb dieser Grenzen, also im Inland, stattfindet, nennt man Binnenhandel.

Was versteht man unter Import?

Darunter versteht man die Einfuhr, d. h. Lieferungen ausländischer Güter und Dienstleistungen aus dem Ausland in das Inland. Das Gegenteil, die Ausfuhr, wird als Export bezeichnet.

Wie heißt der auf einer Aktie aufgedruckte Wert?

Er heißt Nennwert (Nominalwert) und drückt aus, mit welchem Betrag der Aktieninhaber am Kapital einer Aktiengesellschaft beteiligt ist. Entsprechend seiner Höhe wirkt er sich auf den Gewinn aus.

Welche Länder gelten als EU-Nettozahler?

Nettozahler, also diejenigen Länder, deren Beitrag zum Haushalt der EU größer ist als die Summe, die wieder in das Land zurückfließt, sind vor allem Deutschland, Österreich, die Niederlande und Schweden. Die weniger entwickelten Regionen der EU, die von Brüssel mehr Geld erhalten, als sie dorthin abführen, werden als Nettoempfänger bezeichnet.

Wo gibt es den Begriff Neuer Markt?

Er ist ein neues Handelssegment an der Frankfurter Börse und orientiert sich am amerikanischen Freiverkehrsmarkt NASDAQ. Ziel dieses Marktes ist es, Risikokapital für junge Unternehmen aus Wachstumsbranchen bereitzustellen.

Für welche Länder wird der Begriff Billiglohnländer verwendet?

Er wird meistens für Länder der Dritten Welt oder des ehemaligen Ostblocks verwendet. Errichten Industriestaaten in diesen Ländern Produktionsstätten und beschäftigen einheimische Arbeitskräfte, ist deren Lohn aufgrund der Währungsunterschiede und des geringeren Lebensstandards wesentlich niedriger als der Lohn für hoch qualifizierte und an einen hohen Lebensstandard angepasste Arbeitskräfte in den Industriestaaten.

Wofür wird der Begriff Hypothek verwendet?

Es ist die Belastung eines Grundstückes oder eines Miteigentumsanteiles mit einer bestimmten Geldsumme durch Eintragung ins Grundbuch. Sie dient der Absicherung langfristiger Kredite. Der Berechtigte kann eine Zwangsvollstreckung des Grundstückes erwirken, wenn der gewährte Kredit nicht zurückgezahlt wird.

Was sind Schuldverschreibungen?

Sie werden auch Obligationen genannt. Es sind öffentliche oder private Anleihen, in der sich der Aussteller zur Zahlung einer bestimmten Geldsumme an den Gläubiger verpflichtet (z. B. Pfandbrief, Kommunalobligationen, Industrieobligationen).

In welchen Ländern ist der Euro offizielle Währungseinheit?

Das Eurozeichen

Der Euro (€) ist die Währung in zwölf Mitgliedsländern der Europäischen Union: Belgien, Deutschland, Griechenland, Spanien, Irland, Frankreich, Italien, Luxemburg, den Niederlanden, Österreich, Portugal und Finnland. Dänemark, Schweden und Großbritannien haben sich bislang nicht für den Euro entschieden und behalten bis auf Weiteres ihre alten Währungen. Seit dem 1. Januar 2002 sind Euromünzen und -banknoten in der EU im Umlauf. Für rund 300 Millionen Menschen ist der Euro damit alleiniges Zahlungsmittel.

Welche Aufgaben hat der Betriebsrat?

Der Betriebsrat berät die Arbeitgeber gemäß Betriebsverfassungsgesetz in größeren Unternehmen auf wirtschaftlichen und personellen Gebieten, sofern es in seinen gesetzlich bestimmten Bereich fällt. Außerdem hat der Betriebsrat die Aufgabe, die Belange aller Belegschaftsmitglieder anzuhören, zu prüfen und gegebenenfalls beim Arbeitgeber sachgerecht zu unterstützen. Er muss unabhängig, vertrauensvoll und neutral seine Tätigkeiten ausführen und bei der Betriebsversammlung einen Tätigkeitsbericht abgeben.

Was sind Pfandbriefe?

Es sind unverzinsliche Wertpapiere, die Hypothekenbanken und bestimmte öffentlich-rechtliche Kreditinstitute ausgeben, um sich Mittel zur Finanzierung des Wohnungsbaus zu beschaffen. Sie bieten eine relativ hohe Sicherheit und werden an der Börse gehandelt.

Was versteht man unter einer GmbH?

Die Gesellschaft mit beschränkter Haftung (GmbH) ist eine Kapitalgesellschaft, die in der Geschäftswelt große praktische Bedeutung erlangt hat, nicht zuletzt weil Gründung und Verwaltung unkompliziert sind, die persönliche Haftung ausgeschlossen ist, der Gesellschaftsvertrag weiten Spielraum lässt und man nur ein relativ geringes Stammkapital benötigt.

Für welche Länder wird der Begriff Dritte Welt verwendet?

Er wird für verschiedene Staaten Asiens, Afrikas und Lateinamerikas verwendet, die im Vergleich zu den Industriestaaten wirtschaftlich rückständig sind. Charakteristisch für Dritte-Welt-Länder, die auch Entwicklungsländer genannt werden, ist das sehr geringe Pro-Kopf-Einkommen und der niedrige industrielle Entwicklungsstand. Sie zeichnen sich des Weiteren durch eine sehr hohe Analphabetenquote und ein hohes Bevölkerungswachstum aus.

Was ist eine Provision?

Sie ist eine Vergütung, die meist in Prozent vom Umsatz berechnet wird. Sie ist besonders im Handel und bei Kreditinstituten üblich.

Wann wird die Quellensteuer abgezogen?

Sie wird gleich am Entstehungsort, d. h. an der Quelle von den Einnahmen abgezogen. Die Steuerschuld wird nicht vom Steuerpflichtigen ermittelt und abgeführt, sondern eine vorgelagerte Stelle übernimmt dies. Beispiele hierfür sind die Lohnsteuer im Abzugsverfahren und die Kapitalertragssteuer bei Geldanlagen.

Was bedeutet an der Börse bestens und billigst?

An der Börse liegen zu Börsenbeginn Kauf- bzw. Verkaufsaufträge von Aktien vor. Einige Marktteilnehmer wollen auf alle Fälle, d. h. zu jedem Kurs, kaufen oder verkaufen. Sie bieten Aktien „bestens" an oder fragen Aktien „billigst" nach.

Wer wird der Vater der klassischen Nationalökonomie genannt?

Der Engländer Adam Smith (1723–90) vertrat die Meinung, dass in der menschlichen Arbeit der Grund des Volkswohlstands zu erkennen sei. Die Arbeitsteilung ist seiner Meinung nach die Hauptquelle der Wohlstandsvermehrung.

Adam Smith

Welche Maßnahme bezweckt eine Steigerung der Rentabilität bzw. Produktivität eines Unternehmens?

Die Rationalisierung. Sie umfasst alle technischen, organisatorischen und sozialen Maßnahmen, um die genannten Ziele zu erreichen. Sehr häufig werden dadurch Arbeitskräfte freigesetzt, Aufwendungen eingespart und die Leistung des Betriebes gesteigert.

Was bedeutet Portfolio?

Man versteht darunter den Gesamtbestand an Wertpapieren. Eine andere Bezeichnung für Portfolio ist Portefeuille.

Wie heißt die Abschwungphase der Konjunktur?

Die Rezession ist im Konjunkturzyklus die Phase des Rückgangs und bringt den Staaten vielfältige Probleme auf sozialen und wirtschaftlichen Gebieten. Kennzeichen dieser Phase sind sinkende Produktion und steigende Arbeitslosigkeit.

Wie heißt der Begründer der deutschen landwirtschaftlichen Genossenschaften?

Auf betont christlich-sozialer Grundlage baute Friedrich Wilhelm Raiffeisen (1818–88) die ersten landwirtschaftlichen Genossenschaften als Selbsthilfeorganisationen mit Wohltätigkeitscharakter auf. Erst später erhielten diese eine stärkere wirtschaftliche Zielsetzung. Die gegenwärtige Gliederung der heutigen Raiffeisengenossenschaften geht auf ihn zurück.

Wie heißt der Zinssatz beim Wechselankauf durch die Deutsche Bundesbank?

Der Diskontsatz ist ein von der Bundesbank definierter Zinssatz, zu dem Banken Wechsel an die Bundesbank oder die Landeszentralbanken verkaufen können. Die maximale Laufzeit dieser Wechsel kann bei bis zu drei Monaten liegen. Mit dem Diskontsatz steuert die Bundesbank den Zinssatz, den die Banken ihren Kreditnehmern berechnen. Sie hat somit Einfluss auf die allgemeine Zins- und Inflationsentwicklung und kann in Zeiten schwacher Kreditnachfrage durch niedrigere Diskontsätze die Kreditnachfrage steigern bzw. bei einer überhitzten Wirtschaft durch eine Erhöhung des Diskontsatzes die Gesamtnachfrage drosseln.

Welche Funktion übt der Europäische Wechselkursmechanismus aus?

Auch die Mitgliedsstaaten, die nicht dem Euro-Währungsgebiet angehören, sind Teilnehmer des Binnenmarktes. Daher bestehen zu diesen Mitgliedstaaten enge wirtschafts- und geldpolitische Wechselbeziehungen. Von daher gibt es in der Wirtschafts- und Währungsunion einen institutionalisierten Wechselkursmechanismus, der die Wechselkursbeziehungen zwischen dem Euro und den Währungen der vorläufigen Nichtteilnehmer (pre-ins) regelt. Auf diese Weise soll die spätere Einführung des Euro in diesen Ländern erleichtert werden.

Welche Gruppe wird mit dem Begriff der Fünf Weisen bezeichnet?

Ein Rat von unabhängigen wirtschaftswissenschaftlichen Sachverständigen, die jährlich ein Gutachten über die gesamtwirtschaftliche Entwicklung in der BR Dtl. vorlegen.

Was versteht man unter Schwarzarbeit?

Alle wirtschaftlichen Aktivitäten, die außerhalb der formellen, statistisch erfassten Wirtschaft stattfinden, werden Schwarzarbeit oder Schattenwirtschaft genannt. Sie erreicht in Deutschland einen geschätzten Wert von bis zu 20 % des Bruttosozialproduktes. Ursachen sind vor allem der gleichmäßig laufende Anstieg der Steuern und Sozialabgaben.

Was besagt das Stabilitätsgesetz?

Das Gesetz zur Förderung der Stabilität und des Wachstums der Wirtschaft von 1967 fordert Bund und Länder auf, die Erfordernisse des Wirtschaftsgleichgewichtes zu beachten. Die gesamtwirtschaftlichen Ziele sind Vollbeschäftigung, Preisstabilität, außenwirtschaftliches Gleichgewicht und Wirtschaftswachstum (das so genannte Magische Viereck).

Wie lautet der Fachausdruck für die Beschaffung von Staatseinnahmen durch Kreditaufnahmen in einer Rechnungsperiode?

Die Staatsverschuldung ist im Gegensatz zu Steuern nur eine vorübergehende Einnahme. Der Staat finanziert sich vor allem durch Anleihen und über Darlehen am Kapitalmarkt. Das Bundesverfassungsgericht hat hierfür bestimmte Regeln festgelegt, um ein Ausufern der Verschuldung zu verhindern.

Was drückt die Steuerquote aus?

Sie ist eine statistische Kennzahl, die den Anteil des Steueraufkommens in einer Volkswirtschaft ausdrückt.

Was ist der DGB?

Der Deutsche Gewerkschaftsbund ist die Dachorganisation der Industriegewerkschaften Deutschlands. Er wurde 1949 gegründet und ist ein Zusammenschluss von Einzelgewerkschaften mit Sitz in Düsseldorf. Als unterstehende Zentralen hat er die Landesbezirke mit ihren Kreis- und Ortsverbänden. Nicht der DGB, sondern die einzelnen Gewerkschaften führen Tarifverhandlungen durch.

Welches Recht wird im Artikel 12 des Grundgesetzes verbrieft?

Es ist die Gewerbefreiheit, d. h. das Recht eines jeden, ein Gewerbe zu betreiben sowie Beruf, Arbeitsplatz und Ausbildung frei wählen zu können. Für bestimmte Gewerbe ist eine staatliche Erlaubnis notwendig bzw. können zum Schutz des Gemeinwohls einschränkende Sondervorschriften erlassen werden.

Wie bezeichnet man die Phase wirtschaftlichen Stillstands?

Stagnation. Bei der Stagnation herrschen hohe Arbeitslosigkeit, geringe Investitionsbereitschaft und ungünstige Gewinnaussichten.

Was bedeutet Strukturpolitik?

Sie ist ein Teil der Wirtschaftspolitik. Der Abbau von regionalen Entwicklungsunterschieden ist z. B. ihr Ziel. Auch Standortnachteile sollen ausgeglichen werden. Sie dient u. a. der Schaffung neuer Arbeitsplätze.

Wie heißt der Zusammenschluss mehrerer Unternehmen des gleichen Wirtschaftszweiges?

Der Trust hat zum Ziel, den Markt monopolistisch zu beeinflussen. Seine Bildung erfolgt durch Fusion. Er steht unter einheitlicher wirtschaftlicher Leitung, die rechtliche und wirtschaftliche Selbstständigkeit der Unternehmen geht also völlig verloren.

Wie nennt man die geheime Abstimmung von Mitgliedern der Gewerkschaften über Streikmaßnahmen?

Die Urabstimmung wird ausgerufen, bevor der Arbeitskampf beginnt. 75 % der betroffenen Gewerkschaftsmitglieder müssen ihre Zustimmung zum Streik geben. Streiks ohne Urabstimmung sind wilde Streiks und nicht rechtens.

Welche Vermögensteile bezeichnet man mit dem Begriff Aktiva?

Mit Aktiva bezeichnet man die auf der linken Seite der Bilanz stehenden Vermögenswerte eines Unternehmens. Man unterteilt sie in das Anlage- und Umlaufvermögen. Die Aktiva spiegelt die Mittelverwendung, d. h. den Investitionsumfang eines Unternehmens wider. Die rechte Seite der Bilanz bezeichnet man als Passiva. Die Summe der Aktiv- und Passivseite ergibt die Bilanzsumme.

Was bedeutet der Begriff Umsatz?

Er wird auch als Erlös ausgedrückt und ist der Wert der in einer Unternehmung abgesetzten Güter oder die mit den Verkaufspreisen bewertete verkaufte Menge.

Wie heißt ein Verfahren zur Abwendung einer Insolvenz (früher Konkurs)?

Beim Vergleich verzichten die Gläubiger einer Unternehmung zum Teil oder ganz auf ihre Forderungen, um den Fortbestand des

Unternehmens zu ermöglichen. Dies geschieht z. B. dann, wenn diese Gläubigerunternehmen durch den Untergang des verschuldeten Unternehmens selbst gefährdet werden könnten. Andere Gründe sind zahlreich möglich. Der Vergleich ist beim Amtsgericht zu beantragen.

Wie nennt man die 1960 mit Sitz in Genf gegründete Europäische Freihandelszone?

Die 1960 gegründete Europäische Freihandelszone (European Free Trade Association) entstand als Reaktion auf die Gründung der Europäischen Wirtschaftsgemeinschaft (EWG), um der Gefahr einer wirtschaftlichen Diskriminierung vorzubeugen. Nach dem Beitritt Finnlands, Schwedens und Österreichs zur EU (1995) umfasst die EFTA nunmehr nur noch Island, Liechtenstein, Norwegen und die Schweiz. Der EFTA-Hauptsitz liegt in Genf, weitere Büros befinden sich in Brüssel und Luxemburg.

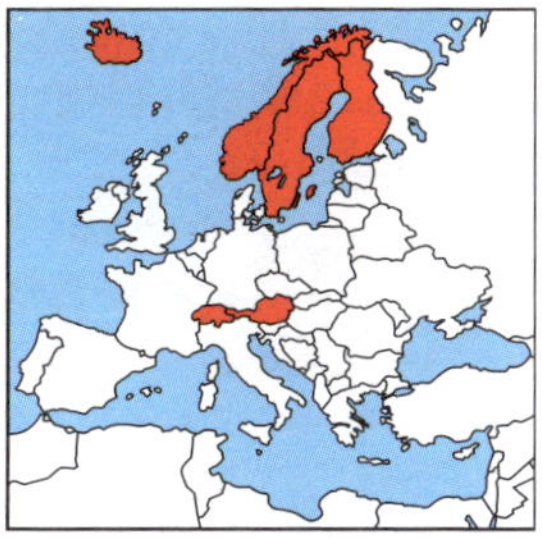

Die Mitgliedsländer der EFTA

Was versteht man unter einem Insidergeschäft?

Als Insidergeschäfte zählen Käufe und Verkäufe von Wertpapieren, die aufgrund vertraulicher Informationen getätigt werden, die der Öffentlichkeit noch nicht zugänglich sind. Insidergeschäfte sind gesetzlich verboten und werden strafrechtlich verfolgt.

Was ist eine Währungsreform?

Eine umfassende Neuordnung der Geldverfassung eines Landes, dessen Geldwesen volkswirtschaftlich zerrüttet ist. Eine Währungsreform ist insbesondere dann erforderlich, wenn zwar genügend Geld vorhanden ist, das Warenangebot aber nicht ausreicht, um den theoretisch versprochenen Gegenwert des Geldes zu erhalten.

Was versteht man unter Bankgeheimnis?

Die Banken sind zum Stillschweigen über die Vermögensverhältnisse ihrer Kunden verpflichtet. Die Zivilprozessordnung schützt gesetzlich das Bankgeheimnis. In bestimmten Fällen erhalten die Finanzämter das Recht, Auskünfte über die Vermögenslage ihrer Steuerpflichtigen von deren Bank zu verlangen. Dieses Recht regelt die Abgabenordnung.

Wann liegt eine Grundschuld vor?

Ein Grundstück wird in Form eines Pfandrechts in der Weise belastet, dass an den Berechtigten eine bestimmte Geldsumme aus dem Grundstück zu zahlen ist. Sie kann als eine Buch- oder Briefgrundschuld bestellt werden und ist von einer Forderung unabhängig.

Was versteht man unter dem Grauen Markt?

Einen unreglementierten Kapitalmarkt, der keiner staatlichen Aufsicht unterliegt. Typisch für den Grauen Kapitalmarkt sind Spekulationsgeschäfte mit hohen Renditeversprechen. Es handelt sich bei diesen Geschäften in der Regel um Kreditbeziehungen zwischen Unternehmen und Privathaushalten ohne Beteiligung von Geldinstituten. Veröffentlicht werden solche Angebote häufig in Kleinanzeigen überregionaler Tageszeitungen. Wegen fehlender Markttransparenz ist der Graue Kapitalmarkt oft Handlungsfeld unseriöser Anbieter.

Was bedeutet der Ausdruck Freibetrag?

Dieser steuerrechtliche Begriff sichert demjenigen, der Anspruch auf einen Freibetrag hat, steuerrechtliche Vorteile in seiner

Einkommensteuer zu, da der Freibetrag vor der Versteuerung vom Einkommen abgezogen wird. Ein Beispiel ist der Kinderfreibetrag.

Was versteht man unter Zollunion?

Es ist der Zusammenschluss mehrerer Länder, die einen gemeinsamen einheitlichen Zolltarif für den Warenverkehr mit anderen Staaten aufstellen. Untereinander gestalten sie ihren Warenverkehr wie in einer Freihandelszone.

Wie nennt man die Zeit sehr schlechter Wirtschaftslage im Zyklus der Konjunktur?

Die Depression hat als Kennzeichen rückläufige Produktion, steigende Arbeitslosigkeit, sinkende Investitionsbereitschaft, niedrige Zinsen, hohes Angebot auf dem Geld- und Kapitalmarkt. Eine mildere, schwächere Form der Depression ist die Rezession.

Wofür wurde der Lombardsatz benötigt?

Der Lombardsatz war bis 2002 ein von der Zentralbank festgesetzter Zinssatz, zu dem die Banken Wertpapiere bei der Zentralbank verpfänden konnten. Er war ein Leitzins der deutschen Wirtschaft. Die Lombardkredite dienten der Überbrückung kurzfristiger Probleme der Liquidität von Kreditinstituten und wurden deshalb in der Regel mit einer Laufzeit von 30 Tagen gewährt.

Wie lautet die Leitidee des Liberalismus?

Die Leitidee des Liberalismus als gesellschaftspolitisches System ist die geistige, wirtschaftliche und politische Freiheit aller. Ein staatliches Eingreifen in den Markt ist nicht erwünscht, da sich der Markt nur über die Gesetze des Wettbewerbs regeln soll.

Blick auf die Europäische Zentralbank

In welcher Stadt befindet sich die Europäische Zentralbank und was ist ihre Hauptfunktion?

Die 1998 gegründete EZB hat ihren Sitz in Frankfurt am Main. Sie ist die unabhängige Zentralbank für die an der europäischen Währungsunion teilnehmenden Länder. Ihr vorrangiges Ziel ist die Gewährleistung der Preisstabilität.

Was ist Franchising?

Ein Absatzsystem, bei dem ein selbstständiger Unternehmer sich verpflichtet, Waren oder Dienstleistungen des Überlassers unter Verwendung dessen Warenzeichens anzubieten. Der Überlasser wird Franchisegeber und der Nutzer Franchisenehmer genannt. Der Nehmer zahlt dem Geber eine einmalige oder laufende Gebühr, die oft vom Umsatz abhängig ist. Der Lizenznehmer behält seine wirtschaftliche Eigenständigkeit, allerdings ist er mehr oder weniger an die Weisungen des Lizenzgebers z. B. in Bezug auf Sortiment, Preise, Gestaltung usw. angewiesen. Dieser unterstützt ihn im Gegenzug bei der Werbung und Finanzierung und überlässt ihm sein Know-how. Beispiele für Franchising als Vertriebsform sind McDonald's oder Benetton.

Was ist eine Abmahnung?

Eine Aufforderung zur Unterlassung einer Handlung. Dies kann sowohl Konkurrenzfirmen treffen, die gegen den Wettbewerb verstoßen, als auch Mitarbeiter, welche die Unternehmensrichtlinien oder Arbeitsvorschriften verletzen (z. B. Alkohol am Arbeitsplatz, häufiges Zu-spät-Kommen etc.).

Wo kann eine Konzession beantragt werden?

Es ist die Erlaubnis, eine bestimmte Tätigkeit oder ein Gewerbe auszuüben. Eine Konzession muss beim zuständigen Gewerbeamt beantragt und bewilligt werden. Sie kann jederzeit wieder entzogen werden.

Was wird mit Corporate Identity umschrieben?

Mit Corporate Identity (CI) bezeichnet man das Bemühen eines Unternehmens um ein einheitliches und einprägsames Erscheinungsbild in der Öffentlichkeit. Hierzu gehören z. B. das Firmenlogo und Produktdesign. Aber auch Denkmuster, Überzeugungen, Verhaltensweisen und Verlautbarungen, die sowohl nach innen als auch nach außen wirken, tragen zur Profilierung eines Unternehmens bei.

Was ist Braindrain?

Die Abwanderung von hoch qualifizierten Arbeitskräften (engl. brain, „Gehirn"). Sie entziehen dem Auswanderungsland ihre Fähigkeiten und Kenntnisse, also Humankapital.

Was bedeutet die Arbeitslosenquote für eine Volkswirtschaft?

Ein wichtiges Ziel einer Volkswirtschaft ist die Vollbeschäftigung. Um den Grad (Prozentanteil) der Beschäftigung feststellen zu können, ist die Arbeitslosenquote ein notwendiger Maßstab. Man bildet den Quotienten aus den registrierten Arbeitslosen zur Anzahl der Erwerbspersonen.

Was wird bei Bartergeschäften getauscht?

Nicht Ware gegen Geld, sondern Ware gegen Ware. Dies findet vor allem bei internationalen Geschäften mit devisenschwachen Ländern Anwendung. So wird diesen Ländern mit ohnehin geringen Devisen die Kaufkraft nicht entzogen.

Welche Papiere werden an der Börse gehandelt?

Grundvoraussetzung für den Handel an einer Wertpapierbörse ist, dass es sich bei dem Papier um ein vertretbares Kapitalwertpapier handelt. Es existieren eine Vielzahl unterschiedlicher Wertpapiere, von denen die Aktie das bekannteste sein dürfte. Weitere Papiere sind Genussscheine, Optionsscheine, Zertifikate und Anleihen in unterschiedlichster Ausprägung (z. B. öffentliche Anleihen, Bundesanleihen und Bundesobligationen, Industrieobligationen, Wandelanleihen und Optionsanleihen).

Was ist ein Wuchergeschäft?

Ein sittenwidriges Geschäft, das eine Zwangslage, die Unerfahrenheit, die Willensschwäche oder den Mangel an Urteilsvermögen von Personen ausnützt. Wucher ist durch ein auffälliges Missverhältnis zwischen Leistung und Preis gekennzeichnet.

Was sind Anleihen?

In der Regel festverzinsliche Rentenpapiere. Sie werden von öffentlichen Körperschaften oder privaten Unternehmen als verbriefte Kredite aufgenommen. Sie haben eine längere Laufzeit, die Rückzahlungstermine sind genau festgelegt und die Verzinsung ist gleichmäßig. Bei Anleihen mit variablen Zinsen wird der Zins in der Regel vierteljährlich angepasst. Die von Unternehmen ausgegebenen Anleihen werden als Industrieobligationen bezeichnet. Der Erwerber von Anleihen wird Gläubiger des Ausgebenden, nicht Teilhaber. Der Gläubiger kann die Anleihe während der Laufzeit nicht kündigen.

Was ist ein Tafelgeschäft?

Ein Schaltergeschäft im Bankbetrieb, wo das Geschäft Zug um Zug erfolgt. Dabei können Effekten (Wertpapiere etc.) und ausländisches Geld erworben werden. Es werden keine Käuferpersonalien erfasst.

Welche Aufgabe haben Genossenschaften?

Bei Genossenschaften handelt es sich um Gesellschaften mit freier und wechselnder Mitgliederzahl. Ihr Ziel ist es, durch einen gemeinschaftlichen Geschäftsbetrieb den Erwerb oder die Wirtschaft ihrer Mitglieder zu fördern.

Was sagen die Begriffe Angebot und Nachfrage aus?

Angebot ist die Menge an Gütern, welche die Unternehmen auf einem Markt absetzen, d. h. verkaufen wollen. Man versteht unter Angebot aber auch eine rechtlich wirksame Willenserklärung zum Abschluss eines Kaufvertrages. Nachfrage ist ein Bedarf, der durch einen Kaufentschluss am Markt wirksam wird. Das Zusammentreffen von Angebot und Nachfrage auf dem Markt regelt in der freien Marktwirtschaft den Preis.

Wie nennt man moderne Dienstleistungsbetriebe des Telemarketings?

Call Center. Sie nehmen Anfragen oder Beschwerden am Telefon entgegen und leiten diese weiter. In der Computerbranche bieten Hersteller diesen Service über so genannte Hotlines an.

Der Wert des Geldes verringert sich

Was sind die Kennzeichen einer Inflation?

Sie ist eine Wirtschaftsschwankung, die darauf zurückzuführen ist, dass das Gleichgewicht zwischen nachfragewirksamer Geldmenge und angebotener Gütermenge gestört ist. Sie ist eine Überversorgung der Wirtschaft mit Geld (Geldaufblähung) und führt zur Geldentwertung.

Was sind die Kennzeichen einer Marktwirtschaft?

Der Staat garantiert dem Einzelnen die wirtschaftliche Freiheit und nimmt keinen Einfluss darauf. Produktion und Absatz werden über die Preise gesteuert. Durch Rahmenbedingungen ermöglicht der Staat Wettbewerb von Produzenten und Konsumenten. Eine reine Marktwirtschaft gibt es nur als Modellvorstellung. Der Gegensatz ist die Planwirtschaft

Was bedeutet der Begriff Humankapital?

Es ist das Leistungspotenzial von einer oder mehreren Personen und umfasst deren Kenntnisse, Einsatzmöglichkeiten, Fähigkeiten und Erfahrungen bei der Produktion von Gütern und Dienstleistungen.

Was bezeichnet man als Fusion?

Zwei Kapitalgesellschaften verschmelzen zu einer einzigen. Dabei kann entweder eine Gesellschaft in die andere mit aufgenommen werden oder beide Gesellschaften lösen sich auf und gehen in eine neu gegründete Kapitalgesellschaft über.

Was sind Subventionen?

Geldleistungen des Staates an Unternehmen oder private Haushalte. Sie werden als Finanzhilfen oder Steuervergünstigungen gewährt.

Was versteht man unter Inkasso?

Die Einziehung fälliger Forderungen, z. B. das Einlösen von Schecks oder Wechseln, das Ausgleichen von Konten bei Kreditkartenorganisationen oder allgemein das Bezahlen offener Rechnungen durch hierfür beauftragte Dienstleistungsunternehmen.

Worüber gibt das Bruttosozialprodukt Auskunft?

Über die Leistung einer Volkswirtschaft in einem bestimmten Zeitraum. Das Bruttosozialprodukt ist die in Geldwerten ausgedrückte Menge aller Sachgüter und Dienstleistungen, die die Inländer innerhalb eines Jahres produziert haben und die nicht wieder in den Produktionsprozess eingeflossen sind. Der Wert der importierten Waren wird abgezogen.

Was bedeutet der Begriff Amortisation?

Bei der Anschaffung von Wirtschaftsgütern wird in der Regel viel Geld investiert, zum Teil aus eigenen Mitteln oder durch Darlehen. Den Rückfluss des eingesetzten Kapitals durch die betrieblichen Erträge oder die planmäßige Tilgung einer Geldschuld bezeichnet man als Amortisation. Ein Wirtschaftsgut hat sich amortisiert, wenn die Erträge die Kosten der Anschaffung decken.

Was bedeutet der Zusatz ppa. vor einer Unterschrift?

Per procura, d. h. „in Vollmacht". Die Abkürzung bedeutet, dass der Unterzeichner vom Geschäftsinhaber mit einer umfassenden Vollmacht ausgestattet wurde und für die Firma per procura zeichnen darf. Ein Prokurist ist zur Ausführung aller gerichtlichen und außergerichtlichen Handlungen berechtigt, die der Betrieb eines Handelsgewerbes gewöhnlich mit sich bringt.

Was ist Shareholder value?

Eine Unternehmenspolitik, die vor allem auf die Erhöhung der Rendite und des Vermögens für die Anteilseigner ausgerichtet ist. Es wird hauptsächlich angestrebt, den Marktwert des Unternehmens und damit auch den Anteilswert, welchen die Eigentümer besitzen, zu steigern. Das drückt sich bei Aktien in der Rendite aus und bei börsennotierten Unternehmen auch in der Steigerungsrate des Kurses.

Was versteht man unter dem Internationalen Währungsfonds (IWF)?

Er ist eine Sonderorganisation der UNO, die ebenso wie die Weltbank 1945 nach der Währungskonferenz in Bretton Woods von 1944 gegründet wurde. Er unterstützt die Zusammenarbeit der Mitgliedstaaten in der Währungspolitik und versucht dazu beizutragen, dass die Währungsbeziehungen geordnet funktionieren. Zum Beispiel sollen Währungen stabil gehalten bzw. Abwertungen vermieden werden.

Was ist der STOXX?

STOXX ist ein Warenzeichen, das mehrere Börsengesellschaften gegründet haben. U. a. die US-Firma Dow Jones etablierte die Indexfamilie, um die verschiedenen europäischen Märkte überschaubarer zu machen, indem sie Indizes schufen, welche die größten Unternehmen Europas enthielten.

So kann auf einen Blick ein grober Überblick gegeben werden, was an einem Handelstag in Europa geschieht.

Was ist die WTO?

WTO, die World Trade Organization, ist eine Sonderorganisation zur Gewährleistung des freien Welthandels. Sie nahm 1995 die Arbeit auf und löste 1996 das GATT (General Agreement on Tariffs and Trade) ab.

Wer profitiert von einer Arbeitsbeschaffungsmaßnahme?

Als Arbeitsbeschaffungsmaßnahmen (ABM) gelten vom Staat geförderte Leistungen. Ziel dieser Regelung ist es, erwerbslose Personen eine Arbeitsstelle zu besorgen und die Wirtschaft anzukurbeln. Zugute kommt die ABM Personen, die Arbeitslosengeld/-hilfe beziehen und zudem von den letzten 18 Monaten mindestens zwölf Monate keine Beschäftigung mehr hatten. Besonders gefördert werden Langzeitarbeitslose, jüngere Menschen ohne Berufsabschluss, Schwerbehinderte und ältere Menschen. Unternehmen werden vom Staat durch Lohnkostenzuschüssen und Darlehen unterstützt.

Wozu dient eine Gewinn-und-Verlust-Rechnung?

Gesellschaftsformen wie z. B. die AG, die GmbH und Genossenschaften sowie sämtliche Kreditinstitute müssen eine solche Rechnung aufstellen. Sie listen Erträge und Aufwendungen zum Ende eines Jahres auf. Aus dem Saldo ergibt sich der Gewinn und/oder der Verlust des Unternehmens. Gewinne und Verluste müssen deckungsgleich sein.

Was ist ein Kontokorrentkredit?

Ein Kontokorrentkredit entsteht, wenn auf einem Konto ein wechselseitiges Schuld- und Guthabenverhältnis besteht. Der Kreditnehmer kann auch dann noch über das Konto verfügen, wenn das Guthaben nicht mehr ausreicht. Es ist ein Kredit, der vom Kreditnehmer bis zur vereinbarten Höhe in Anspruch genommen werden kann.

Was analysiert die Makroökonomie?

Die Makroökonomie untersucht die Zusammenhänge gesamtwirtschaftlicher Größen im Rahmen der Volkswirtschaftslehre. Dabei werden Investitionen, Konsum, Staatsausgaben, Volkseinkommen und Steuern zueinander in Beziehung gesetzt und analysiert. Hauptgebiete der Mikroökonomie sind die Haushalts-, Produktions- und Preistheorie.

Was bezeichnet man als Sponsoring?

Die Förderung von Personen oder Organisationen im sportlichen, kulturellen, ökologischen und sozialen Bereich. Beispielsweise werben sämtliche Vereine der Fußballbundesliga auf ihren Trikots für ihre finanzkräftigen Sponsoren aus unterschiedlichen Wirtschaftszweigen, wofür als Gegenleistung Millionenbeträge in die Vereine fließen.

Wofür sind in der Bundesrepublik die Rechnungshöfe zuständig?

Die Rechnungshöfe kontrollieren selbstständig und unabhängig den Verwaltungshaushalt des Bundes (Bundesrechnungshof) und der Länder (Länderrechnungshöfe).

Was sind die Ziele des Attac-Netzwerkes?

Attac (frz. Association pour une Taxation des Transactions financières pour l'Aide aux Citoyens, „Vereinigung zur Besteuerung von Finanztransaktionen im Interesse der BürgerInnen") ist eine internationale Vereinigung von Menschen und Organisationen, die sich für soziale und ökologische Gerechtigkeit im Zusammenhang mit der Globalisierung einsetzt. Insgesamt hat Attac mehr als

90.000 Mitglieder in 50 Ländern. Zu den Zielen von Attac gehören eine stärkere Kontrolle des weltweiten Kapitalmarktes und die Besteuerung internationaler Devisengeschäfte.

Wofür steht die Abkürzung OPEC?

OPEC steht für Organisation Erdöl exportierender Länder (engl. Organization of Petroleum Exporting Countries). Der 1960 gegründeten Organisation mit Sitz in Wien gehören elf Staaten an. Ihre Aufgabe ist die Koordinierung der Erdölpolitik, etwa über die Festsetzung der Fördermengen oder des Ölpreises.

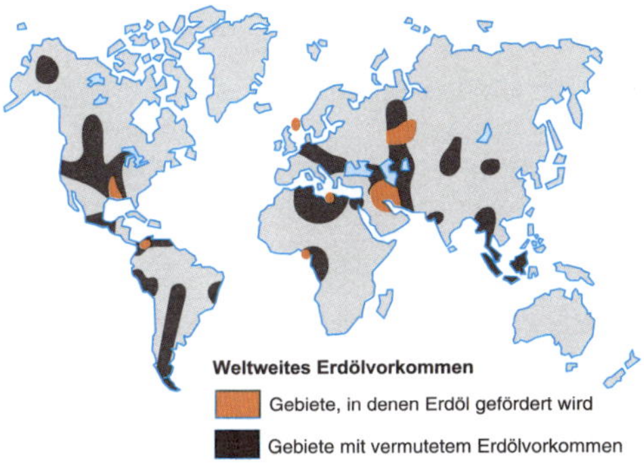

Wodurch wird ein Entwicklungsland zum Schwellenland?

Als Schwellenländer gelten jene Entwicklungsländer, die einen wirtschaftlichen Wohlstand aufgebaut haben, der sich dem der Industriestaaten annähert.

Was ist ein Anlageberater?

Mitarbeiter von Banken, Sparkassen oder anderen spezialisierten Unternehmen, die gewerbsmäßig Empfehlungen für den Kauf und Verkauf von Wertpapieren oder anderen Kapitalanlagen an Kunden weitergeben. Der Anlageberater unterbreitet Vorschläge, die den Anlagezielen des Kunden hinsichtlich Sicherheit, Liquidität und (Netto-) Ertrag entsprechen sollten.

Welche Maßnahmen zählen zu den Rationalisierungsmaßnahmen?

Sämtliche Maßnahmen, die eine zweckmäßige und reibungslose Durchführung aller Tätigkeiten im Unternehmen ermöglichen. Ziel ist die Steigerung der Wirtschaftlichkeit. Typische Verfahren sind im Bereich der Produktion Automation und der Einsatz von Industrierobotern, im Bereich der Verwaltung EDV-Systeme.

Was bedeutet Volatilität?

Volatilität bezeichnet die Schwankungsstärke eines Wertpapiers oder Marktes. Aktien mit geringer Volatilität haben eine relativ gleichmäßige Kursentwicklung, Aktien mit hoher Volatilität sind durch starke Aufwärts- und Abwärtsbewegungen gekennzeichnet.

Was ist der XETRA-Handel?

Ein elektronisches Börsenhandelssystem, das 1997 das in Deutschland bis dahin genutzte IBIS-System ablöste. Unter XETRA können theoretisch Aktien rund um die Uhr gehandelt werden.

Was versteht man unter Konjunktur?

Die in Schwankungen verlaufende wirtschaftliche Aktivität. Die typischen Konjunkturzyklen verlaufen über sieben bis zehn Jahre und gliedern sich in die Phasen Aufschwung, Hochkonjunktur oder Boom, Abschwung oder Rezession, Tiefstand oder Depression. Zur Feststellung des vorherrschenden oder zukünftig sich abzeichnenden Verlaufes bedient man sich so genannter Konjunkturzyklen.

Was steckt hinter dem Bruttoinlandsprodukt (BIP)?

Das BIP drückt den Wert aller Güter und Dienstleistungen aus, die in einem Jahr innerhalb der Landesgrenzen einer Volkswirtschaft erwirtschaftet werden. Das bedeutet:

Das BIP Deutschlands enthält auch die Leistungen der Ausländer, die in unserem Land arbeiten, aber nicht die Leistungen der Inländer, die außerhalb unseres Landes arbeiten.

Was ist eine Dienstleistungsgesellschaft?

Als Dienstleistungsgesellschaft bezeichnet man eine hoch entwickelte Gesellschaft, in der nicht mehr die industrielle Fertigung die Arbeits- und Lebensbedingungen bestimmt, sondern ein vielfältig strukturierter Dienstleistungssektor.

Wofür steht der Begriff Cross Selling?

Für den Versuch, einem Kunden durch Verkauf eines Produktes gleichzeitig ein anderes Produkt aus dem Leistungsprogramm oder ein Kuppelprodukt mit zu verkaufen. Dabei handelt es sich um den Grundgedanken des Allfinanzkonzeptes, bei dem Banken auch Versicherungen, Bausparverträge und andere Finanzdienstleistungen anbieten.

Welche Aufgaben hat ein Broker?

Der Broker (Börsenmakler) schließt nicht auf eigene Rechnung Wertpapiergeschäfte ab, sondern im Auftrag anderer gegen Provision.

Was versteht man unter einem Schneeballsystem?

Bei dieser Form der Anlage werden die Gelder für Ausschüttung und Rückzahlung nicht aus den Erträgen getätigter Investitionen, sondern durch die Investitionen neu geworbener Kunden gewonnen. Diese Anlageform ist äußerst unseriös und auf Dauer zum Scheitern verurteilt.

Wann fallen Dividenden an?

Dividenden (lat. dividere, „teilen“) sind Ausschüttungen des Unternehmensgewinns an die Aktionäre. Der Dividendensatz wird meist pro Aktie und in Prozenten vom Nennwert oder in Euro pro Aktie ausgedrückt und auf der Hauptversammlung festgelegt. Bei schlechter Geschäftslage können Dividenden auch ausfallen.

Wie unterscheidet sich die Direktbank von einer normalen Bank?

Die Direktbank bietet ihre Leistungen nicht über Filialen, sondern über Telefon, Call Center oder das Internet an. Die Leistungen reichen dabei von klassischen Bankgeschäften (Zahlungsverkehr, Überweisungen usw.) bis hin zu zusätzlichen Leistungen wie Konzertkartenservice, Blumenservice, Ärzteservice im Ausland usw. Im Gegensatz zu klassischen Banken sind sie häufig sehr viel kundenorientierter und können weitaus bessere Konditionen anbieten, da sie niedrigere Kosten haben. Mittlerweile hat jede der traditionellen Banken ihre Direktbank.

Inwiefern besteht ein Unterschied zwischen direkten und indirekten Steuern?

Direkte Steuern fallen beim Steuerpflichtigen (Einzelperson oder Unternehmen) an. Beispiele sind Einkommensteuer, Kirchensteuer, Erbschaftssteuer oder Gewerbesteuer. Indirekte Steuern beziehen Unternehmen oder Händler in ihre Preise ein, die der Endverbraucher zahlt. Beispiele sind Mehrwertsteuer, Tabaksteuer oder Mineralölsteuer.

Wofür steht DAX?

DAX steht für Deutscher Aktienindex. Er wurde 1988 ins Leben gerufen und wird an der Frankfurter Börse jede Minute während der Börsenzeit neu berechnet. Er basiert auf der Kursentwicklung von 30 führenden deutschen Aktien. Welche Unternehmen im DAX sind, ist abhängig von bestimmten Kriterien, wie z. B. der Umsatzentwicklung. Mehrmals jährlich wird über die Zusammensetzung neu entschieden.

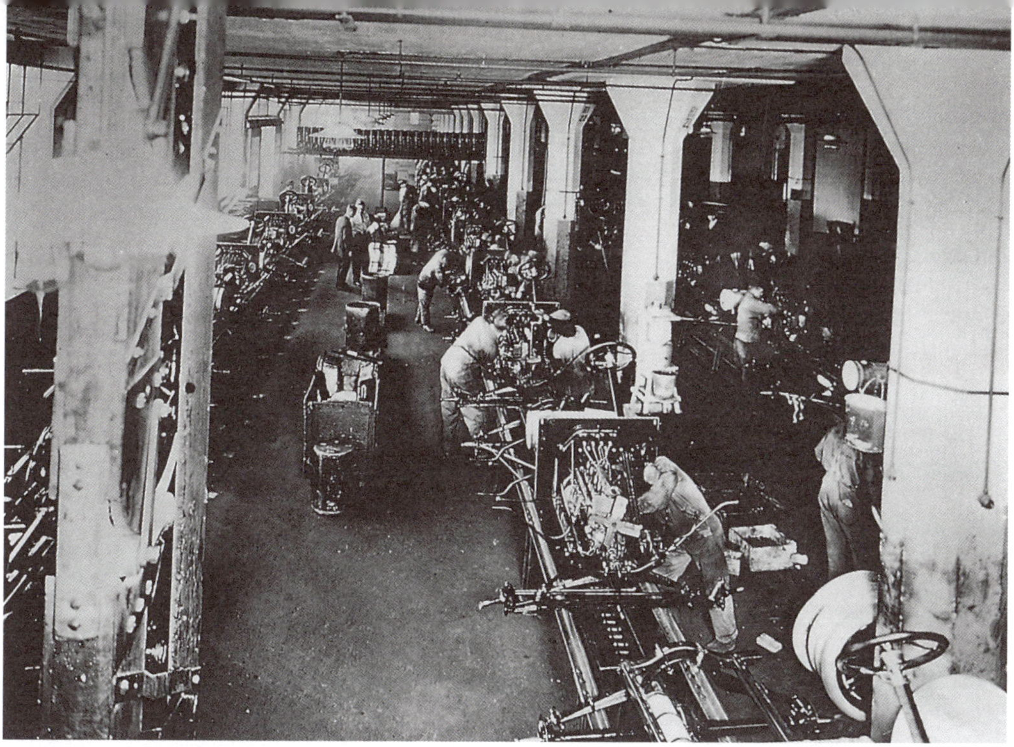

Werkhalle von Ford

Womit revolutionierte Henry Ford die Automobilherstellung?

Der nordamerikanische Autohersteller Henry Ford (1863–1947) wollte ein einfaches, billiges und zuverlässiges Auto für eine breite Käuferschicht produzieren. Er führte die Fließbandfertigung ein und konnte damit die Produktion verbilligen und den Absatz steigern. Der Ford wird heute noch angeboten und zählt zu den größten Automarken auf dem Weltmarkt.

Worum handelt es sich bei Telearbeit?

Um eine Arbeitsform, die auf der Basis von PC und Internet ganz zu Hause (Teleheimarbeit), abwechselnd im Unternehmen und zu Hause (alternierende Telearbeit) oder an einem dezentralen Arbeitsplatz bzw. mobil ausgeübt wird. Je nach zugrunde liegender rechtlicher Situation kann es sich dabei um ein abhängiges Arbeitsverhältnis oder um eine selbstständige oder freiberufliche Tätigkeit handeln. Bei der Gestaltung von Telearbeitsplätzen angestellter Mitarbeiter müssen bestimmte gesetzliche Bestimmungen beachtet werden.

Was versteht man unter einem Wechsel?

Eine Urkunde, die ein Zahlungsversprechen dokumentiert und damit eine Schuld verbrieft. An die Ausstellung von Wechseln sind bestimmte Regelungen geknüpft. So ist z. B. genau festgelegt, welche Bestandteile ein Wechsel enthalten muss: Ort und Tag der Ausstellung; die Bezeichnung „Wechsel"; die unbedingte Anweisung, eine bestimmte Geldsumme zu zahlen; die Verfallzeit; den Namen des Wechselnehmers; den Namen des Bezogenen; die Angabe des Zahlungsortes und die Unterschrift des Ausstellers.

Was bedeutet Protektionismus?

Schutzmaßnahmen eines Staates für die eigene Wirtschaft vor ausländischer Konkurrenz (z. B. Importbeschränkungen für bestimmte Güter).

Welcher Wirtschaftsplan geht auf den US-amerikanischen Außenminister George G. Marshall zurück?

Der so genannte Marshallplan (European Recovery Program, ERP) war ein Programm zum Wiederaufbau der Wirtschaft Europas nach dem Zweiten Weltkrieg, verkündet 1947 von dem damaligen US-Außenminister George C. Marshall (1880–1959). Bis 1952 erhielten 18 westeuropäische Staaten ca. 14 Milliarden US-$ als Kredite, nicht zurückzahlungspflichtige Zuschüsse, Sach- oder Lebensmittelhilfen. Der Marshallplan hatte entscheidenden Anteil am Wiederaufbau der westeuropäischen, besonders auch der westdeutschen Wirtschaft.

Plakat zum Marshallplan

Welche Ziele werden mit der Einführung der Ökosteuer verfolgt?

Die Ökosteuer bedeutet einen Umbau des Steuersystems. Aus ökologischen Gründen soll Energie verteuert werden, aus arbeitsmarktpolitischen Gründen sollen die Lohnnebenkosten gesenkt werden. Damit soll der Faktor Arbeit verbilligt und die Schaffung neuer Arbeitsplätze angeregt werden.

Was besagt ein Letter of Intent?

Ein Letter of Intent (LOI) ist eine unverbindliche Absichtserklärung zwischen Käufer und Verkäufer. Er bestätigt, dass beide Seiten in Verhandlungen über einen Vertragsabschluss stehen. Häufig bildet der Letter of Intent auch die Grundlage des anschließenden Vertrags. Der Letter begründet jedoch keinerlei Rechtsansprüche. Verkündet ein Unternehmen, dass man mit einem Kunden einen LOI unterzeichnet habe und nun einen Großauftrag erwarte, so ändert dies nichts an der rechtlichen Situation, d. h. es gibt bislang keinen Vertrag und keinen Auftrag.

Wer sitzt in einer Hauptversammlung?

Eine Hauptversammlung ist die Versammlung der Aktionäre einer Aktiengesellschaft (AG) oder einer Kommanditgesellschaft auf Aktien (KGaA). Zusätzlich nehmen an ihr auch der Vorstand und der Aufsichtsrat teil. Sie findet einmal jährlich statt, die Einberufung erfolgt durch den Vorstand mindestens einen Monat vorher. In der Hauptversammlung entscheiden die Aktionäre über die Wahl der Mitglieder des Aufsichtsrates, die Verwendung des Bilanzgewinnes sowie die Entlastung von Vorstand und Aufsichtsrat.

Was steckt eigentlich hinter der Börse?

Die Börse (nach der niederländischen Kaufmannsfamilie Van der Beurse benannt) ist ein Ort, an dem sich regelmäßig und zu festgesetzten Zeiten zugelassene Personen treffen, um Geschäfte in Waren und Wertpapieren abzuschließen. Es gibt Wertpapier-, Effekten-, Devisen-, Waren- und Versicherungsbörsen, zu unterscheiden ist zudem die Präsenz- von der Computerbörse. Typische börsenfähige Güter sind abwesend (d. h. nicht am Börsenplatz vorhanden) und fungibel (d. h. austauschbar und nach Zahl, Maß oder Gewicht bestimmt). In Deutschland stehen die Wertpapierbörsen unter staatlicher Aufsicht, der Börsenvorstand entscheidet über die Zulassung von Personen zum Börsenhandel.

Was versteht man in der Europäischen Union unter den so genannten Grundfreiheiten?

Flagge der Europäischen Union

Die Errichtung eines gemeinsamen Binnenmarktes ist nur dann möglich, wenn bestimmte Hemmnisse für die einzelnen Unionsbürger beseitigt werden. Die Europäische Gemeinschaft sieht für diesen Zweck die so genannten vier Grundfreiheiten vor, welche das wesentliche Mittel darstellen, um den gemeinsamen Markt zu formen und zu erhalten. Sie umfassen: freier Personenverkehr, freier Warenverkehr, freier Dienstleistungsverkehr und freier Kapitalverkehr.

Um welche Steuer handelt es sich bei der Körperschaftssteuer?

Um die Einkommenssteuer der juristischen Personen. Körperschaftssteuerpflichtig sind v. a. Kapitalgesellschaften, Genossenschaften, rechtsfähige Vereine und Stiftungen. Die Höhe des Steuersatzes richtet sich danach, ob Gewinne ausgeschüttet oder einbehalten werden.

Wann spricht man von einer Emission?

Von einer Emission (lat. emittere, „aussenden") spricht man bei der Ausgabe von Wertpapieren oder Banknoten. Emittenten und die Emission begleitende Konsortialbanken veröffentlichen rechtzeitig den zu erwartenden Ausgabepreis (Bookbuilding-Spanne) sowie die Zeichnungsfrist. Der tatsächliche Ausgabepreis wird als Emissionskurs bezeichnet.

Was ist ein Börsencrash?

Börsencrash oder Börsenkrach bezeichnet einen starken Kursverfall an den Wertpapierbörsen, der nicht selten einer Wirtschaftskrise vorausgeht. Berühmte Beispiele sind der Zusammenbruch der New Yorker Börse im Jahr 1929, der als wesentlicher Auslöser für die nachfolgende Weltwirtschaftskrise gilt oder der kleinere Crash im Oktober 1987.

Wann handelt es sich um einen Mini-Job?

Bei einer Beschäftigung unter 15 Stunden wöchentlich und einem Monatsverdienst von höchstens 400 Euro. Der Arbeitgeber muss pauschal 12% des Entgeltes an die Renten-, 10% an die Krankenversicherung sowie 2% als Pauschalsteuer bezahlen; bei haushaltsnahen Dienstleistungen verringern sich die Pauschalabgaben an Renten- und Krankenversicherung auf jeweils 5%. Für Arbeitnehmer sind Mini-Jobs steuer- und abgabenfrei.

Was passiert bei einer Geldwäsche?

Das Zurückführen von illegal erworbenem Geld in den legalen Wirtschaftskreislauf. Beispiel ist der Einkauf von Waren durch schwarz erwirtschaftetes Geld. Geldwäsche tritt im Bereich der Drogenkriminalität und des organisierten Verbrechens, aber auch bei Steuersündern auf.

Wann wird ein Unternehmen als Start-up bezeichnet?

Start-up-Unternehmen steht für Unternehmensgründungen, die neue unternehmerische Ideen konkret umsetzen. Sie erwirtschaften in der Regel noch keinen Gewinn, haben dafür aber hohe Wachstumsraten. Diejenigen, die erfolgreich an die Börse gebracht werden, gleichen Verluste mit hohen Kursgewinnen aus. Start-ups sind gegenwärtig v. a. in neuen Wachstumsbranchen wie der Informationstechnologie und der Bio-Tech-Branche zu beobachten.

Wie bezeichnet man das Sondervermögen von Kapitalgesellschaften?

Als Fonds. Das Sondervermögen wird z. B. in Immobilien, Aktien oder Rentenpapieren angelegt. Man unterscheidet zwischen offenen Fonds (open end fund) und geschlossenen Fonds (closed end fund). Die letztere Form, bei der Anleger keinen Anspruch auf Rücknahme der Anteile hat, ist in den angelsächsischen Ländern geläufig, in Deutschland aber verboten. Der Anleger hat über den Kauf von Anteilen an einem Fonds die Möglichkeit, sich an der Entwicklung aller im Fondsvermögen befindlichen Werte zu beteiligen.

Was besagt das Ladenschlussgesetz?

Seit dem 1. Juni 2003 dürfen Geschäfte in Deutschland Montag bis Samstag von sechs bis 20 Uhr geöffnet haben. Sonderregelungen gelten für Geschäfte in Bahnhöfen und Flughäfen. Anlässlich von Märkten und Messen sind vier verkaufsoffene Sonn- und Feiertage pro Jahr möglich. Die Verkaufszeit darf fünf Stunden nicht überschreiten, muss um 18 Uhr beendet sein und außerhalb der Zeiten der Hauptgottesdienste liegen.

Was ist der Unterschied zwischen Brutto und Netto?

Brutto bedeutet „das Gesamte, ohne Abzüge", also z. B. Beträge vor Abzug von Steuern, Abschreibungen usw. Beispiele sind Bruttopreis (vor Abzug der Mehrwertsteuer) oder Bruttolöhne (vor Abzug von Steuern und Sozialversicherung). Netto meint dagegen Werte nach Abzug von Steuern, Abschreibungen, Gebühren usw. Beispiele sind Nettopreis (ohne Mehrwertsteuer) oder Nettolöhne (nach Abzug aller Steuern und Abgaben).

Wer begründete den Merkantilismus und was versteht man darunter?

Jean-Baptiste Colbert

Die Wirtschaftstheorie und -politik des Absolutismus im 17. und 18. Jahrhundert wurde vom französischen Finanzminister Jean-Baptiste Colbert (1619–83) begründet. Er glaubte an den unbedingten Zusammenhang von nationalem Reichtum und aktiver Außenhandelsbilanz. Er gründete Manufakturen und versuchte so, Importe nach Frankreich zu minimieren. Konnten Franzosen bestimmte Waren nicht produzieren, so holte er die ausländischen Fachkräfte kurzerhand nach Frankreich.

Was verbirgt sich hinter dem Begriff Headhunting?

Eine Form der Personalbeschaffung, bei der ein erwerbswirtschaftliches Unternehmen bei der Suche und Auswahl von Führungskräften unterstützt wird. Dabei gehen die Personalberater heute über Arbeitsanalyse, Werbung, Bewerberauswahl, Auskunftseinholung und Beratung des Auftraggebers hinaus und sprechen potenzielle Übernahmekandidaten in bestehenden Arbeitsverhältnissen an.

Was unterscheidet festverzinsliche Wertpapiere von Aktien?

Festverzinsliche Wertpapiere sind Wertpapiere, die eine bestimmte Verzinsung garantieren. Dagegen verbriefen Aktien lediglich Anspruch auf Dividenden, die bei schlechter Geschäftslage durchaus sehr gering oder null sein können.

Wieso wird zwischen Arbeitslosengeld I und Arbeitslosengeld II unterschieden?

Arbeitslosengeld I (ALG I) ist eine Versicherungsleistung, die Jobsuchende ab 2006 nur noch zwölf Monate (über 55 Jahre: 18 Monate) erhalten. Arbeitslosengeld II (ALG II) basiert auf der Zusammenlegung von Arbeitslosenhilfe und Sozialhilfe, ersetzt die bisherige Arbeitslosenhilfe und wird aus Steuergeldern finanziert.

Welche Funktion übt ein Key-Account-Manager aus?

Als Key-Account-Manager wird diejenige Person im Unternehmen bezeichnet, die sich primär um Kunden mit einer Schlüsselposition für den Unternehmenserfolg kümmern. Notwendig ist v. a. die individuelle Ausrichtung marketingpolitischer Maßnahmen und Instrumente auf den Kunden.

Wieso tritt der Begriff New Economy immer häufiger auf?

New Economy (engl., „neue Ökonomie“) kennzeichnet den gegenwärtig zu beobachtenden Wandel von der Industrie- zur Informations- und Wissensgesellschaft. Wirtschafts-, Unternehmens-, Markt- und Arbeitsstrukturen ändern sich zum Teil radikal. Typische Kennzeichen sind die zunehmende Durchdringung sämtlicher Lebens- und Arbeitsbereiche durch das Internet, die Veränderung klassischer Arbeits- und Lebensformen, die steigende Zahl von Start-up-Unternehmen sowie die Veränderung der Spielregeln auf den Märkten.

Welche Formen der Investition gibt es?

Investitionen binden Vermögen und Kapital eines Unternehmens. Typischerweise unterscheidet man Sachinvestitionen (z. B. Maschinen, Lager, Büroeinrichtungen), Finanzinvestitionen (z. B. Wertpapiere) und immaterielle Investitionen (z. B. Forschung und Entwicklung). Des Weiteren wird zwischen öffentlichen und privaten Investitionen sowie zwischen Ersatz- und Erweiterungsinvestitionen unterschieden.

Inwiefern handelt es sich bei Rückstellungen um Verbindlichkeiten des Unternehmens?

Rückstellungen werden gebildet, um bestimmte Beträge für in der nächsten Zeit auftretende Auszahlungsverpflichtungen zurückzuhalten. Beispiele sind die Bildung von Pensionsrückstellungen für die Finanzierung der Betriebsrenten oder von Rückstellungen für zu erwartende Prozesskosten oder Gewährleistungen.

Was bedeutet die Redewendung Geld stinkt nicht?

Kaiser Vespasian

„Pecunia non olet“ sagte der römische Kaiser Vespasian (9–79 n. Chr.) zu seinen Beratern. Diese wollten ihm ausreden, eine Steuer für die öffentlichen Bedürfnisanstalten im alten Rom zu erheben. Da hielt er ihnen angeblich ein Geldstück unter die Nase und sagte jenen berühmten Satz. Wer heute behauptet, Geld stinke nicht, will normalerweise damit zum Ausdruck bringen, dass Geld nichts mit moralischen Überlegungen zu tun hat und seiner Ansicht nach eine neutrale Sache ist.

Was gehört zur Schattenwirtschaft?

Sämtliche wirtschaftliche Aktivitäten, die nicht in der offiziellen Statistik ausgewiesen sind, aber dennoch zur gesamtwirtschaftlichen Wertschöpfung beitragen. Typischerweise zählen dazu die auf schwarzen Märkten gehandelten Güter und Dienstleistungen oder Wertschöpfung im Rahmen der bedarfsorientierten Selbstversorgung oder Nachbarschaftshilfe privater Haushalte.

Heutige Industrieanlage

Was versteht man unter der (ersten) industriellen Revolution?

Eine umwälzende Veränderung der wirtschaftlichen und gesellschaftlichen Bedingungen, wie sie sich Ende des 18. Jahrhunderts in England zu vollziehen begann und dann später in anderen europäischen Ländern fortsetzte. Merkmale waren der Übergang von der handwerklichen zur maschinellen Fertigung, etwa in der Textilindustrie durch die Erfindung der Spinnmaschinen und dann auch der Beginn des Eisenbahnzeitalters.

Wann liegt ein Termingeschäft vor?

Wenn die Abnahme oder Lieferung der an der Börse gehandelten Gegenstände (z. B. Waren, Wertpapiere, Devisen) zu einem späteren Termin erfolgt, der Kurs, zu dem das Geschäft getätigt wird, jedoch schon am Tag des Vertragsschlusses fest vereinbart wird. Aufgrund der hohen Risiken waren Termingeschäfte in Deutschland lange Zeit nicht zugelassen.

Welcher Unterschied besteht zwischen Umsatz und Gewinn?

Während sich der Umsatz aus der abgesetzten Menge bestimmter Produkte und Leistungen multipliziert mit dem Stückpreis ergibt, werden beim Gewinn vom Umsatz die Kosten für die Erstellung dieser Produkte und Leistungen abgezogen.

Wie unterscheidet sich das Eigenkapital vom Fremdkapital?

Eigenkapital ist derjenige Teil des Kapitals, der dem Unternehmen entweder von außen durch Gesellschafter (z. B. Gesellschaftsanteile, Aktien) zur Verfügung gestellt wird oder der innen gebildet wird (z. B. durch nicht ausgeschüttete Gewinne). Fremdkapital ist dagegen derjenige Teil des Kapitals, den Unternehmen z. B. bei Banken aufnehmen.

Warum werden bestimmte Aktien als Vorzugsaktien bezeichnet?

Weil deren Inhaber im Unterschied zu Stammaktionären kein Stimmrecht haben, jedoch anderweitige Vorteile erhalten. Hierzu zählen z. B. eine bestimmte Mindestdividende oder die Nachzahlung bei ausgefallenen Dividenden.

Was versteht man unter Controlling?

Eine Aufgabe im Bereich des Managements, die sich mit der Sammlung von Informationen (unternehmensintern und -extern) befasst, diese in die Planung umsetzt und die Realisierung der Pläne steuert und kontrolliert. Bei Abweichungen müssen die notwendigen Korrekturmaßnahmen eingeleitet werden. Insofern geht Controlling über die reine Planung hinaus.

Was bedeutet Tarifautonomie?

Das grundgesetzlich geschützte Recht der Tarifpartner, durch freie Vereinbarungen Tarifverträge auszuhandeln, ohne dass eine staatliche Stelle mitwirkt oder sich einmischt. Bestandteile der Tarifautonomie sind auch das Streik- und das Aussperrungsrecht als Arbeitskampfmittel von Gewerkschaften und Arbeitgeberverbänden.

Welche Aufgaben hat die Bundesagentur für Arbeit (BA)?

Hauptaufgabe der Bundesagentur für Arbeit ist die Förderung der Beschäftigung und die Bekämpfung der Arbeitslosigkeit. Die wesentlichen Leistungen der BA bestehen in der Zahlung von Entgeltersatzleistungen im Rahmen der Arbeitslosenversicherung, den Maßnahmen der Arbeitsmarktpolitik, der Berufsberatung sowie der Arbeitsvermittlung. Die Finanzierung der Leistungen der BA erfolgt durch Beiträge der Arbeitgeber und Arbeitnehmer zur Arbeitslosenversicherung, wobei der Bund zum Ausgleich eines Defizites verpflichtet ist. Im Zuge der Umsetzung der Ergebnisse der Hartz-Kommission wird die BA reformiert und ihre Leistungsfähigkeit verbessert – z. B. durch umfassende und effiziente kundenorientierte Beratung der Arbeitslosen in Jobcentern, durch die frühzeitige Meldepflicht der von Arbeitslosigkeit Bedrohten sowie durch die Gründung von Personalserviceagenturen.

Was bezeichnet man als so genannten Ricardo-Effekt?

Der nach dem englischen Nationalökonomen David Ricardo (1772–1823) benannte Effekt besagt, dass Lohnsteigerungen die Unternehmer dazu ermutigen, Arbeitskräfte durch Maschinen zu ersetzen und umgekehrt Senkungen der Reallöhne dazu führen, dass Anlagekapital durch Arbeitskräfte ersetzt wird.

Wofür sind Abschreibungen erforderlich?

Unter Abschreibungen versteht man die Wertminderung von Investitionen, etwa durch Abnutzung der Einrichtung oder der technischen Geräte. Auch Immobilien können abgeschrieben werden. Abschreibungen sind sozusagen fiktive Verschleißkosten, die jedoch jedes Jahr in der Kostenplanung berücksichtigt werden, um nach der Abnutzung tatsächlich neue Anschaffungen tätigen zu können.

Was steckt hinter Ein-Euro-Jobs?

Die Idee, Arbeitslosen, die keine reguläre Arbeit finden, so genannte Arbeitsgelegenheiten anzubieten. Dabei handelt es sich um gemeinnützige Tätigkeiten. Dieser Verdienst wird nicht auf das Arbeitslosengeld angerechnet; allerdings kann das Arbeitslosengeld zeitweise gekürzt werden, wenn der Job ausgeschlagen wird. Ein-Euro-Jobs sollen v. a. von Kommunen oder Wohlfahrtsverbänden geschaffen werden, die dafür einen pauschalen Zuschlag von der Bundesagentur für Arbeit erhalten.

Was ist die größte Einzelgewerkschaft der Welt?

Mit rund drei Millionen Mitgliedern ist zur Zeit die Vereinte Dienstleistungsgewerkschaft ver.di die größte Einzelgewerkschaft der Welt. Sie entstand im März 2001 durch den Zusammenschluss der bisherigen DGB-Einzelgewerkschaften Öffentliche Dienste, Transport und Verkehr (ÖTV), Deutsche Postgewerkschaft (DPG), Gewerkschaft Handel, Banken und Versicherungen (HBV) sowie IG Medien.

Was ist ein Skonto?

Ein in Prozent ausgedrückter Preisnachlass bei Barzahlung oder bei Zahlung vor Fälligwerden.

Was ist eine Branche?

Als Branche oder Wirtschaftszweig bezeichnet man in der Wirtschaft eine Gruppe von Unternehmen, die ähnliche Produkte herstellen oder ähnliche Dienstleistungen erbringen. Eine für den deutschen Wirtschaftsraum allgemein gültige Einordnung von Unternehmen in Branchen nimmt seit 1950 das Statistische Bundesamt vor.

Was bedeutet der Begriff Markt?

Produkte und Dienstleistungen müssen an einem bestimmten Ort ihren Besitzer wechseln. Der Begriff Markt (lat. mercatus, „Handel") bezeichnet ganz allgemein den ökonomischen Ort des Zusammentreffens von Angebot (Verkäufer) und Nachfrage (Käufer). Eine weitere Wortbedeutung ist das mögliche Gebiet, wo ein Anbieter seine Güter verkaufen kann, das Absatzgebiet.

Was steckt hinter dem Begriff Globalisierung?

Eine Strategie, die zum Ziel hat, international, d. h. global tätig bzw. präsent und bekannt zu sein. Grundüberlegung dieser Internationalisierungsstrategie ist die Annahme, Kundenwünsche und -bedürfnisse würden sich langfristig weltweit annähern, sodass Strategien standardisierbar werden. Diese Strategie stößt jedoch an Grenzen bei kulturabhängigen Produkten (z. B. der Export von Fleischprodukten in islamische Länder).

Was hat der DAX mit dem Dow Jones gemein?

Beides sind Aktienindizes, Messzahlen für die Entwicklung der durchschnittlichen Aktienkurse. Der DAX orientiert sich an 30 deutschen Standardwerten. Der Dow-Jones-Index setzt sich aus drei Subindices zusammen und orientiert sich an 65 Aktienwerten der Wertpapierbörse.

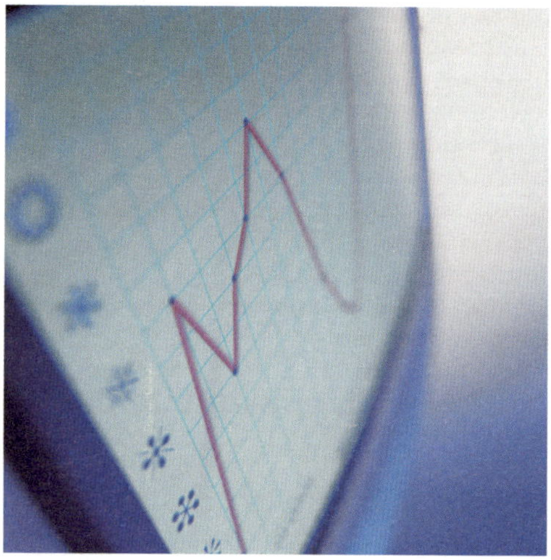

Kursverlauf

Um welche Anlageform handelt es sich bei Genussscheinen?

Genussscheine stellen eine Anlageform zwischen Aktie und Anleihe dar. Sie verbriefen schuld- und eigentumsrechtliche Ansprüche verschiedener Art, vor allem den Anspruch auf Rückzahlung des Nominalwertes, meist auch das Recht, am Reingewinn oder Liquiditätserlös einer Gesellschaft teil zu haben. Das Stimmrecht ist jedoch ausgeschlossen.

Welches ist das größte Internet-Auktionshaus?

Ebay ist der weltweit umsatzstärkste Anbieter von Internet-Auktionen. In Deutschland hat sich mittlerweile ein regelrechter Ebay-Boom eingestellt. Allerdings gerät das Auktionshaus auch oft in die Kritik, da schon häufiger illegale Güter versteigert wurden. Die Reihe der zumindest nach dem deutschen Gesetz nicht tauschbaren, aber doch gehandelten Güter im wirtschaftlichen Sinn reicht von menschlichen Organen wie Nieren, rechtsextremistischem Propagandamaterial bis hin zu Tankquittungen, die den Erwerbern dazu dienten, Steuern zu sparen.

Was verbirgt sich hinter dem Snobeffekt?

Ökonomen klassifizieren den Snobeffekt als anormales Nachfrageverhalten. Das passiert immer dann, wenn die Konsumenten bestimmten Gütern erst ab einem gewissen Preis Beachtung schenken. Umgekehrt bedeutet das, dass viele andere Güter aufgrund ihres geringen Preises nicht als exklusiv genug betrachtet werden. Bei Snobeffekt-Gütern steigt die Zahl der abgesetzten Gütermenge immer mit der Erhöhung des Preises.

Was bedeutet der Begriff Factory Outlet?

Als Factory Outlet wird der Verkauf ab Fabrik bezeichnet. Ursprünglich war es nur als Angebot für das Personal gedacht, kostengünstig direkt ab Fabrik einzukaufen. Seit einiger Zeit können jedoch auch Endverbraucher diese Möglichkeit nutzen. In Deutschland gibt es mittlerweile über 2000 solcher so genannten Outlet-Stores für Endverbraucher.

Was bedeutet das Wirtschaftlichkeitsprinzip?

Es bedeutet, dass jeder an der Wirtschaft Teilnehmende grundsätzlich bestrebt ist, das Verhältnis von Zielerreichung und Mitteleinsatz möglichst günstig zu gestalten. Dieses Ziel kann man über zwei verschiedene Handlungsweisen erreichen, entweder über das Minimalprinzip, das auch das Sparsamkeitsprinzip genannt wird, oder aber über das Maximalprinzip, das auch Ergiebigkeitsprinzip heißt. Das Sparsamkeitsprinzip kommt meist in den privaten Haushalten zum Einsatz: Ein Auto soll möglichst wenig kosten, das Haus wird preisgünstig gebaut. Unternehmen bedienen sich darüber hinaus auch der Vorgehensweise, mit einem gegebenen Einsatz von Mitteln, etwa einer bestimmten Anzahl von Mitarbeitern, möglichst viele und hohe Ziele zu erreichen.

Auf wen geht das Giffen-Paradoxon zurück?

Das Giffen-Paradoxon ist eine von Robert Giffen (1837–1910) festgestellte Anomalie des Nachfrageverhaltens. Giffen beobachtete, dass Haushalte, die am Existenzminimum lebten, auf eine Erhöhung des Brotpreises mit einer steigenden Nachfrage nach Brot reagierten. Begründen lässt sich dies damit, dass ein steigender Preis für ein Grundnahrungsmittel bei diesen Haushalten das für andere Nahrungsmittel verfügbare Einkommen so stark sinken lässt, dass sie auf diese verzichten und mehr Brot kaufen müssen, um ihre Ernährungsgrundlage zu sichern.

Wozu dient der so genannte Warenkorb?

Der Preisindex für die Lebenshaltung will ein umfassendes Bild der Preisentwicklung vermitteln, soweit davon die privaten Haushalte betroffen sind. Es ist deshalb erforderlich, deren Verbrauchsgewohnheiten umfassend zu erfassen und den Berechnungen eines Verbraucherpreisindices zugrunde zu legen. Die Gesamtheit der ausgewählten Güter heißt Warenkorb. Der Warenkorb für die Preisindices in Deutschland umfasst zurzeit ca. 750 Waren und Dienstleistungen. Er ist identisch für Deutschland und für alle speziell abgegrenzten Haushaltstypen.

Was ist eine Hyperinflation?

Steigen die Preise plötzlich um mindestens 50 %, spricht man von einer Hyperinflation. In Zeiten der Hyperinflation, in denen Geld rapide an Wert verliert, weichen die Verbraucher zunächst auf beständigere Auslandswährungen oder auch auf knappe Güter aus, die dann zu einer Ersatzwährung werden. In der Nachkriegszeit wurden das zum Beispiel US-Zigaretten, die kaum geraucht, sondern als Zahlungsmittel benutzt wurden.

Worüber gibt die Bonität Auskunft?

Die Bonität gibt Auskunft über die Kreditwürdigkeit eines Anleiheschuldners. Für Gläubiger nämlich ist es von großer Bedeutung, wie groß die Wahrscheinlichkeit ist, dass der Schuldner seinen Schuldendienstverpflichtungen, d. h. Zinszahlung und Tilgung der aufgenommenen Gelder, nachkommen kann.

Was versteht man unter dem Begriff Treasureship?

Es ist die angelsächsische Bezeichnung für einen Teilbereich der finanzwirtschaftlichen Aufgaben in einer Unternehmung. Im Einzelnen umfasst diese betriebliche Teilfunktion die Kapitalbeschaffung in Form von kurz- und langfristigem Fremdkapital, die Aufnahme von Eigenkapital, die Anlage frei verfügbarer Mittel auf den Geld- und Kapitalmärkten sowie die Schaffung und Pflege entsprechender Beziehungen zu Banken, Anteilseignern und anderen Investoren.

Was versteht man unter Benchmarking?

Benchmarking bedeutet, die eigenen Produkte, Prozesse, Dienstleistungen, Strategien, Strukturen, Aktivitäten, Kulturen etc. mit den besten Unternehmen zu vergleichen und von diesen zu lernen, indem „Best Practices" identifiziert, auf die eigenen Belange angepasst und umgesetzt werden.

Was bedeutet die Vorgehensweise Bottom Up?

Hierbei handelt es sich um ein Prinzip, nach dem Teilprobleme zunächst auf der untersten Ebene gelöst werden. Erst dann werden Probleme auf den nächsten Ebenen angegangen, bis zum Schluss alle Teile des Puzzles eine Gesamtlösung bilden. Das Verfahren findet in vielen Unternehmen Anwendung. Die gegenteilige Vorgehensweise nennt man Top Down.

Welche Unternehmen gehören zum Mittelstand?

Mittelständler ist, wer einen Jahresumsatz von unter 50 Millionen Euro realisiert und weniger als 500 Mitarbeiter beschäftigt. Rund 3,3 Millionen solcher Unternehmen gibt es in Deutschland. Speziell wird dann noch einmal in kleine und mittlere Unternehmen eingeteilt: Unternehmen mit einem Jahresumsatz unter einer Million Euro und weniger als neun Beschäftigten gelten als kleine Unternehmen, von einer bis 50 Millionen Euro Umsatz und zehn bis 499 Beschäftigten wird ein Unternehmen in Deutschland als Betrieb mittlerer Größe eingestuft.

Wer zählt zum so genannten Sonntagsgewerbe?

Zum Sonntagsgewerbe zählen Gewerbebetriebe, für die das grundsätzliche Verbot der Verpflichtung von Arbeitnehmern zur Sonntagsarbeit nicht besteht. Dies sind Gaststätten, Musikaufführungen, Schaustellungen, theatralische Vorstellungen oder sonstige Vergnügungen sowie das Verkehrsgewerbe.

Was versteht man unter einem Direct Mailing?

Eine Maßnahme des Direktmarketing, bei der einzelne Konsumenten persönlich angeschrieben werden. Dies erlaubt eine gezielte Ansprache der relevanten Konsumenten, d. h. der gewünschten Zielgruppe.

Talfahrt

Was versteht man unter den Börsenausdrücken Hausse und Baisse?

Mit Hausse wird die Zeit bezeichnet, in der die meisten Börsenkurse anhaltend stark steigen. Der Begriff Baisse bezeichnet den Tiefstand an der Börse.

Was versteht man unter einem Entrepreneur?

In den 1990er-Jahren galt Entrepreneurship als eine der populärsten Disziplinen amerikanischer Wirtschaftsuniversitäten. Entrepreneurs sind Unternehmer, Veranstalter oder Agenten. Sie erkennen und entwickeln Ideen für neue Produkte und Dienstleistungen, stellen Geschäftspläne auf, planen Wege zur Markteinführung, bündeln technische und finanzielle Mittel und steuern den Prozess der Unternehmensgründung. Entrepreneurs sind sowohl für die regionale Wirtschaft als auch für die Gesamtwirtschaft bedeutsam. Sein Ziel ist es, den Technologietransfer zu unterstützen und neue Arbeitsplätze zu schaffen.

Was bezeichnet der Begriff Bananenrepublik?

Der Begriff bezeichnet abwertend Länder der Dritten Welt, in deren Regierungen Verbrechen, Korruption, Vetternwirtschaft, mafiöse Tätigkeiten, persönliche Bereicherung auf Staatskosten, schädliche Absprachen und zweifelhafte Wahlen an der Tagesordnung sind. Bananenrepubliken heißen diese Staaten deshalb, weil anfangs vor allem die lateinamerikanischen Staaten wie etwa Honduras, Nicaragua, Panama oder Ecuador damit betitelt wurden, die eben nur oder vorwiegend Bananen produzierten und exportierten. Manchmal bezeichnet man auch Deutschland oder andere westliche Länder als Bananenrepublik. Das ist meist eine ironische Kritik an Zuständen, die in den Augen des Kritikers mit der Wirtschaftsordnung nicht übereinstimmen.

Wovor warnt der Blaue Brief der Europäischen Union?

Nach den Regeln des EU-Stabilitätspaktes ergeht eine solche frühzeitige Warnung immer dann, wenn die Verschuldung in einem Land drei Prozent des Bruttoinlandsproduktes zu überschreiten droht.

Warum ist die Riester-Rente etwas Einmaliges?

Die Einführung der Riester-Rente ist in der Geschichte der Sozialversicherung einmalig, denn mit ihr versucht man erstmals, den Weg der Kapitaldeckung – sprich den des Sparbuchprinzips – einzuschlagen und dem sonst für die Sozialversicherung typischen Umlageverfahren den Rücken zu kehren. Die Riester-Rente ist eine staatlich bezuschusste kapitalgedeckte Privatrente: Man zahlt während des aktiven Arbeitslebens Beiträge in eine private Rentenversicherung, einen Banksparplan oder einen Fonds ein und erhält dafür staatliche Zulagen und Steuerfreibeträge.

Welche europäische Währungseinheit ging dem Euro voran?

Der ECU (European Currency Unit). Bis zur Ablösung durch den Euro am 1. Januar 1999 diente der ECU als Europäische Rechnungs- und Währungseinheit. Die so genannte Korbwährung setzte sich aus Anteilen der Währungen der Mitglieder des Europäischen Währungssystems (EWS) zusammen. Der ECU diente als Bezugsgröße für die Berechnung der Abweichung zwischen den Gemeinschaftswährungen.

Was beinhaltet das Electronic Banking?

Die Bankterminals sind auf elektronischem Wege Tag und Nacht zugänglich. Es werden Bankgeschäfte per Telefon, per Computer oder die bargeldlose Zahlung per Karte abgewickelt.

Kunde am Bankautomaten

Was versteht man unter uneinbringlichen Forderungen?

Dabei handelt es sich um Außenstände, die als verloren anzusehen sind.

Was bedeutet Merchandising?

Der Begriff (engl., „verkaufen, den Absatz steigern") fasst alle absatzsteigernden Maßnahmen zusammen. Zur Steigerung des Bekanntheitsgrades einer Marke werden oft so genannte Merchandising-Artikel mit dem Markennamen oder Produktlogo verschenkt (z. B. Kugelschreiber, Feuerzeuge etc.).

Was wird mit Mergers & Acquisitions bezeichnet?

Formen von Unternehmenszusammenschlüssen (engl., „Fusion und Übernahme"). Der Merger stellt dabei den Zusammenschluss mindestens zweier Unternehmen zu einem rechtlich und wirtschaftlich einheitlichen Gebilde dar, während Acquisition den Kauf eines gesamten Unternehmens oder zumindest bestimmter Einheiten eines Unternehmens bedeutet.

Was hat der Pool mit Gewinnen zu tun?

Beim Pool (engl., „Gewinntopf") handelt es sich um ein Gewinnverteilungskartell, d. h. ein Kartell, bei dem die Gewinne auf Grund gemeinsamer Einnahmen nach einem bestimmten, vorher vereinbarten Schlüssel verteilt werden.

Inwiefern ist Pump Priming ein konjunkturpolitisches Mittel?

Pump Priming umschreibt den Versuch, eine unterbeschäftigte Wirtschaft durch erhöhte Staatsausgaben wieder zu beleben. Dadurch sollen die zu geringen Ausgaben der privaten Haushalte und Betriebe so lange angeregt werden, bis sie wieder ausreichend hoch sind.

Was bedeutet das so genannte Ursprungslandprinzip?

Hinter dem komplizierten Wort versteckt sich ein eigentlich einfaches Prinzip. Das Ursprungslandprinzip besagt, dass Waren in dem Land besteuert werden, in dem sie auch gefertigt werden, und nicht dort, wo sie verkauft werden. Ein Produkt, das in Deutschland hergestellt wird, muss auch in Deutschland versteuert werden und kann erst dann ins Ausland geliefert werden. Dort werden im Gegenzug die vor Ort gültigen Steuersätze für das Produkt nicht mehr aufgeschlagen.

Wie bezeichnet man die volkswirtschaftliche Ergiebigkeit?

Man spricht von der Produktivität des Bodens, der Arbeit, des Kapitals, der Gesamtwirtschaft und auch von außerwirtschaftlichen Faktoren, welche die Produktivität steigern oder mindern.

Was versteht man unter Laissez faire?

In der Wirtschaftswissenschaft bedeutet Laissez faire (frz., „lasst machen") die reine Form des wirtschaftlichen Liberalismus. Laissez faire besagt, dass der Staat nicht aktiv in die Wirtschaft eingreift. Die theoretische Fundierung lieferte der schottische Ökonom Adam Smith (1723–90), der mit seinem Jahrhundertwerk *Der Wohlstand der Nationen* den Gedanken der unsichtbaren Hand einführte, die dafür sorge, dass jeder Wirtschaftsteilnehmer, der nur seinen Eigennutzen maximieren möchte, indirekt auch die gesamtwirtschaftliche Wohlfahrt erhöht.

Welches Verfahren bewertet die Bonität eines Schuldners?

Das so genannte Rating, die Krediteinstufung. Die Beurteilung erfolgt durch Kreditwürdigkeitsprüfungen, die das Kreditausfallrisiko einzuschätzen versuchen. Das Rating bewertet den Schuldner über eine Skala, die im Allgemeinen mehrere Bewertungsstufen umfasst, z. B. AAA (erstklassige Bonität) bis CCC (hohe Gefahr des Zahlungsverzugs).

Was versteht man unter Steuerflucht?

Eine Form der Steuerausweichung, d. h. der Steuerpflichtige verlegt seinen Wohnsitz ins Ausland, weil dort die Steuerlast geringer ist. Es werden so genannte Steueroasen ausgesucht, wie z. B. Liechtenstein, Luxemburg oder Monaco.

Was versteht man unter dem so genannten Cafeteria-System?

Eine bisher vorwiegend in den USA eingesetzte Lohnform, bei welcher der Arbeitnehmer aus einer Palette von Sozialleistungen innerhalb eines bestimmten individuellen Budgets die Entgeltbestandteile selbst wählen bzw. zusammenstellen kann. Damit sollen die betrieblichen Zusatzleistungen mit den individuellen Bedürfnissen der Mitarbeiter optimal abgestimmt werden.

Was versteht man unter Mehrwertsteuer?

Die Mehrwertsteuer ist eine Verbrauchssteuer, die proportional zum Preis, auf jeder Stufe der Fertigungs- und Verteilerkette sowie beim Import von Waren und Dienstleistungen angewendet wird.

Welcher Staat wird auch Nachtwächterstaat genannt?

Die polemische Bezeichnung geht zurück auf Ferdinand Lasalle (1825–64) und drückt die nur auf Schutzaufgaben beschränkte Rolle des Staates in einer Laissez-faire-Wirtschaft aus. Der Staat nimmt hier die Rolle eines reinen Rechtshüters ein. Nachtwächterstaaten wird vorgeworfen, dass sie zur Ausbeutung und Verelendung der Arbeiter und zu Wirtschaftskrisen führen.

Was sind Penny Stocks?

Eine Hinterlassenschaft des New-Economy-Booms sind Penny Stocks, so genannte Pfennig-Aktien. Ihr Wert liegt meist unter einem Dollar und sie werden in ungeregelten Marktsegmenten gehandelt.

Welche Tilgungsformen gibt es?

Als Tilgungsformen lassen sich einmalige, ratenweise und unregelmäßige Rückzahlungen (z. B. durch Auslosung) unterscheiden. Während bei Darlehen eine ratenweise Rückzahlung, häufig in der Form einer Annuität (gleich bleibende Summe aus Zins und Tilgung) vereinbart wird, finden sich bei festverzinslichen Wertpapieren häufig Formen der Auslosung von Einzelstücken, Serien oder Gruppen, die über den Markt aus Tilgungsfonds vom Unternehmen zurückgekauft werden.

Flugzeug an der Gangway

Wen bezeichnet der englische Begriff Carrier?

Die Giganten der Touristikbranche, insbesondere bei Flugreisen. Ursprünglich bedeutet Carrier „Transportunternehmer" bzw. „Transportflugzeug".

Was ist eine Bilanzierung?

Bilanzierung ist das Erstellen einer Jahresabschlussrechnung, bei der das Vermögen den Schulden bzw. die Gewinne den Verlusten – die Aktiva den Passiva – gegenüber gestellt werden. Zur Bilanzierung ist jeder Kaufmann verpflichtet und sie muss den Grundsätzen einer ordnungsgemäßen Buchführung entsprechen. Die Bilanz und eine gesonderte Gewinn-und-Verlust-Rechnung bilden den so genannten Jahresabschluss.

Was ist eine Bürgschaft?

Bürgschaft ist die Verpflichtung einer Person (Bürge) gegenüber dem Gläubiger, für die Erfüllung der Verbindlichkeit des Schuldners einzustehen. Mit der Bürgschaft erhält der Gläubiger neben dem Anspruch gegen den Schuldner die Möglichkeit, auf das Vermögen des Bürgen zuzugreifen. Die Bürgschaft wird häufig zur Absicherung von Krediten verlangt, dient aber auch der Durchsetzung von Gewährleistungs- und Schadensersatzansprüchen.

Was versteht man unter Bringschuld?

Bringschuld ist eine Schuld, die der Schuldner dadurch erfüllt, dass er die vereinbarte Leistung am Wohnort des Gläubigers erbringt. Die Bringschuld muss im Vertrag ausdrücklich vereinbart werden, wobei es gleichgültig ist, ob ein mündlicher oder schriftlicher Vertrag vorliegt.

Was besagt das Eisenhower-Prinzip?

Das Eisenhower-Prinzip analysiert bestimmte Aufgaben nach den beiden Kriterien Dringlichkeit und Wichtigkeit und ordnet sie bestimmten Kategorien zu. Diese können als Verhaltensempfehlungen für die Erledigung der Aufgaben im Sinne einer Prioritätensetzung herangezogen werden. Unterschieden wird dabei zwischen sehr dringlichen und sehr wichtigen, dringlichen und nicht so wichtigen, nicht dringlichen, aber wichtigen, nicht dringlichen und nicht wichtigen Aufgaben.

Wie nennt man den erstmaligen Gang an die Börse?

Going Public. Häufig wird der Begriff auch für das bloße Vorhaben, emissionsfähig zu werden, verwendet.

Was sind operative Geschäfte?

Operative Geschäfte sind diejenigen Tätigkeitsfelder eines Unternehmens, die seinem eigentlichen Zweck entsprechen und mit denen es Gewinne erzielen möchte. Ein Unternehmen der Automobilbranche weist unter operativen Geschäften folglich die Umsätze aus dem Verkauf von produzierten Pkws aus, ein Dienstleistungsunternehmen die mit beratenden Tätigkeiten erzielten Umsätze. Dementsprechend zählen Gewinne und Einnahmen aus Aktienspekulationen und Grundstücksverkäufen nicht zum operativen Geschäft dieser Unternehmen, da sie nicht aus deren eigentlichen Tätigkeitsfeldern stammen.

Was versteht man unter einem Take over?

Die Unternehmensübernahme eines Unternehmens durch ein anderes. Die Übernahme kann entweder „friendly", d. h. einvernehmlich oder auch „unfriendly", d. h. für das übernommene Unternehmen zunächst unbewusst und unbemerkt erfolgen. Nach der Übernahme eines Unternehmens ist über die Form des Unternehmenszusammenschlusses zu entscheiden.

Was bezeichnet man als Carry-over-Effekt?

Wirkungsverzögerungen von Werbemaßnahmen, sodass die Werbewirkung des Instrumenteneinsatzes erst in einer Folgeperiode zur Geltung kommt.

Was ist ein Knebelvertrag?

Ein Knebelvertrag ist eine Vereinbarung, der die Entscheidungsfreiheit eines Partners in wirtschaftlicher Hinsicht derart beschränkt, dass er keine wesentlichen Entscheidungen mehr selbstständig treffen kann. Ein Knebelvertrag ist sittenwidrig.

Welche Wertpapiere werden beim Leerverkauf verkauft?

Ein Leerverkauf ist der Verkauf von Wertpapieren, die der Verkäufer noch nicht besitzt. Der Verkäufer spekuliert bei diesem Termingeschäft darauf, dass die Kurse sinken, bis die Wertpapiere an die Käufer geliefert werden müssen, und er sie sich dann billiger beschaffen kann. Dies wird in der Fachsprache als Eindeckung bezeichnet. Die Differenz zwischen dem Verkaufs- und dem Einkaufskurs verbleibt dem Käufer als Gewinn bzw. Verlust.

Welcher Handel spielt an den deutschen Wertpapierbörsen die wichtigste Rolle?

Der amtliche Handel bzw. die amtliche Notierung. Für diesen Markt, auf den sich weit über 90% der gesamten Börsenumsätze konzentrieren, ist die Geschäftsführung unter Mitwirkung der amtlichen Makler oder die Maklerkammer verantwortlich. Die Einführung eines Wertpapiers zur amtlichen Notierung ist von der Einhaltung strenger Zulassungsvorschriften (Börsenzulassung) abhängig. Die in diesem Marktsegment ermittelten Kurse werden von öffentlich-rechtlichen Maklern festgestellt und sind amtlich.

Was entwickelte das so genannte Davoser Manifest?

Das 1973 auf dem European Management Forum in Davos entwickelte Manifest bildet die Grundlage für die Erstellung von Führungsgrundsätzen im Sinne der Führungsethik. In dem Manifest werden Ziele wie z. B. der Dienst am Kunden, am Mitarbeiter, das Ziel der sozialen Verantwortung für die Gesellschaft, der Interessenausgleich zwischen Arbeitgebern und -nehmern sowie

Qualitätsansprüche an Produkte und Produktionsprozesse aufgestellt.

Was besagt die Goldene Finanzierungsregel?

Anlagevermögen ist durch Eigenkapital, eigenkapitalähnliches Kapital und langfristiges Fremdkapital, Umlaufvermögen durch kurzfristiges Fremdkapital (Betriebsmittelkredite der Hausbank und Lieferantenverbindlichkeiten) zu finanzieren.

Was bedeutet die Redewendung pacta sunt servanda?

Verträge müssen eingehalten, d. h. erfüllt werden. Der Grundsatz wurde aus dem Römischen Recht übernommen und ist noch heute gültiger Grundsatz der Vertragstreue.

Was ist ein Haustürgeschäft?

Als Haustürgeschäft bezeichnet man einen Vertragsabschluss etwa in der Privatwohnung, auf der Straße, am Arbeitsplatz oder auf so genannten Kaffeefahrten. Ein solches Geschäft kann von dem Kunden innerhalb einer Woche widerrufen werden (Fristbeginn erst nach ordnungsgemäßer ausdrücklicher Belehrung; fristgemäße Absendung des Widerrufs genügt); dann sind die gegenseitigen Leistungen zurückzuerstatten.

Was ist ein Profit Center?

Der Begriff Profit Center stammt aus den USA und ist eng mit der Einführung der Objektorganisation in Produktsparten verbunden. Profit Center sind autonome organisatorische Einheiten (z. B. Abteilungen, Bereiche) in einem Unternehmen mit eigener Verantwortung für den unternehmerischen Erfolg. Ein Manager bzw. ein Team von Managern leitet das Profit Center eigenverantwortlich und ergebnisorientiert. Das Profit-Center-Konzept ist vor allem bei produktorientierter Gliederung eines Unternehmens in Sparten verwirklicht. Es motiviert die Mitarbeiter durch höhere Eigenverantwortung und Orientierung am Erfolg.

Wer darf eigentlich Geld drucken?

Während die Prägung der Euromünzen in der Verantwortung der teilnehmenden Mitgliedsstaaten liegt, sind für das Drucken der insgesamt 17 Milliarden Eurobanknoten die Europäische Zentralbank und die nationalen Zentralbanken des Euro-Systems verantwortlich. Diese vergeben die Druckaufträge an wenige spezialisierte Druckereien. Euromünzen werden in Deutschland in den fünf deutschen Münzstätten Berlin, Hamburg, Karlsruhe, München und Stuttgart hergestellt.

Französische Euromünze

Wer gehört zu den so genannten Global Playern?

Zu diesem erlauchten Kreis gehören nur Unternehmen, die auf allen Kontinenten zu Hause sind und dort mit lokalen Wettbewerbern oder anderen Global Playern konkurrieren. Das Etikett heften sich jedoch nicht nur große Konzerne mit Milliardenumsätzen an. Auch viele kleine, hochspezialisierte Firmen verkaufen ihre Produkte weltweit – mit Erfolg.

Was versteht man unter einer Marke?

Jedes Unternehmen kann das gewisse Etwas, das seine Waren oder Dienstleistungen von den Produkten der Konkurrenz unterscheidet, als Marke schützen lassen. Maßgeblich ist, was die Kunden als Kennzeichen oder Herkunftshinweis ansehen. Von besonderer Bedeutung für ein Produkt ist oftmals die Verpackung. Es gibt verschiedene Arten von Marken: Handelsmarken sind Waren- oder Firmenzeichen, mit denen Unternehmen ihre Waren versehen. Bei den „No Names" handelt es sich um Handelsmarken als Billigangebote. Des Weiteren gibt es Hersteller- oder Firmenmarken sowie Produktmarken.

Was ist ein Homo oeconomicus?

Der Homo oeconomicus ist ein Kunstmensch, den die Wirtschaftswissenschaftler geschaffen haben. Er stellt das Modell eines Menschen dar, der nach wirtschaftlichen Maßstäben stets rational handelt. Mit dieser Kunstfigur haben sich die Ökonomen die Möglichkeit geschaffen, die Wirkung der Veränderungen einzelner Faktoren, die im Wirtschaftsleben eine Rolle spielen, genauer zu untersuchen.

Was ist eine Bestellung?

Eine eindeutige Aufforderung an einen Lieferanten, eine Lieferung vorzunehmen. Außerdem kann der Begriff die Ernennung von Personen für einen Posten oder eine Aufgabe bezeichnen.

Was sind Rückversicherungen?

Damit bezeichnet man die Versicherung eines Erstversicherers. Damit soll gewährleistet werden, dass Versicherte ihre vertraglichen Leistungen erhalten, wenn die ursprüngliche Versicherung dazu nicht in der Lage ist. Beispielsweise bei der Flutkatastrophe von New Orleans 2005 mussten zahlreiche Rückversicherungen greifen. Der Vorteil liegt also besonders darin, dass auch ein Risiko von großen Schäden übernommen werden kann.

Wo hat das Weltwirtschaftsforum seinen Sitz?

Im Schweizer Skiort Davos. Die private Stiftung hat sich zum Ziel gesetzt, eine Plattform zum Informationsaustausch zwischen Wirtschaft und Politik zu sein. Dabei sollen weltwirtschaftliche Probleme diskutiert sowie Strategien und Lösungen diskutiert werden. Das alljährliche Treffen wird stets von Protesten der Globalisierungsgegner begleitet. Die Kritiker bemänglen, dass die Zusammenkunft einer Vorantreibung der Globalisierung diene, die die Kluft zwischen Arm und Reich nur verstärke und zudem die Umwelt zerstöre.

Wodurch unterscheiden sich Girokonto und Sparkonto?

Das Girokonto dient den täglichen Bankgeschäften; so dürfen von ihm Überweisungen getätigt werden oder es kann über sie durch Schecks verfügt werden. Auf das Sparkonto kann dagegen nur mit Vorlage des Sparbuchs verfügt werden, Überweisungen u. ä. sind dagegen nicht möglich, es dient also nur der Geldanlage.

Wann war der legendere Schwarze Freitag an der Börse?

Der Begriff „Schwarzer Freitag" bezeichnet eine schwere Krise der Wirtschaft, der Börse oder des Bankensystems. Zufälligerweise fielen derartige Krisen bisher immer auf einen Freitag. So fand der erste Börsenkrach am 24. September 1869 statt, am 9. Mai 1873 folgte der so genannte „Gründerkrach", am 25. Oktober 1929 ereignete sich der berüchtigte Kurssturz an der Wall Street in New York, der den Beginn der Weltwirtschaftskrise anzeigte, und am 10. Juli 1931 fing die so genannte „Bankenkrise" an, die letztlich dazu führte, dass die Bankenaufsicht eingeführt wurde.

Welche Aufgabe hatte die mittelalterliche Schreibstube?

Vor der Erfindung des Buchdrucks im 15. Jahrhundert mussten Texte durch Abschreiben vervielfältigt werden. Geschah dies zunächst in Klöstern, übernahmen im Spätmittelalter Händler diese Aufgabe.

Was versteht man unter Massenmedien?

Rundfunk, Fernsehen, Film und Printmedien, die einem großen und vielschichtigen Publikum Informationen und Unterhaltung weitergeben; dem Internet kommt dabei eine immer größere Bedeutung zu. Ihr Einfluss auf Politik und Gesellschaft ist unbestreitbar, die exakten Wirkungsweisen dieses Einflusses sind jedoch in der Wissenschaft umstritten.

Was versteht man unter Pressefreiheit?

Das u. a. im Grundgesetz verbürgte Grundrecht, das die freie Meinungsverbreitung in Presse, Rundfunk und Fernsehen sowie die ungehinderte Informationsbeschaffung garantiert.

Wer übernahm nach der Erfindung des Buchdrucks den Buchvertrieb?

Anfangs übernahmen den Buchvertrieb reisende Buchführer, so genannte Kolporteure. Schon um 1500 gab es jedoch auch erste ortsansässige Sortimentsbuchhändler.

Wie nennt man das Sammeln von spontanen Ideen innerhalb einer Gruppe?

Man nennt dies Brainstorming. In einer Gruppe werden durch gegenseitiges Aufgreifen und Weiterspinnen von spontanen Einfällen so genannte Assoziationsketten gebildet, die solange wechselseitig ergänzt werden, bis eine für alle geeignete Lösung gefunden ist.

Wladiwostok, Endstation der Transsibirischen Eisenbahn

Welche Städte verbindet die Transsibirische Eisenbahn?

Die Transsibirische Eisenbahn, kurz auch Transsib genannt, verbindet die Russlands Hauptstadt Moskau mit der Hafenstadt Wladiwostok am Japanischen Meer. Mit dem Bau der 9289 Kilometer langen Strecke wurde schon in der Zarenzeit, 1891, begonnen. Zur Entlastung dieser viel befahrenen Strecke wurde die 3145 Kilometer lange Baikal-Amur-Magistrale in Sibirien errichtet, die Ust-Kut an der Lena mit Komsomolskana-Amure im Fernen Osten verbindet.

Woher kommt die Sitte des Daumendrückens, wenn man jemandem Glück wünschen will?

Sie geht auf die Gladiatorenkämpfe zurück. Richtete der Kaiser seinen Daumen auf sich selbst oder nach unten, dann musste der im Kampf unterlegene Gladiator sterben. Knickte der Kaiser seinen Daumen jedoch ein, so bedeutete dies, dass der siegreiche Gladiator seine Waffe einstecken und den Gegner verschonen sollte.

Wie heißt der Versuch der Meinungsbeeinflussung mit Hilfe besonderer Kommunikationsmittel?

Werbung. Sie versucht, die Produkte eines Unternehmens in der Öffentlichkeit bekannt zu machen und Kaufwünsche zu wecken. Zur Übermittlung der Werbebotschaft an den Empfänger werden Werbemittel wie Plakate oder Werbespots entworfen, die dann in den so genannten Werbeträgern (z. B. Fernsehen oder Zeitung) geschaltet werden.

Wer gründete 1952 die Bild-Zeitung?

Axel Caesar Springer (1912–85), der sein Unternehmen mit Zeitschriften wie *Hör zu* und Zeitungen wie *Die Welt* zu einem der größten europäischen Pressekonzerne aufbaute. Mit der Gründung der *Bild-Zeitung* begann in Deutschland ein neues Pressezeitalter und es entstand die größte Tageszeitung Deutschlands.

Wer war Maria Montessori?

Maria Montessori

Die italienische Ärztin und Pädagogin (1870–1952) gründete 1907 in Rom das erste Kinderhaus für Arbeiterkinder. Ihr pädagogisches Konzept beruht auf der Förderung der Intelligenz und Kreativität von Kindern, indem man sie zu einer eigenständigen und individuellen Entwicklung anregt. Dafür hat sie Spiel- und Lernmittel entwickelt. Die Montessori-Pädagogik ist geprägt von der Selbsterziehung und Selbstbeschäftigung der Kinder.

Was ist eine Anekdote?

Eine kurze Erzählung, die meist an eine historische Person geknüpft ist und eine pointenhafte Wendung hat. Sie stellt schlaglichtartig den Charakter der Person oder einer Begebenheit dar; sie beansprucht nicht, historisch wahr zu sein Die Anekdote weist einige Gemeinsamkeiten mit dem Witz auf.

Welche Antwort erwartet man auf eine rhetorische Frage?

Keine. Eine rhetorische Frage ist ein Mittel, mit dem man beim Angesprochenen (Leser, Zuhörer) unausgesprochene Zustimmung erreichen oder zum Nachdenken anregen will.

Was leistete Johann Heinrich Pestalozzi?

Johann Heinrich Pestalozzi

Der Erzieher und Bildungsreformer (1746–1827) gilt als geistiger Wegbereiter der modernen Volksschule. Der Schweizer Erzieher gründete mehrere Erziehungsheime und wirkte lange Zeit als Lehrer. Nach seinem Vorbild wurde das Erziehungswesen vieler Länder Europas umgestaltet.

Wer entwickelte die erste Buchstabenkurzschrift?

Der Engländer John Willis (1575–1625). Sie besteht aus Teilen der gewöhnlichen Buchstaben. Er nannte sie „art of stenography“ (Kunst der Stenografie). Damit tauchte zum ersten Mal der Name Stenografie auf.

Unter welchem Namen ist die Straßenverbindung zwischen den Hamburger Ortsteilen Othmarschen und Waltershof bekannt?

Als Elbtunnel. Über 100.000 Fahrzeuge zwängen sich täglich etwa 30 Meter unter der Elbe durch den 2653 Meter langen Tunnel. Der Elbtunnel ist damit die wichtigste Straßenverbindung zwischen Schleswig-Holstein und der Bundesrepublik südlich der Elbe.

Wie heißt eine der meistbefahrenen künstlichen Schifffahrtsstraßen der Welt, die in Deutschland liegt?

Der Nord-Ostsee-Kanal. Er wurde 1895 von dem namensgebenden Kaiser Wilhelm II. (1859–1941) eingeweiht. Heute fahren auf dem 100 Kilometer langen Kanal zwischen Hamburg und Kiel jährlich etwa 40.000 Schiffe.

Was versteht man unter einem Binnenhafen?

Als Binnengewässer werden Flüsse und Seen des Festlandes bezeichnet. Die Schifffahrt auf ihnen wird demzufolge als Binnenschifffahrt bezeichnet und Häfen im Landesinneren als Binnenhäfen. Der bedeutendste Binnenhafen Mitteleuropas ist Duisburg.

Der Hafen von Duisburg

Was ist der Vorteil der elektronischen Post (E-Mail) gegenüber der Briefpost?

Eine E-Mail ist eine elektronische Nachricht in Form von Daten, die in einem Netzwerk von einem Computer zu einem anderen verschickt wird. Sie kann weltweit empfangen werden und ist günstiger, schneller und meist problemloser zu versenden als ein herkömmlicher Brief. Es lassen sich außerdem beliebig Dateien anhängen.

In welchem Jahr wurde die nationale Standesorganisation der Buchhändler und Verleger gegründet?

1825 erwirkte Friedrich Perthes (1867–1927) die Gründung des Börsenvereins des Deutschen Buchhandels und schuf damit die bis heute fortbestehende nationale Standesorganisation der deutschen Buchhändler und Verleger.

Der zweitgrößte Flughafen der Welt liegt im Norden der USA. Zu welcher Stadt gehört er?

Zu Chicago. Neben dem Flughafen befinden sich hier auch der größte Eisenbahnknotenpunkt der Welt und ein bedeutender Hafen. Die Schiffe gelangen über die Großen Seen und den Sankt-Lorenz-Strom in den Atlantik.

Womit befasst sich die Philologie?

Mit der wissenschaftlichen Erforschung der Sprachen und Literaturen. Der Name bedeutet im Griechischen so viel wie „liebende Zuwendung zum Wort". Beispielsweise beschäftigt sich die Germanistik mit den mündlichen und schriftlichen Überlieferungen der germanischen Sprachen und Literaturen, insbesondere des Deutschen.

Auf welchem Kontinent hatte das Wort Palavern keine negative Bedeutung?

Auf dem afrikanischen. Mit Palaver bzw. palavern bezeichneten die ehemaligen portugiesischen Kolonialherren des 19. Jahrhunderts das stunden- und tagelange Gespräch der Eingeborenen in Versammlungen, wenn beispielsweise wichtige Gerichtsentscheidungen zu treffen waren (portugies. palavra, „Wort").

Wie lautet die englische Bezeichnung für die Zugangsberechtigung ins Internet oder zu einem Computer?

Der Ausdruck dafür ist „Account". Damit wird z. B. der Zugang zu einem Online-Dienst möglich.

Wie bezeichnet man eine Postanschrift im Internet?

Jede Quelle oder jedes Angebot im Internet muss mit einer eindeutigen Internet-Adresse gekennzeichnet sein, damit man auf sie zugreifen kann. Anschriften im World Wide Web (WWW) beginnen mit dem Kürzel http. Anschriften für die elektronische Post (E-Mail) sind die E-Mail-Adressen.

Welche Bedeutung hat die aus der Informationstechnik stammende Abkürzung ADSL?

Sie steht für „Asymmetric (oder: Asynchronus) Digital Subscriber Line". Dabei handelt es sich um ein Verfahren, mit dem die Datenübertragungsraten in den Kupferleitungen des herkömmlichen Telefonnetzes (im Vergleich zum Glasfaserkabelnetz) erhöht werden sollen.

Wie kommen die Computerviren zu ihrem Namen?

Der Name wurde aus der Medizin entlehnt, da Computerviren Ähnlichkeiten mit biologischen Viren aufweisen. Programme und Dateien können sich, z. B. über den Austausch von infizierten Disketten, gegenseitig anstecken und dadurch Schaden nehmen. Mit Anti-Viren-Programmen lassen sich Computerviren bekämpfen.

Wie bezeichnet man ein Computerprogramm, das einzelne Informationen oder ganze Dateien sucht?

Die „Browser" genannten Programme können Festplatten oder andere Datenträger, aber auch Dateien und Verzeichnisse durchsuchen. Besonders wichtig sind Browser, wenn man auf Daten im Internet zugreifen will.

In welcher Epoche wurde Althochdeutsch gesprochen?

Das Althochdeutsche ist eine eigenständige Epoche der deutschen Sprachgeschichte, die etwa von 750 bis 1050 reichte. Sie wird unterteilt in die Zeitabschnitte Frühalthochdeutsch (bis 800), Normalalthochdeutsch (9. Jahrhundert) und Spätalthochdeutsch (bis 11. Jahrhundert)

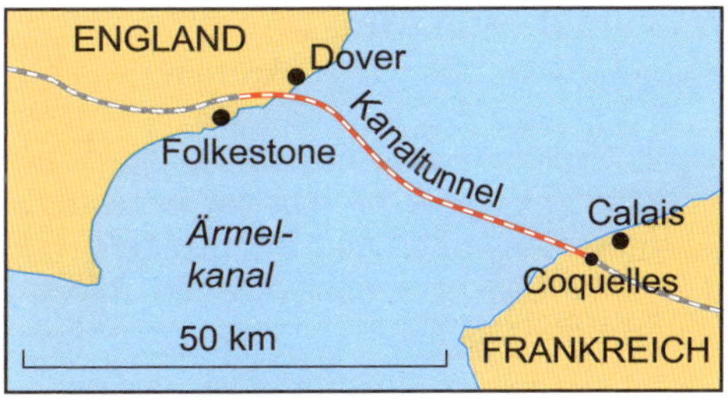

Lageskizze des Eurotunnels

Welche zusätzliche Möglichkeit gibt es seit 1994 von Frankreich nach England zu reisen?

Den Eurotunnel. Seit 1994 kann der Ärmelkanal zwischen den beiden Ländern an seiner schmalsten Stelle, zwischen Dover und Calais, nicht nur mit Fähren überquert, sondern auch mit dem Zug unterquert werden. Auch Autos können hier unter dem Meer reisen, aus Sicherheitsgründen allerdings erst, nachdem sie auf einen Zug verladen wurden.

Wie heißt der größte Chip-Hersteller der Welt?

80% aller Personalcomputer weltweit enthalten Chips des US-Konzerns Intel. Andere große Hersteller sind AMD, NEC, Motorola und Texas Instruments. Die Chip genannten elektronischen Bausteine können Informationen speichern oder als Mikroprozessoren (Kleinstrechner) die zentralen Rechen- und Steueraufgaben in einem Computer durchführen.

Was passiert, wenn man in einem Funkloch steckt?

Wer mit seinem Funkgerät, Mobilfunkgerät oder Radio in ein Funkloch kommt, hat keinen Empfang mehr bzw. kann nicht mehr senden. Es sind geografisch ungünstig gelegene Bereiche, die von den Funkwellen nicht erreichbar sind, wie etwa tiefe Täler. Die neuen Mobilfunknetze erreichen erst im Laufe der Zeit eine großflächige Abdeckung.

Wo findet man eine Homepage?

Im Internet oder WWW (World Wide Web). Es ist die erste Seite (Startseite) eines Anbieters. Von hier aus kann über so genannte Links auf andere Seiten zugegriffen werden. Heute werden in den Begriff auch die anderen, von dieser Homepage aus erreichbaren Seiten einbezogen.

Wie heißen die kleinsten Einheiten der Schriftsprache?

Die Buchstaben sind die kleinste Einheit der deutschen Schriftsprache, während der Laut die kleinste Einheit der gesprochenen Sprache ist.

Buchstaben in verschiedenen Schriften

Was versteht man unter Kommunikation zwischen Menschen?

Den Austausch von Informationen durch Zeichen wie z. B. Schriftzeichen, Worte, Mimik und Symbole (von lat. communicatio, „Mitteilung").

Was ist neu am interaktiven Fernsehen?

Es bietet dem Zuschauer die Möglichkeit, sich unmittelbar an der Gestaltung von Fernsehsendungen zu beteiligen. Grundlage ist die digitale Fernsehtechnik und eine Rückleitung in Form der Telefonleitung oder eines Kabelnetzes, über die der Zuschauer mitwirken oder Informationen abrufen kann.

Was wird auf einer Datenautobahn transportiert?

Bild, Ton, Schrift und elektronische Daten. Im Datennetz sind Telekommunikation, Fernsehen und Computertechnologie zusammengefasst.

Welche Möglichkeiten bietet das Internet?

Jeder, der über einen Computer, ein Modem und einen Telefonanschluss verfügt, kann weltweit auf Informationen zugreifen oder kommunizieren. Immer mehr Waren und Dienstleistungen werden über das Internet angeboten. Der Internet-Buchhandel beispielsweise nimmt Bestellungen über das Weltnetz entgegen und liefert die Bücher, z. T. sogar ohne Versandkosten, ins Haus.

Wie heißen die schwarzen Bretter des Internets?

Newsgroups. Dies sind Informations- und Diskussionsforen zu beliebigen Themen in einem „Usernet" genannten Teil des Internets oder in anderen Netzen. Die Nachrichten- bzw. Newsgroups sind hierarchisch gegliedert in Allgemeines (asc), Computer-Themen (comp), Vermischtes (misc), Entspannung (rec), Forschung (sci) und weitere Themen.

Was versteht man unter einem Online-Redakteur?

Damit werden Journalisten bezeichnet, die sich im Internet so gut auskennen, dass sie für Medienkonzerne und Verlagshäuser deren Internetseiten einrichten und ständig aktualisieren können. Auch bei Fernsehsendern sind Online-Redakteure beschäftigt: Dort bereiten sie Nachrichten- und Magazinsendungen für das Internet auf.

Was ist das Besondere an einem Internet-Café?

Neben dem üblichen Angebot eines Cafés stellt ein Internet-Café gegen Bezahlung Computer zur Verfügung, über die auf das Internet zugegriffen werden kann. Manche Kaufhäuser bieten ähnliche Dienstleistungen an.

Spielt der öffentlich-rechtliche oder der private Rundfunk eine größere Rolle?

Ende der 1990er-Jahre hatten die öffentlich-rechtlichen Rundfunksender der ARD noch geringfügig mehr Hörer als die privaten Sender. Letztere warben allerdings zunehmend Hörer ab und auch die Einnahmen durch Werbung im Radio gingen bei der ARD stärker zurück.

Was ist eine Glosse?

Die Glosse (griech. glossa, „Zunge, Sprache") nimmt Sachverhalte, Erscheinungen und Verhaltensweisen aufs Korn, die widersprüchlich oder gar überlebt sind. Dafür werden Stilmittel wie Humor, Ironie und Satire eingesetzt.

Wie kauft man in einem virtuellen Shop ein?

Über das Internet lassen sich auf dem Bildschirm des eigenen PCs die Waren der virtuellen Warenhäuser anschauen und bestellen. Beim Teleshopping werden die Waren im Fernsehen gezeigt und dann über das Telefon angefordert. Die Sender sind im Kabelnetz oder im Satellitenfernsehen zu empfangen.

Wozu werden Trojanische Pferde in fremde Computer eingeschleust?

Mit diesen virenähnlichen Programmen können unberechtigt Daten auf fremden Rechnern ausgeforscht werden. „Trojan Horses" werden oft als nützliche und kostenlose Programme im Internet angeboten. Lädt man sie herunter und startet sie auf dem eigenen Rechner, werden dort Dateien verändert.

Welche Möglichkeiten bietet das Chatten im Internet?

Beim Chatten (von engl. to chat, „plaudern") können sich mehrere Nutzer eines Netzwerkes direkt über Tastatur und Bildschirm miteinander unterhalten. Dazu sind besondere Server (Zentralrechner) und entsprechend ausgestattete Computer notwendig.

Wozu dient ein Banner auf einer Web-Seite im Internet?

Ein Banner dient der Werbung, man spricht daher auch von Bannerwerbung. Oft sind die Werbeabbildungen als Links angelegt, die den Anwender beim Anklicken auf die Internet-Seite des werbenden Unternehmens führen. Auch das Bild, das beim Starten eines Programmes erscheint (meist das Logo des Herstellers), ist ein Banner.

Welches methodische Verfahren zur Erkenntnisgewinnung leitete man von der antiken Kunst der Rede und Gegenrede ab?

Georg Wilhelm Friedrich Hegel

Die Dialektik, deren Verfahren in der Antike u. a. mit Platon (um 427–347 v. Chr.) wurzeln und seit Hegel (1770– 1831) in der Neuzeit Gültigkeit haben. Einer These wird eine Antithese gegenübergestellt; aus dem Widerspruch zwischen beiden gelangt man durch die Synthese zur Aufhebung und Gewinnung einer neuen These; hier kann das Verfahren fortgesetzt werden.

Wofür steht der Begriff Pseudo-Ereignis in der Medienwissenschaft?

Ereignisse, die ohne die Medien gar keine wären, bezeichnet man als Pseudo-Ereignisse.

Wofür sollte das Internet ursprünglich dienen?

Das Computernetzwerk wurde 1969 als ARPANET von den USA für militärische

Zwecke eingerichtet. Es sollte für den Fall eines Atomkrieges die Kommunikation zwischen den Schaltzentralen der Macht sicherstellen. Zuerst für wissenschaftliche Einrichtungen freigegeben, entwickelte es sich zu einem öffentlich zugänglichen, weltweiten Computernetz, dem Internet.

Welche Schrift erfand Louis Braille?

Braille (1809–52) erfand die heute gebräuchliche Blindenschrift mit erhöhten Zeichen, die mit den Fingerkuppen abgetastet werden.

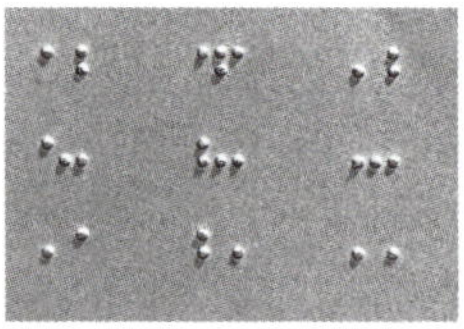
Blindenschrift

Wo lebt der Klammeraffe?

Man findet ihn in den Wäldern Mittel- und Südamerikas oder auf der Tastatur von Computern. Im letzteren Fall handelt es sich nicht um ein Tier, sondern um die saloppe Bezeichnung für das Sonderzeichen @. Es wird bei E-Mail-Adressen und bestimmten Programmanweisungen verwendet.

Womit beschäftigt sich die Parapsychologie?

Die Parapsychologie befasst sich mit so genannten übersinnlichen oder paranormalen Erscheinungen. Dazu gehört die Telepathie (Gedankenübertragung), das Hellsehen und die Psychokinese (Bewegen von Gegenständen durch seelische Kräfte). Wissenschaftliche Erklärungen für diese Phänomene sind psychische Störungen, Zufall, Selbsttäuschung oder auch Betrug.

Warum ist für die Fernsehbranche die Primetime so interessant?

Weil hier, in der Hauptsendezeit nach den abendlichen Nachrichten, die ganze Familie vor dem Fernseher sitzt und so für eine hohe Einschaltquote sorgt. Auch für die Werbung ist das die beste Werbezeit.

Der letzte in Deutschland gefertigte Käfer

Wo lief das letzte Modell des wohl bekanntesten Autos aus Wolfsburg vom Band?

In Puebla in Mexiko wurde im Juli 2003 die Produktion des VW-Käfer eingestellt. Weltweit wurden in 69 Jahren über 21,5 Millionen Fahrzeuge produziert. Der Kleinwagen war die Grundlage des Erfolges der Volkswagen AG.

Wie nennt man die Vortragsweise fahrender Schausteller, die mit Drehorgel-Begleitung Meldungen unter das Volk brachten?

Den Bänkelsang (17.–19. Jahrhundert). Der Sänger stand zumeist auf einer Holzbank und trug seine Schauergeschichten über Verbrechen, besonders Mordtaten, Laster, Kriege und Naturkatastrophen mit monoton-melancholischen Liedern vor, die auch als Moritaten bezeichnet werden. Dabei deutete er mit einem Stab auf primitive Bildtafeln, die das Vorgetragene bildlich veranschaulichten.

Welche Aufgabe hat die Bundesprüfstelle für jugendgefährdende Schriften?

Sie prüft Medien aller Art daraufhin, ob sie unsittlich oder gewaltverherrlichend sind oder zu Gewalttätigkeit und Rassenhass anreizen. Die gefährlichen Medien werden in einer Liste, dem so genannten Index geführt und unterliegen dann Werbe- und Vertriebsbeschränkungen. Das 12-köpfige Prüfgremium, in dem auch die Bundesländer vertreten sind, ist von Weisungen unabhängig.

Was bedeutet beim Telefonieren die Preselection?

Im Gegensatz zum Call-by-call-Verfahren wählt der Telefonkunde vorher aus (engl. to preselect, „vorher auswählen“) welcher Telefonanbieter seine Gespräche vermitteln soll, nämlich für Ortsgespräche, Ferngespräche und Auslandsverbindungen den jeweils günstigeren.

Was ist künstliche Intelligenz?

Die Fähigkeit eines Computers, nach den gleichen Grundsätzen wie das menschliche Gehirn zu funktionieren. Es wird versucht, mit Computern die menschliche Intelligenz nachzuahmen. Der Rechner sollte daher nicht nur große Wissensmengen speichern, sondern auch lernfähig sein und logische Schlussfolgerungen ziehen können.

Was ist ein Spartenkanal?

Ein Fernsehsender, der sich auf ein bestimmtes Interessengebiet konzentriert, z. B. ein Sportsender, ein Nachrichtensender oder auch ein Kinderkanal.

Um welches Massenmedium streiten sich öffentlich-rechtliche und private Anbieter?

Um das Fernsehen, besonders um die Einschaltquoten. Dabei setzen die Konkurrenten v. a. auf Eigenproduktionen, um nicht auf überteuerte US-Spielfilme und Serien angewiesen zu sein. Bei den Werbeeinnahmen lag das Fernsehen 1998 hinter den Zeitungen auf Platz zwei.

Was heißt Pay-per-View bzw. Pay-TV?

In Amerika kann man mit Pay-per-View (engl., „Zahlen pro Blick“) einzelne Fernsehbeiträge (meist Spielfilme) ordern, die dann auch einzeln vom Anbieter abgerechnet werden. In Deutschland ist vorerst nur das Pay-TV möglich, d. h., der Abnehmer muss eine monatliche Gebühr bezahlen und einen Decoder kaufen, um je nach Belieben das Programm des Anbieters empfangen zu können (beispielsweise DF1 und Premiere).

Welches simple Werbemittel ist ein Flyer?

Ein Handzettel (engl., „Flugblatt“), der an Passanten verteilt wird. Mittlerweile hat die Jugendkultur die Vorteile des Flyers entdeckt und ihn mit aufwendigen, collagenhaften Computergrafiken zu einem eigenständigen, künstlerischem Medium entwickelt.

Wer entzifferte die Zeichen auf dem Stein von Rosette?

Jean François Champollion

Der französische Ägyptologe Jean François Champollion (1790–1832) entzifferte 1822 die ägyptischen Schriftzeichen auf dem Stein von Rosette, auf dem ein königliches Dekret der Priester von Memphis aus dem Jahre 196 v. Chr. in hieroglyphischer und griechischer Übersetzung festgehalten war.

Was ist Teleshopping?

Das Einkaufen über den Fernsehschirm (von engl. television/to shop, „Fernsehen“/„einkaufen“). In TV-Werbesendungen wird eine Telefon- oder Faxnummer einer Bestell-Hotline eingeblendet, über die die Ware bestellt werden kann. Fortschrittlicher ist inzwischen das Einkaufen im Internet, das so genannte Homeshopping oder Electronic Shopping.

Was ist mit Telelearning gemeint?

Eine Form der PC-gestützten Aus- und Weiterbildung an Fernuniversitäten (von engl., „Fernlernen“). Im weitesten Sinn bezeichnet man damit multimediale Lernmöglichkeiten und Wissensvermittlungen durch das Internet oder auch durch Multimedia-Enzyklopädien, die als CD-ROMs erhältlich sind.

Wieso stellte die Concorde 2003 ihren Flugdienst ein?

Der Betrieb war unrentabel geworden. Nach den Terroranschlägen mit Flugzeugen 2001 und dem Absturz einer Concorde am 25. Juli 2000 waren die Fluggastzahlen weiter eingebrochen. Zudem verschlang der Flieger Unmengen Kerosin.

Concorde

Was bedeutet der Begriff Sitcom?

Sitcom ist eine Kontraktionsform aus „situation“ und „comedy“ und bezeichnet eine humorvolle Fernsehserie mit stets wiederkehrenden Akteuren, Situationen und Orten. Bekannte Beispiele sind *Roseanne*, die *Bill Cosby Show* oder *Eine schrecklich nette Familie*.

Welche weltbekannte deutsche Show moderiert Thomas Gottschalk?

Die Sendung *Wetten, dass ...?* Der deutsche Entertainer ist besonders durch seine Schlagfertigkeit und seine forschen Sprüche berühmt geworden. Der ausgebildete Lehrer betätigt sich neben seiner Moderation auch als Schauspieler. Neben zahlreichen anderen Preisen erhielt Gottschalk (*1950) zweimal den Bambi.

Wie bezeichnet man die aus den USA kommende Fernseh-Talkshow für Nachtschwärmer?

Late-Night-Show (von engl., „später Abend“). Anspruchsvollere Late-Night-Shows präsentierten u. a. Joachim Fuchsberger (*1927) und Alfred Biolek (*1934). Thomas Gottschalk (*1950), Harald Schmidt (*1957) u. a. überzeugen durch sprachliche Schlagfertigkeit und Humor.

Welche Kosten kann man durch Call-by-Call senken?

Die Telefonkosten. Das Call-by-Call-Verfahren (engl., „Anruf für Anruf“) ermöglicht durch die Vorwahl einer Erkennungsnummer das Einwählen in ein preisgünstigeres Telefonnetz. Dies ist mit der Abschaffung des Telekom-Monopols in Deutschland zum 1. Januar 1998 möglich geworden.

Was ist ein Fonem?

Die kleinste bedeutungsunterscheidende Einheit eines Wortes. Das bedeutet, dass sich durch Austausch eines Fonems durch ein anderes die Bedeutung des Wortes verändert (z. B. Ratte – Matte).

Wie wird ein als internationales Luftverkehrsdrehkreuz fungierender Flughafen bezeichnet?

Als Hub. Der 1992 eröffnete neue Münchner Flughafen z. B. entwickelte sich in den letzten Jahren zu einem solchen. So stieg das Umsteigervolumen in einem Zeitraum von acht Jahren um das Vierfache – von 1,3 Millionen Umsteigern im Jahr 1992 auf 5,7 Millionen im Jahr 1999.

Wie schnell fährt ein ICE?

Der Inter City Express, der elektrische Hochgeschwindigkeitszug der Deutschen Bahn AG, fährt seit seiner Einführung mit einer Höchstgeschwindigkeit von bis zu 280 km/h. Der ICE wäre aber – so dies die

Strecken zulassen würden – zu weitaus höheren Geschwindigkeiten in der Lage. So erreichte das Vorläufermodell des ICEs 1988 auf der Neubaustrecke Würzburg – Fulda eine Höchstgeschwindigkeit von 406,9 km/h.

Was ist der Anchorman bzw. die Anchorwoman in einer Nachrichtensendung?

In den Abendmagazinen der öffentlichen und privaten Sender hat der Anchorman (engl. anchor, „Anker"; man/woman, „Mann"/„Frau") die Aufgabe, den seriösen und kompetenten Fixpunkt der Sendung darzustellen. Er dirigiert gewissermaßen mit der Regie im Hintergrund den Verlauf der Film- und Nachrichtenbeiträge und führt die Live-Interviews.

Was versteht man unter dem Begriff Technologietransfer?

Den privatwirtschaftlich oder staatlich unterstützten Prozess der Diffusion und Verbreitung vorhandener Technologien oder vorhandenen technischen Wissens. Der Transfer kann z. B. durch Lizenz- oder Know-how-Verträge innerhalb eines international tätigen Unternehmens, zwischen Unternehmen oder zwischen Industrie- und Entwicklungsländern erfolgen.

Wo liegt die Teststrecke des umstrittenen Transrapids?

Im Emsland (Haren). Auf der 31,5 Kilometer langen Strecke erreichte die Magnetschwebebahn Transrapid Geschwindigkeiten von bis zu 435 km/h.

Was baute Ernst Heinrich Heinkel?

Der deutsche Konstrukteur (1888–1958) baute 1939 in den von ihm gegründeten Ernst-Heinkel-Flugzeugwerken das erste Düsenflugzeug der Welt. Allerdings wurde seine He 178 nie in großer Stückzahl hergestellt. Das erste Düsenflugzeug, das in Serie ging, war der Düsenjäger Me 262. Er wurde fünf Jahre später von dem Flugzeugbauer Willy Messerschmidt (1898–1978) konstruiert.

Wo wird der Airbus hergestellt?

Das vom Airbus-Konsortium produzierte Flugzeug wird sowohl in Deutschland als auch in Frankreich hergestellt und hat seinen Hauptsitz in Toulouse. Von der Airbus-Standard-Rumpffamilie wurden bis 2002 über 3000 Flugzeuge gefertigt, davon zwei Typen in der Hamburger Flugwerft der Deutschen Aerospace AG (DASA), die anderen in der Werft der französischen Société Nationale Industrielle Aérospatiale in Toulouse. Der neue Airbus A380 wird in Hamburg (Innenausbau) und Toulouse (Endmontage) gebaut.

Welches Transportmittel wurde am 2. Juli 2000 auf den Namen Friedrichshafen getauft?

Es war das Luftschiff Zeppelin NT. Der Name wurde gewählt, weil in der Stadt am Bodensee mit der Zeppelin Luftschifftechnik GmbH der Eigentümer sitzt. Außerdem startete hier am 2. Juli 1900 zum ersten Mal ein Zeppelin.

Zeppelin-Luftschiff über dem Bodensee (historische Ansicht)

Mit welchem Schiff gingen die Mitglieder der Hanse auf Fahrt?

Kogge

Die Mitglieder der Hanse entwickelten den Schiffstyp der Kogge. Die Kogge war geräumig und hochseetüchtig, sodass große Mengen an Waren in diesem Lastschiff Platz fanden und weite Strecken zurückgelegt werden konnten.

Wer erfand das World Wide Web (WWW)?

Der Engländer Tim Berners-Lee (*1955) wollte 1989/90 am Schweizer Kernforschungsinstitut CERN mit seinem Vorschlag für ein World Wide Web ein Informationssystem schaffen, das wissenschaftliche Dokumente online sichtbar machen sollte, wobei einfache Textformatierung und das Einbringen von Grafik möglich sein sollten. Berners-Lee ist heute Direktor des von ihm 1994 gegründeten World Wide Web Consortiums (www.w3.org).

Welche Internet-Schädlinge sorgen für Ärger und Schaden?

Software, die absichtlich Schaden verursacht (so genannte Malware) kann grob in drei Kategorien eingeteilt werden: Viren nisten sich in andere Programme ein, um Daten zu schädigen oder unerlaubt zu versenden. Würmer sind Viren, die sich selbstständig verbreiten. Trojaner täuschen eine sinnvolle Funktion vor, öffnen aber eine Hintertür und gewähren so Zugriff auf den Computer, ohne dass der Benutzer dies bemerkt.

Was ist Sprache?

Sprache ist eine Besonderheit der Menschen. Sie ist ein komplex aufgebautes Kommunikationssystem, das Laute und Schriftzeichen verbindet, Wörter bildet, die sich zu größeren Einheiten, Sätzen formieren. Durch die Aneinanderreihung vieler Sätze entstehen schließlich Texte.

Was war die Montgolfiere?

Es war der erste Heißluftballon der Welt, benannt nach seinen Erfindern Étienne Jacques (1745–99) und Joseph Michel de Montgolfier (1740–1810). Das französische Brüderpaar experimentierte zunächst mit Papiertüten und kleinen Stoffballonen, ehe es 1783 den ersten bemannten Flug wagte.

Montgolfiere

Wieso sorgte die Botschaft I love you im Mai 2001 nicht überall für Freude?

Weil es sich dabei um die Betreffzeile einer E-Mail handelte, die einen Computervirus verbreitete. Nach Öffnen einer Datei durch den Computernutzer verschickte sich der Virus weiter und sorgte für ein weltweites Computerchaos.

Was forderte im Oktober 2003 die Berlin Declaration on Open Access to Knowledge in the Sciences and Humanities?

Sie forderte Wissenschaftler auf, anderen Nutzern das freie, unwiderrufliche und weltweite Recht auf Zugang zu den Ergebnissen ihrer Arbeit einzuräumen und zugleich die Genehmigung zu erteilen, ihr Werk unter korrekter Angabe der Autorenschaft zu nutzen, zu kopieren und digital weiterzuverbreiten. Die Forderung wurde von den Repräsentanten der großen deutschen Forschungsorganisationen unterzeichnet. Sie steht im Einklang mit der im Juni 2003 von US-Biomedizinern und Bibliothekswissenschaftlern verabschiedeten Bethesda Declaration on Open Access Publishing sowie der Budapest Open Access Initiative.

Wie groß ist das Internet?

Die Größe des Internets kann anhand der beteiligten Computersysteme (HOST) geschätzt werden. Eine Erhebung der Internet Society (www.isc.org) ergab für Januar 2004 als untere Grenze mehr als 233 Millionen Computersysteme, die innerhalb des Netzes adressiert werden können. Das waren ca. 36% mehr als im Januar des Vorjahres.

Welches Verkehrsmittel verbindet seit 2003 das Finanzzentrum Shanghais mit dem Flughafen?

Die Magnetschwebebahn Transrapid. Die 30 Kilometer lange Strecke ist der erste kommerzielle Einsatzort dieser Technik. Der Hochgeschwindigkeitszug erreicht dabei eine Geschwindigkeit von 430 km/h.

Was suchen Maschinen im Internet?

Internetseiten (Websites). Eine Internet-Suchmaschine (engl. searchengine) besteht aus mehreren Komponenten. Ein *Crawler* krabbelt über Internetlinks von Website zu Website. Ein *Spider* lädt die Websites ins Computersystem der Suchmaschine. Der *Indexer* ermittelt dort die (mehrfach auftretenden) Schlüsselbegriffe und speichert sie in der Indexdatenbank. Trifft aus dem Internet eine Anfrage bei der Suchmaschine ein, werden anhand dieser Datenbank relevante Internetseiten ermittelt und die Adressen (URL-Links) an den Benutzer übertragen.

Wer waren die Gebrüder Wright?

Den amerikanischen Brüdern Orville (1871–1948) und Wilbur Wright (1867–1912) gelang 1903 mit dem von ihnen gebauten „Flyer“ der erste motorisierte Flug der Welt. Angeblich war es aber bereits zwei Jahre zuvor dem deutschstämmigen Gustav Weißkopf (der sich in Amerika Gustave Whitehead nannte; 1874–1927) gelungen, mit einem Motorflugzeug geflogen.

Orville Wright

Wilbur Wright

Wie wird das vorläufig größte Passagierflugzeug der Welt heißen?

Sein Name wird A380 lauten. Das Projekt begann unter dem Kürzel A3XX und soll die Luftfahrt revolutionieren. Auf zwei Etagen können bis zu 800 Passagiere Platz finden. Durch die größere Kapazität soll der Luftraum entlastet werden.

Was kann ein funktionaler Analphabet und was nicht?

Analphabeten können nicht lesen und schreiben. Funktionale Analphabeten können beispielsweise ihren Namen völlig korrekt schreiben, einen zusammenhängenden Text verstehen sie jedoch nicht.

Welche sprachliche Leistung erbrachte Martin Luther?

Luther (1483–1546) übersetzte die Bibel in die deutsche Sprache. Er stellt damit die deutsche Sprache erstmals gleichberechtigt neben die drei bis dahin ausschließlich als heilig erachteten Sprachen: Hebräisch, Griechisch und Lateinisch. Diese Bibelübersetzung kam besonders dem einfachen Volk zugute, das meist nur die deutsche Sprache beherrschte und deshalb nicht in der Lage waren, religiöse Inhalte nachzuvollziehen. Darüber hinaus diente die Übersetzung ins Deutsche der Ausbildung der neuhochdeutschen Literatursprache.

Lutherbibel

Seit wann kann man trockenen Fußes von Dänemark nach Schweden laufen?

Seit dem 14. August 1999 ist dies theoretisch möglich. An diesem Tag wurde das letzte Teilstück in die Brücke über den Öresund eingesetzt. Sinnvollerweise legt man die Strecke aber in einem Auto oder Zug zurück, beträgt sie doch rund acht Kilometer.

Was transportiert man in einem Castor?

In einem Castor werden abgebrannte Brennelemente oder radioaktive Abfälle aus Atomkraftwerken zu Zwischen- oder Endlagern und Wiederaufbereitungsanlagen befördert. Die Abkürzung kommt aus dem Englischen und steht für „cask for storage and transport of radioactive material", zu Deutsch „Behälter zur Lagerung und zum Transport radioaktiven Materials". Die Castor-Transporte sind häufig von Aufsehen erregenden Demonstrationen von Umweltschützern begleitet.

Was versteht man unter einer Denial-of-Service-Attacke?

Eine Form des Angriffes im Internet. Durch gleichzeitiges massenhaftes Aufrufen einer Internetadresse wird versucht, den Anbieter zu blockieren und den Zugang zum Internet zu verhindern. Dieser Praxis bedienen sich v. a. Computerviren, die andere Rechner für einen solchen Angriff fernsteuern.

Auf welchem Kontinent findet sich die Open-Source-Gemeinde?

Auf allen Kontinenten sind ihre Mitglieder primär über Internet am Entwicklungsprozess von Open-Source-Software (OSS) beteiligt. Die geistige Leistung eines Programmierers, der so genannte Quellcode (Sourcecode), ist bei OSS öffentlich. Kostenfrei über das Internet erhältlich kann der Code in ein Programm übersetzt und ohne Lizenzgebühr verwendet werden. Zu populären OS-Programmen bieten Firmen Serviceleistungen wie Handbücher und Benutzerhilfe (Support) an. Prominente OSS-Vertreter sind das Betriebssystem Linux, der Internetbrowser Mozilla und der Webserver Apache.

Was bedeutet Cyberspace?

Das englische Wort steht für „künstlicher Raum". Cyberspace wird auch als „virtual reality", als virtuelle Realität bezeichnet. Gemeint sind vom Computer simulierte dreidimensionale Räume, in denen sich ein technisch entsprechend ausgerüsteter Mensch wie in realer Umgebung „bewegen" kann. Mit einem Spezialhandschuh, der Handbewegungen auf den Computer überträgt, können Objekte im künstlichen Raum sogar verschoben werden. Designer und Architekten nutzen Cyberspace häufig in der Planungsphase.

Kreidefelsen von Dover

Wofür ist die britische Stadt Dover bekannt?

Für die Fährverbindung Dover-Calais. Dover ist einer der geschäftigsten Fährhäfen Großbritanniens, da Calais auf dem europäischen Festland lediglich 34 Kilometer entfernt ist. Der britische Ausgang des konkurrierenden Kanaltunnels, der 1994 eröffnet wurde, liegt im nahe gelegenen Folkstone.

Welche Qualitätsmerkmale unterscheiden Suchmaschinen?

Maßgeblich sind Größe, Aktualität und Themenrelevanz. Von weltweit geschätzten zehn Milliarden statischen Internetseiten hat der Suchmaschinen-Marktführer Anfang 2004 eigenen Angaben zufolge 4,3 Milliarden in seinem Index gespeichert. Ihre Ergebnisse liefert die Suchmaschine aus diesem Bestand. Er muss regelmäßig aktualisiert werden. Damit im Ergebnis einer Suche die relevantesten Seiten am Anfang der Liste stehen, muss die Suchmaschine eine möglichst gute Relevanzbewertung durchführen.

Was will das folgende Sprichwort sagen Man sollte die Kirche im Dorf lassen?

Wer davon spricht, die Kirche im Dorf zu lassen, der warnt vor Übertreibung. Eine Angelegenheit soll nicht größer gemacht werden als sie ist. Die gleiche Bedeutung hat die Redewendung „Man sollte auf dem Teppich bleiben“.

Wo lässt sich die korrekte Schreibweise von Abkürzungen nachschlagen?

Der Rechtschreib-DUDEN regelt – wie alle deutschen Schreibweisen – auch die korrekte Schreibung von allgemein verwendeten Abkürzungen. Hier findet man auch Angaben darüber, ob ein Punkt gesetzt wird oder nicht.

Welche literarische Gruppe übte bis in die 1960er-Jahre großen Einfluss in Deutschland aus?

Heinrich Böll

Die Gruppe 47, die einflussreichste literarische Gruppe in Westdeutschland nach 1945. Das Ziel war neben der Wiederbelebung einer jungen deutschen Literatur, der Manifestation politisch-zeitkritischer Einstellung und einer Geistesverwandtschaft der Autoren auch die Verleihung eines Literaturpreises. Den Literaturpreis der Gruppe 47 erhielten u. a. Günter Eich (1907–72), Heinrich Böll (1917–85), Ilse Aichinger (*1921), Günter Grass (*1927) und Johannes Bobrowski (1917–66).

Bis in die 1940er-Jahre wurden Slogans nach der Reiz-Reaktions-Theorie konzipiert. Was steckt hinter dieser Theorie?

Sehr stark vereinfacht ausgedrückt, geht die Reiz-Reaktions-Theorie davon aus, dass eine einzige Werbeaussage den Verbraucher zum Konsumieren bringt, beispielsweise: Produkt XY ist für euch gut, kauft es! Man ging davon aus, alle Verbraucher würden dieses Produkt sofort kaufen.

Wann bildete sich die literarische Form der Novelle aus?

Szene aus Boccaccios *Decamerone* (Holzschnitt)

Die Novelle (ital. novella, „kleine Neuigkeit") ist eine Prosaform mittlerer Länge, die sich in der Renaissance in Italien eigenständig herausgebildet hat und modernem neuzeitlichem Ideengut und realistischer Gestaltungsweise den Boden bereitete. Als Prototyp (Urbild) gelten Giovanni Boccaccios (1313–75) Novellen aus seinem *Decamerone* (1349/53, dt. um 1473). Mit der Aufklärung verbreitete sich die Novelle in ganz Europa.

Was verbirgt sich hinter der Abkürzung DsdS?

Die Abkürzung steht für *Deutschland sucht den Superstar*. Die Gesangstalentshow, die Anfang 2003 bereits in 16 Ländern lief, brachte dem Sender RTL riesige Einschaltquoten. SAT 1 setzte mit *Star Search* nach, und das ZDF brachte *Die deutsche Stimme* ins Rennen.

Was sind Kunstwörter?

In der Werbung werden gern Begriffe aus der Geografie verwendet, z. B. als Produktnamen. So heißt ein Eis Capri. Oder Produkte bekommen zusammengesetzte Namen, die sich z. B. aus dem Namen und dem Wohnort des Herstellers ergeben, wie z. B. Haribo (Hans Riegel aus Bonn). Kunstwörter unterscheiden sich dadurch, dass die Sprache stark verfremdet wird. So wird aus einem Eigennamen ein Verb gemacht, es werden grammatische Steigerungsformen erfunden oder aus fremdsprachigen Begriffen neue Ausdrücke geschaffen.

Was versteht man unter forensischer Linguistik?

Dahinter verbirgt sich die Analyse von Texten, die im Zusammenhang mit einem Verbrechen stehen. Das kann z. B. ein Erpresserbrief sein, der Grundlage für ein Täterprofil wird.

Was versteht man unter der Nachrichtenpyramide und den sechs W?

Die Nachrichtenpyramide stand und steht am Anfang jeder journalistischen Ausbildung. Die sechs W sind die Fragen: Wer? Was? Wann? Wo? Wie? Warum? Sie stehen übereinander in einem auf der Spitze stehenden Dreieck. Idealerweise enthält eine Pressemeldung alle sechs W-Fragen.

Was machte die 21. Auflage des DUDEN so unentbehrlich?

Er enthielt als erster DUDEN die 1995/96 in Wien verabschiedete neue Rechtschreibung. Am 1. August 1998 wurden die neuen Regeln und Schreibweisen dann als amtliche Rechtschreibung in Deutschland, Österreich und der Schweiz eingeführt.

Was genau ist eine Presseerklärung?

Es handelt sich um eine Erklärung, die der Presse zur Veröffentlichung zur Verfügung gestellt wird. Sie kann von einer einzelnen Person oder einer Gesellschaft, Organisation oder Partei sein. Meist wird in der Presseerklärung Stellung zu einem bestimmten Thema genommen.

Womit beschäftigt sich jemand, der Medienwissenschaften studiert?

Er beschäftigt sich mit der Geschichte und Entwicklung der Medien. Weitere Inhalte seines Studiums sind: Medientypen, Kultur- und Kommunikationskonzepte, Modelle und Theorien der Massenkommunikation.

Beleuchtet werden alle Aspekte für die verschiedenen Medienformen wie Hörfunk und Fernsehen, Film, Printmedien und digitale Medien.

Wann entwickelte sich die Vielfalt von Tageszeitungen?

Im 19. Jahrhundert wurde die Schnell- und Rotationspresse erfunden. Das ermöglichte eine wahre Flut von Tageszeitungen.

Auf wie viele Folgen brachte es die deutsche Fernsehsendung Literarisches Quartett?

Von 1988–2001 wurden insgesamt 77 Sendungen ausgestrahlt. Die große Popularität verdankte die Sendung vor allem dem streitlustigen Literaturkritiker Marcel Reich-Ranicki (*1920), der mitunter Bücher buchstäblich zerriss.

Was ist die Hochsprache?

Die Hochsprache ist eine Ausdrucksweise, bei der das Gesprochene unverändert auch aufgeschrieben und als korrekt akzeptiert werden könnte. Wer sich der Hochsprache bedient, achtet auf korrekte Ausdrucksweisen und vermeidet die Umgangssprache. Die Grenzen zwischen Hoch- und Umgangssprache sind fließend. Entscheidend sind Adressat und Situation.

Welche verschiedenen Werbearten gibt es?

Werbearten lassen sich unterschiedlich einteilen. Beispielsweise nach der Zahl der Angesprochenen (Massenwerbung oder Einzelwerbung). Eine häufige Unterscheidung ergibt sich aus dem Gegenstand der Werbung (Produkt-, Firmen-, Branchenwerbung) und aus dem Medium, das eingesetzt wird (Zeitung, TV, Radio, Internet, Verkehrsmittel, Trikot, Plakat, Direktwerbung). Sehr interessant ist, wie die Werbung vorgeht; hier unterscheidet man z. B. informative und suggestive Werbung.

Welche Erfindung gehört zu den entscheidenden Wendepunkten innerhalb der kulturellen Entwicklung der Menschheit?

Die Schrift. Vor rund 5000 Jahren entstanden in Ägypten die ersten Hieroglyphen und in den sumerischen Kulturen die ersten Keilschrifttäfelchen. Doch zunehmend wurde eine raschere Form des Schreibens benötigt, und dafür benutzte man Zeichen mit einer lautlichen Zuordnung. Es entstanden stilisierte abstraktere Zeichen, die Schrift wurde komplexer, aber auch genauer. In Ägypten erfuhren die Hieroglyphen (griech., „heilige Einmeißelungen") eine Verknüpfung mit Lauten. Das daraus entstandene komplizierte Schriftsystem war so dienlich, dass es 3000 Jahre unverändert bestehen blieb.

Hieroglyphen

Unterschiedliche Textformen haben vollkommen unterschiedliche Strukturen. Warum ist das nötig?

So verschieden wie die Textformen sind auch die Ziele, die sie erreichen wollen. Ein Roman soll unterhalten und die Spannung beim Leser halten. Deshalb wird sicher nicht am Anfang schon verraten, worum es im Kern geht. Ganz anders bei Meldungen in der Tageszeitung. Dabei geht es nicht um Unterhaltung sondern um möglichst viele Fakten, die „auf einen Blick" informieren.

Wann wurde die Brieftaubenpost eingeführt?

In Ägypten und anderen Ländern des Mittleren Ostens wurde die Taubenpost um 1000 v. Chr. eingeführt. Etwa 500 Jahre später nutzten auch die Griechen und Römer Tauben zur Beförderung von Briefnachrichten. Die Araber setzten im 12. Jahrhundert eine planmäßige Brieftaubenpost für Staatszwecke ein. In Europa verwendete man Brieftauben erst im 16. Jahrhundert, u. a. im niederländisch-spanischen Krieg. In der Mitte des 19. Jahrhunderts bestanden Brieftaubenpostverbindungen u. a. zwischen Brüssel, Antwerpen und Paris, die vor allem für das Übermitteln von Börsennachrichten und Zeitungsmeldungen genutzt wurden.

Brieftaube und am Taubenbein befestigte Briefhülse

Welcher Literaturkritiker und Philosoph schrieb1936 Das Kunstwerk im Zeitalter seiner technischen Reproduzierbarkeit?

Walter Benjamin, der 1892 geboren wurde und sich 1940 auf der Flucht vor den Nationalsozialisten das Leben nahm. Benjamin gehörte zu den ersten Theoretikern, die sich Gedanken über die Auswirkungen neuer Medien (Film/Kino) auf die Wahrnehmung von Kunst und Literatur gemacht haben. Seiner Auffassung nach verändern diese Medien das Verhältnis des Betrachters zu Kunstwerken.

Was bezeichnet der Begriff Rezeption?

Mit Rezeption (lat. recipere, „aufnehmen, empfangen") meint man die Wirkungsgeschichte, Überlieferung und Verbreitung eines Werkes. Dabei ist von entscheidender Bedeutung, dass die Rezeption nicht immer gleich bleibt, sondern sich mit dem Erwartungshorizont, den Meinungen und Wertmaßstäben der Rezipienten verändert.

Was ist eine Rezension?

Die Rezension (lat. recensere, „sorgfältig prüfen") ist eine kritische Auseinandersetzung mit literarischen oder wissenschaftlichen Texten sowie mit Theaterauf- oder Filmvorführungen. In Tageszeitungen sind Rezensionen meistens im Feuilleton abgedruckt.

Was haben Gotteskrieger, Ich-AG und Tätervolk gemeinsam?

Die drei Begriffe wurden 2001, 2002 und 2003 Unwörter des Jahres. Seit 1991 sind Bürger und Bürgerinnen jährlich aufgerufen, auf sprachliche Missgriffe aufmerksam zu machen. Das Wort „Menschenmaterial" ist das Unwort des 20. Jahrhunderts.

Was ist der PEN-Club?

Eine 1921 in London gegründete Schriftstellervereinigung. Der PEN-Club hat es sich zur Aufgabe gemacht, weltweit gegen Rassismus und für die allgemeine Presse- und Meinungsfreiheit einzutreten. PEN (engl. für „Stift") ist die Abkürzung für „Poets, Essayists, Novelists Club".

In welchem Text wird am deutlichsten die Sprachkrise der Moderne thematisiert?

In Hugo von Hofmannsthals (1874–1929) *Chandos-Brief*, in dem Lord Chandos in einem imaginären Schreiben von 1603 seinem Freund Francis Bacon davon berichtet, wie ihm völlig die Fähigkeit abhanden gekommen ist, über irgendetwas zusammenhängend zu schreiben. Im historischen Gewand präsentiert Hofmannsthal die für die Moderne charakteristische Störung der Beziehung des Subjekts zu seiner Umgebung.

Mit welchen Schriftzeichen verständigten sich die germanischen Stämme?

Bis zur Mitte des 1. Jahrhundert las und schrieb im deutschen Sprachraum fast niemand. Die germanischen Stämme benutzten als Schriftzeichen Runen. Das althochdeutsch-gotische „runa" bedeutet „Geheimnis", neuhochdeutsch bedeutet es „raunen". Die Runen dienten vor allem kultischen Zwecken. Das Alphabet der Runenzeichen wird nach den ersten Buchstaben als Futhark bezeichnet.

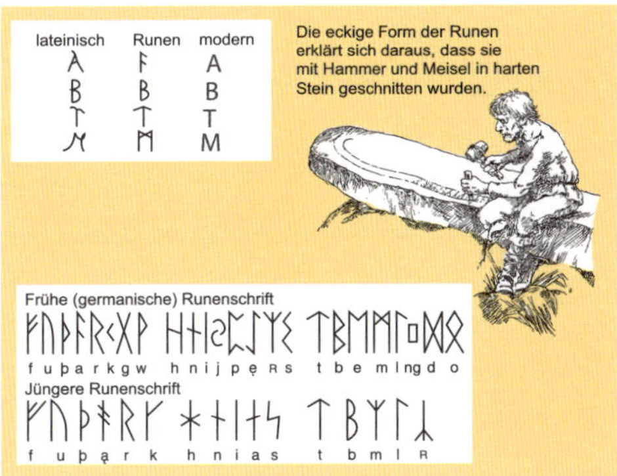

Runen

Wem wird der Big Brother Award verliehen?

Big Brother Awards werden in Deutschland seit dem Jahr 2000 an Firmen, Organisationen und Personen verliehen, die in besonderer Weise und nachhaltig die Privatsphäre von Menschen beeinträchtigen oder persönliche Daten Dritten zugänglich machen. Big Brother Awards Deutschland will die öffentliche Diskussion um Privatsphäre und Datenschutz fördern sowie missbräuchlichen Umgang mit Technik und Informationen zeigen. Big Brother Awards werden in 14 europäischen Ländern sowie in Japan, Australien und in den USA verliehen.

Welcher bahnbrechende Erfolg gelang 2004 bei einem Privatflug?

Im Juni 2004 erreichte erstmals ein privat finanziertes bemanntes Flugzeug das Weltall. Pilot Mike Melvill (*1941) steuerte das Space Ship One bis zur entscheidenden Flughöhe von 100 Kilometern.

Was gelang Charles Elwood Yaeger?

Yaeger (*1923) war der erste Mensch, der schneller flog als der Schall. Der Luftwaffenpilot durchbrach am 14. Oktober 1947 mit einem Bell-X-1-Raketenflugzeug die Schallmauer.

Von wem wurde 1995 in Deutschland die Rechtschreibreform beschlossen?

Erarbeitet wurde die Rechtschreibreform bei einer Orthografiekonferenz 1994 von Vertretern der deutschsprachigen Länder. Im Dezember 1995 stimmte die Ständige Konferenz der Kultusminister der Reform zu. Die Reform ist seit 1. August 1998 verbindlich für alle Bereiche, in denen der Staat Regelungsgewalt besitzt (z. B. Behörden, Schulen). Bis ins Jahr 2005 galten Schreibungen nach der alten Rechtschreibung im Unterricht nicht als Fehler.

Worauf bezieht sich die Redensart Sie hausten wie die Vandalen?

Die Vandalen waren ein germanisches Volk, das ursprünglich aus Jütland oder Mittelschweden kam und über Spanien in das damals römische Nordafrika gelangte, wo es das erste unabhängige Germanenreich gründete. Die Vandalen plünderten im Jahr 455 v. Chr. zwei Wochen lang die Stadt Rom. Der Ausdruck bezieht sich daher auf Menschen, die in Chaos und Unordnung leben.

Wann wurde die erste Telefonverbindung in Deutschland aufgenommen?

Alexander Graham Bell

Auf Initiative des deutschen Generalpostmeisters Heinrich von Stephan (1831–97) wurde mit dem von Alexander Graham Bell (1847–1922) entwickelten Telefon die erste Telefonverbindung Deutschlands (und zugleich Europas) in Berlin am 26. Oktober 1877 für Versuchszwecke in Betrieb genommen. Die Verbindung bestand über einer Entfernung von zwei Kilometer zwischen dem Generalpostamt und dem Generaltelegrafenamt.

Inwiefern dient die Werbung der Verhaltensbeeinflussung?

Die Werbung versucht, die Produkte und Leistungen eines Unternehmens in der Öffentlichkeit bekannt zu machen und durch eine entsprechende Gestaltung der Werbebotschaft Kaufwünsche zu wecken und damit das Kaufverhalten zu beeinflussen.

Was bohrte der Riesenbohrer TRUDE unter der Elbe?

Der längste Teil der vierten Röhre des Hamburger Elbtunnels wurde von dem 60 Meter langen Gerät gefertigt. Die Bohrzeit dauerte zweieinhalb Jahre, die gesamte Bauzeit das doppelte. Der Bau des drei Kilometer langen Tunnels kostete ca. 500 Millionen €.

Was bedeutet GPS?

GPS ist die Abkürzung für „Global Positioning System". Es dient der Ortung auf der Erdoberfläche. Mithilfe von Satelliten und eines GPS- Empfängers wird dabei die Position bestimmt. Die 24 Satelliten kreisen in einer Höhe von 20.200 Kilometern um die Erde. Entwickelt wurde das System vom amerikanischen Verteidigungsministerium. Heute kann es auch für zivile Zwecke und von Privatpersonen eingesetzt werden. Die Genauigkeit kann dabei vom Pentagon beeinflusst werden. Während der Kriege in Afghanistan und im Irak wurde die Genauigkeit für die Nutzer privater GPS-Empfänger aus Sicherheitsgründen um mehrere Meter verändert.

Welcher Käfer war zum Millenniumswechsel in aller Munde?

Der so genannte Millennium-Bug. Der englische Ausdruck stand für einen Computerfehler. Da viele Betriebssysteme das Datum nur aus den letzten zwei Ziffern zusammensetzten, drohte die Gefahr, dass einige Programme das neue Jahr als 1900 ausweisen würden.

Wo ereignete sich das bisher schwerste Bahnunglück in der Geschichte Deutschlands?

In Eschede bei Celle ließ am 3. Juni 1998 ein gebrochener Radreifen einen ICE entgleisen. Das Unglück ereignete sich unmittelbar vor einer Brücke, gegen die entgleiste Waggons prallten. Dabei kamen 101 Menschen ums Leben.

Was versteht man unter einem salomonischen Urteil?

Ein salomonisches Urteil ist ein weiser Richterspruch. König Salomo soll den Befehl gegeben haben, ein Kind, um das sich zwei Mütter stritten, zu zerteilen. So entlarvte er die falsche Mutter, die zu der Tat bereit gewesen wäre.

Woher kommt der Ausdruck Zugzwang?

Vom Schachspiel, wo er eine Situation bezeichnet, in der ein Spieler ziehen muss und ihm daraus Nachteile erwachsen.

Erste elektrische Straßenbahn in Berlin

Wo und wann nahm die erste elektrische Straßenbahn ihren Dienst auf?

Die erste elektrische Straßenbahn der Welt nahm am 16. Mai 1881 in Lichterfelde bei Berlin den Betrieb auf. Die von Werner von Siemens (1816–92) gebauten Wagen hatten eine Länge von 4,3 Metern und fuhren auf einer 2,5 Kilometer langen Strecke mit einer Geschwindigkeit von maximal 20 km/h. Die Stromaufnahme des 3,7 kW (5 PS) starken Motors erfolgte über beide Schienen.

Wodurch wurde am 1. Juli 2002 der Nachthimmel über dem nördlichen Bodensee hell erleuchtet?

Der Zusammenstoß eines Frachtflugzeugs mit einer russischen Tupolew verursachte bei Überlingen einen hellen Feuerball. Ihre Trümmer verfehlten nur knapp bebautes Gebiet. In dem Inferno kamen 71 Menschen ums Leben.

Was bezeichnet man mit Image?

Die Vorstellung bzw. das Bild (von lat. imago, „Bild"), das jemand oder eine ganze Gruppe von jemand anderem oder einer anderen Gruppe oder Sache gewinnt. „Image-Pflege" ist besonders für Personen des öffentlichen Lebens wichtig.

Was versteht man unter Argumentation?

Die Art und Weise, wie durch Argumente (Aussagen, die eine These begründen) überzeugt wird und wie diese miteinander verknüpft werden, bezeichnet man als Argumentation. Ziel ist es, einen Sachverhalt nicht nur zu klären, sondern die Zustimmung der Beteiligten an einer Diskussion zu einem Lösungsvorschlag zu erreichen, Strittiges zu klären, Kompromisse zu schließen oder sogar Entscheidungen zu treffen.

Welches österreichische Tunnelunglück ereignete sich im November 2000?

Auf dem Weg zum Kapruner Gletscher am Kitzsteinhorn kam es zum Brand der Zahnradbahn. Im Gefährt entzündete sich ein Heizgerät. Der im Tunnel herrschende Kamineffekt führt zu einem schnellen Ausbrennen der Bahn, bei dem 155 Menschen starben.

Wofür steht eigentlich das Zustimmung signalisierende Kürzel O. K.?

Andrew Jackson

Allem Anschein nach geht es auf zwei heute kaum mehr bekannte amerikanische Präsidenten zurück. Andrew Jackson (1767–1845) soll in Ermangelung sicherer Rechtschreibkenntnisse damit „oll korrect" abgekürzt haben (statt „all correct"), was 1839 in die Presse gelangte. Sein Nachfolger Martin van Buren (1782–1862) wurde nach seinem Geburtsort Old Kinderhook genannt. Seine Anhänger gründeten 1840 zur Unterstützung seiner Wiederwahl den Democratic-O.K.-Club.

Was ist ein Exzerpt?

Das Exzerpt (von lat. excerpere, „herausnehmen, aussuchen") ist ein schriftlicher, mit dem Text der Vorlage übereinstimmender Auszug aus einem Dokument (Werk, Buch, Artikel, Aufsatz). Dadurch ist es möglich, sich wesentliche Aussagen oder Gedanken festzuhalten und für weitere Arbeiten verfügbar zu machen, ohne den Originaltext nochmals lesen zu müssen.

Was ist der Unterschied zwischen verbaler und nonverbaler Kommunikation?

Grundlage der verbalen Kommunikation sind Wörter und Sätze, während nonverbale Kommunikation unbewusst stattfindet – durch Blickverhalten (Blickkontakt), Gesichtsausdruck (Mimik), Körperhaltung, Körperbewegung (Gestik) und Berührung (Taktilität).

Die Dampfmaschine rief auf dem Gebiet des Schiffverkehrs eine tiefgreifende Umwälzung hervor. Warum?

Robert Fulton

Robert Fulton (1765–1815) baute 1807 das erste nutzbare Dampfschiff *Clermont*, das zwischen New York und Albany verkehrte. Die Strecke von 240 km wurde in 32 Stunden zurückgelegt. Schon 1819 konnte das erste größere Dampfschiff, das allerdings auch noch Segel führte, in 29,5 Tagen den Atlantik überqueren. In der 40er-Jahren des 19. Jahrhunderts nahm die Dampfschifffahrt einen raschen Aufschwung.

Was bedeutet ein Konflikt?

Das Wort „Konflikt" stammt von dem lateinischen Substantiv „conflictus" ab und bedeutet „Aneinanderschlagen, Zusammenstoßen", im weiteren Sinne daher auch „Kampf, Streit". Ein Konflikt kann sich auf einzelne Personen beschränken (intrapersonell), aber auch mehrere Menschen (interpersonell) oder ganze Organisationssystem (organisatorische) umfassen. Konflikte sind Störungen, die den Handlungsablauf unterbrechen und belastend wirken.

In welchem Alter wird der Mensch kommunikativ?

Erst sechs Monate nach der Geburt wird der Mensch kommunikativ, denn zu diesem Zeitpunkt wird der Stirnlappen aktiviert und es kommt zur ersten echten wechselseitig empfundenen Beziehung. In aller Regel mit der Mutter. Jetzt wird die Welt erstmals eingeteilt in nah und fern oder in dazugehörig und fremd.

Welche Kontakt- und Kommunikationsstörung kann bereits im frühen Kindesalter auftreten?

Das so genannte Asperger-Syndrom, eine abgeschwächte Form des Autismus (schwere Entwicklungsstörung). Typisch sind Beeinträchtigungen des sozialen Verhaltens, mangelndes Einfühlungsvermögen, starres Festhalten an Gewohnheiten, motorische Auffälligkeiten sowie ausgeprägte Spezialinteressen (Routinen).

Was versteht man unter einem Interview?

Das Interview ist eine Gesprächsform zur Ermittlung von Wissen und Erfahrungen, Meinungen und Wünschen, Einstellungen und Haltungen, Verhaltensweisen und Motiven. Die kommunikative Situation wird durch die Abfolge von Fragen und Antworten zwischen zwei oder mehreren Personen aufrecht gehalten.

Welche Kommunikationsmuster treten auf, wenn Menschen auf Spannungen reagieren?

Virginia Satir (1916–1988), eine amerikanische Familientherapeutin, unterschied vier Kommunikationsmuster: Beschwichtigen (die andere Person soll nicht ärgerlich werden), Anklagen (die andere Person soll die Fehler bei sich suchen), Rationalisieren (keine Gefühle zeigen, sich nicht ausliefern), Ablenken (keine wirkliche Beziehung eingehen, den Konflikt ignorieren).

Welcher edle Boulevard wurde 1667 zum Flanieren angelegt?

Wo bis zur Mitte des 17. Jahrhunderts nur Sumpf und Wald war, tummeln sich heute die Reichen und Schönen – und natürlich die unzähligen Touristen, vorbei an teuren Geschäften und eleganten Boutiquen. Die „Felder der Seligen“, so die Übersetzung, ist die berühmteste Flaniermeile in Paris. Die 100 Meter breite Champs-Elysèes führt vom Place de la Concorde bis zum Triumphbogen. 1667 wurde sie angelegt, damit der König von seinem damaligen Palast einen besseren Blick auf den Louvre hatte.

Blick auf den Triumphbogen über die Champs-Elysèes

Was umschreibt der relativ neue Begriff des Mobbing?

Mobbing kommt vom englischen „mob“ für „Meute“, randalierender Haufen und bezeichnet einen Prozess der systematischen Ausgrenzung und Erniedrigung eines anderen Menschen, die von einer oder mehreren Personen betrieben werden.

Seit wann gibt es eigentlich Briefe?

Der Brief (lat. breve, „kurzes Schriftstück“), eine schriftliche, meist verschlossen übersandte Mitteilung, gab es schon im Alten Orient. So sind aus allen altägyptischen Geschichtsperioden geschriebene Briefe, zumeist auf Papyrus, erhalten. Persönliche Briefe von Königen an vertraute Beamte sind in Abschriften in den Beamtengräbern abgebildet.

Wie heißt der im dialektischen Verfahren der These entgegengestellte Satz?

Antithese oder Gegenbehauptung. Aus Satz und Gegensatz folgt eine Lösung, die Synthese. Diese Methode der Beurteilung und Erkenntnisgewinnung geht auf die von Abélard (1079–1142) entwickelte scholastische Methode des „sic et non“ (Ja und Nein) zurück, mit der nach Aufführung aller Autoritäten für und dann gegen eine Fragestellung eine Lösung ermittelt wurde.

Für welche Fähigkeiten steht der Begriff Telepathie?

Mit Telepathie oder Gedankenübertragung ist die angebliche Fähigkeit gemeint, Informationen verschiedener Art (Wörter, Gefühle, Gedanken, u. a.) von einer Person auf eine andere ohne Benutzung der Sinnesorgane zu übertragen. Die Telepathie gehört in das Gebiet der Parapsychologie.

Wo und wann wurden die ersten Briefkästen angebracht?

Die nachweislich ersten Briefkästen wurden 1653 im Stadtbereich von Paris als Wandbriefkästen angebracht. In sie konnte jeder seine Briefe werfen, sofern an ihnen ein Papierstreifen mit der Bestätigung des vorausbezahlten Portos (billet de port payé) befestigt war. In Deutschland wurde der erste Briefkasten 1766 in Berlin aufgestellt.

Worin besteht der Unterschied zwischen inneren und sozialen Konflikten?

Innere Konflikte sind solche, die Menschen mit sich selbst ausfechten. Häufig geht es um Entscheidungen, die sie fällen müssen. Als soziale Konflikte bezeichnet man alle zwischenmenschlichen Konflikte, in die zwei Personen oder kleine Gruppen, (z. B. eine Familie oder Freundeskreis), verwickelt sind.

Wer schuf mit dem Deutschen Wörterbuch, der Deutschen Grammatik und der Deutschen Mythologie bahnbrechende Werke?

Die Brüder Grimm aus Hanau (Wilhelm Grimm 1786–1859; Jakob Grimm 1785–1863), die vor allem wegen ihrer Volksmärchen Berühmtheit in Deutschland erlangten.

Jakob (links) und Wilhelm Grimm

Was besagt das Kommunikationsmodell von Shannon und Weaver?

Das wohl bekannteste und auch im Bereich der Psychologie oft zitierte Modell der Kommunikation entstand 1949 anfänglich als ein rein technisch orientiertes Modell. Danach ist die Kommunikation ein linearer Prozess, in dessen Mittelpunkt das Signal steht. Das Prinzip ist, dass jede menschliche Kommunikation eine Quelle (information source) hat. Diese Quelle ist der Sender, der seine Nachricht (message) in Form eines Kodes über einen Kanal (transmitter) weitergibt.

Welche europäische Einrichtung des 17. Jahrhunderts trug dem Bedürfnis der Menschen auf Bildung und Unterhaltung Rechnung?

Mit der Einrichtung des Kaffeehauses im 17. Jahrhundert, das in seinen verschiedenen Erscheinungsformen dem Gast neben dem Kaffeeausschank Bildung (Zeitungen, Zeitschriften), Spiel (Karten-, Schach-, Billardspiel) und Unterhaltung (Musik, Gesang, später Kabarett) bot, wurde dem sozialen Bedürfnis nach Information Rechnung getragen. Zudem wurde das Kaffeehaus als Treffpunkt von Gelehrten, Dichtern und Geschäftsleuten zu einem wichtigen Kommunikationszentrum. Das erste europäische Kaffeehaus entstand 1647 in Venedig. Es folgten Kaffeehäuser in Oxford (1650), London (1652), Paris (1674), Hamburg (1677), Wien (1685), wo die Kaffehauskultur besonders ausgeprägt ist.

Welchen Konflikt beschreibt der Begriff Bossing?

Mobbing (Ausgrenzung) kann sowohl von Mitarbeitern als auch von Vorgesetzten ausgehen. In letzterem Fall spricht man von Bossing. Nach internationalen Untersuchungen werden rund 3% der Beschäftigten gemobbt. 10–15% aller Arbeitnehmer fühlen sich schikaniert.

Was ist der Unterschied zwischen Fonetik und Fonologie?

In der Fonetik geht es um die Erforschung der gesprochenen Sprache. Die Fonologie beschäftigt sich, vereinfacht gesagt, mit der geschriebenen Sprache, d. h. mit dem Lautsystem von Einzelsprachen.

Wann wurde das Alphabet erfunden?

Um das Jahr 1500 v. Chr. kam es in Ugarit an der syrischen Küste zur Verschmelzung mehrerer regionaler Schriftarten, die zu einer Revolution innerhalb des Schriftbildungsprozesses führte: die Erfindung des Alphabets. Die Phönizier kannten ein aus 22 Zeichen bestehendes Alphabet, in dem allerdings keine Vokale vorkamen. Durch die Kontakte ihres weit reichenden Handelsnetzes beeinflussten die Phönizier mit ihrem Schriftgebrauch bald auch ihre Handelspartner. Um 800 vor Christus übernahmen die Griechen das Alphabet und ergänzten es um Vokalzeichen. Das griechische Alphabet wurde zum Vorbild des lateinischen Alphabets, das wir heute benutzen.

Wie heißt die längste Straße der Welt?

Der rund 30.000 Kilometer lange Panamerican Highway bzw. die Carretera Panamericana führt von Prudhoe Bay in Alaska bis zum südlichen Zipfel Argentiniens nach Ushuaia. Sie durchquert 17 Staaten, vier Klima- und sechs Zeitzonen. In Buenos Aires beschloss die argentinische Regierung 1925 den Bau des ersten Streckenabschnitts der Panamericana. Doch bis heute ist die längste Straße der Welt kein durchgehender Asphaltstreifen. Immer wieder wurde der Bau durch politische Unwegsamkeiten oder durch unüberwindbare Naturgegebenheiten gebremst.

Verlauf des Panamerican Highway

Wie werden nonverbale Botschaften übermittelt?

Nonverbale Botschaften werden im Allgemeinen auf mehreren Informationskanälen gleichzeitig gesendet und empfangen. Wir kommunizieren gleichermaßen mit Blick, Gesichtsausdruck, Haltung, Gestik, Stimmqualität, Kleidung und Distanzverhalten.

Was ist eine Rede?

Die Rede ist ein Monolog, bei der die Zuhörer informiert, angeregt oder zu bestimmten Handlungen aktiviert werden sollen. Jede Rede hat einen bestimmten Zweck bzw. ein Ziel. Dementsprechend unterscheidet man die informierende Rede, die emotional bewegende Rede und die aktivierende Rede.

Was ist eine Nachricht?

Eine Übertragung von Informationen. Nachrichten werden im Allgemeinen durch Signale übertragen, die, wenn sie verstanden wurden, dem Empfänger Wissen bringt. Dabei ist es entscheidend, dass der Empfänger in der Lage ist, die Nachricht zu entschlüsseln, dass also die Kodierung (Sprache, Datenformat, etc.) der Nachricht bekannt ist. Die Zeitungsnachricht gibt mindestens Antwort auf die ersten vier W-Fragen der so genannten Nachrichtenpyramide (Wer?, Was?, Wo? und Wann?, nach Möglichkeit auch Wie? und Warum?). Die kürzeste Nachrichtenform ist die Meldung. Die längere Form ist der Bericht.

Was bezeichnet der Begriff Stalking?

Der Ausdruck „Stalking" entstammt der englischen Jagdsprache und kann mit „anschleichen" oder „heranpirschen" übersetzt werden. Er bezeichnet ein besitzergreifendes Verfolgen, Belästigen und Bedrohen einer Person gegen deren erklärten Willen, auch durch Telefonanrufe (Telefonterror), Droh-SMS und -mails (Cyberstalking), Überwachen und Ausspionieren der betreffenden Person.

Was bezeichnet die Abkürzung de bei einer Internetadresse?

Es ist die Länderkennung für Deutschland bzw. den deutschen Teil des Internets. Eine solche Gruppe von geografisch oder thematisch zusammengehörenden Computern oder Teilen eines Netzes bezeichnet man als Domain. Die Länderkennungen gehören zu den Hauptdomains.

In welchem Land gab es das erste Anzeigenbüro?

Der französische Arzt, Publizist und Historiograf von Ludwig XIII. (1610–43), Théophraste Renaudot (1586–1653), richtete 1630 in Paris ein Anzeigenbüro (bureau d'adresses et de rencontres) ein, in dem Kaufangebote und -gesuche an den Wänden angeschlagen wurden; Stellensuchende und Stellungen Anbietende konnten sich in Listen eintragen, die Renaudot ab 1633 als

Feuilles du bureau d`adresses et de rencontres gedruckt herausgab. Sie waren die Vorläufer der Intelligenzblätter (Anzeigenblätter).

Wie heißt der erste fliegende Mensch?

Otto Lilienthal (1848– 1896). Der deutsche Ingenieur studierte zunächst den Vogelflug und baute nach diesem Vorbild seine Fluggeräte. Als besonders wichtig erwies sich die gewölbte Form der Flügel. Mit seinen Hängegleitern flog er bis zu 300 Meter weit. 1896 kam er bei einem seiner Flugversuche ums Leben.

Flugversuch von Otto Lilienthal

Was ist eine rhetorische Figur?

Eine rhetorische Figur ist eine sprachliche Darstellungsform, die von der üblichen Sprechweise abweicht. Sie wird vom Autor oder Redner gezielt eingesetzt, um eine bestimmte Wirkung beim Leser zu erzielen. Die Bezeichnungen selbst stammen meist aus dem Griechischen oder Lateinischen. Beispiele sind der Pleonasmus (griech., „Überfluss"), bei dem sinnverwandte Wörter gehäuft werden (hegen und pflegen; tote Leiche), Tautologien (griech., „dasselbe sagen"), eine wiederholende Häufung gleich bedeutender Wörter derselben Wortart (voll und ganz, aus und vorbei) oder auch Metaphern (griech., „übertragen"), eine bildhafte Sinnverdichtung, die der Veranschaulichung dient (Mauer des Schweigens; das Recht mit Füßen treten; Blechschlange).

In welchem Land entwickelte sich die Rhetorik?

Die Rhetorik entwickelte sich im antiken Griechenland. Der Begriff Rhetorik, im engeren Sinne als Redekunst aufgefasst, geht davon aus, dass Redefähigkeit eine Naturanlage des Menschen (natura) ist, die durch Kunst und Wissen („ars" und „doctrina") sowie durch Erfahrung und Übung (exercitatio) vervollkommnet werden kann.

Wie bezeichnet man eine treffende witzige geistreiche Bemerkung?

Als Bonmot. Das Wort stammt aus dem Französischen (bon mot, „gutes Wort" – im Sinne eines gelungenen Satzes oder Ausspruchs). Bonmots gelten als Zeichen von Geist und sind ein Teil der Fähigkeit, sich in anspruchsvoller Gesellschaft zu bewegen.

Wann wurde in Deutschland die erste Postkarte eingeführt?

In Deutschland wurde die Postkarte von der Postverwaltung des Norddeutschen Bundes zusammen mit jener Bayerns, Württembergs und Badens vom 1. Juli 1870 an als „Correspondenzkarte" eingeführt. Vom 1. März 1872 an wurde sie Postkarte genannt.

Welche Autoren waren Vertreter der so genannten Trümmer- oder Kahlschlagliteratur?

Trümmerliteratur (1945–50) produzierte vor allem die junge Autorengeneration in den Westzonen, die sich nach dem Kriegsende zu Wort meldete und ihre Erfahrungen mit Nationalsozialismus, Krieg und dem Leben in den Trümmern der zerstörten Städte mitteilte. Vertreter der Trümmerliteratur waren Wolfgang Borchert (1921–47), Hans Erich Nossack (1901–77), Ernst Schnabel (1913–86), Wolfdietrich Schnurre (1920–89), Alfred Andersch (1914–80) und Günter Eich (1907–72).

Was ist ein Schlagwort?

Schlagworte sind Wörter oder kurze Phrasen, die benutzt werden, um bestimmte Sachverhalte prägnant und überzeugend mitzuteilen. Da ihrem Gebrauch eine (unbewusste) Überzeugungsabsicht zugrunde liegt, verknappen oder vereinfachen diese Wörter den beschriebenen Sachverhalt oft auf zweifelhafte Weise zugunsten des Wohlklangs und zu Lasten der vermittelten Information.

Wann und wo wurde die erste Luftpost befördert?

Während der Belagerung von Paris durch die Preußen 1870/1871 ließ man zur Postbeförderung Ballons mit Briefen aus Paris aufsteigen. Die erste Postsendung dieser Art startete am 23. September 1870. So wurden diese „Par-ballon-monté"-Briefe zur ersten Luftpost überhaupt. Am 6. Februar 1919 eröffnete die Deutsche Luftreederei aus Anlass und für die Dauer der Nationalversammlung in Weimar einen Luftpostdienst Weimar–Berlin. Dies war der Beginn der planmäßigen Luftpostbeförderung in Deutschland.

Was ist ein Oxymoron?

Ein Oxymoron (griech. oxys, „scharf(sinnig)", moros, „dumm") ist eine rhetorische Figur, bei der eine Formulierung einen (mitunter nur scheinbaren) inneren Widerspruch enthält. Beispiele sind: hübschhässlich, Liegesitz, beredtes Schweigen, individueller Standard, Eile mit Weile.

Welche Art von Familienzeitschriften waren im 19. Jahrhundert in Deutschland beliebt?

Die so genannten illustrierten Unterhaltungszeitschriften. Sie sprachen hauptsächlich den bürgerlichen Mittelstand an. Die erste Familienzeitschrift war *Unterhaltungen am häuslichen Herd* – 1852 im Verlag F. A. Brockhaus, Leipzig herausgegeben. 1853 wurde die Zeitschrift in der Auflagenhöhe von der Wochenzeitschrift *Die Gartenlaube* überflügelt. Gegründet wurde letztere von dem Publizisten und Buchhändler Ernst Keil (1816–1878) in Leipzig. Eine seiner Starautorinnen war Hedwig Courths-Mahler (1867–1950).

Welche Erfindung ebnete den Weg der Massenkommunikation?

Johannes Gutenberg

Der Buchdruck. Johannes Gutenberg (um 1400–68) unternahm seit etwa 1436 in Straßburg, ab 1440 in Mainz Versuche mit einzelnen völlig gleich gestalteten, auswechselbaren Metalltypen (Bleilettern), die mit Hilfe geschnittener Stahlstempel, Kupfermatrizen und des Handgießinstrumentes angefertigt wurden. Aus den Lettern fügte er Druckformen zusammen und druckte mit ihnen (ab etwa 1445) auf einer ebenfalls von ihm entwickelten Druckerpresse.

Was sind Special-Interest-Zeitschriften?

Special-Interest-Zeitschriften wenden sich an Männer und Frauen, die besondere Interessen haben, wie Basteln, Handwerk, Surfen, Computer oder Garten. Gemeinsames Merkmal ist, dass sie den Lesestoff in möglichst unterhaltender Form und einfacher Sprache vermitteln.

Wann und wo wurde die erste europäische Lichtsignalanlage zur Verkehrsregelung aufgestellt?

1924 auf dem Potsdamer Platz in Berlin. Der Platz wurde extra für die neue Verkehrsregelung umgebaut. Außerdem wurde ein Gesetz eingeführt, dass die Lichtsignale mit den Handzeichen der Verkehrspolizisten gleichstellte.

Wann kamen in Deutschland die ersten Taschenbücher auf den Markt?

1950 führte der Rowohlt Verlag in Hamburg (seit 1959 in Reinbek bei Hamburg) die Taschenbücher ein. Die erste Nummer seiner Taschenbuchreihe rororo (Abk. für rowohlts rotations romane) war der Roman *Kleiner Mann – was nun?* von Hans Fallada (1893–1947).

Nach welchem Vorbild wurden im 19. Jahrhundert in Deutschland die ersten Lesehallen eröffnet?

Aufgrund der gegen Ende des 19. Jahrhundert aufkommenden volksbildeneden Bestrebungen wurden um 1900 in einer Reihe von deutschen Großstädten nach dem Vorbild der angelsächsischen „Public libraries" öffentliche Bibliotheken gegründet, die Bücherhallen oder Lesehallen genannt wurden. Die Bücherhalle, die eine Verbindung zwischen Ausleihbibliothek und Lesesaal darstellte, reformierte die alte Volksbücherei und schuf den Typ der modernen öffentlichen Bibliothek.

Wann fuhr in Deutschland die erste Eisenbahn?

1835 wurde die erste Eisenbahnstrecke in Deutschland zwischen Nürnberg und Fürth eingeweiht. Die private Bahn schuf die Möglichkeit, ein Transportnetz durch Deutschland für den Handel bereit zu stellen.

Welche verkehrspolitische Maßnahme gehörte zu Adolf Hitlers größten Propagandaerfolgen?

Der Bau der Reichsautobahnen. Vorbilder für die „Straßen des Führers" waren die amerikanischen Highways und die „Autostrada" von Mailand zu den oberitalienischen Seen. Die Autobahnbaustellen wurden in der Werbung für die Sozialpolitik des NS-Staates als Arbeitsbeschaffungsmaßnahme angepriesen. Der Autobahnbau trug tatsächlich auch zur Senkung der Arbeitslosigkeit bei, allerdings war die psychologische Wirkung von rund 130.000 Arbeitsplätzen bei 1,8 Millionen Arbeitslosen im Jahr 1936 größer als der tatsächliche wirtschaftliche und sozialpolitische Effekt.

Welche Literaturrichtung wurde nach dem französischen Wort für Steckenpferd benannt?

Der so genannte Dadaismus. Die Dadaisten waren konsequente Gegner des Krieges. Als zumeist aus kriegführenden Ländern geflüchtete Exilanten ließen sie sich zunächst im schweizerischen Zürich nieder, wo im legendär gewordenen Cabaret Voltaire eine Bewegung entstand, die sich nach dem Begriff „dada", dem französischen Wort für „Steckenpferdchen", bzw. einem kindlichen Stammellaut nannte.

Was bezeichnet das Nachrichtenquadrat bzw. Vier-Seiten-Modell?

Das Vier-Seiten-Modell oder Nachrichtenquadrat ist ein Kommunikationsmodell von Friedemann Schulz von Thun (*1944). Es nimmt Bezug auf die vier Seiten einer Botschaft: 1. Die Sachverhaltsinformation beinhaltet die reinen Sachaussagen, Daten und Fakten, die in einer Botschaft enthalten sind. 2. Der Appell beinhaltet einen Wunsch oder eine Handlungsaufforderung. 3. Im Beziehungshinweis wird ausgedrückt bzw. aufgenommen, wie das Verhältnis der beiden Personen empfunden wird.4. In der Selbstoffenbarung vermittelt der Sprecher – bewusst oder unbewusst – etwas über sein Selbstverständnis, seine Motive, Werte oder Emotionen etc.

Was bezeichnet der Begriff Aphasie?

Eine erworbene, durch Schädigung bestimmter Hirnregionen hervorgerufene Störungen des Sprachsystems, was den teilweisen oder völligen Verlust der bereits erworbenen Sprache bedeutet.

Johann Wolfgang von Goethe

Wie hieß der erste Bestseller der neueren deutschen Literatur?

Der Briefroman *Die Leiden des jungen Werthers* von Johann Wolfgang von Goethe (1749–1832). Der Dichter verarbeitete darin angeblich eigene Erlebnisse mit Charlotte Buff (1753–1828). Das Buch erschien im Herbst 1774 zur Leipziger Buchmesse und wurde dort zum „Kassenschlager". Kein weiteres Buch Goethes wurde von so vielen seiner Zeitgenossen gelesen.

Wem gelang die erste funktelegrafische Verbindung über eine große Distanz?

Am 12. Dezember 1901 gelang dem Italiener Guglielmo Marconi (1874–1937) die erste funktelegrafische Verbindung über den Atlantik zwischen Europa (Cornwall im Südwesten Englands) und Amerika (Neufundland) über 3600 km, wobei der Buchstabe S als Morsezeichen, drei Punkte, gesendet wurde. Für seine Verdienste um die drahtlose Nachrichtenübermittlung erhielt Marconi zusammen mit Karl Ferdinand Braun (1850–1918) 1909 den Nobelpreis für Physik.

Welcher bedeutende Philosoph der Antike befasste sich auch mit der Rhetorik?

Der aus Makedonien stammende Aristoteles (384–322 v. Chr.). Rhetorik definierte Aristoteles als „die Fähigkeit, in jedem Einzelfall ins Auge zu fassen, was Glaubwürdigkeit bewirkt" und als „die Kraft, alles ausfindig zu machen, was in der Rede überreden kann". Damit wird sein wichtigster Bezugspunkt deutlich: Immer ist der Zuhörer Ziel aller rhetorischen Bemühungen.

Welche berühmte Straße war für Hunderttausende der Weg in den Goldenen Westen von Amerika?

Die Route 66 war die erste durchgehende Straße von Chicago bis Los Angeles. Im Jahre 1926 wurde mit dem Bau begonnen, 1938 war sie komplett geteert. Damit wurde sie die schärfste Konkurrentin der Eisenbahn. Entlang der Route 66 eröffneten Tankstellen, Motels und Geschäfte. Neue Städte entstanden an dem viel befahrenen Highway. Einmal die „Straße der Sehnsucht" zu befahren gilt besonders für viele Motorradfahrer als großes Abenteuer.

Wie heißt das älteste deutsche Buch?

Das älteste deutsche Buch überhaupt ist der *Abrogans*, ein Glossar (Wörterverzeichnis, zumeist mit Erklärungen). Es wurde um 750 in Freising (oder auch Salzburg) verfasst und umfasst etwa 3670 volkssprachliche Wörter.

Was ist eine Fabel?

Eine Fabel ist eine kleine Beispielerzählung in Prosa- oder Versform, die eine moralische Lehre vermittelt. Diese Lehre wird anhand einer konkreten Geschichte veranschaulicht. Die vorgeführten menschlichen Eigenschaften sind dabei meist auf Tiere übertragen. Die Handlung einer Fabel ist sehr knapp dargestellt und auf die abschließende Lehre zugespitzt.

Wie nennt man den literarisch-kulturellen Teil einer Zeitung?

Feuilleton (frz. Beiblatt, kleines Blatt). In diesem Teil stehen Rezensionen, Kritiken, Buchbesprechungen oder auch politische oder allgemein-kulturelleKommentare. Ein einzelner Beitrag im Feuilletonteil der Zeitung wird ebenfalls Feuilleton genannt. Es handelt sich dabei meist um einen kritischen Aufsatz populärwissenschaftlicher Art.

Wie heißen die bekanntesten Onlinedienste in Deutschland?

AOL, T-Online und Compuserve. Das amerikanische Unternehmen AOL ist der größte Online-Dienst. T-Online gehört der Deutschen Telekom und hat die meisten Teilnehmer in Deutschland. Compuserve wurde Ende 1997 von AOL übernommen, bleibt aber als eigenständiger Online-Dienst bestehen.

Wie heißt das größte Kreuzfahrtschiff der Welt?

Die Queen Mary 2 (QM2) ist mit 148.528 BRZ, 345 Metern Länge, 41 Metern Breite, 72 Metern Höhe (vom Kiel bis zu den Schornsteinen) und 13 Decks das derzeit größte Passagierschiff der Welt (Stand: 2006) und damit fast 100 Meter länger als die 1912 gesunkene Titanic.

Was verhindert eine personal firewall, und was nicht?

Eine „personal firewall“ ist zur Verwendung auf einem PC vorgesehen. Bei entsprechender Einstellung (Konfiguration) schützt sie den PC vor ungewollten Zugriffen auf den PC aus dem Internet und auch umgekehrt. Sie schützt allerdings nicht vor Viren, die vom Benutzer unachtsam aus dem Internet heruntergeladen werden.

Aus welcher Sprache stammt der Begriff Handy?

Obwohl Handy sehr englisch klingt, stammt der Begriff nicht aus dem Englischen, sondern wurde in Deutschland erfunden. Die Engländer sprechen nämlich von „portable telephone“, „mobile phone“ oder „cellular phone“. In Deutschland hat sich jedoch für das tragbare Telefon, technisch als Mobilfunktelefon bezeichnet, der Begriff „Handy“ durchgesetzt.

Wie heißt der bedeutendste mittelhochdeutsche Heldengesang?

Das *Nibelungenlied* entstand auf der Grundlage älterer germanischer Überlieferungen um 1200 im Donauraum. Es liegen heute elf vollständige und 23 fragmentarische Handschriften des *Nibelungenliedes* vor, die aus der Zeit vom 13. bis zum 16. Jahrhundert stammen.

Illustration des *Nibelungenlieds*

Welche Möglichkeiten bietet der WAP-Standard für Handys?

WAP steht für Wireless Application Protocol. Es ist eine Vereinbarung, die den Zugriff der Mobilfunktelefone auf das World Wide Web (WWW) regelt. Damit lässt sich mit den Geräten nicht mehr nur telefonieren, faxen oder Daten übertragen, sondern auch das Internet mit seinen vielfältigen Möglichkeiten nutzen.

Welche Vorteile bietet ISDN gegenüber einem herkömmlichen Telefonanschluss?

Die digitale ISDN-Technik bietet gegenüber dem herkömmlichen analogen Fernmeldenetz zahlreiche Vorteile: Es eignet sich auch für die Übertragung von Bildern, man kann über eine Nummer Telefon, PC und Telefax erreichen und die Leitung ist nicht blockiert, wenn ein Anruf eingeht, während der Nutzer im Internet arbeitet.

Welche Mobilfunktechnik spülte überraschend Milliarden in die deutsche Staatskasse?

Die UMTS-Technik sorgte im Juli 2000 für überraschenden Geldsegen. Als in Frankfurt die Sendefrequenzen versteigert wurden, zahlten die Sieger der Auktion insgesamt 100 Milliarden Mark in den deutschen Bundeshaushalt.

Wie heißen die stilisierten Gesichter, die gern in E-Mails eingesetzt werden, um bestimmte Gefühle auszudrücken?

Smileys oder Emoticons (Emotional Icons). Smileys sind aus ASCII-Zeichen zusammengesetzte stilisierte Gesichter. Zur Bildung der gängigsten Smileys werden hauptsächlich der Doppelpunkt, das Semikolon, der Bindestrich und verschiedene Klammern verwendet, um Augen, Nase und Mund zu stilisieren. Erkennbar werden die „Gesichter", wenn man die Vorlage mit den Smileys nach rechts dreht oder den Kopf vor dem Monitor entsprechend zur linken Schulter neigt. Am bekanntesten ist sicher der „Smilie", ein lachendes Strichgesicht, der den Smileys den Namen gab.

Welches berühmte Flugzeug wurde auch als Tante Ju bezeichnet?

Das von den deutschen Junkerswerken 1930/1931 gebaute Flugzeug JU 52/3m. Es ist sofort an seiner Wellblechverkleidung zu erkennen. Von dem äußerst zuverlässigen Flugzeug wurden fast 5000 Stück gebaut. Es kam in vielen Ländern zum Einsatz, hauptsächlich für militärische Zwecke, aber auch für den zivilen Luftverkehr.

Wie heißt der größte Softwarehersteller weltweit und wer ist die Nummer Eins in Deutschland?

Das amerikanische Unternehmen Microsoft hat bei der Herstellung von Software eine marktbeherrschende Stellung. Ende der 1990er-Jahre lieferte es 90% aller Betriebssysteme („Windows"). Der größte deutsche Hersteller ist SAP („Systeme, Anwendungen, Produkte"), der v. a. betriebswirtschaftliche Programme anbietet.

Welche Folgen kann ein Cookie auf der Festplatte eines Internet-Nutzers haben?

Mit einem Cookie („Keks") können Daten und Benutzergewohnheiten ausgeforscht werden. Es handelt sich um eine Datei, die beim Surfen im Internet auf dem Rechner des Nutzers abgelegt wird, ohne dass dieser davon erfährt.

Welche technische TV-Erneuerung durften die Menschen im Ballungsraum Berlin/Potsdam als weltweit Erste genießen?

Im Ballungsgebiet um die deutsche Hauptstadt wurde ab Oktober 2002 der herkömmliche analoge terrestrische Fernsehempfang auf Digitaltechnik umgerüstet. Dadurch sollen sich die Bildqualität sowie die Anzahl der zu empfangenden Programme erhöhen.

Wann und wo werden EmoTags eingesetzt?

EmoTags (Emotional Tags) werden eingesetzt, um Textpassagen mit künstlichen HTML-Tags zu hinterlegen, welche die Meinung des Autors wiedergeben. Ähnlich wie Smileys und Acronyme werden EmoTags genutzt, um die Kommunikation über das Internet zu erleichtern, da sie häufig die Informationen ersetzen, die bei einer Unterhaltung von Angesicht zu Angesicht über Mimik, Lautstärke, Tonfall und Gestik übermittelt werden.

Was versteht man unter Makeln?

Die Möglichkeit für einen Fernmeldeteilnehmer, zwischen zwei Gesprächspartnern hin- und herzuschalten.

Welche wichtige Rolle spielen Moose und Flechten in der Natur?

Sie waren wahrscheinlich die ersten Pflanzen, die sich vor 400 Millionen Jahren auf dem Festland ausbreiteten und als Pioniere die Erde für andere Pflanzen vorbereiteten. Flechten sind die Grundlagen des Lebens. Sie sind aus Algen und Pilzen zusammengesetzt und unterstützen sich gegenseitig (Symbiose). In polaren Regionen überstehen sie selbst tiefste Minustemperaturen ohne Schaden. In Wüstenregionen kommen sie mit äußerst geringen Niederschlägen und hoher Hitze zurecht.

Haben Lungenfische Lungen?

Lungenfisch

Wie alle Fische haben auch Lungenfische Kiemen. Zusätzlich besitzen sie aber Lungen, die ihnen das Atmen über äußere Nasenlöcher ermöglichen. Dadurch können sie Trockenperioden überstehen. Trocknet ein See oder Fluss aus, graben sich die Tiere umgeben von einer Schleimkapsel bis zum nächsten Regen in den Schlamm ein. Drei Gattungen dieser urtümlichen Fische, deren Urahnen schon vor 350 Millionen Jahren lebten und über die ganze Welt verbreitet waren, sind heute noch bekannt. Sie leben in Australien, Afrika und Südamerika.

Was entsteht, wenn Zement mit Wasser und Kies oder ähnlichen Zusätzen gemischt wird?

Beton, einer der wichtigsten Baustoffe des 20. Jahrhundert; manche sprechen sogar vom „fünften Element" dieses Säkulums. Erfunden haben es jedoch bereits die alten Römer, welche die Kuppel des Pantheons in Rom mit einer Beton- und Füllstofftechnik erbauten. Wieder entdeckt wurde der Baustoff im 19. Jahrhundert. Besonders belastbare Betonvarianten wurden im 20. Jahrhundert entwickelt: der Stahl- und Spannbeton.

Warum sind Auwälder besonders schützenswerte Biotope?

Weil die zeitweise unter Wasser stehenden Wälder entlang Flussläufen und Bächen für viele seltene Pflanzen und Tiere eine letzte Zufluchtstätte darstellen. Sie sind außerdem ein wichtiges Trinkwasserreservoir. In Auwäldern wachsen v. a. Eschen, Weiden, aber auch Ulmen und Eichen.

Was ist eine Fata Morgana?

Ein optisches Trugbild, das durch Luftspiegelung entsteht. Diese Spiegelung kann über stark erhitzten Flächen entstehen, z. B. über Wüstensand oder Asphalt. Man sieht dann unter Umständen sehr weit entfernte Gegenstände (Gebäude, Berge, Oasen, Wasser) greifbar nah, selbst wenn diese hinter dem Horizont liegen.

Was ist eigentlich ein Ökosystem?

Unter einem Ökosystem versteht man die Gesamtheit aller in einem festgelegten Raum vorhandenen Teile des Biosystems (Pflanzen, Tiere) und des Geosystems (Böden, Wasser, Klima, etc.). Greift der Mensch nicht ein, entwickelt sich im Allgemeinen ein ökologisches Gleichgewicht, d. h. die Pflanzen und Tiere können sich nur so weit ausbreiten, wie es die natürlichen Gegebenheiten und die natürlichen Feinde zulassen. Ist die Balance einmal gestört, ist sie nur unter großen Schwierigkeiten wieder herzustellen.

Wie heißen die bekanntesten einzelligen Tiere?

Dazu gehören: 1. die Amöbe oder das Wechseltierchen, das sich durch eine sehr veränderliche Gestalt ohne feste Umrisse auszeichnet, 2. das Pantoffeltierchen, das seinen Namen seiner Form verdankt und 3. das Geißeltierchen, das sich mithilfe eines oder mehrerer kleiner fadenförmiger Fortsätze (Geißeln) vorwärts schlängeln kann.

Sind Korallen Tiere?

Lange Zeit wurden Korallen für Pflanzen gehalten. Erst im 18. Jahrhundert stellte sich heraus, dass sie zu den Tieren zählen, genauer gesagt zu den Hohltieren (Coelenterata). Korallenriffe werden von den Korallenpolypen aufgebaut, nur wenige Millimeter großen Lebewesen, die in Kolonien zusammenleben. Wenn sie sterben, hinterlassen sie ein Kalkgerippe, auf dem sich neue Polypen ansiedeln. Daher lebt nur die äußerste Schicht der Korallenstöcke. Korallen wachsen zwischen 5 und 200 Millimeter pro Jahr.

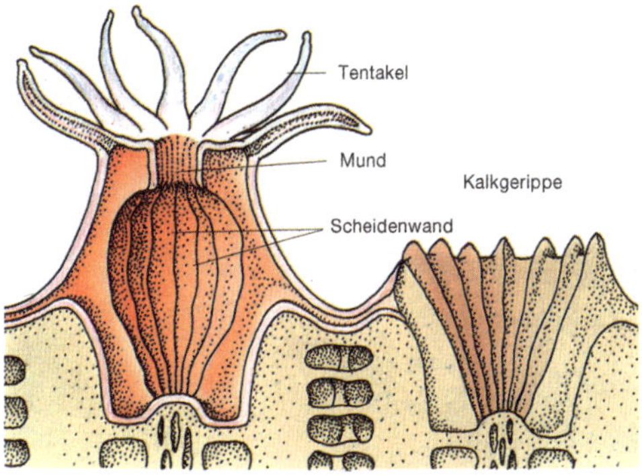

Lebender Korallenpolyp und Kalkgerippe eines toten Tiers

Warum werden manche Wälder als Bannwald ausgewiesen?

Um sie wegen ihrer Bedeutung für Klima, Wasserhaushalt oder Luftreinigung zu erhalten. Ein Bannwald – z. B. in der Nähe von Großstädten als Grüne Lunge unersetzlich – steht deshalb unter besonderem Schutz.

Was ist das Äquinoktium?

Die Tagundnachtgleiche. Der 21. März und der 23. September zeichnen sich dadurch aus, dass an diesen beiden Tagen Tag und Nacht exakt gleich lang sind, weil dann die Sonne mittags genau über dem Äquator steht. Die beiden Tage bezeichnen auch den Frühlings- bzw. den Herbstanfang.

Was ist der Treibhauseffekt?

Der Treibhauseffekt tritt ein, weil Gase in der Atmosphäre die von der Erde reflektierte Wärmestrahlung blockieren. Dadurch steigt die weltweite Durchschnittstemperatur.

Wofür wird Plutonium verwendet?

Das hochgiftige radioaktive Element dient als Brennstoff für Atomkraftwerke vom Typ des „Schnellen Brüters", als Energiequelle für Satelliten und zur Herstellung von Atombomben. Durch seine extreme Giftigkeit und seine Langlebigkeit ist der Umgang mit Plutonium äußerst gefährlich und daher gesellschaftlich heftig umstritten.

Wie heißt die radioaktive Strahlung, die am schwersten abgeschirmt werden kann?

Die bei der Atomkernspaltung in Atomkraftwerken entstehende Gammastrahlung kann nur durch eine einen Meter dicke Betonwand bzw. eine 20 Zentimeter dicke Bleischicht abgeschirmt werden. Bei der Betastrahlung genügt ein fünf Zentimeter dickes Buch, bei der Alphastrahlung sogar ein Blatt Papier.

Nach welchem Ordnungsprinzip ist das chemische Periodensystem der Elemente gegliedert?

Die chemischen Elemente sind nach ihrem Atomgewicht angeordnet. Protonen und Neutronen als Atomkernbestandteile besitzen jeweils die Masse 1. Die Atommasse eines Elements ergibt sich aus der Summe beider, da die Masse der Elektronen (in der Atomhülle) praktisch vernachlässigbar ist.

Worauf beruht die vernichtende Wirkung einer Atombombe?

In einer Atombombe kommt es zur unkontrollierten Spaltung von Atomen. Dabei werden innerhalb kürzester Zeit ungeheure Mengen an Energie freigesetzt. Sie breitet sich in Form von Hitze mit mehreren Millionen Grad Celsius, einer starken Druckwelle und radioaktiver Strahlung aus.

Worin unterscheiden sich Knorpel- und Knochenfische?

Knorpelfische, zu denen z. B. die Haie und Rochen zählen, besitzen im Gegensatz zu den Knochenfischen, d. h. den meisten anderen Fischen, keine Schwimmblase. Ihr Skelett ist aus Knorpel aufgebaut, der sehr viel leichter ist als Knochen. Zusammen mit einer sehr öligen Leber verleiht ihnen das beträchtlichen Auftrieb. Dennoch müssen z. B. Haie immer in Bewegung bleiben, um nicht abzusinken.

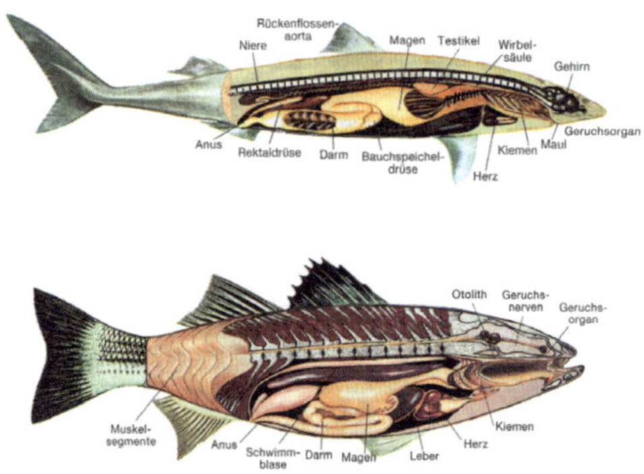

Körperbau eines Hais (oben) und eines Knochenfisches

Worin unterscheiden sich Normalbenzin und Superbenzin?

Durch ihre Oktanzahl, die ein Maß für die Klopffestigkeit eines Kraftstoffes ist. Je höher die Klopffestigkeit des Benzins, desto geringer ist seine Neigung, sich selbst im Motor zu entzünden. Sie beträgt beim Normalbenzin rund 91–94 Oktan und beim Superbenzin 98–100,5 Oktan.

Wann lebten die ersten Tiere?

Nach neuen Fossilfunden könnten die ersten vielzelligen Tiere bereits vor ungefähr einer Milliarde Jahren gelebt haben. Bisher ging man davon aus, dass die Evolution der Tiere nach kurzem Anlauf explosionsartig im Zeitalter des Kambriums, also 500 Millionen Jahre später einsetzte. Die ersten Anfänge des Lebens vermutet man vor drei bis vier Milliarden Jahren.

Warum ist Sauerstoff lebenswichtig?

Mit seiner Hilfe verbrennt der Körper die zugeführte Nahrung und gewinnt daraus Energie. Diese braucht er als Wärmequelle und um die Vielzahl an biochemischen Reaktionen im Körper zu ermöglichen. Ist durch einen Atemstillstand die Sauerstoffzufuhr unterbrochen, führt dies innerhalb weniger Minuten zu Herzstillstand, Gehirnschäden und Tod.

Welche beiden Maßeinheiten braucht man zur physikalischen Kennzeichnung des elektrischen Stromes?

Das Ampere (mit dem Zeichen A) als die Einheit der Stromstärke und das Volt (mit dem Zeichen V) als die Einheit der elektrischen Spannung. Die Einheit Ampere wurde nach dem französischen Physiker und Mathematiker André Marie Ampère (1775–1836) benannt, während sich Volt von dem italienischen Physiker Alessandro Volta (1745–1827) ableitet.

Wie heißen die bekanntesten Modelle über den Aufbau der Atome?

1. Das Rutherford'sche Atommodell (von Ernest Rutherford, 1871–1937). Er unterscheidet einen kleinen positiv geladenen Kern und eine große negativ geladene Hülle. 2. Das Bohr'sche Atommodell (von Niels Bohr, 1885–1962). Die Elektronen bewegen sich auf genau festgelegten Quantenbahnen um den Kern. 3. Das Orbitalmodell (jüngstes Modell). Es lassen sich nur Aufenthaltswahrscheinlichkeitsräume (Orbitale) für die Elektronen angeben.

Wie kommt es zur Hautalterung?

Die Alterung der Haut wird zum einen durch genetische Faktoren (innere Hautalterung) und zum anderen durch Umwelteinflüsse (äußere Hautalterung) ausgelöst. Bei der inneren Hautalterung werden mit zunehmendem Alter die einzelnen Schichten der Haut immer dünner. Die Funktionsfähigkeit der Hautdrüsen lässt nach und die Elastizität der Fasern der Lederhaut nimmt ab. Die äußere, vorzeitige Hautalterung wird in erster Linie durch übermäßige UV-Strahlung („photoaging“), aber auch durch das Rauchen verursacht.

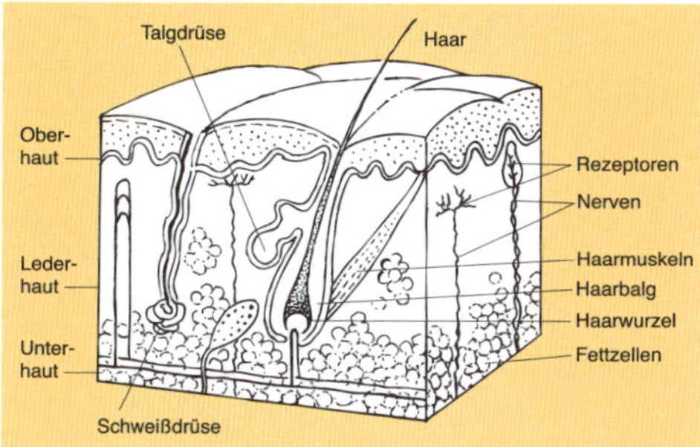

Aufbau der menschlichen Haut

Worin unterscheidet sich die anorganische von der organischen Chemie?

Gegenstand der anorganischen Chemie sind im Wesentlichen die nicht aus Kohlenstoff aufgebauten Stoffe. Sie sind meist von einfacherer Struktur als die der organischen Chemie.

Wie finden die Pollenkörner der männlichen Blüten ihren Weg zu den weiblichen Blüten?

Man unterscheidet zwei Formen der Bestäubung: Die Fremdbestäubung und die Selbstbestäubung. Bei Ersterer wird der Blütenstaub (die Pollen) z. B. durch den Wind oder durch Insekten transportiert. Bei der Selbstbestäubung gelangt er unmittelbar zu den weiblichen Organen derselben Pflanze.

Gibt es Lebewesen, die keinen natürlichen Tod kennen?

Die einzelligen Lebewesen, die sich durch Zweiteilung vermehren, sind potenziell unsterblich, d. h. sie können allenfalls durch Unfall oder Krankheit zu Tode kommen. Potenziell unsterblich ist das Bakterium (das keinen echten Zellkern besitzt) und die tierischen und pflanzlichen Einzeller (mit echtem Zellkern).

Auf wessen Erfindung beruht die Temperaturmessung in Grad Celsius?

Auf Anders Celsius (1701–44). Der schwedische Astronom erfand das Quecksilberthermometer. Seine Temperaturskala erhielt er, indem er den Bereich zwischen Gefrier- und Siedepunkt des Wassers in 100 gleiche Schritte einteilte. Der Nullpunkt der Skala wurde allerdings erst später durch Carl von Linné (1707–78) auf den Gefrierpunkt des Wassers gelegt.

Warum sind Pflanzen meist grün gefärbt?

Dies liegt an einer Substanz, die als Blattgrün oder Chlorophyll bezeichnet wird. Sie ist in allen grünen Pflanzenzellen enthalten und die Grundlage für die Fotosynthese. In den Zellen sind meist auch rötliche und gelbliche Farbstoffe vorhanden, die aber erst im Herbst, wenn das Chlorophyll abgebaut wird, sichtbar werden.

Wie unterscheiden sich Radiowellen von optischen Wellen?

Durch Wellenlänge und Frequenz. Die elektromagnetischen Wellen bilden ein kontinuierliches Spektrum, werden aber in verschiedene Gruppen eingeteilt. Nach abnehmender Wellenlänge bzw. zunehmender Frequenz kann man Radiowellen, infrarotes, sichtbares und ultraviolettes Licht, Mikrowellen, Röntgenstrahlen und Gammastrahlen unterscheiden.

Wovon hängt die Dichte eines Körpers ab?

Die Dichte ist abhängig von der Masse und dem Rauminhalt (Volumen). Sie wird definiert als das Verhältnis der Masse eines Körpers zu seinem Rauminhalt und in Kilogramm pro Kubikmeter angegeben.

Welche Teile gehören zu den Elementarteilchen?

Neben den klassischen Elementarteilchen Elektronen, Protonen und Neutronen sind heute eine Vielzahl weiterer, z. T. äußerst kurzlebiger Teilchen bekannt. Zu den Elementarteilchen gehören z. B. Leptonen, Mesonen, Baryonen, Photonen und Resonanzen. Nach neueren Untersuchungen ist die gesamte Materie aus Quarks und Leptonen aufgebaut.

Welches ist die wichtigste Eigenschaft der Energie?

Sie wird durch den „Energieerhaltungssatz" beschrieben: Er besagt, dass in einem abgeschlossenen System Energie weder vernichtet noch erzeugt, sondern nur von einer Form in eine andere umgewandelt werden kann.

Welches physikalische Prinzip wird bei einer Zentrifuge ausgenutzt?

Sie beruht auf der Grundlage der Fliehkraft (Zentrifugalkraft). Diese Kraft, die bei einer Drehbewegung entsteht und vom Drehpunkt nach außen gerichtet ist, ermöglicht es, in einer Zentrifuge unterschiedlich schwere Bestandteile eines Gemisches zu trennen. Die Fliehkraft verhindert auch, dass ein Satellit durch die Erdanziehungskraft auf die Erde stürzt.

Fällt eine Bleikugel schneller zu Boden als eine Feder?

Nach dem Gesetz des freien Falls ist die Fallgeschwindigkeit im luftleeren Raum bei allen Körpern gleich, also unabhängig von ihrem Gewicht. Unter Alltagsbedingungen verhindert jedoch der Luftwiderstand, dass die Feder genauso schnell am Boden ankommt.

Gibt es lebende Fossilien?

Quastenflosser

Eigentlich ist der Begriff „lebende Fossilien" ein Widerspruch in sich, denn Fossilien leben nicht. Dennoch werden einige Tier- und Pflanzenarten, die in gleicher oder ähnlicher Form bereits in weit zurückliegenden Erdzeitaltern existierten, als lebende Fossilien bezeichnet. Das gilt z. B. für den Quastenflosser, der schon vor ca. 400 Millionen Jahren auf der Erde lebte und sich seitdem nicht verändert hat. Zu den ältesten lebenden Fossilien zählen die Archaebakterien, die bereits vor mehr als 3 Millionen Jahren die Erde besiedelten.

Wo befindet sich das Gleichgewichtsorgan des Menschen?

Es ist als Teil des Innenohres in einer Knochenkapsel, dem „Felsenbein", verborgen. Die Lage des Körpers und Körperbewegungen werden angezeigt, indem Sinnesborsten durch winzige Steine oder eine gelartige Flüssigkeit umgebogen werden. Dadurch kommt es zur Auslösung von Nervenreizen.

Welche Tiere gehören zur Gruppe der Gliederfüßer?

Zu den Arthropoda, wie sie in der Fachsprache genannt werden, gehören Pfeilschwanzkrebse, Spinnen, Krebse, Tausendfüßer und Insekten. Ausgestorben sind die Dreilapper (Trilobiten). Alle diese Gruppen besitzen zahlreiche gemeinsame Merkmale, darunter den grundlegenden Aufbau der Gliedmaßen, dem sie ihren Namen verdanken.

Aus welchen chemischen Elementen besteht Wasser?

Das Wassermolekül ist aus 1 Sauerstoffatom und 2 Atomen Wasserstoff zusammengesetzt. Daher lautet die chemische Formel für Wasser H_2O. Das normale Leitungswasser enthält neben den Wassermolekülen eine Vielzahl anderer Verbindungen. Dazu gehört Kohlendioxid, zahlreiche Salze und Metalle. Die meisten dieser Stoffe sind nur in geringsten Konzentrationen vertreten.

Was ist ein Facettenauge?

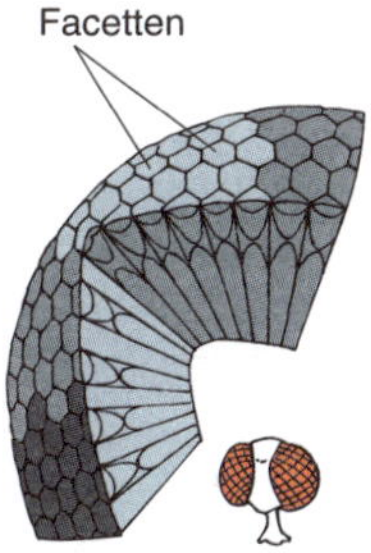

Aufbau eines Facettenauges

Wenn sich Insekten einen Film im Kino ansehen würden, hätten sie vermutlich wenig Spaß daran. Sie sähen jedes Bild einzeln, und das auch noch unscharf. Der Grund: Die Facettenaugen der Insekten sind aus vielen Einzelaugen zusammengesetzt, die jeweils einen Lichtpunkt registrieren. Die Lichtpunkte werden dann zu einem Bild zusammengefügt. Das räumliche Auflösungsvermögen ist von Art zu Art unterschiedlich und hängt davon ab, wie viele Einzelaugen vorhanden sind. An die Leistungen eines Linsenauges kommt das Facettenauge allerdings nicht heran. Doch was das zeitliche Auflösungsvermögen angeht, ist es dem Sehorgan der Wirbeltiere überlegen: Manche fliegenden Insekten können bis zu 250 Bilder pro Sekunde wahrnehmen, der Mensch erfasst im gleichen Zeitraum gerade einmal 24 Bilder.

Wie kommt der Alkohol ins Bier?

Er entsteht bei der so genannten alkoholischen Gärung. Dabei wird Zucker und Stärke von Hefepilzen bzw. deren Enzymen unter Sauerstoffabschluss in Alkohol umgewandelt. Beim Bier wird Gerste vergoren, beim Wein Traubensaft und beim Met Honig.

Wer waren die größten jemals lebenden Landtiere?

Die zu den Dinosauriern gehörenden Sauropoden. Die riesigen Reptilien (Kriechtiere) wurden bis zu 30 Meter lang und 75 Tonnen schwer. Die heutigen Vertreter der Reptilien, Krokodile, Schildkröten, Eidechsen, Schlangen und Brückenechsen sind erheblich kleiner. Krokodile erreichen z. B. eine Länge von 7 Metern.

Wie kommt die Chaosforschung zu ihrem Namen?

Die Chaosforschung ist entgegen ihrem Namen ein ernsthafter, mit mathematisch-naturwissenschaftlichen Methoden arbeitender Forschungszweig. Er befasst sich mit Systemen, über deren langfristiges Verhalten man keine Aussagen machen kann, da es unvorhersehbar, also chaotisch ist. Einer der bedeutendsten Theoretiker der Chaosforschung ist der amerikanische Physiker Mitchell Feigenbaum (*1945).

Wie bezeichnet man Stoffe, die sowohl Strom leiten als auch isolieren können?

Stoffe mit diesen Eigenschaften bezeichnet man als Halbleiter. Bei tiefen Temperaturen wirken sie als Isolatoren, mit steigender Temperatur nimmt ihre Leitfähigkeit zu. Sie sind heute aus der Elektrotechnik nicht mehr wegzudenken (Gleichrichter, Verstärker u. a.).

Wie heißen die wichtigsten deutschen Physiker?

Max Born (1882–1970, Quantenmechanik), Walther Bothe (1891–1957, Kernphysik), Albert Einstein (1879–1955, Relativitätstheorie), Werner Heisenberg (1901–76, Quantenmechanik), Max Planck (1858–1947, Quantentheorie), Wilhelm Conrad Röntgen (1845–1923, Röntgenstrahlung). Sie alle wurden für ihre Verdienste mit dem Nobelpreis für Physik geehrt.

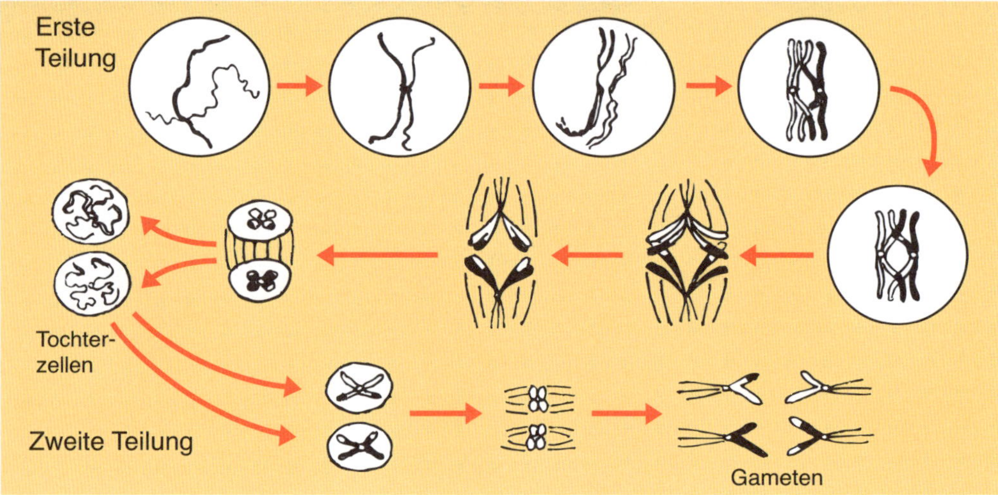

Meiose

Was ist die Meiose?

Die Meiose ist der Vorgang der Geschlechtszellenbildung. Sein wichtigster Schritt ist die Trennung der homologen Chromosomen, der väterlichen und mütterlichen Chromosomen, die zusammen ein Chromosomenpaar bilden. Denn damit die Nachkommen nicht doppelt so viel genetisches Material bekommen, wie die Eltern besitzen, muss die Zahl der Chromosomen bei der Bildung der Geschlechtszellen halbiert werden. Vor der Trennung ordnen sich die Chromosomenpaare in der Zelle so an, dass der so genannte Spindelapparat von zwei Seiten je einen vollständigen (einfachen) Chromosomensatz greifen und auseinander ziehen kann. Bei der anschließenden ersten Reifeteilung bekommt jede Tochterzelle ein Chromosomenset zugeteilt. Die zweite Reifeteilung entspricht der Mitose, bei der die Chromatiden der Chromosomen voneinander getrennt werden und vier Tochterzellen entstehen.

Warum verschwindet ein radioaktives Element im Laufe der Zeit?

Ein radioaktives Element zerfällt, indem es Strahlung aussendet und auf diese Weise zu einem neuen Element wird. Nach einer bestimmten Zeitspanne, der so genannten Halbwertszeit (Sekundenbruchteile bis Jahrmillionen), ist nur noch die Hälfte der Ausgangssubstanz vorhanden.

Wiegt ein Körper überall auf der Erde gleich viel?

Nein. Sein Gewicht, also die Kraft, mit der er von der Schwerkraft auf den Boden gedrückt wird, ist am Äquator geringer als an den Polen. Dies hängt mit dem Abstand der Erdoberfläche zum Erdmittelpunkt zusammen. Da die Erde an den Polen abgeplattet ist, ist hier der Abstand geringer und damit die Erdanziehung größer.

Welche Aufgabe erfüllen Katalysatoren bei chemischen Reaktionen?

Viele Reaktionen laufen nur unter Zufuhr von Energie (Wärme) ab. Katalysatoren beschleunigen chemische Reaktionen, indem sie den Energieaufwand für die Umsetzungen senken. Sie nehmen an der Reaktion teil, gehen aber letztlich unverändert aus dieser hervor.

Wo liegt der Nullpunkt der Temperaturmessung bei der Celsius-Skala und wo liegt er bei der Kelvin-Skala?

Bei der Celsius-Skala fällt der Nullpunkt mit dem Gefrierpunkt des Wassers zusammen (0 °C). Die Kelvin-Skala geht vom absoluten Nullpunkt aus, der bei –273,15 °C liegt (entspricht 1 Kelvin). Sie wurde von dem britischen Physiker Lord Kelvin (1824–1907) entwickelt.

Woher stammen die Begriffe Fauna und Flora?

Fauna war ursprünglich eine römische Waldgöttin und Beschützerin der Tiere. Heute bezeichnet man damit die Tierwelt einer bestimmten Region oder einer bestimmten Periode. Flora war die italische Göttin der Blumen, des Getreides und des Frühlings. Entsprechend der Fauna versteht man heute darunter die Pflanzen einer bestimmten Region oder einer bestimmten Periode.

Welche Rolle spielt Kohlendioxid (CO_2) beim Treibhauseffekt?

Kohlendioxid trägt wesentlich zur Erwärmung der Erdatmosphäre bei. Das in Jahrmillionen von den Pflanzen durch die Fotosynthese aus der Atmosphäre entnommene Gas wird in den letzten Jahrzehnten durch die massive Verbrennung fossiler Energieträger wie Kohle, Erdöl und Erdgas wieder freigesetzt.

Warum beschlagen die Brillengläser, wenn man aus der Kälte in einen warmen Raum tritt?

Warme Luft kann mehr Feuchtigkeit aufnehmen als kalte. Die Luft in unmittelbarer Nähe der kalten Brillengläser kühlt ab und die Luftfeuchtigkeit muss sich auf den Gläsern niederschlagen. Physikalisch bezeichnet man einen Vorgang, bei dem ein Stoff aus dem gasförmigen in den flüssigen Zustand übergeht als Kondensation.

Wann kommt es zu einem Kurzschluss?

Wenn zwei unter Spannung stehende Teile eines elektrischen Geräts durch einen Fehler unmittelbar miteinander verbunden werden. Bei einem solchen verkürzten Stromkreis ist der Widerstand nur gering, die Stromstärke dagegen sehr hoch. Die Folge ist eine starke Erwärmung, die zu Bränden führen kann. „Sicherungen" unterbrechen den Stromkreis.

Wie heißt der zentrale Bereich eines Atomkraftwerkes?

Der Kernreaktor ist die eigentliche Anlage, in der die Atomkerne gespalten werden und so die Kernenergie in Wärmeenergie umgewandelt wird. Er befindet sich in dem Reaktordruckbehälter, der wiederum von der typischen, weithin sichtbaren Betonhülle umschlossen wird.

Was sind Sukkulenten?

Roter Kaktus

Pflanzen, die sich den besonderen Bedingungen extrem trockener Gebiete, z. B. der Wüsten und Steppen Nord- und Südamerikas, angepasst haben, werden als Sukkulenten bezeichnet. Der Organismus dieser Pflanzen ist so ausgelegt, dass sie das wenige Wasser, das ihnen zur Verfügung steht, speichern und nur sehr langsam wieder abgeben. Stammsukkulenten, zu denen die meisten Kakteen zählen, speichern die Feuchtigkeit im Inneren des Stamms. Blätter besitzen sie nicht, da diese zu schnell austrocknen würden. In den meisten Fällen sind die Blätter vollständig reduziert oder in Stacheln und Dornen umgewandelt. Blattsukkulenten (z. B. Agave, Aloe) haben dagegen extrem dicke, fleischige Blätter, die Wasser einlagern können.

Wer war Antony van Leeuwenhoek?

Der Niederländer Leeuwenhoek (1632–1723) war eigentlich Tuchhändler, betätigte sich aber in seiner Freizeit als Naturforscher und wurde so zum Begründer der Mikrobiologie. Mit seinen selbst gebauten Mikroskopen entdeckte er u. a. die Kleinstlebewesen, die in einem Wassertropfen leben, die Blutzellen und die Bakterien. Die Linsen schliff er selbst, ohne jemanden jemals in das Geheimnis seiner Kunst einzuweihen und erreichte damit Vergrößerungen bis zum 270-fachen.

Was bedeutet Leistung im physikalischen Sinn?

Leistung ist das Verhältnis der Arbeit zur Arbeitszeit (der Quozient aus der Arbeit und der dazu benötigten Zeit). Einheiten der Leistung sind u. a.: Watt (W) und Joule/Sekunde (J/s). Die Verwendung der alten Einheit Pferdestärken (PS) ist nicht mehr zulässig.

Welches sind die Hauptbestandteile der Luft?

Unsere Atemluft besteht zu 78% aus Stickstoff und zu 21% aus Sauerstoff. Außerdem enthält sie verschiedene andere Gase in geringster Konzentration, z. B. Kohlendioxid (0,03%). Andere Bestandteile sind in stark wechselnden Mengen enthalten (Wasserdampf, Staub, Abgase u. A.).

Wie stellt man Magnete her?

Magnete mit einem dauernden magnetischen Feld werden durch starke elektrische Felder oder Elektromagneten erzeugt. Elektromagnete wirken immer dann magnetisch, wenn sie an das Stromnetz angeschlossen sind. Sie bestehen aus einer Spule und einem Weicheisenkern.

Wo kommen Erythrozyten, Leukozyten und Thrombozyten im menschlichen Körper vor?

Als Blutzellen sind sie neben dem flüssigen Blutplasma die wichtigsten Bestandteile des Blutes. Rote Blutkörperchen (Erythrozyten) und Blutplättchen (Thrombozyten) kommen nur im Blut vor. Die weißen Blutkörperchen (Leukozyten) können dagegen durch die Wände der Blutgefäße auch in das umgebende Gewebe eindringen.

Archaeopteryx, „Brückentier" zwischen Reptilien und Vögeln

Welche Bedeutung hat der Urvogel Archaeopteryx?

Der Archaeopteryx gilt als Übergangsform (Brückentier) zwischen Reptilien und Vögeln. Die Fossilfunde des Urvogels lassen deutlich Merkmale beider Tiergruppen erkennen. So hatten die Tiere, die vor ca. 125 Millionen Jahren lebten, Zähne, eine Schwanzwirbelsäule und Krallen wie Reptilien. Schnabel, Federn und Flügel zeigen, dass der Archaeopteryx bereits erste Vogelmerkmale ausgebildet hatte. Wie gut er tatsächlich fliegen konnte, ist umstritten. Möglicherweise kletterte er mithilfe seiner Krallen auf Bäume und gleitete mehr hinab, als dass er flog.

Wo kommen Kohlenhydrate in der Natur vor?

Sie sind als Zellulose ein wesentlicher Baustoff der Pflanzen und als Stärke in vielen pflanzlichen Speicherorganen enthalten (Kartoffeln, Getreidekörner). Auch der Zucker der Zuckerrüben und des Zuckerrohrs gehört zu den Kohlenhydraten. Bei den Tieren spielt der Traubenzucker und das Glykogen (als Speicherstoff der Leber) eine besondere Rolle.

Was bedeutet der Begriff Ornithologie?

Ornithologie ist die wissenschaftliche Bezeichnung für die Vogelkunde. Als Zweig der Zoologie (Tierkunde) erforscht sie Körperbau, Lebensweise, Verhalten und Verwandtschaft der Vögel.

Was wird in einem Transformator umgewandelt?

Ein Transformator, auch kurz als „Trafo" bezeichnet, wandelt eine elektrische Wechselspannung in eine höhere oder niedrigere Spannung mit gleicher Frequenz um. Er transformiert z. B. die Spannung des Netzstromes auf die Spannung herunter, die ein elektrisches Kleingerät benötigt.

In welche bekannten Gruppen lassen sich die Metalle einordnen?

Gebräuchliche Gruppen sind: Buntmetalle (z. B. Kupfer, Nickel, Kobalt), Edelmetalle (z. B. Gold, Silber, Platin), Leichtmetalle (z. B. Aluminium, Magnesium, Titan), Schwermetalle (z. B. Cadmium, Blei, Quecksilber), Eisenmetalle(z. B. Eisen, Chrom, Mangan).

Warum können Funken sprühen, wenn man Pullover aus Kunstfasern auszieht?

Dies liegt an der elektrostatischen Aufladung. Reibt man verschiedene Materialien gegeneinander, z. B. den Kunstfaserpullover an den Kopfhaaren, werden positive und negative elektrische Ladungen voneinander getrennt. Wenn die Ladungsunterschiede wieder ausgeglichen werden, fließt ein Strom, der als Funke oder leichter Schlag bemerkbar ist.

Wo ist das Ozonloch am größten?

Über der Antarktis. Das Loch nimmt dort regelmäßig während des antarktischen Frühlings (September/Oktober) besonders große Ausmaße an. Die Ozonschicht der Atmosphäre verhindert, dass gefährliche ultraviolette Strahlen (UV-Strahlung) auf die Erdoberfläche gelangen. Für den Abbau des Ozons werden Fluorchlorkohlenwasserstoffe (FCKW) verantwortlich gemacht. Im September 1997 hat man sich im internationalen Rahmen auf den endgültigen Ausstieg aus der FCKW-Produktion geeinigt. Für die Industrieländer ist das Datum der 1. Januar 2005, für die so genannten Entwicklungsländer der 1. Januar 2015.

Was versteht man unter einem ökologischen Gleichgewicht?

Einen idealen Zustand in der Natur bzw. in einem bestimmten Stück Natur, in dem alle Kreisläufe des Lebens perfekt aufeinander eingespielt sind. Keine Tier- oder Pflanzenart vermehrt sich unnatürlich stark, so dass sie zum vernichtenden Feind einer anderen werden könnte. In einem unberührten Stück Natur wirken selbst regulierende Kräfte so, dass sie sich immer wieder in dieses Gleichgewicht einpegeln; greift man aber von außen ein, wird das Gleichgewicht gestört.

Muss man beim Einatmen von Lachgas wirklich lachen?

Distickstoffoxid (N_2O) ist ein farbloses Gas mit süßlichem Geruch. Da es schwach betäubende Wirkung zeigt, wird es als Narkosegas eingesetzt. Die Wirkung tritt sehr schnell ein, Langzeitschäden sind nicht bekannt. Distickstoffoxid unterhält jedoch die Atmung nicht, deshalb darf es bei Narkosen nur unter gleichzeitiger Sauerstoffzufuhr verwendet werden. Die Inhalation von geringen Mengen Lachgas kann krampfhafte Lachlust, Halluzinationen und Rauschzustände auslösen.

Experiment mit Lachgas (Karikatur von James Gillray, 1802)

Was ist Mimese?

Um nicht entdeckt und als Beute verspeist zu werden, ahmen einige Tierarten Gegenstände oder Lebewesen nach. Besonders gut gelingt diese Form der Tarnung z. B. den Stabheuschrecken, die von einem kleinen Ast kaum zu unterscheiden sind. Auch das Wandelnde Blatt (Phyllium giganteum) ist kaum als Insekt zu erkennen, denn seine Flügel imitieren Form und Farbe eines gewöhnlichen Pflanzenblattes. Derartige „Gegenstände“ sind für Fressfeinde schlicht uninteressant. Im Gegensatz zur Mimikry werden keine auffälligen Warntrachten giftiger Tiere nachgeahmt.

Beispiele für Mimese: Blattkäfer (oben) und Gottesanbeterin

Wie viele Höcker hat das Dromedar?

Das Dromedar besitzt im Gegensatz zum Trampeltier nur einen Höcker. Beide Arten gehören zur Familie der Kamele. Häufig wird das zweihöckerige Trampeltier schlicht als „Kamel“ bezeichnet. Das Dromedar stammt aus Südwestasien und Nordafrika, das Trampeltier aus Ost- und Mittelasien. Der Höcker dient zur Fettspeicherung.

Wie viele chemische Elemente gibt es?

Derzeit sind ungefähr 105 chemische Elemente bekannt. Ihre Zahl kann sich weiter erhöhen, da immer wieder künstliche Elemente hergestellt werden. In der Natur kommen nur 92 verschiedene Elemente vor.

Wo befindet sich der Urmeter?

In Paris. Er dient als Prototyp für die grundlegende Maßeinheit Meter des Metrischen Systems. Dieses System beruht neben dem Meter auf den Maßeinheiten Kilogramm und Sekunde. Es hat sich von Frankreich aus Ende des 19. Jahrhunderts in ganz Europa durchgesetzt. Nur Großbritannien behielt seine alten Maßeinheiten und stellte erst 1996 um.

Was hat eine brennende Kerze mit einer rostenden Dachrinne zu tun?

Das Rosten wie die Verbrennung beruhen auf dem Prinzip der Oxidation. Dies ist eine Reaktion, bei der sich ein chemisches Element mit Sauerstoff verbindet (bzw. Elektronen abgibt). Bei der Verbrennung erfolgt die Reaktion sehr rasch, beim Rosten dauert sie lange Zeit. Der rötlichbraune Rost besteht aus einer Eisenoxidverbindung.

Woher stammt der Sauerstoff in der Atmosphäre?

Er wird von den Pflanzen durch die Fotosynthese freigesetzt. Bei dieser für alles tierische und pflanzliche Leben grundlegenden Reaktion erzeugen die Pflanzen aus Kohlendioxid und Wasser unter Einwirkung von Sonnenlicht Zucker und Sauerstoff. Ort der Fotosynthese sind alle Pflanzenteile, die Chlorophyll (Blattgrün) enthalten.

Woran erkennt man, dass ein Flugzeug die Schallgeschwindigkeit erreicht?

Gerät ein Flugzeug in die Nähe der Schallgeschwindigkeit, wird der Luftwiderstand sehr hoch. Das Erreichen dieser so genannten Schallmauer ist als lauter Knall auf der Erdoberfläche zu hören. Er wird besonders von Kampfflugzeugen verursacht.

Was ist eine chemische Reaktion?

Ein Vorgang, bei dem durch die Wechselwirkung zwischen Atomen oder Molekülen neue Verbindungen entstehen. Die chemischen Elemente bleiben dabei erhalten, während die Atome und Moleküle durch Lösen oder Knüpfen von chemischen Bindungen neu angeordnet werden.

Wie funktioniert ein Radar?

Ein Sender strahlt gebündelte elektromagnetische Wellen in den Luftraum ab. Treffen die Radarstrahlen auf ein Flugobjekt, werden sie zurückgestrahlt. Aus der Zeitdauer zwischen Aussendung und Reflexion lassen sich Entfernung und Geschwindigkeit des Flugobjektes berechnen. Das Echo kann auf einem Bildschirm sichtbar gemacht werden.

Unterscheidet sich ein Hurrikan von einem Taifun?

Von ihrer Entstehung und ihrer Wirkung her nichts: beides sind tropische Wirbelstürme, oder Zyklone, wie die Meteorologen sagen. Sie entstehen bei hohen Temperaturen über dem Meer durch aufsteigenden Wasserdampf. Ihre Entstehung kann anhand von Satellitenbildern inzwischen gut verfolgt werden. Etwa 36 Stunden vorher können die Bewohner der Gebiete, die der Zyklon betreffen wird, bereits gewarnt werden.

Was sind Tenside?

Tenside können die Oberflächenspannung des Wassers herabsetzen und ermöglichen es damit, auch Fette in Wasser aufzulösen. Es handelt sich um lange, kettenförmige Moleküle, die ein wasserähnliches (polares) und ein fettähnliches (unpolares) Ende besitzen. Mit dem unpolaren Ende lagern sich viele Tensidmoleküle an das Fett an, lösen es von der Unterlage ab und umgeben es vollständig. Da nun die polaren Enden nach außen stehen, ist der von den Molekülen eingehüllte Fetttropfen in Wasser löslich geworden. Es gibt anionische, kationische und nichtionische Tenside. Natürliche Tenside sind z. B. Seifen. Synthetische Tenside werden chemisch hergestellt, wirken gut in hartem Wasser, sind dafür aber teilweise schlecht abbaubar.

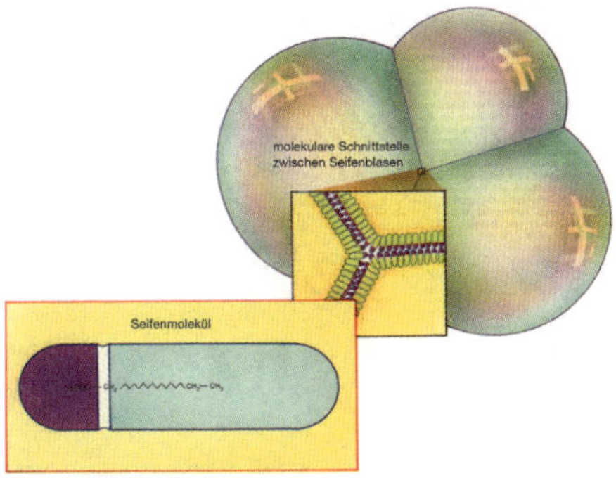

Seifenmolekül

Was faszinierte Gregor Mendel an Erbsenpflanzen?

Der österreichische Biologe (1822–84) führte an ihnen in jahrelanger Arbeit Kreuzungsversuche durch. Dabei entdeckte er die grundlegenden Gesetze der Vererbung von Merkmalen bei Mensch, Tier und Pflanze (Mendel'sche Regeln). Mendel erkannte, dass das Erbgut aus voneinander unabhängigen Einheiten aufgebaut ist.

Wer legte die Grundlagen der Polymerchemie?

Der deutsche Chemiker Hermann Staudinger (1881–1965) entwickelte die Theorie der Makromoleküle (sehr lange Moleküle, die durch den organisierten Zusammenschluss kleinerer Moleküleinheiten entstehen) und legte damit die Grundlagen der heutigen Polymerchemie. Staudinger stieß auf das Konzept der Makromoleküle, als er 1910 für die BASF die Synthese von Isopren untersuchte und entdeckte, dass die bisherigen Theorien über die Struktur des Kautschuks falsch waren. 1953 wurde er für seinen Beitrag zum Verständnis der Polymere mit dem Nobelpreis für Chemie ausgezeichnet.

Hermann Staudinger mit dem Modell eines Makromoleküls

Wann können sich in Muscheln und Austern Perlen bilden?

Wenn ein Fremdkörper, z. B. ein Sandkorn, in die Schale der Weichtiere hineingelangt. Die Muschel speichelt den Fremdkörper dann mit Perlmutt ein, und es wächst eine Perle.

Was geschieht bei einem Quantensprung?

Elektronen können nicht auf beliebigen Bahnen um den Atomkern kreisen, sondern nur auf Umlaufbahnen, die einem bestimmten Energieniveau entsprechen. Springt ein Elektron auf eine Bahn mit geringerem Energiegehalt, wird dabei genau die Energiemenge (als Photon) abgestrahlt, die der Differenz beider Bahnen entspricht. Diesen Vorgang bezeichnet man als Quantensprung.

Was passiert beim Salzstreuen im Winter?

Normalerweise schmilzt gefrorenes Wasser ab einer Temperatur von 0 °C. Da Lösungen meist einen tieferen Schmelzpunkt als reine Lösungsmittel haben, streut man Salz, um Eis oder Schnee früher zum Schmelzen zu bringen. Je nach Konzentration des Salzes taut es dann bereits deutlich unterhalb von 0 °C.

Was erbrütet ein Atomkraftwerk von der Art des Schnellen Brüters?

Sie erbrüten aus nicht spaltbaren Uran-238-Isotopen spaltbares Plutonium. Dieses wird dann unter Energiefreisetzung mit „schnellen" Neutronen gespalten. Die praktische Umsetzung erweist sich als schwierig: Der deutsche „Schnelle Brüter" in Kalkar z. B. ging nie ans Netz.

Was geschieht beim Pasteurisieren mit der Milch?

Die Milch wird auf 60–80 °C erhitzt. Dadurch sterben die Fäulniserreger ab und die Milch bleibt länger haltbar. Das Verfahren wurde von dem französischen Mikrobiologen und Chemiker Louis Pasteur (1822–95) eingeführt. Durch jahrelanges planmäßiges Experimentieren entdeckte Pasteur, dass die winzigen Lebewesen, welche die Gärung und Fäulnis bewirken, nicht hitzebeständig sind. Folglich kann man Flüssigkeiten durch Erhitzen keimfrei machen und so vor der Gärung oder Zersetzung bewahren, ohne dass wertvolle Inhaltsstoffe beschädigt oder verändert werden beziehungsweise verloren gehen.

Wer erfand die Wasseruhr?

Die Erfindung der Wasseruhr mit Zeigerwerk und der Feuerspritze geht auf Ktesibios zurück, der etwa im 2. Jahrhundert v. Chr. lebte. Der Mechaniker konstruierte eine Uhr mit zwei weiblichen Figuren. Aus den Augen der einen Figur tropfte fortwährend Wasser, das durch eine Röhre in ein Gefäß lief. Der Schwimmer in diesem Gefäß trieb die andere Figur, die mit einem Stab die Stunde anzeigte, langsam in die Höhe. Ktesibios' Schüler Heron von Alexandria (um 100 v. Chr.), der als Landvermesser und Mathematiker bekannt war, erfand den Vorläufer der Dampfturbine, ein Visierinstrument zur Landvermessung sowie einen Wegmesser für Wagen, das erste bekannte Untersetzungsgetriebe.

Wasseruhr des Ktesibios (Rekonstruktion)

Wie heißt das wichtigste männliche Geschlechtshormon?

Testosteron. Es wird im Hoden gebildet und bewirkt die Ausbildung der sekundären Geschlechtsmerkmale (Körperbehaarung, tiefe Stimme, Form der Brust). Testosteron regt auch das Muskel- und Knochenwachstum an. Produktion und Ausschüttung werden durch ein Hormon des Gehirns, das luteinisierende Hormon, gesteuert. Bei der Frau wird es nur in kleinsten Mengen im Eierstock gebildet.

Welche biologischen Vorgänge wurden an Pawlows Hunden erforscht?

Die Versuche des russischen Wissenschaftlers Iwan Petrowitsch Pawlow (1849–1936) führten zur Unterscheidung von bedingtem und unbedingtem Reflex. Ersterer beruht auf einem Lernvorgang, der auch als Konditionierung bezeichnet wird, während unbedingte Reflexe angeboren sind (wie der Kniesehnenreflex).

Was bewirkt die Schwerkraft?

Sie bewirkt, dass Gegenstände ein „Gewicht" haben und auf den Boden fallen, wenn man sie loslässt. Die Schwerkraft ist ein Sonderfall der Gravitation, die sich durch die Anziehung, die zwei Massen aufeinander ausüben, bemerkbar macht (Massenanziehung).

Womit befasst sich die Thermodynamik?

Bei der Wärmelehre geht es darum, wie sich Körper und Stoffe verhalten, wenn Wärmeenergie zu- oder abgeführt wird bzw. wenn Temperatur-, Druck- oder Volumenänderungen eintreten. Sie ist die Grundlage für die Energieerzeugung in Wärmekraftwerken und den Antrieb von Kraftfahrzeugen mit Verbrennungsmotoren.

Was ist edel an den Edelgasen?

Es ist ihre Eigenschaft, keine chemischen Verbindungen einzugehen. Dies hängt mit der ausgeglichenen Anordnung ihrer Elektronen in der Atomhülle zusammen. Zu den Edelgasen gehören u. a. die Elemente Helium, Neon, Argon und Krypton.

Gehören Pilze zu den Pflanzen?

Pilze werden zwar traditionell zu den Pflanzen gestellt, bilden aber nach neuerer Anschauung neben den großen Gruppen der Tiere und Pflanzen ein eigenes Reich. Sie betreiben keine Fotosynthese wie die Pflanzen, sondern ernähren sich von organischer Substanz. Außerdem bestehen ihre Zellwände meist aus Chitin und nicht aus Zellulose.

Wer hat beruflich mit der Herstellung von Giften zu tun?

Der Toxikologe. Sein Fachgebiet ist die Toxikologie. Er untersucht Gifte auf ihre chemische Zusammensetzung und ihre Wirkung auf den Organismus. Auch die Herstellung und die Suche nach Gegenmitteln gehören dazu. Die Toxikologie hängt eng mit der Pharmakologie zusammen, die für die Entwicklung von Arzneimitteln zuständig ist.

Was besagt das Fermat'sche Prinzip?

Pierre de Fermat

Das Fermat'sche Prinzip, benannt nach dem französischen Mathematiker Pierre de Fermat (1601–65), besagt, dass Licht zwischen zwei vorgegebenen Punkten stets den Weg wählt, bei dem die Laufzeit minimal ist. Deshalb verlaufen Lichtstrahlen in homogenen Medien gradlinig. Das Licht „errät" den Weg geringster Laufzeit, indem es benachbarte Wege „ausprobiert". Es kann nur denjenigen Weg wählen, für den die Laufzeit unveränderlich gegenüber kleinen Änderungen des Weges ist. Entlang aller anderen Richtungen löscht es sich aus. Dies bedeutet ein Minimum für die Laufzeit.

Welche UV-Strahlen verursachen Bräunung und Sonnenbrand?

Die ultraviolette Strahlung setzt sich aus UV-A-, UV-B- und UV-C-Strahlen zusammen. UV-C wird vollständig, UV-B zum großen Teil von der Ozonschicht der Atmosphäre zurückgehalten. Das restliche UV-B löst den Sonnenbrand aus. UV-A wirkt bräunend, soll aber nach neueren Studien ebenfalls Hautkrebs verursachen.

Wie heißt das einzige Metall, das bei Zimmertemperatur flüssig wird?

Es handelt sich um Quecksilber (chemisches Symbol: Hg). Durch seine Eigenschaft, sich bei Temperaturrückgang stark zusammenzuziehen bzw. sich bei Temperaturerhöhung auszudehnen, findet das silbrig glänzende Metall z. B. in Thermometern Verwendung. Quecksilberdampf und lösliche Quecksilberverbindungen sind hochgiftig.

Worin unterscheiden sich Viren von Bakterien?

Viren bestehen nur aus einem Nukleinsäure-Kern (DNS oder RNS) und einer Eiweißhülle. Da sie keinen eigenen Stoffwechsel haben und sich nur in anderen Organismen vermehren können, zählen sie nicht zu den Lebewesen. Bakterien sind dagegen einzellige Lebewesen, die keinen Zellkern besitzen. Sie vermehren sich durch Zellteilung oder Sporen.

Was ist eine elektrische Spannung?

Wenn man die Stromstärke mit der Wassermenge eines Wasserfalles vergleicht, so entspricht die Spannung der Fallhöhe. Sie wird in Volt (V) gemessen (nach dem italienischen Physiker A. Graf Volta [1745–1827] benannt). Die Spannung des Netzstromes in Deutschland beträgt 220 V.

Wie verhält sich die Körpertemperatur warmblütiger Tiere im Winterschlaf?

Warmblüter haben normalerweise eine gleich bleibende Körpertemperatur, unabhängig von der Außentemperatur. Eine Ausnahme bilden Winterschläfer. Sie senken ihre Körpertemperatur auf wenig über 0 °C ab, wodurch sie nur wenig Energie verbrauchen. Zu ihnen gehören z. B. Igel und Fledermäuse.

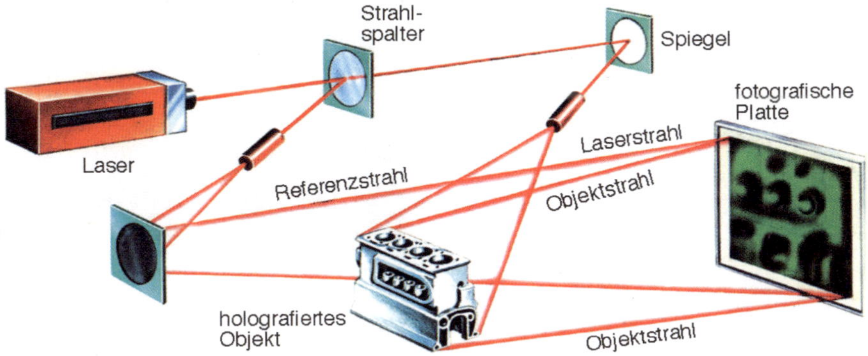

Entstehung einer Holografie

Wann wurde die Holografie erfunden?

Ein Foto enthält immer nur zwei von drei möglichen Informationen über das Licht, nämlich die Wellenlänge (Farbe) und die dazu gehörende Intensität. Die Phase allerdings fehlt. Zwei identische Lichtwellen, ausgesandt von derselben Startlinie, sind „in Phase". Ihre Wellenberge sind nicht gegeneinander verschoben. Befindet sich die eine Lichtquelle aber hinter der anderen, verschiebt sich die Phase. Diese Tiefeninformation fließt in die holografischen Bilder ein und macht sie dreidimensional. Die Holografie wurde von dem Engländer Dennis Gabor (1900–79) entwickelt und in zahlreichen Veröffentlichungen beschrieben. Für seine Arbeit erhielt Gabor 1971 den Nobelpreis für Physik.

Was hat Vitamin C mit Ascorbinsäure zu tun?

Es handelt sich bei beiden um die gleiche Verbindung. Vitamin C ist der populäre Name für die Ascorbinsäure. Das Vitamin spielt im Körper eine vielfältige Rolle. Es ist u. a. für die Gesunderhaltung der Zähne, das Wachstum der Knochen und die Infektionsabwehr von Bedeutung. Darüber hinaus gilt Vitamin C als wichtiges Antioxidans, d. h. als Vitalstoff, der u. a. bestimmten Krebserkrankungen vorbeugen soll.

Was erhoffen sich die Forscher von der Kernfusion?

Manche Forscher sehen in der Kernfusion die Energiequelle der Zukunft. Sie beruht auf dem gleichen Prinzip wie die Energieerzeugung unsere Sonne, in der jeweils zwei kleine Wasserstoffatome zu einem größeren Heliumatom verschmelzen (fusionieren). Dabei werden riesige Energiemengen frei.

Was geschieht chemisch, wenn Zucker im Kaffee aufgelöst wird?

Dabei entsteht eine homogene Mischung verschiedener Stoffe. Das Wasser ist das Lösungsmittel, in dem sich der Zucker auflöst, bis er in Form einzelner Zuckermoleküle vorliegt. Eine Lösung kann auch aus Gasen oder festen Bestandteilen zusammengesetzt sein.

Was ist das Typische an einem Instinkt?

Es ist die Tatsache, dass er nicht erlernt werden muss, sondern vererbt wird. Instinktives Verhalten kann sich in sehr komplexen Verhaltensweisen äußern. Es kann durch innere Impulse (Triebe) oder äußere Reize ausgelöst werden. Beispielsweise kann der Anblick eines Beutetieres eine Abfolge von Anschleichen, Zupacken und Fressen auslösen.

Wodurch unterscheiden sich Metalle von Nichtmetallen?

Nichtmetalle haben eine geringe thermische und elektrische Leitfähigkeit und ihnen fehlt der metallische Glanz. Bekannte Nichtmetalle sind z. B.: Wasserstoff, Sauerstoff, Kohlenstoff, Edelgase (z. B. Helium, Neon und Radon) sowie die Gruppe der Halogene (z. B. Fluor, Chlor, Iod).

Mit welchen Leistungen ist der Name Ernest Rutherford verknüpft?

Der britische Physiker (1871–1937) war einer der bedeutendsten Erforscher der Radioaktivität. Er entdeckte die Alpha-, Beta- und Gammastrahlen. Aufgrund von Experimenten entwarf er das Rutherford'sche Atommodell, das von einem kleinen positiv geladenen Atomkern und einer großen, negativ geladenen Atomhülle ausgeht.

Was macht ein Wasser weich oder hart?

Der Gehalt an gelöstem Kalzium (Kalk) oder Magnesium. Die Wasserhärte wird in „deutschen Härtegraden" angegeben. Beim Erhitzen des Wassers fallen die gelösten Stoffe als „Kesselstein" aus. Die Ablagerungen können die Funktion von Wasserleitungen und Haushaltsgeräten, wie Waschmaschinen und Wasserkocher, beeinträchtigen.

Unterscheiden sich Springflut und Sturmflut oder handelt es sich dabei um das Gleiche?

Zu einer Springflut kommt es jeweils an mehreren Tagen eines Monats, wenn sich bei Vollmond die Anziehungskräfte von Sonne und Mond addieren. Zu einer Sturmflut kommt es dagegen, wenn besonders im Winter starke Winde auf die Küste zuwehen. Tritt beides gleichzeitig ein, und staut sich dadurch ein Fluss, der nicht in das Meer abfließen kann, dann sind Hochwasserkatastrophen möglich.

Stroboskopaufnahme einer Balletttänzerin

Was ist ein Stroboskop?

Stroboskope, wie sie z. B. aus Tanzlokalen bekannt sind, senden in kurzen Abständen Lichtblitze aus. In der Physik werden sie verwendet, um schnelle, sich wiederholende Vorgänge „einzufrieren", die das menschliche Auge aufgrund seiner Trägheit nicht auflösen kann. Das gelingt, wenn die Stroboskopfrequenz mit derjenigen der schnellen, sich wiederholenden Vorgänge, die untersucht werden sollen, übereinstimmt. Die moderne Physik benutzt sog. ultrakurze Laserpulse, sozusagen ein Stroboskop für Molekül- oder Atomschwingungen.

Was versteht man unter einem Retortenbaby?

Ein Baby, das durch künstliche Befruchtung zustande kam, z. B. durch In-vitro-Fertilisation: Dabei wird dem Eierstock eine Eizelle entnommen, im Reagenzglas mit Samenzellen zusammengebracht und erst nach erfolgter Befruchtung und Zellteilung in die Gebärmutter eingesetzt.

Wie heißen die beiden wichtigsten Bestandteile des zentralen Nervensystems?

Zum zentralen Nervensystem gehören das Rückenmark und das Gehirn. Das Rückenmark verläuft als ca. 45 Zentimeter langer Nervenstrang im Wirbelkanal der Wirbelsäule. Werden die Nervenbahnen bei einer Verletzung ganz oder teilweise unterbrochen, kann es zu einer Querschnittslähmung kommen.

Was versteht man unter einer biologischen Uhr?

Bei vielen Lebewesen laufen bestimmte Vorgänge rhythmisch ab, das heißt sie wiederholen sich in bestimmten Zeitabständen. Bei der biologischen Uhr wird der Rhythmus durch einen inneren Mechanismus gesteuert, wobei auch äußere Faktoren mitwirken können. Schirmt man z B. einen Menschen vom natürlichen Tag-Nacht-Wechsel ab, behält er zwar seinen Schlaf-Wach-Rhythmus bei, er kann sich aber um mehrere Stunden verschieben, da nun der äußere Taktgeber fehlt.

Was besagt die Heisenberg'sche Unschärferelation?

Werner Heisenberg

Das Überschreiten einer vorgeschriebenen Geschwindigkeit mit dem Auto bliebe im Mikrokosmos unbestraft. „Blitzer"-Fotos würden nur einen verschwommenen Fleck zeigen, da der Impuls (Masse mal Geschwindigkeit) und der Aufenthaltsort eines Teilchens laut Werner Heisenbergs (1901–76) Unschärferelation nicht gleichzeitig mit beliebiger Genauigkeit gemessen werden können. Das Produkt aus der Unschärfe des Ortes und der des Impulses liegt größenmäßig im Bereich der nach Max Planck (1858–1947) benannten Planck'schen Konstante h.

Auf welchen Gebieten war Rudolf Virchow tätig?

Virchow (1821–1902) schuf wichtige Grundlagen in der Anthropologie und der Zellularpathologie (Lehre, die Krankheiten mit Funktionsstörungen in den Zellen begründet). Mit der Schrift *Die Cellularpathologie in ihrer Begründung auf physiologische und pathologische Gewebelehre* (1858) begründete Virchow eine neue naturwissenschaftliche Krankheitslehre. Nach dieser „Solidarlehre" können alle Krankheitszustände des Organismus auf krankhafte Veränderungen der Körperzellen zurückgeführt werden. Sie löste die jahrhundertealte „Humoralpathologie" ab, die Krankheit als eine Störung des Säftesystems (Blut, Schleim, Galle und Schwarzgalle) versteht. Als Arzt und Sozialpolitiker beeinflusste er die Hygienegesetzgebung nachhaltig.

Was bedeutet Osmose?

Der Durchgang einer gelösten Substanz durch eine durchlässige oder halbdurchlässige Membran. Der Vorgang ist beendet, wenn die Lösung auf beiden Seiten der Trennwand den gleichen Wert erreicht hat.

Was versteht man unter Hybriden?

Es sind Mischformen, nämlich durch Kreuzung entstandene Nachkommen (Bastarde, auch Mischlinge).

Finden Zugvögel ihr Ziel auf dem Vogelzug tatsächlich ohne Kompass?

Es ist nicht übertrieben zu sagen, dass Vögel sogar einen gigantischen Kompass benutzen: Sie orientieren sich nämlich bei ihrem mehrere tausend Kilometer weiten Flug unter anderem an den erdmagnetischen Feldern (daneben an den Sternen). Auch ein normaler Kompass funktioniert schließlich nur aufgrund des Erdmagnetismus. Der „innere Kompass" ist den Vögeln angeboren, sie finden ihren Weg, ohne ihn jemals zuvor geflogen zu sein.

Welche Farbe wird aus den Blättern des Indigo-Strauches gewonnen?

Blau. Indigo-Blau ist der älteste bekannte blaue Farbstoff, seit 1878 kann er auch chemisch hergestellt werden.

Was ist Tscherenkow-Strahlung?

Es gibt Teilchen, die sich in einem Medium schneller als das Licht (in diesem Medium) bewegen. Diese Teilchen strahlen entgegengesetzt zur Bewegungsrichtung kegelförmig Licht ab, ähnlich einer Druckwelle, die entsteht, wenn ein Flugzeug die Schallmauer durchbricht. In Kernreaktoren, bei denen sich die Brennstäbe im Wasserbad befinden, kann man daher während der Kernspaltung ein typisches bläuliches Licht beobachten. Diese Strahlung wurde von dem russischen Physiker und Nobelpreisträger Pavel A. Tscherenkow (1904–90) entdeckt und nach ihm benannt.

In Wasser eingebetteter Kernreaktor, der den typischen Tscherenkow-Effekt erzeugt

Zu welcher Ordnung der Säugetiere gehört der Mensch?

Zu den Primaten, den Herrentieren – ebenso wie die Affen und die Menschenaffen.

Wie kommt es zur herbstlichen Laubfärbung?

Die grünen Chloroplasten zerfallen, so dass die vorhandenen (normalerweise überdeckten) roten und gelben Farbstoffe sichtbar werden.

Warum werden manche Aminosäuren als essenziell bezeichnet?

Aminosäuren sind die Bausteine der Proteine. Von den etwa 20 zum Leben benötigten Aminosäuren kann der menschliche Körper einige selbst herstellen, andere aber muss er mit der Nahrung zu sich nehmen. Diese unentbehrlichen Aminosäuren werden essenziell genannt. Werden sie nur unzureichend zugeführt, dann hat dies schwere Schäden zur Folge, z. B. Wachstumsverzögerung, weil der Eiweißaufbau in den Zellen gestört ist.

Was versteht man unter Botanik?

Ein Teilgebiet der Biologie, das sich mit der Organisation und Lebensfunktion von Pflanzen beschäftigt.

Was ist ein Ion?

Ein entweder positiv oder negativ geladenes Atom. Die elektrische Ladung kommt durch Abgabe oder Einfangen eines Elektrons zustande.

Was ist ein Spektrum?

Leitet man weißes Licht (Sonnenlicht) durch ein Prisma, entsteht ein Lichtband mit den ineinander übergehenden Regenbogenfarben Violett, Blau, Grün, Gelb, Orange und Rot. Violett wird am stärksten, Rot am schwächsten abgelenkt.

Welche Funktion üben die so genannten Langerhans-Inseln aus?

Die sehr gut durchbluteten Zellgruppen befinden sich im Drüsengewebe der Bauchspeicheldrüse. In ihnen werden die Hormone Insulin und Glukagon produziert. Beide sind Gegenspieler und beeinflussen den Kohlenhydratstoffwechsel und damit den Zuckergehalt des Blutes (Blutzucker).

Ist der Neandertaler ein Vorfahre des Homo sapiens?

Nach heutiger Auffassung ist der Neandertaler (Homo sapiens neanderthalensis) nur ein ausgestorbener Seitenzweig am Stammbaum des Jetztmenschen (Homo sapiens sapiens) und damit nicht unser Stammvater. Erste Spuren des Homo sapiens sapiens stammen aus Afrika und sind über 100.000 Jahre alt. In Europa trat er erstmals vor mindestens 40.000 Jahren auf.

Wie nutzten die Menschen die Passatwinde schon vor Jahrhunderten?

Für die Seefahrt. Bei den Passatwinden handelt es sich um stetige Winde, die südlich des Äquators von Südosten und nördlich des Äquators von Nordosten zum Äquator wehen. Bereits im 14. Jahrhundert nutzten die Araber die Passatwinde für einen regen Handelsverkehr zwischen Indien und Ostafrika.

Was ist ein Akkumulator?

Ein Speicher für elektrische Energie (Gleichstrom). Beim Laden wird elektrische in chemische Energie umgewandelt, bei Energieabgabe verläuft der Vorgang in umgekehrter Richtung. Gebräuchlich sind Blei-, Nickel-Eisen- und Nickel-Cadmium-Akkumulatoren.

Was besagt das Ohm'sche Gesetz?

Das nach dem Physiker Georg Simon Ohm (1787–1854) benannte Gesetz gibt Auskunft über die Zusammenhänge von Stromstärke, Spannung und Widerstand des Gleichstroms. Dabei ist die Stromstärke der Quotient aus Spannung und Widerstand.

Was ist eine Blasenkammer?

Die ersten Experimente zum Nachweis von Elementarteilchen wurden mithilfe einer Nebelkammer durchgeführt. Dabei handelt es sich um ein Gefäß, in dem sich ein Gas befindet. Die Wände des Gefäßes sind teilweise verglast. Das Gas wurde zur Bildung von Nebeltröpfchen unterkühlt. Passierende Teilchen hinterlassen aufgrund des übersättigten Dampfes Spuren, die man fotografieren kann. Die Blasenkammer ist eine Weiterentwicklung der Nebelkammer. Sie wird mit Wasserstoff oder Propan gefüllt, und der Inhalt überhitzt. Die ionisierende Strahlung führt zur Entstehung kleiner Dampfbläschen entlang ihrer Spur. Zur Bestimmung der Teilchenmasse wird die Kammer in ein Magnetfeld gebracht, das die Teilchen je nach ihrer Masse mehr oder weniger stark ablenkt.

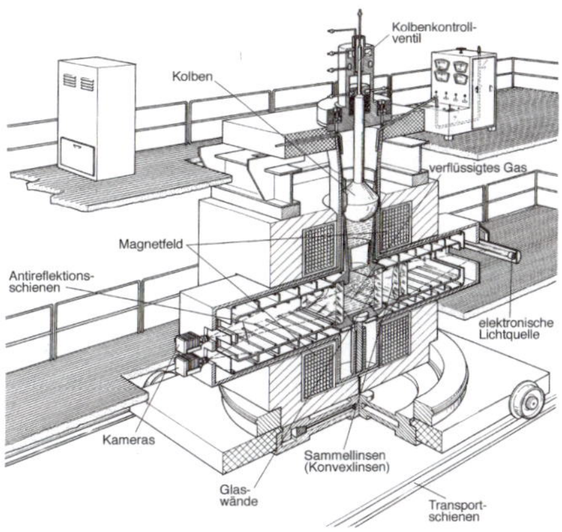

Modell einer großen Blasenkammer

Was versteht man unter Wechselstrom?

Das ist elektrischer Strom, dessen Richtung und Stärke periodisch wechselt. Beim normalen Netz-Wechselstrom beträgt die Anzahl der Perioden je Sekunde 50 Hertz.

Was verdanken die Physiker dem Schriftsteller James Joyce?

Sie übernahmen aus seinem Roman *Finnegan's Wake* den Begriff „Quarks" für bisher sechs gefundene winzigste Elementarbausteine der Materie. Als freie Elementarteilchen konnten sie nicht nachgewiesen werden.

Aus welchem Material bestehen Mehrweg-Kunststoffflaschen?

Die Mitte der 1980er-Jahre eingeführten 1,5-Liter-Flaschen bestehen aus Polyethylenterephthalat, abgekürzt PET. Sie haben gegenüber den herkömmlichen 1-Liter-Glasflaschen den Vorteil, dass sie rund 10-mal leichter und auch bruchfester sind.

Wie viel Karat hat reines Gold?

Reines Gold hat 24 Karat. Karat (K.) dient als Maß zur Festlegung der Reinheit von Goldlegierungen, die sonst in Tausendsteln angegeben ist. So entspricht 3 K. 125/1000. Karat wird auch als Maß für die Reinheit von Edelsteinen verwendet.

Wie hoch ist der Erkennungswert der „neuen" biometrischen Merkmale?

Aktuelle „Biometrische Identifikatoren" sind z. B. Fingerabdruck, Handgeometrie, Iris, Gesichtsform und Stimme. Durch Speicherung der Identifikatoren in Visa und Reisepässe verspricht sich die EU eine Erhöhung der Sicherheit. Je nach Verfahren werden Personen mit einer Trefferquote von 98–99,9999%, und zudem vergleichsweise schnell, identifiziert.

Was ist eine Säure?

Eine chemische Verbindung, die beim Lösen in Wasser in der Lage ist, Wasserstoffionen (Protonen) abzugeben. Dadurch sind Säuren verhältnismäßig aggressive chemische Verbindungen.

Was wird in Kilowatt (kW) gemessen und was in Kilowattstunden (kWh)?

In der Physik ist das Watt die Einheit der Leistung. 1000 W entsprechen 1 kW. Wattstunde ist eine Einheit der Energie. 1000 Wh entsprechen 1 kWh. In einem durchschnittlichen deutschen Haushalt werden ungefähr 1560 kWh pro Kopf und Jahr an elektrischer Energie verbraucht.

Womit beschäftigt sich die Ökologie?

Ökologie ist die Wissenschaft, die sich mit den Wechselbeziehungen zwischen den Lebewesen und ihrer belebten und unbelebten Umwelt befasst. Zur unbelebten Umwelt eines Organismus gehört z. B. das Klima und der Boden, zur belebten Umwelt alle anderen Organismen.

Wie funktioniert eine Solarzelle?

Solarzellen bestehen aus Halbleitern (z. B. Silizium). Zur Herstellung einer Solarzelle wird das Halbleitermaterial „dotiert", d. h. es wird eine bestimmte Menge eines zusätzlichen Elements eingebracht, mit dem man entweder einen positiven Ladungsträgerüberschuss (p-leitend: Elektronenmangel) oder einen negativen Ladungsträgerüberschuss (n-leitend: Elektronenüberschuss) erzeugen kann. An der Grenzschicht zweier unterschiedlich dotierter Halbleiter baut sich ein elektrisches Feld auf. Bei der

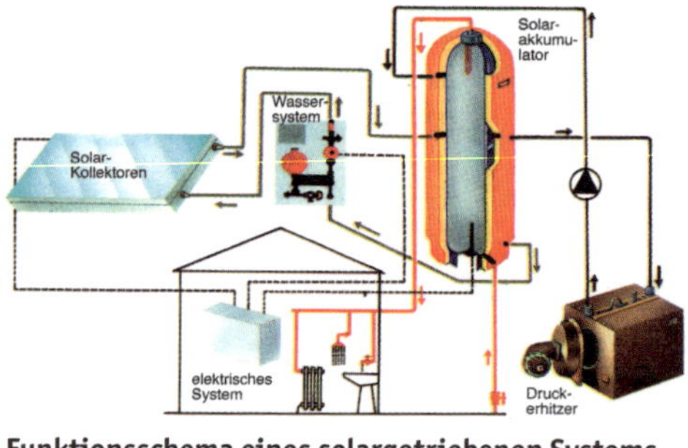

Funktionsschema eines solargetriebenen Systems für den Hausgebrauch

Einstrahlung von Licht werden zusätzliche positive und negative Ladungsträger freigesetzt, die durch das innere elektrische Feld getrennt werden. Über Metallkontakte an der Ober- und Unterseite der Zelle kann eine elektrische Spannung abgegriffen werden.

Worin unterscheiden sich Sonnenkollektor und Solarzelle?

Beide Arten der Energieerzeugung aus Sonnenlicht werden häufig verwechselt. Eine Solarzelle kann unmittelbar aus Sonnenlicht elektrischen Strom erzeugen (dies ist auch unter dem Begriff Fotovoltaik bekannt). Ein Sonnenkollektor dient dagegen zur Wärmegewinnung, meist in Form von warmem Wasser.

Kann man Intelligenz messen?

Dies ist umstritten, da selbst der Begriff Intelligenz schwer zu definieren ist. Mit Intelligenztests versucht man näherungsweise, die Intelligenz zu erfassen. Das Ergebnis eines solchen Tests wird in Form des Intelligenzquozienten (IQ) angegeben. Die Skala wird dabei so angelegt, dass der Durchschnitt der Bevölkerung einen IQ von 100 hat.

Was versteht man unter Endlagerung?

Die endgültige Lagerung radioaktiven Abfalls (im Gegensatz zum Zwischenlager). Man bringt den „Atommüll" in tief gelegenen Salz- oder Gesteinsformationen unter.

Sind Diamanten brennbar?

Obwohl der Name „Diamant" so viel wie „der Unbezwingbare" (griech. „adámas") bedeutet, verbrennt der König der Edelsteine doch ab einer Temperatur von 850 °C zu Kohlendioxid. Diamanten bestehen ebenso wie Grafit aus reinem Kohlenstoff (C, Ordnungszahl 6) und sind damit brennbar. Seit den 1950er-Jahren ist es dank der Hochdrucksynthese auch möglich, bei 1600–1800 °C und einem Druck von ca. 80.000 bar Grafit in Diamant umzuwandeln. Heute werden so jährlich ca. 40 Tonnen Diamanten bis zu einer Größe von einigen Millimetern hergestellt.

Wo liegen die Erbinformationen beim Menschen?

Sie sind wie bei allen Tieren und Pflanzen in Molekülen des Zellkerns, den so genannten Desoxyribonukleinsäuren (DNS), verborgen. Die DNS ist wiederum aus vier verschiedenen Grundbausteinen zusammengesetzt, deren Reihenfolge entscheidend für den Informationsgehalt ist. Die DNS ist wesentlicher Bestandteil der Chromosomen.

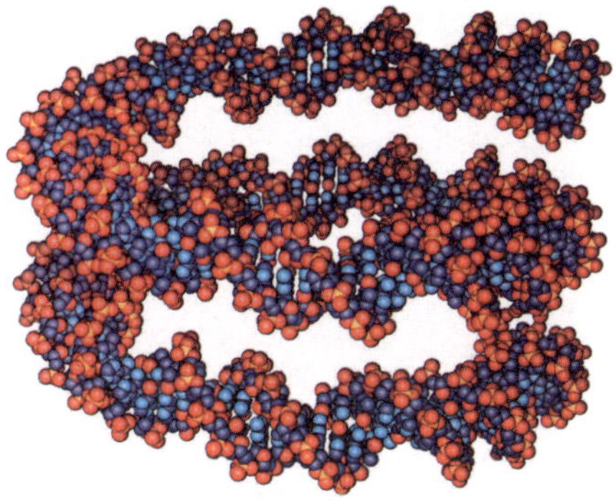

Modell eines DNS-Abschnitts

Bedeutet ein Hochdruckgebiet automatisch schönes Wetter?

Nein, denn man unterscheidet zwei Arten von Hochs: So genannte thermische oder Kältehochs, sie sind nicht besonders stark ausgeprägt, unbeständig und wegen des Einflusses der über ihnen ablaufenden Wettervorgänge nicht unbedingt ein Garant für schönes Wetter. So genannte dynamische Hochs dagegen sind lang anhaltend wetterwirksam. Bei ihnen handelt es sich um subtropische Luftmassen, die polwärts gewandert sind. Mit ihrer Mächtigkeit von mehreren tausend Metern bringen sie – meist als so genanntes Azorenhoch – schönes Wetter nach Mitteleuropa.

Konrad Lorenz

Wodurch wurde Konrad Lorenz in weiten Bevölkerungskreisen bekannt?

Konrad Lorenz (1903–89) leistete hervorragende Arbeiten auf dem Gebiet der Verhaltensbiologie. Außerhalb der Wissenschaft wurde er durch zahlreiche Buchveröffentlichungen bekannt, darunter *Das Jahr der Graugans*, *Das so genannte Böse* und *Die Rückseite des Spiegels*. 1973 bekam er den Medizinnobelpreis.

Bringen Monsunwinde immer Regen mit sich?

Nein, nicht immer. Monsun wird ein halbjährlich wechselnder Wind in den äußeren Tropen genannt, der seine charakteristische Ausbildung in Indien und Südasien erfährt. Wenn der Monsun im Sommerhalbjahr vom Meer landeinwärts weht, bringt er eigentlich immer Regen mit, weht er im Winterhalbjahr aber vom Kontinent aufs Meer hinaus, sind Regenfälle nur zu erwarten, wenn er unterwegs das Meer überquert (z. B. auf Inseln).

Warum finden Brieftauben zu ihrem Schlag zurück?

Weil sie zum einen exakt den heimatlichen Sonnenstand kennen und weil sie bei bedecktem Himmel nach ihrem inneren „Magnetkompass“ fliegen können; denn auch die Stärke des Magnetfeldes ihres Heimatortes ist genau gespeichert. Brieftauben können praktisch nur dann fehlgeleitet werden, wenn das Magnetfeld gestört wird – etwa bei starken Sonneneruptionen.

Was hat Charles Robert Darwin geleistet?

Der britische Naturforscher verfasste das Werk *Über den Ursprung der Arten durch natürliche Zuchtwahl*. Mit dieser Veröffentlichung lieferte Darwin (1809–1882) eine im Wesentlichen bis heute anerkannte Erklärung für die Evolution der Lebewesen. Mit seiner Selektionstheorie verhalf er der modernen Evolutionslehre zum Durchbruch.

Welches Tiefdruckgebiet greift immer wieder in unser Wetter ein?

Das so genannte Islandtief, auch „Isländische Zyklone“ genannt. Die ständig über dem Nordpol vorhandene Kaltluft wird durch die Drehung der Erde in kalte Nordostwinde verwandelt. Beim Zusammentreffen mit wärmeren Luftmassen, die aus dem Süden vorstoßen, entsteht der als Islandtief bekannte Luftwirbel, der uns kühle und regenreiche Atlantikluft bringt.

Wo verwendet man im Alltag Polyamid?

Polyamid ist ein besonders reiß- und verschleißfester Kunststoff, der in vielen Bereichen eingesetzt wird. Im Handel kennt man ihn als Nylon und Perlon und er ist z. B. in Nylonstrümpfen, Borsten, Bändern, Folien, Kunstleder, Kletterseilen und Wetterschutzbekleidung zu finden.

Welche Grenze wurde beim BT-Mais überwunden?

Die Grenze zwischen Bakterien und Pflanzen. Den mittlerweile weit verbreiteten „BT-Mais“ macht ein Gen aus einem Bakterium resistent gegen Herbizide.

Warum ist Sauerstoff lebenswichtig?

Der Körper braucht Sauerstoff, um aus der aufgenommenen Nahrung Energie zu gewinnen. Damit wird die Körpertemperatur aufrecht erhalten und die zahlreichen biochemischen Reaktionen im Körper benötigen diese Energie für einen reibungslosen Ablauf. Wird bei einem Atemstillstand die Sauerstoffzufuhr unterbrochen, erleidet dieser Mensch binnen weniger Minuten einen Herzstillstand, Gehirnschäden und nach einiger Zeit tritt der Tod ein.

Was bedeutet das c in der Formel $E = mc^2$?

Das c steht für die Lichtgeschwindigkeit. Albert Einstein (1879–1955) veränderte mit der berühmten Formel seiner Relativitätstheorie das bisherige Weltbild der Physik. Ausformuliert lautet die Formel: Energie ist gleich die Masse multipliziert mit dem Quadrat der Lichtgeschwindigkeit.

Was formulierte Ernst Haeckel?

Der Zoologe und Naturphilosoph (1834–1919) stellte die so genannte biogenetische Grundregel auf. Demzufolge besitzt ein Lebewesen in seinen frühen Entwicklungsstadien bis zur Geburt sehr oft Merkmale, die auch seine stammesgeschichtlichen Vorfahren hatten.

Welches ungewöhnliche Gewächshaus steht im britischen Cornwall?

Dort wurde im April 2001 die so genannte Biosphäre eröffnet. Auf über 22.000 m^2 sollte die Flora aus unterschiedlichen Klimazonen nachgestellt werden. Die Gewächshäuser ähneln riesigen Blasen und beheimaten über 10.000 Pflanzenarten.

Welche Information liefert der genetische Fingerabdruck?

Informationen über das Erbgut eines Menschen (DNS). So wie der Fingerabdruck eines jeden Menschen völlig anders aussieht, ist auch das jeweilige Erbgut unverwechselbar und individuell. Es genügen kleinste Spuren von Blut, Speichel, Haaren oder Samen, um die DNS zu analysieren.

Wie wird ein Tier geklont?

Ein Klon ist die exakte Kopie eines Lebewesens. Anders als bei der natürlichen Fortpflanzung besteht ein Klon nur aus dem genetischen Material eines Elternteils. Wissenschaftler nehmen zum Klonen aus einer weiblichen Eizelle den Kern mit der Erbinformation heraus und ersetzen ihn durch das Erbmaterial einer normalen Körperzelle. Das Klonschaf Dolly wurde z. B. aus dem Genmaterial einer Euterzelle hergestellt. Die Eizelle wird anschließend im Labor dazu gebracht, sich zu teilen, und dann in die Gebärmutter eines Muttertiers eingepflanzt. Dort wächst der Klon wie ein normaler Embryo heran, bis er nach Ablauf der gewöhnlichen Schwangerschaftsdauer geboren wird.

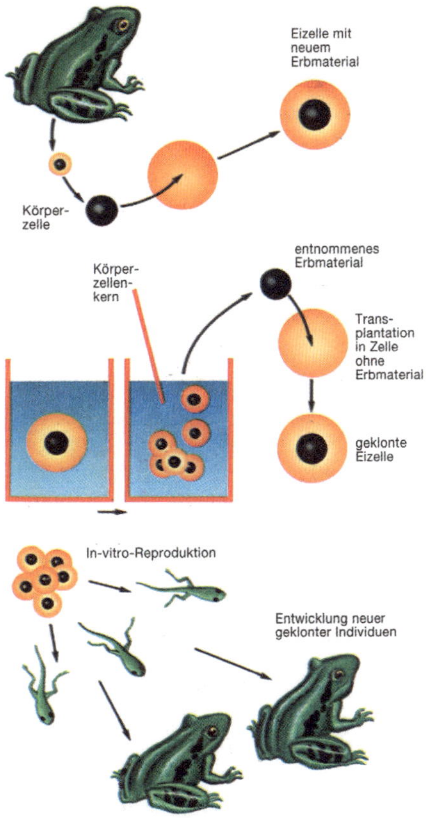

Ablauf eines Klonvorgangs

Was gewinnt man durch therapeutisches Klonen?

Embryonale Stammzellen. Eine Eizelle wird entkernt und mit dem Erbmaterial einer Körperzelle versehen. Die so entstandene Zelle entwickelt sich wie ein normaler Embryo bis zu einem Stadium, in dem die Stammzellen entnommen werden. Stammzellen sind genetisch mit den Körperzellen des Erbmaterial-Spenders nahezu identisch und werden – so die Theorie – von seinem Immunsystem nicht abgestoßen.

Welcher Zustand ist für die Natur natürlich?

Unordnung. Materie und Energie werden gleichmäßig verteilt. Darum löst sich Zucker im Tee auf und verteilt sich dort ebenso gleichmäßig wie Milch. Rührt man nicht um, dann dauert es nur etwas länger. Physiker sprechen von Entropie als Maß für die Unordnung. Je unordentlicher ein Zustand, desto größer ist seine Entropie. Natur strebt hohe Entropie an.

Was verkündete der Forscher Craig Venter von der Firma Celera Genomics im April 2000?

Der Firma in den USA war Venter (*1946) die Entschlüsselung des menschlichen Genoms gelungen. Sie hatten die chemischen Bausteine des menschlichen Erbgutes aufgelistet. Ihre Wirkung im Organismus blieb jedoch vorerst unklar.

Was sind die Gene?

Gene sind die Erbanlagen, die von einer Generation an die nächste weitergegeben werden. Sie liegen auf bestimmten Abschnitten der DNS-Moleküle der Chromosomen. Die Gesamtheit aller Gene nennt man Genom. Die einzelnen Gene bestimmen zusammen mit den Umwelteinflüssen die Ausprägung der Körpereigenschaften und Merkmale von Lebewesen.

Was besagt das Gesetz des freien Falles?

Entsprechend dieses Gesetzes ist beim Fallen im luftleeren Raum die Geschwindigkeit eines Körpers von dessen Gewicht unabhängig. Das bedeutet theoretisch, dass eine Bleikugel genauso schnell oder langsam zu Boden fällt, wie eine Feder. Im täglichen Leben jedoch sorgt der Luftwiderstand dafür, dass die Feder erst viel später als die Bleikugel am Boden ankommt.

Was ist die Grundeinheit aller Lebewesen?

Die Zelle. Sie ist die kleinste lebensfähige Einheit, die zu Fortpflanzung, Vererbung und zu Reaktionen auf die Umwelt fähig ist und über einen eigenen Stoffwechsel verfügt. Im Innern jeder Zelle befinden sich so genannte Organellen, die den Organen der vielzelligen Lebewesen entsprechen.

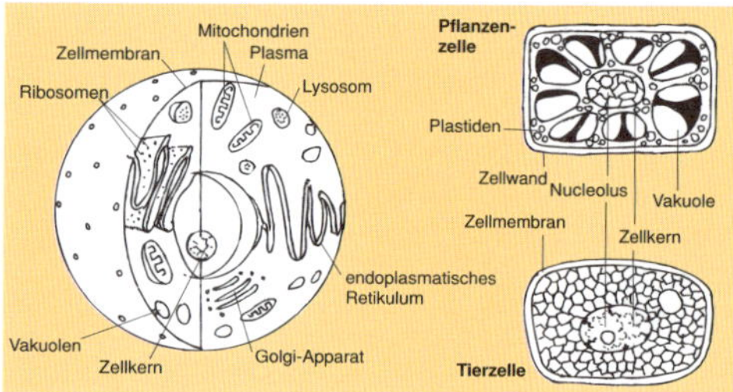

Aufbau einer pflanzlichen und einer tieriscchen Zelle

Wie entsteht Smog?

Der Name deutet schon darauf hin, er wurde nämlich aus den englischen Wörtern für Rauch (smoke) und Nebel (fog) zusammengesetzt. Besonders bei so genannten austauscharmen Wetterlagen, wenn warme Luft über kalter liegt und kaum Wind weht, können Abgase und Rauch von Industrieanlagen, Fahrzeugen und Haushalten sich nicht in der Atmosphäre verteilen und sammeln sich über Städten an. Viele Menschen leiden dann unter Atem- und Kreislaufbeschwerden.

Was ist das Besondere an kaltblütigen Tieren?

Schlangen, Frösche und andere Tierarten können ihre Körpertemperatur nicht selbst regulieren, sondern sind auf äußere Wärmequellen, in der Regel die Sonne, angewiesen. Bei Kälte werden sie träge oder völlig bewegungsunfähig. Das kann sogar so weit gehen, dass Frösche mitten in der Bewegung erstarren, wenn man einen Schatten auf sie wirft. Vögel und Säugetiere hingegen haben eine von der Umgebung unabhängige Körpertemperatur.

Was ist ein Uran-235-Isotop?

Um aus Uran Kernbrennstoff herzustellen, muss es angereichert werden. Natürliches Uran ist ein Gemisch aus 0,7% Uran-235 und 99,3% Uran-238. In Atomkraftwerken aber wird meist das Uran-235-Isotop benötigt, mit einem Mindestgehalt von 3% im Gemisch. Unter einem Isotop versteht man die Atomarten eines Elementes, welche die gleiche Anzahl an Protonen, aber unterschiedlich viele Neutronen besitzen.

Reicht Wasser für Wolken?

Bei der Bildung von Wolken sind praktisch immer zwei Bedingungen erfüllt. Einerseits ist in der Luft ausreichend Wasserdampf enthalten (Luftfeuchtigkeit mindestens 100%), andererseits sind Kondensationskerne vorhanden, an denen sich Wassertröpfchen bilden können. Kondensationskerne sind Staub, Rußpartikel oder industrielle Emissionen. Theoretisch können sich Wolken auch ohne Kondensationskerne bilden, dazu müsste die relative Luftfeuchtigkeit aber mehrere hundert Prozent betragen.

Was sind Heterocyclene?

Organische Kohlenstoffringverbindungen, bei denen ein oder mehrere Fremdatome (Heteroatome) in den Kohlenstoffring eingebaut sind. Zahlreiche Heterocyclen tragen bekannte Trivialnamen, z. B. Pyridin, Furan oder Chinolin.

Wie werden Proteine gebildet?

Die sog. Proteinbiosynthese beginnt an der DNS (Desoxyribonukleinsäure), die zunächst in eine sog. mRNS (messenger Ribonucleinsäure) „abgeschrieben“ wird. Diese ist komplementär zur DNS, d. h. in ihrem Aufbau sehr ähnlich. Im nächsten Schritt wird die mRNS aus dem Zellkern zu den Ribosomen transportiert, wo die eigentliche Proteinsynthese erfolgt. Kleine RNA-Schipsel (tRNS), die mit Aminosäuren beladen sind, lagern sich an die mRNS an. Entscheidend ist dabei die Abfolge der Bausteine der mRNS, da sich jeder Baustein nur mit einem ganz bestimmten tRNS-Element paart. Die mRNS-Bausteine bestimmen also, welche tRNS sich mit ihren Aminosäuren anlagert. Die einzelnen Aminosäuren werden zu einer Kette verknüpft, die sich mehrfach falten und mit anderen Ketten zusammenlagern kann, bis schließlich das fertige Protein entsteht. Die Bezeichnung „Protein“ wurde 1838 von dem schwedischen Chemiker Jöns Jakob Berzelius (1779–1848) vom griechischen Wort „protos“ („Erster“, „Wichtigster“) abgeleitet und unterstreicht die Bedeutung der Proteine.

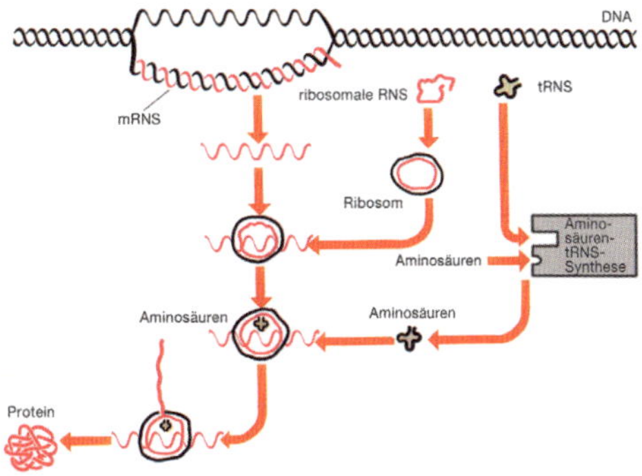

Ablaufschema der Proteinsynthese

Wie entsteht Wind?

Wind entsteht, wenn sich durch Einwirkung der Sonne Luft erwärmt, ausdehnt und aufsteigt und dann kühlere, schwerere Luft nachströmt.

Wer entwickelte das Nomenklatur-System der Pflanzen und Tiere?

● Die Nomenklatur der Arten wurde um 1750 von dem schwedischen Naturforscher Carl von Linné (1707–78) in dem Werk *Systema naturea* eingeführt. In dem zunächst für Pflanzen, später auch für Tiere aufgestellten System erhält jede Art zwei Namen, die sie ähnlich wie der Vor- und Nachname eindeutig kennzeichnen. Der erste Name beschreibt die Gattung, der zweite die Art, z. B. *Trifolium album* (Weißklee) oder *Trifolium pratense* (Wiesenklee). Diese Nomenklaturregeln sind in den Grundzügen heute noch gültig, wurden aber verfeinert und neueren Erkenntnissen angepasst.

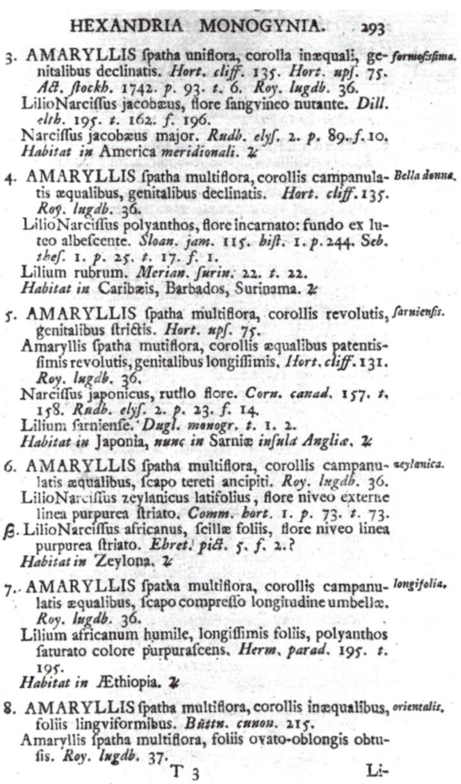

HEXANDRIA MONOGYNIA. 293

3. AMARYLLIS ſpatha uniflora, corolla inæquali, genitalibus declinatis. *Hort. cliff.* 135. *Hort. upſ.* 75. *Act. ſtockh.* 1742. *p.* 93. *t.* 6. *Roy. lugdb.* 36. — *formoſiſſima.*
LilioNarciſſus jacobæus, flore ſangvineo nutante. *Dill. elth.* 195. *t.* 162. *f.* 196.
Narciſſus jacobæus major. *Rudb. elyſ.* 2. *p.* 89. *f.* 10.
Habitat in America *meridionali.* ♃

4. AMARYLLIS ſpatha multiflora, corollis campanulatis æqualibus, genitalibus declinatis. *Hort. cliff.* 135. *Roy. lugdb.* 36. — *Bella donna.*
LilioNarciſſus polyanthos, flore incarnato: fundo ex luteo albeſcente. *Sloan. jam.* 115. *hiſt.* 1. *p.* 244. *Seb. theſ.* 1. *p.* 25. *t.* 17. *f.* 1.
Lilium rubrum. *Merian. ſurin.* 22. *t.* 22.
Habitat in Caribæis, Barbados, Surinama. ♃

5. AMARYLLIS ſpatha multiflora, corollis revolutis, genitalibus ſtrictis. *Hort. upſ.* 75. — *ſarnienſis.*
Amaryllis ſpatha mutiflora, corollis æqualibus patentiſſimis revolutis, genitalibus longiſſimis. *Hort. cliff.* 131. *Roy. lugdb.* 36.
Narciſſus japonicus, rutilo flore. *Corn. canad.* 157. *t.* 158. *Rudb. elyſ.* 2. *p.* 23. *f.* 14.
Lilium ſarnienſe. *Dugl. monogr. t.* 1. 2.
Habitat in Japonia, *nunc in* Sarniæ *inſula Angliæ.* ♃

6. AMARYLLIS ſpatha multiflora, corollis campanulatis æqualibus, ſcapo tereti ancipiti. *Roy. lugdb.* 36. — *zeylanica.*
LilioNarciſſus zeylanicus latifolius, flore niveo externe linea purpurea ſtriato. *Comm. hort.* 1. *p.* 73. *t.* 73.
β. LilioNarciſſus africanus, ſcillæ foliis, flore niveo linea purpurea ſtriato. *Ehret! pict.* 5. *f.* 2.?
Habitat in Zeylona. ♃

7. AMARYLLIS ſpatha multiflora, corollis campanulatis æqualibus, ſcapo compreſſo longitudine umbellæ. *Roy. lugdb.* 36. — *longifolia.*
Lilium africanum humile, longiſſimis foliis, polyanthos ſaturato colore purpuraſcens. *Herm. parad.* 195. *t.* 195.
Habitat in Æthiopia. ♃

8. AMARYLLIS ſpatha multiflora, corollis inæqualibus, foliis lingviformibus. *Büttn. cunon.* 215. — *orientalis.*
Amaryllis ſpatha multiflora, foliis ovato-oblongis obtuſis. *Roy. lugdb.* 37.

T 3 Li-

Seite aus den *Species Plantarum* (1753), dem ersten Buch, in dem Carl von Linné das von ihm selbst entwickelte Nomenklatur-System anwendete

Was sind Lanthanoide?

Mit diesem Begriff werden die 14 Elemente bezeichnet, die im Periodensystem auf das Metall Lanthan (La, Ordnungszahl 57) folgen. Das sind ab der Ordnungszahl 58 Cer, Praseodym, Neodym, Promethium, Samarium, Europium, Gadolinium, Terbium, Dysprosium, Holmium, Erbium, Thulium, Ytterbium und Lutetium. Diese Elemente werden auch seltene Erden genannt. Alle Lanthanoide sind Metalle. Da sie sich nur in der Anzahl der f-Elektronen unterscheiden, besitzen sie recht ähnliche chemische Eigenschaften und waren früher nur sehr schwer zu trennen.

Wer entdeckte die Grundlagen der Mechanik?

● Sir Isaac Newton (1643–1727). Der Engländer formulierte das Gravitationsgesetz (Schwerkraft) sowie das Trägheitsgesetz, das Beschleunigungsgesetz und das Wechselwirkungsgesetz. Letztere werden als die drei Newton'schen Axiome bezeichnet.

Gibt es Monsterwellen?

● Tsunamis entstehen u. a. durch Erdbeben, Erdstürze ins Meer oder Vulkanausbrüche. Trotz ihrer enormen Energie gleichen sie im tiefen Ozean oft normalen oberflächlichen Wellen. Im weniger tiefen, z. B. küstennahen Wasser, wachsen sie allerdings zu über 30 Meter hohen Monsterwellen an und entfalten dann ihre verheerende Wirkung. Ein gewaltiger Tsunami verwüstete z. B. im Dezember 2004 weite Teile Südostasiens.

Wie viel Umwelt steckt in einem PC?

● Ein PC besteht aus über 700 verschiedenen Stoffen. Hauptbestandteile eines Computers sind Metall (50%), Kunststoff (23%), Glas (15%) und Elektronik (12%). Verarbeitet werden wertvolle wiederverwertbare Metalle wie Gold, Silber, Kupfer, Aluminium und Stahl, aber auch giftige Schwermetalle wie Kadmium, Quecksilber, Arsen und Blei.

Wie viel Energie steckt in doppelter Geschwindigkeit?

Die vierfache. Kinetische Energie ist im klassischen (nicht relativistisch gerechneten) Ansatz proportional zum Quadrat der Geschwindigkeit v: $E = \frac{1}{2} mv^2$. Dabei ist m die Masse. Doppelte Geschwindigkeit bedeutet also vierfache Energie, dreifache Geschwindigkeit neunfache Energie usw.

Warum graben Termiten unter ihren Bauten bis zu 40 Meter tiefe Gänge in den Boden?

Termiten sind Insekten, die wie Ameisen in großen Stämmen leben. Termiten bauen große Burgen aus Lehm. Sie besiedeln Steppen- und Wüstengebiete, in denen es sehr trocken ist. Dennoch brauchen sie zum Überleben eine Luftfeuchtigkeit zwischen 90 und 95%. Um bei der trockenen Umgebung ein derart feuchtes Klima im Inneren der Bauten zu schaffen, graben die Termiten Gänge zum Grundwasser, das manchmal 40 Meter tief unter der Erde liegt.

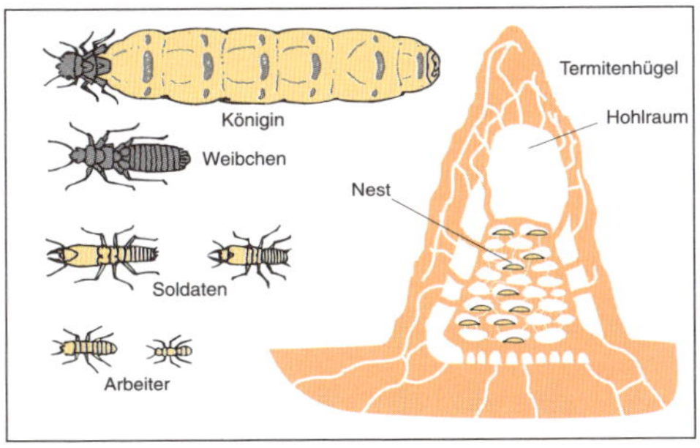

Termiten

Ist saurer Regen heute noch ein Problem?

Trotz der bereits erfolgreich durchgeführten Maßnahmen (Rauchgasentschwefelungsanlagen, Katalysatoren) gegen die Ursachen des sauren Regens, den hohen Schwefel- und Salpetersäuregehalt im Niederschlag, liegt der Säuregehalt des Regens noch über dem normalen Maß. Schäden an historischen Gebäuden, wo das säurehaltige Regenwasser den Stein angreift, sind ein deutlicher Beleg dafür.

Welche Funktion hat der Zellkern?

Im so genannten Nukleus befindet sich das Erbgut in Form der Chromosomen, die aus der Desoxyribonukleinsäure (DNS) bestehen. Bakterien besitzen im Gegensatz zu Tier- und Pflanzenzellen keinen Zellkern. Bei ihnen liegt die DNS als ringförmiges Chromosom frei in der Zelle.

Was macht ein Knoten im Seil?

Jeder Knoten schwächt sein Seil. Weil durch die Umlenkungen im Knoten nicht alle Fasern gleich stark belastet werden und zur reinen Zugbelastung noch Biege und Scherbelastungen dazu kommen, hat ein Seil mit Knoten nur noch 50–70% seiner ursprünglichen Reißfestigkeit.

Wie heißen die einzigen flugfähigen Säugetiere?

Es sind die Fledermäuse. Die überwiegend dämmerungsaktiven Tiere sehen nur sehr schlecht und orientieren sich v. a. durch ein Ultraschall-Ortungssystem. Durch die Vertilgung von schädlichen Insekten spielen sie eine wichtige Rolle in der Natur. Da sie immer weniger Plätze finden, an denen sie vom Menschen ungestört ihren Winterschlaf verbringen können, sind die 21 in Deutschland vorkommenden Arten alle akut vom Aussterben bedroht und stehen auf der „Roten Liste".

Wodurch unterscheidet sich der Ablauf der Kernspaltung in einer Atombombe und in einem Atomkraftwerk?

In einer Atombombe werden mehrere Teile des spaltbaren Materials plötzlich vereinigt und damit wird eine „kritische Masse" erzeugt. Es kommt zu einer unkontrollierten Kettenreaktion und die erzeugte Energie wird in einer gewaltigen Explosion freigesetzt. Im Kernreaktor eines Atomkraftwerkes hingegen laufen geregelte Kettenreaktionen ab.

Wie wird Wetter vorhergesagt?

Aus Bodenstationen, Schiffen, Bojen, Radiosonden, Satelliten und Flugzeugen liefert das meteorologische Beobachtungssystem eine Fülle aktueller Atmosphärendaten. Mit den Daten werden auf „Supercomputern" mithilfe der integrierten Wettermodelle GME („Globales Modell") und LM („Lokales Modell" für Mitteleuropa) atmosphärische Prozesse simuliert. Das Ergebnis sind Prognosen für die Zukunft auf Basis aktueller Daten.

Welche Daten werden verschlüsselt und nie wieder entschlüsselt?

„Ein-Weg"-verschlüsselte Daten können nicht einmal vom Eigentümer wieder entschlüsselt werden. So paradox es klingt, so häufig wird dieses Verfahren angewendet: Passwörter sind dem Computer als Ein-Weg-verschlüsselte Daten (Referenz) bekannt. Authentifiziert man sich durch Eingabe des Passwortes, so wird dieses ebenfalls ein-Weg-verschlüsselt und mit der Referenz verglichen. Sind beide gleich, wurde das richtige Passwort eingegeben. Selbst Kenntnis der Referenz ermöglicht nicht den Zugang zu passwortgeschützten Anwendungen oder Systemen. Nur das Klartextpasswort wirkt.

Wie viele Chromosomen hat der Mensch?

Der Mensch hat in jeder Körperzelle 46 Chromosomen. Da sich bei der Befruchtung die Chromosomen von Mann und Frau verbinden, besitzen die Ei- und Samenzellen nur den halben Chromosomensatz. Die Anzahl der Chromosomen, welche die Träger der Erbanlagen sind, ist nicht bei jeder Art gleich. Hunde haben z. B. 78 Chromosomen, Tauben 16 und der Streifenfarn 144.

Welche Funktion haben Enzyme?

Enzyme sind hochmolekulare Eiweißkörper, die an fast allen Stoffwechselreaktionen in tierischen sowie pflanzlichen Organismen beteiligt sind. Die Enzymforschung ist heute eines der Hauptgebiete der Biochemie, der Biotechnologie und z. T. auch der Gentechnologie. Einsatzgebiete für die Enzymtechnologie sind die Pharma-, Getränke-, Lebensmittel- und Waschmittelindustrie, um nur einige zu nennen.

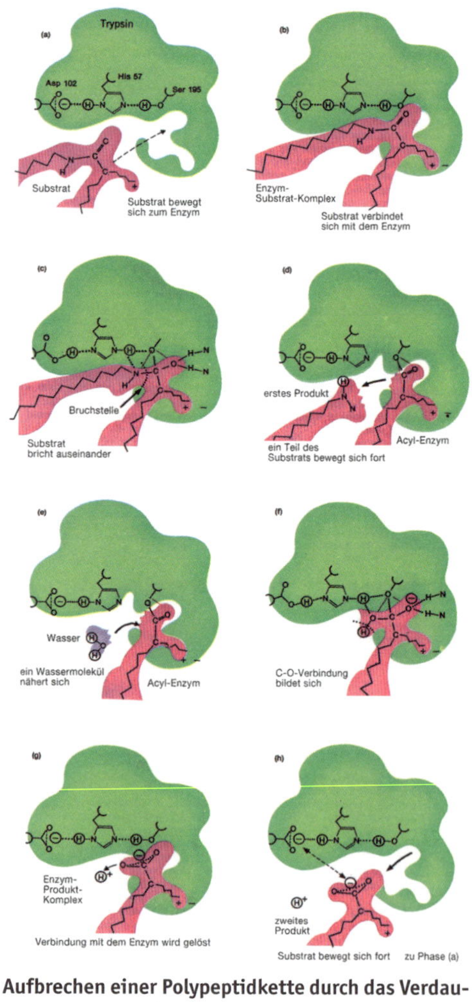

Aufbrechen einer Polypeptidkette durch das Verdauungsenzym Trypsin

Was findet man auf der so genannten Roten Liste?

Hier sind alle in der Bundesrepublik vom Aussterben bedrohten Tiere und Pflanzen aufgeführt. Sie wurde erstmals 1977 veröffentlicht. Die gefährdeten Tier- und Pflanzenarten sind in den Gefährdungskategorien 0 = ausgestorben oder verschollen, 1 = vom Aussterben bedroht, 2 = stark gefährdet, 3 = gefährdet und 4 = potenziell gefährdet aufgeführt. Eine ähnliche internationale Liste gibt es von der Welternährungsorganisation (FAO) der UNO für Nutztiere. Von den ca. 4000 Nutztierarten sind bereits rund ein Viertel vom Aussterben bedroht, von den 770 Haustierarten sogar ein Drittel.

Wie sahen Mammuts aus?

Das Mammut, das in den eiszeitlichen Kältesteppen lebte, trug eine lange und dichte Behaarung und hatte bis zu fünf Meter lange Stoßzähne. Man weiß heute recht gut, wie diese vor ungefähr zehn Millionen Jahren ausgestorbenen Tiere ausgesehen haben, denn Forscher haben einige tiefgekühlte und vollständig erhaltene Exemplare im sibirischen Boden entdeckt.

Wie viel Strom wird in Deutschland mit welchen erneuerbaren Energien erzeugt?

Im ersten Halbjahr 2004 wurden ca. 10% oder 25,3 TWh (Tera-Wattstunden = Billionen Wattstunden) Strom aus erneuerbaren Energien (EEN) gewonnen (2003: 7,9%). Mehr die Hälfte davon lieferte der Wind (54%), gefolgt von Wasser (29,8%), fester Biomasse (4,3%), biogenem Abfall (3,8%), Deponiegas (3,0%), Biogas (2,6%), Klärgas (1,5%), Fotovoltaik (0,8%) und biogenen flüssigen Brennstoffen (0,1%).

Seit wann gibt es Tiere?

Forscher glaubten bisher, dass sich die ersten Tiere im Zeitalter des Kambriums, also 600 Millionen Jahre vor unserer Zeit entwickelten. Doch neuere Fossilfunde deuten darauf hin, dass die Evolution der vielzelligen Tiere schon viel früher, nämlich bereits vor einer Milliarde Jahre, eingesetzt hat. Die ersten Anfänge des Lebens fanden vermutlich vor drei bis vier Milliarden Jahren statt.

Warum sind in der Nacht alle Katzen grau?

Es gibt zwei Arten von Rezeptoren, die Bilder in Nervenimpulse umwandeln: Stäbchen und Zapfen. Die Zapfen sind Träger des Farbsehens. Die Stäbchen sind Rezeptoren für das Helligkeitssehen. Sie setzen Lichtintensitäten in Grauwerte um. Auf der Netzhaut gibt es 20-mal mehr Stäbchen als Zapfen und jedes Stäbchen ist 10.000-mal lichtempfindlicher als ein Zapfen. Zapfen sind für das Tagsehen bestimmt. Deshalb können wir die Welt tagsüber in allen Farben sehen, während wir bei Dunkelheit nur Grauschattierungen unterscheiden können.

Querschnitt durch die Netzhaut des Auges

Wie viele Gene hat der Mensch?

Nur ca. 5% des Genoms enthalten die eigentlichen Gene mit ihren Bauplänen zur Proteinherstellung. Mit ca. 30.000 bis

35.000 ist ihre Anzahl beim Menschen etwa doppelt so hoch wie bei Fruchtfliegen oder Fadenwürmern. Die hohe Komplexität des Menschen resultiert weniger aus der Anzahl der Gene als aus ihren kombinatorischen Möglichkeiten.

Wie heißt das Wissensgebiet, das sich mit der Herstellung von Gold aus unedlen Stoffen befasste?

● Alchemie. Die Alchemie ist der mittelalterliche Vorläufer der heutigen Chemie. Ein Hauptanliegen der Alchemisten war es, unedle Metalle wie z. B. Blei in Gold zu verwandeln. Die Suche nach einem Mittel für die Unsterblichkeit war ein weiterer Aspekt.

Darstellung eines Alchemistenlaboratoriums

Wie viel Energie wird durch Recycling eingespart?

● Im Jahr 2004 betreiben 91% der Deutschen einer Umfrage des Meinungsforschungsinstitutes Allensbach zufolge aktiv Umweltschutz durch Mülltrennung. Im Jahr 2003 konnte „Der Grüne Punkt – Duales System Deutschland AG" zufolge durch Recycling von Verpackungen 64,1 Milliarden Megajoule Primärenergie eingespart werden. Bislang haben sich 22 europäische Länder dem „Grünen Punkt" angeschlossen, was ihn auf rund 460 Milliarden Verpackungen zum meistgenutzten Markenzeichen der Welt macht.

Welcher Effekt wandelt Licht in Strom um?

● Der fotoelektrische Effekt, 1839 von Alexandre Becquerel (1820–91) entdeckt. Unter dem fotoelektrischen Effekt versteht man die Freisetzung von positiven und negativen Ladungsträgern in einem Festkörper durch Lichteinstrahlung. In Solarzellen lösen die energiereicheren Anteile der Sonnenstrahlen Elektronen aus den festen atomaren Bindungen im Halbleiter.

Was verbirgt sich hinter dem Kürzel DNS?

● DNS steht für Desoxyribonukleinsäure, ein wesentlicher Bestandteil der Chromosomen. Die Chromosomen sind die Träger der Erbinformationen bei Mensch, Tier und Pflanzen und befinden sich in den Molekülen des Zellkernes. Die DNS ist wiederum aus vier verschiedenen Grundsubstanzen [Adenin (A), Thymin (T), Guanin (G) und Cytosin (C)] zusammengesetzt. Die Reihenfolge dieser vier Basen ist entscheidend für den Informationsgehalt des Erbgutes. Forscherteams auf der ganzen Welt sind dabei, den vollständigen Gencode des Menschen zu entschlüsseln.

Was passiert bei Plastination?

● Plastination ist die dauerhafte Konservierung tierischer oder menschlicher Körper und Körperteile. In einem Lösungsmittelbad werden zunächst das Gewebewasser und später das Gewebefett erst durch Lösungsmittel, anschließend durch Kunststoff ersetzt. 2004 spaltete der Mediziner Gunther von Hagen (*1945) mit seiner Ausstellung „Körperwelten" die Gemüter der Öffentlichkeit. Die Darstellung der rund 25 Ganzkörper-Plastinate vermittelt naturgetreu die räumliche Lage der Organe im Körper zueinander. Zudem werden Präparate mit krankhaften Veränderungen etwa durch Infarkt oder Krebs gezeigt, die durch Nikotin geschwärzte Lunge verdeutlicht anschaulich die Folgen des Tabakgenusses.

Viele Krankenhäuser tragen heute seinen Namen. Von welchem bedeutenden Arzt der frühen Neuzeit ist die Rede?

Paracelsus

Von Theophrast von Hohenheim (1493–1541), auch Paracelsus genannt. Das Wissen und Wirken des bedeutenden Arztes, Mystikers und Philosophen Paracelsus gilt als überaus umfassend. Seine Heilungserfolge waren seinerzeit unerreicht, trugen ihm aber auch die erbitterte Gegnerschaft der etablierten Mediziner und Apotheker ein. Sein medizinisches Verständnis wird in seinem berühmten Ausspruch „Alle Ding' sind Gift und nichts ohn' Gift; allein die Dosis macht, das ein Ding kein Gift ist" deutlich. In der Tradition der arabischen Alchemisten stehend, kann er in diesem Sinne also als der geistige Urvater der Homöopahtie gesehen werden.

Kann man Tollwut bekämpfen?

In Deutschland wurde die Tollwut weit gehend eingedämmt, denn in vielen Gebieten wurden mit Impfstoffen präparierte Köder ausgelegt. Fressen Füchse den Köder, werden sie gegen die Krankheit immun und können das Tollwutvirus nicht mehr weiter verbreiten.

Wie kommunizieren Bienen untereinander?

Um sich zu verständigen, vollführen sie einen Bienen- oder Schwänzeltanz. Das ist wichtig, um das Bienenvolk über Futterquellen zu unterrichten. Liegt eine Quelle weniger als 80 Meter vom Stock entfernt, vollführt die Biene einen Rundtanz. Liegt die Futterquelle weiter weg, so trippelt sie in Form einer Acht und schwänzelt auf der mittleren Strecke mit dem Hinterleib. Je länger und öfter die Biene tanzt, desto weiter ist das Futter vom Stock entfernt. Die anderen Bienen erfassen die Botschaft, indem sie mittanzen.

Was wurde nach Daniel Gabriel Fahrenheit benannt?

Der deutsche Physiker (1686–1736) war der Begründer der wissenschaftlichen Wärmemessung. Die in den USA zur Temperaturmessung gebräuchliche Fahrenheit-Skala ist nach ihm benannt. Auf dieser Skala liegt der Gefrierpunkt des Wassers bei 32 °F, der Siedepunkt bei 212 °F.

Was versteht man unter Materie und Antimaterie?

Ein Elektron und ein Positron haben die gleiche Masse und dem Betrag nach gleiche Ladung, jedoch mit entgegengesetztem Vorzeichen. Sie bilden also ein Paar von Teilchen und Antiteilchen. Treffen beide Elementarteilchen aufeinander, zerfallen beide und zerstrahlen vollständig in Energie.

Was sind Fluorchlorkohlenwasserstoffe?

Sie sind besser bekannt unter ihrer Abkürzung FCKW. Die Treibgase werden für den Treibhauseffekt und die damit zusammenhängende Erwärmung der Atmosphäre verantwortlich gemacht und sie forcieren den Abbau der Ozonschicht. In der Technik dienen FCKW-Verbindungen u. a. als Treibgas für Sprühdosen, Kältemittel in Kühlschränken und zur Aufschäumung von Kunststoffen.

Womit beschäftigt sich die Anatomie?

Die Anatomie ist Bestandteil jedes Medizinstudiums, denn sie untersucht Form, Lage und Beschaffenheit der Organe von Lebewesen. Generell versteht man unter der Anatomie die Lehre vom Bau der Pflanzen und Tiere. Das Wort stammt aus dem Griechischen und bedeutet Zerschneiden, weshalb die Anatomie auch als Kunst der Leichenzergliederung bezeichnet wird. Der Arzt und Anatom Andreas Vesal (1514–64) gilt als Begründer der Anatomie.

Wer schuf das Periodensystem der Elemente?

● An der Entwicklung eines Ordnungssystems für die chemischen Elemente arbeiteten mehrere Forscher. Das bis heute gültige System stammt von dem russischen Chemiker Dmitri Iwanowitsch Mendelejew (1834– 1907).

Dmitri Mendelejew

Warum starben die Dinosaurier aus?

● Am ehesten kommt eine Klimaveränderung oder Klimakatastrophe als Ursache in Betracht. Denn die Dinosaurier verschwanden nicht mit einem Schlag, sondern nach und nach. Womöglich schlug ein gigantischer Meteorit auf der Erde ein, was die Temperatur verändert und damit die gesamten Lebensbedingungen verschlechtert haben könnte. Anhand verschiedener versteinerter Dinosaurier-Eier fand man z. B. heraus, dass die Eierschalen immer dünner wurden. Das deutet darauf hin, dass sich die Nachkommen nicht mehr gut entwickeln konnten.

Warum entsteht auf Brücken besonders häufig Glatteis?

● Glatteis ist eine dünne glatte Eisschicht. Häufig entsteht Glatteis durch unterkühlten Regen, der an (kalten) Oberflächen gefriert. Da Brücken nach oben und unten Wärme an die kalte Luft abgeben und meist zusätzlich Wind ausgesetzt sind, ist die Oberfläche von Brücken kälter als der Asphalt der angrenzenden Straße. Auf Brücken entsteht deshalb oft auch dann Glatteis, wenn die Straßen sonst eisfrei sind.

Was ist chemisch betrachtet das Gegenteil einer Reduktion?

● Eine Oxidation. Bei der Reduktion wird Sauerstoff aus einer Verbindung entfernt, bei der Oxidation reagiert ein Element mit Sauerstoff. Allgemeiner formuliert: Wird ein Stoff reduziert, nimmt er Elektronen auf, wird er oxidiert, gibt er Elektronen ab.

Was ist Masse?

● Nach Isaac Newton (1642–1727) ist Masse ein Maß dafür, wie stark sich ein Körper einer Beschleunigung durch eine äußere Kraft widersetzt. Der Körper ist träge. Die Einheit der Masse, das Kilogramm (kg), ist definiert durch das Urkilogramm, einem Platin-Iridium-Block, der im Bureau International des Poids et Mesures in Sèvres bei Paris aufbewahrt wird.

Welche Erfindung stammt vom Stifter des Nobelpreises?

● Der Schwede Alfred Nobel (1833–96) ist der Erfinder des Dynamit. Der von ihm gestiftete Preis wird seit 1901 in den Bereichen Physik, Chemie, Medizin, Wirtschaft, Frieden und Literatur verliehen.

Was ist eigentlich Farbe?

● Farbe ist nicht, wie man vielleicht vermuten würde, eine physikalische Eigenschaft von Gegenständen. Sie ist lediglich eine Sinneswahrnehmung. Diese entsteht, vereinfacht gesagt, wenn Licht einer bestimmten Wellenlänge auf die Netzhaut des Auges trifft. Die Sinnesempfindung wird an das Gehirn geleitet und tritt – man weiß noch nicht, auf welchem Wege – in das menschliche Bewusstsein.

Was verursacht El Niño?

● Eine schwere atmosphärische und ozeanische Störung im Pazifik. Dabei strömt warmes Oberflächenwasser vom mittleren in den östlichen Pazifik und unterbricht damit das Aufdringen der nährstoffreichen und kalten Meeresströmung des Humboldtstromes vor der Küste von Südamerika. Der Name „El Niño“ bedeutet das Christkind, da diese Störung etwa alle drei bis vier Jahre um die Weihnachtszeit auftritt.

Wie sahen die ersten Säugetiere aus?

Die ersten Säugetiere waren kleine mausähnliche Tiere. Sie entwickelten sich vor ca. 227 Millionen Jahren in der Ober-Trias aus den „säugertierähnlichen“ Reptilien (Therapsida). Sie ernährten sich von Insekten, kleinen Reptilien und Pflanzen.

Wo wurde der bisher älteste Frühmensch gefunden?

In der Baringo-Region in Kenia. Das Skelett ist auf ein Alter von sechs Millionen Jahre datiert worden. Der menschliche Vorfahr war im Oktober 2000 entdeckt worden. Er hatte wohl knapp die Größe eines Schimpansen, lief aber anders als dieser auf den Hinterbeinen.

Wie entstehen tropische Wirbelstürme?

Die Entstehungsorte der meisten Wirbelstürme sind die ruhigen warmen Meere der Tropen. Für die Entstehung muss die Wassertemperatur mindestens 27 °C betragen – das ist meist im Spätsommer und im Frühherbst der Fall. Über dem Meer lagert dann feuchtwarme Luft, die schnell in die Höhe steigt. Durch die aufsteigenden Luftmassen entsteht über dem Meer ein Sog, der immer mehr Luftmassen von den Seiten anzieht. Durch die Rotationskraft der Erde drehen sich die herbeiströmenden Luftmassen. Dieser rotierende Wolkenturm zieht mit der vorherrschenden Windrichtung weiter und gewinnt dabei immer mehr an Energie und Geschwindigkeit. Die höchsten Windgeschwindigkeiten erreicht der Wirbelsturm in der Wolkenwand direkt um das Zentrum des Sturmes, das Auge genannt wird.

Entdeckung des Phosphors **(Gemälde von Joseph Wright)**

Was entdeckte Hennig Brand bei seiner Suche nach dem Stein der Weisen?

Der Hamburger Alchemist Hennig Brand (um 1630–1710) erhitzte im Jahre 1669 auf der Suche nach einer Möglichkeit, Gold und Silber zu gewinnen, goldgelben Harn bis zur Trockenheit. Als er den Rückstand unter Luftabschluss noch weiter erwärmte, erhielt er ein im Dunkeln leuchtendes Produkt – auf der Suche nach Gold hatte er das Element Phosphor entdeckt. Über 200 Jahre lang blieb dies die einzige bekannte Methode, um reinen Phosphor zu erhalten. Seinen Namen verdankt dieser Stoff übrigens der Eigenschaft, bei Berührung mit Luft zu leuchten: Das griechische Wort „phosphórus“ bedeutet „Lichtträger“.

Was sind Passatwinde?

Passatwinde sind sehr beständige bodennahe Winde, die auf beiden Erdhalbkugeln vom subtropischen Hochdruckgürtel zur äquatorialen Tiefdruckrinne gerichtet sind. Aufgrund der Bodenreibung und Erddrehung auf der Nordhalbkugel wehen sie als Nordostpassate von Nordosten zum Äquator hin, auf der Südhalbkugel als Südostpassate von Südosten her zum Äquator. Sie bringen meist feuchte Luftmassen mit sich.

Wem verdanken die Fullerene ihren Namen?

1985 entdeckte eine Forschergruppe bei der Laserbestrahlung von Grafit im Heliumstrom die Kohlenstoff-Cluster C_{60} und C_{70}, die heute (Buckminster-)Fullerene genannt werden. Diese Bezeichnung leitet sich vom Namen des US-amerikanischen Architekten Richard Buckminster Fuller (1895–1983) ab, der geodätische Kuppeln nach dem Bauprinzip der Fullerene konstruierte. Sein kugelförmiger US-Pavillon („Expo-Dome“) sorgte mit rund 76 Meter Durchmesser auf der Weltausstellung 1967 in Montreal für Aufsehen. Buckminster Fuller war auch als Erfinder, Ingenieur, Philosoph und Dichter aktiv, betrieb Geometriestudien und entwickelte das Synergiekonzept, bei dem man ein System als Ganzes betrachtet, um neue Erkenntnisse zu gewinnen. Mit Begriffen wie „Synergie-Effekte“, „Vernetzung“ oder „global denken – lokal handeln“ hat er epochale Herausforderungen auf den Punkt gebracht und zugleich mögliche Lösungswege aufgezeigt.

Geodätischer Dom von Richard Buckminster Fuller

Worauf führen Wissenschaftler das Verschwinden von Schiffen im so genannten Bermuda-Dreieck zurück?

Im Bermuda-Dreieck werden vom Meeresboden große Mengen von natürlich vorkommendem Methangas freigesetzt. Die Methangasblasen steigen zur Wasseroberfläche. Durch die hohe Gaskonzentration verringert sich die Dichte des Wassers. Die Schiffe haben nicht mehr genügend Auftrieb und sinken.

Wo leben die so genannten Kolibakterien?

Die Kolibakterien (Escherichia coli) leben im Dickdarm des Menschen. Dort finden sie ideale Bedingungen vor. Andere Stämme können beim Menschen Infektionen auslösen. Wird der Darm mit diesen Stämmen infiziert, kommt es zu Durchfallerkrankungen, die in der Regel durch das Eindringen der Bakterien in die Darmwand oder aber durch abgegebene Bakteriengifte (Toxine) verursacht werden.

Was hat eine Rakete mit einer Qualle gemeinsam?

Um sich fortzubewegen, weiten Quallen ihren Körper zunächst wie einen Regenschirm aus. Danach ziehen sie den Körper wieder zusammen. Beim Zusammenziehen wird das eingesogene Wasser herausgepresst. Durch den Ausstoß des Wassers nach hinten bewegt sich die Qualle vorwärts – sie erzeugt einen Rückstoß. Ohne den Ausstoß riesiger Mengen heißer Abgase beim Start könnten Raketen die Atmosphäre nicht verlassen. Ihre Geschwindigkeit beruht ebenso wie die Bewegung der Quallen auf dem Rückstoß-Prinzip.

Wieso können Geckos kopfüber auf glattem Glas klettern?

An der Unterseite ihrer Zehen befinden sich Millionen von Haarborsten, die nur wenige Nanometer lang sind. Die Borsten sind in breiten Lamellen angeordnet. Zwischen den Härchen und der Laufoberfläche kommt es zu atomaren Bindungskräften, die für eine extrem hohe Haftkraft sorgen. Die atomaren Kräfte, die hierbei eine Rolle spielen, nennt man Van-der-Waals-Kräfte. Um den Fuß wieder anzuheben, „sträubt“ der Gecko seine Härchen. Der optimale Haftungswinkel verändert sich dadurch und die Bindungskräfte werden schwächer.

Was schreibt das Klimaschutzabkommen von Kyoto vor?

Die Reduzierung des CO_2-Ausstoßes: 155 Länder unterzeichneten das Papier und legten sich damit auf Grenzwerte fest, die bis 2012 zu erreichen sind. Besonders betroffen sind die Industrieländer, die bei Weitem am meisten Abgase produzieren.

Wo trat in Deutschland der erste Fall von Rinderwahnsinn auf?

Bei Hörsten in Schleswig-Holstein wurde die BSE-Erkrankung zum ersten Mal im Bundesgebiet bei Rindern festgestellt. Der positiven Befund der Veterinäre hatte im November 2000 die Notschlachtung von 166 Tieren zur Folge.

Wieso ist die Verfütterung von Tiermehl in vielen Ländern verboten?

Weil die Verwendung von nicht ausreichend erhitzten Tierabfällen zur Übertragung von Krankheiten führen kann. Im November 2000 wurde diese Problem durch die auftretenden BSE-Fälle aktuell. Es folgten Verbote in Frankreich und Deutschland.

Wofür erhielt der Deutsche Günter Blobel den Nobelpreis in Medizin?

Das Nobelpreiskomitee zeichnete ihn 1999 für seine Forschungen zur Eiweißsteuerung in Körperzellen aus. Blobel (*1936) hatte erkannt, dass eine Adressmarkierung an neu produzierten Proteinen deren zukünftige Position und Funktion festlegt.

Welcher griechische Philosoph begründete die erste Atomtheorie?

Demokritos von Abdera (460–371 v. Chr.) Im Laufe seiner Studien kam er zu dem Schluss, dass es in Wirklichkeit nur die Atome und die Leere gibt. Er stellte die These von den letzten, unteilbaren Teilchen auf, welche die Bausteine aller Dinge sind und nannte sie Atome. Demokrit betrachtete den leeren Raum als Voraussetzung dafür, dass die Atome sich überhaupt frei bewegen können.

Was sind so genannte optische Aufheller in Waschmitteln?

Optische Aufheller sind Substanzen, die mit dem Waschwasser in der Wäsche verteilt werden und dann den UV-Anteil aus dem Tageslicht der Sonne absorbieren und als blaues Fluoreszenzlicht wieder emittieren. Dadurch kommt es zu einem besonders strahlendem, „weißen" Aussehen. Dieses Phänomen kann gut z. B. bei weißen T-Shirts unter besonderer Beleuchtung in Discos beobachten.

Unter welchem griechischen Wort ist die kleinste, nicht mehr teilbare Einheit der Materie bekannt?

Unter dem Begriff Atom. Das griechische „atomos" bedeutet unteilbar. Das Atom lässt sich in einen positiv geladenen Atomkern und eine negativ geladene Hülle unterteilen. Im Kern befinden sich die positiv geladenen Protonen und die neutralen Neutronen, in der Hülle die negativ geladenen Elektronen.

Helium-Atom mit jeweils zwei Protonen und Neutronen im Kern sowie zwei Elektronen in der Hülle (Ordnungszahl 2, Atommasse 4)

Was sind so genannte freie Radikale und Antioxidanzien?

Unsere Zellen brauchen Sauerstoff zur Energieproduktion. Als Nebenprodukte entstehen dabei auch veränderte Sauerstoffverbindungen, von denen einige freie Radikale sind. Freie Radikale sind hochreaktive Teilchen. Sie drängen sich in andere körpereigene Verbindungen wie Eiweiße, Fette oder in die Erbsubstanz hinein und ziehen von intakten Molekülen einzelne Elektronen ab. Ein Übermaß an freien Radikalen bedeutet eine Gefahr für den Körper. Antioxidanzien fangen freie Radikale direkt ab und neutralisieren sie. Zu den Antioxidanzien gehören Vitamin C und E sowie sekundäre Pflanzenstoffe wie Bioflavonoide und Karotinoide.

Woraus besteht Holz?

Holz ist das aus verholzten Zellen zusammengesetzte Gewebe, welches unter der Rinde von Bäumen und Sträuchern liegt. Es besitzt eine vielschichtige Feinstruktur, die ungemein fest, aber dennoch sehr elastisch ist. Holz ist aus verschiedenen chemischen Elementen zusammengesetzt: Kohlenstoff, Sauerstoff, Wasserstoff, Stickstoff, Mineralstoffe.

Was sind sekundäre Pflanzenstoffe?

Hinter dem Oberbegriff verbergen sich mehr als 30.000 verschiedene Substanzen, die ausschließlich von Pflanzen gebildet werden. Die Pflanzen bilden diese Pflanzenstoffe z. B. als Schutz- oder Abwehrstoffe gegen Schädlinge, als Farb-, Duft- oder Lockstoffe und als pflanzeneigene Hormone. Erst in letzter Zeit erkannte man die Bedeutung dieser Stoffe. Sekundäre Pflanzenstoffe üben im menschlichen Körper eine Vielzahl von Schutzfunktionen aus. So können sekundäre Pflanzenstoffe das Immunsystem stärken, den Körper vor freien Radikalen schützen, Krankheitserreger abtöten und vieles mehr.

Was zählt neben Kohle und Erdöl zu den fossilen Energieträgern?

Erdgas. Verwendung findet es hauptsächlich zur Erzeugung von Wärme und Energie, aber auch als Rohstoff für die chemische Industrie. Zunehmend gewinnt es als Treibstoff für Kraftfahrzeuge an Bedeutung. Erdgas ist ein Stoffgemisch, das im Wesentlichen aus gasförmigen Alkanen (C1 bis C4) besteht. Darüber hinaus können Kohlenstoffdioxid, Stickstoff, Schwefelwasserstoff und Helium enthalten sein. Die Zusammensetzung dieses Gemisches ist in den Fördergebieten der Welt unterschiedlich, in jedem Fall ist jedoch Methan der Hauptbestandteil.

Was geschieht bei der Elektrolyse?

Bei dieser Art von chemischer Reaktion wird eine Substanz, die sich in einer stromleitenden Lösung befindet, durch elektrischen Strom gelöst. Eine technische Anwendung der Elektrolyse ist das Galvanisieren, bei dem Oberflächen mit einer dünnen Metallschicht überzogen werden.

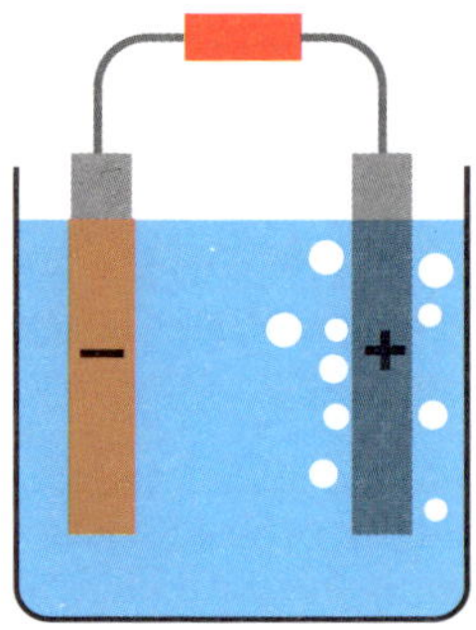

Elektrolyse

Welche Rolle spielen Hormone im menschlichen Körper?

Hormone (griech., „in Bewegung setzen, antreiben") haben Einfluss auf alle Lebensprozesse, wie den Stoff- und Energiewechsel, das Wachstum, die Schwangerschaft und Geburt. Sie beeinflussen das Immunsystem, wirken auf Organe und Nerven. Es gibt kaum einen Prozess, an dem diese chemischen Verbindungen, die schon in unvorstellbar niedrigen Konzentrationen wirken, nicht beteiligt sind. Hormone sind chemische Wirkstoffe, die Lebensprozesse in unserem Körper steuern und koordinieren.

Welche Aufgabe haben Konservierungsmittel?

Um die Haltbarkeit von Produkten zu erhöhen, werden Konservierungsmittel zugesetzt. Ohne Konservierung kommen die meisten, nicht für den sofortigen Verbrauch bestimmten Natur- und Industrieprodukte nicht aus. Konservierungsmittel bewahren verderbliche Materialien in ihrem gegenwärtigen Zustand und schützen sie vor Zersetzung durch chemische, physikalische und biologische Einflüsse. Alle Konservierungsmittel in Lebensmitteln und Kosmetika unterliegen einem Deklarationszwang („E-Nummern"), mit Ausnahme der Anwendung der gebräuchlichen „natürlichen" Konservierungsmittel wie beispielsweise Kochsalz, Zucker (z. B. in Marmeladen) und Essig (z. B. bei Gewürzgurken).

Was ist der Jetstream?

Als Jetstream werden verhältnismäßig gleichmäßig wehende Winde bezeichnet, die als so genannter Hauptstrahlstrom in großen Höhen von Westen nach Osten rund um den Erdball wehen, und dabei zickzackförmig den Nordpol umkreisen. Diese Winde mit Geschwindigkeiten von 150–400 km/h sind Ergebnis der Drehung der Erde um sich selbst. Ihren Namen verdanken sie der Luftfahrt: Jets, die von Nordamerika nach Europa fliegen, nutzen diese Winde aus, um schneller voranzukommen.

Woraus bestehen biologische Waffen?

Jedes Mikrolebewesen, das bei anderen Lebewesen (Mensch, Tier, Pflanze) Krankheit und Tod verursacht, ist als Ausgangsbasis für die Produktion von biologischen Waffen bestens geeignet, z. B. der Milzbrand- oder Pesterreger. Aber auch Giftstoffe, die von Pflanzen und Tieren zum Schutz ihrer eigenen Art produziert werden, können als biologische Waffen eingesetzt werden. Dazu gehören beispielsweise Pilz- und Schlangengifte.

Wie werden Verbindungen mit einer Hydroxylgruppe genannt?

Enthält eine Kohlenwasserstoffverbindung eine Hydroxylgruppe (–OH), spricht man von Alkohol. Durch den Austausch eines Wasserstoffatoms in Methan (CH_4) erhält man den einfachsten Alkohol Methanol (CH_3OH), auch „Holzgeist" genannt. Weitere bekannte Alkohole sind Ethanol („Weingeist"), Isopropylalkohol und Glykol (1,2-Ethandiol). Alkohole lassen sich leicht in Ether umwandeln und spielen bei vielen chemischen Synthesen eine wichtige Rolle. Flüssige Alkohole werden oft als Lösungsmittel eingesetzt, finden aber auch als Frostschutzmittel oder in kosmetischen Präparaten Verwendung.

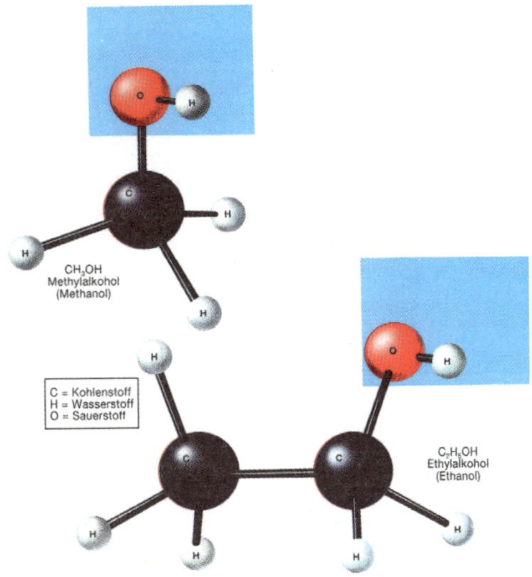

Molekülstruktur von Methanol und Ethanol

Woraus wird Teer gewonnen?

Teer ist eine flüssige bis feste und braune bis tiefschwarze Substanz, die aus Kohle (Braun-/Steinkohle), Holz oder anderen organischen Materialien gewonnen wird. Neben der Verwendung von Teer als Bindemittel im Straßenbelag bildet er noch die Grundlage zur Herstellung von Farbstoffen, Kunstharzen, Lösungsmitteln.

Was besagt eigentlich der so genannte pH-Wert?

Eines der häufigsten Schlagwörter, das in der Werbung gebraucht wird, ist der pH-Wert. Sogar bei Seifen und Waschmitteln spielt er eine Rolle. Man spricht von pH-neutralen Reinigungsmitteln bzw. hautneutralem Shampoo. Übersetzt heißt der Ausdruck pH-Wert Stärke des Wasserstoffs bzw. Wasserstoff-Stärke. Am pH-Wert kann man ablesen, ob eine Lösung neutral, sauer oder basisch ist. Saure Lösungen enthalten einen Überschuss an Wasserstoff-Ionen (Hydronium-Ionen) und basische Lösungen sind durch einen Überschuss an Hydroxid-Ionen gekennzeichnet.

Wer träumte von Benzol?

Als junger Professor hatte der deutsche Chemiker August Kekulé von Stradonitz (1829–96) einen Traum, der ihm half, die damals noch ungeklärte Frage nach der Struktur des Benzols zu beantworten. Er schrieb dazu später: „Wieder gaukelten die Atome vor meinen Augen. Lange Reihen, vielfach dichter zusammengefügt; alles in Bewegung, schlangenartig sich windend und drehend. Und siehe, was war das? Eine der Schlangen erfasste den eigenen Schwanz und höhnisch wirbelte das Gebilde vor meinen Augen." Die Idee der ringförmigen Anordnung der sechs Kohlenstoffatome des Benzols, die sich später als richtig erweisen sollte, war geboren.

August Kekulé von Stradonitz

Wie wichtig sind für den menschlichen Organismus Vitamine?

Vitamine sind Ergänzungsstoffe, die bereits in kleinsten Mengen wirksam werden und dem Organismus zugeführt werden müssen, da er sie nicht selbst synthetisieren kann. Der Begriff „Vitamin" wurde 1912 von Casimir Funk (1884–1967) geprägt und setzt sich aus „vita" = Leben und „Amine" zusammen, da er annahm, dass es sich bei den Vitaminen um Amine handeln musste. Dieses war jedoch nur bei dem von ihm entdeckten Vitamin B1 (Thiamin) der Fall. Später wurde dieser Begriff auch auf andere Vitamine ausgedehnt.

Wo werden Hormone produziert und wie wirken sie?

Die chemischen Botenstoffe werden in Hormondrüsen produziert und bei Bedarf direkt in die Blutbahn abgegeben. Hormondrüsen liegen im Körper verteilt. Dazu gehören die Hirnanhangdrüse (Hypophyse), die Nebenschilddrüsen, die Schilddrüse, die Nebennieren, die Bauchspeicheldrüse und die Geschlechtsdrüsen (Eierstöcke bzw. Hoden). Über das Blut gelangen die Hormone zu den jeweiligen Zielorten. Obwohl die Hormone durch das Blut im gesamten Organismus verteilt werden, können nur die Zellen der Zielorte die Information empfangen. Jedes Hormon besitzt nämlich eine spezifische chemische Struktur. Es kann sich deshalb nur an die Zellen des Zielortes anlagern, da diese eine passende Stelle für die Anlagerung besitzen. Erst dann wird in der Zelle eine Reaktion ausgelöst.

Welche Vorgänge laufen beim Sehen ab?

Fällt von einem Gegenstand Licht auf das Auge, so wird es durch das optische System, das wie eine Sammellinse wirkt, gebrochen. Da sich die Gegenstände in der Regel weit außerhalb der doppelten Brennweite befinden, entsteht auf der Netzhaut ein verkleinertes, umgekehrtes, seitenvertauschtes und reelles (wirkliches) Bild des Gegenstandes. Die unterschiedliche Helligkeit des Bildes wird durch die Stäbchen und Zäpfchen der Netzhaut in elektrische Impulse (Erregungen) umgesetzt. Diese werden im Sehnerv zum Gehirn weitergeleitet und dort zu optischen Eindrücken verarbeitet. Wir nehmen aufrechte seitenrichtige Bilder wahr.

Warum ist Aluminium im Flugzeugbau von großer Bedeutung?

Weil es besonders korrosionsbeständig ist (rostet nicht) und als Leichtmetall auch nicht viel wiegt. Durch Legierungen mit anderen Metallen werden seine Eigenschaften noch verbessert.

Aluminiumverarbeitung in der Flugzeugindustrie

Was verursacht die so genannte Härte des Wassers?

Die Härte des Wassers wird durch verschiedene gelöste Salze, insbesondere Kalcizumsalze, Magnesiumsalze und z. T. auch Eisensalze verursacht. Als Maß für die Wasserhärte gilt in Deutschland das „Grad deutscher Härte"– °dH.

Wie bezeichnet man übermäßige Abwehrreaktionen unseres Körpers, z. B. auf Lebensmittel?

Man spricht hier von Allergien. Allergien sind übermäßige Abwehrreaktionen des Immunsystems gegen unschädliche, oft harmlose körperfremde Stoffe. Die auslösenden körperfremden Stoffe nennt man Allergene. Es gibt verschiedene Allergiearten: Pollenallergie, Tierhaar- bzw. Federallergie, Nahrungsmittelallergie, Schimmelpilzallergie, Hausstaubmilbenallergie, Insektengiftallergie u. a.

Was ist ein so genannter Dauermagnet?

Als Dauermagnete oder auch Permanentmagnete bezeichnet man alle Körper, die ein intensives Magnetfeld erzeugen, ohne dass ein elektrischer Strom durch sie hindurchfließt.

Wie funktioniert farbiges Sehen?

Für das farbige Sehen sind die ca. sechs Millionen Zäpfchen in der Netzhaut verantwortlich. Davon gibt es drei Arten: Die eine Art ist für rotes Licht am empfindlichsten, die anderen Arten sind es für grünes und für blaues Licht. Wenn farbiges Licht auf die Zäpfchen fällt, werden die lichtempfindlichen Zellen erregt und diese Erregungen im Sehnerv zum Gehirn weitergeleitet. Es ergibt sich ein Farbeindruck, der sich aus den drei Grundfarben Rot, Grün und Blau zusammensetzt.

Wofür steht die Abkürzung BSE?

BSE (Bovine Spongiforme Encephalopathie) ist eine Abkürzung für eine schwammartige Gehirnerkrankung (Rückbildung von Gehirnsubstanz) bei Rindern, die in der Umgangssprache auch als „Rinderwahnsinn" bezeichnet wird. Ausgelöst wird die Krankheit durch Prionen, körpereigene Proteine, deren genaue Funktion noch nicht geklärt ist. Experimente haben aber gezeigt, dass sie für das Überleben von Nervenzellen notwendig sind. Prionen sind nach krankhafter Veränderung die Ursache für Erkrankungen wie BSE bei Rindern, Traberkrankheit (Scrapie) bei Schafen und der neuen Creutzfeldt-Jakob-Krankheit (nCJK) bei Menschen.

Was sind Spurenelemente?

Spurenelemente sind Metalle, die in sehr geringen Mengen (oft nur einige Mikrogramm) vom Körper aufgenommen werden, z. B. Eisen, Fluor, Chrom, Iod, Kobalt, Kupfer, Mangan, Selen und Zink.

Müssen Batterien aufgeladen werden?

Nein, Batterien produzieren durch eine elektrochemische Reaktion selbst Strom. In einer Batterie wird chemische Energie in elektrische Energie umgewandelt. Dabei sind zwei Elektroden aus unterschiedlichem Material in einen Elektrolyt getaucht (ein flüssiger oder fester Ionenleiter). Bei der ablaufenden chemischen Reaktion zersetzt sich die unedlere Elektrode (z. B. Zink bei einer Zink-Kupfer-Batterie) und es fließt elektrischer Strom, wenn die beiden Elektroden durch einen elektrischen Leiter verbunden werden. Ein Sonderfall der Batterie ist der Akkumulator, bei dem die Zersetzung durch das Anlegen einer äußeren Spannung rückgängig gemacht und die Batterie so wieder aufgeladen werden kann.

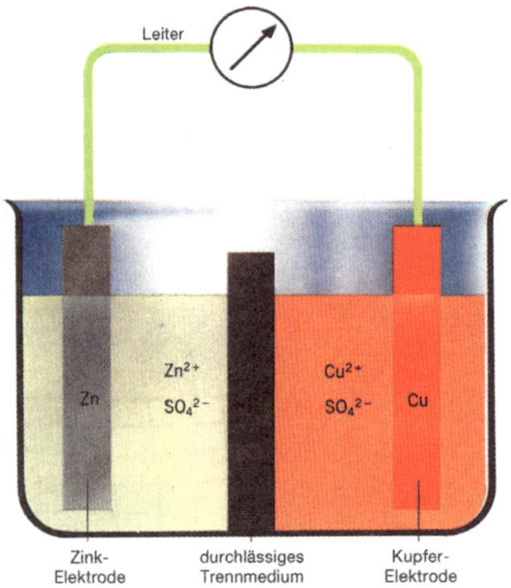

Funktionsschema einer Batterie

Was bezeichnet man als Parasitismus?

Parasitismus ist ein Zusammenleben von Organismen verschiedener Arten mit einseitigem Nutzen für eine Art, dem Parasiten. In der Regel werden dem Wirt vom Parasiten Nährstoffe entzogen. Dabei wird der Wirtsorganismus geschädigt, aber meist nicht getötet. Parasiten sind Lebewesen, die in oder an anderen Organismen leben, sich von ihnen ernähren, sie dadurch schädigen, ohne sie immer zu töten.

Was ist der Golfstrom?

Mit dem Golfstrom besitzt Europa so etwas wie eine Fernheizung. Er hat seinen Ursprung im Nordäquatorialstrom und ist im Vergleich zu den umgebenden Wassermassen sehr warm. Durch regelmäßig wehende Passatwinde bewegt er sich zunächst westwärts zu den Küsten des amerikanischen Kontinentes. Über den Golf von Mexiko, dem er seinen Namen verdankt, gelangt er schließlich an die Küsten Nordwesteuropas.

Was soll den so genannten Tarantismus verursachen?

Zu den Wolfsspinnen gehört die Legenden umwobene etwa 5 Zentimeter große Tarantel. Ihr Biss soll den so genannten Tarantismus hervorrufen. Die Erkrankten tanzen angeblich so lange, bis sie erschöpft zusammenbrechen. In Wirklichkeit ist diese Spinne für den Menschen ungefährlich.

Welches Verhalten wird in der Physik Anomalie des Wassers genannt?

Wasser hat eine besondere Eigenschaft, die es von fast allen anderen Flüssigkeiten unterscheidet. Es hat bei 4 °C sein kleinstes Volumen und damit seine größte Dichte. Geht man von 4 °C aus, so vergrößert sich sowohl bei Temperaturerhöhung als auch bei Temperaturerniedrigung das Volumen. Die Dichte wird damit kleiner. Dieses nicht normale thermische Verhalten von Wasser wird in der Physik als Anomalie des Wassers bezeichnet

Was versteht man unter einem Reflex?

Unter einem Reflex versteht man eine in immer gleicher Weise erfolgende Reaktion auf einen bestimmten Reiz hin.

Was haben ein Diamant und Grafit gemeinsam?

Auch wenn es auf den ersten Blick seltsam erscheinen mag – Diamant und Grafit sind trotz ihrer sehr unterschiedlichen physikalischen Eigenschaften nur verschiedene Erscheinungsformen des Elements Kohlenstoff (C, Ordnungszahl 6). Grafit setzt sich aus übereinander liegenden, ebenen Kohlenstoffschichten zusammen, die aus an den Kanten miteinander verbundenen Kohlenstoffsechsringen bestehen (Wabenmuster). Zwischen den Schichten können sich Elektronen frei bewegen, was die Leitfähigkeit des Grafits erklärt. Da die Schichten leicht gegeneinander verschiebbar sind, ist Grafit weich und schuppenartig. Im Diamant ist jedes Kohlenstoffatom mit vier anderen Kohlenstoffatomen fest verbunden, es liegt ein dreidimensionales Kristallgitter vor. Durch diese räumliche Verknüpfung erhält der Diamant seine Härte und Festigkeit.

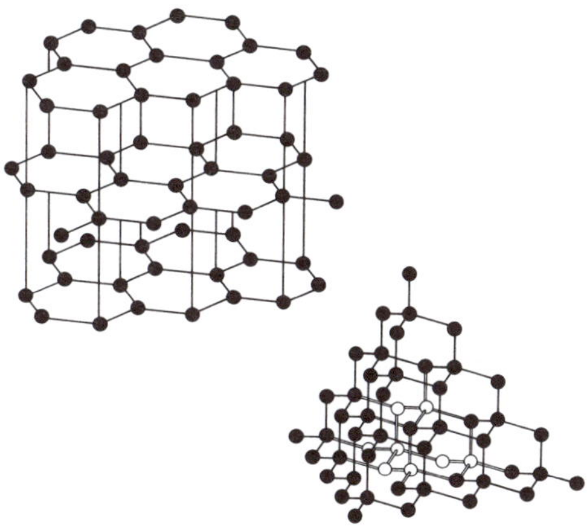

Kristallstruktur des Grafits (links) und eines Diamanten

Was wird als brownsche Bewegung bezeichnet?

Die unregelmäßige Bewegung von mikroskopisch beobachtbaren Körperchen (Körnchen von Blütenstaub, Rauchteilchen) bezeichnet man als brownsche Bewegung. Sie wurde 1827 von dem schottischen Botaniker Robert Brown (1773–1858) entdeckt und ist ein Beleg für die Existenz von kleinsten, im Mikroskop nicht sichtbaren Teilchen (Atomen, Molekülen).

Was ist der Unterschied zwischen Analog- und Digitalschaltungen?

Während sich bei herkömmlichen elektrischen oder elektronischen Schaltungen (Analogschaltungen) Strom und Spannung stetig verändern, arbeiten Digitalschaltungen nur mit den zwei Zuständen leitend und nicht leitend. Digitalschaltungen stellen die Grundlage aller modernen Kommunikations- und Informationssysteme dar.

Wie entsteht Donner?

Bei einem Gewitter erfolgt ein Ladungsausgleich zwischen elektrisch unterschiedlich geladenen Wolken bzw. Wolken und Erde. Dabei fließen starke elektrische Ströme. Durch die heißen Ströme dehnt sich die Luft in der Nähe der Blitze kurzzeitig sehr stark aus, was zu einem schnellen Druckanstieg in der Luft führt. Dieser Druckanstieg breitet sich als Schallwelle aus und ist als Donner zu hören.

Wer bildet einen elektrischen Dipol?

Zwei ungleichnamige Ladungen, die sich im Abstand voneinander befinden, bilden einen elektrischen Dipol. Verändert sich die Entfernung zwischen den Ladungen nicht und unterliegt die Ladungsmenge keiner Schwankung, dann bezeichnet man den Dipol als permanenten Dipol.

Wie funktioniert ein Schnellkochtopf?

Ein Schnellkochtopf ist ein spezieller Topf, bei dem durch Erhöhung des Druckes erreicht wird, dass Wasser erst bei einer Temperatur von über 100 °C siedet. Durch diese höhere Siedetemperatur werden Speisen schneller gar. Man spart Zeit und Energie.

Welche Arten von Chromatografie gibt es?

Die zahlreichen Anwendungen des chromatografischen Prinzips unterscheiden sich durch die Art der mobilen und der stationären Phase. In der klassischen Säulenchromatografie wird eine Glassäule meist mit einem Oxid (z. B. Siliciumdioxid) als stationäre Phase gefüllt und dann ein organisches Lösungsmittel als Flussmittel (mobile Phase) verwendet. Bei der Dünnschichtchromatografie wird die Glassäule durch eine dünne Schicht Kieselsäure auf einer Glasplatte ersetzt. Bei der Gaschromatografie wird ein inertes Gas (z. B. Stickstoff oder Argon) als mobile Phase verwendet.

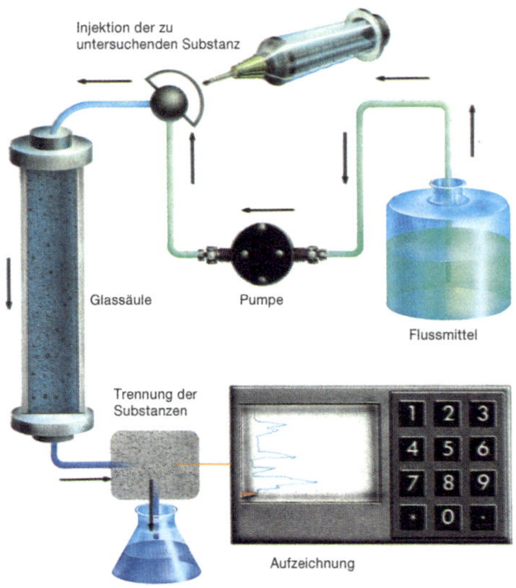

Ablauf einer klassischen Säulenchromatografie

Was bildet die Grundlage für alle Großgeneratoren?

Das dynamoelektrische Prinzip ist eine der Grundlagen für alle modernen Großgeneratoren. Das Restmagnetfeld von Eisenkernen wird genutzt, um in einem Generator zunächst eine kleine Spannung und damit einen kleinen Strom zu erzeugen. Diesen Strom nutzt man, um das Magnetfeld zu verstärken und eine größere Induktionsspannung und damit auch einen größeren Induktionsstrom zu erhalten. Dieses gegenseitige Aufschaukeln der induzierten Spannung bzw. des Induktionsstromes und der Stärke des Magnetfeldes wird als dynamoelektrisches Prinzip bezeichnet. Es wurde von Werner von Siemens (1816–1892) 1866 entdeckt.

Woraus besteht ein einfacher Stromkreis?

Ein einfacher Stromkreis besteht mindestens aus einer elektrischen Quelle und einem elektrischen Gerät oder Bauteil, die durch elektrische Leitungen miteinander verbunden sind. Bei vielen Anwendungen werden mehrere Geräte oder Bauteile im Stromkreis zusammengeschaltet. Prinzipiell können zwei oder mehrere Geräte oder Bauteile in Reihe oder parallel zueinander geschaltet werden.

Wie funktioniert ein Elektroskop?

Ein Elektroskop, auch Elektrometer genannt, dient dem Nachweis elektrischer Ladungen. Die Wirkungsweise des Elektroskops beruht darauf, dass sich gleichartig geladene Körper abstoßen. Bei gleichartiger Ladung von Metallstab und Metallzeiger kommt es zu einem Zeigerausschlag.

Auf welche Weise bewegen sich Heißluftballons?

Heißluftballons sind Fluggeräte ohne eigenen Antrieb, die steigen, schweben und sinken können und die sich ansonsten mit der Luftströmung bewegen. Die erforderliche Auftriebskraft wird durch heiße Luft hervorgerufen, die mithilfe eines Brenners erzeugt und in den Ballon geleitet wird.

Wie funktionieren Fernbedienungen?

Fernbedienungen werden heute genutzt, um Radios, Fernsehgeräte oder Videorecorder zu bedienen. Dabei verwendet man infrarotes, für den Menschen nicht sichtbares Licht, um die entsprechenden Steuerimpulse von der Fernbedienung auf das jeweilige Gerät zu übertragen.

Was ist Emaille?

Emaille ist ein Glas, das meist als Schutz oder zur Dekoration auf Metalle aufgeschmolzen wird. Dazu wird auf die gereinigte Metalloberfläche ein feuchtes Gemisch aus Kieselsäure (Sand oder Quarz), Soda oder Pottasche und Blei aufgebracht. Zusetzen von Titan- oder Zirkoniumdioxid führt zu einer Trübung, Oxide z. B. von Kobalt, Kupfer und Chrom dienen zum Färben. Nach dem Trocknen wird der Auftrag in einem Ofen zu einer gleichmäßigen Glasschicht verbacken. Die frühesten erhaltenen Emaillestücke stammen etwa aus dem 13. Jahrhundert v. Chr.

Emailmalerei aus mittelalterlicher Zeit

Woraus besteht eine Klingel und wie arbeitet sie?

Eine Klingel besteht aus einer Eisenspule, einem Anker mit Klöppel und Kontaktfeder, einer Stellschraube und der Glocke. Eine Klingel erzeugt ein periodisches akustisches Signal, sofern man einen Gleichstromkreis schließt. Hausklingeln werden mit Gleichstrom geringer Spannung betrieben. Betätigt man den Klingelknopf, dann schließt sich der Spulenstromkreis. Durch das Magnetfeld der Spulen wird der Anker zum Spulenkern gezogen. Dieser Vorgang löst zwei Bewegungen aus: Der Klöppel schlägt gegen die Glocke und erzeugt den Signalton, gleichzeitig hebt die Kontaktfeder von der Stellschraube ab und unterbricht dadurch den Stromkreis. Das Spulenfeld bricht zusammen und Kontaktfeder sowie Klöppel kehren in ihre Ausgangslage zurück. Damit ist der Stromkreis wieder geschlossen.

Was geschieht beim Galvanisieren?

Es werden Oberflächen mit einer dünnen Metallschicht überzogen. Das Galvanisieren beruht auf dem Prinzip der Elektrolyse. Bei dieser Art von chemischer Reaktion wird eine Substanz, die sich in einer stromleitenden Lösung befindet, durch elektrischen Strom gelöst. Namensgeber dieses Verfahrens war der Italiener Luigi Galvani (1737–98), der vor mehr als 200 Jahren bei seinen Forschungen entdeckte, dass Metalle elektrochemisch reagieren. Prinzipiell können nur Gegenstände galvanisiert werden, deren Oberflächen elektrischen Strom leiten, also Metalle. Heute wird aber auch Kunststoff galvanisiert, indem zuvor seiner Oberfläche elektrische Leitfähigkeit verliehen wird. Häufig entstehen so Chromschichten, aber es wird auch galvanisch vernickelt, vergoldet oder verzinkt.

Luigi Galvani

Nach wem ist die heute gebräuchliche Einheit der Energie – das Joule – benannt?

Nach James Prescott Joule (1818–89), einem englischen Physiker. Joule maß das mechanische Wärmeäquivalent und legte damit wesentliche Grundlagen für die Entdeckung des Gesetzes von der Erhaltung der Energie.

Studierzimmer von Galileo Galilei mit einem Pendel und einem experimentellen Uhrwerkmechanismus (Rekonstruktion)

Was besagt die Goldene Regel der Mechanik?

Die Goldene Regel der Mechanik gilt für alle kraftumformenden Einrichtungen. Sie wurde vor ca. 400 Jahren von dem italienischen Naturwissenschaftler Galileo Galilei (1564–1642) folgendermaßen formuliert: „Was man an Kraft spart, muss man an Weg zusetzen."

Was bezeichnet man als Kapillarität?

Das Aufsteigen von Flüssigkeiten in engen Röhren (Kapillaren) oder Hohlräumen wird als Kapillarität bezeichnet. Dabei gilt: Je enger eine Röhre oder ein Hohlraum ist, desto höher steigt das Wasser. Ursache für die Kapillarität sind die Adhäsionskräfte zwischen den Teilchen verschiedener Stoffe.

Wie entstehen Luftspiegelungen?

Luftspiegelungen entstehen, wenn Licht an der Grenze zwischen Warmluft und Kaltluft scheinbar total reflektiert wird und dadurch für einen Beobachter Objekte an Stellen erscheinen, an denen sie sich in Wirklichkeit nicht befinden. Wird das Vorhandensein einer ausgedehnten Wasserfläche vorgetäuscht, so spricht man von Fata Morgana.

Was lässt sich mit einem Manometer messen?

Manometer oder Druckmesser sind Geräte, mit denen man den Druck in Flüssigkeiten und Gasen sowie den Druck messen kann, den feste Körper ausüben. Die einfachste Form von Manometern sind U-Rohr-Manometer, auch Flüssigkeitsmanometer genannt, und Membran-Manometer. Zur Druckmessung werden auch Drucksensoren unterschiedlicher Bauart verwendet.

Um welche Verbindungen handelt es sich bei den Dioxinen?

Polychlorierte Dibenzodioxine (PCDD) und polychlorierte Dibenzofurane werden im Sprachgebrauch vereinfacht Dioxine genannt. Es sind hoch toxische, krebserregende und fruchtschädigende Verbindungen. Der giftigste Vertreter ist das Seveso-Gift TCDD. Es ist giftiger als Cyanid und die chemischen Kampfstoffe Tabun und Serin. Dioxine werden nicht gezielt synthetisiert, sondern entstehen als unerwünschte Nebenprodukte bei industriellen Verfahren und bei Verbrennungen.

Wann kann ein Haus als Niedrigenergiehaus bezeichnet werden?

Als Niedrigenenergiehaus wird bei uns ein Haus bezeichnet, bei dem höchstens 100 kWh Energie je Quadratmeter Fläche im Jahr verbraucht werden. Mittlerweile gibt es schon so genannte Passivhäuser, die weniger als 15 kWh Heizenergie je Quadratmeter und Jahr benötigen. Im Test sind auch Null-Energie-Häuser, die gar keine Energie von außen mehr benötigen, sondern teilweise sogar noch Energie abgeben können.

Welches sind die bekanntesten Entdeckungen Isaac Newtons?

Isaac Newton

Die Entdeckung des Gravitationsgesetzes (Schwerkraft) und die drei „Newton'schen Axiome", nämlich das Trägheitsgesetz, das Beschleunigungsgesetz und das Wechselwirkungsgesetz. Neben diesen Grundlagen der Mechanik trug Newton (1643–1727) auf zahlreichen anderen Gebieten (v. a. der Mathematik und Astronomie) wesentliche Erkenntnisse bei.

Was weist die so genannte Nebelkammer nach?

Die Nebelkammer dient dem Nachweis radioaktiver Strahlung. Sie wurde 1912 von dem schottischen Physiker Charles Wilson (1869–1959) entwickelt und wird deshalb auch als wilsonsche Nebelkammer bezeichnet.

Warum muss man sich als stehender Fahrgast in einem Bus festhalten, wenn dieser anfährt oder bremst?

Beim Anfahren bzw. beim Bremsen des Busses wirken Kräfte, die umso größer sind, je größer die Beschleunigung bzw. Verzögerung des Busses ist.

Warum sollte man sich nach dem Baden abtrocknen und trockene Kleidung anziehen?

Nach dem Baden sollte man sich abtrocknen und die nasse Badebekleidung wechseln, weil man sich sonst leicht erkälten kann. Das Wasser, das sich auf der Haut bzw. in der Bekleidung befindet, verdunstet und entzieht dadurch seiner Umgebung, also vor allem dem Körper, Wärme. Das kann zum Frieren oder gar zu einer Erkältung führen.

Weshalb ist es besser, heiße Speisen mit einem Holz- statt mit einem Metalllöffel umzurühren?

Zum längeren Umrühren einer heißen Speise nimmt man statt eines metallischen Löffels einen Löffel aus Holz oder Plastik. Der metallische Löffel würde sich wegen seines guten Wärmeleitvermögens schnell auch am Ende erwärmen. Bei einem Löffel aus Holz oder Plastik ist das wegen des schlechten Wärmeleitvermögens dieser Stoffe nicht der Fall.

Wie lauten die Maxwell'schen Gleichungen?

James Clerk Maxwell

Dem schottischen Physiker James Clerk Maxwell (1831–79) gelang es, elektrische und magnetische Erscheinungen als zwei Aspekte ein und derselben Wechselwirkung zu verstehen und Magnetismus auf bewegte elektrische Ladungen zurückzuführen. Der qualitative Inhalt seiner berühmten Gleichungen lautet folgendermaßen: a) Magnetfelder haben immer geschlossene Feldlinien, es gibt keine punktförmige Quelle des Magnetfelds; b) eine zeitliche Änderung des Magnetfelds erzeugt ein elektrisches Feld in Wirbelform, seine Richtung ist durch die Rechte-Hand-Regel bestimmt; c) elektrische Felder haben eine Ladungsverteilung als Quelle, also offene Feldlinien; d) eine zeitliche Änderung des Magnetfelds und/oder ein Ladungsstrom erzeugen ein magnetisches Feld in Wirbelform, seine Richtung ist durch die Rechte-Hand-Regel bestimmt.

Wie nennt man das Verfahren, das Wärmestrahlung sichtbar macht?

Thermografie. Die Thermografie ist ein Verfahren, bei dem mithilfe von speziellen

Kameras die Wärmestrahlung sichtbar gemacht wird, die von Körpern bzw. von technischen Objekten ausgeht. Da die Intensität und Zusammensetzung der Wärmestrahlung temperaturabhängig ist, ermöglicht eine thermografische Aufnahme die Temperaturverteilung bei dem betreffenden Körper zu erkennen und daraus Folgerungen abzuleiten.

Wie funktioniert ein U-Boot?

Die Wirkungsweise eines U-Bootes beruht auf dem archimedischen Prinzip: Die Auftriebskraft ist gleich der Gewichtskraft der verdrängten Wassermenge. Je nach den Bedingungen kann sich das U-Boot unterschiedlich bewegen.

Welche Aufgabe haben die so genannten Neurotransmitter?

Neurotransmitter sind chemische Moleküle, die Zellwände durchdringen können. Sie übernehmen eine entscheidende Funktion bei der Übertragung von Nervenimpulsen. Freigesetzt werden die Neurotransmitter, die oft auch als Nervenbotenstoffe bezeichnet werden, durch das elektrische Signal einer Nervenzelle. Dann öffnen sich die Vesikel und die Neurotransmitter ergießen sich in den präsynaptischen Spalt.

Was untersucht der Wissenschaftszweig der Biochemie?

Die Biochemie ist ein weitgehend selbstständiger Wissenschaftszweig. Er hat sich gegen Ende des 19. Jahrhunderts als eine Art Grenzwissenschaft aus Biologie, Chemie, Landwirtschaft und der Medizin herausgebildet. Während sie sich seit dieser Zeit mit der Ermittlung von Struktur und Funktion einzelner Zellbestandteile auseinandergesetzt hat, werden heute in erster Linie die chemischen Prozesse des Zellgeschehens, z. B. Baustoffwechsel, Energiestoffwechsel und deren Regulationsmechanismen, die durch Hormone oder aber bestimmte Stoffwechselprodukte gesteuert werden, untersucht.

Wann und wie entsteht ein Regenbogen?

Er ist zu beobachten, wenn man die Sonne im Rücken hat und eine abziehende Regenwolke von der Sonne beleuchtet wird. Charakteristisch für einen Regenbogen ist ein Farbband mit den Spektralfarben Rot, Orange, Gelb, Grün, Blau und Violett, wobei die Farben stets in gleicher Reihenfolge auftreten. Manchmal ist über einem Regenbogen ein zweiter, lichtschwächerer Nebenregenbogen zu beobachten, bei dem eine umgekehrte Farbfolge zu sehen ist.

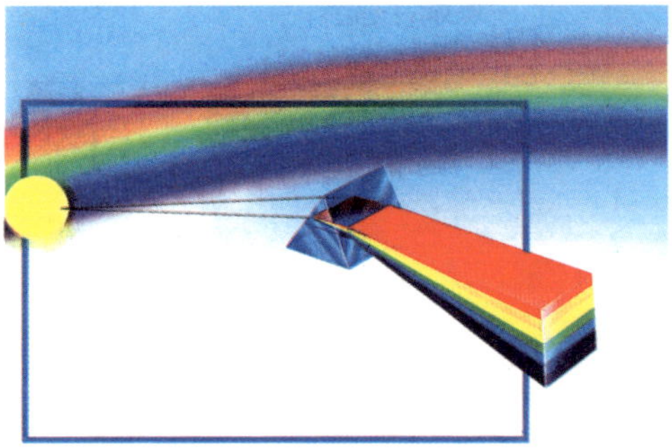

Entstehung eines Regenbogens

Was essen so genannte Omnivoren?

Allesfresser oder Omnivoren sind weder auf tierische noch auf pflanzliche Nahrung spezialisiert. Sie fressen bzw. essen beides. Zu den Allesfressern gehören z. B. Schweine und Bären. Auch der Mensch ernährt sich omnivor.

Wie heißt die stärkste Schlagader der Wirbeltiere?

Die so genannte Aorta descendens führt von der linken Herzkammer aus zunächst kopfwärts, biegt dann um und verläuft im Körper abwärts. In der Biegung , dem so genannten Aortenbogen, entspringen die Kopf-, Hals- und Armschlagadern. Durch ihre hohe Elastizität mildert die Aorta die harten Druckstöße des vom Herzen ausgetriebenen Blutes.

Was umschreibt der Begriff Atavismus?

Bei einem Lebewesen die Ausbildung von Merkmalen, die eigentlich für seine Ahnen typisch waren. Beim Menschen vorkommende Atavismen sind z. B. Ohrfisteln, Schwanzbildung, überzählige Schneide- und Backenzähne, eine vermehrte Anzahl Rückenwirbel oder eine extrem starke Körperbehaarung.

Welche Verhaltensform bei Tieren bezeichnet man als Bettelverhalten?

Viele Tierarten (von den Insekten bis zu den Säugetieren) legen diesen Verhalten an den Tag, um die Eltern dazu zu bewegen, sie zu füttern. So betteln z. B. junge Vögel um Futter, indem sie seitlich gegen den Schnabel der Eltern klopfen.

Welche Aufgabe hat die so genannte Blut-Hirn-Schranke?

Alle Stoffe, die aus dem Blut in die Nervenzellen des Gehirns übertreten, müssen die Blut-Hirn-Schranke überwinden. Blutzucker und fettlösliche Stoffe (auch Nikotin und Heroin) können diese Barriere ungehindert passieren. Dagegen können Enzyme und Hormone sowie wasserlösliche Giftstoffe und Medikamente die Schranke nicht überwinden.

Wie nennt man den abgestorbenen Teil der Rinde bei Holzpflanzen?

Borke. Diese Schicht aus verkorkten Zellen ist Wasser undurchlässig, sie kann also keine Nährstoffe aufnehmen. Die Borke wächst beim Dickenwachstum nicht mit, sondern reißt auf oder blättert ab.

Welcher englische Wissenschaftler prägte 1906 den Begriff der Genetik?

Der Engländer William Bateson (1861–1926) prägte den Begriff „Genetik" für die Wissenschaft von der Vererbung. Bateson wurde durch seine Experimente Wegbereiter des rasanten Fortschritts der Genetik im 20. Jahrhundert. Seine Theorie über diskontinuierliche Evolutionsabläufe gilt heute allerdings nicht mehr als exaktes Modell.

Warum ist man in einem Auto vor Blitzeinschlag geschützt?

Weil das Auto als Faraday-Käfig wirkt. Dies ist eine von allen Seiten geschlossene Metallhülle (auch netzförmig), in die kein elektrisches Feld eindringen kann. Er trägt den Namen des englischen Physikers und Chemikers M. Faraday (1791–1867).

Michael Faraday

Was machte Alfred Edmund Brehm bekannt?

Bekannt wurde Brehm (1829–84) durch sein Monumentalwerk *BREHMs Tierleben*. Seine umfangreichen Reisen in ferne Länder (Afrika, Spanien, Sibirien, Skandinavien), aber auch seine Beobachtungen als Zoodirektor gaben ihm genügend Material für diese außergewöhnliche Buchreihe und weitere Veröffentlichungen, wie z. B. *Reiseskizzen aus Nordafrika* (1853) oder aber *Das Leben der Vögel* (1861).

Welche Leistungen begründeten den Weltruhm Albert Einsteins?

Albert Einstein

Mit dem Namen Albert Einstein (1879–1955) ist untrennbar die Entwicklung der speziellen und der allgemeinen Relativitätstheorie verbunden, mit denen er das bisherige Weltbild der Physik veränderte. Die berühmte Formel $E = mc^2$ (Energie ist gleich Masse multipliziert mit dem Quadrat der Lichtgeschwindigkeit) geht auf Einstein zurück.

Was steckt hinter der Abkürzung PVC?

PVC ist die allgemein gültige Abkürzung für den Kunststoff Polyvinylchlorid. Der Einsatzbereich des PVC ist sehr vielfältig. Durch Zugabe von Weichmachern kann aus so genanntem Hart-PVC das Weich-PVC hergestellt werden. PVC kann also sowohl für Hartplastiken, als auch für weiche, elastische Teile verwendet werden. Wegen seiner umweltgefährdenden Eigenschaften durch das enthaltene Chlor ist es zunehmend in die öffentliche Diskussion geraten.

Was kennzeichnet die so genannte Demutsgebärde, z. B. bei Hunden?

Die Demutsgebärde ist eine Geste, die als Schlüsselreiz im Rivalenkampf besonders bei wehrhaften Tieren ernsthaftere Schädigungen des Artgenossen verhindert. Wölfe und Hunde bieten dem überlegenen Gegner die ungeschützte Kehle dar oder legen sich wie Jungtiere auf den Rücken.

Was haben Mäuse, Ratten und Kaninchen gemeinsam?

Sie sind dämmerungsaktive Tiere, d. h. sie haben besonders leistungsfähige Augen, damit sie auch bei geringer Lichtstärke noch ausreichend sehen können. Orientierungshilfe bieten meist noch gut entwickelte Tastsinnes- und Gehörorgane.

Welcher Teil des Gehirns ist bei Gefühlsreaktionen beteiligt?

Das so genannte limbische System, das zum Großhirn gehört. Es ist an allen Vorgängen beteiligt, die das Verhalten bestimmen und bei Gefühlsreaktionen ablaufen. Es steuert u. a. Angst, Freude, Lust, Schmerz, Lachen, Weinen und Aggressivität und ist an der hormonellen Steuerung beteiligt.

Welcher Wissenschaftler entdeckte das Neutron als Elementarteilchen?

Der britische Physiker James Chadwick (1891–1974) entdeckte das Neutron und ebnete damit den Weg für die Kernspaltung und den Bau von Atomreaktoren.

Welche Verbindungen werden Ampholyte genannt?

Ampholyte sind Verbindungen, die sowohl als Säuren als auch als Basen reagieren können. Man bezeichnet derartige Verbindungen auch als amphotere Verbindungen.

Was sind so genannte Naturkonstanten?

Einige Größen in der Natur haben einen bestimmten festen Wert. Man nennt solche Größen auch Naturkonstanten. Typische Beispiele für solche Konstanten sind die Lichtgeschwindigkeit im Vakuum als die größtmögliche in der Natur auftretende Geschwindigkeit oder der absolute Nullpunkt der Temperatur als die tiefstmögliche Temperatur.

Wem ist die Entdeckung der Röntgenstrahlen zu verdanken?

Der deutsche Physiker Wilhelm Conrad Röntgen (1845–1923) entdeckte die Wirkung der von ihm als X-Strahlen bezeichneten elektromagnetischen Strahlen. Er trug aber auch auf anderen physikalischen Gebieten neue Erkenntnisse bei, z. B. der Physik der Kristalle. 1901 wurde ihm der erste Nobelpreis für Physik verliehen.

Röntgenapparat von Wilhelm Conrad Röntgen

Wie nennt man Verbindungen aus Kohlenstoff und Wasserstoff?

Kohlenwasserstoffe. Unzählige Verbindungen setzen sich allein aus den Elementen Kohlenstoff und Wasserstoff zusammen. Sie unterscheiden sich hinsichtlich der Anzahl der beteiligten Atome und der Struktur. Daraus ergibt sich eine Vielfalt an Stoffen mit unterschiedlichen chemischen und physikalischen Eigenschaften.

Woraus bestehen Radiergummis?

Sowohl Natur- als auch Synthesekautschuk werden als Radiergummis verwendet. Die hohe Abriebfähigkeit erlaubt es, Bleistiftstriche vom Papier zu entfernen, ohne es zu beschädigen. Der englische Chemiker Joseph Priestley (1733–1804) beschrieb diese Eigenschaft mit „rubber“ und bescherte so der englischen Sprache ein neues Wort für Kautschuk.

Wie heißen die Salze der Salpetersäure und wo finden sie Verwendung?

Die Salze der Salpetersäure nennt man Nitrate. Die Nitrate finden hauptsächlich als Düngemittel in der Landwirtschaft und als Oxidationsmittel, z. B. in der Feuerwerkerei oder in chemischen Synthesen Verwendung.

Welche Säuren werden auch als Bausteine des Lebens bezeichnet?

Die so genannten Nucleinsäuren. Die Moleküle sowohl der Eiweiße als auch der Nucleinsäuren sind sehr kompliziert aufgebaut. Infolge der Molekularstruktur ist es möglich, Informationen zur Ausbildung aller Merkmale eines Lebewesens zu verschlüsseln.

Was besagt die RGT-Regel?

Die RGT-Regel ist eine Faustregel, die für fast alle chemischen und physiologischen Reaktionen anwendbar ist. Sie besagt, dass sich bei einer Temperaturerhöhung von 10 °C die Reaktionsgeschwindigkeit verdoppelt bis vervierfacht. Die Reaktionsgeschwindigkeit-Temperatur-Regel wurde um 1885 von Jacobus Henricus Van't Hoff (1852–1911). Er erhielt 1901 den ersten Nobelpreis für Chemie.

Welche Aggregatzustände unterscheidet man?

Man unterscheidet folgende Aggregatzustände: fest, flüssig, gasförmig. Wasser kann z. B. je nach Temperatur als Wasserdampf (gasförmig), Wasser (flüssig) und als Eis (fest) in Erscheinung treten. Trotz der unterschiedlichen Aggregatzustände handelt es sich immer um denselben Stoff.

Zu welchem Ergebnis führte der Foucault'sche Pendelversuch?

Mit diesem Versuch konnte 1850 der französische Physiker Jean Bernard Léon Foucault (1819–1869) die Rotation der Erde nachweisen. Ein Pendel schwingt nie genau in der Ebene, da es durch die Drehung der Erde von seiner Schwingungsrichtung abweicht. Für seinen Versuch verwendete Foucault ein 67 Meter langes und 28 Kilogramm schweres Pendel, so wurde der Effekt mit bloßem Auge sichtbar.

Vorführung des Foucault'schen Pendels 1851 in Paris

Warum sind Aflatoxine so giftig für den Menschen?

Aflatoxine sind nicht zu schmecken oder zu riechen. Sie kommen in bestimmten Lebensmitteln gehäuft vor und können auch durch Erhitzen nicht beseitigt werden. Aflatoxine finden sich besonders häufig u. a. in Haselnüssen, Paranüssen, Erdnüssen, Mandeln, Feigen, Pistazien, Getreide, aber auch in geräuchertem Schinken. Aflatoxine kommen selbstverständlich auch in allen Produkten vor, die aus belasteten Nahrungsmitteln hergestellt werden, also z. B. in Kuchen oder Nuss-Nougat-Cremes – allerdings scheint sich die Belastung hier in Grenzen zu halten.

Was wird als Teilchen bezeichnet?

Als Teilchen bezeichnet man in der Umgangssprache und auch in den Naturwissenschaften sehr kleine, häufig mit bloßem Auge gar nicht mehr wahrnehmbare Bestandteile von Stoffen und manchmal auch ihre elementaren Bausteine. Mit dem Wort Teilchen können winzige Stoffbestandteile also ebenso gemeint sein wie Atome, Moleküle und Ionen oder die Elementarteilchen, aus denen diese aufgebaut sind (Elektronen, Protonen, Neutronen).

Wie werden Edelgase gewonnen?

Edelgase spielen in der heutigen Zeit eine immer größere Rolle. Sie werden zum Beispiel als Schutzgase oder Leuchtmittel benötigt. Das am meisten angewendete Verfahren zur industriellen Gewinnung von Edelgasen ist das 1895 entwickelte Linde-verfahren. Dabei werden die Edelgase durch Gasverflüssigung aus der Umgebungsluft gewonnen.

Was sind Mineralstoffe?

Mineralstoffe sind Bestandteile sowohl des Körpers wie auch der Nahrung. In enger Verbindung mit Vitaminen, Enzymen und Hormonen sind sie für den Aufbau von Körpergewebe, Zellen, Knochen, Zähnen und den ungestörten Ablauf innerhalb des Körperhaushalts verantwortlich. Die Bezeichnung Mineralstoffe ist eigentlich ein Oberbegriff, der sehr viele Stoffe umfasst. Im engeren Sinne sind damit aber nur Natrium, Kalium, Kalzium, Phosphor, Magnesium und Chlor gemeint. Letzteres wird dem Körper allerdings nur in der Verbindung mit Natrium als Kochsalz zugeführt.

Was sind ungesättigte Verbindungen?

Ungesättigte Verbindungen bestehen aus Molekülen, in denen Kohlenstoff-Atome durch Doppelbindungen (oder Dreifachbindungen) verknüpft sind. Ungesättigt heißt, dass die Moleküle dieser Verbindungen „Hunger" auf die Atome anderer Moleküle haben. Ein Beispiel sind die ungesättigten Fettsäuren, die vor allem Fleisch und Fleischprodukte enthalten.

Welcher Faktor hat bei Bluttransfusionen große Wirkung?

Der so genannte Rhesusfaktor. Als Rhesusfaktor bezeichnet man eine vererbbare Eigenschaft der roten Blutkörperchen (Erythrozyten). Ist der Faktor vorhanden, spricht man von Rh-positivem (Rh+) Blut, ist er es nicht, von Rh-negativem (Rh-) Blut. Der Rhesusfaktor wirkt wie ein Antigen, d. h., dass in Rh-negativem Blut Antikörper gegen ihn gebildet werden. Daher spielt der Rhesusfaktor im Rahmen von Blutübertragungen und Schwangerschaft eine entscheidende Rolle. Spender und Empfänger von Blut müssen nicht nur die gleiche Blutgruppe, sondern auch den gleichen Rhesusfaktor haben. Ist dies nicht der Fall, kommt es zu Unverträglichkeitsreaktionen, die tödlich enden können.

Was versteht man unter einem angeborenen Verhalten?

Angeborenes Verhalten ist im Erbgut verankert und wird somit von den Eltern auf die Nachkommen vererbt. Es muss nicht bereits von Geburt an als Verhalten für das Individuum verfügbar sein, sondern kann auch erst in einer späteren Lebensphase auftreten (wenig sinnvoll wäre z. B. wenn angeborenes Balzverhalten vor der Geschlechtsreife gezeigt würde). Einige Biologen benutzen mittlerweile statt „angeboren“ den Begriff „erblich“, weil letztlich keine Verhaltensweise gänzlich ohne Umwelteinflüsse entstehen kann, wie es die Bezeichnung „von Geburt an vorhanden“ nahe legt.

Was besagt die so genannte Bergmann'sche Regel?

Die Bergmann'sche Regel besagt, dass Tiere in kälteren Regionen im Allgemeinen größer sind als in warmen. Deutlich wird dieser Zusammenhang bei Vögeln. Der Größenvergleich verschiedener Pinguinarten (Galapagos-Pinguin, Humboldt-Pinguin, Königspinguin, Kaiserpinguin) zeigt z. B., dass die größten Arten in der Antarktis, die kleinsten am Äquator leben: Je kälter das Klima ist, desto größer ist die jeweilige Pinguinart. Es besteht also ein regelhafter Zusammenhang zwischen Körpergröße und der entsprechenden Klimazone.

Auf welche Wirkungsweise beruht das Prinzip des Echolots?

Eine Eigenschaft von Schallwellen besteht darin, dass sie an Flächen reflektiert werden. Das gilt sowohl für Schall im hörbaren Bereich als auch für Ultraschall. Diese Eigenschaft des Schalls wird in der Technik genutzt, um die Tiefe von Gewässern zu messen oder um Fischschwärme zu orten. Das dabei angewandte Verfahren wird als Echolot bezeichnet.

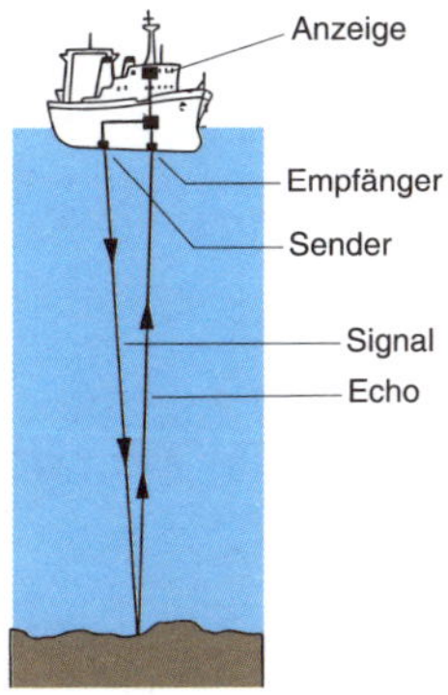

Funktionsschema eines Echolots

Welche gesundheitsförderliche Wirkung haben Karotinoide?

Karotinoide sind in Pflanzen weit verbreitete Farbstoffe. Die sekundären Pflanzenstoffe bewirken u. a. in Obst und Gemüse eine orangegelbe bis rote Farbe. Aufgrund der chemischen Struktur kann man Karotinoide in sauerstofffreie und sauerstoffhaltige Karotinoide einteilen. Zu den sauerstofffreien gehören u. a. das Beta-Karotin, das Alpha-Karotin und das Lykopin, zu den sauerstoffhaltigen u. a. das Lutein und das Zeaxanthin. Vielen Karotinoiden wird eine gesundheitsfördernde und besonders vor Krebs schützende Wirkung nachgesagt, insbesondere dem Beta-Karotin und dem Lykopin. Relativ viel Beta-Karotin befindet sich in Aprikosen, Grünkohl, Spinat, Kürbis und Karotten. Lykopin findet sich in nennenswerter Menge in Guave, Tomaten, roter Grapefruit und in Wassermelonen.

Wie heißt die funktionelle Einheit des Nervensystems?

Das Neuron ist die funktionelle Einheit des Nervensystems. Die Aufgabe eines Neurons besteht darin, neuroelektrische und neurochemische Signale aufzunehmen, zu verarbeiten und weiterzuleiten. Ein Neuron besteht in seinem Aufbau aus drei funktionell unterschiedlichen Teilen: dem Zellkörper (= Soma = Perykaryon), den Dendriten und dem nur einmal vorhandenen Axon (= Neurit). Dendriten und Axon werden häufig unter dem Begriff Zellfortsätze zusammengefasst.

Zeigt ein Kompass zum magnetischen oder zum geografischen Nordpol?

Zum magnetischen Nordpol. Je weiter man nach Norden kommt, desto stärker macht sich die Abweichung der Magnetnadel von der geografischen Nordrichtung, die so genannte Missweisung, bemerkbar. Sie muss bei der Verwendung eines Kompasses berücksichtigt werden.

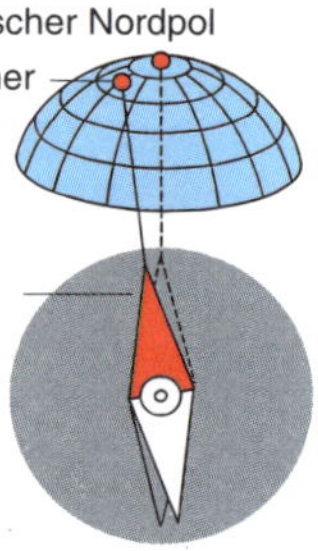

Funktionsschema eines Kompasses

Was sind Kristalle und wie entstehen sie?

Kristalle sind regelmäßig geformte feste Reinstoffe. Sie entstehen beim Eintrocknen von Lösungen oder beim Abkühlen von geschmolzenen oder verdampften Stoffen. Kristallisation ist die Bildung von Kristallen.

Was ist eine Chimäre?

Eine Chimäre ist ein Lebewesen, das aus genetisch unterschiedlichen Zellen oder Geweben besteht.

Was bezeichnet der Begriff Ontogenese?

Die Entwicklung eines einzelnen Lebewesens (Individuums) vom Beginn seiner Existenz bis zum Tod. Beim Menschen beginnt die Ontogenese (Individualentwicklung) z. B. mit der Befruchtung der Eizelle durch ein Spermium.

Was läuft bei einer Oxidation ab?

Die Oxidation ist eine chemische Reaktion. Bei diesem Vorgang gibt der zu oxidierende Stoff (Elektronendonator) Elektronen an das Oxidationsmittel (Elektronenakzeptor) ab. Dieser wird durch die Elektronenaufnahme reduziert (Reduktion). Mit der Oxidation ist also immer auch eine Reduktion verbunden.

Was „fressen" Makrophagen?

Makrophagen sind bewegliche Zellen des körpereigenen Abwehrsystems, die sich feste Partikel (belebt, unbelebt) „einverleiben" – dieses Einverleiben (z. B. von Bakterien) nennt man Phagozytose. Makrophagen werden im Knochenmark gebildet. Vom Knochenmark werden sie in noch unreifer Form in den Blutkreislauf abgegeben. Werden diese noch unreifen Zellen ins Gewebe „gerufen", reifen diese Zellen schnell und werden zu Makrophagen. Je nach Einsatzort erhalten sie dann spezifische Namen, z. B. nennt man sie im Bindegewebe Histiozyten und im Nervengewebe Mikrogliazellen.

Wo kommen Zwitter vor?

Bei demselben Individuum sind männliche und weibliche Geschlechtsorgane mehr oder weniger stark ausgebildet, so dass diese sowohl weibliche als auch männliche Keimzellen produzieren können. Zwitter (Hermaphrodit) kommen in vielen Tiergruppen vor, z B. bei Regenwürmern, Schnecken, Muscheln und einigen Fischen. Auch die meisten Blütenpflanzen sind Zwitter.

Franklins Experiment (1752)

Wer hat den Blitzableiter erfunden?

Als Erfinder des Blitzableiters gilt der Amerikaner Benjamin Franklin (1706–90), der 1752 erstmals ein Haus damit ausstattete. Franklin ließ bei Gewitter Drachen steigen und konnte feststellen, dass bei einem Blitz elektrischer Strom durch die Luft fließt. Allerdings war der Blitzableiter schon lange vorher, z. B. den alten Ägyptern, bekannt. Seine Wirksamkeit beruht auf der Eigenschaft des Blitzes, stets den Weg des geringsten Widerstandes zu gehen. Ein solcher wird ihm in Form des metallenen Blitzableiters angeboten.

Was besagt die Oktettregel?

Die Oktettregel besagt, dass sich in der Außenschale eines Atoms nicht mehr als acht Elektronen aufhalten dürfen. Einzige Ausnahme: Die erste Schale (auch K-Schale genannt), die bereits mit zwei Elektronen vollständig besetzt ist.

Wie heißt der weltweit größte Pinguin?

Der Kaiserpinguin ist der größte aller auf der Erde vorkommenden Pinguine. Kaiserpinguine werden bis zu 1,2 Meter groß und erreichen ein Gewicht von 30–40 Kilogramm. Kaiserpinguine sind (wie alle Pinguine) Vögel, können aber allein schon wegen ihres hohen Körpergewichts nicht fliegen. Die Flügel sind zu flossenartigen Gebilden umgewandelt und werden als Ruder beim Schwimmen und Tauchen eingesetzt. Da beim Kaiserpinguin Flügel und Schnäbel vergleichsweise klein sind (kleiner als bei anderen Pinguinarten), ist das Verhältnis zwischen Körperoberfläche und Körpervolumen besonders günstig und der Wärmeverlust über die Oberfläche wird deutlich gemindert.

Was bezeichnet man als Raumschwelle?

Als Raumschwelle bezeichnet man den kleinsten Abstand zwischen zwei Reizpunkten, der gerade noch als getrennt wahrgenommen werden kann. Diese Raumschwelle ist z. B. je nach Hautbereich beim Menschen sehr unterschiedlich: Am kleinsten ist die Raumschwelle an der Zungenspitze und den Fingerspitzen.

Welche Bedeutung haben Telomere und was versteht man darunter?

Ein Telomer ist das Ende bzw. der Endabschnitt eines Chromosoms. Telomere scheinen eine wichtige Bedeutung bei der Alterung eines Lebewesens zu spielen: Sie verkürzen sich mit zunehmendem Alter eines Lebewesens, so dass prinzipiell die Verkürzung der Telomere recht genau mit dem biologischen Alter eines Lebewesens übereinstimmt.

Können Fische elektrischen Strom erzeugen?

Eine Vielzahl von Fischen besitzt die Fähigkeit, elektrischen Strom zu erzeugen und auch wahrzunehmen. Die meisten erzeugen nur ein schwaches elektrisches Feld. Der Zitterrochen z. B. kann jedoch mit Entladungen von bis zu 200 V beträchtliche Ströme erzeugen. Die elektrischen Organe der Fische dienen hauptsächlich der Nahrungssuche. Einige Arten lähmen oder desorientieren ihre Beute durch die Entladungen oder schlagen Räuber in die Flucht. Andere nutzen den Strom auch zur Erkennung von Artgenossen.

Warum bleibt der Kaffee in der Thermoskanne stundenlang heiß?

Eine Thermoskanne dient dazu, Getränke oder andere Flüssigkeiten längere Zeit warm oder kalt zu halten. Deshalb ist sie so aufgebaut, dass die Wärmeübertragung zwischen dem Inneren der Thermoskanne und der Umgebung möglichst gering ist, also Wärmeleitung, Wärmeströmung und Wärmestrahlung von innen nach außen bzw. von außen nach innen klein gehalten werden. Erfunden wurde die Thermosflasche vom schottischen Chemiker und Physiker James Dewar (1842–1923).

Thermosflasche von Sir James Dewar mit einem Wollüberzug von der Schwiegermutter, die nicht an die Wirksamkeit des Behältnisses glaubte (1902)

Was ist eine Emulsion?

Auch wenn eine Flüssigkeit sich mit einer zweiten nicht (homogen) mischen lässt, kann diese doch in Form feinster Tröpfchen in dieser verteilt werden – ein solches Gemenge nennt man Emulsion. Je nach der Dichte trennen sich die so zusammengebrachten Flüssigkeiten wieder voneinander. Ein Beispiel für eine Emulsion ist Milch: Hier werden durch das Homogenisieren der Frischmilch Fetttröpfchen ganz fein im Wasser verteilt.

Welche Wirkung haben Endorphine?

Der Name Endorphine leitet sich von „endogene Morphine“ ab. Endorphine sind demnach vom Körper (genauer: im Gehirn) selbst (endogen, „von innen“) produzierte Stoffe, die eine ähnliche Wirkung besitzen wie Morphine. Endorphine haben eine schmerzlindernde (analgetische) Wirkung.

Was gehört zu den so genannten bioaktiven Substanzen?

Unter bioaktiven Substanzen versteht man in Lebensmitteln enthaltene Stoffe mit gesundheitsfördernder Wirkung, die keine Nährstoffe sind. Zu ihnen zählt man Ballaststoffe, sekundäre Pflanzenstoffe sowie Substanzen in fermentierten Lebensmitteln.

Was bezeichnet man als so genannten Coolidge-Effekt?

Als Coolidge-Effekt bezeichnet man die Erscheinung, dass bei vielen Tieren die Männchen relativ schnell das Interesse an der Begattung desselben Weibchens verlieren. Die Bezeichnung dieser Erscheinung geht auf den ehemaligen Präsidenten der USA Calvin Coolidge (1872–1933) zurück: Einer Anekdote zufolge soll dieser beim Besuch einer Farm die Begattung einer Henne beobachtet haben. Als der Bauer den Präsidenten darauf hinwies, dass ein Hahn bis zu 12-mal am Tag eine Henne besteige, soll die Frau des Präsidenten gesagt haben: „Sagen Sie das meinem Mann“. Auf den Hinweis des Bauern, dass der Hahn jeweils ein anderes Huhn begatte, soll der Präsident erwidert haben: „Sagen Sie das meiner Frau!“

Was versteht man unter einem Tierverband?

Unter einem Tierverband versteht man eine Gruppe von Tieren, die einander gezielt aufgesucht haben und mehr oder weniger stark zusammenwirken bzw. zusammenarbeiten, wobei die Gruppenmitglieder grundsätzlich das Bestreben haben, in der Gruppe zu bleiben. Die Mitglieder eines Tierverbandes sind soziale Lebewesen.

Wer gilt als Erfinder der Atombombe?

Der Atomphysiker Julius Robert Oppenheimer (1904–67) leitete ab 1943 das amerikanische Atombombenprojekt („Manhattan Project") im Forschungszentrum von Los Alamos. Die dort entwickelte Atombombe wurde am 6. August 1945 auf Hiroshima abgeworfen und kostete in wenigen Sekunden 260.000 Menschen das Leben. Später sprach sich Oppenheimer zum Teil gegen den Bau der Wasserstoffbombe aus.

Atombombenabwurf über Nagasaki am 9. August 1945

Was ist eine so genannte Eutrophierung?

Unter Eutrophierung versteht man die Überdüngung von Gewässern durch Pflanzennährstoffe (vor allem Phosphor- und Stickstoff-Verbindungen) und die hierdurch verursachte Belastung bzw. Schädigung des Gewässers. Diese Überdüngung bewirkt eine Massenvermehrung kurzlebiger Organismen (vor allem des Phytoplanktons). Diese sterben ab und sinken zu Boden. Infolge der Sauerstoff verbrauchenden Abbauprozesse kommt es im Gewässer zu einem Sauerstoffmangel, der schließlich am Grund des Gewässers die Freisetzung von zuvor gebundenem Phosphat bewirkt und zur Bildung von Fäulnisgasen und giftigen Stoffen (Schwefelwasserstoff, Ammoniak) führen kann. Ist letzteres der Fall, spricht man vom Umkippen des Gewässers.

Was testet man mit Falltürmen?

Falltürme ermöglichen die Durchführung von Kurzzeitexperimenten unter den Bedingungen der Schwerelosigkeit. Ein solcher Fallturm befindet sich in Bremen und wird deshalb als „Fallturm Bremen" bezeichnet. Bei diesem Fallturm ist es möglich, bei einer Fallhöhe von 110 Meter im freien Fall ca. 4,5 Sekunden lang Schwerelosigkeit zu erreichen.

Wie funktionieren automatische Feuermelder?

Automatische Feuermelder lösen ein Warnsignal aus, sofern die Raumtemperatur in ihrer Umgebung einen bestimmten Wert übersteigt. Als elektrische Signalgeber eignen sich entweder Bimetallstreifen oder Halbleiterbauelemente.

Wer ist der Erfinder des ersten europäischen Porzellans?

Johann Gottfried Böttger (1628–1719). Vom sächsischen König wurde er beauftragt, Porzellan herzustellen. Dies gelang ihm zunächst 1706 mit der Herstellung des Böttgersteinzeugs, auch Jaspisporzellan genannt. Zwei Jahre später entstand das erste europäische Porzellan, dessen Entdeckungstag mit dem 28. März 1709 angegeben wird.

Gibt es Säugetiere, die Eier legen?

Die in Australien, Tasmanien und Neuguinea lebenden Kloakentiere sind echte Säugetiere: Sie haben ein dichtes Haarkleid und die Jungtiere werden über Milchdrüsen des Weibchens genährt. Dennoch findet die Entwicklung von Schnabeltier und Ameisenigel außerhalb des Muttertiers statt. Kloakentiere legen Eier und sind damit – evolutionsbiologisch – die den Reptilien am nächsten stehenden heute lebenden Säugetiere.

Woraus besteht Glas?

Glas ist ein fester, durchsichtiger Werkstoff, der hauptsächlich aus Siliziumdioxid besteht. Durch Optimierung der Zusammensetzung und der Bedingungen der Herstellung können die Eigenschaften von Silicatgläsern so beeinflusst werden, dass der Werkstoff für vielseitig einsetzbar ist.

Was sind Flechten?

Flechten sind Doppelorganismen, die aus einem Pilz und einer Alge bestehen. Sie leben in einer Symbiose, d. h., jeder der beiden Organismen zieht aus dem Zusammenleben Vorteile. Die Alge bildet Glucose, die der Pilz als Nährstoff benötigt. Als Gegenleistung liefert der Pilz mineralische Stoffe an die Alge. Darüber hinaus bietet er ihr Schutz vor Austrocknung und ermöglicht ihr das Wachstum in einem Lebensraum, der ihr sonst nicht zugänglich wäre. Flechten sind sehr widerstandsfähig, sie ertragen Temperaturen von –60 bis +70 °C. Da das Gleichgewicht zwischen den Partnern sehr störanfällig ist, reagieren sie empfindlich auf schädliche Umwelteinflüsse. Flechten gelten daher auch als Indikator für Umweltverschmutzung.

Blick auf den Zirkel des CERN-Teilchenbeschleunigers bei Genf

Wo ist der Sitz der Forschungsinstitution CERN und auf welchem Gebiet ist sie tätig?

Ihr Sitz ist Genf (Schweiz), gegründet wurde sie 1954. Als „Europäischer Rat für Kernforschung" beschäftigt sich die Einrichtung mit physikalischer Grundlagenforschung. Schwerpunkte sind Kernphysik, Hochenergiephysik und Elementarteilchenphysik.

Was besagt das so genannte Bernoulli'sche Gesetz?

Für strömende Flüssigkeiten und Gase gilt das Bernoulli'sches Gesetz. Es besagt: Je größer die Strömungsgeschwindigkeit einer Flüssigkeit oder eines Gases ist, desto kleiner ist der statische Druck. Unter dem statischen Druck versteht man dabei den senkrecht zur Strömung gemessenen Druck. Benannt ist dieses Gesetz nach seinem Entdecker, dem Schweizer Mathematiker, Physiker und Mediziner Daniel Bernoulli (1700–82).

Wie schwimmt eine Seerose?

See- und Teichrosen schließen in speziellen Luftkammern große Mengen Luft in ihre Blätter ein. Außerdem belegen sie die Blätter mit einer dicken Wachsschicht. So entsteht außen eine wasserabweisende Oberfläche. Die Unterseite der Blätter zieht hingegen Wasser eher an. Die Blätter bleiben so auf der Wasseroberfläche, ein Umschlagen wird auch bei Wind verhindert.

Womit machen Heuschrecken ihre Geräusche?

Heuschrecken „singen“ mit ihren Beinen und/oder Flügeln. Die Techniken, die sie dabei anwenden, sind von Art zu Art unterschiedlich. So singt z. B. die Feldheuschrecke, indem sie mit den gezähnten Leisten an den Innenseiten der Hinterbeine über spezielle Adern ihrer Flügel streicht. Um die Laute zu verstärken, hält sie die Flügel dabei dachartig nach oben und bildet so einen Resonanzkörper. Langfühlerschrecken z. B. singen, indem sie ihre Vorderflügel aneinander reiben.

Wird der radioaktive Zerfall in Becquerel oder Curie gemessen?

Henri Becquerel

Seit 1986 ist die gültige Einheit für die Aktivität das Becquerel. 1 Becquerel entspricht einem radioaktiven Zerfall pro Zeiteinheit. Es trägt den Namen des Entdeckers der Radioaktivität, Antoine Henri Becquerel (1852–1908). Damit ist die früher ebenfalls verwendete Einheit Curie nicht mehr gültig.

Warum werden Haare grau?

Für die natürliche Haarfarbe ist der Melaningehalt des Haares verantwortlich. In speziellen Zellen, den so genannten Melanozyten, werden Aminosäuren in zwei verschiedene Farbpigmente umgewandelt, Eu- und Phaeomelanin. Aus ihnen werden die unterschiedlichen Haarfarben gemischt. Allerdings stellt der Körper mit zunehmendem Alter die Produktion von Melanin ein. Anstelle der Farbpigmente werden dann Luftbläschen in den Haarschaft eingelagert und das Haar erscheint grau bis weiß. Wann dieser Prozess beginnt, ist genetisch festgelegt. Bereits gebildete Pigmente gehen aber nicht verloren, über Nacht wird daher niemand grau.

Warum kann ein Regenwurm eine Körperteilung überleben?

Regenwürmer sind in der Lage, verletzte oder abgetrennte Körperteile zu regenerieren. Allerdings überlebt bei einer Teilung nur der vordere Körperteil mit Kopf und Gehirn. Dies ist möglich, weil jedes der ca. 150 Körpersegmente eines Regenwurms alle lebenswichtigen Organe enthält. Damit der Wurm die Teilung überlebt, muss der vordere Körperabschnitt allerdings noch aus mindestens 40 Segmenten bestehen.

Was passiert, wenn die Werte des Barometers sinken?

Ein Barometer zeigt den Luftdruck in Millibar an. Sinken die Werte, wird das Wetter schlechter. Die etwa 1000 Kilometer dicke Luftschale um unsere Erde übt wegen der Schwerkraft durchschnittlich etwas über ein Kilogramm (1013,4 Millibar) Druck pro Zentimeter? auf die Erde aus. Nähert sich uns ein Tiefdruckgebiet, ist mit schlechtem Wetter zu rechnen, bei einem Hochdruckgebiet dagegen mit gutem Wetter.

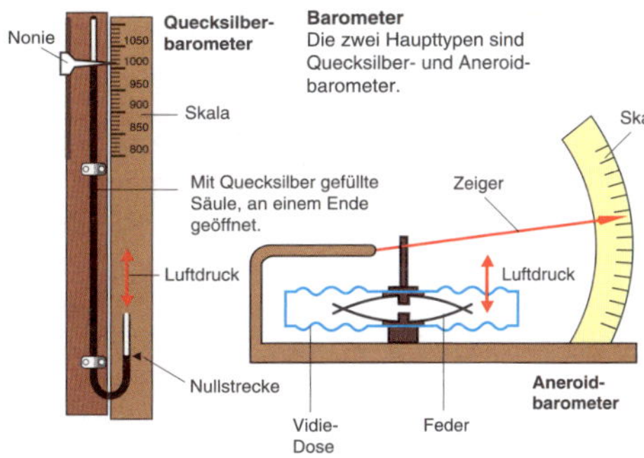

Barometer

Schlafen Fische?

Auch Fische schlafen, allerdings nicht so fest wie z. B. Säugetiere. Sie schlummern eher und treiben dabei im Wasser. Da sie keine Augenlider besitzen, ist es schwer zu erkennen, ob und wann Fische schlafen. Einige nehmen allerdings eine Schlafstellung ein: Sie legen sich auf die Seite oder klemmen sich in Felsspalten. Manche ändern während des Schlafs die Körperfarbe. Wie bei höheren Wirbeltieren dient der Schlaf der Erholung. Da der gesamte Körperhaushalt verlangsamt, Atmung und Herzschlag reduziert werden, sparen die Tiere Energie.

Warum klappern Klapperstörche?

Storch

Ganz einfach: Weil sie nicht singen können. Weißstörche haben keine Stimme und machen dies durch Schnabelklappern wett. Nach der Rückkehr aus Afrika umwerben sie so ihr etwas später eintreffendes Weibchen bei einer Art Grußzeremonie. Durch Kultivierung, z. B. das Trockenlegen von Feuchtwiesen, wird es für die großen Schreitvögel immer schwieriger, bei uns genügend Nahrung (z. B. Frösche) und auch Ruhe zu finden.

Warum juckt ein Mückenstich?

Beim Stechen sondern Mücken ein eiweißhaltiges Sekret ab, um die Einstichstelle zu betäuben und die Gerinnung des Blutes zu verhindern. So können sie ungestört trinken. Der Stich regt aber auch die Immunabwehr des Körpers an. Das Immunsystem schüttet den Abwehrstoff Histamin aus, der einen Juckreiz verursacht.

Wie kam das Rhenium zu seinem Namen?

Das Element Rhenium (Re, Ordnungszahl 75) wurde erstmals 1926 nach aufwändigen Arbeiten von dem deutschen Chemiker-Ehepaar Ida Eva Noddack-Tacke (1896–1978) und Walter Karl Friedrich Noddack (1893–1960) isoliert. Nachdem die beiden das Metall bereits ein Jahr zuvor mithilfe der Röntgenspektroskopie entdeckt hatten, gelang es ihnen nun, zwei Milligram davon zu gewinnen. Den Namen des Elements leiteten sie von ihrer Heimat, dem Rheinland, ab (von latein. rhenus, „der Rhein").

Was bedeutet die Abkürzung LSD?

Jeder weiß, dass sich hinter der Abkürzung LSD eine halluzinogene (psychedelische) Droge verbirgt, doch kaum jemand kennt den vollständigen chemischen Namen dieser Substanz. LSD ist die Kurzform von Lysergsäurediethylamid, einem Derivat der Lysergsäure, das bereits ab einer Dosis von 0,05 Milligramm psychogen wirkt. Ähnliche Derivate der Lysergsäure finden sich im Mutterkorn, einem Schimmelpilz, der Getreide befällt. So kam es bereits im Mittelalter zu dokumentierten Fällen von schweren Halluzinationen, Krämpfen und bei einer erhöhten Dosis auch zum Tod der Betroffenen.

Wie hieß die erste Frau, die einen Nobelpreis erhielt?

Marie und Pierre Curie

Die aus Polen stammende französische Forscherin Marie Curie (1867–1934) bekam 1903 zusammen mit ihrem Mann Pierre Curie (1859–1906) und Henri Becquerel (1852–1908) den Physiknobelpreis für ihre Forschungen auf dem Gebiet der spontanen Radioaktivität. Als Begründerin der Radiochemie erhielt sie acht Jahre später auch den Nobelpreis für Chemie.

Was ist Eau de Javelle?

Sein Name klingt wie der eines Parfums, doch Eau de Javelle ist etwas ganz anderes. Bereits Theodor Fontane (1819–98) warnte deshalb in seinem Roman *Frau Jenny Treibel* vor einer Verwechslung mit Eau de Cologne. Eau de Javelle, eine saure Lösung von Kaliumhypochlorit, ist ein starkes Bleichmittel, das 1792 in Frankreich erfunden wurde. Es diente viele Jahrzehnte lang zum Bleichen von Zellstoff, Papier und Textilien, aber auch als starkes Desinfektionsmittel. Es wurde erstmals im französischen Javelle durch Einleiten von Chlorgas in eine kalte Pottasche-Lösung hergestellt.

Was ist Knallgas?

● Das Gasgemisch aus zwei Teilen Wasserstoff und einem Teil Sauerstoff, das als Knallgas bezeichnet wird, ist bei Raumtemperatur völlig stabil. Denn obwohl die Vereinigung von Wasserstoff und Sauerstoff zu Wasser Energie freisetzt, läuft die Reaktion bei niedrigen Temperaturen unmessbar langsam ab. Erhitzt man aber das Gemisch (das sich z. B. in einem Luftballon befindet) auch nur an einer Stelle auf über 600 °C (z. B. durch eine Kerzenflamme), läuft die Reaktion sehr schnell ab – es kommt zu einer Knallgasexplosion. Ursache des lauten Knalls ist der entstehende Wasserdampf, der sich durch die frei gewordene Wärme schlagartig ausdehnt und die umgebende Luft verdrängt.

Wie kann man mit Stärke Jod nachweisen?

● Stärkelösungen bilden zusammen mit Jod eine charakteristische intensive Blaufärbung, mit der sich selbst geringste Mengen Jod feststellen lassen. Ursachen dieser Färbung sind die Einlagerung des Jods in die „Kanäle" des Polysaccharids Amylose (Stärke) und die damit verbundene Lichtabsorption. Bei Erwärmung verschwindet das Blau, da sich das Jod dann wieder aus der Stärke löst. Bei Abkühlung und Neubildung des Jod-Stärke-Komplexes tritt die Färbung aber wieder auf.

Was entdeckte der Dichter Georg Fabricius 1556?

● Der deutsche Schulmeister und Dichter Georg Fabricius (1516–71) führte in diesem Jahr Experimente mit Silberchlorid durch und stellte überrascht fest, dass sich das eigentlich weißliche Mineral bei längerer Sonnenbestrahlung schwarz färbte. Silberchlorid (AgCl) ist ein in der Natur vorkommendes Silbermineral, dass auch unter den Namen Chlorargyrit oder Hornsilber bekannt ist. Obwohl Fabricius' Entdeckung zunächst keine besondere Beachtung fand, legte sie doch die Grundlage für die spätere Entwicklung der Fotografie.

Wie heißt der italienische Physiker, der maßgeblich am Bau des ersten Atomreaktors beteiligt war?

● Enrico Fermi (1901–54). Er entdeckte, dass sich Atomkerne nach dem Beschuss mit langsamen Neutronen umwandeln und fand eine Möglichkeit, die Kettenreaktion in einem Atomreaktor zu steuern. 1938 erhielt er den Physiknobelpreis.

Enrico Fermi

Ab welchem Alkoholgehalt brennt Schnaps?

● Als Faustregel gilt, dass alle Getränke mit mehr als 50 Volumenprozent Ethanol entzündlich sind. Deshalb werden in der Gastronomie zum Flambieren von Speisen Spirituosen mit einem Alkoholgehalt von mindestens 50% verwendet. Es gibt aber auch klare Schnäpse, die bereits bei 40% Ethanolgehalt brennen, da sie zusätzlich brennbare Aromaöle enthalten. Die Dämpfe von reinem Ethanol lassen sich bereits bei 9 °C entzünden.

Warum brauchen wir Deodorant?

● Auch bei bester Hygiene finden sich auf der Haut des Menschen Millionen von Bakterien (Hautflora). Diese sonst sehr nützlichen Mikroorganismen bauen die mit dem Schweiß ausgeschiedenen körpereigenen Fette zu den nicht sehr angenehm riechenden Fettsäuren Capron-, Valerian- oder Buttersäure ab. Die meisten Deodorants bekämpfen deshalb vor allem die geruchsbildenden Bakterien und Hefen. Ein Hund kann übrigens ein Billionstel Gramm Buttersäure in einem Kubikmeter Luft riechen. Das ermöglicht ihm die Verfolgung von Spuren.

Kann man Gold in Säure auflösen?

Konzentrierte Salpetersäure (HNO_3) löst Silbermetall auf, greift aber Gold nicht an. Da man also mit ihrer Hilfe Silber von Gold abtrennen kann, wird sie auch als „Scheidewasser" bezeichnet. Verwendet man allerdings ein Gemisch aus einem Teil Salpetersäure und drei Teilen konzentrierter Salzsäure, löst sich darin sogar Gold auf. Deshalb wird diese Mischung auch „Königswasser" („aqua regia") genannt.

Wozu dient der Lackmustest?

Lackmus ist ein organischer Farbstoff, der in Abhängigkeit vom Säuregehalt einer Lösung seine Farbe ändert. Gibt man Lackmus zu einer Säure, färbt sich die Lösung rot, in einem basischen Milieu ändert sich die Farbe hingegen zu Blau. Damit ist Lackmus ein Säure-Base-Indikator, also eine chemische Substanz, mit deren Hilfe festgestellt werden kann, ob es sich bei einer (unbekannten) Lösung um eine Säure oder Base handelt.

Seit wann gibt es Nylonstrümpfe?

Nylon ist eine synthetische Polymerverbindung, die 1935 von dem US-amerikanischen Chemiker Wallace Hume Carothers (1896–1937) erfunden wurde. Die ersten Nylonstrümpfe, das erste Produkt aus dem neuen Kunststoff überhaupt, wurden am 15. Mai 1940 verkauft. Nylon ist ein Kondensationspolymer aus identischen Einheiten, die durch Amidbindungen verknüpft sind. Daher wird es auch als Polyamid bezeichnet. Es ist die erste synthetische Faser, die vollständig aus anorganischen Stoffen hergestellt wurde.

Kernkraftwerk in Tschernobyl

In welchem sowjetischen Atomkraftwerk kam es 1986 zu einem GAU?

In Tschernobyl. Dieser „größte anzunehmende Unfall", abgekürzt mit GAU, verseuchte weite Landstriche in der Ukraine, in Weißrussland und Russland. In Teilen Westeuropas kam es zu deutlich erhöhter radioaktiver Strahlung. Theoretisch müssen die Schutzmaßnahmen in Atomkraftwerken für einen GAU ausgelegt sein.

Welche Erfindung machte Emil Erlenmeyer berühmt?

Obwohl der Deutsche Emil Erlenmeyer (1825–1909) als Chemiker viele hervorragende Leistungen erbrachte, machte ihn doch eine eher einfache Erfindung bis heute unvergessen. Erlenmeyer erfand einen kegelförmigen Glaskolben, der bis heute unter dem Namen „Erlenmeyer-Kolben" in jedem Laboratorium Verwendung findet.

Welches Metall hat den höchsten Schmelzpunkt?

Das weiß glänzende Metall Wolfram hat im reinen Zustand einen Schmelzpunkt von 3410 °C und damit den höchsten Schmelzpunkt aller Metalle. Übertroffen wird dies nur noch vom Nichtmetall Kohlenstoff, das je nach Zustandsform erst ab 3550 °C zu schmelzen beginnt.

Was ist eine Hackordnung?

Eine Hackordnung beschreibt, wer in einer Gruppe von Tieren oder Menschen das Sagen hat. Ein solches Rangordnungs-Verhalten wurde erstmals bei Hühnern beobachtet und wissenschaftlich beschrieben. Da hier das ranghöhere Huhn die rangniederen mit dem Schnabel hackt, prägte man den Begriff der „Hackordnung".

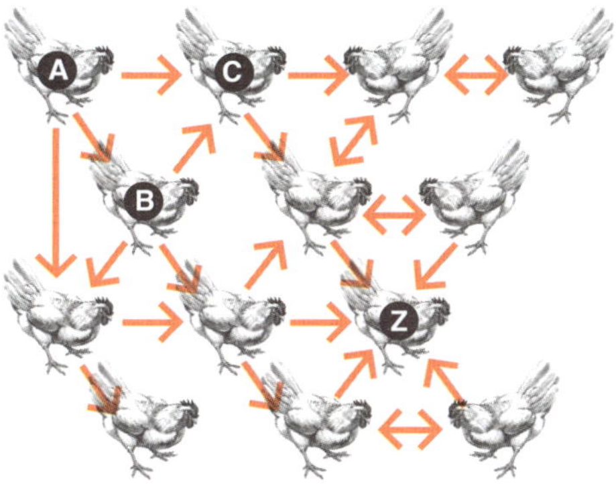

Hackordnung

Was ist eine kovalente Bindung?

Wenn Atome von Nichtmetallen miteinander reagieren, kommt es nicht zur Bildung einer Ionenbindung, weil alle beteiligten Atome dazu tendieren, Elektronen aufzunehmen. Stattdessen binden sich jeweils zwei Atome in einem Molekül durch ein Elektronenpaar fest aneinander, das dann beiden angehört. Es handelt sich hierbei also um gerichtete Bindungskräfte. Eine kovalente Bindung ist wesentlich stärker als eine Ionen- oder Metallbindung.

Kann man Wärme sehen?

Man kann die Infrarotstrahlung (Wärmestrahlung), die von einem Gegenstand oder Körper ausgeht, mit einer Infrarotkamera indirekt sichtbar machen. Damit lassen sich Wärmeverluste eines Gebäudes (Wärmebildkamera) oder Menschen aufspüren (Nachtsichtgeräte). Die Strahlung wird als Infrarot bezeichnet, weil ihre Wellenlänge unterhalb der des sichtbaren roten Lichtes liegt.

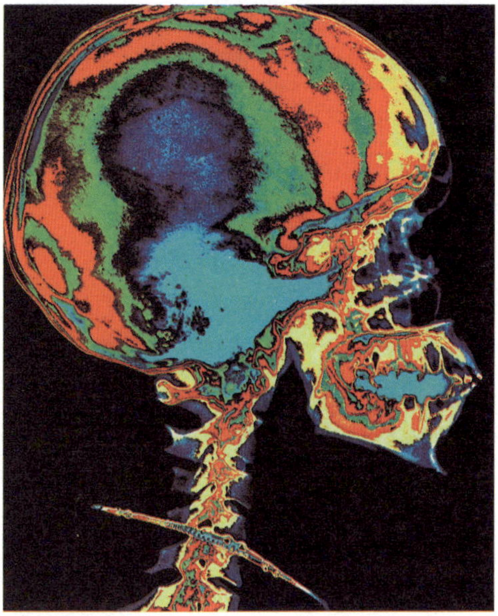

Infrarotaufnahme

Was bedeutet Dioptrien?

Die Fehlsichtigkeit des Auges resultiert aus einer Veränderung der Augenlinse oder der Hornhaut, welche dann mithilfe einer zusätzlichen Linse wieder „scharf eingestellt" werden muss. In Dioptrien misst man die Stärke der Brechkraft, d. h. die Stärke, mit der Lichtstrahlen gebündelt werden. Das normalsichtige Auge hat eine Dioptrienzahl von 65. Abweichungen von der normalen Brechkraft werden bei Weitsichtigkeit mit positiven Dioptrienwerten angegeben. Bei Kurzsichtigkeit werden die Dioptrienwerte mit einem Minuszeichen angezeigt.

Wer erfand 1867 das Dynamit?

Alfred Nobel

Alfred Nobel (1833–96). Durch einen Zufall fand Nobel heraus, dass Nitroglyzerin in das mikroporöse Kieselgur gemischt unempfindlicher gegen Schläge und Erschütterungen wird. Es kann jedoch durch eine Initialzündung zur Explosion gebracht werden. Der Sprengstoff ist aus Nitroglyzerin und Kieselgur zusammengesetzt. Nobel arbeitete bereits einige Zeit mit Nitroglyzerin, dabei kamen 1864 sein junger Bruder und vier weitere Menschen bei einem Unfall ums Leben.

Wofür wird das Haber-Bosch-Verfahren genutzt?

Das wichtigste Verfahren zur großtechnischen Herstellung von Ammoniak ist das Haber-Bosch-Verfahren, das von den deutschen Chemikern Fritz Haber (1868–1934) und Carl Bosch (1874–1940) entwickelt wurde. Bei dieser Methode reagieren Wasserstoff und Stickstoff (aus der Luft) bei einer Temperatur von 500 °C und einem Druck von 450 bar in Anwesenheit eines Katalysators aus Eisenoxid und Aluminiumoxid direkt zu Ammoniakgas, das später mit Wasser von den nicht umgewandelten Ausgangsstoffen getrennt wird. Da die Ausbeute nur bei etwa 15% liegt, werden die Restgase in den Produktionsprozess zurückgeführt. Für die Entwicklung der Grundlagen dieses Verfahrens wurde Fritz Haber 1918 mit dem Nobelpreis ausgezeichnet, Carl Bosch erhielt 1931 den Nobelpreis für die technische Umsetzung. Eine moderne Haber-Bosch-Anlage verbraucht pro Tag 72 Millionen Liter Erdgas als Wasserstoffquelle und produziert 1350 Tonnen Ammoniakgas.

Wann ist eine Substanz chiral?

Moleküle werden als chiral bezeichnet, wenn ihr Spiegelbild auch nach Drehung um 180° nicht deckungsgleich ist. Ein gutes Beispiel für Chiralität sind die Hände des Menschen. Obwohl sie identisch aufgebaut sind, sind sie doch nicht deckungsgleich. Der Begriff „chiral" leitet sich denn auch vom griechischen Wort „cheír" für „Hand" ab. Auch Ohren, Schuhe, Schrauben und Wendeltreppen sind chiral. Chirale Moleküle können in zwei verschiedenen Formen auftreten, die Enantiomere genannt werden. Ein Gemisch aus beiden Enantiomeren nennt man Racemat.

Ist der Embryo oder der Fötus das spätere Entwicklungsstadium?

Beim Menschen bezeichnet man den im Mutterleib heranwachsenden Keim bis zum Ende des 3. Schwangerschaftsmonats als Embryo. Danach spricht man von Fötus (lat. fetus, „Brut, Nachkommenschaft"). Dieses Stadium endet mit der Geburt.

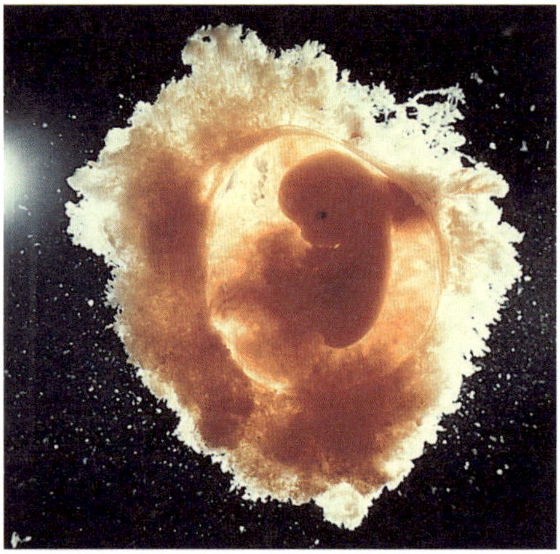

Embryo

Darf man Natrium mit Wasser in Kontakt bringen?

Das Alkalimetall Natrium (Na, Ordnungszahl 11) reagiert mit Wasser sehr heftig unter Bildung von Natriumhydroxid (Natronlauge) und Wasserstoffgas. Durch die starke Wärmeentwicklung kann sich der gebildete

Wasserstoff sogar entzünden. Natrium wurde 1807 von dem englischen Chemiker Sir Humphry Davy (1778–1829) entdeckt.

Woraus bestehen Amalgam-Zahnfüllungen?

Die für Zahnfüllungen verwendeten Amalgame (Quecksilber-Legierungen) sind Mischungen aus den Metallen Silber, Zinn, Kupfer, Zink in unterschiedlichen Anteilen und Quecksilber. Das enthaltene Quecksilber ist der Grund für die Diskussion um eine Gesundheitsgefährdung durch Amalgamfüllungen. Es wird während des Aushärtungsprozesses von Füllungen zwar weitgehend eingebunden, doch geben diese während des Legens und kurz danach, in sehr geringem Umfang durch den Abrieb beim Kauen, bei nächtlichem Zähneknirschen auch in der Folgezeit und bei der Entfernung Quecksilber ab.

Warum hilft Natron gegen Sodbrennen?

Im Magen wird aufgenommene Nahrung durch körpereigene Salzsäure zersetzt. Bildet der Körper zu viel davon, kann es zu Sodbrennen kommen, einem Rücklaufen von Salzsäure in die Speiseröhre. Löst man ein wenig Natron (Natriumhydrogencarbonat, $NaHCO_3$) in Wasser auf und trinkt es, neutralisiert diese schwach basische Lösung die Säure und beruhigt den Magen. Eine unangenehme Nebenwirkung ist die Entstehung von Kohlendioxidgas, das zu Aufstoßen und Blähungen führen kann. Für Menschen, die unter hohem Blutdruck oder eingeschränkter Nierenfunktion leiden, stellt außerdem der hohe Natriumanteil des Natrons ein Problem dar.

Lösen sich Perlen in Essig auf?

Obwohl Perlen ein wertvoller Schmuck sind, bestehen sie chemisch betrachtet zum größten Teil nur aus einfachem Kalk (Perlmutt). Daher ist es auch nicht verwunderlich, dass man sie in Essig auflösen kann – es handelt sich dabei um eine simple Zersetzung von Kalk ($CaCO_3$) mit Essigsäure unter Freisetzung von Kohlendioxid. Angeblich gewann die ägyptische Königin Kleopatra (69–30 v. Chr.) eine Wette gegen den römischen Kaiser Marcus Antonius (um 82–30 v. Chr.), indem sie eine ihrer großen tropfenförmigen Perlen in Essig auflöste und trank und damit das teurere Festessen verzehrte.

Wofür erhielt Otto Hahn den Chemienobelpreis 1944?

Der deutsche Chemiker (1879–1968) leistete Grundlagenarbeit bei der Erforschung der Radioaktivität. Dabei entdeckte er u. a. den radioaktiven Zerfall des Urans nach Bestrahlung mit Neutronen (zusammen mit Fritz Straßmann, 1902–80).

Otto Hahn

Was versteht man unter einer Pufferlösung?

Gemische von schwachen Säuren und ihren Salzen (z. B. Essigsäure und Natriumacetat) bzw. von schwachen Basen und ihren Salzen (z. B. NH_3 und NH_4Cl) können den pH-Wert einer Lösung trotz der Zugabe von kleinen Mengen einer starken Säure oder Base konstant halten. Sie wirken als „Puffer“, da sie mit der zugegeben Base oder Säure reagieren und deren Wirkung neutralisieren können. Auch in lebenden Organismen sind Puffer von großer Bedeutung. So halten z. B. im Blut gelöste Eiweißstoffe den pH-Wert bei etwa 7,3–7,5.

Sind alle bekannten Transurane radioaktiv?

Chemische Elemente, deren Ordnungszahl größer als 92 ist, die also im Periodensystem rechts vom Uran stehen, werden als Transurane (von latein. trans, „jenseits“) bezeichnet. Bisher wurden mindestens 18 derartige Elemente gefunden, die jedoch alle nur instabile, also radioaktive Isotope bilden. Transurane tendieren mit steigender Ordnungszahl dazu, schneller radioaktiv zu zerfallen. Sehr schwere Kerne, z. B. Californium (Cf, Ordnungszahl 98), neigen zum spontanen Zerfall.

Wie funktioniert ein Mikrowellenherd?

Im dem Gerät werden durch ein Wechselstromfeld Mikrowellen erzeugt und durch das Kochgut geleitet. Sie regen die Wassermoleküle in den Speisen zum Schwingen an, wobei sie aneinander reiben und so das Kochgut erhitzen. Mikrowellen liegen im Wellenlängenbereich zwischen den UKW-Wellen des Rundfunks und den Infrarotwellen (Wärmestrahlung).

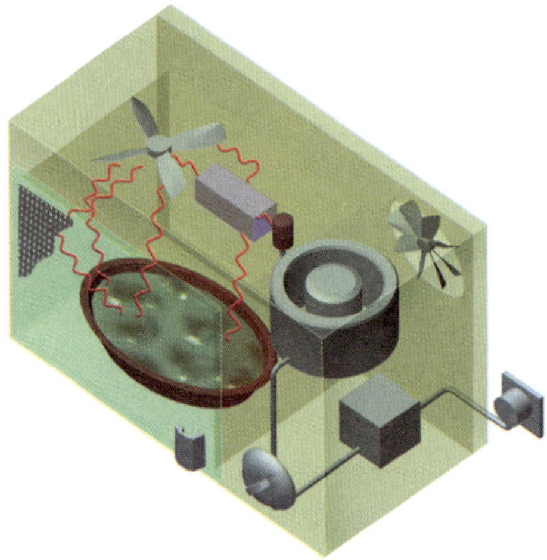

Schematische Darstellung eines Mikrowellenherdes

Gibt es Scheinkräfte?

Scheinkräfte sind fiktive Kräfte, die eingeführt werden müssen, um Erscheinungen in beschleunigten Systemen zu erklären. In Zügen gibt es keine Kronleuchter, weil sie bei jeder Beschleunigung pendeln würden. Die auf einen sich drehenden Hammerwerfer wirkende Zentrifugalkraft ist ebenso eine Scheinkraft wie jene, die auf eine Ameise wirkt, wenn sie auf dem laufenden Plattenteller eines Plattenspielers vorankrabbeln möchte, aber durch die seitwärts gerichtete Corioliskraft, benannt nach dem Franzosen Gustave Gaspard Coriolis (1792–1843), abgedrängt wird.

Wer entdeckte im 17. Jahrhundert den großen geschlossenen Blutkreislauf?

William Harvey

Das haben wir dem englischen Arzt, Anatom und Physiologen William Harvey (1578–1657) zu verdanken, der bereits Mitte des 17. Jahrhunderts den großen geschlossenen Blutkreislauf entdeckte und als Erster die Herzfunktion als Antriebspumpe dieses Kreislaufes erkannte. Mit dieser Erkenntnis gilt er als Revolutionär der Medizin seiner Zeit und wird auch als Wegbereiter der modernen Physiologe beschrieben.

Welche Auswirkungen haben Fluktuationen?

Der Phasenübergang von Wasser zu Eis und viele andere Flüssig-Fest-Übergänge verlaufen häufig diskontinuierlich: Die Dichte der sich umwandelnden Substanz ändert sich abrupt. Beim Verflüssigen von Wasser unter Normaldruck begegnet man einem anderen Szenario: Schon oberhalb der kritischen Temperatur von 100 °C bilden sich winzige Flüssigkeitstropfen, die sich schnell wieder auflösen. Man spricht von Fluktuationen. Nähert man sich weiter der 100 °C-Marke, dehnen sich die Tröpfchen zeitlich und räumlich aus, bis der Umschlag in die flüssige Phase erfolgt. Bei weiterer Abkühlung entstehen Fluktuationen des restlichen Gases, die langsam verschwinden. Durch die Fluktuationen wird der Phasenübergang kontinuierlich.

Gibt es Null-Reibung?

Reibung macht sich im gesamten Alltagsleben bemerkbar. Sie hält unser Auto auf der Straße, sie sorgt dafür, dass wir laufen können ohne hinzufallen. Reibung kann aber z. B. durch Öle stark reduziert werden. Null-Reibung gibt es nicht. Eine Ausnahme bildet jedoch die sog. Superfluidität. Bei Temperaturen unter –271 °C verschwindet die innere Reibung (Viskosität) von flüssigem Helium 4. Es fließt mühelos selbst durch die engsten Kapillaren und kann Wände hinauf kriechen. Die Zahl 4 bezeichnet die Masse des Atomkerns. Der Kern von Helium 4 hat 2 Protonen und 2 Neutronen.

Was ist Schall?

Erzeugen wir ein Geräusch durch eine Bewegung oder unsere Stimme, breitet sich dieses in der Luft, aber auch im Wasser und anderen Medien mit Schallgeschwindigkeit aus. Man spricht auch von Schallwellen. Es handelt sich dabei um periodische Druck- und Dichteschwankungen innerhalb des Mediums, die über die gekoppelten Moleküle räumlich weitergegeben werden. Die Moleküle selbst bleiben dabei an ihrem Ort und schwingen um ihre Ruhelage. Im Gegensatz zu Wasserwellen finden diese Schwankungen nicht senkrecht, sondern parallel zur Ausbreitungsrichtung statt.

Wer war Ernst Mach?

Der Österreicher Ernst Mach (1838–1916) war der Auffassung, dass nicht die Dinge, sondern die Empfindungen, die sie auslösen (Farbe, Geruch usw.), die eigentlichen Elemente der Welt sind. Neben seiner philosophischen Tätigkeit war Mach in erster Linie Physiker. Er war Professor für Physik an der Universität von Prag, später wechselte er an die philosophische Fakultät der Universität Wien. Sein breites Arbeitsgebiet umfasste z. B. Optik, Akustik, Gasdynamik und Ballistik sowie die Erkenntnistheorie. Nach ihm ist die Einheit für Überschallgeschwindigkeiten benannt (1 Mach = 1193,256 km/h).

War der Tyrannosaurus rex ein Pflanzen- oder ein Fleischfresser?

Tyrannosaurus rex

Die bis zu elf Meter hohe Riesenechse war Fleischfresser. Sie bewegte sich auf ihren zwei mächtigen Hinterbeinen vorwärts. Noch größer wurden allerdings die Pflanzen fressenden Vertreter der Dinosaurier, wie der fast 30 Meter lange Apontosaurus. Er hatte einen langen Hals und bewegte sich auf allen Vieren fort.

Was ist ein Dezibel?

Dezibel (dB) ist die heute gebräuchliche Einheit, um Geräuschbelastungen zu erfassen. Die Intensität (Energiestromdichte) einer Schallwelle hängt von ihrer Amplitude ab. Die vom Menschen empfundene Lautstärke ist nicht etwa proportional zur Schallintensität, sondern wächst logarithmisch mit dieser Intensität an. Das wird in der Definition des Begriffs „Dezibel" berücksichtigt. Die Einheit Dezibel charakterisiert die Schallintensität grundsätzlich im Verhältnis zu einer Referenzintensität.

Was bedeutet Ausstrahlcharakteristik?

Die Ausstrahlcharakteristik ist die Verteilung der Strahlungsintensität auf die Richtungen des Raums. Dipol-Antennen beispielsweise strahlen ihre Hauptintensität horizontal ab, in vertikaler Richtung dagegen nichts. Die Wohnung mit dem schlechtesten Empfang – ihre Bewohner sind aber am wenigsten gefährdet – liegt direkt unter der Mobilfunkantenne. Jede elektromagnetische Strahlung kann man sich als Zusammensetzung aus Dipol-, Quadrupol-Strahlung usw. vorstellen.

Wer war Lise Meitner?

Lise Meitner

Die Physikerin Lise Meitner (1878–1968) war die Tochter eines Wiener Rechtsanwalts. Während ihres Studiums war sie besonders von Ludwig Boltzmann (1844–1906) fasziniert. 1907 ließ sie sich in Berlin nieder, wo sie auf den deutschen Chemiker Otto Hahn (1879–1968) traf, mit dem sie fortan zusammenarbeitete. 1938/39 wies das Forscherpaar auf der Basis ihrer gemeinsamen Experimente mit Fritz Strassman (1902–80) die Kernspaltung nach. Da sie Jüdin war, musste Lise Meitner 1938 aus Deutschland fliehen und emigrierte nach Stockholm. Sie verstarb als Staatsbürgerin Schwedens in Cambridge.

Gibt es Körper, die sich beim Abkühlen ausdehnen?

Wird ein Körper erwärmt, dehnt er sich aus. Das ist die gängige Alltagsmeinung. Eine wichtige Ausnahme stellt das Wasser dar, dessen Volumen zwischen 0 °C und 4 °C bei steigender Temperatur abnimmt. Diese Anomalie hat Auswirkungen auf das Leben in Seen und Teichen. Unterhalb von 4 °C steigt nämlich kälteres Wasser nach oben, da es eine geringere Dichte hat. Dadurch bildet sich Eis zuerst auf der Wasseroberfläche und bleibt dort. Daher können beispielsweise Fische unter dem Eispanzer weiterleben. Die Ursache der Anomalie ist chemischer Natur.

Was ist das Zwillingsparadoxon?

Bereits vor der Erfindung der Science-Fiction-Filme hat man sich über Zeitreisen Gedanken gemacht. Die Relativitätstheorie bietet die Möglichkeit dazu. Nehmen wir an, der eine Zwilling eines Bruderpaares steigt in ein Raumschiff. Er fliegt, von sich aus gesehen, mit beinahe Lichtgeschwindigkeit für fünf Minuten um die Milchstraße. Kehrt er zurück, wird er feststellen, dass sein Zwillingsbruder mitsamt der Erde um mehrere Jahre gealtert ist. So unglaublich das auch klingen mag, mit zerfallenden Teilchen, bzw. mit Atomuhren, die in Verkehrsflugzeugen um die Erde geflogen wurden, ist die Zeitdehnung nachgewiesen worden.

Ist eine Zerstreuungslinse konkav oder konvex?

Konkav bedeutet hohl oder nach innen gekrümmt. Zerstreuungslinsen zerstreuen das Licht, da sie nach innen gewölbt, also konkav sind. Sammellinsen dagegen sammeln durch ihre nach außen gewölbte Form das Licht in einem bestimmten Punkt. Sie sind konvex.

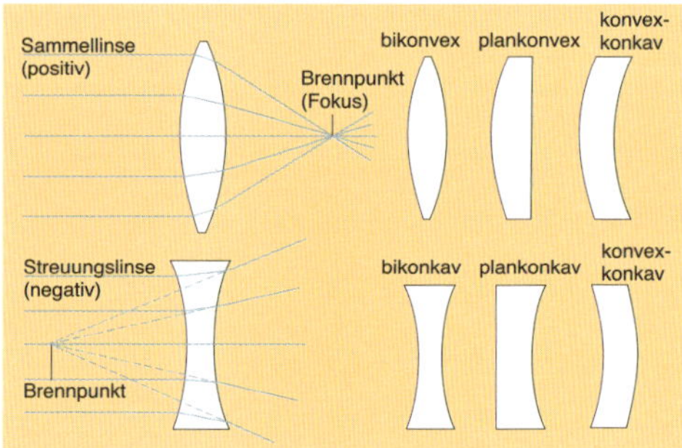

Sammel- und Zerstreuungslinsen

Ist die Welt vierdimensional?

Ein einzelner Punkt ohne Ausdehnung hat die Dimension 0, eine Linie die Dimension 1, eine Fläche die Dimension 2, ein Würfel ist dreidimensional. Die Zeit hat die Dimension 1. Man spricht auch von einer Zeitlinie, die nur in eine Richtung verläuft. Vor der Relativitätstheorie wurden Raum und Zeit als unabhängige Erscheinungen betrachtet. Erst die Erkenntnis, dass sich bei hohen Geschwindigkeiten die Zeit in demselben Maß dehnt wie sich der Raum verkürzt, beide also zusammenhängen, führte die Wissenschaftler auf die Spur des vierdimensionalen Raum-Zeit-Kontinuums.

Wodurch wird das Geschlecht eines Menschen bestimmt?

Ob jemand eine Frau oder ein Mann wird, hängt von den Chromosomen (Trägern des Erbgutes) ab. Ein Mann hat 1 Y-Chromosom und 1 X-Chromosom, während die Frau 2 X-Chromosomen besitzt. Von den 46 Chromosomen des Menschen entscheidet also letztlich das Y-Chromosom über das Geschlecht.

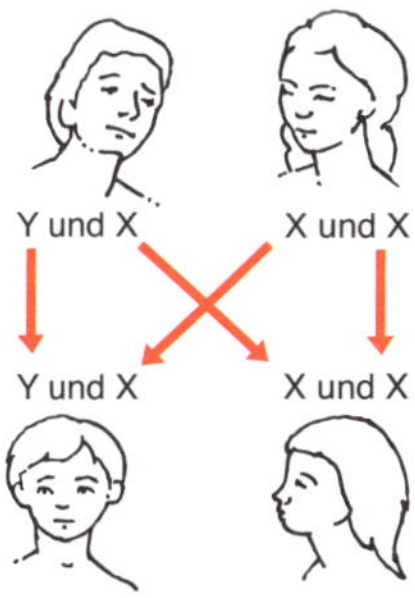

Geschlechtsbestimmung

Was versteht man unter dem Tunneleffekt?

In der Welt der Atome und Elektronen werden ständig Barrieren durchdrungen, die eigentlich energetisch viel zu hoch sind. Dieser sog. Tunneleffekt wurde 1928 von Ralph Howard Fowler (1889–1944) und Lothar W. Nordheim (1899–1985) entdeckt und beruht auf der Tatsache, dass Ereignisse in der Quantenmechanik nicht verboten, sondern nur mehr oder weniger wahrscheinlich sind. Der Tunneleffekt ist für die radioaktive Alphastrahlung verantwortlich, außerdem beruhen auf diesem Effekt modernste Mikroskope, mit denen man einzelne Atome „sehen" kann.

Was ist Spin?

Als Paul Adrien Maurice Dirac (1902–84) die Relativitätstheorie auf das quantenmechanische Elektron anwendete, fand man etwas Erstaunliches. Gewissermaßen automatisch ergab sich ein neuer Freiheitsgrad für das Elektron: eine Art Raum, in dem es zwei Punkte einnehmen konnte. Der Freiheitsgrad hatte die Eigenschaft eines Drehimpulses. Dieser sog. Spin wurde bereits 1925 von den niederländischen Physikern George Eugene Uhlenbeck (1900–88) und Samuel Abraham Goudsmit (1902–78) experimentell nachgewiesen. Teilchen können nur Spinwerte annehmen, die sich um ein gewisses Quantum (h) voneinander unterscheiden

Was besagt das Tröpfchenmodell?

Es gibt mehrere Modelle, um sich den Zuständen im Inneren des Atomkerns zu nähern. Eines ist das sog. Tröpfchenmodell. Kernmasse verhält sich, mit gewissen Einschränkungen, wie eine Flüssigkeit. Insbesondere die Bindungskräfte zwischen Protonen und Neutronen verhalten sich wie die der Moleküle in einem Wassertropfen, d. h. sie sind irgendwann abgesättigt, es können keine weiteren Wassermoleküle mehr an den Tropfen gebunden werden.

Was ist ein Molekül?

Es ist das kleinste Teil einer Verbindung, besteht also aus mindestens zwei Atomen. Die Summenformel eines Moleküls gibt die Art und die Zahl der Atome an, die es enthält: z. B. H_2O (Wasser): 2 H-Atome und 1 O-Atom.

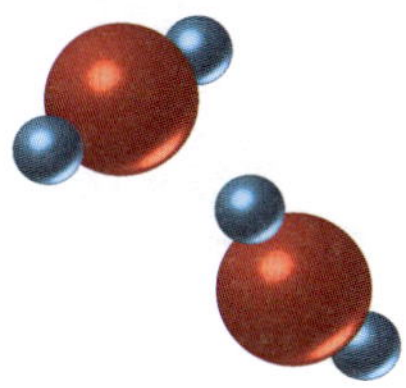
Wassermoleküle

Was besagen die Hund'schen Regeln?

Ein Atom verfügt über Schalen, auf denen sich die Elektronen um den Kern bewegen. Die verschiedenen Schalen und Unterschalen sind nach den sog. Hund'schen Regeln durch Elektronen besetzt. Diese Regeln sind nach dem deutschen Chemiker Friedrich Hermann Hund (1896–1997) benannt. Das Element Beryllium beispielsweise besitzt vier Elektronen auf zwei Unterschalen, von denen die äußere mit zwei Elektronen unvollständig besetzt ist. Die Hund'schen Regeln fordern, dass ihre Spins (Eigendrehimpulse) und ihre Bahndrehimpulse um den Kern je parallel, Gesamtspin und Gesamtbahndrehimpuls dagegen antiparallel zueinander ausgerichtet sind.

Die Stärke welches Naturereignisses wird mit Werten der Richterskala angegeben?

Die Stärke von Erdbeben. Die stärksten bekannten Beben hatten Werte von 8,5 bis 9. Seismologen (Erdbebenforscher) benannten die Skala nach ihrem amerikanischen Kollegen Charles Francis Richter (1900–85). Da es sich um eine logarithmische Skala handelt, ist ein Beben der Stärke 4 zehnmal stärker als ein Beben der Stärke 2 und hundertmal stärker als ein Beben der Stärke 1.

Durch ein Erdbeben zerstörte Häuser im japanischen Kobe

Welcher deutsche Industrielle war maßgeblich an der Entwicklung der elektronischen Ausrüstung im Kraftfahrzeug beteiligt?

Robert Bosch (1861–1942) entwickelte 1905 den Hochspannungsmagnetzünder für den Motorfahrzeugbau. Er begründete die Robert-Bosch-Werke und war auch sozialpolitisch sehr fortschrittlich. Er führte den Achtstundentag ein und gründete Wohlfahrtseinrichtungen.

Was versteht man unter einem Lauschangriff?

Eine Maßnahme der Polizei zur Bekämpfung der organisierten Kriminalität. Dabei werden unter Einsatz technischer Mittel wie Mikrofonen, Infrarotsensoren und Wanzen Privatwohnungen und Geschäftsräume überwacht.

Welche amerikanische Raumfähre explodierte 1986 kurz nach dem Start?

Die Raumfähre Challenger explodierte am 28. Januar 1986 nur 73 Sekunden nach dem Start wegen einer schon länger bekannten Schwachstelle an den Feststoffraketen. Bei der Explosion starben alle sieben Besatzungsmitglieder, fünf Männer und zwei Frauen. Damit handelte es sich um den schwersten Unfall in der Geschichte der bemannten Raumfahrt.

Dient ein Teleobjektiv zur Aufnahme naher oder weit entfernter Gegenstände?

Teleobjektive haben eine lange Brennweite und sind daher zur vergrößerten Abbildung fern liegender Gegenstände geeignet. Nahaufnahmen können mithilfe von Makroobjektiven, Zwischenringen, Balgengeräten oder Nahlinsen gemacht werden.

Aus welcher Zeit stammen die ersten Automaten?

Die erste Beschreibung von Automaten gibt der griechische Physiker Heron von Alexandria (Lebensdaten unbekannt), dessen Berichte aus der Zeit um das Jahr 100 stammen. Er beschreibt Schaukästen, in denen sich Puppen bewegen oder griechische Götter Wein spenden. Diese Automatentheater wurden auf Jahrmärkten oder Prozessionen gezeigt.

In welcher Stadt steht das größte technische Museum der Welt?

In München. Das Deutsche Museum beherbergt neben den meisten Gebieten der Technik auch die wichtigsten Zweige der Naturwissenschaften. Es sind viele historische Originale (z. B. das erste Automobil) und zahlreiche Modelle zu sehen. Einfache Versuche können selbst durchgeführt werden. Bekannt sind die Vorführungen der Hochspannungsexperimente.

Welche Geschwindigkeit muss eine Rakete ungefähr haben, um die Anziehungskraft der Erde zu überwinden?

● Die Rakete muss etwa 40.000 km/h bzw. 11,2 km/s schnell sein. Sie sollte mindestens Flucht- oder Entweichgeschwindigkeit besitzen. Dies ist die Anfangsgeschwindigkeit, die ein Raumkörper haben muss, um ohne weiteren Antrieb den Anziehungsbereich eines Planeten verlassen zu können.

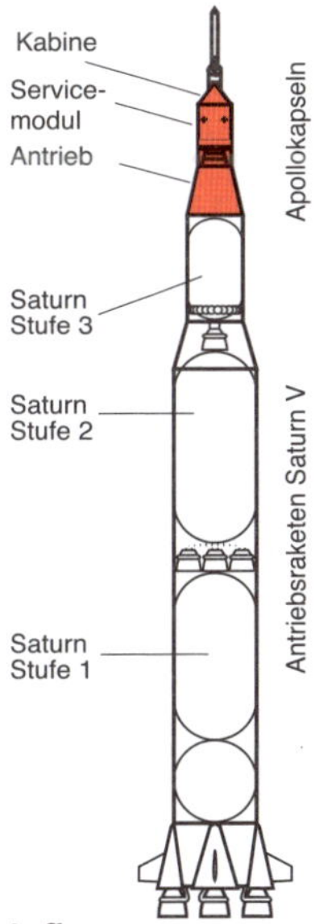

Aufbau einer Apollo-Rakete

Wo wird in unserem Alltagsleben die so genannte Braun'sche Röhre eingesetzt?

● Sie ist in Form der Bildröhre ein Bestandteil von Fernsehgeräten. Es handelt sich um eine Kathodenstrahlröhre, in der Elektronen stark beschleunigt und durch Magnetfelder abgelenkt werden. Durch den Leuchtschirm lassen sich die Elektronen sichtbar machen.

Wozu dient der Vorgang des Downloads?

● Beim Download werden auf einem Rechner gespeicherte Dateien oder Programme auf einen anderen Rechner „heruntergeladen".

Wie kann man mithilfe von Satelliten in einem unbekannten Gelände seinen Standort feststellen?

● Mit dem GPS (Global Positioning System). Mit einem Empfangsgerät können die Signale von mehreren Satelliten empfangen und der eigene Standort berechnet werden. Das System wurde ursprünglich zu militärischen Zwecken von den USA entwickelt, ist heute aber auch für die zivile Nutzung freigegeben.

Wie unterscheiden sich digitales Fernsehen und digitaler Hörfunk von der bisher üblichen analogen Technik?

● Bei der digitalen Technik werden Bild- und Tonsignale in Form von digitalen Sendeimpulsen (d. h. verschlüsselt als ganze Zahlen) ausgestrahlt. Im Gegensatz dazu beruht die analoge Technik auf der beliebigen Veränderung physikalischer Größen (z. B. von elektrischen Spannungen).

Was ist bei der Verwendung von Kindersitzen und Airbags zu beachten?

● Die sich blitzartig füllenden „Luftsäcke" im Auto haben sich zwar für den Schutz von Fahrer und Beifahrer bewährt, können aber bei Kindersitzen gefährlich werden. Werden Kleinkinder auf dem Beifahrersitz befördert, sollte der Airbag inaktiviert werden.

Wo werden Elektromagneten eingesetzt?

● Elektromagneten werden in vielen Bereichen des täglichen Lebens eingesetzt. Sie befinden sich in zahlreichen elektrischen Maschinen, ermöglichen Kränen schwere Lasten (z. B. Schrott) zu heben und dienen zur Abtrennung wieder verwertbarer Eisenteile aus dem Hausmüll.

Welche Vorteile haben Fernsehgeräte mit Flachbildschirm?

● Sie sind leicht, Platz sparend, strahlungsfrei, beeinflussen keine anderen elektrischen Geräte und haben einen geringen Energieverbrauch. Ihrer weiteren Verbreitung steht in erster Linie der noch relativ hohe Preis entgegen.

Was ist in einem Computer für den Aufbau von Grafiken verantwortlich?

Die Grafikkarte bestimmt die Auflösung, die Anzahl der Farben, die Bildwiederholfrequenz und die Geschwindigkeit, mit der eine Grafik auf dem Bildschirm aufgebaut wird. Damit die volle Leistung der Grafikkarte zum Tragen kommt, ist ein passender Bildschirm notwendig.

Was misst ein Seismograf?

Die Stärke von Erdbeben auf der Richter-Skala, welche die bei einem Erdbeben freigesetzten Energien objektiv misst (im Gegensatz etwa zur zwölfteiligen Mercalli-Skala, die auf sichtbaren und fühlbaren Wirkungen beruht). Erderschütterungen der Magnitude 2,5 sind fühlbar, solche von 4,5 verursachen meist nur leichte Schäden, ab Stärke 7 sind Erdbebenkatastrophen zu erwarten.

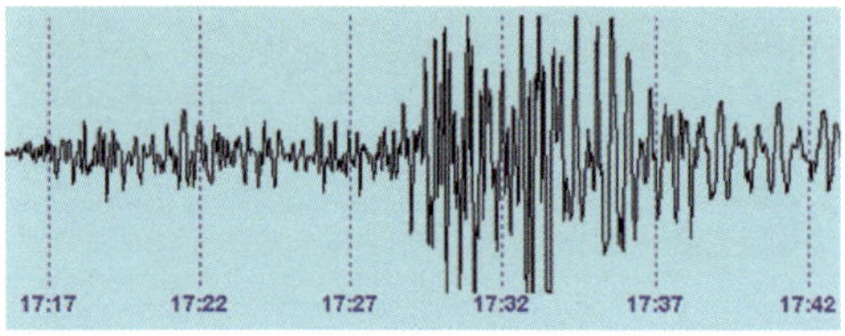

Seismografische Aufzeichnung

Was ist das Tätigkeitsfeld der Hacker?

Die Welt der Rechner und Netzwerke. Mit ihren ausgezeichneten Fachkenntnissen können sie illegal in fremde Computersysteme eindringen. Die meisten Hacker handeln aus sportlichem Antrieb und nicht mit krimineller Absicht. Das Wort wird zum Teil auch für Personen gebraucht, die einfach nur viel und gerne mit Computern arbeiten.

Wer gilt als Erfinder des Telefons?

„Wer erfand das Telefon? Philipp Reis, das weiß ich schon", lautet eine alte Eselsbrücke. Reis (1834–74) entwickelte bereits 1861 ein Gerät, mit dem Töne übertragen werden konnten. Der Amerikaner Alexander Graham Bell (1847–1922) verbesserte 1876 diese Erfindung, so dass auch Sprache verständlich übertragen werden konnte. Außerdem erkannte er die wirtschaftlichen Möglichkeiten des neuen Apparates. Mit der Gründung der Bell Telephone Company begann der Siegeszug des Fernsprechers.

Was kennzeichnet die Hardware im Gegensatz zur Software?

Hardware hat im Gegensatz zur Software die Eigenschaft, dass man sie anfassen kann. Dazu gehören also sämtliche mechanischen und elektronischen Bauteile des Computers einschließlich des Zubehörs (Drucker, Bildschirm usw.).

Wer gilt als Erfinder des Computers?

Konrad Zuse (1910–95) zählt neben A. M. Turing (1912–54) und H. Aiken (1900–73) zu den Pionieren der elektronischen Datenverarbeitung und des Rechnerbaus. 1941 stellte er mit dem „Z3" den ersten programmgesteuerten Rechner vor. Der „Z3" beherrschte alle vier Grundrechenarten und konnte Quadratwurzeln berechnen.

Wer baute das bis heute am meisten verbreitete Gewehr?

Der russische Waffenkonstrukteur Michail Timofejewitsch Kalaschnikow (*1919). 1947 wurde die Rote Armee mit seinem Gewehr AK 47 (Automat Kalaschnikow) ausgerüstet. Es wurde zur Standardwaffe des Warschauer Paktes und vieler anderer Staaten und Rebellengruppen. Kennzeichnend ist das lange, nach vorn gebogene Magazin.

Wozu braucht ein Computer einen Algorithmus?

Zur Lösung von Aufgaben und Problemen. Der Algorithmus ist eine Folge von Anweisungen (Rechenschritten), mit denen ein bestimmtes Problem gelöst werden soll. In einem Computer-Programm stecken meist sehr viele Algorithmen.

Wie viele verschiedene Kombinationen für ein Byte gibt es?

Da ein Byte aus acht Bits besteht und jedes Bit zwei verschiedene Zustände (binärer Code) einnehmen kann, gibt es 256 verschiedene Kombinationen. Der erweiterte ASCII-Zeichensatz besteht daher aus 256 Zeichen, von denen jedes durch ein Byte dargestellt wird.

Was befördert der Bus in einem Computer?

Ein Bus, auch als Systembus bezeichnet, transportiert (überträgt) Daten zwischen den verschiedenen Baugruppen in einem Computer (z. B. Prozessor, Arbeitsspeicher und Permanentspeicher). Die Busbreite ist die Anzahl der Leitungen, aus denen der Bus besteht. Bei 16 Leitungen spricht man von 16 Bit Breite, es können also 16 Bits gleichzeitig transportiert werden.

Was für Folgen hatte die Erfindung des mechanischen Webstuhls durch Edmund Cartwright?

Die Erfindung des englischen Konstrukteurs (1743–1823) läutete den Beginn der industriellen Textilherstellung ein. Textilien waren nun in großer Menge und zu geringen Preisen herstellbar. Damit konnten die Weber mit ihren handbetriebenen Webstühlen nicht konkurrieren. Arbeitslosigkeit und Verelendung waren die Folge.

Ist die Anwendung von Lügendetektoren in deutschen Strafverfahren erlaubt?

Der Bundesgerichtshof entschied 1998, dass die Geräte zur Untersuchung der Glaubwürdigkeit ungeeignet seien und daher nicht eingesetzt werden dürfen. Sie heißen auch Polygrafen (wörtlich „Vielschreiber"), weil sie eine Vielzahl von Körperreaktionen aufzeichnen (u. a. Puls, Blutdruck, Schweißabsonderung).

Wo werden Roboter eingesetzt?

Die rechnergestützten Automaten mit ihren Greifarmen sind schon lange in der Automobilindustrie verbreitet. Zunehmend spielen nun mobile Serviceroboter eine Rolle. Als Putzroboter reinigen sie Großfassaden und als Löschroboter werden sie bei Großbränden eingesetzt. In der Medizin können Roboter Operationen mit höchster Genauigkeit durchführen.

Roboter in der Autoindustrie

Welche Aufgabe hat der Server eines Netzwerkes?

Der Server ist ein Rechner, der andere Rechner des Netzwerkes, die Clients, bedient. Er kann Daten bereithalten (als Speicher) und Dienstleistungen ausführen (z. B. Druckaufträge). Je nach Aufbau des Netzes ist der Server für alle zentralen Aufgaben zuständig oder nur für einzelne Bereiche.

Welche Aufgabe hat das BIOS bei einem Computer?

Das BIOS ist ein Programm, das jedes Mal beim Einschalten des Rechners automatisch abläuft. Es startet das Betriebssystem und prüft einige grundlegende Parameter. Das

BIOS bleibt auch nach dem Systemstart aktiv und ist z. B. für die Zugriffe auf das Disketten- und CD-Laufwerk verantwortlich.

Was für nachteilige Folgen hat der Stand-by-Betrieb von Elektrogeräten?

Der Stand-by-Betrieb hält die Geräte in ständiger Bereitschaft, so dass sie z. B. jederzeit über eine Fernsteuerung bedienbar sind. Die Folge ist ein hoher Stromverbrauch. Sämtliche Elektrogeräte Deutschlands verbrauchen im Stand-by-Betrieb jährlich so viel Strom, wie mehrere Großkraftwerke erzeugen.

Welche Möglichkeiten bietet ein USB (Universal Serial Bus)?

Ein Bus ist eine Datenleitung, die wichtige Bauteile des Rechners verbindet. An den neu entwickelten USB lassen sich bis zu 127 Geräte wie Bildschirme, Lautsprecher, Drucker oder Scanner anschließen. Das System erlaubt, große Datenmengen in kurzer Zeit zu befördern.

Für welche Medien ist eine DVD (Digital Versatile Disc) verwendbar?

Mit einer solchen Speicherscheibe und dem entsprechenden Abspielgerät können Videos oder Musikstücke abgespielt werden. Im Vergleich zur herkömmlichen CD ist die Speicherkapazität der DVD um ein Vielfaches höher.

In welchen Anwendungsbereichen wird die Fuzzylogik technisch umgesetzt?

Überall dort, wo es unscharfe Bereiche gibt, sei es, dass genaue Messwerte fehlen oder die zu große Komplexität eine Lösung nach der herkömmlichen strengen Logik erschwert. Chips auf Grundlage der Fuzzylogik stecken z. B. in Belichtungsmessern von Kameras oder in Haushaltsgeräten.

Wer schuf das erste Automobil?

Carl Friedrich Benz (1844–1929) entwickelte 1885 unabhängig von Gottlieb Daimler (1834–1900) einen Einzylinder-Viertakt-Verbrennungsmotor, den er in ein dreirädriges Fahrzeug einbaute. Damit hatte er das erste Kraftfahrzeug geschaffen.

Carl Benz am Steuer seines ersten vierrädrigen Motorwagens (1893)

Was wird in einem Windkanal simuliert?

Nicht eigentlich Wind, sondern die Bewegung eines Fahr- oder Flugzeuges (für aerodynamische Untersuchungen).

Was ist das Betriebssystem eines Computers?

Eine Gruppe von Programmen, die den Computer für den Anwender einsatzfähig machen. Dem Betriebssystem obliegt die gesamte Verwaltung des Computers und der angeschlossenen Peripheriegeräte.

Wie funktioniert ein Flaschenzug?

Beim Flaschenzug ist die Last an ein Seil gebunden, das über eine feste und eine (oder mehrere) lose Rolle(n) geführt wird. Dadurch kann man beim Heben der Last Kraft einsparen bzw. Kraft in ihrer Wirkung vervielfältigen. Flaschenzüge sind im 7. Jahrhundert v. Chr. von griechischen Technikern erfunden worden.

Was ist eine Simulation?

Ein computerunterstütztes Verfahren, bei dem komplexe und unübersichtliche Situationen nachgebildet werden. Die Simulation kann exakte Rechnungen und aufwändige Experimente ersetzen.

Wie kann man die Zugfestigkeit des Betons erhöhen?

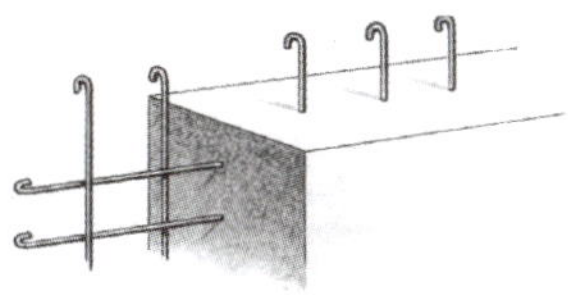

Stahlbeton

Zugrisse lassen sich verhindern, indem man Stahleinlagen in den Beton einbaut. Ein Beispiel für solchen „Stahlbeton" ist der „Spannbeton". Bei ihm wird der Beton durch vorgespannte Stähle zusammengedrückt. Im fertigen Bauwerk wird der Druck im Beton durch die Belastung (z. B. beim Autoverkehr auf einer Brücke) abgebaut und so die Bildung von Zugrissen verhindert.

Warum stehen Teleskope zur Weltraumbeobachtung in siedlungsfernen trockenen Gebieten?

Die Sicht durch die Riesenfernrohre ist am besten, wenn keine störenden Lichtquellen in der Umgebung vorhanden sind und die Luft möglichst trocken und frei von Staub und sonstigen Verunreinigungen ist. Ideal ist in dieser Hinsicht der Standort des Weltraumteleskops Hubble in der Erdumlaufbahn.

Was versteht man unter der CPU eines Computers?

Die CPU (central processing unit) ist die Zentraleinheit eines Rechnersystems. Sie ist verantwortlich für das Holen, Decodieren und Ausführen der in Maschinen- oder Objektcode abgelegten Befehle. Die CPU umfasst den Zentralprozessor (Steuer- und Rechenwerk), den Haupt- und Arbeitsspeicher und den Ein- und Ausgabeprozessor.

Wer erfand das erste fotografische Verfahren?

Louis Jacques Mandé Daguerre

Der französische Maler und Erfinder Louis Jacques Mandé Daguerre (1787–1851). Schon zu seiner Zeit war bekannt, dass eine versilberte Kupferplatte durch eine Behandlung mit Joddampf (Jodsilber) lichtempfindlich wird. Bei der von ihm entdeckten Daguerreotypie wird das latente Bild mittels Quecksilberdämpfen entwickelt und mit einer Kochsalzlösung fixiert.

Wer erfand 1888 den luftgefüllten Gummireifen?

Der Ire John Boyd Dunlop (1840–1921). Er war eigentlich Tierarzt.

Womit beschäftigt sich die Hydraulik?

Mit nicht komprimierbaren Flüssigkeiten. In geschlossenen Leitungssystemen kann mittels Hydraulik eine hohe Kraftübertragung trotz kleiner Abmessungen erreicht werden (Beispiel: hydraulische Hebebühne am Lkw, hydraulisches Bremssystem, hydraulische Getriebe).

Was ist ein Modem?

Das Kunstwort Modem (zusammengesetzt aus Modulator und Demodulator) bezeichnet ein Gerät, das Computerdaten in Töne umwandelt, die dann z. B. über eine Telefonleitung „verschickt" werden können. Durch ein weiteres Modem beim Empfänger können die Daten dann wieder in Computerdaten umgewandelt werden.

Was passiert beim Booten eines Computers?

Beim Einschalten des Computers beginnt dieser mit dem Starten des Betriebssystems von Diskette, Festplatte oder Speicher. „Booten" heißt soviel wie starten oder laden.

Welcher deutsche Ingenieur war neben Carl Benz maßgeblich an der Entwicklung des modernen Automobils beteiligt?

Gottlieb Daimler (1834–1900) baute 1886 das erste vierrädrige Automobil. Bereits ein Jahr zuvor hatte er das erste Motorrad der Welt konstruiert. Daimler war zusammen mit Wilhelm Maybach (1846–1929) an der Entwicklung des Benzinmotors beteiligt und gründete 1926 zusammen mit Carl Friedrich Benz (1844–1929) die Daimler Benz AG.

Das erste vierrädrige Automobil

Was ist eine LED-Anzeige?

Die Abkürzung LED bezeichnet eine Light Emission Diode (Leuchtdiode). Dies sind Halbleiterdioden, die Licht des sichtbaren und infraroten Bereichs aussenden und wegen ihrer Eigenschaften für Leuchtanzeigen, sowie bei Flachbildschirmen zum Einsatz kommen.

Was wird von einer Computermaus bewegt?

Der Cursor, d. h. das Blinkzeichen auf dem Bildschirm. Über die Maus kann man Befehle eingeben, ohne die Tastatur einzusetzen.

Wo ist die Benutzung von Handys verboten?

Die empfindliche Elektronik von medizinischen Geräten und Flugzeugen kann durch die Benutzung von Mobilfunktelefonen gestört werden. In den meisten Krankenhäusern und Flugzeugen ist daher ihre Benutzung verboten. Zur Kontrolle dient ein Mobilfinder, der mit einem lauten Warnsignal reagiert, sollte ein Handy auf Empfang stehen.

Wie wird die Hauptplatine eines Computers noch genannt?

Das Bauteil ist auch unter den Bezeichnungen „Motherboard", „Systemboard" oder „Systemplatine" bekannt. Es ist die zentrale Leiterplatte (gedruckte Schaltung), auf der sich der Prozessor, verschiedene Chips, die Steckplätze für Grafikkarte, Soundkarte und andere Bauteile befinden.

Worauf bewegt sich eine Computermaus?

Auf einer Mausunterlage, einem Mauspad oder einem Mousepad. Die drei Begriffe sind gleichbedeutend. Eine solche Unterlage sollte möglichst rutschfest und nicht zu klein sein.

Was ist ein Kondensator und wozu dient er?

In der Elektrotechnik ist ein Kondensator ein Bauteil aus zwei gegeneinander isolierten elektrischen Leitern, zwischen denen ein elektrisches Feld auftritt. Es kann je nach seiner „Kapazität" elektrische Ladungen speichern und wird z. B. in Rundfunkgeräten, Computern und Blinklichtanlagen verwendet.

Wie viele Bits hat ein Byte?

Ein Bit ist die kleinste Informationseinheit der elektronischen Datenverarbeitung. Jeweils acht Bits bilden ein Byte. Die Kapazität von Computerspeichern wird in Bytes angegeben (bei Millionen Bytes z. B. als Megabyte oder MB).

Womit wurde die Draisine des Freiherrn von Drais angetrieben?

Mit den Füßen. Die Draisine war ein Laufrad, d. h. ein Zweirad ohne Pedale (Vorläufer des Fahrrads). Der badische Forstmeister Drais (1785–1851) trat auch als Erfinder einer „Schnellschreibmaschine" hervor.

Draisine

Wie können Satelliten zur Orientierung auf der Erde beitragen?

Mit satellitengestützten Navigationssystemen lässt sich der Standort von Personen oder Gegenständen sehr genau und sehr schnell feststellen. Dazu braucht man mehrere Satelliten im All und ein Empfangsgerät auf der Erde, das mit den Signalen aus dem All die Position ermittelt. Das meistgenutzte System ist das GPS.

Worin unterscheiden sich Desktop, Laptop, Notebook und Notepad?

Der Desktop ist der normale PC, der auf einem Schreibtisch steht. Ein Laptop kann bereits auf den Schoß genommen werden („Schoßrechner"), während ein Notebook allenfalls noch die Grundfläche eines DIN A4-Blattes erreicht. Das Notepad ist am kleinsten. Es hat keine Tastatur und muss über einen Stift bedient werden.

Wie kann man mehr Daten auf einem Datenträger unterbringen?

Durch das Packen (Komprimieren) von Dateien. Nach einem bekannten Packprogramm nennt man das Verdichten einer Datei oft auch „Zippen".

Welche Zusatzgeräte lassen sich an einen PC anschließen?

Zu den so genannten „Peripheriegeräten" gehören v. a. die Tastatur, der Bildschirm (Monitor), der Drucker und die Maus, die an fast alle Personalcomputer angeschlossen sind. Darüber hinaus gibt es externe Laufwerke, Lautsprecher, Modems und Scanner.

Welche besonderen Eigenschaften hat ein Laser?

Ein Lasergerät kann Licht sehr stark bündeln und verstärken. Mit einem Laserstrahl lassen sich Metalle verdampfen, feinste Löcher bohren und Augenoperationen durchführen. Die auf einer CD gespeicherte Information wird mit einem Laserstrahl abgerufen und auch der Laserdrucker bedient sich dieser Technik.

Welche Möglichkeiten bietet ein Datenhandschuh?

Dieses Gerät ermöglicht dem Anwender, im Cyberspace (d. h. in der meist dreidimensionalen Kunstwelt des Computers) aktiv zu werden. Er kann damit u. a. Daten eingeben,

Blickwinkel verändern und im Cyberspace herumgehen. Neben dem Datenhandschuh ist v. a. ein Datenhelm notwendig, der dem Nutzer die Scheinwelt vor Augen führt.

Wer war der erfolgreichste amerikanische Erfinder?

Er hieß Thomas Alva Edison (1847–1931). Er entwickelte das Telefon und die Kamera weiter, erfand u. a. das Kohlekörnermikrofon, den Fonografen (Vorläufer des Grammofons), das Schraubgewinde der Glühlampe und den Eisen-Nickel-Akkumulator. Er baute den ersten Generator, das erste öffentliche Elektrizitätswerk und entdeckte den glüh-elektrischen Effekt (Edison-Effekt).

Thomas Alva Edison

Worum handelt es sich bei Linux?

Um ein Betriebssystem, das der Finne Linus Torvalds (*1969) entwickelt hat. Es ist über das Internet frei erhältlich und ein ständig wachsender Konkurrent zum Produkt des US-Konzerns Microsoft. Mittlerweile nutzen sieben bis zehn Millionen PC-Anwender das System; der Anteil am Weltmarkt liegt bei etwa 6,8%.

Wie kann man beim Fotografieren den Bildwinkel erweitern?

Durch die Verwendung eines Weitwinkelobjektives. Je nach Brennweite ermöglicht es Bildwinkel zwischen 60 und 140 Grad. Eine besondere Art von Weitwinkelobjektiven sind Fischaugenobjektive, die den Bildwinkel auf bis zu 220 Grad vergrößern.

Was kürzt man mit UFO ab?

Unbekanntes Flugobjekt. Die Sichtung so genannter Fliegender Untertassen nahm v. a. nach dem Zweiten Weltkrieg zu. Bisher konnte in keinem Fall nachgewiesen werden, dass es sich dabei um Flugobjekte außerirdischer Lebensformen handelte. Zumeist lassen sich solche Phänomene als optische Täuschungen erklären oder sie gehen auf Lichterscheinungen der zivilen oder militärischen Luftfahrt zurück.

Wie werden Zeitlupenaufnahmen gemacht?

Durch erhöhte Bandgeschwindigkeit bei der Aufnahme. Später wird der Film verlangsamt abgespielt. Den gegenteiligen Effekt (Zeitraffer) erreicht man, indem man Einzelbilder verlangsamt aufnimmt und schnell abspielt.

Welche Erfindung wirkte sich grundlegend auf das gesellschaftliche Leben des mittelalterlichen Menschen aus?

Die Erfindung der Räderuhr im 14. Jahrhundert ermöglichte es, die Zeit objektiv und unabhängig von der Beobachtung der Natur zu messen. Vom Turm des Rathauses aus verkündete die Räderuhr öffentlich eine für alle gleichermaßen gültige Zeit.

Wozu verwendet man Ultraschall?

Ultraschall wird in der Technik eingesetzt, um z. B. Werkstoffe auf eventuelle Schäden zu überprüfen, und leistet v. a. in der Medizin wichtige Dienste. Die Schallwellen, die mit einer Frequenz von über 20.000 Hertz für das menschliche Gehör nicht mehr zu erfassen sind, eignen sich besonders zur Untersuchung des ungeborenen Kindes im Mutterleib und zur Untersuchung innerer Organe. Darüber hinaus lassen sich mit Ultraschall Verletzungen von Weichteilen wie Muskeln, Sehnen und Bändern gut behandeln.

Welches Datenkompressionsverfahren basiert auf Psychoakustik?

Ohne dass dabei subjektiv signifikanter Qualitätsverlust entsteht, reduziert MPEG Layer 3 (MP3) digitale Audiodateien auf bis zu ein Zwölftel ihrer ursprünglichen Größe. Möglich wird dies durch Anwendung der Psychoakustik, die beschreibt, wie das menschliche Ohr arbeitet und welche Töne es hört. MP3 analysiert die digitalen Daten und filtert alle Anteile heraus, die das Ohr nach psychoakustischen Erkenntnissen nicht wahrnehmen kann.

Welche technische Neuerung machte die industrielle Fertigung von Waren möglich und bildete daher die Voraussetzung für die Industrialisierung?

Voraussetzung für die Industrialisierung war die Erfindung der Dampfmaschine. Die erste, direkt zur Energieerzeugung und -gewinnung einsetzbare Dampfmaschine wurde 1765 von James Watt (1736–1819) gebaut.

Welche technischen Erfindungen waren in England die wichtigsten Merkmale der Industriellen Revolution?

Insbesondere die Spinnmaschine (Umstellung in der Textilindustrie auf maschinelle Fertigung) und die Eisenbahn stehen in England für die wirtschaftlichen und gesellschaftlichen Veränderungen durch die Industrielle Revolution.

„Modell T" am laufenden Band

Durch wen wurde das Fließband berühmt?

Der nordamerikanische Automobilhersteller Henry Ford (1883–1947) machte das Fließband bekannt. Am 1. Oktober 1908 stellte Ford sein Automobil „Modell T" der Öffentlichkeit vor. Es erreichte eine Höchstgeschwindigkeit von 65 km/h. Von diesem Modell wurden schon im ersten Jahr 19.000 Stück produziert. Das Fließband ermöglichte es, ein einfaches, billiges, aber zuverlässiges Automobil für eine breite Käuferschaft zu produzieren. Ford perfektionierte sein Konzept so weit, dass er fünf Jahre später ein Modell für den Rekordpreis von nur 290 Dollar herstellen konnte.

Welche Wissenschafts- und Technikdisziplinen der Wachstumsbranchen der nachindustriellen Gesellschaft werden als Hightech bezeichnet?

Die Informationstechnik (z. B. Mikroelektronik, Computer- und Kommunikationstechnik), die neue Biotechnik, die Werkstofftechnik (z. B. Faserverbundwerkstoffe), die neue Energietechnik (z. B. Windenergie), die Umwelttechnik (z. B. Altlastenbehandlung) und die Satelliten- und Raumfahrttechnik.

Wie zünden elektrische Feuerzeuge?

Mithilfe von Piezokristallen. Bei mechanischem Druck erzeugen sie Strom, der wiederum den Zündfunken erzeugt. Wird umgekehrt eine Spannung an den Kristall angelegt, verformt er sich.

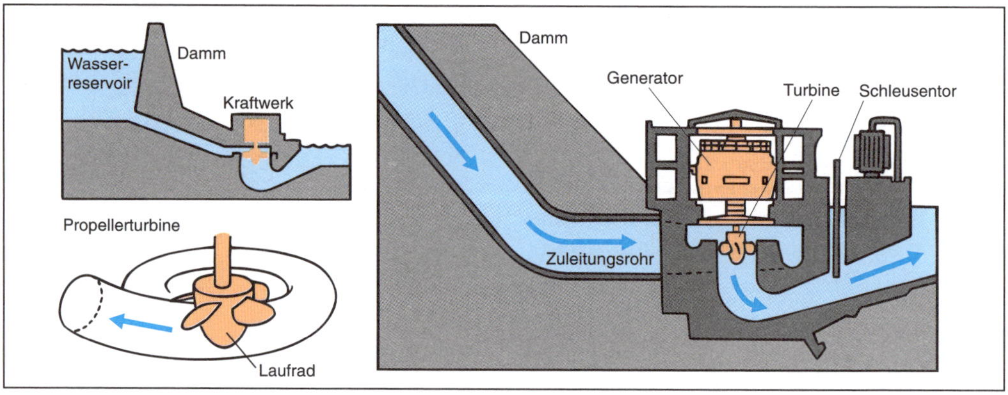

Generator: Prinzip eines Wasserkraftwerks

Was leistet ein Generator?

Generatoren sind elektrische Maschinen, die mechanische in elektrische Energie umwandeln. Stromgeneratoren können auf unterschiedliche Weise angetrieben werden. Wasserkraftgeneratoren werden von Wasserturbinen, Turbogeneratoren von Dampf- oder Gasturbinen und Dieselgeneratoren von Dieselmotoren angetrieben. Auch der Fahrraddynamo ist ein Generator.

Vier mal Biotech. Worin liegt der Unterschied?

Grüne Biotechnologie beschäftigt sich u. a. mit Agrarwirtschaft, Nahrungsmitteln, „Molecular Pharming" und nachwachsenden Rohstoffen. Rote Biotechnologie umfasst medizinische Anwendungen wie gentechnisch entwickelte Arzneien, Impf- und Wirkstoffe sowie gentechnische Therapie. Weiße Biotechnologie zielt im Bereich Umwelt u. a. auf Bodensanierung, Abwasserbehandlung, Abluftreinigung und Abfallverwertung, während sich blaue Biotechnologie um das komplexe Ökosystem Meer kümmert.

Welches unbemannte Fluggerät ohne Raketenantrieb stellte 2001 einen neuen Höhenrekord auf?

Das Flugzeug „Helios" stieg am 13. August 2001 auf die Höhe von 32.160 Metern und erreichte damit eine neue Bestleistung. Nur von Solarzellen versorgt, schraubten 14 Propeller den Flieger über dem Pazifik in die Höhe.

Wie funktioniert eine Zentrifuge?

In einer Zentrifuge kann man unterschiedlich schwere Bestandteile eines Gemisches trennen. Dazu wird in der Zentrifuge das physikalische Prinzip der Fliehkraft (Zentrifugalkraft) ausgenutzt. Denn bei einer Drehbewegung entsteht eine Kraft, die vom Drehpunkt nach außen gerichtet ist. Diese Zentrifugalkraft sorgt z. B. auch dafür, dass ein Satellit auf seiner Bahn bleibt und nicht aufgrund der Erdanziehung auf die Erde stürzt.

Mit welchem Daisycutter werden keine Blumen gepflückt?

Mit der gleichnamigen einst größten konventionellen Bombe der Welt. Sie knickt Bäume wie Gänseblümchen (engl. „daisy") um. Die notwendige Präzision zum Pflücken von Blumen bringt dieses Tötungsinstrument der US-Luftwaffe allerdings nicht auf.

Woher kennt das GPS seine Position?

24 US-amerikanische Satelliten senden weltweit permanent ihre exakte Position zu-

sammen mit einem Zeitsignal. Zur möglichst genauen Berechnung seiner Position verwendet das „Global Positioning System" (GPS) in der Praxis die Signale von mindestens vier dieser Satelliten. Seit im Jahr 2000 die künstliche Störung des Signals für zivile Nutzung abgeschaltet wurde, können selbst handliche Empfangsgeräte die Position mit einer Genauigkeit von unter 10 Metern bestimmen. Mit dem Projekt „Galileo" plant die EU ab 2008 ein europäisches GPS zu betreiben.

Wer gewann das erste Lokomotiv-Wettrennen in England?

Um die technische Reife der Eisenbahnen öffentlich zu zeigen, veranstaltete man 1829 in der Nähe von Liverpool ein Wettrennen über drei Kilometer Länge. Es gewann die Lock „Rocket" von George Stephenson (1781–1848) mit einer Geschwindigkeit von 40 km/h.

Woher hat der Geigerzähler seinen Namen?

Ursprünglich hieß es Geiger-Müller-Zählrohr, benannt nach seinen Entwicklern, den deutschen Physikern Hans Geiger (1882–1945) und Erwin Wilhelm Müller (1911–77). Mit dem Gerät werden radioaktive Teilchen gemessen, die Messung macht sich durch ein Knacken im Gerät bemerkbar.

Was wurde nach Nikolaus August Otto benannt?

Der von ihm (1832–1892) erfundene Ottomotor. Bei diesem Motor wird das Kraftstoff-Luft-Gemisch im Verbrennungsraum durch Zündkerzen von außen gezündet, im Gegensatz zum Dieselmotor, der ein Selbstzünder ist. Hier wird das Kraftstoff-Luft-Gemisch so lange verdichtet, bis es sich selbst entzündet.

Wie wird der Luftraum überwacht?

Der Luftraum wird mit Radar überwacht. Dazu strahlt ein Sender gebündelte elektromagnetische Wellen ab. Treffen diese Radarstrahlen auf ein Flugzeug, werden sie von diesem reflektiert. Aus dem zeitlichen Abstand zwischen Aussendung und Rückstrahlung lassen sich Entfernung und Geschwindigkeit des Flugobjektes berechnen. Das Echo kann auf einem Bildschirm sichtbar gemacht werden.

Wie viele FLOPS leistet sich ein Supercomputer?

In der Computertechnik steht FLOPS für „Floatingpoint Operations per Second", zu Deutsch „Fließkomma-Operationen pro Sekunde". Der „FLOPS-Wert" gibt die Rechenleistung von Supercomputern an. Der im Juni 2004 mit fast 36 Teraflops (Billionen Flops) leistungsstärkste Supercomputer wird im Earth Simulator Center in Yokohama, Japan, in erster Linie für Klimaforschungsprojekte eingesetzt.

Was ist die Aufgabe von Transistoren?

Chip mit Transistoren

Transistoren sind elektronische Halbleiterbauelemente, die als Schalter oder zur Verstärkung von elektrischen Strömen oder Spannungen dienen. Sie gaben dem Transistorradio ihren Namen. Auf einem winzigen Chip befinden sich zum Teil mehrere Millionen Transistoren in dichter Packung (so genannte integrierte Schaltungen).

Wie funktioniert verlustfreie Datenkomprimierung?

Zur verlustfreien Komprimierung nutzen Computerprogramme verschiedene Kompressionsalgorithmen, um die Redundanz (sich wiederholende Information) in den Daten zu verringern bzw. zu entfernen. Beispielsweise wird bei der Lauflängenkodierung jede Serie sich wiederholender Zeichen durch eine einmalige Angabe des Zeichens und der Anzahl der Wiederholungen ersetzt (z. B.: AAAABBBAA → 4A3BAA). Der Informationsgehalt des Originals bleibt dabei zu 100% erhalten. Je nach Inhalt und Art der Ausgangsdaten (z. B. Text oder Bilder) führen unterschiedliche Verfahren zu Kompressionsraten von 1:2 bis 1:50.

Welche Materialien wirken bei Solarzellen?

Neben dem dominierenden Grundstoff Silizium werden in der Solarzellentechnik auch organische Polymere (Kunststoffe) eingesetzt. Nachdem Forscher der Firma Siemens Anfang 2004 den Wirkungsgrad dieser organischen Solarzellen erstmals auf über 5% steigern konnten, wird diese Technologie für den kommerziellen Einsatz interessant.

Wie funktioniert eine Ampelsteuerung?

Die Ampelsteuerung ist eine Zeitplansteuerung. Die Signalfarben leuchten nach einem fest vorgeschriebenen zeitlichen Ablauf. Dieser wird zyklisch aus dem Programmspeicher eines Mikrorechners ausgelesen. Mit Veränderung der Taktzeit wird die Dauer des gesamten Zyklus gesteuert. Die optimalen Phasenverhältnisse werden im Probelauf ermittelt. Je nach Verkehrssituation werden die Taktzeiten tageszeitlich geändert

Wofür schwärmen Besucher des Miniatur-Wunderlandes?

Für Modelleisenbahnen. In Hamburgs Speicherstadt steht die größte digitale Modelleisenbahnanlage als Dauerausstellung. Nach drei Jahren Betriebszeit haben 1,5 Millionen Besucher den 550 Zügen mit 7400 Waggons zugeschaut. Nach Fertigstellung des 2004 begonnenen Bauabschnittes Skandinavien soll das MiWuLa die größte Modelleisenbahnanlage der Welt sein.

Seit wann gibt es Flaschenzüge?

Sie wurden im 7. Jahrhundert v. Chr. von griechischen Technikern erfunden. Das Prinzip beruht darauf, dass man beim Heben der Last Kraft einspart bzw. Kraft in ihrer Wirkung vervielfältigt. Dazu wird die Last an ein Seil gebunden, das über eine feste und eine (oder mehrere) lose Rolle(n) geführt wird.

Was unterscheidet einen Ottomotor von einem Dieselmotor?

Bei dem von Nikolaus August Otto (1832–1892) erfundenen Ottomotor wird das Kraftstoff-Luft-Gemisch im Verbrennungsraum von außen gezündet (Zündkerzen). Der Dieselmotor ist dagegen ein Selbstzünder. Hier wird das Kraftstoff-Luft-Gemisch so lange verdichtet, bis es sich selbst entzündet.

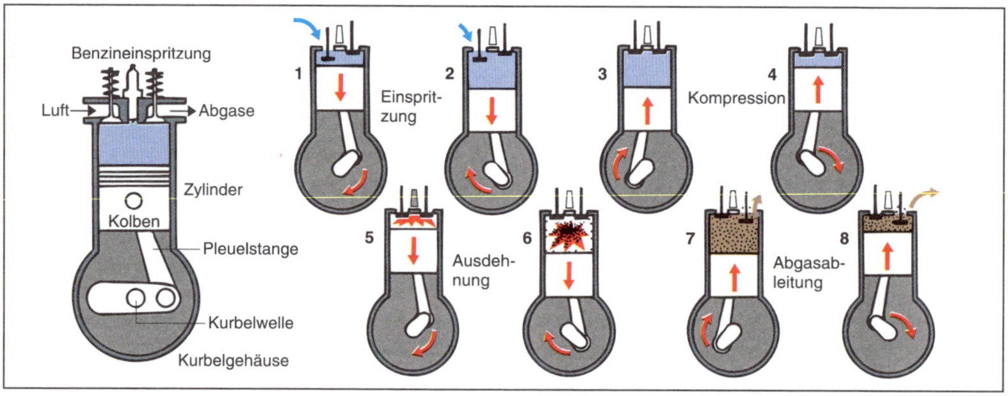

Prinzip des Ottomotors

Welche technischen Errungenschaften beruhen auf den Entdeckungen Luigi Galvanis?

Luigi Galvani

Der italienische Arzt und Naturforscher (1737–98) trug zur Erforschung elektrochemischer Vorgänge bei, die z. B. in Form der so genannten Galvanischen Elemente in Trockenbatterien eine Rolle spielen. Beim Galvanisieren werden Oberflächen mit einer dünnen Metallschicht überzogen.

Wo wurden zum ersten Mal in Deutschland elektronische Fußfesseln eingesetzt?

In Hessen kamen im Mai 2001 die ersten elektronischen Sender im Strafvollzug zum Einsatz. Das Band um den Fuß des Gefangenen meldete über Telefon, wenn sich der Gefangene zu weit von einer Überwachungseinheit entfernte.

Was ist Gentechnik?

Gentechnik ist ein Verfahren zum Austausch von Erbinformationen. Grundlage der Gentechnik ist der 1944 geführte Nachweis des Biologen Oswald Avery (1877–1955), dass die DNA (Desoxyribonukleinsäure) Träger der Erbinformation in allen Lebewesen ist.

Was führt zum so genannten zusätzlichen Treibhauseffekt?

Jährlich werden durch menschliche Aktivitäten rund neun Milliarden Tonnen CO_2 zusätzlich erzeugt. Etwa drei Milliarden Tonnen verbleiben in der Atmosphäre und führen dort zum zusätzlichen Treibhauseffekt. Die restlichen sechs Milliarden Tonnen werden vermutlich von den Ozeanen aufgenommen.

Wie kann man die Helligkeit von Lampen steuern?

Dies erfolgt mit so genannten Dimmern. Dimmer sind elektronisch gesteuerte Schalter, mit denen die Stromstärke so eingestellt wird, dass die Lampe die gewünschte Helligkeit erzeugt.

Was bezeichnet man als Statik?

Die Konstruktion eines Bauwerkes wird auch als Statik bezeichnet. Ein Statiker berechnet die am Bau auftretenden Lasten und die erforderliche Größe der Bauteile.

Was ist eine Biomasse?

Biomasse ist die Gesamtheit aller lebenden, toten und zersetzten Organismen und der von ihnen stammenden organischen Substanz. Schon im Mittelalter nutzten die Menschen Biomasse. So wurde Kuhdung getrocknet und verfeuert.

Wie funktioniert ein Navigationssystem in einem Auto?

Navigationssysteme dienen der Ermittlung des geografischen Standortes. Zu einem Navigationssystem im Auto gehören GPS-Empfänger, Fahrzeugsensoren, elektronisch gespeichertes Kartenmaterial, Bordrechner und Verkehrsleiteinrichtungen. Der Standort wird ermittelt und auf einem Display sichtbar gemacht. Das Navigationsprogramm zeigt den Fahrweg zum eingegebenen Zielort. Der Standort wird ständig aktualisiert, dabei werden mögliche Verkehrsbehinderungen wie Staus und Baustellen, welche die Radiodienst melden, mit berücksichtigt.

Wie nennt man Stoffe, welche die Wärmeleitung behindern?

Dämmstoffe. Als Dämmstoffe werden Baustoffe bezeichnet, die einen niedrigen Wärmedurchgangskoeffizienten besitzen. Diese Stoffe behindern die Wärmeleitung. Je feinporiger und trockener die Dämmstoffe sind, desto besser ist ihre Güte und damit ihre Eignung. Gute Dämmstoffe sind zum Beispiel Schaumplaste, Kork, Holzfaserplatten, Styropor und Mineralwolle.

Wer erfand das Schießpulver?

Das Schwarzpulver war schon lange, bevor es in Europa entdeckt wurde, den Chinesen, Arabern und Indern bekannt, die es seit etwa 950 für Feuerwerkskörper benutzten. 1280 wurden die ersten Kanonen im Krieg eingesetzt.

Welcher Naturstoff wird vorwiegend in der Elektrotechnik eingesetzt?

Kupfer. Kupfer ist ein rötlich brauner Naturstoff, der in Erz (Kupferkies, Kupferglanz, Kupfererz, Rotkupfer, Malachit) vorkommt. Kupfer ist nach Silber das Metall mit der besten Leitfähigkeit, weswegen es vorwiegend in der Elektrotechnik als Leitungsmaterial eingesetzt wird. Aber auch als Installationsmaterial, zum Beispiel für Wasserrohre findet es Einsatz.

Welcher Baustoff gehört zu den ältesten der Welt?

Ziegel. Seit der Antike bezeichnet man gebrannte Formsteine aus Ton oder tonigen Erden, wie Lehm mit Zuschlägen (Schamotte, Quarzsand) als Ziegel. Schon die Ägypter kamen auf die Idee den Nilschlamm mit Kamelmist zu mischen. Diese Masse wurde dann in die richtige Form gebracht und in der Sonne getrocknet. Etwa 4000 v. Chr. wurden in Mesopotamien Ziegel gebrannt und später auch eingefärbt. Es waren die Römer, die den Tondachziegel ungefähr vor 2000 Jahren im gesamten Abendland verbreiteten. Bei jedem Feldzug brachten sie den Ziegel in die eroberten Gebiete. Nach seiner Anpassung an die vorherrschenden klimatischen Verhältnisse, entwickelte sich der Ziegel schnell zum wichtigsten Baustoff. Immer neue Ziegelformen entstanden.

Die Katastrophe von Lakehurst

Was geschah bei der Katastrophe von Lakehurst?

Im Jahr 1937 ging das Luftschiff „Hindenburg" bei der Landung in Lakehurst (USA) in Flammen auf. Dabei verloren 36 Menschen ihr Leben. Der Unfall, dessen Ursache nie geklärt wurde, erregte große Aufmerksamkeit in der ganzen Welt und führte zur Einstellung der Verkehrsluftschifffahrt.

Wer entwickelte die atmosphärische Dampfmaschine?

Der englische Schmied und Techniker Thomas Newcomen (1663–1729). Er entwickelte eine Maschine, bei der das Wasser nicht mehr direkt im Zylinder erhitzt wurde, sondern von einem einfachen Dampferzeuger aus durch ein Ventil in den Zylinder strömte. Durch den einströmenden Dampf wurde der Kolben gehoben. Nach Schließen des Dampfventils wurde ein Ventil mit kaltem Wasser geöffnet. Das in den Zylinder einströmende Wasser kühlte den Dampf ab. Durch den Luftdruck wurde der Kolben wieder nach unten bewegt.

Wie funktioniert ein Backofen?

Je nach Beheizungsart unterscheidet man Backofen mit Ober- und Unterhitze, Umluftbackofen oder Backofen mit kombinierter Ausstattung. Das Beheizen des Backofens geschieht durch Heizwiderstände, die sich unter dem Boden und an der Decke des Backofens befinden. Im Backofen mit Ober- und Unterhitze erfolgt die Wärmeübertragung durch Strahlung und natürliche Luftströmung, d. h. es kann beim Braten, Backen nur eine Ebene, ein Blech belegt werden. Im Umluftbackofen erfolgt die Wärmeübertragung durch einen Ventilator, der sich an der Rückwand des Backofens befindet. Der Ventilator verteilt die Wärme im gesamten Backofen und bewirkt dadurch eine schnellere Wärmeausbreitung. So ist ein Backen oder Garen auf mehreren Ebenen bzw. Blechen möglich. Dadurch liegt auch die erforderliche Backtemperatur etwa 30 °C unter der eines Herdes mit Ober- und Unterhitze.

Wie funktioniert ein Drehstrommotor?

Drehstrommotoren sind vielfach eingesetzte, preiswerte und wartungsarm zu betreibende Elektromotoren. Sie werden mit Drehstrom gespeist und wandeln die Elektroenergie in Rotationsenergie um.

Was umfasst der so genannte Fertigungsprozess?

Unter Fertigungsprozess versteht man die Gesamtheit aller Fertigungsverfahren zur Herstellung eines Gebrauchsgegenstandes. Bei der Organisationsform unterscheidet man im Fertigungsprozess nach dem Fertigungsprinzip und nach der Fertigungsart. Hinsichtlich der Unternehmensorganisation haben sich das Null-Fehler-Prinzip und das Null-Puffer-Prinzip durchgesetzt.

Seit wann gibt es Kugelschreiber?

Im Jahr 1938 erhält László József Biró (1899–1945) ein Patent für seinen Kugelschreiber. Entscheidend war, dass der Ungar eine dickflüssige Tinte fand, mit der sich schreiben ließ.

Was bezeichnet man als grüne Gentechnik?

Moderne Methoden der Züchtung von Nutzpflanzen basieren heute auf der Gentechnik. Die Anwendung gentechnischer Verfahren bei der Züchtung von Nahrungs- und Nutzpflanzen wird auch „Grüne Gentechnik" genannt. Zu den Zielen der Grünen Gentechnik gehören u. a. die Erhöhung der Widerstandsfähigkeit der Pflanzen gegen Unkrautvernichtungsmittel und Pflanzenkrankheiten sowie eine verbesserte allgemeine Stressverträglichkeit.

Wer brachte erstmals Bilder „zum Laufen"?

Als Pioniere der Filmgeschichte gelten die Brüder Auguste Marie Luis Nicolas (1862–1954) und Luis Jean Lumière (1864–1948). Sie erfanden 1895 den Kinematografen. Ohne diesen Filmprojektionsapparat wäre das heutige Kino nicht möglich gewesen. Die Brüder Lumière spezialisierten sich auf den Dokumentarfilm. Die Erfindung galt zunächst nur als Erweiterung der Fotografie.

Kinoplakat

Welches sind die festesten Materialverbindungen überhaupt?

Schweißverbindungen. Das Schweißen bewirkt durch Wärme an der Verbindungsstelle zweier Werkstücke eine unlösbare Verbindung. Das Hammer- oder Feuerschweißen als frühestes Verfahren blieb trotz gewonnener Einzelerkenntnisse bis zur Mitte des 19. Jahrhunderts das einzige Schweißverfahren. Erst danach entwickelten Techniker und Erfinder weitere Schweißverfahren, z. B. das Autogen-Schweißen. Heute spielen Pressschweiß- und Schmelzschweißverfahren eine große Rolle.

Wie funktioniert ein Kühlschrank?

Ein Kühlschrank dient dazu, einen umschlossenen Raum abzukühlen. Sein Wirkprinzip entspricht dem der Wärmepumpe: Durch ein Arbeitsmittel wird durch einen Verdampfer der Luft und den im Kühlschrank befindlichen Lebensmitteln Wärme entzogen. Diese Wärme wird über einen Verflüssiger an die Umgebung abgegeben.

Wieso werden Panzer auch als Tanks bezeichnet?

Großbritannien baute 1915 das erste kettengetriebene Panzerfahrzeug. Zur Tarnung erhielt die neue Waffe den Namen Tank. Er hat sich dann im Englischen als normale Bezeichnung eingebürgert und wird auch bei uns gelegentlich verwendet. Der erste Kampfeinsatz der Panzer erfolgte im September 1916 in der Sommeschlacht.

Panzer

Was bedeutet der zusätzliche Treibhauseffekt für das Klima?

Neben dem natürlichen und für uns lebensnotwendigen Treibhauseffekt wird in den letzten Jahrzehnten ein zusätzlicher Treibhauseffekt registriert. Dieser zusätzliche Treibhauseffekt äußert sich darin, dass Wärmestrahlung stärker von der Atmosphäre in Richtung Erdoberfläche reflektiert wird und damit in den letzten Jahrzehnten eine Erhöhung der mittleren Temperatur an der Erdoberfläche von ca. 0,5 °C registriert wurde. In einer Reihe von Klimamodellen wird bis zum Jahre 2100 mit einer weiteren Erwärmung zwischen 1,5 Kelvin und 3 Kelvin gerechnet. Das kann weitreichende Folgen für das Klima und die Lebensbedingungen auf der Erde haben.

Wofür steht der englische Begriff Freeware?

Freeware (engl., „frei erhältliche Software“) ist die Bezeichnung für Programme, die urheberrechtlich geschützt sind, aber ohne Zeitlimit kostenlos genutzt werden können und auch fast immer privat kopiert und weitergegeben werden dürfen. Freeware gehört zusammen mit der Shareware zum Bereich der Public-Domain-Software (Software „für den öffentlichen Gebrauch“).

Was versteht man unter dem Begriff Technik?

Unter diesem Begriff versteht man ganz allgemein die Entwicklung und Herstellung von Produkten durch den Menschen und die Verwendung dieser Produkte für bestimmte Zwecke (Nutzung in der Arbeit, zur Lebenserhaltung und in der Freizeit). Der Bereich der Technik steht in enger Wechselbeziehung mit den Bereichen Natur und Gesellschaft.

Wann wurde in Deutschland der Telefaxdienst eingeführt?

1979. Unter Telefax („tele“ steht für fern) versteht man den Telekommunikationsdienst zur Übertragung von Text- oder Bildvorlagen als Fernkopie über das Telefonnetz. Beim Faxen verbleibt das Originaldokument immer beim Absender. Der Inhalt der Vorlage wird im Faxgerät durch optische Verfahren zeilenweise gescannt (abgetastet). Dabei werden den einzelnen Punkten Graucodierungen zugewiesen. Die so erhaltenen digitalen Informationen werden komprimiert und an das Empfangsgerät übertragen. Das Faxgerät auf der Empfängerseite erstellt durch Ausdruck eine Kopie des Originaldokuments.

Was bezeichnet die so genannte Verfahrenstechnik?

Verfahrenstechnik ist eine Ingenieurwissenschaft, deren Aufgabe die Entwicklung, Berechnung und der Betrieb von Verfahren und Anlagen zur Herstellung meist chemischer Produkte ist. Sie ist eine Wissenschaft, die gleichermaßen theoretische und praktische Fragen bearbeitet. Ihr Ziel ist es, die Vorgänge in Apparaten optimal ablaufen zu lassen. Physikalische Vorgänge und chemische Reaktionen, die in der Anlage ablaufen, werden von der Verfahrenstechnik in ihrem Zusammenwirken untersucht und technisch angewendet. Die Verfahrenstechnik ist in fast allen Wirtschaftsbereichen anzutreffen.

Wofür steht die Abkürzung HTML?

HTML (engl.: HyperText Markup Language) ist eine in den 80er-Jahren entwickelte Betriebssystem unabhängige Dokumentenbeschreibungssprache, welche die Erstellung von Hypertext-Dokumenten für das World Wide Web standardisiert. HTML-Dateien tragen die Dateinamenerweiterung „.html" oder „.htm". Sie bestehen ausschließlich aus zeilenorientiertem ASCII-Text.

Was ist ein Perpetuum mobile?

Ein Perpetuum mobile ist eine Maschine oder eine Anordnung, die dauernd mehr Energie abgibt als ihr von außen zugeführt wird. Viele Jahrhunderte wurde versucht, solche Maschinen oder Anordnungen zu konstruieren. Nach dem Energieerhaltungssatz sind aber solche Maschinen oder Anordnungen nicht möglich.

Wofür steht die Abkürzung BASIC?

BASIC ist der Name einer Programmiersprache. Es ist eine Abkürzung für „Beginners All purpose Introduction Code". Die Sprache wurde für Nutzer von Datenverarbeitungsanlagen entworfen, die wenig Erfahrung im Umgang mit Rechenanlagen und wenig Programmiererfahrung haben.

Was versteht man unter Desktop Publishing?

Unter Desktop-Publishing (DTP) versteht man das Erstellen und Gestalten grafischer Drucksachen wie Plakate oder anderer Werbematerialien und Zeitschriften mithilfe des Computers. Insbesondere gehört hierzu das Herstellen der zur Drucksache gehörigen Druck- oder Vervielfältigungsvorlage. Desktop-Publishing kommt aus dem Englischen und heißt soviel wie „Publizieren (Veröffentlichen) vom Schreibtisch aus". Bekannte DTP-Programme sind QuarkXPress oder InDesign.

Was ist eine Laterna Magica?

Laterna Magica

Eine Laterna Magica ist technisch gesehen ein Vorgänger des heutigen Diaprojektors. Entwickelt wurde sie 1665 vom dänischen Mathematiker Thomas Walgenstein, jedoch wird fälschlicherweise oft der Jesuitenpater Athanasius Kircher als Erfinder genannt, weil er sechs Jahre später in der zweiten Auflage seines Werks *Ars magna lucis et umbrae* erstmals über die Laterna Magica berichtete. Die Laterna Magica besteht aus einer Lichtquelle, einem Reflektor, einer Linse und einer Leinwand, auf die das Bild geworfen werden soll. Die Vorlage ist auf einer Glasplatte angebracht, die im Gerät in den Lichtgang geschoben wird. Sehr einfach lassen sich mittels Scherenschnittvorlagen große Schattenmotive projizieren, aber auch Texte können damit vergrößert auf eine Leinwand geworfen werden.

Was sind im WWW Counter?

Unter „Counter" versteht man einen Zähler, mit dessen Hilfe sich die Anzahl der Zugriffe auf eine Web-Site ermitteln lässt. Diese Zugriffszahlen lassen Rückschlüsse auf die Akzeptanz der entsprechenden Web-Site zu. Zu den unterschiedlichen Zählsystemen gehören: „Visits", „Page Views", „Add-Click", „Page Counter".

Auf welchem technischen Prinzip beruht die Bildröhre eines Fernsehers?

Es ist das Prinzip einer Kathodenstrahlröhre. In ihr werden Elektronen zwischen Kathode und Anode beschleunigt und zu einem Strahl gebündelt. Dieser Strahl kann z. B. durch magnetische Felder abgelenkt und auf jeden Punkt eines Bildschirms gerichtet werden.

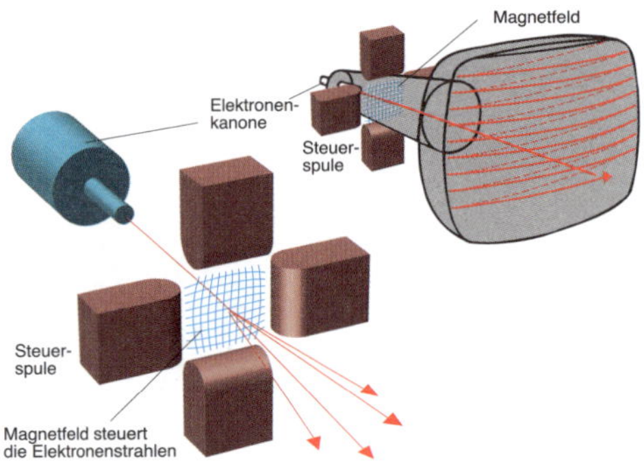

Kathodenstrahlröhre

Wofür steht die Abkürzung MS-DOS?

MS-DOS (Microsoft Disk Operating System) ist ein 1980 im Auftrag von IBM durch Microsoft entwickeltes und seit Beginn der 1980er-Jahre von Microsoft vertriebenes Betriebssystem für Personalcomputer (PC), das komplett von einem externen Speichermedium (Diskette) installiert und gestartet werden kann.

Wozu werden so genannte Proxy-Server eingesetzt?

Proxy-Server werden zu verschiedenen Zwecken eingesetzt. Bei Providern fungieren sie in erster Linie als Cache (Arbeistspeicher). Sie dienen als lokaler Zwischenspeicher für häufig aus dem Internet geladene Daten. Bei einem erneuten Zugriff müssen diese Daten dann nicht erst vom weit entfernten Ursprungsrechner geladen werden. Das verkürzt Zugriffszeiten und entlastet den Datenverkehr.

Wie gefährlich ist Dieselruß?

Dem Bestandteil des Abgases von Dieselmotoren wird eine krebserzeugende Wirkung zugeschrieben. Nach neuesten wissenschaftlichen Erkenntnissen hängt die krebserzeugende Wirkung von der Anzahl der feinen lungengängigen Teilchen ab und nicht, wie bisher angenommen, von der Masse eines Rußteilchens. Immer mehr Autohersteller rüsten ihre Dieselfahrzeuge inzwischen mit einem Rußpartikelfilter aus, der den Dieselruß von den Abgasen trennt.

Welche Aufgabe hat das Duale System Deutschland?

Das Duales System Deutschland (DSD) ist ein auf der Grundlage der Verpackungsverordnung eingerichtetes zweites System zur Abfallentsorgung, wofür neben den zuständigen kommunalen Entsorgungsträgern die DSD GmbH verantwortlich ist. Das DSD stellt einen marktwirtschaftlichen Zusammenschluss von Handels-, Konsumgüterunternehmen sowie Verpackungsherstellern dar, welche die Produkthersteller berechtigen, den „Grünen Punkt" aufzudrucken. Mit dem dafür entrichteten Lizenzbeitrag wird das System zur Sammlung, Rücknahme, Sortierung und Recycling der Verpackungsmaterialien finanziert.

Was bezeichnet der so genannte Energiepass?

Bei dem Energiepass handelt es sich um eine Bescheinigung, die jeder Mieter für seine Wohnung und jeder Kaufinteressent für die Immobilie ab 2006 verlangen kann. Bei der Einführung von Energieausweisen handelt es sich um die Umsetzung einer EU-Richtlinie über die Energieeffizienz von Gebäuden. Der Energiepass informiert Verbraucher objektiv, zeigt Einsparpotenziale auf und ermöglicht es, den Energiebedarf von Häusern bundesweit unkompliziert zu vergleichen. In Immobilienanzeigen soll künftig so selbstverständlich mit der Energieeffizienz von Gebäuden geworben werden, wie es bei Kühlschränken und Waschmaschinen längst Praxis ist.

Was ist Feinstaub und wie gefährlich ist er?

Als Feinstaub bezeichnet man winzige, mit bloßem Auge nicht sichtbare Partikel im Staub. Sie stammen überwiegend aus Aktivitäten der Menschen und gehören zu den am schwierigsten zu beseitigenden Luftschadstoffen. Da die Filterwirkung des Nasen-Rachenraumes für feine Partikel dieser Größenordnung nicht ausreicht, werden solche Partikel eingeatmet und dringen bis weit in die Lunge vor. Wegen dieser gefährlichen Eigenschaften hat am 27. September 1996 der Europäische Rat in einer „Luftqualitätsrahmenrichtlinie" die nachhaltige Reduzierung von gesundheitsschädlichen Staub- und Rußpartikeln festgelegt. Das Gesetz trat in Deutschland am 1. Januar 2005 in Kraft.

Wofür steht die Abkürzung PAK?

Polyzyklische aromatische Kohlenwasserstoffe (PAK) sind aromatische Verbindungen, die in Erdöl, Kohle und Tabakteer enthalten sind, aber auch bei unvollständigen Verbrennungsprozessen und bei der Müllverbrennung entstehen können. PAK sind überall vorhanden. PAK in hohen Konzentrationen erzeugen Krebs.

Welche Verfahren stehen zur Verfügung, um Sonnenenergie zu nutzen?

Die Sonnen- (oder Solarenergie) ist ein dem Menschen unbegrenzt zur Verfügung stehender Energieträger. Die Sonne schickt Strahlen mit einer Leistung von maximal 1000 W/m^2 an wolkenlosen und minimal etwa 20 W/m^2 an trüben Tagen auf die Erdoberfläche. Zur Nutzung stehen thermische Verfahren in Form von Sonnenkollektoren zur Verfügung, photovoltaische Verfahren (Photovoltaik) zur Stromerzeugung mit Solarzellen oder die passive Sonnenenergienutzung durch geschickte architektonische Bauweise und Standortwahl von Gebäuden.

Was ist eine Linotype?

Eine Zeilensetzmaschine (von „line of types"). Die erste praxistaugliche Maschine dieser Art wurde 1886 bei der Zeitung *New York Tribune* eingesetzt.

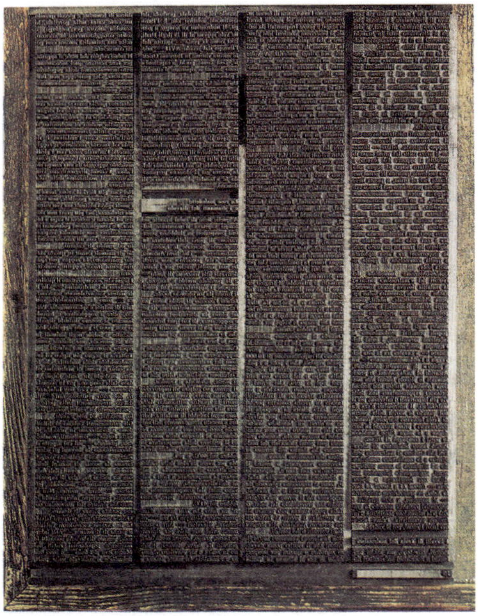

Gegossene Lynotypeseite

Was definiert die Halbwertszeit?

Die Halbwertszeit ist die Zeit, in der die Strahlungsintensität (= Zahl der Zerfälle pro Sekunde) einer radioaktiven Substanz auf die Hälfte abgeklungen ist; wird analog auch auf andere Vorgänge übertragen, z. B. den Abbau von Pflanzenschutz- und Schädlingsbekämpfungsmitteln.

Ariane-Rakete

Warum werden die Ariane-Raketen des europäischen Raumfahrtprogramms von Kourou in Südamerika aus gestartet?

Nicht alle Orte auf der Erde sind als Raumfahrtstationen gleich gut geeignet. Von Orten, die näher am Äquator liegen, ist es unkomplizierter, Raketen in eine Erdumlaufbahn zu befördern. Da Französisch Guayana seit 1947 ein Teil Frankreichs ist und sehr nahe am Äquator liegt, fiel die Wahl auf Kourou.

Welche Aufgabe haben Raffinerien?

Die Raffinerie ist eine verfahrenstechnische Anlage zur Trennung des Rohöls in einzelne Fraktionen (Kohlenwasserstoffe) und deren Weiterverarbeitung zu Kraftstoffen und anderen Produkten. In der Raffinerie werden physikalische und chemische Verfahren zur Verarbeitung von Kohlenwasserstoffen eingesetzt.

Was versteht man unter dem Begriff Pneumatik?

Pneumatik ist ein Teilbereich der Mechanik, das sich mit dem Verhalten von Gasen beschäftigt. In der Technik werden Geräte werden Geräte und Anlagen, die mit Druckluft arbeiten, so bezeichnet.

Wie funktioniert eine Windkraftanlage?

Eine Windkraftanlage (WKA) ist im weitesten Sinne eine Maschine zur Nutzung der Windenergie. Die Windenergie setzt den Rotor (auch Windturbine genannt) in Bewegung. Der Rotor ist an einer Welle befestigt. Mit Hilfe eines Getriebes wird die Drehung des Rotors auf einen Generator übertragen, der dann Strom erzeugt. Damit sich die Investition in eine WKA lohnt, muss die Windgeschwindigkeit mindestens vier Meter pro Sekunde in zehn Metern Höhe betragen.

Was bedeutet in der Computertechnik der so genannte Cache?

Französisch für „Körbchen". In der Computertechnik im übertragenen Sinn der Zwischenspeicher, der die Entstehung von Wartezeiten verhindern soll. Die vorsorgliche Zwischenspeicherung wahrscheinlich bald benötigter Daten aus dem Massenspeicher führt zur Verbesserung des Datendurchsatzes, bzw. zur Verkürzung der effektiven Datenzugriffszeit.

Was bedeutet Recycling?

Recycling ist die sortenreine Sammlung von Abfällen, ihr Transport und ihre Aufbereitung zu wieder verwertbaren Stoffen. Diese Stoffe heißen Wertstoffe oder Sekundärrohstoffe und werden erneut zu einem Produkt verarbeitet.

Welche vorgeschichtliche Erfindung ist das älteste mechanisierte Handwerksgerät des Menschen?

Die Töpferscheibe, das Keramiker Mitte des 4. Jahrtausends in Mesopotamien entwickelten. Dabei legte der Handwerker den Ton auf eine rotierende Scheibe und formte so schnell und einfach gleichmäßige Gefäße. Von Mesopotamien aus verbreitete sich die neue Technologie über Kreta nach Griechenland und von dort bis in den westlichen Mittelmeerraum.

Was ist ein Echo und wie kommt es zustande?

Ein Signalrücklauf zur Signalquelle. Ein Echo entsteht durch Reflexion, die eine gegen die ursprüngliche Signalausbreitungsrichtung reflektierte Welle zur Folge hat.

Wer gründete die Weltfirma Siemens AG?

Werner von Siemens (1816–92) und J. G. Halske (1814–1890) gründeten 1847 die Telegrafen-Bauanstalt Siemens & Halske, aus der später die Siemens AG hervorging. Siemens erfand zahlreiche elektrotechnische Geräte oder war an ihrer technischen Umsetzung beteiligt (z. B. Dynamomaschine, Elektrolokomotive, elektrischer Aufzug).

Werner von Siemens

Welches Volk errichtete bereits in der Antike vollendete Wasserleitungssysteme?

Die Römer legten künstlich Aquädukte (lat., „geführtes Wasser") aus Stein an, die aus einem offenen und einem geschlossenen Kanal bestanden und meist auf hohen Bogenkonstruktionen errichtet wurden. Durch eine Rinne mit leichtem Gefälle floss das Gebirgswasser in die Städte. Die kilometerlangen Leitungen versorgten Haushalte und öffentliche Badeanlagen (Thermen) mit Frischwasser und transportierten das Schmutzwasser ab.

Wann nahm das erste deutsche U-Boot seine Probefahrt auf und wie hieß es?

1851 ließ der bayerische Artillerie-Unteroffizier Wilhelm Bauer (1822–75) das erste in Deutschland gebaute U-Boot in der Kieler Förde zu Wasser, den so genannten „Brandtaucher". Beim ersten Tauchversuch sank das U-Boot bis auf den Grund bei ca. 20 Metern Wassertiefe. Der verunglückte Brandtaucher wurde erst im Jahr 1887 geborgen. Nach verschiedenen Museums-Stationen hat das älteste erhaltene Tauchboot der Welt nun seine Heimat im Militärhistorischen Museum der Bundeswehr in Dresden gefunden.

Was ist ein Wärmekraftwerk?

Ein Wärmekraftwerk erzeugt Elektroenergie aus der chemischen Energie von Stein- und Braunkohle, Erdöl, Erdgas und Müll sowie aus der Kernenergie von Uran und Plutonium. Außer Elektroenergie geben sie oft auch Wärmeenergie zum Heizen ab.

Wie funktioniert der Motor, den der deutsche Maschinenbauer Felix Wankel erfand?

Der Wankelmotor ist ein ventilloser Verbrennungsmotor mit Schlitzsteuerung, dessen Kolben eine stetig kreisende Bewegung ausführt (Kreiskolbenmotor).

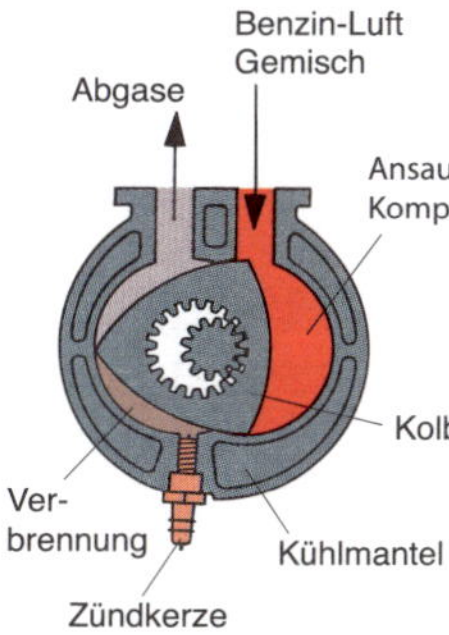

Wankelmotor

Audi-NSU baute in Deutschland zwar eine Zeit lang ein Auto mit diesem Motor, doch konnte sich das Prinzip allgemein nicht durchsetzen.

Was ist der Unterschied zwischen Schmalband- und Breitbandnetz?

Digitale Schmalband- und Breitbandnetze unterscheiden sich durch die Anzahl der parallel übertragenen Bits. Von Schmalband spricht man bei einer Datenübertragungsrate von 64 Kbits/s. In einem Breitbandnetz werden n x 64 Kbits/s übertragen.

Was wird mit einer archimedischen Schraube befördert?

Wasser. Die Erfindung des griechischen Gelehrten Archimedes (287–212 v. Chr.), ein mobiles Wasserhebegerät, wird noch heute benutzt. Eine von einem Zylinder umschlossene Spirale befördert das Wasser durch Drehen von tieferem zu höherem Niveau.

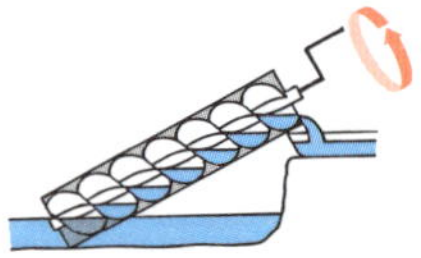

Archimedische Schraube

Mit welcher Bildwechselfrequenz arbeiten moderne Fernsehgeräte?

Mit einer Bildwechselfrequenz von 100 Hz. Dazu wird das gesamte Bild in einem Speicher zwischengespeichert und zweimal auf die Leuchtschicht geschrieben.

Was gibt der Heizwert an?

Der Heizwert gibt an, welche Wärmemenge Q bei der Verbrennung von einem Kilogramm Kraftstoff frei wird.

Auf welche Weise werden in der Datenverarbeitung Informationen dargestellt?

Durch die binäre Darstellung. Es gibt dabei nur zwei Zustände, die man mit „ja/nein“ oder „Strom fließt/kein Strom fließt“ beschreiben kann. Ihre mathematische Grundlage ist das Dualsystem, bei dem es nur zwei Zahlen, nämlich 0 und 1, gibt.

Wofür steht die Abkürzung CD-ROM?

CD steht für „Compactdisc“, eine meist silbrig glänzende Kunststoffscheibe, die als Datenträger für digitalisierte Daten dient. Die Information wird durch Abtasten mit einem Laserstrahl abgerufen. Die Abkürzung ROM für „Read only Memory“ verweist auf die Besonderheit: Die Daten kann der Benutzer zwar lesen, aber nicht überschreiben.

Warum gab es im 18. Jahrhundert keine Kugellager?

Obwohl bereits die Griechen und Römer das Prinzip des Kugellagers kannten und auch einfache Lager mit Holzkugeln verwendeten, war es im 18. Jahrhundert wieder völlig unbekannt. Der Einsatz bei der Römern geriet im Mittelalter in Vergessenheit. Zwar hatte Leonardo da Vinci (1452–1519) mit Kugellagern experimentiert, doch seine Forschungen wurden genauso wenig umgesetzt wie die des Briten Philip Vaughan, der 1794 das Prinzip des Kugellagers ebenfalls neu entdeckt hatte. Das große Problem beim Bau dieser Lager waren die hohen Anforderungen an die Präzision der Stahlkugeln. Diese mussten damals noch per Hand gerundet und gefeilt werden und konnten diese Bedingungen nicht erfüllen.

Wer erfand den Liebig-Kühler?

Auch wenn es die Bezeichnung „Liebig-Kühler“ nahe legt, so war Justus von Liebig (1803–73) doch nicht der Erfinder des heute meist nach ihm benannten Gegenstromkühlers. Bereits über 30 Jahre vor Liebigs Geburt erfand der deutsche Chemiker Christian Ehrenfried Weigel (1748–1831) im Jahre 1771 den neuen Kühler für die Destillation von Flüssigkeiten. Bisher wurde bei der Destillation mit dem seit dem Mittelalter verwendeten Alembik gearbeitet, bei dem sich der Dampf im oberen Teil des Gefäßes (meist aus Ton) niederschlug und die kondensierte Flüssigkeit über ein nach unten gebogenes Rohr abgeleitet wurde. Der von Weigel erfundene Kühler vereinfacht und verkürzt die Destillation, denn er arbeitet mit einer aktiven Kühlung. Auf den erhitzten Kolben mit der Flüssigkeit wird ein schräg nach unten laufendes doppelwandiges Rohr aufgesetzt. Ein kalter Wasserstrom von unten nach oben zwischen der äußeren und der inneren Wand des Kühlers sorgt dafür, dass der aufsteigende Dampf viel rascher kondensiert und über das innere Rohr des Kühlers das Kondensat rasch in einen Auffangkolben abläuft.

Wer baute die erste technisch verwendbare Dampfmaschine?

Der englische Ingenieur und Erfinder James Watt (1736–1819). Er gründete zusammen mit Matthew Boulton (1728–1809) die erste Dampfmaschinenfabrik. Die Verwendung ihrer Maschinen in den Baumwollspinnereien leitete die Industrialisierung Englands ein. Die Einheit der elektrischen Leistung trägt zur Erinnerung an den Erfinder den Namen Watt.

James Watt

Wer erfand den Radiergummi?

Bereits kurz nachdem erstmals Kautschuk aus Südamerika nach Europa gelangt war, entdeckte der englische Chemiker Joseph Priestley (1733–1804) im Jahre 1770, dass man mit Gummi Bleistiftstriche wegradieren konnte. Kautschuk heißt deshalb im Englischen auch heute noch - genauso wie der Radiergummi - „rubber".

Wie kam der Korken in den Flaschenhals?

Der Erfinder des Flaschenkorkens soll Pierre Pérignon (1678–1715), der Kellermeister der Benediktiner-Abtei Hautvillers in Frankreich, gewesen sein. Ab dem Jahre 1690 verschloss er erste Weinflaschen mit Rindenstücken der Korkeiche. Da sich der Korken als Flaschenverschluss bewährte, wurden Korkeichen schon bald systematisch im Mittelmeerraum angebaut.

Was ist ein Elektrophor?

Der italienische Physiker Graf Alessandro Volta (1745–1827) erfand 1775 den Elektrophor, einen elektrischen Kondensator, der durch Peitschen mit einem Fuchsschwanz mit statischer Elektrizität aufgeladen wurde. Mit dem Elektrophor ließen sich beim Entladen kleine Funken erzeugen.

Wie hoch waren die Stollen untertage?

Die schlimmsten Verhältnisse fand man in England. Noch bis 1842 war dort die Beschäftigung von Kindern und Frauen untertage erlaubt und man fand teilweise Stollen mit einer Höhe von 46 Zentimeter. Das ist nur wenig mehr als die doppelte Höhe dieser Papierseite. 1840 waren etwa 40% der 8500 Beschäftigten untertage in der Region Tyneside in England Kinder und Jugendliche.

Wo lag das Zentrum des Luftschiffbaues?

In Friedrichshafen am Bodensee. Hier entwickelte Ferdinand Graf von Zeppelin (1838–1917) das erste lenkbare Starrluftschiff LZ 1. Nach ihm heißen die zigarrenförmigen Luftfahrzeuge Zeppeline. Sie wurden im Ersten Weltkrieg zu militärischen Zwecken und bis zur Brandkatastrophe von Lakehurst im Jahr 1937 im transatlantischen Passagierverkehr eingesetzt.

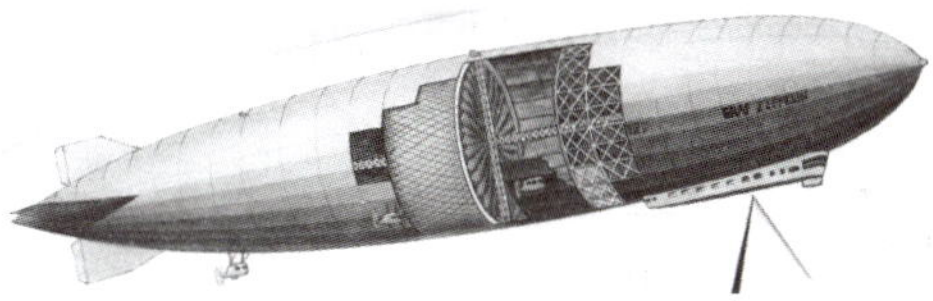

Zeppelin Luftschiff

Was ist Koks?

Wenn man Steinkohle unter Luftabschluss „röstet" (wie bei der Umwandlung von Holz in Holzkohle), entfernt man dabei viele Verunreinigungen aus der Kohle und zurück bleibt Koks – ein weitgehend sauberer Kohlenstoff (C). Eine lustige Geschichte berichtet, die Erfindung von Koks gehe auf die Bierbrauer zurück, die zum Dörren des Malzes nicht mehr die teure Holzkohle, sondern die billige Steinkohle verwenden wollten. Durch die Verunreinigungen und Ausgasungen der Kohle entstand aber ein ungenießbares und unverkäufliches Getränk. Und so sei man auf die Idee gekommen, die

Kohle genauso vorzubehandeln wie das Holz und erfand damit den Koks.

Was ist ein Röntgenbild?

Genau genommen ist das Röntgenbild nur ein Schattenbild. Mit den Röntgenstrahlen können Organe und innere Gewebe sichtbar gemacht werden, besonders gut sind darauf Knochen darstellbar. Verabreicht man dem Patienten ein Strahlen undurchlässiges Kontrastmittel, lassen sich auch hohle oder flüssigkeitsgefüllte Organe wie der Darm abbilden.

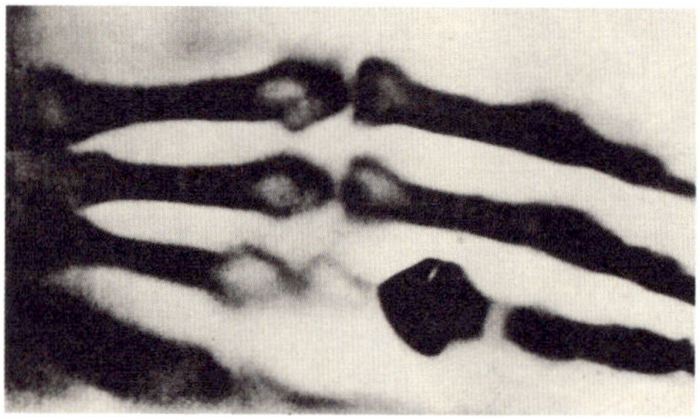

Röntgenaufnahme der Handknochen der Ehefrau von Wilhelm Conrad Röntgen

Wer entwickelte die Petroleum-Lampe?

Im Jahr 1834 destilliert der französische Chemiker Ernest Selligue aus Teer ein Leicht-Öl, das mit sehr heller Flamme brennt und baut auch eine Öl-Lampe dazu. Beide Produkte waren die Vorläufer von Petroleum und Petroleum-Lampe.

Wann entstand der Thonet-Stuhl?

Dass man mit heißem Dampf und Salzlösungen Holz biegen und verformen konnte war schon länger bekannt. Der Erste, der dies gezielt im Möbelbau einsetzte, war ein Deutscher mit dem Namen Michael Thonet (1796–1871). Im Jahr 1848 bog er den ersten Kaffeehaus-Stuhl in die klassische noch heute gebräuchliche Form: schön anzuschauen, aber um einen ganzen Nachmittag darauf zu sitzen reichlich unbequem.

Blick auf die Stahlkonstruktion des Eiffelturms

Welche Stahlkonstruktion wurde 1889 anlässlich der Pariser Weltausstellung errichtet?

Der Eiffelturm; benannt nach seinem Konstrukteur, den französischen Ingenieur Gustave Eiffel (1832–1923). Der rund 300 Meter hohe Turm war seiner Hässlichkeit wegen umstritten, wurde aber doch gebaut, weil er den technischen Fortschritt in Frankreich unter Beweis stellen sollte. Eiffels Bau hatte enormen Einfluss auf die Gestaltung und Konstruktion der Architektur des 20. Jahrhunderts.

Wer erfand den Elektromagneten?

Der Engländer William Sturgeon (1783–1850) kombinierte im Jahr 1825 die Erkenntnisse der Franzosen André Marie Ampère (1775–1836) und Dominique-François-Jean Arago (1786–1853) und wickelte erstmals isolierten Draht um einen nicht magnetischen massiven Eisenkern. Wenn durch die Spule ein Gleichstrom fließt, verhält sich der Eisenkern wie ein Magnet.

Warum war das deutsche Patentgesetz von 1877 so wichtig?

Bis 1877 gab es in Deutschland kein Gesetz, mit dem das Patentwesen geregelt wurde; man konnte sich also folglich auch keine Erfindung für die eigene Vermarktung schützen lassen. Das Ergebnis war anfangs eine wilde Industriespionage und später das Verkümmern von Forschung und Entwicklung. Es war schließlich billiger, das vom Mitbewerber entwickelte Produkt abzukupfern, statt selber zu „erfinden“. Aus heutiger Sicht scheint es erstaunlich, dass die Wirtschaft trotzdem funktionierte, obwohl dieses Gesetz erst so spät erlassen wurde.

Wer erfand den Silberspiegel?

Bis 1835 wurden die reflektierende Rückseiten von Spiegeln vorwiegend aus dem giftigen Quecksilber hergestellt. Der deutscher Chemiker Justus Liebig (1803–73) entwickelte 1835 ein ungiftiges Verfahren auf der Basis von Silber und Zinn, das sich trotz des komplizierteren Verfahrens schnell durchsetzte. Die Silberschicht brauchte nur ein Hundertstel Millimeter dick sein; zum Schutz wurde sie mit einer preiswerten Kupferschicht abgedeckt.

Wo stand die erste größere Wasserkraftanlage in den USA?

An den Niagara-Fällen auf amerikanischer Seite hatte man Wasserkraft in unbeschränkter Menge zur Verfügung. Zwischen 1895 und 1896 baute man dort ein Kraftwerk mit drei großen Turbinen-Generator-Sätzen mit jeweils 4 MW Leistung ein und transportierte den Wechselstrom ins 40 Kilometer entfernte Buffalo.

Womit begründete Krupp in Essen sein Weltunternehmen?

Bis 1811 konnte man nur relativ kleine Eisenguss-Werkstücke herstellen, da durch die Nachbehandlung des Hochofen-Eisens in kleinen Feuern auch nur kleine Mengen flüssigen Eisens bereitgehalten werden konnten. Krupp entwickelte nun ein Verfahren, wie man durch das Zusammengießen mehrerer kleiner Schmelztiegel auch große Formen füllen konnte. Das war der Grundstock für das spätere Weltunternehmen.

A	.–	U	..–
B	–...	V	...–
C	–.–.	W	.––
D	–..	X	–..–
E	.	Y	–.––
F	..–.	Z	––..
G	––.	1	.––––
H	....	2	..–––
I	..	3	...––
J	.–––	4	....–
K	–.–	5	.....
L	.–..	6	–....
M	––	7	––...
N	–.	8	–––..
O	–––	9	––––.
P	.––.	0	–––––
Q	––.–	.	......
R	.–.	?	..––..
S	...	Anfang	–.–.–
T	–	Ende	...–.–

Morsealphabet

Wer erfand das Morse-Alphabet?

Samuel F. B. Morse (1791–1872) kam etwa 1830 auf die Idee, mit einer Vorrichtung, die er Telegraf nannte, Nachrichten über große Entfernungen per Telegrafenleitung zu übermitteln. Im Prinzip handelt es sich dabei auf der Empfängerseite um einen Schreibstift, den ein Elektromagnet auf einen Papierstreifen presst. Dieser Papierstreifen wird mit einer Transportvorrichtung langsam unter dem Bleistift durchgezogen. Bekommt der Magnet nur einen kurzen

Strom-Impuls, sieht man auf dem Papier einen kurzen Strich oder einen Punkt. Ein längerer Impuls verursacht einen entsprechend längeren Strich. Auf der Sendeseite befindet sich ein Taster-Kontakt, die so genannte Morse-Taste, mit der diese langen oder kurzen Strom-Impulse vom Telegrafen-Beamten erzeugt werden. Sender und Empfänger sind durch eine einfache Stromleitung miteinander verbunden. Jeder Buchstabe des Alphabets entspricht einer bestimmten Kombination von Strichen und Punkten. Zwischen den Buchstaben macht man kurze, zwischen den Wörtern längere Pausen. Wegen der recht mühsamen und teuren Übermittlung entwickelte sich der Telegramm-Stil; man sagte nicht: „Ich komme am Freitag um 12 Uhr an" sondern: „Ankomme Freitag 1200".

Was erfand Rudolf Diesel?

In den Jahren 1892 bis 1893 entwickelte der deutsche Maschineningenieur (1858–1913) den nach ihm benannten, selbstzündenden Dieselmotor. Bei diesem Motor wird Luft durch den Kolben verdichtet und dadurch erhitzt. Auf diese Weise entzündet sich der Dieselkraftstoff. Dieser Motor wird bevorzugt in Lastkraftwagen, Lokomotiven und Schiffen eingebaut und dient als Dieselaggregat auch zur Stromerzeugung.

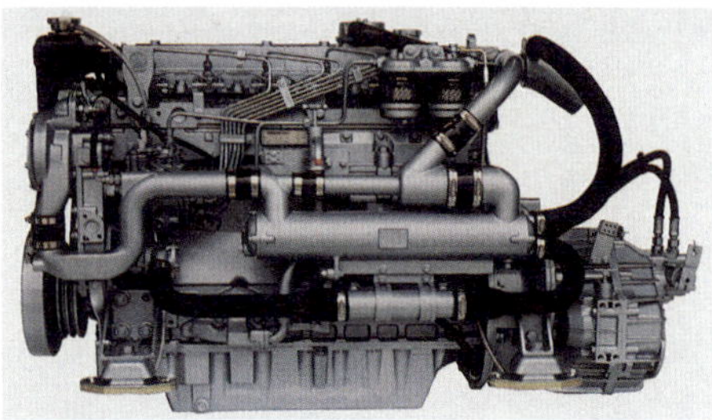

Dieselmotor

Ab wann gab es eigentlich Fahrstühle?

Aufzüge zum Transportieren von Gegenständen gab es schon sehr lange; der erste Personenaufzug wurde dagegen erst 1857 in einem New Yorker Porzellanwarengeschäft in Betrieb genommen. Er war von Elisha Graves Otis (1811–61), einem amerikanischen Maschinenbauer konstruiert, wurde von einer Dampfmaschine angetrieben und verfügte über eine spezielle „Absturz"-Sicherung, die selbst bei einem kompletten Seilriss ein Unglück verhinderte.

Seit wann gibt es Brenngläser?

In Assyrien konnte man um 640 v. Chr. bereits mithilfe von Brenngläsern Sonnenlicht bündeln, um so ein Feuer zu entzünden. Als Brenngläser dienten Linsen aus geschliffenem Bergkristall, aber auch Hohlspiegel aus Bronze mit einem Überzug aus Blattsilber. Später gelangten auch die ersten Brenngläser und Brennspiegel nach Griechenland und Rom. Es ist allerdings nur eine Legende, dass Archimedes (287–212 v. Chr.) bei der Belagerung von Syrakus die römische Besatzungsflotte mithilfe von Brennspiegeln in Brand setzte.

Wann wurde die ersten Straßenbeleuchtung eingeführt?

Bereits um 450 v. Chr. wurden in der Stadt Antiochia die Hauptstraßen nachts mit Fackeln beleuchtet. Damit waren die Straßen auch nach der Abenddämmerung noch sicher zu benutzen und besser durch die Wachen zu kontrollieren.

Wer erbaute die erste Brücke über den Bosporus?

Um seine Truppen schneller über den Bosporus zu befördern, stellte Darius I. (549–486 v. Chr.) von Persien im Jahre 513 v. Chr. den Baumeister Mandroklos von Samos in seine Dienste. Dieser entwarf eine Schiffsbrücke, die schnelle Truppentransporte für die Eroberungszüge gegen die Skythen ermöglichte. Der Bosporus ist eine Meeresenge, der den europäischen und den asiatischen Teil der heutigen Türkei trennt und das Marmarameer mit dem Mittelmeer verbindet.

Experiment mit den Magdeburger Halbkugeln

Was waren die Magdeburger Halbkugeln?

1654 führte der Magdeburger Bürgermeister und Naturforscher Otto Guericke (1602–86) dem Kürfürsten Friedrich Wilhelm die Kraft des Luftdrucks auf beeindruckende Weise vor. Guericke setzte bei einem öffentlichen Experiment vor dem Regensburger Reichstag zwei Halbkugeln aus Eisen luftdicht zusammen und pumpte dann mit einer selbstentwickelten Pumpe die Luft aus der Kugel. Danach ließ er 16 starke Pferde – acht auf jeder Seite – an den Halbkugeln zerren, deren Kraft jedoch nicht ausreichte, um sie zu trennen! Nachdem er aber über einen Hahn wieder Luft in die Kugel einströmen ließ, fielen die Hälften von selbst wieder auseinander. Damit hatte Guericke die Möglichkeit der Erzeugung eines Vakuums in sensationeller Form bewiesen, obwohl die Existenz des luftleeren Raums zuvor noch von vielen Wissenschaftlern als unmöglich bezeichnet worden war.

Existieren Katalysatoren nur im Auto?

Als Gottlieb Sigismund Constantin Kirchhoff (1764–1833) 1811 den Katalysatoreffekt entdeckte, lag die Erfindung des Autos noch weit in der Zukunft. Überhaupt ist ein Katalysator nichts anderes als ein Begriff für eine Substanz, die eine chemische Reaktion verzögert und damit eher im chemischen Wörterbuch als in der Autozeitung zu finden.

Wie entsteht Laserstrahlung?

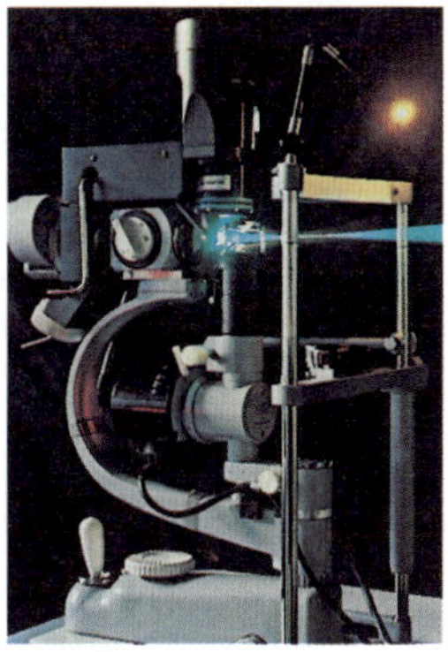

Laser

Laserstrahlung entsteht in der Atomhülle. Durch die Zufuhr von Licht oder elektrischem Strom nehmen die Atome Energie auf. Ihre äußeren Elektronen wechseln zeitweilig von einem niederen auf ein höheres Energieniveau. Beim Rückgang auf ihr ursprüngliches Energieniveau strahlen sie durch die Wirkung des Resonators die aufgenommene Energie als monochromatisches und kohärentes Licht ab. Der Laser erzeugt monochromatisches Licht, d. h., er hat genau eine Wellenlänge und damit nur eine Farbe. Laserstrahlen verlaufen parallel. Die abgestrahlten Wellen erreichen zeitgleich ihr Maximum bzw. Minimum.

Wie gelang es den Ägyptern, Wände genau senkrecht zu bauen?

Bereits um 3000 v. Chr. erfanden die Baumeister in Ägypten das Senkblei, ein kleines, schweres Gewicht an einem Faden und konnten so immer schnell überprüfen, ob die Steinmauern von den Arbeitern auch wirklich gerade hochgezogen worden waren.

Wer erfand das Mikroskop?

Obwohl bereits 1538 der italienische Arzt Girolamo Fracastero (1478–1553) die Idee hatte, dass zwei Linsen eine stärkere Vergrößerung als ein einfaches Vergrößerungsglas ergeben müssten, waren es doch erst die holländischen Brillenmacher Hans Janssen und sein Sohn Zacharias, die 1590 das Mikroskop erfanden. In ihrem ersten Modell diente eine Bikonvexlinse als Objektiv, das ein vergrößertes Abbild des zu beobachtenden Gegenstandes erzeugte. Mit einer Bikonkavlinse als Okular wurde dieses Abbild dann noch einmal vergrößert und beobachtbar. Die ersten Mikroskope waren einfache Pappröhren, in die die Linsen montiert waren. Die Qualität war allerdings sehr schlecht, da das damals für die Linsen verwendete Glas immer noch Einschlüsse und Schlieren aufwies, und auch der Schliff der Linsen noch mehr oder weniger nach Gefühl erfolgte.

Frühe Darstellung eines Mikroskops

Wer erkannte erstmals, dass Töne eine Schwingung der Luft sind?

Im Jahre 20 n. Chr. beschrieb Marcus Vitruvius Pollio (1. Jahrhundert v. Chr.) als Erster Töne als eine Bewegung der Luft. Er erkannte auch bereits die Wellennatur des Schalls und verglich dessen Ausbreitung mit der von Wasserwellen.

Wann wurde das Rad erfunden?

Der Zeitpunkt der Erfindung des Rades lässt sich heute nicht mehr genau ermitteln. Vielleicht gab den Anstoß für diese wichtige Erfindung die Tatsache, dass Lasten auf Rollen transportiert wurden und es damit nahe lag, Baumscheiben als Räder zu benutzen. Funde in Mesopotamien lassen den Schluss zu, dass die ersten Karren mit Rädern zu Beginn des 4. Jahrtausends v. Chr. in Gebrauch waren. Möglicherweise dienten Modelle mit Rädern aus Ton mesopotamischen Kindern auch zuerst als Spielzeug, bevor man Räder aus Holz für Fahrzeuge nutzte.

Frühe Radtypen

Wann wurde das erste Hufeisen geschmiedet?

Bereits um 200 v. Chr. wurden in Europa die ersten Hufeisen verwendet. Diese meist aus Schmiedeeisen gefertigten U-förmigen Metallstücke werden mit Eisennägeln an den zuvor gesäuberten und zurecht gefeilten Hufen befestigt und sollen die Pferde vor Verletzungen schützen. In früheren Zeiten verwendete man immer wieder Hufschoner aus Leder, die jedoch nicht sehr lange hielten.

Was ist Pergament?

Pergament besteht aus besonders verarbeiteten Tierhäuten und entstand 263 v. Chr., als Eumenes, Herrscher von Pergamon, für seine Bibliothek einen Ersatz für das bisher verwandte Papyrus suchte. Zwar wurde bereits zuvor Leder als beschreibbares Material verwandt, doch Pergament war durch seine aufwendige Bearbeitung wesentlich glatter und dünner. Dazu wurden die Tierhäute von Rindern, Eseln, Schafen, Ziegen oder Schweinen mehrere Tage in Kalk eingeweicht, dann straff in Holzrahmen aufgespannt und noch einmal gesäubert. Durch das Einreiben mit Kreidestaub und das nochmalige Glätten mit Bimsstein erhielt man schließlich sehr glatte und dünne Seiten, die besser als Papyrus beschrieben werden konnten.

Seit wann gibt es Kolbenspritzen?

Einfache Spritzen mit einem eingepassten Kolben gab es bereits um 230 v. Chr. in Griechenland. Sie wurden damals allerdings hauptsächlich für Klistiere benutzt.

Wer erfand das Löten von Eisen?

Dem griechischen Kunstschmied Glaukos von Chios gelang es 692 v. Chr. erstmals Eisenteile zusammenzulöten. Mit dieser Technik konnte man endlich größere Eisenteile problemlos aus kleineren zusammensetzen, was die Fertigung wesentlich erleichterte.

Wo entstanden die ersten Hängebrücken?

Um 68 n. Chr. wurden in China die ersten Hängebrücken gebaut. Durchhängende Seilkonstruktionen mit Holzplanken überspannten den Abgrund und dienten als wacklige Fußgängerbrücken.

Wann setzte sich der Traktor in der Landwirtschaft durch?

Im Jahr 1911 konstruierte ein russischer Ingenieur bereits einen Dieseltraktor. Große Verbreitung fand jedoch der von Henry Ford (1863–1947) im Jahre 1917 in selbsttragender Bauweise konstruierte „Fordson". 1921 brachte die deutsche Firma Lanz AG den „Bulldog" auf den Markt, einen robusten und den Bedürfnissen der Landwirtschaft angepassten Traktor. Insgesamt hat der Traktor die Landwirtschaft nachhaltig verändert: Die Anzahl der Zugtiere sank stetig mit der Anzahl der eingesetzten Traktoren.

Was für eine Maschine war Puffing Billy?

Es war die erste brauchbare Dampflok, um 1810 herum gebaut und konstruiert von dem Engländer William Hedley (1779–1843); sie wurde untertage im Kohlenbergbau eingesetzt und war der Auslöser für die Eisenbahnbegeisterung, die nach 1830 überall in Europa um sich griff.

Die „Puffing Billy"

Wer hat die Klimaanlage erfunden?

Willis Haviland Carrier (1876–1950) erhält 1902 ein Patent auf seine Klimaanlage. Erst im Jahr 1919 werden in den USA erstmals ein Kino und ein Kaufhaus mit einer von Carrier konstruierten Klimaanlage ausgerüstet. Im Jahr 1939 bietet Packard als erster Fahrzeughersteller eine Klimaanlage an.

Seit wann gibt es in Deutschland ein Telefonnetz?

Die ersten Telefone wurden in Berlin installiert und hier stand auch 1877 die erste Fernsprechvermittlungsstelle, die allerdings nur ein Teil des Telegrafenamtes war; Haupttätigkeit war eben immer noch das Übermitteln von Telegrammen.

Wer begründete die klassische Geometrie?

Der griechische Mathematiker Euklid (um 365–ca. 300 v. Chr.). Er schuf ein umfangreiches mathematisches Lehrbuch mit dem Titel *Elemente*, das bis ins 19. Jahrhundert neben der Bibel das meist verbreitete und meist übersetzte Werk war. Die klassische Geometrie wird auch „euklide Geometrie" genannt. Neben Geometrie enthalten Euklids *Elemente* auch die Anfänge der Zahlentheorie, wie die Konzepte der Teilbarkeit und des größten gemeinsamen Teilers, sowie auch einen Algorithmus, um ihn zu bestimmen, den euklidischen Algorithmus. Euklid weist auch nach, dass es unendlich viele Primzahlen gibt, und dass die Quadratwurzel von 2 irrational ist.

Seite aus Euklids *Elemente*

Wie heißen die wichtigsten Teilgebiete der Mathematik?

Arithmetik, Geometrie, Algebra, Analysis, Topologie, Funktionentheorie und Mengenlehre.

Was ist der Unterschied zwischen einer Ellipse und einem Oval?

Die Ellipse ist eine geometrische Form, bei der für jeden Punkt die Summe seiner Abstände von zwei festen Punkten (Brennpunkten) denselben Wert hat. Als Oval bezeichnet man dagegen jede beliebige länglich-runde Form.

Was sind ganze Zahlen?

Die positiven (1, 2, 3, ...) und die negativen (–1, –2, –3, ...) natürlichen Zahlen sowie die Null.

Wie schreibt man einen mathematischen Bruch?

Ein Bruch ist das Ergebnis einer Rechnung, bei der geteilt wird (das Verhältnis zwischen zwei Zahlen). Teilt man z. B. 5 durch 3, dann wird die Zahl 5 als Zähler bezeichnet und über den so genannten Bruchstrich geschrieben. Die Zahl 3 ist der Nenner und steht unter dem Bruchstrich. Alternativ ist auch die Schreibweise 5/3 möglich.

Was für mathematische Aufgaben lassen sich mit einem Dreisatz lösen?

Aufgaben, bei denen eine unbekannte Größe aus dem Verhältnis zweier gegebener Größen zueinander berechnet werden soll. Voraussetzung ist, dass die unbekannte Größe im gleichen Verhältnis zu einer gegebenen dritten Größe steht, wie die beiden anderen Größen. Mit einem Dreisatz lässt sich z. B. die Frage beantworten: Was wiegen 8 Äpfel, wenn 5 Äpfel 3 Pfund wiegen?

Womit beschäftigt sich das mathematische Teilgebiet Algebra?

Die Algebra ist eine Rechenform, bei der Symbole anstelle von Zahlen stehen („Buchstabenrechnen"). Beim berühmten Satz des Pythagoras stehen beispielsweise die Kleinbuchstaben a, b und c in der Formel $a^2 + b^2 =$

c^2, mit der Seitenlängen von Dreiecken ausgerechnet werden. Man unterscheidet mehrere voneinander abgegrenzte Teilgebiete: die elementare Algebra, die klassische Algebra, die lineare Algebra, die multilineare Algebra, die abstrakte Algebra und die reelle Algebra. Eine der ersten Darstellungen der Algebra ist das *Aryabhattiya*, ein mathematisches Lehrbuch des indischen Mathematikers *Aryabhatta* aus dem 5. Jh.; die verwendete Methodik wurde *Bijaganitam* genannt. Im 13. Jh. übernahmen und verfeinerten die Araber diese Methode und nannten sie *al-jabr* („das Zusammenfügen gebrochener Teile").

Wozu müssen zwei Brüche auf einen gemeinsamen Nenner gebracht werden?

● Um zwei Brüche addieren oder voneinander subtrahieren zu können, müssen sie den gleichen Nenner haben. In der Umgangssprache versteht man unter einem (kleinsten) gemeinsamen Nenner die Gemeinsamkeiten, die trotz bestehender Meinungsvielfalt vorhanden sind.

Welcher Mathematiker wurde erst postum als Genie bekannt?

● Der französische Mathematiker Évariste Galois (1811–32) wurde in der Pariser Vorstadt Bourg-la-Reine geboren und privat unterrichtet. Seine Zulassung zur École Polytechnique, der führenden höheren Lehranstalt für Mathematik in Frankreich, wurde zweimal verweigert, wobei drei Artikel, die er der *Académie des sciences* unterbreitete, als unverständlich zurückgewiesen wurden. Wegen seiner republikanischen Überzeugung wurde Galois mehrmals verhaftet. Kurz vor seinem Tod formulierte er im Alter von 21 Jahren die nach ihm benannte „Galois-Theorie". Mit der Veröffentlichung seiner Manuskripte (1846 und 1870) verbreitete sich Galois' Ruf als mathematisches Genie. Neben der „Galois-Theorie" wurden die „Galois-Gruppe" und das „Galois-Feld" zu grundlegenden Begriffen der modernen Algebra.

Warum machte die Mengenlehre Schlagzeilen?

● Als sie in den 1960er- und 70er-Jahren in den Schulen eingeführt wurde, führte das zu heftigen Protesten der Elternschaft. Die Mengenlehre sollte das logische Denken der Kinder fördern. Anfang der 1990er-Jahre wurde sie z. T. wieder abgeschafft. Die Mengenlehre beeinflusste viele Gebiete innerhalb und außerhalb der Mathematik.

Wer war Leonhard Euler?

● Einer der bedeutendsten Mathematiker und Physiker des 18. Jahrhunderts. Der Schweizer (1707–85) gilt als Begründer der Hydrodynamik und der Theorie des Kreisels. Die Euler'sche Zahl (e = 2,71828...) gilt als Basis des natürlichen Logarithmus. 1767 völlig erblindet, hinterließ er 28 große Werke und über 700 Abhandlungen.

$$e = \lim_{n \to \infty} \left(1 + \frac{1}{n}\right)^n = 2{,}71828...$$

Formel zur Berechnung der Euler'schen Zahl

Wie nennt man eine Zahl, die nur durch 1 und sich selber teilbar ist?

● Primzahl. Primzahlen sind z. B. 2, 3, 5, 7 und 11. Die Liste ließe sich unendlich fortsetzen.

Was kann man mit der Formel $A = r^2\pi$ berechnen?

● Die Fläche eines Kreises. Die Kreisfläche A erhält man, indem man den Radius r quadriert und mit Pi (π) multipliziert. Für Pi kann man näherungsweise den Wert 3,14 einsetzen.

Seit wann kennt man negative Zahlen?

● Bereits um 100 v. Chr. haben chinesische Mathematiker oder Astronomen negative Zahlen eingeführt. Zu dieser Zeit sind solche Zahlen (weniger als Nichts) für Menschen europäischer Denkweise allerdings noch unvorstellbar oder sinnlos. So dauert es noch bis 1535, bis der italienische Mathematiker Geronimo Cardanao (1501–76) die Mathematik um die negativen Zahlen bereicherte.

Wie heißt der deutsche Naturwissenschaftler, der zwischen 1818 und 1826 die Landesvermessung des Königsreichs Hannover durchführte?

● Sein Name ist Carl Friedrich Gauß (1777–1855). Er zählt zusammen mit Archimedes (um 287–212 v. Chr.) und Isaac Newton (1643–1727) zu den größten Mathematikern aller Zeiten. Auch zur Astronomie, zur Zahlentheorie und Physik leistete Gauß wichtige Beiträge. Er wird als einer der wichtigsten Mathematiker betrachtet und als „Fürst der Mathematik" oder „princeps mathematicorum" bezeichnet.

Carl Friedrich Gauß

Welche Bedeutungen kann das Wort Potenz haben?

● In der Mathematik bezeichnet es das Produkt einer Zahl mit sich selbst. Die dritte Potenz von 2 erhält man z. B. durch die Rechnung $2 \times 2 \times 2 = 8 = 2^3$. In der Schreibweise 2^2 ist 2 die Grundzahl (Basis) und 3 die Hochzahl (Exponent). Medizinisch gesehen ist Potenz die Fähigkeit des Mannes, Geschlechtsverkehr auszuüben. Im weiteren Sinne ist es gleichbedeutend mit Macht oder Leistungsfähigkeit.

Wie lautet die mathematische Definition für die Ebene?

● Eine Ebene ist eine Fläche, welche durch drei Punkte, die nicht auf einer Geraden liegen, eindeutig festgelegt ist. Es gibt eine Länge und Breite, aber keine Höhe.

Wie ist die Symmetrie in der Geometrie definiert?

● Symmetrie ist die spiegelbildliche Lage zu einem Punkt (dem Symmetriezentrum), zu einer Geraden (der Symmetrieachse) oder zu einer Ebene (der Symmetrieebene). Symmetrische Formen gibt es in der unbelebten Natur (z. B. bei Kristallen) oder in der belebten Natur (z. B. der überwiegend zweiseitig-symmetrische Mensch).

Wie lauten die drei binomischen Formeln der Algebra?

● Die Erste heißt $(a + b)^2 = a^2 + 2ab + b^2$, die Zweite $(a - b)^2 = a^2 - 2ab + b^2$ und die Dritte $a^2 - b^2 = (a + b) \times (a - b)$. Mit diesen Formeln lassen sich Binome, also zweigliedrige Summen (z. B.: $a + b$) oder Differenzen (z. B.: $a - b$), berechnen.

Womit beschäftigt sich die Analysis als Teil der höheren Mathematik?

● Die Analysis (griech., „Auflösung") ist ein Teilgebiet der Mathematik, dessen Grundlagen von Gottfried Wilhelm Leibniz (1646–1716) und Isaac Newton (1643–1727) unabhängig voneinander entwickelt wurden. Die zwei wichtigsten Gebiete sind die Integral- und die Differenzialrechnung. Dabei geht es um die Untersuchung von stetigen Änderungen. Mit der Integralrechnung z. B. kann die Fläche unter einer Kurve im Koordinatensystem berechnet werden.

Was versteht man unter einer Dezimalzahl?

● Dezimalzahlen sind Zahlen, die mit den Zahlen von 0 bis 9 im so genannten Dezimalsystem dargestellt werden. Bei der Dezimalzahl 45,32 hat die 5 als erste Zahl links des Dezimalkommas den Stellenwert 1 und die 4 als zweite Zahl den Stellenwert 10. Die erste Zahl rechts des Kommas, hier die 3, erhält den Stellenwert 1/10,die zweite Zahl, hier die 2, den Wert 1/100.

Wie viel Grad hat ein stumpfer Winkel und wie viel ein spitzer Winkel?

Jeden Winkel, der größer als 90 und kleiner als 180 Grad ist, bezeichnet man als stumpfen Winkel. Der spitze Winkel ist kleiner als 90 und größer als 0 Grad. Ein rechter Winkel hat genau 90 Grad.

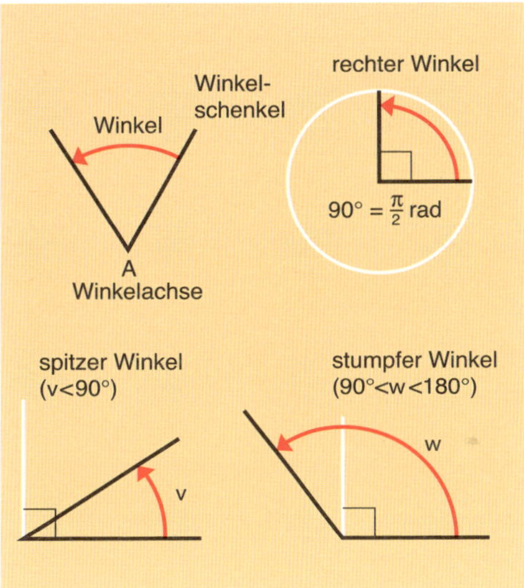

Winkelarten

Wer entwickelte das erste brauchbare Addiergerät?

Der französische Mathematiker und Philosoph Blaise Pascal (1623–62) zwischen 1642 und 1645. Der deutsche Philosoph und Mathematiker Gottfried Wilhelm Leibnitz (1646–1716) machte Pascals Maschine auch für andere Rechenarten tauglich.

Was ist eine Hypotenuse?

Eine Hypotenuse ist die Seite eines rechtwinkligen Dreiecks (Dreieck mit 90-Grad-Winkel), die dem rechten Winkel gegenüber liegt. Sie ist immer die längste Seite des rechtwinkligen Dreiecks. Die beiden Schenkel des Dreiecks werden Katheten genannt.

Was wird in der Geometrie in Grad gemessen?

Grad ist in der Geometrie die Einheit für den Winkel, wobei ein Grad den 360sten Teil eines Vollkreises bezeichnet.

Wie groß ist die Summe aller Winkel in einem Dreieck?

Die Winkelsumme einer Figur, die von drei Punkten und den Verbindungslinien zwischen ihnen gebildet wird, beträgt stets 180 Grad.

Wie lassen sich Hypothesen überprüfen?

Hypothesen sind wissenschaftliche Annahmen, die so formuliert sind, dass sie empirisch (durch Erfahrung) oder durch Experimente überprüfbar sind (d. h. sie müssen sich „verifizieren" lassen). Lässt sich eine Folgerung, die man aus der Hypothese ableitet, nicht bestätigen, muss die Hypothese verworfen werden. Sie wird damit „falsifiziert".

Wozu braucht man die Zahl Pi?

Zur Berechnung von Kreisflächen. Sie gibt das Verhältnis von Kreisumfang zu Kreisdurchmesser an. Man erhält die Zahl, indem man den Umfang eines Kreises durch seinen Durchmesser dividiert (3,14159...).

Was sind Katheten?

Die beiden Seiten eines rechtwinkligen Dreiecks, die den rechten Winkel einschließen.

Welche Anwendungsmöglichkeiten gibt es für ein Flussdiagramm?

Überall, wo es um die übersichtliche Darstellung von Abhängigkeiten oder Beziehungen geht, ist ein Flussdiagramm (Ablaufplan) hilfreich. Die Übersichtlichkeit der Darstellung entsteht durch die Verwendung von Kästchen, Verbindungslinien und Pfeilen. In einem Ablaufdiagramm kann z. B. die Abwicklung einer Bestellung vom Eingang bis zur Ablieferung dargestellt werden.

Auf welche geometrische Form bezieht sich der berühmte Satz des Pythagoras?

Auf das rechtwinklige Dreieck: Die Summe der Quadrate über den Katheten entspricht dem Quadrat über der Hypotenuse ($a^2 + b^2 = c^2$). Der als Weiser verehrte Pythagoras von Samos (um 470–496 v. Chr.) formulierte so, was die alten Babylonier schon rund 1500 Jahre vor ihm wussten.

Pythagoras

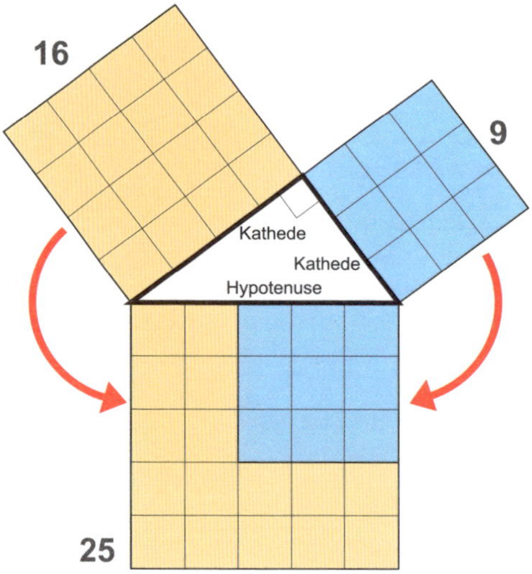

Satz des Pythagoras

Wann spricht man von einem Paradoxon?

Man spricht von einem Paradoxon (oder auch einer Antinomie), wenn aus einer Aussage ein Widerspruch entsteht, der nicht lösbar ist. Neben dem Lügner-Paradoxon („Alle Kreter sind Lügner und alle von Kretern aufgestellte Behauptungen sind Lügen“) von Epimenides (6./7. Jh. v. Chr.) gehört das Barbier-Paradoxon des britischen Mathematiker Bertrand Russell (1872–1970) zu den bekannten Antinomien. Seine populäre Version des Paradoxons ist die Geschichte des Barbiers in einem Ort, der von sich selbst behauptet, er rasiert alle Männer in dem Ort, nur nicht die, die sich selbst rasieren. Was macht er dann aber mit sich selbst? Rasiert er sich selbst oder rasiert er sich nicht selbst? Hier tritt ein Widerspruch auf.

Wie unterscheidet sich die fraktale Geometrie von der eukliden Geometrie?

Während sich die euklide Geometrie mit einfachen Formen wie Dreiecken oder Kreisen beschäftigt, geht es bei der fraktalen Geometrie um komplexe, auch in der Natur vorkommende Gebilde. Mit ihren Methoden kann man z. B. Landoberflächen mathematisch erfassen und in Computern simulieren. Sie wurde von Benoit Mandelbrot (*1924) eingeführt.

Wie bezeichnet man einen Grundsatz der Logik und Mathematik, der keines Beweises bedarf?

Axiom. Axiomatische Sätze können nicht bewiesen werden, sondern gelten als unmittelbar einsichtig. Die Verwendung von Axiomen geht auf Aristoteles (384–322 v. Chr.) zurück.

Wer war Adam Riese?

Ein Rechenmeister aus dem Erzgebirge, der bei seinem Tod mehrere Lehrbücher über das praktische Rechnen und eine Einführung in die Algebra hinterließ. Auch heute noch ist sein Name sprichwörtlich, wenn es heißt, dass sich „nach Adam Riese“ ein bestimmtes Rechenergebnis einstellen muss. Adam Riese lebte von 1492 bis 1559.

Rechnen mit dem Abakus

Was ist ein so genannter Abakus?

Der Abakus, wie er heute noch eingesetzt wird, ist ein Rechenbrett mit Kugeln, meist Holz- oder Glasperlen. In der Antike wurden Münzen oder Steine, so genannte Rechensteine verwendet. Das Wort Abakus kommt vom lateinischen Wort „abacus" beziehungsweise vom griechischen „ábax" und bedeutet Tafel, Tablett, Tisch. Mit einem Abakus sind die Grundrechenarten Addition, Subtraktion, Multiplikation und Division durchführbar, aber auch das Ziehen von Quadrat- und Kubikwurzeln.

Was ist ein Drachenviereck?

Ein Drachenviereck ist ein Viereck, in dem jeweils die beiden Seiten gleich lang sind, die einen Eckpunkt auf der Symmetrieachse gemeinsam haben. Die Diagonalen stehen in einem (gleichschenkligen) Drachenviereck senkrecht aufeinander. Eine von ihnen ist die Symmetrieachse.

Wer gilt als der erste europäische Fachmathematiker des Mittelalters?

Leonardo von Pisa (auch Fibonacci, 1180–1250) gilt als der erste europäische „Fachmathematiker" des Mittelalters. Er behandelte vor allem zahlentheoretische Probleme, wobei die von ihm angegebenen Lösungsverfahren über die Kenntnisse des arabischen und auch des griechischen Kulturkreises hinausgingen.

Was bedeutet der Begriff Menge und wer verwendete ihn erstmals?

Georg Cantor

Zusammenfassungen von beliebigen wirklich existierenden oder gedachten Objekten zu einem Ganzen werden als Mengen bezeichnet. Die zusammengefassten Objekte werden die Elemente der Menge genannt. Der Begriff „Menge" wurde 1895 erstmals von dem deutschen Mathematiker Georg Cantor (1845–1918) verwendet.

Wie viele Symbole werden zur Darstellung römischer Zahlen benutzt?

Zur Darstellung römischer Zahlen werden insgesamt sieben Symbole benutzt: vier Grundzeichen (I, X, C und M), von denen jeweils zehn zum nächst höheren zusammengefasst werden, sowie drei Hilfszeichen (V, L und D). Sie haben folgende Bedeutung: I = 1; X = 10; C = 100; M = 1000; V = 5; L = 50; D = 500. Ein Beispiel: LXXVIII bedeutet 50 + 10 + 10 + 5 + 1 + 1 + 1 = 78. Die Grundzeichen I, X, C und M werden höchstens dreimal nebeneinander geschrieben, die Hilfszeichen treten nur einzeln auf (weil sonst das nächst höhere Grundzeichen erreicht wäre).

Was versteht man unter der so genannte goldbachschen Vermutung?

In einem Brief an Leonhard Euler (1707–83) äußerte der Mathematiker Christian Goldbach (1690–1764) am 7. Juni 1742 seine berühmte Vermutung, dass sich jede gerade Zahl > 4 als Summe zweier Primzahlen schreiben lässt: Dies wird heute als binäre goldbachsche Vermutung bezeichnet. Obwohl man davon ausgeht, dass die Vermutung stimmt, konnte bisher kein Beweis gefunden werden.

Wie bezeichnet man die Forderung, dass eine Aussage entweder wahr oder falsch ist?

Als Prinzip der Zweiwertigkeit. Es enthält zwei Teilforderungen: 1. Jede Aussage ist wahr oder falsch (Prinzip des ausgeschlossenen Dritten) 2. Keine Aussage ist wahr und falsch zugleich (Prinzip des ausgeschlossenen Widerspruchs).

Was besagt der so genannte Thales-Satz?

Der Satz des Thales (640–546 v. Chr.) ist ein Satz der Geometrie. In Kurzform besagt er: „Alle Winkel im Halbkreis sind rechte Winkel." Anders ausgedrückt: Konstruiert man ein Dreieck aus den beiden Endpunkten des Durchmessers eines Halbkreises (dem Thaleskreis) und einem weiteren Punkt dieses Kreises, erhält man immer ein rechtwinkliges Dreieck. Thales von Milet (624–546 v. Chr.) gilt als der älteste der so genannten sieben Weisen, in der Antike hochangesehene Politiker, Dichter und Philosophen.

Thales von Milet

Was sind Winkelfunktionen?

Winkelfunktionen drücken Beziehungen zwischen Winkeln und Längen(verhältnissen) in einfachen geometrischen Situationen aus. Jede Winkelfunktion ist eine Funktion, da sie jedem Winkel eine (reelle) Zahl zuordnet. Die vier wichtigsten Winkelfunktionen sind: Sinus, Cosinus, Tangens und Cotangens.

Von welchem berühmten Mathematiker stammt der Satz Zerstört mir meine Kreise nicht?

Von Archimedes, der in der Zeit von 287–212 v. Chr. in Syrakus auf Sizilien lebte. Er gilt als der größte Mathematiker der Antike. Archimedes ersann allgemeine Methoden zur Bestimmung der Flächeninhalte krummliniger ebener Figuren und der Rauminhalte von Körpern, die durch gekrümmte Flächen begrenzt sind. Er wandte diese Methode auf viele spezielle Beispiele an, Kreis, Kugel, Parabelsegmente und auf Körper, die durch Rotation entstehen. Römische Legionäre trafen Archimedes als Greis in seinem Garten sitzend an, als er Skizzen in den Sand zeichnete. Er soll sie nur mit den Worten „Zerstört mir meine Kreise nicht!" bedacht haben, sie aber erschlugen ihn, und so wurde der letzte große griechische Mathematiker ein Opfer der neuen aufstrebenden Macht im Mittelmeerraum.

Archimedes

Was ist der Unterschied zwischen einem gleichschenkeligen und gleichseitigen Dreieck?

Ein gleichschenkeliges Dreieck besitzt zwei gleich lange Seiten (was damit gleichbedeutend ist, dass es zwei gleiche Winkel besitzt). Ein gleichseitiges Dreieck besitzt drei lange Seiten (was damit gleichbedeutend ist, dass alle Winkel gleich sind).

Welcher schottische Mathematiker hatte große Einfluss auf die Entwicklung von Rechenmaschinen?

Der schottische Mathematiker John Napier (1550–1617), der neben Jobst Bürgi (1558–1632) auch die Logarithmen entwickelt hatte, erfand die so genannten Napier-Stäbchen. Auf den rechteckigen Holzstäbchen, die vor allem als Rechenhilfe für Multiplikationen gedacht waren, war auf allen vier Seiten das kleine Einmaleins aufgetragen. Die Napier'schen Rechenstäbchen sind leider in Vergessenheit geraten, obwohl sie einen bedeutenden Einfluss auf die Entwicklung der Rechenmaschinen hatten. Außerdem hat man bis zu Beginn des 19. Jahrhunderts damit gerechnet.

Was unterscheidet ein spitzwinkliges von einem stumpfwinkligen Dreieck?

Spitzwinklig wird ein Dreieck genannt, wenn alle seine Winkel spitz, d. h. kleiner als 90 Grad sind. In einem spitzwinkeligen Dreieck verläuft jede Höhe innerhalb des Dreiecks von einem Punkt bis zur gegenüberliegenden Seite. Stumpfwinklig wird ein Dreieck genannt, wenn es einen Winkel besitzt, der stumpf, d. h. größer als 90 Grad ist. In einem stumpfwinkeligen Dreieck liegt nur eine Höhe innerhalb des Dreiecks, die beiden anderen liegen außerhalb, ebenso wie der Höhenschnittpunkt und der Umkreismittelpunkt.

Was ist ein Term?

Ein Term ist – salopp formuliert – ein mathematischer Ausdruck, in dem Symbole (Buchstaben) vorkommen, an deren Stelle Zahlen (oder sonstige mathematische Objekte) eingesetzt werden können. Diese Symbole heißen Variable. Erst nach Einsetzen konkreter Zahlen nimmt ein Term einen konkreten Zahlenwert an. Mit Termen lässt sich daher im Prinzip genauso rechnen wie mit Zahlen.

Was ist eine Variable?

Eine Variable ist ein abstraktes Symbol (üblicherweise ein Buchstabe), an dessen Stelle konkrete Zahlen (oder sonstige mathematische Objekte) eingesetzt werden können. Daher wird sie auch Platzhalter genannt. Der Name kommt daher, dass man sich nicht auf eine konkrete Zahl festgelegt hat, also die eingesetzte Zahl „variabel" hält.

Was versteht man unter einer Quersumme?

Die Quersumme einer Zahl ist die Summe ihrer Ziffern. Beispiel: 4589 Quersumme $q = 4 + 5 + 8 + 9 = 26$.

Wer entwickelte den Rechenschieber?

Das Prinzip des Rechenstabs wurde bereits in den 20er-Jahren des 17. Jahrhunderts von Edmund Gunter (1581–1626) vorgestellt. Doch erst William Oughtred (1574–1660) ist die Entwicklung des Rechenschiebers mit aneinander gleitenden Skalen zuzuschreiben.

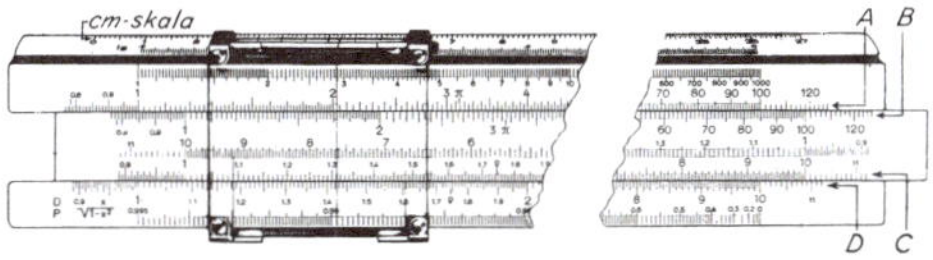

Rechenschieber

Wann bezeichnet man ein Viereck als Trapez?

Ein Viereck heißt Trapez, wenn es genau zwei parallele Gegenseiten hat.

Woher kommt der Ausdruck etwas auf dem Kerbholz haben?

Rechenhilfsmittel existierten bereits in sehr frühen Phasen der Menschheitsentwicklung. Die einfachsten Darstellungen von Zahlen gibt es auf Kerbhölzern, die beim Zählen von Vieh, Sklaven oder Naturalabgaben Verwendung fanden. In einen Holzstab wurden dazu Marken eingekerbt. Wurde dieses Kerbholz der Länge nach in zwei Hälften gespalten, existierte ein Nachweis für die beteiligten Parteien. Nachträgliche Manipulationen wurden damit unmöglich.

Was versteht man unter dem so genannten Sieb des Eratosthenes?

Der griechische Mathematiker Eratosthenes (275–194 v. Chr.) beschrieb ein Verfahren, mit dem man in der Reihe der natürlichen Zahlen alle Primzahlen „aussieben" kann. Dabei werden aus einer Liste von natürlichen Zahlen, beginnend mit 2, systematisch alle Vielfache gestrichen und die Primzahlen gewissermaßen „ausgesiebt"'.

Eratosthenes

Was ist ein mathematischer Satz?

Ein mathematischer Satz ist eine Aussage, deren Wahrheit mit anderen Aussagen bewiesen werden kann.

Was hat es mit der Quadratur des Kreises auf sich?

Die Quadratur des Kreises ist ein klassisches Problem der Geometrie. Die Aufgabe besteht darin, nur mit Lineal und Zirkel aus einem gegebenen Kreis ein Quadrat mit demselben Flächeninhalt zu konstruieren. Das Problem lässt sich bis in die Anfänge der Geometrie zurückverfolgen und beschäftigte Jahrhunderte lang führende Mathematiker, darunter auch Leonardo da Vinci (1452–1519). Im Jahr 1882 bewies der deutsche Mathematiker Ferdinand von Lindemann (1852–1939), dass diese Aufgabe unlösbar ist.

Welcher griechische Mathematiker und Astronom nennt man auch den großen Geometer?

Apollonius von Perge (262–190 v. Chr.). Der Schüler Euklids (um 365–ca. 300 v. Chr.) beschäftigte sich sowohl mit arithmetischen Berechnungen als auch mit der Statistik. Besonders zu erwähnen ist sein Hauptwerk *Conica*, in dem er die Ergebnisse der antiken Kegelschnittlehre zusammenfasste. Apollonius lieferte auch wichtige Beiträge zur Astronomie. Speziell wandte er geometrische Modelle auf die Planentenbewegung an.

Wozu dienen Baumdiagramme?

Mithilfe von Baumdiagrammen lassen sich Vorgänge, die aus mehreren Stufen (Teilvorgängen) bestehen, veranschaulichen. Wie bei einem Baum können sich die „Äste" auf einer bestimmten Stufe des Diagramms „verzweigen". Die Zweige entsprechen dann den Ergebnissen des nächsten Teilvorgangs. Jeder Weg durch das Baumdiagramm, der auch Pfad genannt wird, charakterisiert ein mögliches Ergebnis des mehrstufigen Vorgangs.

Welche Beweisverfahren unterscheidet man?

Man unterscheidet im Wesentlichen zwei Beweisverfahren, den direkten Beweis und den indirekten Beweis. Jeder Beweis besteht aus drei Schritten, die schon von Euklid (um 365–ca. 300 v. Chr.) so angegeben wurden, nämlich Voraussetzung – Behauptung – Beweis(durchführung). Wenn eine mathematische Aussage bewiesen werden soll, ist es günstig, diese Aussage in Form einer Implikation, also in „wenn ..., dann ..."- Form anzugeben.

Seit wann kennt die Mathematik irrationale Zahlen?

Zahlen, die sich nicht als Quotient zweier ganzer Zahlen ausdrücken lassen, bezeichnete Theodoros von Kyrene (um 460–399 v. Chr.) um 410 v. Chr. erstmals als „irrationale Zahlen". So ist die Kreiszahl Pi zwar eine konkrete Zahl und doch lässt sie sich nicht exakt anschreiben oder durch einen Bruch angeben. Theodoros Definition war eine wertvolle Erweiterung der Mathematik, die sich jetzt auch mit dem „Irrationalen" befasste.

Welche Aufgaben erfüllen so genannte Diagramme?

Prozentangaben lassen sich grafisch durch Kreisdiagramme, Streifendiagramme, Säulendiagramme oder Liniendiagramme veranschaulichen. Welche Art der Darstellung günstig ist, hängt vom Sachverhalt ab.

Wie sieht eine Hyperbel aus?

Eine Hyperbel besteht aus zwei so genannten „Ästen" (Kurven), die sich ins Unendliche erstrecken und immer mehr einer Gerade ähneln, aber nie wirklich gerade werden. Eine praktische Anwendung von Hyperbelfunktionen ist das Hyperbelnavigationsverfahren, das zur Standortbestimmung von Schiffen und Flugzeugen dient.

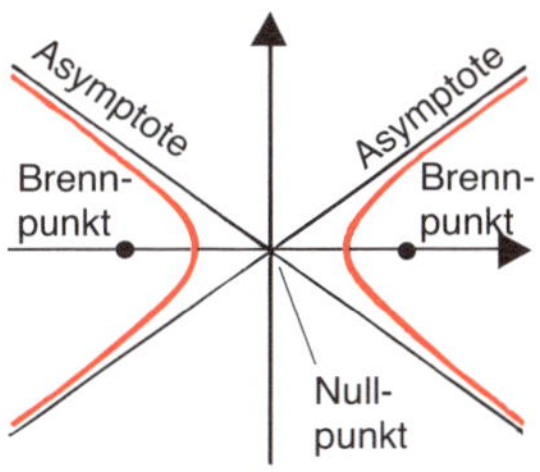

Hyperbel

Was ist ein Ellipsoid?

Ein Ellipsoid ist ein Rotationskörper, der z. B. durch die Rotation einer Ellipse um eine ihrer Hauptachsen entsteht. Während bei einer Kugel alle drei räumlichen Ausdehnungen gleich sind, sind diese bei einem Ellipsoid verschieden. Auch unsere Erde ist keine Kugel, sondern ein Ellipsoid, da der Äquatorradius (6378 km) und der Polradius (6356 km) nicht gleich groß sind.

Was ist eine Pyramide?

Ein Körper heißt Pyramide, wenn er von einem Dreieck, Viereck, Fünfeck usw. als Grundfläche und von Dreiecken als Seitenflächen begrenzt wird, die einen Punkt S gemeinsam haben. Der Punkt S heißt Spitze der Pyramide. Der Abstand der Spitze der Pyramide von der Grundfläche heißt Höhe der Pyramide. Der Fußpunkt der Höhe ist der Fußpunkt des Lotes von der Spitze in die Grundfläche. Die Kanten der Grundfläche nennt man Grundkanten, die Kanten der Seitenfläche heißen Seitenkanten.

Nach wie vielen Jahren hätte jemand, der mit seinem Auto im Jahr etwa 15.000 km fährt, einmal die Erde umrundet?

Schon nach zwei Jahren und acht Monaten. Der Erdumfang am Äquator beträgt nämlich 40.076,59 km. Dass die Erde keine vollkommene Kugel ist zeigt sich, wenn man den Erdumfang an einer Linie misst, auf der auch die beiden Pole liegen, den so genannten Meridianumfang: Hier erhält man nur 40.009,14 km.

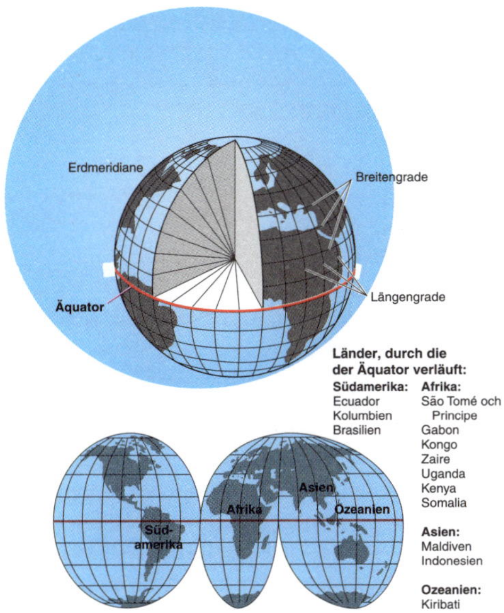

Äquator

Wer erfand die Differenzialrechnung?

Unabhängig voneinander entwickelten im Jahre 1671 der britische Naturwissenschaftler Sir Isaac Newton (1643–1727) und ungefähr vier Jahre später auch der deutsche Universalgelehrte Gottfried Wilhelm Leibniz (1646–1716) die Differenzialrechnung. Ziel der beiden Forscher war es, die Schnelligkeit der Veränderung eines Vorgangs in Zeit und/oder Raum zu bestimmen. Leibniz veröffentlichte seine Ergebnisse im Jahre 1684, Newton, der von der Fluxionsrechnung sprach, aber erst 1687. Die Differenzialrechung bildete nicht nur eine wichtige Grundlage der Mathematik, sondern war auch die mathematische Basis für große Teile der theoretischen Physik.

Welche mathematische Beziehung besteht zwischen einer Wurzel und einer Potenz?

Die Wurzel einer bestimmten Zahl a ist diejenige Zahl, die in eine bestimmte Potenz erhoben, die Zahl a ergibt. So ist die Quadratwurzel (2. Wurzel) von 9 die Zahl 3, da die zweite Potenz von 3 (geschrieben: 3^2) 9 ergibt. Beim Wurzelziehen schreibt man das √ vor die Zahl (z. B. √ 9).

$$\sqrt{a}\,. \quad \text{Ex:} \ \sqrt{16} = 4$$

Wurzelrechnung

Was versteht man unter einem geometrischen Körper?

Ein geometrischer Körper ist die Menge aller Punkte, Geraden und Ebenen des dreidimensionalen Raumes, die innerhalb eines vollständig abgeschlossenen Teils dieses Raumes liegen. Die Summe der Flächeninhalte der Begrenzungsflächen bildet den Oberflächeninhalt, der vollständig umschlossene Raum das Volumen des Körpers.

Was bezeichnet man als Maßstab?

Das Verhältnis einer Vergrößerung oder Verkleinerung nennt man Maßstab. Die erste Zahl des Maßstabes bezieht sich auf das Bild und die zweite auf das Original. Ist die erste Zahl des Maßstabes größer als die zweite, handelt es sich um eine Vergrößerung. Ist die erste Zahl kleiner als die zweite, handelt es sich um eine Verkleinerung.

Wer erfand das instrumentum architecturae?

Johann Balthasar Neumann (1687–1753), deutscher Architekt und Baumeister, ist vor allem durch seine prächtigen Rokokobauten bekannt geworden. Für seine Berechnungen entwickelte er einen speziellen Proportionalwinkel, das „instrumentum architecturae“. Mit ihm konnten die Proportionen der verschiedenen Säulenarten bequem abgelesen werden.

Was ist die Bool'sche Algebra?

George Boole

Die Bool'sche Algebra ist auch als Algebra der Logik oder symbolische Algebra bekannt. Benannt ist sie nach dem englischen Mathematiker George Boole (1815–64), der das System ursprünglich dafür entworfen hatte, Zusammenhänge in philosophischen Problemen durch mathematische Formulierungen darzustellen. Die Bool'sche Algebra ist auf den beiden Wahrheitswerten WAHR und FALSCH und den Funktionen UND, ODER und NICHT aufgebaut und repräsentiert grundlegende Logik. Auf ihr basiert heute die Funktionsweise aller Computer- und Programmiersprachen.

Was versteht man unter dem so genannten Goldenen Schnitt?

Gestaltungsregel, mit der man harmonische Maßverhältnisse berechnet. Eine Strecke wird so geteilt, dass sich die Länge der ganzen Strecke zu der größeren Strecke so verhält wie diese zur kleineren Strecke. Schon in der Antike herrschte die Auffassung, dass der menschliche Körper und seine Teile eine gewisse symmetrische Harmonie, die sich auch mathematisch beschreiben ließe, besitzen müsse, um vollkommen zu sein.

Seit wann verwendet man in der Mathematik Klammern?

Der französische Mathematiker Albert Girard (1595–1632) führte im Jahre 1629 den Gebrauch von Klammern in die Buchstabenrechnung ein, um damit auch längere Rechenanweisungen korrekt anschreiben zu können.

Welches ist die Basiseinheit für Flächen?

Die Basiseinheit für Flächen ist der Quadratmeter (m^2). Für größere und kleinere Flächen verwendet man Einheiten, die durch Verfielfachen mit Potenzen von $100 = 10^2$ aus dem Quadratmeter abgeleitet sind, z. B. Quadratkilometer (km^2), Hektar (ha), Quadratzentimeter (cm^2) und Quadratmillimeter (mm^2).

Wer begann mit der Wahrscheinlichkeitsrechnung?

Obwohl erst Blaise Pascal (1623–62) und Pierre de Fermat (1601–65) die Lehre von der Wahrscheinlichkeit mathematisch begründeten, trug auch Geronimo Cardano (1501–76) zu deren Entstehung bei. Er schrieb darüber im Jahr 1539 sogar ein Buch mit dem Titel *Practica Arithmeticae et mensurandi generalis*. Obwohl er an die Lehre des Zufalls mathematisch heranging, befasste sich Cardano auch mit der Astrologie. Er glaubte an deren Berechnungen sogar so fest, dass er sich zu Tode hungerte, um das Zutreffen seiner Vorhersage über sein Todesjahr zu beweisen.

Seit wann wird die Kreiszahl als Pi bezeichnet?

Der englische Mathematiker William Jones (1675–1749) war 1706 der Erste, der das griechische Symbol „π" für die Kreiszahl benutzte. Diese Bezeichnung setzte sich aber 1737 erst mit den Schriften des Schweizer Mathematikers Leonhard Euler (1707–83) in der Wissenschaft durch.

Wie sieht das mathematische Zeichen für unendlich aus?

Das Unendlichkeitszeichen ist eine liegende Acht. Es gibt unendlich viele natürliche Zahlen, da man zu jeder natürlichen Zahl eine weitere hinzufügen kann. Es gibt aber keine Zahl, die „unendlich" heißt.

Unendlichkeitszeichen

Wer erfand das + und das –?

Der deutsche Rechenmeister Johann Widmann (um 1460–nach 1498) erfand 1484 die Symbole für die Addition und die Subtraktion: das „+" und das „–" Zeichen. Damit wurde es viel leichter einfache Rechenoperationen kurz anzuschreiben, denn zuvor schrieb man die Rechenoperation immer noch als Wort an.

Wie zuverlässig waren die ersten Rechenmaschinen?

Als im Jahre 1818 die erste automatische Rechenmaschine konstruiert wurde, arbeitete sie auf 20 Stellen hinter dem Komma genau und beherrschte neben den vier Grundrechenarten auch das Wurzelziehen, das Potenzieren und berechnete zudem trigonometrische Reihen. Drei Jahre später erlangte die von Xavier Charles Thomas (1785–1870) konstruierte Maschine in Paris die Serienreife und wurde von ihrem Erfinder in den nächsten 50 Jahren rund 1500 Mal verkauft.

Rechenmaschine von 1892

Warum schwellen die Lymphknoten bei bestimmten Infektionskrankheiten an?

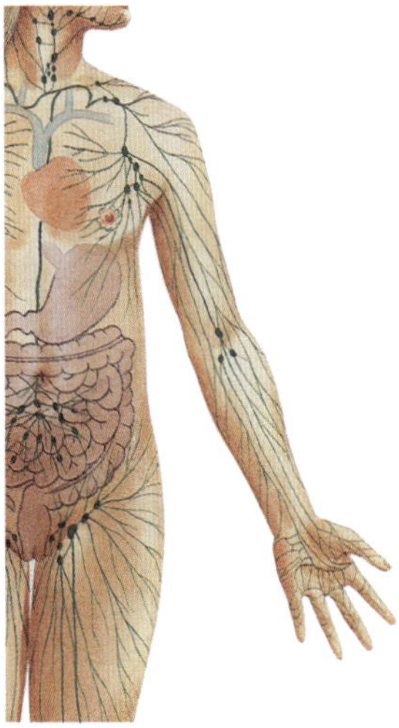
Das Lymphsystem des Menschen

In den Lymphknoten werden bei einer Infektion vermehrt Antikörper gebildet, was mit einer Anschwellung der millimetergroßen, bohnenförmigen Organe einhergeht. Die Antikörper selbst sind Eiweißverbindungen, die sich mit körperfremden Eiweißen (z. B. von Bakterien oder fremden Blutkörperchen) verbinden und sie dadurch unschädlich machen.

In welchen medizinischen Bereichen wird die Akupunktur bevorzugt angewendet?

Die chinesische Heilmethode wird v. a. zur Bekämpfung von Schmerzzuständen, zur Betäubung und zur Suchtbekämpfung eingesetzt. Das Prinzip der Akupunktur beruht auf dem Einstechen von Nadeln in bestimmte Punkte auf der Körperoberfläche, die auf Längsbahnen, auf so genannten Meridianen, angeordnet sind.

Welches sind die typischen Symptome eines Herzinfarkts und wie kann man ihm vorbeugen?

Ein Herzinfarkt macht sich häufig durch ein Druckgefühl und Schmerzen in der Brust bemerkbar. Die Schmerzen können bis zur Schulter, den Armen und den Nacken ausstrahlen. Auslöser des Herzinfarktes ist eine Durchblutungsstörung der Herzkranzgefäße. Vorbeugen kann man einem Herzinfarkt in erster Linie durch eine Lebensweise, welche die Risikofaktoren vermeidet. Risikofaktoren sind u. a. erbliche Vorbelastung, Bluthochdruck, Übergewicht, Stress und Nikotinmissbrauch.

Welches medizinische Verfahren sorgt dafür, dass man bei einer Operation keinen Schmerz spürt?

Die Anästhesie. Sie kann durch örtliche Betäubung einen bestimmten Körperteil schmerzunempfindlich machen oder eine vollständige Bewusstlosigkeit herbeiführen (Vollnarkose).

Welche körperlichen Beschwerden sind mit der Arthritis verbunden?

Eine solche Gelenkentzündung geht mit Schwellungen, Schmerzen und Steifheit einher. Die Ursachen für die Beschwerden können sehr unterschiedlich sein. Bei der Gicht z. B. spielen erbliche Veranlagung und übermäßiger Eiweißkonsum, etwa durch einen zu hohen Fleischanteil in der Nahrung, eine Rolle.

In welchem Organ kommt es bei der Diabetes-Krankheit zu Störungen?

In der Bauchspeicheldrüse. Dabei ist die Ausschüttung des Hormons Insulin gestört, das zur Regelung des Blutzuckerspiegels dient. Neben der Insulinproduktion ist die Bauchspeicheldrüse auch für die Erzeugung von Verdauungsenzymen verantwortlich.

Wie heißt die Krankheit, die mit übermäßiger Nahrungsaufnahme und anschließendem Erbrechen einhergeht?

Bulimie. Charakteristisch sind Anfälle von Fresssucht und nachfolgend gezielt herbeigeführtem Erbrechen. Die Betroffenen, meist Mädchen und junge Frauen, wollen ihr Leiden möglichst geheim halten. Die Krankheit hat psychische Ursachen.

Was ist die Ursache der Creutzfeldt-Jakob-Krankheit?

Die Rinderkrankheit BSE steht im Verdacht, für eine neue Variante der den Menschen befallenden Creutzfeldt-Jakob-Krankheit verantwortlich zu sein. Die Infektion erfolgt vermutlich über den Verzehr infizierten Rindfleisches. Bei den Betroffenen wird das Gehirn ähnlich einem Schwamm durchlöchert.

Wem ist die Entdeckung der Impfstoffe gegen die Infektionskrankheiten Diphterie und Tetanus zu verdanken?

Emil von Behring

Emil Adolf von Behring (1854–1917) entdeckte die Fähigkeit des menschlichen Körpers, körpereigene Wirkstoffe (Antikörper) gegen die Erreger von Infektionskrankheiten zu bilden. Damit war er in der Lage, die beiden Impfstoffe zu entwickeln (zusammen mit P. Ehrlich, 1854–1915 bzw. S. Kitasato, 1852–1931). 1901 erhielt er den Nobelpreis.

Welches Antibiotikum wurde kurz nach dem Penicillin entwickelt?

In den USA entwickelte der Biochemiker Selman A. Waksman (1888–1973) im Jahr 1943 das erste Antibiotikum, das sich zur Bekämpfung der Lungentuberkulose eignet: Das Streptomycin. Das Medikament wird zwar heute immer noch eingesetzt, die therapeutische Anwendung ist wegen der Nebenwirkungen allerdings sehr eingeschränkt.

Was gehört zu einer typischen Kneippkur?

Wichtigster Teil einer Heilbehandlung nach Pfarrer Sebastian Kneipp (1821–97) ist die äußerliche Anwendung von Wasser. Dies kann z. B. in Form von Kaltwassergüssen, Ganz- oder Teilbädern geschehen. Daneben spielen auch Gymnastik, Sonne, Luft und Ernährung eine wichtige Rolle. Kneipp gilt als Wiederentdecker der Hydrotherapie.

Was geschieht bei einer Lungenembolie?

Bei dieser häufigen Embolie-Form wird eine Lungenarterie durch ein Blutgerinnsel verstopft. Dadurch ist die Blutversorgung unterbrochen, was zu Brustschmerzen, Atemnot und zum Tod führen kann. Embolien können auch durch Luftbläschen oder Gewebepartikel ausgelöst werden.

Warum war Tuberkulose früher von so großer Bedeutung?

Tuberkulose (Tbc) war und ist besonders in armen Ländern verbreitet, wo die Widerstandskraft der Menschen durch Unterernährung und Krankheit geschwächt ist. Mitte des 19. Jahrhunderts war jeder vierte Todesfall auf Tbc zurückzuführen. Die Erkrankten leiden an Husten, Schmerzen in der Brust, Fieber und Schweißausbrüchen.

Was ist schädlich am Cholesterin?

Ein hoher Cholesterinspiegel im Blut gilt als Auslöser der Arteriosklerose (Arterienverkalkung). Damit steigt das Risiko, einen Herzinfarkt oder Schlaganfall zu erleiden. Nach heutiger Ansicht ist nur das LDL-Cholesterin schädlich, während das HDL-Cholesterin sogar vor der Arteriosklerose schützen kann.

Wodurch entsteht eine Dermatitis?

Eine solche Hautentzündung kann beim Kontakt der Haut mit Waschmitteln, Chemikalien, Schmuck oder Medikamenten entstehen. Der Ausschlag wird dabei durch die unmittelbare Giftwirkung der betreffenden Substanz oder durch eine allergische Reaktion hervorgerufen.

Auf welche Zellen wirkt eine Chemotherapie besonders stark?

Von der Krebs-Chemotherapie sind alle schnell wachsenden Zellen betroffen. Dazu gehören die Krebszellen, das eigentliche Ziel der Behandlung, aber auch die Zellen von Knochenmark, Eierstöcken und Hoden. Die auffälligste Nebenwirkung einer Chemotherapie ist häufig der Haarausfall durch die Schädigung der Haarfollikel.

Woran erkennt man Epilepsie-Anfälle und wie können sie verhindert werden?

Die Kranken brechen plötzlich mit Bewusstseinsstörungen zusammen, zeigen zuckende Bewegungen und Verkrampfungen. Häufig sind sie verwirrt und orientierungslos. Die Anfälle lassen sich durch eine medikamentöse Behandlung meist gut unter Kontrolle bringen.

An welchen Symptomen erkennt man eine Hepatitis?

Das auffälligste Zeichen einer solchen Leberentzündung ist die Gelbfärbung der Haut (daher der Name Gelbsucht). Sie wird häufig begleitet von Übelkeit, Erbrechen und Appetitlosigkeit. Meist wird die Krankheit durch eine Virusinfektion ausgelöst. Die bekanntesten Viren sind die Hepatitis-A- und die Hepatitis-B-Viren, gegen die man sich durch eine Impfung schützen kann.

Was für eine Möglichkeit gibt es, ein ungeborenes Kind auf erblich bedingte Schäden zu untersuchen?

Man kann eine kleine Menge Fruchtwassers entnehmen, in dem stets auch einige Zellen des Kindes vorhanden sind. Diese lassen sich z. B. auf eine Chromosomenstörung hin überprüfen, die für das Down-Syndrom (Mongolismus) verantwortlich ist. Eine solche Fruchtwasseruntersuchung ist allerdings mit hohen Risiken für das Kind verbunden.

Platon, Hippokrates und Dioscurus

Nach wem ist der Hippokratische Eid benannt?

Der Eid trägt den Namen des griechischen Arztes Hippokrates (um 460–377 v. Chr.). Die Ärzte mussten früher schwören, nach seinen ethischen Grundsätzen zu handeln. Dazu gehört insbesondere, bedingungslos menschliches Leben zu erhalten. Seinem Wesen nach ist der Hippokratische Eid auch heute noch die Grundlage ärztlichen Handelns.

Welche Körperteile können von Herpes befallen werden?

Von der Viruskrankheit sind allgemein Haut- und Schleimhautbereiche betroffen, auf denen sich dann die typischen Bläschen bilden. Verbreitet ist der Befall der Lippen mit so genannten Lippenbläschen durch den Virus Herpes simplex. Bei der Gürtelrose werden Teile des Rumpfes befallen.

Welche berühmten Ärzte wirkten an der Berliner Charité?

An dem bedeutenden Berliner Krankenhaus und heutigen Universitätsklinikum arbeiteten u. a.: C. W. Hufeland (Verdienste in der Seuchenbekämpfung, 1762–1836), R. Virchow (arbeitete auf dem Gebiet der Pathologie und Anthropologie, 1821–1902), R. Koch (Entdecker des Milzbrandbazillus und Tuberkelbakteriums, 1843–1910) und F. Sauerbruch (Neuerungen in der Chirurgie, 1875–1951).

Wie lange dauert es von der Ansteckung bis zum Ausbruch einer Krankheit?

Dieser als Inkubationszeit bezeichnete Zeitraum ist bei jeder Infektionskrankheit verschieden. Er beträgt z. B. bei Windpocken 14 bis 17 Tage, bei Masern 7 bis 14 Tage und bei Cholera einige Stunden bis wenige Tage.

Welcher Teil des Gehirns ist für die Steuerung von Hunger und Durst verantwortlich?

Der Hypothalamus, ein Teil des Zwischenhirns. Er empfängt Signale aus dem Körper über den Wasser- und Nährstoffgehalt und erzeugt bei Bedarf ein Durst- oder Hungergefühl. Damit veranlasst er den Organismus, Nahrung oder Wasser aufzunehmen.

Unter welchen Bedingungen werden Endorphine freigesetzt?

Der Körper erzeugt diese Substanzen v. a. in Ausnahmesituationen. Sie werden z. B. verstärkt bei starkem körperlichen Stress (wie starken Schmerzen) produziert. Ähnlich wie das chemisch verwandte Rauschgift Morphium können sie Schmerzen lindern und Stimmungen beeinflussen.

Was ist eine Nesselsucht?

Die Nesselsucht (Urtikaria) ist eine rasch eintretende Überempfindlichkeitsreaktion (Allergie) des Körpers gegen bestimmte Substanzen. Innerhalb von wenigen Minuten bis Stunden kommt es zur Ausbildung von meist roten (selten weißen), stark juckenden Quaddeln, entweder örtlich begrenzt oder am ganzen Körper. Manchmal ist die Reaktion so heftig, dass auch die Schleimhäute in Mund und Rachen zuschwellen (Erstickungsgefahr!) und es zu Herzrasen, Schwindel, Atemnot, Fieber, Erbrechen und Kreislaufstörungen bis hin zum Kollaps kommen kann (sog. anaphylaktischer Schock).

Welche Substanz hilft dem Arzt, sich Einblick ins Augeninnere zu verschaffen?

Die Verabreichung von Atropin, dem Gift der Tollkirsche. Es bewirkt eine Erweiterung der Pupille und wird daher vor Beginn einer Augenuntersuchung gegeben.

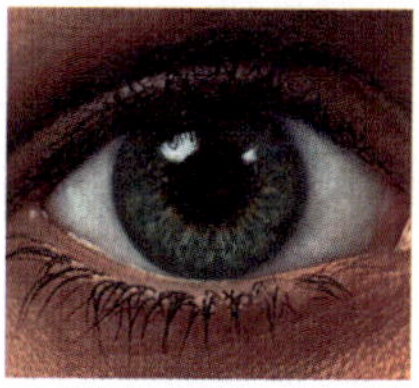

Auge

Was bedeutet es, wenn eine Krankheit psychosomatisch ist?

Das heißt, die körperlichen Beschwerden wurden durch seelische (psychische) Ursachen hervorgerufen. Häufige psychosomatische Leiden sind Kopfschmerzen, Rückenschmerzen, Übelkeit, Asthma, bestimmte Geschwüre und Ekzeme. Der Erfolg vieler so genannter „alternativer Heilmethoden" beruht auf der psychischen Beeinflussbarkeit körperlicher Vorgänge.

Welche Bedeutung hat die Tsetsefliege?

Die afrikanische Fliege überträgt den Erreger der Schlafkrankheit (einen tierischen Einzeller) auf Mensch und Tier. Eine besondere Form der Schlafkrankheit, an der Vieh und Großwild erkranken, ist die Nagana-Seuche. Die Schlafkrankheit hat ihren Namen von der Apathie und starken Erschöpfung, die sie bei den Befallenen auslöst.

Tsetsefliege

Wie lassen sich Koma und Schlaf gegeneinander abgrenzen?

Ein Mensch, der im Koma liegt, kann im Gegensatz zu einem Schlafenden nicht durch äußere Einwirkungen wie Kneifen oder Ansprechen geweckt werden. Ursachen einer solchen tiefen Bewusstlosigkeit sind z. B. Kopfverletzungen, Hirntumore, Diabetes mellitus oder Hirnhautentzündung.

Wodurch entsteht Karies?

Bei der Entstehung der Zahnfäule spielen v. a. die Ernährungsgewohnheiten eine Rolle. Häufiger Genuss zuckerhaltiger Nahrungsmittel und Getränke sowie ungenügende Zahnpflege sind die Hauptursachen. Daneben spielt auch die erbliche Veranlagung eine Rolle. Die Karies erzeugenden Bakterien können bereits durch die Mutter auf den Säugling übertragen werden.

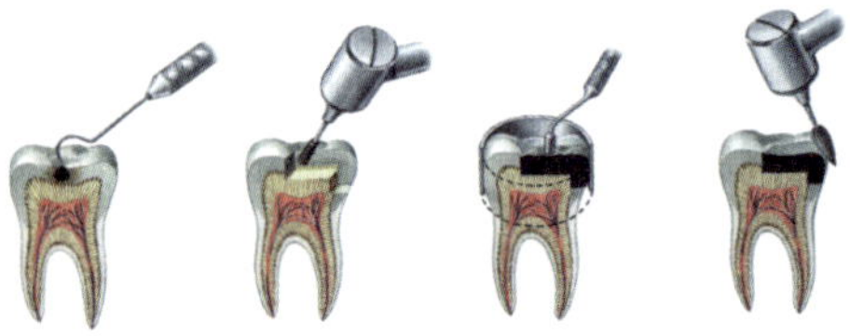

So wird Karies vom Zahnarzt behandelt

Was ist der Unterschied zwischen Homosexualität und Heterosexualität?

Als Homosexualität bezeichnet man die gleichgeschlechtliche Liebe, also die Liebe zwischen zwei Männern oder zwischen zwei Frauen. Im Unterschied dazu bezeichnet die Heterosexualität die gemischtgeschlechtliche Liebe, also die Liebe zwischen Mann und Frau.

Welche Krankheit bezeichnete man früher als Aussatz?

Die Lepra. Diese chronisch verlaufende Krankheit war schon vor Tausenden von Jahren bekannt. Die Kranken wurden aus der Gemeinschaft ausgestoßen und mussten in besonderen Häusern außerhalb der Stadt leben („Aussätzige"). Die Krankheit ist allerdings weniger ansteckend, als gemeinhin vermutet wird. Sie wird durch Bakterien verursacht.

Wie heißt die Krebsform, von der das Blut betroffen ist?

Der „Blutkrebs" wird als Leukämie bezeichnet. Die Krankheit ist meist mit einer starken Vermehrung der weißen Blutkörperchen verbunden. Die akute Leukämie kann im Gegensatz zur chronischen Form geheilt werden. Letztere muss aber nicht zwangsläufig zum Tod führen.

In welchem Alter endet normalerweise die Regelblutung einer Frau?

Die Menopause, wie das altersbedingte Ausbleiben der Menstruation genannt wird, tritt meist zwischen dem 45. und 50. Lebensjahr ein. Die Menopause findet während der Wechseljahre statt, dem Übergang von der Geschlechtsreife zum Alter. Die Ursache für Menopause und Wechseljahre sind hormonelle Umstellungen im Körper.

Wer kann vom Milzbrand befallen werden?

Der Milzbrand ist eine bakterielle Infektion beim Vieh, die aber auf den Menschen übertragen werden kann. Die Krankheit ist in vielen Entwicklungsländern noch weit verbreitet, in den Industriestaaten dagegen sehr selten geworden. Eine schwere Form ist der oft tödlich endende Lungenmilzbrand.

An welchen Symptomen leiden Multiple-Sklerose-Kranke?

Häufig kommt es zu Kribbeln, Ermüdung, Schwindel, Lähmungen und Inkontinenz. Zeiten weit gehender Normalität können sich mit schweren Krankheitsschüben abwechseln. Durch eine entzündliche Reaktion kommt es an verschiedenen Stellen im Gehirn und Rückenmark zur Schädigung oder Zerstörung der Markscheiden (Myelinscheide, einer Isolierschicht, welche die Nervenzellen umgibt). Je nachdem, welche Nerven betroffen sind, kommt es zu bestimmten Ausfallerscheinungen, die sich zum Teil zurückbilden, zum Teil auch bleibend sind.

Welche Körperfunktionen sind bei der Mukoviszidose oder Zystischen Fibrose gestört?

Die Betroffenen dieser Erbkrankheit leiden an einer Fehlfunktion wichtiger Drüsen. In ihren Lungen bildet sich ein zäher Schleim, der einen idealen Nährboden für Bakterien bildet. Die Fähigkeit, Fette und andere Nährstoffe aus der Nahrung aufzunehmen, ist gestört.

Welche Aufgabe erfüllt Insulin im Stoffwechsel?

Das Hormon reguliert den Gehalt des Zuckers im Blut. Steigt nach der Nahrungsaufnahme der Blutzuckerspiegel an, schüttet die Bauchspeicheldrüse vermehrt Insulin aus. Der Zucker kann nun aus dem Blut in die Leber gelangen und gespeichert oder in der Muskulatur verbrannt werden. Bei Diabetes mellitus wird zu wenig oder gar kein Insulin mehr gebildet.

Was sind die größten Schwierigkeiten bei einer Organtransplantation?

Das Immunsystem versucht, fremde Organe abzustoßen, was durch geeignete Medikamente verhindert werden muss. Spender- und Empfängergewebe sollten daher möglichst gut zusammenpassen.

Woran kann man eine Parodontose erkennen?

Folgende Symptome sprechen für eine Paradontose: Das Zahnfleisch ist empfindlich und blutet leicht. Die Zahnhälse werden allmählich freigelegt (Zahnfleischschwund), wodurch die Zähne schmerzen, wenn sie mit kalten, heißen oder süßen Speisen und Getränken in Berührung kommen. Schließlich kommt es zu Knochenschwund und Zahnausfall.

Wofür erhielt der britische Bakteriologe Sir Alexander Fleming den Nobelpreis für Medizin?

Sir Alexander Fleming

Fleming (1881–1955) entdeckte 1928 das Penicillin, eine Substanz, die von Pilzen gebildet wird und zur Bekämpfung von Bakterien geeignet ist. Damit bereitete er den Weg zur Entwicklung der Antibiotika. Sie sind unverzichtbare Säulen der Behandlung bakterieller Infektionen.

Wie viel Liter Blut enthält der Körper eines Menschen?

Im Körper eines Erwachsenen kreisen durchschnittlich fünf Liter Blut. Verliert man innerhalb kurzer Zeit über 10% davon, drohen Schock und Ohnmacht. Ein Verlust von einem Liter Blut bedeutet Lebensgefahr.

Welche Bedeutung haben die Pocken heute?

Die gefährliche Virusinfektionskrankheit wurde 1980 von der Weltgesundheitsorganisation WHO für ausgerottet erklärt. Damit waren schließlich die jahrelangen weltweiten Impfprogramme von Erfolg gekrönt. Es gab bis zum Schluss keine wirksamen Heilmethoden gegen die Krankheit, der bis zu 40% aller Erkrankten zum Opfer fielen.

Wie lautet die Fortsetzung des oft gehörten Spruches Schluckimpfung ist süß, ...?

Der vollständige Satz heißt „Schluckimpfung ist süß, Kinderlähmung ist grausam“. Damit sollte die Impfbereitschaft gegen Polio (Polyomyelitis, Kinderlähmung) erhöht werden. Die Virusinfektion kann in schweren Fällen zu Lähmungen und zum Tod führen.

Warum gibt es bei jedem Menschen einen blinden Fleck auf der Netzhaut?

Die Fortsätze der Nervenzellen in der Netzhaut vereinigen sich zum Sehnerv. An der Stelle, wo der Sehnerv die Netzhaut durchstößt und zum Gehirn führt, gibt es keine Sehzellen. Eine Lichtempfindung ist nicht möglich. Im Gegensatz dazu ist der Gelbe Fleck der Punkt des schärfsten Sehens und der besten Farbwahrnehmung.

Was ist die Hauptursache für Zahnfleischentzündungen?

Zahnbelag (Plaque) ist ein rauer, klebriger Belag auf den Zähnen, der aus Speichel, Bakterien und Nahrungsresten besteht. Setzen sich Mineralsalze (z. B. Calcium, Phosphat) aus dem Speichel im Zahnbelag ab, so bilden sich harte, weiße oder gelbliche Ablagerungen am Zahn, die man Zahnstein nennt. In dem porösen Zahnstein kann sich wiederum leicht Zahnbelag absetzen, der das Zahnfleisch angreift.

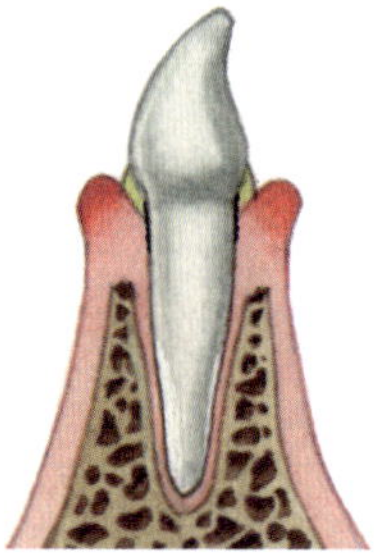

Zahnfleischentzündung

Was ist ein Gerstenkorn?

Unter einem Gerstenkorn versteht man eine schmerzende, druckempfindliche, oft eitrige Entzündung von Schweiß- und Talgdrüsen der Lider, die meist von einer Schwellung des ganzen Lides begleitet wird. Gerstenkörner entstehen durch eine Infektion mit Eiterbakterien (Staphylokokken).

Was geschieht beim monatlichen Eisprung im Körper einer Frau?

Beim Eisprung in der Mitte des Monatszyklus gelangt ein Ei aus dem Eierstock in den Eileiter. Es kann nun von den männlichen Samenzellen befruchtet werden. Die Tatsache, dass der Eisprung mit einer erhöhten Körpertemperatur und einer Veränderung des Gebärmutterhalsschleimes verbunden ist, macht man sich bei der „natürlichen Empfängnisverhütung" zunutze.

Wer entdeckte den Erreger der Tuberkulose?

Der deutsche Bakteriologe Robert Koch (1843–1910) fand 1882 das Tuberkelbakterium. Er entdeckte auch den Choleraerreger und wies bereits 1876 erstmals nach, dass lebende Mikroorganismen Krankheiten verursachen können (am Beispiel des Milzbrandbazillus). Für seine Verdienste erhielt er 1905 den Medizin-Nobelpreis.

Robert Koch

Zu welcher Gruppe von Geisteskrankheiten gehört die Schizophrenie?

Zu den psychischen Störungen. Sie zeichnen sich dadurch aus, dass der Bezug zur Wirklichkeit verloren geht, ohne dass die Betroffenen es selbst bemerken (im Unterschied zur neurotischen Störung). Wahnvorstellungen (z. B. Verfolgungswahn), Halluzinationen (Sinnestäuschungen) und Depression sind Merkmale von psychotischen Störungen.

Was bedeutet der Rhesusfaktor und woher stammt die Bezeichnung?

Der Rhesusfaktor ist wie die Blutgruppen A, B, 0 und AB eine Eigenschaft der roten Blutkörperchen. Rhesus-positiv bedeutet das Vorhandensein einer bestimmten Struktur (eines Antigens), bei Rhesus-negativen Personen fehlt sie. Das Antigen wurde erstmals im Blut von Rhesusaffen nachgewiesen.

Was ist das gemeinsame Kennzeichen der rheumatischen Erkrankungen?

● Unter dem Begriff Rheumatismus oder Rheuma fasst man akut oder chronisch verlaufende Erkrankungen von Muskeln (Muskel-Rheumatismus), Sehnen, Bändern und Gelenken (Gelenk-Rheumatismus) zusammen. Symptome sind Schmerzen, Steifheit, Zwicken und Gliederreißen.

Wozu benötigt der Körper Eiweiß (Proteine)?

● Viele Hormone und alle Enzyme sind aus Eiweiß aufgebaut. Beide sind zur Steuerung wesentlicher Körperfunktionen unverzichtbar. Eiweiß ist außerdem ein wichtiger Baustoff des Körpers (z. B. in Form von Muskeleiweiß).

Wann sind Röteln gefährlich?

● Wenn eine werdende Mutter in den ersten Monaten der Schwangerschaft an Röteln erkrankt, drohen schwere Schäden für den Fötus. Daher sollten sich Frauen, die nicht durch eine frühere Rötelnerkrankung immunisiert wurden, impfen lassen. Normalerweise sind Röteln eine harmlose Kinderkrankheit. Bei Erwachsenen verläuft die Krankheit meist schwerer.

In welchen Nahrungsmitteln sind häufig Salmonellen enthalten?

● Die Erreger von Lebensmittelvergiftungen kommen besonders oft in Hühnerfleisch und Hühnereiern vor. Häufige Infektionsquellen sind Speisen, die mit rohen Eiern zubereitet sind (Mayonnaise, Eiscreme). Die Bakterien lassen sich durch starkes Erhitzen unschädlich machen.

Wodurch entsteht ein Kropf?

● Die häufigste Ursache für einen Kropf ist Jodmangel. Jod ist zur Bildung des Hormons Thyroxin in der Schilddrüse notwendig. Ist zu wenig davon vorhanden, versucht dies die Schilddrüse durch eine Größenzunahme auszugleichen. Der Kropfbildung kann durch Verzehr von Seefischen und Jodsalz entgegengewirkt werden.

Was sind die wichtigsten Aufgaben der Nieren?

● Sie filtern das Blut, regeln den Salz- und Wasserhaushalt des Körpers und sorgen für die Ausscheidung schädlicher Stoffwechselprodukte. Außerdem sind sie für ein ausgeglichenes Säure-Basen-Verhältnis im Körper verantwortlich. Die Arbeit der Nieren bestimmt unmittelbar Menge und Zusammensetzung des Harns (Urin).

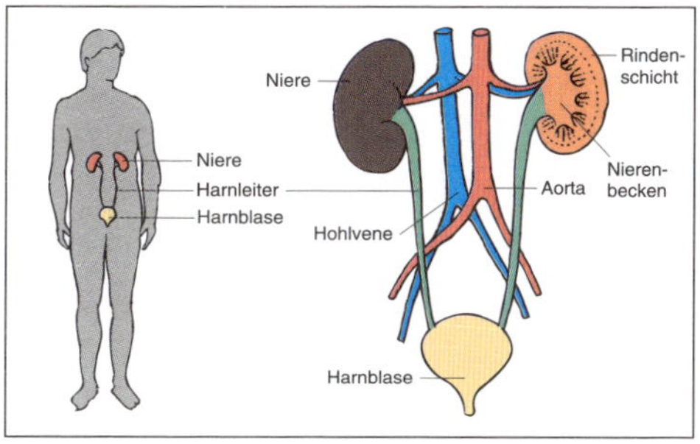

Über die Nieren werden Schadstoffe ausgeschieden

Wann wurde die Chiropraktik als Behandlungsmethode in die Medizin eingeführt?

● Im Jahr 1895. Sie beruht auf der Vorstellung, dass Krankheiten (zumindest teilweise) auf Störungen im Nervensystem beruhen. Im Mittelpunkt der Behandlung steht die Wirbelsäule, an der verschobene Wirbel oder Bandscheiben mit den Händen von außen wieder eingerenkt werden sollen.

Warum wird die Prostata oft zum Problem für ältere Männer?

● Die Vorsteherdrüse kann bei Männern ab 50 Jahren durch eine Größenzunahme Schwierigkeiten beim Wasserlassen bereiten. In fortgeschrittenem Alter entsteht auch Prostatakrebs, einer der häufigsten Krebsarten bei Männern. Auch er macht sich z. T. durch Beschwerden beim Harnlassen bemerkbar.

Wie funktioniert eine Antibabypille?

Die Wirkung beruht auf einem Eingriff in den Hormonhaushalt der Frau. Meist enthält die Pille eine Kombination der Geschlechtshormone Progesteron und Östrogen. Sie unterdrücken den Eisprung und verhindern dadurch eine Befruchtung. Die so genannte Minipille enthält nur Progesteron und verdickt den Gebärmutterhalsschleim, so dass er für die Spermien undurchlässig wird.

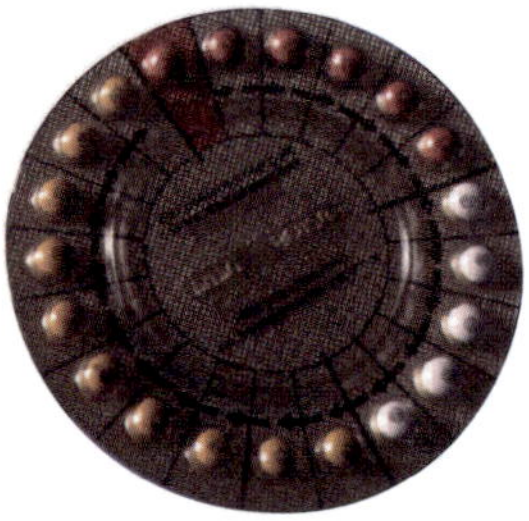

Verhütungsmittel für einen Monat

Wie lautet die deutsche Bezeichnung für die Parkinson-Krankheit?

Schüttellähmung. Sie weist auf die typischen Krankheitszeichen wie Muskelzittern, starrer Gesichtsausdruck und langsame Bewegungen hin. Die Krankheit wird durch eine Schädigung bestimmter Gehirnzellen hervorgerufen. Der Auslöser dafür ist unbekannt.

Wie reagiert der Körper auf Stress?

Jede Einwirkung auf den Körper, die zu einer Störung des Normalzustandes führt, ist Stress. Er antwortet darauf mit der Ausschüttung von Hormonen wie Adrenalin, die den Körper in eine Kampf- oder Fluchtstimmung versetzen (z. B. durch verstärkte Durchblutung). Wiederholter Stress ohne entsprechende körperliche Aktivität ist vermutlich gesundheitsschädlich.

Wie kann man sich mit dem Tetanus-Erreger infizieren?

Das Bakterium lebt hauptsächlich im Boden. Gelangt es mit Schmutz in eine Hautwunde, kommt es zur Vermehrung und Bildung eines Giftes, das die typischen Muskelkrämpfe auslöst (Wundstarrkrampf). Gegen die Infektion kann man sich durch eine Impfung schützen, die alle zehn Jahre aufgefrischt werden sollte.

Was kann einen Herzinfarkt oder Schlaganfall auslösen?

Eine Thrombose, bei der sich ein Blutpfropf in einem Blutgefäß bildet. Handelt es sich um eine Schlagader (Arterie), die das Herz mit Blut versorgt, ist ein Herzinfarkt die Folge. Entsteht die Thrombose im Gehirn, kommt es zu einem Schlaganfall. Die Thrombosegefahr wird u. a. durch Rauchen und Übergewicht erhöht.

Was versteht man unter Rekonvaleszenz?

Den Zeitraum der Genesung nach einer Krankheit.

Wie verhalten sich autistische Menschen?

Der Autismus ist ein Zustand, bei dem der Betroffene unfähig ist, Beziehungen zur Außenwelt aufzunehmen. Er ist völlig mit sich selbst beschäftigt und sträubt sich gegen jede Art von Veränderung im Umfeld. Als Ursache wird heute eine Gehirnschädigung vermutet. Ursprünglich galt auch mangelnde elterliche Fürsorge als Ursache der Krankheit.

Wodurch gelang es, die Tollwut weit gehend zurückzudrängen?

In vielen Gebieten Deutschlands wurden Köder ausgelegt, die einen Impfstoff gegen Tollwut enthielten. Fressen Füchse den Köder, werden sie gegen die Krankheit immun und können das Tollwutvirus nicht mehr weiter verbreiten. Großbritannien ist durch seine Insellage seit jeher tollwutfrei.

Woran erkennt man eine Bindehautentzündung?

Bei der Bindehautentzündung ist die Membran, die das Weiße des Auges und die Innenseite der Augenlider überzieht, entzündet. Dies äußert sich in Form von Rötungen und Juckreiz. Mitunter ist morgens das Auge durch Eiter verklebt. Ursache der Infektion sind meist Bakterien, die mit Antibiotika bekämpft werden können.

Wie gefährlich sind Windpocken?

Im Kindesalter sind Windpocken meist harmlos. Bei Erwachsenen, die nicht durch eine frühere Windpockenerkrankung immunisiert wurden, nimmt die Krankheit einen schwereren Verlauf. Besonders gefährdet sind Frauen im letzten Stadium der Schwangerschaft. Dabei kann auch das Kind erkranken.

Wie kann Diabetes mellitus (Zuckerkrankheit) behandelt werden?

Bei Altersdiabetes (Typ II) erzeugt die Bauchspeicheldrüse nicht mehr genügend Insulin. Zur Behandlung genügen hier meist Tabletten, Diät und Gewichtsabnahme. Bei der schweren Form (Typ I) kann das Hormon überhaupt nicht mehr gebildet werden, daher muss ein- bis mehrmals am Tag Insulin selbst gespritzt werden.

Woher kommt die typische Wirkung alkoholischer Getränke?

Durch ihren Gehalt an Äthylalkohol. Er entsteht durch die Vergärung von Kohlenhydraten (z. B. aus der Gerste). Im Übermaß genossen führt er zu einer akuten Vergiftung des Körpers, die landläufig als „Rausch" bezeichnet wird. Schon in geringen Mengen setzt Äthylalkohol die Reaktionsfähigkeit herab und verringert Hemmschwellen und Ängste.

Wofür steht die Abkürzung EKG?

Sie steht für „Elektrokardiogramm" und bezeichnet ein Verfahren, bei dem die Herzströme aufgezeichnet werden. Das Zusammenziehen und Erschlaffen des Herzmuskels ist von elektrischen Impulsen begleitet, die eine typische EKG-Kurve bilden. Abweichungen von diesem Muster können auf Herzkrankheiten hindeuten.

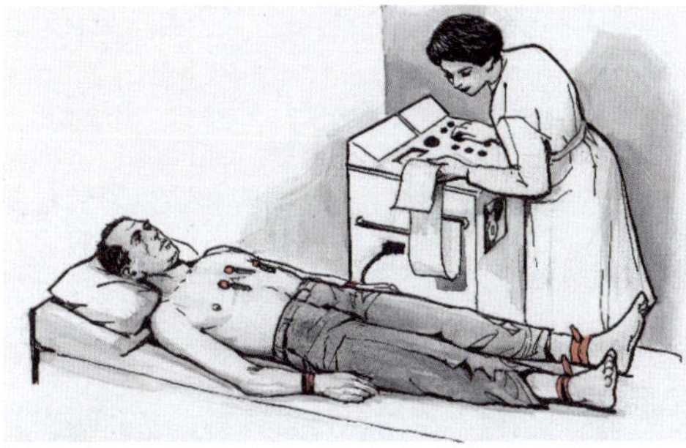

Ein EKG wird erstellt

Welche Vitamine kann der Körper selbst erzeugen?

Nur Vitamin D und das zu den B-Vitaminen gehörende Niacin können im Körper selbst hergestellt werden. Für die Vitamin D-Synthese ist Sonnenlicht nötig. Enthält die Nahrung Karotin (z. B. in Möhren), kann daraus auch Vitamin A hergestellt werden. Alle anderen Vitamine müssen mit der Nahrung aufgenommen werden.

Unter welchem Namen ist die angeborene Krankheit Down-Syndrom noch bekannt?

Unter dem früher üblichen Begriff Mongolismus (wegen der Ähnlichkeit mit den Gesichtszügen der Mongolen). Sie entsteht, wenn ein bestimmtes Chromosom nicht nur zweifach, sondern dreifach vorhanden ist. Die Gefahr für eine solche Abweichung steigt, je älter die Mutter des Kindes ist.

Von welchen Stoffen können Asthmaanfälle ausgelöst werden?

Die Ursache für Asthma, also wiederkehrende Fälle von Atemnot, können Stoffe sein, auf die der Körper allergisch reagiert. Verursacher solcher Allergien sind z. B. Pollen, Hausstaubmilben, Tierhaare, Federn, aber auch Inhaltsstoffe von Medikamenten und Speisen.

Was war der Schwarze Tod?

Die Pest, eine der folgenschwersten Infektionskrankheiten der Vergangenheit. Sie kostete im 14. Jahrhundert in Europa über 20 Millionen Menschen das Leben. Die Seuche wurde als Strafe Gottes angesehen. Ursache ist ein Bakterium, das Ratten befällt. Von diesen kann der Erreger über Flöhe auf den Menschen übertragen werden.

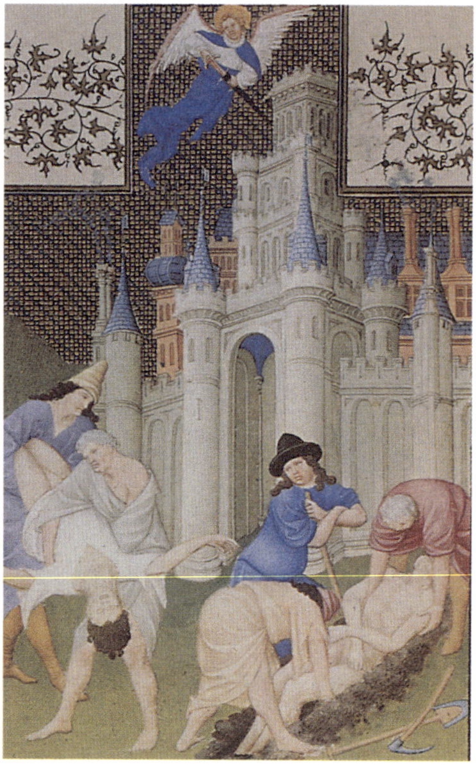

Pesttote werden vor den Stadtmauern begraben

Welche Körperteile werden durch Osteoporose geschwächt?

Die Knochen, und zwar durch gesteigerten Knochenabbau und/oder reduzierten Knochenanbau. Besonders im fortgeschrittenen Alter ist Osteoporose ein verbreitetes Leiden. Osteoporose betrifft besonders Frauen, da bei ihnen die altersbedingte Abnahme der Knochenmasse noch durch Östrogenmangel in den Wechseljahren verstärkt wird.

Warum ist der Äskulapstab das Sinnbild der Mediziner?

In der griechischen Götterwelt war Äskulap der Gott der Heilkunde. Sein Zeichen war der von einer heiligen Schlange umwundene Äskulapstab.

Wie viele Zähne hat der erwachsene Mensch?

Je nachdem, ob Weisheitszähne vorhanden sind oder nicht, umfasst das Dauergebiss 28 bis 32 Zähne (acht Schneidezähne, vier Eckzähne, acht Backen- und acht bis zwölf Mahlzähne).

Warum wurde Galenus der König der Ärzte genannt?

Der Leibarzt Kaiser Mark Aurels (121–180) sammelte alles bis zu seiner Zeit angehäufte Wissen in der Medizin und baute daraus ein System auf, das bis ins Mittelalter hinein anerkannt wurde. Die von Galenus (129–ca. 199) eingeführten Begriffe der vier Temperamente – Phlegmatiker, Sanguiniker, Choleriker und Melancholiker – werden noch heute verwendet.

Warum werden Arterien Schlagadern genannt, Venen hingegen nicht?

Weil in Arterien das vom Herzen kommende sauerstoffreiche Blut stark pulsiert, während es in den Venen ruhiger zum Herzen zurückfließt.

Seit wann werden Kontaktlinsen hergestellt?

Plexiglas-Kontaktlinsen stellte die I. G. Farben erstmals 1936 vor., nachdem dieser Glaskunststoff 1929 von W. Bauer entwickelt wurde. Kontaktlinsen aus Glas hatte Adolf Eugen Fick (1829–1901) schon 1877 entwickelt. Während die ersten Linsen noch sehr unkomfortabel waren, war um 1939 bereits eine Tragzeit von zehn bis zwölf Stunden möglich.

Was ist ein Hypochonder?

Jemand, der krankhaft übertrieben auf seinen eigenen Gesundheitszustand achtet – aus übergroßer Furcht, krank zu sein oder zu werden. Solche „eingebildeten Kranken" empfinden Krankheitssymptome oft in der Bauchgegend (Hypochondrium). Hypochondrie ist eine psychische Störung.

Bei welchen Operationen werden Umleitungen für verstopfte Herzarterien eingerichtet?

Bei Bypassoperationen. Sie können durch eine Arteriosklerose (Arterienverkalkung) notwendig werden, bei der bestimmte Herzarterien verengt oder ganz geschlossen sind. Um eine ausreichende Blutversorgung des Herzens zu gewährleisten, kann man Blutgefäße aus einem anderen Teil des Körpers (z. B. den Beinen) entnehmen und zur Umgehung der Engstelle verwenden.

Was ist die Ursache der Diphtherie und wie wird sie übertragen?

Der Erreger dieser Infektionskrankheit ist ein Bakterium, das beim Husten oder Niesen übertragen wird. Betroffen sind meist Kinder. Es bildet sich ein typischer Belag auf den Mandeln, der sich u. U. bis in die Luftröhre ausbreitet. Dazu kommen Halsschmerzen und Fieber. Die mitunter tödlich endende Krankheit ist v. a. in Entwicklungsländern verbreitet, kommt z. T. aber auch in Osteuropa vor.

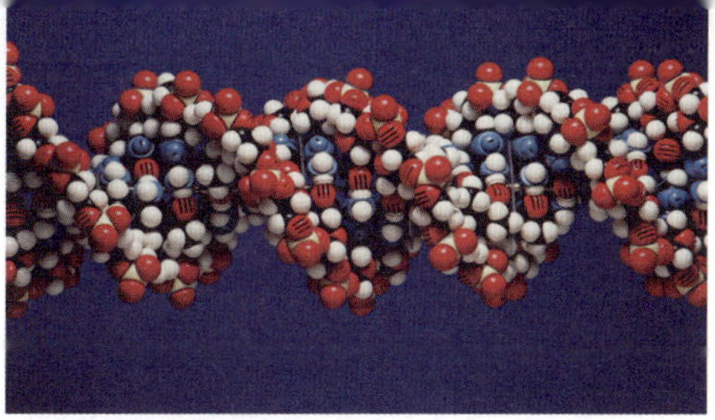

Desoxyribonukleinsäure

Wer erkannte, dass die DNA als hochmolekulare Polynukleinsäure Träger genetischer Information ist?

1953 formulierten Francis Crick (1916–2004) und James Watson (*1928) das wohl bekannteste Modell der Molekularbiologie: Die berühmte DNA-Doppelhelix bzw. die Watson-Crick-Spirale. Die Forscher entdeckten den chemischen Mechanismus, mit dem die Zelle ihre genetische Eigenschaft bei der Zellteilung exakt weitergeben kann.

Was passiert bei Schluckauf?

Bei einem Schluckauf zieht sich das Zwerchfell krampfartig zusammen und die Stimmritze verschließt sich plötzlich. Dadurch wird das Einströmen der Luft unterbrochen und es entstehen die typischen Schluckauf-Laute. Kurz andauernder Schluckauf ist medizinisch ohne Bedeutung.

Warum tritt die Hautkrankheit Akne besonders in der Pubertät auf?

Mit beginnender Geschlechtsreife kommt es zu hormonellen Umstellungen im Körper. Die Talgdrüsen sondern dann verstärkt Talg ab, wobei die so genannten Mitesser entstehen. Daneben spielt auch die erbliche Veranlagung eine Rolle.

Wie wird Malaria übertragen?

Durch den Stich einer Mücke mit dem Namen Anopheles. Der Erreger selbst ist ein tierischer Einzeller, mit dem die Mücke infiziert ist. Die Krankheit ist in tropischen Ländern weit verbreitet.

Bewegung an der frischen Luft

Was bewirkt Bewegung im Körper?

Der Körper verbrennt bei körperlicher Anstrengung zusätzlich zum Grundbedarf Energie. Deshalb wird der Kreislauf angekurbelt, das Herz pumpt mehr Blut pro Zeiteinheit durch das Blutsystem. Der Stoffwechsel „läuft" auch nach Stunden noch auf einem höheren Niveau. Außerdem wird die Muskulatur gestärkt und die Anfälligkeit für Infektionen sinkt. Wer sich regelmäßig körperlich betätigt, ist belastbarer, hat ein gesteigertes Wohlbefinden und verbessert seine Fitness.

Welche Gewebe erkranken bei einem grünen Star und welche bei einem grauen Star?

In beiden Fällen ist das Auge betroffen. Beim grauen Star trüben sich die Linsen, beim grünen Star ist der Flüssigkeitsdruck im Auge zu groß. Problematisch ist bei beiden Formen, dass die Sehkraft nur allmählich nachlässt und die Krankheit daher oftmals erst spät erkannt wird.

Welche Blutgruppen müssen Blutspender und Blutempfänger besitzen, damit eine Bluttransfusion möglich ist?

Menschen mit der Blutgruppe 0 sind Universalspender, da sie jedem Menschen Blut spenden können. Menschen mit der Blutgruppe AB sind dagegen Universalempfänger, da ihr Blut mit allen Blutgruppen mischbar ist. Die beiden anderen Kombinationsmöglichkeiten sind Mischungen von A mit A und B mit B.

Wie heißen einige der wichtigsten Mineralstoffe unserer Nahrung und wo kommen sie besonders häufig vor?

Kalium (Getreide, Obst, Gemüse, Kartoffeln), Natrium (Salz, Wurst, Käse), Calcium (Milch, Eidotter, grünes Gemüse), Magnesium (grünes Gemüse: Blattgrün), Eisen (Leber, Fleisch, Eidotter), Zink (Rindfleisch, Leber, Erbsen), Kupfer (Leber, Eidotter, Fisch).

Wie wirkt übermäßiger Alkoholgenuss auf die Leber?

Zu viel Alkohol erhöht die Wahrscheinlichkeit, an einer Zirrhose (Leberzirrhose) zu erkranken. Sie zerstört die Struktur der Leber und beeinträchtigt ihre Leistungsfähigkeit. Die Krankheit kann auch durch eine Virusinfektion (Hepatitis) verursacht werden.

Welche neuartigen Lebensmittel werden englisch mit Novel Food bezeichnet?

Gentechnisch veränderte Nahrungsmittel und deren Folgeprodukte. Weltweit wurden in der so genannten Grünen Gentechnik die Eigenschaften von rund 40 Nutzpflanzen verändert, sodass sich der Anbau, der Ertrag und die Haltbarkeit verbessern ließen.

Um welche wissenschaftliche Disziplin handelt es sich bei Ayurveda?

Um die altindische Medizinlehre. Ayurveda (Sanskrit „Wissenschaft des Lebens") besteht aus drei großen Sammelwerken der drei sagenhaften altindischen Ärzte Charaka, Susruta und Vagbhata. Ein Teil der Behandlungsmethoden gründet sich auf pflanzliche Arzneien. Das Werk wurde im Laufe der Jahrhunderte ergänzt, z. B. um alchemistische Präparate.

Was versteht man unter Yoga?

Yoga ist die altindische Lehre von einem gesunden und erfüllten Leben, die z. B. von Gurus vermittelt wird. Das Wort kommt aus dem Sanskrit und bedeutet „vereinen, verbinden, zusammenfügen" (vgl. deutsch „Joch", englisch „to join", französisch „joindre"). Gemeint ist die Verbindung von Körper, Geist und Seele, wobei die Verbundenheit mit dem Kosmos, der Erde bzw. der Natur angestrebt wird.

Was ist ein Patienten-Testament?

Der testamentarisch festgehaltene letzte Wille eines Menschen, der sich im Fall schwerer gesundheitlicher Schädigung für die Sterbehilfe entscheidet. Sie schließt ausdrücklich den Verzicht auf lebensverlängernde Maßnahmen wie Beatmung, Bluttransfusion oder künstliche Ernährung ein, etwa wenn kein Bewusstsein mehr erlangt werden kann oder das Gehirn dauerhaft geschädigt ist oder auch beim dauerhaften Ausfall lebenswichtiger Funktionen. Die Sterbehilfe muss jedoch von einem Angehörigen beim Familiengericht unter Vorlage des Patienten-Testaments beantragt werden.

Wer war Paul Ehrlich?

Der deutsche Mediziner gilt als der Begründer der experimentellen Chemotherapie und entdeckte ein Mittel zur Bekämpfung der Syphilis, das Salvarsan. Ehrlich (1854–1915) erhielt 1908 den Nobelpreis für Physiologie oder Medizin.

Welche Einrichtung der UNO setzt sich für eine Verbesserung der Gesundheitsversorgung ein?

Die Weltgesundheitsorganisation der UNO (WHO) ist eine Sonderorganisation der Vereinten Nationen, die sich für die Bekämpfung von Seuchen und Epidemien einsetzt und an der allgemeinen Verbesserung der weltweiten Gesundheitsversorgung arbeitet.

An welcher Gruppe von Krankheiten sterben in Deutschland die meisten Menschen?

Die häufigste Todesursache sind Herz-Kreislauf-Krankheiten. Dazu gehören z. B. Herzinfarkt, Schlaganfall und Hirnschlag. Bei Bluthochdruck steigt die Wahrscheinlichkeit, daran zu erkranken. Andere Risikofaktoren sind Bewegungsmangel, Stress, Rauchen und hohe Blutfettwerte.

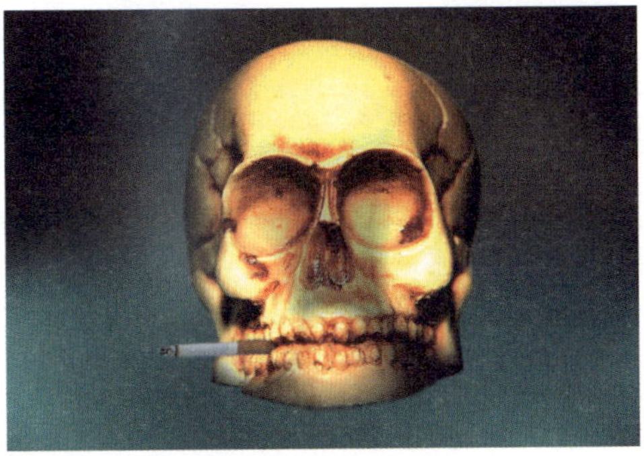

Rauchen schadet der Gesundheit

Welches sind die Vorteile der Kernspintomografie?

Dieses diagnostische Bildgebungsverfahren ermöglicht es, ohne in den Körper des Patienten einzudringen, in kurzer Zeit dünne Schichtaufnahmen von jedem Körperteil in beliebigem Winkel und beliebiger

Richtung zu erzeugen. Gerade in der Früherkennung von zahlreichen Krankheiten ist die Kernspintomografie demzufolge für die Medizin von unschätzbarem Wert.

Wer führte die erste Herztransplantation durch?

Die erste Herzverpflanzung bei einem Menschen wurde 1967 von dem südafrikanischen Chirurgen Christiaan Neethling Barnard (1922–2001) in Kapstadt (Südafrika) durchgeführt. Am erfolgreichsten ist die Operation, wenn das neu einzusetzende Herz noch schlägt. Deshalb wird es einem Spender nach dessen Hirntod entnommen, wobei zwar alle Gehirnfunktionen unwiderruflich zerstört sind, Herz und Lunge aber noch arbeiten.

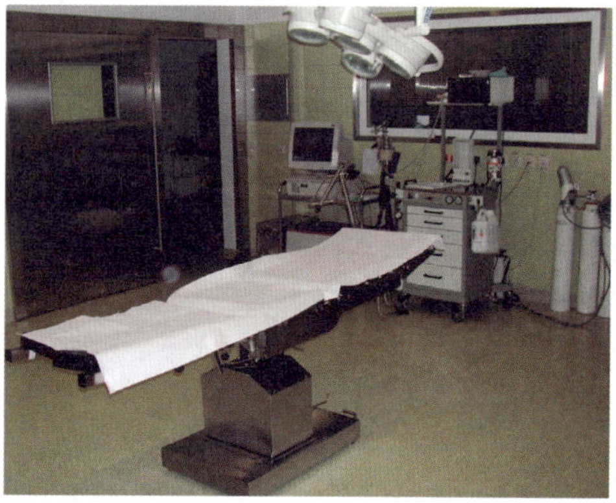

Blick in einen Operationssaal

Wer gründete das Komitee Cap Anamur?

Die unabhängige humanitäre Hilfsorganisation Komitee Cap Anamur, Deutsche Notärzte e.V. wurde 1979 von dem Journalistenehepaar Neudeck gegründet. Für die nach dem ersten vietnamesischen Flüchtlingsboot benannte Organisation arbeiten Ärzte, Krankenschwestern, Techniker und Logistiker, die zunächst halfen, die Situation der Vietnamflüchtlinge zu verbessern und heute in verschiedenen Hilfsprojekten auf der ganzen Welt eingesetzt werden.

Hat der Mensch einen freien Willen?

In den vergangenen Jahrzehnten hat diese Kernfrage der Philosophie insbesondere die moderne Hirnforschung beschäftigt. Einige Neurowissenschaftler vertreten die Ansicht, dass der freie Wille eine Illusion sei. Sie beziehen sich dabei auf ein Experiment des US-amerikanischen Neurophysiologen Benjamin Libet (*1916). Probanden sollten angeben, wann sie die Entscheidung getroffen hatten, ihre Hand zu heben. Wie sich herausstellte, war im Gehirn dieser Personen schon eine Aktivität messbar, bevor sie glaubten, sich für das Handheben entschieden zu haben. Das Gefühl, etwas zu wollen, trat auf, nachdem im Gehirn längst alles für die Ausführung der Handlung vorbereitet worden war. Das Gehirn bestimme also, was wir tun, und gaukele uns nur vor, dass wir frei entscheiden, so die Schlussfolgerung der Wissenschaftler. Abschließend beantwortet ist die Frage nach dem freien Willen damit aber sicher nicht.

Welches Pech für die Maus gilt als Glück für die Wissenschaft?

Da die Gene von Mensch und Maus bemerkenswert große Ähnlichkeit besitzen, ist es das Ziel der Forscher, für jede Krankheit ein Mausmodell zu entwickeln. Schätzungen zufolge werden weltweit jedes Jahr mindestens 25 Millionen Mäuse in Experimenten eingesetzt.

Wie wird Krätze übertragen?

Die Krätze (Skabies) ist eine ansteckende Hautkrankheit, die durch eine bestimmte Milbenart hervorgerufen wird. Die Weibchen bohren Gänge in die oberen Hautschichten und legen dort ihre Eier ab. Es kommt zu starkem Juckreiz und zu kleinen geröteten Knötchen auf der Haut, die oft in einer Linie liegen (gangförmig). Der Juckreiz wird durch Wärme, z. B. im Bett, verstärkt. Krätze wird meist durch intensiven Hautkontakt übertragen.

Warum ist ein menschlicher Embryo in den ersten Schwangerschaftswochen besonders gefährdet?

Weil im Embryonalstadium das Zellwachstum am stürmischsten vorangeht. In dieser Zeit werden alle wichtigen Organe angelegt. Alkohol, Nikotin und Medikamente können dann nicht nur das Wachstum empfindlich stören, sondern auch zu Missbildungen führen.

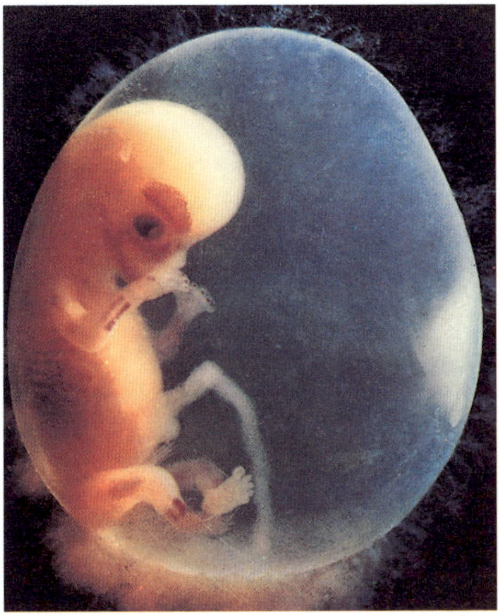

Embryo in der Fruchtblase

Was ist Legasthenie?

Eine Lese- und Schreibschwäche. Legastheniker haben Schwierigkeiten, Lesen und Schreiben zu erlernen, und verwechseln Buchstaben oder sogar ganze Wortteile. Allerdings sind die Fähigkeiten der Betroffenen auf anderen Gebieten völlig normal.

Wann spricht man von einem Bluterguss?

Wenn unter der Haut aus einem Gefäß Blut ausgetreten ist, spricht man von einem Bluterguss (Hämatom). Man sieht sofort oder erst nach Tagen einen blauen Fleck, der sich später durch die verschiedenen Abbaustufen des Blutes erst gelblich und dann bräunlich verfärbt.

Welche Vorteile werden der minimal-invasiven Chirurgie zugeschrieben?

Die minimal-invasive Chirurgie arbeitet mit kleinen Hautschnitten und vielfach ambulant oder mit kurzen stationären Aufenthalten. Organe werden videogestützt mit Operationswerkzeugen im Miniaturformat behandelt. Als Vorteile für den Patienten geben Vertreter der minimal-invasiven Chirurgie weniger Schmerzen, schnellere Genesung und kleinere Narben an.

Wie heißen die Entwicklungsstadien des ungeborenen Kindes?

Die Zeit von der Befruchtung über das Heranwachsen des Keimes bis zum Ende des dritten Schwangerschaftsmonates bezeichnet man als Embryonalzeit, das Ungeborene nennt man Embryo. Danach beginnt die Fetalzeit, die durch starkes Körperwachstum und zunehmende Tätigkeit der Organe gekennzeichnet ist. Jetzt spricht man vom Fötus (auch Fetus). Dieses Stadium endet mit der Geburt.

Wogegen hilft Cortison?

Dank seiner entzündungshemmenden Wirkung wird es bei Entzündungen durch schwere Allergien, bei rheumatischen Beschwerden, Arthritis und anderen entzündlichen Krankheiten angewendet. Kortison kommt in der Natur als ein Hormon der Nebennierenrinde vor, aber man kann auch synthetisch Abkömmlinge dieses Hormons erzeugen.

Was sind Furunkel?

Furunkel sind plötzlich auftretende, weiche, entzündete Knötchen, die tief unter der

Haut sitzen und sehr schmerzhaft sein können. Sie treten um eine Haarwurzel auf, meist an Nacken, Brust, Gesicht oder Gesäß. Wenn das Knötchen reif ist, öffnet es sich meist von alleine und es fließt Eiter ab. Oft bleibt danach eine Narbe zurück

Warum ist eine übermäßige Fettzufuhr für den Körper schädlich?

Zu viel Fett in der Nahrung ist die Ursache vieler Krankheiten. Es kann zu Übergewicht (Fettleibigkeit) führen, das wiederum zur Entstehung von Gelenkschäden, Bluthochdruck, Schlaganfällen, Herzkrankheiten, Diabetes mellitus und Krebs beiträgt. In der richtigen Menge sind Fette für den Körper allerdings lebenswichtig.

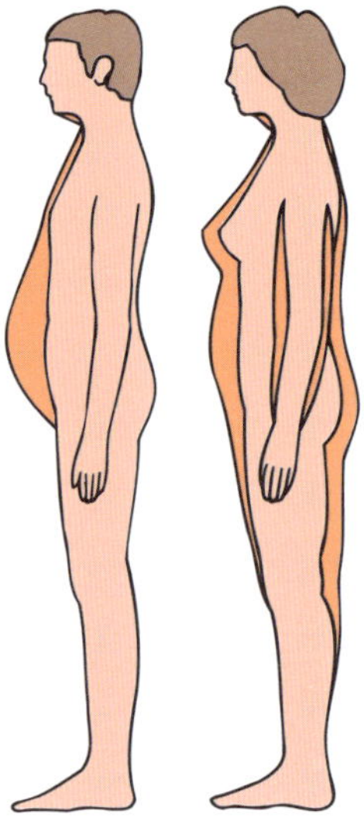

Stellen, an denen Frauen und Männer Fett ansetzen

Wie äußert sich das chronische Müdigkeitssyndrom?

Durch bleierne Müdigkeit und Erschöpfung schon nach geringen Belastungen. Weitere körperliche Beschwerden können dazukommen: Muskel- und Gelenkschmerzen, Lymphknoten- und Mandelschwellung, erhöhte Körpertemperatur, Kreislaufstörungen und Kopfschmerzen. Die Ursache der Erkrankung ist bisher nicht bekannt, eine Beteiligung des Immunsystems ist jedoch wahrscheinlich.

Was ist eine Amniozentese?

Mit dieser Methode, auch Fruchtwasseruntersuchung genannt, kann man ein ungeborenes Kind auf erblich bedingte Schäden untersuchen. Dazu entnimmt der Arzt aus der Fruchtblase eine kleine Menge Fruchtwasser, in dem stets auch einige Zellen des Kindes vorhanden sind. Diese lassen sich auf Stoffwechselkrankheiten und Chromosomenstörung hin untersuchen, wie z. B. die Chromosomenanomalie, die für das Down-Syndrom (früher als Mongolismus bezeichnet) verantwortlich ist.

Wozu dient die Mammografie?

Die Mammografie ist eine Methode zur Früherkennung von Brustkrebs. Die Strahlenbelastung durch die angewendete Röntgenstrahlung gilt als relativ gering. Frauen ab dem 40. Lebensjahr sollten sich regelmäßig auf diese Weise die Brust untersuchen lassen, denn so werden auch kleine Tumore entdeckt, die durch das Abtasten nicht erkennbar sind.

Woraus besteht unser Blut?

Die Blutzellen Erythrozyten, Leukozyten und Thrombozyten sind neben dem flüssigen Blutplasma die wichtigsten Komponenten des Blutes. Die weißen Blutkörperchen (Leukozyten) können durch die Wände der Blutgefäße auch in das umgebende Gewebe eindringen. Rote Blutkörperchen (Erythrozyten) und Blutplättchen (Thrombozyten) hingegen kommen nur im Blut vor.

Was versteht man unter der Bluterkrankheit oder Hämophilie?

Bei der Bluterkrankheit ist die Gerinnung des Blutes gestört, sodass bereits kleinste Verletzungen für einen Bluter tödlich sein können. Bei der Hämophilie handelt es sich um eine Erbkrankheit, die zwar von Frauen vererbt wird, an der sie aber selbst nicht erkranken können. Deshalb sind praktisch nur Männer davon betroffen. Die englische Königin Viktoria (1819–1901) beispielsweise verbreitete die Bluterkrankheit in vielen Adelshäusern Europas, ohne selbst daran zu erkranken.

Welche Inhaltsstoffe im Rotwein verbessern die Fließeigenschaften des Blutes?

Die Phenole, die zu den sekundären Pflanzenstoffen gehören. Mehr als ein bis höchstens zwei Gläser sollte man jedoch nicht trinken – und das nur ab und zu. Sonst überwiegen auf Dauer die negativen Auswirkungen des Alkohols.

Was ist ein Hexenschuss?

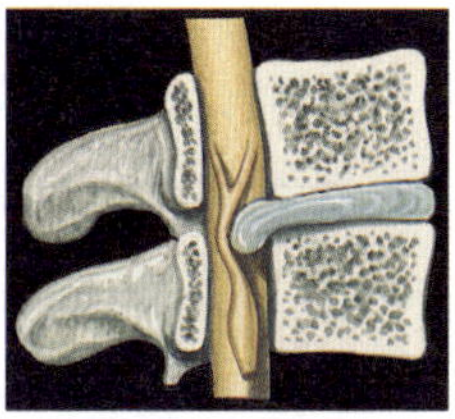

Bandscheibenvorfall

Wird durch bestimmte Bewegungen ein plötzlich auftretender, stechender Schmerz im Kreuz, v. a. im Lendenwirbelbereich ausgelöst, so spricht man von Hexenschuss. Auslöser sind meist Bewegungen wie Heben, Bücken oder Drehen. Oft kann man sich danach nicht mehr aufrichten; man nimmt eine seitlich gekrümmte Schonhaltung ein. Ein Hexenschuss wird häufig durch eine Bandscheibenvorwölbung oder einen Bandscheibenvorfall ausgelöst.

Was untersucht die Psychologie?

Als Wissenschaft, die sich mit der „gesunden" Seele und dem menschlichen Erleben und Verhalten beschäftigt, erforscht sie seelische Phänomene wie Denken, Wahrnehmen, Fühlen, Intelligenz oder Lernen. Dazu gehören auch die äußerlich sichtbaren Verhaltensweisen, die sich aus den inneren psychischen Vorgängen ergeben. Im Gegensatz zur Psychologie beschäftigt sich die Psychiatrie mit der „kranken Seele".

Was macht die Aorta?

Sie ist die Hauptschlagader des menschlichen Körpers. Ihre Aufgabe ist es, sauerstoffreiches Blut von der linken Herzkammer zu allen anderen Schlagadern – außer der Lungenarterie – im Körper zu leiten.

Was wurde im September 1998 in Lyon zum ersten Mal transplantiert?

Eine menschliche Hand. Allerdings kam es zu Abstoßreaktionen des Immunsystems und Problemen mit der Funktionalität, sodass die Hand 2001 wieder entfernt wurde. Erfolgreich verlief hingegen im Folgejahr eine Handtransplantation in den USA.

Wodurch zeichnen sich Viren aus?

Sie bestehen nur aus einer Eiweißhülle und einem Nukleinsäurekern. Viren haben keinen eigenen Stoffwechsel und brauchen andere Organismen, um sich zu vermehren. Daher zählen sie, anders als etwa Bakterien, nicht zu den Lebewesen. Als (einzellige) Lebewesen ohne Zellkern vermehren sich Bakterien durch Zellteilung oder Sporen.

Was ist eine Depression?

Wer unter Depressionen leidet, ist meist traurig und niedergeschlagen. Bei den so genannten manisch-depressiven Menschen wechseln Niedergeschlagenheit mit Phasen von unnatürlicher, übertriebener Fröhlichkeit ab. Auch Ängste, mangelnder Appetit, Schlaflosigkeit und plötzliche Weinkrämpfe sind Anzeichen einer Depression. Gibt es keinen konkreten Grund (wie z. B. den Tod eines Angehörigen) für derartige Gemütszustände, liegt eine psychische Erkrankung vor, die von einem Arzt behandelt werden sollte.

Was ist die Strahlenkrankheit?

Sie tritt akut dann auf, wenn Körpergewebe radioaktiver Strahlung ausgesetzt war, z. B. bei einem Unfall in einem Atomkraftwerk. Je nach Dosis und Dauer der Einwirkung sind die Folgen unterschiedlich. Entweder führt die Strahlenkrankheit innerhalb weniger Stunden zum Tod oder aber zu schweren Gesundheitsschäden. Spätwirkungen sind Krebs und Veränderungen im Erbgut.

Was bedeutet die Abkürzung AIDS?

Sie steht für Acquired Immune Deficiency Syndrome, eine erworbene Immunschwäche. Der Erreger der Krankheit, das HI-Virus, befindet sich im Blut, im Sperma und der Scheidenflüssigkeit und kann z. B. bei sexuellen Kontakten übertragen werden. Die Krankheit breitete sich von Afrika ausgehend Ende des 20. Jahrhunderts rasend schnell über die gesamte Erde aus. Es gibt bis heute keinen Impfstoff zum Schutz vor einer Ansteckung und keine Medikamente, um Aidskranke zu heilen.

Was ist die Hauptursache für eine Migräne?

Als Schlüsselursache der Migräne wird eine Störung des Serotonin-Gleichgewichts angenommen. Die Theorie der mangelhaften Durchblutung als Ursache gilt hingegen als widerlegt. Bei der Migräne handelt es sich um eine Erkrankung mit einem halbseitigen, pulsierenden Kopfschmerz, der häufig von vegetativen Begleiterscheinungen wie Licht- und Lärmscheu (Photo-/Fonophobie), Übelkeit sowie von visuellen Symptomen und neurologischen Ausfällen begleitet wird.

Was sind Krampfadern?

Krampfadern sind erweiterte, oberflächlich liegende Venen. Durch ihre starke Erweiterung und ihre schlussunfähig gewordenen Klappen wird der Transport des Blutes von den Füßen zum Herzen gestört. Krampfadern entstehen zum einen auf der Basis einer angeborenen Bindegewebsschwäche, die zu einer Störung der Funktion der Venenklappen führt, wobei zusätzlich begünstigende Faktoren wie Berufe, die nur im Stehen verrichtet werden, Bewegungsmangel, Schwangerschaft und Übergewicht wirken. Zum anderen können Krampfadern durch eine Abflussbehinderung im tiefen Venensystem, z. B. bei Thrombosen oder Tumoren, hervorgerufen werden.

Wo befindet sich der beim Sport häufig verletzte Meniskus?

Der Meniskus ist eine Knorpelscheibe, die im Kniegelenk zwischen Oberschenkelbein und Schienbein liegt. Er wird leicht verletzt, wenn bei gebeugtem Knie Ober- und Unterschenkel gegeneinander verdreht werden. Dabei kann er einreißen oder einklemmen und zu einer Entzündung der Kniekapsel führen.

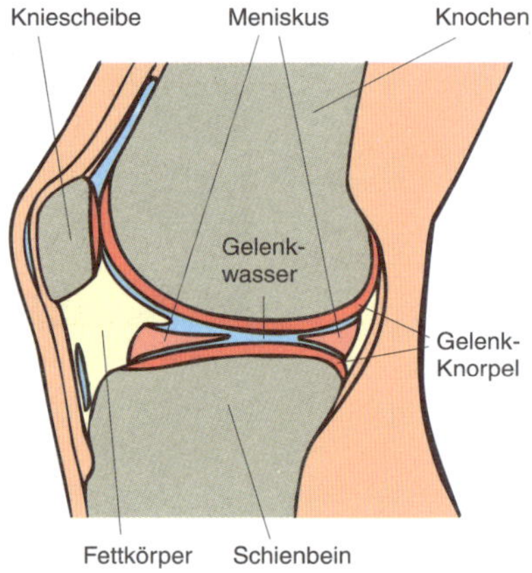

Kniegelenk

Was versteht man unter Sucht?

Bei einer Sucht handelt es sich um ein zwanghaftes Bedürfnis und Angewiesensein auf eine bestimmte Substanz. Man unterscheidet zwischen einer psychischen und körperlichen, d. h. physischen Abhängigkeit. Psychische Abhängigkeit ist gekennzeichnet von dem übermächtigen inneren Verlangen, eine bestimmte Substanz immer wieder zu konsumieren. Bei körperlicher Abhängigkeit treten dabei zusätzlich körperliche Entzugserscheinungen beim Fehlen der betreffenden Substanz auf.

Wie äußert sich Alzheimer?

Ursache dieser Krankheit ist der Schwund von Gehirnzellen. Die Krankheit beginnt mit zunehmender Vergesslichkeit. Die Patienten vergessen Name und Wohnort und können sich v. a. an jüngste Ereignisse nicht mehr erinnern. Die beginnende Persönlichkeitsveränderung kann schließlich zu völliger geistiger Verwirrung führen. Die Krankheit ist unheilbar.

Was versteht man unter Heilbräuchen?

Die nicht-medizinischen Versuche, kranke Menschen oder Tiere gesunden zu lassen. Dazu wird der Erkrankte meist mit einem „Wissenden" in Berührung gebracht, der in einer besonderen Beziehung zu den „Höheren Mächten" steht.

Worauf beruht die Wirkung von Aphrodisiaka?

Wohl nur auf Suggestion (Einbildung). Die Einnahme von angeblich potenz- und Liebeslust steigernden Mitteln (z. B. zerstoßenes Nashornpulver) hat nicht selten dazu geführt, dass Tiere gejagt und in ihrem Bestand stark dezimiert oder bedroht wurden. Der Name geht auf die griechische Liebesgöttin Aphrodite zurück.

Was sagt der IQ über einen Menschen aus?

Es ist die Abkürzung für Intelligenzquotient. Der Quotient wird durch spezielle Tests ermittelt, die Skala ist dabei so angelegt, dass der Durchschnitt der Bevölkerung einen IQ von 100 hat. Auf diese Weise versucht man, wenigstens annäherungsweise die Intelligenz eines Menschen zu messen und einzuteilen. Ob dies funktioniert, ist umstritten, da selbst der Begriff „Intelligenz" schwer zu definieren ist.

Wer beschäftigt sich mit übersinnlichen Erscheinungen?

Die Parapsychologen befassen sich mit so genannten paranormalen Phänomenen. Ihre Wissenschaft, die Parapsychologie, beschäftigt sich mit der Telepathie (Gedankenübertragung), dem Hellsehen und der Psychokinese (Bewegen von Gegenständen durch seelische Kräfte). Als wissenschaftliche Erklärungen für diese Phänomene gelten psychische Störungen, Zufall, Selbsttäuschung und Betrug.

In welchen Nahrungsmitteln stecken die Herz und Kreislauf schützenden Omega-3-Fettsäuren?

Wichtigste Quelle für die Omega-3-Fettsäuren sind fette Meeresfische und zwar vor allem die, die in kalten Gewässern leben. Dazu gehören Makrele, Tunfisch, Sprotte, Hering und Lachs. Als medizinisch sinnvolle Alternative bieten sich Lachsölkapseln an, welche die Omega-3-Fettsäuren hochkonzentriert enthalten.

Wodurch entsteht das Seitenstechen beim Dauerlaufen?

Der vorübergehende stechende Schmerz entsteht vermutlich durch die starke Durchblutung von Milz (beim Stechen links) und Leber (beim Stechen rechts). Dadurch werden die Hüllen dieser Organe gedehnt, was mit einem Dehnungsschmerz verbunden ist.

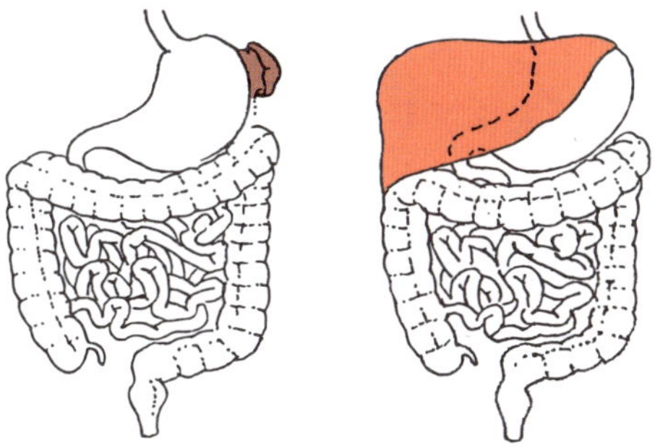

Milz **Leber**

Welche Aufgabe haben so genannte Stents?

Etwa 500.000 erwachsene Menschen in den westlichen europäischen Nationen sowie in den USA und in Kanada, bekommen jährlich einen Stent (Gefäßstütze) implantiert. Der Sinn eines solchen Stents besteht darin, die Verengung in der betroffenen Arterie, die lebensbedrohlich werden kann, auszugleichen.

Welche Bevölkerungsgruppe ist durch Keuchhusten besonders gefährdet?

Von der durch ein Bakterium übertragenen Infektionskrankheit sind besonders Säuglinge und Kleinkinder betroffen. Die Ansteckung kann durch eine Schutzimpfung (meist im ersten Lebensjahr) verhindert werden. Nur selten führt die Impfung zu unerwünschten Nebenwirkungen.

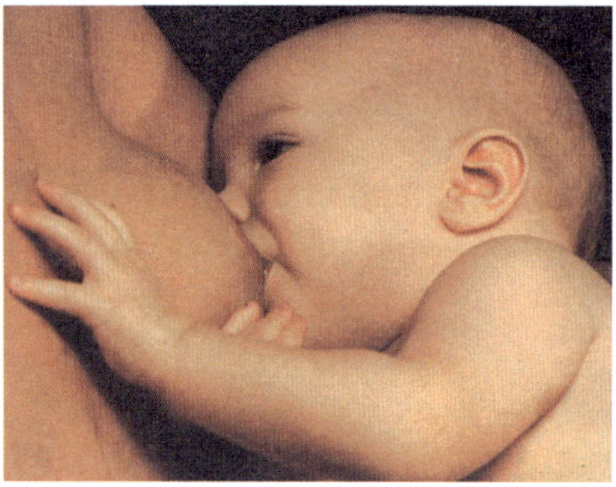

Säugling beim Stillen

Woraus besteht die menschliche Haut?

Als größtes Organ des Körpers umhüllt sie bei einem erwachsenen Menschen eine Fläche von bis zu zwei Quadratmetern und wiegt beachtliche zehn bis zwölf Kilogramm. Die Haut ist im Wesentlichen dreischichtig aufgebaut. Die Oberhaut (Epidermis) ist nach außen hin sichtbar, fest und kann verhornen. Darunter befindet sich die Lederhaut (Corium) mit knäuelartigen Schweiß- und Talgdrüsen, der Haarschaft bricht in Richtung Oberhaut durch. Noch tiefer stößt man auf die Unterhaut (Subcutis); hier liegen die Haarwurzeln und spezialisierte Schweiß- bzw. Duftdrüsen in lockeres Fettgewebe eingebettet.

Welchem Stoff in den Tomaten werden gesundheitsförderliche Wirkung zugeschrieben?

Der Tomaten-Inhaltsstoff Lycopin gehört zu den bioaktiven Inhaltsstoffen, genauer zu den Karotinoiden. Sie übernehmen wichtige Schutzfunktionen in der Pflanze, aber auch beim Menschen gibt es zahlreiche Hinweise, dass sie vor chronischen Krankheiten am Herzen oder vor Krebs schützen und die Immunabwehr stärken.

Welche Ursachen kann eine Arterienverkalkung haben?

Arterienverkalkung (Arteriosklerose) ist eine Veränderung der Blutgefäße. Gefäßwände verkalken, verlieren ihre Elastizität und ihr Durchmesser verengt sich zunehmend. Die Folge: Das Blut kann nicht mehr ungehindert fließen. Einerseits ist die Arterienverkalkung ein natürlicher Alterungsprozess. Andererseits können Risikofaktoren die Plaquebildung (Ablagerungen) stark fördern, so dass auch junge Menschen erkranken können. Zu den Risikofaktoren gehören Rauchen, Diabetes, Bluthochdruck, Übergewicht, Stress und erhöhte Blutfettwerte.

Was sind so genannte Besenreiser?

Besenreiser sind winzige fleck-, ast- oder sternförmig zusammenlaufende Gefäße in der Haut und gelten als die ersten Zeichen von belasteten Venen. Ähnlich wie die Krampfadern haben sie einen Großteil ihrer Spannkraft eingebüßt und sich unkontrolliert erweitert. Die Folgen sind oft im Bereich der Füße und Beine sichtbar.

Wer erkrankt am häufigsten an Pseudokrupp?

Kinder bis zu fünf Jahren erkranken am häufigsten an Pseudokrupp. Beim so genannten falschen Krupp handelt es sich um eine ansteckende Erkrankung, bei der die

Schleimhaut des Kehlkopfs unterhalb der Stimmbänder anschwillt. Durch die Schwellung und vermehrte Schleimproduktion werden die Atemwege verengt und es kommt zu Atemnot.

Welche Beschwerden treten bei einer allergischen Reaktion auf?

● Als Allergie wird eine überschießende und unerwünschte heftige Abwehrreaktion des Immunsystems auf bestimmte und normalerweise harmlose Umweltstoffe (Allergene) bezeichnet. Schwellungen im Gesicht, an Lippen oder Hals, Atemnot, Magenkrämpfe, Übelkeit, Durchfall, Hautausschlag, Blutdruckabfall können die Folge sein. Beim anaphylaktischen Schock (Ohnmacht, Blässe, Herzrasen) kann es zu einem Kreislaufzusammenbruch kommen, das ist ein Notfall und erfordert ärztliche Behandlung.

Wann spricht man von Harninkontinenz?

● Bei unfreiwilligem Urinverlust. Mit steigendem Alter und der Anzahl der Geburten sind Frauen doppelt so häufig von der Blasenschwäche betroffen wie Männer. Die zwei häufigsten Formen sind die Stressinkontinenz und die Dranginkontinenz. Oft gibt es Mischformen sowie seltenere Formen aufgrund anatomischer oder krankheitsbedingter Ursachen.

Wann werden Ängste als krankhaft eingestuft?

● Angst wird als krankhaft bezeichnet, wenn die Dauer und Häufigkeit der Angstzustände mit der Zeit zunehmen, man nicht in der Lage ist, die Angst durch eigene Kraft zu überwinden, und die momentanen Lebensumstände das Ausmaß der Angst nicht erklären können. Besteht die Angststörung schon seit längerer Zeit, kommt es üblicherweise zu einem massiven Rückzug aus dem Alltag. Orte und Situationen, die Angst machen, werden gemieden. Häufig ist soziale Isolation die Folge. Sowohl Medikamente als auch eine geeignete Psychotherapie kommen als Behandlungsmethode in Frage.

Wodurch entsteht die so genannte Brustenge?

● Als Angina pectoris bzw. Brustenge bezeichnet man einen Schmerz in der Brust, der durch eine Durchblutungsstörung der Herzkranzgefäße (koronare Herzkrankheit) ausgelöst wird. Durch die Verengung der Kranzarterien kommt es zu einer Unterversorgung des Herzmuskels mit Sauerstoff.

Die Werte des Blutdrucks werden in zwei Zahlen angegeben. Wie heißen diese und was bedeuten sie?

● Blutdruck ist der Druck, mit dem unser Herz das Blut durch die Gefäße drückt. Der Blutdruck wird in zwei Werten mit der Maßeinheit Millimeter Quecksilbersäule (mm Hg) angegeben. Der höhere oder obere (systolische) Wert entspricht dem Druck, den das Herz aufbringt, um das Blut in den Kreislauf zu pumpen. Er wird beim Öffnen der Blutdruckmanschette ermittelt. Der niedrigere oder untere (diastolische) Wert, der den passiven Gefäßwiderstand bei entspanntem Herzmuskel angibt, wird während der vollständigen Gefäßweite gemessen.

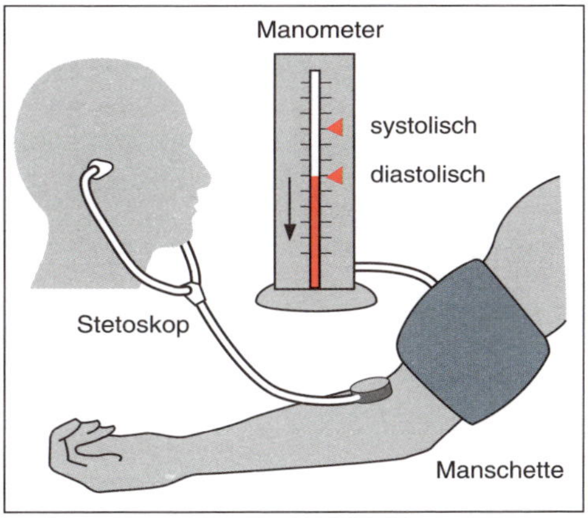

Blutdruckmessung

Was ist eine Gluten-Unverträglichkeit?

Bei einer Gluten-Unverträglichkeit reagiert der Körper überempfindlich auf Klebereiweiß (Gluten). Die Substanz ist ein Bestandteil von Getreide. Frauen erkranken häufiger als Männer. Die Gluten-Unverträglichkeit im Säuglings- und Kindesalter heißt Zöliakie, im Erwachsenenalter spricht man dagegen von Sprue.

Wie macht sich der Reizdarm bemerkbar?

Das Ausmaß der Beschwerden ist sehr unterschiedlich und reicht in der Regel von Blähungen, Völlegefühl, Krämpfen und Übelkeit über Durchfälle und Verstopfung bis hin zu Bauchschmerzen. Die Symptome sind zwar nicht lebensbedrohlich, können aber die Lebensqualität empfindlich beeinträchtigen.

Was ist das Burn-out-Syndrom?

Unter dem Burn-out-Syndrom versteht man einen chronischen Erschöpfungszustand mit Krankheitsgefühl, der längerfristig andauert. Als mögliche Ursachen werden chronische Infekte, insbesondere durch Viren, Immunfehlfunktionen oder Hormonstörungen, außerdem Giftbelastungen, eine einseitige Ernährung und besonders anhaltende, unbewältigte Konflikte sowie Stresssituationen diskutiert.

Wie entsteht ein Tinnitus?

Tinnitus wird vermutlich, ähnlich wie der Hörsturz, auf Grund von Durchblutungsstörungen der kleinsten Innenohrgefäße ausgelöst (Mikrozirkulationsstörung). Begünstigende Faktoren sind beispielsweise Lärmbelastung und Stresssituationen, Erkrankungen des Ohres, Bluthochdruck. Der Tinnitus äußert sich durch einseitige oder beidseitige Geräuschphänomene wie Sausen, Pfeifen, Brummen, Zischen, Rauschen, Knacken.

Wer begründete die moderne Anatomie?

Der in Brüssel geborene Arzt und Chirurg Andreas Vesal (1514–1564) führte die ersten Studien am Seziertisch durch. Ab 1539 sezierte er im italienischen Padua die Leichen aller in der Stadt hingerichteten Menschen und untersuchte den Aufbau von Organen und Gewebe. Sein 1543 erschienenes Werk *De humani corporis fabricia* wurde Grundlage der Anatomie.

Arbeiten am Seziertisch

Wie kommt es zu einem Schlaganfall?

Der unblutige Schlaganfall (ischämischer Infarkt; im Gegensatz zum so genannten blutigen Schlaganfall) ist zu etwa 80% die Ursache für Schlaganfälle. Er wird durch den Verschluss oder die starke Verengung (Arteriosklerose) von Blutgefäßen, die das Gehirn versorgen, ausgelöst. Dadurch können die Gehirnzellen nicht ausreichend mit Nährstoffen versorgt werden und sterben ab. In 40% der Fälle gehen dem eigentlichen Schlaganfall kürzere Phasen mit ähnlicher Symptomatik voraus. So kann es zu kurzzeitigen Sprachstörungen, Gedächtnisverlusten, Missempfindungen bis hin zu kurzen Lähmungserscheinungen kommen. Meist entstehen halbseitige Lähmungen, bei denen der Mundwinkel der betroffenen Seite herabhängt und Sprach- und Gefühlsstörungen auftreten. Beide Schlaganfalltypen, also sowohl der blutige wie auch der unblutige, können Kopfschmerzen verursachen. Häufig treten auch Übelkeit und Erbrechen auf. Ein schwerer Schlaganfall führt zu Bewusstseinstrübung bis zur Bewusstlosigkeit und kann lebensbedrohlich sein.

Welche Depression taucht in der dunklen Jahreszeit gehäuft auf?

Die Winterdepression. Sie ist eine saisonal abhängige Depression (SAD), die jährlich wiederkommend in der dunklen Jahreszeit auftritt: Sie beginnt in den Herbstmonaten und endet wieder in den Frühjahrsmonaten. In dieser Zeit klagen die Betroffenen über Energielosigkeit und übermäßige Traurigkeit. Oft haben sie mehr Appetit, vor allem auf Süßes, und haben das Bedürfnis, viel zu schlafen.

Welche Anzeichen gibt es bei Magenkrebs?

Das Magenkarzinom wächst lange Zeit ohne charakteristische Krankheitserscheinungen, die sofort den Verdacht auf einen Tumor wecken würden. Ein leichter Druck im Oberbauch, Widerwillen gegen bestimmte Speisen wie z. B. Fleisch sind oft die einzigen Symptome. Schmerzen bereitet ein Magenkarzinom anfangs nicht. Gewichtsabnahme oder Schluckstörungen treten erst spät auf.

Wie sind Muskeln aufgebaut?

Jeder Muskel besteht aus in Längsrichtung verlaufenden, parallel zueinander liegenden Muskelfasern, die in bindegewebsartiger Verbindung als Muskelbündel eingefasst und von der Muskelhaut (Faszie) umgeben sind. Zwischen diesen Bündeln liegen Speicher, in denen Zucker und Sauerstoff in Energie umgewandelt werden. Innerhalb des Bindegewebes verlaufen Gefäße und Nerven, welche die Muskulatur mit Nährstoffen versorgen. Insgesamt verfügt der Mensch über etwa eine Million einzelner Muskelfasern.

Bei welcher Krankheit ist eine Dialyse (Blutwäsche) erforderlich?

Bei akutem oder chronischem Nierenversagen ist die Niere nicht mehr in der Lage, das Blut von Schad- und Abfallstoffen zu reinigen. Dies bedeutet Lebensgefahr. Die Aufgabe der Nieren wird dann von einem Dialysegerät erledigt, an das die Betroffenen angeschlossen werden.

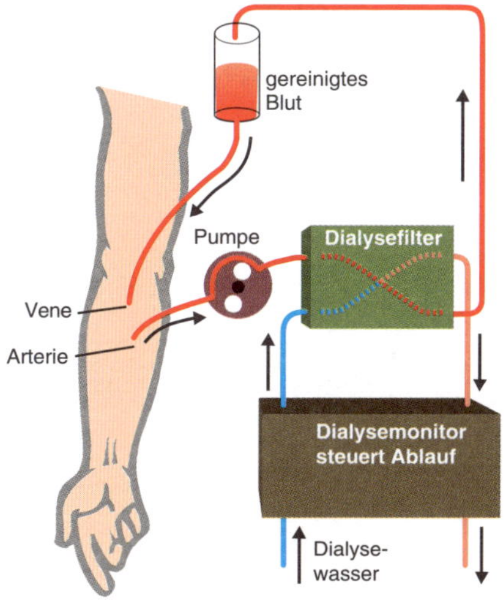

Dialyse

Was versteht man unter dem prämenstruellen Syndrom?

Fast 75% der Frauen haben einige Tage vor ihrer Menstruationsblutung Symptome. Dazu zählen Stimmungsschwankungen, Müdigkeit, Reizbarkeit, depressive Verstimmung oder Bauchschmerzen. Beeinträchtigen diese Symptome jedoch ihren Tagesablauf oder ihre Aktivitäten, spricht man vom prämenstruellen Syndrom (PMS).

Was ist autogenes Training und wer hat es „erfunden"?

Autogenes Training wurde vom Berliner Neurologen Johannes H. Schultz (1884–1970) entwickelt. Es zählt in Deutschland zu den bekanntesten Entspannungstechniken.

Wie lautet der Grundsatz der Homöopathie?

„Ähnliches wird durch Ähnliches geheilt“. Zu diesem Zweck werden Substanzen, von denen bekannt ist oder angenommen wird, sie könnten bei gesunden Menschen der Krankheit ähnelnde Symptome hervorrufen, in starker Verdünnung verabreicht. Der Begründer der Homöopathie war Friedrich Samuel Hahnemann (1755–1843).

Welcher Geburtshelfer wird als Retter der Mütter bezeichnet?

Ignaz Philipp Semmelweis (1818–65) führte die Händedesinfektion in Krankenhäusern vor Untersuchungen ein und reduzierte auf diese Weise die hohe Zahl der Frauen, die an Kindbettfieber verstarben.

Welches revolutionäre Verfahren ermöglicht Operationen, ohne den Körper großflächig aufzuschneiden?

Seit Mitte der 1970er-Jahre hat die Endoskopie einen starken Aufschwung erfahren. Heute sind mithilfe der winzigen Sonden und optischen Geräte, die durch winzige Öffnungen in den Körper eingeführt werden, zahlreiche Diagnosen und Operationen möglich.

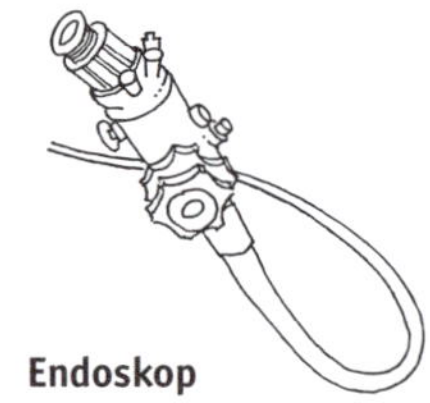
Endoskop

Was versteht man unter einer Borderline-Störung?

Die Borderline-Störung ist geprägt durch eine Instabilität in zwischenmenschlichen Beziehungen. Die Betroffenen bemühen sich verzweifelt darum, nicht verlassen zu werden, sie leiden unter Störungen der Selbstwahrnehmung und entwickeln paranoide Vorstellungen. Oft verletzen sie sich selbst, zeigen Verstimmungen und bisweilen heftige Wutanfälle. Sie tragen ein Gefühl der Leere in sich. Durch die vielschichtigen Störungen ist Borderline zwischen Neurose und Psychose anzusiedeln (engl. borderline, „Grenzlinie“).

Was ist ein Muskelkater?

Früher glaubte man, es handle sich bei einem Muskelkater um nicht weiter transportierte Stoffwechselprodukte innerhalb der Muskulatur, die als Schlacken oder Gifte den Schmerz verursachten. Heute weiß man, dass es sich beim Muskelkater um winzige Muskelfaserläsionen handelt, also um echte Miniaturverletzungen des Muskels selbst. Den Schmerz erklärt man durch Wiederherstellungs- und Abtragungsvorgänge des Körpers.

Welche Bedeutung hat die Blut-Hirn-Schranke?

Bei der Blut-Hirn-Schranke handelt es sich um eine Barriere, die verhindert, dass schädliche Stoffe aus dem Blut ins Gehirn gelangen. Es handelt sich um eine besonders abgedichtete Variante normaler Blutgefäße.

Was sind Tics?

Unwillkürliche, rasche, meistens plötzlich einschießende Bewegungen, die immer wieder in gleicher Weise einzeln oder auch serienartig auftreten können – auch im Schlaf. In dem Erscheinungsbild zeigt sich häufig eine Mischung zwischen Muskelkrämpfen und Muskelzuckungen.

Was sind Neurotransmitter?

Neurotransmitter übernehmen eine entscheidende Funktion bei der Übertragung von Nervenimpulsen. Freigesetzt werden die Neurotransmitter, die oft auch als Nervenbotenstoffe bezeichnet werden, durch das elektrische Signal einer Nervenzelle. Dann öffnen sich die Vesikel und die Neurotransmitter ergießen sich in den präsynaptischen Spalt.

Was sind sekundäre Pflanzenstoffe und welche Funktion üben sie aus?

Hinter dem Oberbegriff sekundäre Pflanzenstoffe verbergen sich mehr als 30.000 verschiedene Substanzen, die ausschließlich von Pflanzen gebildet werden. Die Pflanzen bilden sekundäre Pflanzenstoffe z. B. als Schutz- oder Abwehrstoffe. Erst in letzter Zeit erkannte man die Bedeutung dieser Stoffe. Sekundäre Pflanzenstoffe üben im menschlichen Körper eine Vielzahl von Schutzfunktionen aus. So können sekundäre Pflanzenstoffe das Immunsystem stärken, den Körper vor freien Radikalen schützen, Krankheitserreger abtöten und vieles mehr.

Was ist ein Pricktest?

Es handelt sich um einen Allergietest. Die Substanzen, die vermutlich allergieauslösend wirken, werden als Lösungen mit kleinen (Prick-) Nadeln in die Haut eingestochen. Nach kurzer Zeit kann man anhand der Hautreaktion ablesen, ob und in welchem Maße die eingebrachten Substanzen tatsächlich Allergien hervorrufen.

Was bedeutet der Begriff palliative Medizin?

Sie wird im Rahmen von nicht heilbaren Krankheiten angewandt, um die Lebensqualität des Patienten auf möglichst hohem Standard zu halten und die Auswirkungen der Krankheit zu lindern. Schmerztherapie, Ernährung und psychologische Betreuung stellen Grundpfeiler dieser Therapie dar.

Wie entsteht Gicht?

Gicht (Arthritis urica) ist eine Entzündung der Gelenke. Ist der Harnsäurespiegel des Blutes erhöht (Hyperurikämie), kristallisieren Harnsäuren aus. Dies geschieht zuerst in den Gelenken der großen Zehen oder Daumen. Die Harnsäurekristalle können in allen Gelenken schmerzhafte Entzündungen hervorrufen. Oft hilft es, weniger Fleisch zu essen und Alkohol zu meiden.

Was ist die Ursache für die Entstehung eines Strumas?

Der Kropf ist eine ständige Schwellung des vorderen unteren Halses. Meist verursacht Jodmangel eine Vergrößerung der Schilddrüse. Daher ist der Kropf in Jodmangelgebieten häufiger und an der See selten.

Gegen was richtet sich eine Phobie?

Eine Phobie ist eine extrem starke, lähmende Furcht vor bestimmten Dingen, die dann möglichst gemieden werden. Eine Phobie kann gegen alles gerichtet sein: Wasser (Hydrophobie), Eisenbahnen (Amakaphobie), Wahnsinn (Maniaphobie), enge Räume (Klaustrophobie), Nahrung (Sitophobie), die Farbe Gelb (Xanthophobie).

Was sind Zytostatika?

Diese Krebs-Medikamente greifen effizient in den Zellstoffwechsel ein. Man versucht die verhältnismäßig giftigen Medikamente so zu verändern, dass sie möglichst nur auf Zellen wirken, die man tatsächlich schädigen möchte, also auf die Krebszellen. Da Zytostatika immer auch auf andere Körperzellen giftig wirken, werden sie nur dann eingesetzt, wenn keine andere wirkliche Alternative besteht (ultima ratio).

Was ist ein Herzschrittmacher?

Diese bei einer Operation eingesetzten Pulsgeber normalisieren die Herzerregung durch gezielte elektrische Impulse, die sie bei Bedarf an das Herz abgeben.

Welche Funktion haben rote Blutkörperchen?

Die Erythrozyten haben die Funktion, Sauerstoff von der Lunge zu den Geweben des Körpers zu transportieren und Kohlendioxid aufzunehmen. Sie machen den Löwenanteil der Zellen im menschlichen Blut aus.

Wodurch wurde Sigmund Freud berühmt?

Er gilt als Begründer der Psychoanalyse. Freud (1856–1939) maß v. a. dem Unterbewusstsein des Menschen große Bedeutung zu. Obwohl er mit seinen Theorien weite Bereiche des geistigen Lebens im 20. Jahrhundert beeinflusste, wurde Freud auch immer heftig kritisiert. Die Grundlagen und Wirksamkeit der psychoanalytischen Therapie werden bis heute angezweifelt.

Sigmund Freud

Welche Fette spielen in der Ernährung eine Rolle?

Man unterscheidet gesättigte von ungesättigten Fettsäuren. Bei den ungesättigten Fettsäuren wird zwischen einfach und mehrfach ungesättigten Fettsäuren unterschieden. Die Deutsche Gesellschaft für Ernährung empfiehlt, die Zufuhr der gesättigten Fettsäuren (enthalten z. B. in Fleisch, Butter, Gebäck, Käse) stark zu senken, um einem Anstieg der Cholesterinkonzentration im Blut entgegenzuwirken. Zwei Drittel der Gesamtfettzufuhr soll durch einfach ungesättigte Fettsäuren – zu finden in Olivenöl oder Rapsöl – sowie durch mehrfach ungesättigten Fettsäuren (zum Beispiel in Makrele, Avocado, Distelöl) gedeckt werden.

Welches Berliner Pharmaunternehmen brachte 1961 mit Anovlar in Deutschland die erste Antibabypille auf den Markt?

Schering, das schon vor dem Zweiten Weltkrieg aktiv an der Erforschung eines sicheren Verhütungsmittels beteiligt war. Wegen heftiger Kritik aus konservativen und kirchlichen Kreisen führte Schering die Pille zunächst als „Mittel zur Behebung von Menstruationsstörungen" ein.

Welche schwerwiegende Erkrankung wird als Raucherhusten verharmlost?

Die COPD. Die Buchstaben C, O, P, D sind eine Abkürzung für den englischen Fachbegriff „Chronic Obstructive Pulmonary Disease". Im deutschen Sprachgebrauch spricht man von chronisch obstruktiver Lungenerkrankung. „Obstruktion" ist der Fachbegriff für eine Verengung bzw. Verlegung und bedeutet, dass die Bronchialschleimhaut entzündet und geschwollen ist und deshalb eine dauerhafte Einschränkung des Sauerstofftransportes bewirkt.

Welche Blutkörperchen sind Teil unseres Immunsystems?

Die weißen Blutkörperchen, die so genannten Leukozyten. Sie sind seltener im Blut zu finden als die Erythrozyten. Ihre Zahl nimmt ab, wenn das Immunsystem des Körpers geschwächt ist, wie das z. B. bei Leukämie- oder HIV-Erkrankten der Fall ist. Im Falle einer Entzündung steigen sie an, auch Raucher haben leicht erhöhte Werte.

Was sind Ballaststoffe?

Ballaststoffe sind Substanzen in pflanzlichen Lebensmitteln, die der menschliche Dünndarm nicht abbauen kann. Sie werden unverdaut wieder ausgeschieden. Hielt man Ballaststoffe früher für wertlos und überflüssig, gehören diese natürlichen Quellstoffe aus heutiger Sicht zur gesunden Ernährung. Unter anderem soll der regelmäßige Verzehr von Ballaststoffen (Obst, Gemüse, Vollkornprodukte) vor Darmkrebs schützen.

Welche wichtige Funktion hat der Mineralstoff Eisen?

Die wichtigste Funktion von Eisen ist die Bildung des Moleküls Hämoglobin in den roten Blutkörperchen, das Sauerstoff und Kohlendioxid bindet. Auf diese Weise wird der Sauerstoff aus den Alveolen (Lungenbläschen) im Blut zu den Körperzellen und das Kohlendioxid wieder zurück transportiert. Eisenmangel beeinträchtigt die Bildung von Hämoglobin, wodurch es zu der häufigsten Anämieform (Blutarmut), der Eisenmangelanämie, kommt. Eine der Folgen ist eine Unterversorgung des Organismus mit Sauerstoff. Fleisch ist einer der wichtigsten Eisenlieferanten.

Welche Erreger verursachen die Grippe?

● Die Grippe wird von den Influenzaviren ausgelöst, von denen es drei unterschiedliche Typen, (A, B und C) gibt. Die Schwere der ausgelösten Erkrankungen und ihre Tendenz, sich auszubreiten, sind von Typ zu Typ unterschiedlich.

Was sind freie Radikale?

● Reaktive Sauerstoffverbindungen, die im Körper entstehen oder von außen aufgenommen werden (z. B. durch Zigarettenrauch oder Autoabgase). Freie Radikale können Körperzellen angreifen und schädigen. Sie gelten als auslösende Faktoren für bösartige Erkrankungen.

Welche Bestandteile des Immunsystems erkennt fremde Eiweißstrukturen?

● Die Makrophagen. Die so genannten Fresszellen erkennen fremde Eiweißstrukturen, umschließen in den Körper eingedrungene Erreger, stülpen diese in ihr Zellinneres und bauen sie dort ab. Auch lebende Tumorzellen vermögen sie zu zerstören.

Was versteht man unter dem plötzlichen Kindstod?

● Unter dem plötzlichen Kindstod, auch Sudden Infant Death Syndrom oder SIDS genannt, versteht man den unerwarteten Tod eines scheinbar völlig gesunden Säuglings, ohne dass die Vorgeschichte die Ursache klären könnte. Der plötzliche Kindstod ist die häufigste Todesursache im ersten Lebensjahr. In westlichen Industrieländern stirbt etwa eines von 1000 Neugeborenen an diesem Syndrom.

Welche Tiere übertragen die Frühsommer-Meningo-Enzephalitis auf den Menschen?

● Die Entzündung des Gehirns wird von Zecken übertragen. Das Infektionsrisiko erscheint insgesamt gering, da selbst in Hauptverbreitungsgebieten nur 1 – 5% der Zecken Virusträger sind und nicht alle Infektionen beim Menschen zum Ausbruch der Krankheit führen. Kommt der Virus allerdings zum Ausbruch, folgt häufig ein schwerer Krankheitsverlauf mit Folgeschäden.

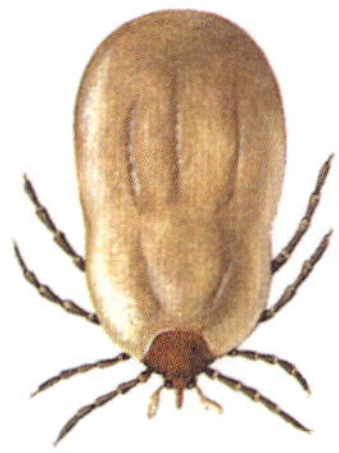

Zecke

Welche seltene Krebserkrankung geht vom Lymphsystem aus?

● Die Hodgkinkrankheit. Sie geht vom Lymphsystem des Körpers aus, ein Teil des körpereigenen Abwehrsystems, das für die Bekämpfung von eindringenden Erregern zuständig ist.

Welche Funktion hat Vitamin E?

● Vitamin E ist ein wichtiges Antioxidans, d. h., es sitzt auf der Zellmembran und schützt die Zelle vor freien Radikalen und Sauerstoffradikalen, die durch Stoffwechselvorgänge entstehen oder aus der Umwelt aufgenommen werden und Krankheiten, möglicherweise auch Krebs, auslösen können. Diese Fähigkeit hat es mit den Vitaminen A und C gemeinsam.

Was versteht man unter dem metabolischen Syndrom?

● Das metabolische Syndrom (auch Tödliches Quartett) setzt sich aus Einzelerkrankungen zusammen, die häufig in Kombination auftreten: erhöhte Blutfettwerte, Bluthochdruck, erhöhter Blutzucker und bauchbetontes Übergewicht. Als Folgeerkrankung kann Arteriosklerose auftreten, die zu Schlaganfall und Herzinfarkt führen kann. Herz-Kreislauf-Erkrankungen sind in Deutschland die häufigste Todesursache.

Auf welchem Gebiet arbeitete C. G. Jung?

C. G. Jung

● In der Tiefenpsychologie. Der Schweizer Psychiater (1875–1961) gründete 1948 ein eigenes Institut in Zürich und grenzte sich von Sigmund Freud (1856–1939) ab. Nach Jungs Theorie ist die menschliche Psyche nur zum Teil subjektiv und einmalig. Neben den erworbenen Verhaltensmustern gibt es auch das kollektive, allgemein menschliche, durch ererbte Archetypen geprägte Unbewusste, in welchem die ganzen zurückliegenden Erfahrungen der Menschheit vereinigt sind.

Was unterscheidet das spezifische vom unspezifischen Abwehrsystem?

● Das so genannte unspezifische Abwehrsystem richtet sich ganz allgemein gegen eingedrungene Krankheitserreger und versucht - unabhängig von der Art der Erreger und der auslösenden Erkrankung – sie abzutöten. Das zweite System ist das spezifische Abwehrsystem. Es geht gezielter gegen Krankheitskeime vor, indem es – entsprechend dem Aufbau des jeweiligen Erregers – spezielle Gegengifte (Antikörper) bildet, mit deren Hilfe die Krankheit überwunden wird. In den Zellen des Abwehrsystems bleibt in manchen Fällen eine Art „Erinnerung" an die überstandene Krankheit zurück, sodass bei erneutem Kontakt sofort die wirksamen Antikörper produziert werden können.

Worin unterscheiden sich eine Epidemie und eine Pandemie?

● Beide Begriffe umschreiben das Auftreten von Infektionskrankheiten. Bei einer Epidemie ist die Erkrankung sowohl räumlich als auch zeitlich begrenzt, d. h., sie tritt für eine bestimmte Zeit in einem bestimmten Gebiet auf und verschwindet dann wieder. Beispiele dafür sind Kinderkrankheiten wie Masern oder Windpocken. Eine Pandemie kann zeitlich begrenzt oder unbegrenzt sein, in jedem Fall verbreitet sich der Erreger um die gesamte Welt. Beispiele hierfür sind Aids (zeitlich unbegrenzt) oder die Virusgrippe (zeitlich begrenzt).

Was sind die Koch-Henle'schen Postulate?

● Mithilfe der Koch-Henle'schen Postulate lässt sich überprüfen, ob eine Krankheit von einem Erreger wie einem Virus oder Bakterium verursacht wird. Ihnen zufolge muss ein Erreger immer bei Kranken, aber nicht bei Gesunden nachweisbar sein. Er muss sich isolieren und in Kulturen züchten lassen und die Krankheit erneut auslösen, wenn gesunde Tiere das Isolat verabreicht bekommen. Schließlich muss es möglich sein, den Erreger auch aus diesen Tieren zu isolieren. Diese Postulate wurden Ende des 19. Jahrhundert von den deutschen Bakteriologen Robert Koch (1843–1910) und Jacob Henle (1809–85) aufgestellt. Wissenschaftler erkannten aber schnell, dass nicht bei jeder Infektionskrankheit sämtliche Postulate erfüllt sein müssen. So gibt es z. B. Personen, die zwar gesund sind, aber trotzdem einen Erreger im Körper tragen und ihn weitergeben können.

Wer ist HUGO?

● HUGO ist die Abkürzung für „Human Genome Organisation". Die 1988 von Wissenschaftlern aus 17 Ländern gegründete Organisation koordiniert die Genomforschung. Unter Federführung von HUGO wurde z. B. das Human-Genom-Projekt (HGP) vorangetrieben. Dieser Zusammenschluss internationaler Wissenschaftlerteams hatte es sich zur Aufgabe gemacht, das menschliche Erbgut vollständig zu entschlüsseln. Im Jahre 2003 gaben die staatlich finanzierten HGP-Forscher aus den USA, China, Deutschland, Japan, Großbritannien und Frankreich bekannt, ihr Ziel erreicht zu haben. Gleichzeitig meldete der US-amerikanische Unternehmer Craig Venter die Entschlüsselung des Humangenoms. Jetzt arbeiten die Wissenschaftler daran, die Funktion der Gene und ihre Steuerung zu erforschen.

Wie entstehen Mehrlingsschwangerschaften?

Unter natürlichen Bedingungen kommen Mehrlingsschwangerschaften relativ selten vor. Sie treten auf, wenn bei einer Frau in einem Zyklus zwei Eizellen heranreifen, die dann beide befruchtet werden (zweieiige Zwillinge). In anderen Fällen teilt sich eine bereits befruchtete Eizelle im Verlauf der Entwicklung in zwei Embryonalanlagen. Dabei entstehen eineiige Zwillinge, die identisches Erbmaterial besitzen. Bei Drei- oder Vierlingsschwangerschaften können beide Mechanismen gleichzeitig greifen. Seitdem es Methoden zur künstlichen Befruchtung gibt, steigt die Zahl der Mehrlinsschwangerschaften an, da den Frauen gleich mehrere der außerhalb des Körpers befruchteten Eizellen eingepflanzt werden, um die Erfolgschancen zu erhöhen.

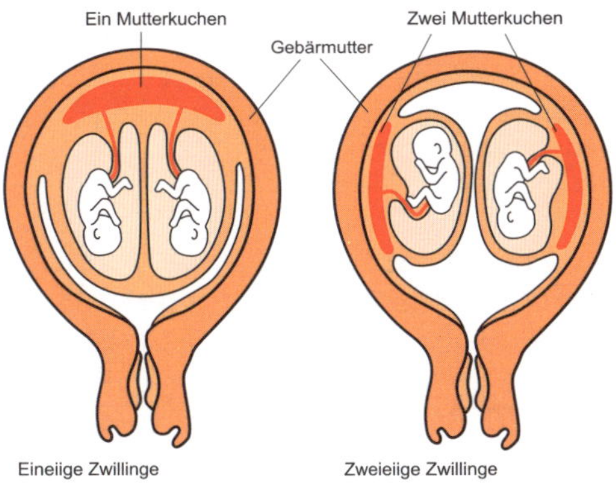

Zwillinge

Wie groß ist die Darmoberfläche?

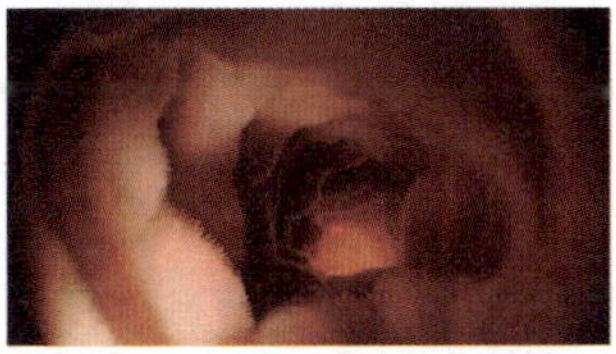

Darm

Nachdem die Nahrungsmittel durch Speichel, Magen- und andere Verdauungssäfte aufgeschlossen worden sind, müssen sie über die Schleimhaut des Dünndarms ins Blut aufgenommen werden. Damit diese Resorption möglichst effizient verläuft, ist die Oberfläche des bis zu fünf Meter langen Dünndarms auf vielfältige Weise vergrößert. Die Querfalten, in denen sich der Darm windet, machen eine Oberflächenvergrößerung um das 1,5-fache aus. Durch die ca. einen Millimeter großen Schleimhautausstülpungen, die so genannten Zotten, wird das Darmepithel nochmals um das Fünffache vergrößert. Den größten Effekt haben jedoch die kleinsten Strukturen: Die Mikrovilli, winzige Ausstülpungen der Darmzellen, bewirken immerhin eine Vergrößerung um den Faktor 30. Der Darm hat so eine Oberfläche von mehr als 100 m^2.

Womit schmeckt der Mensch?

Bei Säugetieren wird der Geschmackssinn über die Geschmackspapillen auf der Oberfläche der Zunge vermittelt. Diese sind mit Rezeptoren ausgestattet, welche die unterschiedlichen Geschmacksrichtungen chemisch erfassen. Der Mensch kann zwischen fünf Richtungen unterscheiden: süß, sauer, salzig, bitter und umami. Der letztgenannte Teil des Geschmackssinns spricht auf Glutamat an, das auch als Geschmacksverstärker verwendet wird. Umami kann am ehesten als herzhaft, fleischig-würzig umschrieben werden. Die Annahme, dass die einzelnen Geschmacksrichtungen jeweils in bestimmten Regionen der Zunge geschmeckt werden, stimmt übrigens nicht. Alle Geschmacksrichtungen werden entlang des Zungenrandes wahrgenommen, wenn auch unterschiedlich stark.

Blick vom Loreley-Felsen auf den Rhein

Wo befindet sich der Loreley-Felsen?

Am rechten Rheinufer bei Sankt Goarshausen. Beim Anblick des fast senkrechten, 132 Meter hohen Schieferfelsens bildete Clemens Brentano (1778–1842) eine weibliche Fantasiefigur aus, die er in der Ballade *Die Lore Lay* (1801) besang (von mittelhochdt. lure, „Elfe"; lei, „Fels"); sie ist ein zauberhaft schönes Mädchen, das den Männern zum Verhängnis wird. Sie stürzt sich deshalb in die Tiefe.

Unter welchem Namen ist die beliebte Ferienregion an der spanischen Küste zwischen Gibraltar und Almería bekannt?

Als Costa del Sol (span., „Sonnenküste"). Hier findet man bekannte Ferienorte wie Marbella und Málaga. Im Hinterland sind die Stadt Granada und die Berge der Sierra Nevada viel besuchte Touristenziele.

Wie heißt das Gebirge, dessen höchster Berg der Aconcagua ist?

Es sind die Anden. Sie durchziehen in drei bis vier Gebirgszügen, den so genannten Kordilleren, Südamerika am westlichen Rand von Norden bis Süden. Der 6960 Meter hohe Aconcagua liegt an der argentinisch-chilenischen Grenze. Die Anden sind etwa 7500 Kilometer lang und zwischen 200 und 700 Kilometer breit.

Nach welcher Stadt wurde das bekannte Weinanbaugebiet im Südwesten Frankreichs benannt?

Nach Bordeaux, der Hauptstadt des Départements Gironde. Das Weinbaugebiet Bordeaux, auf französisch Bordelais, ist mit rund 4000 Weingütern das größte zusammenhängende Anbaugebiet der Welt.

An welche Staaten grenzt die Bundesrepublik Deutschland?

Im Osten an Polen und Tschechien; im Süden an Österreich und die Schweiz; im Westen und Nordwesten an Frankreich, Luxemburg, Belgien und die Niederlande; im Norden an Dänemark.

Was ist der Apennin?

Als Apennin bezeichnet man das Gebirge, das Italien von Genua im Norden bis in den äußersten Süden, zur Straße von Messina, durchzieht. Seine Zentralkette wird Abruzzen genannt, der höchste Gipfel ist der Corno Grande (2912 Meter).

Was haben St. Moritz, Innsbruck, Kufstein und Rosenheim gemeinsam?

Sie liegen am Inn. Der Inn ist mit 510 Kilometern Länge der längste und wasserreichste Nebenfluss der Donau in Deutschland.

Welches Land wird durch den Öresund von Schweden getrennt?

Dänemark. Die ab dem 1. Juli 2000 befahrbare, aus Tunnel und Brücke kombinierte Verbindung über den Öresund verbindet die schwedischen Stadt Malmö mit der dänischen Insel Seeland, auf der auch Kopenhagen liegt. Von dort kann man über die bereits 1998 fertig gestellte zweitlängste Hängebrücke der Welt und die Insel Fünen das Festland erreichen.

Was bezeichnet man als Watt?

Als Watt bezeichnet man das Übergangsgebiet vom festen Land zum Meer an einer flachen Gezeitenküste. Es wird bei Flut vom Meer überspült und fällt bei Ebbe trocken. Das Watt besteht aus Schlick und Sand.

Welcher Teil der USA gehörte einmal zu Russland?

1867 verkaufte Russland Alaska für 7,2 Millionen Dollar an die USA. Die reichen Erdgas- und Erdölvorkommen im Norden Alaskas waren damals noch nicht bekannt.

Welches Gebirge trennt das deutsche Bundesland Sachsen von der Tschechischen Republik?

Das Erzgebirge. Sein Name geht auf die reichen Erzvorkommen zurück, die dort schon seit dem frühen Mittelalter bekannt sind. Nach dem Rückgang der Erzproduktion bildete sich im 19. Jahrhundert die Herstellung von Holzspielzeug als neuer Erwerbszweig aus.

In welcher Stadt stoßen die Grenzen Frankreichs, Deutschlands und der Schweiz zusammen?

In Basel. Es ist mit etwas über 200.000 Einwohnern nach Zürich die größte Stadt der Schweiz. Bedeutende Unternehmen der Chemie- und Pharmaindustrie haben ihren Sitz in Basel.

Auf der Karibikinsel Hispaniola liegen zwei Länder. Wie heißen sie?

Haiti und Dominikanische Republik. Die Dominikanische Republik (48.422 km^2) im Ostteil der Insel ist fast doppelt so groß wie Haiti (27.750 km^2). Die Dominikanische Republik löste sich 1844 das erste Mal von der spanischen Kolonialherrschaft und wurde 1863 endgültig unabhängig.

Wie heißt der größte See Europas?

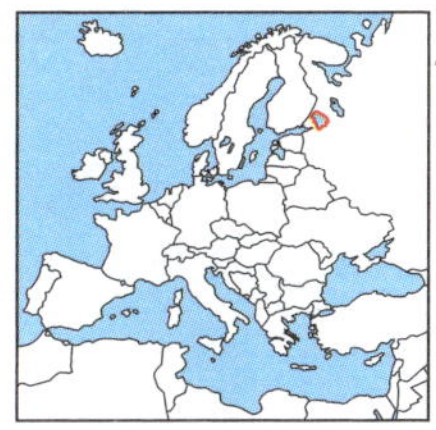

Ladoga-See

Es ist der nördlich von St. Petersburg in Russland nahe der Grenze zu Finnland gelegene Ladoga-See (17.703 km^2, zum Vergleich: Bodensee 539 km^2) mit einer Tiefe von bis zu 225 Metern. Im Winter friert der See völlig zu. Durch den von Zwangsarbeitern unter unmenschlichen Bedingungen erbauten Weißmeerkanal (früher Stalin-Kanal) ist der See mit der Ostsee und dem Eismeer verbunden.

Welcher Fluss fließt durch den Grand Canyon in Arizona/USA?

Der Colorado River. Der 350 Kilometer lange Grand Canyon ist die berühmteste von vielen Schluchten, die das Coloradoplateau, ein 1500 bis 3000 Meter hohes Tafelland, durchziehen; er zieht jedes Jahr viele Touristen an. Alle 1000 Jahre trägt der Fluss etwa 15 Zentimeter Fels ab; deshalb legen die Gesteinsschichten fast zwei Milliarden Jahre Erdgeschichte offen.

Zu welchem Land gehören die Galapagos-Inseln heute und warum sind sie so bedeutend?

Die westlich von Südamerika am Äquator liegenden Galapagos-Inseln gehören heute zu Ecuador. Sie wurden von der UNESCO zum Welterbe der Natur erklärt. Auf seiner Weltreise wurde Charles Darwin (1809–82) durch die von ihm hier beobachteten Finkenarten zu seiner Theorie von der Entstehung der Arten angeregt.

Die Region rund um den Nordpol wird Arktis genannt. Wie heißt das Gebiet um den Südpol?

Antarktis. Im Gegensatz zur Arktis, wo nur Grönland und die Inseln der kanadischen Arktis aus Land bestehen, verbirgt sich unter den Eismassen am Südpol ein ganzer Kontinent.

Pinguine in der Antarktis

Welchen Rekord hält der Großglockner?

Er ist mit 3797 Metern der höchste Berg Österreichs. Knapp gefolgt wird er allerdings von der Wildspitze in den Ötztaler Alpen, die nur etwa 20 Meter niedriger ist.

Wo befinden sich auf der Erde die größten zusammenhängenden Steppengebiete?

Die als Steppe bezeichnete baumlose offene Graslandschaft hat regional unterschiedliche Namen: In Nordamerika erstreckt sich die als Prärie bezeichnete Steppe von der mittelkanadischen Provinz Saskatchewan im Norden bis nach Texas im Süden. In Europa und Asien zieht sich ein breiter Steppengürtel in den Ländern südlich Russlands (Ukraine, Kasachstan, Mongolei) von Osten nach Westen. Auf der Südhalbkugel findet man Steppen vor allem in Argentinien und Uruguay (dort Pampa genannt) sowie in der Republik Südafrika.

In welche Staaten löste sich während der 1990er-Jahre Jugoslawien auf?

In Slowenien, Kroatien, Bosnien-Herzegowina, Makedonien und die Bundesrepublik Jugoslawien, die häufig auch als Serbien bezeichnet wird. Streng genommen hat sich Jugoslawien also nicht aufgelöst, es haben sich jedoch einige Landesteile vom Mutterland abgespalten.

Wie weit liegen Delhi und Neu-Delhi auseinander?

Sie sind benachbart. Delhi war bereits im 16. und 17. Jahrhundert Hauptstadt der Mogulreiche in Indien, und 1912–31 Hauptstadt von Britisch-Indien. Dann wurde Neu-Delhi offiziell Landeshauptstadt. In Delhi zeugen heute noch die Freitagsmoschee, die Rote Burg von 1648, das Qutub-du-din-Minar (ein 70 Meter hoher Turm aus dem 12. Jahrhundert) und das Grabmal des Mogulherrschers Humayun (1508–56) von der glanzvollen Vergangenheit.

Zu welcher Inselgruppe gehören Teneriffa, Fuerteventura, Lanzarote und Gran Canaria?

Zusammen mit den kleineren Inseln Hierro, La Palma und Gomera bilden sie die Kanarischen Inseln, kurz auch Kanaren genannt. Wegen ihres milden Klimas sind die vor der Westküste Marokkos liegenden, jedoch zu Spanien gehörenden Inseln auch im Winter ein beliebtes Reiseziel.

Von welchen Staaten ist das Schwarze Meer umgeben?

Im Süden beginnend und im Uhrzeigersinn sind das: Türkei, Bulgarien, Rumänien, Ukraine, Russische Föderation und Georgien.

Welcher Fluss mündet bei Koblenz, am Deutschen Eck in den Rhein?

● Die Mosel. Sie entspringt in den Vogesen, macht einen weiten Bogen nach Nordwesten und fließt nördlich von Metz wieder nach Osten. Zwischen Trier und Koblenz schlängelt sie sich in zahlreichen kleinen Windungen zwischen den Mittelgebirgen Eifel und Hunsrück hindurch. Nach 545 Kilometern mündet sie dann in Koblenz in den Rhein.

Was versteht man unter Maghreb?

● Das Wort stammt aus dem arabischen und wird für „Westen" verwendet, wörtlich bedeutet es „Sonnenuntergang". Im übertragenen Sinne wird damit der Westen der arabischen Welt, also die drei Staaten Marokko, Algerien und Tunesien bezeichnet. Das Königreich Marokko heißt übrigens in der abgekürzten Form seines offiziellen Namens (al-Mamlaka al Magibiyya) auch al Maghreb.

In welchem Land leben die Antipoden?

● Antipoden (griech.) wird mit „Gegenfüßlern" übersetzt. So werden Menschen genannt, die vom Betrachter aus auf der entgegengesetzten Seite der Erdkugel wohnen. Würde man von Mitteleuropa durch den Mittelpunkt der Erde auf die andere Seite bohren, käme man südöstlich von Neuseeland im Meer heraus. Nicht weit davon liegen die Antipoden-Inseln.

Finnland wird auch das Land der 1000 Seen genannt; wie sind diese Seen entstanden?

● Durch die Gletscher der Eiszeiten. Während der Eiszeiten lagen über Skandinavien teilweise mehrere hundert Meter dicke Gletscher. Ihre Vorwärtsbewegung hinterließ in der Landschaft zahlreiche Mulden, die heute oft von Seen gefüllt sind. Die Mecklenburgische Seenplatte und die Buchten an der schleswig-holsteinischen Ostseeküste entstanden übrigens genauso.

Zu welcher europäischen Hauptstadt gehört der Hafen Piräus?

● Zu Athen. Von einem kleinen Nachbarort entwickelte sich Piräus zu einem Teil des städtischen Ballungsraumes rund um Athen, in dem ein Drittel der griechischen Bevölkerung lebt. Luftverschmutzung und Verkehrschaos gehören heute zum Alltag der bereits seit der Antike bestehenden Metropole.

Blick auf den Hafen von Piräus

Wo liegen die so genannten Kykladen?

● Die Kykladen (Ringinseln) sind eine Inselgruppe im Ägäischen Meer und gehören zu Griechenland. Wegen ihrer Fruchtbarkeit und ihres lieblichen Klimas nannte sie das Altertum die Perlen von Hellas. Zu den Kykladen gehören über 200 Inseln, darunter Andros, Delos, Milos, Naxos, Paros, Mykonos, Kythnos, Kea, Sikinos.

Wo liegt Mesopotamien?

● Das so genannte Zweistromland liegt im Gebiet des heutigen Irak, zwischen den Flüssen Euphrat und Tigris. Hier entstanden dank der günstigen klimatischen und landschaftlichen Voraussetzungen bereits vor 6000 Jahren die ersten Hochkulturen von Völkern wie Sumerern, Babyloniern und Assyrern und wahrscheinlich wurde dort der Ackerbau entwickelt. Auch heute noch spielt die Landwirtschaft in Mesopotamien eine bedeutende Rolle, denn Erdöl und Erdgas werden nur nördlich und südlich davon gefördert.

Welche herausragende Bedeutung haben die Dardanellen und wo liegen sie?

Dardanellen

● Als Dardanellen bezeichnet man die Meerenge zwischen der Ägäis und dem Marmarameer, von wo aus Schiffe durch den Bosporus ins Schwarze Meer gelangen können. Da es der einzige Zugang zum Schwarzen Meer ist, waren die Dardanellen jahrtausendelang zwischen rivalisierenden Mächten umkämpft.

Um welches Erdzeitalter wurde 2004 die geologische Zeitskala offiziell erweitert?

● Das Ediacarium ergänzt seit Neuestem die Zeiteinteilung um eine weitere Periode. Sie bezeichnet den Zeitraum von 600 Millionen bis 542 Millionen Jahren vor unserer Zeit und ist durch die Entstehung erster Mehrzeller gekennzeichnet.

Wie heißt Königsberg in Ostpreußen heute?

● Nach der Besetzung durch sowjetische Truppen am Ende des Zweiten Weltkrieges wurde der nördliche Teil Ostpreußens unter sowjetische Verwaltung gestellt, Königsberg wurde in Kaliningrad umbenannt. Damit sollte der soeben verstorbene Michail Iwanowitsch Kalinin (1875–1946) geehrt werden, der von 1937 bis zu seinem Tode das Amt des Vorsitzenden des Obersten Sowjets inne hatte.

Welches Gebirge bestimmt die Landschaft des Elsass?

● Die Vogesen. Sie entstanden gleichzeitig mit dem Schwarzwald. Der Oberrheingraben, der die beiden trennt, entstand erst später. Die höchsten Berge findet man im Südteil der Vogesen, während sie nach Norden hin langsam in einer Hügellandschaft auslaufen. Am Westhang fallen durch die vom Atlantik herangebrachten Wolken jährlich 1900 Millimeter Niederschlag, während es an den Osthängen nur ca. 500 Millimeter sind. Hier wachsen auch hervorragende Weine, die weit über das Elsass hinaus geschätzt sind.

Welcher Alpenpass verbindet zwischen Montblanc und Matterhorn die Schweiz mit Italien?

● Der Große St. Bernhard, oder Gran San Bernardo, wie die Italiener ihn nennen. Ein 5,9 Kilometer langer Straßentunnel erleichtert die Verbindung zwischen dem Rhône- und dem Aosta-Tal.

Welcher Abschnitt der spanischen Mittelmeerküste ist als Costa Brava bekannt?

● Die Costa Brava (span., „wilde Küste") bildet den nördlichsten Teil der spanischen Mittelmeerküste, von Barcelona bis Kap Creus, nahe der französischen Grenze. Er ist sehr felsig und zerklüftet und durch zahlreiche malerische Buchten besonders reizvoll.

In welchem Gebirge liegt der K2, der zweithöchste Berg der Welt?

● Der 8611 Meter hohe K2, auch Mount Godwin Austen genannt, befindet sich im Karakorum. Das stark vergletscherte Hochgebirge trennt die zwischen Indien und Pakistan umstrittene Provinz Kaschmir von China. An der Südflanke des Karakorum erstreckt sich der Oberlauf des Indus, des wichtigsten Flusses für Pakistan.

Wie heißt das Mittelgebirge in Oberfranken, dessen höchste Erhebung der Schneeberg ist?

● Es ist das Fichtelgebirge. Das stark bewaldete Gebirge ist eines der ältesten in Deutschland und erreicht im Schneeberg 1051 Meter Höhe. Nachdem zwischen dem

14. und 17. Jahrhundert im Fichtelgebirge verschiedene Erze abgebaut wurden, wird heute nur noch Uran gefördert. Außerdem sind die dort ansässigen Glas- und Porzellanhersteller weltweit bekannt.

Wie heißt die Südspitze Afrikas?

Kap Agulhas. Das wesentlich bekanntere Kap der Guten Hoffnung wurde von den ersten europäischen Seefahrern, die sich auf den Weg nach Indien gemacht hatten, lediglich dafür gehalten. Tatsächlich liegt aber Kap Agulhas über 150 Kilometer südöstlich des Kaps der Guten Hoffnung.

Wo liegen die Inseln über dem Winde?

In der Karibik. Zusammen mit den Inseln unter dem Winde, die sich vor der Küste Venezuelas entlangziehen, bilden sie die so genannten Kleinen Antillen, einen Bogen kleiner Inseln, der die Karibik im Osten vom Atlantischen Ozean trennt.

Wie heißt der nach Russland zweitgrößte aus der ehemaligen Sowjetunion hervorgegangene Staat?

Es ist mit einer Fläche von 2.717.300 km^2 die zentralasiatische Republik Kasachstan. Sie ist etwa siebeneinhalbmal so groß wie Deutschland und erstreckt sich vom Kaspischen Meer im Westen bis zum Altaigebirge im Osten. Das Land ist geprägt von weiten Steppen im Westen und vom Rand der Hochgebirge im Osten. Die Hauptstadt Alma-Ata liegt im äußersten Südosten des Landes, nahe der Grenze zu China.

Zu welcher Inselgruppe gehört die beliebte Ferieninsel Mallorca?

Zusammen mit Ibiza, Formentera und Menorca bildet sie die Inselgruppe der Balearen. Sie gehören zu Spanien und liegen östlich davon im Mittelmeer. Mallorca mit der Hauptstadt Palma de Mallorca ist die größte der vier Inseln.

Wofür ist der an der Grenze zwischen Tibet und Nepal im Himalaja gelegene Berg Chomolungma bekannt?

Dafür, dass er mit 8848 Metern der höchste Berg der Welt ist. Die Briten benannten den von den Einheimischen „Sitz der Götter" genannten Berg allerdings nach einem Landvermesser, der im 19. Jahrhundert in der Gegend tätig war – Mount Everest – und unter diesem Namen wurde er wesentlich bekannter.

Mount Everest

In welchem Land leben die Magyaren?

Die Ungarn bezeichnen sich selbst so, ihr Land nennen sie Magyarország. In Budapest leben über zwei der insgesamt etwas mehr als zehn Millionen Einwohner Ungarns. Da aufgrund der Grenzziehungen nach dem Ersten Weltkrieg besonders in Rumänien und der Slowakei starke ungarische Minderheiten leben, die in diesen Ländern ihre Kultur und Sprache nur bedingt pflegen können, bestehen zwischen Ungarn und seinen Nachbarländern zum Teil erhebliche Spannungen.

Wie heißt der berühmte Geograf, nach dem eine Berliner Universität benannt wurde?

Alexander Freiherr von Humboldt (1769–1859). Seine Arbeiten auf den Gebieten der Vulkanforschung, der Erforschung des Erdmagnetismus und der Klimakunde waren wegweisend für die zukünftige Wissenschaft. Seine ausgedehnten Reisen führten ihn u. a. in unerforschte Gebiete in Südamerika, worüber er ein 30-bändiges Werk verfasste, und in den asiatischen Teil Russlands.

Durch welche deutsche Großstadt fließt die Isar?

● Durch München. Der Fluss entspringt im österreichischen Karwendelgebirge, fließt durch Bad Tölz, München und Landshut und mündet schließlich nach 263 Kilometern bei Deggenau in die Donau.

Blick auf die Münchner Innenstadt

Welches ist der längste der drei Flüsse: Donau, Elbe oder Wolga?

● Die Wolga ist mit 3531 Kilometern der längste Fluss Europas, und damit natürlich auch länger als Donau (mit 2850 Kilometern zweitlängster Fluss Europas) und Elbe (1165 Kilometer). Die Wolga ist nicht nur eine bedeutende Wasserstraße Russlands, sondern spielt durch acht große Wasserkraftwerke und einige enorme Stauseen auch bei der Energiegewinnung und der Wasserversorgung eine wichtige Rolle.

Welche herausragende Bedeutung hat der in Sibirien gelegene Baikalsee?

● Es ist der tiefste See der Welt (1620 Meter) und ein außerordentlich bedeutsames Süßwasserreservoir: 20% der nicht im Eis der Polkappen gebundenen Süßwasservorräte sollen in ihm enthalten sein. In letzter Zeit ist der See von zunehmender Umweltverschmutzung bedroht, die besonders von der in Irkutsk angesiedelten Industrie ausgeht.

In welchem Teil des Mittelmeeres liegt die Insel Elba?

● Im Tyrrhenischen Meer, vor der Westküste Italiens. Das Tyrrhenische Meer umfasst den Teil des Mittelmeeres zwischen der Westküste Italiens, der Nordküste Siziliens und der Ostküste der Inseln Korsika und Sardinien. Mit 223 km² ist Elba die größte der so genannten Toskanischen Inseln, zu der auch Giglio, Montecristo und Capraia gehören. Napoleon (1769–1821) wurde 1814/15 auf die Insel Elba verbannt.

In welches Land muss man reisen, um Patagonien besuchen zu können?

● Der südliche Landesteil Argentiniens wird so genannt. Die Ureinwohner, die so genannten Patagonier, sind heute fast vollständig von den eingewanderten europäischen Siedlern verdrängt worden. Patagonien ist ein trockenes Steppenland am Fuße der südlichen Anden.

Welche Eigenschaften hat das Wasser aus Thermalquellen?

● Mineralquellen (mindestens 1000 Milligramm gelöster Stoff pro Liter) werden, wenn sie Temperaturen über 20 °C haben, auch als Thermalquellen bezeichnet. Aus ihnen tritt Wasser aus, das in größerer Tiefe oder in der Nähe von vulkanischen Erscheinungen erwärmt wurde. Thermalquellen werden schon seit den Zeiten der Römer zu Heil- und Badezwecken herangezogen.

Welches Meer liegt zwischen Ägypten und Saudi-Arabien?

● Das Rote Meer. Es ist mit 440.000 km² ungefähr so groß wie Deutschland und Österreich zusammen. Hier verläuft ein so genannter Grabenbruch, eine Linie, an der zwei Teile eines Kontinents auseinander driften. Er setzt sich übrigens in Afrika als Ostafrikanischer Graben (oder Rift Valley) fort, und ist dort an der Kette von großen Seen im Osten des Erdteils zu erkennen (Tanganyjka-See, Malawi-See).

In welchem Land liegen die Ardennen?

● Zum größten Teil im Südosten Belgiens, Teile davon reichen aber auch über die Grenze nach Frankreich und Luxemburg hinein. Durch die Steinkohlevorkommen wurde die Region durch die Industrielle Revolution in ein wirtschaftlich aufblühendes Gebiet verwandelt. Im Dezember 1944 waren die Ardennen Schauplatz der letzten Gegenoffensive der Wehrmacht, um die anstürmenden amerikanischen und britischen Truppen aufzuhalten.

Am Fuße welchen bis zu 5600 Meter hohen Gebirges liegen die Republiken Dagestan, Nordossetien und Tschetschenien?

● Am Nordrand des Kaukasus. Durch blutige Kämpfe um weitergehende Selbstverwaltung oder durch Grenzstreitigkeiten ist der zur Russischen Föderation gehörende Teil des Kaukasus Ende der 1990er-Jahre immer wieder in den Blickpunkt der Weltöffentlichkeit geraten.

In welchem deutschen Mittelgebirge ist der Brocken die höchste Erhebung?

● Im Harz. Der 1142 Meter hohe Berg ist Teil eines Nationalparks im nordöstlichsten der deutschen Mittelgebirge. Osterode und Wernigerode sind beliebte Ferienorte am Rande des Harzes, Clausthal-Zellerfeld im Harz ist für die Technische Universität und die Brauereiindustrie bekannt. Die aus dem Harz kommenden Flüsse (Oker, Oder, Söse, Bode) werden alle gestaut und zur Trinkwasserversorgung genutzt.

Als Wahrzeichen welcher Stadt ist der Tafelberg bekannt?

● Der Tafelberg erhebt sich in der Nähe von Kapstadt (engl.: Capetown). Die Stadt ist Sitz des südafrikanischen Parlaments und verfügt über einen natürlichen Hafen, der von der weit ins Meer hinausragenden Landzunge, an deren Spitze das Kap der Guten Hoffnung liegt, gebildet wird.

Blick auf den Tafelberg

Wie wird der Name des chinesischen Flusses Hwangho ins Deutsche übersetzt?

● Hwangho heißt zu Deutsch „Gelber Fluss". Damit ist eine hervorstechende Eigenschaft des zweitlängsten chinesischen Flusses schon beschrieben: Die gelbe Farbe des Wassers, das der Fluss mit sich führt, ist auf die hohe Lehm- und Schlammfracht zurückzuführen. Daher rührt übrigens auch der Name des so genannten Gelben Meeres, dem Pazifik zwischen Korea und der chinesischen Küste.

An welchem Fluss liegt die ägyptische Hauptstadt Kairo?

● Am Nil. Der längste Fluss der Erde (6671 Kilometer) entspringt in Ruanda, durchfließt den Victoria-See und nimmt bei Khartum im Sudan den aus dem äthiopischen Hochland kommenden Blauen Nil auf. Der Nil ist das Paradebeispiel für einen so genannten Fremdlingsfluss, d. h. ein Gewässer, das aus regenreichen Gegenden kommt und durch regenarme Regionen fließt, für die er die wesentliche Lebensader darstellt. Nördlich von Kairo verzweigt sich der Nil in ein weitläufiges Delta.

Welchen See nennen die Ungarn Balaton?

Sie meinen damit den mit rund 600 km² größten See Mitteleuropas, den Plattensee. Neben der ungarischen Hauptstadt Budapest ist er das beliebteste Touristenziel des Landes.

Blick auf den Plattensee

Welches Land liegt an der Memel?

Litauen. Es ist das südlichste der drei baltischen Länder Estland, Lettland und Litauen. Die Memel, die in Weißrussland entspringt und dort Njemen genannt wird, fließt durch den Süden des Landes. An dem Fluss, den die Litauer Nemunas nennen, liegt auch Kaunas, die nach der Hauptstadt Wilna zweitgrößte Stadt des Landes. Bevor die Memel in der Ostsee mündet, durchfließt sie das Kurische Haff, eine durch eine rund 100 Kilometer lange Landzunge vom offenen Meer abgeschnittene Lagune, die eine bedeutende Zwischenstation für Zugvögel darstellt und deshalb ein Nationalpark ist.

In welches Meer mündet der Jordan?

Der Jordan ist der Hauptzufluss des Toten Meeres. Da es 400 Meter unter dem Meeresspiegel liegt, hat es selbst keinen Abfluss. Wegen der hohen Verdunstung bleibt der Seespiegel aber stets auf demselben Niveau. Der sehr hohe Anteil an Salz (sechsmal mehr als im Ozeanwasser) und anderen Feststoffen bewirkt, dass Menschen im Wasser des Toten Meeres nicht untergehen können. Der hohe Salzgehalt verhindert aber auch die Besiedlung des Sees durch Tiere und Pflanzen.

Jordan

Wodurch wurde der Londoner Stadtteil Greenwich für die ganze Welt wichtig?

Hier verläuft der Nullmeridian. Von ihm ausgehend werden die von Pol zu Pol verlaufenden gedachten 180 Halbkreise als östliche oder westliche Längenkreise gezählt. Nachdem viele Nationen zunächst eigene Nullmeridiane festgelegt hatten, einigte man sich schließlich auf den von Greenwich, um eine einheitliche Bezifferung zu erreichen. 10 Grad östlicher Länge geht etwa durch Hamburg, Göttingen, Würzburg, Ulm und Bludenz.

Welche Länder trennt die Donau, bevor sie in das Schwarze Meer mündet?

Ein Stück flussabwärts nach dem Durchbruch durch die Südkarpaten am so genannten Eisernen Tor bildet die Donau fast 500 Kilometer lang die Grenze zwischen Rumänien und Bulgarien. Etwa 100 Kilometer vor der Küste schwenkt der Fluss dann in weitem Bogen nach Norden, bevor er schließlich doch dem Meer zufließt. In dem Bogen liegt die schon in der Antike mit Städten besiedelte Dobrudscha.

In welches Meer ragt die Halbinsel Krim hinein?

● Im Süden der Ukraine gelegen ragt sie in der Form einer Raute weit in das Schwarze Meer und trennt dieses vom Asowschen Meer. Wegen ihres milden Klimas und der landschaftlichen Reize war sie schon in der Sowjetunion ein beliebtes Ferienziel. Als Anbaugebiet des Krimsektes (Krimskoye) erlangte sie auch in Westeuropa Bekannheitsgrad.

Welches Land wird wegen seiner Form oft mit einem Stiefel verglichen?

● Italien. Mit dem Vergleich lassen sich auch einige italienische Regionen leicht merken: So bildet Kalabrien die Stiefelspitze, Apulien den Absatz, Lazio (die Region um Rom) und Toskana die vordere Seite des Stiefelschaftes und die Emilia Romagna befindet sich dort, wo der Stiefel beginnt, sich nach oben zu erweitern.

Wo liegt das Ijsselmeer?

● In den Niederlanden, nördlich von Amsterdam. Es entstand aus der Zuidersee, die durch einen 30 Kilometer langen Damm vom offenen Meer abgetrennt wurde. Die Baumaßnahme stand im Zusammenhang mit den Bemühungen des Küstenlandes, Überschwemmungen und das Einfluten von Salzwasser in die Flüsse und das Grundwasser zu verhindern. Das Ijsselmeer ist inzwischen ein Süßwassersee.

Was versteht man unter Kontinentaldrift?

● Kontinentaldrift bezeichnet eine Theorie, nach der sich die Landmassen der Erde, die heutigen Kontinente, im Laufe der Erdgeschichte verschoben haben. Außerdem geht man davon aus, dass sich die Kontinente auf den tektonischen Platten entlang der ständig wandernden Plattengrenzen der Erdkruste verschieben.

Küste an der Algarve

In welchem Land liegt die Algarve?

● Algarve wird die südlichste Provinz und zugleich die Südküste Portugals genannt. Zwischen den Bergen der Serra de Monchique und dem Atlantik befindet sich eine beliebte Ferienregion, die vor allem für die malerische Steilküste mit Buchten und Klippen bekannt ist.

Wie heißt die nach Rügen und Usedom drittgrößte deutsche Insel?

● Fehmarn. Sie ist 185 km^2 groß (Rügen 926 km^2, Usedom 445 km^2), liegt ebenfalls in der Ostsee und ist durch die Fehmarnbrücke mit dem Festland verbunden. Die Brücke und der Fährhafen Puttgarden im Norden der Insel bilden einen Teil der „Vogelfluglinie“, einem wichtigen Verkehrsweg nach Skandinavien.

Durch welche Länder fließt der Euphrat, bevor er mit dem Tigris zusammenfließt und als Schatt el Arab in den Persischen Golf mündet?

● Der Euphrat beginnt seinen Lauf in der östlichen Türkei und fließt dann quer durch Syrien in den Irak. Da sowohl für Syrien als auch den Irak das Wasser des Euphrat sehr wichtig ist, verfolgen beide Länder die Staudammprojekte der Türkei am Oberlauf des Flusses sehr kritisch.

Wie alt ist das älteste Gestein auf der Erde?

● Das älteste noch vorhandene Gestein ist der ca. vier Milliarden Jahre alte Acasta-

Gneis aus der Slave-Province in Kanada. Natürlich gab es schon vorher Gesteine. Diese wurden im Laufe der Jahrmillionen erodiert oder anderweitig umgearbeitet und können deshalb nicht mehr bestimmt werden.

Wie heißt der älteste Handelsweg der Welt und wer benannte ihn?

Seidenstraße

● Spätestens seit dem 2. Jahrhundert v. Chr. diente die Seidenstraße Händlern, Forschenden und Reisenden als Verbindungsweg von China bis an die Küsten des Mittelmeeres. Benannt wurde die Karawanenstraße von dem deutschen Geografen und Geologen Freiherr Ferdinand von Richthofen (1833–1905) nach dem wichtigsten Handelsgut, der Seide. Aber auch Edelmetalle, Gold und Glas wurden gen Westen transportiert.

Zu welchem Land gehört die Mittelmeerinsel Korsika?

● Seit 1768 zu Frankreich. Seit Mitte der 1970er-Jahre kommt es jedoch immer wieder zu Bombenanschlägen, zu denen sich korsische Untergrundbewegungen bekennen. Seitdem 1991 von der französischen Zentralregierung die Forderungen nach mehr regionaler Eigenständigkeit und Förderung der korsischen Kultur weitgehend erfüllt wurden, handelt es sich dabei meist um Streitigkeiten verfeindeter Klans, die auf der Insel immer noch eine wichtige Rolle spielen.

Welche Länder grenzen an das Kosovo an?

● Im Westen Albanien, im Norden und Osten der serbische Teil der Bundesrepublik Jugoslawien und im Süden Makedonien. Dadurch, dass in dem von den Serben als Herzstück ihres Landes betrachteten Kosovo die albanische Bevölkerungsmehrheit unterdrückt wurde, kam es in den 1990er-Jahren zu immer gewaltsameren Übergriffen, die schließlich im Krieg Serbiens gegen den Kosovo mündeten.

Welche beiden Länder trennen die Pyrenäen?

● Frankreich und Spanien. Der bis zu über 3400 Meter hohe Gebirgszug ist genauso wie die Alpen dadurch entstanden, dass sich die so genannte Afrikanische Platte (Afrika und das umliegende Meer) nach Norden geschoben hat. Ähnlich wie beim Schieben eines Tellers auf einem Tischtuch wurden so die Alpen und die Pyrenäen aufgefaltet.

In der Nähe welcher italienischen Großstadt liegt die Insel Capri?

● Bei Neapel. Die Insel ist besonders durch die Blaue Grotte, eine durch das Meer aus dem Fels gewaschene Brandungshöhle, bekannt geworden.

An welchem See liegt Lausanne?

● Am Nordufer des Genfer Sees. Die Stadt ist politisches Zentrum des im Westen der Schweiz gelegenen Kantons Waadt (frz.: Vaud) und gehört zur französischsprachigen Schweiz.

Was ist der Brahmaputra?

● Asiens wasserreichster Fluss. Er entspringt im Westen Tibets und fließt als Tsangpo in einem langen Quertal des Himalaja nach Osten. Schließlich schwenkt er nach Süden, in die indische Region Assam, bevor er mit dem Ganges zusammenfließt und in einem breiten Delta in Bangladesh in den Indischen Ozean mündet.

An welchem Fluss liegt Bagdad?

● Die Stadt, die früher Sitz der Kalifen – der Nachfolger Mohammeds (um 570–632) – war und heute als Hauptstadt des Irak immer noch Bedeutung besitzt, liegt am Tigris. Zusammen mit dem Euphrat durchfließt der Tigris das als Zweistromland (Mesopotamien) bekannte Gebiet, in dem sich schon früh bedeutende Hochkulturen (Ur, Sumer, Babylon) entwickelten.

Wie heißt das häufigste auf der Erde vorkommende Mineral?

● Quarz. Es kommt in vielen Formen vor und ist u. a. als Bergkristall, Achat oder Feuerstein bekannt. Quarzsand ist ein Hauptbestandteil bei der Glasherstellung. In Quarzuhren werden die elektrischen Schwingungen von Quarzkristallen zur Zeitmessung verwendet.

Was ist das Engadin?

● So wird der 96 Kilometer lange obere Teil des Inntals genannt, der sich im schweizerischen Kanton Graubünden befindet. Bekannte Orte wie St. Moritz oder imposante Bergmassive wie Silvretta und Bernina haben das Engadin zu einer beliebten Ferienregion gemacht, in der sowohl im Sommer als auch im Winter reger Betrieb herrscht.

Wie bezeichnen die Franzosen den zu Frankreich gehörenden Teil der Riviera?

● Als Côte d'Azur. Hier treffen die Ausläufer der Seealpen auf das Mittelmeer, wodurch eine reizvolle Felsenküste entsteht. Ferienorte wie St. Tropez, Cannes und Nizza sind weltbekannt.

Wie heißt der Teil Italiens in dem es eine deutschsprachige Bevölkerungsgruppe gibt?

● Südtirol. Es wurde nach dem Ersten Weltkrieg 1919 von Österreich abgetrennt und umfasst den Teil Tirols südlich des Brenners. Nach langen Auseinandersetzungen leben die Südtiroler und die zugewanderten Italiener in der italienischen Provinz Bolzano (Bozen) heute friedlich zusammen. Meran, Bozen und Bruneck sind wegen des angenehmen Klimas und der imposanten Berglandschaft (Ortlergruppe, Dolomiten) schon seit langem beliebte Ferienorte.

Die Hauptstadt welchen österreichischen Bundeslandes ist Graz?

● Graz ist Hauptstadt der Steiermark. Mit 16.388 km² ist die Steiermark nach Niederösterreich das zweitgrößte Bundesland Österreichs. Es reicht vom fast 3000 Meter hohen Dachstein im Westen bis an die Ausläufer der ungarischen Tiefebene im Osten. Die Hauptstadt Graz liegt am Fuße der östlichen Ausläufer der Alpen, wo der Fluss Mur die Berge verlässt.

Welche Stadt liegt teilweise in Europa, teilweise in Asien?

● Istanbul. Mit 5,5 Millionen Einwohnern ist es die größte Stadt der Türkei. Die Stadt bzw. ihre Vorgänger Konstantinopel und Byzanz blicken auf eine bewegte Vergangenheit zurück, von der auch heute noch zahlreiche historische Gebäude aus allen Epochen Zeugnis ablegen. Eines der beeindruckendsten dürfte die Hagia Sophia sein, eine Kirche aus dem 6. Jahrhundert, die im 15. Jahrhundert zur Moschee wurde.

Die Blaue Moschee in Istanbul

In welchem südamerikanischen Land ist Portugiesisch die Amtssprache?

In Brasilien. Zu Beginn der kolonialen Expansion Portugals und Spaniens nach Südamerika im 16. Jahrhundert hatten die beiden Länder zunächst durch den Vertrag von Tordesillas (1494) und später durch den Vertrag von San Ildefonso (1779) die Grenzen der jeweiligen Interessengebiete festgelegt. Da Brasilien zu Portugal gehörte, setzte sich dort Portugiesisch als Amtssprache durch.

An welchem See liegen die drei Kantone Uri, Schwyz und Unterwalden, aus denen die heutige Schweiz hervorging?

Am Vierwaldstätter See. Die bereits seit 1291 bestehenden Urkantone und die ihnen inzwischen angeschlossenen Städte und Kantone errangen nach den Schlachten von Morgarten (1315) und Sempach (1386) ihre Freiheit.

In welche Stadt gelangt man, wenn man von Kehl aus über den Rhein fährt?

Nach Straßburg. Die Stadt ist Hauptstadt der Region Alsace (Elsass) und des Départements Bas-Rhin (Unter-Rhein). Hier haben der Europarat und das Europäische Parlament ihren Sitz. Neben der vom 12. bis 15. Jahrhundert erbauten Kathedrale mit einer beeindruckenden astronomischen Uhr ist auch die Altstadt sehenswert.

Unter welchem deutschen Namen ist die Stadt Wroclaw bekannt?

Als Breslau. Bis 1945 war die Stadt an der Oder die Hauptstadt von Schlesien. Heute liegt Oberschlesien mit Kohle- und Erzbergwerken sowie der größte Teil Niederschlesiens in Polen. Ein kleiner Teil (um Görlitz) gehört zum deutschen Bundesland Sachsen. Universität und Altstadt von Breslau sind eindrucksvolle Architekturdenkmäler.

Kreidefelsen auf Rügen

Zu welcher deutschen Insel gehören Kap Arkona und berühmte Kreidefelsen?

Zu größten deutschen Insel Rügen. Kap Arkona bildet den nördlichsten Punkt der Insel, die als Stubbenkammer bekannt gewordene Steilküste mit den weithin sichtbaren Kreidefelsen liegt im Nordosten der Insel.

Wie heißt der südlichste Punkt Südamerikas?

Auf dem Festland ist es die zu Chile gehörende Peninsula de Brunswick (Halbinsel Brunswick). Nur durch einen schmalen Meeresarm, die Magalhães-Straße (Magellanstraße), davon getrennt liegt etwas weiter südlich die Insel Feuerland, die sich Chile und Argentinien teilen. An der Südspitze von Feuerland findet sich eine Gruppe kleiner Inseln. Hier liegt auch das berühmte Kap Hoorn.

Was ist das Skagerrak?

Das Skagerrak ist der zwischen der norwegischen und der dänischen Küste befindliche Teil der Nordsee, der die Ostsee mit dem Weltmeer verbindet. Die hier herrschenden tückischen Meeresströmungen machten es seit alters her zu einem von den Seeleuten gefürchteten Teil der Nordsee. Von den Wikingern und im Mittelalter wurde es sogar bevorzugt, die Waren über Land von der West- an die Ostküste Dänemarks zu transportieren. Das Meer zwischen Dänemark und Schweden mutet dagegen harmlos an, es wurde daher als Kattegat („Katzengatt“) bezeichnet.

Zu welchem Mittelgebirge gehört der 1493 Meter hohe Feldberg?

● Der Feldberg ist die höchste Erhebung des Schwarzwaldes. Er besteht im südlichen, höheren Teil aus Urgestein (z. B. Granit) und flacht sich nach Norden hin ab, wo er aus Buntsandstein besteht.

Durch welches Land fließt der Indus?

● Der Indus entspringt in Tibet und vereint sich in Kaschmir mit dem vom Karakorumgebirge kommenden Wasser, als großer Fluss zieht er sich jedoch durch Pakistan. Seit der frühen Hochkultur von Mohenjo-Daro nutzten die Menschen dort den Indus als Wasserreservoir und Verkehrsader. Mit 2897 Kilometern ist er nur ein wenig länger als die Donau (2850 Kilometer).

Welche norddeutsche Stadt ist die brückenreichste Europas?

● Hamburg. Die Alster ist ein Fluss, der in der Stadtmitte aufgestaut wird, wodurch eine Art innerstädtischer Binnensee entsteht. Dieser „See" ist in zwei Teile geteilt, die jedoch miteinander verbunden sind – Binnen- und Außenalster. Sie werden durch zahlreiche Kanäle gespeist, die von großen Parkanlagen gesäumt sind. Die unzähligen Fleete, Flüsschen und Kanäle werden von mehr als 2500 Brücken überspannt. Hamburg ist damit die brückenreichste Stadt Europas und hat mehr als Venedig (400) und Amsterdam (1200) zusammen.

An der Mündung welchen Flusses liegt New Orleans?

● An der Mündung des Mississippi. Mit 3778 Kilometern ist er der längste Strom Nordamerikas. Durch sein enormes Einzugsgebiet (fast 40% der USA), zu dem auch der Missouri, der Ohio und der Arkansas gehören, bringt er so viel Schlamm mit, dass er seine Mündung langsam immer weiter ins Meer hinaus verlegt.

In welcher skandinavischen Hauptstadt steht die Statue einer kleinen Meerjungfrau, die inzwischen zu einem der bekanntesten Wahrzeichen der Stadt wurde?

● In der dänischen Hauptstadt Kopenhagen. Mit der Statue ehrten die Dänen ihren besonders durch seine Märchen bekannt gewordenen Dichter Hans Christian Andersen (1805–75), der mit *Der kleinen Meerjungfrau* Weltruhm erlangte.

Die kleine Meerjungfrau

Welche Länder gehören zum Nahen Osten?

● Die Länder Asiens und Afrikas, die an das östliche Mittelmeer grenzen. Das sind Ägypten, Israel, Libanon, Syrien und Türkei. Oft werden jedoch auch noch Staaten der arabischen Halbinsel (v. a. Jordanien, Kuwait und Saudi-Arabien) sowie die Länder am Persischen Golf (Irak, Iran, Bahrain, Vereinigte Arabische Emirate und Oman) dazugezählt.

Wie heißen die Nordfriesischen Inseln?

● Die größeren der Nordfriesischen Inseln, die sich vor der Westküste Schleswig-Holsteins erstrecken, sind, von Norden nach Süden: Sylt, Föhr, Amrum, Pellworm und Nordstrand. Die größte, Sylt, ist durch den Hindenburgdamm mit dem Festland verbunden.

Wie heißt der den Hindus heilige Fluss in Nordindien?

● Es ist der 2700 Kilometer lange Ganges. Besonders die am Fluss gelegenen Städte Benares und Patna ziehen zahlreiche Pilger an, die sich in den Fluten des Stromes von ihren Sünden reinigen. Das breite Gangestal ist eine fruchtbare Region, in der intensiv

Landwirtschaft betrieben wird. Zusammen mit dem Brahmaputra mündet der Ganges in einem breiten Delta in Bangladesh in den Indischen Ozean.

Welche der so genannten Gesellschaftsinseln wurde in Europa besonders durch den Maler Paul Gauguin bekannt?

● Tahiti wurde durch die Bilder des französischen Malers Gauguin (1848–1903), der hier in den 1890er-Jahren lebte, in Europa als Beispiel für eine paradiesische Südseeinsel bekannt. Heute ist die Stadt Papeete auf Tahiti mit etwa 24.000 Einwohnern der politische und wirtschaftliche Mittelpunkt von Französisch-Polynesien, zu dem neben den Gesellschaftsinseln auch die Tuamotu-Inseln und die Marquesas gehören.

Paul Gauguin: Frauen auf Tahiti

Wann entstehen Sturmfluten?

● Seit Menschengedenken bedrohen Sturmfluten bzw. Sturmhochwässer die flachen Teile des Festlandes und die Mündungstrichter der Flüsse an der deutschen Nordseeküste. Sie treten an der Gezeitenküste vor allem dann auf, wenn sich die beim Mondwechsel eintretenden Springfluten mit heftigen Stürmen verbinden und das Wasser des Meeres ins Land drücken. Deiche dämmen im Regelfalle aber die zerstörerischen Wirkungen der Sturmfluten ein. Auch an der Ostseeküste gibt es Sturmfluten, allerdings in geringerem Ausmaß.

Was bezweckt eine Schummerung in einer Landkarte?

● Die Schummerung ist eine zusätzliche grafische Gestaltungsmöglichkeit des Kartografen. Mit ihr soll es dem Laien erleichtert werden, die Lage und das Aussehen von Bergen und Gebirgen von der Karte abzulesen, denn durch die Schummerung wird ein Schatteneffekt erzeugt, die die Erhebungen fast plastisch hervortreten lässt.

Umgangssprachlich sagt man manchmal Das liegt in der Pampa, um damit die Abgeschiedenheit eines Ortes auszudrücken. Wo liegt denn die Pampa eigentlich?

● Pampa ist der in Südamerika gebräuchliche Name für die besonders in Argentinien weit verbreitete Steppe. Das aus der indianischen Ketschua-Sprache stammende Wort „Pampa" erklärt schon eine Charakteristik der Landschaft, übersetzt heißt der Ketschua-Begriff nämlich „baumlose Ebene".

Wie kommt das Salz ins Meer?

● Über die Bäche und Flüsse. Sie schwemmen im Laufe der Zeit stetig Minerale aus dem Gestein aus, so auch Salz. Auch Süßwasserseen enthalten Salze, jedoch in ganz geringer Konzentration, weil sie permanent aufgefüllt werden. Wenn sie jedoch schneller ausdunsten, als sie nachgefüllt werden (z. B. durch Niederschläge), dann werden sie mit der Zeit zu Salzseen.

In welchem Land erhebt sich die Sierra Maestra?

● Im Südosten Kubas. Hier steigt die Sierra Maestra aus dem Tiefland auf und erreicht mit dem höchsten Berg des Landes, dem Pico Turquino (1972 Meter), fast 2000 Meter Höhe. Bereits 40 Kilometer südlich der Sierra fällt der Caymangraben mehr als sieben Kilometer unter den Meeresspiegel des Karibischen Meeres ab.

Wie heißt der nach Alaska größte Bundesstaat der USA?

Nach Alaska, das fast ein Fünftel so groß ist wie der gesamte Rest der USA, ist Texas der größte Bundesstaat der zusammenhängenden USA. Er ist fast doppelt so groß wie die Bundesrepublik Deutschland und reich an Erdöl und Erdgas. Trotzdem spielt Viehzucht und Landwirtschaft heute immer noch eine bedeutende Rolle. Bekannte Städte sind Dallas, Houston mit dem Raumfahrtkontrollzentrum, der Ferienort Corpus Christi und die Hauptstadt Austin.

Blick auf Dallas

Welches südamerikanische Land wurde als Heimat der Gauchos und des Tangos bekannt?

Argentinien. Auf der weiten Pampas, endlose Weiden im Landesinneren, spielt auch heute noch die Viehzucht eine bedeutende Rolle. Die Gauchos, die südamerikanischen Cowboys, hüten zwar auch die Viehherden in den Nachbarländern Uruguay, Brasilien und Paraguay, aber weltbekannt wurden sie als Symbol für Argentinien.

Wo gibt es in Deutschland Vulkane?

Aktive Vulkane gibt es in Deutschland keine. Zeugen vulkanischer Tätigkeit finden sich jedoch an mehreren Stellen: Die Maare in der Eifel sind etwa die Kraterlöcher ehemaliger Vulkane, der Kaiserstuhl in Baden ist als ehemaliger Vulkankegel heute ein Weinanbaugebiet und auch der Vogelsberg im Hessischen Bergland ist ein Gebirgsstock vulkanischen Ursprungs.

Wie heißt die bevölkerungsreichste Stadt Chinas?

Obwohl die Schätzungen über die Einwohnerzahl Schanghais stark schwanken, dürfte die Stadt mit fast acht Millionen Einwohnern unbestritten Chinas bevölkerungsreichste Stadt sein. Hongkong und Peking mit jeweils rund sechs Millionen folgen jedoch dicht dahinter.

Was versteht man unter dem Drei-Schluchten-Staudamm?

Am 22. November 1997 wurde in China am Jangtsekiang mit dem Bau des größten Staudamms der Welt begonnen. Der Fluss soll auf einer Länge von 660 Kilometern gestaut werden. Die geplante Staumauer soll 185 Meter hoch und 2335 Meter lang sein. Wichtigstes Ziel ist es, den ständig steigenden Energiebedarf Chinas zu decken. Aber auch die Nutzungsmöglichkeiten für den Jangtsekiang als Wasserweg und die Eindämmung der häufigen Hochwasser des Flusses. Kritische Stimmen befürchten, dass die geologischen Voraussetzungen ungünstig sind und der gigantische Damm einmal brechen könnte.

Was sind die Deltawerke in den Niederlanden?

Die Deltawerke sind eine 1950 bis 1986 geschaffene Anlage zum Schutz vor Meereseinbrüchen im Südwesten der Niederlande, im Delta von Rhein, Maas und Schelde. Die Maßnahmen reichen von der vollständigen Abriegelung der Wasserarme bis zum Bau eines beweglichen Sturmflutwehres mit 62 Fluttoren in der Oosterschelde. Den Abschluss der Deltawerke bildet das 1997 fertig gestellte Sturmflutwehr am Nieuwe Waterweg auf der Höhe von Maassluis zum Schutz des Rotterdamer Hafens.

Handelshaus in Amsterdam

Welche von Kanälen durchzogene Stadt in den Niederlanden wird oft als Venedig des Nordens bezeichnet?

Amsterdam. Die Kanäle, die dort Grachten heißen, verleihen der Stadt Charme und Charakter. Mit über 720.000 Einwohnern ist sie die bevölkerungsreichste Stadt der Niederlande und gleichzeitig die Hauptstadt. Die Regierung hat ihren Sitz jedoch im 50 Kilometer weiter südlich am Meer gelegenen Den Haag, wo auch die Königsfamilie ihren Wohnsitz hat.

Was bedeutet die Angabe NN bzw. Normalnull?

Normalnull (NN) bezeichnet den mittleren Wasserstand der Meere. Dieser rechnerisch ermittelte Wert ist die Grundlage für alle Höhenangaben über bzw. unter dem Meeresspiegel.

Gibt es am Nordpol Berge?

Nein, denn unter dem Nordpol befindet sich das Nordpolarmeer. Die Eisdecke liegt also auf dem Meer. Diese Eisdecke wird, zusammen mit den umliegenden Inseln im Norden Kanadas, mit Grönland, Teilen von Alaska und Skandinavien als Arktis bezeichnet. Die Antarktis rund um den Südpol ist dagegen ein eigener Kontinent.

Wer fertigte den ersten Atlas an?

Gerhard Mercator (eig. Kremer, 1512–94). Sein posthum erschienenes Sammelwerk aus dem Jahr 1595 enthielt 107 Karten. Nach dem Geografen wurde die von ihm entwickelte Mercator-Projektion benannt.

Welchen Namen hat der Teil des Mittelmeeres zwischen Italien und Kroatien?

Adria oder auch Adriatisches Meer. Die Küste der Adria ist im Sommer ein beliebtes Ferienziel, im Frühjahr entstehen hier jedoch die so genannten Adriatiefs. Sie bringen feuchte und warme Mittelmeerluft nach Mitteleuropa und verursachen häufig ergiebige Regenfälle.

Zwischen welchen beiden der fünf Großen Seen liegen die Niagarafälle?

Der nur 56 Kilometer lange Niagara-River fließt vom Eriesee zum Ontariosee. Er verbindet also die beiden westlichsten der Großen Seen (von Westen nach Osten: Oberer See, Michigansee, Huronsee, Eriesee und Ontariosee). Dass die Seen im Grenzgebiet zwischen Kanada und den USA liegen, merkt man auch beim Besuch der 50 Meter hohen Niagarafälle: Von den insgesamt 850 Meter breiten Wasserfällen gehören 350 Meter zum US-Bundesstaat New York und 500 Meter zur kanadischen Provinz Ontario.

Welcher See wird auch Schwäbisches Meer genannt?

Der Bodensee. Dieser 252 Meter tiefe und 538 km^2 große Alpenvorlandsee ist ein wichtiges Trinkwasserreservoir. Auch die Schweiz und Österreich haben einen Anteil am Bodensee, seine Inseln heißen Reichenau, Lindau und Mainau. Der See wird vom Rhein durchflossen.

Welche Ozeane verbindet der Panamakanal?

● Den Pazifischen mit dem Atlantischen Ozean. Der Panamakanal ist 81 Kilometer lang und überwindet mittels Schleusen einen Höhenunterschied von 26 Metern. Eine acht Kilometer breite Zone an beiden Ufern des Kanals war bis 1977 Hoheitsgebiet der USA, heute wird sie von Panama und den USA gemeinsam verwaltet.

Was sind Oasen?

● Oasen sind am Rand oder im Inneren von Wüsten oder Wüstensteppen gelegene Inseln reicheren Pflanzenwuchses, durch Grundwassernähe oder Quellen hervorgerufen, meist durch künstliche Bewässerung vergrößert. Sie sind meist dicht bevölkert und intensiv bewirtschaftet (Feldfrüchte, Obstbäume, besonders Dattelpalmen).

Oase

Wo liegt die Insel Java?

● Vor Indonesien. Java gehört zu den vier Großen Sundainseln; hier lebt der größte Teil der Bevölkerung Indonesiens. Auch die Hauptstadt Jakarta (früherer Name: Batavia) befindet sich an der westlichen Nordküste Javas.

Wo liegt Myanmar?

● Myanmar, bis 1989 als Birma oder Burma bekannt, liegt am Indischen Ozean, östlich von Indien und nordwestlich von Thailand. Seit 1974 herrschen Militärdiktaturen über das Land. Zu bewaffneten Auseinandersetzungen kam es in den 1990er-Jahren v. a. mit dem an der Grenze zu Thailand lebendem Volk der Karen.

Wie heißen die Ureinwohner Neuseelands?

● Maoris. Sie gehören zu den polynesischen Völkern. Durch die Einwanderung hauptsächlich englischer Siedler im 19. Jahrhundert wurden sie zurückgedrängt und ihr Land wurde beschlagnahmt. Heute stellen sie nur noch etwa 10% der Bevölkerung. In den letzten Jahren konnten sie jedoch vor Gericht Erfolge bei der Wiedererlangung ihrer Rechte erzielen.

Wie heißt die Hauptstadt der nordspanischen Region Katalonien?

● Barcelona. Die Stadt ist ein bedeutendes Handels- und Industriezentrum und zugleich das Zentrum der katalanischen Kultur. Da die Katalanen eine eigene Sprache haben und über eine eigene kulturelle Tradition verfügen, errangen sie von der spanischen Regierung Selbstverwaltungsrechte, die dazu beitragen sollen, Sprache und Kultur zu bewahren. Die Zugehörigkeit zu Spanien wird heute noch von Minderheiten infrage gestellt.

Alter Hafen von Barcelona

Was versteht man unter den Benelux-Staaten?

Die drei Staaten Belgien, Niederlande und Luxemburg, aus deren Anfangsbuchstaben in der jeweiligen Landessprache die Abkürzung zusammengesetzt ist.

Wie heißt der größte See Italiens?

Es ist der im Norden des Landes gelegene Gardasee. Der See ist Dank seiner ausgezeichneten Wassersportmöglichkeiten und der grandiosen Landschaft ein beliebtes Ferienziel. Dass die Entstehung auf einen eiszeitlichen Gletscher zurückgeht, erkennt man heute noch an der lang gezogenen Form des Sees: Während seine Länge 51 Kilometer beträgt, ist er nur zwischen fünf und 16 Kilometer breit.

Riva di Garda

Was wird als das Dach der Welt bezeichnet?

Das in Mittelasien liegende Hochland des Pamir-Gebirges. Hier treffen die drei Hochgebirge Hindukusch, Karakorum und Himalaja aufeinander. Der größte Teil des Pamir liegt in Tadschikistan, ein Teil auch in Afghanistan und China. Es gibt auch einen Fluss Pamir, der die Grenzlinie zwischen Afghanistan und Tadschikistan bildet.

Was untersucht die Wissenschaft der Paläontologie?

Die Paläontologie beschäftigt sich mit den Fossilien, versteinerten Teilen vorzeitlicher Tiere und Pflanzen und versucht, aus ihnen die Entwicklung des Lebens abzuleiten. Da nur die festen Bestandteile versteinern konnten, sind fossile Tiere wesentlich häufiger als Pflanzen. Von besonderem Interesse sind die so genannten Leitfossilien, Versteinerungen die sehr häufig vorkommen, aber nur in einer kurzen Zeitspanne entstanden sind. Anhand der Leitfossilien lassen sich Gesteinsschichten in die Erdgeschichte einordnen und somit andere Funde datieren.

Wie entstehen Muren?

An Berghängen mit spärlicher Pflanzendecke geraten im Hochgebirge bei starken Niederschlägen Teile des feinen Schutts, aus dem die Berghänge bestehen, in Bewegung. Aus mehreren kleinen Seitenarmen bildet sich schließlich ein starker und breiter Schuttbreistrom, der in der Lage ist, Bäume und Häuser mit sich hinwegzureißen. Durch die intensive Nutzung der Bergwelt durch den Menschen (Skilifte, Mountain-Bike fahren etc.) und die damit verbundene Beanspruchung der Pflanzenwelt, haben sich in den letzten Jahren immer wieder Muren gebildet, die zum Teil beträchtlichen Schaden anrichteten.

Welche Stadt wird vom Zuckerhut dominiert?

Rio de Janeiro. Der Name geht auf das Wort „paundaçuquá" zurück – eine Bezeichnung der Indianer für die durch spitze Inseln zerklüftete Landschaft. Die Portugiesen verstanden jedoch „pão de açúcar" (port., „Zuckerhut").

Wie werden die während der Eiszeit von Gletschern an der norwegischen Küste geformten Buchten genannt?

Fjorde. Diese engen Meeresarme mit trogförmigem Profil erstrecken sich zwischen steilen Felswänden weit ins Innere des Landes. Der längste Fjord erreicht so eine Länge von über 200 Kilometern. In anderen Ländern sind ebenfalls Fjorde entstanden, so etwa an der Ost- und Westküste Kanadas, wo sie als Inlet bezeichnet werden, sowie an den Küsten Grönlands, Islands oder Neuseelands.

In welchem Land lebt das Volk der Zulu?

● Es ist die größte der schwarzen Volksgruppen der Republik Südafrika. Die Zulu lebten ursprünglich im Osten des Landes von Viehzucht und Ackerbau (v. a. Hirse). In der Geschichte des Volkes ragt der König Shaka Zulu (1787–1828), der sich zu Beginn des 19. Jahrhunderts energisch der britischen Kolonialmacht widersetzte, heraus. Kwazulu, das Homeland der Zulu, wurde nach dem Ende der Apartheid 1994 aufgelöst.

Ritueller Tanz der Zulu

Wie nennen sich die Bewohner Lapplands?

● Die Menschen, die in Lappland wohnen und von uns häufig Lappen genannt werden, bezeichnen sich selbst als Samen. Lappland ist kein souveräner Staat, sondern die Bezeichnung für das Gebiet nördlich des Polarkreises, das sich die Länder Norwegen, Schweden, Finnland und die Russische Föderation teilen. Die Samen besitzen ein eigenes Parlament und begrenzte Autonomie in ihren Ländern. Sie leben in den Sommermonaten mit ihren Rentierherden teilweise noch nomadisch, auch wenn sie sonst über alle Annehmlichkeiten der westlichen Gesellschaft verfügen.

In welchem Teil Frankreichs leben die Bretonen?

● In der Bretagne, einer Halbinsel im Nordwesten des Landes. Bretonen gehören zur Volksgruppe der Kelten, deren Nachfahren heute außer in der Bretagne noch in Wales und Irland anzutreffen sind. Eine letzte kulturelle Blüte erlebte die bretonische Kultur um 1400, bevor die Bretagne immer mehr unter französischen Einfluss geriet und 1532 endgültig ein Teil Frankreichs wurde.

In welchen Ländern leben Eskimos bzw. Inuit?

● In den USA (Alaska), in Kanada und in Grönland. Während sie in Kanada und den USA eine Minderheit bilden, konnten sie in dem zu Dänemark gehörenden Grönland eine weitgehende Selbstverwaltung erreichen. Kalaallit Nunaat (Land der Menschen), wie die Grönländer ihr Land nennen, ist aber immer noch auf Finanzhilfe aus Dänemark angewiesen.

Wo liegt der Serengeti-Nationalpark?

● Im Nordosten Tansanias. Der Nationalpark wurde 1941 eingerichtet und besitzt eine Fläche von 14.763 km^2. Die Serengeti gilt als eines der wildreichsten Gebiete der Erde. Zu den häufigsten Tierarten zählen Zebras, Gnus und Gazellen. Daneben leben hier Giraffen, Leoparden, Löwen, Antilopen, Flusspferde, Nashörner und Hyänen sowie zahlreiche Vogelarten. Von der UNESCO wurde die Serengeti zum Naturerbe der Menschheit erklärt.

Gibt es Lagunen nur in tropischen Ländern?

Nein, sie kommen an vielen Küsten vor, doch werden sie in verschiedenen Gegenden unterschiedlich bezeichnet. Lagunen an der Nordküste des Schwarzen Meers werden Limane genannt, in der Adria, bei Venedig vorkommende Lagunen werden als Lido bezeichnet, und in der Ostsee werden die beiden großen dort vorkommenden Lagunen, das Oderhaff und das Kurische Haff, als Haff bezeichnet.

Wie heißt das größte Korallenriff der Welt?

Das Great Barrier Reef vor der Küste von Queensland in Australien erstreckt sich über 2000 Kilometer. Es bietet eine faszinierende Unterwasserwelt: Korallenbänke, Seeanemonen und unzählige tropische Fischarten machen das Riff zu einem Eldorado für Taucher. Aber das empfindliche Paradies ist bedroht: In den letzten 20 Jahren hat eine Seesternart fast die Hälfte der lebenden Korallen bis auf das Kalkskelett abgefressen.

Wie unterscheidet man die Steppe von der Savanne?

Während die Steppe von Natur aus ein reines Grasland ist, wird die Savanne gerade durch den ständigen Wechsel von Grasflächen und Strauch- bzw. Baumgruppen oder einzeln stehenden Bäumen gekennzeichnet. Savannen sind v. a. in den Subtropen anzutreffen und von Tieren wie Antilopen und kleinen Nagetieren, die im Boden wühlen, besiedelt.

Wo befindet sich die größte Insel der Welt?

Grönland liegt größtenteils jenseits des nördlichen Polarkreises zwischen dem nördlichen Atlantik und dem Nordpolarmeer. Die Insel gehört zu Dänemark, ist aber autonom. Etwa 84% seiner Gesamtfläche sind stets von Eis bedeckt.

Kanal von Korinth

In der Nähe welcher griechischen Stadt verbindet eine schmale Landbrücke den Peloponnes mit dem Festland?

Bei Korinth verbindet der so genannte Isthmus von Korinth den Peloponnes mit der Halbinsel Attika, auf der auch Athen liegt. Ein Kanal erleichtert und verkürzt den Seeweg von der griechischen Ostküste an die Westküste.

Wie viele Ozeane gibt es auf der Erde?

Man unterscheidet drei Ozeane: Atlantischer Ozean, Pazifischer Ozean und Indischer Ozean. Alle drei bilden eine zusammenhängende Salzwassermasse und spielen eine wichtige Rolle bei der Entstehung und Verteilung von Wetter und Klima auf der Erde.

Wo liegen die Fidschi-Inseln?

Im Südpazifik. Das Archipel liegt etwa 1800 Kilometer nördlich von Neuseeland und umfasst ca. 300 Inseln, von denen etwa

100 bewohnt sind. Das Klima der Fidschi-Inseln ist tropisch. Hauptstadt und wichtigste Hafenstadt ist Suva.

Wo befindet sich das Morgenland?

● Im Mittelalter bezeichnete man die östlichen, islamisch geprägten Länder als Morgenland (Orient), weil im Osten am Morgen die Sonne aufgeht. Das Morgenland wurde von dem westlich geprägten Abendland abgegrenzt (weil im Westen abends die Sonne untergeht), zu dem Italien, Deutschland, Frankreich und Spanien gehören.

Welche ist die größte der griechischen Inseln?

● Das 8336 km² große Kreta. Die rund 500.000 Einwohner der gebirgigen Insel (höchster Berg: Ida, 2498 Meter) leben hauptsächlich von der Landwirtschaft (Wein, Weizen und Oliven) sowie dem Fremdenverkehr. Im Altertum war Kreta der Mittelpunkt der minoischen Kultur, die in den Palastruinen von Knossos bis heute eindrucksvolle Zeugnisse hinterlassen hat.

Palast von Knossos

Wo befindet sich die größte tropische Wüste der Welt?

● Die Sahara ist mit neun Millionen km² die größte tropische Wüste der Erde. Die riesige Fläche, die vom Mittelmeer und vom Atlas-Gebirge bis etwa zum 16. Breitengrad und vom Atlantik bis zum Roten Meer reicht, ist den trockenen Winden der Passatzone ausgesetzt. Nur selten und meist unregelmäßig fällt Regen, bevorzugt in Gebirgsregionen.

Der aktivste Vulkan Europas befindet sich auf Sizilien. Wie heißt er?

● Es ist der Ätna. Zusammen mit den etwas nördlich von Sizilien gelegenen Liparischen Inseln und dem Vesuv bei Neapel ist der Ätna ein Zeuge der sich dort abspielenden geologischen Vorgänge: Die Auffaltung des Apenningebirges ließ diese Vulkane entstehen.

Blick auf den Ätna

Was sind die Dolomiten?

● Ein Gebirge in Norditalien und Teil der südlichen Kalkalpen, das hauptsächlich aus dem Gestein Dolomit besteht. Der höchste Berg ist die Marmolada mit einer Höhe von 3342 Metern. Die Dolomiten sind etwa 150 Kilometer lang und 80 Kilometer breit und umfassen insgesamt 41 Gletscher.

Wie heißt das Gebiet zwischen Ural und Beringmeer?

● Sibirien. Die Region umfasst den größten Teil des asiatischen Territoriums von Russland, begrenzt durch den Ural im Westen, das Polarmeer im Norden, im Osten durch den Pazifik und im Süden durch China, die Mongolei und Kasachstan. In Sibirien findet man ein extremes Kontinentalklima mit langen Wintern und kurzen heißen Sommern.

Welcher gilt als der bekannteste Volksstamm Ostafrikas?

● Die Massai. Sie gelten als der Inbegriff des Naturvolkes und leben in den grasbewachsenen Savannen Kenias und Tansanias als Hirtennomaden. Ihre Rinder liefern ihnen Milch, das Hauptnahrungsmittel der Massai, und Kuhdung, den die Massaifrauen zum Bau neuer Lehmhütten verwenden, wenn sie auf der Suche nach neuen Weidegründen weiterziehen.

Welches Land hat den größten Anteil an der Sahara?

● Algerien. Trotzdem besteht nicht das ganze Land aus Sandwüste. Im Norden an der Mittelmeerküste erstreckt sich das Tell-Atlas-Gebirge. Dort existieren größere Waldgebiete und es wird Wein- und Olivenanbau betrieben. Südlich des Gebirges, in der Geröllwüste, befindet sich eine der größten Erdgaslagerstätten der Welt. Noch weiter im Süden, im sandigen Teil der Sahara, leben verschiedene Berbervölker, zu denen etwa 17% der Bevölkerung gehören.

Ahaggar-Gebirge im Südosten Algeriens in der zentralen Sahara

Warum lebt man auf der San-Andreas-Spalte gefährlich?

● Entlang dieser Spalte in Kalifornien kommt es häufig zu Erdbeben, da hier die Nordamerikanische und die Pazifische Platte aufeinander treffen. Wenn sich die Platten gegeneinander verschieben und die sich dadurch aufgebauten Spannungen ruckartig entladen, kommt es zu Erdbeben. Die San-Andreas-Spalte zieht sich in nordwestlicher Richtung über eine Gesamtlänge von rund 1000 Kilometern von Südkalifornien bis zur kalifornischen Nordküste.

Blick auf den Montblanc

Welches ist der höchste Berg der Alpen?

● Der in Frankreich nahe der italienischen Grenze gelegene Montblanc. Das Massiv des Berges erhebt sich 4807 Meter hoch etwas abgesetzt von anderen hohen Gipfeln und wirkt dadurch noch beeindruckender. Ein 11,6 Kilometer langer Straßentunnel verbindet die beiden am Fuß des Bergmassivs gelegenen Orte Chamonix in Frankreich mit Courmayeur in Italien. Die Erstbesteigung des Montblanc erfolgte bereits 1786 durch Paccard (1757–1827) und Balmat (1762–1834).

Welche portugiesischen Inseln im Atlantik sind vulkanischen Ursprungs und sind teilweise noch heute aktiv?

● Die Azoren. Die Inselgruppe befindet sich etwa 1190 Kilometer westlich des Festlandes von Portugal im Atlantik. Ihre höchste Erhebung, der Pico Alto mit 2351 Metern, gehört zu den noch aktiven Vulkanen.

Welches ist der größte afrikanische See?

● Der Victoriasee. Der in Ostafrika gelegene See ist mit einer Fläche von 70.000 km² der größte Süßwassersee Afrikas und der zweitgrößte der Erde. Wegen seines Fischreichtums im Zentrum eines dicht besiedelten Gebietes spielt der Victoriasee eine bedeutende Rolle.

Durch welches Land fließt der Shannon?

● Durch Irland. Er entspringt im Norden des Landes und mündet nach 370 Kilometern südlich von Limerick in den Atlantischen Ozean. Durch eine Reihe von Schleusen kann der Shannon bis Limerick mit Schiffen befahren werden. Bei Dublin verbinden Kanäle den Fluss mit der Irischen See.

Welches ist der kleinste Erdteil?

● Australien auf der südlichen Erdhalbkugel an der Grenze zwischen Indischem und Pazifischem Ozean. Es umfasst den Inselkontinent Australien, die benachbarte Insel Tasmanien und einige vorgelagerte Inseln. Die Hauptstadt Australiens ist Canberra.

Welches ist der längste Fluss Afrikas und zugleich der längste Fluss der Erde?

● Der Nil mit 5584 Kilometern. Er fließt vom Victoriasee in Ostafrika Richtung Norden durch Uganda, den Sudan und Ägypten zum Mittelmeer. Rechnet man seinen entferntesten Quellfluss, den Luvironza in Burundi mit ein, verfügt der Nil sogar über eine Länge von 6671 Kilometern.

Welcher südamerikanische Staat hat sowohl eine pazifische als auch eine karibische Küste?

● Kolumbien im Nordwesten Südamerikas. Kolumbien grenzt im Norden an Panama und das Karibische Meer, im Osten an Venezuela und Brasilien, im Süden an Peru und Ecuador und im Westen an den Pazifik. Bogotá ist Hauptstadt und zugleich größte Stadt.

Wie heißt die heimliche Hauptstadt Europas?

● Brüssel, flämisch Brussel, französisch Bruxelles, ist Haupt- und Residenzstadt Belgiens. Zusammen mit 18 umgebenden Gemeinden bildet sie die 162 km² große gleichnamige Region. Keine andere Stadt in der Europäischen Union besitzt eine solche Konzentration von europäischen Institutionen. Eines der Wahrzeichen der Stadt ist der seit 1388 urkundlich erwähnte Brunnen Manneken Pis.

In welcher Stadt führt die Karlsbrücke über die Moldau?

● In Prag, der Hauptstadt der Tschechischen Republik. Als Zentrum des zum Heiligen Römischen Reich deutscher Nation gehörenden Königreiches Böhmen blickt die Stadt auf eine glanzvolle Geschichte zurück, von der noch heute viele Baudenkmäler zeugen. Dazu gehört auch die Karlsbrücke und der als Hradschin bezeichnete Burgberg, mit Festung und Handwerkersiedlung.

Die Karlsbrücke in Prag

Wie wird die Südspitze Afrikas genannt?

● Kap der Guten Hoffnung. Die Landspitze im Südwesten Südafrikas erhebt sich 256 Meter über dem Meeresspiegel und markiert den Übergang vom Südatlantik in den Indischen Ozean.

Welche Inselgruppe und ehemalige portugiesische Kolonie liegt vor der westafrikanischen Küste?

● Die Kapverdischen Inseln. Sie befinden sich 600 Kilometer vor der westafrikanischen Küste im Atlantik. Das Attribut „grün", das sie in ihrem portugiesischen Namen tragen, ist irreführend. Das Klima auf den Kapverdischen Inseln entspricht nämlich dem der Sahelzone, die auf gleicher Höhe liegt. Es ist heiß, trocken und niederschlagsarm.

Welchem Geschehen verdanken die Kieler Förde und die Eckernförder Bucht ihre Entstehung?

● Sie wurden während der Eiszeit durch Ausläufer der großen Inlandeismassen geschaffen. Die sich aus dem Ostseebereich heranschiebenden Gletscher bildeten Täler, die dann durch Wiederanstieg des Meeresspiegels zu Buchten wurden.

Wohin gelangt man, wenn man vom Mittelmeer aus den Suezkanal durchfährt?

● Ins Rote Meer und von dort aus in den Indischen Ozean. Durch den 195 Kilometer langen Kanal wurde der Schifffahrtsweg nach Asien erheblich verkürzt – vorher musste man ganz Afrika umfahren, um beispielsweise von Portugal oder Spanien nach Indien zu gelangen.

Welcher Gletscher ist der größte der Alpen?

● Der Große Aletschgletscher in der Schweiz mit einer Länge von rund 25 Kilometern. Der an der Südseite der Berner Alpen gelegene Gletscher besitzt eine bis zu 800 Meter dicke Eisdecke. Seine untersten Lagen sind zwischen 500 und 1000 Jahre alt.

Wie heißt der südwestlich von Rimini gelegene Zwergstaat?

● San Marino. Mit seinen etwa 62 km² ist das ringsum von italienischem Staatsgebiet umgebene San Marino die kleinste Republik der Welt. Die Hauptstadt nennt sich ebenfalls San Marino. Die rund 23.000 Einwohner sind überwiegend italienischer Abstammung.

Golden-Gate-Bridge

Wie heißt die Brücke, die San Francisco mit dem Ort Sausalito verbindet?

● Es ist die berühmte Golden-Gate-Brücke. Das „Goldene Tor" verbindet die Bucht von San Francisco mit dem Pazifischen Ozean. San Francisco ist die Metropole der zwischen der Küstenkette und der Sierra Nevada liegenden fruchtbaren Ebenen der Täler der beiden Flüsse Sacramento und San Joaquin.

Wie heißt die große Bergkette im Westen der USA?

● Rocky Mountains. Die Gebirgskette erstreckt sich vom US-Bundesstaat New Mexico bis in den Nordosten der kanadischen Provinz British Columbia über eine Länge von etwa 3220 Kilometern. In den Rocky Mountains entspringen viele große Flüsse, darunter der Colorado River, Missouri und Rio Grande.

Wie heißt das steppenartige Grasland in der ungarischen Tiefebene?

● Puszta. Die durch extensive Weidewirtschaft entstandene baumlose Grassteppenlandschaft erstreckte sich einst über große Teile des ungarischen Tieflandes. Als man nach dem Zweiten Weltkrieg anfing, die

Lössböden mittels umfangreicher Bewässerung in fruchtbares Land umzuwandeln, wurde die Puszta immer weiter zurückgedrängt. 1973 erklärte man das letzte zusammenhängende Steppengebiet in Ostungarn zum Nationalpark.

Was trennt die Straße von Messina?

Sizilien und das italienische Festland. Die Straße von Messina verbindet das Tyrrhenische Meer mit dem Ionischen Meer. Sie ist 32 Kilometer lang und zwischen drei und acht Kilometer breit. Der wichtigste Hafen ist Messina im Nordosten Siziliens.

Wie heißt die Insel im nördlichen Atlantik, die zwischen Großbritannien und Grönland liegt?

Island. Erst vor 15 Millionen Jahren bildete sich die Insel aus dem Riss des Kontinentaldrifts zwischen Amerika und Eurasien. Auch heute ist die Insel noch immer von Vulkanen, öden Geröllwüsten und Inseln, die aus dem Meer aufsteigen, geprägt. Vom 13. bis zum 17. Jahrhundert hatten verheerende Vulkanausbrüche und damit einhergehende Ernteausfälle die Bevölkerungszahl Islands halbiert.

Wo liegt Tasmanien?

Die Insel liegt südöstlich des australischen Kontinentes. Bis vor etwa 11.000 Jahren war Tasmanien ein Teil des australischen Kontinentes, bis es durch den gewaltigen Anstieg des Meeresspiegels davon getrennt wurde. Mit 500.000 Einwohnern ist es der bevölkerungsärmste Bundesstaat Australiens.

Über welchem Golf im Atlantik zwischen Spanien und Frankreich braut sich so manches Wetter zusammen?

Über dem Golf von Biscaya. Die große Bucht im Atlantischen Ozean wird im Norden und Osten von Frankreich und im Süden von Spanien begrenzt. Wegen der vorherrschenden Nordwestwinde und einer starken Strömung ist Schifffahrt nur bedingt möglich.

Welche brasilianische Stadt ist größer, Rio de Janeiro oder São Paulo?

Da São Paulo mit rund zehn Millionen Einwohnern die größte Stadt Südamerikas ist, muss sich Rio de Janeiro, dass etwas weniger als sechs Millionen Einwohner hat, mit dem zweiten Platz begnügen. Dafür kann es für sich in Anspruch nehmen, einmal Hauptstadt von Brasilien gewesen zu sein, bevor die neugegründete Hauptstadt Brasília 1960 eingeweiht wurde.

Blick auf Rio de Janeiro

Wo liegen die Iguaçu-Wasserfälle?

Am Dreiländereck zwischen Argentinien, Brasilien und Paraguay. 250 kleinere und 20 größere Fälle ergießen sich über die etwa drei Kilometer breite Sturzkante. Rund 1,8 Millionen Liter Wasser pro Sekunde stürzen in eine 80 Meter tiefe Schlucht. Die Iguaçu-Fälle sind somit höher als die Niagara-Fälle und breiter als die Victoria-Fälle.

Welches Gebirge gilt neben dem Ural als Grenze zwischen Europa und Asien?

Der Kaukasus, ein Gebirge in Georgien, Armenien, Aserbaidschan und dem südwestlichen Russland. Das gesamte Gebirge ist etwa 1200 Kilometer lang. Die höchste Erhebung mit einer Höhe von 5642 Metern ist der erloschene Vulkan Elbrus im Hochgebirgskaukasus. Die wichtigsten Rohstoffe im Kaukasus sind Kohle, Kupfer, Blei, Mangan und Erdöl.

In welchen mittelamerikanischen Ländern sind heute noch Bauwerke der Maya-Kultur zu bewundern?

● Im Süden Mexikos, vor allem auf der Halbinsel Yucatán (bekannt v. a. Chichén Itzá), in Guatemala (Tikal) und in Honduras, an der Grenze zu Guatemala (Copán). Die Mayas wurden im 13. Jahrhundert von den Tolteken, Vorläufern der Azteken, unterjocht. Im 15. Jahrhundert konnten sie sich jedoch wieder befreien, und ihre Kultur kam nochmals zu einer Blüte, bevor sie von dem spanischen Eroberer Pedro de Alvarado (um 1486–1541) vernichtet wurde.

Chichén Itzá

Wie heißt die Wildnis im Herzen Asiens?

● Mongolei. Eingeschlossen von Russland im Norden und China im Süden erstreckt sich das Territorium des zentralasiatischen Landes über eine Fläche von 1,57 Millionen km². Die Mongolei ist ein unwirtliches Land. In der Wüste Gobi etwa schwanken die Temperaturen zwischen –40 °C im Winter und +40 °C im Sommer.

Wie viele Länder haben Anteil an den Alpen?

● Es sind acht Länder: Deutschland, Frankreich, Monaco, Italien, Österreich, Schweiz, Slowenien und Liechtenstein. Die Alpen bilden einen etwa 1200 Kilometern langen Bogen vom Golf von Genua bis zur Donau bei Wien. Sie trennen verschiedene klimatische Zonen in Europa.

Wie heißt das höchste Bergmassiv Afrikas?

● Kilimandscharo. Es befindet sich im Nordosten Tansanias unweit der Grenze zu Kenia und besteht aus drei Vulkanen, von denen der stets schneebedeckte Kibo mit 5895 Metern der höchste ist. An den tieferen Hängen des Kilimandscharo werden Kaffee und Bananen angebaut.

Wie heißt die zur Mongolei und China gehörende Wüste?

● Gobi. Sie erstreckt sich über rund 1600 Kilometer von Osten nach Westen und über ca. 1000 Kilometer von Norden nach Süden. Einige Karawanenstraßen aus dem Altertum durchqueren die Wüste. Ihre Bevölkerung besteht aus nomadisierten Mongolen, die v. a. im Norden und im Osten gutes Weideland zur Viehhaltung vorfinden.

Welche heute noch tätigen Vulkane Italiens zählen zu den Liparischen Inseln?

● Stromboli und Vulcano. Die Liparischen Inseln, die auch Äolische Inseln genannt werden, bestehen aus 17 Inseln vulkanischen Ursprungs. Sie liegen im Tyrrhenischen Meer in Süditalien, nördlich von Sizilien. Die größte Insel ist Lipari, ihr folgen Vulcano, Stromboli, Salina, Filicudi, Alicudi und Panarea. Besiedelt wurden die Inseln im 6. Jahrhundert v. Chr. von den Griechen.

Welche Stadt ist das wirtschaftliche und politische Zentrum der Toskana?

● Florenz (ital. Firenze). Die Hauptstadt der Toskana hat heute etwa 400.000 Einwohner und beherbergt zahlreiche bedeutende Museen und Architekturdenkmäler. In wirtschaftlicher Hinsicht hat Florenz andere historisch bedeutende Städte der Toskana wie Pisa, Siena oder Lucca heute überflügelt.

Blick auf Florenz

Der Kilauea stellt die größte aktive vulkanische Masse der Erde dar. Auf welcher Insel liegt er?

● Auf Hawaii, einem Bundesstaat der USA. Er besteht aus den Hawaii-Inseln, die acht Hauptinseln und mehr als 120 kleine Inseln umfassen. Die Hauptinseln sind Hawaii, Maui, Oahu, Kauai, Molokai, Lanai, Niihau und Kahoolawe. 1959 trat Hawaii als 50. Bundesstaat den USA bei. Die Inseln erstrecken sich von Ost nach West über etwa 2400 Kilometer und erheben sich bis über 4200 Meter über den Meeresspiegel.

Welche Inseln umfassen die Antillen?

● Die Großen Antillen bestehen aus Kuba, Jamaika, Hispaniola und Puerto Rico. Die Kleinen Antillen umfassen die Jungferninseln, die Inseln unter dem Winde, die Inseln über dem Winde, die südliche Gruppe der Niederländischen Antillen sowie Barbados, Trinidad und Tobago.

Wie lautet die traditionelle Bezeichnung für die Inselwelt des Pazifischen Ozeans?

● Ozeanien ist die Bezeichnung für die Inseln im Pazifischen Ozean zwischen den Philippinen, Neuguinea und dem amerikanischen Kontinent. Zu Ozeanien zählen u. a. Australien, Tasmanien, Neuseeland, Neuguinea, Fidschi, Westsamoa und nicht-selbstständige Gebiete wie Neukaledonien und Französisch-Polynesien mit den Marquesas-Inseln.

Wo liegt Neufundland?

● Im Osten Kanadas. Die Insel ist vom Festland durch den Sankt-Lorenz-Golf und die Belle-Isle-Straße getrennt. 1949 wurde Neufundland zusammen mit Labrador kanadische Provinz.

Was verstanden die Griechen in der Antike unter den Säulen des Herakles?

● Die Straße von Gibraltar, d. h. die Meerenge zwischen Spanien und Marokko, die das Mittelmeer vom Atlantik trennt. Bis in die Neuzeit war die Meerenge bei Seeleuten gefürchtet: Da sich durch diese Engstelle jährlich über 45.000 Kubikkilometer Atlantikwasser ins Mittelmeer pressen und fast ebenso viel Wasser aus dem Mittelmeer in den Atlantik fließt, herrschen dort unberechenbare Strömungen und Wirbel.

Der Felsen von Gibraltar

Blick auf den Kreml

In welcher russischen Stadt steht der Kreml?

Kreml nannte man in Russland ursprünglich die meist auf einer Anhöhe gelegenen burgartigen Stadtteile, in die sich die Bevölkerung bei Gefahr zurückziehen konnte. Der Burgberg in der russischen Hauptstadt Moskau ist heute der bekannteste. Früher Sitz des Zaren, regiert heute aus dem Kreml der russische Präsident.

Wo befindet sich das Bikini-Atoll?

Im Pazifischen Ozean bei den Marshall-Inseln. Bevor die USA im Juli 1946 mit Atomwaffentests auf dem Atoll begannen, wurden die Ureinwohner der Inseln auf ein nahe gelegenes Atoll umgesiedelt. Weitere Atomwaffentests fanden 1954 statt. Ende der 1960er- und Anfang der 1970er-Jahre kehrten einige der Inselbewohner auf das Bikini-Atoll zurück, wegen radioaktiver Verseuchung mussten sie die Inseln allerdings erneut verlassen.

Wie heißt der längste Breitengrad der Erde?

Äquator. Er ist eine gedachte Linie, die in Ost-West-Richtung um den Globus verläuft und exakt die gleiche Entfernung vom Nord- wie vom Südpol hat. Die Breitenangabe des Äquators beträgt 0 Grad. Er ist der Punkt, von dem aus alle anderen Breitengrade in nördliche oder südliche Richtung gemessen werden.

Wie heißt die nördlichste der drei baltischen Republiken?

Estland ist die nördlichste der drei baltischen Republiken und grenzt im Norden und Westen an die Ostsee, im Osten an die Russische Föderation und im Süden an Lettland. Ausgedehnte Wälder, Dünenstrände, 1500 Seen und ca. 800 Inseln prägen die schöne und abwechslungsreiche Landschaft.

Was ist ein Mäander?

Mäander

Eine Flussschleife. Sie entsteht, wenn sich der Lauf eines Flusses durch die Flussauen mit der Zeit verändert. Die Mäanderschleife kann so lang werden, dass sich der Fluss an ihrer engsten Stelle einen kürzeren Weg sucht. Geschieht dies, wird die Schleife des alten Mäanders abgeschnürt, bzw. abgeschnitten und es entsteht ein so genanntes Altwasser.

Welche vier Großlandschaften prägen den Naturraum Ägyptens?

Die Libysche Wüste im Westen, die Arabische Wüste im Osten, die dazwischen liegende Flussoase des Nil und die Wüsten der Halbinsel Sinai. Mit Ausnahme des Niltals sind weite Teile Ägyptens nahezu vegetationslose Wüste mit extrem trockenem Wüstenklima. Die vom Nil geschaffene Flussoase ist deshalb der wichtigste Lebensraum des Landes.

Was versteht man unter dem so genannten Outback?

Als Outback bezeichnet man die Gebiete Zentralaustraliens. Kennzeichnend sind hier hohe Temperaturschwankungen zwischen Tag und Nacht sowie extreme Trockenheit. Temperatursprünge von frostigen Minusgraden in der Nacht auf heiße 40 °C am nächsten Tag sind in den Outbacks nicht ungewöhnlich.

Welche Stadt ist nach London und Paris drittgrößte EU-Metropole?

● Berlin, die Hauptstadt Deutschlands. Nach der Wiedervereinigung und dem Beschluss, Parlament und Regierung nach Berlin zu verlegen, setzte in Berlin eine rege Bautätigkeit ein, die bis heute nicht abgeschlossen ist. Berlin bietet seinen Bewohnern und Besuchern eine Fülle von kulturellen Einrichtungen und baulichen Sehenswürdigkeiten. Die Stadt ist ein wichtiger Industriestandort und ein führendes Verkehrs- und Dienstleistungszentrum.

Wer soll Costa Rica seinen Namen gegeben haben?

● Den Namen Costa Rica (span., „reiche Küste") hat angeblich Christoph Kolumbus (1451–1506), vom Goldschmuck der einheimischen Indianer beeindruckt, bei seiner Landung 1502 geprägt. Im übertragenen Sinne gilt das noch heute, denn in der krisengeschüttelten Region gilt das wirtschaftlich und politisch relativ stabile Entwicklungsland Costa Rica als die „Schweiz Mittelamerikas".

Wie heißt die Hauptstadt von Estland?

● Seit 1918 ist Tallinn (dt.: Reval) die Hauptstadt von Estland. Die Hafenstadt liegt an einer Bucht des Finnischen Meerbusens. Am 20. August 1991 erklärte Estland seine Unabhängigkeit von Russland und trat 1994 dem NATO-Programm Partnerschaft für den Frieden bei. Seit 2004 ist es Mitglied der Europäischen Union.

Welche Region bezeichnet man als Kornkammer bzw. Zuckerstube Frankreichs?

● Das Pariser Becken, eine Beckenlandschaft im Raum Paris, die rund ein Viertel der gesamten Fläche Frankreichs einnimmt. Hier werden vor allem Weizen, Mais und Zuckerrüben erzeugt.

Wie heißt die sagenumwobene, geheimnisvolle Inkastadt am Rio Urubamba?

● Machu Picchu. Sie liegt auf etwa 2400 Metern Höhe auf einem von Menschen umgearbeiteten breiten Sattelkamm, etwa 700 Meter über einem wild tosenden Fluss, dem Rio Urobamba („Sonnenfluss"). Machu Picchu blieb fast 400 Jahre eine „verborgene Stadt". Viele Versuche, die sagenumwobene Inkastadt zu finden, scheiterten an dem unwegsamen Gelände, dem unpassierbaren Urobambatal und den Witterungsverhältnissen. Erst im Jahre 1911 konnte die Stadt entdeckt werden.

Welcher Stadtstaat liegt am südlichen Ende der Malaiischen Halbinsel?

● Singapur. Hier leben auf nur 641 km^2 rund fünf Millionen Menschen. Die Stadt konnte sich wegen der politischen Stabilität zu einem der herausragendsten Bankenzentren Südostasiens entwickeln. Zusätzlich ist sie eine Drehscheibe des Flugverkehrs und besitzt einen der größten Häfen der Welt.

Blick auf Singapur

Wie heißt die zweitgrößte Stadt der Niederlande?

● Rotterdam. Die verkehrsgünstige Lage am Nieuwe Waterweg verhalf dem Hafen zu einem starken Wachstum. Seit der Eröffnung und dem Ausbau von Europoort verfügt Rotterdam über einen der größten Seehäfen der Erde und ist wohl der wichtigste Erdölumschlagplatz. Rotterdam ist Sitz zahlreicher Großhandelsgesellschaften, Banken und vorwiegend hafenorientierter Industrie.

Welche Insel im Pazifik wurde durch ihre riesigen, geheimnisvollen Steinstatuen bekannt?

● Die Osterinsel, oder Rapa Nui, wie die dort lebenden Menschen ihre Insel nennen. Die heute zu Chile gehörende Insel, die vom nächsten Festland etwa 4000 Kilometer entfernt liegt, hat trotz genauer archäologischer Untersuchungen durch den Norweger Thor Heyerdahl (1914–2002) bis heute noch nicht alle Geheimnisse ihrer Geschichte preisgegeben. Möglicherweise handelte es sich um Altäre oder Stätten der Ahnenverehrung. Die so genannten Moai stehen entlang der Küste und bestehen aus schwarzem Tuff; sie sind bis zu 21 Meter hoch und bis zu 250 Tonnen schwer.

Steinstatuen auf der Osterinsel

Welche Region bezeichnet man als Ruhrgebiet?

● Als Ruhrgebiet wird die Region östlich des Rheins bezeichnet, die sich im Westen zwischen den Flüssen Ruhr und Lippe erstreckt und im Osten über Dortmund bis nach Hamm reicht. Das Ruhrgebiet liegt im Bundesland Nordrhein-Westfalen. Zusammen mit den Industriezentren am Niederrhein und an der Wupper bildet es als Rheinisch-Westfälisches Industriegebiet (Rhein-Ruhr) eines der größten industriellen Ballungsgebiete Europas. Die Grundlage der wirtschaftlichen Entwicklung bildeten die großen Vorkommen an Steinkohle. An den Bergbau schloss sich eine vielseitige Industrie an.

Wie heißt die viertgrößte Insel der Welt und wo liegt sie?

● Madagaskar; sie liegt im Indischen Ozean und ist durch die Straße von Mosambik vom afrikanischen Festland getrennt. Einige kleinere Inseln gehören zum Staatsgebiet. Die zentrale Bergkette, die Hauts Plateaux, bedeckt über die Hälfte der Hauptinsel und bedingt die ethnischen, klimatischen und landschaftlichen Unterschiede der West- und Ostküste.

Welche Inseln und Inselgruppen gehören zum Vereinigten Königreich und Nordirland?

● Zu dem von Nordsee, Atlantischem Ozean, Irischer See und Ärmelkanal umgebenen Inselstaat gehören außer der Hauptinsel Großbritannien die Inseln Wight im Süden und Anglesey vor Wales in der Irischen See, die Scilly-Inseln im Südwesten, die Hebriden im Nordwesten, die Orkney- und die Shetlandinseln im Norden, die Kanalinseln Guernsey und Jersey vor der französischen Kanalküste sowie der nordöstliche Teil der Insel Irland.

Wie heißt der Hauptstrom Polens?

● Die 1047 Kilometer lange Weichsel ist der Hauptstrom Polens. Sie mündet in die Danziger Bucht und ist durch Kanäle mit der Oder und dem Westlichen Bug verbunden. Nach dem Bau von 30 Staustufen und zweier Talsperren ist der Fluss auf einer Länge von 941 Kilometern schiffbar.

Wie heißt der bedeutendste Fluss Ugandas?

Victoria-Nil. Er verbindet den Victoriasee, Kiogasee und den Albertsee, den er als Albert-Nil in Richtung Norden verlässt. Die Flüsse sichern fast den gesamten Energiebedarf Ugandas. Wasserkraftwerke erzeugen an den Owen-Wasserfällen am Victoria-Nil und an den Flüssen Kagera und Kiruruma elektrische Energie.

Welcher große Binnensee wurde auch Meer Mittelasiens genannt?

Der Aralsee in Usbekistan. 1960 war der Aralsee noch der viertgrößte Binnensee der Erde, heute rangiert er nur noch an achter Stelle.

Wie heißt die zweitgrößte Insel im Mittelmeer?

Sardinien, das zu Italien gehört. Die Hauptstadt ist Cagliari. Sardinien hat eine Fläche von 24.090 km^2 und 1,65 Millionen Einwohner. Die Phönizier nannten es Sharden, die Euboier Ichnoussa und die Griechen Sandalyon, da seine Form an einen Fußabdruck erinnert.

Was ist das Charakteristikum der Landschaft Norwegens?

Die 2700 Kilometer lange Fjordküste. Die Fjorde sind oft sehr tief, im Durchschnitt zwischen 80 und 100 Kilometer lang und von hohen Bergen umgeben. Im Landesinneren beherrschen im Süden weitläufige Waldgebiete mit zahlreichen Flüssen und Seen das Landschaftsbild; der Norden, am Polarkreis, ist eine schroffe Hochgebirgslandschaft.

Wie heißt die Hauptstadt Syriens?

Damaskus. Die Hauptstadt Syriens ist die älteste durchgehend bewohnte Stadt der Welt sowie ein kulturelles und religiöses Zentrum des Orients. Die Altstadt von Damaskus ist seit 1979 UNESCO-Weltkulturerbe. Dort liegt die Umayyaden-Moschee, die berühmten Suks und das Jahrhunderte alte Christenviertel Bab Tuma hinter dem gleichnamigen Tor (Thomas-Tor).

Wie nennt man die Ureinwohner Australiens?

Aborigines. Nur noch wenige von ihnen leben in traditionellen Gruppen, sodass die überlieferte Kultur der Aborigines vom Aussterben bedroht ist.

Aborigine

Welcher Staat Südasiens liegt im Ganges-Brahmaputra-Delta?

Bangladesh. Die Republik in Südasien grenzt im Westen, Norden und Osten an Indien, im Südosten an Myanmar und im Süden an den Golf von Bengalen. Der größte Teil von Bangladesh besteht aus der breiten Schwemmlandebene des Mündungsdeltas von Ganges und Brahmaputra. Diese Ebene wird jedes Jahr von Hochwasser, das fruchtbare Böden anschwemmt, überflutet.

Der Dogenpalast in Venedig

Welche berühmte Lagunenstadt blickt auf eine fast 1500-jährige Geschichte als unabhängige Stadt zurück?

Venedig, das bereits 697 eine Adelsrepublik mit dem Dogen als Stadtregenten bildete. Im Mittelalter beherrschte es das östliche Mittelmeer und geriet vor allem in Konflikt mit dem konkurrierenden Genua, gegen das es einen Hundertjährigen Krieg von 1257 bis 1381 führte und aus dem es siegreich hervorging. 1797 löste Napoleon (1769–1821) die Adelsrepublik auf.

Welche ehemalige Hansestadt liegt in der historischen Landschaft Pomerellen?

Danzig. Das architektonische Erbe der Hanse ist unübersehbar. Die reich verzierten Bürgerhäuser und öffentlichen Gebäude aus der goldenen Zeit der Stadt im Stil des Danziger Manierismus geben Gdańsk seinen liebenswerten Charme.

Welches einzigartige Flussgebiet liegt 100 Kilometer südöstlich von Berlin?

Das Biosphärenreservat Spreewald. 70 Kilometer lang und etwa 15 Kilometer breit, ist der Spreewald von zahlreichen Wasserläufen, den Fließen durchzogen. Das Flussgebiet ist ein in Europa nahezu einmaliges Beispiel für eine besiedelte und ständig in Kultur gehaltene binnenländische Auenlandschaft, die eine mannigfaltige Fauna und Flora aufweist.

In welchem Land erheben sich das Er Rif, der Hohe und der Mittlere Atlas sowie der Antiatlas?

In Marokko. Das Land ist überaus vielgestaltig. Es umfasst die weitesten Ebenen und höchsten Gebirge Nordafrikas. Von 1912 bis 1956 war Marokko in französische und spanische Protektoratsgebiete aufgeteilt. Seit 1979 hält Marokko die angrenzende Westsahara besetzt.

Wer war Thor Heyerdahl?

Heyerdahl (1914–2002) studierte in Oslo Biologie und Geografie. Er wurde als Anthropologe und Seefahrthistoriker bekannt. Seine berühmteste Expedition führte ihn 1947 mit dem Balsafloß Kon-Tiki von Peru nach Polynesien.

Welche Großstadt entstand auf den Ruinen von Tenochtitlán, der Hauptstadt der Azteken?

Mexiko-Stadt, ein städtisches Konglomerat mit rund 15 Millionen Einwohnern im Hochland Mexikos. In der Hauptstadt Mexikos ist die Luftverschmutzung durch die Ballung der Industrie und den Autoverkehr ins Unerträgliche gewachsen. Da durch die Höhenlage der Sauerstoffgehalt der Luft geringer ist und die Ozonbildung verstärkt wird, gehört die Stadt zu den weltweit belastetsten Räumen.

Welches ist das größte Land Südamerikas und welches hat die meisten Einwohner?

Brasilien besitzt mit 8.547.404 km^2 die größte Fläche auf dem Kontinent und ist das fünftgrößte Land der Erde. Das Land wird durch den Amazonas geprägt – den größten und zweitlängsten Fluss der Erde. Das brasilianische Bergland nimmt den größten Teil der Fläche ein. Das Klima ist tropisch bis subtropisch. Die Gebiete im Landesinneren können jedoch zum Teil sehr trocken und von Dürre bedroht sein.

Wie heißt das größte Land am Horn von Afrika?

Äthiopien. Der Name des Landes leitet sich vom altgriechischen „aethiops" ab und bedeutet „Mensch mit verbranntem Gesicht". Bis ins 20. Jahrhundert war Äthiopien unter dem Namen Abessinien bekannt. Die Hauptstadt ist Addis Abeba.

Welche Stadt heißt auf Griechisch Felsen oder Felsenstadt?

Petra, eine Ruinenstätte in der Schlucht des Wadi Musa im Südwesten des heutigen Jordanien. In der Antike war sie die Hauptstadt des arabischen Nabatäerreiches und wichtiges Zentrum des Karawanenhandels von Südarabien nach Syrien. Petra galt als uneinnehmbare Festung, da ihr einziger Zugang durch eine von steilen Felswänden begrenzte Schlucht führt, die teilweise nur 3,70 Meter breit ist.

Auf welcher Insel liegt die Stadt Havanna?

Auf Kuba, der größten Insel der so genannten Großen Antillen. Dazu gehören neben Kuba noch Jamaika, Hispaniola und Puerto Rico. In Havanna lebt rund ein Fünftel der gesamten Bevölkerung Kubas. Die Insel wird seit 1959 vom Führer der kommunistischen Partei Kubas, Fidel Castro Ruz (*1926) regiert. Seit dem Zusammenbruch der Sowjetunion muss sich jedoch auch das kubanische Regime langsam der Marktwirtschaft öffnen.

Was bezeichnet man als Ring of Fire?

Der so genannte Ring of Fire bezeichnet die ringförmige Anordnung von Vulkanen und Vulkanketten rund um den Pazifik: Der Ring zieht sich von Neuseeland über Neuguinea, Indonesien, Japan, Kamtschatka, den Aleuten, Alaska, den Kanadischen und Amerikanischen Rocky Mountains weiter nach Süden bis an die Spitze Südamerikas.

Wo liegt der Ayers Rock?

Der Ayers Rock liegt in Zentralaustralien und ist 350 Meter hoch, 3,6 Kilometer lang und 2,4 Kilometer breit. Die Aborigines, die Ureinwohner Australiens, nennen den Ort, der ihnen über Jahrtausende als religiöses Zentrum diente, Uluru, „Schatten spendenden Platz". Je nach Sonnenstand und Witterung wechselt der Ayers Rock seine Färbung, vom intensiven Rot bei Sonnenauf- und -untergang über das Spektrum des Regenbogens im Verlauf des Tages.

Ayers Rock

Wo liegt Karatschi?

In Pakistan an der Küste des Arabischen Meeres. 1842 wurde die Stadt von Großbritannien besetzt und zu einem bedeutenden Knotenpunkt für den Export von Baumwolle und Getreide. Als Pakistan 1947 seine Unabhängigkeit erlangte, wurde Karatschi die Hauptstadt des neuen Landes. Mittlerweile wurde sie von Islamabad als neue Hauptstadt abgelöst.

Wie entsteht das Abendrot am Himmel?

Da die Atmosphäre das kurzwellige blaue Licht der Sonne stärker streut als langwellige Rotstrahlen, kommt es bei tieferem Sonnenstand, d. h. bei längerem Weg des Lichtes durch die Atmosphäre zu den roten Dämmerungsfarben. Durch hohe Luftfeuchtigkeit verstärkt sich die Rotfärbung des Himmels.

Wo verläuft die Europäische Wasserscheide in Süddeutschland?

Die große Europäische Wasserscheide verläuft in Süddeutschland von Arlberg in Österreich kommend durch den Bodensee entlang dem Rhein, durch den Schwarzwald, die Schwäbische Alb und das Fichtelgebirge zum Böhmerwald. In Süddeutschland trennt die Wasserscheide die Zuläufe von Nordsee und Schwarzem Meer voneinander: Alle Zuflüsse des Rhein fließen in die Nordsee, alle Zuflüsse der Donau ins Schwarze Meer.

Welcher Vulkan ist der heilige und zugleich höchste Berg Japans?

Der Fudschijama oder auch Fudschi. Mit 3776 Metern über dem Meeresspiegel ist er der höchste Berg Japans. Seine regelmäßig geformten Hänge und die hochragende Spitze können schon von weitem gesehen werden. Für die Japaner gilt der Fudschi als heiliger Ort. Jedes Jahr pilgern Tausende von ihnen aus allen Landesteilen zu den zahlreichen Schreinen und Tempeln an seinen Hängen.

Fudschijama

Wo liegt der Platz des Himmlischen Friedens?

In Peking, der Hauptstadt Chinas. Er wird mit seinen 39,6 Hektar Fläche oft als größter befestigter Platz der Welt bezeichnet. An der Nordseite steht das Tian-an-men-Tor, das Tor des Himmlischen Friedens, hinter dem der Kaiserpalast anschließt. Die Demonstrationen auf dem Platz des Himmlischen Friedens waren der Höhepunkt einer Reihe von Protesten für mehr Demokratie in China. Am 15. April 1989 begannen chinesische Studenten mit friedlichen Gedenk-Kundgebungen für den Tod des demokratischen Reformers Hu Yaobang (1915–89). Die chinesische Regierung antwortete mit der Entsendung von Truppen und tötete etwa 3000 bis 5000 Demonstranten. Zusätzlich folgte eine groß angelegte Verhaftungswelle.

Wie wird die Stärke eines Erdbebens registriert?

Bei einem Erdbeben wird die Erdkruste schockartig von Erschütterungen durchlaufen. Die Erschütterungen werden von so genannten Seismografen aufgezeichnet. Die Stärke wird nach der Mercalli-Skala von I bis XII oder der nach oben offenen Richterskala festgelegt. Der Ausgangspunkt eines Erdbebens wird Epizentrum genannt. Die Erschütterung eines Erdbebens kann überall auf der Welt registriert werden. Beispielsweise kann die Stärke eines Erdbebens mit Epizentrum in Japan auch in Deutschland gemessen werden.

Wie errechnen Wissenschaftler das Alter der Erde?

Das Alter der Erde kann nicht direkt von irdischen Gesteinen abgeleitet werden. Diese Gesteine wurden im Laufe der Jahrmillionen immer wieder chemisch verändert und können nicht genau datiert werden. Das Erdalter wird deshalb anhand von Meteoriten bestimmt, die man auf der Erde findet. Da Meteoriten im Weltraum chemisch nicht verändert werden, können sie mit radiometrischen Methoden datiert werden. Nach diesen Messungen ist die Erde vor etwa 4,55 Milliarden Jahren entstanden. Erste Spuren von Leben auf der Erde wurden 1998 in Indien gefunden: Es handelt sich um fossile Spuren wurmartiger Lebewesen, die vor etwas mehr als einer Milliarde Jahren gelebt haben sollen. Die Alpen sind noch ganz jung: Sie entstanden erst vor etwas mehr als 180 Millionen Jahren.

Wie entstehen die meisten Gebirge?

Durch die Bewegung von Erdplatten. Die Erdkruste besteht aus einzelnen Platten, die sich durch tektonische Vorgänge im Inneren des Planeten gegeneinander bewegen. Wenn zwei oder mehrere Platten aufeinander treffen, werden die Gesteine übereinander geschoben und gefaltet. An der Erdkruste kommt es bei der Kollision der Platten zur Verdickung: An der Erdoberfläche entstehen Gebirge. Die Alpen sind entstanden, als sich die Afrikanische bzw. die Adriatische Platte nach Norden bewegte und auf die Eurasische Platte traf. Die Verschiebung fand zwischen Kreide und Tertiär statt.

Welche zwei Phänomene sind für das Quartär kennzeichnend?

Das Quartär ist ein Erdzeitalter. Es begann vor etwa 2,5 Millionen Jahren. Im Quartär begann die Entwicklung des Menschen und seiner Kultur bis zum heutigen modernen Menschen. Neben der immer stärkeren Einwirkung des Menschen wurde das Quartär v. a. durch wiederholte Vergletscherung während der Eiszeiten geprägt. Die Gletscher haben die Landschaft der Erde nachhaltig überformt – ihre Spuren kann man bis heute nachvollziehen. Auf dem Höhepunkt der Vereisung waren 45 Millionen km^2 der Erdoberfläche vereist. Heute ist gerade noch ein Drittel dieser Fläche von Gletschern bedeckt.

Womit beschäftigt sich die Tektonik?

Die Tektonik beschäftigt sich u. a. mit dem Aufbau der Erdkruste sowie mit den Kräften und Bewegungsvorgängen, die das Bild der Erde geprägt haben. Die 70 bis 150 Kilometer dicke, in den Erdmantel hinab reichende oberste starre Schicht der Erde wird Lithosphäre genannt. Sie ist keine feste Schale, sondern in größere und kleinere kontinentale sowie ozeanische Platten zerlegt, die sich wie starre Körper verhalten und passiv, d. h. ohne eigene Antriebskraft Bewegungen ausführen. Diese Bewegungen kommen durch das flüssige Magma im Inneren des Erdmantels zustande.

Wie heißt der Vulkan am Golf von Neapel?

Vesuv. Er ist der einzige aktive Vulkan auf dem europäischen Festland. Der schwerste Ausbruch des Vesuv ereignete sich 79 n. Chr., bei dem die Städte Herculaneum, Pompeji und Stabiae unter einem Regen aus Asche und Schlamm begraben wurden und 2000 Menschen ums Leben kamen. Die letzte schwere Eruption erfolgte 1944.

Pompeji mit Vesuv

Was sind die zehn häufigsten Elemente, aus denen 99% der Erdkruste bestehen?

Die Erdkruste besteht aus Sauerstoff (46,6%), Silizium (27,7%), Aluminium (8,1%), Eisen (5,0%), Calcium (3,6%), Natrium (2,8%), Kalium (2,6%), Magnesium (2,1%), Titan (0,4%) und Wasserstoff (0,1%).

Was sind Feuchtwälder?

Als Feuchtwälder bezeichnet man halbimmergrüne bis immergrüne Regenwälder. In Nord- und Südamerika, Südafrika, Asien und Australien liegen sie in der Zone der immerfeuchten Subtropen. Hier lassen die sommerlichen Monsunregen keine extreme Trockenperiode aufkommen, und in den milden Wintern gibt es kaum Frost. Die Feuchtwälder ähneln deshalb im Aufbau den tropischen Regenwäldern, zu denen sie auch überleiten.

Wo befindet sich das berühmteste Megalithmonument Englands?

In Stonehenge, in der Ebene von Salisbury im Südwesten Englands. Die Steinkreissetzung aus der Jungsteinzeit und der Bronzezeit stellt das bedeutendste prähistorische Bauwerk Europas dar. Die Bedeutung von Stonehenge ist noch immer unklar. So könnte es beispielsweise zur Voraussage von Sommer- und Wintersonnenwende sowie von Sonnen- und Mondfinsternis gedient haben.

Stonehenge

Was ist der Mittelozeanische Rücken?

Der Mittelozeanische Rücken ist ein weit verzweigtes Grabensystem, das sich durch alle Weltmeere erstreckt. Aus dem Graben fließt ständig Magma, die seitlich abdriftet und erstarrt. Am Mittelozeanischen Rücken entsteht eine neue, ozeanische Erdkruste.

Welche ökologische Katastrophe vollzieht sich am Aral-See, im Süden Kasachstans?

Der See wird immer kleiner. In den letzten 30 Jahren verlor er rund 60% seines Volumens, d. h. er schrumpfte von 66.900 km^2 auf zwei Seen zusammen, die insgesamt nur noch eine Fläche von etwas über 35.000 km^2 haben. Die starke Wasserentnahme der Anrainerstaaten Kasachstan, Usbekistan und Tadschikistan führt zudem zu einem ständig steigenden Salzgehalt, sodass die Gefahr besteht, dass sich in einigen Jahren an Stelle des Aral-Sees eine Salzwüste erstreckt.

Was bezeichnet die Datumsgrenze?

Reist man in östlicher Richtung um die Welt, muss wegen der Erdumdrehung die Uhr immer wieder vorgestellt werden, damit sie mit der Ortszeit übereinstimmt. Ist man einmal um die Erde gereist, und hat seine Uhr regelmäßig der Ortszeit angepasst, sind so insgesamt 24 Stunden vorgestellt worden. Obwohl man natürlich keine Zeit verloren hat, ist man der Datierung dann einen Tag voraus. Um dies auszugleichen, wurde nahe des 180. Längengrades eine Linie vereinbart, bei deren Überschreiten ein Datumswechsel vorgenommen wird.

Was meinen Geologen, wenn sie von Jura sprechen?

Den Zeitraum der Erdgeschichte zwischen 180 und 140 Millionen Jahren vor unserer Zeit. Der Name leitet sich vom in der Westschweiz gelegenen Juragebirge ab. West- und Südwestdeutschland war in dieser Zeit vom so gennanten Tethysmeer bedeckt. Zahlreiche Fossilienfunde, wie z. B. des Urvogels Archaeopterix in Solnhofen, geben den Wissenschaftlern einen guten Einblick in diese Zeit.

Gibt es einen Unterschied zwischen Lava und Magma?

Ja, als Lava wird entgastes Magma bezeichnet. Wenn Magma, das im Erdinneren vorkommt, durch Risse unter Druck an die Erdoberfläche steigt, beginnen sich die Gase, die vorher im über 1100 °C heißen Magma gelöst waren, auszuperlen. Der Vorgang ist mit dem Aufsteigen der Gasblasen in einer geöffneten Mineralwasserflasche vergleichbar. Tritt das Magma dann aus der Erde aus, ist es weitgehend entgast, und fließt als zähflüssige Lava aus dem Vulkan.

Wo liegen die magnetischen Pole der Erde?

Das Magnetfeld der Erde befindet sich eigentlich ständig in Bewegung. Im Lauf eines Menschenlebens sind diese Bewegungen aber kaum feststellbar. Aus alten Gesteinen, in denen teilweise magnetische Elemente in Richtung auf die damaligen Magnetpole der Erde angeordnet waren, sind jedoch die verschiedenen urgeschichtlichen Stellungen der Magnetpole zu erkennen. Der Geomagnetische Nordpol liegt heute im äußersten Westen Grönlands, nahe der Stadt Thule.

Was ist eine Moräne und wo findet man typische Moränenlandschaften?

● In einer Moräne lagert das Erd- und Gesteinsmaterial, das nach dem Abschmelzen eines Gletschers übrig geblieben ist. Die während der quartären Eiszeit abgelagerten Moränen werden nach dem Alter in die Jungmoränen und Altmoränen älterer Eiszeiten unterteilt. In Schleswig-Holstein bilden Altmoränen im Westen des Landes hinter den Marschen die hohe Geest und Teile der Nordfriesischen Inseln (Amrum, Föhr, Sylt).

Woraus besteht Moor?

● Das dauernd durchfeuchtete Gelände besteht aus unvollständig zersetzten Pflanzenresten (Torf) und einer durch Wassertümpel unterbrochenen Pflanzendecke (meist Gräser und Moose). Man unterscheidet – je nach Pflanzenbestand – Nieder-, Hoch- und Übergangsmoore.

Welche Inseln bilden die Ostfriesischen Inseln?

● Angefangen mit Borkum ganz im Westen, über Juist, Norderney und Baltrum bis nach Langeoog, Spiekeroog und Wangerooge im Osten ziehen sich die Ostfriesischen Inseln von der Mündung der Ems bis zur Mündung der Weser in die Nordsee vor der Küste Ostfrieslands entlang.

Was sind Riesenströme?

● Riesenströme sind große Flüsse, die entweder nach ihrer Länge, nach ihrem Einzugsgebiet oder nach ihrer Abflussmenge zu den größten der Erde gehören. Es gibt 30 Riesenströme, die ein Drittel der Erdoberfläche entwässern und von denen fast die Hälfte des Wassers aller ins Meer mündenden Flüsse geführt wird. Zu den Riesenströmen gehören Amazonas, Changjiang, Mississippi, Ob, Jenissej, Kongo, Rio de la Plata, Amur, Lena, Mackenzie, Wolga, St.-Lorenz-Strom, Nil, Niger, Mekong, Yukon, Orinoco, Ganges, Huanghe, Colorado, Indus, Syrdarja, Sambesi, Nelson, Murray, Tarim, Brahmaputra, Irawadi, Rio Magdalena, Xi Jiang.

Welche Stadt wird auch Elbflorenz genannt?

● Dresden, die Hauptstadt des Bundeslandes Sachsen. Die bis Ende des Zweiten Weltkrieges wegen ihres bemerkenswerten Stadtbildes als „Elbflorenz“ gerühmte Stadt wurde im Februar 1945 durch drei britisch-amerikanische Luftangriffe in Schutt und Asche gelegt. Zahlreiche Bauwerke, etwa der Zwinger, die Semperoper, die Frauenkirche sowie ganze Ensembles wurden wieder errichtet. Sie locken zahlreiche in- und ausländische Besucher nach Dresden.

Der Zwinger in Dresden

Wie gliedert sich die Wasseroberfläche der Erde auf?

● Die Weltmeere, die Wasseroberfläche der Erde, gliedern sich in drei, nach anderen Gliederungen in vier große Ozeane (Atlantischer, Pazifischer, Indischer und Arktischer Ozean) mit ihren jeweiligen Nebenmeeren. Zu den Nebenmeeren der Ozeane gehören Mittelmeere (z. B. das Europäische Mittelmeer), Randmeere (z. B. die Nordsee) und Binnen- oder intrakontinentale Mittelmeere (z. B. die Ostsee).

Welches ist die älteste Siedlung Australiens, die von Europäern gegründet wurde?

● Sydney, die Hauptstadt des Bundesstaates New South Wales. Sydney liegt an der Pazifikküste Australiens. Der Hafen der Stadt, Port Jackson, erhielt seinen Namen von James Cook (1728–79), der hier 1770 an Land ging. Wenige Jahre später legte dann das erste Sträflingsschiff aus Großbritannien an, und der erste Gouverneur der britischen Kolonie New South Wales gründete 1788 die Siedlung Sydney Cove.

Blick auf Sydney

Wo findet man die so genannten Warften?

● Auf den Halligen im nordfriesischen Wattenmeer. Warften sind Aufschüttungen, die für Gehöfte und Siedlungen angelegt wurden, um vor den Sturmfluten Schutz zu bieten.

Was ist der Mezzogiorno?

● Prägend ist in Italien der Gegensatz zwischen dem industrialisierten reichen Norden und dem ländlichen ärmeren Süden, dem so genannten Mezzogiorno. Aus diesem starken wirtschaftlichen und sozialen Gefälle ergeben sich eine Reihe von sozialen Problemen. Sie erklären letztlich auch das Phänomen der berüchtigten kriminellen Vereinigungen, unter denen die Mafia wohl die bekannteste ist.

Was wird als Meerenge bezeichnet?

● Eine schmale Meeresstraße wie z. B. der Bosporus, die Dardanellen und die Straße von Gibraltar nennt man auch Meerenge. Eine Meerenge verbindet zwei größere Meeresteile miteinander und ist daher von strategischer Bedeutung.

Was ist ein Epikontinentalmeer?

● Die Ostsee wird als Epikontinental- oder Randmeer des Atlantiks bezeichnet. Ein solches Randmeer kennzeichnet ein weitaus geringerer Salzgehalt als den Weltozean.

Wo gibt es so genannte Schärenlandschaften?

● Ausgedehnte Schärenlandschaften gibt es z. B. an den Küsten Norwegens, Schwedens und Finnlands. Bei den Schärenküsten handelt es sich um eine Rundhöckerlandschaft, die flach vom Meer überspült wurde, sodass heute die oberen Teile der Rundhöcker als kleine Inseln, die Schären, der eigentlichen Küste vorgelagert sind.

Was ist charakteristisch für die irische Landschaft?

● Seine Torfmoore. Nach Finnland ist Irland das moorreichste Land Europas. Rund 17% der Landesfläche sind von Mooren bedeckt. Man unterscheidet Hochmoore (4%), Deckenmoore (11%) und Niedermoore (2%).Wie eine Decke überziehen die Moore Berge und Täler, besonders im Norden und Westen sowie im zentralen Tiefland der Insel. Der aus den Deckenmooren gewonnene Torf ist ein wichtiger Energielieferant.

Was sind tropische Wirbelstürme?

● Tropische Wirbelstürme entstehen über den tropischen Meeresgebieten bei Wassertemperaturen über 27 °C. Wirbelstürme sind an wandernde Tiefdruckgebiete gebunden, deren Durchmesser bis zu 500 Kilometer erreichen kann. Die Lebensdauer der tropischen Stürme liegt zwischen fünf und 15 Tagen. Auf dem Meer wird ein Wirbelsturm von hohen Wellen und sintflutartigen Regenfällen begleitet. Wenn er die Küste erreicht, entfaltet er zusammen mit den von ihm ausgelösten Flutwellen eine große Zerstörungskraft.

Wie heißt die größte Stadt Afrikas?

Kairo, die Hauptstadt Ägyptens. Die Stadt hat sich in ihrer langen arabischen Geschichte zu einem Zentrum für Wirtschaft, Politik, Religion und Kultur entwickelt. Die Altstadt und das Ägyptische Nationalmuseum, in dem sich unersetzbare Zeugnisse der 5000-jährigen ägyptischen Geschichte befinden, gehören zum Weltkulturerbe der UNESCO.

Basar in Kairo

Was sind die Mangroven?

Ähnlich wie die Wattgebiete im Norden Europas liegen die tropischen Mangroven in der Zone zwischen Ebbe und Flut. Regelmäßig werden die Wurzeln der Bäume vom Wasser umspült, einige Stunden später zeigt sich wieder das Land.

Was sind Halligen?

Die Halligen sind Teil des Marschlandes, das beim nacheiszeitlichen Meeresspiegelanstieg durch Schlickablagerungen entstanden ist. Die größeren der insgesamt zehn Halligen haben Sommerdeiche, die nicht eingedeichten Halligen werden bei Sturmfluten ganz oder teilweise überflutet. Dann heißt es „Land unter".

Wie nennt man außergewöhnlich hohe Meereswellen und wodurch werden sie ausgelöst?

Die durch Seebeben, Vulkanausbrüche oder Rutschungen ausgelösten hohen Meereswellen nennt man Tsunamis. Sie pflanzen sich unterhalb der Meeresoberfläche mit einer Geschwindigkeit von bis zu 700 km/h fort und türmen sich bei Erreichen der Küste zu hohen Springfluten auf.

Was führt in Deutschland seit den 1970er-Jahren zum Waldsterben?

Hauptursache für das Waldsterben ist die Einwirkung von Luftschadstoffen, die durch die Verbrennung von Kohle, Erdöl sowie Erdgas in Hochöfen, Kraftwerken und im Straßenverkehr entstehen. Sie werden z. T. über große Entfernungen in der Luft transportiert und fallen als „saurer Regen" nieder. Besonders große Schäden entstanden in den höheren Lagen der Mittelgebirge, da hier größere Niederschlagsmengen fallen.

Was bezeichnet der Begriff Vierte Welt?

Unter diesem Schlagwort versteht man jene Gruppen von Ländern unter den Entwicklungsländern, die über keine Rohstoffe verfügen. Sie sind infolgedessen von den allgemeinen Preissteigerungen besonders hart betroffen, sodass sie die Gruppe der ärmsten Länder der Erde bilden.

Wie wird Schnee zu Firn?

Bei anhaltenden Schneefällen im Gebirge wird der bereits früher gefallene Schnee durch den Druck des auf ihm lastenden Materials zu Firn verdichtet. Sollte es noch weiter schneien, so verwandelt sich der Firn allmählich in Eis. Dies ist z. B. bei Gletschern zu beobachten.

Wie erklärt man sich die Entstehung von Erdöl?

In ehemaligen und heute noch vorhandenen Meeren können sich gelegentlich verhältnismäßig rasch dicke Schichten mit abgestorbenen Pflanzenteilen und Kleinstlebewesen, dem sogenannten Plankton ansammeln. Unter Sauerstoffabschluss kann sich daraus Erdöl bilden. Der Prozess kann aus geologischer Sicht relativ schnell ablaufen. So wurden im Golf von Mexiko Erdölspuren gefunden, die weniger als 10.000 Jahre alt sind.

Was genau ist ein Wadi?

Als Wadi (abgeleitet vom arabischen „Oued") werden Trockentäler in der Wüste bezeichnet. Sie führen nur sehr selten Wasser, dann aber oft für kurze Zeit große Mengen, da die fehlende Vegetationsdecke zu einem raschen Abfluss der Regenfälle führt. Immer wieder ertrinken unvorsichtige Wüstenbesucher, die von den plötzlichen Wassermassen überrascht werden, in solchen Wadis.

Bei welcher Wetterlage ist im Winter im Gebirge die Gefahr von Lawinen besonders groß?

Große Schneefälle und Stürme, die den Schnee umlagern, sind wichtige Voraussetzungen. Eine bei Tauwetter einsetzende Erwärmung der oberen Schneedecke führt dann oft zur Lösung einer Lawine, die mit 40–70 km/h zu Tal rasen kann.

Wodurch unterscheidet sich Braunkohle von Steinkohle?

Durch ihre unterschiedliche Festigkeit und den Gehalt an Kohlenstoff. Beide Kohlen entstanden in früheren Erdzeitaltern aus Sumpfmoorwäldern, die unter anderen Gesteinsschichten luftdicht abgedeckt und dann durch großen Druck verfestigt wurden. Braunkohle ist weniger fest, also quasi ein Vorstadium von Steinkohle, die einen höheren Kohlenstoffgehalt hat.

Geysir

Was versteht man unter einem Geysir?

Ein Geysir ist eine thermische Springquelle, die mit Regelmäßigkeit ihr Wasser herausschleudert. Dieses Phänomen wurde nach dem Großen Geysir auf Island benannt.

Welche Faktoren tragen die Hauptschuld am stetigen Untergang Venedigs?

Vergleiche mit alten Bildern aus dem 18. Jahrhundert zeigen, dass Venedig im Jahr 2003 ca. 69 Zentimeter tiefer lag als damals. Die Hauptursache dafür ist der weiche Untergrund aus Sand, Kies und Ton, auf dem die Stadt erbaut wurde und in dem sie immer weiter versinkt. Aktuelle Berechnungen zeigen, dass die Stadt derzeit um etwa zwei Millimeter pro Jahr sinkt. Außerdem steigt der Meeresspiegel durch die globale Erwärmung stetig an: Seit der ersten amtlichen Aufzeichnung 1872 bis zum Jahr 2003 stieg der Wasserspiegel um 30 Zentimeter. Venedig wird deshalb zunehmend vom Meer bedroht.

Welche Stadt wird auch als Weiße Stadt des Nordens bezeichnet?

● Es ist die finnische Hauptstadt Helsinki. Die Stadt wurde Anfang des 19. Jahrhunderts durch die russischen Zaren neu errichtet und anstatt der zu nahe an Schweden gelegenen Stadt Turku zur Hauptstadt des Landes ernannt, nachdem Finnland 1806 von schwedischem in russischen Besitz kam. Die damals errichteten öffentlichen Gebäude prägen auch heute noch den Senatsplatz, auf dem ein Standbild an den Gründer Zar Alexander II. erinnert.

Helsinki

Auf welche Vorgänge in der Erdkruste sind Erdbeben zurückzuführen?

● 90% aller Erdbeben entstehen durch tektonische Vorgänge in der Erdkruste. Spannungen im Gestein, die infolge der langsamen Verschiebung der Kontinentalplatten auftreten, lösen sich plötzlich. Dadurch kommt es im Jahr zu etwa 10.000 Beben weltweit, von denen jedoch nur wenige ohne Messinstrumente registrierbar sind. Besonders von Erdbeben gefährdet sind die Region rund um den Pazifischen Ozean und das Mittelmeergebiet.

Ist der Salzgehalt des Meeres überall gleich hoch?

● Nein. Er schwankt im offenen Weltmeer zwischen 32 und 38 Promille, in Nebenmeeren mit hoher Verdunstung, wie dem Roten Meer, kann er auch 40 Promille erreichen. In anderen Nebenmeeren, wie z. B. der Ostsee, wo die Verdunstung weniger stark ist, liegt er deutlich darunter. Hier vermischt sich Salzwasser aus dem Weltmeer ständig mit Süßwasser, das durch große Flüsse wie Memel, Oder und Weichsel zugeführt wird. Die Werte in der Ostsee reichen dadurch von etwa 27 bis nur 3 Promille Salzgehalt.

Wie sind Fossilien entstanden?

● Die harten Überreste von vorzeitlichen Tieren und Pflanzen wurden bei geeigneten Bedingungen (z. B. Luftabschluss im Uferschlamm von Seen, an seichten Meeresküsten) erhalten und später in das aus den abgelagerten Sedimenten entstehende Gestein integriert. Deshalb findet man sie auch häufig in bestimmten Schichten des Kalksteins, der aus Meeresablagerungen hervorging, während Gesteine wie Granit, die in der Tiefe der Erde entstanden sind, keine Fossilien aufweisen.

Wie bezeichnet man einen langsam zu Tal fließenden Strom aus Eis und Schnee?

● Als Gletscher. Er entsteht durch die Ansammlung von Schneemassen in einem im Idealfall muldenförmig ausgeprägten Firnfeld zwischen zwei Graten. Allmählich schieben sich die angesammelten Schneemassen unter dem Druck des neu hinzukommenden Schnees ins Tal. Irgendwann erreicht der Gletscher eine Linie, an der er weniger Nachschub erhält als durch Auftauen von Schnee und Eis verloren geht.

Worauf führt man heute die Entstehung von Gebirgen wie Alpen und Himalaja zurück?

● Alpen und Himalaja gehören zu den so genannten Faltengebirgen. Ihre Entstehung wird nach der Kontinentalverschiebungstheorie, die Alfred Wegener (1880–1930) bereits 1929 aufstellte, aus der Bewegung großer Platten, die auf dem zähflüssigen Erdinneren schwimmen, erklärt. Die Alpen entstanden so aus dem „Zusammenprall“ von Afrika und Europa, der Himalaja, als sich Indien gegen Asien schob.

Wieso sind im Bernstein manchmal Insekten eingeschlossen?

Bernstein ist nichts anderes als fossiles Harz. Im Tertiär (vor 65–2 Millionen Jahren) tropfte es zähflüssig von den Bäumen. Traf ein Tropfen ein zufällig vorbeifliegendes oder herumkrabbelndes Insekt, so wurde das Tier davon umschlossen und – unter völligem Luftabschluss – konserviert.

In Bernstein eingeschlossenes Insekt

Zu welcher Klimazone gehört der Mittelmeerraum?

Die Küsten gehören alle zu den Subtropen, während es im Landesinneren teilweise Bereiche gibt, die der gemäßigten Zone angehören, wie Mitteleuropa auch. Das Klima der Subtropen ist schwer zu beschreiben, da es Gebiete wie den Mittelmeerraum gibt, die regenarm sind, mit den meisten Niederschlägen im Winter, aber auch subtropische Gebiete in den USA und China existieren, die dagegen fast ganzjährig reichlich Niederschläge aufweisen. Es ist ein Übergangsklima: von der gemäßigten Zone zu den Tropen.

Wie ist der Oberrheingraben entstanden?

An dieser Linie hat sich die Erdkruste durch im Inneren der Erde wirkende Kräfte herausgehoben. Schließlich ließ die entstandene Spannung die Erdoberfläche einreißen und in sich zusammenfallen. Stark vereinfacht lässt sich dies vielleicht mit dem Aufplatzen eines Würstchens im kochenden Wasser vergleichen. Die beiden sich längs des Grabens erstreckenden Gebirge, der Schwarzwald und die Vogesen, sind Reste dieses Hebungsvorgangs.

In welchen Tälern findet man eine Talaue?

Wenn ein Fluss in einem breiten Tal die Talsohle in Hochwasserzeiten ganz oder teilweise regelmäßig überschwemmt, dann wird die Talsohle als Talaue bezeichnet. Oft ist die Talaue in das gesamte Tal etwas tiefer eingebettet. Baumaßnahmen in diesem Bereich führen zu Veränderungen des Flussbettes und zu unkontrollierten Überschwemmungen an anderen Stellen des Flusses.

In Norddeutschland spricht man oft von Urstromtälern, was ist damit gemeint?

Die Flüsse im Norden Mitteleuropas benutzen oft dieselben Wege, wie dies bereits die Flüsse taten, die durch das Schmelzwasser der während der Eiszeit über Skandinavien und den Ostseeküsten lagernden Gletschern gebildet wurden. Elbe, Oder und Weichsel etwa kommen aus dem Süden und schwenken dann in die bereits von den Urströmen geformten weiten Täler ein.

Gibt es Wüsten, in denen es schneit?

Ja. Zum Beispiel die Wüste Gobi an der Grenze zwischen der Mongolei und China. Die Wüste entstand hier nicht so sehr wegen der hohen Temperaturen als vielmehr durch die Tatsache, dass die umliegenden Gebirge, wie etwa der Himalaja, es weitgehend verhindern, dass feuchte Meeresluft Niederschläge bringen kann. Im Winter dringen jedoch Schneestürme von Sibirien aus ein.

Was ist ein Findling?

Ein Felsblock, der durch die Gletschermassen der Eiszeiten oft über Hunderte von

Kilometern transportiert wurde. Daher besitzen Findlinge stets ganz abgeschliffene Kanten und Ecken. Durch die Bestimmung des Gesteins eines Findlings und der Suche nach einer natürlichen Fundstelle dieses Gesteins lassen sich auch die Wege der Gletscher in den Eiszeiten rekonstruieren. So wurden etwa zahlreiche Findlinge von Schweden bis nach Niedersachsen transportiert.

Wie heißt der gemeinsame Ausdruck für die auch als Bruch, Fehn, Moos oder Ried bezeichnete Landschaftsart?

● Moor. Man unterscheidet dabei noch Hochmoore und Niedermoore. Das hat jedoch nichts mit der Höhenlage zu tun, sondern beschreibt vielmehr, ob das Moor Verbindung mit dem Grundwasser hat (Niedermoor) oder ob es vom Grundwasser abgeschnitten ist (Hochmoor). Notwendige Voraussetzung der Moorentstehung ist jedoch auf jeden Fall, dass ständig mehr Wasser auftritt als abfließt.

An welchem Meer liegt Pommern, und zu welchen Ländern gehört es heute?

● Pommern ist die Bezeichnung für die ehemalige preußische Provinz, die sich rechts und links der Odermündung an der Ostseeküste erstreckte. Die bedeutendste Stadt war das heute zu Polen gehörende Stettin (poln.: Szczecin). Der links der Odermündung gelegene Teil Pommerns bildet heute einen Teil des Bundeslandes Mecklenburg-Vorpommern, der rechts gelegene Teil ist die polnische Region Pomorze.

Welche Staaten teilen sich die Insel Borneo?

● Indonesien, Malaysia und Brunei. Mit 743.384 km^2 ist sie nach Grönland und Neuguinea die drittgrößte Insel der Welt. Der höchste Punkt wird mit dem Mount Kinabalu (4101 Meter) erreicht. Die ursprüngliche dominierende Vegetation war tropischer Regenwald, der durch Rodung und Waldbrände heute größtenteils zerstört ist. Dies bedeutete die Gefährdung unzähliger Tierarten wie etwa den Orang-Utans.

In welchen Ozean mündet der Amazonas?

● In den Atlantischen Ozean. Die mitgeführten Wasser- und Schlammmengen führen dazu, dass sich Salzgehalt und Farbe des Atlantiks bis in eine Entfernung von 320 Kilometern verändern.

In welcher südostasiatischen Hauptstadt kann man auf schwimmenden Märkten einkaufen?

● In Bangkok, der Hauptstadt von Thailand. Der Stadtkern der Hafenstadt am Menam wurde auf Schwemmland erbaut und wird von drei Flüssen sowie einem großen Kanal umschlossen. Früher war das „Venedig des Ostens“ von unzähligen Kanälen (Klongs) durchzogen, und auch heute noch wird hier (eher als touristische Attraktion) Gemüse von Boot zu Boot verkauft.

Markt in Bangkok

Durch die Untersuchung welches Planeten gerieten die amerikanische Raumsonde Pathfinder und das Roboterauto Sojourner in die Schlagzeilen?

● 1997 erreichte die Sonde Pathfinder eine Umlaufbahn um den Mars. Anschließend schickte sie eine Landefähre mit dem solarbetriebenen Roboterauto Sojourner auf die Oberfläche des Roten Planeten. Bis zum März 1998 hat Sojourner Gesteinsproben aufgenommen und analysiert sowie das Vorhandensein von Elementen wie Kohlenstoff, Stickstoff und Sauerstoff auf dem Mars nachgewiesen.

Wer war Joseph von Fraunhofer?

Joseph von Fraunhofer

● Der deutsche Physiker und Glastechniker Joseph von Fraunhofer (1787–1826) wurde durch die Herstellung hervorragender Linsen und optischer Instrumente berühmt. Viele große Observatorien ließen sich ihre Teleskope von ihm bauen. Neben zahlreichen Entdeckungen und Erfindungen im Bereich der Optik machte sich Fraunhofer auch in der Astronomie einen Namen. 1814 entdeckte er dunkle Linien im Bereich des Sonnenspektrums (so genannte Absorptionslinien), die noch heute Fraunhofer-Linien genannt werden.

Was zeichnet die Nova oder Supernova genannten Himmelskörper aus?

● Ihre ungewöhnliche Helligkeit. Früher wurde ein Stern, der plötzlich dort erschien, wo zuvor keiner zu sehen war, als Nova (neuer Stern) bezeichnet. Der Ausdruck ist jedoch irreführend, denn der Stern existierte schon vorher. Er wurde nur durch eine Art Ausbruch plötzlich viel heller und dadurch sichtbar. Das Sichtbarwerden einer Nova ist ein Zeichen von Vorgängen, die den Stern zerstören oder verändern. Nach einer Weile verblassen die so sichtbar gewordenen Himmelskörper wieder. Eine Supernova, bei der ähnliche Vorgänge nur extremer ablaufen, ist viel seltener als eine Nova.

Wie bezeichnet man die Gashülle eines Planeten?

● Als Atmosphäre. Besonders die Lufthülle der Erde wird so genannt. Ihre wichtigsten Bestandteile sind Stickstoff (77%), Sauerstoff (20,7%) Wasserdampf (1,3%) und das Edelgas Argon (0,9%). Die restlichen 0,1% werden von Kohlendioxid, den Edelgasen Neon, Helium, Krypton und Radon sowie einigen anderen Gasen gebildet. Der Wasserdampfgehalt schwankt stark von fast 0 bis hin zu 4% und ist von großer Bedeutung für das Klima.

Was bezeichnen die Astronomen als Galaxie?

● Spiralförmige, meist elliptische Gebilde im Universum, die aus etwa einer Billion Sternen bestehen. Unsere Milchstraße ist eine davon. Das Alter der ältesten Galaxien wird auf über 13 Milliarden Jahre geschätzt. Wie viele Galaxien es im Universum gibt, ist noch unklar.

Was bezeichnet man als Weltraummüll?

● Durch die zahlreichen bisher gestarteten Raketen und Raumfähren wurden unerwünschte Objekte in erdnahe Umlaufbahnen befördert. Dabei handelt es sich um ausgediente Satelliten, Reste abgebrannter und abgesprengter Raketenstufen oder auch Abfälle früherer Unternehmungen. Sie stellen inzwischen eine ernst zu nehmende Gefahr für Satelliten, Raumstationen oder auch das Hubble-Weltraumteleskop dar, denn bereits kleine Teile können durch ihre hohe Geschwindigkeit erhebliche Schäden verursachen.

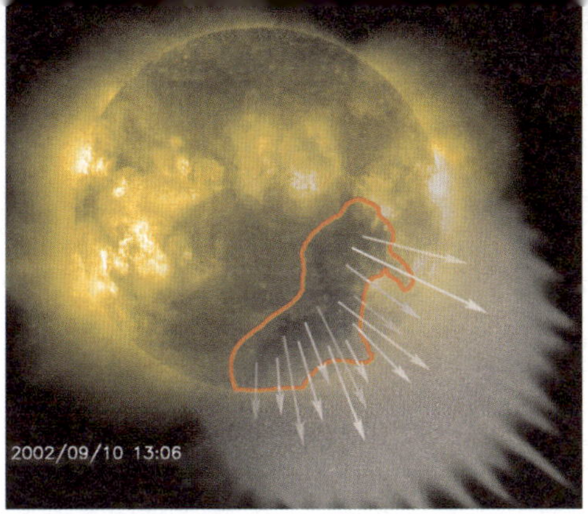

Koronales Loch

Welche Bedeutung haben die koronalen Löcher?

Auf Röntgenaufnahmen der Sonne fallen neben den hellen Leuchterscheinungen des Gases in der heißen Korona auch ausgedehnte dunkle Gebiete auf, die als koronale Löcher bezeichnet werden. Diese Löcher sind Regionen, in denen die Magnetfeldlinien offen sind, d. h. weit in den Raum hinausreichen. Da die geladenen Teilchen der Korona an die Magnetfeldlinien gebunden sind, können sie also im Bereich der koronalen Löcher in den Weltraum entweichen. Daher sind die koronalen Löcher als Ursprung des sog. Sonnenwindes anzusehen, eines Stroms geladener Teilchen, der beim Eindringen in die Erdatmosphäre entlang der Pole die spektakulären Polarlichter hervorruft.

Gibt es die so genannten Schwarzen Löcher tatsächlich?

Als Schwarze Löcher werden Himmelskörper mit einer Anziehungskraft bezeichnet, die so stark ist, dass von ihnen weder Licht noch elektromagnetische Strahlung ausgehen. Sie lassen sich daher nur durch die Effekte feststellen, die sie auf ihre Umgebung haben. Vermutete Schwarze Löcher sind eine Röntgenquelle in unserer Nachbargalaxie, der Großen Magellan'schen Wolke und ein als „QZ Vul" benanntes Objekt in unserer Milchstraße, das 1995 im Sternbild Vulpecula entdeckt wurde. Ein Hinweis auf das Vorhandensein eines Schwarzen Loches ist z. B. die hohe Beschleunigung von Gasen in einer Region.

Wo findet man so genannte Rote Riesen?

Im Weltall. Wenn bei Sternen wie unserer Sonne der Vorrat an Wasserstoff verbraucht ist, fallen diese in sich zusammen, wobei es zu Kernfusionen kommt, die den Stern aufblähen. In der Folge bildet sich eine vom Kern entfernte Hülle, die bis zu 100.000 Jahre nachleuchtet, während der Kern immer mehr schrumpft. Da Astronomen die Lebensdauer unserer Sonne auf zehn Milliarden Jahre schätzen, von denen etwa 4,6 Milliarden vorbei sind, besteht zurzeit noch kein Anlass, sich wirklich Sorgen zu machen.

Was ist der bekanntere Ausdruck für Schweifsterne?

Kometen. Bei Kometen handelt es sich um kleine Himmelskörper, die in langen elliptischen Bahnen um die Sonne kreisen. In der Nähe der Sonne verdampfen die äußeren Schichten und es bildet sich der charakteristische leuchtende Schweif.

Wie bestimmte Eratosthenes die Größe der Erde?

Eratosthenes

Der griechische Gelehrte Eratosthenes (um 290–214 v. Chr.) errechnete als Erster mit einiger Genauigkeit den Umfang der Erdkugel. Dazu maß er mittags am Tag der Sommersonnenwende in Alexandria die Schattenlänge eines Stabes. Da er wusste, dass die Sonne am gleichen Tag in Syene senkrecht am Himmel steht, also keinen Schatten wirft, konnte er aus dieser Winkeldifferenz und der Entfernung zwischen Alexandria und Syene den Umfang der Erde bestimmen und gelangte so zu einer Vorstellung von der tatsächlichen Größe der Erdkugel.

Konvektionsströmungen in der Sonne

Was ist Konvektion?

Jeder Stern erzeugt seine Energie in seinem Zentrum durch die Fusion von Wasserstoffkernen zu Heliumkernen. Aber wie gelangt diese Energie zu seiner Oberfläche, von wo er sie abstrahlt? Dafür gibt es zwei Möglichkeiten: entweder in Form von elektromagnetischer Strahlung oder als aufsteigende Blasen heißen Gases, die ihre Energie an kühlere Schichten abgeben und wieder nach unten sinken. Diese zweite Form des Energietransports wird Konvektion genannt und ist den Strömungen einer heißen Flüssigkeit im Kochtopf nicht unähnlich. Leider ist die Konvektion ein sehr komplizierter Prozess, der mathematisch nicht leicht zu beschreiben ist. Daher stellt sie immer noch einen gewissen Unsicherheitsfaktor in der Berechnung von Sternmodellen dar.

Welches ist der größte Planet unseres Sonnensystems?

Der Jupiter. Mit einem Durchmesser von 142.870 Kilometern ist er 317-mal so groß wie unsere Erde. Da er wesentlich weiter von der Sonne entfernt ist, braucht er etwa zwölf Jahre, um die Sonne zu umrunden. Aus demselben Grund beträgt die Temperatur an seiner Oberfläche auch nur etwa −130 °C. Er wurde bereits von den Römern nach dem Schutzgott des römischen Staates (der dem Zeus der griechischen Mythologie entsprach) Jupiter benannt.

Welcher Planet wird auch als Roter Planet bezeichnet?

Der Mars, der der Erde am nächsten gelegene Planet unseres Sonnensystems. Da er weiter von der Sonne entfernt ist als die Erde und über eine weniger ausgebildete Atmosphäre verfügt, schwanken die Temperaturen auf seiner Oberfläche zwischen −100 und +30 °C. Das als Eis auf dem Mars vorhandene Wasser – der Grundstoff allen Lebens – lässt immer wieder Spekulationen über die Möglichkeit von Leben auf dem Mars zu.

Wie erzeugt die Sonne die Wärme, die über 149,6 Millionen Kilometer bis zur Erde ausstrahlt?

Vereinfacht gesagt ist die Sonne ein riesiges Kraftwerk, in dessen Innerem ständig Kernverschmelzungen ablaufen. Dabei werden Wasserstoffatomkerne in Heliumkerne umgewandelt. So entstehen Temperaturen, die bei etwa 15 Millionen °C liegen. Daher strahlt die Sonne nicht nur Hitze und Licht ab, sondern auch radioaktive Strahlen, Röntgen- und Gammastrahlung.

Wie heißt die Abkürzung für die amerikanische Weltraumfahrtbehörde?

NASA (National Aeronautic Space Administration). Sie wurde 1958 unter dem Eindruck des so genannten Sputnik-Schocks, der die Amerikaner ereilte, als die Sowjetunion am 4. Oktober 1957 den ersten künstlichen Satelliten, Sputnik I, in eine Erdumlaufbahn beförderte, gegründet. Ziel war es, die zivilen Anstrengungen im Bereich der Luft- und Raumfahrt in den USA zu leiten und zu koordinieren. Bereits elf Jahre später konnte die NASA mit der Landung von Menschen auf dem Mond einen großen Triumph feiern.

Was beschreibt das erste keplersche Gesetz?

Das erste keplersches Gesetz beschreibt die Bahnen, auf denen sich Planeten um die Sonne bewegen. Es lautet: Die Planeten bewegen sich auf elliptischen Bahnen. In einem gemeinsamen Brennpunkt steht die Sonne. Aus diesen Gesetz folgt, dass sich bei der Bewegung von Planeten um die Sonne der Abstand Planet–Sonne ständig ändert.

Was wird als Fixstern bezeichnet?

Fixsterne sind alle scheinbar feststehenden Sterne außerhalb unseres Sonnensystems. Die Planeten, die wie die Erde die Sonne umkreisen, gehören nicht dazu. Unsere Sonne ist eigentlich auch als Fixstern zu betrachten. Neben den Fixsternen gibt es noch die so genannten Wandelsterne. Sie verändern ihre Position von der Erde aus gesehen scheinbar (z. B. wenn sie von Begleitsternen verdeckt werden) oder tatsächlich.

Welcher Planet ist am hellsten?

Die Venus. Nach dem Merkur ist sie der sonnennächste Planet unseres Sonnensystems. Sie leuchtet nicht aus sich selbst heraus, sondern wird wie alle anderen Planeten auch von der Sonne angestrahlt und reflektiert das Licht nur. Auf der Erde ist sie wegen ihrer Helligkeit auch als Morgen- und Abendstern zu sehen, d. h. als erster bzw. als letzter Stern am Himmel mit bloßem Auge deutlich erkennbar.

Warum bleibt ein Satellit auf seiner Erdumlaufbahn?

Ein Satellit, also ein künstlicher Flugkörper, wird mithilfe einer Rakete oder einer Raumfähre mit einer vorher exakt berechneten Geschwindigkeit auf eine Umlaufbahn gebracht, die gewährleistet, dass die Erdanziehungskraft, die auf den Satelliten wirkt, und die Fliehkraft des Satelliten genau im Gleichgewicht sind.

Warum sind Radioteleskope so groß?

Die größten optischen Teleskope haben Durchmesser von ca. zehn Meter, während die größten Radioantennen um den Faktor 10 größer sind. Dies ist aus zwei Gründen notwendig. Zum einen ist die Intensität der Radiostrahlung aus dem Kosmos gering, sodass eine große Sammelfläche erforderlich ist. Zum anderen nimmt die Winkelauflösung mit der Wellenlänge zu, sodass für die sehr langwellige Radiostrahlung größere Teleskope benötigt werden. Allerdings kann die Winkelauflösung von Radiobeobachtungen nur dann mit optischen Teleskopen konkurrieren, wenn mehrere weit voneinander entfernte Radioantennen zu einem so genannte Interferometer zusammengeschaltet werden.

Radioteleskope

Funkeln die Sterne tatsächlich oder handelt es sich dabei um eine optische Täuschung?

Das nächtliche Funkeln der Sterne hat seine Ursache nicht in den Sternen selbst, es wird vielmehr durch die Erdatmosphäre verursacht. Gerade nach sonnigen Tagen ist der Temperaturunterschied zur Nacht recht hoch, die Erdoberfläche strahlt aber noch Wärme ab. Diese Wärme verursacht Turbulenzen in der Luft. Die von den Sternen kommenden Lichtstrahlen werden in diesen Turbulenzen abgelenkt. Diese Ablenkung wird dann von uns als Funkeln der Sterne wahrgenommen.

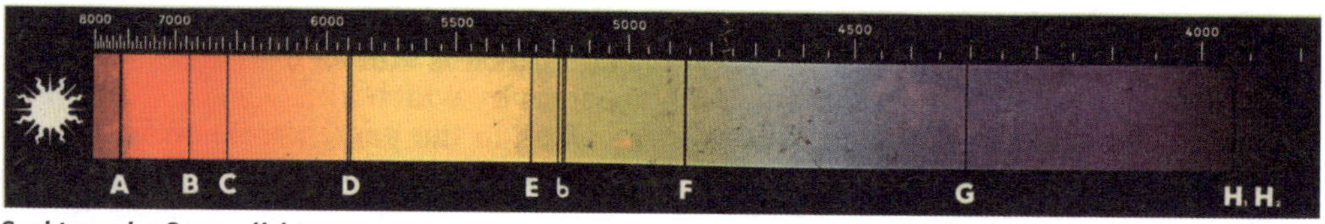

Spektrum des Sonnenlichts

Was ist ein Spektrum?

● Ein Spektrum gibt an, wie viel Energie ein Objekt bei jeder Wellenlänge abstrahlt. Dazu muss das Licht mithilfe eines sog. Spektrografen in die Beiträge der einzelnen Wellenlängen zerlegt werden. Die Form der kontinuierlichen spektralen Energieverteilung sowie die Existenz von dunklen (Absorptions-) und hellen (Emissionslinien) bei bestimmten Wellenlängen geben Aufschluss über die physikalische Beschaffenheit (Energieerzeugung, Temperatur, Dichte etc.) und die Elementzusammensetzung von Himmelskörpern. So lassen sich aus dem Sonnenspektrum beispielsweise die Temperatur der Sonnenatmosphäre und die in ihr enthaltenen Elemente bestimmen.

Sind alle Sterne auch Planeten?

● Nein, nur die Planeten unseres Sonnensystems, also Merkur, Venus, Erde, Mars, Jupiter, Saturn, Uranus, Neptun und Pluto erscheinen uns als Sterne. Als Planet wird ein Himmelskörper bezeichnet, der einen Fixstern umkreist. Fixsterne leuchten aus sich selbst heraus, wie unsere Sonne. Planeten reflektieren nur das empfangene Licht. Planeten aus anderen Sonnensystemen sind daher nicht hell genug, um mit bloßem Auge von der Erde aus gesehen werden zu können.

Was sind die Hauptbestandteile der Sonne?

● Neben Wasserstoff (ca. 75%) ist Helium (ca. 25%) der Hauptbestandteil der Sonne. Andere chemische Elemente wie Sauerstoff (0,8%) und Kohlenstoff (0,3%) spielen eine untergeordnete Rolle.

Wie lautet der Name des Sternensystems, das unserer Milchstraße am nächsten liegt?

● Es ist der Andromedanebel, der wie unsere Galaxis einen Spiralnebel bildet (mit einem zentralen Kern und spiralförmig angeordneten Armen). Er kann gerade noch mit bloßem Auge beobachtet werden.

Welcher Unterschied besteht zwischen Meteor und Meteorit?

● Ein Meteorit ist ein Gesteinsbrocken aus dem All, der, wenn er in den Bereich der Erdanziehung gelangt, entweder in der Erdatmosphäre verglüht oder auch auf der Erde einschlägt. Er kann dann riesige Einschlagskrater hinterlassen, wie etwa das „Nördlinger Ries“ in Deutschland. Verglüht der Meteorit in der Erdatmosphäre, dann sieht man ihn am Himmel als Meteor. Dieses Phänomen ist auch unter dem Namen Sternschnuppe bekannt.

Was strebten die Amerikaner mit ihrem Apollo-Raumfahrtprogramm an?

● Die Landung auf dem Mond. Die Mission „Apollo 11“ erreichte dieses Ziel am 21. Juli 1969, als Neil Alden Armstrong (*1930) aus der Mondfähre „Eagle“ ausstieg und als erster Mensch den Mond betrat.

Womit beschäftigt sich die Kosmologie?

● Kosmologie setzt sich aus den griechischen Wörtern Kosmos, „Weltall“ und logos, „Lehre“ zusammen, ist also die Lehre vom Weltall. Sie beschäftigt sich mit den großen

Strukturen, der Entstehung und Entwicklung des Weltalls.

Warum entweicht die Luft nicht ins Weltall?

● Weil sie durch die Erdanziehungskraft daran gehindert wird.

Was ist ein Pulsar?

● Ein sich schnell drehender Neutronenstern, der Radiowellen abstrahlt.

Wie unterscheiden sich Astrologie und Astronomie?

● Astrologie (Sternendeutung) geht davon aus, dass der Charakter und das Schicksal eines Menschen eng mit der Stellung der Gestirne verknüpft sind, wobei vor allem die Sternenkonstellation bei der Geburt des Menschen von Bedeutung sein soll. Die Astronomie (Himmelskunde) untersucht dagegen mit wissenschaftlichen Methoden die chemischen und physikalischen Eigenschaften der Himmelskörper.

An welchem Datum feiert man die Sommersonnenwende?

● Am 21./22. Juni. An diesem Tag erreicht die Sonne während ihres jährlichen Laufs den nördlichen Wendekreis (Wendekreis des Krebses: 23 Grad 27 Minuten auf der nördlichen Halbkugel) und steht über diesem senkrecht im Zenit.

Was weiß man über den Beginn des Universums?

● Nach einer verbreiteten Vorstellung entstand der Kosmos durch einen plötzlichen explosionsartigen Vorgang, den Urknall oder „Big Bang“. Seit dieser Zeit dehnt sich das Universum mit zunehmender Geschwindigkeit aus. Nach der neuesten Theorie von Stephen Hawking (*1942) kehrt sich die Ausdehnung nicht mehr um, sondern wird endlos fortgesetzt.

Warum ist für Astronomen eine Mondfinsternis keine echte Finsternis?

● Weil im Gegensatz zur Sonnenfinsternis der Himmelskörper nicht bedeckt, sondern lediglich beschattet wird (durch den Erdschatten, und zwar dann, wenn unser Planet genau zwischen Sonne und Mond steht).

Welcher antike Astronom entwickelte das geozentrische Weltbild?

● Claudius Ptolemäus (100–170 n. Chr.) entwickelte das geozentrische Weltbild mit der Erde als Mittelpunkt, das bis ins späte Mittelalter die Wissenschaft beherrschte und erst dann allmählich vom heliozentrischen Weltbild des Nikolaus Kopernikus (1473–1543) abgelöst wurde. Mit seiner Hilfe gelang es, die Positionen der Wandelsterne im Voraus zu bestimmen. Das war zugleich ein überzeugendes Argument für die Richtigkeit dieses Weltbildes. Weiterhin sprach auch der Augenschein für das geozentrische Weltbild. Jedermann konnte sich – und kann es bis heute – davon überzeugen, dass sich die Sterne um die Erde drehen, während man von der in Wirklichkeit ablaufenden Bewegung der Erde um ihre Achse sowie von der Erdbewegung um die Sonne ohne weiteres keine Wirkungen wahrnimmt.

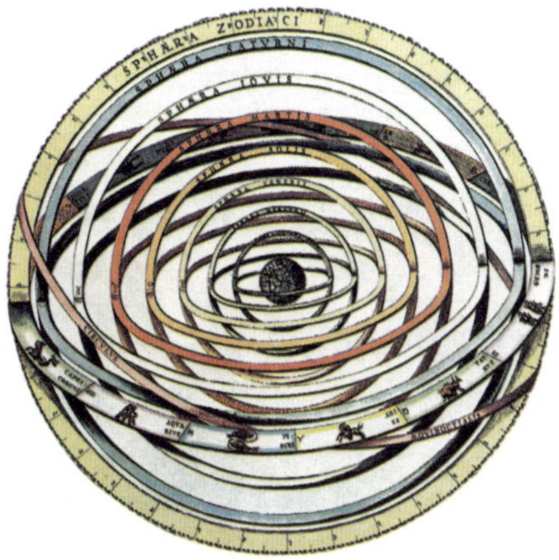

Darstellung des ptolemäischen Weltbildes

Welcher bedeutende Astronom des Mittelalters leitete eine der größten Revolutionen in der Geschichte der Astronomie ein?

Nikolaus Kopernikus (1473–1543) ging davon aus, dass sich nicht die Erde, sondern die Sonne im Zentrum unseres Planetensystems befindet. Das heliozentrische Weltbild bedeutete eine völlig neue Vorstellung über den Aufbau unseres Planetensystems. Oft spricht man in diesem Zusammenhang von der „kopernikanischen Wende".

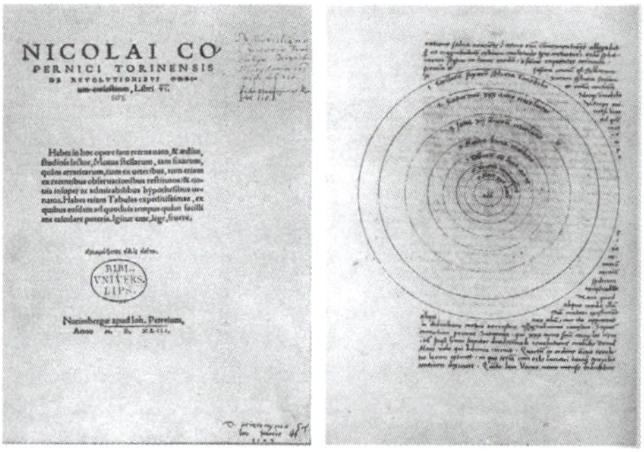

Kopernikanisches Weltbild (Titelblatt und Innenseite von Nikolaus Kopernikus' Hauptwerk *De revolutionibus orbium coelestium*, 1543)

Welchen Namen trug die bekannte russische Raumstation, die seit 1986 im All war?

Sie hieß Mir und wurde 2001 stillgelegt und zum Absturz gebracht. Damit ist sie doppelt so lange im All gewesen, wie ursprünglich geplant. Über 70 Raumfahrer hielten sich auf der fast ständig bemannten Station auf. Durch die sich häufenden Pannen geriet Mir zunehmend in die Schlagzeilen.

Wer betreibt die geplante Raumstation ISS?

Die internationale Raumstation (International Space Station) ist ein Gemeinschaftswerk von Russland, Kanada, Japan den USA und zwölf Staaten, die Mitglied der europäischen Raumfahrtorganisation ESA sind. Die Station soll 2006 in Betrieb gehen. Sie ist ein Symbol für das Zusammenwachsen der Völker. Menschen aus allen Nationen sollen auf der neuen Station arbeiten und leben.

Wie groß ist der Anteil der Sonnenenergie, d. h. der Strahlungsenergie, die in der Sonne durch Kernfusion erzeugt und nach außen abgestrahlt wird, der die Erde erreicht?

Nur etwa 50%. Durch Absorption und Streuung beim Weg durch die Atmosphäre geht etwa die Hälfte der Strahlungsenergie verloren.

Wo landete die Sonde Near nach fünfjähriger Reise?

Auf dem Asteroiden Eros. Damit gelang die erste Landung auf einem solchen Himmelskörper. Das Treffen der beiden Flugobjekte war eine technische Meisterleistung, war das Ziel doch nur 33 mal 13 Kilometer groß und 315 Millionen Kilometer von der Erde entfernt.

Welcher Erdtrabant aus Menschenhand fand im März 2001 seinen Weg zur Erde zurück?

Die russische Raumstation Mir wurde nach 15 Jahren im All kontrolliert zum Absturz gebracht. Sie verglühte zum Teil in der Atmosphäre, Reste von ihr fielen in den Pazifik. Zuletzt hatten sich an Bord Defekte gehäuft.

Wie heißt der größte und hellste Kugelsternhaufen?

Omega Centauri. Selbst mit bloßem Auge ist er von der südlichen Hemisphäre aus zu sehen. Der Kugelsternhaufen im Sternbild Centaurus besteht vermutlich aus mehreren Millionen alter Sterne. Neuere Forschungen haben entdeckt, dass seine Sterne zusammen fünf Millionen Sonnenmassen ergeben!

Dieses riesige und unter Kugelsternhaufen einmalige Gewicht lässt darauf schließen, dass Omega Centauri als Mittelding zwischen Kugelsternhaufen und Zwerggalaxie angesehen werden muss.

Welchen Erfolg kann das Civilian Space Exploration Team für sich verbuchen?

Ihm gelang es im Mai 2003 zum ersten Mal, mit einer „Amateurrakete" in den Weltraum vorzudringen. Das unbemannte Raumfahrzeug stieg auf eine Höhe von 100 Kilometern und kehrte an Fallschirmen wieder unbeschadet zur Erde zurück.

Was sind so genannte planetarische Nebel?

Planetarische Nebel sind Endstatien von Sonnen am Ende ihres Lebens. Sie entstehen, wenn ein alternder Stern mit einer Masse zwischen einer bis achtfacher Sonnenmasse seine innere Stabilität verliert, weil im Kern die Umwandlung von Wasserstoff zu Helium mangels Masse erlischt. Der Stern bläht sich auf zum roten Riesenstern. Dabei tritt ein Sternwind mit hohen Masseverlusten auf.

Was ist der Big Bang?

Mit diesem Ausdruck bezeichnet man den Urknall, eine plötzliche Explosion durch die unser Kosmos entstanden sein soll. Die Urknall-Theorie ist eine weit verbreitete Vorstellung über den Beginn des Universums. Seit dem „Big Bang" dehnt sich das Universum mit zunehmender Geschwindigkeit aus.

Wo befinden sich geostationäre Satelliten?

Sie kreisen alle in derselben Höhe (35.787 Kilometer), befinden sich immer über dem gleichen Punkt der Erde und haben alle dieselbe Geschwindigkeit (3,067 km/s). Satelliten in geringerer Höhe müssen sich schneller bewegen, um nicht auf die Erde zu stürzen. Deshalb sind sie nicht „geostationär", sondern bewegen sich relativ zur Erde, ebenso wie weiter entfernte Satelliten, die jedoch auf ihrer Umlaufbahn mit geringerer Geschwindigkeit unterwegs sind.

Was sind die so genannten Laurentius-Tränen?

Der Mönch Laurentius wurde am 10. August 268 auf Befehl des Kaisers Valerian (200–260) auf einem glühenden Rost zu Tode gefoltert. Ihm zu Ehren wird der alljährlich im August stattfindende Sternschnuppenstrom der Perseiden Laurentius-Tränen genannt.

Woraus besteht ein Komet und warum leuchten Kometen?

Ein Komet ist in drei Bereiche gegliedert: Kern, Koma und Schweif. Der Kern besteht aus Wassereis, gefrorenen Gasen (Ammoniak, Methan, Kohlenmonoxid), Gesteinsbrocken und Staub. Die helle Koma entsteht dadurch, dass die Gasmoleküle in Nähe der Sonne durch die Strahlung angeregt werden und zu leuchten beginnen. Der Schweif besteht aus Gasen und Staub, die von dem Kometen weggerissen worden sind.

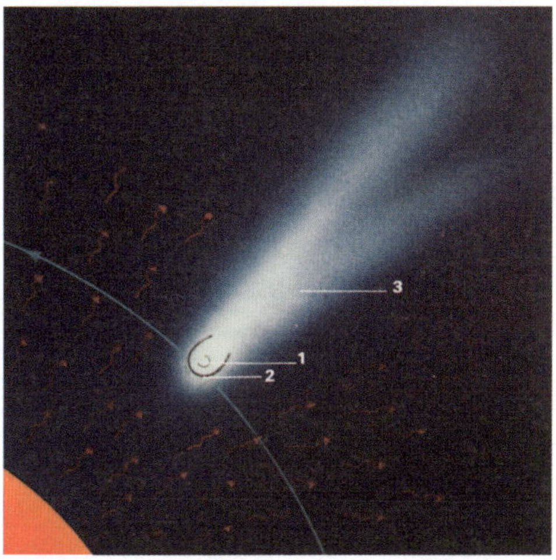

Struktur eines Kometen: Kern (1), Koma (2), Schweif (3)

Hubble Weltraumteleskop

Wodurch geriet das Hubble-Weltraumteleskop in die Schlagzeilen?

Nachdem man das Teleskop in eine Erdumlaufbahn geschossen hatte, stellte man fest, dass es kurzsichtig war. Astronauten behoben den Fehler mit zusätzlichen Linsen, seitdem liefert es hervorragende Bilder aus dem All. Gegenüber den Teleskopen auf der Erde hat es den Vorteil, nicht durch die Luftschichten der Atmosphäre beeinträchtigt zu werden.

Was erforschen Raumsonden?

Durch die immer besser werdende Technik gelang es in den letzten Jahren, Sonden zu weit entfernten Gestirnen zu schicken. So untersucht Galileo seit 1997 den Jupitermond Europa und ebenfalls in diesem Jahr startete Cassini-Huygens in Richtung des Saturnmondes Titan. Bereits seit 1979 sind Voyager 1 und 2 im All unterwegs. Ihre Mission ergab neue Erkenntnisse über die Ausdehnung des Sonnensystems. Ulysses/SOHO ist mit der Untersuchung der Sonne beauftragt.

Ab wann können wir Antwort von Aliens erwarten?

Am 16. November 1974 wurde mit einem Radioteleskop in Arecibo, Puerto Rico, eine Botschaft per Radiosignal in Richtung Kugelsternhaufen Messier 13 im Sternbild Herkules gesendet. Mit 2000 Gigawatt ist dies das stärkste jemals technisch erzeugte Radiosignal. Messier 13 ist 22.600 Lichtjahre entfernt. Die Radiosignale sind mit Lichtgeschwindigkeit unterwegs, brauchen also 22.600 Jahre bis zu ihrem Ziel. Werden sie dort zügig beantwortet, sollten unsere Nachfahren in 45.200 Jahren ihre Antennen ausfahren.

Was ist der Kohlensack?

Die bekannteste Dunkelwolke im Sternbild Kreuz des Südens. Der Kohlensack hebt sich deutlich gegen den hellen Hintergrund der Milchstraße ab.

Worin liegt die besondere Gefährlichkeit eines Ozonlochs?

Ein Ozonloch ist ein Bereich in der Atmosphäre, in dem die Ozonschicht zerstört ist, und der eine unnatürlich niedrige Ozonkonzentration aufweist. Diese Schicht stellt für die Lebewesen auf der Erde einen Schutz vor kurzwelliger Ultraviolettstrahlung dar, die insbesondere die Erbsubstanz in den Zellen der Körperoberfläche schädigt. Erstmals wurde Mitte der 1980er-Jahre über der Antarktis ein drastischer Rückgang der Ozonschicht festgestellt.

Wie findet man den Polarstern?

Der Polarstern steht fast genau über dem Nordpol der Erde. Obwohl er nicht besonders hell ist, ist er dennoch gut zu finden, da sich in seiner Umgebung relativ wenige andere Sterne befinden.

Was versteht man unter Präzession?

Die Erde ist mit einem Kreisel vergleichbar, dessen Rotationsachse mit der Erdbahnebene einen Winkel von 23,5° einschließt. Auf den Erdkreisel wirken die Kräfte des Mondes, der Sonne und der anderen Planeten, was zu einer Drehung der Rotationsachse führt. Daher läuft die Achse in ca. 26.000 Jahren einmal um die Senkrechte zur Erdbahnebene herum und umschreibt dabei einen Doppelkegel. Diese Bewegung ist als Präzession bekannt.

Sonne mit den Planeten Merkur, Venus, Erde, Mars, Jupiter, Saturn, Uranus, Neptun und Pluto (v. l.)

In welche zwei Gruppen unterteilt man die neun Planeten unseres Sonnensystems?

● Man unterteilt sie in die vier inneren erdähnlichen Planeten (Merkur, Venus, Erde, Mars) und die fünf äußeren jupiterähnlichen (Jupiter, Saturn, Uranus, Neptun und Pluto); die inneren Planeten haben alle eine feste Oberfläche, die äußeren bilden jedoch riesige Gaskugeln ohne feste Oberfläche, sie besitzen außerdem fast alle sehr viele Monde.

Was steckt hinter dem Begriff Leuchtkraft?

● Die Energiemenge, die ein Himmelskörper in Form von elektromagnetischer Strahlung abgibt. Oftmals wird die Leuchtkraft für einen bestimmten Spektralbereich angegeben.

Welcher Himmelskörper trägt den Namen 2001 KX76?

● Das Kürzel bezeichnet einen 2001 entdeckten Asteroiden aus dem Kuiper-Gürtel. Mit einem Durchmesser von 1200 bis 1400 Kilometern ist er der größte bisher gesichtete Asteroid. Zum Zeitpunkt der Entdeckung war er 6,5 Milliarden Kilometer von der Erde entfernt.

Was sind so genannte Planetesimale?

● Körper von bis zu zehn Kilometern Durchmesser, der sich in der protoplanetaren Scheibe bilden und aus denen die Planeten entstehen.

Welches spektakuläre astronomische Ereignis löste einen Sturm auf deutsche Optiker aus?

● Es war die totale Sonnenfinsternis vom 11. August 1999. Da Deutschland im Kernschatten der Finsternis lag, stieg die Nachfrage nach speziellen Sonnenbrillen zur Beobachtung des Phänomens, die schnell ausverkauft waren.

Bei welchem Ereignis fielen die Worte: Es ist nur ein kleiner Schritt für den Menschen, aber ein großer für die Menschheit?

● Mit diesen Worten betrat der amerikanische Astronaut Neil Armstrong (*1930) 1969 als erster Mensch den Mond. Nach ihm verließ Edwin Aldrin (*1930) die Landefähre Eagle, mit der die eigentliche Mondlandung erfolgt war. Michael Collin (*1930) blieb in der Kommandokapsel von Apollo 11 in der Mondumlaufbahn zurück.

Neil Armstrong

Wer fertigte den ersten Sternenkatalog der Antike?

● Hipparch von Nikaia (um 190–120 v. Chr.). fertigte den ersten Sternkatalog der Antike mit über 1000 Sternpositionen und Helligkeitsangaben, entdeckte eine Nova (um 134 v. Chr.) und präzisierte die bereits den Babyloniern bekannte Dauer der vier Jahreszeiten.

Welcher Planet wird zugleich als Morgenstern und Abendstern bezeichnet?

Die Venus. Neben Sonne und Mond ist die Venus das hellste Objekt am Himmel. Morgenstern wird sie genannt, da sie vor Sonnenaufgang im Osten erscheint, und Abendstern, weil sie nach Sonnenuntergang im Westen zu sehen ist.

Was versteht man unter der Sonnenkorona?

Sonnenkorona

Die normalerweise von der Sonne überstrahlte Sonnenkorona wird bei einer totalen Sonnenfinsternis, wie sie im August 1999 auch über Mitteleuropa zu beobachten war, sichtbar. Vereinfacht kann man sich die Korona als Flammenkranz vorstellen, der aus der Sonne schlägt. Die Stärke der Korona schwankt, die Temperaturen in ihren Teilen bleiben jedoch gleich: Sie liegen bei unvorstellbaren einer Million °C, die Sonne selbst ist dagegen „nur" rund 5000 °C heiß.

Welcher um unsere Sonne kreisende Planet wurde erst 1930 entdeckt?

Pluto. Er ist der äußerste bekannte Planet des Sonnensystems. Die Sonne umkreist Pluto einmal alle 247,7 Jahre in einer mittleren Entfernung von 5,9 Milliarden Kilometern. Er kann nur durch große Teleskope betrachtet werden und weist eine gelbliche Färbung auf.

Was ist ein Lichtjahr?

Das Lichtjahr ist ein Längenmaß. Es bezeichnet die Strecke, die das Licht in einem Jahr zurücklegt. 1 LJ = 9.465.000.000.000 Kilometer (oder 9,46 Billionen Kilometer).

Wie heißt der wohl berühmteste Krater der Welt?

Der berühmteste Krater der Welt ist vermutlich der „Meteor Crater" in Flagstaff, Arizona. Die dort in geringer Anzahl gefundenen Bruchstücke des Eisenmeteoriten werden als „Canyon Diabolo" gehandelt. Vor etwa 20.000 bis 22.000 Jahren stürzte ein Eisenmeteorit von etwa 30 Tonnen Gewicht auf die Erde.

Vor welcher tödlichen Gefahr schützt uns das Magnetfeld der Erde?

Die Sonne strahlt nicht nur Licht und Wärme aus, sie strömt auch Gas ins Weltall aus – den so genannten Sonnenwind. Der Sonnenwind besteht aus freien Elektronen und Atomkernen. Die ungefilterte Strahlung würde das Leben auf der Erde zerstören. Durch das Magnetfeld wird der Sonnenwind abgeschwächt und trifft nur zu einem geringen Anteil auf der Erdoberfläche auf.

Was verbirgt sich hinter dem Namen Beagle 2?

Beagle 2 ist ein Forschungsroboter, den die Europäische Raumfahrtbehörde (ESA) auf dem Mars ausgesetzt hat. Seine Messungen sollten neue Erkenntnisse zur Beschaffenheit der Marsoberfläche bringen. Benannt ist der Roboter Beagle 2 nach dem Schiff von Charles Darwin (1809–82). Dieser hatte auf dem Schiff namens Beagle seine Forschungsreisen u. a. zu den Galapagos-Inseln unternommen.

Wie heißt der Scheitelpunkt des Himmelsgewölbes?

Zenit. Damit wird der Punkt der Himmelskugel bezeichnet, der genau senkrecht über dem jeweiligen Beobachter liegt, also der höchste Punkt des Himmels. Der Zenit liegt genau 90 Grad über dem theoretischen Horizont. Der gegenüberliegende Punkt wird Nadir oder Fußpunkt genannt.

Polarlicht

Welche natürliche Ursache haben Polarlichter?

Polarlichter sind keine optische Täuschung, wie etwa eine Fata Morgana. Sie entstehen durch den so genannten Sonnenwind, der mit bis zu 500 km/h auf das Magnetfeld der Erde trifft und dessen Teilchen mit Stickstoff und Sauerstoff der Atmosphäre reagieren. Der Sonnenwind entsteht durch noch ungeklärte Störungen des Magnetfelds der Sonne und besteht größtenteils aus Wasserstoff und Heliumteilchen, die bei explosionsartigen Ausbrüchen der Sonne fortgeschleudert werden.

Wie verläuft die Bewegung des Mondes?

Der Mond umläuft die Erde auf einer nahezu kreisförmigen Ellipse in 27 Tagen, 7 Stunden, 43 Minuten und 11,5 Sekunden und dreht sich dabei einmal um seine eigene Achse.

Was verbirgt sich hinter der Abkürzung ESA?

Dahinter verbirgt sich die Europäische Weltraumorganisation (European Space Agency). Ziel der ESA ist die Entwicklung der Weltraumforschung und -technik. Von ihr wurde das Weltraumlabor „Spacelab“ entwickelt.

Wie lange braucht das Sonnenlicht zur Erde?

Das Sonnenlicht erreicht die Erde in 8 und den Jupiter in 43 Minuten, bis zum Pluto – dem äußersten Planeten unseres Sonnensystems – ist es fast 7 Stunden unterwegs. Verglichen mit dem Ausmaß des Universums ist unser Sonnensystem ein winziger Punkt. Und doch misst unsere kosmische Heimat von der Sonne bis zur Umlaufbahn des Pluto rund 7,4 Milliarden Kilometer.

Wie heißt unsere Heimatgalaxie?

Milchstraße. Sie ist ein spiralförmiges System mit einigen hundert Milliarden Sternen. Helle Regionen mit jungen Sternen lassen die Spiralarme mancherorts aufleuchten. Zwischen den Armen gibt es überwiegend ältere Sterne, von denen einige bereits explodiert und schließlich erloschen sind.

Was verstehen Astronomen unter einem Gravastern?

Eine Art Schwarzes Loch. Das Konzept wurde von Astrophysikern entwickelt, um theoretische Probleme bei der Erklärung Schwarzer Löcher zu umgehen. Ein Gravastern ist theoretisch ein kollabierter superdichter Stern, der Materie anzieht, aber nicht verschlingt.

Woher stammt das Wort Kosmos?

Der Begriff kommt vom griechischen Wort „kosmos“, das „Ordnung“ bedeutet. In der Astronomie gilt es als Bezeichnung für das Universum, die die zugrunde liegende Struktur alles Geschaffenen betont.

Wo liegt der von der US-Weltraumbehörde NASA Mazatzal genannte Stein?

Er befindet sich auf der Oberfläche des Mars im Gusev-Krater. Er wurde bei der Marsmission 2004 gefunden und von dem Roboter Spirit untersucht. Die an ihm gefundenen Risse und Mineralablagerungen deuten auf die Existenz von Wasser hin.

Was sind so genannten Tektite?

Ein beim Einschlag von Meterotiten durch Aufschmelzung entstehendes, natürliches Glas. Tektite werden durch die Wucht des Aufschlages oft über sehr große Strecken geschleudert und treten deshalb nicht nur in unmittelbarer Umgebung des Einschlagortes auf.

In der Atmosphäre bilden sich immer wieder Flecken. Was versteht man darunter?

Flecken kann man sich als gewaltige Wirbelstürme vorstellen. In diesen Wolkengebilden sind riesige Mengen an Bewegungsenergie gespeichert. Daher handelt es sich bei ihnen mitunter um relativ langlebige Objekte. Der größte Jupiterfleck, auch Großer Roter Fleck genannt, ist seit 1665 bekannt. Der Fleck verschwand schon mehrmals, seit 1878 konnte man ihn jedoch lückenlos beobachten. Der Große Rote Fleck ist rund 40.000 x 15.000 Kilometer groß. Die Erde hätte in ihm also bequem Platz.

Großer Roter Fleck auf dem Jupiter (Aufnahme der Raumsonde „Voyager 1")

Was verbirgt sich hinter dem Namen Galileo der Europäischen Weltraumbehörde?

Galileo ist der Name des europäischen Satelliten-Navigationssystems. Die Europäische Raumfahrtbehörde (ESA) geht mit Galileo in Konkurrenz zu den bestehenden amerikanischen und russischen Navigationssystemen GPS und GLONASS. Die ESA will 30 Satelliten in 23.600 Kilometern Höhe in eine Umlaufbahn um die Erde bringen. Ab 2008 soll Galileo für zivile Anwendungen verwendet werden. Neben Luft-, See- und Straßenverkehr soll es auch zur Planung der Infrastruktur herangezogen werden.

Was ist die Turiner Skala?

1999 führte die Internationale Astronomische Union eine einheitliche Bewertungsskala für große Meteorite und Planetoide ein. Jeder Himmelskörper, der eine Gefahr für die Erde darstellen könnte, wird nach dieser 10-Punkte-Skala bewertet. 0 bedeutet, dass eine Kollision mit der Erde sehr unwahrscheinlich ist. Wird ein Himmelskörper in die Kategorie 10 eingestuft, ist eine Kollision mit der Erde fast unausweichlich und der Einschlag würde wahrscheinlich eine Klimakatastrophe auslösen. Ereignisse der Kategorie 10 können alle 100.000 Jahre auftreten.

Welche neuen Ergebnisse brachte die europäischen Sonde Mars Express ans Licht?

Die Sonde umkreist den Planten im Abstand von 270 Kilometern. Dabei scannt die High Resolution Stereo Camera die Marsoberfläche aus verschiedenen Blickwinkeln. Dadurch ergibt sich ein dreidimensionales Bild der Marslandschaft. Die Kamera macht farbige Aufnahmen von Objekten mit einer Größe von 10 bis 30 Metern. Durch eine Art Lupe kann die Kamera zusätzlich Details in der Bildmitte mit einer Genauigkeit von zwei bis drei Meter auflösen. Man kann erkennen, dass es bis vor wenigen Millionen Jahren aktive Vulkane auf dem Mars gegeben hat. Die Aufnahmen zeigen zudem deutliche Spuren von gefrorenem Wasser auf und im Marsboden.

Was beschreibt das zweite keplersche Gesetz?

Das zweite keplersche Gesetz macht Aussagen über die Bewegung von Planeten längs ihrer Bahn. Es lautet: Die Verbindungslinie Sonne-Planet überstreicht in gleichen Zeiten gleich große Flächen. Aus diesem Gesetz folgt, dass sich die Planeten auf ihrer Bahn mit unterschiedlicher Geschwindigkeit bewegen. In Sonnennähe sind sie schneller als in Sonnenferne. Für die Erde betragen diese Geschwindigkeiten 29,3 km/s in Sonnenferne (Juni/Juli) und 30,3 km/s in Sonnennähe (Dezember/Januar).

Was sind Protuberanzen?

Die Sonne meist bogenförmig oder flammenartig umgebende Lichterscheinungen. Bei totalen Sonnenfinsternissen sind sie mit bloßem Auge am Rand der vom Mond verdunkelten Sonnenscheibe als rötliche, wolkenartige Zungen zu erkennen. Protuberanzen bestehen insbesondere aus glühendem Wasserstoffgas.

Gibt es auf dem Mond Wasser?

Ja – in Form von Eis. Die Raumsonde Clementine entdeckte 1996 bei der Untersuchung der Mondoberfläche per Radiowellen einen bis zu 30 Meter dicken Eispanzer. Das erste entdeckte Eisfeld befindet sich im 13 Kilometer tiefen Shakleton-Krater auf der Südhälfte des Mondes. Auf den Boden dieses Kraters kann das Sonnenlicht zu keiner Zeit vordringen.

Wie groß ist der bisher größte Meteorit auf der Erde?

Der Hoba-Meteorit ist derzeit der größte Meteorit der Erde. Er wurde 1920 in der Kalahariwüste in Namibia entdeckt. Der Eisenmeteorit misst ca. 3 x 3 x 1,25 Meter und hat ein Gewicht von etwa 61 Tonnen. Er schlug vor etwa 80.000 Jahren auf der Erde ein. Sein Alter ist nicht exakt festzustellen. Er besteht aus Eisen (82%), Nickel (16%), Kobalt (1%) und einer Reihe von Spurenelementen.

Welcher offene Sternhaufen befindet sich im Sternbild Stier?

Die so genannten Plejaden. Das besondere an den Plejaden sind jedoch die bläulich leuchtenden Nebel, die sich um die größeren Sterne gruppieren. Es sind Reflexionsnebel, gestreutes Licht der Sterne, welche sich an Staub und Partikeln im All brechen. Es handelt sich dabei nicht Reste des Urnebels, aus dem sich der Sternhaufen gebildet hat, sondern um eine Staubwolke, durch die die Plejaden hindurchziehen.

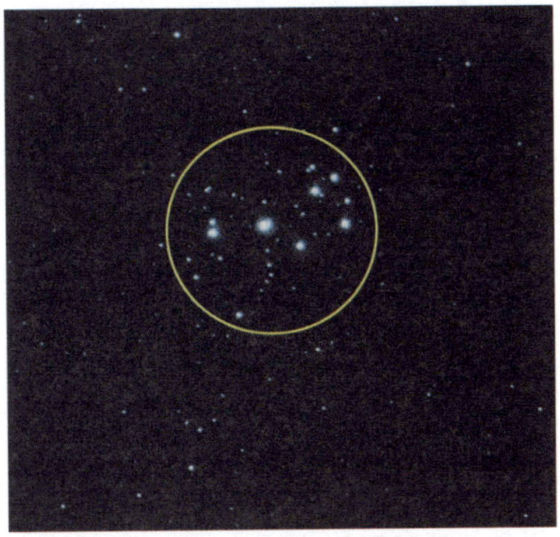

Offener Sternhaufen der Plejaden im Sternbild Stier

Woran arbeitet das Projekt seti@home?

An der Suche nach außerirdischem Leben. Das Projekt verschickt über das Internet Daten mit Teleskopsignalen an Freiwillige, die ihre Computer die Angaben untersuchen lassen. So sind mittlerweile durch fünf Millionen Freiwillige zwei Millionen Jahre Rechenzeit zusammengekommen.

Gibt es im Universum mehr Materie oder Antimaterie?

Vermutlich mehr Antimaterie: Neue Beobachtungen der Ausdehnung von Supernovae und aktuelle Messungen von kosmischer Mikrowellen-Hintergrundstrahlung legen den Schluss nahe, dass die Masse des Universums zu 90% aus so genannter Antimaterie besteht.

Wer verließ als erster Tourist die Erde?

Es war der US-amerikanische Millionär Dennis Tito (*1940), der als erster für einen Flug in den Weltraum bezahlte. Der Preis belief sich auf 20 Millionen Dollar. Reisebeginn war der 28. April 2001, an dem Tito in einer Sojus-Kapsel von Baikonur aus startete.

Wer versteht man unter einem Asteroid?

Als Asteroiden bezeichnet man Himmelskörper, welche die Sonne umlaufen, hauptsächlich aus Gesteinsmaterial bestehen und wenige Metern bis maximal 1000 Kilometer große Durchmesser besitzen. Im Unterschied zu Kometen beobachtet man an Asteroiden keinerlei Aktivitätsvorgänge. Statt der Bezeichnung Asteroid ist auch der Begriff Planetoid gebräuchlich.

Was unterscheidet die Trojaner von den Erdbahnkreuzern?

Neben den Asteroidengruppen im Asteroidengürtel unterscheidet man noch verschiedene andere Gruppen. In der Bahn des Jupiters befinden sich die Trojaner. Asteroiden, welche die Mars- oder die Erdbahn kreuzen, werden als Mars- bzw. Erdbahnkreuzer bezeichnet. Die Erdbahnkreuzer könnten mit einer gewissen – allerdings sehr geringen – Wahrscheinlichkeit mit der Erde kollidieren. Daher bemüht man sich, insbesondere diese Objekte möglichst vollständig zu erfassen und ihre Bahndaten zu katalogisieren.

Andromeda-Galaxie

Welche Galaxie ist neben dem Milchstraßensystem die größte?

Die Andromeda-Galaxie, man kann sie bereits mit bloßem Auge im Sternbild Andromeda beobachten. Wie eine alte arabische Handschriften belegt, war sie sicher auch schon Gelehrten des Mittelalters, vielleicht auch in früherer Zeit, als Nebelfleck bekannt. In Teleskopen erscheint das Sternsystem als diffuses Gebilde. So entstand die unzutreffende Bezeichnung „Andromedanebel“. Auf Fotografien erkennt man, dass es sich bei dem „Nebel“ ohne Zweifel um eine Spiralgalaxie handelt. Das Sternsystem ist etwa 2,2 Millionen Lichtjahre von der Erde entfernt und bewegt sich mit ca. 270 km/s auf das Milchstraßensystem zu.

Was bezeichnet man als weiße Zwerge?

Das Endstadium in der Entwicklung sonnenähnlicher Sterne. Es handelt sich um kleine, extrem dichte und heiße Sterne.

Welches Teilgebiet der Astronomie erforscht die physikalischen Eigenschaften kosmischer Objekte?

Die Astrophysik. Astrophysikalische Forschungen fußen auf der begründeten Annahme, dass überall im Universum die gleichen physikalischen Gesetze gelten. Sie basieren auf der Analyse der Richtung, Intensität und Zusammensetzung elektromagnetischer und Teilchenstrahlung, die von den Himmelskörpern zur Erde gelangt.

Was ist die so genannte oortsche Wolke?

Unter der oortschen Wolke – so genannt nach dem niederländischen Astronomen Jan Hendrik Oort (1900–92) – versteht man eine Ansammlung von einigen Milliarden Kometen, die sich an den Grenzen unseres Sonnensystems aufhalten.

Was verbirgt sich hinter einem so genannten Bewegungssternhaufen?

Die Sterne in offenen Sternhaufen entstanden zur gleichen Zeit aus der gleichen Gas- und Staubwolke. Sie haben dadurch viele Gemeinsamkeiten, u. a. weisen sie eine gleichartige Bewegungsrichtung auf. Unter Bewegungshaufen oder Bewegungssternhaufen versteht man nahe offene Sternhaufen, bei deren Sternen man diese Eigenschaft gut untersuchen kann.

Was sind die Hyaden?

Ein bekannter Bewegungssternhaufen sind die Hyaden. Die Gruppe umfasst etwa 350 Sterne. Obgleich man im Sternbild Stier eine lokale Ansammlung von Hyaden-Sternen beobachten kann, sind viele andere Mitglieder über weite Raumbereiche verstreut. Entsprechend unsicher ist daher ihre Identifizierung.

Welche Aufgabe hatte die Cassini-Mission?

Die Cassini-Mission gehört zu denjenigen Raumfahrtprojekten, die sich durch komplexe swing-by- Flugmanöver auszeichnen, dafür aber einen spektakulären Weg zum Zielobjekt einschlagen und – quasi auf ihrem Weg dorthin – Daten über verschiedene weitere Himmelskörper liefern. Die am 15. Oktober 1997 gestartete Sonde absolvierte zunächst zwei Venus-Vorbeiflüge, einen Erde-Vorbeiflug und einen Jupiter-Vorbeiflug, bevor sie ihr eigentliches Ziel, den Ringplaneten Saturn, ansteuerte.

Wie heißt der größte Asteroid unseres Sonnensystems?

Die Ceres. Ceres ist mit einem Äquatordurchmesser von 975 Kilometern der größte Asteroid des Asteroiden-Hauptgürtels und wurde am 1. Januar 1801 von Giuseppe Piazzi (1746–1826) als erster Asteroid entdeckt.

Wer war William Herschel?

Sir Friedrich Wilhelm (William) Herschel wurde 1738 in Hannover geboren. 1757 siedelte der Musiker und Astronom nach England über, wo er sich zu einem herausragenden Beobachter entwickelte. Er konstruierte Spiegelteleskope, begann systematische Durchmusterungen des Himmels nach Doppelsternen sowie Nebelflecken und versuchte aus Sternzählungen in verschiedenen Himmelsrichtungen die geometrische Struktur der Milchstraße zu ergründen. Berühmtheit erlangte Herschel v. a. durch die Entdeckung des Planeten Uranus im Jahre 1781, des ersten neu gefundenen großen Planeten seit dem Altertum. Außerdem entdeckte er die Uranusmonde Oberon und Titania sowie die Saturnmonde Enceladus und Mimas. William Herschel starb 1822 in England.

Teleskop von William Herschel

Welchen Himmelskörper umkreist der Halley'sche Komet?

Wie alle Kometen umkreist er nicht die Erde, sondern die Sonne. In Sonnennähe erreichen Kometen Geschwindigkeiten von Millionen km/h, woraus der sichtbare Schweif resultiert. Kometen bestehen aus einem festen Kern und einer gasförmigen Hülle. Edmund Halley (1656–1742) hatte die Wiederkehr seines Kometen exakt vorausgesagt, er erschien 16 Jahre nach seinem Tod.

Die Wiederkehr des Halley'schen Kometen (Gemälde von 1759)

Wann wurde der Plutomond Charon entdeckt?

Der US-amerikanische Astronom James Christy (*1938) ist der Entdecker des Plutotrabanten Charon (22. Juni 1978). Um die Bahnelemente genauer zu bestimmen, fotografierte er auf der Flagstaff-Sternwarte, einem Institut des US-Naval-Observatoriums, regelmäßig den Planeten Pluto. Die Aufnahmen vom April und Mai 1978 mit dem 1,55-Meter-Teleskop zeigten eine Ausbuchtung des Plutobildchens. Charon gehört zu den eisartigen planetarischen Himmelskörpern.

Was bezeichnet man als Entfernungsmodul?

Als Entfernungsmodul wird die Differenz zwischen der scheinbaren Helligkeit (m) und der absoluten Helligkeit (M) eines Sterns bezeichnet.

Was ist das so genannte Hertzsprung-Russel Diagramm?

Ein Diagramm, in dem Sterne in Abhängigkeit von Leuchtkraft und Spektralklasse aufgetragen sind. Auf der senkrechten Achse wird die absolute Helligkeit, auf der waagerechten Achse die Spektralklasse aufgetragen.

Wer oder was ist Deimos?

Der Marsmond umläuft Mars auf einer fast kreisförmigen Bahn und führt dabei eine gebundene Rotation aus, d. h. er zeigt immer die gleiche Seite zur Marsoberfläche. Seine Abmessungen wurden erstmals durch die Raumsonde Mariner 9 ermittelt, die auch die ersten Bilder von seiner Oberfläche aufnahm. Deimos ist mit Kratern verschiedener Größe bedeckt.

Was ist der Unterschied zwischen optischen und physischen Doppelsternen?

Als Doppelsterne bezeichnet man im allgemeinen Sprachgebrauch solche Sterne, die an der scheinbaren Himmelskugel sehr nahe beieinander stehen. Optische Doppelsterne sind nur ein Projektionseffekt an der Himmelskugel, die Sterne selbst sind im All sehr weit voneinander entfernt. Physische Doppelsterne weisen eine so geringen Nähe zueinander auf, dass sie sich gegenseitig gravitativ beeinflussen und auf Keplerbahnen umkreisen.

Welcher Mond verfügt über das größte Rückstrahlungsvermögen?

Der Saturnmond Enceladus verfügt über das größte Rückstrahlungsvermögen aller Planeten und Monde. Fast das gesamte einfallende Sonnenlicht wird von ihm ins All reflektiert. Weite Gebiete des Mondes sind dicht von Einschlagskratern zernarbt, andere Regionen werden von Spalten und langen Gräben durchzogen, die von leicht hügeligen und ebenen Flächen umgeben sind.

Saturnringe (grafische Illustration)

Hat nur der Planet Saturn die so genannten Ringe?

Nein, auch beim Jupiter wurde ein Ring aus Gesteinstrümmern beobachtet und der Uranus weist ebenfalls einen solchen Ring auf. Uranus wurde zwar schon 1781 von dem Astronom Wilhelm Herschel (1738–1822) entdeckt, da er aber sehr weit von der Erde entfernt ist, lieferten erstmals 1985/86 die Voyager-Sonden nach acht Jahren Flug durch das All genauere Bilder der Uranusoberfläche.

Was versteht man unter dem so genannten Ekliptikalsystem?

Das Ekliptikalsystem ist ein astronomisches Koordinatensystem. Es wird vorrangig zur Angabe der Position von Himmelskörpern des Sonnensystems verwendet. Die Position eines Himmelskörpers wird durch die Angabe der beiden Winkel ekliptikale Länge und ekliptikale Breite festgelegt.

Was war die Hauptleistung des Astronomen und Mathematikers Johann Franz Encke?

Die Hauptleistungen Enckes (1791–1865) lagen auf dem Gebiet der Theorie und des astronomischen Rechnens. Er berechnete die Bahn eines 1818 entdeckten Kometen, dessen Wiederkehr er für 1822 richtig voraussagte. Dieser Komet wird heute enckescher Komet genannt. Mit nur 3,33 Jahren Umlaufzeit um die Sonne ist er der kurzperiodischste aller bekannten Kometen.

Eine typische Erscheinung auf der Erdoberfläche sind die Gezeiten. Welche Ursachen haben diese?

Zwischen Erde und Mond bestehen gravitative Wechselwirkungen, die zu einer Ausbildung eines Flutberges auf der dem Mond zugewandten und der dem Mond abgewandten Seite der Erdoberfläche führen. Erde und Mond, die man manchmal auch als einen Doppelplaneten bezeichnet, bewegen sich um einen gemeinsamen Schwerpunkt. Die Erde rotiert um ihre Achse und damit unter den Flutbergen hinweg.

Wie ist die Erde aufgebaut?

Wie viele andere Himmelskörper besitzt die Erde einen schalenförmigen Aufbau. Die drei Hauptschalen der Erde sind die Erdkruste, der Erdmantel und der Erdkern. Die Erdkruste besteht aus Gesteinsmassen, deren Dicke zwischen zehn und 70 Kilometern schwankt. Daran schließt sich bis in eine Tiefe von 2900 Kilometern der Erdmantel an. Abgesehen von einer teilweise flüssigen Schicht unterhalb der Kruste besteht der Erdmantel aus plastischem Material. Die leichten Krustengesteine schwimmen auf dem dichteren Mantelgestein. Die oberste Schicht des Erdmantels bildet die heiße, fließfähige Astenosphäre. Der Erdkern erstreckt sich über den halben Erdradius. Er besitzt eine relativ hohe Dichte. Deshalb geht man davon aus, dass Eisen der Hauptbestandteil dieses Kerns ist. Die Temperatur im Erdkern beträgt vermutlich 6500 °C bis 6600 °C.

Was verbirgt sich hinter dem Namen ISS?

● Die International Space Station (Internationale Weltraumstation). Wissenschaftler aus 16 Ländern (darunter neben Russland und den USA auch Deutschland) arbeiten an der Station, die nach ihrer Fertigstellung im Jahr 2006 einem Dutzend Experten gleichzeitig die Möglichkeit geben wird, in der Schwerelosigkeit Experimente durchzuführen.

Der erste Bauabschnitt der ISS

Wie heißt der größte Mond des Planetensystems?

● Ganymed. Die Bahn des galileischen Mondes ist fast kreisförmig und verläuft außerhalb der Bahnen von Io und Europa. Ganymeds mittlere Dichte ist sehr gering, der Jupitersatellit gehört zur Gruppe der eisartigen planetarischen Himmelskörper. Neben vielen Einschlagskratern finden sich auch Regionen, die von Gräben und Spalten durchzogen werden.

Wie entsteht das Magnetfeld der Erde?

● Das Magnetfeld der Erde entsteht durch innere Strömungsvorgänge, die einen Dynamoeffekt hervorrufen. Von allen erdähnlichen Planeten besitzt die Erde das stärkste Magnetfeld. In der Nähe der Erdoberfläche ist es von der Form her mit dem Magnetfeld eines Stabmagneten vergleichbar. Wie man inzwischen weiß, wird es aber durch die Teilchenstrahlung der Sonne, den Sonnenwind, erheblich verformt.

Welcher italienische Astronom und Mathematiker wurde wegen seiner wissenschaftlichen Erkenntnisse von der kirchlichen Inquisition ermahnt?

● Galileo Galilei (1564–1642) war ein Verfechter des heliozentrischen Weltbildes und wurde dafür von der Inquisition ermahnt und zur Abschwörung gezwungen.

Was bewirkt die Erdanziehungskraft?

● Die Erdanziehungskraft bewirkt, dass ein Apfel, wenn man ihn loslässt, senkrecht nach unten fällt. Ein Schrank drückt auf seine Unterlage, den Boden. Die Erdanziehungskraft wird häufig auch als Gewichtskraft bezeichnet. Die Gewichtskraft ist die Gravitationskraft, mit der ein Körper von der Erde angezogen wird. Jeder Körper auf der Erdoberfläche oder in der Nähe der Erde wird von dieser Kraft angezogen. Zugleich zieht auch jeder Körper die Erde an.

Was ist ein Horoskop?

● Das Horoskop ist ein Abbild des Himmels, eine Darstellung des Standes der Gestirne zu einer bestimmten Zeit und für einen bestimmten Ort. Die Horoskoperstellung und Deutung beruht auf einem Regelwerk, das keine naturwissenschaftliche Begründung besitzt und von allen Astronomen daher strickt abgelehnt wird.

Was bedeutet Gravitation?

Alle Körper ziehen sich aufgrund ihrer Massen gegenseitig an. So zieht z. B. die Erde den Mond an. Umgekehrt zieht auch der Mond die Erde an. Die gegenseitige Anziehung von Körpern aufgrund ihrer Massen wird Massenanziehung oder Gravitation (gravis, lat., „schwer") genannt. Die dabei wirkenden Kräfte werden als Schwerkräfte oder als Gravitationskräfte bezeichnet.

Wodurch entsteht eine Sonnenfinsternis?

Wenn sich der Mond zwischen Sonne und Erde schiebt und so die Sonne teilweise oder ganz verdeckt. Da die Sonne etwa 400-mal so groß ist wie der Mond und die Entfernung von der Erde zur Sonne ungefähr das 400-fache der Entfernung von der Erde zum Mond ausmacht, ist der Mond ausreichend groß, um die Sonne zu verdecken. Dieses Phänomen ist einmalig in unserem Sonnensystem und kann ausschließlich auf der Erde beobachtet werden.

Sonnenfinsternis

Warum bezeichnet man Kometen manchmal auch als schmutzige Schneebälle?

Ein Komet besteht aus einem festen Kern mit einem Durchmesser von 100 Metern bis maximal etwa 100 Kilometer. Dieser Bereich besteht aus Gesteinstrümmern, die durchsetzt sind mit gefrorenem Wasser, Ammoniak und Methan. Deshalb bezeichnet man Kometen manchmal auch als schmutzige Schneebälle.

Was bezeichnet man als Impakt?

Als Impakt bezeichnet man den Einschlag eines Kometen, Asteroiden oder Meteoriten auf der Erde. Schon seit langer Zeit weiß man, dass die Krater auf dem Erdmond eine Folge kosmischer Impakte sind. Im Zeitalter der Raumfahrt konnte man auf nahezu allen anderen Himmelskörpern des Planetensystems ebenfalls Krater oder anderweitige Einschlagsspuren ausfindig machen. Auf der Erde wurden bisher über 100 Einschlagskrater gefunden. Diese Zahl dürfte sich bei weiteren Untersuchungen noch deutlich erhöhen.

Wie entstand der Erdmond?

Über die Entstehung des Erdmondes existieren verschiedene Theorien. Favorisiert wird von vielen Wissenschaftlern die Auffassung, der Mond habe sich in der Frühzeit der Erdentwicklung infolge des Aufpralles eines etwa marsgroßen Himmelskörpers gebildet. Diese Theorie gestattet, die Mondbildung mit relativ wenigen Annahmen zu erklären. Damit wäre der Mond das Resultat eines zufälligen kosmischen Ereignisses.

Wie heißt das fünftgrößte Sternbild?

Herkules. Benannt wurde es nach der bekannten griechischen Sagengestalt Herakles, dessen lateinischer Name Herkules lautet. In ihm befindet sich der berühmte Kugelsternhaufen M13.

Mars
Entfernung von der Sonne: 228 Mio. km
Durchmesser: 6787 km
Masse: 0,11 mal die Masse der Erde
Dichte: 3,9 g/cm³
Temperatur: -23 °C
Atmosphärendruck: 0,001 atm

Rotation: 24 Std. 37 Min. 23 Sek.
Äquatorneigung: 25°

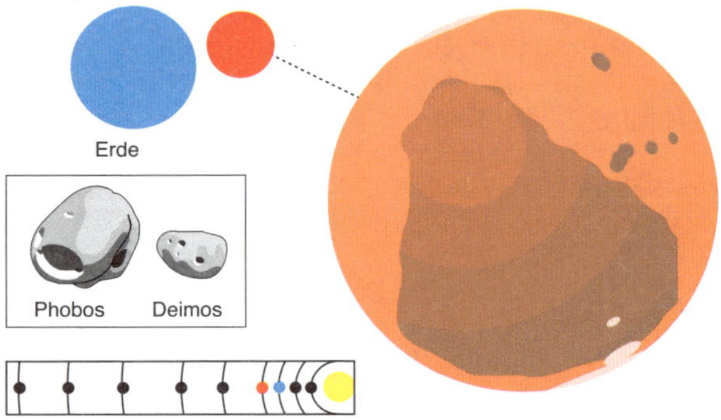

Mars

Gibt es einen Nachweis über Leben auf dem Mars?

Nachdem bereits 1975 die beiden Sonden Viking 1 und 2 erfolglos nach einfachem Leben auf dem Mars suchten, gelang es auch der amerikanischen Pathfinder-Mission 1997 nicht. Allerdings konnte das Roboterfahrzeug Sojourner beeindruckende Bilder der Marsoberfläche auf die Erde senden.

Was bezeichnet man als so genannte Mondphasen?

Die typischen und sich ständig ändernden Lichtgestalten des Mondes werden als Mondphasen bezeichnet. Sie kommen zustande, weil der Mond ein von der Sonne beleuchteter Körper ist und Erde und Mond infolge ihrer Bewegung unterschiedliche Stellungen bezüglich der Sonne einnehmen. Besondere Stellungen treten dann auf, wenn der Mond von der Erde aus gesehen voll von der Sonne beleuchtet wird (Vollmond) bzw. wenn er nicht beleuchtet wird (Neumond).

Was beschreibt das dritte keplersche Gesetz?

Das dritte keplersche Gesetz beschreibt den Zusammenhang zwischen der Größe der Bahn und der Zeit für einen Umlauf um die Sonne. Es lautet: Die Quadrate der Umlaufzeiten zweier Planeten verhalten sich wie die dritten Potenzen der großen Halbachsen ihrer Bahnen. Mithilfe dieses Gesetzes können aus den beobachtbaren Umlaufzeiten der Planeten um die Sonne die wahren Dimensionen des Planetensystems hergeleitet werden. Insbesondere folgt aus diesem Gesetz, dass die Bahngeschwindigkeit von Planeten mit wachsendem Abstand von der Sonne abnimmt.

Welcher englische Astronom und Physiker entdeckte die Gravitation als Kraft, die das Sonnensystem zusammenhält?

Isaac Newton (1643–1727). Um die Farbfehler bei der Abbildung mit Linsen zu umgehen, baute er 1668 als Erster ein Spiegelteleskop, mit dem er die Jupitermonde und die Phasen der Venus beobachtete. Ausgehend von den Gesetzen der Planetenbewegung, die Johannes Kepler (1571–1630) gefunden hatte, leitete Newton das Gravitationsgesetz her. Dieses Gesetz ist die Grundlage der gesamten Himmelsmechanik.

Wer formulierte das so genannte olberssche Paradoxon?

Der Arzt und Amateurastronom Heinrich Olbers (1758–1840). Das nach ihm benannte olberssche Paradoxon ist der scheinbare Widerspruch, nach dem der Nachthimmel dunkel ist, obwohl ein unendliches Weltall, wie es damals angenommen wurde, mit unendlich vielen Sternen zu einem gleißend hellen Nachthimmel führen müsste. Bei den heutigen Weltmodellen, die von einem expandierenden endlichen Universum ausgehen, ist dieses Paradoxon hinfällig.

Was versteht man unter der Pekuliarbewegung eines Himmelskörpers?

● Unter der Pekuliarbewegung eines Himmelskörpers versteht man seine Relativbewegung im Vergleich zu einer Gruppe anderer Himmelsobjekte.

Warum werden Mars und Phobos in rund 100 Millionen Jahren zusammenprallen?

● Phobos, der den Mars umrundet, unterliegt infolge von Gezeitenkräften einer beständigen Abbremsung – Phobos verliert an Höhe. Die nahezu kreisförmige Mondbahn besitzt also in Wahrheit eine spiralförmige Gestalt. Allerdings sind die einzelnen „Windungen“ dieser Spirale nicht zu beobachten, weil die Verringerung der Bahngeschwindigkeit nur äußerst langsam vonstatten geht. Nichts desto trotz liegt das Ende der Bahn des natürlichen Marssatelliten auf dem Boden der roten Planeten.

Was ist ein Quasar?

● Quasar ist eine Abkürzung, die für die Bezeichnung quasistellares Objekt steht. Auf fotografischen Aufnahmen unterscheiden sich Quasare kaum von Sternen. Man hat ermittelt, dass die Quasare im Mittel sehr weit von der Milchstraße entfernt sind. Aufgrund ihrer Entfernung erscheinen sie uns im optischen als winzige Pünktchen, so als ob es sich bei ihnen quasi um Sterne handeln würde. Ihr optischer Lichtausstoß wird außerdem durch die interstellare Materie stark abgeschwächt. Ein Quasar leuchtet etwa 100-mal heller als die leuchtkräftigsten Galaxien.

Die Explosion der Challenger 1986

Wie heißen die vier amerikanischen Raumfähren?

● Die Raumfähren oder Space Shuttles tragen die Namen Columbia, Discovery, Endeavour und Atlantis. Eine weitere, die Challenger, stürzte 1986 beim Start ab, wobei die Besatzung den Tod fand.

Welchen Effekt bezeichnet man als Randverdunklung?

● Fotografische Aufnahmen der Sonne zeigen eine Helligkeitsabnahme zum Sonnenrand hin. Diesen Effekt bezeichnet man als Randverdunklung bzw. Mitte-Rand-Variation. Er entsteht infolge der Temperaturzunahme in der Sonnenatmosphäre in Richtung Sonneninneres.

Wer entdeckte die so genannten Marskanäle?

● Giovanni Schiaparelli (1835–1910). Während seiner Beobachtungen der erdähnlichen Planeten untersuchte der Italiener den Mars, dessen auffällige Formationen er vermaß und benannte. Bei seinen Beobachtungen entdeckte er die so genannten Marskanäle. Während der günstigen Marsopposition von 1877 beobachtete er 40 streifenartige Erscheinungen auf der Oberfläche des roten Planeten. Er hielt die dunklen Gebiete auf dem Mars nicht für Wasserflächen, sondern sprach von Vegetationszonen.

Woraus besteht die Atmosphäre?

Aus einer Gashülle, die einen Planeten umgibt. Auf der Erde besteht die Atmosphäre hauptsächlich aus Stickstoff- und Sauerstoffverbindungen. Am dichtesten ist sie in der Nähe der Oberfläche, mit zunehmender Höhe wird sie kontinuierlich dünner.

Die Atmosphäre zeichnet sich als blauer Streifen am Horizont ab

Was ist die Ursache für Schwerelosigkeit, z. B. in einer Raumstation?

Unter Schwerelosigkeit oder Gewichtslosigkeit versteht man die Erscheinung, dass Körper in einer Raumstation, welche die Erde umkreist, keine Kraft auf eine Unterlage oder eine Aufhängung ausüben. Die Summe der Kräfte auf diese Körper ist null. Damit schweben sie in dem betreffenden Raum. Ursache für die Schwerelosigkeit ist das Zusammenwirken verschiedener Kräfte. Auf jeden Körper in der Raumstation und auch auf die Raumstation selbst wirkt die Gewichtskraft in Richtung Erdmittelpunkt. Daneben wirkt auf jeden Körper aufgrund der Kreisbewegung um den Erdmittelpunkt eine gleich große, entgegengesetzt gerichtete Kraft, die als Fliehkraft bezeichnet wird. Die Summe aus diesen beiden Kräften ist null.

Was versteht die Astronomie unter Sternbildern?

In der Astronomie versteht man darunter ein abgeschlossenes Gebiet an der scheinbaren Himmelskugel, in dem sich die Sternbildfigur befindet. Je nach der Lage an der scheinbaren Himmelskugel unterscheidet man zwischen nördlichen Sternbildern, südlichen Sternbildern und Sternbildern der Äquatorzone. Es gibt 31 nördliche und 45 südliche Sternbilder. Durch 12 Sternbilder verläuft der Himmelsäquator.

Welcher Mond verfügt als einziger über eine Atmosphäre?

Titan, der zweitgrößte Mond im Planetensystem. Leider bildet die Gashülle Titans einen undurchdringlichen Dunstschleier aus, der den Blick zur Oberfläche des Mondes vollständig verwehrt. Daher ranken sich um die Beschaffenheit des Mondbodens viele Spekulationen. Dass eine feste (bzw. flüssige) Oberfläche existiert, konnte man aber zweifelsfrei durch die Raumsonden Voyager 1 und 2 nachweisen.

Was ist der so genannte Comahaufen?

Im Sternbild Coma Berenices (Haar der Berenike) steht der symmetrisch aufgebaute Comahaufen, eine Ansammlung von etwa 1000 Galaxien.

Was versteht man unter einer aktiven Galaxie?

Galaxien, in denen gewaltige Energieausbrüche stattfinden. Unter die aktiven Galaxien fallen Seyfert- und Radiogalaxien sowie Quasare.

Was ist für die Entstehung der Jahreszeiten verantwortlich?

● Für die Entstehung der Jahreszeiten ist die Neigung der Rotationsachse der Erde gegenüber der Erdbahnebene verantwortlich. Das führt im Jahresverlauf für einen Ort zu verschiedenen Einfallswinkeln und unterschiedlicher Dauer der Sonnenstrahlung und damit zu einer unterschiedlichen Erwärmung. Keine Rolle spielt bezüglich der Jahreszeiten die unterschiedliche Entfernung der Erde von der Sonne. Es ist vielmehr so, dass im Sommerhalbjahr die Erde weiter von der Sonne entfernt ist als im Winterhalbjahr.

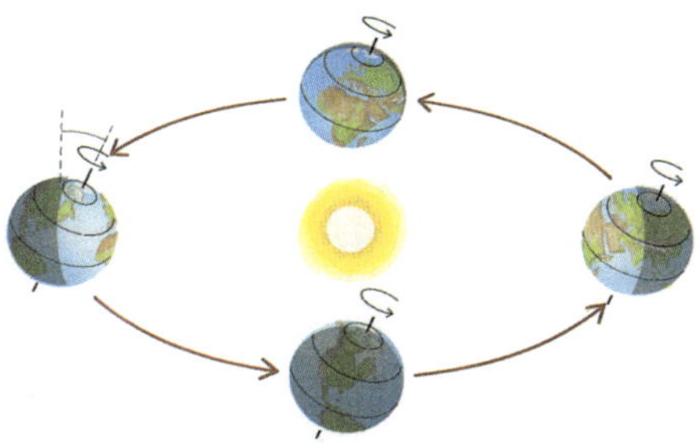

Schematische Darstellung der vier Jahreszeiten

Welche Erscheinung trägt den Namen Zodiakallicht?

● In der Sonnenumgebung kann man eine Leuchterscheinung wahrnehmen, die durch Streuung des Sonnenlichtes am interplanetaren Staub hervorgerufen wird. Man nennt diese Leuchterscheinung Zodiakallicht.

Wie entstand die Form des Nördlinger Ries?

● Das Nördlinger Ries verdankt seine Form einem Meteoriteneinschlag vor ca. 15 Millionen Jahren. Zwischen den Städten Nürnberg, Stuttgart und München gelegen, versteckt sich die Form des ursprünglich elf Kilometer breiten und 700–800 Meter tiefen Impaktkraters. Man glaubt, dass ein Steinmeteorit mit einem Durchmesser von ca. einem Kilometer Durchmesser und einer Geschwindigkeit von 70.000 km/h auf die Erdoberfläche zu raste. Die Stosswelle mit einem Druck von 6,6 Millionen Atmosphären bewirkte ein Zusammenpressen des Meteoriten und des betroffenen Untergrundes auf die Hälfte ihres Volumens. Es entstanden Temperaturen von 30.000 Grad Celsius. Meteorit und Erdreich verdampften mit einer Wucht, welcher der Zerstörungskraft von 250.000 Hiroshima-Bomben gleichkam. Von dem Meteoriten ist nichts übrig geblieben.

Welche Galaxie lässt sich mit bloßem Auge am Sternenhimmel beobachten?

● Die Andromeda-Galaxie am nördlichen Sternenhimmel. Die Andromeda-Galaxie ist eine Sterneninsel, ähnlich unserer Milchstraße.

Was bezeichnen die Begriffe Apogäum und Perigäum?

● Der Punkt in der Umlaufbahn eines Satelliten oder des Mondes, der von der Erde am weitesten entfernt ist, wird Apogäum genannt. Der erdnahste Punkt wird Perigäum genannt.

Wofür steht der Begriff Äquinoktium?

● Für die Tagundnachtgleiche, d. h. Tag und Nacht sind gleich lang. Dies geschieht, wenn die Sonne am 21. März (zum Frühlingsanfang) und zum 23. September (zum Herbstanfang) durch den Himmelsäquator läuft.

Welches Sternbild wird auch als das Himmels-W bezeichnet?

● Cassiopeia. Der Name ist entlehnt aus der griechischen Mythologie, Cassiopeia ist die Mutter der Andromeda und die Sage erzählt, dass die eitle und selbstsüchtige Mutter zur Strafe an den Himmel gesetzt wurde und niemals im Meer baden darf. Erkennbar ist das Sternbild durch die Anordnung seiner hellsten Sterne, sie bilden ein „W".

Welches Phänomen umschreibt der so genannte Diamantring?

Der Diamantring ist ein Phänomen, das kurz vor oder nach einer totalen Sonnenfinsternis auftritt. Dabei scheint Sonnenlicht durch Täler am Mondrand und erzeugt brillante Punkte entlang des Mondrandes.

Was bedeutet der Begriff Parsec?

Abkürzung für Parallaxensekunde. Ein Objekt im Abstand von einem Parsec von der Erde würde am Himmel eine Parallaxe von einer Bogensekunde aufweisen. Ein Parsec entspricht 3,26 Lichtjahren.

Wer war der bedeutendste Astronom der frühen Neuzeit?

Johannes Kepler (1571–1639) entdeckte die nach ihm benannten drei Gesetze der Planetenbewegung, die keplerschen Gesetze. Damit gehört er neben Nikolaus Kopernikus (1473–1543), Galileo Galilei (1564–1642) und Isaac Newton (1643–1727) zu den Wegbereitern eines neuen wissenschaftlichen Weltbildes, mit dem religiöse Auffassungen überwunden und naturwissenschaftliche Erkenntnisse Grundlage der Vorstellungen wurden. Kepler lebte in einer Zeit beginnender wissenschaftlicher Umbrüche. Heftige Auseinandersetzungen gab es um das heliozentrische Weltbild. Diese Auseinandersetzungen führten 1600 zur Verbrennung von Giordano Bruno (1548–1600) in Rom und zum Inquisitionsverfahren gegen Galilei.

Was sind Bok-Globulen?

In Gasnebeln um Sternentstehungsgebiete fallen oft sehr kompakte, dunkle und kugelförmige Regionen auf. Diese wurden erstmals von dem niederländisch-amerikanischen Astronomen Bart Jan Bok (1906–83) untersucht und sind seither als Bok-Globulen bekannt. Es handelt sich um dichte Molekül- und Staubwolken, in deren Zentrum sich mithilfe von Infrarotbeobachtungen fast immer ein junger, heißer Stern nachweisen lässt. Offenbar handelt es sich bei den Bok-Globulen um die noch verhüllten Geburtsorte von Sternen, die das sie umgebende Material noch nicht von sich weggetrieben haben.

Wie sieht der Neptun aus?

Wie seine inneren Nachbarn Jupiter, Saturn und Uranus ist der Neptun ein großer Gasplanet. Ähnlich dem Uranus ist er von bläulicher Farbe und in seiner Atmosphäre sind weiße Wolkenbänder zu sehen. Der Neptun wurde 1989 von der Raumsonde „Voyager 2" besucht. Eine der faszinierenden Entdeckungen war ein großer dunkler Fleck in der Atmosphäre des Planeten. Im Gegensatz zum Großen Roten Fleck des Jupiter, der bereits seit mehr als 300 Jahren bekannt, scheint sich diese Wolkenformation aber inzwischen aufgelöst zu haben, denn auf Aufnahmen des Hubble-Weltraumteleskops ist sie nicht mehr zu sehen.

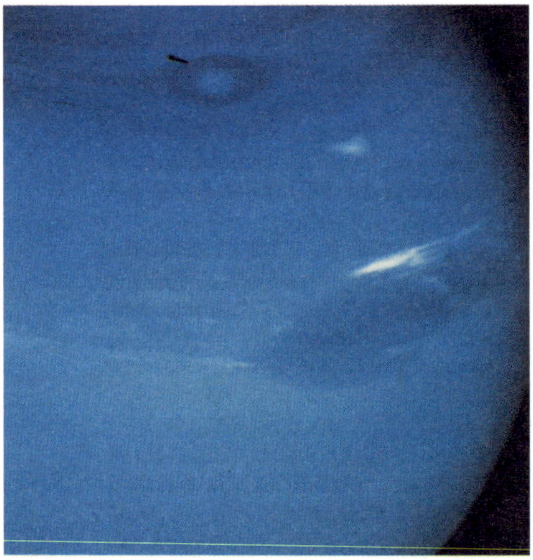

„Großer Dunkler (Blauer) Fleck" und weiße Wolkenbänder auf dem Neptun

Wozu dienten die Meridiankreise?

Früher waren die so ngenannten Meridiankreise für die genaue Bestimmung der Position von Gestirnen am Himmel unerlässlich. Ein Meridiankreis ist gleichsam ein Teleskop, das nur in Nord-Süd-Richtung nach oben und unten geschwenkt, nicht aber parallel zum Horizont gedreht werden kann. Die Positionsbestimmung eines Himmelskörpers geschieht dadurch, dass die Höhe und die Uhrzeit des Meridiandurchgangs, d. h. des Objektdurchgangs durch die Südrichtung, erfasst werden. Dadurch werden die beiden Winkelkoordinaten am Himmel präzise bestimmt.

Was bezeichnet man als so genannte Bahn?

Als Bahn bezeichnet man den Weg eines Himmelskörpers in einem Gravitationsfeld, gewöhnlich ein geschlossener Orbit um einen zentralen Punkt. Bei den Planeten ist es die Sonne.

Warum sehen wir immer nur eine Seite des Mondes?

Wer den Mond zu verschiedenen Zeiten aufmerksam betrachtet, erkennt, dass er immer die gleiche Verteilung von dunklen und hellen Regionen sieht. Der Mond wendet der Erde stets dieselbe Seite zu. Wie kam es zu dieser gebundenen Rotation? Nach seiner Entstehung rotierte der Mond sicherlich nicht gebunden, d. h. seine Rotationsperiode war kürzer als seine Umlaufperiode. Aufgrund der Erdanziehung auf die nicht gleichmäßige Kruste des Trabanten entstand Reibung zwischen dieser und dem flüssigen Inneren, welche die Rotation so lange abbremste, bis Rotations- und Umlaufperiode gleich waren.

Gibt es außerhalb der Erde Vulkane?

Erst Raumsonden konnten auf diese Frage eine Antwort liefern. Wir kennen inzwischen neben der Erde einige Himmelskörper im Sonnensystem, die aktive oder erloschene Vulkane besitzen. Dazu zählt zunächst die Venus, auf der sich zahlreiche Flüsse erstarrter Lava und Vulkane befinden, die z. T. möglicherweise noch aktiv sind. Hinzu kommen der Mars, dessen erloschener Vulkan Olympus Mons eine rekordverdächtige Höhe (ca. 24 Kilometer) erreicht, und der Jupiter-Mond Io, von dem die Voyager-Raumsonden spektakuläre Bilder von Vulkanausbrüchen zur Erde funkten.

Was sind Kugelsternhaufen?

Kugelsternhaufen M 13 im Sternbild Herkules

Kugelsternhaufen sind annähernd kugelförmige Ansammlungen von bis zu einer Million Sternen. Die Sterne in Kugelsternhaufen sind alle zur gleichen Zeit entstanden – und sie sind sehr alt. Altersbestimmungen ergeben zumeist einen Wert zwischen 12 und 14 Milliarden Jahren, also kaum weniger als das Alter des Universums. Aufgrund der gleichzeitigen Entstehung eignen sich Sterne in Kugelsternhaufen sehr gut als Testfall für unsere Modelle der Sternentwicklung, die bislang allesamt bestätigt wurden. In unserer Milchstraße sind Kugelsternhaufen v. a. im Halo zu finden, einer kugelförmigen Ansammlung alter Sterne, welche die Milchstraßenscheibe umgibt.

Was ist ein Interferometer?

Ein Interferometer ist ein gekoppeltes System von Einzelteleskopen. Da der Abstand dieser Teleskope größer ist als der Durchmesser eines Einzelteleskops, wird damit bei der Beobachtung des Himmels eine höhere Winkelauflösung erreicht. Die Einzelteleskope verhalten sich gleichsam wie kleine Stücke eines viel größeren Teleskops. Insbesondere bei der sehr langwelligen Radiostrahlung ist Interferometrie (z. T. sogar mit Teleskopen auf verschiedenen Kontinenten) sehr wichtig, weil eine hohe Ortsauflösung unmöglich mit einem Einzelteleskop erreicht werden kann.

Szene aus *Max und Moritz*

Wessen Bildgeschichten gelten als Vorläufer des Comics?

Die von Wilhelm Busch (1832–1908), einem der bekanntesten Humoristen Deutschlands. Durch seine satirischen Bilderfolgen, von knappen Texten im unnachahmlichen Knittelvers kommentiert (z. B. *Max und Moritz*), gelangte er zu Weltruhm.

Welche Stilrichtung der modernen Kunst bricht mit den traditionellen Vorstellungen der gegenständlichen Kunst?

Die abstrakte Kunst des 20. Jahrhunderts, die sich von der dinglichen Darstellungsweise löste und völlig neue Wege in der Beziehung von Form und Farbe in Malerei, Skulptur und Plastik beschritt. Zu den bedeutendsten Vertretern der sich seit ca. 1910 entwickelnden Kunstrichtung zählen Wassily Kandinsky (1866–1944), Piet Mondrian (1872–1944), Jackson Pollock (1912–56) und Willem de Kooning (1904–97).

Zu welcher Kunstgattung gehört die Collage?

Zur bildenden Kunst. Bei einer Collage (frz. coller, „kleben") werden Papier-, Stoff- oder Holzstücke o. Ä. auf einer Fläche kunstvoll angeordnet und geklebt.

Wer gilt als Erfinder der Zentralperspektive?

Der Architekt, Ingenieur und Bildhauer Filippo Brunelleschi (1377–1446). Er erfand die für die Malerei der Renaissance bahnbrechende Technik, mit der eine perfekte Raumillusion erzeugt werden konnte.

Welche besondere Vereinigung stellte Die Brücke dar, die 1905 gegründet wurde?

Eine der wichtigsten dem Expressionismus verpflichteten Künstlergruppen, der u. a. Ernst Ludwig Kirchner (1880–1938), Erich Heckel (1883–1970), Max Pechstein (1881–1955) und kurzzeitig auch Emil Nolde (1867–1956) angehörten. In der Auseinandersetzung mit der „primitiven Kunst" wurde ein auf kraftvollen Konturen, auf vereinfachten Formen und auf intensiver Farbgebung beruhender Mal- und Zeichenstil entwickelt.

Welcher italienische Maler wirkte mit seinen realistisch-drastischen Darstellungen und lebendigen Lichtkontrasten auf die Barockmalerei?

Caravaggio (1573–1610). Der früh verstorbene Maler wurde durch seine revolutionäre Malweise wie der Helldunkelmalerei zu einem der bedeutendsten und einflussreichsten Maler der gesamten Kunstgeschichte.

Was ist expressionistische Kunst?

Expressionistische Kunst ist „Ausdruckskunst" (lat. expressio, „Ausdruck"), d. h. elementare Gefühle des Künstlers werden dargestellt, oftmals um den Preis, dass sich das jeweilige Kunstwerk nur schwer einer Interpretation öffnet. Wichtige deutsche Vertreter der expressionistischen bildenden

Kunst sind Max Beckmann (1884–1950) und Ernst Ludwig Kirchner (1880–1938).

Wie nennt man die auf Papier aufgetragenen künstlerischen Erzeugnisse in Form von Drucken und Zeichnungen?

● Grafiken (von griech. „Schreibkunst"). Die Anfänge der abendländischen Grafik stellen im 14. und 15. Jahrhundert Holzschnitt und Kupferstich dar. Später kommen v. a. seit dem 17. Jahrhundert die Technik der Radierung und die verschiedenen Formen der Lithografie hinzu. Auch Handzeichnungen werden der Grafik zugeordnet.

Welche Kunstrichtung begründete der russische Maler Wassily Kandinsky?

● Die abstrakte Malerei. Seine ersten gegenstandslosen Bilder entstanden 1910. In München begründete er mit Franz Marc (1880–1916) und Alfred Kubin (1877–1959) die Künstlergruppe Der blaue Reiter. Ab 1922 war Kandinsky (1866–1944) Professor am Bauhaus in Weimar bzw. Dessau. Die Theorie der abstrakten Kunst legte er u. a. in seiner Abhandlung *Über das Geistige in der Kunst* (1911) dar.

Was ist eine Karikatur?

● Eine satirisch übertriebene Darstellung typischer Züge von Personen, die der Bloßstellung dienen. Das Wort kommt vom italienischen „caricare" und bedeutet „übertrieben komisch darstellen; überladen". Meister der Karikatur waren u. a. William Hogarth (1697–1764) und George Grosz (1893–1959).

Auf welchen Gebieten der Kunst betätigte sich Paul Klee?

● Auf dem Gebiet der Malerei und Grafik. Klee (1879–1940) wurde von verschiedenen Kunstrichtungen und deren Vertretern beeinflusst, u. a. vom Blauen Reiter, so dass er nicht eindeutig einem Stil zuzuordnen ist. Kennzeichnend ist jedoch seine Verbindung des Abstrakten mit Elementen des Traumhaft-Skurrilen, wodurch er Gemeinsamkeiten mit den Surrealisten hat. Bedeutende Werke sind u. a. *Rote und weiße Kuppeln* (1914) oder der *Aufstand der Viadukte* (1937).

Welcher Hauptvertreter der Frührenaissance malte Die Geburt der Venus?

● Sandro Botticelli (1445–1510), der v. a. für die Medici in Florenz arbeitete. Er wählte zarte Farben für seine Gemälde. Eine träumerische, fast melancholische Göttin der Liebe begegnet dem Betrachter in der *Geburt der Venus*, die – dargestellt als „Schaumgeborene" – anmutig in einer geöffneten Muschel verharrt.

Botticelli: ***Die Geburt der Venus***

Bei welchem grafischen Verfahren muss der Künstler das Motiv mit Schneidegeräten aus einem Holzstock herausarbeiten?

● Beim Holzschnitt, der ältesten Variante des Hochdrucks. Er entwickelte sich seit der Antike und in Mitteleuropa besonders ab dem 14. Jahrhundert. Insbesondere nach Aufkommen des Buchdrucks wurde er zur Buchillustration verwendet. Meister wie Dürer (1471–1528) und Baldung (um 1484–1545) bedienten sich dieser Kunst, bevor sie durch den Kupferstich abgelöst wurde. Eine Neubelebung fand um 1900 etwa im Expressionismus statt.

Was ist die deutsche Bezeichnung für Lithografie?

Steindruck (griech. lithos, „Stein"; graphein, „schreiben"). Das 1798 erfundene Verfahren arbeitet mit einer Druckform aus Kalkschiefer. Auch das Kunstblatt selbst, das so hergestellt wird, heißt Lithografie oder kurz Litho. Henri de Toulouse-Lautrec (1864–1901) war ein Meister der Kunstlithografie.

Welcher Maler aus Nordbrabant gab um 1500 dem Abgründigen und Dämonischen Ausdruck und den Surrealisten des 20. Jahrhunderts ein Vorbild?

Hieronymus Bosch (um 1450–1516), dessen Bilder immer wieder auf erschütternde wie faszinierende Weise die dämonische Seite der menschlichen Existenz und der Jenseitserwartungen aufgreifen, durchsetzt mit bizarren Spuk- und Fabelwesen in surrealer Umgebung.

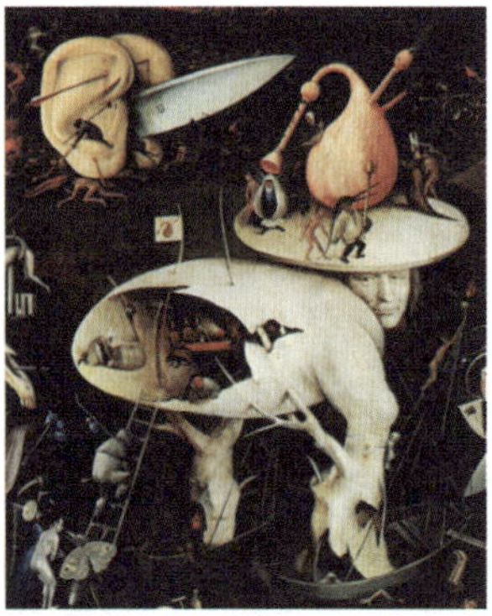

Gemälde von Hieronymus Bosch

Welcher Kunstepoche gehörten die Meisterwerke Johann Balthasar Neumanns (1687–1753) an?

Dem Spätbarock, dem der Baumeister v. a. in Kirchen- und Residenzbauten Frankens und Altbayerns zum Ausdruck verhalf.

Was ist ein Fresko?

Ein auf den frischen Putz einer Wand aufgetragenes Gemälde (ital. a fresco, „aufs Frische"). Dabei verbinden sich die Farben unlöslich mit dem noch feuchten Kalkputz, Korrekturen sind nachträglich nicht mehr möglich. Zu den berühmtesten Fresken zählt die *Sixtinische Decke* von Michelangelo (1475–1564).

Welcher französische Maler unternahm auf der Suche nach natürlicher Schönheit Reisen um die ganze Welt und fand schließlich auf Tahiti seine künstlerische Heimat?

Paul Gauguin (1848–1903). Mit seinen Südseebildern in leuchtenden Farben wurde der Maler erst postum berühmt. Er war zunächst vom Impressionismus beeinflusst, entwickelte dann aber einen flächigen Stil.

Was wurde in den 1920er- und 1930er-Jahren als Neue Sachlichkeit bezeichnet?

Eine Kunstrichtung, die sich der Auflösung der Formen im Expressionismus durch die Mittel des flächig abgebildeten Gegenständlichen entgegenstellte. Vertreter dieses auch als Magischer Realismus bezeichneten Kunststils sind u. a. Otto Dix (1891–1969), George Grosz (1893–1959) und Christian Schad (1894–1982).

Was versteht man in der Kunst unter Performance?

Eine moderne Vorstellung avantgardistischer Künstler, auch Aktionskunst genannt (engl., „Aufführung"). Ihre Wurzeln liegen in der Form des so genannten Happenings, das die Grenzen zwischen Kunst und Alltäglichkeit, Dargestelltem und Zuschauer aufhebt.

Was ist eine Retrospektive in der Kunst?

Eine Ausstellung, die das Gesamtwerk eines Künstlers oder die Gesamtproduktion einer bestimmten Schaffensperiode – z. B. das Alterswerk – präsentiert.

Was findet der Kunstinteressierte in einer Pinakothek?

● Gemälde. Im antiken Griechenland diente die Pinakothek zur Aufbewahrung von Weihgeschenktafeln, seit der Renaissance wurde der Begriff für Gemäldesammlungen verwendet.

Wodurch zeichnen sich die Gemälden und Triptychen von Otto Dix besonders aus?

● Otto Dix' (1891–1969) Bilder zeichnen sich durch einen fast fotografischen Realismus aus, der sich z. B. in den Triptychen *Der Krieg* (1929–32) und *Großstadt* (1928) zeigt.

Welcher universale Künstler des 20. Jahrhunderts gilt als der bedeutendste Maler der Moderne?

● Der Maler, Grafiker, Bildhauer und Keramiker Pablo Picasso (1881–1973), der zunächst vom Impressionismus beeinflusst war, dann aber eigene Wege beschritt. Er bediente sich der Ausdrucksmittel der Naturvölker und bildete so die neue Stilrichtung des Kubismus aus (z. B. *Die jungen Frauen von Avignon*, 1906/07).

Wie entsteht eine Plastik im Unterschied zu einer Skulptur?

● Die Plastik entsteht aus formbaren Materialien wie Ton, Gips, Wachs oder Porzellan. Ds fertige Kunstwerk geht hierbei durch Anstückung hervor. Die Skulptur dagegen wird aus einem harten Rohmaterial wie z. B. Marmor durch Beschlagen von außen nach innen erarbeitet.

In welchem Bereich der bildenden Künste erlangte Henry Moore Berühmtheit?

● In der Bildhauerei. Seine Skulpturen beziehen Anleihen aus der Kunst der Naturvölker und zeichnen sich durch äußerste Formreduktion bis hin zur Abstraktion aus. Bedeutende Skulpturen Moores (1898–1986) sind z. B. *Liegende* (1938) und *Krieger mit Schild* (1953).

Seit wann kennt man in der neuzeitlichen Malerei das Porträt?

● Seit Ende des 14. Jahrhunderts, als die ersten Brustbilder von Monarchen entstanden. Vorher hatte die Jenseitserwartung so stark dominiert, dass die individuellen Gesichtszüge einer irdischen Person kaum interessierten.

Alexander Roslins berühmtes Porträt *Die Frau mit dem Schleier* von 1768

In welcher Stadt findet seit 1955 alle vier Jahre die documenta statt?

● In Kassel. Im Fridericianum, in der Neuen Galerie und an weiteren Orten findet eine umfassende, internationale Informationsschau avantgardistischer Kunstströmungen statt.

Was heißt übersetzt Les Fauves?

● Die Wilden. So wurde um 1905 eine Malergruppe genannt, die sich um Henri Matisse (1869–1954) scharte. Als „wild" und ungestüm galten sie deshalb, weil sie in ihren Bildern reine, ungemischte Farben verwendeten und dabei durch das unvermittelte und flächige Aneinandersetzen von Komplementärfarben eine grelle, plakative Wirkung erzeugten. Um 1908 erreichte der Fauvismus seinen Höhepunkt.

Welcher flämische Maler des 16. Jahrhunderts bevorzugte für seine Gemälde Motive aus dem bäuerlichen Leben?

● Pieter Bruegel d. Ä. (um 1528–69). Er schuf z. B. *Bauernhochzeit* (1568) und den Zyklus *Monatsbilder* (1565). Daneben malte er auch biblische Szenen, Gleichnisse für menschliche Komik und Tragik sowie Tugend, Laster und satirische Darstellungen.

***Bauernhochzeit* von Bruegel**

Von welchem Meister des Biedermeier stammen u. a. die Bilder „Der arme Poet" und „Abendständchen"?

● Von Franz Carl Spitzweg (1808–85), einem Apotheker, der sich selbst zum Maler ausbildete. Seine kleinformatigen Bilder mit feiner Stimmung stellen liebevoll und karikierend die Welt der Kleinbürger und Sonderlinge der Biedermeierzeit dar.

Was bezeichnet man als Stillleben?

● Die malerische Darstellung der unbelebten oder „toten" Natur, etwa in Form von Früchten, Blumen oder toten Tieren. Die Stilllebenmalerei entwickelte sich im 16. Jahrhundert rasch weiter und wurde im 17. Jahrhundert durch Velázquez (1599–1660), Jan Bruegel d. Ä. (1568–1625) u. a. zur Meisterschaft gebracht.

Welches Gebäude „packte" der Aktionskünstler Christo 1995 in der BR Dtl. ein?

● Das Berliner Reichstagsgebäude. Nach einem 24 Jahre währenden Kampf gegen Behörden konnte Christo (eigentl. Christo Javacheff; *1935) sein Traumprojekt 1995 endlich verwirklichen. 100.000 m^2 Tuch ließen für drei Wochen ein Kunstwerk entstehen, das etwa fünf Millionen Menschen anzog.

Wie bezeichnet man eine Kunstrichtung, die im Vergleich zur Klassik oder Renaissance „gekünstelt" wirkt?

● Manierismus. Es handelt sich um einen Kunststil, der von der Renaissance zum Barock überleitete. Die Formen verlassen die Klarheit und Strenge der an der Antike ausgerichteten Renaissance und wenden sich verspielterer Gestaltungsvielfalt und Dekorreichtum zu.

Wie wird eine Radierung hergestellt?

● Durch Ätzen. Eine Metallplatte wird mit einer schützenden Schicht bestrichen, dann ritzt der Künstler mit der Radiernadel eine Zeichnung auf die Schicht, sodass dort das Metall blank liegt. Im Säurebad wird die Zeichnung anschließend in das Metall geätzt.

Was sind die Kennzeichen des Dadaismus?

● Der Dadaismus nahm 1916 in Zürich seinen Ausgang und wurde eine internationale Kunstbewegung, die sich nicht auf einen Stil festlegen lässt, wohl aber auf eine grundsätzlich antibürgerliche, ironische Grundhaltung. Von kulturellen Normen blockierte schöpferische Kräfte sollten befreit werden, als Ausdrucksmittel verwendeten die Dadaisten z. B. Collagen oder Assemblagen aus banalen Gegenständen.

Wer schuf vor Michelangelo (1475–1564) mit dem „David" von 1430 die erste umschreitbare Freifigur der Neuzeit?

● Der italienische Bildhauer Donatello (um 1386–1466), dessen Werk bahnbrechend für die Skulptur des 15. Jahrhunderts in Italien war. Der Künstler arbeitete mit Bronze, Marmor und Holz und schuf mit seinem *David* die erste Aktdarstellung seit der Antike.

David **von Donatello**

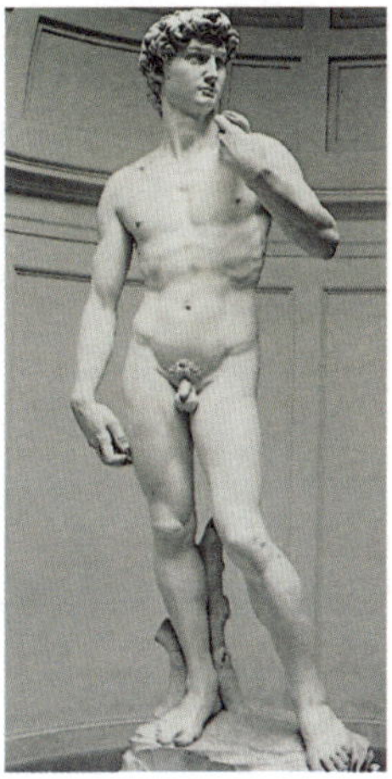

David **von Michelangelo**

Was waren die zentralen Themen des Futurismus?

● Zentrale Themen waren die Erscheinungen der Massengesellschaft, der Großstadt, das Tempo der Verkehrsmittel, die Bewegung der Maschinen. Diese Dynamik wurde wiedergegeben u. a. durch Simultanansichten, Auflösung eines Gegenstands in Prismen und Facetten, durch vibrierende Konturen und phasenhaft wiederholte Formvariationen.

Wie hieß die unmittelbar auf den Jugendstil folgende und diesem nahe stehende Kunstrichtung?

● Art déco. Beides sind ornamentale Stile und beide beziehen sich sowohl auf die bildenden Künste als auch das Kunsthandwerk und die Architektur. Die „Arts Décoratifs" (frz., „dekorative Künste") entwickelten sich aus dem Jugendstil und wurden in den 1920er- und 1930er-Jahren modern. Im Gegensatz zum Jugendstil zeichnete sich der Art déco durch scharfe Linien und Kanten aus.

Welcher deutsche Aktionskünstler und Professor an der Düsseldorfer Kunstakademie machte Objekte aus Honig, Fett und Filz?

● Joseph Beuys (1921–86). Für ihn war Kunst ein Hilfsmittel für den sozialen und politischen Wandel. Durch die ungewöhnlichen Materialien wollte er ein festgeprägtes, rein ästhetisches Kunstverständnis aufbrechen.

In welcher Stadt wurde 1911 die Gruppe Blauer Reiter gegründet?

● In München. Der Name leitet sich von dem Titel eines 1903 von Kandinsky (1866–1944) gemalten Bildes und von dem eines Almanachen ab und wurde dann Titel einer Ausstellung. Die Gründer der Künstlergruppe waren Wassily Kandinsky und Franz Marc (1880–1916). Sie wollten die bisherigen Grenzen des künstlerischen Ausdrucksvermögens erweitern und die Kunst mit neuen Symbolgehalten füllen.

Was zeichnet die Werke Marc Chagalls aus?

● Seine Werke sind von russischer Volkskunst, und jüdischer Kultur geprägt. Seine Bilder wirken traumhaft-mystisch, sein Stil ist keiner der Richtungen des 20. Jahrhunderts fest zuzuordnen. Chagall (1887–1985) schuf Buchillustrationen, Bühnenbilder, Keramiken und Kirchenfenster (z. B. in Zürich und Reims).

Wo befindet sich das bedeutende europäische Museum Eremitage?

● In Sankt Petersburg. Das Museum ist in einem während des 18. und 19. Jahrhunderts entstandenen, aus vier Gebäuden bestehenden Komplex untergebracht, der eine der größten Gemäldegalerien der Welt beherbergt.

Innenansicht der Eremitage

Welche Bilder zeichnen sich durch Einfachheit und Unbefangenheit aus und stammen meist von Laien?

● Die naive Malerei, die sich keiner Stilrichtung verpflichtet sieht. Entscheidend ist das persönliche, nichtakademische und untheoretische Vermögen des Künstlers, der die Malerei nur nebenberuflich betreibt.

In welcher Stadt wurde zwischen 1983 bis 1985 das Hundertwasser-Haus erbaut?

● In Wien. Der Österreicher Friedrich Stowasser (1928–2000), der sich Friedensreich Hundertwasser nannte, engagierte sich für eine menschen- und umweltgerechte Architektur. In seinen stark farbigen, oft labyrinthartig angelegten Bildern und Plakaten nahm er Elemente des Jugendstils auf.

Was ist kennzeichnend für das Werk Joan Mirós?

● Kennzeichnend sind eine eigene, poetisch-verspielte und skurrile Bildzeichensprache. Mirós (1893–1983) Figuren stehen oft auf einer monochromen Farbfläche. Nach Anfängen im Kubismus und Surrealismus gab er jede Raumdarstellung auf. Er fertigte auch Keramiken und Plastiken.

Welcher Richtung kann man den amerikanischen Maler Jackson Pollock zuordnen?

● Dem Abstrakten Expressionismus. Pollock (1912–56) betonte im Sinne des Actionpaintings den malerischen Schöpfungsprozess. Er verarbeitete nicht nur Farbe, sondern auch Sandpasten, Glasscherben und Hölzer.

Für welche Arbeiten ist Tilman Riemenschneider (um 1460–1531) berühmt?

● Für seine spätgotischen Schnitz- und Bildhauerarbeiten, mit denen der gebürtige Thüringer v. a. in Mainfranken und in Würzburg die Innenausstattung von Kirchen bereicherte. Neben Andachtsbildern und Beweinungsgruppen fertigte er v. a. Altäre (z. B. *Heiligblutaltar* in Rothenburg ob der Tauber) an. Seine geschnitzten Figuren kommen aufgrund ihrer unnachahmlichen Licht- und Schattenwirkung ganz ohne Farbe aus.

Welche architektonische Form hat das Solomon R. Guggenheim-Museum in New York?

● Die Form einer Spirale. Sein Architekt Frank Lloyd Wright (1867–1959) plante „ein organisches Gebilde mit einem einzigen großen Raum auf einem fortgesetzten Stockwerk“; er erreichte dies durch eine 800 m lange, sich nach unten verjüngende Spirale. 1959 wurde das Museum eingeweiht.

Welches Baumaterial verwendete Ludwig Mies van der Rohe bevorzugt?

● Glas, Beton und Stahl. Mies van der Rohe (1886–1969) schuf klare, streng elegante Bauten und Hochhäuser mit frei gezeigter

Stahlskelettbauweise (z. B. Seagram Building in New York). Er war von 1930–33 Direktor des Bauhauses.

Wer gründete 1919 in Weimar das Bauhaus?

● Der Architekt Walter Gropius (1883–1969). Das Bauhaus vermittelte in seinen Werkstätten für Handwerk, Architektur und bildende Künste das moderne architektonische Wissen unter besonderer Betonung des handwerklich-technischen Könnens. Grundlegend war die Forderung, dass unter der Führung der Architektur eine Einheit aller bildenden Künste zustande kommen sollte. Weitere Bauhaus-Vertreter waren u. a. Lyonel Feininger (1871–1956) und Ludwig Mies van der Rohe (1886–1969).

Was macht ein Stuckateur?

● Er bringt die plastischen Verzierungen aus Stuck an Decken in Innenräumen an. Als Material wird Gips oder eine Mischung aus Gips, Kalk und Sand verwendet. Ihren Höhepunkt erreichte diese Kunst im Barock und Rokoko, berühmte Stuckateure, wie etwa Mitglieder der Familien Zimmermann oder Feuchtmayer, kamen aus Süddeutschland.

Was unterscheidet das Rokoko vom Barock?

● Das Rokoko ist wesentlich eleganter und verspielter, was bereits der Name ausdrückt, denn der dem französischen entstammende Ausdruck bezieht sich auf die verschnörkelten Muscheldekorationen in künstlichen Grotten und Brunnen. Das Rokoko war vorwiegend ein Stil der Innendekoration, der auf das Pathos des Barock verzichtete.

Wann entwickelte sich in der bildenden Kunst der Symbolismus?

● Ab etwa 1885. Die Symbolisten arbeiteten mit vieldeutigen, sehr ausdrucksstarken Symbolen und benutzten diese für eine zeichenhafte Bildsprache. Mit betont flächiger Malweise und leuchtenden, monochromen Farben, die oft mit schwarzen oder tiefblauen Linien deutlich umrissen wurden, reagierten sie auf den „zu realistischen" Impressionismus, den sie ablehnten. Einer der berühmtesten Wegbereiter des Symbolismus war Paul Gauguin (1848–1903).

In welcher historischen Epoche malte Lucas Cranach der Ältere?

● Zur Zeit der Reformation. Cranach (1472–1553), der u. a. das bekannte Porträt Luthers (1483–1546) anfertigte, bildete eine spezifisch protestantische Kunst heraus: Er illustrierte die Lutherbibel oder Flugblätter der Reformatoren. Die Hauptwirkungsstätte des Malers aus Kronach (daher sein Name) war in Wittenberg, sein Sohn Lucas Cranach der Jüngere (1515–86) führte die Werkstatt fort.

Lucas Cranach

Welche Bauten sind in den Stundenbüchern des Duc du Berry detailgetreu abgebildet?

● Die kostbaren Bücher mit einzelnen Monatsblättern enthalten eine Galerie der französischen Schlösser vom Ende des Mittelalters, darunter die des Herzogs von Berry (1360–1416). Die Miniaturen der Brüder von Limburg (15. Jahrhundert) zählen zu den Meisterwerken der Gotik.

Welcher flämische Maler schuf mythologische Bilder wie „Der Raub der Sabinerinnen"?

● Peter Paul Rubens (1577–1640), der im Stil des Frühbarock malte und neben mythologischen Motiven auch religiöse, historische und allegorische Motive bearbeitete. Seine Bilder präsentieren die flämische frühbarocke Sinnlichkeit, mit der er religiöse wie weltliche Themen behandelte. Sein repräsentativer Barockstil wirkte sich in ganz Europa aus.

Welcher französische Maler schuf 1830 das berühmte Revolutionsgemälde Die Freiheit führt das Volk an?

● Eugène Delacroix (1798–1863), dessen Historien- und Tiergemälde sowie Reiseskizzen aus dem Orient die französische romantische Malerei begründeten. Seine dramatischen Kompositionen wirken durch ihre leuchtende Farbkraft. Daneben schuf er Stillleben, Landschaften, Interieurs, Akte, mythologische und biblische Themen. Monumentale Wand- und Deckenmalereien entstanden im Palais Bourbon, Palais du Luxembourg, im Louvre und in St. Sulpice.

Die Freiheit führt das Volk an

Wie nennt man die Darstellung von nackten Körpern in den bildenden Künsten?

● Akt. In der Antike bereits zu einer klassischen Meisterschaft gebracht – etwa durch die Skulpturen des Polyklet und Phidias –, entdeckte man erst seit der italienischen Renaissance die Wirkung wirklichkeitsnaher Abbildungen menschlicher Körper von Neuem, wie etwa in Michelangelos (1475–1564) *David*. Erst im 19. Jahrhundert lösten die Künstler den Akt aus den religiösen und mythologischen Zusammenhängen und machten den nackten Körper selbst zum Thema.

Welcher Bau- und allgemeine Kunststil wurde im Klassizismus als „schwülstig" und „überladen" abgewertet?

● Der Barockstil des 17. und beginnenden 18. Jahrhunderts. Der Barock löste den Manierismus ab und beeinflusste Baukunst, Bildhauerei, Malerei, Musik und Literatur. Bedeutende Vertreter in den bildenden Künsten waren in der Architektur Bernini (1598–1680) und Neumann (1687–1753), in der Malerei Rubens (1577–1640) und Rembrandt (1606–69); in der Musik Bach (1685–1750), Vivaldi (1678–1741) und Händel (1685–1759) und in der Literatur Lope de Vega (1562–1635), Calderón (1600–81), Gryphius (1616–64) u. a.

Welcher Künstler stellte in seinem Werk die Pariser Nachtwelt in Bordellen und Kabaretts dar?

● Henri de Toulouse-Lautrec (1864–1901), der sich als Kind beide Beine brach, weswegen er zeitlebens verkrüppelt blieb. Er fertigte u. a. für das Pariser Nachtlokal Moulin Rouge Plakat-Lithografien an und erhob damit das Plakat als Werbemittel in den Rang der Kunst. Seine Bilder und Drucke zeichnen sich durch karikaturistische Schärfe aus.

In welcher Tradition stehen Robert Delaunays Fensterbilder?

● Delaunays (1885–1941) „Fensterbilder" von 1912 stehen auch in einer Tradition deutscher romantischer Malerei, etwa Caspar David Friedrichs, wo der Blick durchs Fenster auf eine Welt trifft, die hauptsächlich aus der Wirkung und Symbolik von Licht und Farbe lebt.

Welcher Maler errang besonders durch seine Porträts von Mitgliedern des spanischen Königshofes Berühmtheit?

● Der Spanier Diego Rodríguez de Silva y Velázquez (1599–1660), Hofmaler Philipps

IV. (1605–65) von Spanien. Eines seiner Hauptwerke ist *Las Meninas* (1656), das mit impressionistischer Leichtigkeit die spanische Infantin Margarita mit ihrem Gefolge zeigt und ein Selbstporträt integrierte.

Wo entstanden die meisten der wertvollen und künstlerisch anspruchsvollen Buchmalereien des Mittelalters?

● In den Scriptorien, also den Schreibstuben der Klöster. Zum einen liegt die Ursache darin, dass Mönche im Mittelalter zu den wenigen Menschen gehörten, die des kunstvollen Schreibens überhaupt mächtig waren. Zum anderen bedurfte es für die Herstellung eines einzigen Buches mehr als nur eines Menschen, denn jedes einzelne Blatt, jede einzelne Zeichnung musste schließlich handgefertigt werden.

Wer war Jan Vermeer van Delft?

● Ein niederländischer Maler des bürgerlichen Milieus. Vermeers (1632–75) mit äußerster Bedachtsamkeit geschaffenen Gemälde wirken wie Fotografien von handarbeitenden, lesenden, musizierenden und malenden Personen. Er hinterließ nur etwa 40 Gemälde, von denen *Das Atelier des Malers* (um 1660) zu den berühmtesten zählt.

Nach welchem italienischen Baumeister ist eine ganze Stilrichtung benannt?

● Nach Andrea Palladio (1508–80). Der Palladianismus, ein Architekturstil von strenger Gesetzmäßigkeit und klarer Gliederung, beeinflusste bis ins 18. Jahrhundert die französische, englische und niederländische Architektur.

In welchem Zeitraum befindet man sich, wenn man in der bildenden Kunst vom Biedermeier spricht?

● In der Zeit zwischen 1815 und 1848. Für die bildende Kunst ist der Begriff leichter einzugrenzen, weil er sich v. a. auf die bürgerliche Wohnkultur beziehen lässt. Die Möbelkunst des Biedermeier schließt an den Stil des Empire, dem des napoleonischen Kaiserreiches, an. Er ist zweckmäßig, leicht und zierlich.

Welcher Meister schuf die Mona Lisa?

Mona Lisa

● Leonardo da Vinci (1452–1519), einer der vielseitigsten Künstler aller Zeiten, der bedeutende Arbeiten in der Malerei, Baukunst, Technik und Anatomie schuf. Als Künstler war er Mitbegründer der italienischen Hochrenaissance (z. B. *Abendmahl*, 1496/97). Mit der Entwicklung und Konstruktion von Geräten und Maschinen (u. a. U-Boot, Flugapparate) war er seiner Zeit weit voraus.

Welcher Künstler schuf zwischen 1501 und 1504 die Skulptur des David, die sich heute in der Akademie in Florenz befindet?

● Michelangelo Buonarroti (1475–1564), der sich mit dem über vier Meter hohen Marmorblock über zwei Jahre lang beschäftigte, um daraus den *David* zu meißeln. Zu den berühmtesten Skulpturen Michelangelos zählen des Weiteren die *Pietà* (Rom, Petersdom) und Figuren der Medici-Kapelle in Florenz.

Schon die Menschen der prähistorischen Zeit haben Kunst geschaffen. Welche Materialien haben sie dazu benutzt?

● Da weder Leinwand noch Brennöfen für Keramik zur Verfügung standen, haben die Menschen das genutzt, was ihnen zur Verfügung stand: vergängliche Stoffe wie Haare,

Baumrinde und Holz. So wie das verwendete Material waren natürlich auch die Kunstwerke vergänglich. Deshalb sind Funde aus prähistorischer Zeit äußerst selten.

Welcher bedeutende Nürnberger Maler, Holzschneider und Kupferstecher schuf an der Wende vom Mittelalter zur Renaissance zahlreiche sakrale Meisterwerke?

Selbstbildnis von Albrecht Dürer

● Albrecht Dürer (1471–1528), der nach seiner Goldschmiedeausbildung bei seinem Vater bei Michael Wolgemut (1434–1519) die Malerei erlernte. Er unternahm lange Reisen in die Niederlande, nach Basel, Straßburg und nach Italien. Berühmt sind u. a. sein Holzschnitt-Zyklus zur *Apokalypse* (1498), sein Kupferstich *Ritter, Tod und Teufel* (1513/14) und *Vier Apostel* (1526).

Mit welchem Antikriegsgemälde war Spanien auf der Weltausstellung 1937 in Paris vertreten?

● Mit Pablo Picassos (1881–1973) 1937 in nur knapp sechs Wochen entstandenem Monumentalgemälde *Guernica*. Anlass des Gemäldes war die Zerstörung der baskischen Stadt Guernica durch deutsche Luftangriffe der Legion Condor. Picassos Gemälde gehört zu den eindrucksvollsten Antikriegsbildern aller Zeiten und dürfte eines der bekanntesten Bilder der Malerei des 20. Jahrhunderts sein.

Wie heißt das berühmteste Gemälde Théodore Géricaults?

● Das neben der *Mona Lisa* wohl bekannteste Werk, das im Louvre zu besichtigen ist: *Das Floß der Medusa* von 1819. Das Gemälde thematisiert die Schrecken eines Schiffsunterganges und schockierte damit das zeitgenössische Publikum so sehr, dass dem Gemälde die Anerkennung verweigert wurde, die Géricault (1791–1824) sich erhofft hatte. Mit seinen dramatischen Gemälden wendet sich Géricault gegen den strengen Klassizismus eines Jacques-Louis Davids und leitet zur Romantik über.

Welcher deutsche Maler thematisierte insbesondere in den 1920er-Jahren den Ersten Weltkrieg, den er als Soldat erlebte?

● Otto Dix (1891–1969). Wie viele andere Künstler wurde der von 1927 bis 1933 als Professor der Dresdner Akademie Lehrende 1933 durch die Nationalsozialisten entlassen und durfte seine Bilder nicht mehr ausstellen. Dix' Hauptthemen sind Armut, Gewalt, Krieg und Tod.

Welchen Zeitraum umfasst in der Kunstgeschichte die Gotik?

● Allgemein den Zeitraum zwischen dem Ende der Romanik um das 12. Jahrhundert bis zum Beginn der Renaissance im frühen 15. Jahrhundert Jedoch ist die zeitliche Dauer der Gotik in den verschiedenen Ländern sehr unterschiedlich gewesen. Auch die Epochenbezeichnung „Gotik“ wurde als eine Art Schimpfwort eingeführt. Die Renaissance-Künstler verspotteten ihre Vorgänger als Goten, was besagte, dass sie sie für Barbaren hielten. Die Gotik hatte ihren Ursprung in Nordfrankreich.

Gegen wen wandten sich die Expressionisten zu Beginn des 20. Jahrhunderts?

● In erster Linie grenzten sie sich von Naturalismus und Impressionismus ab, weil es den Expressionisten nicht mehr darum ging, die Natur oder die sinnlich erfahrbare Welt künstlerisch darzustellen, sondern das geistige Innenleben des Menschen zum Ausdruck zu bringen. Es ging darum, neue Bezirke des Psychischen und subjektive Empfindungen, die die Wahrnehmung der Wirklichkeit verändern, künstlerisch zu erschließen.

Welche Epoche beginnt um 1400 in Italien und leitet vom Mittelalter in die Neuzeit über?

● Die Renaissance (ital. rinascimento, „Wiedergeburt"), die sich aus verschiedenen Gründen deutlich vom Mittelalter abgrenzt. Die Epoche war von der Antike beeinflusst, während der mittelalterliche Künstler sich im Dienst der Kirche zu verstehen hatte und die Religion in seinen Kunstwerken thematisierte. Der Künstler der Renaissance bearbeitete auch profane Themen der griechischen Mythologie, was eine Veränderung der Stoffe bedeutete. Eine große Änderung gab es im Selbstverständnis der Künstler. Die Anonymität der Künstler, wie sie im Mittelalter die Regel war, löste sich auf, in der Renaissance traten erstmals namentlich bekannte Künstlerpersönlichkeiten auf, die bereits zu ihrer Zeit Gegenstand der Geschichtsschreibung wurden.

7500 jeweils fast fünf Meter hohe Tore haben im Februar 2005 37 Kilometer Fußwege des New Yorker Central Parks gesäumt. Warum?

● Die Stadt New York hatte den Künstlern Christo (*1935) und Jeanne-Claude (*1935) die Genehmigung erteilt, die Tore für rund zwei Wochen aufzustellen. Rund 98.000 m^2 Stoff und knapp 97 Kilometer Gestänge sollten den Eindruck erwecken, als wäre der Park von einem riesigen Schleier verhüllt gewesen.

Welcher niederländische Künstler arbeitete mit Gauguin zusammen und nahm sich mit einem Revolverschuss das Leben?

● Vincent Willem van Gogh (1853–90), der 1888 in Arles mit Gauguin (1848–1903) zusammenarbeitete. In dieser Phase entstanden van Goghs leuchtende und farbkräftigen Sonnenblumen- und Landschaftsbilder. Im Dezember 1888 erlitt van Gogh einen Nervenzusammenbruch und schnitt sich sein linkes Ohr ab. Er malte in der Nervenheilanstalt von St. Rémy mit großer Intensität bis zu seinem Selbstmord weiter.

Welcher Kunstperiode gehören die Werke des Malers Caspar David Friedrich an?

● Der Romantik. Friedrich (1774–1840) war ein Maler von stimmungsvollen Landschaftsdarstellungen. In seinen nach intensiven Naturstudien entstandenen Bildern weitet sich der Blick in romantische Ferne (*Kreidefelsen auf Rügen*, um 1818) oder in schaurige Nachtmotive (*Der einsame Baum*, 1822).

Kreidefelsen auf Rügen

Welcher Designer wurde mit Kugelschreibern, Brillen, Autos und anderen Alltagsgegenständen weltberühmt?

● Der in Berlin geborene Luigi Colani (*1928) steht für ungewöhnliche Alltagsformen. Seit Mitte der 1980er-Jahre gilt er in Japan als Designer Nummer eins, seit Anfang der 1990er-Jahre ist er Ideengeber für die NASA. Im April 2002 wurde in Karlsruhe ein Colani Designcenter mit Forschungszentrum eröffnet.

Was ist eine Ikone?

● Als Ikone (griech. eikon, „Bild") wird in der griechisch- oder russisch-orthodoxen Kirche das Tafelbild im Unterschied zum Wandgemälde bezeichnet. Die Darstellung folgt streng festgelegten Regeln und reproduziert kanonische Muster. Auf den Ikonen sind heilige Ereignisse und Figuren zu sehen; es handelt sich bei den Tafelbildern also um Gegenstände religiöser Verehrung.

Welcher spanische Maler thematisierte mit seinem Bild Die Erschießung der Aufständischen vom 3. Mai 1808 die Schrecken des Krieges gegen Napoleon?

Francisco de Goya (1746–1828), der der spielerischen Welt des Rokoko mit ihren dekorativen Farben und Formen eine Malerei entgegenstellt, die die politischen und gesellschaftlichen Fehler der Zeit zum Thema hat und düster die Grausamkeit und Bosheit der Menschen darstellt. Goya hatte mit den klassischen Formprinzipien wenig zu tun. Stattdessen wurde er wegen der dämonisch-düsteren und visionären Eindrücke, die seine Bilder hinterlassen, zu einem der Vorläufer des Surrealismus.

Die Erschießung der Aufständischen

Welcher französische Maler gilt als größter akademischer Meister des 17. Jahrhunderts?

Nicolas Poussin (1594–1665), der in Venedig und Rom die Meisterwerke der Antike studierte. Die antiken Stoffe und die auf Klarheit und Präzision ausgerichteten Formen Poussins üben einen entscheidenden Einfluss auf den Klassizismus des 18. Jahrhunderts aus.

Welches ist eines der populärsten Designobjekte der Postmoderne?

1985 entwarf der amerikanische Architekt und Designer Michael Graves (*1934) für die italienische Firma Alessi einen *Wasserkessel mit vogelförmiger Flöte*, der zu einem der populärsten Designobjekte der Postmoderne wurde.

Welcher Kunstrichtung rechnet man Robert Rauschenberg zu?

Rauschenberg (*1925) gilt neben Jasper Johns (*1930) als Vorläufer der Pop Art und als Vertreter des Neodadaismus. Er wurde insbesondere von Marcel Duchamp (1887–1968) beeinflusst und gehört zu den vielseitigsten und einflussreichsten Künstlern unserer Zeit. In Amerika verhalf Rauschenberg einer neuen Art von Realismus zum Durchbruch, indem er immer wieder Vorgänge großstädtischer Zivilisation, amerikanischer Politik etc. thematisierte.

Welcher englische Maler des 20. Jahrhunderts hat einen englischen Philosophen und Staatsmann als Namensvetter?

Francis Bacon (1909–92), der sich erst 1944 vollständig der Malerei zuwandte. Zentrales Thema seiner Werke ist der gequälte, isolierte und hoffnungslose Mensch. Schlachthäuser und Medizinbücher dienten Bacon als Vorlage. Die teils großformatigen Bilder, die auch als Triptychen organisiert sind, mit ihren Inhalten Gewalt, Schrecken, Zwang und Verletzung gelten heute als schonungslose Darstellung des brutalen Gesichtes unserer Gegenwart.

In welcher bayerischen Provinzstadt hielten sich Kandinsky und Münter oft auf, um zu arbeiten?

Ab 1908 malten Kandinsky (1866–1944) und seine Schülerin und langjährige Lebensgefährtin Gabriele Münter (1877–1962) im oberbayerischen Murnau, studierten im Voralpenland Volkskunst, kopierten Hinterglasbilder und betätigten sich selbst in dieser Technik.

Warum konnte man David Blaine (*1973) beim Fasten zusehen?

● Der amerikanische Aktionskünstler ließ sich in einen Würfel aus Plexiglas sperren und neben der Londoner Tower Bridge aufhängen. In dieser Box hungerte er sich – beobachtet von unzähligen Schaulustigen – in 44 Tagen 25 Kilo ab.

Was ist ein Happening?

● Beim Happening handelt es sich um eine Kunstströmung, die Einflüsse aus dadaistischen und surrealistischen Strömungen in den 1950er- und 1960er-Jahren fortführt. Die Grenzen zwischen verschiedenen Medien, Alltag und Kunst etc. sollen in einer umfangreichen theatralischen Aktion aufgehoben werden, die zwar einige festgelegte Handlungselemente enthält, aber ansonsten auf Improvisation ausgelegt ist.

Welcher Schweizer Maler und Grafiker orientierte sich häufig am Stil von Kinderzeichnungen?

● Paul Klee (1879–1940), der mit Wassily Kandinsky (1866–1944) befreundet war, 1912 der Künstlergruppe des Blauen Reiters beitrat und mit August Macke (1887–1914), Franz Marc (1880–1916) und anderen ausstellte. Klee ging es in seinen Bildern nicht um das Reproduzieren der Wirklichkeit, sondern um das, was ihr unsichtbar zugrunde liegt. Daher bestand er auf der Bedeutung des Unbewussten für die Kunst.

Wer malte 1931 das Bild Die Beständigkeit der Erinnerung, auf dem zerrinnende Uhren zu sehen sind?

● Der spanische Maler Salvador Dalí (1904–89), der 1929 nach Paris ging und zu einem der führenden Vertreter des Surrealismus wurde. Dalí beschäftigte sich nach dem Studium der italienischen Renaissance und des Barock auch mit religiösen Sujets. Dalí arbeitete zeitlebens nicht nur an seinem künstlerischen Ruf, sondern auch an seinem Erfolg. Als er starb, hinterließ er ein Vermögen von rund 125 Millionen Euro.

Welcher Kunstepoche gehörte Raffael an?

● Der Hochrenaissance, zu deren Vollendung er neben Michelangelo (1475–1564) und Leonardo da Vinci (1452–1519) entscheidend beitrug. Bedeutende Gemälde Raffaels (1483–1520) sind u. a. die *Sixtinische Madonna* und die *Verklärung Christi*.

Sixtinische Madonna

Welcher Künstler des 20. Jahrhunderts schuf Skulpturen, die durch ihre extreme Überlänge auffallen?

● Der schweizerische Bildhauer und Maler Alberto Giacometti (1901–66), der sich dem Surrealismus anschloss. Seine fast körperlosen, gestreckten Bronzefiguren entstanden seit etwa 1940. Sie führten eine ganz neue Wirklichkeitserfahrung in die Geschichte der bildenden Künste ein und machten Giacometti zu einem der bedeutendsten Vertreter der Bildhauerkunst im 20. Jahrhundert.

Was ist ein Ready-made?

● Ready-mades (engl. ready-made article, „Fertigware") nannte Marcel Duchamp (1887–1968) die industriell angefertigten Gebrauchsgegenstände, die er aus ihrem alltäglichen Kontext herauslöste und als Kunstwerke behandelte. Die Kreativität des

Künstlers besteht bei den Ready-mades in der Auswahl der Objekte, nicht mehr in einem schöpferischen Entwurf.

Aus welchem Material ist die berühmte Laokoon-Gruppe gefertigt?

● Aus Marmor. Die Skulptur aus dem 1. Jahrhundert n. Chr. wurde 1506 in Rom ausgegraben und übte einen großen Einfluss auf den Manierismus aus.

Laokoon-Gruppe

Von wem stammt der Begriff Surrealismus?

● Ursprünglich stammt der Begriff (frz. surréal, „das Wirkliche überschreitend") von Guillaume Apollinaire (1880–1918), wurde jedoch 1924 von André Breton (1896–1966) in seinem *Manifeste du Surréalisme* zum Programm der gleichnamigen Künstlergruppe erhoben. Hauptvertreter sind Giorgio de Chirico (1888–1978), Joan Miró (1893–1983), Salvador Dalí (1904–89), Max Ernst (1891–1976) und Hans Arp (1887–1966), aber viele andere Künstler der Zeit (z. B. Picasso [1881–1973], Chagall [1887–1985]) standen dem Surrealismus nahe.

Welche romanischen Skulpturen Südfrankreichs beinhalten Erinnerungen an spätrömische Kunst?

● Der um 1170 entstandene Figurenschmuck des Portals von St.-Trophime in Arles verbleibt generell noch in der Formensprache der ausklingenden Romanik, wobei diese neben einigen wenigen Einflüssen frühgotischer Skulptur der Île-de-France italienische und v. a. antik-spätrömische Anregungen verarbeitet.

In welchem Sinn lässt sich der Kubismus als multiperspektivischer Realismus bezeichnen?

● Der Kubismus stellt seine Gegenstände nicht mehr aus einem subjektiv bestimmten und fixen Blickpunkt dar, sondern aus mehreren Blickpunkten gleichzeitig. Dabei handelt es sich gewissermaßen um eine objektive Darstellung, da nicht mehr nur einzelne Aspekte des Gegenstandes betrachtet werden, sondern möglichst alle. Der Kubist malt vom Gegenstand nicht nur das, was er sieht, sondern das, was er von ihm weiß.

Was versteht man unter einem Platytera?

● Der Begriff bezeichnet einen byzantinischen Madonnentypus, bei dem eine „Maria orans" (mit betend erhobenen Händen) einen so genanten Clipeus, eine Art Rundschild, vor dem Körper trägt, auf dem das Brustbild ihres Kindes dargestellt ist.

Welche Aufgabe übernimmt die documenta?

● Die documenta, die seit 1955 alle vier bzw. fünf Jahre in Kassel stattfindet, ist eine internationale Ausstellung moderner Kunst, die immer wieder durch Aktionen bekannter Künstler für Aufsehen gesorgt hat. Für 100

Tage übernimmt die documenta die Aufgabe, die früher Salons zukam, und präsentiert die neuesten Entwicklungen der Kunst.

Von wem stammt das Zitat „Für einen Künstler ist es vor allem gefährlich, gelobt zu werden“?

● Es stammt von dem norwegischen Maler Edvard Munch (1863–1944). Seine frühen Arbeiten waren stark vom Realismus beeinflusst. Sie zeigten schnell sein großes Talent und mochten ihm auch so manches Lob eingebracht haben. Dennoch entwickelte Munch sich weiter und wurde Wegbereiter der expressionistischen Richtung in der Malerei der Moderne.

Welche Sujets werden in den Bildern von Franz Marc immer wieder dargestellt?

● Charakteristisch für seine Gemälde sind Tierdarstellungen wie z. B. eines seiner Hauptwerke *Der Turm der blauen Pferde*. Zunächst arbeitete Marc (1880–1916) mit Wassily Kandinsky (1866–1944) zusammen an der Schrift *Der blaue Reiter* und gründet mit diesem die gleichnamige Künstlergruppe. Ab 1911 entstanden dann die Tierbilder, in denen es nicht um naturalistische Darstellung, sondern um die Auseinandersetzung mit der Symbolkraft von Farben und den Wesensmerkmalen von Lebewesen geht.

Von welchem Begründer des französischen Klassizismus stammt das Gemälde Der ermordete Marat (1793)?

● Von Jacques-Louis David (1748–1825), der den Tod eines der Führer der Französischen Revolution, der von einer Fanatikerin im Bad erstochen wurde, verewigt hat. Marats Schicksal wird als Märtyrertod dargestellt, wobei dieses Schicksal auch deswegen schwierig in klassischer Würde darstellbar ist, weil der Tod in der Badewanne nicht zu einem heldenhaften Tod zu passen scheint.

Manet: ***Frühstück im Freien***

Welcher Stilrichtung in der Malerei ebnete Édouard Manet den Weg?

● Dem Impressionismus. Hauptthema Manets (1832–83) war das Figurenbild. Seine Freilichtmalereien zeigten auch nackte Körper, was zu einem Eklat beim Publikum führte.

Was unterscheidet Bilder von Henri Matisse von kubistischen Bildern?

● Während es für den Kubismus Formprobleme sind, mit denen sich die Künstler auseinander setzen, denkt Matisse (1869–1954) primär über die Farbgebung nach. Die Farbe hat nicht mehr nur die Funktion, etwas darzustellen, sondern erhält einen autonomen Eigenwert. Matisse galt als führender Vertreter des Fauvismus. Er malte neben Stillleben und Interieurs v. a. Landschaften.

Welcher amerikanische Künstler arbeitet häufig mit banalen Sujets wie Zielscheiben, Flaggen oder Glühbirnen?

● Jasper Johns (*1930). Nach Marcel Duchamp (1887–1968) gehört Johns zu den Künstlern, die am kreativsten die Fragen nach dem Unterschied von Bild und abgebildetem Gegenstand weitertreiben. Wenn in seiner Malerei die abgebildeten Flaggen mit dem Bild deckungsgleich sind, so schließt sich die Frage an, ob es sich um ein Bild oder um eine Flagge handelt.

Wer malte den Isenheimer Altar?

Matthias Grünewald (um 1470–1529) malte den Altar 1512–16 für das Antoniterkloster in Isenheim (Elsass). Grünewalds Schöpfungen gehören zu den Hauptwerken der Frührenaissance.

Isenheimer Altar

Was kennzeichnet die Bilder Piet Mondrians?

Seine Bilder spielen mit den universellen Mitteln der Malerei, mit den Primärfarben Rot, Gelb und Blau sowie senkrechten und waagrechten Linien. Dadurch entstehen Bilder wie die *Komposition mit Rot, Gelb und Blau* von 1927. Mondrian (1872–1944) wurde zum Wegbereiter der abstrakten Malerei in Holland.

Welcher italienische Renaissance-Meister beeindruckt besonders durch seine Darstellung weiblicher Schönheit und prachtvollen Porträts?

Tizian (um 1488–1576), der die europäische Malerei entscheidend beeinflusst hat. Eine seiner exemplarischen Venusgestalten, die Vorlage für viele spätere Aktmalereien wurde, ist die 1538 entstandene *Venus von Urbino*. Besonders mit seiner revolutionären Verwendung der Farbe und der neuartigen, asymmetrischen Kompositionsweise schuf er eine völlig neue Bandbreite an Gestaltungsmöglichkeiten.

Wo wurde eine der berühmtesten Kuros-Statuen an der Wende zur Klassik gefunden?

Der so genannte *Jüngling vom Piräus* ist um 520 v. Chr. in Bronze gegossen worden (Athen, Nationalmuseum). Man barg die leicht überlebensgroße Figur mit drei weiteren, jüngeren Bronzegüssen 1959 im Hafen von Piräus. In der linken Hand hielt der Jüngling (Apollon?), der bereits eine Andeutung des klassischen Kontrapost zeigt, ursprünglich eine Opferschale, in der rechten einen Bogen.

Wer sind die berühmtesten Vertreter der so genannten naiven Malerei?

Die beiden wichtigsten Vertreter der naiven Malerei sind die US-amerikanische Farmersfrau Grandma Moses (1860–1961) und der französische Zöllner Henri Rousseau (1844–1910), dessen Werk als wichtiger Beitrag zur modernen Kunst angesehen wird.

Welche vergrößerte Statue von Käthe Kollwitz (1867–1945) ist in der Neuen Wache in Berlin zu sehen?

Ihre ursprünglich nur 38 Zentimeter große Statuette *Mutter mit totem Sohn*. Ende der 1930er-Jahre verarbeitete die von den Nationalsozialisten verfemte Künstlerin damit die Schrecken des Ersten Weltkrieges, in dem ihr Sohn nach zweiwöchigem Einsatz gefallen war. Die Statuette steht in der Tradition christlicher Pietà-Darstellungen.

Wodurch fallen die Bilder von Yves Klein besonders ins Auge?

Sie sind in den meisten Fällen monochrom, d. h. einfarbig. Yves Klein (1928–62) ging es um entgrenzende und befreiende Farberfahrungen. Besonders bekannt sind seine monochrom blauen Bilder, denen eine eigene Farbmischung (IKB = International Klein Blue) zugrunde liegt.

Auf welchem Bild malt der spanische Maler Diego Velázquez sich selbst beim Malen des spanischen Königspaares?

Auf dem großen Gruppenbild *Las Meninas* („Die Hoffräulein") von 1656. Im Zentrum des Bildes sieht man die Prinzessin Margarita, die Hoffräulein und Zwerge. Am linken Bildrand erkennt der Betrachter Velázquez (1599–1660), der vor seinem Bild steht, von dem man jedoch nur die Rückseite sieht. Was Velázquez malt, wird nicht direkt sichtbar. Am Ende des Raumes hängt aber ein Spiegel, der das spanische Königspaar reflektiert. An der Stelle, wo das Paar im Bild stehen müsste, steht nun der Betrachter vor dem Bild.

Wer war Käthe Kollwitz?

Käthe Kollwitz

Eine deutsche Grafikerin und Bildhauerin, die hauptsächlich durch ihre sozialkritischen Radierungen, Zeichnungen, Lithografien und Holzschnitte Berühmtheit erlangte. Kollwitz (1867–1945) leitete von 1928 bis 1933 das Meisteratelier für Grafik an der Berliner Kunstakademie.

Was kennzeichnet die expressionistische Kunst Ernst Barlachs?

Wie viele expressionistische Künstler interessierte sich Barlach für den leidenden menschlichen Körper in seiner Plumpheit und Hässlichkeit. Dies ließ die Nazis seine Kunst als „entartet" einstufen. In Barlachs (1870–1939) Plastiken erscheint der menschliche Körper oftmals als unbeholfene Masse. Dafür tritt der Gesichtsausdruck umso deutlicher hervor.

Was bedeutet das Wort Dadaismus?

Es handelt sich um den bedeutungslosen kindlichen Stammellaut „dada" bzw. um eine Bedeutung für „Schaukelpferd", mit dem eine literarisch-künstlerische Bewegung benannt wird, die sich gegen die sinnentleerten Kunstrituale des Bürgertums stellte. In diesem Sinn handelt es sich bei den Dadaisten eigentlich um eine Antikunstbewegung, die 1916 in Zürich durch die Gründung des Cabaret Voltaire ins Leben gerufen wurde.

Wodurch zeichnen sich die Werke des italienischen Malers Amedeo Modigliani besonders aus?

Durch ihre charakteristischen überlangen Formen, ovale Gesichter und die lyrisch-zarte Melancholie der dargestellten Personen. Modigliani (1884–1920), den besonderes die Begegnung mit dem Bildhauer Constantin Brancusi (1876–1957) stark inspirierte, wurde sein Leben lang als Künstler verkannt und verfiel dem Alkoholismus.

Welcher amerikanische Bildhauer erweiterte den Bereich der Skulptur durch seine Drahtkonstruktionen?

Der von Piet Mondrian (1872–1944) und Joan Miró (1893–1983) beeinflusste Alexander Calder (1898–1976). Seine späteren Werke sind so gebaut, dass sie sich in Bewegung setzen lassen und der Skulptur auch neue räumliche Möglichkeiten erschließen. Calder gilt als der eigentliche Erfinder der so genannten Mobiles, einer von Marcel Duchamp (1887–1968) stammenden Bezeichnung, die dieser für die frühen plastischen Konstruktionen Calders verwendete.

Welche französische Künstlerin entwarf in Zusammenarbeit mit Jean Tinguely eine begehbare Riesenfrau, die man im Stockholmer Museum betreten konnte?

Niki de Saint Phalle (1930–2002), die mit Tinguely (1925–91) auch verheiratet war. An ihren extrem überdimensionierten, bunt bemalten Riesenfiguren, den so genannten

Nanas, die teilweise den Figuren von Tarotkarten nachgebildet sind, arbeiteten sie und ihre Mitarbeiter teilweise über Jahre hinweg. Ihre Figuren waren besonders durch die überbetonten weiblichen Formen und den oft fast fehlenden Kopf Anlass heftiger Kritik.

Wie kam El Greco zu seinem Namen?

Selbstporträt von El Greco

● El Greco (span. „der Grieche"; eigentl. Dominikos Theotokopulos, um 1541–1614) wurde auf Kreta geboren, über Venedig und Rom gelangte er um 1575 nach Toledo (damals Spaniens Hauptstadt) an den Hof Philipps II. (1527–98).

Welcher koreanische Künstler gilt als Begründer der Videokunst?

● Nam June Paik (1932–2006). Am bekanntesten dürften seine Installationen von neben- und übereinander gestapelten Fernsehgeräten sein, die für andere Videokünstler vorbildlich wurden, wie z. B. *The more the better*, 1988. In Paiks Installationen finden sich häufig ökologische Anspielungen und ironische Hinweise auf die Reizüberflutung und die Ersetzung der Wirklichkeit durch das Fernsehen.

Welcher Künstler malte Mitglieder der spanischen Königsfamilie ebenso wie Zwerge und Narren?

● Diego Rodríguez de Silva y Velázquez (1599–1660), der nicht allein die spanische Thronfolgerin Margarita porträtierte, sondern auch Bilder mit fantastischen Themen, mit Zwergen und Narren schuf. Andere bedeutende Gemälde haben historische Ereignisse zum Inhalt (z. B. *Die Übergabe von Breda*).

Welcher amerikanische Fotograf importierte die französischen Kunstströmungen des 20. Jahrhunderts nach Amerika?

● Alfred Stieglitz (1864–1946), der auch in Deutschland einige Jahre studierte, bevor er sich 1890 in New York niederließ. Als Künstler, durch die Eröffnung vieler Galerien in New York und als Kunsthändler machte er sich um die moderne Kunst verdient und setzte sich dafür ein, die Fotografie zur eigenständigen Kunstform zu erheben.

Mit welcher Kunstform wurde Man Ray (1890–1976) berühmt?

● Obwohl der Amerikaner mit der Malerei begann, dürften die bekanntesten Werke Fotografien und seine dadaistischen Objekte, wie z. B. ein an der Unterseite mit spitzen Nägeln versehenes Bügeleisen (*The Gift*, 1921–23), sein. Mit seinen *Rayogrammen*, bei denen er Gegenstände vor der Belichtung direkt auf Fotopapier setzte, führte er eine neue Technik in die Fotografie ein.

Was ist für die Fotografie des Franzosen Henri Cartier-Bresson charakteristisch?

● Es ging ihm um die Fixierung des „entscheidenden Augenblickes", der eine Situation treffend darzustellen vermag. Auf seinen vielen Reisen gelang es Cartier-Bresson (1908–2004) immer wieder, die spezifischen Lebensumstände in ihrer Besonderheit festzuhalten. Er gründete mit Robert Capa (1913–54) die berühmte Fotoagentur Magnum, die das Ziel hatte, den Fotografen die Rechte an ihren Arbeiten zu erhalten. Als erstem Fotografen überhaupt widmete man ihm 1955 eine Ausstellung im Pariser Louvre.

Wer gilt als Hauptvertreter der Wiener Jugendstilmalerei?

● Gustav Klimt (1862–1918). Charakteristisch für Klimt sind seine symbolisch-allegorischen Darstellungen und seine dekorativen Frauenporträts. Seine flächig-ornamentale Darstellungsform verbindet naturgetreu wiedergegebene Details mit mosaikartig-abstrakten Elementen, die seinen Bildern oft einen dekorativen und kostbaren Glanz verleihen (*Der Kuss*, 1907/08).

Welches Frühstück im Freien führte 1863 zum Skandal des Pariser Herbstsalons?

● Das gleichnamigen Bild Édouard Manets (1832–83). Manet traf aus mehreren Gründen auf die Verständnislosigkeit seiner Zeitgenossen: Er wählte für sein Thema das Format eines Historienbildes, obwohl das dargestellte Frühstück eine verhältnismäßig alltägliche Situation ist. Die Nacktheit der Frau in einem solchen Zusammenhang führte zum Eklat.

Welche Kunstrichtung zu Beginn des 20. Jahrhunderts wurde von dem Italiener Filippo Tommaso Marinetti (1876–1944) begründet?

● Der Futurismus, der zunächst literarisch einen vollständigen Bruch mit allen Traditionen forderte. In der Malerei sollte statt eines bestimmten Augenblickes aus einer fortlaufenden Bewegung der gesamte Vorgang gleichzeitig im Bild sichtbar gemacht werden. Zeitlich auseinander liegende Momente werden simultan anschaubar.

Welcher amerikanische Maler bezog die Graffiti-Kunst stark in seine Arbeit ein?

● Keith Haring (1958–90), der sich schon früh von der traditionellen Museumskunst abwandte und der Verwertung alltagsspezifischer Zeichen den Vorrang gab. Haring bemalte praktisch jeden Untergrund, der sich ihm bot (U-Bahnen, Körper, Autos, Kleidungsstücke usw.). Er erhielt Aufträge aus der ganzen Welt, starb allerdings auf der Höhe seines Erfolges an Aids.

Welcher bedeutende niederländische Maler wurde lange Zeit fälschlicherweise als Schöpfer des „Mannes mit dem Goldhelm" angesehen?

● Rembrandt (1606–69), der Werkstätten mit einer großen Zahl an Schülern unterhielt, die wohl mehrfach selbst die Meister ursprünglich Rembrandt zugewiesener Werke sind. Rembrandts Barock-Malerei wählte häufig biblische Motive. Daneben entstanden viele Porträts, Selbstporträts und Gruppenbilder wie die berühmte *Nachtwache* (1642). Charakteristisch für seine Bilder ist das goldfarbene Leuchten, das sich vor dunklem Hintergrund abhebt.

Rembrandt: ***Nachtwache***

Was ließ der Aktionskünstler Wolfgang Flatz (*1952) von einem Hubschrauber in einen Berliner Innenhof fallen?

● Den Kadaver einer Kuh. Der Künstler hing derweil nackt an einem Kran und ließ sich von Klassik- und Techno-Musik beschallen. Die Aktion wurde unter dem Titel *Fleisch* umgesetzt.

Was ist das bisher teuerste Gemälde der Welt?

● Es ist der *Junge mit Pfeife*, den Pablo Picasso (1881–1973) 1905 in Paris gemalt hatte. Als erstes Bild erzielte es bei einer Auktion einen Preis von 104 Millionen US-Dollar. Die Versteigerung fand bei Sotheby´s in New York statt. Der Käufer zog es vor, unbekannt zu bleiben.

Wodurch erlangte die Sixtinische Kapelle ihre kunstgeschichtliche Bedeutung?

Decke der Sixtinischen Kapelle

● Durch die Deckenfresken und die Darstellung des *Jüngsten Gerichts* an der Altarwand der Kapelle. Von 1508 bis 1512 entstanden aus der Hand Michelangelos (1475–1564) an der Decke in neun Hauptfeldern Szenen aus dem Buch Genesis. 1536–41 erfolgte die Ausmalung der gesamten Altarwand mit dem gewaltigsten *Jüngsten Gericht* in der Kunstgeschichte.

Wer sprach im Bezug auf die bildende Kunst der klassischen Antike von edler Einfalt und stiller Größe?

● Der Kunstgelehrte Johann Joachim Winckelmann (1717–68), dessen kunsttheoretische Schriften enormen Einfluss auf das Schönheitsideal der Weimarer Klassik ausübten. Obwohl er nie in Griechenland war, konnte er in Rom die Kunst des Altertums studieren und legte seine Einsichten in dem Text der *Geschichte der Kunst des Altertums* von 1764 dar.

Was sind Nanas?

● Riesige, knallbunte Frauenfiguren, durch die die in Frankreich geborene Bildhauerin Niki de Saint Phalle (1930–2002) bekannt geworden ist.

Welcher französische Maler der Gegenwart beging 1999 in Tourtour Selbstmord?

● Es war Bernard Buffet (1928–99). Die Werke des für seine bedrückenden, dunklen Bilder und Radierungen bekannten Künstlers hängen in den großen Kunstmuseen der Welt, wie z. B. in der Tate Gallery und dem Musée d'Art Moderne.

Wie nennt man einen meist mittellosen Künstler mit unbürgerlichem Lebensstil?

● Bohemien. Giacomo Puccini (1858–1924) hat der Welt der Bohemiens mit seiner Oper *La Bohème* (1896) ein Denkmal gesetzt.

Auf welchem Untergrund malte Giotto di Bondone seine bekanntesten Werke?

● Auf frischem Putz. Giottos (um 1267–1337) Fresken zeichneten sich durch eine im Mittelalter bis dato unbekannte räumliche Tiefe aus, Körper bekamen so eine ganz neue, eigne Dimension, Bewegung wurde darstellbar.

Wie nennt man ein meist auf Papier mit Farbstiften in zarten Farben gemaltes Bild?

● Pastell. Eine Besonderheit der Pastelltechnik ist es, die bereist auf dem Papier aufgetragenen Farben mit dem Finger so zu verreiben, dass äußerst zarte Übergänge entstehen.

Wie heißt das berühmteste Museum der spanischen Hauptstadt?

● Prado. Das Gebäude, das nach dem Park, an dessen Stelle es 1785 errichtet wurde, benannt wurde, dient seit 1810 als Kunstmuseum und ist damit eine der wohl ältesten Gemäldegalerien der Welt.

Welcher Maler verarbeitete eine Liebesbeziehung zur Witwe des Komponisten Gustav Mahler in einem Bild?

Oskar Kokoschka (1886–1980), der seine Beziehung zu Alma Mahler im Bild *Die Windsbraut* (1914) verarbeitete. Wie alle Bilder Kokoschkas besticht auch dieses Gemälde durch den intensiven Einsatz von Farben. Kunsthistorisch ist der Maler am Übergang vom Jugendstil zum Expressionismus zu verorten.

Welche moderne Kunstrichtung vertrat Roy Lichtenstein?

Die Pop Art. Er übernahm in seinen Bildern geläufige Formen und Slogans aus Comics und Werbung. Charakteristisch ist für Lichtenstein (1923– 97) die Verwendung der Rastertechnik und die Beschränkung auf die Grundfarben Rot, Blau und Gelb, mit der er der Großstadtzivilisation parodistisch begegnet.

Wie zeigt ein Relief die von ihm dargestellten Figuren?

Die Figuren heben sich von der Grundfläche plastisch hervor, ohne dabei frei zu stehen. Reliefs können das Dargestellte stark hervortreten lassen (Hochrelief) oder nur leichte Wölbungen aufzeigen (Flachrelief).

In welcher Kunstrichtung versuchte man, das Unbewusste zu erfassen?

Im Surrealismus. Der Name der Kunstrichtung drückte bereits aus, dass es ihren Vertretern darum ging, Dinge jenseits der empirisch fassbaren Wirklichkeit darzustellen. Die wichtigsten Maler des Surrealismus waren Salvador Dalí (1904–89) und René Magritte (1898–1967).

In welcher Stadt findet man eine Museumsinsel?

In Berlin. Gemeint ist damit eine kleine Insel zwischen Spree, Kupfergraben und Lustgarten, auf der sich zahlreiche Museen wie etwa das 2005 nach fünf Jahren Bauzeit vollständig renovierte und wieder der Öffentlichkeit übergebene Bode-Museum befinden.

Welcher Stilrichtung sind die Bildhauer Bertel Thorvaldsen (1770–1844) und Antonio Canova (1757–1822) zuzuordnen?

Dem Klassizismus. Beide Künstler erhoben die an die klassische Antike angelehnte Schlichtheit zum Prinzip.

Antonio Canova: *Paolina Borghese*, 1804–08

Wer gilt als der wichtigste deutsche Vertreter der romantischen bildenden Kunst?

Caspar David Friedrich (1774–1840). Seine Darstellungen von Landschaften, Ruinen und Gebäuden hatten stets etwas Anrührendes, oft auch Unheimliches und entsprachen so dem irrationalen Impetus der romantischen Bewegung.

Wie nennt man die meist kleinformatigen mit Wasserfarben gemalten Bilder?

Aquarelle. Dadurch, dass die verwendeten Wasserfarben nicht die Deckkraft beispielsweise von Ölfarben besitzen, ergeben sich für den Künstler besondere Darstellungsmöglichkeiten. Dies lässt die Bilder oft sehr leicht und transparent erscheinen.

Gemälde von William Turner

Was sind die Besonderheiten der Bilder William Turners?

● Der Umgang mit der Landschaft, die in seinen Werken zum eigenständigen Sujet der Malerei wird. Turner (1775–1851) stellt die Landschaft in all ihren Facetten dar: Von sehr naturnahen bis zu vollkommen fantastischen Darstellungen finden sich bei ihm alle Varianten. Wegen der Auflösung der Form zugunsten eines mannigfaltigen Farbenspiels, das den visuellen Eindruck der Objekte verändert, beeinflusste er den Impressionismus.

Welcher am spanischen Hof arbeitende Hauptvertreter des Spätmanierismus schuf einen sehr eigenen Kunststil?

● El Greco (1541–1614), dessen Figuren ekstatisch-bewegt und überlang wirken. Die Beleuchtung erscheint grell und unwirklich, El Grecos Stil wird daher auch als „expressiv-visionär" beschrieben.

Welches zwischen 1503–06 entstandene Bild verbirgt sich hinter dem Titel La Gioconda?

● Leonardo da Vincis (1452–1519) *Mona Lisa*. Auf dem heute im Louvre ausgestellten wohl berühmtesten Bild der Kunstgeschichte ist die Gattin des florentinischen Adligen Francesco del Giocondo abgebildet, daher der ursprüngliche Titel.

Wer war der berühmteste Schüler Albrecht Dürers?

● Hans Baldung (um 1484–1545). Der Schüler Dürers (1471–1528) traf schon in sehr jungen Jahre auf seinen Lehrmeister, weshalb er auch den Beiname Grien, also „der Grüne" erhielt. Baldung gilt mit seinen innovativen Ideen als einer der kreativsten Künstler des 16. Jahrhunderts.

Welcher berühmte Künstler lebte in der Provence und gilt als Begründer des Kubismus?

● Paul Cézanne (1839–1906). Cézanne übernahm zunächst den impressionistischen Stil, verändert diesen jedoch immer weiter und gilt heute als Begründer des Kubismus. Cézanne verfasste außerdem theoretische Schriften zum Kunstverständnis seiner Zeit.

Welcher Maler änderte seinen Stil nachdem er seinen Bruder in Paris besucht hatte?

● Vincent van Gogh (1853–90). Waren die frühen Gemälde des Niederländers äußerst düster und realistisch, so änderte sich sein Stil nach einem Besuch bei seinem Bruder in Paris, wo er auch mit der Kunst der französischen Impressionisten in Berührung kam.

Woher kommt der Fachbegriff für künstlerisch wertvolle Bilderteppiche, wie sie bereits seit dem 13. Jahrhundert hergestellt worden sind?

● Der Begriff „Gobelin" ist vom Namen einer flämischen Familie abgeleitet, die während der Regierungszeit des Sonnenkönigs Ludwig XIV. (1638–1715) in Paris solche Bilderteppiche herstellte.

Wofür wurde das Pariser Stadtschloss der französischen Könige nach der Abschaffung der Monarchie in der Französischen Revolution genutzt?

● Für Kunstausstellungen. Zwar residierten die Königen schon seit der Regierung des Sonnenkönigs Ludwig XIV. (1638–1715) nicht mehr im so genannten Louvre, sondern in Versailles, als öffentlicher Ausstellungsort für Kunstwerke konnte das Gebäude aber erst seit 1793, also nach der Abschaffung der Monarchie, genutzt werden.

Wer übernahm ab 1547 die Leitung des Baus der Peterskirche in Rom?

● Michelangelo Buonarroti (1475–1564), der einer der wichtigsten Künstler der Hochrenaissance war. Der Bildhauer, Maler und Architekt schuf mit dem Wandgemälde *Das jüngste Gericht* auch das berühmteste Wandgemälde der Sixtinischen Kapelle.

Für welche spezielle Art von Bildern ist der rote Farbstoff Minium namensgebend?

● Für Bilder der mittelalterlichen Buchmalerei, denn nach dem Farbstoff, mit dem der Künstler das Buch künstlerisch gestaltete, werden diese auch als „Miniaturen" bezeichnet. Buchmalereien sind nicht allein bildliche Darstellungen, die sich auf den Text beziehen, sondern auch ornamentale Verzierungen der Schrift selbst.

Welcher Maler wurde durch seine impressionistische Freilichtmalerei berühmt?

● Auguste Renoir (1841–1919). Der Künstler schuf zahlreiche Gemälde, die wenigstens zum Teil unter freiem Himmel entstanden. Thematisch waren sie aber nicht allein der Landschaftsmalerei verpflichtet: Renoir platzierte auch viele seiner Aktdarstellungen in der Natur.

Welchem speziellen Stil ist der Maler Albrecht Altdorfer (um 1480–1538) zuzuordnen?

● Dem Donaustil. Die Kunstrichtung hatte ihren Ursprung im österreichischen Donauraum, erfasste bald aber weite Teile des östlichen Alpenraums. Sie zeichnet sich v. a. dadurch aus, dass hier die oft märchenhaft verklärte Landschaft zum zentralen Bildthema avanciert.

Welcher amerikanische Künstler porträtierte in seinen Siebdrucken überlebensgroße Campbell-Suppendosen?

● Andy Warhol (eigentl. Andrew Warhola; 1928–87). Der führende Vertreter der Pop Art, schon in den 1960er-Jahren schillernde Kultfigur in New York, schuf auch ganze Serien von Siebdruck-Porträts der Marilyn Monroe (1926–62) in immer wieder anderen, grell-kitschigen Farbkombinationen. Nicht anders als eine Suppendose wird die Schauspielerin so als wohlverpacktes Produkt der amerikanischen Massenkultur dargestellt.

Welches berühmte Meisterwerk gotischer Buchmalerei entstand zu Beginn des 14. Jahrhunderts in der Nähe der Stadt Zürich?

● Die *Manessische Handschrift*. Das Buch enthält weit über hundert Zeichnungen, die die ritterliche Welt in ihren schönsten Farben zeigen. So werden unter anderem Turnierkämpfe und der Minnedienst dargestellt. Die Abbildungen kommentieren die Texte zeitgenössischer Dichter mit ähnlicher Thematik.

Manessische Handschrift

In welchem ehemaligen Florentiner Amtsgebäude befindet sich heute eine berühmte Kunstsammlung?

● In den Uffizien. Das Gebäude beherbergte einst wichtige Ämter der norditalienischen Stadt. Ähnlich wie der Louvre, der ursprünglich das Stadtschloss der französischen Könige war und nach der Revolution zum berühmtesten Museum Frankreichs avancierte, verloren auch die Uffizien ihre politisch-administrative Funktion und wurden zu einem wichtige Kunstmuseum umfunktioniert.

Was ist ein Ornament?

● Eine Verzierung, die oft geometrische Formen hat, aber auch, wie besonders im Jugendstil, Pflanzenmotive – Ranken, Blätter, Blüten – nachahmt.

Wie nennt man ein dreiteiliges Tafelbild?

● Triptychon. Bei diesen dreiteiligen Gemälden wird ein größeres Mittelbild von zwei kleineren Seitenflügeln flankiert, die mit beweglichen Scharnieren befestigt sind. Dadurch lässt sich ein Triptychon auf- und zuklappen. Triptychen sind typisch für die mittelalterliche Altargestaltung, finden sich aber auch in der modernen Kunst.

Wie werden Gobelins hergestellt?

● Gobelins werden in einem komplizierten Webeprozess hergestellt, bei dem die längslaufenden Fäden aus einfarbigem Garn bestehen. Die eigentliche Bildwirkung entsteht durch die von Hand vorgenommene Einarbeitung der Querfäden.

Wie heißt die Stilrichtung, die bereits am Ende des 19. Jahrhunderts Themen und Motive der Surrealisten vorwegnahm?

● Symbolismus, der vom Ende des 19. Jahrhunderts bis in die 1920er-Jahre das Kunstschaffen zahlreicher Maler und Bildhauer prägte. Die Themen der Symbolisten waren oft fantastisch, die Künstler suchten – wie später die Surrealisten – die Dinge jenseits der empirischen Wirklichkeit darzustellen. Zu den berühmtesten Vertretern des Symbolismus gehören Arnold Böcklin (1827–1901) und Franz von Stuck (1863–1928).

In welchem Sinne ist Leonardo da Vinci der exemplarische Mensch der Renaissance?

Selbstporträt von Leonardo da Vinci

● Er verkörpert das Ideal dieser Zeit durch sein Universalgenie, das große Interesse an allen Zusammenhängen des Lebens gepaart mit dem Können, seine Neugierde produktiv umzusetzen. Der Italiener Leonardo da Vinci (1452–1519) war Maler, Bildhauer, Kunsttheoretiker, Architekt und Naturforscher, er erfand Flugmaschinen und untersuchte den menschlichen Körper. Er hinterließ eine der berühmtesten Darstellungen des letzten Abendmahles und die *Mona Lisa*.

Wer sind die Alten Meister?

● Unter dem Begriff werden in der Regel die herausragenden Künstler gefasst, die zwischen dem späten Mittelalter und dem Beginn der Industrialisierung, also etwa zwischen 1400 und 1800 tätig waren. Der Terminus bezeichnet keine fest umrissene Gruppe von Künstlern.

Was bezeichnet man als Firnis?

● Eine Schicht aus transparentem Lack, mit der Ölgemälde nach ausreichend langer Trocknungszeit überzogen werden. Die Firnis dient in erster Linie dem Schutz des Gemäldes und soll altersbedingtes Vergilben wie auch die Entstehung der typischen Trocknungsrisse verhindern.

Was ist eine Vernissage?

● Die meist sehr feierliche Eröffnung einer Kunstausstellung, die von Musikdarbietungen und der Verköstigung der Besucher begleitet wird. Die Vernissage soll es dem Besucher erlauben, nicht nur die Bilder eines Künstlers, sondern diesen auch selbst kennen zu lernen. Oft sind sie gesellschaftliche Ereignisse.

Wie werden Gemälde genannt, die mit Farben gemalt werden, deren Farbstoffe in einer öligen Flüssigkeit gelöst sind?

● Ölgemälde. Die Technik der Ölmalerei entstand erst am Ausgang des Mittelalters. Ihr Vorteil gegenüber älteren Maltechniken ist besonders, dass die Farben nur äußerst langsam trocknen, was es erlaubt, noch lange nach den ersten Pinselstrichen Korrekturen am Bild vorzunehmen.

Worin liegt eines der Hauptmissverständnisse des Klassizismus?

● Man nahm an, die antiken Statuen seien bewusst schlicht und farblos gehalten worden. Hier lag aber ein Irrtum vor, denn tatsächlich wurden Statuen in der Antike grell und bunt bemalt, die Farben waren nur im Lauf der Zeit vollkommen verblasst oder abgeblättert.

Wie bezeichnet man die sichtbare Alterung an Kunstwerken?

● Patina. Zwar sind insbesondere tagtäglich Wind und Wetter ausgesetzte Skulpturen aus oxidierenden Metallen für ihre spezifische Patina bekannt, aber auch Gemälde können eine solche besitzen. Tatsächlich wurden und werden nicht nur von Kunstfälschern, sondern auch von namhaften Künstlern Gemälde mit einer speziellen Firnis bearbeitet, die diese älter aussehen lassen.

Wer stellte sich vermutlich selbst auf dem Gemälde Mann mit rotem Turban dar?

● Jan van Eyck (um 1390–1441). Van Eyck gehörte zu den wichtigsten Vertretern der niederländischen Malerei des ausgehenden Mittelalters. Der Künstler zeichnete sich durch einen speziellen „realistischen" Stil aus und arbeitete häufig für den Hof der mächtigen burgundischen Herzöge, deren Herrschaftsgebiet sich seinerzeit vom Mittelmeer bis in die nördlichen Niederlande erstreckte.

Wer gab dem Impressionismus seinen Namen?

● Die Epochenbezeichnung geht auf ein Bild von Claude Monet (1840–1926) zurück, das den Titel *Impression, soleil levant* (frz., „Eindruck eines Sonnenaufganges") trägt. Ein Kritiker fühlte sich von diesem Titel veranlasst, der heftig beschimpften neuen Kunstrichtung den Namen „Impressionismus" zu geben, der dann die gesamte Bewegung kennzeichnen sollte. Diese Kunstrichtung löste das Gegenständliche und seine Konturen fast völlig auf, um das sich verändernde Licht darzustellen.

Impression, soleil levant

Welche beiden Künstler wurden offenbar fälschlicherweise fast 700 Jahre lang für Brüder gehalten?

● Die beiden altniederländischen Maler Hubert (um 1370–1426) und Jan van Eyck (um 1390–1441). Die Idee, die beiden seien Brüder gewesen, geht auf eine Inschrift am kunstvoll gearbeiteten *Genter Altar* zurück, in der es hieß, Hubert hätte diesen begonnen, sein Bruder Jan ihn schließlich vollendet. Allerdings hat die moderne Forschung nachweisen können, dass diese Inschrift nicht echt und dass die Verwandtschaft der beiden äußerst zweifelhaft ist.

Wie bezeichnet man den virtuellen Ort, an dem die Preise sämtlicher derzeit verfügbarer Kunstgegenstände ausgehandelt werden?

● Kunstmarkt. Er umfasst sämtliche Orte wie z. B. Galerien oder Auktionen, auf denen Kunstwerke angeboten, ge- und verkauft werden. Wie auf jedem Markt entsteht der Preis für ein Kunstwerk dabei v. a. durch das Zusammenspiel von Angebot und Nachfrage, die wiederum maßgeblich vom Ruf des Künstlers bestimmt werden.

Was versteht man unter einer Vedute?

● Die möglichst realitätsnahe Darstellung einer Landschaft oder einer Stadt. Zu den wichtigsten Malern dieses Genres wird der Niederländer Jan Vermeer (1632–75) gerechnet, der mit seiner *Ansicht von Delft* (1661) ein Meisterwerk der Vedutenmalerei schuf.

Was ist Minimal Art?

● Eine in den 1960er-Jahren in den USA entstandene Kunstrichtung. Ziel der Minimal Art war die schematische, entindividualisierte, klare Darstellung. Die Künstler reduzierten ihre Darstellung meist auf einfache, geometrische Formen.

Was versteht man unter Aktionskunst?

● Der Begriff kennzeichnet verschiedene Kunstrichtungen. Im Gegensatz zu den gewohnten Formen der bildenden Kunst setzen Aktionskünstler nicht auf die Herstellung überdauernder Kunstwerke wie Gemälde und Plastiken, sondern auf einmalige Aktionen, in denen sie nicht selten auch ihren eigenen Körper in den Mittelpunkt rücken.

Die Uffizien

In welcher Stadt befinden sich die Uffizien?

● In Florenz. Die von Giorgio Vasari (1511–74), der im Übrigen als Vater der Kunstgeschichte bezeichnet wird, zunächst als Verwaltungsgebäude konzipierten Uffizien, erwiesen sich durch ihre innovative Bauweise als geeignete Räumlichkeiten für die Kunstsammlung der Familie Medici. Diese Sammlung bildet auch heute noch den Grundstock für eine der bedeutendsten Kunstsammlungen der Welt.

Wo fanden die niederländischen Genremaler des 16. Jahrhunderts die Themen für ihre Gemälde?

● Im ganz normalen Alltag ihrer Mitmenschen. Außerdem handelt es sich oft um die Darstellung zeitgenössischer Sprichwörter oder Redewendungen.

Inwiefern hat Kunst etwas mit Können zu tun?

● „Kunst" hat eigentlich nur begriffsgeschichtlich mit „Können" zu tun, leitet sich doch der Begriff vom mittelhochdeutschen

Ausdruck für „Können" ab. Allerdings geht die moderne Kunsttheorie nicht mehr davon aus, dass Kunst notwendig etwas mit technischem Vermögen eines Künstlers zu tun haben muss, vielmehr wird die Kreativität des Menschen in den Mittelpunkt gerückt.

Zu welcher Gruppe von Künstlern gehörte René Magritte?

● Zu den Surrealisten. Als einer seiner Hauptvertreter neben Salvador Dalí (1904–89), Mac Zimmermann (1912–95) und Max Ernst (1891–1976) beschäftigt Magritte (1898–1967) immer wieder das Verhältnis zwischen dem Objekt und seiner künstlerischen Abbildung. Die paradoxen Verhältnisse seiner Bilder hängen mit der Erfahrung des Künstlers zusammen, dass Wirklichkeit nicht einfach abgebildet werden kann, sondern mit dem Kunstwerk immer auch eine neue Wirklichkeit geschaffen wird. In diesen Wirklichkeitsausschnitten kombiniert der Maler ungewöhnliche Gegenstände miteinander oder verändert Größenverhältnisse, wie etwa in *La clef de songes* (1927).

Wird die Tätigkeit von Künstlern in der BR Dtl. explizit geschützt?

● Ja, denn nach Art. 5 Abs. 3 des Grundgesetzes ist die künstlerische Freiheit ein Grundrecht und wird in der BR Dtl. damit explizit geschützt. Diese Freiheit erfährt aber Grenzen, wenn sie andere Grundrechte zu beeinträchtigen droht. Dies ist beispielsweise dann der Fall, wenn ein Mensch durch ein Kunstwerk in der Öffentlichkeit verunglimpft wird. In diesen Fällen entscheidet das Bundesverfassungsgericht, wie im konkreten Fall mit dem Grundrecht der künstlerischen Freiheit umgegangen werden soll.

Bei welchen Kunstwerken wird der Raum selbst zum Gegenstand künstlerischen Wirkens und künstlerischer Betrachtung?

● Bei so genannten Rauminstallationen. Hierbei steht das Kunstwerk nicht in einem Raum, sondern es ist selbst dieser Raum. Es waren v. a. Vertreter des Dadaismus und des Surrealismus, die erstmals mit derartigen Kunstprojekten in die Öffentlichkeit gingen. Weite Verbreitung fanden Rauminstallationen aber erst mit Beginn der 1960er-Jahre. In den 1970er-Jahren gab es kaum ein bedeutendes modernes Kunstmuseum, das auf die Präsentation von Rauminstallationen verzichtete.

Welcher Bildhauer schuf die Skulptur Der Denker?

● Auguste Rodin (1840–1917), der als Impressionist unter den Bildhauern gilt, weil er das Spiel von Licht und Schatten mit in die Konzeption seiner Skulpturen einbezog, was diese „malerisch" wirken lässt. Neben dem berühmten *Denker*, der im Musée Rodin in Paris zu sehen ist, gehören *Der Kuss* von 1886 und *Die Bürger von Calais* von 1884 zu Rodins berühmtesten Skulpturen.

Rodin: ***Der Denker***

Wodurch unterscheiden sich Ikonoklasten von Ikonodulen?

Ikonoklasten und Ikonodulen unterscheiden sich vor allem dadurch von einander, welchen Wert sie Bildern, auch Bildkunstwerken beimessen. Kulturen, die als „ikonodul" bezeichnet werden, schätzen bildliche Darstellungen hoch ein. Diese werden oft auch als Symbole Gottes angebetet. Ikonoklasten dagegen lehnen bildliche Darstellungen ab und tendieren dazu, solche im Zweifelsfall zu zerstören, daher werden sie im Deutschen oft als Bilderstürmer bezeichnet.

Welche Funktion hat der Kurator im modernen Kunstbetrieb?

Der Kurator übernimmt die volle Verantwortung für eine Sammlung, z. B. in einem Museum oder einer Ausstellung. Er ist es, der bestehende Sammlungen durch Zukäufe aktualisiert und der nicht zuletzt darüber entscheidet, was von den zusammengetragenen Kunstwerken öffentlich präsentiert wird, ist also für die Zusammenstellung von Ausstellungen verantwortlich.

Welche Kunstwerke finden sich im Fundus eines Museums?

Die, die nicht in einer aktuellen Dauer- oder Sonderausstellung der Öffentlichkeit präsentiert werden. Je nachdem, um was für Kunstwerke es sich dabei handelt, müssen diese speziell eingelagert werden, damit sie nicht beschädigt werden und für den Fall, dass sie einmal doch Bestandteil einer Ausstellung werden, präsentabel bleiben.

Wie bezeichnet man die Wissenschaft, die sich mit der Beschreibung, Kategorisierung und Interpretation von Bildern beschäftigt?

Ikonografie. Der Begriff entstammt dem Altgriechischen und bezeichnet wörtlich übersetzt die Wissenschaft, ein „Bild" (altgriech. „ikon") zu „(be)schreiben" (altgriech. „graphein"). Seit der ersten Hälfte des vergangenen Jahrhunderts entwickelte sich allmählich die moderne Ikonografie und damit auch ein moderner wissenschaftlicher Zugriff auf Bildwerke.

Welchen Stellenwert besaß für den Bildhauer Praxiteles die Malerei?

Plinius d. Ä. (23 oder 24–79 n. Chr.) schreibt über den um 395 v. Chr. geborenen Bildhauer Praxiteles: „Wenn man ihn fragte, welche seiner Marmorwerke er für die besten hielt, antwortete er: ‚Diejenigen, an die Nikias Hand angelegt hat', solch einen Wert maß er dessen Malerei bei." Nikias war einer der großen attischen Maler des 4. Jahrhundert v. Chr., der offenbar etliche Skulpturen des Praxiteles bemalte, wahrscheinlich in der Technik der Enkaustik (Wachsmaltechnik), und ihnen dadurch zusätzlichen sinnlichen Reiz verlieh.

Hermes mit dem Dionysosknaben

Böcklin: ***Toteninsel***

Welcher Schweizer malte die Toteninsel?

Arnold Böcklin (1827–1901). Böcklin studierte ab 1845 für zwei Jahre an der Düsseldorfer Kunstakademie und reiste quer durch Europa, bis er schließlich 1860 Professor an der Kunstakademie zu Weimar wurde. Von der *Toteninsel* sind fünf verschiedene Variation bekannt, die zwischen 1880 und 1886 entstanden.

Welches Werk gilt als Höhepunkt der illusionistischen Wandmalerei aus antik-römischer Zeit?

Die Wandmalereien aus dem Schlafzimmer der Villa von Boscoreale bei Pompeji, aus dem 3. Viertel des 1. Jahrhunderts v. Chr. (New York, Metropolitan Museum of Art) gelten unbestritten als Gipfelpunkt des Illusionismus in der altrömischen Malerei. Sie negieren die Substanz der Wand, indem sie diese durch perspektivische Durchbrüche visuell „sprengen" und mit Landschafts- und Architekturprospekten bedecken.

Welches spätkaiserzeitliche Kunstwerk blieb auf dem Gelände des ehemaligen Hippodroms in Konstantinopel erhalten?

Theodosius I. ließ im Jahre 390 als Monument für einen seiner Siege den aus dem ägyptischen Karnak herantransportierten Teil eines Obelisken in der Pferderennbahn (Hippodrom; in der Nähe der späteren Hagia Sophia) von Konstantinopel aufstellen. Der 19,6 Meter hohe Monolith ruht über vier Kupferklötzen auf zwei großen Marmorblöcken. Die (z. T. stark verwitterten) Reliefs des oberen Blocks zeigen den Kaiser samt Familie und Hofstaat. Die Reliefs des unteren Blocks präsentieren zusätzlich zur griechischen und lateinischen Weiheinschrift Wettkampfszenen und die Episode mit der Aufrichtung des Obelisken.

Wer war Nikolaus von Verdun?

Der lothringische Goldschmied und Emailleur Nikolaus (nachweisbar zwischen 1181 und 1205) war einer der wichtigsten Repräsentanten der Kunst an der Wende von der Romanik zur Frühgotik. In Werken wie den emaillierten Kupfertafeln des Klosterneuburger Altars (1181), dem Marienschrein in der Kathedrale von Tournai (vollendet 1205), dem Kölner Dreikönigenschrein (1181–1230) und vermutlich dem Annoschrein in Siegburg (um 1183) verband er antikisierende und byzantinische Formen mit genauer Naturbeobachtung.

Was ist ein Beschlagwerk?

Das „Beschlagwerk" ist eine zumeist flächenfüllende Ornamentform der niederländischen und deutschen Spätrenaissance bzw. des Manierismus. Dabei verbinden und überschneiden sich Stege, Leisten und geschwungene Bänder. Nagelähnliche Erhöhungen erinnern an Eisenbeschläge, wovon sich auch der Name ableitet. Das Beschlagwerk wurde um 1560 von dem niederländischen Architekten Hans Vredemann de Vries (1527–1606) aus dem Rollwerk entwickelt und war zuerst an Hausgiebeln gebräuchlich.

Welches augusteische Stück gilt als der größte und bedeutendste Prunkkameo der Welt?

Die so genannte Gemma Augustea, eine aus zweischichtigem Onyx geschnittene Kamee von 19 Zentimeter Höhe ist nach 10 n. Chr. gearbeitet worden (Wien, Kunsthistorisches Museum). Der Kameo zeigt im oberen Register den thronenden Augustus in der Tracht und Pose Jupiters, in den Händen das Szepter und den Augurenstab. Zur Rechten des Kaisers sitzt Roma, die Schutzherrin der Stadt. Zur Linken des Throns finden sich weitere allegorische Figuren, die die kaiserliche Weltherrschaft verdeutlichen, sowie Germanicus, der Großneffe des Augustus, und Tiberius, der Kronprinz. Im unteren Register wird gerade ein Siegesmal aufgerichtet, das sich auf die Niederschlagung des Dalmateraufstandes bezieht. Der Kameo ist der größte und künstlerisch sowie historisch bedeutendste aller erhaltenen Prunkkameen.

Warum nennt man das Portal in Freiberg die Goldene Pforte?

Das um 1230 entstandene heutige Südportal des Doms in Freiberg (Sachsen) gehört architektonisch zum Typus des seit dem Speyrer Dom bekannten romanischen Stufenportals. Doch seine Dekoration mit Bauskulptur entspricht dem aus Nordfrankreich eingeführten gotischen Figurenportal. Ursprünglich muss sich das Portal in einer heute kaum mehr vorstellbaren Farbenpracht präsentiert haben. Rot und Gold dominierten. Doch die alte Bezeichnung „Goldene Pforte" wird sich nicht nur auf diese Farbgebung bezogen haben, sondern auch auf die theologische Symbolik, die die im Tympanon dargestellte Maria als „Porta Aurea", als „goldene Pforte" verherrlicht.

Was ist ein Einblattholzschnitt?

„Einblattholzschnitte" sind Werke aus der Frühzeit des Bilddrucks, die vielleicht schon im späten 14. Jahrhundert, sicher aber um 1400 entstanden, und zwar nicht als Text- oder Buchillustration, sondern als nur einseitig bedruckte Einzelblätter.

Welchen Notnamen trägt einer der bekanntesten Kupferstecher der Spätgotik?

Zwischen 1450 und 1467 war vermutlich im oberrheinisch-alemannischen Raum ein Grafiker tätig, der mit den Buchstaben E. S. signierte. Dieser Meister E. S. war von größter Bedeutung für die Entwicklung des erst kurz zuvor erfundenen Kupferstichs.

Welches berühmte Reiterstandbild malte Castagno?

Als die Florentiner ihrem Heerführer Niccolò da Tolentino zwar die Ehre eines Reiterdenkmals zuerkennen, dabei aber Geld sparen und ein teures Marmormonument vermeiden wollten, beauftragten sie Andrea del Castagno (vor 1419–57), zu dessen Spezialität es gehörte, farbige gefasste Skulptur durch Malerei vorzutäuschen, 1456 im Florentiner Dom mithilfe seines Pinsels ein solches Reiterdenkmal zu illusionieren, das auch die Aufgabe eines Epitaphs wahrnahm.

Wer war Chaim Soutine?

Der litauische Jude Chaim Soutine (1893–1943) arbeitete seit 1916 in Paris. Seine Bekannten, darunter Amedeo Modigliani (1884–1920), hatten Verbindung zum „Sturm" in Berlin und kannten Publikationen über den deutschen Expressionismus. Bald steuerte Soutine Ziele an, die ihn ab 1919 auffallend nahe an den deutschen Expressionismus heranbrachten.

Fontana di Trevi in Rom

Welche Stilphase repräsentiert der populärste Brunnen Roms?

Der Barock entwickelte die künstlerisch gestalteten Brunnen zu höchster Pracht, sei es im Rahmen der Gartenarchitektur, sei es im urbanistischen Zusammenhang. Niccolò Salvi (1697–1751) entwarf mit dem Trevi-Brunnen (1732–62) in Rom das letzte bedeutende einschlägige Werk des italienischen Spätbarock. Vor der theatralisch arrangierten Kulisse einer antikisierenden Triumphbogenarchitektur gebietet der Meeresgott Neptun über sein Wasserreich, in das schon unzählige Touristen ihre Münzen geworfen haben und in dem Anita Ekberg in Federico Fellinis Film *La Dolce Vita* (1960) ihr nächtliches Bad nahm.

Welche Reaktionen löste die Prinzessinnengruppe von Johann Gottfried Schadow unmittelbar nach ihrer Fertigstellung aus?

1793 hatten Luise und Friederike von Mecklenburg Strelitz, 18- und 16-jährig, mit jugendlicher Schönheit ihre Umwelt bezaubernd, den Kronprinzen von Preußen und dessen jüngeren Bruder Louis geheiratet. Der Hofbildhauer Johann Gottfried Schadow (1764–1850) fertigte von ihnen bis 1797 eine Marmorgruppe, die das Motiv schwesterlicher Freundschaft in den Mittelpunkt stellt (Berlin, Nationalgalerie) – eine „sentimentalische" Haltung, die dem Sturm und Drang wie der Romantik zugehören könnte. Deshalb missfiel das Ensemble dem preußischen König. Nicht mehr der anmutige Stil des Praxiteles war als Vorbild gefragt, sondern der „hohe" Stil des Phidias, wie er durch Bertel Thorvaldsen (1768/70–1844) in moderne Sprache übersetzt schien.

Welche technische Erfindung begünstigte die Freilichtmalerei („plein air") des 19. Jahrhunderts?

Die Erfindung der Metalltube 1841 erleichterte es den Malern, eine größere Zahl von Ölfarben in die Natur mitzunehmen und die schon seit ca. 1800 übliche Freilichtmalerei noch intensiver zu praktizieren. Hilfreich war auch die „Boîte de campagne", ein Feldfarbkasten, der kleine Leinwände und Malutensilien aufnehmen, als Staffelei dienen und bequem auf dem Rücken getragen werden konnte.

Welches ist das Hauptwerk von James Ensor?

Der Belgier James Ensor (1860–1949) gilt als einer der Hauptrepräsentanten des europäischen Symbolismus. In seinen Bildern wimmelt es von skurrilen Masken, von Totentänzen, vorgeführt von Skeletten, und anderen morbiden und phantastischen Themen, die Ensor freilich in einer farblich exquisiten, impressionistisch-lockeren Malweise ausgeführt hat. 1888 entstand sein mehr als vier Meter breites Hauptwerk *Der Einzug Christi in Brüssel im Jahre 1888* (Antwerpen, Koninklijk Museum voor Schone Kunsten). Wie ein Karnevalsprinz wird Christus vom „irrsinnig gewordenen" modernen Publikum empfangen.

Welche Figuren der Reimser Bildhauerkunst dokumentieren aufs Schönste den Einfluss der Antike?

Am Westportal der Kathedrale von Reims finden sich unter vielen berühmten Statuen die beiden Figuren der Heimsuchung, die um 1235 entstanden sein dürften. Maria ist herantretend, Elisabeth wartend und grüßend dargestellt. Eine erstaunliche Vielzahl von Achsenverschiebungen erschließt die Bewegung. Die Figuren scheinen sich schon vom tragenden Säulenschaft zu lösen und andeutungsweise zur Freiskulptur hin zu entwickeln. Die üppige Zeichnung des Gewandes im so genannten Muldenfaltenstil trägt dazu bei, dass diese beiden Gestalten zu den reichsten Werken antikisierender Formensprache der Reimser Hochgotik wurden.

Welches Buch zählt zu den Hauptwerken der westfränkischen Hofschule Karls des Kahlen in spätkarolingischer Zeit?

Der so genannte *Codex Aureus* entstand um 870 (München, Bayerische Staatsbibliothek). 855 waren die Normannen brandschatzend die Loire aufwärts gezogen und hatten Tours und die dortige erste Hofwerkstatt Karls des Kahlen (823–877) zerstört. An seine Stelle trat dann das Kloster St.-Denis bei Paris. Das dort geschaffene Glanzstück, der *Codex Aureus*, bietet jenes Höchstmaß an Ausstattungsluxus, welches man der repräsentativen Kunst der damaligen Zeit so gerne angedeihen ließ. Regensburger Quellen des 11. Jahrhundert zufolge wurde das „Goldene Buch" von Kaiser Arnulf 893 oder wenig später an das Kloster St. Emmeram in Regensburg geschenkt.

Was beherbergt der größte Reliquienschrein des Mittelalters?

Nach der Eroberung Mailands 1162 überführte im Auftrag Friedrichs I. Barbarossa (1123–90) der Kölner Erzbischof und Kanzler Rainald von Dassel die Gebeine der Heiligen Drei Könige aus Italien in den Kölner Dom. Ab 1181, an der Wende von der Romanik zur Gotik, begann einer der berühmtesten Goldschmiede des Mittelalters, Nikolaus von Verdun (vor 1181–nach 1205), mit dem *Dreikönigsschrein*. Dieses Wunderwerk aus vergoldetem Silber und Kupfer in Treibarbeit, aus Edelsteinen und Perlen wurde um 1230 vollendet. Der kostbare Inhalt, der auch im Sinne der Reichssymbolik ausgedeutet wurde und die Stadt Köln als eine der wichtigsten Reichsstädte deklarierte, führte dazu, dass der Kölner *Dreikönigsschrein* zum größten und kostbarsten des Mittelalters wurde.

Welche Eigenschaften zeichnen die Fresken Giottos in der Arenakapelle aus?

Der Formenkanon, der in den um 1305 vollendeten Fresken der Paduaner Arenakapelle (Cappella degli Scrovegni) souverän entfaltet wird, bildete die Grundlage für den Typenschatz der Giotto-Schule. Hier hat Giotto als Erster die gesamte malerische Dekoration eines Raumes auf einen einzigen zentralen Blickpunkt hin geordnet: Bei allen Kompositionen rechts von der Mittelachse einer der beiden Längswände ist nämlich der perspektivische Blick leicht nach links verschoben, auf der linken Hälfte nach rechts. Darüber hinaus bezieht Giotto den Lichteinfall auf die natürliche Beleuchtungsquelle des großen dreiteiligen Fensters in der Westwand.

Giotto: *Grablegung Christi*

Wer erfand den Reißverschluss in der Malerei?

Der Amerikaner Barnett Newman (1905–70), einer der Wortführer der Color-Field-Painting, begann seine Karriere mit der Erfindung eines Motivs, des „Reißverschlusses", wie es später genannt wurde, einer vertikalen Linie, die die Leinwand teilte. Zum ersten Mal taucht sie 1948 auf.

Welcher Satz des Dichters Lautréamont wurde für die Surrealisten zum Leitmotiv?

Im 19. Jahrhundert hatte der Dichter Lautréamont in seinen „Chants de Maldoror" die Schönheit des Seltsamen so umschrieben: „Schön wie die zufällige Begegnung einer Nähmaschine und eines Regenschirms auf einem Seziertisch". Dieses Motto nahm die surrealistischen Maximen vorweg.

Welche Charakteristika weisen die so genannten Schönen Madonnen um 1400 auf?

Zu den herausragenden Werken der Internationalen Gotik um 1400 gehören die v. a. in Süddeutschland, Österreich und Böhmen verbreiteten so genannten *Schönen Madonnen* aus Stein oder Holz, die die Merkmale des „Weicher Stils" exemplarisch vorführen: starke Plastizität, üppige Faltenkaskaden, weit ausladende und fließende Konturen und Draperien, Neigung zu lockerem Formaufbau und ausgeprägtem Kontrapost, Lieblichkeit der Darstellung und idealisierter Gesichtstypus.

Welcher deutsche Expressionist engagierte sich in der Kommunistischen Partei?

Dass der in Dresden geborene Conrad Felixmüller (1897–1977), der in die Kommunistische Partei eintrat, sein 1920 gewonnenes Rom-Stipendium für einen Aufenthalt im Ruhrgebiet verwendete, um hier seine künstlerische Tätigkeit den Arbeitern und Bergleuten zu widmen, war eine logische Konsequenz seines politischen Engagements.

Welcher Sieneser Künstler malte eines der berühmtesten Retabel des Trecento?

In Siena war es Duccio di Buoninsegna (um 1260–um 1318), der das Erbe byzantinischer Malerei in eine veränderte Zeit einbrachte und mit gotischem, linienbetonten Formempfinden, mit kalligrafischer Raffinesse durchsetzte. Die *Maestà*, das einstige Hochaltarbild des Sieneser Doms, 1308 in Auftrag gegeben und 1311 vollendet, wurde sein bewundertes Hauptwerk (Siena, Museo dell'Opera del Duomo).

Duccio: Ausschnitt aus der Vorderseite der *Maestà* (1308–11)

Mit welcher Novelle verbindet man den Ruhm Theodor Storms?

Mit dem *Schimmelreiter* (1888), der den tragischen Kampf eines Menschen gegen die Naturgewalt des Meeres beschreibt. Storms (1817–88) Werk gehört dem poetischen Realismus an; seine Novellen und Gedichte haben meist seine nordfriesische und holsteinische Heimat zum Schauplatz.

Theodor Storm

In welchem Märchen spricht der Held die Zauberworte Sesam öffne dich?

In *Ali Baba und die 40 Räuber* aus *Tausendundeiner Nacht*. Es ist die Zauberformel, die eine Felsentür öffnet, hinter der sich der Schatz der 40 Räuber befindet. Ali Baba bedient sich daran und kann die Räuber nach einigen Abenteuern besiegen.

Welcher Autor schrieb die über 80-bändige Romanfolge Die menschliche Komödie?

Honoré de Balzac (1799–1850). Seine Romane beschreiben die Leidenschaften und das Machtstreben der Menschen, die in einer Zeit der sozialen und politischen Umwälzungen leben. Mit seiner Romanreihe begründete er den gesellschaftskritischen Roman des französischen Realismus.

Wie nennt man ein literarisches Werk, in dem ein Schriftsteller sein eigenes Leben nachzeichnet?

Autobiografie. Entwicklungsgeschichten der eigenen Seele finden sich von der Antike bis heute. Berühmt ist etwa Goethes (1749–1832) Autobiografie *Aus meinem Leben. Dichtung und Wahrheit*. Was dabei allerdings historische Wahrheit oder geschickte Selbstinszenierung ist, kann nicht eindeutig unterschieden werden.

Welches Märchen machte den Piloten Antoine de Saint-Exupéry (1900–44) berühmt?

Der kleine Prinz (1943), ein Märchen für Erwachsene, dessen Kernstück parabelhafte Erzählungen des kleinen Prinzen sind. Auf der Erde trifft der von einem anderen Planeten kommende Prinz den Fuchs, der ihm das Geheimnis von Freundschaft und Liebe preisgibt.

Welcher jüdisch-spanische Schriftsteller schrieb in deutscher Sprache 1935 den Roman Die Blendung?

Elias Canetti (1905–94), dessen Roman die Odyssee eines kalten Intellektuellen schildert. Die Romanfiguren leben ungehindert ihre animalischen Triebe aus. Das Buch ist ein an Beckett (1906–89) und Kafka (1883–1924) erinnernder Klassiker der Moderne.

Welcher bedeutende deutsche Lyriker verbirgt sich hinter den Initialen HME?

Hans Magnus Enzensberger (*1929), ein zeitkritischer Lyriker (*Verteidigung der Wölfe*, 1957), der sich bis in die Gegenwart gesellschaftlicher Krisen- und Problemsituationen literarisch annimmt und dabei häufig die Form des Essays wählt. Er war u. a. Gründer der literarisch-kritischen Zeitschrift *Kursbuch*.

Was ist Epik?

Es ist die erzählende Literaturgattung, die je nach Kunstauffassung der Epoche als Vers- oder Prosaform in Erscheinung tritt. Epische Großformen sind das Epos und der Roman, zu den epischen Kleinformen zählen u. a. die Novelle, Kurzgeschichte, Erzählung, Märchen und Anekdote.

Wie heißt der Titel der Erzählung von Robert Louis Stevenson, in der sich der Held durch ein Elixier in einen grausamen Bösewicht verwandelt?

Doktor Jekyll und Mr. Hyde (1886). Der schottische Schriftsteller Stevenson (1850–94) beschreibt einen tiefenpsychologisch begründeten Fall von Persönlichkeitsspaltung in künstlerischer Form. Dr. Jekyll, ein angesehener und unbescholtener Forscher, verwandelt sich zeitweise aufgrund medizinischer Selbstversuche in eine bösartige menschliche Kreatur, die nachts ihr Unwesen treibt.

Wie ärgert und verspottet Till Eulenspiegel seine Zeitgenossen?

Durch seine Streiche, die der Protagonist des 1515 geschriebenen *Dyl Ulenspiegel* auch noch mit Spott und Schadenfreude begleitet. Die Schelmendichtung erschien anonym in Straßburg, ihr Autor war Hermann Bote (um 1465–um 1520). Der Stoff wurde vielfach bearbeitet und übersetzt.

Wo lag der Hauptschauplatz der Romane von Ludwig Ganghofer (1855–1920)?

In der bayerischen Gebirgslandschaft. Hier spielen die meisten seiner trivialen, aber in seiner Zeit sehr populären Romane, deren Hauptakteure in Liebesgeschichten verstrickt sind und in denen sich eine naivherzliche Lebensbejahung ausdrückt.

Aus welchem lateinamerikanischen Land kommt der Literaturnobelpreisträger Gabriel García Márquez (*1928)?

Aus Kolumbien. Er zählt zu den bekanntesten Romanciers der lateinamerikanischen Geschichte. Berühmt machte ihn v. a. sein Roman *Hundert Jahre Einsamkeit* (1967). 1982 erhielt er den Literaturnobelpreis.

Welches Bilderbuch schuf der Frankfurter Arzt Heinrich Hoffmann?

Den *Struwwelpeter* (1845), eine Folge von zehn Bildergeschichten, die Hoffmann (1809–94) für seinen Sohn verfasste und illustrierte. Mit den Geschichten sollten die Grundregeln der bürgerlichen Moral des Biedermeier vermittelt werden.

Der Struwwelpeter

Mit welchen Reisebeschreibungen hatte Theodor Fontane seinen ersten literarischen Erfolg?

Mit den *Wanderungen durch die Mark Brandenburg* (1862–82). Fontane (1819–98) ist ein bedeutender Vertreter des poetischen Realismus, der mit seinen Romanen *Irrungen und Wirrungen* (1888), *Frau Jenny Treibel* (1892) *Effi Briest* (1895) u. a. die Berliner Gesellschaft und bürgerliche Einzelschicksale darstellt.

Welcher französische Dichter schrieb Der Graf von Monte Cristo (1845/46)?

Alexandre Dumas d. Ä. (1802–70), der in seinem Abenteuerroman die Geschichte des Seemanns Edmond Dantès schildert, der durch Verrat vierzehn Jahre unschuldig im Kerker verbringt und nach seiner Flucht Rache an den Verantwortlichen seines Schicksals übt.

Von welchem Autor stammt der deutsche Nachkriegsroman Die Blechtrommel (1959)?

Von Günter Grass (*1927), der die kleinbürgerliche Welt im Deutschland von den 1930er- bis in die 1950er-Jahre aus der Sicht des kleinen Oskar Matzerath schildert. Der Roman vereinigt realistische und groteske Elemente. Für sein Lebenswerk erhielt Grass 1999 den Literaturnobelpreis.

Szene aus dem Film *Die Blechtrommel* von Volker Schlöndorff

Welche Art von Büchern verfasste der amerikanische Autor Dashiell Hammett (1894–1961)?

Kriminal- und Detektivgeschichten wie *Der Malteser Falke* (1930) und *Der dünne Mann* (1932). Es sind so genannte „hard boiled novels", also sehr realistische bzw. sozialkritische Romane, wie er sie auch mit seinen Geschichten um Sam Spade schuf.

Wer schrieb das Kultbuch Der Steppenwolf (1927)?

Hermann Hesse (1877–1962), der mit seinem Romanhelden Harry Haller der amerikanischen und deutschen Jugend bis in die 1960er-Jahre hinein Identifikationsmuster lieferte. Die Werke des Literaturnobelpreisträgers 1946 nehmen auch Bezug auf Romantik und indische Philosophie, z. B. in *Narziss und Goldmund* (1930) und das *Glasperlenspiel* (1943).

Wohin begab sich Heinrich Heine ins Exil?

Nach Paris, wo er seit 1831 bis zu seinem Tod lebte. Als politischer Journalist und zeitkritischer Schriftsteller hatte er sich den Zorn der konservativen Kräfte zugezogen. Berühmt sind Heines (1797–1856) Balladen wie die *Loreley* (1823).

Was sind die drei literarischen Grundformen?

Epik, Lyrik und Drama. Die Epik umfasst Kleinformen wie Novelle, Kurzgeschichte, Erzählung, Märchen und Anekdote sowie Großformen wie das Epos und den Roman. Die Lyrik kennt u. a. Oden, Elegien, Sonette, Balladen. Das Drama gliedert sich in die klassischen Formen Tragödie und Komödie.

Was versteht man unter Lyrik?

Alle Formen von Gedichten, d. h. der gebundenen Rede, aber auch der ungebundenen Rede in der modernen Lyrik. Weitere Unterscheidungskriterien sind Erlebnis- und Gedankenlyrik. Die Lyrik gehört neben Epik und Drama zu den drei großen Literaturgattungen.

Was ist eine Novelle?

Eine kürzere Erzählung in Prosa. Merkmale der Novelle sind der geradlinige Erzählaufbau, der zur Schilderung einer „unerhörten Begebenheit" dient. Bedeutende Meister der Novelle sind Boccaccio (1313–75), Chaucer (um 1343–1400) und in Deutschland Goethe (1749–1832), Kleist (1777–1811), Gottfried Keller (1819–90), Theodor Storm (1817–88), Paul Heyse (1830–1914) u. a.

Was ist ein Sonett?

Eine Gedichtform, die aus zwei vierzeiligen Strophen (Quartette) und aus zwei dreizeiligen Strophen (Terzette) besteht. In der klassischen Form haben die Verse elf Silben. Die ersten Meister des im 13. Jahrhundert entstandenen Sonetts sind Dante (1265–1321) und besonders Petrarca (1304–74).

In welchem Roman beschreibt der Schweizer Schriftsteller Max Frisch (1911–91) einen zufälligen Inzest zwischen Vater und Tochter?

Im *Homo Faber* (1957). Beschrieben wird das tragische Scheitern des technikgläubigen Ingenieurs Walter Faber, der sich vor dem Zufall und dem Schicksal sicher glaubt.

Welcher österreichische Dichter trat v. a. mit Prosawerken wie Die Angst des Torwarts beim Elfmeter (1970) hervor?

Peter Handke (*1942), dessen Themen immer wieder um die Darstellung der Entfremdung des Einzelnen und seiner Umwelt kreisen. Bekannt wurde er durch sein „Sprechstück“ *Publikumsbeschimpfung* (1966), in dem er sich mit dem „Theaterbesucher“ auseinander setzt.

Wer erhielt 1998 den Literaturnobelpreis?

Der Portugiese José Saramago (*1922). Er begann erst Ende der 1960er-Jahre als Schriftsteller zu arbeiten und erlangte mit Romanen wie *Hoffnung im Alentejo* (1979) und *Das Memorial* (1986) Weltruhm.

Was bezeichnet man in der Literatur als Prosa?

Im weitesten Sinne alle literarischen Texte, die weder Gedichte noch Dramen sind; im engeren Sinne alle nicht durch Metrum, Reim und andere Mittel der gebundenen Sprache hervorgebrachte Literatur. Hierzu zählen z. B. Romane, Erzählungen, Kurzgeschichten u. a. Prosa kommt außerhalb der Literatur in der Alltagssprache, beispielsweise in wissenschaftlichen Texten vor.

Wer ist der Autor des Romans Doktor Schiwago (1957), der besonders durch die gleichnamige Verfilmung berühmt wurde?

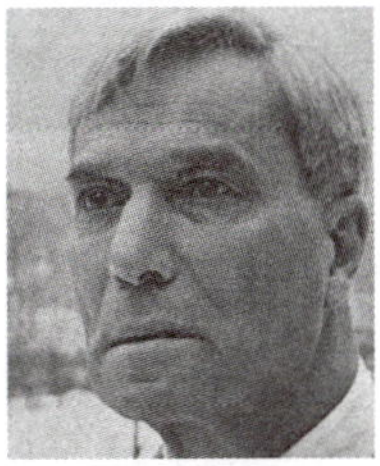
Boris Pasternak

Der Russe Boris Pasternak (1890–1960), der in seinem teilweise autobiografischen Roman das Schicksal eines Arztes und Künstlers zwischen 1904 und 1930 schilderte. In der Sowjetunion war der Autor wegen seiner kritischen Haltung zur Oktoberrevolution verfemt und musste darüber hinaus den ihm 1958 verliehenen Nobelpreis ablehnen.

Welcher irische Schriftsteller verfasste den Roman Ulysses?

James Joyce (1882–1941). Aufgrund des beispiellosen literarischen Formenreichtums gehört sein Roman, an dem Joyce sieben Jahre arbeitete, zu den Meilensteinen der Literatur des 20. Jahrhunderts. Hier werden Träume, Gefühle und Wünsche der Hauptfigur ebenso wiedergegeben wie scheinbar unwichtige Bruchstücke des alltäglichen Lebens.

Wer schrieb die Erzählung Die Verwandlung (1915), den Roman Der Prozeß (1925) und das Romanfragment Das Schloß (1926)?

Franz Kafka (1883–1924). Kafka, von Beruf Versicherungsangestellter, lebte vorwiegend in Prag. Seine Figuren haben meist gegen verborgene und unbestimmte, dafür um so bedrohlichere Mächte in einer als absurd und anonym erfahrenen Welt zu kämpfen.

Was kennzeichnet die literarische Gattung Drama?

Im Gegensatz zur Epik wird eine knappe und in sich geschlossene Handlung unmittelbar vor dem Zuschauer aufgeführt, d. h., das Drama besteht aus Dialogen. Eine vermittelnde Instanz fehlt. Das „klassische" Drama hat einen festen Aufbau in drei oder fünf Akten.

Wer schrieb den Roman Schuld und Sühne (1866)?

Der russische Schriftsteller Fjodor Dostojewskij (1821–81). Der Roman schildert die Gewissensqualen eines Mörders, der unter der Last der Schuldgefühle zusammenbricht. Im Straflager und durch die Liebe erfährt er, dass er sich nur durch Sühne befreien kann.

Wodurch erregte der russische Schriftsteller Aleksandr Solschenizyn Aufsehen?

Durch seine Berichte über stalinistische Arbeitslager, in denen er von 1945 bis 1953 einsaß. 1962 erhielt er mit Zustimmung Chruschtschows die Erlaubnis zur Veröffentlichung seiner Erzählung *Ein Tag aus dem Leben des Iwan Denissowitsch*, die erstmals das Leben in den Zwangsarbeitslagern schilderte. Hauptwerk des Literaturnobelpreisträgers Solschenizyn (*1918) ist der Dokumentarbericht *Archipel GULAG* (1973–75).

Welcher amerikanische Literaturnobelpreisträger verfasste 1952 den Roman Jenseits von Eden?

John Steinbeck (1902–68). Hauptthema seiner sozialkritischen Romane ist die Verelendung der Landarbeiter (*Von Mäusen und Menschen*, 1937; *Früchte des Zorns*, 1939). In seiner Familiensaga *Jenseits von Eden* greift der Dichter das biblische Kain-und-Abel-Motiv auf.

Welcher spanische Dichter schrieb den Don Quijote de la Mancha (1605)?

Miguel de Cervantes Saavedra (1547–1616), der mit seinem satirischen und tragikomischen Roman die zu Ende gehende Zeit

Don Quijote mit Sancho Panza

des Rittertums und die weit verbreitete Ritterromantik aufs Korn nahm. Der Roman hatte eine große Wirkung auf die gesamteuropäische Romanliteratur.

An welchem Bürgerkrieg in Europa nahm der amerikanische Schriftsteller Ernest Hemingway (1899–1961) teil?

Am Spanischen Bürgerkrieg 1936–39 gegen die Faschisten unter Franco. Aus diesen Erlebnissen entstand der Roman *Wem die Stunde schlägt* (1940), der einen Höhepunkt seines Weltruhms bedeutete.

Wer schrieb den Roman Der Seewolf (1904)?

Der amerikanische Schriftsteller Jack London (1876–1916), dessen Leben als Abenteurer, Landstreicher, Seefahrer und Goldschürfer von einem ähnlichen Existenzkampf wie das seiner Romanhelden gezeichnet war. London gehört zu den meistübersetzten amerikanischen Autoren.

Was bezeichnet man in der Literatur als Weimarer Klassik?

Die von Goethe (1749–1832) und Schiller (1759–1805) in Weimar geprägte Literaturepoche, die sich am Humanitäts- und Bildungsideal der Antike und Renaissance ausrichtete. Der Beginn ist etwa mit Goethes erster Italienreise anzusetzen (1786/88); sie endet nach Schillers Tod 1805. Die Weimarer Klassik gilt als eine Blütezeit in der deutschen Literaturgeschichte.

Wer schrieb den Briefroman Die Leiden des jungen Werthers (1774)?

Johann Wolfgang von Goethe (1749–1832), der mit seinem empfindsamen Romanhelden ein Vorbild für eine ganze Jugendgeneration schuf. Werther wird zum Außenseiter der Gesellschaft. Sein leidenschaftliches Wesen treibt ihn schließlich in den Selbstmord aus Liebe.

In welchem Roman ist Felix Krull der Held der Handlung?

Thomas Mann

In dem unvollendet gebliebenen Roman von Thomas Mann (1875–1955) *Bekenntnisse des Hochstaplers Felix Krull* (1922/54). Felix Krull ist der Ich-Erzähler, der mit einer für Thomas Mann typischen feinen Ironie seinen kuriosen Lebensweg nacherzählt. Es werden zahlreiche Seitenblicke auf seine kauzige, exzentrische oder skurrile Umwelt geworfen.

Welcher bedeutende Lyriker der Weltliteratur schuf die so genannten Dinggedichte und die Duineser Elegien?

Der Österreicher Rainer Maria Rilke (1875–1926), der mit einem sensiblen Naturell in den Dinggedichten dem Wesen der Dinge nachspürte (z. B. *Der Panther*, 1907). Die *Duineser Elegien* (1923) besingen die erstrebenswerte aber unerreichbare Einheit von Realität und Wahrheit. Berühmt ist auch sein Roman *Aufzeichnungen des Malte Laurids Brigge* (1910).

Wer verfasste den Roman Das Bildnis des Dorian Gray (1890)?

Der irische Schriftsteller Oscar Wilde (1854–1900), der in seinem Roman angeblich sein eigenes genusssüchtiges und dandyhaftes Leben nachzeichnete. Der Protagonist des Romans besitzt ein Porträt, das an seiner statt altert.

Von welchem deutschen Schriftsteller sind die Romane Das Schwanenhaus (1980) und Die Verteidigung der Kindheit (1991)?

Von Martin Walser (*1927), der in seinen Erzählungen und Romanen mit meisterhafter Sprache den Zustand der Gesellschaft widerspiegelt und sich zur Identität und Geschichte der Deutschen äußert. Daneben behandelte er auch Ehe- und Beziehungsprobleme.

Wie heißt die berühmte Erzählung Edgar Allan Poes, in der die letzten Mitglieder einer Familie auf geheimnisvolle und schreckliche Weise umkommen?

Der Untergang des Hauses Usher (1839), eine der wohl bekanntesten Schauergeschichten des Amerikaners, mit der Poe (1809–49) auch den Typus der Short Story (Kurzgeschichte) entwickelte. Wichtige Poe-Übersetzungen stammen von dem französischen Literaten Charles Baudelaire.

In welcher Epoche der deutschen Dichtung hatte die blaue Blume einen besonderen Symbolwert?

In der Romantik. Novalis (1772–1801) hatte die „blaue Blume“ als Symbol in seinem Romanfragment *Heinrich von Ofterdingen* eingeführt. Die blaue Blume symbolisierte seitdem die unermessliche Sehnsucht der Romantik nach dem Unendlichen und der Welterkenntnis.

Wer schrieb 1826 die Novelle Aus dem Leben eines Taugenichts?

Joseph von Eichendorff (1788–1857). In dieser Novelle verband der Hauptvertreter der deutschen Spätromantik Prosa und Lyrik zu einer Einheit. Eichendorff wurde auch durch seine – oft vertonten – Gedichte bekannt, die Volksliedcharakter bekommen haben.

Wie heißt das Hauptwerk des Florentiner Dichters Dante Alighieri?

Divina Comedia (ital., „göttliche Komödie"), in der Dante (1265–1321) selber die Hauptfigur ist, die – begleitet von dem antiken Dichter Vergil – einen mühevollen Läuterungsweg antritt.

Buchseite aus *Divina Comedia*

Welcher französische Schriftsteller schuf mit Auf der Suche nach der verlorenen Zeit einen der hervorragendsten Romanzyklen des 20. Jahrhunderts?

Marcel Proust (1871–1922). Von Schlaflosigkeit geplagt, schrieb er sein siebenteiliges Werk, dessen zentrales Thema die Erinnerungen eines Ich-Erzählers sind, die anfangs durch Gerüche ausgelöst werden und die die verlorene Zeit wiederbringen sollen.

Wodurch wurde Heinrich von Kleist dazu angeregt, den Einakter „Der zerbrochene Krug" zu schreiben?

Durch einen Kupferstich mit dem gleichen Titel. Daraus entspann sich zwischen Kleist (1777–1811) und einigen seiner Freunde ein Dichterstreit. Im *Zerbrochenen Krug* verstrickt sich Dorfrichter Adam immer tiefer in ein Lügengewebe, um den Verdacht von sich zu lenken, bis er schließlich selbst als Täter entlarvt wird.

Was war das Ziel der Gruppe 47?

Die Nachkriegsliteratur in Deutschland zu fördern. Bedeutende Gründungsmitglieder waren Heinrich Böll (1917–85), Günter Grass (*1927), Alfred Andersch (1914–80), Ingeborg Bachmann (1926–73) und Ilse Aichinger (*1921). 30 Jahre lang war diese Gruppe federführend in der deutschen Literatur.

Wer schrieb 1932 den utopischen Roman Schöne neue Welt?

Aldous Huxley (1894–1963). Der englische Schriftsteller beschreibt in dem Roman, wie sich Menschen in einer völlig entseelten Welt gleichschalten und manipulieren lassen.

Wer schrieb mit Berlin Alexanderplatz einen der bedeutendsten deutschen Großstadtromane?

Alfred Döblin (1878–1957). Vor- und Rückblenden sowie montage- oder collageartige Struktur kennzeichnen diesen Roman. Döblin war Mitbegründer der expressionistischen Zeitschrift *Der Sturm*.

Mit welchem Werk erregte Bertha von Suttner (1843–1914) großes Aufsehen?

Mit ihrem Roman *Die Waffen nieder!*, der 1889 erschien und in dem sie leidenschaftlich für den Frieden plädierte. Die Gräfin wurde 1905 mit dem Friedensnobelpreis geehrt und starb am Vorabend des Ersten Weltkriegs.

Wer schrieb die Schachnovelle?

Stefan Zweig (1881–1942). Der österreichische Schriftsteller emigrierte 1934 nach England, später nach Brasilien. Er wurde durch seine stilistisch brillanten, psychologisch analysierenden Novellen, Romane, Biografien und Essays einer der meistgelesenen Autoren seiner Zeit.

Wer schrieb den Roman Die Brüder Karamasow?

Fjodor M. Dostojewskij (1821–88). Der letzte Roman Dostojewskijs gilt zugleich als Höhepunkt seines Schaffens, ebenso berühmt sind aber auch *Schuld und Sühne* (1866), *Der Spieler* (1866) und *Der Idiot* (1869).

Wann war die Zeit des Sturm und Drang?

Etwa zwischen 1760 und 1790. Es handelte sich um eine literarische Gegenbewegung zur Rationalität der Aufklärung. Ins Zentrum künstlerischer Produktion wurde nicht mehr die Vernunft, sondern das allumfassende Genie gestellt.

Wer war der Begründer der Gattung des Essay?

Michel de Montaigne (1533–92). Im Mittelpunkt seiner *Essais* steht der Mensch mit all seinen Facetten des Unbeständigen, Schwankenden und Eitlen. Der Späthumanist und Moralist Montaigne stellt immer auch die Frage nach dem sittlich und rational richtigen Handeln in der Gesellschaft.

Welcher italienische Staatstheoretiker entwarf in seinem Hauptwerk konkrete politische Ideen mit dem Ziel des politischen Machterhalts?

Niccolò Machiavelli (1469–1527). Nach seiner Theorie ist jedes Mittel, auch Gewalt, zum Erhalt der Macht gerechtfertigt. Zur Zeit der europäischen Aufklärung im 18. Jahrhundert prangerte man den so genannten Machiavellismus als unmoralisch an, wenn sich despotische Macht seiner Mittel bediente.

Welchen bekannten Abenteuerroman verfasste der englische Schriftsteller Daniel Defoe?

Robinson Crusoe

Robinson Crusoe (1719). Es ist der erste und bekannteste Roman, den der Kaufmann und Journalist Defoe (um 1660–1731) veröffentlichte, er verfasste aber auch wirtschaftspolitische und sozialkritische Abhandlungen, eine Reisebeschreibung und u. a. auch den Schelmenroman *Glück und Unglück der berühmten Moll Flanders* (1722).

Was ist ein Pleonasmus?

Man versteht darunter eine überflüssige Doppelung von Begriffen. Beispiele sind etwa ein „rundes Rad“ oder ein „kleiner Zwerg“.

Welcher deutsche Schriftsteller und Nobelpreisträger von 1972 schrieb den Roman Ansichten eines Clowns?

Heinrich Böll (1917–85), der in diesem Roman durch die Person des Clowns Hans Schnier die Situation Deutschlands in der Nachkriegszeit reflektiert. Aggressiv, aber auch resigniert werden Institutionen wie Kirche, Ehe und Familie der Heuchelei überführt sowie die Adenauerzeit kritisiert. Böll setzte sich nicht nur als Literat mit politischen Themen auseinander, sondern war auch selbst politisch aktiv.

Welche berühmte Novelle schrieb die deutsche Dichterin Annette von Droste-Hülshoff?

Die Judenbuche, eine Geschichte um die Themen Schuld und Sühne. Mit ihren strengen Landschaftsdarstellungen, die sie in epischen Kleinformen und in ihrer sinnlich-visionären Naturlyrik verarbeitete, gehörte die Dichterin Hülshoff (1797–1848) einerseits noch der Romantik, andererseits bereits dem Realismus an. Bedeutung gewann sie insbesondere als Lyrikerin, v. a. als Balladendichterin.

Annette von Droste-Hülshoff

In welchem russischen Roman gibt es die Legende vom Großinquisitor?

In Fjodor Dostojewskijs (1821–88) *Die Brüder Karamasow*. Ivan erzählt diese Parabel seinem gläubigen Bruder Aljoscha. Der Großinquisitor klagt den auf die Erde zurückgekehrten Christus an und bekennt sich zum Antichristen, woraufhin Jesus ihm schweigend einen Kuss gibt und weggeht.

Welche Autoren repräsentieren in Deutschland die literarische Romantik und in welchem Zeitraum ist diese zu verorten?

Als Gegenströmung zur Weimarer Klassik und zur Rationalität der Aufklärung entwickelte sich zwischen 1790 und 1830 die romantische Epoche. Zu ihren Hauptvertretern zählen Novalis (1772–1801), die Brüder Schlegel (1767–1845 und 1772–1829), Tieck (1773–1853), Brentano (1778–1842), Eichendorff (1788–1857) und E.T.A. Hoffmann (1776–1822).

Siegfrieds Ermordung

Welches Heldenepos des Mittelalters erzählt von Siegfrieds Tod und Kriemhilds Rache?

Das *Nibelungenlied* (um 1200), das größte deutsche Heldenepos des Mittelalters, das 2000 vierzeilige Strophen umfasst. Die Wirkung dieser „deutschen Ilias" reicht vom Mittelalter über die Romantik bis hin zum Musikdrama Richard Wagners (1813–83).

Welcher Schriftsteller verfasste 1965 in Anlehnung an Heinrich Heine (1797–1856) den Text Deutschland. Ein Wintermärchen?

Wolf Biermann (*1936). Nachdem der Sohn eines von den Nationalsozialisten ermordeten Arbeiters 1953 in die DDR übergesiedelt war, geriet er ab 1962 in immer schärfere Opposition zur Parteiführung und wurde 1976 ausgebürgert.

Welcher italienische Dichter wurde durch seine Liebeserklärungen an Laura berühmt?

Francesco Petrarca (1304–74), der in den sich an die Geliebte wendenden Gedichten aus *Il Canzoniere* den Konflikt des Dichters thematisiert, der zwar erhört werden möchte, aber zugleich weiß, dass unter der Zuneigung der Geliebten seine dichterischen Qualitäten leiden würden.

Wessen Romanheldinnen tragen die Namen Pamela und Clarissa?

Samuel Richardsons Heldinnen (1689–1761). Die beiden Romane *Pamela oder Die belohnte Tugend eines Frauenzimmers* und *Clarissa Harlowe* gelten als Klassiker. In Briefen schildern die beiden bürgerlichen Heldinnen ihre Leiden und die Gefährdungen ihrer Tugend.

In welchem Roman ist der Held so unbestimmbar, dass noch nicht einmal sein Familienname genannt wird?

● In Robert Musils (1880–1942) Roman *Der Mann ohne Eigenschaften*. Der Protagonist Ulrich versucht ein bedeutender Mann zu werden. Als er bemerkt, dass dies in der Moderne nicht mehr möglich ist, verabschiedet er sich für ein Jahr von der Wirklichkeit und nimmt „Urlaub vom Leben".

In welchem Roman führt die Reise in die Zukunft nur zu der Einsicht, dass es dort die gleichen Probleme wie im Heute gibt?

● Herbert George Wells (1866–1946) beschreibt in *Die Zeitmaschine* die ferne Zukunft als von Klassenkämpfen zwischen zwei unterschiedlich entwickelten Menschrassen geprägt. Der Erdball bewegt sich zudem dem Kältetod entgegen.

Welcher Schriftsteller veröffentlichte 1957 den Gedichtband Verteidigung der Wölfe?

● Hans Magnus Enzensberger (*1929), der zum festen Kern der Gruppe 47 gehörte. Enzensberger kritisierte ab den 1960er-Jahren immer wieder heftig die Politik der Bundesrepublik und hatte mit der von ihm veröffentlichten Zeitschrift *Kursbuch* große Wirkung auf die Intellektuellen.

Welche Romanheldin lässt sich als weibliches Gegenstück zu Don Quijote bezeichnen?

● Gustave Flauberts (1821–80) Protagonistin im Roman *Madame Bovary*, eine sentimentale Frau, die mit dem Landarzt Charles Bovary einen für ihre klischeehaften Ansprüche denkbar ungeeigneten Mann geheiratet hat.

Wie heißen die beiden Helden, die in zwei Romanen Mark Twains zahlreiche Abenteuer bestreiten?

● Huckleberry Finn und Tom Sawyer. Die Abenteuer der beiden jugendlichen Helden und Außenseiter konnten erstmals 1876 von ihren Lesern im Roman *Die Abenteuer des Tom Sawyer* verschlungen werden. Erst acht Jahre später ließ Twain (1835–1910) mit *Die Abenteuer des Huckleberry Finn* die Fortsetzung des Erstlings folgen, die sein größter Erfolg wurde. Beide Romane wurden in zahlreiche Sprachen übersetzt und gehören zu den Klassikern der Jugend- und Weltliteratur.

Mark Twain

Welcher Roman schildert die Leidenschaft eines Mannes zu einem minderjährigen Mädchen?

● Vladimir Nabokovs (1899–1977) *Lolita* aus dem Jahr 1955. Der Hauslehrer Humbert verliebt sich in die zwölfjährige Dolores (Lolita), die ihn verführt. Nabokovs Geschichte parodiert den „American Way of Life", den doppelbödigen Puritanismus und den Teenagerkult.

Welches Märchen Hans Christian Andersens gibt die Mode des Hofes der Lächerlichkeit preis?

● *Des Kaisers neue Kleider*. In Andersens (1805–75) Märchen wird dargestellt, wie erfundene Geschichten Wirklichkeit erzeugen. Weil alle Bürger glauben, dass nur der die neuen Kleider sehen könne, der für sein Amt etwas tauge, wagt niemand, die Wahrheit auszusprechen, dass der Kaiser nackt ist.

In welchem Epos von Wolfram von Eschenbach (um 1170–1220) steht die Suche nach dem heiligen Gral im Mittelpunkt?

Im *Parzival*. Der junge Parzival wird abgeschieden von der Welt erzogen, aber seiner Bestimmung folgend dennoch Ritter und nach vielen Abenteuern Gralskönig.

Was trug besonders zur Berühmtheit der Brüder Jakob und Wilhelm Grimm (1785–1863 und 1786–1859) bei?

Die Gebrüder Grimm

Ihre *Kinder- und Hausmärchen* (1812–15), die sie auf ihren Reisen sammelten. Nicht nur durch ihr groß angelegtes *Deutsches Wörterbuch*, das erst 1960 abgeschlossen werden konnte, wurden sie zu den Begründern der deutschen Sprach- und Literaturwissenschaft.

Welcher Dichter hielt sich Jahre seines Lebens vermutlich geistesgestört im Tübinger Turm auf?

Friedrich Hölderlin (1770–1843). Zu Lebzeiten unverstanden stand der Autor des *Hyperion* (1797/99) zumeist außerhalb der Strömungen seiner Zeit. Er hielt an den Idealen der Französischen Revolution fest, während sich beispielsweise Goethe (1749–1832) und Schiller (1759–1805) von diesen abwandten.

Was ist ein so genannter pikaresker Roman?

Beim pikaresken Roman handelt es sich um eine fiktive (Auto-)Biografie, in der aus der Perspektive eines Antihelden berichtet wird, der sich im Dienst verschiedener Herren durchs Leben schlägt und deren Fehler aufdeckt. In der deutschen Literatur gehört *Der Abentheurliche Simplicissimus Teutsch* von Grimmelshausen (um 1622–76) zu den berühmtesten pikaresken Romanen, aber auch Thomas Manns (1875–1955) *Felix Krull* und Günter Grass' (*1927) *Blechtrommel* stehen in dieser Tradition.

Für die Dichter welcher Epoche war die Vanitas von zentraler Bedeutung?

Für diejenigen des Barock. Bei Andreas Gryphius (1616–64) findet sich im gesamten Werk die Thematik von Eitelkeit und Vergänglichkeit des Irdisch-Menschlichen.

Welcher dichtende Schuster befasste sich mit dem Bürgertum seiner Zeit?

Der Meistersinger Hans Sachs (1494–1576). Er beschreibt in seinen Gedichten, Sprüchen, Fabeln und Schwänken satirisch die Grenzen der eigenen Lebenswelt.

Wer schrieb die populären Kriminalromane um den schwedischen Kommissar Kurt Wallander?

Der Schwede Henning Mankell (*1948) ist Erfinder des immer grübelnden Kultkommissars. Mit seinen in über 29 Sprachen übersetzten Krimis bestimmte er weltweit die Bestsellerlisten.

Welcher deutsche Dichter erfand die Figur des Malte Laurids Brigge?

Rainer Maria Rilke (1875–1926). Anhand der Hauptperson werden die Krisen im Verhältnis des Schriftstellers zur Realität und die Fremdheit des Menschen in einer ihm unverständlichen Welt zum Ausdruck gebracht.

Welche zwei Heldenepen soll Homer verfasst haben?

Die *Ilias*, die vom Trojanischen Krieg erzählt, und die *Odyssee*, die die Abenteuer des Odysseus auf seiner Rückreise von Troja nach Ithaka schildert. Der Grieche Homer (8. Jh. v. Chr.) wäre – sofern er überhaupt existiert hat – der älteste epische Dichter des Abendlandes.

Die Heimfahrt des Odysseus

Welcher Franzose wurde für seine postmodernen Romane bekannt, in denen er die Gefühlskälte seiner Zeit drastisch darstellt?

Michel Houellebecq (*1958). In *Ausweitung der Kampfzone* (1994) und *Elementarteilchen* (1998) schafft er mit seiner minimalistischen Sprache ein Gesellschaftsbild, in der Triebabfuhr ohne Gefühle bestimmend ist.

Wer schrieb 1804/05 die Flegeljahre?

Jean Paul (1763–1825), der in diesem Text die Widersprüche zwischen Poesie und Wirklichkeit thematisiert. Die ungleichen Zwillingsbrüder Walt und Vult verkörpern die gegensätzlichen Orientierungen, die für Jean Pauls Epoche und sein Spätwerk charakteristisch waren.

Welcher Freund Petrarcas (1304–74) schuf mit dem Decamerone eine der berühmtesten Geschichtensammlungen der europäischen Literatur?

Giovanni Boccaccio (1313–75). Die 100 Novellen werden an zehn aufeinander folgenden Tagen in einer Gesellschaft erzählt, die wegen der Pest ihre Heimatstadt verlassen hat.

Wer schrieb den Künstler- und Entwicklungsroman Maler Nolten?

Der Zeit seines Lebens nie über den schwäbisch-fränkischen Raum hinausgelangte Eduard Mörike (1804–75). In dem Roman werden neurotische Selbstabschließung und Selbstentfremdung detailliert dargestellt. Die Resignation Mörikes ist exemplarisch für weite Teile der literarischen Intelligenz seiner Zeit.

Wer schrieb „Denk ich an Deutschland in der Nacht, dann bin ich um den Schlaf gebracht"?

Heinrich Heine (1797–1856), in seinem Gedichtzyklus *Deutschland. Ein Wintermärchen*, der nach einer Deutschlandreise im Jahre 1843 entstand. Heine beschreibt sein Heimatland nach zwölf Jahren Exil in Paris als „verschimmeltes Philisterland", das er satirisch verspottet.

Welcher berühmte deutsche Barockroman spielt zur Zeit des Dreißigjährigen Krieges, also zwischen 1618 und 1648?

Der Abentheurliche Simplicissimus Teutsch von Hans J. C. von Grimmelshausen (um 1621–76). Der Roman schildert den Weg des jungen Simplicius, der durch halb Europa bis auf eine einsame Insel flieht. Aus der Perspektive des Unterdrückten und von der Gesellschaft Ausgestoßenen wird die Welt des Dreißigjährigen Krieges satirisch dargestellt und kritisiert.

Welches Buch machte Rudyard Kipling berühmt?

Das Dschungelbuch (1894), eine Tiergeschichte für Kinder, auf dessen Grundlage im 20. Jahrhundert ein sehr populärer Walt-Disney-Zeichentrickfilm gedreht wurde. Rudyard Kipling (1865–1936) entstammte einer anglo-indischen Familie und erhielt 1907 als erster Engländer den Literaturnobelpreis für sein Wek.

Rudyard Kipling

Was kennzeichnet den Expressionismus in der Literatur?

Einen oftmals pathetisch übersteigerten Ausdruck des Ich. Der Expressionismus kann als Reaktion gegen den Naturalismus oder den Impressionismus verstanden werden, zu seinen Autoren gehören Döblin (1878–1957), Brecht (1898–1956), van Hoddis (1887–1942), Brod (1884–1968) und Ehrenstein (1886–1950).

Welcher Nobelpreisträger von 1954 beschreibt den Kampf eines Fischers mit dem größten Fang seines Lebens?

Ernest Hemingway (1899–1961), in dessen Roman *Der alte Mann und das Meer* (1952) der Fischer im Golfstrom von Havanna den Fisch zunächst besiegt, bevor dieser auf dem Rückweg nach Hause von Haien gefressen wird.

Was ist ein Entwicklungsroman?

Der Entwicklungsroman ist ein Romantypus, der zur Zeit der Weimarer Klassik aufkam und in dem die Selbstfindungs- und Entwicklungsgeschichte eines Menschen in seiner Auseinandersetzung mit der Welt thematisiert wird.

Welche Figur schuf der Kriminalschriftsteller Georges Simenon?

Den Kommissar Maigret, der seine Fälle löst, indem er sich in die psychologische Welt der Täter versetzt. Insgesamt schrieb Simenon (1903–89) über 300 Romane, weltberühmt wurde er jedoch durch seine 80 Bücher über den sympathischen Kommissar, von denen mehrere verfilmt wurden.

Wo findet sich der Satz „Alle Tiere sind gleich. Aber manche Tiere sind gleicher als andere“?

In George Orwells (1903–50) grimmiger Fabel *Die Farm der Tiere* (1945), in der diese sich zunächst gemeinsam gegen die Unterdrückung durch die Menschen zur Wehr setzen. Als jedoch die Schweine zur herrschenden Klasse aufgestiegen sind, werden sie ununterscheidbar von den menschlichen Unterdrückern.

Was kennzeichnet den literarischen Barock?

Im Zentrum der barocken Texte steht die widerspruchsvolle Situation des Menschen zwischen Endlichkeit und Unendlichkeit, Diesseits und Jenseits sowie Eros und Tod.

Was ist eine Satire?

Die Satire ist eine Literaturform, die an keine bestimmte Gattung gebunden ist. Sie übt Kritik an den Gegebenheiten, Normen und Konventionen und parodiert die Wirklichkeit einer Zeit dadurch, dass sie diese nachahmt und dabei indirekt ihre Lächerlichkeit aufzeigt.

Was ist ein Schlüsselroman?

Ein Roman, bei dem wirkliche Personen und/oder geschichtliche Ereignisse hinter fiktiven Namen verborgen sind. Um die Zusammenhänge des Textes zu verstehen, braucht der Leser den „Schlüssel“, der ihm den Zugang zu den verschlüsselten Vorgängen eröffnet.

In welchem Schlüsselroman thematisiert Klaus Mann (1906–49) die Rolle des Schauspielers Gustav Gründgens in der Zeit der nationalsozialistischen Herrschaft?

In *Mephisto. Roman einer Karriere* von 1936. Der Roman durfte nach mehreren Verboten erst 1981 offiziell in Deutschland erscheinen, weil der Protagonist zu große Parallelen mit der Biografie von Gustav Gründgens (1899–1963) aufwies.

Welcher deutsche Dichter führte eine Gemeinschaft von Künstlern und Gelehrten an und entwickelte eine ganz eigene Zeichensetzung und Orthografie?

Stefan George (1868–1933), dessen Umgebung ihn nahezu kultisch verehrte. Im so genannten George-Kreis beschäftigte man sich mit Antike und Renaissance und huldigte dem Schönen und Heroischen.

Wer schrieb den Roman Sinn und Sinnlichkeit, in dem Traditionen der romantischen Literatur parodiert werden?

Die für ihre geistreich-ironische Prosa bekannte englische Schriftstellerin Jane Austen (1775–1817). Erst nach ihrem Tod wurde ihren genauen Schilderungen der Gesellschaft größere Aufmerksamkeit und Anerkennung zuteil.

Welcher Nobelpreisträger von 1952 bringt seine philosophische Lebenskonzeption in Der Mythos von Sisyphos zum Ausdruck?

Albert Camus (1913–60). Die Welt, in der Sisyphos den Stein den Berg hinauf bewegt, ist ebenso absurd und sinnlos wie die Welt, in der der Mensch lebt, der dieser deshalb selbst einen Sinn geben bzw. diese Sinnlosigkeit akzeptieren muss.

Wer ist neben Goethe (1749–1832) Mitbegründer der Weimarer Klassik?

Friedrich Schiller

Friedrich Schiller (1759–1805). Neben seiner schriftstellerischen Tätigkeit war er Universitätsprofessor in Jena und siedelte 1799 nach Weimar über. Schiller schrieb bedeutende Dramen (u. a. *Don Carlos*, 1787; *Wallenstein*, 1798/99) und war ein großer Dichter von Balladen (z. B. *Der Ring des Polykrates*) und idealistischer Gedankenlyrik. Daneben schuf er in seinen Schriften zur Ästhetik das Kunst- und Bildungsideal der Weimarer Klassik.

Wer schrieb den Roman Deutschstunde (1968)?

Siegfried Lenz (*1926). Sein viel gelesener Roman beginnt mit der Inhaftierung Siggis, der im Nachkriegsdeutschland in der Schule bei einem Aufsatz über die Freuden der Pflicht leere Blätter abgegeben hat. Erst im Verlauf des Romans erfährt der Leser den eigentlichen Grund der Verhaftung, der mit Verhaltensmustern zusammenhängt, die Siggi sich zur Zeit des Nationalsozialismus unter dem Einfluss seines Vaters angeeignet hatte und auch in der Nachkriegszeit nicht ablegen konnte.

In welchem Roman von Victor Hugo spielt die schöne Esmeralda eine zentrale Rolle?

In *Der Glöckner von Notre-Dame*. Der verkrüppelte Quasimodo verliebt sich in die Zigeunerin und verteidigt sie in der berühmten Kathedrale von Paris gegen das anstürmende Volk. Hugo (1802–85) ist einer der ersten Autoren, der die Volksmassen ins Zentrum der Handlung stellte.

In welchem Romanzyklus von J. R. R. Tolkien bevölkern Hobbits eine fantastische Welt?

J. R. R. Tolkien

● In der Romantrilogie *Der Herr der Ringe*. Tolkien (eigentlich John Ronald Reuel Tolkien; 1892–1973) war Professor für germanische Philologie in Oxford. In seinem Dreiteiler erfand er eine eigene, in sich geschlossene Märchenwelt.

Die Stadt Klagenfurt vergibt seit 1977 einen Literaturpreis. Welcher Autorin ist er gewidmet?

● Der österreichischen Lyrikerin und Romanautorin Ingeborg Bachmann (1926–73), die in ihren Texten immer wieder die Einsamkeit des modernen Menschen thematisiert und Probleme der zwischenmenschlichen Kommunikation reflektiert.

Von welchem Autor ist der Roman Effi Briest?

● Von Theodor Fontane (1819–98), der zu den bedeutendsten Schriftstellern des 19. Jahrhunderts gehört. Er zeichnete mit dem poetischen Realismus sozialkritisch eine in sich brüchig gewordene Gesellschaft nach.

Kunden in Buchhandlungen haben oft die Wahl zwischen Taschenbuch und gebundener Ausgabe. Was versteht man unter Broschur?

● Ein Taschenbuch ist eine Broschur, nämlich ein Buch mit flexiblem Umschlag, der direkt an den Buchblock geklebt ist. Von Broschur leitet sich das Wort Broschüre ab; das sind kleine Heftchen, die mit Drahtklammer oder Faden geheftet sind.

Von wem stammt ursprünglich der Satz Soldaten sind Mörder, der für viel Aufsehen gesorgt hat?

● Von Kurt Tucholsky (1890–1935), der selbst als Soldat im Ersten Weltkrieg kämpfte, wegen der politischen Situation im Deutschland der 1930er-Jahre nach Schweden emigrierte und dort Selbstmord beging. Tucholsky setzte sich beständig satirisch mit den Verhältnissen der Weimarer Republik auseinander, veröffentlichte literarische Texte und gab Zeitschriften heraus.

Von welchem jüdischen Dichter stammt Die Todesfuge?

● Von Paul Celan (1920–70), der in diesem Gedicht seine Erfahrungen im Konzentrationslager und die Realität des Faschismus vergegenwärtigt. In der Todesfuge wird konkrete Zeitgeschichte verarbeitet, was zum poetologischen Selbstverständnis Celans gehörte.

Welcher französische Autor lehnte 1964 den Nobelpreis ab?

● Jean-Paul Sartre (1905–80), der in dem Hauptwerk *Das Sein und das Nichts* seine existenzialistische Philosophie darlegte. Der Mensch ist in einer gottlosen Welt zur Freiheit verurteilt und muss sein Leben immer wieder neu entwerfen.

Wer war Simone de Beauvoir (1908–86)?

● Eine französische Schriftstellerin und die Lebensgefährtin Jean-Paul Sartres. Sie vertrat ebenso wie Sartre die existenzialistische Philosophie und setzte sich für die vollständige Emanzipation der Frau ein. Ihr bekanntester Roman in diesem Zusammenhang ist *Das andere Geschlecht* (1949).

Christopher Lee als Dracula

Welches ist die berühmteste Figur, die der Schriftsteller Bram Stoker (1847–1912) erschuf?

Der transsylvanische Graf und Vampir Dracula. 1897 erschien der Schauerroman, der seitdem mehrfach verfilmt wurde.

Von wem werden die Preisträger des Deutschen Bücherpreises bestimmt, der seit 2002 existiert?

Von den unzähligen Literaturpreisen in Deutschland ist der Deutsche Bücherpreis des Börsenvereins des Deutschen Buchhandels der einzige, der von Lesern und Buchhändlern vergeben wird.

Welcher spanische Dichter wurde 1936 von den Anhängern Francos im Spanischen Bürgerkrieg getötet?

Federico García Lorca (1898–1936). Er gehört zu den bedeutendsten spanischen Autoren des 20. Jahrhunderts. In seinen Texten verbinden sich heimatliche Motive der Volksdichtung mit modernen Stilmitteln.

Wer schrieb Die Marquise von O... (1808)?

Heinrich von Kleist (1777–1811), in dessen Erzählung über Gewalt, Kampf und Begehren eine Marquise ein Kind zur Welt bringt, ohne dass sie zunächst versteht, wie es zu ihrer Schwangerschaft gekommen sein kann.

Welcher Autor schrieb den kontroversen Roman In Stahlgewittern?

Ernst Jünger (1895–1998), der zu den umstrittensten Literaten des 20. Jahrhunderts gehörte. Seine Lebensphilosophie, nach der sich das, was den Menschen ausmacht, nur in Extremsituationen zeigen könne, wurde von den Nationalsozialisten als Verherrlichung des Krieges ausgelegt.

Nach welcher biblischen Figur, über deren Kopf hinweg Gott mit dem Teufel eine Wette abschließt, benannte Joseph Roth einen seiner Romane?

Nach Hiob. In Joseph Roths (1894–1939) Romanen, deren Qualität erst spät angemessen gewürdigt wurde, spielen Resignation über die Situation Europas und Trauer über den Zerfall der Donaumonarchie eine zentrale Rolle. Zu seinen bekanntesten Werken zählt der *Radetzkymarsch* von 1932.

Welcher russische Schriftsteller verfasste den Versroman Eugen Onegin?

Alexandr Puschkin, der 1799 geboren wurde und 1837 bei einem Duell ums Leben kam. In seinen politischen Gedichten engagierte Puschkin sich für Freiheit und Fortschritt. Der russischen Literatur gaben seine Werke mit ihren formalen Innovationen ganz neue und grundlegende Impulse.

In welchem Roman beschreibt Heinrich Mann (1871–1950) den Aufstieg eines Papierfabrikanten zum Repräsentanten des reaktionären Zeitgeistes?

In *Der Untertan* von 1916. Neben dem konservativen Bürgertum kritisiert der Bruder von Thomas Mann (1875–1955) in seinem Roman auch das opportunistische Verhalten in der wilhelminischen Gesellschaft und gibt ein Bild von der realgeschichtlichen Situation seiner Zeit.

Wer erfand Die Abenteuer des Pinocchio?

Pinocchio

Der Italiener Carlo Collodi (1826–90). Sein Werk ist bis heute eines der berühmtesten Kinderbücher und diente als Vorlage für zahlreiche Filme und Zeichentrickserien.

Für welche Eigenschaften sind die Romane von Henry James (1843–1916) berühmt?

Der amerikanische Dichter entwickelte den psychologischen Roman, in dem der so genannte Stream of consciousness, also der Bewusstseinsstrom eine zentrale Rolle spielt. Äußere Wirklichkeit kann nur über das Bewusstsein erfasst und vermittelt werden. Sie ist damit niemals lediglich abgebildet.

Wer schrieb das erfolgreiche Buch Die unendliche Geschichte?

Michael Ende (1929–95) verfasste den Roman, in dem Bastian, der ein geheimnisvolles Buch entdeckt und darin zu lesen beginnt, in die Traumwelt von Fantasia gelangt.

Welcher Autor hat den Roman Der Vorleser geschrieben?

Bernhard Schlink (*1944), dem mit seinem 1995 erschienenen Roman ein großer literarischer Erfolg beschert wurde. Es geht um die tragisch endende Liebesgeschichte eines 15-Jährigen zu einer wesentlich älteren Frau, die sich im Dritten Reich an nationalsozialistischen Verbrechen beteiligt hatte.

Welcher deutsche Kinderbuchautor schrieb Die kleine Hexe?

Otfried Preußler (*1923), dessen erfolgreiche Texte fast alle verfilmt wurden. Neben den Geschichten um die kleine Hexe zählen *Der kleine Wassermann* (1956), *Der Räuber Hotzenplotz* (1962) und *Krabat* (1971) zu Preußlers fantasievollsten und spannendsten Büchern.

Wofür engagierte sich die französische Schriftstellerin George Sand (1804–76)?

Besonders für die Gleichberechtigung der Frau. Aus diesem Engagement heraus entstanden die Romane *Indiana* (1832) und *Lélia* (1833). Später hatte sie ein gesamtgesellschaftliches politisch-soziales Konzept im Auge, das sie aus einem christlichen Sozialismus heraus entwickelte.

Welcher deutsche Autor verfasste die Briefe in die chinesische Vergangenheit?

Der 1934 in Bozen geborene Herbert Rosendorfer. Hinter dem Witz und den Sprachspielen seiner Texte verbirgt sich zumeist noch eine absurd erscheinende Dimension, die nach und nach aufgedeckt wird. Aufsehen erregte Rosendorfer auch mit Schauspielen wie *Großes Solo für Anton* von 1976 und *Vorstadtminiaturen* von 1982.

Welcher Roman Stendhals gilt als erster realistischer Gesellschaftsroman?

Rot und Schwarz. Der Text, der 1830 erschien, schildert die Lebensgeschichte eines jungen Mannes von niederem Stand, dessen Versuch, Zugang zu den höheren Schichten zu erlangen, scheitert. Stendhal (1783–1842) setzt sich kritisch mit der bürgerlichen Vorstellung auseinander, Talent und Leistung reichten aus, um an jede beliebige gesellschaftliche Position gelangen zu können.

Welcher Roman von Charles Dickens spielt im Milieu der Londoner Unterwelt?

● *Oliver Twist*. Obwohl Oliver Twist einer Diebesbande in die Hände fällt, gelingt es ihm, seine Unschuld zu bewahren und gerettet zu werden. Der Roman verdankt seinen Erfolg Dickens' (1812–70) Fähigkeit, den Blickpunkt des verfolgten Kindes einfühlsam zu schildern.

Oliver Twist

Welche Schriftstellerin der ehemaligen DDR beschwört in Kassandra die Bedrohungen, denen die Menschheit ausgesetzt ist?

● Christa Wolf (*1929), zu deren Themen die Probleme des geteilten Deutschland zählten, die sie immer wieder neu bearbeitete. Neben *Kassandra* (1983) gehören auch *Unter den Linden* (1974) und *Kindheitsmuster* (1977) zu den in ganz Europa viel gelesenen Romanen.

Welche französische Schriftstellerin schrieb die Romane „Bonjour Tristesse" und „Lieben Sie Brahms?"?

● Françoise Sagan (*1935). Ihre melancholischen und erotischen Romane kreisen um die Motive Liebe und Einsamkeit. Die Hauptfiguren sind weder des Enthusiasmus noch der Verzweiflung fähig. Das alte literarische Thema des Weltschmerzes wird aufgelöst in Traurigkeit, Niedergeschlagenheit und Langeweile. Sagan wurde vom französischen Existenzialismus beeinflusst.

Welcher viel gelesene Romanschriftsteller schrieb Es muss nicht immer Kaviar sein (1960)?

● Der Österreicher Johannes Mario Simmel (*1924), der zahlreiche Bestseller verfasste, die dem Genre der Unterhaltungs- und Trivialliteratur zuzurechnen sind. Dennoch stellen seine Romane auch historische und zeitkritische Bezüge her. Weitere Werke sind u. a. *Hurra, wir leben noch* (1978) und *Im Frühling singt zum letzten Mal die Lerche* (1990).

Welcher lateinamerikanische Autor ist besonders für seine fantastischen Erzählungen berühmt?

● Jorge Luis Borges (1899–1989), der zu den bedeutendsten Gestalten der lateinamerikanischen Literatur zählt. Der Argentinier verband in seinen Werken immer wieder die rational erklärbare Welt mit einer mythischen, unerklärlichen Ebene. Zu seinen bekanntesten Texten gehören *Das Aleph* (1949) oder *Das Sandbuch* (1975).

Was ist das älteste gedruckte Buch Europas?

● Die Gutenbergbibel. Der ehemalige Goldschmied Johannes Gutenberg (um 1400–68) konstruierte erstmals in Europa ein Handgießinstrument zur Herstellung von Drucktypen. Mit einer dazu passend gebauten

Druckerpresse ermöglichte er den Massendruck von Büchern. Von den 180 auf diese Weise gedruckten Bibeln sind heute noch 49 erhalten.

Welches bekannte Buch des 15. Jahrhunderts liegt seit Februar 2000 in digitalisierter Form vor?

Es ist die Gutenbergbibel des ersten deutschen Buchdruckers Johannes Gutenberg (um 1400–68), die von der Staats- und Universitätsbibliothek Niedersachsen digitalisiert wurde. Die 1282 Seiten des zweibändigen Werkes sind im Internet verfügbar.

Die Gutenbergbibel

Welcher schweizerische Schriftsteller verfasste die Novelle Kleider machen Leute (1873/74)?

Gottfried Keller (1819–90). Die Novelle ist Teil der Sammlung *Die Leute von Seldwyla* (1856–74). In ihnen sind Humor, Dorfidylle und realistische Darstellungskunst miteinander gepaart. Kellers Entwicklungsroman *Der grüne Heinrich* trägt autobiografische Züge.

Zu welcher literarischen Strömung wird Ricarda Huch gerechnet?

Huch (1864–1947) war eine Hauptvertreterin der Neuromantik. Sie begann nach einem Studium der Geschichts- und Literaturwissenschaft und der Promotion (als eine der ersten Frauen 1892) mit gefühlsstarken Dichtungen wie in *Das Leben, ein kurzer Traum* (1903) und wandte sich dann historischen Stoffen und Persönlichkeiten zu: *Der große Krieg in Deutschland* (1912–14), eine epische Schilderung des Dreißigjährigen Krieges, *Wallenstein. Eine Charakterstudie* (1915) u. a.

In welcher Einheit gibt man die Lesegeschwindigkeit eines Menschen an?

Die Maßeinheit lautet WPM, Wörter pro Minute. Nehmen Sie sich einen durchschnittlich anspruchsvollen Text mit exakt 500 Wörtern, lesen Sie ihn und stoppen Sie dabei die Zeit. Teilen Sie nun 500 durch die ermittelten Sekunden und multiplizieren Sie das Ergebnis mit 60. Schon kennen Sie Ihre Lesegeschwindigkeit. Der Durchschnitt liegt bei 300 WPM. Wichtig dabei ist, dass der Inhalt des Textes so verstanden werden muss, dass er wiedergegeben werden könnte.

In welcher Sprache schrieb der Dichter Dante Alighieri seine „Göttliche Komödie"?

Der italienische Dichter Dante Alighieri (1265–1321) schrieb nicht mehr, wie es seinerzeit üblich war, auf Latein, was zu dieser Zeit sehr ungewöhnlich war. Denn die Sprache, in der ein Autor, der Erfolg haben wollte, schreiben musste, war im 15. Jahrhundert immer noch das Lateinische, denn noch war es die einzig anerkannte Schriftsprache in Europa. Dies war insofern praktisch, weil diese Sprache weltweit verstanden wurde. Dante aber schrieb seine *Göttliche Komödie* in einer toskanischen Mundart, die mit seinem Werk die italienische Hochsprache prägte.

Wer gilt als Erfinder der literarischen Science-Fiction?

Jules Verne (1828–1905), der immer wieder auf Stoffe zurückgriff, in deren Zentrum die technischen Möglichkeiten einer fernen Zukunft fantasiert wurden. Mit seinem Klassiker *Reise zum Mittelpunkt der Erde* (1864) begründete Verne das Literaturgenre der Science-Fiction. Weitere Klassiker des Genres aus seiner Feder sind beispielsweise *Von der Erde zum Mond* (1865) und *20.000 Meilen unter dem Meer* (1870).

Die Liste der Helden, die bei Troja gekämpft haben sollen, ist bekanntlich sehr lang; wen aber verehrten die Römer als größten Helden des Kampfes um Troja?

Den Trojaner Äneas. Der römische Dichter Vergil (70–19 v. Chr.) gestaltete um diese Figur ein Epos, das in Form und Gestalt mit der Homerschen Ilias verglichen wurde und das zu einem der wichtigsten Texte im antiken Rom wurde. Denn es wird geschildert, wie Äneas nach der verlorenen Schlacht auf der Flucht von Troja zahlreiche Abenteuer zu bestehen hatte, bevor er schließlich in Italien landete, wo er Latiner und Trojaner vereinigt haben soll.

Welche Romanvorlage zu einem Spielberg-Film machte Michael Crichton (*1942) weltberühmt?

Dino Park, die Romanvorlage zu *Jurassic Park*. Die Verfilmung des Romans war 1993 ein Kassenschlager, denn sie bediente die jugendliche Begeisterung für Dinosaurier, die in dieser Geschichte für einige Verwirrungen in der Gegenwart sorgen. Crichton hat neben weiteren Science-Fiction-Thrillern auch Kriminalromane geschrieben, die ebenfalls teilweise verfilmt worden sind, und nicht zuletzt die Fernsehserie *Emergency Room* erfunden.

Welcher Arzt wurde zu einem der wichtigsten Vertreter der expressionistischen deutschen Lyrik?

Gottfried Benn (1886–1956). In seinen poetischen Werken thematisierte er immer wieder drastisch die Erfahrungen, die er als Arzt gemacht hatte. Dass diese sachlich genauen Beschreibungen oft bis an die Grenze dessen gingen, was von den Zeitgenossen als guter Geschmack bezeichnet wurde, liegt auf der Hand. So schilderte Benn Leichensektionen und Operationen oder beschrieb seinen Gang durch das Krankenhaus oder den Blick in die Pathologie.

Welche schwedische Kinderbuchautorin schrieb die Geschichten von Pippi Langstrumpf?

Astrid Lindgren (1907–2002), deren junge Heldin das selbstständige und abenteuerliche Leben führt, von dem Kinder träumen, ohne es gewöhnlich in die Wirklichkeit umsetzen zu können.

Pippi mit dem Kleinen Onkel

Wie bezeichnet man ein sprachlich einfaches und auch inhaltlich leicht zu erfassendes Stück Literatur?

Trivialliteratur. Die Geschichten, die in solchen Romanen geschildert werden, sind stets wenig komplex und sehr leicht zu erfassen. Sie arbeiten gerne mit so genannten Stereotypen, wie dem reichen, aber unglücklich verheirateten Arzt oder der naiven Unschuld vom Land. Das positive Ende der Geschichten kann versierte Leser von Trivialliteratur kaum überraschen. Auch sind solche meist in Romanform geschriebenen Werke selten in gehobenem Stil verfasst.

Wer waren die Schwestern von Emily Jane Brontë?

Charlotte (1816–55) und Anne Brontë (1820–49). Alle drei Schwestern waren literarisch aktiv und schrieben Romane; allerdings galt Emily Jane (1818–48) als die begabteste der Schwestern. Mit ihrem Roman *Sturmhöhe* (1847), einer düsteren, tragisch endenden, aber auch hochgradig erotischen Liebesgeschichte, löste sie im viktorianischen England einen handfesten Skandal aus.

Welcher Autor beschrieb Die unerträgliche Leichtigkeit des Seins?

Milan Kundera

Milan Kundera (*1929). Das Original des Romans erschien 1984 in Paris und schildert die verschlungene Liebesgeschichte zwischen Tomas und Teresa, die sich vor dem Hintergrund der Unterdrückung durch den tschechoslowakischen Sozialismus abspielt. Mit diesem Buch gelang Kundera der internationale Durchbruch.

Wessen Helden warten auf Godot?

Samuel Becketts (1906–89). Er verfasste Zeit seines Lebens Geschichten und Dramen, in denen Menschen in absurde Situationen geraten, die die Grundlagen ihrer ganzen Existenz nachhaltig zu erschüttern vermögen. Bekannt wurde Beckett nicht nur durch das Bühnenstück *Warten auf Godot* (1953), sondern auch durch die Romane *Der Namenlose* (1953) und *Murphy* (1938).

Wer schuf den Krimidetektiv Philip Marlowe?

Raymond Chandler (1888–1959). In seinen Kriminalromanen kreierte der Amerikaner mit Marlowe einen Detektiv, der nach außen hart und zynisch ist, innerlich aber an den Menschen und am Zustand der Welt im Allgemeinen, an der amerikanischen Gesellschaft der 1930er-, 1940er- und 1950er-Jahre verzweifelt. Zu den berühmtesten Romanen Chandlers gehören *Der große Schlaf* (1939), *Die kleine Schwester* (1949) und *Lebwohl, mein Liebling* (1940).

Wie hieß die legendäre Fernsehsendung, in der Bücher vorgestellt und von einer vierköpfigen Gruppe manchmal hoch gelobt, oft aber auch gnadenlos zerrissen wurden?

Das Literarische Quartett. Die Fernsehreihe, die zwischen 1988–2001 insgesamt 77 Mal auf Sendung ging, verdankte ihre enorme Popularität in erster Linie Marcel Reich-Ranicki (*1920), einem ebenso wortgewandten wie streitlustigen Literaturkritiker.

Seit wann kennt man die Gedichtform des Limerick?

Etwa seit 1820. Limericks, die ihren Namen von einer irischen Stadt haben, sind kurze fünfzeilige, humorvolle Gedichte, die meist in Zeitungen publiziert wurden. Die eigentlich witzige Pointe findet sich erst in der letzten Zeile eines solchen Limerick, die das bisher Gesagte umkehrt, überspitzt oder ins Grotesk-Lächerliche zieht. Einer der wichtigsten Limerickverfasser war der Brite Edward Lear (1812–88).

Wo ist die Heimat der Edda?

Auf Island. Um 1000 wurden auf der nordskandinavischen Insel viele germanische Götter- und Heldenlieder zusammengefasst und schriftlich fixiert. 1643 erwarb der isländische Bischof Brynjólfur Sveinsson (1605–75) die Sammlung, heute wird die wertvolle Handschrift in der königlichen Bibliothek von Kopenhagen aufbewahrt. Sie ist auch deshalb von Bedeutung, weil sie tiefe Einblicke in die Welt der vorchristlichen Mythen und Göttervorstellungen der Germanen erlaubt.

Welche drei Werke Puschkins (1799–1837) wurden von namhaften russischen Komponisten vertont?

Eugen Onegin, *Pique Dame* und *Boris Godunow*. Den Versroman *Eugen Onegin* und die Erzählung *Pique Dame* vertonte Peter Tschaikowsky (1840–93), aus dem Drama *Boris Godunow* machte Mussorgskij (1839–81) eine Oper.

Welchen Helden erfand James Fenimore Cooper?

Der amerikanische Schriftsteller schuf den Mohikaner Lederstrumpf. In den insgesamt fünf Romanen um diesen Helden verarbeitete Cooper (1789–1851) Erlebnisse als Siedler auf dem amerikanischen Kontinent wie auch Kenntnisse über das Leben von Trappern, Soldaten und v. a. der Indianer. Die Abenteuerromane Coopers wurden zu dauerhaften Verkaufsschlagern, die in über 30 Sprachen übersetzt worden sind.

Schrieb Hans Christian Andersen nur Märchen?

Nein. Andersen (1805–75), Sohn eines Schuhmachers, ist den meisten Menschen zwar besonders als Verfasser von Märchen wie *Die Schneekönigin*, *Die kleine Meerjungfrau* oder *Der standhafte Zinnsoldat* bekannt, er gilt aber auch als einer der Mitbegründer des dänischen Realismus. Andersen verfasste Romane, Lyrik und Dramen.

Welcher römische Dichter wurde aus Rom verbannt, weil er über zu viele Kenntnisse über das Intimleben der kaiserlichen Familie verfügte?

Publius Ovidius Naso (43 v. Chr.–17 n. Chr.), kurz Ovid. Der römische Dichter hatte mit den *Metamorphosen*, einem 15-bändigen Versepos, auf sich aufmerksam gemacht, gerade weil die Themen dieser Gedichte zuweilen frivol waren. Da Ovid am Hof des Augustus (63 v. Chr.–14 n. Chr.) ein- und ausging, erfuhr er zu viele private Einzelheiten aus dem Leben der Kaiserenkelin und wurde deshalb kurzerhand aus Rom verbannt.

Welcher Oxforder Professor schuf sprechende Kaninchen, Humpty Dumpty und die Cheshire-Katze?

Lewis Carroll (1832–98), dessen *Alice im Wunderland* (1865) auch heute noch die meisten Kinder kennen. Die logischen Widersprüche und die auf den Kopf gestellten sozialen und gesellschaftlichen Ordnungen machen den Reiz von Carrolls Büchern nicht nur für Kinder aus.

Alice im Wunderland

Was verbirgt sich hinter der von Joseph Goebbels (1897-1945) angeordneter Aktion Wider den undeutschen Geist?

Bücherverbrennungen. Auf welchem Standpunkt sich das Naziregime bereits an ihrem Beginn befand, stellte es mit den Bücherverbrennung vom 10. Mai 1933 nachdrücklich unter Beweis. In Berlin und anderen Großstädten wurden wichtige Werke der Weltliteratur und des deutschen literarischen Schaffens öffentlich verbrannt und anschließend ihre weitere Publikation wie auch ihre Lektüre in Schule und Universität verboten.

Welcher deutsche Schriftsteller erfand die Geschichten um den edlen Indianerhäuptling Winnetou?

Karl May (1842–1912), der weder den Wilden Westen noch den Vorderen Orient aus eigener Erfahrung kannte. Ihm gelang es jedoch, Old Surehand, Old Shatterhand und Winnetou so abenteuerlich und realistisch zu beschreiben, dass seinen Büchern bis heute ein riesiger Erfolg beschert ist.

Karl May

Mit welchem Begriff bezeichnet man eine Sammlung literarischer Texte, die ursprünglich getrennt publiziert wurden?

Man bezeichnet diese als Anthologie. Der Begriff entstammt dem Griechischen und bedeutet wörtlich übersetzt „Blütenlese".

Was verbarg sich hinter der 1950 veröffentlichten Anthologie Gott, der versagte?

Die harsche Abrechnung und Kritik ehemals überzeugter kommunistischer Literaten am sowjetischen Staats- und Parteichef Jossif Stalin (1879–1953). Mit ihren Beiträgen drückten die Autoren ihre Enttäuschung über die von ihrem früheren Vor- und Leitbild betriebene Politik aus und avancierten so zum Sprachrohr zahlreicher europäischer Intellektueller.

Welche Ära gilt als literarische Blütezeit Athens?

Die Ära des Perikles (um 495–429 v. Chr.). Die Zeit der Herrschaft des Perikles war einerseits eine Phase des politischen und sozialen Aufbruchs. Zugleich war diese Phase aber auch von einer ungemeinen kulturellen Schaffenskraft geprägt. So fällt auch die Entstehung der wichtigsten literarischen Werke des alten Athen in diese Zeit.

Wovon berichtet das Gilgamesch-Epos?

Das Gilgamesch-Epos berichtet von den Heldentaten Gilgameschs, dem Herrscher über die Stadt Uruk. Neben diesem Helden sind der Tiermensch Engidu, mit dem Gilgamesch Freundschaft schließt, und Ischtar, deren Liebe vom Helden zurückgewiesen wird, die wichtigsten Protagonisten des 4000 Jahren alten literarischen Hauptwerks Babylons, von dem mehrere verschiedene in Keilschrift geschriebene Versionen auf Tontafeln überliefert sind.

Was für ein Typ Buch ist das Alte Testament?

Eine Art literarische Sammlung unterschiedlicher Bücher verschiedener Autoren und mit einem sehr langen Entstehungszeitraum. Die Entstehungszeit der Schriften des Alten Testamentes erstreckt sich über etwa 1000 Jahre und umfasst damit sehr wichtige Teile der israelitischen Geschichte, die in den Texten literarisch reflektiert und verarbeitet wurde.

Welcher römische Autor musste seine Angriffe gegen einen der Nachfolger Caesars mit seinem Leben bezahlen?

Marcus Tullius Cicero (106–43 v. Chr.). Nach Caesars (100–44 v. Chr.) Tod geriet er in höchste Bedrängnis, weil er in der Öffentlichkeit gegen einen der drei Nachfolger Caesars und somit gegen einen der mächtigsten Männer Roms, nämlich Marcus Antonius (um 82–30 v. Chr.), gewettert hatte. Cicero fiel schließlich einem von Antonius initiierten Mordanschlag zum Opfer.

Was machte Cyrano de Bergerac (1619–55)?

Er war Schriftsteller. Der Sohn einer adligen Familie übte immer wieder satirisch Kritik an den Zuständen seiner Zeit und wurde zum Vorläufer der Aufklärung. Zu seinen wichtigsten Texten zählen *Reise in die Sonne* (1662) oder *Mondstaaten und Sonnenreiche* (1657).

Gérard Dépardieu als Cyrano

Warum protestierte der sowjetische Staats- und Parteichef Leonid Breschnew gegen die Literaturnobelpreisverleihung des Jahres 1970?

Weil mit Aleksandr Solschenizyn (*1918) ein Schriftsteller den Nobelpreis für Literatur erhalten sollte, der die restriktive Innenpolitik der damaligen Sowjetführung und den stalinistischen Terror scharf angegriffen hatte. Ironischerweise hatte noch Breschnews (1906–82) Amtsvorgänger Chruschtschow (1894–1971) Solschenizyn für seine Abrechnung mit dem stalinistischen Terror explizit gelobt.

In der literarischen Überlieferung welcher Völker findet sich erstmals eine Sintfluterzählung?

Bereits die ältesten Überlieferungen der Sumerer und Akkadier berichten von einer gewaltigen Flut, die fast die gesamte Menschheit vernichtet habe. Die Darstellungen sind aber – im Gegensatz zur Sintflutgeschichte des Alten Testaments – nur bruchstückhaft überliefert.

Welches schwedische Krimiautorenpaar schuf zwischen 1965 und 1975 einen zehnbändigen Romanzyklus?

Maj Sjöwall (*1935) und Per Wahlöö (1926–1975). Die beiden schufen mit Kommissar Martin Beck einen der ersten schwedischen Krimihelden. Ihre Kriminalromane boten neben der für das Genre typischen Spannung stets auch eine kritische Analyse des politischen, sozialen, moralischen und ökonomischen Zustandes der schwedischen Gesellschaft ihrer Zeit.

Wer verbirgt sich hinter dem Pseudonym Arne Dahl?

Der schwedische Romanautor Jan Arnald (*1963). Arnald arbeitet für die schwedische Akademie, die jährlich die Nobelpreise vergibt. Als Kriminalautor Arne Dahl hat er bislang vier Romane um den Stockholmer Inspektor Paul Hjelm und seine Kollegen geschrieben, die beim internationalen Publikum sehr erfolgreich waren und sind. 2004 erhielt Arnald den wichtigsten dänischen Krimipreis.

Welcher Autor ging 2003 am Beispiel seines Bruders der jüngsten deutschen Geschichte auf den Grund?

Uwe Timm (*1940). Timm beschreibt in seiner autobiografischen Erzählung *Am Beispiel meines Bruders* seinen autoritären Vater, v. a. aber seinen 16 Jahre älteren Bruder, der als Mitglied der SS-Totenkopfdivision 1943 in der Ukraine umgekommen ist. Der Autor zählt zu den wichtigsten Literaten, die die so genannte 68er-Generation hervorgebracht hat. Außerdem verfasste er auch Kinder- und Jugendbücher.

Wie heißt die in Venedig lebende Amerikanerin, die mit Commissario Guido Brunetti eine der beliebtesten Krimifiguren weltweit geschaffen hat?

● Donna Leon (*1942). Die in New Jersey geborene Amerikanerin hält sich seit 1965 regelmäßig in Italien auf und kam bei einem Besuch der Venezianischen Oper auf die Idee, in diesem Milieu einen Krimi spielen zu lassen. In diesem Zusammenhang erfand sie den beliebten Kommissar Brunetti. Trotz weltweiter Anerkennung weigert sich die Autorin, ihre Werke auch in Italien zu publizieren.

Wer schildert die Geschichte des bescheidenen Ehepaars Philemon und Baucis?

Ovid

● Ovid (43 v. Chr.– 17 n. Chr.). Als einst Zeus und Hermes als arme Wanderer Unterschlupf bei ihnen gesucht hatten und von dem Paar freundlich aufgenommen worden waren, verwandelten die beiden Götter die Hütte des Paares in einen prächtigen Tempel. Philemon und Baucis baten später darum, gemeinsam sterben zu dürfen; so wurden sie in eine Eiche und eine Linde verwandelt.

Welcher Schriftsteller beschrieb 1968 einen Lügner, der durch die Verbreitung falscher Nachrichten den jüdischen Bewohnern des Warschauer Ghettos Hoffnung gibt?

● Jurek Becker (1937–97). In seinem erstmals 1969 in der DDR publizierten Roman *Jakob der Lügner* lässt er den Protagonisten Nachrichten über eine angeblich unmittelbar bevorstehende Befreiung des Ghettos verbreiten, um den Menschen in seiner Umgebung Mut zu machen. Der Roman wurde ein internationaler Erfolg.

In welchem Roman von Frank Schätzing deuten einige scheinbar zusammenhanglose Merkwürdigkeiten auf eine bevorstehende umfassende Katastrophe hin?

● Im Roman *Der Schwarm*. Schätzing (*1957) entwickelt hier Schritt für Schritt ein immer beklemmenderes globales Katastrophenszenario, das erschreckend realitätsnah erscheint.

Welcher zeitgenössische deutsche Autor machte zunächst eine musikalische Karriere?

● Sven Regener. Bevor der gebürtige Bremer mit seinen beiden Romanen *Herr Lehmann* (2001) und *Neue Vahr Süd* (2004) als Autor auf sich aufmerksam machte, feierte er mit seiner 1985 gegründeten Band Element of Crime Erfolge. In den beiden Romanen verarbeitete Regener teilweise eigene Erfahrungen, die er im Berlin der Vorwendezeit und während seiner kurzen Bundeswehrkarriere machte. Die Trilogie soll in Kürze mit einem dritten Band abgeschlossen werden.

Welcher deutsche Autor nahm1954 den Stalin-Friedenspreis in Moskau entgegen?

● Bertolt Brecht (1898–1956). Der gebürtige Augsburger gilt als einflussreichster deutscher Dramatiker und Lyriker des 20. Jahrhunderts und als Begründer des Epischen Theaters. Als bekennender Kommunist strebte er den sozialen Umbruch, die Revolution an. Diese Intention ist in seinen frühen Werken insbesondere in der *Dreigroschenoper* deutlich zu bemerken. Während des Krieges floh Brecht zunächst in die USA, schließlich lebte und arbeitete er nach dem Krieg bis zu seinem Tod in Ostberlin.

Welche literarische Gattung verbindet man mit dem Namen Walther von der Vogelweide (um 1170–1230)?

Den Minnesang, bei dem der Frauendienst des Ritters von entscheidender Bedeutung war. Während die Frau jedoch im klassischen Minnesang stets abwesend war und ihre Unerreichbarkeit thematisiert wurde, veränderte sich das Minneprinzip bei Walther in Richtung einer wechselseitigen Beziehung der Liebenden.

Walther von der Vogelweide

Weswegen kam der österreichische Schriftsteller und Theaterkritiker Hans Weigel 1956 in die Schlagzeilen?

Wegen eines Prozesses, den er gegen eine Schauspielerin angestrebt hatte. Diese hatte Weigel wegen einer negativen Kritik in aller Öffentlichkeit geohrfeigt. Im Prozess kam es dann zu tumultartigen Szenen, nachdem ein Schauspieler während seiner Aussage die Todesstrafe für Weigel (1908–1991), der nicht auf der Anklagebank saß, forderte, weil er das legendäre Burgtheater in den Schmutz gezogen hätte.

Welches hohe SED-Mitglied verfasste mehrere international viel beachtete Romane?

Hermann Kant (*1926). Nachdem er als junger Mann aus polnischer Kriegsgefangenschaft entlassen worden war, wurde Kant als Mitglied der SED in der DDR politisch aktiv. Nachdem Kant das Abitur nachgeholt hatte, begann er mit einem Germanistikstudium. Die Erfahrungen während dieses Studiums verarbeitete er in seinem Roman *Die Aula*. Kant schrieb weitere international beachtete Werke und war Präsident des Schriftstellerverbandes der DDR.

Wer schrieb den Roman Der dritte Zwilling, der über ein Jahr auf den Bestsellerlisten stand?

Ken Follett (*1949). Bereits mit im Alter von 29 Jahren gelang dem gebürtigen Waliser mit dem Agententhriller *Die Nadel* ein vielbeachteter und später verfilmter Erstlingsroman. Follett, dessen Frau Abgeordnete im britischen Unterhaus ist, ließ dem Bestseller zahlreiche weitere Publikumserfolge wie *Säulen der Erde*, *Die Pfeiler der Macht* und *Die Brücken der Freiheit* folgen.

Wer erfand mit der Figur des Hungerpastors einen der wohl merkwürdigsten Außenseiter des deutschen Realismus?

Wilhelm Raabe (1831–1910). Doch nicht nur der Hungerpastor im gleichnamigen 1864 erschienenen Werk ist ein Außenseiter, auch die anderen (Anti-)Helden Raabes gehören eher zu den Marginalisierten der Gesellschaft. Besonders deutlich wird dies in *Die Chronik der Sperlingsgasse* (1857), *Stopfkuchen* (1891) und *Die Akten des Vogelsangs* (1893).

In welchem Drama schilderte Friedrich Hebbel (1813–63) die Lebensverhältnisse des Kleinbürgertums besonders deutlich?

Im bürgerlichen Trauerspiel *Maria Magdalene* von 1844. Als einer der wichtigsten Dramatiker seiner Epoche versuchte er hier eine möglichst wirklichkeitsnahe, realistische Darstellung des kleinbürgerlichen Milieus. Werk und Autor werden deshalb dem Realismus zugerechnet.

Wer schrieb das Grüne Buch?

Libyens Staatschef Muammar al-Gaddhafi (*1942). 1969 durch Putsch an die Macht gekommen, verfasste er mit dem *Grünen Buch* einen Leitfaden, der für alle Libyer verbindlich sein sollte. Gaddhafi selbst geriet immer wieder als Hintermann terroristischer Anschläge in die Schlagzeilen.

In welchem Roman verarbeitete Erich Maria Remarque auf drastische Weise seine Weltkriegserlebnisse?

Im Roman *Im Westen nichts Neues*. Remarque (1898–1979) war 1916 als Freiwilliger an die Westfront versetzt worden, wo er verwundet wurde und das Kriegsende im Lazarett erlebte. Seine Kriegserfahrungen brachte Remarque im Antikriegsroman *Im Westen nichts Neues* zu Papier, der ab 1927 als Fortsetzungsroman in einer Zeitung erschien. Die Schriften Remarques wurden von den Nazis verboten, der Autor selbst floh schon 1933 in die Schweiz.

Welche literarischen Formen kannte die höfische Dichtung des Mittelalters?

Das Minnelied, das höfische Epos und die Spruchdichtung. Die von Geistlichen, Rittern oder auch bürgerlichen Spielmännern verfassten und an den Fürstenhöfen vorgetragenen Dichtungen kultivierten die ritterlichen Ideale „êre“ (Ehre), „triuwe“ (Treue), „milte“ (Milde), „staete“ (Beständigkeit), „mâze“ (Maßhalten), „zuht“ (Zucht) und „minne“ (Verehrung der höfischen Dame).

Minnesänger

Welches Ungeheuer konnte Odysseus – glaubt man Homer – nicht unbeschadet umgehen, Skylla oder Charybdis?

Skylla. Homer berichtete in seiner *Odyssee*, dass die beiden Ungeheuer Charybdis und Skylla vom jeweils gegenüberliegenden Ufer aus die Meerenge von Messina bei Sizilien bewachten. Die Seeschlange Charybdis sog das Meerwasser ein und spie es dreimal täglich wieder aus. Dieser Gefahr konnte Odysseus entgehen, kam dadurch aber dem Landungeheuer Skylla zu nahe. Dieses raubte Odysseus deshalb mit seinen sechs Köpfen sechs seiner Seefahrer.

Wer verarbeitete seine Erfahrungen im vorderen Orient in dem Buch Die sieben Säulen der Weisheit?

Der britische Archäologe und Schriftsteller Thomas Edward Lawrence (1888–1935), der auch Lawrence von Arabien genannt wurde. Während des Ersten Weltkrieges hatte Lawrence den erfolgreichen Aufstand der

Araber gegen die mit Deutschland verbündeten Türken organisiert. In der Folge bemühte er sich um die Schaffung einer arabischen Einheit. Edwards Leben wurde von Hollywood im Film *Lawrence von Arabien* opulent verfilmt

Was wurde in dem Buch Der Mythos des 20. Jahrhunderts entwickelt?

● Die nationalsozialistische Idee einer allen anderen Völkern geistig wie körperlich überlegenen „germanischen Herrenrasse". Das Buch erschien 1930, Autor des Buchs war Alfred Rosenberg (1893–1946), der als Schriftleiter bei der NS-Zeitung *Völkischer Beobachter* arbeitete. 1945/46 wurde er im Nürnberger Prozess als „Urheber des Rassenhasses" gebrandmarkt, zum Tode verurteilt und hingerichtet.

Wie nennt man die Tiergeschichten, durch die beispielsweise Äsop (6. Jahrhundert v. Chr.) bekannt geworden ist?

● Fabeln. Die in Vers oder Prosa gehaltenen Tierdichtungen vermitteln allgemein anerkannte Wahrheiten auf witzig-satirische

Fabelwesen

oder moralisch-belehrende Art und veranschaulichen diese so. Auch in der Aufklärung war die Fabel ein beliebtes Instrument der politischen Satire, die schon bei Äsop immer wieder auf bestimmte Stereotypen wie z. B. den schlauen Fuchs zurückgriff.

Wie war der Titel des Buches von Jan Philipp Reemtsma, in dem er die Erfahrungen seiner 33-tägigen Geiselhaft verarbeitete?

● *Im Keller*. Der Multimillionär Reemtsma war am 25. März 1996 vor seinem Haus entführt worden und kam erst wieder frei, nachdem seine Familie rund 15 Millionen Euro Lösegeld gezahlt hatte. Zwei Geiselnehmer wurden in der Folgezeit gefasst, doch der Kopf der Bande floh nach Argentinien, wo er erst 1998 verhaftet werden konnte.

Was war Die Alternative, die Rudolf Bahro in seinem gleichnamigen Buch 1977 entwickelte?

● Eine marxistische Kritik an den politischen und ökonomischen Verhältnissen der DDR. Bahro (1935–97) ließ das Buch 1977 in der BR Dtl. veröffentlichen. Er wurde in seiner Heimat daraufhin wegen „Geheimnis- und Landesverrats" zu mehrjähriger Haft verurteilt und zwei Jahre in Bauzen inhaftiert. Nach seiner Amnestie ließ ihn die DDR-Führung in den Westen übersiedeln, wo er Gründungsmitglied der Partei Die Grünen wurde.

Wieso gilt die Erfindung der Schrift als eine der wichtigsten Errungenschaften der Menschheitsgeschichte?

● Weil Schrift es erlaubt, erworbenes Wissen dauerhaft zu „speichern" und es so von Generation zu Generation weitergegeben werden kann. Schrift ist somit eine Grundlage zivilisatorischen Fortschritts. Ob Schrift allerdings zuerst in Ägypten oder in Mesopotamien erfunden wurde, ist umstritten.

In welchem sinfonischen Werk kommt Friedrich Schillers (1759–1805) Ode an die Freude (1786) vor?

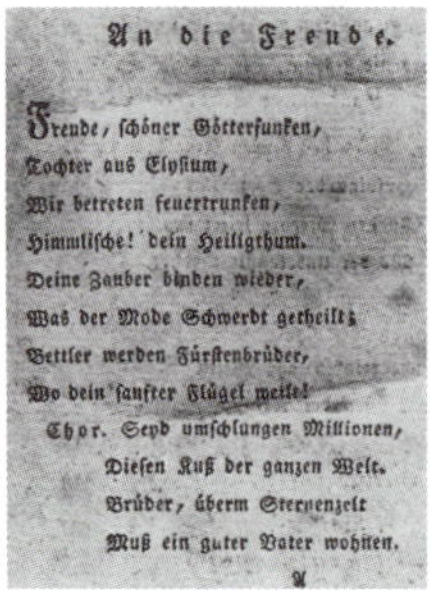
An die Freude.

Freude, schöner Götterfunken,
Tochter aus Elysium,
Wir betreten feuertrunken,
Himmlische! dein Heiligthum.
Deine Zauber binden wieder,
Was der Mode Schwerdt getheilt;
Bettler werden Fürstenbrüder,
Wo dein sanfter Flügel weilt.
Chor. Seyd umschlungen Millionen,
Diesen Kuß der ganzen Welt.
Brüder, überm Sternenzelt
Muß ein guter Vater wohnen.

Ode an die Freude

● Im letzten Satz der 9. Sinfonie von Ludwig van Beethoven (1770–1827) als fulminanter Schlusschor. Durch die Musik Beethovens wurde das Gedicht zu der Freiheits- und Humanitätshymne schlechthin.

Mit der Darbietung welcher Liedform konnte Jacques Brel internationale Erfolge feiern?

● Mit dem Chanson (frz., „Lied"), einer zumeist poetischen und philosophischen Liedform. Brel (1929–78) akzentuierte mit einer aggressiven Stakkato-Stimme seine Kritik am Spießertum, an Intoleranz und Kirche. Die meisten seiner Lieder schrieb und komponierte er selbst. 1968 zog sich Brel von der Bühne zurück und begann eine Karriere als Filmschauspieler.

Von welcher Volksmusik war das Werk Béla Bartóks beeinflusst?

● Von der ungarischen Volksmusik. Als Komponist war Bartók (1881–1945) ein führender und wegweisender Vertreter der klassischen Moderne, für Klavierschüler schuf er, selbst Pianist, vielgespielte Übungsstücke.

Welches Saiteninstrument gehört zur Familie der Violinen und ähnelt in Klang und Aussehen dem Bass?

● Das Violoncello oder kurz Cello. Es ist ein Bassinstrument, das beim Spiel mit den Knien gehalten wird. Seine Saiten werden mit einem Bogen gestrichen oder mit dem Finger gezupft. Es entstand Mitte des 16. Jahrhunderts.

Welcher berühmte Klaviervirtuose und Komponist wurde in Warschau geboren und lebte in Paris?

● Frédéric Chopin (1810–49), dessen Mutter Polin und dessen Vater Franzose war. Das Neuartige seines Klavierspiels war, dass es an den Virtuosen höchste Ansprüche an poetischem Ausdruck stellte. Chopin schuf u. a. zwei Klavierkonzerte und die *Grande Polonaise für Klavier und Orchester*, daneben zahlreiche kleinere Klavierwerke.

VWas bedeutet die Vortragsanweisung crescendo in der Musik?

● Das langsame Anwachsen (ital., „anwachsend") der Tonstärke. Das Gegenteil ist das decrescendo.

Wie nennt man ein Musikstück für zwei Singstimmen?

● Duett (ital. duo, „zwei"). Es wird meist instrumental begleitet. Der Begriff wird aber auch für eine Komposition für zwei Instrumente verwendet. Eine andere Bezeichnung ist Duo.

Welches Musikstück wird Die Unvollendete genannt?

● Die 1822 entstandene Sinfonie in h-Moll von Franz Schubert (1797–1828), die nur zwei Sätze hat. Warum das Werk unvollendet geblieben ist oder ob die Zwei-Satz-Form beabsichtigt war, ist ungeklärt.

Wie heißt das berühmteste Orchesterwerk von Claude Debussy?

● *Prélude à l'après-midi d'un faune* (1894), zu Deutsch „Vorspiel am Nachmittag von einem Faun". Debussy (1862–1918) wandte sich damit von der Romantik ab und entwickelte einen musikalischen Impressionismus. Die Musik wirkt aufgrund der Auflösung der traditionellen Harmonik einerseits emotionslos, andererseits aber sinnlich-verspielt.

Von welchem Komponisten stammt das Chorwerk Deutsches Requiem (1868)?

● Von Johannes Brahms (1833–97), der bereits mit zehn Jahren als pianistisches Wunderkind gefeiert wurde. Seine Kompositionen gehören zu den bedeutendsten musikalischen Schätzen, die in der Tradition der Klassik und Romantik stehen. Zu seinen wichtigsten Werken zählen seine vier Sinfonien, die Klavierkonzerte und sein Violinkonzert in D-Dur.

Wer komponierte die berühmte sinfonische Dichtung Die Moldau?

● Bedřich Smetana (1824–84). Das sinfonische Werk beschreibt den Verlauf der Moldau in Smetanas tschechischer Heimat. Eingebettet ist sie in den sinfonischen Zyklus *Mein Vaterland* (1874–79). Smetana, dessen Musik viele Elemente der tschechischen Volksmusik enthält, schrieb ferner die häufig gespielte heitere Oper *Die verkaufte Braut* (1866).

Wie nennt man die traditionelle Volksmusik in den USA?

● Countrymusic, auch Country and Western. Sie stammt aus dem Süden der USA. Das Herz der Countrymusic liegt in Nashville (Tennessee). Große Countrymusiker waren u. a. Hank Williams (1923–53) und Johnny Cash (1932–2003).

Wie nennt man die „kleine Schwester" der Oper?

● Operette (ital., „kleine Oper"), die durch eine komische, oft leichte Handlung geprägt wird, in der die liedhaften Formen überwiegen. Viele Operetten entstanden in der zweiten Hälfte des 19. und in den ersten Jahrzehnten des 20. Jahrhunderts. Bedeutende Komponisten waren Johann Strauss (1825–99; *Die Fledermaus*, 1874), Jacques Offenbach (1819–80; *Orpheus in der Unterwelt*, 1858), Emmerich Kálmán (1882–1953; *Csárdásfürstin*, 1915) und Franz Lehár (1870–1948; *Die lustige Witwe*, 1905).

Welcher legendäre Jazztrompeter wurde auch Satchmo genannt?

● Louis Armstrong (1901–71). Satchmo („Quadratschnauze") war ebenso weltberühmt wegen seiner tiefen, rauen Stimme wie als virtuoser Trompeter.

Louis Armstrong

Welcher Musikstil entstand in den Südstaaten der USA unter den Nachfahren der afrikanischen Sklaven?

● Der Jazz. Ende des 19. und Anfang des 20. Jahrhunderts entwickelte sich aus den Liedern der aus Afrika in die Sklaverei verschleppten Schwarzen die Form des Blues; das Spiritual entstand aus religiös-kirchlichen Liedern. Zusammen mit dem Ragtime mündeten diese Strömungen in den schwarzen New-Orleans-Jazz. Aus dieser Entwicklung gingen neue Stile wie Swing, Cooljazz, Bebop, Freejazz u. a. hervor. Bekannte Solisten waren Louis Armstrong (1901–71), Benny Goodman (1909–86) oder Ella Fitzgerald (1918–96).

Welcher französische Komponist erlangte durch die Oper Carmen (1872) Berühmtheit?

● Georges Bizet (1838–75). Das Libretto zu der Oper geht auf Prosper Mérimées (1803–70) gleichnamige Novelle zurück. *Carmen* gehört heute zu den meistgespielten Opern der Welt. Bizets Suite *L'Arlésienne* (*Das Mädchen von Arles*; 1875) gehört ebenfalls zu seinen berühmten Werken.

Plakat zu *Carmen*

Wofür steht in der Musik das Kürzel Pop?

● Für populäre Musik, d. h. alle durch die Massenmedien verbreiteten Formen der Unterhaltungsmusik wie Schlager, Hits, Filmlieder, Folklore und Tanzmusik. Im engeren Sinne meint man damit die Musik der Jugendkultur seit den 1960er-Jahren. Die Popmusik hatte ihre Wurzeln in einer globalen Pop-Kultur, in die auch die Pop Art der 1960er-Jahre hineingehörte. Rock 'n' Roll, Beat, Blues, Rhythm-and-Blues und Folk sind Spielarten der Popmusik.

Was ist in einem Libretto niedergeschrieben?

● Der Text (von ital., „kleines Buch“) zu musikalisch-dramatischen Werken wie Opern, Operetten und Musicals.

Wann wurde die Marseillaise zur französischen Nationalhymne?

● Während der Französischen Revolution 1795. Das Marschlied wurde 1792 von einem Bataillon aus Marseille beim Einzug in Paris gesungen. Text und Melodie stammen von C. J. Rouget de Lisle (1760–1836).

Wer gab 1826 Shakespeares (1564–1616) Sommernachtstraum ein musikalisches Gewandt?

● Felix Mendelssohn Bartholdy (1809–47), ein Enkel des Philosophen Moses Mendelssohn (1729–86). Er gehörte zu den bedeutendsten Vertretern der Romantik. Seine berühmtesten Werke sind Konzertouvertüren, sein Violinkonzert in e-Moll und seine Sinfonien, von denen u. a. die *Schottische* (1842) und die *Italienische* (1833) häufig gespielt werden.

Was ist eine Nocturne bzw. ein Notturno?

● Ein so genanntes Nachtstück; es kann ein mehrsätziges Instrumentalstück sein, das der Serenade ähnlich ist, oder ein einsätziges Klavierstück mit träumerischem Ausdruck, wie es etwa von Chopin (1810–49) komponiert und später von Skrjabin (1872–1915) wieder aufgenommen wurde. Das Notturno kommt übrigens auch als Gesangsstück in nächtlichen Opernszenen vor.

Welcher Komponist der Wiener Klassik schrieb über 100 Sinfonien?

● Joseph Haydn (1732–1809), zu dessen bekanntesten Werken die *Sinfonie mit dem Paukenschlag*, die Sinfonie *Die Uhr* und die *Abschiedssinfonie* gehören. Das *Kaiserquartett* lieferte in seinem langsamen Satz das Grundthema für das *Deutschlandlied*. Nicht weniger berühmt sind Haydns Oratorien *Die Schöpfung* und *Die Jahreszeiten*.

Wie heißt die einzige Oper von Jacques Offenbach, die ihn berühmt machte?

● *Hoffmanns Erzählungen* (1881), deren Uraufführung der Komponist nicht mehr erlebte. Erfolgreich war er aber zu seiner Zeit mit Operetten, von denen er rund als 100 komponierte, z. B. *Orpheus in der Unterwelt* (1858) und *Pariser Leben* (1866). Mit Witz und satirischer Schärfe parodierte Offenbach (1819–80) einfallsreich die französische Gesellschaft der Belle Époque.

Was gibt der Notenschlüssel am Anfang der Notenzeile an?

● Die Tonhöhe, die die einzelnen Linien haben. Man unterscheidet drei Arten von Notenschlüsseln: G-Schlüssel (Violinschlüssel), den F-Schlüssel (Bassschlüssel) und den C-Schlüssel (Diskantschlüssel).

Wie nennt man in der Musik ein Schauspiel, in dem gesungen wird?

● Oper (ital. opera [in musica], „[Musik-] Werk"). Als erste bedeutende Oper in der Musikgeschichte gilt Claudio Monteverdis (1567–1643) *L'Orfeo* (1607). 1637 eröffnete in Venedig das erste Opernhaus. In Frankreich entwickelte sich etwas später v. a. durch Jean-Baptiste Lully (1632–87) eine eigene Operntradition. Erst im 18. Jahrhundert kam zur ernsten Oper (ital. Opera seria) noch die komische Oper (ital. Opera buffa) hinzu. Maßgeblich bestimmten im 18. Jahrhundert Gluck (1714–87) und Mozart (1756–91) die Oper; im 19. und 20. Jahrhundert waren es Wagner (1813–83), Verdi (1813–1901), Puccini (1858–1924) und Richard Strauss (1864–1949).

Wie heißt in der Musik der Begriff für Vorspiel oder Eingangsmusik, z. B. für eine Oper?

● Ouvertüre (von frz., „Eröffnung"). Vor allem musikalische Dramen wie Oper, Operette und Musical haben Ouvertüren. Daneben existieren auch zu Schauspielen Ouvertüren, z. B. die *Egmont*-Ouvertüre von Ludwig van Beethoven (1770–1827) zu Goethes (1749–1832) gleichnamiger Tragödie; oder die Ouvertüre zu *Candide* – einem Roman von Voltaire (1694–1778) – von Leonard Bernstein (1918–90). Diese Eingangsmusiken werden auch Konzertouvertüren oder verschiedentlich Fantasieouvertüren genannt.

Welche amerikanische Pop-Sängerin italienischer Herkunft wurde zum Superstar der Pop-Szene?

● Madonna (*1958), eigentlich Madonna Louise Ciccone. 1983 stieg sie mit ihrem Hit *Holiday* zum ersten weiblichen Weltstar des Pop auf. Seitdem erklettern die Songs der sich betont lasziv gebenden Madonna immer wieder die internationalen Charts.

In welcher Epoche entstand die Musik Johann Sebastian Bachs?

Johann Sebastian Bach

● Seine Musik bildet den Höhepunkt des Barock. Dem aus einer thüringischen Musikerfamilie stammenden Bach (1685–1750) gelang mit seinen Werken eine einzigartige Synthese verschiedener musikalischer Erscheinungsformen seiner Zeit. Bach betätigte sich mit Ausnahme der Oper in allen musikalischen Gattungen. Berühmte Werke sind neben dem *Weihnachtsoratorium*, den Passionen (z. B. *Johannes*- und *Matthäuspassion*) und Messen die *Brandenburgischen Konzerte* sowie die berühmten Violinkonzerte.

Wo entstand der Blues?

● In der schwarzen Bevölkerung Nordamerikas um 1900. Im Gegensatz zum religiösen Spiritual der Schwarzen erzählt der Blues von ihrem Leben und ihren Problemen in den Zeiten der Rassentrennung. Aus dem improvisierten Lied entwickelte sich später der instrumentale Blues, der wiederum einen Impuls für den Jazz gab. Ferner entstand ein langsamer Gesellschaftstanz mit diesem Namen.

Welche Sängerin gilt als beste Koloratursopranistin aller Zeiten?

● Maria Callas (1923–77). Die Operndiva bestach insbesondere in den Paraderollen der großen Opern Verdis (1813–1901) und Puccinis (1858–1924). Eine Koloraturarie gilt in einer Oper als besonders schwierig zu singendes Musikstück.

Maria Callas

Für wie viele Instrumente bzw. Singstimmen ist ein Quartett komponiert?

● Für vier. Daneben bezeichnet man auch eine Gruppe von vier Instrumentalisten oder Sängern als Quartett (ital. quarto, „der Vierte"). Berühmt sind etwa die 14 Streichquartette von Franz Schubert (1797–1828).

Wer komponierte die romantische Oper Der Freischütz (1821)?

● Carl Maria von Weber (1786–1826). Um bei einem Wettschießen Agathe, die Tochter des Försters, und das Forstrevier zu gewinnen, lässt sich der Jägerbursche Max von dem zwielichtigen Kaspar zum Teufelsbündnis überreden. In der Wolfsschlucht schmiedet er die sieben Freikugeln, die nie ihr Ziel verfehlen. Kaspar fällt mit dem siebten Schuss tödlich getroffen; Max bekommt seine Agathe.

Auf welchem Musikinstrument wurde der Ragtime populär?

● Auf dem Klavier. Grundlage war wohl das Banjo-Spiel in der afroamerikanischen Folklore des Mittelwestens der USA, das zwischen 1870 und 1920 auf das Klavier übertragen wurde. Begründer des klassischen Piano-Ragtime ist Scott Joplin (1868–1917). Ragtime und Instrumentalformen aus dem Süden der USA verschmolzen zum New-Orleans-Jazz.

Was bezeichnet man in der modernen Musikszene als Remix?

● Die Neubearbeitung alter Songs am Mischpult, die auf diese Weise wieder ein Comeback in den Charts feiern. Der Remixer (von engl., „wieder mischen") kann so auch aktuellen Aufnahmen im Studio den letzten Schliff geben.

Was ist ein Requiem?

● Eine Totenmesse, die ursprünglich in der katholischen Kirche am Begräbnistag abgehalten wurde. Der Name leitet sich von dem lateinischen Eingangsvers ab: „Requiem aeternam dona eis, Domine" („Herr, gib ihnen die ewige Ruhe"). Bedeutende Requien für Soli, Chor und Orchester schufen u. a. Wolfgang Amadeus Mozart (1756–91) und Giuseppe Verdi (1813–1901); den deutschen Bibeltext vertonte Johannes Brahms (1833–97) in seinem *Deutschen Requiem*.

Was bezeichnet der Name Salsa?

● Einen lateinamerikanischen Tanz, dessen Musik Elemente der Rockmusik aufgreift (span. salsa [picante], „[scharfe, würzige] Soße"). Die Salsa-Tanzschritte gehen aus dem Mambo hervor, sind aber durch die expressiveren Armbewegungen und Hüftdrehungen erotischer. Die Musik ähnelt dem Samba.

Welches Holzblasinstrument von Antoine-Joseph Sax (1814–94) ist aus dem Jazz nicht mehr wegzudenken?

● Das Saxofon, das zwar überwiegend aus Metall besteht, aber wegen seines Rohrblatts zu den Holzbläsern gezählt wird. Es wird in acht verschiedenen Größen und Stimmlagen gebaut.

Die Rolling Stones

In welchem Jahrzehnt wurde die britische Rockgruppe The Rolling Stones gegründet?

● 1962. Begründer der „Rollenden Steine" waren der Sänger Mick Jagger (*1943), die Gitarristen Brian Jones (1942–69) und Keith Richards (*1943), der Bassist Bill Wyman (*1936) und der Schlagzeuger Charlie Watts (*1941). 1965 landeten sie mit *I can't get no Satisfaction* ihren ersten Hit. Die Rolling Stones gehören neben den Beatles zu den erfolgreichsten Bands in der Geschichte der Popmusik.

Welcher Komponist begann in der Tradition der Wiener Klassik und hinterließ ein bedeutendes kammermusikalisches Werk und große Kunstlieder?

● Franz Schubert (1797–1828), der mehr als 600 Lieder komponierte. Er vertonte zahlreiche Gedichte, Liedtexte und Balladen aus der klassischen und romantischen deutschen Literatur, z. B. Goethes (1749–1832) *Wanderers Nachtlied*, *Heidenröslein* und *Der Erlkönig*. Seine Kammermusik beinhaltet u. a. sein berühmtes *Forellenquintett* (1819) und 14 Streichquartette. Von seinen Sinfonien sind seine *Unvollendete* (Nr. 8) und die große *C-Dur-Sinfonie* (Nr. 9) die bekanntesten.

Welcher Komponist gilt als Schöpfer der Symphonischen Dichtung (u. a. „Les Préludes")?

● Franz Liszt (1811–86), der auch ein ausgezeichneter Klaviervirtuose war, hinterließ ein umfangreiches musikalisches Werk, aus dem v. a. seine Orchesterwerke herausragen, seine 19 *Ungarischen Rhapsodien* (1847–53; 1882–86), seine sinfonischen Dichtungen, Klavierwerke und Sinfonien.

Welcher finnische Komponist errang mit seinen Sinfonien und sinfonischen Dichtungen wie Finlandia (1899) Weltgeltung?

● Jean Sibelius (1865–1957), der sieben Sinfonien und ein bedeutendes Violinkonzert in d-Moll (1903) komponierte. Daneben schuf der große skandinavische Komponist auch Kammermusik und Lieder. Sibelius' Musik ist durch melodisches Pathos und herbe Harmonik gekennzeichnet.

Welches klassische Instrumentalstück ist nur für ein oder zwei Instrumente komponiert?

● Die Sonate (ital., „Klingstück"). Die Sonate, wie sie sich im 17. Jahrhundert herausbildete, umfasst drei oder vier Sätze. Einen Höhepunkt der Sonaten-Komposition stellen Beethovens (1770–1827) 32 Sonaten dar, u. a. die *Waldsteinsonate* und die *Appassionata*.

Was ist die höchste Tonlage, die eine menschliche Stimme erreichen kann?

● Der Sopran; heute wird er entweder von Frauen oder Knaben gesungen. Zwischen Sopran und Alt liegt der Mezzosopran. Um männliche Sopranstimmen zu erhalten, versuchte man im Barock des 17. und 18. Jahrhunderts dies durch die Kastratenstimme, für die Knaben vor ihrem Stimmbruch kastriert wurden, zu erreichen.

Wer komponierte die Ballettmusik Schwanensee (1877)?

Peter Iljitsch Tschaikowsky (1840–93). Es handelt sich dabei um eine der bezauberndsten Ballettmusiken mit dem berühmten *Valse* im 2. Satz, dem Schwanentanz (ein Allegro moderato) im 3. und dem ungarischen Tanz nach Art des Csárdás im 5. Satz.

Was ist das größte Holzblasinstrument?

Das Fagott, der „Bass" in der Familie der Oboen. Die etwa 2,45 Meter lange Schallröhre ist geteilt; beide Teile verlaufen eng nebeneinander und sind durch ein Übergangsstück, den „Stiefel" verbunden. Das kürzere Stück, der Flügel, läuft in ein S-förmiges Metallmundrohr aus. Das in der Tiefe volle, in der Höhe näselnde Fagott entstand im 16. Jahrhundert.

Welcher französische Komponist komponierte die Symphonie fantastique (1830)?

Hector Berlioz (1803–69), der Schöpfer der romantischen Orchester- und Programmmusik. Hierher gehören u. a. *Harold in Italien* (1834) und *Romeo und Julia* (1838). Berühmt sind auch seine Oper *Benvenuto Cellini* (1838) und seine Kantate *Fausts Verdammung* (1846).

Welcher deutsche Komponist wurde durch sinfonische Dichtungen wie Also sprach Zarathustra (1896) und Opern wie Der Rosenkavalier (1911) berühmt?

Richard Strauss (1864–1949), dessen spätromantisches Œuvre v. a. durch Franz Liszt (1811–86) und Richard Wagner (1813–83) beeinflusst war. Ein Glücksfall für die Musikgeschichte ist Strauss' Zusammenarbeit mit Hugo von Hofmannsthal, der die Texte zu einigen Opern des Komponisten verfasste (u. a. auch für den *Rosenkavalier* und *Ariadne auf Naxos*).

Wie viele Opern hat Ludwig van Beethoven komponiert?

Eine, nämlich die Oper *Fidelio*, die ursprünglich *Leonore* heißen sollte. Die Oper liegt in drei Fassungen vor (1805, 1806 und 1816). Beethoven (1770–1827) knüpfte zum Teil an Mozart (1756–91) an und verwies auf Ideen der Französischen Revolution.

Ludwig van Beethoven

Welchem weiblichen afroamerikanischen Pop-Star gelang Anfang der 1980er-Jahre ein Comeback?

Tina Turner (*1939), die mittlerweile auf eine über 40-jährige Bühnenkarriere zurückblicken kann. Anfangs ganz unter dem Einfluss ihres Ehemanns Ike (*1931) stehend, stieg sie nach Ihrer Scheidung zu einer der großen Ikonen der Pop-Szene auf.

Wie nennt man die höchste männliche Gesangsstimme?

Tenor. In der Oper unterscheidet man den helleren und weicheren lyrischen Tenor, den Heldentenor, den ein dunklerer und männlicherer Ton auszeichnet, sowie den dazwischen stehenden französischen oder jugendlich-dramatischen Tenor und den Tenorbuffo aus der heiteren Oper.

Welche legendäre Rockgruppe der 1960er-Jahre wurde von Jim Morrison geleitet?

● The Doors (engl., „die Türen"). Morrison (1943–71), der Sänger der Gruppe, schrieb auch die Texte für die Songs, die zu den Klassikern des Rock gehören, u. a. *Light my fire* (1967) und *Hardrock Cafe* (1970). Ihre Bühnenshows schockierten und begeisterten die Zuschauer gleichermaßen durch obszöne Gesten und harten Sound. Das Ende der Doors kam, als sich Morrison 1971 von der Gruppe trennte und kurz darauf vermutlich an einer Überdosis Drogen starb.

Was ist Karaoke?

● Eine aus Japan stammende Partyvergnügung, bei der man zu Instrumentalbegleitung (von CDs oder MCs) Popmusik ins Mikrofon singt. Die Texte der Lieder laufen dabei auf einem Bildschirm mit.

Was ist das Sopraninstrument unter den Blechblasinstrumenten?

● Die Trompete, die wie das Horn ein Kesselmundstück hat. Die gewundene Form der Trompete entwickelte sich im 15. Jahrhundert aus der lang gestreckten mittelalterlichen Herolds- und Fanfarentrompete. Die modernen Trompetenformen entstanden Ende des 18. Jahrhunderts.

Was löste die weltweite Twist-Euphorie der 1960er-Jahre aus?

● Der amerikanische Hit *The Twist* (engl. to twist, „drehen") des afroamerikanischen Rock-'n'-Roll-Musikers Chubby Checker (*1941). Ein Modetanz war geboren, bei dem die Tänzer ihre Glieder in gekrümmter Haltung kunstvoll verrenken und bei dem sich die Paare erstmals nicht mehr berührten. Der Song gab dem Tanz im 4/4-Takt den Namen.

Welcher Ton gibt einer Tonleiter den Namen?

● Der Grundton, z. B. der C-Dur-Tonleiter oder e-Moll-Tonleiter. Die europäische Musik kennt fast nur Dur- und Moll-Tonleitern.

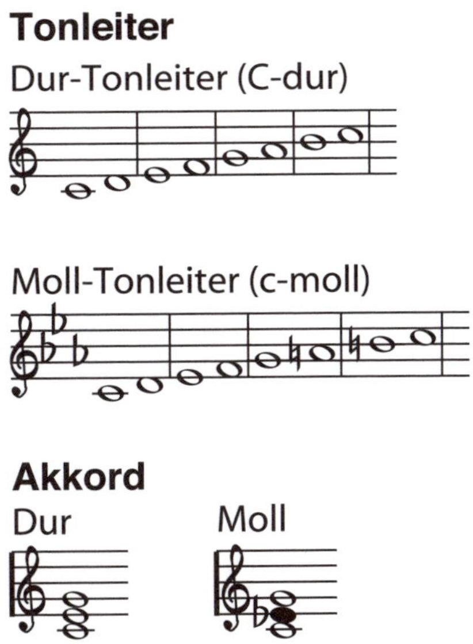

Tonleitern

Welcher deutsche Dichterkomponist des 19. Jahrhunderts gilt als Revolutionär des Musikdramas?

● Richard Wagner (1813–83), der sowohl die Musik wie auch die Texte zu seinen Opern schuf. Er verarbeitete in seinen Opern fast durchweg Themen aus dem deutschen Mittelalter oder nordische Sagenstoffe. Berühmt sind seine romantischen Opern *Tannhäuser* (1845), *Lohengrin* (1848) u. a. Die Höhepunkte seines Schaffens bilden *Tristan und Isolde* (1865), *Die Meistersinger von Nürnberg* (1868), der *Parsifal* (1882) und schließlich sein vierteiliges Hauptwerk *Der Ring des Nibelungen*, das ihn von 1848 bis 1876 beschäftigt hatte. Wagner avancierte zum bevorzugten Komponisten der Nazis.

In welcher Oper Mozarts (1756–91) sind Pamina, Tamino und Papageno die Hauptpersonen?

In der *Zauberflöte* (1791), der ein Libretto von Emanuel Schickaneder (1751–1812) zugrunde liegt. Tamino soll – begleitet von Papageno, der lustigen Gestalt im Federkleid – die Tochter der Königin der Nacht, Pamina, befreien, was ihm letztlich auch mit Hilfe seiner Zauberflöte und Papagenos Glöckchenspiel gelingt.

Welcher 1921 verstorbene italienische Startenor wurde als einer der ersten seines Faches durch Plattenaufnahmen berühmt?

Enrico Caruso (1873–1921), dessen virtuose Gesangstechnik und dramatische Ausdruckskraft ihn zu seiner Zeit zum berühmtesten Operntenor der Welt machten. Von dem Neapolitaner sind 266 von früher etwa 500 Plattenaufnahmen erhalten, die sein umfangreiches Repertoire eindrucksvoll belegen.

Enrico Caruso

Welches Rock-Event fand 1969 in Woodstock statt?

Ein dreitägiges Festival mit den größten Rockbands der 1960er-Jahre. Es markierte den Höhepunkt einer Jugendkultur, die sich von der angepassten Welt der Eltern durch ihre Betonung von Liebe und Frieden unter dem Stichwort Flower-Power abgrenzte. Das Festival stimulierte die Zehntausenden von Teilnehmern nicht zuletzt auch durch den Konsum illegaler Drogen.

Was ist eine Fuge

Eine Musikkomposition, die nach bestimmten, festgelegten Gesetzen ein Thema wiederholt. Die verschiedenen Instrumente bzw. Stimmen setzen nacheinander mit der gleichen Melodie ein, aber auf einer anderen Tonstufe der Grundtonart, sodass sich der Eindruck einer „Flucht" voreinander ergibt („Fuge" von lat. fuga, „Flucht"). Besonders Johann Sebastian Bach (1685–1750) perfektionierte die Kunst der Fuge, die Ende des 16. Jahrhunderts aus dem Kanon entstand.

Was ist ein Bariton?

In der Musik eine Stimmlage, und zwar die mittlere Männerstimme, die zwischen dem Tenor und dem Bass liegt.

Wer komponierte die Operette Die lustige Witwe (1905)?

Der österreichische Komponist Franz Lehár (1870–1948), dessen Lieder *Heut geh ich ins Maxim* (aus: *Die lustige Witwe*) oder *Dein ist mein ganzes Herz* (aus: *Das Land des Lächelns*, 1929) bis heute einen weltweit ungebrochenen Erfolg haben.

In welcher südamerikanischen Stadt entstand der Tango?

In Buenos Aires (Argentinien) zwischen 1850 und 1880. Der gleichermaßen Sehnsucht wie aggressiven Stolz ausdrückende Tanz entstand in den niedrigeren Gesellschaftsschichten und gelangte um 1910 nach Paris.

Wie nennt man den harmonischen Zusammenklang von drei Tönen verschiedener Tonhöhe?

Dreiklang. Der aus drei Tönen bestehende Akkord bildet seit etwa 1600 in der polyfonen (mehrstimmigen) Musik Europas die Grundlage der Harmonik.

In welchen Musikwerken kommen Arien vor?

In Opern, Oratorien und Kantaten. Die Arie ist ein Sologesangsstück, das instrumental begleitet wird. Von der melodischen Arie unterscheidet sich der Sprechgesang (Rezitativ). Besonders virtuose Arien heißen Koloraturarien (ital. coloratura, „Ausmalung, Schmückung").

Für welche Sinfonie ist Antonín Dvořák berühmt?

Für seine Sinfonie Nr. 9 e-Moll, besser bekannt unter dem Titel *Aus der Neuen Welt* (1893). Der Böhme Dvořák (1841–1904) ist neben Smetana (1824–84) der Hauptvertreter der tschechischen Kunstmusik. Er schrieb neben seinen neun Sinfonien auch sinfonische Dichtungen, Opern, ein Oratorium, ein Violin- und ein Cello-Konzert, ferner Kirchen- und Kammermusik und Lieder.

Wie heißt das international gültige Verzeichnis der Musikwerke Mozarts?

Köchelverzeichnis (KV), benannt nach seinem Schöpfer, dem österreichischen Juristen und Musikgelehrten Ludwig Ritter von Köchel (1800–77). Der vollständige Titel lautet *Chronologisch-thematisches Verzeichnis sämtlicher Tonwerke Wolfgang Amadeus Mozarts*.

Welcher jamaikanische Musiker ging mit Songs wie No woman no cry in die Musikgeschichte ein?

Bob Marley (1945–81), der sich in seinen Liedern immer wieder gegen soziale Ungerechtigkeit und Rassendiskriminierung wandte. Er vertrat die Lebensphilosophie der Rastafari, die die westliche Zivilisation ablehnt. Ab den 1960er-Jahren machte er mit seiner Reggae-Band The Wailers weltweit Furore.

Welcher Stilrichtung des Jazz wird Count Basie zugeordnet?

Dem amerikanischen Swing. Der Jazzpianist Basie (1904–84) gründete 1935 seine berühmte Big Band, die einen ganz eigenen, sehr rhythmischen Stil herausbildete und Elemente des neueren Jazz übernahm.

Wer komponierte die Oper Hänsel und Gretel (1893)?

Engelbert Humperdinck (1854–1921), der von Richard Wagners (1813–83) Musikdramatik beeinflusst war. Er war auch dessen Assistent bei der Einstudierung des *Parsifal*. Humperdinck wurde auch durch die Märchenoper *Die Königskinder* bekannt.

Engelbert Humperdinck

Welches ist das erfolgreichste Musical Leonard Bernsteins?

Die *West Side Story*, eine moderne Fassung des Romeo-und-Julia-Themas vor den Kulissen Manhattans. Als Komponist gelang es Bernstein (1918–90), Unterhaltungsmusik salonfähig zu machen und die Grenzen zur ernsten Musik aufzuweichen. Als Dirigent gewann er größte internationale Anerkennung.

In welcher Stadt war Anton Bruckner (1824–96) Hoforganist?

In Wien. Tiefe Religiosität und ein starkes Naturgefühl prägen das Werk des österreichischen Komponisten (z. B. *Requiem in d-Moll* und *Te Deum*).

Warum wurde der bekannte weiße Jazzstil der Südstaaten in den USA Dixieland genannt?

Im Südstaat Louisiana war vor dem Amerikanischen Bürgerkrieg der Wert der Zehn-Dollar-Banknote auf der Rückseite mit französisch „dix" (zehn) angegeben. Louisiana wurde deshalb auch das Land der Dixes oder

Dixies genannt. Den Ausdruck Dixieland übertrug man dann generell auf die Südstaaten – der so benannte Jazzstil kam erst 100 Jahre später auf.

Wer komponierte das Forellenquintett?

● Franz Schubert (1797–1828). Es ist nach seinem Lied *Die Forelle* benannt und für folgende fünf Instrumente geschrieben: Klavier, Violine, Viola, Violoncello und Kontrabass.

Mit welcher LP gelang Michael Jackson (*1958) 1982 der internationale Durchbruch?

Michael Jackson

● Mit der über 50 Mio. mal verkauften LP *Thriller*. Der exzentrische Sänger gehört seitdem zu den erfolgreichsten und populärsten Popmusikern aller Zeiten. Seine Markenzeichen sind seine Falsett-Stimme, sein tänzerisches Talent und sein androgynes Äußeres, das er sich durch mehrere Gesichtsoperationen verleihen ließ.

Mit welcher Single wurde Jimi Hendrix über Nacht berühmt?

● Mit *Hey Joe* (1967). Mit seinem Gitarrenspiel wurde Hendrix (1942–70) zur Legende. Technische Entwicklungen wie Wah-Wah oder Verzerrer nutzte er exzessiv aus, er zupfte die Saiten sogar mit der Zunge, und nach seinen Auftritten pflegte er sein Instrument zu zerschmettern oder in Brand zu setzen. Jimi Hendrix hatte seinen letzten Auftritt auf der Insel Fehmarn.

Wer komponierte das Tanzstück Le sacre du printemps (1913)?

● Igor Strawinsky (1882–1971), der durch die Ballettmusiken *Der Feuervogel* (1910) und *Petruschka* (1911) bereits internationalen Ruhm erlangt hatte. Die Aufführung seines *Sacre* (von frz., „die Frühlingsweihe") mit dem Untertitel *Bilder aus dem heidnischen Russland* geriet jedoch bei der Uraufführung in Paris zu einem der größten Skandale der Musikgeschichte. Das Publikum war schockiert über die ungewöhnliche Dominanz der rhythmisch-schlagenden Elemente, die von Streichern, Bläsern und Schlagzeug gleichermaßen übernommen wurden.

Welches sind die drei berühmtesten abendfüllenden Ballette von Peter Tschaikowsky (1840–93)?

● *Schwanensee*, *Dornröschen* und *Der Nussknacker*. Sie bildeten Höhepunkte des klassisch-akademischen Tanzes.

Wer gründete 1966 in England die Gruppe Cream?

● Eric Clapton (*1945), einer der einflussreichsten und besten Rock- und Bluesgitarristen. Die Gruppe Cream gelangte mit ihrem bluesgefärbten Rock zu Weltruhm. In seiner Solokarriere ist Clapton noch heute äußerst erfolgreich.

Wer gilt seit den 1970er-Jahren als erfolgreichster Musicalkomponist?

● Andrew Lloyd Webber (*1948). Internationale Triumphe feierte er u. a. mit *Jesus Christ Superstar*, *Cats* oder *Das Phantom der Oper*. Durch Webber erlangte das Musical in Deutschland und Österreich einen beachtlichen Zuwachs an Popularität.

Welche Stilrichtung des Jazz brachte Glenn Miller in den 1930er-Jahren zur Blüte?

● Den Swing. Glenn Miller (1904–44) war Bandleader und Posaunist. Mit seiner 1937 gegründeten Big Band entwickelte er den typischen Glenn-Miller-Sound, der eine Besetzung von vier Saxophonen und einer führenden Klarinette zur Grundlage hatte.

Die Berliner Philharmoniker

Wer wurde nach dem Tode Wilhelm Furtwänglers 1954 Chefdirigent der Berliner Philharmoniker?

● Herbert von Karajan (1908–89). Der Salzburger gehörte zu den genialsten Dirigenten des 20. Jahrhunderts. Kaum ein anderer hat das Musikgeschehen im Bereich der klassischen Musik stärker beeinflusst als er. Sein Repertoire umfasste die große sinfonische Tradition von Beethoven (1770–1827) bis Bruckner (1824–96) und er war einer der größten Verdi-Interpreten. Seine zahlreichen Tonaufnahmen beherrschen den Tonträgermarkt.

Wer entwickelte Anfang des 20. Jahrhunderts die Zwölftonmusik?

● Arnold Schönberg (1875–1951). Die Zwölftonmusik ist atonal, d. h., die Tonarten (Dur, Moll) spielen keine Rolle. Alle zwölf Töne der temperierten Skala sind nur auf sich selbst bezogen und bilden eine Reihe.

Mit welchem Instrument wurde Chuck Berry (*1931) berühmt?

● Mit der Gitarre. Chuck Berry war wesentlich an der Entwicklung der Rockmusik zu Beginn der 1950er-Jahre beteiligt. Berühmte Titel sind *Roll over Beethoven*, *Sweet little Sixteen* oder *Johnny B. Goode*.

Wer vertonte Brechts Dreigroschenoper?

● Kurt Weill (1900–50). Sie war einer der größten Musiktheatererfolge auf deutschen Bühnen während der Weimarer Republik. Brecht (1898–1956) und Weill arbeiteten viele Jahre international erfolgreich zusammen (z. B. bei *Aufstieg und Fall der Stadt Mahagonny*, 1930 uraufgeführt).

Wer wurde der Spatz von Paris genannt?

● Edith Piaf (eigentl. Edith Giovanna Gassino; 1915–63). Mit Titeln wie *Milord* oder *Non, je ne regrette rien* setzte sie Maßstäbe und prägte das Genre des Chanson wie kaum ein anderer Künstler.

Welcher amerikanische Sänger wurde mit New York, New York und My Way zur Legende?

● Frank Sinatra (1915–98), der zu einer Institution im Showgeschäft geworden war und den man deshalb auch respektvoll „The voice“ (engl., „Die Stimme“) nannte. Sinatras größter Erfolg als Schauspieler war seine Rolle als Maggio in dem kritischen Militärfilm *Verdammt in alle Ewigkeit* (1953), die ihm einen Oscar einbrachte.

Welcher weiße Jazzmusiker gilt als King of Swing?

Benny Goodman

● Der Klarinettist Benny Goodman (1909–86). Seine Big Band, in der große Musiker wie Count Basie (1904–84), Lionel Hampton (1908–2002) und Stan Getz (1927–91) spielten, war gehörte zu den erfolgreichsten Bands der USA. 1938 spielte Goodman als erster Jazzmusiker in der ausverkauften New Yorker Carnegie Hall.

In welche Musiksparte gehört Kraftwerk?

● Zur Popmusik. Die Gruppe Kraftwerk wurde 1968 von Ralf Hütter (*1946) und Florian Schneider-Esleben (*1947) gegründet; später kamen Andreas Hofmann und Klaus Dinger hinzu. Charakteristisch für die Gruppe ist die Konfrontation von Rockmusik und elektronischen Klängen. International bekannt wurde sie durch die LP *Autobahn* (1974).

Von wem stammt die Melodie für die Eurovisionssendungen der europäischen Fernsehanstalten?

● Von dem Franzosen Marc-Antoine Charpentier (um 1634–1704), der vor allem sakrale Musik für den französischen Hof komponierte. Neben Jean-Baptist Lully (1632–87) war er einer der gefragtesten Barockkomponisten. Die Melodie der Eurovisionssendungen ist dem *Prélude* (Vorspiel) zu seinem *Te Deum* für Soli, Chor und Orchester entnommen.

Wer komponierte die Opern La Bohème (1896), Tosca (1900) und Madame Butterfly (1904)?

● Der italienische Komponist Giacomo Puccini (1858–1924). Seine Opern gehören neben denen Verdis (1813–1901) zu den meistgespieltesten Opern der Welt. Sein Œuvre ist stark geprägt von der naturalistischen Opernkunst des „Verismo“ (ital., „das Wahrhaftige“). Beliebt sind seine Opern durch ihre Gefühlsbetonung, ihren sinnlichen Klang und ihre dramatische Wirkung.

Durch welchen Song wurde Bob Dylan besonders bekannt?

● Der Musiker, der eigentlich Robert Zimmermann (*1941) heißt, wurde in den 1960er-Jahren insbesondere durch das Lied *Blowin' in the Wind* international berühmt. Dylan setzt sich seit dieser Zeit für die amerikanische Bürgerrechtsbewegung ein.

Wer war einer der größten Pianisten des 20. Jahrhunderts?

● Vladimir Horowitz (1904–89). Er wurde u. a. durch die Interpretation von Schumann (1810–56), Chopin (1810–49), Liszt (1811–86) und Tschaikowsky (1840–93) berühmt. Die Kritiker und Musikliebhaber waren von seinen technischen Fähigkeiten und der einzigartigen Musikalität begeistert.

Welcher deutsche Komponist der Romantik ist für seine Klavierwerke wie „Kinderszenen“ (1838) und seine Liederzyklen (z. B. „Frauenliebe und -leben“) berühmt?

● Robert Schumann (1810–56), der über seinen Klavierlehrer seine spätere Frau, die bedeutende Pianistin Clara Schumann (1819–96), kennen lernte. Robert Schumann war außerdem ein einflussreicher Musikjournalist, der sich für Felix Mendelssohn Bartholdy (1809–47), Frédéric Chopin (1810–49) und Johannes Brahms (1833–97) einsetzte. Aufgrund eines Gehirnleidens brachte er seine letzten beiden Lebensjahre in einer Heilanstalt zu.

Mit welchem Instrument wurde Miles Davis (1926–91) berühmt?

● Er war einer der führenden und stilbildenden Trompeter, v. a. des Cool Jazz.

Wer komponierte auf der Basis mittelalterlicher Vagantenlieder die Carmina Burana (1937)?

● Carl Orff (1895–1982), der die im 13. Jahrhundert im Kloster Benediktbeuren aufgeschriebenen Trink-, Liebes- und Spiellieder *Carmina Burana* (lat., „Lieder aus Beuren") zu einem „totalen Theater" stilisierte, in dem Musik, Wort und Bewegung zu einem Gesamtkunstwerk zusammenwachsen sollten. Bedeutsam ist daneben v. a. Orffs *Schulwerk* (1930–35), eine elementare Musiklehre, die mit Musik, Tanz und Gymnastik arbeitet und die kreativen Fähigkeiten von Kindern zu wecken versucht.

Plakat zu *Carmina Burana*

Welcher italienische Opernkomponist wurde mit Nabucco (1842) schlagartig berühmt?

● Giuseppe Verdi (1813–1901), dessen Freiheitsoper der italienischen Einheitsbewegung einen starken Impuls gab. Verdi führte das italienische Musikdrama zu einem Höhepunkt. Seine Opern gehören zu den meistgespielten und immer noch beeindruckendsten, nicht zuletzt wegen ihrer dramatischen Überzeugungskraft, ihrer rhythmischen Prägnanz und ihrer melodische Emotionalität, wie beispielsweise in *Rigoletto* (1851), *La Traviata* (1853), *Ein Maskenball* (1859) und *Aida* (1871).

Mit welchem Song wurde Ella Fitzgerald berühmt?

● Mit der verjazzten Form des Kinderreimes *A Tisket, A Tasket*. Fitzgerald (1918–96) avancierte in den späten 1940er-Jahren zu einer Ausnahmeerscheinung und spielte mit nahezu allen Größen des Jazz, z. B. Louis Armstrong (1901–71), Duke Ellington (1899–1974) und Benny Goodmann (1909–86).

Von welchem russischen Komponisten stammt das sinfonische Märchen Peter und der Wolf?

● Von Sergej Sergejewitsch Prokofjew (1891–1953). Der Musiker war noch in der Zarenzeit bekannt geworden, schuf hauptsächlich neoklassizistische Werke und wurde zum Hauptvertreter eines sowjetisch-russischen Nationalstils.

Was versteht man unter Reggae?

● Der Reggae ist die Musik der farbigen und mullatischen Einwohner der Insel Jamaika. Er verbindet verschiedene ethnische Elemente wie afrikanische Folklore und den amerikanischen Rhythm-and-Blues. Ausgedrückt wird u. a. der Protest gegen die Diskriminierung durch die Weißen.

Wer komponierte die Vier Jahreszeiten (um 1725)?

● Der italienische Priester, Violinist und Komponist Antonio Vivaldi (1678–1741), der ein gewaltiges Œuvre von rund 770 Kompositionen hinterließ. Programmatischen Charakter haben die *Vier Jahreszeiten*, deren Grundthemen sich in vielen seiner Orchesterwerke, die auch über 200 Violinkonzerte umfassen, wieder finden. Daneben war Vivaldi auch ein großer Opernkomponist; 21 (von ursprünglich 46) Opern sind vollständig erhalten.

Kammermusik

Wie heißt die klassische Instrumentalmusik, die in einem kleinen Rahmen von wenigen Musikern aufgeführt wird?

Kammermusik (ital. musica da camera, „Musik für die Kammer"). Diese im 16. Jahrhundert aufkommende Musik für den kleinen Saal ist z. B. für Duos, Trios oder Quartette bestimmt. Berühmte Stücke sind etwa die *Kreutzersonate* von Beethoven (1770–1827) und das *Forellenquintett* von Schubert (1797–1828).

Wie nennt man die Regie bei der Gestaltung eines Balletts bzw. Tanzstücks?

Choreografie (griech. choreia, „Tanz"; graphein, „schreiben"). Bedeutende Balletttänzer wie Vaclav Nijinskij (um 1888–1950) und Rudolf Nurejew (1938–93) waren auch Choreografen. Wegweisend für die Choreografie des 20. Jahrhunderts war George Balanchine (1904–83). Bis ins 18. Jahrhundert bezeichnete man mit Choreografie die Aufzeichnung der Tanzschritte.

Was ist eine Premiere?

Die erste Aufführung eines bekannten Musik- oder Bühnenstückes an einem Theater oder an einem Opernhaus. Das Stück ist neu einstudiert oder auch neu inszeniert, ohne dass es zwingend eine Erst- oder Uraufführung sein muss.

Wer oder was ist Waltzing Matilda?

Eine fiktive Figur aus Andrew Patersons (1864–1941) gleichnamigem Lied, das vielfach bearbeitet wurde. Die Verse des australischen Lyrikers haben oft ihren Niederschlag in der Volksmusik gefunden, kein anderes Lied ist aber so populär und über die Grenzen Australiens hinaus so bekannt geworden wie *Waltzing Matilda* (engl., „die Walzer tanzende Mathilda").

Wer war neben Horowitz der bedeutendste Pianist des 20. Jahrhunderts?

Arthur Rubinstein (1887–1982). Rubinsteins neuer Klavierstil war durch Farbigkeit und Deutlichkeit gekennzeichnet. Der Pianist gilt v. a. als begnadeter Chopin-Interpret.

Wo liegen die musikalischen Ursprünge von Joan Baez?

Baez (*1941) begann mit angloamerikanischen Volksliedern und Balladen, die sie auf der Gitarre begleitete. Die amerikanische Folkloresängerin sang ab 1963 v. a. politisch engagierte Lieder und trat in den 80er-Jahren besonders durch ihr pazifistisches Engagement hervor.

Welcher berühmte Rocksänger machte die herausgestreckte Zunge zu seinem Markenzeichen?

Der Brite Mick Jagger (eigentl. Michael Philip Jagger; *1943). Jagger ist Mitbegründer und Leadsänger der Gruppe Rolling Stones; er trat auch in diversen Filmen auf (u. a. *Performance*, 1969). Mitte der 1980er-Jahre versuchte er sich erfolgreich mit einer Solokarriere.

Welcher englische Popmusiker wurde 1998 von der Queen zum Ritter geschlagen?

Sir Elton John (eigentl. Reginald Kenneth Dwight; *1947). Seit der Zusammenarbeit mit dem Texter Bernie Taupin ab 1968 gilt er als ein Superstar der Popmusik. Seine Darbietungen reichen von lyrischen Songs bis zu exzentrischen Bühnenshows. Der erfolgreichste Song war das für die Totenmesse von Lady Diana umgeschriebene Stück *Candle in the Wind* (1997).

Welche Premiere erlebte die Chansonnette Patricia Kaas (*1966) im Jahr 2001?

● Die von Schauspieler Gérard Depardieu (*1948) entdeckte Sängerin (Debütalbum: *Mademoiselle chante le blues*) war erstmals in einem Kinofilm zu sehen. In *And now... Ladies and Gentlemen* spielte sie an der Seite von Jeremy Irons (*1948) eine Jazzsängerin.

Welcher Titel Bill Haleys wurde zur Hymne des Rock 'n' Roll?

● *Rock around the clock*. Das Lied war Titelsong des Films *Die Saat der Gewalt* (1955) und wurde zur Hymne einer ganzen Generation. Mit Bill Haley (1925–81) begann der Rock seinen Siegeszug um die ganze Welt.

Bill Haley

Wer schrieb die Filmmusik zu Die Glorreichen Sieben?

● Es war US-Filmkomponist Elmer Bernstein (1922–2004). Der Oscar-Gewinner, der 14-mal für die Trophäe nominiert war, schrieb auch die Musik für *Der Mann mit dem goldenen Arm* und *Wer die Nachtigall stört*.

Wer gilt als Schöpfer des gregorianischen Gesanges?

● Papst Gregor I. (um 540–604). Als gesichert gilt, dass er zumindest der Reformator der feierlich vorgetragenen Liturgien war. Außerdem ging er scharf gegen kirchliche Sänger vor, die sich außerhalb des Gottesdienstes bei weltlichen Festen ein Zubrot verdienten. Generell ist den chorischen Gesängen eine schlichte Melodienbildung zu Eigen.

Welcher Jazzmusiker trug den Spitznamen „King"?

● Nat „King" Cole (eigentl. Nathaniel Adams Coles; 1917–65). Cole machte sich zunächst als Jazzpianist einen Namen, bevor er in den 1940er-Jahren mit seichteren, aber perfekt komponierten Schlagern populär wurde.

Welches schwere Leiden befiel den Komponisten Ludwig van Beethoven auf der Höhe seiner Schaffenskraft?

● Beethoven (1770–1827) erkrankte schon mit 26 Jahren an einem schweren Gehörleiden, das ihn um 1819 völlig ertauben ließ. Beethoven schuf seine berühmte 9. Sinfonie (1824; mit dem Schlusschor nach Schillers *Ode an die Freude*) also, ohne je selbst einen Ton davon gehört haben zu können.

Wer komponierte das berühmte Orchesterwerk Boléro (1928)?

● Der Franzose Maurice Ravel (1875–1937), der neben Claude Debussy (1862–1918) zu den Hauptvertretern impressionistischer Musik in Frankreich gehört. Der ausgezeichnete Klaviervirtuose und Dirigent schuf bedeutende Ballettmusik (*Daphnis und Chloé*, 1912), zu der übrigens auch der *Boléro* gehört; häufig gespielt werden seine Orchesterstücke *Rhapsodie espagnole* (1907) und *La Valse* (1920) sowie seine Orchestrierungen, etwa die *Bilder einer Ausstellung* von Modest Mussorgskij (1839–81).

Welcher Komponist empfing 1865 die Weihen eines Abbé?

● Franz Liszt (1811–86). Bereits im Alter von neun Jahren gab er seine ersten Konzerte und bekam von ungarischen Adligen ein

Stipendium für seine Ausbildung in Wien. 1823 siedelte er nach Paris über, wo er seine Studien fortsetzte. 1847 zog Liszt nach Weimar, wo er sich als Hofkapellmeister Verdienste um die Förderung zeitgenössischer Musik erwarb.

Welches berühmte Passionswerk schuf der deutsche Komponist Johann Sebastian Bach?

Besonders berühmt ist die *Matthäuspassion* (1727). Grundlage von Bachs Werken waren Kirchenlieder und Choräle. Bei seinen Zeitgenossen war Bach (1685–1750) jedoch in erster Linie als begnadeter Organist bekannt. Erst die Berliner Aufführung der *Matthäuspassion* 1829 durch Felix Mendelssohn Bartholdy begründete den späten Ruhm Bachs als einer der bedeutendsten Komponisten der Neuzeit. Durch seine ebenso innovativen wie streng durchkomponierten Werke hat Bach auch viele zeitgenössische Popmusiker inspiriert.

Welches Musikgenie ging bereits mit sechs Jahren auf seine erste Konzertreise?

Wolfgang Amadeus Mozart (1756–91). Mozart wurde von Kindheit an stark von seinem Vater Leopold (1719–87) gefördert. Mit acht Jahren komponierte Mozart seine ersten Klaviersonaten und mit 13 wurde er Konzertmeister in Salzburg. Zu seinen größten Schöpfungen gehören die Opern *Die Hochzeit des Figaro* und *Die Zauberflöte*.

Wer war Giuseppe Verdi?

Giuseppe Verdi (1813–1901) war einer der größten Meister der italienischen Oper des 19. Jahrhunderts. Verdi war Sohn eines Dorfwirtes und wurde von seinem Vater zu dem Kaufmann Barezzi in die Lehre geschickt. Barezzi (später Verdis Schwiegervater) war ein großer Musikfreund und verschaffte Verdi ein Stipendium, um in Mailand Musik zu studieren. 1835 wurde Verdi Organist und später Kapellmeister in Busseto. 1839 wurde an der Mailänder Scala Verdis erste Oper *Oberto* uraufgeführt. Seine wohl berühmteste Oper *Aida* wurde 1871 uraufgeführt.

Welches größere Saiteninstrument blickt bereits auf eine rund 4000-jährige Geschichte zurück?

Die Harfe, die schon um 2000 v. Chr. in Mesopotamien und Ägypten bekannt war. Ihre 46 bzw. 48 Saiten werden mit den Fingerkuppen gezupft. Die heute übliche Form wurde 1811 in Paris gebaut.

Ägyptische Darstellung mit Harfe

Wie heißt das wohl größte und älteste Festival für Orgelmusik Europas?

Die Internationale Orgelwoche Nürnberg – Musica Sacra wurde 1951 erstmals ausgerichtet. Seit 1968 gehört der Orgelwettbewerb um den Johann-Pachelbel-Preis dazu.

Mit nur sieben Jahren erhielt Violinist Nigel Kennedy (*1956) ein Stipendium der Yehudi Menuhin Schule. Das brachte ihn allerdings nicht ins Guinness-Buch der Rekorde. Sondern was?

Der Künstler, der neben Klassikern auch Frank Zappa (1940–93), Jimi Hendrix (1942–70) oder Santana (*1947) im Repertoire hat, kam in das Rekordbuch, weil seine Einspielung von Vivaldis (1678–1741) *Vier Jahreszeiten* mit über drei Millionen verkauften Exemplaren weltweit das meistverkaufte Klassikalbum aller Zeiten wurde.

Welcher russische Komponist schuf das berühmte Klavierwerk Bilder einer Ausstellung (1874), dem Maurice Ravel 1922 eine Orchesterfassung gab?

Maurice Ravel

Modest Mussorgskij (1839–81), dessen übermäßiger Alkoholgenuss zu seinem frühen Tod führte. Ebenso berühmt wie das Klavierwerk sind die sinfonische Dichtung *Eine Nacht auf dem kahlen Berge* (1867) und seine Oper über den russischen Zaren *Boris Godunow* (1874). Von Mussorgskijs Werk *Bilder einer Ausstellung* haben 1971 Emerson, Lake & Palmer eine Rockversion geschaffen.

Welche musikalische Ehrung konnte Stuttgart viermal in fünf Jahren nach Hause holen?

Die Stuttgarter Staatsoper wurde innerhalb von nur fünf Jahren viermal zum Opernhaus des Jahres gewählt. Vergeben wird diese Auszeichnung aufgrund einer jährlichen Umfrage der Zeitschrift *Opernwelt*, bei der 50 Kritiker abstimmen.

Ein sechsjähriges Mädchen gewann 1969 als jüngste Siegerin in der Geschichte des Wettbewerbes bei Jugend musiziert. Auch im Jahr darauf gewann diese Geigerin und wurde prompt gebeten, nicht mehr an dem Wettbewerb teilzunehmen. Wer wurde so uncharmant ausgeladen?

Ausnahmetalent Anne-Sophie Mutter (*1963) sollte nach zwei Siegen nicht mehr an dem Wettbewerb teilnehmen. Inzwischen fördert die Violinistin, die 2003 ihren 40. Geburtstag feierte, selbst junge Streicher.

Die Oper Hänsel und Gretel lockt seit 1893 immer wieder zur Weihnachtszeit Kinder in die Opernhäuser. Wer komponierte das Werk?

Der große Erfolg um die beiden Geschwister gelang Engelbert Humperdinck (1854–1921) und machte ihn berühmt. Seine Schwester Adelheid Wette schrieb Grimm'sche Märchen als Theaterstücke um und wünschte sich von ihrem Bruder die Musik dazu. Daran und an die anderen Werke Humperdincks erinnerte eine Ausstellung im September 2004 in der Frankfurter Bibliothek anlässlich seines 150. Geburtstages.

In Hamburg feierte 2004 ein Fachgeschäft für Klaviere und Flügel sein 100-jähriges Bestehen. Welches?

Das Steinway-Haus in Hamburg kann auf diese lange Tradition zurückblicken. Nachdem seit 1880 Steinway-Flügel und -Klaviere ab Werk verkauft wurden, entstanden 1904 am Hamburger Jungfernstieg die ersten repräsentativen Verkaufsräume.

Wer war Franz Lehár?

Franz Lehár (1870–1948) war ein bedeutender österreichischer Operettenkomponist. Lehár war Sohn eines Militärkapellmeisters und kam mit zwölf Jahren auf das Konservatorium in Prag. Der früh einsetzende Erfolg seiner Operetten ermöglichte es ihm, sich ausschließlich dem Komponieren und dem Dirigieren seiner Werke zu widmen. Zu seinen bekanntesten Werken gehören *Die lustige Witwe* (1905) und *Der Graf von Luxemburg* (1909).

Wer wurde durch die sinfonische Vertonung von Don Juan und Don Quixote berühmt?

Richard Strauss (1864–1949). Er gilt als Begründer eines modernen, musikdramatischen Stiles, mit dem er das musikalische Erbe von Richard Wagner (1813–83) weiterentwickelte. Strauss wurde 1919 zum Leiter der Wiener Staatsoper ernannt, gab diese Stellung aber nach fünf Jahren auf, um sich ganz der Komposition widmen zu können.

Wo spielt Giacomo Puccinis (1858–1924) Oper Madame Butterfly (1904)?

In Japan. Dargestellt wird die Heirat des amerikanischen Offiziers Pinkerton und der Geisha Cio-Cio-San, genannt Butterfly. Während Pinkerton, der nach Amerika zurückgekehrt ist, längst ein zweites Mal verheiratet ist, glaubt Butterfly, die unterdessen ein Kind geboren hat, an seine Treue. Beim Wiedersehen erzählt ihr der Amerikaner von seiner Heirat, woraufhin sie sich ersticht.

Plakat zu *Madame Butterfly*

Wer leitete die erste Gesamtaufführung aller neun Bruckner-Sinfonien?

Gustav Mahler (1860–1911). Seit 1907 war Mahler in New York an der Metropolitan Opera, wo er die erste Gesamtaufführung aller neun Bruckner-Sinfonien leitete.

Wie nennt man eine dramatische Bühnenhandlung mit Gesang und Instrumentalmusik?

Eine Oper. Die frühe Oper bestand aus Arien, mehrstimmigen Sologesängen, Chören und instrumentalen Vor- und Zwischenspielen. Die Ouvertüre leitet die Oper ein. Richard Wagner (1813–83) gab das Prinzip der Aneinanderreihung verschiedener Musiknummern auf und komponierte den Text in einem Zuge durch. Somit schuf er das Musikdrama als Gesamtkunstwerk.

Welcher Franzose wurde als der spanischste aller spanischen Musiker bezeichnet?

Maurice Ravel (1875–1937). Ravel wuchs in Paris auf und wurde am Konservatorium ausgebildet. Als Pianist und Dirigent seiner Werke war er bald auch außerhalb Frankreichs sehr anerkannt. Sein wohl bekanntestes Werk, der spanisch anmutende *Boléro*, war seit der Uraufführung ein Erfolg.

Welcher baltische Staat gewann als erster den Grand Prix d'Eurovision?

Estland stellte mit der Gruppe Tanel Padar und Dave Benton den Sieger 2001. Der Siegertitel *Everybody*, eine Mischung aus Funk und Soul, brachte nicht nur den ersten Sieger aus dem Baltikum, sondern auch den ersten farbigen Gewinner.

Weshalb wurde der britische Sänger Elton John (*1947) zum Ritter geschlagen?

Der Grund war seine Neuauflage des Liedes *Candle in the Wind*, mit dem 1997 der Tod Lady Dianas betrauert wurde. Elton Johns Single brach alle Rekorde und verkaufte sich über drei Millionen Mal. Im folgenden Jahr wurde Elton John geadelt.

Durch welchen von ihm geschaffenen Liedtext wurde der Dichter Hoffmann von Fallersleben berühmt?

Von Fallersleben (1789–1874) schuf 1841 den Text zum *Deutschlandlied*, das seit 1922 die offizielle deutsche Nationalhymne ist. In der Weimarer Republik wie auch unter der Naziherrschaft war aber die erste, seit 1952 dagegen ausschließlich die dritte Strophe Bestandteil der Hymne. Denn nach dem Zweiten Weltkrieg wurde ein Text wie *Deutschland, Deutschland über alles* strikt abgelehnt.

Die Beatles

Welche Beat-Gruppe der 1960er-Jahre machte Musikgeschichte?

Die Beatles (nach dem rhythmischen Grundschlag „beat"), eine britische Gruppe, bestehend aus George Harrison (1943–2001), John Lennon (1940–80), Paul McCartney (*1942) und Ringo Starr (*1940). 1963 erreichten sie mit *Please please me* erstmals die Nummer 1 der britischen Hitliste. Es folgten zahlreiche Songs, Platten und Alben, die durchschlagende Erfolge verzeichneten, z. B. *Help*, *All You Need is Love*, *Yesterday*. Die „Pilzköpfe" traten 1966 letztmalig öffentlich auf und trennten sich 1970 aufgrund von Meinungsverschiedenheiten.

Welcher österreichische Komponist schuf die Melodie des Deutschlandliedes?

Franz Joseph Haydn (1732–1809). Der Sohn eines Schmiedemeisters wurde 1740 in Wien Chorknabe. Von 1761 bis 1790 war er Vizekapellmeister des Fürsten Esterházy. In Wien übernahm er 1795 die Leitung der hier neu gegründeten Esterházy'schen Kapelle. Seine größte Berühmtheit erlangte Haydn durch seine Streichquartette und Sinfonien.

Welcher Komponist ist als der Walzerkönig bekannt?

Der österreichische Komponist Johann Strauß (1825–99). Zu seinen berühmtesten Werken zählen *Die Fledermaus* (1874), *Eine Nacht in Venedig* (1883) und *Der Zigeunerbaron* (1885).

Von wem stammt die Melodie der deutschen Nationalhymne?

Vom Österreicher Franz Joseph Haydn (1732–1809). 1797 komponierte er das *Kaiserquartett*, das auch die Kaiserhymne *Gott erhalte Franz den Kaiser* enthielt. Diese Melodie wurde 1922 zusammen mit der Dichtung *Deutschlandlied* zur Hymne der Weimarer Republik, später auch der BR Dtl. Die DDR brach dagegen mit dieser Tradition: Ihre Hymne zum Text *Auferstanden aus Ruinen* wurde neu komponiert.

Unter welchem Namen ging John Simon Ritchie in die Musikgeschichte ein?

Als Sid Vicious. Unter diesem Pseudonym war er Bassist der Punkband Sex Pistols, die 1977 mit *Anarchy in the UK*, *God save the Queen* und *Submission* echte Punkklassiker geschaffen hatte. Allerdings konnte Ritchie (1957–1979) gar nicht Bass spielen, im Studio übernahm der Gitarrist der Band diesen Part, auf der Bühne stellte man sein Instrument so leise wie möglich. 1979 starb Ritchie unter nicht vollständig geklärten Umständen an einer Überdosis Heroin.

Welcher legendäre Musikmanager, Modedesigner, Künstler und Solomusiker bewarb sich um das Amt des Londoner Bürgermeisters?

Malcolm McLaren (eigentl. Malcolm Edwards; *1946). In den 1960ern hatte er Kunst studiert, später wurde er Modedesigner (zusammen mit Vivienne Westwood) und Musikmanager. McLaren hatte einige der wichtigsten und innovativsten Bands der späten 1970er- und frühen 1980er-Jahre unter Vertrag (Siouxie and the Banshees, Sex Pistols) und war maßgeblich an der Erfindung von Punk als Mode beteiligt.

Wer komponierte die barocke Oper Orfeo ed Euridice (1762)?

Christoph Willibald Gluck

● Christoph Willibald Gluck (1714–87), der mit seinem Werk die starren Formen der Barock-Oper sprengte und durch dramatische und psychologische Natürlichkeit neue Wege zum späteren Mozart (1756–91) wies. Großes Aufsehen erregte er auch 1774 mit seiner Oper *Iphigénie en Aulide*.

Wer galt als der stillste und introvertierteste Beatle?

● George Harrison (1943–2001). Harrison prägte die Musik der Beatles insbesondere durch seine Affinität zu indischen Musik, die er seit Mitte der 1960er-Jahre auch in die Kompositionen der Liverpooler Band einfließen ließ. Mit ihm starb 2001 nach langer Krankheit bereits der zweite der „Fab Four".

Die Mitglieder welcher US-Band machten musikalische Einfachheit zu ihrem Credo und avancierte so zu den Gründungsvätern des Punk?

● The Ramones. Mitte der 1970er-Jahre war Popmusik v. a. durch vier Charakteristika gekennzeichnet: Glamour, musikalische Verspieltheit, Kommerz und eine unüberbrückbar erscheinende Distanz der Musiker zu den Fans. Dagegen rebellierten die Ramones, die sich nach einem frühen Pseudonym Paul McCartneys (*1942) benannten, mit einer Haltung, die schnell mit dem Etikett „Punk" versehen wurde.

Was verbindet den Komponisten Gustav Mahler mit dem Dichter Clemens Brentano?

● Die Liedersammlung *Des Knaben Wunderhorn*, einer Sammlung deutscher Volksliedtexte, die Brentano (1778–1842), literarisch einer der Hauptvertreter der deutschen Romantik, zwischen 1805 und 1808 herausbrachte. Rund 90 Jahre später, zwischen 1888 und 1899, vertonte Mahler (1860–1911) zwölf dieser Volkslieder für Gesang und Orchester.

Was kostete die bislang teuerste Geige aller Zeiten?

● Umstritten ist, ob es sich um die Stradivari-Geige *Lady Blunt* von 1721 handelt oder um die Geige *Baron Heath* von 1743 der Instrumentenbauerfamilie Guarneri. Gesichert scheint nur, dass der Preis für das Instrument bei weit über sieben Mio. US-Dollar lag.

Wie nennt man die mittelalterliche Verbindung von Dichtung und Gesang, die v. a. die Liebe in den Mittelpunkt stellte?

● Minnegesang. Das Thema der Minnesänger schlechthin war die Liebe eines Ritters zu einer edlen Jungfrau, die den Idealen des höfischen Lebens entsprechend nicht erfüllt wird. Die Darbieter solcher musikalischer Einlagen waren zwar bei den Festen an den Höfen Mitteleuropas durchaus gefragt, sie galten aber innerhalb der mittelalterlichen Standeshierarchie nicht viel, gehörten sie doch zum fahrenden Volk.

In welcher Oper stellen zwei Offiziere die Liebe und Treue ihrer Verlobten auf die Probe, woraus eine verwickelte Komödie gesponnen wird?

● In der Oper *Così fan tutte*, die Wolfgang Amadeus Mozart (1756–91) im Jahr vor seinem frühen Tod vollendete. Mozarts Librettist Lorenzo da Ponte (1749–1838) schuf mit seiner Verwechslungsgeschichte die Grundlage einer *Opéra comique*, die gerade wegen ihrer Heiterkeit zu einem der beliebtesten Bühnenwerke Mozarts avancierte.

Welcher berühmte Dirigent musste seine eigene Vergangenheit in einem Entnazifizierungsverfahren rechtfertigen?

Wilhelm Furtwängler (1886–1954), der zu den bedeutendsten Dirigenten des 20. Jahrhunderts zu rechnen ist. Furtwängler leitete und dirigierte von 1922 bis 1945 die Berliner Philharmoniker und hatte in dieser Position nach 1933 auch engen Kontakt zur nationalsozialistischen Führungsriege. Aus diesem Grund durfte er auf alliierte Anordnung zwischen 1945 und 1947 nicht öffentlich auftreten.

Welche beiden Operntypen unterschied man im ausgehenden 18. Jahrhundert?

Zu Mozarts (1756–91) Schaffenszeit unterschied man zwischen *Opera buffa*, der heiteren Oper, und *Opera seria*, der ernsten Oper.

Welche berühmte Sängerin sei – so hieß es – an einer unglücklichen Liebesbeziehung zu einem griechischen Millionär zerbrochen?

Maria Callas (1923–77), die seit ihrem ersten Auftritt 1947 bei den Festspielen von Verona das Publikum zu beeindrucken wusste. Die als launisch gefürchtete Callas war mit dem griechischen Reeder Aristoteles Onassis (1906–75) eine Liaison eingegangen, der sie aber wegen Jacqueline Kennedy (1929–94) verließ.

Was ist ein Zapfenstreich?

In seiner eigentlichen Bedeutung signalisierte der Zapfenstreich den Soldaten den Befehl zur Rückkehr in ihre Kaserne. Heute wird er vor allem bei der Verabschiedung hoher Militärs und Politiker gespielt. Auch der ehemalige Bundeskanzler Gerhard Schröder wurde nach seiner Abwahl 2005 mit einem Zapfenstreich verabschiedet.

Wie viele Saiten hat eine Gitarre?

Seit dem 18. Jahrhundert sind sechs Draht-, Nylon- oder Darmsaiten üblich. Sie ist aus der Form der „guitarra latina“ hervorgegangen und seit dem 15. Jahrhundert nachweisbar. Die Gitarre ist auch in der Popmusik ein beliebtes Instrument, allerdings wird dort meist nicht gezupft, sondern geschlagen.

Gitarre

Welcher Musiker erreicht durch die faktische Instrumentverlängerung eine Veränderung des gespielten Tons?

Der Posaunist. Das Blechblasinstrument, das über einen beweglichen Außenzug verlängerbar ist, entstand in der zweiten Hälfte des 15. Jahrhunderts und fand v. a. in der zeitgenössischen Kirchenmusik rege Verwendung. Heute gehört es auch zu den Standardinstrumenten von Militärkapellen.

Wie nennt man ein Lied, das mehrstimmig versetzt gesungen wird?

Kanon. Bei dieser speziellen Liedform beginnen mehrere Stimmen nacheinander eine Melodie in gleicher Tonhöhe zu singen. Seinen Höhepunkt hatte der Kanon zwischen dem 16. und dem 18. Jahrhundert.

Was schreibt der Komponist über seine Komposition, wenn diese äußerst langsam vorgetragen werden soll?

Largo. Mit dem Begriff wird das Tempo eines gesamten Werkes oder eines Teils dieses Werkes festgelegt. Ein „Largo" genannter Satz ist in der Regel der langsamste Teil der Gesamtkomposition.

Welche spezielle Musikform entstand in den Gottesdiensten der afroamerikanischen US-Bevölkerung?

Der Gospel. Ihren Ursprung haben die von einem Chor gesungenen Gospelsongs in dem Brauch der Gemeindemitglieder, die vom Pfarrer verkündete Bibelexegese mit lauten Zurufen zu begleiten, worauf dieser wieder antwortete.

Wie hieß der amerikanische Komponist, der die klassische Oper mit zeitgenössischem Jazz und Schlagern kunstvoll zu verweben wusste?

George Gershwin (1898–1937). Seine musikalischen Werke, allen voran *Porgy and Bess*, *Rhapsody in Blue* und *Ein Amerikaner in Paris* zeichneten sich durch eine Verbindung unterschiedlicher Stile aus. Es gelang ihm, Oper, Jazz und Unterhaltungsmusik erfolgreich zu verbinden.

Unter welchem Namen ist das Quartett der vier Wagneropern Das Rheingold, Die Walküre, Siegfried und Götterdämmerung auch bekannt?

Als *Der Ring des Nibelungen*. Unter diesem Namen stellen die vier Opern ein Gesamtbühnenspiel dar, für dessen Vollendung Wagner (1813–83) über 20 Jahre benötigte. Erstmals als Gesamtwerk aufgeführt wurde der Ring anlässlich der ersten Bayreuther Festspiele 1876.

Orgel im Passauer Dom

Welches Musikinstrument ist Blas- und Tasteninstrument zugleich, wobei der Luftstrom von einer Gebläseanlage erzeugt werden muss?

Die Orgel (griech. organon, „Mittel, Werkzeug"), die aus Metall- und Holzpfeifen (Pfeifenwerk), Tastatur (Spielwerk) und einer Gebläseanlage (Windwerk) besteht. Eine mechanische Vorrichtung (Regierwerk) stellt die Verbindung zwischen Tastatur, Pfeifen und Gebläseanlage her. Je nach Größe der Orgel sind bis zu über 100 im Klang verschiedene Pfeifenreihen (sog. Register) möglich. Die Orgel hielt erst im 8. Jahrhundert Einzug in die abendländische Liturgie.

Was trägt neben dem Orchester zum Gesamteindruck von Opern oder Messen maßgeblich bei?

Der Chor, der aber nicht notwendig instrumental begleitet werden muss. Ursprünglich entstammt der Chor dem griechischen Drama, wo er die Handlung kommentierend begleitete. Heutige Chöre werden v. a. nach Geschlecht und Alter ihre Mitglieder unterschieden, so gibt es neben den gemischten Chören Frauen-, Knaben- und Männerchöre.

Vor dem Publikum welchen berühmten Opernhauses lässt Walt Disney (1901–66) in einem seiner Cartoons sogar einen Walfisch auftreten?

Vor dem Publikum der Metropolitan Opera, die meist als „Met" abgekürzt wird. Es handelt sich dabei um die im Jahre 1883 eröffnete Oper der Stadt New York.

Wer komponierte die Feuerwerksmusik und die Wassermusik?

Georg Friedrich Händel

Der deutsche Komponist Georg Friedrich Händel (1685–1759), der 40 Jahre seines Lebens als Hofkomponist in London lebte. Neben seinen berühmten Orchesterwerken war Händel v. a. als Opern- und Oratorienkomponist erfolgreich, z. B. mit *Acis und Galatea* (1720) und dem Oratorium *Messias* (1742).

Was besagt es, wenn ein als Quintett oder als Quartett komponiert wurde?

Damit wird die für die Darbietung des Stückes vorgesehene Zahl der Instrumentalisten oder Sänger bezeichnet. Ein Quartett wird von vier, ein Quintett von fünf Musikern aufgeführt. Der Begriff kann zugleich – wie es beim *Forellenquintett* von Franz Schubert (1797–1828) der Fall ist – im Titel eines Musikstückes vorkommen oder Bestandteil eines Musikergruppennamens (z. B. Albert-Mangelsdorff-Quintett) sein.

In welchem Land entstand das Musical?

In den USA, genauer gesagt am Broadway in der Stadt New York. Um ein breites Publikum ansprechen zu können, wurden Anfang des 20. Jahrhunderts hier verschiedenste Elemente aus Operette, Theater, Revue, Ballett und anderen Gattungen der Unterhaltungsbranche kombiniert.

Wie nennt man das in Spanien beheimatete Tanzlied, das sich vor allem durch schnelle Rhythmuswechsel auszeichnet?

Flamenco. Der ursprünglich in Andalusien beheimatete Tanz wird meist von einem von Gitarre und teilweise auch von Kastagnetten begleiteten Sänger dargeboten und kann nicht nur Paaren, sondern auch Solotänzern Gelegenheit zur tänzerischen Darstellung bieten.

Unter welchem Namen ging der österreichische Popbarde Johann Hölzel in die Musikgeschichte ein?

Als Falco. Seinen Durchbruch feierte er 1982 mit *Der Kommissar*. Obgleich er somit auf dem Höhepunkt der so genannten Neuen deutschen Welle mitschwamm, blieb Hölzel/Falco (1957–98) von deren schnellen Abebben unberührt: Bis zu seinem Tod gelangen ihm zahlreiche Hits, und dies nicht allein im deutschsprachigen Raum, sondern auch in den USA. 1998 kam Falco bei einem Autounfall ums Leben.

Welcher Musikstil entwickelte sich aus afrikanischen und jamaikanischen Musiktraditionen in den der US-Großstädten besonders unter den afroamerikanischen Jugendlichen?

Der Rap. Seit Ende der 1960er-Jahre entwickelten sich die oftmals gereimten Texte von DJs zu den von ihnen aufgelegten Schallplatten, die u. a. gescratcht wurden, allmählich zu einem eigenen Musikstil, der in den afrikanischen Griots und dem jamaikanischen Toasting deutliche Vorbilder hat. Die Band Grandmaster Flash and the Furious Five feierte mit dem Song *The Message* einen ersten Raphit.

Welche Punkband gilt als Vorbild zahlreicher Britpop-Bands, aber auch von Bands wie R.E.M.?

● The Clash. Die Musik der 1976 gegründeten Band zeichnete sich durch ihren aggressiven Gitarrensound wie auch durch ihre eingängigen Melodien aus – ein Stil, der sie deutlich von anderen Gruppen abhob. 1985 brach die Gruppe um Joe Strummer (1952–2002) und Paul Simonon (*1955) wegen interner Querelen auseinander.

Was verbirgt sich hinter dem Ausruf Oi!?

● Eine raue Spielart des Punk, deren Protagonisten zu Beginn der 1980er-Jahre gegen den angeblichen Ausverkauf des Punkrocks zu Felde zogen. Oi avancierte zur Musik der Skinheads, wobei die Skinheadbewegung weitaus älter war und auch auf andere musikalische Traditionen zurückgriff. Zahlreiche zeitgenössische Oi!-Bands haben heute einen rechtsextremen Hintergrund.

Was bezeichnet man in der Musik als Oktave?

● Den achten Ton im Notenintervall oder auch die Gesamtheit der acht Notenstufen (von lat., „die Achte“).

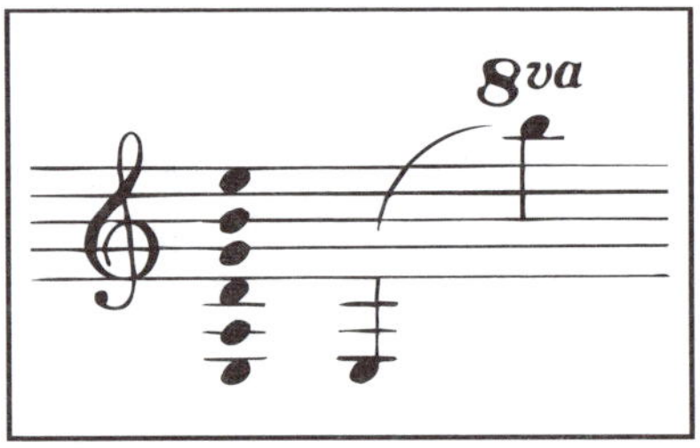

Oktave

Was ist Hillbilly?

● Eine frühe Form der US-amerikanischen Country- und Westernmusik. Wörtlich übersetzt bedeutet Hillbilly „Hügel-Bill“ und ist ein Ausdruck für Hinterwäldler. Damit umschrieben werden mithin auch die musikalischen, also die ländlichen Wurzeln der Hillbillymusik. Als diese aber auch in den größeren US-Städten eine Heimat fand, verschwand der Ausdruck allmählich und wurde durch den Begriff „Country and Western“ abgelöst.

Wie nannte sich die Spielart des Rock 'n' Roll, die ausschließlich von Weißen gespielt wurde?

● Rockabilly. Die weißen Musiker des Rockabilly griffen auf der einen Seite Elemente des schwarzen Rhythm-and-Blues auf, kombinierten dies aber mit den ihnen vertrauten Musikrichtungen der südlichen USA und spielten daher auch auf den ihnen vertrauten Instrumenten. Obgleich in den 1950er-Jahren schon geläufig, setzte sich der Begriff „Rockabilly“ erst in den 1980er-Jahren durch.

Welcher Musikstil beeinflusste wie kein anderer die moderne Rock- und Popmusik?

● Der Blues. Entstanden am Ausklang des 19. Jahrhunderts in den von massiver Rassentrennung gekennzeichneten südlichen Landesteilen der USA, griff der Blues afrikanische Traditionen auf, die er mit europäischen Stilen vermischte. Typisch und namensgebend für den Blues sind die so genannten „Blue Notes“, bestimmte Töne, die in der klassischen Harmonielehre nicht vorkommen und afrikanischen Musiktraditionen entstammen.

Die Erfindung welchen Instruments wurde und wird vermutlich zu Unrecht Friedrich Buschmann zugeschrieben?

● Die Mundharmonika. Buschmann (1805–64) selbst behauptete zwar 1828, er habe das Instrument erfunden. Tatsächlich wurde die Mundharmonika schon weitaus früher verkauft. Wer auch immer die Mundharmonika erfunden haben mag, die Idee war genial. Das Instrument ist leicht transportabel, preiswert und relativ einfach zu spielen und fand daher in der modernen Popmusik, v. a. im Blues, im Rock im Folk, schnell Verwendung.

Welchen Violin-Virtuosen des 19. Jahrhunderts nannte man den Teufelsgeiger?

Den Italiener Niccolò Paganini (1782–1840), der seine Virtuosität auf seinen Konzertreisen durch Europa einem staunenden Publikum darbot. Seine eigenen Kompositionen stellen an die Technik des Violin-Virtuosen fast unlösbare Anforderungen; dies gilt insbesondere für seine beinahe unspielbaren 24 Capricen (frz., „Launen") sowie für seine drei Violinkonzerte.

Niccolò Paganini

Womit fielen die Bandmitglieder der US-Hardrockgruppe KISS bis 1983 vehement auf?

Durch ihre Kostümierung. Der New Yorker Band um Gene Simmons (*1949) und Paul Stanley (*1952) gelang 1975 der internationale Durchbruch und sehr bald galten KISS als ausgezeichnete Liveband, die ihrem Publikum neben eingängigem Rocksound eine imposante Bühnenshow boten. Ihr erster ungeschminkter Auftritt 1983 bei MTV war für altgediente Fans ein wahrer Schock.

Was ist Funk?

Eine afroamerikanische Musikrichtung, die ausgesprochen rhythmusbetont ist. Zu den wichtigsten Vertretern des Funk gehört James Brown (*1928), der sich selbst als „Minister Of New Heavy Super Funk" bezeichnete und mit Songs wie *Say It Loud, I'm Black and I'm Proud* (1970) ein völlig neues Selbstbewusstsein der afroamerikanischen US-Bevölkerung propagierte.

Bei welchem Musikstil der Rockmusik sind, wörtlich übersetzt Schwermetaller zugange?

Im Heavy Metal, einer Weiterentwicklung des Hard Rock, so wie er u. a. von Bands wie Deep Purple am Ende der 1960er-Jahre geprägt wurde. Zu den Urvätern des Heavy Metal gehörte die britische Band Black Sabbath um Frontmann John Michael „Ozzy" Osbourne (*1948). Die Gruppe pflegte eine bewusst proletarische Attitüde und kreierte einen harten, riffbetonten Rockstil, so wie er später von zahlreichen Bands kopiert worden ist.

Bei den Konzerten welcher Band ging regelmäßig neben der E-Gitarre und diversen Verstärkern auch das komplette Schlagzeug zu Bruch?

Bei The Who. Gitarrist Pete Townshend (*1945) pflegte schon bei den ersten Konzerten der Band die während des Konzerts verwendeten, oft nur geliehenen Gitarren in Trümmer zu zerschlagen und initiierte damit die häufigen Zerstörungsorgien, bei der der Schlagzeuger der Band, Keith Moon (1946–1978) oft nicht unbeteiligt blieb. Musikalisch zeichnete sich The Who durch einen harten Gitarrensound mit aus.

In welcher Stadt arbeitete Johann Sebastian Bach die meiste Zeit seines Lebens?

In Leipzig, wo er als Kantor dem berühmten Thomanerchor, vorstand. Dieser traditionelle Knabenchor war bereits im 13. Jahrhundert gegründet worden und übernahm wichtige Aufgaben bei den Gottesdiensten der Thomaskirche. Viele seiner Werke ließ Bach (1685–1750) von dem von ihm geleiteten Chor uraufführen.

Wie heißt die Aufzeichnung der Noten, die alle Instrumental- und Singstimmen eines Orchesterwerkes oder Musiktheaters beinhaltet?

Partitur (lat. partiri, „[ein]teilen"). Dabei werden die einzelnen Stimmen so in übereinander liegende Notenlinien notiert, dass die gleichzeitig erklingenden Noten untereinander stehen. Von oben nach unten sind angeordnet: Holzbläser, Blechbläser, Pauken (u. a. Schlagzeug) sowie Harfe, Klavier und die Streicher.

Partitur

Wer komponierte eine Sinfonie, für deren Uraufführung über tausend Musiker benötigt wurden?

Gustav Mahler (1860–1911). Unter den zehn Sinfonien, die Mahler komponierte, ragt die achte besonders hervor. Sie erhielt – nicht vom Komponisten selbst, sondern von Zeitgenossen – wegen des enormen personellen Aufwands, der für ihre Aufführung vonnöten ist, auch den Namen *Sinfonie der Tausend*.

Was ist Hardrock?

Eine Ende der 1960er-Jahre entstandene neue Richtung innerhalb der Rockmusik, die sich besonders durch die verstärkte Verwendung der E-Gitarre als Soloinstrument auszeichnet. Typische Hardrockbands waren Led Zeppelin, Deep Purple und AC/DC.

Was verbirgt sich hinter dem Namen *Eroica*?

Beethovens (1770–1827) 3. Sinfonie. Angesichts der vom liberalen Beethoven begrüßten politischen Umbrüche, die von Napoleon Bonaparte (1769–1821) ausgingen, widmete er das Werk dem korsischen Feldherren. Als dieser sich aber zum Kaiser krönen ließ, habe, so wird berichtet, Beethoven selbst die Widmung wieder zerrissen.

Wer komponierte 1787 die Oper Don Giovanni?

Wolfgang Amadeus Mozart (1756–91). Die Oper handelt vom ausschweifenden Leben des gottlosen Verführers Don Giovanni, der aus den verschiedensten Werken der Kulturgeschichte als Don Juan bekannt ist und der schließlich in den Höllenschlund geworfen wird. Die Handlung spielt im Spanien des 17. Jahrhunderts.

In welcher Sinfonie Beethovens sind die Schläge des Schicksals an der Türe des Komponisten zu vernehmen?

In der 5. Sinfonie, die wegen dieser berühmten Schläge *Schicksalssinfonie* genannt wird. Noch heute erkennt auch der musikalisch wenig Versierte das berühmte Werk Beethovens (1770–1827).

Wer gilt als der bekannteste Komponist Norwegens?

Edvard Grieg (1843–1907). Grieg war von der Romantik, v. a. von der Musik seines Zeitgenossen Robert Schumann (1810–56) beeinflusst, bis er schließlich einen unverkennbar eigenen Stil schuf. Zu Griegs berühmtesten Kompositionen gehört die Vertonung zu Henrik Ibsens (1828–1906) Buch *Peer Gynt* (1875). Einige der hier komponierten Melodien sind so eingängig, dass sie noch heute in der Werbung verwendet werden.

Wie heißt die berühmte Mailänder Oper?

● Scala. Der Bau dieses repräsentativen Hauses war notwendig geworden, nachdem die ursprüngliche Mailänder Oper abgebrannt war. 1778 konnte die Scala mit einem festlichen Akt eingeweiht werden, für den Antonio Salieri (1750–1825), einer der seinerzeit berühmtesten Komponisten, extra eine Oper komponierte.

Welcher amerikanische Sänger benannte sich nach einem Waliser Dichter?

● Robert Zimmerman (*1941), der sich nach dem Dichter Dylan Thomas (1914–1953) Bob Dylan nannte. Bereits seit Ende der 1950er-Jahre hatte sich der junge Bob Dylan dem Folk zugewandt, den er dann mit Elementen der Rockmusik kombinierte und mit seinen politischen und sozialkritischen Texten versah. Bob Dylan kann wohl als der Komponist von Protestsongs schlechthin bezeichnet werden.

Welche Popband hatte mit Please please me 1963 ihren ersten internationalen Hit?

● Die Beatles. Die Liverpooler Band war in den Jahren zuvor regelmäßig im Hamburger Indra-Club und im Star Club aufgetreten. Ihrem ersten Hit ließen George Harrison (1943–2001), John Lennon (1940–80), Paul McCartney (*1942) und Ringo Starr (*1940) zahlreiche weitere folgen. Die Beatles gelten als Band der Superlative, hatte sie doch mehr Top-Hits als irgendeine andere Band jemals zuvor oder danach.

Was versteht man unter pizzicato?

● Eine spezielle Technik beim Spielen der Geige. Wird normalerweise eine der vier Saiten durch das Streichen des Bogen zum Tönen gebracht, gelingt dies bei der Technik des „pizzicato“ durch deren Zupfen.

Welcher amerikanische Rocksänger gilt als King of Rock 'n' Roll?

● Elvis Presley (1935–77), der mit dem *That's allright, Mama* 1954 über Nacht zum Star avancierte. 1956 folgte der Nr.-1-Hit *Heartbreak Hotel*. Elvis' Ruhm ebbte in den 1960er-Jahren ab, bevor er dann 1969 mit *In the Ghetto* einen erneuten Hit landete. Mit seinen über 500 Millionen verkauften LPs und Singles zählt er zu den erfolgreichsten Musikern weltweit.

Elvis Presley

Welche Musikrichtungen machte Duke Ellington populär?

● Den Jazz und den Swing. 1933 machte er auf einer Tournee Europa mit dem Swing bekannt. Der Jazzpianist und -komponist Ellington (1899–1974) war Mitbegründer des modernen Orchesterjazz. Berühmt wurden Lieder wie *Mood Indigo*, *Satin Doll* und *Sophisticated Lady*.

Welche nach 1945 entstandene neue Theaterform erhob das Sinnlose und Absurde zum ästhetischen Prinzip?

● Das so genannte Absurde Theater, das die Absurdität und das Widervernünftige des menschlichen Daseins hervorheben wollte. Kennzeichen sind fehlende Handlungslogik, funktionslose Dialoge sowie die Entfremdung und Vereinzelung des Menschen. Die bedeutendsten Autoren sind Samuel Beckett (1906–89) und Eugène Ionesco (1912–94).

Samuel Beckett

Eugène Ionesco

Was ist ein Monolog?

● Ein Selbstgespräch, z. B. in einem Bühnenstück. Monologe sind heute auch Bestandteil moderner Prosa, man nennt sie dann innere Monologe, weil sie die Gedanken und Empfindungen eines Protagonisten stumm, d. h. nicht laut gesprochen, wiedergeben.

Welcher bekannte Dramaturg schrieb Theaterstücke wie Die Hamletmaschine (1979)?

● Heiner Müller (1929–95), der seit 1959 in der DDR lebte und ab 1972 am Berliner Ensemble tätig war. Er trat mit eigenwilligen Bearbeitungen klassischer Vorlagen etwa von Kleist (1777–1811) oder Shakespeare (1564–1616) hervor (*Philoktet*, 1968; *Ödipus, Tyrann*, 1967). Eigene Dramen wie die *Hamletmaschine* thematisieren u. a. die Position des Intellektuellen in der sozialistischen Gesellschaft.

Welches moderne Mysterienspiel von Hugo von Hofmannsthal wird alljährlich bei den Salzburger Festspielen aufgeführt?

● Der *Jedermann* (1911), ein *Spiel vom Sterben des reichen Mannes*. Es ist neben dem *Rosenkavalier* aus dem selben Jahr Hofmannsthals (1874–1929) populärstes Werk. Letzteres und *Ariadne auf Naxos* (1912), *Die Frau ohne Schatten* (1919) u. a. sind Textbücher zu Opern von Richard Strauss (1864–1949).

Auf welcher Bühne werden u. a. die Stücke Jim Knopf und Urmel aus dem Eis gespielt?

● Im Marionettentheater der Augsburger Puppenkiste, die 1948 von dem Staatsschauspieler Walter Oehmichen (1901–77) gegründet wurde. Zur Popularität trugen vor allem die Fernsehaufzeichnungen bei.

Auf welchen internationalen Filmfestspielen werden alljährlich Goldene und Silberne Bären verliehen?

● Auf der Berlinale in Berlin. Sie besteht seit 1951 und gehört seit 1954 zur Kategorie der Erstaufführungsfestivals. Bis 1989 fanden die Aufführungen im Westberliner Zoo-Palast statt, nach der deutschen Wiedervereinigung auch im Ostberliner Kosmos-Kino. Im Verlauf der Festivalgeschichte hat die Zahl der Spielstätten stetig zugenommen.

Was ist ein B-Movie?

● In der Filmbranche wird so eine Billigproduktion genannt.

Wer führte Regie in dem Antikriegsdrama Apocalypse now (1976–79)?

● Francis Ford Coppola (*1939). In *Apocalypse now* verlegte er Joseph Conrads (1857–1924) Novelle *Herz der Finsternis* in die Gegenwart, genauer gesagt in den Vietnamkrieg. So entstand ein äußerst unbequemer, nicht unumstrittener Film, dessen bildstarke Sequenzen auch als Mystifizierung des Krieges gedeutet werden können.

In welchem Film spielte Humphrey Bogart einen Barbesitzer und wurde dadurch endgültig zu einer Filmikone?

● In dem Film *Casablanca* (1942) von Michael Curtiz (1888–1962). Als Rick Blaine begegnet er seiner früheren Geliebten Ilsa (gespielt von Ingrid Bergman, 1915–82) wieder, die aber inzwischen mit dem Widerstandskämpfer Victor Laszlo verheiratet ist. Unvergessen ist Bogart (1899–1957) auch in den Rollen der Privatdetektive Sam Spade in *Der Malteser Falke* (1941) und Philip Marlowe in *Tote schlafen fest* (1946).

Humphrey Bogart und Ingrid Bergman

Was ist ein Blockbuster?

● Ein Film, der zu einem Kassenschlager im Kino wird. Bestes Beispiel hierfür ist der Film-Hit *Titanic* (1998) von James Cameron (*1954).

Wer führte Regie in Katzelmacher (1969) und Angst essen Seele auf (1973)?

● Rainer Werner Fassbinder (1945–82). Der Regisseur schuf eine Kino-Welt voller Melancholie und Resignation. *Katzelmacher* eröffnete eine Serie entlarvender Studien aus dem kleinbürgerlichen Leben. Fassbinders Kameraführung war unspektakulär, die Dialoge karg. Damit fanden immer wieder Sozialkritik und Desillusion Ausdruck.

Wer spielt in dem Science-Fiction-Kultfilm Blade Runner (1982) den ehemaligen Polizisten Rick Deckard?

● Harrison Ford (*1942), der sich lange mit Nebenrollen begnügen musste, bevor er in George Lucas' *Star Wars* (1977) international bekannt wurde. Ford spielte in zahlreichen Actionfilmen den guten Helden. Für die Rolle eines Detektivs unter Amish-Leuten in Peter Weirs *Der einzige Zeuge* von 1985 wurde er für den Oscar nominiert.

Welcher englische Regisseur inszenierte meisterhafte Psychothriller wie Der unsichtbare Dritte (1959)?

● Alfred Hitchcock (1899–1980), der es wie kein Zweiter verstand, die Zuschauer mit einer wohldosierten Spannung in den Bann zu ziehen. Häufig werden gutbürgerliche Helden aus der Ordnung ihres alltäglichen Lebens gerissen. Bedeutende Filme Hitchcocks sind beispielsweise *Über den Dächern von Nizza* (1955), *Psycho* (1960), *Die Vögel* (1963) und *Marnie* (1964).

Wofür steht die Abkürzung FSK?

● Für die Organisation Freiwillige Selbstkontrolle der Filmwirtschaft, die 1949 gegründet wurde.

Welcher deutscher Schauspieler brillierte als Liebhaber Brigitte Bardots genauso wie als draufgängerischer Teufels General oder als Schinderhannes?

● Curd Jürgens (1915–82), der lange Jahre als Theaterschauspieler erfolgreich war, bevor er die ersten großen Rollen bekam, etwa als eigenwilliger Luftwaffengeneral Harras in *Des Teufels General* (1955), als Filmpartner von Brigitte Bardot (*1934) in *Und im-*

mer lockt das Weib (1956) oder als Kurier des Zaren in *Michael Strogoff* (1956).

Welcher Filmkomiker spielte die Hauptrollen in Goldrausch (1925) und Lichter der Großstadt (1931)?

Charlie Chaplin

● Der englische Schauspieler Charles Spencer Chaplin (1889–1977). Seit 1917 produzierte Chaplin seine Filme in einer eigenen Filmgesellschaft und führte auch Regie. *Moderne Zeiten* (1936) war Chaplins letzte Rolle als Tramp, seine Paraderolle. Er spielte hier einen Industriearbeiter, der unter der unmenschlichen Fließbandarbeit leidet. Unverwechselbar ist die Slapstick-Ikone durch ihr Äußeres: schwarzer Anzug, Melone und Spazierstock.

Durch welches Ereignis gerät das oberfränkische Hof alljährlich ins Rampenlicht der internationalen Filmkunst?

● Durch die Internationalen Hofer Filmtage, die 1967 von einer oberfränkischen Jazzband ins Leben gerufen wurden. Mittlerweile rangieren die Hofer Filmtage in der deutschen Filmfestivalhierarchie dicht hinter den Berliner Filmfestspielen. Sie waren Tribüne für so namhafte Regisseure wie Wim Wenders (*1945), Werner Herzog (*1942) und Doris Dörrie (*1955).

Mit welchem Klassiker des Stummfilms schrieb der sowjetische Regisseur Sergej Eisenstein Filmgeschichte?

● Mit *Panzerkreuzer Potemkin* (1925). Der Film schildert das Übergreifen des Aufstandes von Odessa im Jahr 1905 auf den russischen Panzerkreuzer. Eisensteins (1898–1948) neue Techniken im Schnitt und in der Montage waren bahnbrechend für die Entwicklung der Filmkunst.

Welche bundesdeutsche Stadt verdankte Willy Millowitsch die Bereicherung um eine populäre Volksbühne?

● Köln. Hier – im Kreis der Familie – wuchs Millowitsch (1909–99) bereits als Kind in der Welt des Theaters auf. Der Urgroßvater war Moritatensänger, der Vater Volksschauspieler. 1940 übernahm der Sohn die Leitung des Millowitsch-Theaters (bis 1996). Von 1953 an wurden seine Lustspiele auch im Fernsehen übertragen.

Was versteht man in der computergesteuerten Filmtechnik unter Morphing?

● Die übergangslose Verwandlung einer Gestalt in eine neue Figur; so können sich beispielsweise Tiere in Autos und umgekehrt verwandeln. Videoclips oder Werbespots profitieren von dieser Technik genauso wie Zeichentrickfilme.

Welcher bedeutende russische Tänzer setzte für das Ballett im 20. Jahrhundert neue ästhetische Maßstäbe?

● Rudolf Nurejew (1938–93), der 1961 nach einem Gastspiel in Paris das Leningrader Ballett-Ensemble verließ und im Westen blieb. Bedeutsam sind v. a. auch seine choreografischen Arbeiten, etwa am Pariser Opernballett.

Was machte den Broadway berühmt?

● Die in Nord-Süd-Richtung verlaufende Straße in New York ist besonders durch ihre zahlreichen Theater zwischen der 42. und 50. Straße weltberühmt geworden. Eine

Theater- oder Musicalaufführung am Broadway gilt als Ereignis und bedeutet für die Stücke den endgültigen Durchbruch.

Welches gefährliche Gut transportieren die vier Glücksritter in Clouzots Film Lohn der Angst (1952)?

Nitroglyzerin, das der Korse Mario (Yves Montand; 1921–91) mit drei Kameraden zu einer entfernten Ölquelle bringen soll. Mario überlebt zwar das Himmelfahrtskommando, doch verunglückt er auf dem Rückweg tödlich. Meisterhaft inszenierte Henri-Georges Clouzot (1907–77) die gefährliche Fahrt der vier Männer, die mit psychologischem Feingefühl beobachtet wird.

Wer ist der Vater von Donald Duck und Mickey Mouse?

Walt Disney (1901–66). Der linkische Enterich Donald Duck entstand 1934, er hat drei Neffen: Tick, Trick und Track. Das Familienidyll ergänzt die von Donald umworbene, aber spröde Daisy. Älter als Donald Duck ist Mickey Mouse und seine von ihm angebetete Minnie.

Donald Duck

Welcher amerikanische Filmstar wurde als Westernheld und als Hauptdarsteller in Hitchcock-Filmen wie Fenster zum Hof (1954) unsterblich?

James Stewart (1908–97), der auch komische Rollen durch seine etwas linkische Art glänzend spielte, wie etwa in der Komödie *Mr. Hobbs macht Ferien* (1962), die ihm den Darstellerpreis in Berlin einbrachte. Produktiv war die Zusammenarbeit auch mit Alfred Hitchcock (1899–1980), mit dem er vier Filme drehte. Große Erfolge erzielte er außerdem als Westerndarsteller z. B. in *Der Mann, der Liberty Valance erschoss* (1962).

Welcher Schwede gilt als einer der bedeutendsten Filmemacher nach dem Zweiten Weltkrieg?

Ingmar Bergman (*1918), der sich in seinen Filmen stets mit den Themen Gott, Religion und dem Sinn des Lebens auseinander setzte. Der Film ist für Bergman Mittel zum Zweck, eine Erklärung für und die Wahrheit über die menschliche Situation und Existenz zu finden. Bedeutende Filme sind u. a. *Das siebente Siegel* (1957) und *Fanny und Alexander* (1982).

Welche Schauspielerin hält den Oscar-Rekord?

Es ist Katharine Hepburn (1907–2003). Sie wurde insgesamt zwölfmal für den Oscar nominiert und konnte ihn viermal gewinnen (1933, 1967, 1968 und 1981).

Welchem amerikanischen Filmregisseur gelang 1974 mit dem Thriller Der weiße Hai der erste internationale Erfolg?

Steven Spielberg (*1947), der mit seinen fantastischen Stoffen, die durch ihre aufwendige Tricktechnik brillieren, zum finanziell erfolgreichsten Regisseur aller Zeiten wurde. Spielberg wandte sich mit *Die Farbe Lila* (1986), dem KZ-Drama *Schindlers Liste* (1993; zwei Oscars) sowie dem Antikriegsfilm *Der Soldat James Ryan* (1998) überzeugend auch ernsten Themen zu.

Welche schwedische Schauspielerin errang durch den Kultfilm Casablanca (1942) Weltruhm?

Ingrid Bergman (1915–82). Einen Oscar erhielt sie für die Hauptrolle in George Cukors (1899–1983) *Das Haus der Lady Alquist* (1944). Mehrfach arbeitete sie mit Alfred Hitchcock (1899–1980) zusammen. 1949 ging sie nach Italien und heiratete den Regisseur Roberto Rossellini (1906–77). Aus dieser Ehe ging die Tochter Isabella Rossellini (*1952) hervor, die ebenfalls eine erfolgreiche Schauspielerin wurde.

Wessen Film wurde zum erfolgreichsten Streifen aller Zeiten?

● *Titanic* (1997) von James Cameron (*1954). Die dramatische Geschichte der letzten Tage und Stunden der Titanic, bevor diese im eiskalten Wasser versank, wurde davor bereits mehrfach verfilmt. Doch Cameron gelang durch die Einflechtung einer melodramatischen Liebesgeschichte und mit gigantischem technischen Aufwand ein einzigartiger Film.

Plakat der Schifffahrtsgesellschaft

Wer schrieb mit dem Streifen Spiel mir das Lied vom Tod (1968) Filmgeschichte?

● Sergio Leone (1929–89). Seine Wild-West-Saga gehört zu den Klassikern des Italo-Westerns. Unter anderem verlieh die berühmte Filmmusik von Ennio Morricone (*1928) dem Film die Aura einer Legende. Leone, den die amerikanische Geschichte als Filmthema besonders interessierte, gelang mit dem Gangsterepos *Es war einmal in Amerika* (1984) ein weiterer großer Erfolg.

Welcher amerikanische Regisseur drehte eine weltberühmte Komödie mit Marilyn Monroe und Jack Lemmon in den Hauptrollen?

● Billy Wilder (1906–2002), der 1934 Deutschland verließ und in die USA emigrierte. Seine spritzigen, humorvollen Komödien gelten als Meilensteine der Filmgeschichte. Hierzu gehören etwa *Sabrina* (1954) mit Audrey Hepburn (1929–93) und Humphrey Bogart (1899–1957) in den Hauptrollen, v. a. aber *Manche mögen's heiß* (1959), in dem u. a. Jack Lemmon (1925–2001) an der Seite von Marilyn Monroe (1926–62) agierte.

Welcher Münchner Volkskomiker entwickelte in Szenen wie Der Firmling oder Im Fotoatelier aus Alltagssituationen und sprachlichen Verrenkungen eine absurde Logik?

● Karl Valentin (1882–1948), bürgerlich eigentlich Valentin Ludwig Fey. Bis heute üben seine selbst verfassten Szenen und kleinen Komödien, die er häufig mit seiner Partnerin Liesl Karlstadt (1882–1960) spielte, einen einzigartigen Reiz auf die Lachmuskeln aus, wenn er die Hilflosigkeit des Menschen in banalen Alltagssituationen thematisiert.

Wie hieß Fürstin Gracia Patricia von Monaco, als sie noch mit Hitchcock Filme drehte?

● Grace Kelly (1929–82). Die kühl wirkende Schauspielerin spielte u. a. in Hitchcocks (1899–1980) Thriller *Bei Anruf Mord* die weibliche Hauptrolle.

Welche italienische Schauspielerin verkörperte in vielen Filmen den Typus der temperamentvollen, schönen und leichtfertigen Frau aus dem Volk?

● Sophia Loren (*1934), die 1953 von dem Produzenten Carlo Ponti (*1913) entdeckt wurde, den sie später heiratete. Mit *Und dennoch leben sie* (1960) wurde sie zum Star und erhielt einen Oscar sowie den Darstellerpreis von Cannes. Als gealterte Diva trat sie u. a. 1994 in Robert Altmans (*1925) *Prêt-à-Porter* noch einmal auf.

Szene aus dem Film *2001*

Wer drehte 1968 den Science-Fiction-Film 2001: Odyssee im Weltraum?

Stanley Kubrick (1928–99), der das Publikum mit der Verbindung von klassischer Musik, brillanten Spezialeffekten und einer philosophischen Geschichte beeindruckte. Kubrick war ein Meister der Provokation; seine Bilder zeigen eine aus den Fugen geratene Welt. Bis kurz vor seinem Tod arbeitete er noch an seinem letzten Meisterwerk *Eyes Wide Shut*.

Welcher Regisseur schuf mit Dr. Mabuse (1922) und Metropolis (1926) Meisterwerke des deutschen Films der 1920er-Jahre?

Fritz Lang (1890–1976), der 1933 trotz verlockender Angebote der Nazis in die USA emigrierte. In Hollywood setzte er u. a. mit *Rache für Jesse James* (1940) neue Glanzpunkte seines Könnens. Insgesamt vier Mal beschäftigte ihn das bösartige Genie Mabuse, der die Weltherrschaft anstrebt, zum letzten Mal 1960 mit dem Film *Die tausend Augen des Dr. Mabuse*.

Welcher deutsche Schauspieler und Entertainer wurde u. a. durch die Fernsehserie Ein verrücktes Paar berühmt?

Harald Juhnke (1929–2005), der in dieser TV-Sendung die bundesdeutschen Zuschauer begeisterte. Juhnke kam ursprünglich von der Theaterbühne, der er niemals ganz untreu wurde. Seit den 1950er-Jahren wirkte er in mehr als 70 Kinofilmen mit (u. a. 1992 in *Schtonk!* und 1997 in *Der Hauptmann von Köpenick*). Juhnke, der seit den 1980er-Jahren auch durch Alkohol-Exzesse von sich reden machte, erhielt 1992 den Bambi und 1993 den Ernst-Lubitsch-Preis.

Wie heißt der begehrte internationale Filmpreis von Cannes?

Goldene Palme. In der Werbewirtschaft und unter den Kreativen findet auch die so genannte Cannes-Rolle mit jährlich prämierten Werbespots weltweit Beachtung.

Was versteht man unter einer Blue Box?

Um einen anderen Hintergrund als den wirklichen zu bekommen, agieren beim Film Schauspieler vor einer blauen Leinwand, an deren Stelle dann durch verschiedene Kopierschritte ein neuer Hintergrund gezeigt wird.

Durch welches Hollywood-Melodram von 1939 wurde Clark Gable (1901–60) zum unsterblichen Kinostar?

Mit der Verfilmung von Margaret Mitchells (1900–49) Roman *Vom Winde verweht* (1936), der das Schicksal einer Südstaaten-Familie vor dem Hintergrund des Amerikanischen Bürgerkrieges schildert.

Welcher amerikanische Schauspieler erhielt zweimal nacheinander den begehrten Oscar?

Tom Hanks (*1956) bekam die Trophäe 1994 für *Philadelphia* und 1995 für *Forrest Gump*. Der überaus vielseitige Schauspieler arbeitet mittlerweile auch als Regisseur.

Wer war der bedeutendste japanische Filmregisseur?

Akira Kurosawa (1910–98). Mitte der 1940er-Jahre drehte er seinen ersten Film *Judo-Saga*. International bekannt wurde Kurosawa mit dem Film *Rashomon* und vor allem mit *Die sieben Samurai*. Auf der Grundlage dieses Films drehte John Sturges (1911–92) übrigens den Western *Die glorreichen Sieben*.

Wer dreht mit Ben Hur einen echten Monumentalfilm?

Der amerikanische Filmregisseur William Wyler (1902–81). Wyler begann seine Karriere mit Stummfilmwestern bevor er sein Talent für die Verfilmung literarischer Vorlagen entdeckte. 1959 setzte der Regisseur das Historienepos *Ben Hur* in Szene. Dazu waren über 50.000 Komparsen notwendig. Als eindrucksvollste Szene gilt das Wagenrennen, bei dessen Dreh allerdings ein kleines Missgeschick passiert ist: Ganz kurz nämlich ist die goldene Armbanduhr eines Hauptdarstellers zu sehen.

Wie heißt die offizielle Bezeichnung des Filmpreises Oscar?

Der Oscar

Award of Merit for Distinctive Achievements (engl., „Verdienstauszeichnung für herausragende Leistungen"). Verkürzt wird die Auszeichnung „Academy Award" genannt. Der Oscar wird seit 1927 in Hollywood für die besten künstlerischen Einzelleistungen (Schauspieler, Regie u. a.) des US-amerikanischen Films verliehen.

Welcher italienische Regisseur errang mit La strada (1954) den ersten internationalen Erfolg?

Federico Fellini (1920–93), der für seine traurige Geschichte der reisenden Jahrmarktsartisten Zampanó und Gelsomina den Oscar für den besten ausländischen Film erhielt. Fellinis Filme üben Sozialkritik und verarbeiten mythische und religiöse Elemente. Weitere Erfolge waren *La dolce vita* (1960), *Fellini - Roma* (1972) oder *Il Casanova di Fellini* (1976).

Welcher französische Regisseur war der Sohn eines berühmten Malers?

Jean Renoir (1894–1979), Sohn von Auguste Renoir (1841–1919), der als Vorreiter des französischen Neorealismus gilt. Renoirs unverwechselbarer Stil und seine Vielschichtigkeit fanden in dem Gesellschaftsdrama *Die Spielregel* (1939) ihren Höhepunkt.

Welcher spanische Regisseur zählte zu den Hauptvertretern des surrealistischen Films?

Luis Buñuel (1900–83). In Zusammenarbeit mit dem Maler Salvador Dalí entstanden u. a. die Filme *Der andalusische Hund* (1928) und *Das goldene Zeitalter* (1930). Seine ersten Filme zeichnen sich durch albtraumhafte und groteske Szenerien aus. In seinen späteren Werken wie *Nazarin* (1958) wird die sozialkritische Komponente immer wichtiger. Mit Catherine Deneuve (*1943) drehte Buñuel 1966 *Belle de jour - Schöne des Tages*.

Welcher Schauspieler wurde in der Rolle des Spartacus berühmt?

Kirk Douglas (*1916). Neben seiner Titelrolle in dem Schwert-und-Sandalen-Epos von 1960 drehte er u. a. *Reporter des Satans* (1951), *Die Fahrten des Odysseus* (1954), *Vincent van Gogh* (1956), *Stadt ohne Mitleid* (1960), *Dr. Jekyll and Mr. Hyde* (1975) und *Der letzte Countdown* (1980).

Was ist mit der Bezeichnung Spiel im Spiel gemeint?

Innerhalb eines Theaterstückes wird ein Theaterstück zur Aufführung gebracht. Häufig sind die Protagonisten des Hauptstückes die Zuschauer des Spieles im Spiel. Dabei kann der reale Zuschauer im Theater seine eigene Situation nachvollziehen oder reflektieren, da sie ihm auf der Bühne vorgespielt wird. In Shakespeares (1564–1616) *Hamlet* dient ein solches Spiel im Spiel dazu, den Vatermörder zu entlarven, in Luigi Pirandellos (1867–1936) *Sechs Personen suchen einen Autor* ist es Thema des gesamten Stückes.

Welcher Regisseur drehte Einer flog über das Kuckucksnest?

Milos Forman (*1932). Forman drehte seine ersten Filme in der ČSSR, bevor er seine Filmarbeit ab 1968 in den USA fortsetzte. Neben *Einer flog über das Kuckucksnest* von 1975 stammen außerdem moderne Klassiker wie *Hair* (1979), *Ragtime* (1981) und *Amadeus* (1984) von ihm.

Welche Französin prägte nachhaltig das französische Kino?

Die französische Filmschauspielerin Brigitte Bardot (*1934), die u. a. unter Jean-Luc Godard (*1930) spielte. Bekannte Filme mit ihr sind beispielsweise *Und immer lockt das Weib* (1956), *Die Wahrheit* (1960), *Viva Maria* (1965). Brigitte Bardot hat sich in den 1970er-Jahren aus der Filmwelt zurückgezogen und setzt sich heute v. a. für den Tierschutz ein.

Wer prägte in vielen Filmen die Rolle des eleganten Gentleman?

Der amerikanische Filmschauspieler britischer Herkunft Cary Grant (eigentl. Archibald Alexander Leach; 1904–86). Grant wurde bekannt durch Filme wie *Arsen und Spitzenhäubchen* (1944), *Der unsichtbare Dritte* (1959) oder *Charade* (1963).

Welche Schauspielerin spielte in Frühstück bei Tiffany die Hauptrolle?

Audrey Hepburn (1929–93). Die ausgebildete Tänzerin britisch-niederländischer Herkunft wurde mit *Ein Herz und eine Krone* (1953), *Sabrina* (1954), *Krieg und Frieden* (1956), *Frühstück bei Tiffany* (1960) und *My Fair Lady* (1964) zum internationalen Filmstar. Der „Hepburn-Stil", schwarzes Kurzkleid und große dunkle Brille, wird nach wie vor in der Modewelt gern kopiert.

In welchem Film der 1930er-Jahre trat Marlene Dietrich als verführerische Varieté-Sängerin auf?

In *Der blaue Engel* (1930) von Josef von Sternberg (1894–1969), nach dem Roman *Professor Unrat* von Heinrich Mann (1871–1950). Die Dietrich (1901–92) wurde in der Rolle der Varieté-Sängerin Lola mit dem Lied *Ich bin von Kopf bis Fuß auf Liebe eingestellt* weltberühmt. Die von den Nationalsozialisten vergeblich umworbene Schauspielerin emigrierte in die USA und wurde 1937 US-amerikanische Staatsbürgerin. Sie blieb weiter im Filmgeschäft tätig.

Marlene Dietrich

Wer ist der berühmteste Glatzkopf der Filmgeschichte?

Yul Brynner (1915–85), der eigentlich Taidje Kahn hieß. Er spielte in Filmklassikern wie *Die glorreichen Sieben* (1960) oder *Westworld* (1973). Am bekanntesten wurde er wahrscheinlich ab 1952 durch den Film und die TV-Serie *Der König und ich*, in der er den König von Siam spielte, eine Rolle, die er auch insgesamt 4625-mal am Broadway in New York verkörperte.

Welche schwedische Film-Diva erhielt den Beinamen Die Göttliche?

● Greta Garbo (1905–90), die mit leidenden, geheimnisvollen Frauenrollen ihre größten Erfolge erzielte: *Mata Hari* (1931), *Königin Christine* (1933), *Anna Karenina* (1935). Nach einem filmischen Misserfolg zog sie sich 1941 für immer aus dem Filmgeschäft zurück.

Greta Garbo

Was hatte der 2004 verstorbene Marlon Brando (*1924) mit Robert De Niro (*1943) und Al Pacino (*1940) gemeinsam?

● Alle drei besuchten die berühmte Schauspielschule Actors Studio von Lee Strasberg (1901–82) in New York.

Wen nannte Charlie Chaplin (1889–1977) einst den größten lebenden Schauspieler?

● Den österreichisch-amerikanischen Filmschauspieler Peter Lorre (1904–64), der als Kaufmannssohn László Loewenstein 1904 im ungarischen Rószahegy geboren wurde. Seine schauspielerische Laufbahn führte über Wien, Breslau und Zürich nach Berlin, wo ihn zunächst 1929 Bertolt Brecht (1898–1956) für das Theater entdeckte und als Fabian in Marieluise Fleißers (1901–74) *Pioniere in Ingolstadt* einsetzte. Berühmt wurde Peter Lorre v. a. in seinen Schurkenrollen in US-Krimis der 1940er- und 1950er-Jahre.

Von wem nahmen rund 300 Freunde und Verwandte am 23. Juli 2004 auf dem Ohlsdorfer Friedhof in Hamburg Abschied?

● Von Schauspielerin Inge Meysel (1910–2004). Die „Mutter der Nation" war am 10. Juli an Herzstillstand gestorben. Auf ihren Wunsch spielte man bei der Trauerfeier das Lied *Junge, komm bald wieder*. Ebenfalls auf eigenen Wunsch wurde nur wenige Monate nach ihrem Tod ihr Nachlass versteigert.

Was versteht man unter dem Weimarer Modell?

● Dieses Modell, ein Theater zu betreiben, wurde im Sommer 2002 vom Weimarer Intendanten Stephan Märki vorgelegt. Im Kern geht es um eine Umwandlung in eine freie GmbH, die nicht mehr an Tarife gebunden ist. Die Beschäftigten verzichten auf Lohnerhöhungen, werden dafür aber an Überschüssen beteiligt.

Was versteht man unter der Commedia dell'Arte?

● Eine etwa um 1550 in Italien entstandene Stegreifkomödie. Kennzeichnend sind die improvisierten Dialoge, in denen die Schauspieler aus dem Stegreif Slapstickszenen entwickeln. Auch bestimmte Figuren wie etwa der Harlekin und ihre Kostüme waren genau festgelegt. Das Piccolo Teatro in Mailand führt die Tradition der Commedia dell'Arte seit 1947 erfolgreich fort.

Welcher amerikanische Schauspieler hat um Zwölf Uhr mittags seine große Stunde?

● Gary Cooper (1901–61). Cooper wurde v. a. durch die Verkörperung des unbeirrbaren Helden bekannt, in *Zwölf Uhr mittags* (1952) – dem wohl berühmtesten Western aller Zeiten – nimmt er es, von den Stadtbewohnern im Stich gelassen, allein mit einer Bande Krimineller auf.

Szene aus *La Dolce Vita*

Wer wurde durch Federico Fellinis Film La Dolce Vita weltberühmt?

● Der Schauspieler Marcello Mastroianni (1924–96), der in dem Film einen römischen Journalisten verkörperte. Mastroianni arbeitete häufig mit Fellini (1920–93) zusammen und wirkte insgesamt in mehr als 150 Filmen mit.

Was bezeichnet man als Hybris?

● In der antiken Tragödie meinte es die frevelhafte Überheblichkeit des Menschen gegenüber den Göttern, für die er daraufhin bestraft wurde.

Welcher berühmte englische Schauspieler wurde u. a. durch seine Rolle in Ladykillers bekannt?

● Sir Alec Guinness (1914–2000). Guinness spielte u. a. in Filmklassikern wie *Die Brücke am Kwai* (1957) oder *Lawrence von Arabien* (1962). In George Lucas' *Star-Wars*-Saga verkörperte er außerdem den Jedi-Ritter Obi-Wan Kenobi. *Ladykillers* entstand 1955.

Was bezeichnet man als Verfremdungseffekt?

● Der Verfremdungseffekt ist ein im Theater verwendetes Mittel, das dafür sorgen soll, dass der Zuschauer das auf der Bühne Dargebotene nicht mit der Realität verwechselt; der so genannte V-Effekt dient also der Illusionsbrechung. Das Epische Theater Bertolt Brechts (1898–1956) verwendete Verfremdungseffekte, damit der Zuschauer sich nicht in die auf der Bühne dargestellten Personen einfühlte, sondern eine kritische Distanz zu ihnen wahrte.

Was sind die drei Einheiten in der Dramatik?

● Die Einheit des Ortes, der Zeit und der Handlung. Gemeint ist, dass ein Stück nur an einem Schauplatz zu spielen hat, dass die gespielte Zeit sich möglichst nicht von der Spielzeit unterscheidet, woran anschließt, dass sich die Handlung geschlossen und konzentriert präsentieren muss. Diese Anforderungen an das Drama hatte bereits Aristoteles (384–322 v. Chr.) formuliert.

Was ist die Katharsis?

● Die Tragödie des aristotelischen Theaters soll beim Zuschauer Furcht und Mitleid erzeugen, um ihn zu läutern. Der Zuschauer, der sich mit dem Protagonisten des Stückes identifiziert, erlebt dadurch eine innere Reinigung, die so genannte Katharsis.

Was wird als Fallhöhe bezeichnet?

● Mit der Fallhöhe wurde bis zum 18. Jahrhundert die Vorstellung verteidigt, in der Tragödie durften nur Figuren von hohem Stand eine zentrale Rolle spielen, denn der tragische Fall des Helden werde desto tiefer empfunden, je höher der vorherige Stand gewesen sei.

Womit wurde Roman Polanskis Aufarbeitung seiner eigenen Geschichte belohnt?

● Mit dem Oscar für die beste Regie, den Polanski (*1933) für seinen Film *Der Pianist* von 2002 erhielt. Der Filmemacher und Schauspieler erzählt in dem Streifen die wahre Geschichte des Pianisten Wladyslaw Szpilman, der als Jude in Warschau den Holocaust überlebte. Polanski selbst konnte 1943 aus dem jüdischen Getto in Krakau fliehen. Seine Mutter starb in Auschwitz.

Welcher amerikanische Schauspieler lehnte einen Oscar ab?

Marlon Brando (1924–2004). Er verweigerte 1972 für den Mafiafilm *Der Pate* den Oscar für den besten Hauptdarsteller und protestierte mit dieser provokanten Aktion gegen die Diskriminierung der Indianer in ihrer US-amerikanischen Heimat.

Marlon Brando

Welches sind die drei großen dramatischen Gattungen?

Die drei Gattungen sind Komödie, Tragödie und Schauspiel. Die Komödie, auch Lustspiel, ist ein unterhaltsames Drama, typischerweise mit Happyend. Die Tragödie lässt sich bis in das antike Griechenland zurückverfolgen. Es wird von dem Schicksal meist gesellschaftlich hoch stehender Menschen erzählt, das durch Fehlentscheidungen oder Charakterfehler unweigerlich in die Katastrophe führt. Im Schauspiel ist der Kern, ebenso wie in der Tragödie, tragisch. Allerdings gibt es eine positive Auflösung.

Welcher Schauspieler wurde mit nur drei Filmen zur Legende?

James Dean (1931–55). Bevor Dean bei einem Autounfall starb, wirkte er in nur drei Filmen als Hauptdarsteller mit: *Jenseits von Eden* (1955), *... denn sie wissen nicht, was sie tun* (1955) und *Giganten* (1955). Seine Rolle als jugendlicher Rebell machte ihn unsterblich.

Wer gilt als die Grande Dame des französischen Kinos?

Catherine Deneuve (eigentl. C. Dorléac; *1943). Mit Filmen wie *Belle de jour - Schöne des Tages* (1967), *Die schönen Wilden* (1975), *Ein Hauch von Zärtlichkeit* (1976), *Die letzte Metro* (1980) oder *Diebe der Nacht* (1995) wurde sie zum Weltstar.

Was verbindet Katharine Hepburn mit Ingrid Bergman?

Die beiden Damen führen die Liste der Schauspielerinnen mit den meisten Oscar-Gewinnen an. Katharine Hepburn (1907–2003) bekam die Trophäe gleich viermal als beste Hauptdarstellerin, Ingrid Bergman (1915–82) wurde zweimal als beste Haupt- und einmal als beste Nebendarstellerin ausgezeichnet.

Welcher Autor sorgte 1963 mit seinem Trauerspiel Der Stellvertreter für eine der größten politischen und literarischen Kontroversen der deutschen Nachkriegsliteratur?

Rolf Hochhuth (*1931), der in seinem Stück die Verstrickung der katholischen Kirche und insbesondere die von Papst Pius XII. (1876–1958) in die Judenvernichtung im Dritten Reich thematisierte.

Wer wurde 2001 zum fünften Mal in zehn Jahren zum Opernregisseur des Jahres gewählt und ist zugleich einer der umstrittensten Theatermacher?

Gemeint ist der in Hamburg lebende Peter Konwitschny (*1945). In der Spielzeit 2001/02 erregte er an der Hamburgischen Staatsoper mit *Don Carlos* Aufsehen, weil er die lange Urfassung auf die Bühne brachte und in der Pause im Foyer und in den Gängen weiterspielen ließ.

Welcher Träger des Bundesverdienstkreuzes ist seit 1973 Chefchoreograf und Direktor und seit 1996 Intendant in der Hamburgischen Staatsoper?

Der erfolgreiche Tänzer und Choreograf John Neumeier (*1942). Mit 60 Jahren wurde ihm Russlands höchster Theaterpreis, Maske, und der dänische Wilhelm-Hansen-Preis verliehen. Er trägt die Ritterwürde der Ehrenlegion Frankreichs und bekam 2004 den Porselli Preis – Ein Leben für den Tanz.

Wie viele Filme wurden bisher mit elf Oscars ausgezeichnet?

● Drei Filme konnten bisher elf der begehrten Trophäen für sich verbuchen. Der erste Film war 1959 *Ben Hur*, der Katastrophenfilm *Titanic* schaffte es 1997 und dem dritten Teil der *Herr der Ringe*-Verfilmung *Die Rückkehr des Königs* gelang es 2003.

Welchen Film veröffentlichte Leni Riefenstahl zu ihrem hundertjährigen Geburtstag?

● Die Tauchdokumentation *Impressionen unter Wasser*. Die umstrittene deutsche Regisseurin stellte ihn 2002 der Öffentlichkeit vor. Diesem Film folgte mit *Ihr Traum von Afrika* noch eine weitere Arbeit, die unter der Mitwirkung Riefenstahls (1902–2003) entstand.

Welches war der letzte Film, den Regisseur Stanley Kubrick drehte?

● Es war *Eyes Wide Shut*, der 1999 in die Kinos kam. In dem Film mit Tom Cruise (*1962) und Nicole Kidman (*1967) beschreibt Kubrick (1928–99) die Beziehung eines Ehepaares. Sexuelles Verlangen, Untreue und Reue sind die leitenden Motive des Films.

Wer ist das wohl berühmteste Komikerduo der Filmgeschichte?

● Laurel und Hardy, die in Deutschland auch als Dick und Doof bekannt wurden. Stan Laurel (eigentl. Arthur Stanley Jefferson; 1890–1965) und Oliver Hardy (1892–1957) begannen noch zu Stummfilmzeiten mit der Erarbeitung ihrer anarchischen Komödien, die häufig in wahre Zerstörungsorgien übergingen. 1951 drehten die beiden ihren letzten gemeinsamen Film, der aber nicht mehr die Qualität der früheren Filme erreichte.

Wer war der wohl berühmteste amerikanische Tänzer?

● Fred Astaire (1899–1987). Mit sieben Jahren betrat er zum ersten Mal die Bühne und wurde vor allem durch seinen eigenwilligen Tanzstil bekannt. Große Erfolge feierte er mit seiner Tanzpartnerin Ginger Rogers (1911–95). Er drückte in seinem Tanz große Lebensfreude und hervorragendes technisches Können aus. 1949 erhielt Astaire einen Ehrenoscar.

Fred Astaire

Welcher amerikanische Schauspieler behauptete von sich, er könne auch ein Kotelett spielen?

● Robert De Niro (*1943), der als einer der besten zeitgenössischen Charakterschauspieler gilt und der in Dramen wie in Komödien zu brillieren weiß. Der junge Schauspieler wurde mit den unter der Regie von Martin Scorsese (*1942) gedrehten Filmen *Hexenkessel* (1973) und *Taxi Driver* (1976) berühmt und drehte mit diesem noch weitere äußerst erfolgreiche Streifen.

Die Preisträger der Goldenen Kamera in der Kategorie HÖRZU Leserwahl 2004 waren keine Menschen, sondern?

● Gewonnen hat das Ensemble der Augsburger Puppenkiste, also Marionetten. Das Puppentheater hatte 1998 seinen 50. Geburtstag gefeiert.

Welcher Schauspieler macht seinem Vater als Filmstar Konkurrenz?

● Michael Douglas (*1944). Als Durchbruch von Michael, dem Sohn der Schauspielerlegende Kirk Douglas (*1916), gilt *Das China-Syndrom* (1978). Es folgten moderne Klassiker wie *A Chorus Line* (1985), *Wall Street* (1987), *Der Rosenkrieg* (1989), *Basic Instinct* (1991) und *Traffic* (2000). Seit dem Jahr 2000 ist Michael Douglas mit der Schauspielerin Catherine Zeta-Jones (*1969) verheiratet.

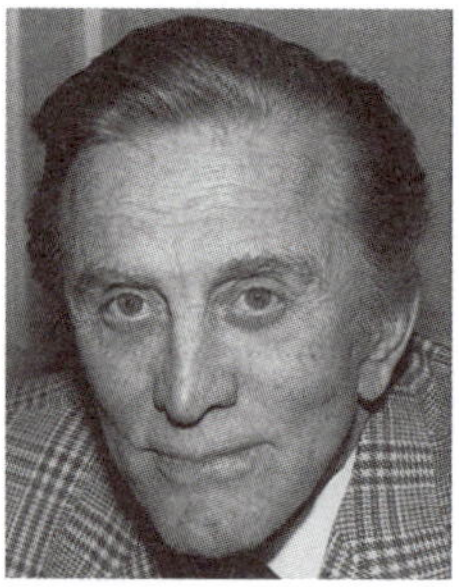

Kirk Douglas

Michael Douglas

Wie still war es im Stummfilmkino wirklich?

● Es war gar nicht still, weil der Mangel an Ton tatsächlich von den Zeitgenossen als Schwäche empfunden wurde. Deshalb gab es verschiedene Versuche, hier Abhilfe zu schaffen. Neben der berühmtesten Form der Filmvertonung mit einem live spielenden Pianisten oder einem ganzen Orchester, gab es bereits sehr frühe Versuche, dem Film auch mit Grammofon und Schellackplatte tönendes Leben einzuhauchen.

Welcher deutsche Charakterdarsteller spielte 1958 den Kindermörder in Es geschah am helllichten Tag?

● Gert Fröbe (1913–88). Fröbe galt als echtes schauspielerisches Multitalent. Neben der Rolle des Kindermörders war er u. a. auch als sympathischer Ganove (*Der Gauner und der liebe Gott*, 1960), als *Räuber Hotzenplotz* (1973/74) sowie als Kommissar in *Die tausend Augen des Dr. Mabuse* (1960) zu sehen.

Was versteht man unter dem amerikanischen Studiosystem?

● Ein in den 1920er-Jahren entstandener spezifisch US-amerikanischer Typ der Filmproduktion. Dabei behielten die wenigen großen Filmstudios die vollständige Kontrolle über ihre Produkte, Darsteller und Regisseure wurden dagegen nicht selten von den Tycoons der Filmbranche in ihrer künstlerischen Entwicklung gehemmt.

Was versteht man unter Blockbuchen?

● Mit Blockbuchen ist eine bestimmte Filmvertriebspolitik gemeint, die insbesondere von den Hollywoodstudios betrieben wurde. Kinobesitzer konnten Filme dabei nur im Paket, d. h. als Kombination gefragter, hochwertiger Filme mit billiger B-Ware, buchen.

Wie viel Prozent aller deutschen Filme der Weimarer Republik sind bis heute schätzungsweise erhalten geblieben?

● Vermutlich weniger als 10% der gesamten deutschen Filmproduktion sind erhalten geblieben, der Rest wurde zerstört. Das Bild, das man sich mithin auf der Basis der erhaltenen Filme vom deutschen Filmschaffen der 1920er-Jahre machen kann, entspricht kaum der deutschen Filmwirklichkeit dieser Zeit.

Mit welchem Propagandafilm setzte Regisseur Veit Harlan dem nationalsozialistischen Rassenwahn ein zweifelhaftes filmisches Denkmal?

● Mit dem Film *Jud Süß*. Propagandaminister Joseph Goebbels (1897–1945) hatte Harlan (1899–1964) den Auftrag erteilt, einen antisemitischen Propagandafilm zu drehen. Dabei kam 1940 ein verlogener Historienfilm heraus, der raffiniert mit den Emotionen seiner Zuschauer spielte. Nach dem Krieg sprach sich Harlan von jeder Schuld frei und versuchte vor Gericht gegen den Vorwurf anzugehen, er sei Handlanger der Nazis gewesen.

Mit welchem Film begann die Karriere eines gewissen Marion Michael Morrison?

● Mit dem Film *Höllenfahrt nach Santa Fe*, der 1939 von John Ford (1895–1973) inszeniert wurde. Dem Schauspieler Morrison (1907–79) verpasste man aber zuvor noch einen für das Westerngenre klangvolleren Namen: John Wayne.

Wie nennt man eine bedeutende Strömung des amerikanischen Kriminalfilms der 1940er- und 1950er-Jahre?

● Film Noir (frz., „schwarzer Film"). Mit diesem Begriff wird ein ganz bestimmter Typ von Kriminalfilmen bezeichnet, in denen sozialkritisch sowohl die Welt der Gauner und Gangster als auch die der Reichen und Schönen dargestellt wird. Zu den bekanntesten Filmen des Genres gehören *Der Malteser Falke* (1941), *Tote schlafen fest* (1946) und *Heißes Eisen* (1953).

Szene aus *Dornröschen*

Wo hat das klassische Ballett seinen Ursprung?

● An den italienischen und französischen Fürstenhöfen der Renaissance, wo bei Festlichkeiten u. a. Maskenspiele mit Pantomime und Tanz dargeboten wurden. 1661 wurde in Paris die erste Tanzakademie gegründet. Seine endgültige Gestalt nahm das Ballett in der Romantik an. Der Spitzentanz und die verschiedensten nationalen Charaktertänze ermöglichten eine Erweiterung der klassischen Balletttechnik. Einen neuen Höhepunkt erreichte das klassische Ballett im 19. Jahrhundert in Sankt Petersburg, wo M. Petipa (1818–1910) für das kaiserliche Marientheater u. a. Peter Tschaikowskys (1840–93) *Dornröschen*, *Schwanensee* und *Der Nussknacker* choreografierte.

Was versteht man unter dem italienischem Neorealismus?

● Mit dem Begriff wird eine Strömung des italienischen Films der 1940er-, 1950er- und 1960er-Jahre bezeichnet. All diesen Filmen gemein ist der Versuch, die alltägliche Wirklichkeit insbesondere der italienischen Mittel- und Unterschichten so wirklichkeitsnah wie möglich darzustellen. Zu den berühmtesten neorealistischen Regisseuren gehört neben Luchino Visconti (1906–76), Roberto Rosselini (1906–77) und Vittorio de Sica (1902–74) auch Pier Paolo Pasolini (1922–75).

Wie heißt heute das Theater nächst der Burg, das 1741 von Maria Theresia in Wien gegründet wurde?

● Burgtheater, das Mitte des 19. Jahrhunderts die führende deutschsprachige Bühne war und auch heutzutage zu den renommiertesten Häusern zählt. Seit 1926 wird der so genannte Burgtheater-Ring einem Mitglied des Ensembles oder einem Dramatiker verliehen.

Das Burgtheater in Wien

In welchem Genre wurden die Invasionsängste der US-Bürger am deutlichsten aufgearbeitet?

● Im Science-Fiction-Film der 1950er-Jahre. Wie in kaum einem anderen Genre wurden hier die bewussten und unbewussten Ängste der US-Bürger vor dem jede Minute erwartbaren Angriff durch die Staaten des Ostblocks verarbeitet. Allerdings war es hier nicht der Ostblock, der den friedlichen Alltag gefährdete, sondern Aliens von fernen Planeten oder von Menschen geschaffene Monster.

Welches waren die beliebtesten deutschen Filme der 1920er-Jahre?

● Meist waren dies kleine melodramatische Liebesfilme, die primär der Zerstreuung ihrer Zuschauer dienten. Inhaltlich, formal oder künstlerisch anspruchsvolle Filme aus deutscher Produktion waren dagegen selten.

Welche Filme erfreuten das bundesdeutsche Kinopublikum der 1950er-Jahre offenbar am meisten?

● Heimatfilme. Filme wie *Schwarzwaldmädel* (1950), *Grün ist die Heide* (1951), *Der Förster vom Silberwald* (1954) oder *Die Fischerin vom Bodensee* (1957) lockten Tausende in die Kinos. Ihr Erfolgsrezept: Die Helden dieses Genres mussten sich nicht mit Existenzängsten in zerstörten Städten oder ihrer eigenen braunen Vergangenheit beschäftigen, sondern suchten in idyllischer Landschaft die wahre Liebe. Das war die heile Welt, wie sie das bundesdeutsche Publikum offenbar zu sehen wünschte.

Was war die französische Neue Welle?

● Eine Bewegung von jungen Filmemachern, die als Nouvelle Vague (frz., „neue Welle“) bekannt wurde und die mit dem traditionellen Kino brechen wollte. Zu den berühmtesten Vertretern der Nouvelle Vague gehörten Claude Chabrol (*1930), François Truffaut (1932–84), Alain Resnais (*1922) und nicht zuletzt Jean-Luc Godard (*1930).

Wer spielte 1943 den Dr. Pfeiffer in Die Feuerzangenbowle?

● Heinz Rühmann (1902–94), dessen Filmkarriere 1930 mit der Filmoperette *Die Drei von der Tankstelle* begann. Rühmann war in seinen zahlreichen Kinofilmen und Fernsehproduktionen besonders auf komödiantische und witzige Rollen festgelegt, erst 1958 konnte er als verzweifelter Kommissar in *Es geschah am hellichten Tag* einen gefürchteten Kindermörder jagen.

Mit welchem Film machte Pier Paolo Pasolini 1975 Schlagzeilen?

● Mit dem Film *Die 120 Tage von Sodom*, der auf einem Roman des Marquis de Sade (1740–1814) aufbaut. Pasolini (1922–75) verlegte die Handlung des Stoffes ins faschistische Italien und irritierte das Publikum mit der offenen Darstellung sexueller und sadistischer Exzesse.

Welche erfolgreiche Schauspielerin zog sich nach einem filmischen Misserfolg aus dem Filmgeschäft zurück?

● Die Schwedin Greta Garbo (eigentl. Greta Gustafsson; 1905–90). Schon zu Stummfilmzeiten wirkte sie in zahlreichen herausragenden Filmproduktionen wie in *Die freudlose Gasse* (1925) mit. Den Sprung nach Hollywood und in den Tonfilm meisterte sie mit Bravour. Als aber 1941 die Komödie *Die Frau mit den zwei Gesichtern* nicht zum erwarteten Erfolg wurde, zog sich „die Göttliche", wie sie von ihren Fans genannte wurde, aus dem Filmgeschäft zurück.

Was versteht man unter einer Abblende?

● Das allmähliche Verdunkeln einer Filmsequenz bis diese schließlich ganz schwarz wird. Das Gegenteil der Abblende ist eine Aufblende.

Was verbirgt sich hinter Begriffen wie Totale, Close Up und Amerikanische?

● Bestimmte Kameraeinstellungen beim Film. Mit der so genannten Totalen werden ganze Landschaften erfasst, während das Close-up ein Gesicht oder auch ein Detail aus nächster Nähe zeigt. Die Amerikanische erfasst den Darsteller etwa bis zu den Oberschenkeln, sodass, z. B. im Western, die Pistolen am Halfter gerade noch zu sehen sind.

Wie heißt der wohl bekannteste Tarzan-Darsteller?

Johnny Weissmuller als Tarzan

● Johnny Weissmuller (1904–84). Der überaus erfolgreiche Schwimmer und Wasserballer mimte nach seiner Sportler-Karriere in 19 Spielfilmen und einer Fernsehserie die Figur des Affenmenschen Tarzan.

Was ist eine Amerikanische Nacht?

● Der Versuch, Nacht und Dunkelheit im Film durch die Verwendung von speziellen Blaufiltern vor der Kameralinse bei gleichzeitiger Unterbelichtung des Filmbildes darzustellen. Die Schauspieler aber agieren tatsächlich unter taghellen Bedingungen, was man besonders daran sieht, dass sie Schatten werfen, was bei einer echten Nachtdarstellung natürlich nicht geschehen würde.

Wen bezeichnet man in der Filmbrache als Agent?

● Den Manager eines Schauspielers, der von diesem engagiert wird, um für ihn Jobangebote zu finden und dann Verträge auszuhandeln.

Was beschreibt man mit der Bildfrequenz?

● Die Bildfrequenz gibt an, mit wie vielen Bildern pro Sekunde gedreht wird. Während es in der Stummfilmzeit noch üblich war, Filme mit 16 Bildern/Sekunde zu drehen, ist im professionellen Film heute eine Bildfrequenz von mindestens 24 Bildern/Sekunde üblich.

Mit welchem Film legte Orson Welles sich mit einem Medienmogul an?

Mit dem Filmklassiker *Citizen Kane* (1941), in dem Welles (1915–85) die Karriere eines Medienzaren nachzeichnete, der deutliche Ähnlichkeiten mit dem damaligen Medienmogul W. R. Hearst (1863–1951) hatte. Der Film war Welles Karriere, obgleich er seinen Weltruhm begründete, wegen der folgenden Klagen Hearsts nicht eben dienlich.

Was ist die Cahiers du Cinéma?

Eine französischsprachige, international äußerst renommierte Filmzeitschrift, für die auch zahlreiche erfolgreiche Filmschaffende geschrieben haben.

Wie nennt man die von Bertolt Brecht geschaffene Theaterform?

Episches Theater. Brecht (1898–1956) brach bewusst mit der Illusionswelt des klassischen Theaters und versuchte im Gegensatz dazu den Zuschauer auf Distanz zum dargestellten Geschehen zu bringen. Erst diese Distanz erlaube es ihm, so argumentierte Brecht, das Geschehen so kritisch zu reflektieren, dass daraus dann die entsprechenden praktischen Konsequenzen gezogen werden könnten.

Unter welchem Namen wurde der Honorarprofessor der Universität der Künste (Berlin) Victor Christoph Carl von Bülow bekannt?

Loriot (*1923). Als Cartoonist und Karikaturist wurde er zunächst durch seine Knollennasenmännchen berühmt. Spätere Fernsehsendungen und Filme wie *Ödipussi* (1987) oder *Papa ante portas* (1990) trugen zu seinem Ruf bei, einer der besten und intelligentesten Komiker der BR Dtl. zu sein.

Wer schuf mit Nosferatu den ersten klassischen Vampirfilm?

Friedrich Wilhelm Murnau (1888–1931). Der deutsche Regisseur ließ in seinen Filmen häufig Monster und Verrückte, Geisterwesen oder böse Zauberer auftreten. Mit *Nosferatu* verfilmte er den berühmten Roman *Dracula* von Bram Stoker (1847–1912), wegen Urheberrechtsstreitigkeiten gab man dem Film aber einen anderen Titel.

Plakat zu *Nosferatu*

Seit wann gibt es Tonfilm?

Der erste Tonfilm, Alan Croslands (1894–1936) *Der Jazzsänger*, hatte 1927 Premiere. Schnell verdrängte diese Filmart den Stummfilm. Zahlreiche Schauspieler mussten deshalb ihre Karriere beenden, denn nicht jeder verfügte über eine geeignete Filmstimme.

Welcher französische Autor starb in der Hauptrolle eines eigenen Stückes auf der Bühne?

Jean-Baptiste Molière (1622–73), der als Begründer des modernen französischen Theaters gilt. Häufig spielte er seine Figuren selbst. So schlüpfte er auch bei einer Aufführung seiner Komödie *Der eingebildete*

Kranke – selbst schwer krank – in die Hauptrolle und starb noch auf der Bühne. Molières Komödien zeigten stets menschliche Schwächen und Laster und haben ihren Charme bis heute nicht verloren.

Welcher nichtrauchende Schauspieler wurde durch seinen Zigarillo berühmt?

Clint Eastwood

● Clint Eastwood (*1930). Als Eastwood in den 1960er-Jahren mit Filmen wie *Für eine Handvoll Dollar* zum Star des neuen Italowesterns avancierte, waren neben seiner extrem wortkargen, ja minimalistischen Darstellung der Poncho, zwei Pistolen und besonders der Zigarillo zwischen den Zähnen zu seinen Markenzeichen geworden.

Welche Schauspielerin wurde durch die Verkörperung der österreichischen Kaiserin Sisi berühmt?

● Die Österreicherin Romy Schneider (1938–82). Nachdem sie in zahlreichen deutschen Produktionen zu sehen war, in denen sie historische Figuren wie Kaiserin Elisabeth von Österreich (1837–98) oder Königin Viktoria von England (1819–1901) verkörperte, avancierte sie zu einem Star des europäischen Kinos. So wirkte sie etwa neben Anthony Perkins (1932–92) in der Kafka-Verfilmung *Der Prozeß* (1963) mit. Zu ihren weiteren internationalen Erfolgen zählten *Nachtblende* (1974) und *Die Spaziergängerin von Sans-Souci* (1982).

Was zeichnet die Filme von Woody Allen aus?

● Seine Fans schätzen ihn besonders aufgrund seiner kritisch-intellektuellen Ironie, die gepaart ist mit melancholisch anmutenden Geschichten. Er zählt zu den produktivsten Regisseuren; von ihm stammen etwa *Der Stadtneurotiker* (1977), *Manhattan* (1979) oder *Im Bann des Jade-Skorpions* (2001).

Wer drehte Sie küssten und sie schlugen ihn?

● François Truffaut (1932–84). Mit seinem ersten Spielfilm gewann der Franzose 1959 den Regiepreis bei den Filmfestspielen in Cannes. Ein Großteil seines Werkes dreht sich um Leidenschaft und den Konflikt zwischen Individuum und Gesellschaft.

In welcher Stadt hat das Bolschoitheater seinen Sitz?

● In Moskau. Das Große Akademische Theater, Heimat des Bolschoitheaters, besteht seit 1776. Ende der 1990er-Jahre stand das Theater kurz vor der Schließung. Nach einem Spendenaufruf der UNESCO konnte der Bau allerdings ab 2000 renoviert werden.

Bolschoi-Theater

Was macht den Landschaftspark, geschaffen von Hermann Fürst Pückler-Muskau (1785–1871) geografisch so einzigartig?

Die Neiße teilt ihn in einen deutschen und einen polnischen Teil. Auf deutsch-polnischen Antrag wurde der Park im Sommer 2004 zur Welterbestätte der UNESCO erklärt. Den nördlich von Görlitz gelegenen Park gibt es seit 1815.

Von welchem Jahr an rechnet man ein Gebäude der modernen Architektur zu?

Ab etwa 1890 spricht man von moderner Architektur. Typisch sind klar gegliederte Gebäude, die für ihre spezielle Funktion entwickelt wurden. Die Tendenz stammte aus den USA, setzte sich dann aber auch in Europa durch.

Was macht eine Großstadt zur Weltstadt?

Als Weltstadt bezeichnet man eine Großstadt, die übernational stark mit anderen Städten und Regionen verbunden ist. Sie hat außerdem politische, wirtschaftliche oder kulturelle Funktionen und meist mehr als eine Million Einwohner.

Europäische Großstadt: London

Brasília

Womit machte sich der brasilianische Architekt Oscar Ribeiro de Almeida de Niemeyer Soares (*1907), kurz Oscar Niemeyer, einen Namen?

1957 wurde er beauftragt, der brasilianischen Hauptstadt ein neues Gesicht zu geben. Die meisten wichtigen Gebäude Brasilias wurden von ihm geplant. 2002 beendete er sein letztes Projekt, das Oscar Niemeyer Museum in Curitaba, Brasilien.

Welches Bauwerk wurde am 9. November 2001 in Dresden eingeweiht?

Die Dresdener Synagoge. Sie entstand an dem Ort, an dem 1938 die Semper-Synagoge im Novemberpogrom vom entfesselten deutschen Mob niedergebrannt wurde. 2001 hatte die jüdische Gemeinde in Dresden rund 400 Mitglieder. Vor 1933 waren es 6000 gewesen.

Was geschah in der Gotik mit steinernen Kirchenmauern?

Sie wurden durchbrochen. An die Stelle des Durchbruchs setzte man riesige Fenster, wodurch die Glasmalerei als Kunstform massiv an Bedeutung gewann.

Welcher Architekt baute das Getty Center in Los Angeles und die 2003 geweihte Jubilee Church in Rom?

Der Designer und Architekt Richard Meier (*1934) schuf u. a. diese beiden Bauwerke. 1984 war er der jüngste Träger des Pritzker-Architekturpreises. Neben Wohnhäusern kreierte er auch Niederlassungen der Rickmers Reederei, von Canon und Peek & Cloppenburg.

Welche drei Säulenordnungen gibt es in der klassischen Architektur?

● Die älteste und einfachste Säulenordnung, die zugleich am stabilsten wirkt, ist die dorische. Die ionische Säule ist dagegen schlanker und hat symmetrische schneckenförmige Ornamente am Kapitell. Die kunstvollste Säulenordnung ist die korinthische; sie entstand erst um 400 v. Chr.

Wer ließ sich gegen Ende des 8. Jahrhunderts n. Chr. einen Palast (Pfalz) in Aachen bauen?

● Karl der Große (747–814), dessen Bau 805 von Leo III. (um 750–816) eingeweiht wurde. Für die Architekturgeschichte ist die Aachener Pfalzkapelle deswegen besonders interessant, weil sie der erste große Steinbau der deutschen Baukunst ist, der sich erhalten hat. 814 wurde der Kaiser in der Hofkapelle begraben.

Welcher Architekt entwarf die Berliner Philharmonie?

● Hans Scharoun (1893–1972), einer der bedeutendsten Vertreter des organischen Bauens, dessen neuartiges Konzerthaus von 1956 bis 1963 entstand. Das Innere und Äußere der Philharmonie bieten ständig neue Perspektiven. Überfangen wird der gesamte Raum von einer zeltartig aufgeschichteten Dachlandschaft.

Welches Bauwerk des 18. Jahrhunderts von Carl Gotthard Langhans (1732–1808) avancierte zum Wahrzeichen Berlins?

● Das Brandenburger Tor, das als Friedenstor konzipiert war, aber rasch zur „Bekundung preußischen Staatsgedankens" herhalten musste. Der von vier Pferden gezogene Streitwagen, die Quadriga, der Siegesgöttin thront über dem Tor.

Vom Bauhaus hört man oft, wenn es um Design, Kunst oder Handwerk geht. Was genau steckt dahinter?

● Das Bauhaus wurde 1919 von Walter Gropius (1883–1969) in Weimar gegründet. Es sollte eine Arbeitsgemeinschaft sein, die den Unterschied zwischen Handwerker und Künstler aufhob. Vom Bauhaus gingen Wirkungen auf die Kunstpädagogik, die moderne Architektur, die Wohn- und Industrieraumgestaltung aus.

Was ist eine Basilika?

● In vorchristlicher Zeit handelte es sich bei der Basilika um eine lang gestreckte Säulenhalle, die der Abhaltung von Märkten und Gerichtsverhandlungen diente. Das Christentum hat die Basilika als Versammlungsraum für die Gemeinde, d. h. als Kirche übernommen. Charakteristisch ist das große Mittelschiff, an das seitlich zwei oder vier schmalere und niedrigere Seitenschiffe anschließen.

Die Basilika von Sant Apollinare in Classe in Ravenna

Was ist eine Akropolis?

● Ursprünglich bedeutet das griechische Wort „hohe Stadt" und bezeichnet insbesondere die Festung einer antiken Stadt, die zumeist einen königlichen Palast und eine Tempelgruppe umfasst. Die Akropolis von Athen, die sich auf einem steilen Felsen erhebt, dürfte die bekannteste noch erhaltene „Hochstadt" sein.

Die Cheops-Pyramide

Welche Grabmäler gehören zu den ältesten Denkmälern menschlicher Baukunst?

● Die Pyramiden der Ägypter. Die berühmten Pyramiden von Gizeh wurden um das Jahr 2600 v. Chr. erbaut. Der König war für die Ägypter ein göttliches Wesen. Sobald er diese Erde verlassen hatte, würde er wieder in den Himmel hinaufsteigen. Die in den Himmel hineinragenden Pyramiden sollten wohl den Aufstieg erleichtern.

Welches Bauwerk des Mittelalters lässt sich in Straßburg besichtigen?

● Das Straßburger Münster, dem kein einheitlicher Plan zugrunde lag, da seine Bauzeit von der späten Romanik bis in die späte Gotik hinein andauerte. Besonders beeindruckend sind der ab 1399 gebaute Nordturm, der bis ins 19. Jahrhundert hinein der höchste Kirchturm der Welt war, und die Bildwerke und Glasmalereien aus dem 12. bis 15. Jahrhundert.

Welche im Zweiten Weltkrieg zerstörte deutsche Kirche feierte am 24. Mai 2004 den Wiederaufbau der Dachkuppel?

● Die Dresdener Frauenkirche. Mit dem Setzen des Abschlusssteines in die Dachkuppel wurden die Arbeiten am Steinbau abgeschlossen. Damit haben die Arbeiten knapp zehn Jahre gedauert.

Was zeichnet die Architektur von Le Corbusier aus?

● Er entwickelte einen neuen Stil des Wohnbaus, der funktional ist und auf Ornamentales verzichtet. Le Corbusiers (1887–1965) Bauten setzen sich zumeist aus kubischen Elementen zusammen. Die Häuser haben flache Dächer, die Fenster sind groß und alles ist rational-sachlich angeordnet.

Wo starb Friedensreich Hundertwasser?

● Der österreichische Maler und Architekt starb an Bord des Kreuzfahrtschiffes Queen Elizabeth II. Er erlag einem Herzversagen. Bekannt wurde der gebürtige Friedrich Stowasser (1928–2000) durch seine farbenfrohen Bauten und Bilder voller unsymmetrischer Elemente.

Spitzbogen sind typisch für die gotische Architektur. Welche Form, die zuvor in der Romanik häufig benutzt wurde, lösten sie ab?

● In der romanischen Architektur waren Rundbogen stark vertreten. Sie erfüllten neben ästhetischen Zwecken v. a. statische. Rundbogen machten nämlich gewaltige gewölbte Kirchendecken aus Stein erst möglich. Davor waren die Decken flach und aus Holz.

Womit krönt der Architekt Sir Norman Foster (*1935) das deutsche Parlamentsgebäude?

● Der gebürtige Brite ließ dem Reichstagsgebäude in Berlin eine Kuppel aus Glas aufsetzen. Das begehbare Dach des Plenarsaales erlaubt einen Blick auf die Tagungsstätte der Volksvertreter. Es soll die Offenheit der demokratischen Ordnung architektonisch abbilden.

Was versteht man unter architektonischem Eklektizismus?

● Von Eklektizismus ist die Rede, wenn aus verschiedenen Stilepochen das – vermeintlich – Beste herausgesucht und in ein neues Werk integriert wird, anstatt die eigene Kreativität zu bemühen.

In welchem römischen Amphitheater fanden Gladiatoren- und Tierkämpfe, aber auch Krokodiljagden und Wasserschlachten statt?

● Im Kolosseum in Rom, das um 80 n. Chr. eingeweiht und danach oft erneuert wurde. Die Umfassungsmauer des elliptischen Gebäudes hat eine Höhe von 48 Metern. Die unteren drei Stockwerke sind durch Arkaden und dazwischen liegende Säulen verschiedener Ordnung gegliedert. Das oberste Geschoss besteht aus Fenstern und Pilastern.

Das Kolosseum in Rom

An welchen Stil lehnte sich die Romanik an?

● An die römische Architektur. Romanische Bauten können v. a. an ihrem gedrungen wirkenden Charakter und der Verwendung von Rundbogen erkannt werden.

In welchem Gebäude ist Galerie Tate Modern zu Hause?

● In einem ehemaligen Kohlekraftwerk in London. Das Haus wurde von dem Architekten Sir Giles Gilbert Scott (1811–78) gestaltet, der auch durch das Design der roten britischen Telefonzellen bekannt geworden ist.

Welchen 1993 in Paris fertig gestellten Umbau bezeichnet Architekt Ieoh Ming Pei (*1917) als sein wichtigstes Werk?

● Der in Kanton geborene chinesisch-amerikanische Architekt meint damit die Pyramide des Musée du Louvre, die er aus 86 Tonnen Glas errichten ließ.

Die Pyramide des Louvre

Welches Berliner Museumsgebäude entwarf der Architekt Daniel Libeskind (*1946)?

● Das Jüdische Museum. Der Bau in Form eines Blitzes, der an einen geborstenen Davidstern erinnert, wird von seiner metallischen Außenhaut und schroffen Kanten dominiert. Libeskind will durch den labyrinthischen Aufbau die schwierigen deutsch-jüdischen Beziehungen symbolisieren.

Welche Bauwerke sind auf den Euro-Banknoten abgebildet?

● Auf den Banknoten sind ausschließlich Brücken abgebildet. Sie sollen als architektonische Bindeglieder den Zusammenschluss der europäischen Länder darstellen. Alle diese Bauwerke sind der Fantasie des Graphikers Robert Kalina (*1955) entsprungen.

Welcher Architekt gestaltet das Denkmal auf dem Gelände des früheren World-Trade-Centers?

● In dem ausgeschriebenen Weltbewerb setzte sich Daniel Libeskinds (*1946) Entwurf durch. Im Mittelpunkt des Plans steht der Freedom Tower, dessen Höhe von 1776 Fuß an das Jahr der Amerikanischen Unabhängigkeitserklärung erinnert.

Was ist das Besondere des Guggenheim-Museums in New York?

● Es hat die Form einer Spirale, die sich 800 Meter lang nach unten hin verjüngt. Das 1959 eingeweihte Gebäude ist ein Hauptwerk des Architekten Frank Lloyd Wright (1867–1959), der ein organisches Bauwerk geschaffen hat, das aus einem einzigen großen Raum besteht.

Guggenheim-Museum in New York

Wo steht der Escorial?

● In der Abgeschiedenheit des kastilischen Berglandes in Spanien, etwa 60 Kilometer nordwestlich von Madrid. Der Klosterpalast entstand im Auftrag König Philipps II. (1527–98); er war Residenz, Behördensitz, Kloster und dynastisches Grabmonument. Der Gesamtplan stammte von Juan Batista de Toledo (vor 1500–67), die Vollendung erfolgte nach 22-jähriger Bauzeit unter Juan de Herrera (um 1530–97). Mit einer Länge von 206 Metern und einer Breite von 161 Metern ist der Escorial der größte Renaissancebau der Erde.

Der Dresdner Zwinger

Was ist ein Zwinger?

● Ein Teil einer mittelalterlichen Burg. Der Raum zwischen den beiden Mauern, in dem die angreifenden Feinde festgesetzt werden sollten, wurde als Zwinger bezeichnet. In Dresden ist der Name übergegangen auf eines der wichtigsten Bauwerke des Barock, den Dresdener Zwinger (1711–22), in dem die Hoffestlichkeiten abgehalten wurden.

Welches ist das zurzeit höchste Hochhaus der Welt?

● Es ist der 2003 fertig gestellte Wolkenkratzer *Taipei 101*. Der Name verrät nicht nur den Standort des Riesen im taiwanesischen Taipei, sondern auch die Anzahl der Stockwerke. Insgesamt kommt das Haus mit dem Mast auf seinem Dach auf eine Höhe von 508 Metern.

Welches Archiv verschwand 2001 unter den Trümmern des World-Trade-Centers?

● In Folge des Anschlags wurde das Archiv für Beutekunst der US-Zollbehörde unter dem Schutt begraben. Dort waren Informationen über Kunstwerke zusammengetragen worden, die nach 1945 aus deutschen Museen verschwunden waren.

Mit welchem Metall ist die Außenhaut des Guggenheim-Museums in Bilbao verkleidet?

● Mit ca. 300.000 Titan-Blechen. Das Museum wurde von dem Kalifornier Frank O. Gehry (*1929) entworfen und 1997 eingeweiht. In seinem Inneren finden sich 10.000 Quadratmeter Ausstellungsfläche, auf der Exponate aus der Guggenheim-Sammlung gezeigt werden.

Welchen asiatischen Flughafen gestaltete Sir Norman Foster (*1935)?

● Der Brite entwarf den „Chek Lap Kok"-Flughafen in Hong Kong. Das über zwölf Quadratkilometer große Gelände liegt auf einer künstlich geschaffenen Insel vor der Küste. Die Verkehrsanbindung erfolgt über mehrere Brücken und Inseln.

Was wurde in der Römerzeit über einen Aquädukt geleitet?

● Wasser. Die Römer leiteten das Wasser über Leitungen (mit Gefälle) von den Bergen her bis in ihre Städte. Dabei überbrückten sie große Täler durch die bekannten, manchmal mehrstöckigen Bogenkonstruktionen. Der berühmteste Aquädukt ist der Pont du Gard in Südfrankreich.

Welche praktische Bewandtnis haben Pfahlbauten?

● Sie schützen vor (Hoch-)Wasser, aber auch vor Tieren und Feinden. In Südostasien und Ozeanien sind Pfahlbauten weit verbreitet, man fand aber auch in Mitteleuropa (an den Uferzonen der Schweizer Seen) Überreste von Pfahlbaukulturen aus der Urnenfelderzeit.

Was unterscheidet einen Pfeiler von einer Säule?

● Säulen bestehen aus Basis, Schaft und Kapitell. Diese drei Bestandteile sind für einen Pfeiler nicht zwingend. Säulen haben meist einen runden, Pfeiler einen viereckigen oder polygonalen (vieleckigen) Querschnitt. Wandpfeiler, die nur wenig aus der Wand hervortreten, werden Pilaster genannt.

Welches ist die größte der drei Pyramiden von Gizeh?

● Die Cheopspyramide. Sie war ursprünglich 146,6 Meter hoch, die Seitenlängen ihrer Grundfläche betrugen je 230 Meter, und für ihren Bau wurden über zwei Millionen Steinblöcke über den Nil herbeigeschafft. Pharao Cheops regierte um 2530 v. Chr.

Wann entstand die Kathedrale Notre-Dame-de-Paris?

● Vermutlich wurde der Bau um 1160 von Bischof Maurice de Sully (um 1160–96) begonnen und war gegen Ende des 12. Jahrhunderts fast fertig gestellt. Die Kathedrale entstand somit zu der Zeit, als sich die gotische Bauweise von der romanischen absetzte.

Notre-Dame-de-Paris

Woher stammt die Idee Wolkenkratzer zu bauen?

● Aus den USA, wo man bereits Ende des 19. Jahrhunderts Hochhäuser baute. Eines der höchsten wurde 1908 der Singer-Bau in New York mit 47 Stockwerken. New York und Chicago boten die ersten imposanten Skylines. Seit den 1980er-Jahren dominiert die Hightech-Ästhetik, wie etwa in der Hongkong and Shanghai Bank in Hongkong (1985).

Zu welchem Zweck wurde ab dem 5. Jahrhundert v. Chr. die Chinesische Mauer erbaut?

● Als Befestigungsanlage zum Schutz vor Eindringlingen, nicht jedoch als eigentlicher Grenzwall, denn sie lag ein gutes Stück zurückgezogen hinter den Grenzen. Die insgesamt rund 2500 Kilometer lange Mauer ist so breit, dass man sie auch als Verkehrsweg nutzte.

Welches Schloss bei Füssen wurde von einem Theatermaler entworfen?

Neuschwanstein, das imposante Märchenschloss, das zwischen 1868 und 1886 im Stil erbaut wurde. Die ersten Pläne stammten von dem Theatermaler Christian Jank (1833–88).

In welcher Stadt befindet sich das größte gotische Bauwerk Deutschlands?

In Köln. Der berühmte Dom dieser Stadt, dessen Bau 1248 unter Erzbischof Konrad von Hochstaden (1205–61) begonnen wurde, bedarf andauernder Sanierungstätigkeiten. Der Bau kam nie besonders schnell voran und wurde 1560 ganz eingestellt. Erst 1880 konnte der Dom schließlich eingeweiht werden.

Der Kölner Dom

Welchem Stil wird die Kathedrale Notre-Dame-de-Paris zugerechnet?

Der Gotik. Der Bau wurde um 1160 begonnen und in der erste Hälfte des 13. Jahrhunderts vollendet. Die ausgewogene Gliederung der Westfassade (mit großer Fensterrose) wurde beispielgebend für viele andere gotische Kathedralen.

Unter welchem Fürsten entwickelte sich das Dresdner Barock?

Unter dem Barockfürsten August II., dem Starken (1670–1733). Er ließ die fürstliche Residenz mit Zwinger und Frauenkirche nach dem Vorbild von Versailles ausbauen.

Warum wurde die Oper von Sydney von den Kunsthistorikern anfangs mit gemischten Gefühlen aufgenommen?

Das Opernhaus wurde wegen seiner gewagten Dachkonstruktion heftig kritisiert (dem dänischen Architekten Jørn Utzon [*1918] soll die Idee hierzu beim Orangenschälen gekommen sein), aber auch wegen der Baukosten: Auf sieben Millionen US $ geschätzt, stiegen sie auf 103 Millionen. Der Opernsaal ist für große Aufführungen zu klein.

In welcher Stadt der griechischen Antike wurden die ersten bis zu fünfgeschossigen Häuser gebaut?

Im antiken Theben. Das traditionelle griechische Haus war rechteckig und verfügte über stabile tragende Steinmauern und ein Flachdach, das man auch als Zwischendecke für ein zweites Stockwerk verwenden konnte, welches ebenfalls ein Flachdach hatte, das wiederum als Zwischendecke des dritten Stocks dienen konnte.

Welcher Baumeister des Klassizismus schuf u. a. die Neue Wache (1818) in Berlin?

Karl Friedrich von Schinkel (1781–1841), der vor seiner Karriere als Baumeister Bekanntheit als Landschafts- und Bühnenmaler erlangte. Seine architektonischen Werke stellen den Höhepunkt der klassizistischen Baukunst in Preußen dar. Weitere Hauptwerke sind das Schauspielhaus (1818–21) am Gendarmenmarkt, das Alte Museum (1822–30) und die Nikolaikirche in Potsdam (1830–37).

Schloss Neuschwanstein

Welches Schloss, das sich ein bayerischer König errichten ließ, wird als Märchenschloss bezeichnet?

● Gemeint ist Schloss Neuschwanstein, das zwischen 1868 und 1886 im neuromantischen Stil errichtet wurde. Das Schloss, dessen Kapelle und Bergfried nach dem Tod König Ludwigs II. (1845–86) nicht mehr gebaut wurden, befindet sich bei Füssen im Allgäu.

Wie heißt die prächtigste barocke Schlossanlage Europas, etwa 40 Kilometer außerhalb von Paris, und wer ließ sie bauen?

● Versailles, dessen Gebäudekomplex – ein Zentralbau – und dessen Gartenanlage den König von Frankreich symbolhaft in den Mittelpunkt setzen. Auftraggeber war Ludwig XIV. (1638–1715), der „Sonnenkönig", der seiner absolutistischen Herrschaft hiermit architektonischen Ausdruck verlieh. Versailles wurde Vorbild für die Architektur des Absolutismus.

Welche antike Ortschaft entdeckte Heinrich Schliemann?

● Der Archäologe Heinrich Schliemann (1822–90) glaubte, dass die antiken Sagen um den trojanischen Krieg einen wahren Kern hätten. Mit seinem eigenen Vermögen finanzierte er Grabungen in Griechenland und entdeckte während seiner zwölf Jahre dauernden Grabungsarbeiten im Jahr 1870 das antike Troja.

Welches Gebäude wurde zur Grabstätte Napoleons?

● Der Invalidendom in Paris. Das 1670 begonnene Gebäude diente zunächst der Pflege und Unterbringung von Kriegsversehrten. 1840 wurden dann die Überreste Napoleons (1769–1821) hier bestattet, dessen Grab man heute ebenso besichtigen kann wie das ebenfalls im Invalidendom untergebrachte Armeemuseum.

Invalidendom

Welchem Zweck diente das größte Museum der Welt, der Louvre, bevor er seiner heutigen Bestimmung zugeführt wurde?

● Das Gebäude war bis ins 17. Jahrhundert Königssitz, obwohl insbesondere Ludwig XIV. (1638–1715) seine Bauanstrengungen zunehmend auf Versailles verlagerte und die französischen Könige dort residierten. Im Verlauf der französischen Revolution wurden die königlichen Kunstschätze zum Nationaleigentum erklärt und der Öffentlichkeit zugänglich gemacht. 1989 entstand der anfangs sehr umstrittene, mittlerweile weltberühmte Glaspyramiden-Eingang im Innenhof des Louvre.

Welchem Zweck dient das Taj-Mahal in Indien?

● Es war die Grabstätte der Lieblingsfrau Schah Jahans (1592–1666) bei Agra. An der riesigen Anlage, die etwa zwischen 1630 und 1648 entstanden ist, sollen rund 20.000 Männer beteiligt gewesen sein.

Taj-Mahal

Wann und wo bauten Menschen erstmals einen über einen Kilometer langen Tunnel?

● 532 v. Chr. auf der Insel Samos. Der Tunnel, der der Wasserversorgung auf der Insel dienen sollte, gilt als architekturhistorische Meisterleistung ihres Konstrukteurs. Denn nachdem dieser zunächst einmal die Höhe beider Stolleneingänge exakt vermessen hatte, begann man an beiden Enden des Tunnels mit dessen Bau.

Wer gründete das Bauhaus?

● Walter Gropius (1883–1969), der eine moderne, funktionale und streng geometrisch orientierte Bauweise verwirklichte. Gropius verzichtete auf künstlerische Traditionen und ornamentale Spielereien zugunsten von Zweckmäßigkeit und Klarheit.

Was benötigt man für den Bau so genannten unechter Kuppeln?

● Ziegelsteine unterschiedlicher Größe und Form. Für den Bau so genannter unechter Kuppeln, die im alten Sumer etwa ab dem Jahre 2420 v. Chr. entstanden, wurden Ziegelsteine reihenweise angeordnet, wobei die vorkragend übereinander geschichteten Steinringe nach oben hin immer enger werden.

Welches gotische Bauwerk ist auf der österreichischen 10-Cent-Münze zu sehen?

● Der Wiener Stephansdom, von den Einheimischen liebevoll Steffl genannt. Das Bauwerk ist 107 Meter lang und 34 Meter breit.

Der Stephansdom in Wien

Die Sagrada Familia

Mit welcher Kathedrale verewigte sich der spanische Architekt Antonio Gaudí in Barcelona?

Mit der in ihrer fantastischen Formensprache einzigartigen Sagrada Familia. Außengestaltung und Innenraum ergeben bei Gaudí (1852–1926) eine harmonische Einheitlichkeit, die ihn zum Meister der modernen Sakralarchitektur macht. Der Templo de la Sagrada Familia ist bis heute unvollendet.

Welches römische Festungswerk ließ Kaiser Aurelian (214–275 n. Chr.) errichten?

Die römische Stadtmauer, die ihrem Erbauer zu Ehren auch als Aurelianische Mauer bezeichnet wurde. Sie sollte die Bürger Roms gegen Angriffe von außen schützen und wurde sowohl unter Honorius (395–423 n. Chr.) wie auch unter Arcadius (395–408 n. Chr.) abermals verstärkt. Dabei wurden ältere Gebäude, wie das als Mausoleum dienende Hadrianeum (Engelsburg) architektonisch geschickt in die Anlage integriert.

Was war der Zikkurat?

Ein sumerischer Tempelturm in der Stadt Ur von ungeheueren Ausmaßen. Das riesige Gebäude wurde in drei Terrassen gebaut: Die erste Terrasse war über drei große Treppen zu erreichen, zu den beiden anderen Terrassen führte eine weitere Treppe. Auf der Spitze des Tempelturms befand sich schließlich der eigentliche Tempel. Fertig gestellt wurde der Zikkurat im Jahr 2048 v. Chr. nach über 60 Jahren Bauzeit.

Wie wurde die weitläufige, meisterhaft in Terrassen angelegte Gartenanlage des antiken Babylon genannt?

Die Hängenden Gärten. Die um 600 v. Chr. unter dem babylonischen König Nebukadnezar II. (†562 v. Chr.) errichtete Gartenanlage war so prachtvoll und raffiniert, das sie zu den sieben antiken Weltwundern gezählt wurde. Jede einzelne der Gartenterrassen soll eine Fläche von etwa 100 Quadratmetern gehabt haben, bis zur 30 Meter hoch gewesen sein und wurde mit dem Wasser des Euphrats versorgt.

Welche architektonischen Elemente gehörten unbedingt zu einem römischen Castra?

Zu jedem Castra gehörte neben den Stabsgebäuden auch das so genannte Forum, also ein Platz, auf dem sich die Bewohner des Lagers versammeln konnten oder auch mussten. Daneben gehörte auch ein Fahnenheiligtum, in welchem man die jeweiligen Legionszeichen aufbewahrte, und ein gut geplantes Wege- und Straßennetz zum Kennzeichen von derartigen Lagern, aus den sich später häufig befestigte Städte entwickelten.

Welches architektonische und städtebauliche Meisterwerk des alten Rom befand sich unter den Straßen der Stadt?

Die Cloaca Maxima, die wohl größte unterirdische Kanalisation der Antike. Sie diente der geregelten Entsorgung von Abwässern, v. a. von Abfällen und menschlichen Fäkalien, was angesichts der enormen

Einwohnerzahl Roms für das Zusammenleben der Menschen absolut notwendig war. In den Kanälen der Cloaca Maxima wurde die Abwässer in den nahe gelegenen Tiber gespült.

Warum ist der Schiefe Turm von Pisa schief?

● Wegen einer Bodensenkung, die sich schon während des 1173 begonnenen Baues abzeichnete. Der Campanile mit seinen sechs Säulengalerien, neigte sich nach Südosten. Über 400 Jahre später untersuchte der italienische Mathematiker und Philosoph Galileo Galilei (1564–1642) am Schiefen Turm experimentell die Fallgesetze.

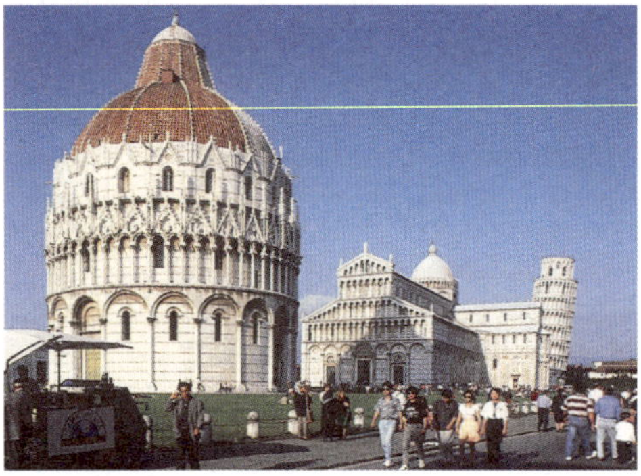

Der Schiefe Turm von Pisa

Wer gilt als der erste Baustatiker der Menschheitsgeschichte?

● Archimedes von Syrakus (287–212 v. Chr.). Der griechische Gelehrte befasste sich nämlich auch mit solchen Fragen der Physik, der Mathematik und der Geometrie, die in der architektonischen Praxis angewendet werden konnten. So berechnete Archimedes die Stabilität von Gebäuden und gilt seither auch als Erfinder der Baustatik.

Wer war berühmteste Architekt des alten Rom?

● Marcus Vitruvius Pollio, genannt Vitruv, (55 v. Chr–14 n. Chr.). In seinen *Zehn Büchern über die Architektur* legte Vitruv den Kenntnistand seiner Zeit über Architektur und Baustatik nieder, ergänzte diese, wo es notwendig war und schrieb so eines der auch heute noch wichtigsten Standardwerke über die Architektur.

Bei welchen architektonischen Werken sind Schlusssteine und die Kämpferlinie von großer Bedeutung?

● Bei Gewölben. Die Schlusssteine werden, wie der Name schon sagt, abschließend im Scheitel des gemauerten Gewölbes gesetzt. Ein weiteres wichtiges Bauelement echter Gewölbe ist die so genannte Kämpferlinie, die als horizontale Begrenzung und Widerlager dient.

Was ist das Besondere an Brasiliens Hauptstadt Brasilia?

● Die über 1000 Kilometer von der atlantischen Küste und damit auch von den wichtigen städtischen Zentren des riesigen südamerikanischen Staates, v. a. von Rio de Janeiro und Sao Paulo entfernte Stadt wurde seit den 50 Jahren vollständig von Architekten am Reißbrett geplant. Schließlich wurde sie an einer Stelle aus dem Boden des amazonischen Dschungel gestampft, wo zuvor keine Stadt, Siedlung o. Ä. gewesen war.

Welche Gedenkstätte entstand im Zentrum der Bundeshauptstadt Berlin nahe dem Brandenburger Tor nach den Entwürfen eines US-Architekten?

● Die zentrale Holocaust-Gedenkstätte der BR Dtl. 1999 hatten der Bundestag entschieden, das lange geplante Holocaust-Mahnmal dort zu errichten. In der Folgezeit gingen zahlreiche Gestaltungsvorschläge namhafte internationaler Architekten ein. Schließlich wurde nach den Plänen des US-Architekten Peter Eisenman ein Stelen-Mahnmal errichtet, das an die Ermordung von sechs Millionen Juden während des Nationalsozialismus erinnert.

Hagia Sophia

In welcher Stadt befindet sich die zwischen 532 und 537 gebaute Hagia Sophia?

● Im heutigen Istanbul, das damals noch Konstantinopel hieß. Die Sophienkirche gilt als Hauptwerk byzantinischer Baukunst. Der bis dahin vorherrschende römische Massenbau wird in ihr zugunsten einer Gebäudeform aufgegeben, die keine Schwere mehr zu haben scheint. Jeder Bauteil ist auf das Bauganze bezogen, es gibt keine selbstständigen Einzelformen mehr. Die Hagia Sophia stellte eine Zusammenfassung aller damals bekannten Bauvorstellungen dar und bedeutete das endgültige Ende des antiken Bauens.

Zu welchem Typ von Bauwerken gehören Glacis, Bastion, Ravellin und Außenwerk?

● Es sind Bestandteile neuzeitlicher Festungen wie sie u. a. von Sébastien le Prestre de Vauban (1633–1707) errichtet worden sind. Die Festungsbaumeister, allen voran Vauban, planten und bauten aber nicht nur Festungen, sondern berieten ihre Fürsten und Könige auch dann, wenn es darum ging, feindliche Festungen zu erobern. Schließlich kannte sich niemand sonst so gut mit diesen Bauwerken aus wie sie.

Welcher NS-Minister gilt auch als Architekt des Nationalsozialismus?

● Albert Speer (1905-81). Der Technokrat und spätere Rüstungsminister des Deutschen Reichs war großer Bewunderer Adolf Hitlers (1889-1945) und entwarf für diesen zahlreiche repräsentative Gebäude. Er war es auch, der den größenwahnsinnigen Ausbau Berlins zur großdeutschen Hauptstadt Germania plante, der eigentlich nach dem gewonnenen Krieg hätte erfolgen sollen.

Was ist ein Atrium?

● Der nach oben offene zentrale Raum des römischen Hauses. Dieses Atrium wurde in der Regel von Säulen gestützt und verfügte über ein zum Auffangen des Regenwassers im Fußboden eingelassenes Becken. Da es sich mit der Zeit immer mehr zu dem repräsentativsten Gebäudeteil entwickelte, wurde es auch immer mehr mit Kunstwerken wie Mosaiken ausgeschmückt.

Welche Funktion hatte das altrömische Hadrianeum?

● Es war die Grabstätte zahlreicher Kaiser, u. a. Hadrians (76–138 n. Chr.), nach dem es seinen Namen erhielt. Als Rom in seiner Spätzeit auch von äußeren Angriffen bedroht wurde, funktionierte man das Hadrianeum kurzerhand zu einem Bestandteil der Befestigungsanlagen um. Seit ein Engel im 6. Jahrhundert während einer Pestepidemie über dem Kaisermausoleum gesichtet worden sein soll, wird dieses auch als „Engelsburg" bezeichnet.

Welcher Teile eines befestigten römischen Lagers, war stets aus Stein gebaut?

● Die Gebäudeteile, in denen die Legionskommandeure wohnten. Allerdings wurden im Laufe der Zeit auch die anderen Gebäude eines Castra immer häufiger aus Steinen, Ziegeln und Lehm errichtet.

Tempel von Abu Simbel

Wo befinden sich die Tempel von Abu Simbel?

● In Südägypten, südlich von Assuan. Um 1250 v. Chr. wurden die Tempel unter der Regierung von Ramses II. (um 1200 v. Chr.) aus einem Sandsteinfelsen geschlagen. Das Innere des größeren Tempels führt über 55 Meter tief in den Felsen und besteht aus einer Reihe von Hallen und Räumen. Mit einem internationalen Hilfsprojekt wurden die Tempel 1964 vor der Überflutung durch den Assuanstaudamm gerettet. Der Tempel wurde in einer technischen Glanzleistung aus dem Fels geschnitten und 1968 an einer 64 Meter über dem Fluss befindlichen Stelle wieder zusammengesetzt.

Was sind die typischen Kennzeichen islamischer Architektur?

● Die Baukunst der Muslime ist geprägt von der Verwendung von Rund- und Spitzbogen gemauerten Kuppeln sowie so genannte Tonnengewölben. Wegen des Verbots der Darstellung von Menschen werden Moscheen, aber auch nicht sakrale Gebäude häufig mit verschlungen, oft reichen floralen Ornamenten verziert.

Welche charakteristischen Baukunstwerke der Maya erinnern an das alte Ägypten?

● Gigantische religiöse Kultstätten in Form von Pyramiden. Die Maya, deren Kultur im 9. Jahrhundert ihren Höhepunkt erlebte, besiedelten den Raum zwischen den heutigen Staaten Guatemala und Honduras. Hier auch entdeckte man im 19. Jahrhundert riesige Steinpyramiden, die dem mittelamerikanischen Volk als Tempel dienten.

Welcher mittelalterliche Baustil ging der Gotik voraus?

● Die Romanik (etwa 950–1240), die sich an die römische Architektur anlehnte (lat. romanus, „römisch"). Sie zeichnet sich durch Schlichtheit der Wandgestaltung und durch die gedrungene Wirkung der Sakral- und Palastbauten aus (Dome zu Worms und Speyer); typisch für die Romanik ist auch der Rundbogen.

Zu welcher Epoche gehört Schloss Sanssouci in Potsdam?

● Das Schloss in Potsdam, das Friedrich der Große (1712–86) zwischen 1745 und 1747 errichten ließ, zeigt eine Variante des Rokoko: das so genannte Friderizianische Rokoko. Baumeister war Georg Wenzeslaus von Knobelsdorff (1699–1753), der sich allerdings mit Friedrich beim Bau von Sanssouci (frz., „sorgenfrei") überwarf.

Was ist eine Arkade?

● In der Architektur bezeichnet man so einen auf Säulen oder Pfeilern aufruhenden Bogen. Eine Reihe von nebeneinander errichteten Bogen werden Arkaden genannt.

Welche Kirche gilt als einer der Höhepunkte ottonischer Architektur?

● Die Benediktinerklosterkirche St. Michael, die Bischof Bernward auch als eigene Grabeskirche in Hildesheim errichten ließ (begonnen 1010, geweiht 1022, vollendet 1033), stellt zweifellos einen Höhepunkt ottonischer Kunst dar. Die dreischiffige Basilika besitzt zwei gleich große Querschiffe und zwei Chöre. Die harmonischen Proportionen des Inneren, die enorme Weite der

Schiffe, die hohen Wände des Mittelschiffs, die nur ganz oben von relativ niedrigen Fenstern durchbrochen werden und vielleicht als Träger von Wandmalereien gedacht waren, erzeugen eine unerhörte Feierlichkeit des Raumeindrucks.

Wo befindet sich das teuerste Bankgebäude der Welt?

● Norman Foster (*1935), zuständig für die Architektur, sowie die Ingenieure Ove Arup and Partners führten 1979–86 das Hauptverwaltungsgebäude der „Hongkong and Shanghai Banking Corporation" in Hongkong aus. Es sollte die schönste Bank der Welt werden, die teuerste wurde es mit fünfeinhalb Milliarden Hongkong-Dollar (ca. 750 Millionen €) ganz gewiss.

Wer war Anthemios von Tralleis?

● Anthemios von Tralleis, von dem biografisch kaum etwas bekannt ist, wurde 532 zusammen mit Isidoros von Milet mit dem Neubau der Hagia Sophia in Konstantinopel beauftragt, deren Planung v. a. ihm zugeschrieben wird.

Wie heißt der Kapitelltypus, der in romanischer Zeit maßgeblich wurde?

● Die Vermittlung zwischen dem runden Stützglied einer Säule und der quadratischen Auflagefläche eines Bogens vermittelt in tektonisch klarster Form das „Würfelkapitell", das sich aus der Durchdringung von quadratischem Kubus und Halbkugel ergibt. Es wurde zum bevorzugten Typus der ottonischen und romanischen Baukunst.

Welches Beispiel gilt als das vollkommenste der deutschen Rokokoarchitektur?

● Das Jagdschlösschen Amalienburg, das François de Cuvilliés d. Ä. (1695–1768) in den Jahren 1734–39 im Park von Schloss Nymphenburg in München anlegte, gilt als das vollkommenste Beispiel deutscher Rokokoarchitektur. Im Spiegelsaal, diesem gebauten Traum, der sich das Pariser Hôtel de Soubise zum Vorbild nahm, legen sich die silbernen Rocaillen (Muschelornamente) wie eine zarte Textur über die weißen Wände.

Wer baute das bekannteste Belvedere nördlich der Alpen?

● Unter „Belvedere" versteht man einen Aussichtspunkt oder ein Gebäude mit schöner Fernsicht. Das erste Belvedere nördlich der Alpen ist das Lustschloss in Prag (1538–63), das bekannteste befindet sich in Wien. Ehemals vor den Toren der Stadt ließ Prinz Eugen nach den Plänen Johann Lucas von Hildebrandts (1668–1745) ein Belvedere als weitläufige Anlage bauen. In zwei Etappen entstanden erst das Untere Belvedere (1714–16), dann das Obere Belvedere (1721–23).

Johann Lucas von Hildebrandt: Oberes Belvedere in Wien (1721–23)

Welche deutsche Stadt besitzt den „italienischsten" Palazzo?

● Der Wittelsbacher Herzog Ludwig X., der in Landshut residierte, war ein echter deutscher Renaissance-Fürst. 1536 führte ihn ein Staatsbesuch nach Mantua, wo er den damals entstehenden Palazzo del Tè von Giulio Romano bestaunte. Deshalb ließ er von dort italienische Bauleute nach Niederbayern kommen, die ihm den ersten und wohl einzigen „reinen" Palazzo nördlich der Alpen errichteten, nämlich die 1543 vollendete Landshuter Stadtresidenz.

An welchem Bauwerk Roms trat erstmals die enge Kombination von Bogenbau und Wandgliederung auf?

● Das kunstgeschichtlich wichtigste Bauwerk republikanischer Zeit in Rom ist das Tabularium, dessen Fassade am Kapitolsabhang zum Forum Romanum weist. Laut Bauinschrift ist es 78 v. Chr. errichtet worden. Es handelt sich um einen Quaderbau auf mächtigem Postament, das erhaltene Stockwerk besitzt eine Front mit Bogenstellungen und dorischen Halbsäulen, der innen eine Galerie mit halbkreisförmigen Haussteinbögen entspricht. Innenräume und Treppen sind mit Tonnengewölben überspannt, die Wandflächen waren mit Stuck überzogen. Erstmals tritt hier an einem datierbaren Gebäude der Tiberstadt die Symbiose von Bogenbau und Säulenordnungsrelief auf, die in der Folgezeit zu einem der wichtigsten Anliegen der römischen Architektur – und seit der Renaissance der abendländischen Baukunst – werden sollte.

Tabularium in Rom (78. v. Chr.)

Seit wann gibt es Doppelchoranlagen?

● Unter einer „Doppelchoranlage" versteht man eine Kirche, die sowohl im Osten wie auch im Westen eine eigenständige Choranlage besitzt. Ihre Entwicklung beginnt mit dem 8. Jahrhundert, als man einigen nach Osten ausgerichteten Kirchen ein zusätzliches Westquerhaus mit Westchor anfügte.

Wie heißt der größte englische Architekt des Frühbarock?

● Der 1573 in London geborene und dort 1652 verstorbene Inigo Jones hatte sich in Italien intensiv mit dem Werk Andrea Palladios auseinander gesetzt. Nach seiner Rückkehr nach London entwarf er in palladianisch-frühbarockem Stil jene Bauwerke, die seinen Ruhm begründeten: 1616 Queen's House in Greenwich, 1619 Banqueting House in Whitehall, 1623 Queen's Chapel.

Wie hoch waren einige der wichtigsten gotischen Kathedralen Frankreichs im Inneren?

● Seit den frühgotischen Kathedralen nahmen die Höhenmaße vom Fußboden bis zu den Gewölbeschlusssteinen kontinuierlich zu. Für Paris und Laon betragen sie 24 Meter. Dann steigen sie in Chartres auf 36,5 Meter, in Reims auf 38 Meter und in Amiens auf 42,3 Meter.

Wo findet sich der höchste Backsteinturm der Welt?

● Etwa ab 1389 begann man in Landshut mit dem Bau der gewaltigen Pfarrkirche St. Martin. Erster Baumeister war Hans von Burghausen. Er konzipierte ein Meisterwerk der süddeutschen Backsteingotik, eine beeindruckende Hallenkirche, die mit dem allerdings erst um 1500 vollendeten Turm von 130,6 Metern Höhe auch den höchsten Backsteinturm der Welt erhielt.

Für welches Bauwerk gab die Loggia dei Lanzi in Florenz das Vorbild ab?

● Neben dem Palazzo Vecchio in Florenz wurde ab 1367 der später unter dem Namen

Loggia dei Lanzi bekannt gewordene Bau nach den Plänen von Benci di Cione und Francesco Talenti – beide auch Architekten am Dom – ausgeführt. Die drei hohen Rundbogenarkaden der Loggia bringen mit ihrer dekorativen Wirkung eine neue Note von Eleganz in die Florentiner Baukunst des Trecento ein – und im 19. Jahrhundert wird die Loggia das Vorbild abgeben für die Feldherrnhalle in München.

Wie heißt das berühmteste an der Via Appia erhaltene Grabmal spätrepublikanischer Zeit?

Grabmal der Caecilia Metella in Rom (um 40 v. Chr.)

● Wie in den etruskischen, so duften auch in den römischen Städten die Toten nur außerhalb der Mauern beigesetzt werden. Wer Rom nach Süden über die schnurgerade Via Appia verließ, wurde kilometerlang von Grabmälern begleitet, die dicht an dicht diese verkehrsreichste Ausfallstraße säumten und im Aufwand dem Ansehen und Vermögen des Verstorbenen entsprachen. Das berühmteste erhaltene Monument ist das Grabmal der Caecilia Metella aus der Zeit um 40 v. Chr., ein runder Mauerkoloss von ca. 20 Meter Durchmesser. Der Zinnenkranz stammt aus dem Mittelalter.

Welche Torarchitektur zählt zu den bekanntesten Profanbauten der deutschen Spätgotik?

● Das bekannte Lübecker Holstentor sicherte die Ausfallstraße nach Holstein und Hamburg. Der Ratsbaumeister Hinrich Helmstede hat es 1477/78 vollendet und sich dabei am Vorbild flandrischer Brückentore orientiert. Dem Anreisenden präsentiert sich das wuchtige Bauwerk als eine Front aus Torhaus mit Durchgang und Treppengiebel, flankiert von zwei Rundtürmen. Das Holstentor ist auch ein wichtiges Beispiel der norddeutschen Backsteingotik.

Welcher Triumphbogen außerhalb Roms zählt zu den schönsten seiner Gattung?

● Der Trajansbogen in Benevent wurde 114 n. Chr. errichtet. Es handelt sich um einen eintorigen Typus von 14,35 Metern Höhe und 13,30 Metern Breite. Eine Inschrift auf beiden Seiten der Attika benennt den Senat der Stadt Rom als Stifter. 14 Reliefbilder und ein Fries verherrlichen die Taten Kaiser Trajans (53–117 n. Chr.). Die mächtigen Ausmaße, die ausgewogenen Proportionen und die reiche dekorative Ausstattung machen dieses Monument zusammen mit dem Titusbogen in Rom (nach 81 n. Chr.), der als Frühwerk vielleicht vom selben unbekannten Künstler stammt, zu einem der künstlerisch schönsten Zeugnisse dieser Gattung.

Trajansbogen, Benevent (114 n. Chr.)

Welcher deutsche Kaiser des Hochmittelalters schlummert der Sage nach bis zu seiner Rückkehr im Kyffhäuser bei Halle?

Kaiser Friedrich I. Barbarossa (1122–90), dessen imperiale Macht im Mittelalter einen Höhepunkt in der deutsch-römischen Reichsgeschichte darstellt. Danach gingen die Reichsrechte des Kaisers immer mehr an die Fürsten und Reichsstädte verloren.

Wie nennt die griechische Mythologie das kriegerische Frauenvolk, das Männer lediglich zur Zeugung ihrer Kinder benötigt haben soll?

Amazonen (griech., „brustlos“). Die Sage berichtet, dass sie sich die rechte Brust herausgeschnitten haben, um besser mit Pfeil und Bogen umgehen zu können. Im Trojanischen Krieg kämpften sie auf der Seite Trojas gegen die Griechen. Sie wurden erst besiegt, als Achilles die Amazonenkönigin Penthesilea im Kampf tötete.

Amazone

Welcher griechische bzw. römische Gott verkörpert das Ideal der strahlenden Schönheit und des Lichts?

Apoll(on). Der Sohn des Zeus und der Titanin Leto, Zwillingsbruder der Artemis, ist einer der höchsten Götter Griechenlands und Roms. Er ist der Gott der prophetischen Weissagung, der Künste und besonders der Musik. Er führt die Musen an und ist Schutzheiliger der Medizin und der Hirten. Seit dem 5. Jahrhundert v. Chr. wird er auch mit der Sonne gleichgesetzt. Zugleich sagt man ihm aber auch nach, Krankheit und Tod zu bringen.

Woher kommt der Name Europa?

Aus der griechischen Mythologie: Der Göttervater Zeus verliebte sich in Europa; er nahm die Gestalt eines Stieres an und entführte sie auf seinem Rücken nach Kreta. Europa gebar ihm zwei Söhne, einer davon war der sagenumwobene König Minos.

Was aßen die griechischen Götter?

Ambrosia, eine Art Brotspeise, die ihnen ewige Jugend und Unsterblichkeit verlieh.

Welcher Mythologie gehört Baldur, der Gott des Lichtes an?

Der germanischen. Baldur, der Sohn Odins und der Frija, verkörpert das Gute und die Gerechtigkeit. Seine von Loki eingefädelte Ermordung, die der blinde und unwissende Bruder Baldurs, Hödr, mit einem Speer aus Mistelholz ausführt, ist, wie prophezeit, das Zeichen des Beginns der Götterdämmerung.

Wie nennt man im Volksmund den Brocken im Harz?

Blocksberg. Hier findet nach alten Sagen vom 30. April auf den 1. Mai die Walpurgisnacht statt, ein Fest der Dämonen, Hexen, Zauberer zu Ehren des Teufels. Das wilde Hexentreiben auf dem Blocksberg fand u. a. Eingang in Goethes (1749–1832) *Faust I*.

Welche Jungfrau der germanischen Heldensage konnte nur von Siegfried bezwungen werden?

Brunhild, von der das *Nibelungenlied* (um 1200) erzählt, dass Siegfried sie – verborgen unter einer Tarnkappe – erfolgreich für den Burgunderkönig Gunther freite. Dies wird dem arglosen Siegfried zum Verhängnis, denn nach etlichen Verstrickungen wird er schließlich von Hagen von Tronje ermordet.

Woher kommt die Redensart, wie ein Cerberus über etwas wachen?

Aus der griechischen Mythologie, wo Cerberus, der dreiköpfige Höllenhund, die Aufgabe hatte, jeden zu verschlingen, der aus dem Reich des Hades entkommen wollte, und auch zu verhindern, dass Sterbliche die Unterwelt betraten. Orpheus musste ihn mit Musik besänftigen und Herakles gar überwand das Ungeheuer und brachte es ans Tageslicht. Normalsterbliche, hieß es, seien allein beim Anblick des Hundes zu Stein erstarrt.

Welcher Gott der Liebe wird meist als nackter Knabe mit Flügeln dargestellt?

Der Gott der Liebe

Amor, ein Sohn der Venus. Er ist die römische Entsprechung des griechischen Liebesgottes Eros und wird meist mit Pfeil und Bogen auf Menschenherzen zielend dargestellt. Nach den *Metamorphosen des Apuleius* (um 125–180) verliebte sich Amor in die Königstochter Psyche, die er in einen Feenpalast entrückte, wo er mit ihr in menschlicher Gestalt die Nächte teilte, bis sie sein Verbot missachtete und seine Gestalt bei Kerzenschein betrachtete.

Wem gehörte der Sage nach das Schwert Excalibur?

König Artus, der es – wie die Sage berichtet – aus einem Felsen herausgezogen habe, was kein Mensch vor ihm vermocht hatte. So gelangte er auf den Thron Britanniens und ließ die Festung Camelot erbauen, wo er die edelsten Ritter an seiner Tafelrunde versammelte. Als sich Artus im Kampf gegen seinen Neffen eine nicht mehr heilende Wunde zuzog, befahl er, sein Schwert, das dem Besitzer unumschränkte Macht verlieh, in den heiligen See zu werfen. Bevor das geheimnisvolle Schwert ins Wasser eintauchte, ergriff es die „Frau des Sees“ und zog es mit sich in die Tiefe.

Welche Bedeutung haben die Furien in der römischen Mythologie?

Es sind die Rachegöttinnen, die nach der Vorstellung der alten Griechen – wo sie Erinnyen heißen – die Seelen der Ermordeten waren, die nach Rache verlangen und den Schuldigen bis zu seiner gerechten Strafe verfolgen. Davon leitet sich die Bezeichnung Furie für eine rasende, wütende Frau ab.

In welcher Mythologie kommt es zum Untergang der Götter in der Götterdämmerung?

In der nordischen, die eigentlich von der „Ragnarök“ („Geschick der Götter“) spricht. In ihrer letzten Auseinandersetzung kämpfen die Götter gegen die Riesen und Dämonen aus Utgard, von denen der Wolf Fenrir der gefährlichste ist und Odin verschlingt. Auf den Tod der Götter folgt der Untergang der Erde und des Kosmos; aber bereits im Untergang zeichnen die nordischen Barden die Heraufkunft einer neuen Erde und die Wiederkehr der Götter.

Wie hieß der römische Gott des Krieges?

Mars, der bei den Griechen Ares genannt worden war. Mars war der Sage nach der Vater des Romulus und Remus und damit der Stammvater Roms. Der Monat März erhielt seinen Namen ihm zu Ehren.

An welchem Getränk sollen sich die griechischen Göttern gelabt haben?

Am Nektar, der ewige Jugend und Unsterblichkeit verlieh. Er gehörte sozusagen neben Ambrosia zum Hauptnahrungsmittel der Unsterblichen.

Wie nennen die germanischen Sagen die drei Schwestern, die den Schicksalsfaden weben?

Nornen. Zwei von diesen Schwestern seien den Menschen gegenüber freundlich und wohlwollend gewesen, die dritte aber stand den Menschen äußerst skeptisch, ja böswillig gegenüber. Sie war letztlich dafür verantwortlich, dass sich die Fäden des Schicksal gelegentlich auch in für den Menschen unglücklicher Weise verstrickten.

Welche Position nimmt Odin in der Hierarchie der germanischen Götter ein?

Er ist der oberste Gott der zwölf germanischen Hauptgottheiten. Odin ist der Herr über den Erdkreis, er überblickt auf seinem Hochsitz Hlidskjalf in seinem Reich Asgard die gesamte bewohnte Erde. Wenn er sich in die Weltesche Yggdrasil hängt, erlangt er Zauberwissen und Runenkunst. Er ist auch der Gott des Schlachtfeldes, den zwei Raben begleiten. An seiner Tafel bewirtet er die im Kampf Gefallenen.

Welcher behörnte Hirtengott versetzt nach den Vorstellungen der alten Griechen Mensch und Tier in panischen Schrecken?

Pan, den die römische Mythologie als Faunus kennt. Der Lüsternheit des Gottes entkommt die Nymphe Syrinx nur, indem sie in ein Schilfrohr verwandelt wird, aus dem wiederum der Verfolger eine Hirtenflöte, die Panflöte, herstellte.

Welcher Vogel steigt wieder aus der Asche, nachdem er sich selbst verbrannt hat?

Phönix, ein Fabelwesen aus der Antike, das aber bereits bei den Ägyptern Verehrung fand. „Wie ein Phönix aus der Asche steigen" bedeutet im übertragenen Sinn, wenn jemand oder etwas aus dem Nichts eine Wiedererneuerung erfährt.

Welches Aussehen hat die Sphinx der griechischen Mythologie?

Es ist ein Mischwesen mit einem Mädchenkopf und einem geflügelten Löwenrumpf. Schon bei den alten Ägyptern war sie bekannt, wo ihre Monumentalskulptur an Tempeleingängen Wache hält (z. B. in Gizeh). Ödipus löst das Rätsel der Sphinx, das ein Gleichnis auf den Menschen ist, worauf sich das Ungeheuer in die Tiefe stürzt.

Die Sphinx in Gizeh

Welche deutsche Sagengestalt ist ein Waldbewohner des Riesengebirges?

Rübezahl. Volkssagen über den Waldschrat wurden im 17. und 18. Jahrhundert gesammelt. Die Sage kennt den Berggeist und Herrn des Riesengebirges nicht nur als Riesen, sondern auch als Bergmännlein, Geist, Mönch oder auch in Tiergestalt. Er wird als durchweg gutmütig dargestellt, denn er beschenkt die Armen; allerdings führt er Wanderer in die Irre und schickt auch Gewitter, wenn man ihn ärgert.

In welcher südosteuropäischen Gegend treibt nach dem Volksglauben der Vampir Dracula sein Unwesen?

In Transsylvanien (Siebenbürgen). Dieser berühmteste Vampir, der nachts aus seinem Grab steigt und Menschen das Blut aussaugt, geht auf den grausamen Fürsten der

Walachei, Vlad Zepeç („der Pfähler"; †1476/77) zurück, der seine Feinde pfählte. Bram Stoker nahm ihn als Vorlage für seinen Roman *Dracula* (1897).

Wie heißt die griechische Göttin des Sieges?

Nike. Deren Entsprechung in der römischen Mythologie ist Victoria.

Wie heißt die römische Göttin der Liebe?

Venus. Sie entspricht der griechischen Liebesgöttin Aphrodite (griech., „ Schaumgeborene"). Wie Aphrodite, so soll auch Venus dem Schaum des Meeres entstiegen sein. Botticellis *Geburt der Venus* (1478) stellt dies meisterhaft dar.

Wo stand nach den Vorstellungen der Germanen der sagenhafte Baum Yggdrasil?

Im Mittelpunkt der Welt. Yggdrasil ist die Weltesche, ein immergrüner Baum, der drei Wurzeln hat: Unter der einen befindet sich Hel (die Unterwelt), unter der zweiten Utgard, das Reich der Riesen, die sich beim Weltuntergang mit den Göttern eine letzte große Schlacht liefern. Unter der dritten schließlich befindet sich Midgard, die bewohnte Erde. Wenn ihr Stamm erzittert, ist das Weltende nah.

Welche Gottheit verehrten die alten Griechen als Sonnengott?

Helios, der mit seinem von vier feuerschnaubenden Rossen gezogenen Sonnenwagen auf seinem Weg von Ost nach West das Firmament erleuchtete.

Welche Eigenschaft zeichnete den griechischen Heros Herakles besonders aus?

Seine Körperkraft, mit der der Sohn des Zeus so manches Abenteuer zu bestehen hat. Der Mythos berichtet von zwölf Arbeiten, die für jeden Normalsterblichen undurchführbar gewesen wären: die Reinigung der Augiasställe, die Tötung der vielköpfigen Hydra oder die Überwindung des Höllenhundes Cerberus u. a. Herakles wurde in der römischen Mythologie zu Herkules.

Welcher Titan stützt nach der griechischen Mythologie die Himmelssäulen?

Atlas, der nach dem Sieg der olympischen Götter über die Titanen von Zeus dazu verurteilt wurde. Später soll Atlas von Perseus mit Hilfe des Hauptes der Medusa in das nordwestafrikanische Atlas-Gebirge verwandelt worden sein.

Atlas

Welche Jungfrauen der nordischen Mythologie führen die gefallenen Helden nach Walhall?

Die Walküren. Sie sind Odins Botinnen, die auf der Walstatt (Schlachtfeld) mit ihren schnellen Rossen den Helden vorausjagen und die für den Heldentod bestimmten auswählen („kiesen"); deshalb auch ihr Name „Totenwählerinnen".

Wie versuchte die trojanische Seherin Kassandra die Trojaner vor der Tücke der Griechen zu warnen?

Mit ihren sprichwörtlich gewordenen „Kassandra-Rufen". Sie war durch Zeus mit einem Fluch beladen worden: Ihre Prophezeiungen sollten zwar immer richtig sein, aber niemand würde ihnen Glauben schenken. Ungehört blieben deshalb ihre Warnungen vor dem trojanischen Pferd, was zum Untergang Trojas führte.

Welche griechische Göttin galt in der Antike als Göttin der Weisheit?

Pallas Athene

● Athene, Tochter des Zeus, aus dessen Haupt sie in voller Rüstung entsprungen sein soll; eine jungfräuliche Göttin des Krieges wie des Friedens. Sie galt in den griechischen Stadtstaaten und insbesondere Athen als Schutzgöttin. Eines ihrer Kennzeichen ist die Eule, die in der Antike als klügster Vogel galt.

Auf welche griechische Heldensage gründet das geflügelte Wort Einen Augiasstall ausmisten?

● Auf die fünfte Arbeit (von zwölfen), die Herakles von Eurystheus aufgetragen bekommen habe: Der Sage nach habe Herakles die Ställe des Augias, der riesige Viehherden besaß, ausmisten müssen. Herakles bewältigte die Aufgabe an einem Tag, indem er den Fluss Alpheios durch die Ställe leitete.

Hat König Artus wirklich gelebt?

● Ja, und zwar unter dem Namen Arthur als Heerführer und Bezwinger der in Britannien eindringenden Sachsen. 537 soll er gefallen sein. In der Artus-Sage, in der er als idealer ritterlicher König inmitten seiner Tafelrunde dargestellt wird, wurde er unsterblich, v. a. durch die großen mittelalterlichen Ritterepen Chrétien de Troyes (1140–90), Hartmanns von Aue (12./13. Jh.) und Wolframs von Eschenbach (1170–1220).

Warum nahmen die antiken Griechen an, der Olymp sei der Sitz der Götter?

● Weil man in Griechenland näher als auf der Spitze des 2911 Meter hohen Olymp dem Himmel nicht sein konnte. Der Berg wirkt noch beeindruckender, da er sich nicht im Pindos-Gebirge an der griechischen Westküste, sondern an der weniger gebirgigen Ostküste des Landes unweit des Meeres erhebt.

Wie heißt der römische Gott des Weines?

● Bacchus, der dem griechischen Gott Dionysos entspricht. Bacchus/Dionysos ist aber auch der Gott der Exstase und Fruchtbarkeit. In Begleitung von trunkenen Waldgeistern, den Satyrn, veranstaltete er seine Umzüge, denen die rauschhaften Kulte der Bacchanalien nachempfunden wurden, die aus dem Orient kommend sich bei den Griechen und Römern verbreiteten. Diese Feste verliefen mitunter derart ausschweifend und sittenlos, dass sie vorübergehend verboten wurden.

Wozu dient eine Initiation?

● Sie dient der Einführung in eine bestimmte Gruppe (z. B. einen Geheimbund) oder in einen neuen Lebensabschnitt. Bei vielen Naturvölkern bedeutet die Initiation die Aufnahme der Jugend in die Welt der Männer oder Frauen. Sie ist meist mit bestimmten symbolischen Handlungen und Bräuchen, den Initiationsriten, verbunden.

Was sind Werwölfe?

● Im Volksglauben sind dies Menschen, die sich nachts in Wölfe verwandeln und dann Menschen und Tiere töten.

Welche Götter sollen nach altägyptischer Überlieferung die Urahnen aller anderen Götter gewesen sein?

● Der Erdgott Geb und die Himmelsgöttin Nut. Die beiden waren nicht nur Geschwister, sondern auch noch miteinander verheiratet. Die Götter Osiris, Isis, Seth und Nephtys seien – so berichtet die Legende – ihre Kinder gewesen.

Was ist eine Legende?

Die Lebensgeschichte eines Helden oder Heiligen oder einzelne exemplarische Teile aus ihr. Die Bezeichnung ist mit dem mittelalterlichen Brauch verbunden, am Jahrestag eines Heiligen Geschichten aus dessen Leben vorzulesen (lat. legenda [Pl. von legendum], „das zu Lesende").

Wofür soll Tantalos von den Göttern mit nachgerade sprichwörtlichen Qualen bestraft worden sein?

Für einen Frevel. Weil er ihnen seinen eigenen Sohn Pelops als Mahl servierte, wurde Tantalos von den griechischen Göttern in die Unterwelt gestürzt. Dort musste er durstend im Wasser stehen, das zurückwich, wenn er sich danach bückte, während über ihm die köstlichsten Früchte an einem Ast hingen, der zurückschnellte, wenn er danach griff. Noch heute spricht man von „Tantalos-Qualen", wenn etwas ganz nah und gleichzeitig unerreichbar fern zu sein scheint.

Was ist nach altdeutscher Überlieferung ein Erlkönig?

Ein unheimlicher Walddämon, der sich bei Nacht hinter Gebüschen und Bäumen verschanzt und Wanderern auflauert. Bekannt wurde der Erlkönig besonders durch Goethes (1749–1832) gleichnamige Ballade (1782). In der Autoindustrie bezeichnet man die Prototypen neuer Modelle ebenfalls als Erlkönige, da auch sie von der Öffentlichkeit noch nicht gesehen und deshalb nur bei „Nacht und Nebel" getestet werden.

Woraus soll ein Golem bestehen?

Aus Lehm. Der jüdischen Mythologie zufolge können besonders würdige Rabbiner eine menschenähnliche Gestalt aus Lehm erschaffen und sie durch ein in die Stirn geritztes magisches Wort zum Leben erwecken. Entfernt man dieses Wort, fällt der Golem wieder zu einem Lehmklumpen zusammen.

Was ist im nordischen Volksglauben ein Troll?

Ein Dämon oder Kobold, der seine Gestalt verändern kann, meist jedoch als Riese oder Zwerg beschrieben wird. Trolle haben die Fähigkeit den Menschen Krankheiten anzuhexen. Um nicht ihre geheimen Kräfte zu verlieren, müssen sie sich im Dunklen aufhalten.

Worin besteht der Unterschied zwischen einem Märchen und einem Mythos?

Ein Mythos gehört zum elementaren Kulturgut eines Volkes und liefert meist eine magische Erklärung für die Entstehung des Universums. Ein Märchen dagegen behandelt meist soziale Konflikte, wie etwa den zwischen Alt und Jung.

Was ist ein Einhorn?

Ein Fabelwesen in Pferdegestalt, das ein spitzes Horn in der Mitte der Stirn trägt. Einhörner sind jedoch in verschiedenen Kulturvölkern auch als Esel-, Rhinozeros- und Stiergestalt bekannt. Das Horn kann ein Symbol für die jungfräuliche Reinheit und der Liebe sein. Das Einhorn kann der Sage nach auch nur von einer reinen Jungfrau gefangen und gezähmt werden.

Einhorn

Was versteht man unter Kulturheroen?

Mystische Helden, die in der Entstehungszeit der Menschheit außergewöhnliche Taten vollbrachten, von denen die Menschheit profitierte. Ein Kulturheros ist so z. B. der griechische Titan Prometheus, der den Göttern das Feuer stahl und es den Menschen schenkte.

Auf die angeblichen Tricks welcher Zauberin wird angespielt, wenn man sagt, dass ein Mann von einer Frau „becirct“ wird?

Circe. Wie ein griechischer Mythos berichtet, sei Odysseus mit seinen Gefährten auf der Rückreise von Troja nach Ithaka auf ihre Insel gekommen. Circe habe seine Freunde in Schweine verwandelt, während Odysseus sich durch ein Kraut dagegen schützte. Nachdem er sie überwältigt hatte, verbrachte er noch ein ganzes Jahr bei ihr, seine Gefährten erhielten wieder ihre menschliche Gestalt.

Circe und Odysseus

Wie wurde der römische Gott des Torbogens, Janus, verehrt?

Durch einen kurzen, morgendlichen Blick nach hinten und nach vorn. Janus, „der Doppelgesichtige“, war der Gott aller Dinge, die zwei Seiten haben. So wurde er oft auf Toren oder über Türen abgebildet.

Welches Tier soll bei der germanischen Götterdämmerung den obersten Gott Odin verschlingen?

Der Wolf Fenris – er gilt als Sprössling des Gottes Loki und wird als Dämon der Vernichtung selbst von den Göttern gefürchtet. Nachdem Fenris neben Odin auch Mond und Sonne verschlungen hat, bricht nach der germanischen Mythologie die dunkle „Wolfszeit“ über die Welt herein.

Woher stammt der Begriff Hypnose?

Von Hypnos, dem griechischen Gott des Schlafes. Hypnos war der Sohn der Nachtgöttin Nyx und der Zwillingsbruder des Thanatos („Tod“). Hypnos musste in der Unterwelt leben und erblickte nie das Licht der Sonne.

Welche Waffe wird dem germanischen Donnergott Thor zugeschrieben?

Einen magischen Hammer, genannt „Mjöllnir“. Diese mächtige Waffe wurde von den Zwergen erschaffen und galt als Instrument sowohl der Zerstörung als auch der Fruchtbarkeit und Wiederbelebung. Zusammen mit seinem Hammer beschützte Thor die germanischen Götter vor ihren Erzfeinden, den Reifriesen.

Welcher griechische Held durfte seine Frau aus der Unterwelt zurückholen?

Orpheus. Der Sänger wagte sich in das Reich des Hades und fand dort seine verstorbene Frau, verlor sie aber wieder, weil er sich zu früh nach ihr umdrehte.

Was befindet sich im Heiligen Gral?

Der Überlieferung nach das Blut Christi, das in einem Kelch aufgefangen wurde, nachdem Jesus mit einem Speer in die Seite gestochen worden war. König Artus' Ritter der Tafelrunde hatten es sich zur Aufgabe gemacht, den verschollenen Heiligen Gral zu finden. Richard Wagner (1813–83) benutzte diesen Stoff als Vorlage für seine Oper *Parsifal*.

Was gilt als der älteste aufgezeichnete Mythos der Welt?

Das *Gilgameschepos*, in dem die Taten des gleichnamigen sumerischen Königs im 12. Jahrhundert v. Chr. auf zwölf Tafeln aufgezeichnet wurden. Das *Gilgameschepos* ist das bedeutendste literarische Werk der Babylonier, in dem auch eine ursprüngliche Fassung der Sintflut-Sage vorkommt.

Welchen Beruf übte nach der griechischen Mythologie Charon aus?

Er war der Fährmann, der die Verstorbenen über den Fluss Styx ins Reich der Toten brachte.

Was ist die Heilige Lanze?

Der christlichen Legende nach die Lanze, mit der dem am Kreuz hängenden Jesus in die Seite gestochen wurde. Ähnlich wie der „Heilige Gral" (in dem das hervorquellende Blut aufgefangen wurde) hat auch die „Heilige Lanze" besondere, wundertätige Eigenschaften.

Wer war Osiris?

Der ägyptische, oft als Mumie dargestellte Gott des Totenreiches. Seine Gemahlin ist die Göttin Isis.

Wer wohnt nach germanischer Vorstellung in Asgard?

Die Götter. Über die Regenbogenbrücke (Bifröst) konnte man zwischen der Welt der Götter und der Welt der Sterblichen (Midgard) verkehren.

Um welche drei Hauptgottheiten der alten Ägypter ranken sich zahlreiche Mythen?

Isis, Osiris und Horus. Zwar verehrten die Ägypter zahlreiche Götter, doch im Mittelpunkt ihres Glaubens und ihrer Mythologie stand dieses Trio aus Mutter (Isis), Ehemann und Bruder (Osiris) und Sohn Horus.

Wer vertauschte nach einem altgriechischen Mythos seinen Fuß mit einem Weinstock und richtete deshalb ein Massaker an?

Der erblindete Sohn des Kriegsgottes Ares, Lykurgos. Er habe sich, so wird berichtet, beim Versuch mit dem Beil einen alten Weinstock abzuhauen versehentlich einen Fuß abgehackt und sei darüber so in Rage geraten, dass er nicht nur seine Familie, sondern sich schließlich auch selbst umbrachte.

Welche Gestalt der griechischen Mythologie tötet seinen Vater und heiratet seine Mutter?

Ödipus, der seinem Schicksal, das ihm das Orakel von Delphi eröffnet hatte, nicht entkommen kann. Bevor er unwissend seine Mutter Iokaste, die Königin von Theben, heiratet, löst er die Rätsel der Sphinx. Nach Offenlegung der Zusammenhänge blendet sich Ödipus und Iokaste erhängt sich. In der Tiefenpsychologie Sigmund Freuds (1856–1939) spielt der nach dem Mythos benannte „Ödipus-Komplex" eine wichtige Rolle.

Ödipus und die Sphinx

Was versteht man unter der Mythologie eines Volkes?

Die Gesamtheit aller religiös bedeutsamen Sagen, Legenden, Mythen und Märchen einer bestimmten Kultur. Der Begriff kann durch eine Umetikettierung erweitert werden, man spricht dann z. B. von antiker Mythologie und meint die Gesamtheit aller antiken Sagen, Mythen etc.

Wie bezeichnet man die Vorstellung, dass alle Phänomene und Naturerscheinungen Götter seien?

Theomorphose. In nahezu allen europäischen Mythologien der Antike findet man die Vorstellung, Flüsse, Seen, Meere oder Berge, auch Luft, Wasser oder Erde sowie Weisheit, Glück, Wankelmut, Jahreszeiten u. Ä. seien nicht allein von Göttern gemacht, sondern sie seinen selbst Götter. Daher können sich dann auch Legenden um derart personifizierte Flüsse ranken, wie z. B. beim Rhein, der von den Römern als Rhenus verehrt wurde.

An welchem sagenhaften Ort habe sich – so die Sage – König Artus' Hof befunden?

König Artus

In Camelot. Der König der keltischen Briten zog sich nach seiner Verwundung, die er im Kampf mit seinem Neffen Modred erlitt, auf die Feeninsel Avalon zurück, wo er Heilung suchte.

Ist die Legende der Sintflut eine Erfindung des Alten Testaments?

Nein, die Geschichte einer gewaltigen Flut, die nahezu die gesamte Menschheit vernichtet, die wir aus dem Alten Testament kennen, basiert auf sehr viel älteren sumerischen und akkadischen Legenden. Wie im Alten Testament steht auch hier nicht allein der göttliche Ratschluss, die Menschen durch eine Sintflut zu vernichten, im Mittelpunkt, sondern auch wie das Menschengeschlecht letzten Endes dann doch noch gerettet wird.

Über welche verschiedenen Sphären herrschen nach altgriechischen Vorstellungen Zeus, Poseidon und Hades?

Die drei Götter sollen, so berichtet die Legende, das Universum unter sich ausgelost haben. Zeus erhielt dabei den Himmel, Poseidon das Meer und Hades die Unterwelt. Der Olymp, Sitz der Götter, wie auch die Erde fiel allen dreien gemeinsam zu.

Warum muss sich die Menschheit nach den Vorstellungen der alten Griechen mit Leid, Elend, Hunger, Tod und anderen Übeln plagen?

Wegen der Neugierde der Pandora. Diese Schwägerin von Prometheus nämlich, der den Menschen das Feuer gebracht hatte und deshalb von Zeus betraft werden wollte, erhielt vom Göttervater eine Büchse geschenkt, die alles Unheil enthielt. Zeus wusste wohl um die Neugier der Pandora, denn als diese die Büchse öffnete, entwichen die Plagen, mit denen sich die Menschen bis heute herumzuärgern haben.

Wie wird in der griechischen Sagenwelt der Kampf des alten Göttervaters Kronos gegen seine Kinder bezeichnet?

„Kampf der Titanen". Kronos habe mit seinem gesamten Geschlecht, den Titanen, seine eigenen Kinder, Zeus, Hestia, Pluto, Poseidon, Demeter und Hera bekämpft, um die Herrschaft über das Universum zu behalten. Die Titanen seien, nachdem sie diesen Kampf verloren hätten, von Zeus und seinen Geschwistern in die Unterwelt vertrieben worden.

Wessen Anblick lässt nach der griechischen Sage einen Menschen zu Stein erstarren?

Der Anblick der Medusa, einer von den drei Gorgonen, die uns als bärtige weibliche Ungeheuer mit Schlangenhaar, Eberzähnen und Pferdegesäß vorgestellt werden. Mit abgewandtem Gesicht soll der Sagenheld Perseus der Medusa ihren hässlichen Kopf abgeschlagen haben.

Wie hießen die der Göttin des Feldes und des Ackerbaus geweihten Feste im alten Rom?

Cerealien. Die Göttin Ceres und ihre Tochter Proserpina wurde von den römischen Unterschichten besonders verehrt und alle

Strafgelder, die auf den Märkten Roms eingezogen wurden, wanderten unmittelbar in die Kassen des Cerestempels. Über die Mutter und ihre Tochter wurden viele Legenden erzählt, die dann gerade während der Cerealien auch in Form von Mysterienspielen dargestellt wurden.

Um welches reiche und wohlhabende, aber untergegangene Inselkönigreich ranken sich seit der Antike zahlreiche Legenden?

Atlantis. Selbst der Philosoph Platon (um 427–327 v. Chr.) beteiligte sich an den Spekulationen und mutmaßte, das riesige Inselreich sei von den Göttern wegen des arroganten und selbstgefälligen Verhaltens seiner Bewohner vernichtet worden. Tatsächlich, so hat die moderne Forschung gezeigt, wurde in der Atlantissage die Zerstörung der Insel Thira, das heutige Santorin, bei einem Vulkanausbruch um 1500 v. Chr. verarbeitet.

Wer sitzt nach altgriechischer Mythologie meist betrunken auf einem Esel?

Silen, den man zum Gefolge des Gottes des Weins, Dionysos, zählt. Er gilt als Sohn des Götterboten Hermes und einer Nymphe und sei – wie es heißt – stets betrunken gewesen. Dennoch habe sich Dionysos z. B. beim Kampf gegen die Giganten stets auf seinen alten Freund und Begleiter verlassen können.

Von welchen lieblichen Wesen berichtet die römische Legende, sie hätten Menschen in den Wahnsinn treiben können?

Von den Nymphen, weiblichen Naturdämonen, die meist als jugendliche und anmutige Wesen dargestellt werden. Obgleich sie den Menschen zuweilen außergewöhnliche Freude bereiteten, sollen sie auch für den Wahnsinn manches Zeitgenossen verantwortlich gewesen sein.

Welches von einer Wölfin gesäugte Zwillingspaar hat der Sage nach Rom gegründet?

Romulus und Remus, die in der römischen Mythologie Söhne des Mars sind. Remus wird beim Bau der Stadt von Romulus erschlagen, der der Stadt auf Befehl der Götter seinen Namen gibt.

Romulus und Remus werden von der Wölfin gesäugt

Welches göttliche Wesen musste einem römischen Mythos zufolge für seine Geschwätzigkeit bitter büßen?

Die Nymphe Lara. Sie habe, so berichtet der Mythos, überall erzählt, dass Jupiter ein Liebesverhältnis habe. Der Göttervater ließ Lara zur Strafe von Merkur in die Unterwelt verschleppen, wo dieser sie geschändet haben soll.

Welchen Gott soll Lykurgos, der Sohn des Kriegsgottes Ares, in mörderischer Absicht aus seinem Reich vertrieben haben?

Dionysos, den Gott des Weines. Da sich beide nicht besonders gut verstanden haben, soll Lykurgos Dionysos aus seinem Reich vertrieben und ins Wasser gejagt haben. Dionysos wurde zwar gerettet, aber Zeus wurde angesichts des Vorfalls so wütend, dass er Lykurgos zur Strafe erblinden ließ.

Welche römische Göttin reitet einer Legende zufolge auf einem Elefanten?

Aeternas, die die Römer als personifizierte und vergöttlichte Ewigkeit verehrten. In der altrömischen Mythologie reitet sie auf einem Elefanten oder einem Löwen, oder sie sitzt auf von einem von Elefant oder Löwe gezogenen Wagen. Die sich in den eigenen Schwanz beißende Schlange ist ein wichtiges Symbol dieser Gottheit, was nicht zuletzt auf die zyklischen Zeitvorstellungen der alten Römer verweist.

Worauf geht die auch heute noch gängige Redewendung vom Prokrustesbett zurück?

Auf eine antike Sage. Sie berichtet, dass sich der Räuber Prokrustes für seine Gefangenen etwas ganz Besonders habe einfallen lassen. Sie seien nämlich in ein Bett gesteckt worden, das ihnen immer entweder zu groß oder zu klein war. Um dieses Missverhältnis auszugleichen, ließ Prokrustes den einen die überstehenden Gliedmaßen abhacken, die anderen wurden gestreckt.

Was mussten nach ägyptischer Mythologie die Seelen der Verstorbenen zunächst leisten, bevor sie sich vor dem Totengericht verantworten konnten?

Sie mussten die Unterwelt durchqueren, was nach altägyptischer Legende alles andere als ungefährlich gewesen sein soll. Den überall lauernden Dämonen, die sich der Seelen zu bemächtigen versuchten, konnte man aber mit Zaubersprüchen begegnen, die man schon zu Lebzeiten auswendig gelernt hatte.

Das Feuer welcher Göttin durfte nie erlöschen?

Das Feuer der Vesta, der Göttin des Herdes und des Herdfeuers. Auf ihrem Altar im römischen Vestatempel brannte ein ewiges Feuer, das von den Priesterinnen der Vesta, den Vestalinnen, gepflegt wurde. In Griechenland wurde Vesta als Hestia verehrt.

Unter welchem Namen kennt die griechische Mythologie ein merkwürdiges Mischwesen aus Mensch und Stier?

Als Minotaurus. Die altgriechische Legende berichtet, dass die Ehefrau des Königs von Kreta sich in einen Stier verliebt und mit diesem den Minotaurus gezeugt habe. Ihr königlicher Ehemann habe den Bastard schließlich in ein Labyrinth einkerkern lassen, musste aber zahlreiche Kriege führen, um ihn zu ernähren. Der Sagenheld Theseus soll schließlich den Minotauros erschlagen haben.

Minotaurus

Galten die antiken Götter entweder als ausschließlich gut oder als ausschließlich böse?

Nein, im Gegenteil. Den meisten Göttern wurden sowohl gute wie auch schlechte Eigenschaften zugesprochen – und manche Götter fürchteten die Zeitgenossen auch gerade wegen ihres Wankelmuts. Musterbeispiel hierfür ist die römische Göttin Fortuna, die weder als gut noch als böse, sondern nur als unstet, launenhaft, sprunghaft und hektisch galt.

Als Heimstatt welcher antiken Göttin galt die Mittelmeerinsel Zypern?

Die Insel galt in der Antike als Heimat der Aphrodite, die hier an Land gegangen sein soll. Das religiöse Leben der Zyprioten war daher von einer besonderen Verehrung der Liebesgöttin geprägt, die aber nicht nur in

Liebesdingen, sondern tatsächlich in allen wichtigen Fragen menschlichen Daseins um Beistand gebeten wurde. Der Aphroditekult blieb in christlicher Zeit in Form einer ausgeprägten Marienverehrung der zypriotischen Bevölkerung erhalten.

Welche religiöse Bedeutung hatte für die alten Römer der Herd in der Mitte ihrer Wohnungen und Häuser?

Hier war der Ort, an dem man die Penaten, die römischen Haus- und Schutzgötter, verehrte. Aufgabe der Penaten war es, die Familie und deren tägliches Auskommen zu beschützen. In der Nähe des Herdes standen Holzfiguren, die die Penaten darstellten, hier brachte man ihnen auch die regelmäßigen Opfer dar.

In der römischen Religion galt die Achtung der Laren als besonders wichtig. Wer waren diese Laren?

Die Seelen verstorbener Familienmitglieder. In jeder noch so kleinen Mietswohnung des alten Rom befand sich ein kleiner Altar mit Holzbildern der verstorbenen Familienangehörigen, denen man am Ersten eines Monats ein Opfer darbrachte. Mithin kannte jede Familie andere Laren, deren Hauptaufgabe es war, die noch lebenden Mitglieder eben dieser Familie zu beschützen.

Warum bezeichneten die Priesterinnen der römischen Göttin Bona Dea an bestimmten Festtagen den Wein, den sie konsumierten, als Milch?

Weil sie an den der Göttin Bona Dea (lat. „gute Göttin") geweihten Festtagen eigentlich gar keinen Wein trinken durften. Bona Dea, die auch als Fauna verehrt wurde, galt als Göttin des Weissagens. An ihrem Kult durften nur Frauen teilnehmen, was beweist, dass in der römischen Antike, Frauen selbstverständlich auch Wein trinken durften.

Welches Volk verehrte den Göttervater Teutates, den Herr der Unterwelt Cernunnos und den Kriegsgott Lenus?

Die Kelten. Neben diesen drei wichtigsten Göttern war dieses Volk aber schon in der Antike für seinen ausgesprochen großen Götterhimmel bekannt. Dies lag daran, dass die Kelten nahezu sämtliche Naturerscheinungen vergöttlichten und auch hinter Bergen, Flüssen oder Seen Gottheiten vermuteten.

Die römische Göttin Diana glich in vielerlei Hinsicht einer von den alten Griechen verehrten Gottheit. Welcher?

Sie gleich der Artemis, die wie sie als Göttin der Jagd verehrt wurde. Allerdings galt Artemis – im Unterschied zu Diana – auch als Göttin des Todes, denn, obgleich sie als schützende und Heil bringende Göttin der Frauen galt, sagte man ihr auch nach, sie könne den Menschen v. a. weiblichen Geschlechts den plötzlichen und unerwarteten Tod bringen.

Die Göttin Diana

Die Furcht vor dem Tod ist für nahezu alle Religionen von größter Bedeutung – wie drückten die alten Römer diese Furcht aus?

Indem sie dem Gott des Todes, Pluto, nur mit abgewandtem Gesicht Opfer darbrachten. Die Menschen fürchteten den finsteren Pluto, ebenso wie sie den Tod fürchteten, denn der Gott und der Tod galten als zwei Seiten ein und derselben Medaille. Hinzu kam, dass die römische und die griechische Religion kaum dem Christentum ähnliche Vorstellungen vom Jenseits hatte: Nach dem Tod erwarteten sie nichts als die düstere Unterwelt, das Reich des Pluto (oder bei den Griechen des Hades). Erst zur römischen Kaiserzeit entwickelten sich neben dem Christentum auch Religionen, in denen man an die Wiederauferstehung des Menschen nach dem Tode glaubte.

Die Festtage welchen römischen Gottes wurden auch als Lupercalien bezeichnet?

● Die dem Waldgott Faunus geweihten Festtage. Der Gott beschützte, so glaubten die Römer, Herden vor umherstreunenden Wölfen, weshalb die ihm geweihten Festtage auch Lupercalien (von lat. lupus, „Wolf") genannt wurden. Die Römer stellten sich Faunus mit Bockshorn und Bocksfuß vor.

Welchen zweigesichtigen Gott verehrten die Römer als Gott des Übergangs?

● Janus, den man stets mit zwei Gesichtern – einem rückwärts- und einem vorwärtsblickenden – darstellte. In Kriegszeiten ließ man Türen seiner Tempel offen stehen, um zu signalisieren, dass Janus nicht zu Hause, sondern bei den Legionären im Feld war. Als Gott des Übergangs wurde ihm auch der erste Monat des Jahres, der Januar, geweiht.

Hera gilt als die griechische Göttermutter, wie heißt ihr römisches Pendant?

● Juno, die als die Göttin aller weiblichen Wesen galt und als höchste Himmelsgöttin in ihrem Heiligtum auf dem Kapitol verehrt wurde. Juno wurde stets als Matrone mit Helm, Panzer, Schild und Speer dargestellt und als besondere Schutzherrin der Ehe verehrte. Ihr war der sechste Monat des Jahres, der Juni, geweiht.

Wer war Narziss?

● Der griechischen Mythologie zufolge ein schöner Jüngling, in den sich unzählige Frauen verliebten, die er aber alle zurückwies. Als Strafe der Rachegöttin Nemesis verliebte sich Narziss unsterblich in sein eigenes Spiegelbild, dass er im Wasser eines Teiches erblickte. Er konnte sich nicht von seinem Ebenbild trennen und verwandelte sich in eine Narzisse, die Blume der Unterwelt.

Die alten Griechen verehrten Zeus als Göttervater, kannte die Religion der Römer einen ähnlichen Gott?

● Ja, und zwar Jupiter, der von den Römern als mächtigster und höchster Himmelsgott angebetet wurde. Schon früh wurde Jupiter mit dem griechischen Zeus gleichgesetzt. Sein römischer Haupttempel lag im Zentrum der Stadt, unmittelbar am Kapitol, wo man ihn als Jupiter Optimus Maximus (lat. „der „Größte und Beste") verehrte.

Zeus, Bronzestatue

Warum geriet das dem Gott Saturn geweihte religiöse Fest in Verruf?

● Die Saturnalien, ein dem Gott Saturn geweihtes mehrtägiges Fest am 17. Dezember, glichen in mancherlei Hinsicht dem Karneval oder der Fastnacht der christlichen Kulturkreise. Denn anlässlich dieser Feiern gab es Maskenumzüge und Nahrungsmittel wurden kostenlos an die Bevölkerung verteilt. Ebenfalls wie im Karneval wurde exzessiv Alkohol konsumiert und die Feiernden gaben sich wohl auch anderen Exzessen hin, die das eigentlich religiöse Fest in Verruf brachten.

Welche Bedeutung hatte das Chaos in der altgriechischen Religion?

● Es stand nach den religiösen Vorstellungen am Beginn aller Zeiten vor der Entstehung der Dinge. Aus diesem Grund verstanden die Griechen unter Chaos auch etwas grundlegend anderes als der Begriff heute nahe legt. Tatsächlich meinten sie damit nämlich die „gähnende Leere".

Wie entstand den germanischen Sagen nach der Mensch?

● Die drei Brüder Odin, Vili und Ve finden an einem Strand zwei Baumstämme, die sie zu Menschen formen. Anschließend werden den Gestalten Leben, Verstand, die Sinneswahrnehmungen, Wärme und Farbe eingehaucht. Damit waren Mann und Frau erschaffen.

Welche Bedeutung kam in der Mythologie Seeschlangen zu?

● Die Ungeheuer versetzten die Seeleute in Angst und Schrecken, da der Glaube weit verbreitert war, sie würden Schiffe zerstören. Die Angst vor ihnen wurde möglicherweise durch Abbildungen zusätzlich geschürt, die riesige Schlangen zeigten. Noch heute rankt sich ein Mythos um ein solches „Monster", Nessie, die angeblich im schottischen Loch Ness leben soll. Angeblich wurde sie bereits von tausende Menschen gesichtet, ein Beleg für die Existenz konnte aber bis heute nie geliefert werden.

Wer waren die Asen und die Vanen?

● Der germanischen Mythologie zufolge handelte es sich um zwei Göttergeschlechter. Diese lagen miteinander im Streit und führten kriegerische Auseinandersetzungen, bis sie sich schließlich zu einer mächtigen Gemeinschaft zusammenschlossen. Gemeinsam lebten sie in Ansgard, eine herausragende Stellung hatte der Asen-Gott Odin.

Was ist eine Sibylle?

● In der griechischen und römischen Mythologie wurden so Seherinnen bezeichnet. In Ekstase konnten sie zukünftige Ereignisse vorhersehen. Meist handelte es sich dabei um unheilvolle Geschehnisse, wie etwa den Trojanischen Krieg.

Welche Nymphe der griechischen Mythologie verwandelte sich in einen Lorbeerbaum?

● Daphne, Tochter des Flussgottes Peneios. Die Jägerin hatte allen Liebhabern entsagt. Als sich der Gott Apollon, u. a. der Gott der Dichtung, in sie verliebte und sie ihn abwies, verfolgte er sie durch die Wälder. Daphne flehte ihren Vater um Hilfe an, der sie daraufhin in einen Lorbeerbaum verwandelte. Der verschmähte Liebhaber erklärte den Baum für heilig und die Blätter wurden zum Symbol für die Dichtung schlechthin.

Wer waren in der griechischen Mythologie die Horen?

● Sie waren die Göttinnen der Jahreszeiten. Die Töchter der Titanin Themis waren Thallo, die Göttin der Blüte, Auxo, Göttin des Wachstums, und Karpo, Göttin der reifen Früchte. Später wurden so auch als Göttinnen mit einer „sittlichen" Bedeutung verehrt, nämlich als Dike (Recht), Eunomia (Gesetzlichkeit) und Eirene (Friede).

Thomas von Aquin

Warum wird die Theorie über das Eigentum in der katholischen Soziallehre gerne als Primärkommunismus bezeichnet?

Weil seit Thomas von Aquin (ca. 1225–74) die Auffassung vorherrscht, dass Gott die Erde und ihre Güter für alle Menschen gleichermaßen geschaffen hat; aus diesem Gemein-Eigentum sei dann das Privat-Eigentum entstanden, woraus somit eine Sozialpflichtigkeit entspringe, zu der auch die Pflicht zum Einsatz des Privateigentums für den gemeinen Nutzen gehöre.

Wer lebt nach der Lehre des Epikur in so genannten Intermundien (Zwischenwelten)?

Die Götter. Epikurs (342–271 v. Chr.) Auffassung nach sind es leere Zwischenräume zwischen den Welten; hier wohnen die Götter und kümmern sich folglich nicht um die Welt.

Wer war Max Weber?

Der Begründer der modernen Soziologie. Weber (1864–1920), dessen methodische und theoretische Wirkung bis heute anhält, definierte die Soziologie als Wissenschaft vom „sozialen Handeln", die dieses Handeln deutend verstehen und erklären sollte. Als Politiker war Weber Mitbegründer der Deutschen Demokratischen Partei und nahm an den Verhandlungen in Versailles teil.

Wer war der wichtigste Vertreter des Positivismus?

Der britische Philosoph und Volkswirtschaftler John Stuart Mill (1806–73). Mill hatte großen Einfluss auf die Gedankenwelt der Philosophie und Volkswirtschaft im England des 19. Jahrhunderts. Seiner Meinung nach ist die Grundlage der Philosophie die Psychologie und die Erfahrung die einzige Quelle der Erkenntnis. Als Parlamentarier setzte er sich für das öffentliche Eigentum an Ressourcen, die Gleichstellung der Frauen, die Schulpflicht sowie für die Geburtenkontrolle ein. Zu Mills wichtigsten Werken zählt die Schrift *Principles of Political Economy*.

Was versteht man unter einer Gretchenfrage?

Eine heikle Frage, benannt nach der Frage Gretchens an Faust, wie er's denn mit der Religion halte. Faust hatte sich, wie man weiß, dem Teufel (Mephisto) verschrieben.

Wer war die Lebensgefährtin von Jean-Paul Sartre (1905–80)?

Die französische Schriftstellerin Simone de Beauvoir (1908–86). Ihre Werke kreisen um das Thema der Emanzipation der Frau (*Memoiren einer Tochter aus gutem Hause*; *Das andere Geschlecht*).

In welchem Zweig der Psychologie arbeitete C. G. Jung?

In der Tiefenpsychologie. Nach Jung (1875–1961) ist das Unbewusste neben den erworbenen Verhaltensmustern auch durch ererbte Archetypen geprägt, in denen die ganzen zurückliegenden Erfahrungen der Menschheit vereinigt sind. Jung gründete 1948 ein eigenes Institut in Zürich und grenzte sich von Sigmund Freud (1856–1939) ab.

Was ist das Ziel der Psychoanalyse?

Mit der von Sigmund Freud (1856–1939) entwickelten Behandlungsmethode sollen verdrängte (Kindheits-)Erfahrungen ins Bewusstsein zurück geholt werden. Solche verdrängten Erlebnisse, oft sexueller Natur, sollen eine wesentliche Ursache für seelische Erkrankungen sein. In Einzelsitzungen, klassischerweise auf der Couch des Psychiaters, versucht man sie bewusst zu machen – und schon dieses Bewusstmachen sei, so Freud, der erste Schritt auf dem Weg zur Genesung.

Wer war Albertus Magnus?

Albertus Magnus

Einer der bedeutendsten Gelehrten der Scholastik und des ganzen Mittelalters. Er führte die Philosophie des Aristoteles ins Abendland ein. Albert (um 1193–1280) war Lehrer des Thomas von Aquin.

Wozu soll ein Rorschachtest dienen?

Der von dem Schweizer Psychiater H. Rorschach (1884–1922) entwickelte Persönlichkeitstest soll persönliche Konflikte, Gefühle und Einstellungen einer Person aufzeigen. Der Therapeut beurteilt die Reaktion des Patienten auf eine Reihe von standardisierten Tintenklecksbildern. Der „Formdeute-Test" spielt heute kaum noch eine Rolle.

Was bedeutet der Begriff Unterbewusstsein?

Der Begriff bezeichnet seelische Vorgänge, die unterhalb des Bewusstseins stattfinden und von diesem im Wesentlichen unbeeinflussbar sind. Umgekehrt können sie aber unter bestimmten Umständen auf das Bewusstsein und damit das Handeln des Menschen einwirken.

Welche Lehre beschrieb Funktion und Niedergang des Kapitalismus und die Entwicklung zu sozialistischen und kommunistischen Gesellschaftsformen?

Karl Marx

Der Marxismus, begründet von Karl Marx (1818–83) und Friedrich Engels (1820–95). Die philosophische Deutung des Weltgeschehens übernimmt der dialektische Materialismus, die Deutung der Geschichtsprozesse erklärt der historische Materialismus, die politische Ökonomie beschreibt die gesellschaftlichen und wirtschaftlichen Strukturen des Kapitalismus und der wissenschaftliche Sozialismus zeichnet das Zukunftsbild der sozialistischen Gesellschaft.

Welcher deutsche Philosoph gilt als Vollender des deutschen Idealismus und stellte sein Lehrsystem in der Phänomenologie des Geistes dar?

Georg Wilhelm Friedrich Hegel (1770–1831). Hegel wollte mit seiner Philosophie die Einheit von Sein und Denken nachweisen, die sich in dialektischen Schritten zu einem „Absoluten" hin vollzieht („Alles Vernünftige ist wirklich, und alles Wirkliche ist vernünftig."). Hegels Werk sowie seine postum veröffentlichten *Vorlesungen* übten großen Einfluss auf den Marxismus u. a. philosophische Lehren aus.

Wie hieß der **Erzieher und Bildungsreformer**, der als geistiger Wegbereiter der modernen Volksschule gilt?

● Johann Heinrich Pestalozzi (1746–1827). Der Schweizer Erzieher gründete mehrere Erziehungsheime und wirkte 20 Jahre lang in Iferten im Waadtland. Nach seinem Vorbild wurde das Erziehungswesen vieler Länder Europas umgestaltet.

Welcher Philosoph war Lehrer Kaiser **Neros**?

Seneca

● Lucius Annaeus Seneca (4 v. Chr.–65 n. Chr.). Der Anhänger der stoischen Lehre wurde 48 n. Chr. Erzieher des kommenden Kaisers. Dieser bedankte sich bei seinem Lehrer in der für in typischen Weise: Nero (37–68 n. Chr.) bezichtigte Seneca der Verschwörung und forderte ihn zum Selbstmord auf. Diesem Befehl kam Seneca nach und öffnete sich im Kreis seiner Freunde die Pulsadern

Welcher **deutsche Philosoph** und **Musikästhetiker** wird zur Frankfurter Schule gerechnet?

● Theodor Wiesengrund Adorno (1903–69). Sein Hauptwerk befasst sich mit den Funktions- und den Wirkungsweisen des Faschismus, die dieser auf die Moral der Zeit nach Auschwitz ausübte.

Welche philosophische Richtung prägten **Albert Camus** und **Jean-Paul Sartre**?

● Den Existenzialismus, der sich u. a. stark an die Philosophie Martin Heideggers anlehnte. Der Existenzialismus erlangt v. a. bei Sartre (1905–80) eine atheistische, nihilistische und zuletzt auch marxistische Orientierung. Der Mensch, dem Sartre allein Wirklichkeit zuerkennt, müsse sich sein eigenes Sein schaffen. Camus (1913–60) beschrieb das Wesen des Menschen als Revolte gegen die Absurdität des Daseins (*Der Mythos von Sysiphos*).

Welche philosophische Disziplin beschäftigt sich mit der **Frage, was der Mensch überhaupt erfahren und wissen** kann?

● Die Erkenntnistheorie, die auch als Ästhetik bezeichnet wird. Sie versucht auch zu erklären, welche methodischen Mittel anzuwenden sind, um Erkenntnis möglich zu machen.

Welche philosophische Disziplin befasst sich mit dem **folgerichtigen Denken**?

● Die Logik, als deren Begründer Aristoteles (384–322 v. Chr.) angesehen wird. Ziel ist es, über Sachverhalte schlüssig zu befinden und zu argumentieren. Hierbei stehen die Begründungsverfahren der Deduktion (Das Besondere wird vom Allgemeinen abgeleitet) und der Induktion (Das Allgemeine wird über das Besondere hergeleitet) zur Verfügung.

Welcher **deutsche Sozialphilosoph** entwarf eine marxistisch orientierte Sozialtheorie innerhalb der Frankfurter Schule?

● Jürgen Habermas (*1929), der in historischen Untersuchungen den Strukturwandel der Gesellschaft und die Bedingungen von politischen Entscheidungsprozessen in bürgerlich-liberalen, d. h. kapitalistischen Gesellschaften erforschte. Er entwickelte den Begriff des „erkenntnisleitenden Interesses“ in den Wissenschaften, mit dem er den in den 60er-Jahren vorherrschenden Wissenschaftspositivismus bekämpfte. Habermas hatte wesentlichen Einfluss auf die Studentenproteste des Jahres 1968.

Rafael: *Die Schule von Athen*. Im Zentrum stehen Platon (links) und Aristoteles (rechts)

Wer zählt neben Platon und Sokrates zu den bedeutendsten Philosophen der Antike?

● Aristoteles (384/3–22 v. Chr.) aus Stageira (Chalkidike), weshalb man ihn auch Stagirit nannte. Seine wissenschaftliche Philosophie, mit der er die wissenschaftlichen Einzeldisziplinen ergründete, bliebe von der Antike bis heute gleichsam in jeder Wissenschaft das Maß aller Dinge. Er unterschied die theoretische Philosophie, zu der er die Metaphysik rechnete, und die praktische Philosophie, die sich mit dem richtigen Handeln befasst. Hierher gehören seine Werke *Ethik* und *Politik*. Hinzu kommt noch seine Logik, als Lehre vom richtigen Denken und Schließen.

Welche europäische Geistesbewegung des 18. Jahrhunderts forderte den Menschen auf, sein Handeln auf die Vernunft zu gründen?

● Die Aufklärung. Einer ihrer Vertreter, der Philosoph Immanuel Kant (1724–1804) forderte: „Habe Mut dich deines Verstandes zu bedienen!". Aufklärung definierte er als den „Ausgang des Menschen aus seiner selbstverschuldeten Unmündigkeit". Es liegt auf der Hand, dass vor diesem Hintergrund auch Zweifel am Autoritätsanspruch des Staates und der Kirche laut werden mussten.

Wer bereitete mit seinen *Essays* von 1597 dem Empirismus den Weg?

● Sir Francis Bacon (1561–1626). Die *Essays* (Versuche) sind in dem ihm eigenen unemotionalen, nüchternen Stil verfasst. Politisches Handeln leitet er nicht von Idealen ab, sondern aus der politischen Praxis, wonach erlaubt ist, was dem Ziel dient.

Wie heißt die philosophische Haltung, die die Welt und das menschliche Dasein als sinnlos betrachtet?

● Nihilismus (von lat. nihil, „nichts").

Welcher griechische Philosoph hat das Höhlengleichnis entworfen?

● Platon (um 427–347 v. Chr.), ein Schüler des Sokrates (um 470–399 v. Chr.). Im Zentrum des platonischen Denkens steht die Ideenlehre. Ihr gemäß sind es allein die

Ideen, die ewig und unwandelbar sind und der Ursprung und das Ziel alles Seienden darstellen. Die Vorstellungen und sinnlichen Wahrnehmungen sind nur Abbilder dieser Ideen. Platons Hauptwerke sind die *Politik*, eine ideale Staatslehre, sowie die *Dialoge*, die sich mit der Sinnfrage und dem ethischen Handeln befassen. Er gilt als Begründer des politischen und ethischen Idealismus.

Von welchem englischen Staatsphilosophen stammt der Ausspruch homo homini lupus est (lat., „Der Mensch ist dem Menschen ein Wolf")?

● Von Thomas Hobbes (1588–1679), einem Anhänger der britischen Monarchie, was ihn nach Frankreich ins Exil zwang. Er beschrieb den Naturzustand des Menschen als egoistischen Kampf aller gegen alle, den nur der Staat durch seine Autorität zum Wohle jedes Einzelnen unterdrücken könne (*Leviathan*). Hobbes bestimmte wesentlich den englischen Empirismus und gab dem Gedanken des Gesellschaftsvertrages bei Rousseau (1712–78) wichtige Impulse.

Was versteht man unter Eristik?

● Die Disputierkunst, wie sie insbesondere von den griechischen Sophisten gepflegt wurde. Von den Schülern des Sokrates (470–399 v. Chr.) wurde sie als wortklauberische Spitzfindigkeit gebrandmarkt und abgelehnt. Allerdings war Sokrates selbst, wie sich an zahlreichen überlieferten Dialogen zeigen lässt, ein ausgesprochen versierter Meister der Eristik.

Welche philosophische Überzeugung erkennt nur dann Aussagen als wahr an, wenn sie auf überprüfbaren Voraussetzungen beruhen?

● Der Positivismus, der wegen dieser Grundeinstellung metaphysische Fragen über die letzten Dinge des Daseins wie Gott, Unsterblichkeit, Liebe etc. aus seiner Philosophie ausblendet.

Warum werden Yin und Yang meist in einem Atemzug genannt?

● Weil damit zwei sich ergänzende, nicht sich gegenseitig ausschließende Wirkungsprinzipien bezeichnet werden. Yin, die passive, und Yang, die aktive Wirkungsmacht, sind nach der Vorstellung der chinesischen Philosophie stets gleichzeitig vorhanden.

Yin und Yang

Welcher bedeutende deutsche Philosoph schrieb die Kritik der reinen Vernunft?

● Immanuel Kant (1724–1804). Er begründete damit sein System des „kritischen, d. h. transzendentalen Idealismus" und gleichzeitig leitete er damit eine „kopernikanische Wende" in der Philosophie ein. In seinem erkenntnistheoretischen Werken geht Kant der Frage nach, worin die Möglichkeiten und Grenzen menschlicher Erkenntnis liegen. Sein Schluss ist, dass Erkenntnisse über „Dinge an sich" nicht möglich sind, womit Kant die gesamte traditionelle Metaphysik und ihre Aussagen über Seele, Unsterblichkeit, Gott usw. als unkritisch und dogmatisch verwarf.

Welche Philosophie des 20. Jahrhunderts geht von existentiellen menschlichen Grunderfahrungen wie Angst, Sorge und Tod aus?

● Die Existenzphilosophie, die zunächst von Sören Kierkegaards (1813–55) Erkenntnis der Einsamkeit des Menschen vor Gott ausgeht. Die moderne Existenzphilosophie deutet diese in eine atheistische Einsamkeit des Menschen vor dem Nichts um. Bedeutendster Existenzphilosoph ist Martin Heidegger (1889–1976), der das menschliche

Dasein als ein In-der-Welt-sein begreift, aus dem der Mensch seine Bestimmung finden oder auch verfehlen könne. Heidegger wirkte v. a. auf den französischen Existenzialismus Sartres (1905–80) und Camus' (1913–60).

Welche philosophische Richtung deutet die Vernunft als inneren Grundsatz der Welt?

● Der Rationalismus (von lat. ratio, „Vernunft"), der im Gegensatz zum Empirismus davon ausgeht, dass es von der Erfahrung unabhängige Vernunftwahrheiten gibt, die über der veränderlichen Sinneswelt stehen.

Welche philosophische Schule der Antike erkor sich den Wahlspruch Carpe diem?

● Dieser Ausspruch des römischen Dichters Horaz (65–8 v. Chr.; lat. „Pflücke den Tag") bezieht sich auf den Epikureismus. Sein Begründer ist der griechische Philosoph Epikur (341–271 v. Chr.), nach dem sich Glückseligkeit dann einstellt, wenn man ein maßvolles, heiteres und sorgenfreies Leben führt.

Wer ist der Begründer der Anthroposophie, die wesentlich auf die Waldorfpädagogik wirkte?

● Rudolf Steiner (1861–1925), der durch eine Art Geheimschulung seine Anhänger zu einem „geistigen Schauen" befähigen wollte, durch das die höheren Welten – ähnlich wie die sinnliche durch die Sinnesorgane – wahrgenommen werden sollten. Der Mensch besteht aus Körper, Seele und Geist, wobei Seele und Geist wiedergeboren werden.

Welche Philosophie dominierte das mittelalterliche christliche Abendland?

● Die Scholastik, die an den Kathedral- und Klosterschulen gelehrt wurde. Sie knüpfte an die antike Philosophie und an die Kirchenlehrer der Spätantike an, versuchte die Offenbarungslehre mit philosophischem Denken zu verknüpfen. Thomas von Aquin (1225–74), der bedeutendste Lehrer der Scholastik, fasste – gestützt auf die Systematik des Aristoteles – das gesamte Wissens- und Glaubensgut der spätmittelalterlichen Kirche zusammen.

Welcher französische Philosoph und Romancier gab die Losung Zurück zur Natur aus?

Jean-Jacques Rousseau

● Jean-Jacques Rousseau (1712–78), der den negativen Einfluss von Bildung und Zivilisation auf den Menschen kritisierte und eine naturgemäße Erziehung forderte (*Émile*). Seine staatsphilosophische Schrift *Über den Gesellschaftsvertrag* bereitete die Französische Revolution geistig vor.

Warum soll sich Empedokles von Agrigent in den Krater des Ätna gestürzt haben?

● Weil er sich selbst für einen Gott mit magischen Fähigkeiten hielt. Der Arzt, Philosoph und Priester Empedokles (483–423 v. Chr.) war ein so begnadeter Redner, dass seine Anhänger an seine Göttlichkeit glaubten und später sein Leben und seinen Tod sagenhaft ausschmückten.

Welche philosophische Lehre erklärt die Seele als Prinzip des Lebens?

● Der Animismus (lat. anima, „Seele"), 1737 in Anlehnung an den Pneumatismus der griechischen Philosophie entstanden. In primitiven Völkern bedeutet Animismus der Glaube an Geisterkräfte als Ursachen von Wirkungen in der Natur, deren Erscheinungsformen (z. B. Steine, Wasser, Feuer) als beseelt aufgefasst werden.

Welcher chinesische Philosoph begründete die bis heute in Chinas Kultur verwurzelte Weisheits- und Morallehre?

Konfuzius (um 551–471 v. Chr.). Er ging von einem hierarchischen Weltbild aus, wobei er den Kosmos als Ganzes von dem Gesetz Tao durchdrungen sah. Das göttliche Sternensystem ist dabei ein Spiegelbild für die Ordnung der Gesellschaft und der Familie, in die sich der Einzelne durch Gehorsam, Gerechtigkeit und Tugenden wie der Nächstenliebe einzugliedern hat.

Porzellanstatue des Konfuzius

Welcher britische Philosoph machte durch seine zeitkritische Protesthaltung gegen Krieg, soziale Unterdrückung und überkommene Moralvorstellungen von sich reden?

Bertrand Russel (1872–1970), der noch im Alter von 89 Jahren wegen seiner regierungsfeindlichen Aktivitäten ins Gefängnis kam. Russel war ein politisch engagierter Mann, der Sitzblockaden und Friedensinitiativen organisierte, die Institutionen Staat, Kirche und Ehe bekämpfte, für eine antiautoritäre Erziehung und für den Pazifismus eintrat.

Welcher österreichische Philosoph des 20. Jahrhunderts befasste sich mit sprachphilsophischen Betrachtungen?

Ludwig Wittgenstein (1889–1951), der in seinem Hauptwerk *Tractatus logico-philosophicus* und in seinem postum erschienenen Werk *Philosophische Untersuchungen* v. a. das Verhältnis von Sprache und Wirklichkeit untersuchte.

Welche geistige Bewegung prägte die Zeit vom 14. bis zum 16. Jahrhundert?

Der Humanismus, der sich während der italienischen Renaissance entwickelte und ein gegenüber der mittelalterlichen Scholastik stark verändertes Welt- und Menschenbild entwickelte. Grundlage des Humanismus war die intensive Beschäftigung mit den Schriften des klassischen Altertums. Bedeutende Vertreter sind Konrad Celtis (1459–1508), Ulrich von Hutten (1488–1523), Erasmus von Rotterdam (um 1466–1536) und Thomas Morus (1477–1535).

Welche philosophische Meinung geht davon aus, dass menschliche Erkenntnis nur durch die Erfahrung möglich wird?

Der Empirismus (griech., „Erfahrung"). Er erhebt das wissenschaftliche Experiment zur wichtigsten Methode der exakten Erkenntnisgewinnung. Hierbei spielt die sinnliche Wahrnehmung die zentrale Rolle. Der Empirismus steht damit im Gegensatz zum Rationalismus. Begründer des erkenntnistheoretischen Empirismus der Neuzeit sind John Locke (1632–1704) und Francis Bacon (1561–1626).

Welche philosophische Richtung hält die Welt und ihre Ausgestaltungen für unabhängig vom menschlichen Denken und Wollen?

● Der Realismus. Er lässt zwei Möglichkeiten der Wahrnehmung zu: Entweder nehmen die Sinne die Welt so wahr, wie sie ist, oder der Mensch verstellt sich durch die Vorstellungen, die er von der Wirklichkeit hat, den Blick auf eben diese.

Welcher französische Philosoph des 18. Jahrhunderts schrieb über den Gesellschaftsvertrag?

● Jean-Jacques Rousseau (1712–78). Der Gesellschaftsvertrag ist die modellhafte Vorstellung, nach der freie und gesellschaftlich gleichgestellte Bürger durch gemeinsamen Willen dem Staat die Herrschaft übertragen. Vorläufer dieser Idee findet man in den Staatslehren von Thomas Hobbes (1588–1679) und John Locke (1632–1704).

Welcher deutsche Philosoph gilt als der letzte große Universalgelehrte und Begründer der Monadenlehre?

● Gottfried Wilhelm Leibniz (1646–1716). Leibniz war Diplomat, Jurist, Philosoph und bedeutender Mathematiker. Zeitgleich mit Newton (1643–1727) entwickelte er die Infinitesimalrechnung. Er verfasste psychologische, ethische, rechtsphilosophische, ästhetische, technische und politische Schriften.

Warum war Sören Aabye Kierkegaard gegen die Teilnahme an öffentlichen Gottesdiensten?

● Der dänische Theologe Kierkegaard (1813–55) war der Ansicht, dass man Jesus Christus nur im Alleingang nachfolgen könne, indem man, unangepasst und kompromisslos, einen persönlichen Leidensweg gehe. Persönliche Schuld und Leidensfähigkeit waren die zentralen Themen seiner Lehre.

Worin sah der deutsche Philosoph Arthur Schopenhauer trotz seiner pessimistischen Weltsicht letztendlich Trost?

Arthur Schopenhauer

● Im Kunstgenuss. Arthur Schopenhauer (1788–1860) war der Ansicht, dass das Weltgeschehen zwar durch einen allen zugrunde liegenden Trieb, nämlich den Willen, gesteuert werde, dass dies aber völlig sinnlos sei (Hauptwerk: *Die Welt als Wille und Vorstellung*). Im Kunstgenuss jedoch, auch im tätigen Mitleid und in der Askese, könne man seinem Leid entrinnen.

Welcher antike Philosoph lehnte die Errungenschaften der griechischen Hochkultur radikal ab und entschied sich für ein Leben in einfacher Bescheidenheit?

● Diogenes von Sinope (400–325 v. Chr.), der den Genuss von Kulturprodukten wie Musik, Literatur oder Theater radikal ablehnte. Diese Dinge seinen, so Diogenes, eigentlich nichts anderes als menschliche Verfehlungen.

Was steht im Mittelpunkt hedonistischer Philosophie?

● Das Streben nach Lust, Freude und Genuss als Ursache und Motor für alles menschliche Handeln.

Wie viele selbstverfasste philosophische Schriften hinterließ Sokrates?

● Nicht eine einzige. Sokrates (469–399 v. Chr.) habe sich, wie berichtet wird, bewusst dafür entschieden, seine Gedanken nicht schriftlich niederzulegen. Die Tatsache, dass wir heute dennoch an der Gedankenwelt des Philosophen teilhaben können, verdanken wir ausschließlich den Aufzeichnungen seiner Schüler.

Welcher Richtung in der Philosophie wird Albert Camus zugerechnet?

Dem französischen Existenzialismus. Camus (1913–60) verneint die Existenz Gottes lehnt aber zugleich den Selbstmord als Ausweg aus dem menschlichen Elend ab. Dahinter steht ein Ja zum Leben in der Einsicht der Begrenztheit der Sinnfindung. Für diese Ideen stehen Camus philosophische Essays *Der Mythos von Sisyphos* (1942) und *Der Mensch in der Revolte* (1952).

Was bedeutet Ethik wörtlich?

„Sitte". Die Ethik ist ein Teilbereich der Philosophie, der zu ergründen sucht, nach welchen Regeln und inneren Werten der Mensch sein Handeln ausrichten soll. Heute nehmen konfessionslose Kinder in den Schulen am Ethik- statt am Religionsunterricht teil.

Was steht im Mittelpunkt der Existenzphilosophie von Martin Heidegger?

Nicht die Existenz an sich, sondern das konkrete Sein oder Da-Sein des Menschen: seine Befindlichkeit, seine Angst vor dem Tod, sein Umgang damit wie auch die Frage nach dem Sinn.

Was soll den Tyrannen Kleobulos ausgezeichnet haben?

Seine großen philosophische Qualitäten. So sind von Kleobulos unzählige weise Sprüche und Lebensregeln überliefert und selbst Platon (um 4276–347 v. Chr.) bezeichnet den Tyrannen von Lindos auf Rhodos als einen der legendären „Sieben Weisen" der antiken griechischen Welt.

Wie lautet der kategorische Imperativ Immanuel Kants?

Titelblatt der *Kritik der reinen Vernunft*

„Handle nur nach derjenigen Maxime, durch die du zugleich wollen kannst, dass sie allgemeines Gesetz werde!" – Nachzulesen in Kants (1724–1804) *Kritik der praktischen Vernunft*, seinem zweiten Hauptwerk.

Welcher bedeutende Mathematiker war gleichzeitig ein Verfechter des christlichen Glaubens?

Blaise Pascal (1623–62). Obwohl er selbst als einer der Wegbereiter der modernen Naturwissenschaften gilt, betonte Pascal, dass der Verstand nur „mit der Logik des Herzens" funktionieren könne. Für ihn zeigten die Grenzen der rationalen, empirischen Wissenschaft die Grenzen des mit dem Verstand Fassbaren auf, an dem der Glaube beginnen müsste. In den logischen Widersprüchen der Mathematik glaubte er, die höchste, göttliche Wahrheit erkennen zu können.

Welcher Glaube ist eine wichtige Voraussetzung für jegliche Art von Okkultismus?

Der Glaube daran, dass es geheime, nicht sichtbare Mächte gibt, die auf die Welt einwirken und mit denen „Eingeweihte" in Kontakt treten können. Die Astrologie gehört z. B. zum Bereich des Okkultismus, im Mittelalter galt sie, wie die Alchemie, als eine Geheimwissenschaft.

Was bedeutet das Wort Metaphysik ursprünglich?

„Jenseits der Physik". Ihren Namen erhielt die Metaphysik aber nicht deshalb, weil sie sich faktisch mit all jenem beschäftigt, was man nicht konkret wahrnehmen oder durch Erfahrung erfassen, sondern nur durch ein konstruiertes, philosophisches Gedankengebäude erschaffen kann. Vielmehr geht der Name darauf zurück, dass die Bücher des Aristoteles (384–322 v. Chr.), die sich mit diesen Themenfeldern beschäftigten, in den antiken Bibliotheken hinter den aristotelischen Büchern über die Physik standen.

Wie bezeichnet man die Vorstellung, nach der das menschliche Handeln oder das Naturgeschehen oder der Geschichtsverlauf vorbestimmt ist?

● Determinismus. Die theologische Prädestinationslehre glaubt den Lebenslauf göttlich vorausbestimmt, der kosmologische Determinismus geht von der Bestimmtheit des Naturgeschehens und der historische Determinismus von der der Geschichte aus.

Welche philosophische Richtung begründet im Gegensatz zum Materialismus das Sein aus den Ideen heraus?

● Der Idealismus. Alles Gegenständliche und in der Welt entstandene lässt sich danach auf ideelle Größen wie das „absolute Ich" oder eine Weltseele zurückführen. Kant (1724–1804) entwickelte den kritischen Idealismus; das praktische Handeln des Menschen muss sich an allgemein gültigen Werten messen lassen (kategorischer Imperativ). Fichte (1762–1814) und Hegel (1770–1831) erkannten das „absolute Ich" und leiteten schier unbegrenzten Möglichkeiten daraus ab, die Welt zu gestalten.

Aus welchen Begriffen setzt sich das Wort Philosophie zusammen?

● Aus den griechischen Worten „philos" („Freund") und „sophia" („Weisheit"). Ein Philosoph ist also ein Freund der Weisheit.

Von wem stammt der Satz: Ich weiß, dass ich nichts weiß?

● Von Sokrates (um 470–399 v. Chr.). Seinen berühmten, oft zitierten Satz benutzte Sokrates als eleganten Kunstkniff. Indem er sein eigenes Wissen in Frage stellte, brachte er auch seine Zeitgenossen dazu, den Zweifel als Weg zur Wahrheitsfindung zu benutzen.

Wer musste wegen des Vorwurfes der Gottlosigkeit zum Schierlingsbecher greifen?

● Der Philosoph Sokrates (um 470–399 v. Chr.). Sokrates, der den provokativen Satz „Ich weiß, dass ich nichts weiß" prägte, wollte bei seinen Mitmenschen Selbstkritik wecken, die zu einer tugendhaften Lebenseinstellung führen sollte. Wegen angeblicher Gottlosigkeit und Verführung der Jugend wurde er zum Tod durch Selbstmord verurteilt.

Sokrates leert den Schierlingsbecher

Worum handelt es sich beim Atomismus?

● Um eine philosophische Anschauung, die alle Naturvorgänge auf Atome und ihre Bewegungen zurückführt. Leukipp (um 450–370 v. Chr.) und Demokrit (um 460– ca. 370 v. Chr.) nannten das Unteilbare „atomon".

Wer waren die Sieben Weisen?

Die Sieben Weisen waren sieben Persönlichkeiten im antiken Griechenland, die maßgeblich die Wissenschaft, die Philosophie und die Politik mitbestimmten und ihre Lehren dem Volk mitteilten. Zu den Sieben Weisen gehörten Thales von Milet (625–547 v. Chr.), Bias aus Pirene (6. Jh. v. Chr.), Pittakos aus Mithylene (um 600 v. Chr.), Solon aus Athen (um 640–561 v. Chr.), Kleobulos aus Lidos (6. Jh. v. Chr.), Periander aus Korinth (628–587 v. Chr.) und Chilon aus Sparta (6. Jh. v. Chr.).

Was bedeutet Pluralismus?

Das Zulassen verschiedener Ansichten, Ideen und Überzeugungen, die gleichzeitig und gleich geachtet nebeneinander bestehen und miteinander im offenen Austausch oder Wettstreit liegen.

Was bedeutet die Wendung Conditio sine qua non?

Damit wird auf eine notwendige Voraussetzung hingewiesen (wörtlich: „Bedingung, ohne die nicht").

Was meint Aristoteles, wenn er den Menschen als zôon politikón bezeichnet?

Aristoteles (384–322 v. Chr.) definiert den Menschen als „zôon politikón", als ein Lebewesen, das durch das Leben in der politischen Gemeinschaft, die für ihn die höchste Form menschlicher Gemeinschaft ist, erst wirklich zum Menschen wird.

Welcher bekannte deutsche Philosoph verstarb 2002 in Heidelberg?

Es war Hans-Georg Gadamer (1900–2002). Der Heideggerschüler lehrte seit 1949 an der Universität in Heidelberg, wo er den Lehrstuhl von Karl Jaspers (1883–1969) übernahm. Seine Arbeiten zur Hermeneutik machten den Deutschen weltweit bekannt.

Für welche Leistung ging Anaximander in die Philosophiegeschichte ein?

Der ionische Philosoph Anaximander (611–546 v. Chr.) verfasste das erste philosophische Werk in Prosa und nicht mehr in Versform. Diese Originaltexte sind zwar verloren gegangen, Anaximanders Lehre aber blieb durch die Schriften seiner Schüler erhalten.

Welcher Philosoph prägte den Satz Wissen ist Macht?

Francis Bacon in seinem Studierzimmer

Francis Bacon (1561–1619). Der englische Staatsmann, der drei Jahre Lordkanzler war, gilt als Begründer des Empirismus. Seine philosophischen Vorstellungen konzentrierten sich auf die Beherrschung der Natur. Mittels Wissen und Technik wollte er den „Zufall Natur" weitgehend ausschalten. In seinem utopischen Roman *Nova Atlantis* beschreibt Bacon eine konfliktlose Gesellschaft, in der die Bedürfnisse ihrer Mitglieder durch technische Experten geregelt sind.

Welchem bedeutenden deutschen Philosophen wurde wegen angeblichem Atheismus die Lehrerlaubnis entzogen?

Johann Gottlieb Fichte (1762–1814). Fichtes Werk gilt als ein Höhepunkt des deutschen Idealismus; in Kritik zu Kant widersprach er der Unvereinbarkeit von Subjekt (Ich) und Objekt (Welt); für Fichte wird die Umwelt erst durch das Denkvermögen des Subjektes geschaffen. Fichte musste 1800 seine Lehrtätigkeit an der Universität Jena aufgeben, da ihm fälschlich der Vorwurf des Atheismus gemacht wurde, den er nicht entkräften konnte.

Welcher hellenistische Wissenschaftler soll den Satz geäußert haben: Störe meine Kreise nicht?

Archimedes (287–212 v. Chr.) aus Syrakus. Er entdeckte wichtige physikalische Gesetze wie das Hebelgesetz und das nach ihm benannte „archimedische Prinzip" des Auftriebs. Er wendete auch als erster den Flaschenzug in der Praxis an. In der Mathematik berechnete Archimedes Quadratwurzeln. Er gilt als einer der größten Mathematiker und Physiker des Altertums und schuf die Grundlagen zur Berechnung komplizierter Flächen und Rauminhalte. Bei der Eroberung von Syrakus wurde er von einem Soldaten erschlagen.

Welches methodische Verfahren zur Erkenntnisgewinnung leitete man von der antiken Kunst der Rede und Gegenrede ab?

Die Dialektik, deren Verfahren seit Hegel (1770–1831) Gültigkeit hat. Einer These wird eine Antithese gegenübergestellt; aus dem Widerspruch zwischen beiden gelangt man in der Synthese zur Aufhebung und Gewinnung einer neuen These; hier kann das Verfahren fortgesetzt werden.

Welcher vorchristliche, griechische Philosoph beeinflusste viele Kirchenväter?

Platon (um 427–347 v. Chr.). Zentraler Grundgedanke seiner Philosophie ist der Gegensatz zwischen der werdenden, vergehenden und niemals gleich bleibenden Welt der Erscheinungen und dem gleich bleibenden, wahrhaft Seienden. Die Welt der Erscheinungen sei eine sinnlich wahrnehmbare Welt, während das wahrhaft Seiende nur durch Vernunft wahrzunehmen sei.

Wer war Konfuzius?

Konfuzius, eigentlich Kung Fu tse („Meister Kung"), war ein chinesischer Philosoph (551–479 v. Chr.), der seine Lehren auf Menschenliebe, Gerechtigkeit und anderen Tugenden aufbaute. Später verschmolz seine Lehre mit dem Buddhismus und daraus erwuchs der Konfuzianismus, der bis 1912 zur Staatsreligion in China wurde.

Welcher französische Philosoph prägte den Satz Cogito ergo sum (lat., „Ich denke, also bin ich")?

René Descartes

René Descartes (1596–1650), dessen philosophische Argumentation mit einem grundlegendem Zweifel an allem, sowohl an den bisher gültigen Lehrmeinungen als auch an der Wahrheit der sinnlichen Wahrnehmung, beginnt. Descartes´ Denken schließt sich wiederum im Vertrauen an die Vernunft, die auch Gott nicht in Abrede stellen kann, weil er „denkbar" ist. Er stellt die Unauflösbarkeit von Geist und Materie in der „denkenden Substanz" Mensch fest.

Wer war neben Karl Marx der Mitbegründer des wissenschaftlichen Sozialismus?

Friedrich Engels (1820–95), der mit Karl Marx (1818–83) eng befreundet war und mit ihm zusammen das *Kommunistische Manifest* 1848 verfasste. Engels war wie Marx von der dialektischen Entwicklung der Geschichte überzeugt („dialektischer Materialismus"), nach der der Kapitalismus zwingend durch den Sozialismus abgelöst werden würde; das Endziel der Entwicklung werde im Kommunismus erreicht.

Welcher Philosoph wurde wegen Entstellung der Heiligen Schrift verwarnt?

Immanuel Kant (1724–1804). Wegen seiner Aufsatzsammlung *Religion innerhalb der*

Grenzen der bloßen Vernunft (1794) wurde Kant vom preußischen Königlichen Kabinett verwarnt. Kant postuliert, dass keine sinnvollen Aussagen über Dinge getroffen werden können, die jenseits der menschlichen Erfahrungswelt liegen.

Welcher deutsche Philosoph ist neben Heidegger (1889–1976) der bedeutendste deutsche Vertreter der Existenzphilosophie?

Karl Jaspers

● Karl Jaspers (1883–1969). Er schuf mit dem Begriff der „Grenzsituation" einen der wichtigsten Termini der Existenzphilosophie. Demnach ist das menschliche Dasein durch Leiden, Kampf und Tod geprägt. Philosophie versteht Jaspers nicht mehr als nur theoretisch-geistige Aufgabe, sondern als zu lebende Praxis einer verantwortungsvollen „Weltorientierung". Jaspers selbst hat deshalb auch immer wieder Stellung zu aktuellen politischen Themen wie der atomaren Bedrohung bezogen.

Welcher theologische Gedanke stand im Werk von Gottfried Wilhelm Leibniz im Mittelpunkt?

● Der Mathematiker Leibniz (1664–1716) forderte einen Ausgleich zwischen christlichem Glauben und menschlicher Vernunft. Gott handelte dabei als vernünftig denkendes Wesen, dessen Logik der Mensch über die (abstrakte) Wissenschaft nachvollziehen kann. Die Wissenschaften waren demnach ein Werkzeug, mit dem Gottes Wege nachvollzogen werden konnten.

Was ist Ziel der Scholastik?

● Ziel der Scholastik war die rationale Begründung, Verteidigung und Deutung der Wahrheit des Glaubens. Berühmteste Scholastiker sind Albertus Magnus (1193–1280) und Thomas von Aquin (1224–74).

In welchem Zustand kommt nach John Locke der Mensch auf die Welt?

● Locke (1632–1704) prägte in diesem Zusammenhang den Begriff der „Tabula rasa", der leeren Tafel. Nach seiner Theorie kommt der Mensch als völlig unbeschriebenes Blatt zur Welt, religiöse oder ethische Ausprägungen werden somit erst später erlernt. Lockes Ideen eines Staates, der sich möglichst wenig in das Leben seiner Bürger einmischt, übten starken Einfluss auf die amerikanische Verfassungsgebung aus.

Wie nannte man die Wanderlehrer im alten Griechenland?

● „Sophisten". Der Begriff geht auf das griechische Wort für Weisheit „sophia", das ja auch im Terminus „Philo*sophie*" enthalten ist. Die Sophisten beschäftigten sich mit den klassischen Fragen der Philosophie nach den Menschen, ihrer Existenz und ihrem Zusammenleben, gerieten aber in den Ruf, v. a spitzfindigen Wortspielereien zu frönen.

Welcher Philosoph prägte den Satz Gott ist tot?

● Friedrich Nietzsche (1844–1900). Er wurde damit zu einem Wortführer des europäischen Nihilismus, der jenseitige Werte wie die Hoffnung auf das Himmelreich verwarf, weil der Jenseitsglaube die Bejahung des Diesseits verhindere. Der christlichen Religion warf er eine „Sklavenmoral" vor.

Wer steht im Mittelpunkt der geistreichen Essays von Michel de Montaigne?

● Der Mensch mit all seinen Facetten des Unbeständigen, Schwankenden und Eitlen. Der Späthumanist Montaigne (1533–92) stellt immer auch die Frage nach dem sittlich

Richtigen. Die Vielfalt seiner Themen veranlassten ihn, seine *Essais*, die er in 22 Jahren niederschrieb, als „Fricassée" oder „groteske Missgeburten" zu bezeichnen. Die Gattung des Essays war damit geboren.

Auf wen geht der Mythos des edlen Wilden zurück?

● Auf den französischen Philosophen Jean-Jacques Rousseau (1712–78). Nach Rousseau wird der Mensch durch die Erziehung anderer Menschen verdorben; nur sich selbst überlassen kann er sich zu einem vollwertigen, moralisch unbefleckten Individuum entfalten.

Welcher philosophischen Schule gehörte der deutsche Philosoph Friedrich Schleiermacher an?

● Dem Idealismus, der davon ausgeht, dass das menschliche Bewusstsein die Wirklichkeit bestimmt. Dementsprechend verstand Schleiermacher (1768–1834) Jesus Christus als „Mensch an sich", als eine göttliche Idee des Menschen.

Beeinflusste Platon ausschließlich die Philosophie der Antike?

● Nein. Platons (um 427–347 v. Chr.) Werke beeinflussten zwar die Philosophie der Antike in ganz erheblichen Maß, daneben aber auch das Christentum, sowie auch die jüdische und arabische Philosophie.

Welche Denkrichtung vertrat der Brite John Stuart Mill?

● Den Utilitarismus, der menschliches Handeln allein nach Kriterien der Nützlichkeit beurteilt. Der britische Philosoph und Volkswirtschaftler beeinflusste die Gedankenwelt der englischen Philosophie und der Volkswirtschaft. Als wichtigster Vertreter des Positivismus vertrat Mill (1806–73) die Auffassung, dass die Grundlage der Philosophie die Psychologie und die Erfahrung die einzige Quelle der Erkenntnis ist. Politisch setzte er sich intensiv für das öffentliche Eigentum an Ressourcen, die Gleichstellung der Frauen, die Schulpflicht und die Geburtenkontrolle ein. Zu seinen wichtigsten wissenschaftlichen Werken zählte *Principles of Political Economy* (*Prinzipien der politischen Ökonomie*).

Welcher österreichisch-britische Philosoph begründete die Methodenlehre des trial and error?

Sir Karl Popper

● Sir Karl Popper (1902–94), der bedeutendste Vertreter des kritischen Rationalismus. Er vertrat eine Philosophie der Wachsamkeit gegenüber Versuchen, endgültige Theorien oder absolute Wahrheiten aufzustellen. Grundlegend in der Wissenschaft sei es, Aussagen immer wieder infrage zu stellen (falsifizieren), um so zu einer Annäherung an die Wahrheit zu gelangen.

Die Anhänger welcher Schule lehrten, dass Erkenntnis allein auf Empfindungen beruhe, deren Ursachen für den Menschen jedoch unergründlich seien?

● Die „Kyrenaiker". Die Anhänger des Sokratesschülers (Sokrates: 470–399 v. Chr.) Aristippos von Kyrene (435–355 v. Chr.) erklärten, der Weise lehne den Lustgewinn nicht ab, aber er beherrsche die Lust, weil er sich von dieser nicht beherrschen lasse.

Was ist Dogmatik?

● Die systematische Darstellung und Entwicklung einer Lehre. Im modernen Verständnis schwingt mit dem Begriff auch die Aussage mit, eine Lehre sei zu starr.

Was versteht man unter Agnostizismus?

Eine philosophische Denkrichtung, die davon ausgeht, dass göttliche Einflüsse auf das Universum zwar möglich, aber für den Menschen nicht durchschaubar oder erkennbar sind. Agnostizismus (griech. ágnostos, „nicht erkennbar") wird deshalb oft fälschlicherweise mit Atheismus gleichgesetzt.

Welcher französische Philosoph und Schriftsteller gilt als Hauptvertreter des Existenzialismus?

Jean-Paul Sartre

Jean-Paul Sartre (1905–80), dessen Hauptwerk *Das Sein und das Nichts* (1943) die französische Form des Existenzialismus begründete. Seine durch den Marxismus beeinflussten politisch engagierten Romane, Theaterstücke und Essays kreisen um das Thema der menschlichen Freiheit, mit der der Mensch durch Engagement und Verantwortung dem Dasein Sinnhaftigkeit verleihen kann.

Was ist konkret Gegenstand der Philosophie?

Philosophie hat keinen speziellen, fest umrissenen Bereich zum Gegenstand, sie kann sich mit zahlreichen Themen beschäftigen (Leben und Existenz, Moral, richtiges Handeln, Vernunft, Erkenntnis und Wege zur Erkenntnis, Politik, Gesellschaft usw.).

Auf welchen wissenschaftlichen Feldern war Aristoteles tätig?

Wie alle antiken Philosophen beschäftigte sich Aristoteles (384–322 v. Chr.) nicht nur mit Fragen der Ethik, Logik, Metaphysik und Erkenntnistheorie – mithin dem, was heute unter Philosophie verstanden wird. Er forschte daneben nämlich u. a. auch auf so disparaten Gebieten wie den Naturwissenschaften und den Sprachwissenschaften.

Was war das antike Lykeieon?

Eine berühmte Philosophenschule, die von Aristoteles (384–322 v. Chr.) gegründet worden war, nachdem er vom Hof Alexanders des Großen (356–323 v. Chr.), dessen Erzieher und Lehrer er war, nach Athen zurückgekehrt war. Die Schule, die auch „Peripatos" genannt wurde bestand ca. 300 Jahre.

Was wissen die Menschen nach der Lehre des Sokrates vom guten und schlechten Handeln?

Nicht viel. Sokrates (469–399 v. Chr.) lehrte, die eines der Grundprobleme der Menschen sei, dass sie nicht wissen, was gut und was schlecht ist. Deshalb komme das Böse überhaupt in die Welt.

Was lehrte der antike Philosoph Epikur?

Epikur (341–270 v. Chr.) lehrte zwar, dass das Ziel menschlichen Lebens im Lustgewinn liege, propagierte damit aber keineswegs das Leben in Luxus und Müßigkeit. Stattdessen erklärte er die Selbstdisziplin zur wichtigsten menschlichen Tugend.

Von welchem antiken Philosophen stammt der Satz, der Krieg sei Vater aller Dinge?

Von Heraklit (535–480 v. Chr.). Er wollte mit diesem Satz ausdrücken, dass die Welt durch den Widerstreit von Gegensätzen gekennzeichnet sei und dass es ohne diesen Kampf keine Harmonie geben könne.

Wie charakterisierte der buddhistische Philosoph Nagarjuna die Welt?

Nagarjuna (um 100 n. Chr.) behauptete, die Welt sei leer, denn jedes Ding könne schließlich nur im Verhältnis zu seinem Gegenteil existieren. Durch dieses Verhältnis heben sich aber mit den Gegensätzen auch die Dinge selbst in ihrer Existenz auf – übrig bleibt nur die Leere. Dies gelte, so Nagarjuna, auch für das Sein als solches.

Was bedeutet der Name der philosophischen Schule der Stoa?

● Wörtlich übersetzt „Säulenhalle", damit wird der Ort umrissen, an dem die Stoiker sich erstmals trafen. Die Stoiker behaupteten, dass die Bewältigung der Leidenschaften eine unabdingbare Notwendigkeit für die Glückseligkeit des Menschen sei.

Wer lehrte, dass nicht der Besitz der Dinge selbst den Menschen befriedige, sondern nur die Vorstellungen, die er davon habe?

● Der Philosoph Epiktet aus Phrygien (50–138 v. Chr.). Der Stoiker lehrte, dass allein die Enthaltsamkeit den Menschen glücklich machen könne. Dabei sei es unumgänglich, Vernunft und Willen zu zähmen und die Welt hinzunehmen, wie sie ist.

Welcher deutsche Philosoph forderte vom Menschen nichts weniger, als dass er sein Handeln stets so ausrichten soll, dass man dieses als allgemeines Leitbild übernehmen könne?

● Immanuel Kant (1724–1804), dessen Moralphilosophie im kategorischen Imperativ mündet, wonach jeder Mensch so handeln solle, dass sein Handeln gleichzeitig auch Grundlage einer allgemeinen Gesetzgebung sein könne.

Mit welchem Problem sah sich die christliche Theologie in ihren Anfängen gegenüber der heidnischen Philosophie konfrontiert?

● Die christliche Theologie gerade verfügte gerade im Vergleich zur antiken heidnischen Philosophie über keine besonders feste logische Grundlage, was sie insbesondere für die intellektuellen Kreise der römischen Welt nur wenig ansprechend macht.

Welcher Philosoph und Schriftsteller gilt als bedeutendster Vertreter der französischen Aufklärung?

Voltaire

● Voltaire (1694–1778), der wegen seines Eintretens für eine bürgerlich-liberale Gesellschaft, die unabhängig von staatlicher und kirchlicher Bevormundung lebt, meist im Exil leben musste. Voltaire war mit den bedeutendsten Männern der Zeit in brieflichem Kontakt – u. a. auch mit Friedrich dem Großen (1712–86), der ihn auch zeitweilig bei sich aufnahm.

Worauf beruhen, glaubt man der Lehre des Karpokrates aus Alexandrien (um 130 n. Chr.), die religiösen Vorstellungen der Menschen?

● Auf einer vor Urzeiten gemachten religiösen Erfahrung. Karpokrates behauptete, dass die unsterblichen menschlichen Seelen am Anbeginn aller Zeiten Gott und das Ewige erblickt hätten. Weil sich die Menschen auch heute noch daran erinnerten, gäbe es überhaupt religiöse Vorstellungen.

Worauf ist ein freudscher Fehler zurückzuführen?

● Nach Ansicht der Psychoanalyse entsteht eine solche „Fehlleistung" durch verdrängte Wünsche oder Inhalte. Dabei werden Worte gesprochen oder geschrieben, die nicht in den Zusammenhang passen, aber mit den angeblich verdrängten Dingen zu tun haben.

Welcher Philosoph war der Meinung, dass die Philosophie den Menschen v. a. lehren soll, was gut und was schlecht ist?

Marcus Tullius Ciceros (106–43 v. Chr.), der die Philosophie zunächst auf seinen Reisen durch die griechische Inselwelt kennen lernte. Für ihn war Philosophie v. a. Ethik und hatte demnach primär praktisch-sittlichen Nutzen: sie könne bei der Bestimmung dessen helfen, was der Mensch tun solle und was nicht.

Wie standen die Nationalsozialisten zur Philosophie Friedrich Nietzsches?

Die Nationalsozialisten übernahmen viele Ideen Nietzsches (1844–1900), so etwa die „Herrenmoral" und die Idee des „Übermenschen". Sie rissen sie aber aus ihrem komplexen moralischen Gesamtzusammenhang, um sie für ihre Zwecke umzuformen.

Mit welcher Einteilung prägte Magnus Aurelius Casaiodorus die Wissenschaften des gesamten Mittelalters?

Der spätantike Philosoph Casaiodorus (488–583 n. Chr.) teilte die Wissenschaften in die so genannten sieben freien Künste ein: das aus Grammatik, Dialektik und Rhetorik bestehende „Trivium" und das „Quadrivium" zu dem er Arithmetik, Geometrie, Musik und Astronomie zählte. Der Geheimsekretär Theoderichs (453–526 n. Chr.) schuf damit ein System, dass für das gesamte Mittelalter gültig bleiben sollte.

In welchem Verhältnis stehen nach Heideggers Philosophie menschliche Existenz und menschliche Sterblichkeit?

Heideggers (1889–1976) Auffassung lautet: Der Mensch erreiche erst dann seine eigentliche Existenz, wenn er sich der Grunderfahrung der Sterblichkeit stellt. Existenz heißt für Heidegger: „sich selbst in der Zeit vorweg sein".

Welcher deutsche Philosoph prägte die Lehre vom Übermenschen?

Friedrich Nietzsche (1844–1900). Seine Theorien zum Übermenschen fasste er in seinem Fragment gebliebenen Hauptwerk *Der Wille zur Macht* zusammen. Hier ist ein Menschentypus der Zukunft projiziert, der sich ohne Rückhalt auf Religiosität seine Ziele und seinen Lebenssinn selbst setzen soll. Nietzsche, ein großer Meister des Wortes, übte bedeutenden Einfluss auf die Philosophie und Literatur des 20. Jahrhunderts aus. Die Nationalsozialisten missbrauchten sein Werk für ihre politische und rassistische Ideologie.

Friedrich Nietzsche

Welchen antiken Philosophen hat man mit einigem Recht als einen der ersten Nihilisten bezeichnet?

Gorgias aus Leontini († 375 v. Chr.), denn er lehrte, dass es überhaupt nichts gebe, von man mit Recht behaupten könne, es existiere wirklich.

Welches ethische Ziel verfolgten die alten Griechen?

Die Glückseligkeit (Eudämonie). Glücklich und tugendhaft war den Griechen der Mensch, dessen geistige und körperliche Kräfte sich ungehindert entfalten können.

Welche philosophische Einstellung geht von einem unabwendbaren Schicksal aus?

Der Fatalismus, eine in der Antike bei den Hebräern, Griechen und Römern verbreitete

Haltung. Diese ist auch für den Islam wesentlich. Fatum (lat.) ist das Schicksal.

Welchem Philosophen wird der Satz Alles fließt zugeschrieben?

● Heraklit (550–480 v. Chr.), der die Ansicht vertrat, dass Veränderlichkeit und Gegensätzlichkeit die Prinzipien der Weltvernunft (Logos) seien. „Niemand kann zweimal in denselben Fluss steigen".

Warum wird Mark Aurel (121–180 n. Chr.) als Philosoph auf dem römischen Kaiserthron bezeichnet?

Weil er mit seinen *Selbstbetrachtungen* neben Seneca ein bedeutender Stoiker war. Die Maxime des von hohen Idealen erfüllten Herrschers soll gewesen sein: „Hüte dich, dass du nicht verkaiserst!"

Mark Aurel

Welcher Philosoph sprach von Gott als einzige, unteilbare Substanz?

● Benedictus Spinoza (1632–77). Nach Spinoza sind Gott und die Natur ein und dasselbe, alle endlichen Erscheinungen sind nur Daseinsweisen dieser unendlichen Größe. „Die geistige Liebe zu Gott" ist nach Spinoza die höchste Tugend des menschlich möglichen Verhaltens.

Wie hieß die erste erkenntnistheoretische Schrift?

● *Discours de la méthode* von René Descartes (1596–1650); diese Schrift erschien 1637 und war wegbereitend für die Aufklärung.

Inwiefern befand sich der Sozialdarwinismus auf dem Holzweg?

● Dieser kulturphilosophische Ansatz versuchte im 19. Jahrhundert, beruhend auf Darwins (1809–82) Vorstellungen vom ständigen Konkurrenzkampf der Individuen untereinander (Kampf ums Dasein), den Darwinismus auf die Konkurrenz in menschlichen Gesellschaften zu übertragen und damit gesellschaftliche Hierarchien und soziale Ungleichheit zu rechtfertigen.

Was versteht man unter Utilitarismus?

Jeremias Bentham

● Mit Utilitarismus wird in der Ethik ein Standpunkt bezeichnet, der das menschliche Handeln in erster Linie unter dem Aspekt des Nutzens für den Einzelnen und die Gesellschaft betrachtet. Begründet wird der Utilitarismus von Jeremias Bentham (1748– 1832), nach dem „das größte Glück der größten Zahl" angestrebt werden muss.

Was versteht man unter Maieutik?

● Die auf hartnäckigem Fragen beruhende Erkenntnismethode des Sokrates wird als „Maieutik", was soviel wie „Hebammenkunst" bedeutet, bezeichnet. Das Ziel dieser Art des Philosophierens besteht nicht darin, zu gesicherten eindeutigen Wahrheiten zu gelangen, sondern dem jeweiligen Gesprächspartner die Augen über sein Nichtwissen zu öffnen.

Ist der Taoismus eine Religion?

● Nein, sondern eine frühe chinesische Philosophie, die eine der Grundlagen des Zen-Buddhismus wurde (wichtigster Lehrer: Laotse). Der Taoismus lehrt in etwa, dass alles Wirken im „Urgrund" (Tao) sich aus der Umkehr der Gegensätze (aus Nichtsein wird Sein, aus Böse wird Gut) von selbst ergibt und dass der Mensch nicht handelnd eingreifen, sondern sich lediglich passiv in den kosmischen Zusammenhang einfügen und versenken soll. Die Wirkkraft des Tao, nämlich Te, ist in jedem Wesen vorhanden.

Warum gründete Heinrich VIII. die Anglikanische Staatskirche?

Weil der Papst seine Ehe mit Katharina von Aragón (1485–1536) nicht scheiden wollte. Deshalb löste der König 1535 die Kirche von England aus der katholischen Kirche. Heinrich VIII. (1491–1547) war nacheinander mit insgesamt sechs Frauen verheiratet, zwei von ihnen ließ er hinrichten.

Heinrich VIII.

Wer waren die Hugenotten?

Französische Protestanten, die der calvinistischen Linie angehörten. In Frankreich wurden sie seit 1562 verfolgt, da die Katholiken das Erstarken der calvinistischen Konfession befürchteten. Am Ende der Hugenottenkriege gewährte ihnen Heinrich IV. (1553–1610) im Edikt von Nantes 1598 die freie Religionsausübung. Allerdings ließ sie Ludwig XIV. (1638–1715) wieder verfolgen, viele von ihnen flohen nach Deutschland und in die Niederlande. Die Hugenotten (frz., aus dem Wort „Eidgenossen" entstanden) wurden hier gerne aufgenommen, da sie zumeist reiche Kaufleute oder gut ausgebildete Handwerker waren.

War der 1190 auf einem Kreuzzug in Jerusalem gegründete Deutsche Orden ein Mönchsorden?

Ja, denn der Deutschherrenorden, wie er auch genannt wurde, nahm Mönchsregeln an und wurde ein Ritterorden. Seine Mitglieder – adlige Ritter, Kapläne und normale Brüder – legten die Gelübde der Keuschheit, Armut und des Gehorsams ab. 1230–83 eroberten sie das Ordensland „Preußen".

Welche Macht stand seit 1215 hinter der Inquisition?

Die katholische Kirche. Sie verfolgte Kirchenreformer, Andersgläubige und Andersdenkende, Wissenschaftler usw. als „Ketzer" oder gar als „Hexen", erpresste unter Folter Geständnisse und brachte unzählige Menschen auf den Scheiterhaufen. Seit 1231 wurde die Inquisition von einer eigens hierfür eingerichteten päpstlichen Behörde geleitet. Vor dieser hatte z. B. Galileo Galilei (1564–1642) zu erscheinen und seine „ketzerischen Lehren" zu widerrufen.

Warum wanderten die Pilgerväter (Pilgrim Fathers) von England nach Amerika aus?

Weil sie in ihrer Heimat an der freien Ausübung ihrer Religion gehindert wurden. Mit dem Segelschiff Mayflower landeten am 21. November 1620 die 102 Passagiere, darunter 41 Dissidenten der Anglikanischen Kirche, im heutigen Massachusetts und gründeten die neuenglische Kolonie Plymouth.

Wo entstand 1967 der erste atheistische Staat der Welt?

In Albanien. Alle Kirchen und Moscheen wurden damals zerstört oder zweckentfremdet, die meisten Geistlichen verhaftet. Seit der Demokratisierung 1991 ist auch die Religionsausübung wieder gestattet. Heute sind etwa 70% der albanischen Gläubigen Moslems, 20% orthodoxe Christen und 10% Katholiken.

Woher stammt der Begriff Guru?

Er kommt aus dem altindischen Sanskrit und bezeichnete ursprünglich einen religiösen Lehrer. Heute versteht man darunter auch allgemein den Meinungsführer oder die fachliche Autorität auf einem bestimmten Gebiet.

Welche Denkweisen liegen der Magie zugrunde?

Im Gegensatz zum naturwissenschaftlichen Denken, das auf der Frage nach Ursache und Wirkung fußt, ist das magische Denken irrational. Es stellt Beziehungen her, die nicht empirisch zu beweisen sind und versucht Einfluss auf eigentlich unbeeinflussbare Vorgänge zu nehmen. Magisches Denken manifestiert sich z. B. im Glauben an Zauberei und im Aberglauben.

Was versteht man unter Kismet?

Die Vorstellung des Islam, dass das Schicksal des Menschen von Gott vorherbestimmt ist und dass der Mensch dieses nicht ändern kann.

Wer waren die vier Evangelisten?

Die mutmaßlichen Verfasser der vier Evangelien der Bibel: Matthäus (1. Jh.), Markus (1. Jh.), Lukas (1. Jh.) und Johannes († um 101). Ursprünglich wurden als Evangelisten generell die Gehilfen und Mitarbeiter der Apostel bezeichnet. Das Evangelium erzählt von Leben und Werk Jesu sowie von der „frohen Kunde", der Heilsbotschaft, die er gebracht hat.

In welcher Weltreligion spielt die Pilgerfahrt Hadsch eine wichtige Rolle?

Im Islam. Den Hadsch – d. h. die Pilgerfahrt nach Mekka – muss jeder Muslime mindestens einmal in seinem Leben vollendet haben. Nach dem Besuch der Kaaba, des größten Heiligtums der islamischen Welt, darf sich der Pilger „Hadschi" nennen.

Wo übersetzte Martin Luther (1483–1546) die Bibel ins Deutsche?

Auf der Wartburg bei Eisenach in Thüringen, wo ihn sein Landesherr, Kurfürst Friedrich der Weise (1463–1525), versteckte, nachdem über den Reformator von der katholischen Kirche die Reichsacht verhängt worden war.

Martin Luther

Welches Volk bezeichnet sich selbst als auserwählt?

Nach alttestamentarischer Auffassung das Volk Israel. Es glaubt sich nach dem 2. Buch Mose von Jahwe zu seinem Eigentum vor allen Völkern erwählt. Das Neue Testament wertete im Römerbrief diese Auserwähltheit um und bezog sie auf die christliche Kirche.

Wo werden nach altkatholischer Vorstellung die Seelen der Verstorbenen von den Sünden gereinigt?

Im Fegefeuer (von mittelhochdt. fegen, „reinigen") Es ist also nicht zu verwechseln mit der Hölle, wo die ewigen Sündenstrafen verbüßt werden.

Wie nannte die Heilige Inquisition Personen, die von der katholischen Lehre abwichen?

Ketzer oder Häretiker. Der Name Ketzer leitet sich von den Katharern ab, einer von der Kirche verfolgten religiösen Bewegung des Mittelalters. Berühmte Gelehrte und Sozialrevolutionäre des Mittelalters wurden unter dem Vorwurf der Ketzerei durch die Inquisition verurteilt und verbrannt (z. B. Jan Hus 1415 in Konstanz, Girolamo Savonarola 1498 in Florenz oder Giordano Bruno 1600 in Rom).

In welcher Religion gilt der Jom Kippur als höchster Feiertag?

Im Judentum. Er ist ein Versöhnungsfest, an dem die Gläubigen ihre Sünden bekennen.

Welche Theologie gründet den Glauben auf die Inkarnation (Fleischwerdung) Gottes?

Die christliche. Danach ist Gott durch Jesus Christus Mensch geworden, um die Menschen von ihren Sünden zu erlösen.

Was ist der höchste christliche Feiertag der evangelischen Kirche?

Der Karfreitag. Er erinnert an die Kreuzigung Jesu und wurde schon um die Mitte des 2. Jahrhunderts als Bußtag bei den nordafrikanischen Christen gefeiert. Der Karfreitag liegt vor Ostern, an dem die Auferstehung Christi gefeiert wird. Dies wiederum ist der höchste Feiertag in der katholischen Kirche.

Wie bezeichnet man eine streng enthaltsame und entsagende Lebensweise?

Askese. Sie dient der Verwirklichung sittlicher und religiöser Ideale. Asketische Übungen wie Beten, Fasten, Meditation und Kontemplation sind besonders im Mönchtum des Christentums, des Hinduismus' und des Buddhismus' zu finden.

An welchem Tag wird den Gläubigen nach katholischem Ritus mit Asche ein Kreuz auf die Stirn gezeichnet?

Am Aschermittwoch, dem ersten Tag nach den Fastnachtstagen und dem ersten Tag der dann folgenden siebenwöchigen Fastenzeit. Der Priester zeichnet das Kreuz auf die Stirn mit den Worten: „Gedenke, Mensch, dass du Staub warst und wieder zu Staub wirst." Es sind die Worte Gottes an Adam.

Tempelanlage Angkor Wat

Wo steht der Angkor Wat, die größte Tempelanlage der Welt?

Im Nordwesten Kambodschas. Angkor war zwischen dem 9. und 15. Jahrhundert Hauptstadt des Khmer-Reiches, das von den Thai zerstört wurde. Die hinduistisch-buddhistische Tempelanlage von Angkor Wat gilt als Glanzlicht der Khmer-Architektur, sie wird erst dieser Tage intensiv erforscht und teilweise aufwändig restauriert.

Mit welcher Erneuerungsbewegung begegnete die katholische Welt der Reformation?

Mit der Gegenreformation. Sie hat eine geistlich-ideelle Seite, die innerkirchliche Reformen betreffen und sich etwa in der Einschränkung des Ablasswesens oder auch in der Gründung des intellektuellen Jesuitenordens durch Ignatius von Loyola (1491–1556) manifestiert. Andererseits verstand man damit auch die Rückgewinnung protestantisch gewordener Gebiete, deren sich besonders die Wittelsbacher in Bezug auf Bayern und auf westfälische Bistümer, aber auch die Habsburger befleißigten.

Welche Religionsgemeinschaft gedenkt mit dem Purim-Fest an seine Errettung?

Die jüdische. Nach dem Buch Esther des Alten Testaments gelang es der schönen Jüdin Hadassa (Esther), der Gemahlin des persischen Königs Ahasver (Xerxes), die persischen Juden vor der Vernichtung zu erretten. Zum Gedenken daran feiern die Juden am 14. Adar (Februar/März) ein Freudenfest mit fastnachtsähnlichen Umzügen und dramatischen Aufführungen (Purimspiele).

Was enthält der Koran?

Der Koran enthält den schriftlich niedergelegten Bericht von den Offenbarungen Mohammeds (um 570–632), die dieser in Mekka und Medina verkündete. Er ist in 114 Suren (Abschnitte) unterteilt, mit Lobpreisungen Allahs, aber auch gesetzlichen und rituellen Vorschriften. Diese gelten heute noch als Gesetzesgrundlage für die Muslime und haben weit reichenden Einfluss auf ihr tägliches Leben.

Welches katholische Sakrament erfolgt in der Eucharistie?

Die Verwandlung von Brot und Wein in den Leib und das Blut Christi. Auch das gemeinsame Mahl der Kommunion wird so bezeichnet.

In welchem Land befindet sich der bedeutende christliche Wallfahrtsort Santiago de Compostela?

In Spanien. Hierher pilgern seit 1000 Jahren Wallfahrer auf den Jakobswegen, die in Frankreich und Deutschland ihre Ausgangspunkte haben, zu den Gebeinen des hl. Jacobus des Älteren (1. Jh.), des Schutzpatrons Spaniens. Santiago de Compostela ist neben Jerusalem und Rom der wichtigste christliche Wallfahrtsort.

Zu welcher Weltreligion gehört die Scharia?

Zum Islam. Es ist das Gesetz, das im Koran und in der Sunna, die die Aussagen und Handlungen Mohammeds (um 570–632) überliefert, verankert ist und in islamischen Staaten auch als Strafrecht angewendet wird.

Welchen Glauben haben die Schiiten?

Den islamischen. Die Schiiten sind Angehörige der kleineren der beiden Konfessionen des Islam und leben v. a. im Irak und im Iran. Sie trennten sich von den Sunniten, weil sie die Kalifen, die gewählten Führer des Islam, nicht anerkennen wollten. Autorität als Imame genießen bei ihnen nur die Nachfahren Mohammeds (um 570–632).

Was betont der Begriff evangelisch im Unterschied zu protestantisch?

Der Begriff „evangelisch“ betont mehr den Religionsinhalt, der die Heilige Schrift, v. a. die Evangelien, zur Grundlage hat, „protestantisch“ erinnert dagegen an die Entstehung dieser christlichen Kirchen zur Zeit der Reformation.

Welchen drei Weltreligionen gilt Jerusalem als eine heilige Stadt?

Für das Christentum (Grabeskirche), für das Judentum (Klagemauer) und für den Islam (El-Aksa-Moschee). Wegen der hohen Symbolkraft, die der Besitz der Stadt hatte und immer noch hat, war sie, angefangen von den Kreuzzügen bis zu den Nahostkriegen des 20. Jahrhunderts, ein ständiger Anlass zu gewalttätigen Auseinandersetzungen.

Blick auf Jerusalem

Was ist Zen?

Eine bestimmte Form meditativer Versenkung. Sie ist das wichtigste Mittel im Zen-Buddhismus, um durch strenge Selbstdisziplin zur Erleuchtung zu gelangen. Der Zen-Buddhismus hat sich hauptsächlich in Japan herausgebildet.

Welcher katholische Würdenträger steht in der Hierarchie über dem Bischof und unter dem Papst?

Der Kardinal. Er wird vom Papst ernannt und erhält wichtige Aufgaben in der Leitung der Kirche. Das Kardinalskollegium, das sich aus Bischöfen aller Erdteile zusammensetzt, wählt den Papst. Das äußere Zeichen der Kardinalswürde ist sein purpurfarbenes Gewand, der Purpur.

Ein Kardinal

Welche Weltreligionen haben durch das Alte und Neue Testament dieselben Wurzeln?

Das Judentum und das Christentum. Für das Judentum ist die Thora (die fünf Bücher Mose) sowie Propheten und Schriften des Alten Testaments ausschlaggebend, für das Christentum ist das Neue Testament, in dem das Leben und Wirken Jesu im Mittelpunkt steht, aber auch die göttlichen Offenbarungen des Alten Testaments verbindlich.

Wie heißen die geistlichen Lehrer der jüdischen Gemeinden?

Rabbiner. Sie haben die Autorität zur Auslegung der Heiligen Schrift und des Talmud. In neuerer Zeit nennt man auch die Leiter der jüdischen Gemeinden Rabbiner.

Was versteht man unter dem Talmud?

Er ist nach der Thora, den fünf Büchern Mose, die wichtigste Grundlage der jüdischen Religion und Gesellschaft und enthält eine Rechtssammlung mit Beispielfällen und Kommentaren aus der rabbinischen Überlieferung.

Von wem wurde nach christlicher Deutung die Erbsünde in die Welt gebracht?

Von Adam und Eva, den ersten Menschen, deren Vergehen vom „Baum der Erkenntnis von Gut und Böse" gegessen zu haben, Gott mit der Verbannung aus dem Paradies bestrafte. Die Sünde wird durch Zeugung von einer Generation auf die andere übertragen. Seit dem Kreuzestod Christi wird die Erbsünde durch die Taufe aufgehoben.

Welche Religionen gelten als Weltreligionen?

1. Das Christentum mit der katholischen und orthodoxen Konfession sowie den zahlreichen evangelischen Bekenntnissen. 2. Das Judentum. 3. Der Buddhismus einschließlich der von ihm beeinflussten ostasiatischen Mischreligionen des Konfuzianismus, Taoismus und Shintoismus. 4. Der Islam. 5. Der Hinduismus.

Wodurch ist der Kult des Schintoismus geprägt?

Durch Naturverehrung und Ahnenkult. Der Schintoismus wird v. a. in Japan praktiziert, wo er von 1868–1945 auch Staatskult war.

Das Letzte Abendmahl

Welcher Tag erinnert im Festtagskalender der katholischen Kirche an das Letzte Abendmahl?

● Der Gründonnerstag, auf den der Karfreitag, der Kreuzigungstag Christi, folgt.

Wie heißt die philosophisch-religiöse Lehre Chinas?

● Taoismus. Mit ihm verfolgen die Menschen das Ziel, eine Übereinstimmung des menschlichen Denkens und Handelns mit dem Tao zu erzielen. Das Tao ist „der Weg", den die Natur weist.

In welcher Religionsgemeinschaft werden Sakramente gespendet?

● In der christlichen. Die heiligen Handlungen, die den Segen Gottes und damit seine Gnade gewähren, vollzieht der Priester oder ein höherer Geistlicher. Bei den Katholiken und Orthodoxen sind das die Taufe, die Firmung, die Beichte, die Eucharistie, die Eheschließung, Krankensalbung und Priesterweihe. In der evangelischen Kirche gelten nur die Taufe und die Eucharistie als Sakramente.

Wie nennt man einen Geistlichen oder Zauberer, der sich mit Tanz, Musik oder Drogen in Trance versetzt?

● Einen Schamanen. Ihre Tradition als Priester und Heiler lebt in Zentralasien und Sibirien fort, wo man ihnen große magische Kräfte zuerkennt, mit denen sie Seelenwanderungen unternehmen und Verbindungen mit Verstorbenen und Geistern aufnehmen können.

Was besagt der Zölibat, in dem katholische Priester und Mönche leben?

● Er ist das Gebot der Ehelosigkeit, das die Priester bei ihrer Weihe bzw. die Novizen bei der Aufnahme in einen Orden ablegen. Endgültig durchgesetzt wurde der Zölibat, nach vielen Jahrhunderten des Kampfes für die Ehelosigkeit, von Innozenz II. 1139. In den evangelischen Kirchen gibt es diese Verpflichtung nicht.

Wie nennt man die von Rom unabhängige Kirche Englands?

● Anglikanische Kirche. Ihr geistliches Oberhaupt ist der Erzbischof von Canterbury, das weltliche dagegen der König bzw. die Königin von England. Unter Heinrich VIII. (1491–1547) löste sich die englische Kirche 1535 vom Papst, da dieser sich weigerte Heinrich von seiner Gattin Katharina von Aragón (1485–1536) zu scheiden. Der König wurde durch die Suprematsakte „Oberstes Haupt auf Erden und der Kirche von England".

Welche Heilige Schrift gliedert sich in das Alte und das Neue Testament?

● Die Bibel. Das Alte Testament enthält die heiligen Bücher der Juden, die mit der Erschaffung der Welt beginnend die Entstehung und den Verlauf der Geschichte des Volkes Israel erzählt, dem sich Gott offenbarte und das er als das seine auserwählte. Das Neue Testament berichtet in vier Evangelien, in der Apostelgeschichte und in weiteren Briefen, zumeist die des Apostels Paulus (um 3–62 n. Chr.), vom Leben und Wirken

Jesu und der Apostel. Hinzu kommt die Offenbarung des Johannes, die in gewaltigen Bildern das Weltende beschreibt.

In welchem religiösen heiligen Buch befinden sich Suren?

Koran

Im Koran, der Grundlage des islamischen Glaubens. Das Gesetzbuch ist in 114 Kapitel, die Suren, gegliedert.

Welchen Namen hat Gott im islamischen Glauben?

Allah. Ähnlich wie im christlichen Glauben ist Allah Schöpfer und Erhalter der Welt und am Jüngsten Tag der Richter über die Menschen.

Auf welchem Heiligen Berg Griechenlands erhebt sich noch heute eine griechisch-orthodoxe „Mönchsrepublik"?

Auf dem Berg Athos auf der Südspitze der östlichsten Chalkidike-Halbinsel. Hier thront seit etwa 963 wie eine Trutzburg das Kloster Dionysiou. In der Abgeschiedenheit und Sicherheit konnte sich über die Jahrhunderte hinweg das eremitische Leben einer regelrechten Mönchsrepublik entfalten. Die Mönche verbringen acht Stunden des Tages mit Gebeten. Der Kaiser von Byzanz erlaubte nach der Entstehung des ersten Großklosters den Bau weiterer Klöster in der Umgebung. Im 12. Jahrhundert kamen serbische, russische und bulgarische Athos-Klöster hinzu.

Wieso werden an Ostern Ostereier verschenkt?

Die Ostereier haben nichts mit dem christlichen Fest der Auferstehung Jesu zu tun, sondern gehen auf germanische Frühlingsfeiern zurück. Bei diesen heidnischen Bräuchen fungierten Eier als Fruchtbarkeitssymbole.

Wer leitete mit einem freitäglichen Wurstessen die Züricher Reformation ein?

Der Pfarrer Ulrich (Huldrych) Zwingli (1484–1531), der sich gegen das katholische Fastenverbot und das Zölibat stellte. In Konflikt mit Luther (1483–1546) geriet er mit seiner Abendmahlslehre. Zwingli fiel im Kampf gegen die altgläubigen Kantone der Schweiz.

Was erwarten die Adventisten?

Die Mitglieder dieser hauptsächlich in den USA verbreiteten Religionsgemeinschaft (ca. sieben Millionen Anhänger) erwarten die erneute Wiederkehr von Jesus Christus.

Warum wird das 1. Buch Mose auch Genesis genannt?

Genesis heißt „Anfang, Ursprung". Das erste Buch der Bibel beginnt mit der Schöpfungsgeschichte.

Mit welchem Jahr beginnt die Jahreszählung des islamischen Kalenders?

Mit dem Jahr 622 n. Chr., nämlich mit der Flucht Mohammeds (um 570–632) von Mekka nach Medina. Grundlage für den islamischen Kalender ist ein reines Mondjahr, nicht das Sonnenjahr (wie beim gregorianischen Kalender).

Wozu wird Myrrhe verwendet?

Das Gummiharz aus Myrrhestraucharten wird, wie Weihrauch, als Räucherharz bei kirchlichen Ritualen verwendet. Es war früher so kostbar, dass sie von Kaspar, Melchior und Balthasar neben Gold als königliche Geschenke mitgebracht wurden.

Wie heißt der Ruhetag bei den Juden?

Sabbath (von hebräisch schabbat, „aufhören", „ruhen"). Er beginnt am Freitagabend und dauert bis zum Abend des Sonnabends. Der Sabbat ist nicht nur der Tag der Arbeitsruhe, sondern auch der Heiligung und geistigen Erneuerung.

Feier des Sabbath

Was ist ein Ayatollah?

Er ist der geistliche und politische Führer im schiitischen Islam (übersetzt: „Zeichen Gottes").

Welche Stadt ist mit Zion gemeint?

Jerusalem, die „Stadt des Friedens" mit dem Berg Zion, auf dem der Davidspalast und Salomos Tempel standen. Nach diesem Berg ist die Zionistische Bewegung (Zionismus) benannt, die jüdische Nationalbewegung, die seit dem 19. Jahrhundert das Ziel verfolgte, in Palästina einen jüdischen Staat zu gründen.

Wie viele Stationen hat ein Kreuzweg?

Die Darstellung des Leidensweges Christi von der Verurteilung durch Pilatus bis zur Grablegung hat traditionellerweise 14 Stationen (Einzelbilder).

In welchen Weltreligionen spielt der Glaube an den Messias eine zentrale Rolle?

Im Judentum und im Christentum. Während die Christen in Jesus Christus den von den Propheten erwarteten gesalbten Sohn Gottes erkennen, der die Menschen von den Sünden erlöst hat, erwarten die Juden die Ankunft des Messias in künftiger Zeit.

Wo befindet sich die Klagemauer?

In Jerusalem. Sie ist das größte Heiligtum des Judentums und die Stätte des Gebets für gläubige Juden. Bei dem Bauwerk handelt es sich um den einzigen erhaltenen Teil des ehemals von König Salomo erbauten Tempels von Jerusalem, der im Jahre 70 n. Chr. bei der römischen Eroberung der Stadt zerstört wurde. Der römische Feldherr Titus hatte das Allerheiligste des jüdischen Tempels geplündert und im Triumphzug nach Rom gebracht; Einzelheiten dieses Ereignisses zeigen die Reliefs am Titusbogen in Rom.

Was versteht man unter Mystik?

Eine religiöse Haltung, die danach trachtet, ganz in Gott aufzugehen. Mystiker versuchen, durch stark nach innen gekehrte Frömmigkeit wie auch durch meditative Übungen eine unmittelbare Gotteserfahrung zu erleben (z. B. in Ekstase). Mystik gibt es nicht nur in der christlichen Religion, sondern auch und v. a. in verschiedenen Naturreligionen, im Buddhismus, Hinduismus, Islam und im Judentum.

Welchem Heiligen der christlichen Kirchen wird am 6. Dezember gedacht?

Nikolaus, Bischof von Myra in der Türkei, der vermutlich im 4. Jahrhundert lebte. Zu Ehren des Schutzpatrons der Kinder werden ihnen an seinem Festtag Geschenke gemacht. In der evangelischen Kirche ist Nikolaus der Weihnachtsmann, der die Kinder an Heiligabend beschenkt.

Mit welchem Sakrament kann der katholische Priester den Gläubigen von seinen Sünden lossprechen?

Mit der Beichte, wobei der Gläubige bußfertig, d. h. seine Verfehlungen voll eingestehen und bereuen muss. Der Priester erteilt nach dem Beichtgespräch – zumeist im Beichtstuhl – die Absolution. In der evangelischen Kirche kennt man lediglich ein allgemeines Sündenbekenntnis mit anschließender Lossprechung vor dem Abendmahl; sie ist aber kein Sakrament.

Wem gilt die besondere Verehrung im Ahnenkult?

Den Vorfahren der eigenen Familie, von denen man glaubt, dass sie über ihren Tod hinaus in der Familie weiter wirken. Mit Opfergaben und Gastmählern oder auch beim Gebet vor Altären wird ihrer gedacht. In der japanischen Religion des Schintoismus verehrt man die Sonnengottheit Amaterasu als Ahngottheit.

Welches Volk wurde als erstes vollständig christianisiert?

Die Armenier. Unmittelbar nach dem Tod Christi starteten die Apostel Thaddäus und Bartholomäus mit ihrer Mission bei den Armeniern, die überaus erfolgreich verlief. Denn schon im Jahre 301 n. Chr. wurde die neue Lehre und der neue Glaube zur einzigen Religion des armenischen Volkes proklamiert, nachdem schließlich auch der König zum Christentum konvertiert war.

Warum wird Jesus von Nazareth auch Christus genannt?

Christus bedeutet auf Griechisch „der Gesalbte", was dem hebräischen „maschiach" („Messias") entspricht. Im Judentum war dies ursprünglich ein Hoheitstitel für den König („Gesalbter Gottes"). Später wurde der Messias als Heilsbringer erwartet. Im Neuen Testament wird Jesus als „Christos" („Messias") bezeichnet.

Warum ernähren sich Hindus vegetarisch?

Weil sie manche Tiere (z. B. Kühe, Affen, Schlangen) als heilig verehren und die Ehrfurcht vor allem Leben eine wichtige Rolle in ihrem Glauben spielt. Außerdem glauben sie an die Wiedergeburt des Menschen auch in der Gestalt von Tieren.

Wer ist der Begründer des Islam?

Mohammed (um 570–632). In Mekka, seiner Geburtsstadt, empfing er nach islamischer Überlieferung die Offenbarungen Allahs durch den Erzengel Gabriel, die er im Koran, dem Gesetzbuch der Muslime, niederschrieb. Wegen seiner Lehren musste er Mekka verlassen und nach Medina fliehen, wo er die meiste Zeit seines Lebens verbrachte. Die Hedschra (Auswanderung) im Jahr 622 ist gleichzeitig der Beginn der islamischen Zeitrechnung. In einem Krieg gelang es ihm, die arabischen Stämme zu einigen und 630 als Sieger nach Mekka zurückzukehren.

Verbreitung der Lehren Mohammeds

Was bedeutet Advent wörtlich?

„Ankunft". Gemeint ist die lang ersehnte Ankunft des Erlösers, das Warten auf die Geburt Jesu. Mit der Adventszeit vier Wochen vor Weihnachten (als Zeit der Besinnung und des Fastens) beginnt das Kirchenjahr.

Das Paradies

Wie nennt die Bibel den Garten, aus dem Gott Adam und Eva vertrieben haben soll?

Das Paradies oder Garten Eden. Hier soll – nach dem Bericht des Alten Testaments – das erste Menschenpaar in natürlicher Unbekümmertheit gelebt haben, bis sie auf Grund des Sündenfalls in die Welt und in die Mühsal des menschlichen Daseins vertrieben wurden. Das Paradies gilt allgemein als der Ort des Friedens, der Glückseligkeit und absoluten Bedürfnislosigkeit.

Welches Fest wird in Skandinavien Julfest genannt?

Das Weihnachtsfest. Ins christliche Weihnachtsbrauchtum wurden auch heidnisch-germanische Jul-Bräuche (aus dem germanischen „Wintersonnwendfest") übernommen, z. B. der Tannenbaum.

Welcher geistliche Würdenträger steht einer Diözese vor?

Der Diözesanbischof, dem alle Katholiken innerhalb dieses geistlichen Wirkungsbereiches unterstehen. Zur Leitung der Diözese stehen dem Bischof ein Generalvikariat für die Verwaltung, ein Offizialat als Gerichtsbehörde und eine Bürobehörde unter dem Kanzler zu Gebote.

Gibt es nur einen Buddha?

Nein. Buddha ist ein Ehrentitel, den Künder der buddhistischen Lehre tragen, wenn sie aus eigener Kraft zur Erleuchtung gelangt sind. In den beiden großen Richtungen (Fahrzeugen) des Buddhismus wird jedoch eine Unterscheidung gemacht: Die einen (Mahayana-Buddhismus = „Großes Fahrzeug") sehen Buddha nicht als selbsterlösten Menschen, sondern als Offenbarung eines überweltlichen Buddha an.

Welcher Lehrmeinung widersprechen die so genannten Häretiker?

Der jeweils offiziellen Lehrmeinung der christlichen Amtskirchen. Von der katholischen Kirche wurden die der Häresie bezichtigten „Irrgläubigen" auch als Ketzer bezeichnet.

Warum lassen sich die Baptisten erst im Erwachsenenalter taufen?

Weil die Baptisten (zu Deutsch „Täufer"), die Anhänger der größten evangelischen Freikirche, sich bewusst für Christus entscheiden wollen. Als einzige verbindliche Richtschnur lassen sie die Bibel gelten.

Welches erste Menschenpaar schuf Gott nach dem Schöpfungsbericht der Bibel?

Adam und Eva. Adam entstand dabei aus dem Staub des Ackerbodens, Eva aus einer Rippe Adams. Beide wohnten im Garten Eden in einem paradiesischen Zustand. Als Eva auf Anstiftung des Satans Adam dazu ermunterte von der verbotenen Frucht am Baum der Erkenntnis zu essen, verloren sie ihre Unschuld und wurden wegen ihres Ungehorsams von Gott aus dem Paradies verbannt. Als Strafe bürdete er Adam auf, im Schweiße seines Angesichts sein Leben zu bestreiten und Eva sollte unter Schmerzen Kinder gebären; und beide sollten, wie das Menschengeschlecht, das sie zeugten, sterblich sein.

Was sind Atheisten?

Menschen, die an keinen Gott glauben, weil sie die Existenz von einem oder mehreren Göttern bzw. von einem göttlichen Wesen als irrational und nicht beweisbar ablehnen.

Welches berühmte Werk verfasste Laotse (3.–4. Jh. v. Chr.), der Lehrmeister des Taoismus?

Das *Tao-te-king*, einen der Klassiker der chinesischen Philosophie. Wahrscheinlich im 4. Jahrhundert v. Chr. entstanden, wurde es zunächst „5000-Zeichen-Schrift" genannt. Die poetische Sammlung von 81 kurzen, teils gereimten Aphorismen gilt zugleich als Meisterwerk der Weltliteratur.

Was enthalten die Zehn Gebote?

Die Moses auf dem Berg Sinai von Gott offenbarten Grundgesetze: Es gibt nur einen Gott; von ihm soll kein Bildnis gemacht werden; der Name Gottes soll geheiligt werden; der Sonntag ist zu ehren; die Eltern sind zu ehren; Verbot des Tötens, des Ehebrechens, des Stehlens, des Lügens und des Neides.

Moses empfängt die Zehn Gebote

Wie nennen sich die Ostkirchen?

Orthodox, d. h. griechisch „rechtgläubig". Orthodox ist eine Lehre oder religiöse Anschauung – etwa die des orthodoxen Judentums. In der BR Dtl. gibt es etwa 500.000 orthodoxe Christen.

In welcher Religion gilt der Ramadan als Fastenmonat?

Im Islam. Im neunten Monat des islamischen Mondjahres verzichten die Gläubigen von Sonnenaufgang bis Sonnenuntergang auf jegliche leibliche Genüsse, wie Essen, Trinken oder Rauchen. Die Hauptmahlzeit wird, oft im festlichen Rahmen, um Mitternacht eingenommen.

Wieso wird im Buddhismus das Nirwana angestrebt?

Nirwana (Sanskrit, „Erlöschen, Verwehen") ist der ideale Zustand, in den ein Buddhist seinem Glauben zufolge eingehen wird, nachdem er den Kreislauf der Wiedergeburt oft genug durchschritten hat. Erst wenn er zu Vollkommenheit gelangt ist und die Lebensbegierde erlöscht, ist das Nirwana erreicht.

Welche kirchlichen Würdenträger wählen den Papst?

Die Kardinäle. Sie müssen sich so lange zur Wahl zurückziehen, bis sie zu einem Ergebnis gekommen sind. Dann steigt als Zeichen weißer Rauch auf.

Was erteilt der katholische Priester dem bußwilligen Gläubigen nach der Beichte?

Die Absolution, d. h. die Lossprechung von den Sünden; der Beichtvater sagt dem Beichtenden also die Vergebung seiner Sünden zu.

Wer soll am Berg Sinai von Gott die Zehn Gebote empfangen haben?

Moses (um 1250 v. Chr.) aus dem Stamm Levi. Mit den Zehn Geboten, die ihm Gott offenbart hatte, und dem mosaischen Gesetz – den fünf Büchern Mose – legte er die Grundlagen des Judentums. Die chronologische Darstellung der jüdischen Geschichte beginnt mit der Erschaffung der Welt und endet mit dem Auszug der Juden aus Ägypten und der Landnahme in Kanaan.

Welche griechischen Buchstaben stehen als Symbole des Anfangs und Endes für Gott oder Jesus Christus?

Das Alpha und das Omega, also der erste und der letzte Buchstabe des griechischen Alphabets. Sie kommen in der Offenbarung vor, und zwar in dem Satz: „Ich bin das Alpha und das Omega, spricht Gott der Herr, der da ist und der da war und der da kommt, der Allmächtige." Zusätzlich erscheint das A und Ω häufig im Christusmonogramm.

Von welchem Turm aus ruft der Muezzin die Muslime zum Gebet auf?

Vom Minarett, was auf arabisch „Leuchtturm" heißt. Minarette sind Teil der Moschee und haben je nach Region und Landestradition verschiedene Formen: quadratisch, polygonal und rund. Es gibt Moscheen mit bis zu sechs Minaretten.

Wie heißen die wichtigsten heiligen Schriften des Hinduismus?

Die wichtigsten Schriften des Hinduismus sind die Veden („Wissen"), sie entstanden etwa 1200 bis 600 v. Chr. Der Hinduismus entwickelte sich aus verschiedenen Richtungen des Brahmanismus. Der orthodoxen Tradition des Hinduismus gelten die Weden als Offenbarung.

Was versteht man unter Monotheismus?

Die Verehrung eines einzigen Gottes, im Gegensatz zum Polytheismus, in dem gleichzeitig verschiedene Götter verehrt werden. Im alten Ägypten führte z. B. Echnaton (14. Jh. v. Chr.) mit dem Kult des Sonnengottes Aton eine monotheistische Religion ein, der „Götterhimmel" der Griechen und Römer war dagegen von unzähligen Göttern bevölkert.

Wen meinte Jesus damit, als er sagte Auf diesen Fels will ich meine Kirche bauen?

Den Apostel Petrus (griech. „Fels"; † um 64). Er galt als der erste Bischof von Rom, dessen Nachfolger die Päpste sind. Die Petrusbriefe des Neuen Testaments sollen auf ihn zurückgehen. Petrus fiel wie Paulus (um 3–62) den Christenverfolgungen Neros zum Opfer; begraben wurde er an der Stelle der heutigen Peterskirche.

Welchen Inhalt umfasst die Thora?

Die jüdische Thora

Die fünf Bücher Mose des Alten Testaments, die im jüdischen Glauben das mosaische Gesetz darstellen. Das sind besonders die Bücher Levitikus, Numeri und Deuteronomium. Die ersten beiden Bücher – Genesis und Exodus – entwerfen die Weltentstehung sowie die Entstehung und Auserwählung des Volkes Israel.

Wo befindet sich das von dem bedeutenden oströmischen Kaiser Justinian I. (482–565) erbaute Katharinenkloster?

Auf der Sinai-Halbinsel, am Fuß des Djebel Musa. Es ist ein 557 n. Chr. festungsartig errichteter Gebäudekomplex, der als Herberge für Pilger zu den Stätten des Alten Testaments und den Reliquien der Heiligen Katharina († Anfang 4. Jh.) diente. Zum Kloster gehört eine zwischen 548 und 560/65 erbaute dreischiffige Arkadenbasilika, die mit gut erhaltenen Mosaiken geschmückt ist.

Wie heißt die Kirchenversammlung, auf der die Bischöfe und Kardinäle unter dem Vorsitz des Papstes tagen?

Konzil. In Spätantike und Mittelalter kam es zu zahlreiche Konzilien. Von besonderer Wichtigkeit für die Entwicklung der christlichen Kirchen sind die sieben ökumenischen Konzilien von 325 bis 787. Alle folgenden wurden von der katholischen Kirche aufsteigend weiter gezählt. So ist etwa das Konstanzer Konzil von 1415 das 16. in der Reihe.

Im 20. Jahrhundert gab es mit dem 2. Vatikanischen Konzil von 1962–65 eine große Versammlung, an deren Eröffnung 2540 Konzilsväter anwesend waren.

Was bedeutet die Inschrift I.N.R.I., die auf dem Kruzifix angebracht ist?

● Es sind die Anfangsbuchstaben der lateinischen Inschrift „Iesus Nazarenus Rex Iudaeorum" („Jesus von Nazareth, König der Juden"), die nach dem Johannes-Evangelium (19, 19) der römische Statthalter von Judäa, Pontius Pilatus († um 39) anbringen ließ. Er hatte Jesus auf Druck der jüdischen Hohepriester zum Tode verurteilt.

Wie heißen die wichtigsten Götter des Hinduismus?

● Brahma, Schiva und Wischnu (daneben werden noch viele andere, niedere Gottheiten verehrt). Brahma stand ursprünglich an der Spitze, er wurde aber durch Schiva (Zerstörer und Erneuerer der Welt) und Wischnu (Bewahrer des Lebens) allmählich verdrängt.

Was versteht man unter Diaspora?

● Der Begriff stammt aus dem Griechischen und bedeutet „Zerstreuung". Er meint zunächst eine religiöse, nationale oder ethnische Minderheit, die außerhalb ihrer Heimat lebt. Im Speziellen bezieht er sich auf die jüdischen Gemeinden außerhalb Israels. Sie fühlen sich trotz der mitunter sehr weiten Entfernung zu Israel noch immer miteinander verbunden.

Wer sind die wichtigsten Autoren der neutestamentarischen Briefe?

● Die Briefe wurden in erster Linie von Paulus, Petrus, Judas und Johannes verfasst. Sie sind zeitgenössische Dokumente, die ein sehr eindrückliches Bild vom Leben in frühchristlichen Gemeinden und von deren Problemen vermitteln.

Unter welchem Ehrentitel kennen wir den Prinzen Siddharta Gautama (6. bis 4. Jh. v. Chr.)?

● Unter dem Titel Buddha, was wörtlich übersetzt nichts anderes als „der Erleuchtete" bedeutet. Der Sohn eines indischen Fürsten ließ sein luxuriöses Leben radikal hinter sich, nachdem er bei Ausfahrten einem Alten, einem Kranken, einem Toten und einem Mönch begegnet war. Nach vielen Bemühungen, u. a. durch Askese, erlangte er mit 35 Jahren unter einem Feigenbaum (Bodhibaum) bei Bodh Gaya die Erleuchtung. Seitdem verbreitete er die Lehren, zu denen er gefunden hatte, indem er mit seinen Anhängern (Mönchen) durchs Land zog.

Figur des Buddha

Woher kommt der Begriff Fastnacht?

● Von der Nacht vor Aschermittwoch, dem ersten Tag der Fastenzeit. Später wird darunter die Woche vor Aschermittwoch verstanden. Die Fastnacht oder auch ober- und mitteldeutsch Fasenacht mit ihren Bräuchen, die meist heidnischen Ursprungs sind, ist die weltliche Entsprechung zur klösterlichen Feier des Fleischentzuges. Das Wort Karneval (von italienisch „carne le vale" = „Fleischfortnahme") verweist noch darauf.

Wen verehren Anhänger des Voodoo-Kults?

● Geister, die schützend oder Unheil bringend wirken sollen. Der Voodoo-Kult ist mit magischen Ritualen verbunden, bei denen sich die Anhänger in Trance versetzen, Opferhandlungen vornehmen oder ekstatische Tänze vollführen.

Was versteht der Islam unter dem heiligen Krieg?

Der heilige Krieg („Dschihad") ist der Kampf gläubiger Muslime gegen die Ungläubigen. Der Koran fordert die Gläubigen zur Verbreitung des Islam auf. Dabei muss ein Mudschaheddin, ein „Kämpfer für den Glauben, der den Feldzug gegen die Ungläubigen führt", nicht mit Waffengewalt kämpfen, obwohl diese legitim ist. Ein wichtiges Mittel der Glaubensverbreitung ist beispielsweise der gezielte Einsatz der Medien.

Welchen Wissenschaftler, der 1633 vor dem Inquisitionsgericht verurteilt wurde, rehabilitierte Papst Johannes Paul II. öffentlich im Jahr 1992?

Der italienische Mathematiker und Physiker Galileo Galilei (1564–1642), der wegen seiner Verteidigung des heliozentrischen Weltbildes, wie es Nikolaus Kopernikus (1473–1543) aus seinen Beobachtungen abgeleitet hatte, von dem Inquisitionsgericht als Ketzer verurteilt wurde, musste 1633 in Rom seinen Thesen abschwören. Er widerrief jedoch angeblich später seine Aussage vor dem Gericht mit den Worten „Und sie bewegt sich doch". Im Jahr 1992 wurde Galileo öffentlich von Papst Johannes Paul II. (1920–2005) in Rom rehabilitiert.

Was versteht man unter Simonie?

Im katholischen Kirchenrecht bezeichnet Simonie den Verkauf eines geistlichen Amtes oder kirchlichen Besitzes gegen Geld. Der Begriff geht auf die Apostelgeschichte zurück (8,9 ff.), in der von dem Zauberer Simon berichtet wird, der Petrus die Wunderkraft abkaufen wollte.

Was ist die Bergpredigt?

Als Bergpredigt bezeichnet man eine Rede, die Jesus an seine Jünger hielt. Hierin verkündet er vor allem die Seligpreisung und das Vaterunser.

Wo liegt das buddhistische Wallfahrtsheiligtum Borobudur?

Auf Java. Die um 800 erbaute, 40 Meter hohe, in terrassenförmige Stufen aufsteigende Pyramide gipfelt in drei kreisförmige Terrassen, auf deren oberster eine mächtige Halbkugel steht. Der Wallfahrer soll beim Wandeln auf den Terrassen die steinernen Reliefs betrachten, die u. a. Szenen aus dem Leben Buddhas (6. bis 4. Jh. v. Chr.) darstellen.

Borobudur

Wer ist Ganesha?

Ein elefantenköpfiger Gott des hinduistischen Glaubens. Der gutmütige Ganesha gilt als Gottheit der Kaufleute und Schriftsteller.

Wer lehrte, dass heidnische Philosophie und christlicher Glaube dem gleichen Quell entspringen?

Clemens von Alexandria (†211 n. Chr.). Er erklärte, dass jegliche Erkenntnis, die christliche, jüdische wie auch die philosophische einzig und allein von Gott ausgingen. Aus diesem Grund kam Clemens zu der für seine Zeit erstaunlichen Erkenntnis, dass der Christ auch in der heidnischen Philosophie das Wirken und das Wissen Gottes erkennen könne.

Woran glauben Anhänger der Christlichen Wissenschaft?

Die Lehre der von Mary Baker-Eddy (1821–1910) begründeten Christlichen Wissenschaft geht davon aus, dass die erfassbare Materie und menschliches Leid wie Krankheit und Tod nur eine Illusion sind. Der Mensch sei, so Baker-Eddy, nur ein Ausdruck des göttlichen Wesens, mit dem der Gläubige durch die Befolgung der Lehre Christi wieder verschmelzen könne.

Wozu dienten die Katakomben?

Katakomben in Rom

Die unterirdischen Gänge in Rom waren christliche Begräbnisstätten. Seit etwa 200 n. Chr. wurde hier zunächst nur die ärmere Bevölkerung (dann auch Bischöfe) bestattet. Der Name geht auf eine lateinische Flurbezeichnung „ad Catacumbas" für ein Gelände an der Gräberstraße der Via Appia zurück.

Was veranlasste Martin Luther, seine 95 Thesen an die Schlosskirche zu Wittenberg anzuschlagen?

Martin Luther (1483–1546) wandte sich v. a. gegen den Ablasshandel. Nach der Praktik des Ablasshandels konnten die Gläubigen durch Almosenspenden, Geldzahlungen oder Kirchenstiftungen Nachlass ihrer Sündenstrafen erwerben. Das Ende des Ablasshandels wurde jedoch erst im Jahr 1999 erreicht, als sich Katholiken und Lutheraner darauf einigten, dass nur die Gnade Gottes und nicht der eigene Verdienst dem Menschen das ewige Heil bringen kann.

Was ist die Charta Oecumenica?

Es ist die gemeinsame Erklärung der christlichen Kirchen, in der Regeln für das Miteinander der Konfessionen festgeschrieben werden. Im April 2001 unterzeichnet, rufen darin die Kirchenvertreter zu Toleranz und Offenheit gegenüber anderen Religionen auf.

Woran glauben Chiliasten?

An das Ende der geschichtlichen Zeitrechnung, die von einer tausendjährigen Herrschaft Christi abgelöst wird – wie es in der Offenbarung des Johannes angekündigt wird. Zu den religiösen Gemeinschaften, die sich auf dieses Ende der geschichtlichen Zeit vorbereiten, gehören z. B. die Zeugen Jehovas, aber auch zahlreiche evangelische Ausrichtungen können als chiliastisch bezeichnet werden.

Was bezeichnet man als Polytheismus?

Als Polytheismus bezeichnet man den Glauben an eine Vielzahl von Göttern. Für die Völker der Antike war die gleichzeitige Verehrung einer Vielzahl von Göttern, die meist als menschliche Personen vorgestellt wurden, ganz normal. Die Griechen und die Römer pflegten einen sehr stark ausgeprägten Götterkult, der die Beziehungen der jeweiligen soziokulturellen menschlichen Verhältnisse widerspiegelte.

Wo ging die Arche Noah an Land?

Der Überlieferung nach soll sie am Berg Ararat (5198 Meter) in der heutigen östlichen Türkei vor Anker gegangen sein. Expeditionen, die nach den Überresten der Arche suchten, verliefen allerdings bis heute ergebnislos.

Wen machte sich der Münsteraner Kardinal von Galen zum Feind?

Adolf Hitler (1889–1945). Clemens August Graf von Galen (1878–1946) war einer der wenigen hochrangigen Geistlichen, die den Nationalsozialismus und seine Verbrechen gegen die Menschheit offen kritisierten. Seine Proteste gegen das Euthanasieprogramm der Nationalsozialisten führten dazu, dass die Vernichtung „unwerten Lebens" (Alte, Kranke und Behinderte) zumindest für kurze Zeit gestoppt wurde. Der Sieg der Alliierten verhinderte, dass ein geplantes Todesurteil gegen den Geistlichen verhängt wurde. Von Galen wurde im Februar 1946 – kurz vor seinem Tod – zum Kardinal ernannt.

Was ist ein Quäker?

Das Mitglied einer im England des 17. Jahrunderts gegründeten Religionsgemeinschaft. Die pazifistischen Quäker lehnten sowohl die englische Staatskirche als auch jeden Dienst an der Waffe ab, daher mussten sie von England fliehen und wanderten nach Nordamerika aus. 1681 gründete der Quäker William Penn (1644–1718) den Staat Pennsylvania, dessen Verfassung auf den Grundsätzen des Quäkertums beruhte. Derzeit gibt es weltweit etwa 250.000 Anhänger dieser Glaubensbewegung, von denen ein gutes Drittel in den USA lebt.

Warum wurde Martin Luther von Kaiser Karl V. (1500–58) mit der Reichsacht belegt?

Martin Luther (1483–1546) weigerte sich auch 1521 auf dem Reichstag von Worms, seinen Lehren abzuschwören, die eine Kirchenspaltung verursacht hatten und wegen der er vom Papst bereits gebannt worden war. Aufgrund des Vorwurfs, er verbreite ketzerische Lehren, hatte man Luther vor den Reichstag bestellt. Da er auf seinen Lehren bestand, wurde der Reformator mit der Reichsacht bestraft und für „vogelfrei" erklärt. Sein Landesherr Kurfürst Friedrich der Weise (1463–1525) gewährte Luther Schutz auf der Wartburg.

Was wird an Pfingsten gefeiert?

Die Herabsendung des Heiligen Geistes über Maria und die Jünger Jesu, 50 Tage nach der Auferstehung (griech. pentecoste, „der Fünfzigste"). Das Pfingstfest markiert in der christlichen Kirche den Abschluss der Osterzeit und wird in vielen Regionen mit speziellen Bräuchen (Pfingstbäume, Jahrmärkte, Schmücken eines „Pfingstochsen") gefeiert. Streng genommen feiern die katholische und die evangelische Kirche Pfingsten nicht am selben Tag: Für die Katholiken fällt Pfingsten auf den 8. Sonntag nach Ostern, die Protestanten feiern bereits eine Woche früher, am 7. Sonntag nach dem Osterfest.

Was versteht man unter einem Fruchtbarkeitskult?

Einen Brauch, der eine reiche Ernte oder die Vermehrung von Vieh herbeiführen soll. Damit verbunden sind meist Opferungen, die zu symbolischen Zeitpunkten (Aussaat, Frühlingsbeginn etc.) durchgeführt werden. Fruchtbarkeitsopfer waren z. B. auch bei den alten Germanen verbreitet.

Wer soll nach biblischer Überlieferung die Arche geschaffen haben, deren Passagiere als Einzige die Sintflut überlebten?

Noah, der von Gott auserwählt wurde, sich mit den Seinen und der bekannten Tierwelt vor der Sintflut zu retten und ein neues Menschentum zu schaffen (Genesis 6–9).

Die Arche Noah

Tanzende Derwische

Was ist ein Derwisch?

Der Angehörige eines islamischen Ordens (seit dem 12. Jh.). Derwische (übersetzt „Bettler") suchen durch geistige Versenkung und asketische Übungen eine mystische Vereinigung mit Gott. Auch die frühesten Propheten, von denen u. a. die Bibel berichtet, traten wie Derwische auf.

Wie nennt man ein islamisches Gotteshaus?

Eine Moschee. Das Vorbild aller Moscheen ist das Haus des Propheten in Medina, das sowohl ein Ort des Gebetes als auch der politischen Versammlungen war. Außerdem diente es als Gerichtsort, Obdachlosenheim und Hospital. In einer Moschee findet fünfmal am Tag ein Gebetsgottesdienst statt.

Was versteht man unter Exorzismus?

Die von einem katholischen Priester nach einem strengen Ritus ausgeführte Vertreibung eines Geistes, der von einem Menschen (oder auch einem Tier) Besitz ergriffen hat. Neben dem Aufsagen von Gebeten wird dem Dämon dabei auch mit Weihrauch und Weihwasser zu Leibe gerückt.

In welchen Religionen spielt die Wiedergeburt eine wichtige Rolle?

Im Hinduismus und Buddhismus. In beiden Religionen stellt man sich vor, dass man in einem ewigen Kreislauf so lange (auch als Tier) wiedergeboren wird, bis man durch einen vollkommenen Lebenswandel hiervon erlöst wird.

Wie sah die Religion der Römer vor dem Einfluss der Griechen aus?

Die ursprüngliche römische Religion kannte kaum anthropomorphe, d. h. in Menschengestalt auftretende Gottheiten. Bei Gebeten, Weissagungen, Opfern und Festen stand nie eine Gottheit, sondern immer die Fruchtbarkeit von Land und Vieh im Mittelpunkt. Alle religiösen Rituale der Römer wurden sehr formell abgehalten, da man sie nur in der festgelegten Form für wirksam hielt. Die altrömische Bauernreligion sah das Leben von der Natur beherrscht und verehrte einzelne Teile als solche, wie die Erde, die Quellen oder auch die Ernte.

Wer wurde als Baal verehrt?

Baal war ursprünglich der oberste Gott der Syrer. Da die Anbetung Baals recht freizügige Elemente enthielt, versuchten die jüdischen Propheten erfolgreich, ihn zu „verteufeln". Seit dem Mittelalter gilt Baal als einer der mächtigsten Höllenfürsten. Baal hat angeblich drei Köpfe: den einer Kröte, den eines Menschen und den einer Katze.

Was versteht man unter Trinität?

Die Dreifaltigkeit von Gott als Vater, Sohn und Heiliger Geist.

Wer ist der Antichrist?

Der Gegenspieler Gottes, der am Zeitende auf der Erde erscheinen und als eine Art böser Zwilling von Jesus in Erscheinung treten wird. Im Laufe der Geschichte wurden aber auch ganz reale Zeitgenossen von der Kirche als Antichrist bezeichnet, so z. B. Kaiser Nero (37–68) oder Napoleon (1769–1821).

Was ist ein Brahmane?

Das Mitglied der obersten indischen Kaste. Ein Brahmane versucht, die vielschichtigen indischen Religionsmythen in eine philosophische Form zu überführen.

In welcher Stadt befindet sich das größte Heiligtum des Islam?

In Mekka. Sie ist die Geburtsstadt Mohammeds (um 570–632) und der wichtigste islamische Wallfahrtsort. Inmitten der Großen Moschee befindet sich die Kaaba, das höchste Heiligtum des Islam. Hierher führte Mohammed 630 seine siegreichen Truppen nach dem Heiligen Krieg zurück.

Was ist eine Ikone?

Ein sakrales, transportables Bild der Ostkirche, das oft auf eine Holztafel gemalt ist. Abgebildet sind meist Christus, Maria oder wichtige Heilige. Die Ikone ist ein Verehrungsgegenstand, der nach bestimmten festgelegten Regeln gestaltet werden muss, damit seine Herstellung als liturgische Handlung gilt. Typisch sind die meist mit Gold ausgelegten Hintergründe. Die Ikonenmalerei nahm in Byzanz ihren Anfang und wird heute v. a. in Russland praktiziert.

Was ist ein Kirchenbann?

Die schwerste nichtkörperliche Strafe, die im Mittelalter gegen einen Christen ausgesprochen werden konnte. Der Kirchenbann, auch Exkommunikation genannt, führte zum Ausschluss eines Kirchenmitglieds aus der Gemeinschaft der Gläubigen und damit auch zum Ausschluss vom Gottesdienst. Er verhinderte eine christliche Bestattung. Nach katholischem Glauben war damit auch die Seele des Betroffenen für immer verdammt.

Wer erschuf das Goldene Kalb?

Der jüdische Hohepriester Aaron. Während Moses auf dem Berg Sinai die Heiligen Zehn Gebote erhielt, forderte das Volk den Hohepriester auf, aus ihrem Schmuck ein Götzenbild zu formen, dass sie bei ihrem Weg durch die Wüste verehren konnten. Als Moses vom Berg zurückkehrte und das Goldene Kalb erblickte, zertrümmerte er vor Wut die Gesetzestafeln.

Wer gilt als Stammvater der drei großen Weltreligionen?

Abraham, der etwa 2000 v. Chr. gelebt haben soll. Abraham war bereit, Gott seinen eigenen Sohn zum Opfer zu bringen. Dieser absolute Glaubensgehorsam machte ihn zum Stammvater des Judentums, des Christentums und des Islam. (Gott selbst verhinderte das blutige Opfer übrigens in letzter Sekunde.)

Warum taucht der siebenarmige Leuchter als Bildmotiv in der jüdischen religiösen Kunst auf?

Der auch Menora genannte siebenarmige Leuchter ist ein Überbleibsel des 70 n. Chr. zerstörten Tempels von Jerusalem. Er konnte gerettet und nach Rom gebracht werden.

Siebenarmiger Leuchter

Wer ist Beelzebub?

Beelzebub gilt im Neuen Testament als Herrscher der Dämonen. Die Pharisäer klagten Jesus an, er treibe nur deshalb Dämonen aus, weil er heimlich mit Beelzebub, dem größten Übel, zusammenarbeite. Wer sprichwörtlich den Teufel mit Beelzebub austreibt, bekämpft das eine Übel mit einem anderen.

Worin bestehen die fünf Hauptpflichten des Islams?

Der Verzicht auf Schweinefleisch und Alkohol in dem Glaubensbekenntnis zu Allah, das tägliche, fünfmalige Gebet, das Fasten während des Ramadan, das Almosengeben für Bedürftige und soziale Zwecke sowie die Wallfahrt nach Mekka, die mindestens einmal im Leben durchgeführt werden muss. Höchstes religiöses und weltliches Gesetzbuch des Islam ist der Koran (arab. „Lesung“).

In welcher untergegangenen Kultur wurde Quetzalcoatl verehrt?

Bei den Azteken. Die „gefiederte Schlange“ war der Schutzherr der Priester, der Erfinder des Kalenders und der Beschützer der Handwerker. Quetzalcoatl gehörte zu den weniger blutrünstigen aztekischen Göttern, der sich von seinen Verehrern keine Menschenopfer wünschte.

Was ist der Heilige Geist?

Als Heiliger Geist („Spiritus Sanctus“) wird die Schöpfermacht Gottes bezeichnet, die Leben spendet und dem Menschen Erkenntnis verleiht. In der christlichen Kunst wird der Heilige Geist oft als Taube oder Flammenzunge dargestellt.

Was versteht man unter Okkultismus?

Die Lehre des Geheimnisvollen (von lat. okkultum, „das Geheimnisvolle“), das sich dem Zugriff der allgemein nachvollziehbaren Wissenschaft entzieht. Neben dem Studium der Magie lässt sich auch die Beschäftigung mit nicht naturwissenschaftlich erklärbaren Phänomenen dem Okkultismus zuordnen.

Was versteht man unter Animismus?

Den Glauben an die Beseeltheit aller Erscheinungsformen im Kosmos. Der animistische Glaube ist besonders bei Naturvölkern weit verbreitet.

Woran glauben Anhänger des Pantheismus?

An die Einheit von Gott und der Welt; die „Allgottlehre“ (so die wörtliche Übersetzung) zählt zu den ältesten Glaubensrichtungen der Menschheit und erlebte in der Neuzeit eine neue Blüte als Gegenbewegung zu einer immer stärker um sich greifenden Rationalisierung und Erklärung der Welt.

Maria und der Erzengel Gabriel

Wie heißt die lateinische Kurzformel für Gegrüßet seist du, Maria?

Ave Maria. Mit diesem Gruß trat der Engel Gabriel an Maria heran, um ihr die unbefleckte Empfängnis Jesu Christi mitzuteilen. Diese Verkündigungsszene wurde unzählige Male in den bildenden Künsten und der sakralen Musik dargestellt. Das Ave Maria ist zugleich ein Hauptbestandteil des katholischen Rosenkranzgebetes.

Was sind Dämonen?

In den antiken Religionen Griechenlands und Roms, aber auch schon des alten Ägyptens, Mesopotamiens und Indiens verstand man unter einem Dämonen ein merkwürdiges Mischwesen zwischen Gott und Mensch mit eher zweifelhaftem Charakter. Nahezu jede Krankheit und jedes Unheil führten die antiken Zeitgenossen auf die Einwirkung solcher Dämonen zurück.

Was verbindet das Judentum und das Christentum miteinander?

Das Christentum entstand aus dem jüdischen Glauben und v. a. aus der jüdischen Vorstellung der bevorstehenden Ankunft des Erlösers. Während aber die Christen in Jesus von Nazareth ebenjenen Messias erkannten, teilen die Juden diese Meinung nicht. Dennoch sind Christentum und Judentum sehr ähnliche Vorstellungen von religiöser Lehre und Praxis gemein. Dazu gehören u. a. die Idee eines einzigen Gottes sowie die Praxis kollektiver religiöser Rituale.

Was ist die religiöse Bedeutung des Begriffs Tohuwabohu?

Im hebräischen Originalton der Schöpfungsgeschichte wird mit diesen Worten, denn es handelt sich eigentlich um drei Worte, der Zustand der Welt vor Gottes Eingreifen bezeichnet: „Tohu" bedeutet „wüst", „wa" steht für die Konjunktion „und" und „bohu" heisst übersetzt „leer". Damit steht die jüdisch-christliche Schöpfungsgeschichte in einer Traditionslinie, in der z. B. auch die Religion der alten Griechen und der Römer zu verorten ist. Offenbar war die Vorstellung eines leeren Durcheinanders in der frühen Antike weit verbreitet.

Welcher spätere Apostel soll im kleinasiatischen Tarsus als Sohn frommer jüdischer Eltern aufgewachsen sein?

Paulus. Als überzeugter Jude glaubte Paulus zwar an die unmittelbar bevorstehende Ankunft des Messias, nicht aber daran, dass Jesus von Nazareth dieser Erlöser sei. Paulus lehnte die neue Religion daher grundsätzlich ab, bis ihm auf der Reise nach Damaskus – wie das Neue Testament berichtet – Jesus Christus erschienen sei. Aufgrund dieses spirituellen Erlebnisses bekehrte er sich zum Christentum und wurde dessen eifrigster Missionar.

Welches antike Volk verehrte Isis, Osiris und Horus?

Die alten Ägypter. Zwar kannte das Volk am Nil eine Unzahl von Göttern, weil man dazu neigte, alle irdischen Phänomene zu vergöttlichen, Isis, Osiris und Horus waren aber die wichtigsten Protagonisten dieses antiken Pantheons.

Woran glaubt ein Atheist?

An ein ohne das Zutun eines Gottes entstandenes Universum, in dem der Mensch ohne das Zutun höherer Mächte seinen Weg finden muss. Besonders die neuzeitlichen, humanistischen Atheisten lehnen den Glauben an Gott ab, weil er der freien Selbstverwirklichung des Menschen im Wege steht.

Welcher Sprache entstammt der Begriff Religion?

Der Begriff Religion entstammt dem Lateinischen Verb „religare", das wörtlich übersetzt „zurückbinden" bedeutet. Religion bindet also sinngemäß den Menschen an die Wurzeln seiner Existenz wie auch an die Wurzeln der Existenz der Welt zurück und macht ihm seine Position im Universum deutlich.

Wer formulierte 1530 das Augsburger Bekenntnis?

Philipp Melanchthon

Philipp Melanchthon (1497–1560). Das Augsburger Bekenntnis ist die grundlegende Bekenntnisschrift des Protestantismus. Melanchthon war in Wittenberg ein Mitarbeiter Luthers (1483–1546).

Wie nennt man das geistliche Erleben eines Einzelnen oder auch einer Gruppe von Gläubigen im religiösen Kontext?

Spiritualität. Als religiöses Erlebnis hängt Spiritualität nahezu immer mit der unmittelbaren oder auch vermittelten Erfahrung des Wirkens übernatürlicher Wesen in der irdischen Welt zusammen. Spiritualität steht damit auch in einem engen Zusammenhang mit der Suche nach Gott.

Was sollen die Bürger Antiochias den Christen gegeben haben?

Ihren Namen. Nachdem die ersten Christenverfolgungen in Palästina begonnen hatten, flohen viele Anhänger des neuen Glaubens nach Antiochia. Viele Bürger der Stadt zeigten sich jedoch nicht eben begeistert von der christlichen Lehre und ihren Protagonisten und bezeichneten die Neuankömmlinge, gerade um sich von diesen abzugrenzen, als „Christen" – so berichtet es jedenfalls das Neue Testament.

Welchen Staat in Amerika haben die Mormonen 1847 gegründet?

Den Staat Utah. Die Mormonen erwarten die Wiederkehr von Jesus Christus, der von ihrem Tempel in Salt Lake City aus das Jüngste Gericht abhalten soll. Die Kirche Jesu Christi der Heiligen der Letzten Tage wurde 1830 von Joseph Smith (1805–44) gegründet.

Kirche Jesu Christi der Heiligen der Letzten Tage

Welcher Sprache entstammt das Wort Bibel?

Dem (Alt)Griechischen. Wörtlich übersetzt bedeutet es nichts anderes als „Bücher". Damit ist der Charakter der Bibel sehr genau getroffen, denn tatsächlich setzt sie sich aus insgesamt rund 70 einzelnen und sehr verschiedenartigen Büchern zusammen.

In welcher Frage legte das Konzil von Chalcedon die christliche Lehre dogmatisch fest?

In der Frage nach der Natur Christi. In der Antike war immer wieder diskutiert worden, ob Christus Mensch oder Gott sei. Das Konzil von Chalcedon entschied im Jahre 451 n. Chr., dass die Natur Christi sowohl menschlich wie auch göttlich sei. Da es aber in dieser Hinsicht gerade in den orientalisch-vorderasiatischen Ursprungsgebieten des Christentums grundlegend andere Vorstellungen gab, kam es zu ersten Abspaltungen christlicher Kirchen, die schließlich in der Trennung zwischen Ost- und Westkirche kulminierten.

Wie nennt man die systematische Darstellung und Entwicklung der christlichen Lehre?

Dogmatik. Sie umfasst u. a. die Lehre von der göttlichen Dreieinigkeit, die Schöpfungslehre, die Lehre von der Natur Christi, den christlichen Sakramenten und der christlichen Kirche. Über Grundfragen der christlichen Dogmatik entschieden seit der Antike spezielle Bischofsversammlungen, die so genannten Konzilien.

In der Religion welchen Volkes wurden der Gott des Windes Adad, der Mondgott Sin, der Sonnengott Schamasch und Ea, der Gott der Weisheit, verehrt?

In der Religion der alten Babylonier. Es hieß, jeder einzelne dieser Götter regiere über einen bestimmten ganz genau begrenzten Teil des Weltalls und bestimme dort auch die Gesetze. Als oberste Gottheit allerdings wurde Marduk, der Herr über alle übrigen Götter und Beherrscher des Weltalls verehrt.

Wer war der Gründer des Jesuitenordens?

Ignatius von Loyola (1491–1556). Die heute etwa 30.000 Mitglieder der Gesellschaft Jesu tragen, im Gegensatz zu anderen Orden, keine bestimmte Ordenskleidung und sind auch nicht fest an ein Kloster gebunden. Sie missionierten in China und Indien, aber auch in Südamerika. Bei der Gegenreformation spielten sie eine führende Rolle.

Gegenreformation

Was sind allen Ausrichtungen des Christentums gemeinsamen wichtigsten Charakteristika der christlichen Religion?

Die Berufung auf die Offenbarung und auf Jesus Christus und der Glaube daran, dass dieser als Sohn Gottes der Erlöser der Menschheit ist. Alle christlichen Ausrichtungen erkennen in Jesus von Nazareth den Messias, der den Menschen die irrige Vorstellung ihres Getrenntseins von Gott nimmt, indem er sie durch seinen Tod am Kreuz wieder mit Gott verbindet und versöhnt.

Unter welchen Völkern war die erste von der Kirche der Ketzerei bezichtigte christliche Lehre besonders verbreitet?

Unter den germanischen Völkern. Gerade hier fand die arianische Lehre, die Gott und Christus als zwei grundverschiedene Phänomene betrachtete und die deshalb äußerst umstritten war, zahlreiche Anhänger. So bekannten sich Goten, Vandalen und Langobarden auch noch Jahrhunderte, nachdem der Arianismus 325 n. Chr. als Ketzerlehre verteufelt worden war, zu dieser Lehre.

Wie nennt man den auf dem indischen Subkontinent beheimateten Vorläufer von Brahmanismus, Hinduismus und Buddhismus?

Vedische Religion, die auf verschiedenen heiligen Schriften, den so genannten Veden, basierte. In ihnen wurde das gesamte religiöse Wissen niedergelegt. Im Unterschied zu anderen antiken Religionen kannte der vedische Glaube nicht die Vorstellung menschengestaltiger Gottheiten und entsprechend kannte die Religion weder Tempel noch Götterbilder.

Welche Bedeutung hat die Lehre von der Menschwerdung des Gottes, seiner Kreuzigung, seinem Tod und seiner Auferstehung für das Christentum?

Sie ist fundamentaler Bestandteil der christlichen Religion. Doch sollen diese Ereignisse nicht nur als historische Tatsachen verstanden werden. Nach christlicher Überzeugung haben sie nämlich auch allergrößte Bedeutung für das Verhältnis zwischen Gott und den Menschen, weil durch die Geburt und das Opfer Christi die Menschheit wieder mit Gott ausgesöhnt wurde.

Die Religionen welcher antiken Völker kannten Gottheiten wie An und Enlil?

Die Religion der Sumerer und der Babylonier. Beide Völker verehrten An und Enlil und fürchteten sich vor einer großen Riege von Geistern und Dämonen, die den Götterhimmel und die Unterwelt bevölkerten. Die beiden Religionen weisen deshalb so große Ähnlichkeiten auf, weil die Babylonier offenbar einen Großteil ihrer religiösen Vorstellungen von den Sumerern übernahmen.

Benedikt von Nursia

Auf welchen Ordensgründer gehen die Benediktiner zurück?

Auf Benedikt von Nursia (um 480–547), der nach einem Studienaufenthalt in Rom mit einer großen Anzahl von Mönchen 529 auf den Monte Cassino zog, wo das Stammkloster des Benediktinerordens entstand. Hier lebten sie nach den von Benedikt vorgegebenen Regeln in Armut, Enthaltsamkeit, Arbeit und Gebet. Bendektinerklöster entwickelten sich im Mittelalter als Stätten der Frömmigkeit und der Gelehrsamkeit. In ihren Schreibschulen wurden bedeutende Schätze der antiken Philosophie und Literatur tradiert.

Welches wichtige Werk religiöser Literatur entstand zwischen 50 n. Chr. und 150 n. Chr.?

Das Neue Testament. Das Werk besteht aus insgesamt 27 Schriften verschiedener Autoren und ist – wie im übrigen das Alte Testament auch – nicht als geschlossene Monographie, sondern eher als Textsammlung zu verstehen, die im Verlauf etwa eines Jahrhunderts verfasst wurde.

Welche Schriften des Apostels Paulus vermitteln ihrem Leser noch heute einen Eindruck vom Leben in den frühchristlichen Gemeinden?

Die so genannten Korintherbriefe. Dabei handelt es sich um Briefe des Apostels Paulus, die dieser an die christliche Gemeinde von Korinth schrieb. Paulus selbst hatte die reiche griechische Hafen- und Handelsstadt missioniert und stand daher auch lange Zeit nach seiner Mission in Kontakt mit der dortigen christlichen Gemeinde.

Wie nennt man eine religiöse Erzählung, in der die göttliche Offenbarung des anstehenden Anbruchs eines neuen Zeitalters dargestellt wird?

Apokalypse. Es handelt sich meist um äußerst schwer zu verstehende, symbolträchtige Texte, die davon berichten, dass der Endkampf zwischen Gut und Böse unmittelbar bevorstehe. Nicht allein der Bericht dieses Ereignisses wird „Apokalypse" genannt, auch das Ereignis selbst wird so bezeichnet. Die Offenbarung des Neuen Testaments beschreibt sehr detailliert eine Vision des Johannes von der Apokalypse.

Welcher Göttin opferten die alten Griechen fast ausschließlich schwarze weibliche Lämmer?

Der Göttin Gaia, die den Griechen als Göttin der Erde und als Spenderin allen Lebens galt. Wie bei vielen anderen antiken Göttern fürchteten die Menschen bei Gaia aber auch eine dunkle Seite, war sie doch zugleich die Göttin des Todes und der Unterwelt. In vielen griechischen Städten wurden der Gaia Tempel geweiht.

Wie nennt man den historischen Prozess, in dem ganze Völker den christlichen Glauben annahmen?

Christianisierung. In der Antike vollzog sich die Christianisierung zunächst durch die Mission der ersten Apostel und ihrer Nachfolger, später in der Folge des Sklavenhandels, der Menschen christlichen Glaubens in alle Teile des Imperium Romanum brachte. Seit das Christentum aber römische Staatsreligion geworden war, setzte man nicht mehr allein auf freiwillige Überzeugung, sondern mehr und mehr auch auf zwangsweise Bekehrung. Die Mission mit Feuer und Schwert wurde später zum wichtigsten Instrument der Christianisierung.

Was war die Folge des Turmbaus zu Babel?

Die „babylonische Sprachverwirrung" – Gottes Strafe für den Versuch der Menschen, einen bis zum Himmel reichenden Turm errichten zu wollen. Dabei entzog Gott den Menschen die „Ursprache" und schuf damit die Sprachvielfalt der Völker, die aber auch zur Verständnislosigkeit der Kulturen untereinander führte. Vorbild des Babylonischen Turmes war wahrscheinlich der historische, babylonische Tempelturm Etemenanki.

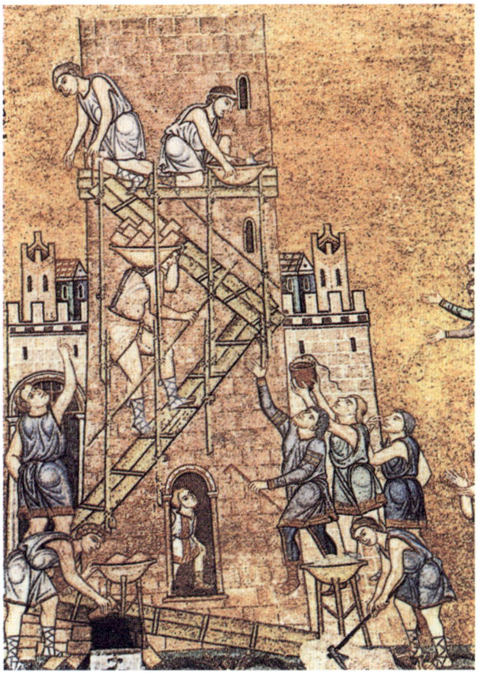

Turmbau zu Babel

Wer sind beiden berühmtesten Fischer des Neuen Testaments?

Die Apostel Johannes und Jakobus der Ältere. Die Brüder sollen nach dem Bericht des Neuen Testaments Fischer am See Genezareth gewesen sein, wo sie Jesus erstmals begegneten. Sie schlossen sich ihm an und gehörten später neben Petrus zu den engsten Vertrauten Jesus' von Nazareth.

Wovon berichten die so genannten Geschichtsbücher des Neuen Testaments?

Bei den Geschichtsbüchern handelt es sich um die Beschreibungen des Lebens und Wirkens Christi wie auch seiner Apostel, wie sie von den vier Evangelisten – Matthäus, Markus, Lukas und Johannes – überliefert sind. Sie sind neben den Briefen und der Offenbarung wesentlicher Bestandteil des Neuen Testaments.

Wie nennt man die Mitglieder der um 200 v. Chr. entstandenen jüdischen Ordensgemeinschaft, in deren Umfeld angeblich auch Christus eine Zeitlang gelebt haben soll?

Essener. Die Mitglieder dieser Ordensgemeinschaft lebten in kleineren und autonomen Gemeinschaften, in denen sie gemeinsam der notwendigen Arbeit nachkamen. In Erwartung des unmittelbar bevorstehenden Anbrechens des Gottesreichs auf Erden rückten sie die Notwendigkeit der Buße in den Mittelpunkt ihres Handelns.

Wie heißt die pessimistische Religion, deren Kernaussage es ist, dass Leiden der wichtigste Bestandteil des menschlichen Lebens ist?

Buddhismus. Buddha (um 500 v. Chr.) erklärte, dass alles menschliche Sein irrelevant und nichtig v. a. aber mit Schmerzen und Leiden verbunden sei. Auch die Vorstellung der Existenz eines dauerhaft bestehenden „Ichs" sei nichts als ein Trugschluss, der letztlich das menschliche Leiden nur noch verstärke. Der Weg aus dieser misslichen Situation des Menschen findet sich in der Entsagung von jeglicher Begierde.

Peterskirche in Rom

Wo steht die bedeutendste Kirche der Christenheit?

In der Vatikanstadt in Rom über dem vermuteten Grab des Apostels Petrus († um 64). Die Peterskirche ist die Hauptkirche des Papstes. Die Bauzeit währte von 1506 bis 1626, mehrere Baumeister waren an dem Projekt beteiligt. Die Gestaltung und Ausstattung der Kirche übernahmen u. a. Michelangelo (1475–1564), von dem die Kuppel stammt, und Bernini (1598–1680), der den Platz vor der Kirche entworfen hat.

Wen nannte man wegen seines Auftretens den lächelnden Papst?

Papst Johannes Paul I. (1912–78). Nach nur eintägiger Sitzung der papstwählenden Kardinäle, dem so genannten Konklave, hatte er sich gegen einen als ausgesprochen konservativ geltenden Kandidaten durchgesetzt. Wegen seines stets freundlichen Auftretens erntete Johannes Paul I. viel Sympathie, wegen seiner unkonventionellen Art stieß er allerdings innerhalb konservativer Kreise auf heftige Kritik. Nach nur 33 Tagen im Amt starb Johannes Paul I. unter nach wie vor nicht ganz geklärten Umständen.

Wie nennt man eine Örtlichkeit, die den Göttern oder auch einer einzelnen Gottheit geweiht und sakralen Kulten vorbehalten war?

Tempel. In der Antike wurde mit dem Begriff der gesamte heilige Bezirk bezeichnet, auf dem sich schließlich auch ein mit Götterbildern, Bet- und Opferaltären ausgestattetes Gebäude befand. Zu diesem Gebäude, dem eigentlichen Tempel also, hatten in der Antike allerdings nur professionelle Priester Zutritt.

Was versucht ein Gnostiker?

Ein Gnostiker ist darum bemüht, Gott zu erkennen und so Glauben zum Wissen zu erheben. Unter Gnosis (griech., „Erkenntnis“) versteht man daher seit der Antike das individuelle Erleben der Welt des Übersinnlichen.

Wie wird der Teil der Bibel genannt, der während des Verlaufs von rund 1000 Jahren entstand?

Altes Testament. Aufgrund seiner Zusammensetzung kann es am ehesten als eine Art literarischer Anthologie vieler recht unterschiedlicher Bücher mit unterschiedlichen Verfassern bezeichnet werden. Die lange Entstehungszeit umfasst sehr wichtige Teile der israelitischen Geschichte, die in den Texten literarisch reflektiert und verarbeitet werden.

Warum wurde das Neue Testaments ursprünglich in der (alt-)griechischen Sprache verfasst?

● Weil das Griechische zum Zeitpunkt der Entstehung des Neuen Testaments als wichtigste Verkehrssprache des gesamten östlichen Mittemeerraumes galt und somit in dieser Region ähnliche Bedeutung hatte wie das Englische heute. Dennoch wurden sehr schnell zahlreiche Übersetzungen in andere Sprachen vorgenommen. Schon im zweiten nachchristlichen Jahrhundert wurde das Neue Testament auch ins Lateinische übertragen; dies erst ermöglichte die rasche Verbreitung des Evangeliums und damit auch den Erfolg des Christentums in der römischen Welt.

Mit welcher Lehre entzweite der antike Theologe Arius das Christentum?

● Der Priester Arius (260–336 n. Chr.) lehrte, Christus sei zwar edelstes Geschöpf Gottes, selbst aber kein Gott. Die auf dieser These aufbauende Lehre wird nach ihrem Begründer „Arianismus" genannt. Auf dem Konzil von Nizäa wurde sie im Jahre 325 n. Chr. als Abweichung vom wahren christlichen Glauben verurteilt, Arianer galten forthin als Ketzer.

Was ist Religion?

● Der gemeinsame Glaube einer Gruppe von Menschen an die Existenz übernatürlicher, überweltlicher Wesen. Merkmale aller Religionen sind mündlich oder schriftlich tradierte Vorstellungen darüber, wie die Gläubigen in Verbindung mit diesen übernatürlichen Wesen treten können. Viele Religionen verfügen darüber hinaus auch über ein professionelles Personal, das kraft seiner Ausbildung oder Befähigung zwischen Menschen und Göttern zu vermitteln weiss.

Welcher französisch-schweizerische Reformer ist neben Zwingli (1484–1531) der Begründer der Reformierten Kirche?

● Jean Calvin (1509–64), der hauptsächlich in Genf wirkte. Er gilt neben Martin Luther (1483–1546) als wichtigster Reformator und Erneuerer der christlichen Kirche im 16. Jahrhundert. Der Calvinismus geht vom Gedanken der Prädestination aus, der Vorbestimmung menschlichen Schicksals durch Gott (weshalb diese Lehre z. B. in Reichtum einen Gnadenerweis Gottes sah). Die Anhänger Calvins wurden in Frankreich Hugenotten, in England Puritaner genannt.

Calvinistische Kirche

Was versteht man unter Christianisierung?

● Die auch unter Anwendung von Zwang, Druck und Gewalt vollzogene „Bekehrung" von Nichtchristen zum Christentum, die meist in engem Zusammenhang mit politischen oder ökonomischen Zielen stand.

Was bezeichnet man als christliche Mission?

● Die planmäßige Verbreitung des christlichen Glaubens in aller Welt. Die christliche Mission geht ursprünglich auf das Neue Testament zurück. Ein Werk der Liebe war sie aber nicht. Im Gegenteil: Seit dem Ende der Antike, v. a. aber seit dem späten Mittelalter wurden nichtchristliche Völker häufig unter Anwendung von massivem Druck oder von Gewalt missioniert.

Unter welchem Namen ging Karol Józef Wojtyla in die Geschichte ein?

● Als Johannes Paul II. Der polnische Kardinal Wojtyla (1920–2005) war nach dem nur 33 Tage währenden Pontifikat Johannes Pauls I. 1978 zum 264. Papst gewählt worden und blieb bis zu seinem Tod am 2. April 2005 im Amt. Damit war er der Papst mit der längsten belegbaren Amtszeit seit Pius IX (1792–1878). Er nahm wie kaum ein anderer seiner Vorgänger des 19. und 20. Jahrhunderts Einfluss auf wichtige politische Fragen seiner Zeit.

Papst Johannes Paul II.

Was versteht man unter Synkretismus?

● Die Verschmelzung unterschiedlicher Lehren und Religionen zu einer neuen Bewegung. Sie können ein Ergebnis von Überlagerungen verschiedener Denkweisen sein, die zu einer neuen Religion verschmelzen. Fast alle großen Religionen lassen sich auf solche Prozesse zurückführen.

Kannte nur die katholische Kirche die Inquisition?

● Nein. Auch in der protestantischen Kirche gab es zeitweise ein ähnliches Verfahren zur Prüfung von Glaubensfragen. Berühmt-berüchtigt war das Genfer Konsistorium, das besonders unter Calvin (1509–64) hart gegen Glaubenskritiker vorging. So fiel etwa der spanische Gelehrte und Kirchenkritiker Miguel Servet (1511–53) dieser Institution zum Opfer, nachdem er der katholischen Inquisition zunächst erfolgreich entkommen war.

Wer wurde im April 2005 zum Nachfolger von Papst Johannes Paul II. gewählt?

● Kardinal Joseph Ratzinger (*1927), der am 19. April zum neuen Papst Benedikt XVI. gewählt wurde. Während der Amtszeit von Johannes Paul II. war er bereits enger päpstlicher Berater mit zahlreichen Aufgaben im Vatikan. Das Konklave, das ihn wählte, dauerte nur zwei Tage; obwohl es keine offiziellen Verlautbarungen gibt, wird davon ausgegangen, dass er bereits im vierten Wahlgang gewählt wurde.

Welcher zylinderförmige Gegenstand findet im tibetanischen Lamaismus an der Stelle von Gebeten Verwendung?

● Die Gebetsmühle. Im Inneren befinden sich auf Papierstreifen aufgeschriebene Gebete. Das kreisende Drehen der Gebetsmühle ersetzt das Aufsagen der Gebete.

Tibetische Gebetsmühle

Was ist Candomblé?

● Es handelt sich um eine der wichtigsten afrobrasilianischen Religionen, die ihr Zentrum in der brasilianischen Stadt Bahía hat. Sie wird auch als synkretistische Religion bezeichnet, da sie neben vielen westafrikanischen Elementen auch Merkmale des Katholizismus enthält. Ursprünglich kam der polytheistischen Religion eine wichtige soziale

Aufgabe zu, da sich die ehemaligen Sklaven in diesem Rahmen ein neues soziales Gefüge schaffen konnten.

Nach welchem Mann waren die Hussitenkriege benannt?

Nach dem tschechischen Reformator Jan Hus (um 1370–1415), der 1415 auf dem Konzil von Konstanz als Ketzer verbrannt wurde. Seine Lehren kritisierten die katholische Kirche und spalteten das Königreich Böhmen in eher königstreue Katholiken und Hussiten.

Jan Hus

Was versteht man unter Religionsphänomenologie?

Ein Teilgebiet der Religionswissenschaften. Es untersucht die verschiedenen Ausprägungen religiöser Vorstellungen, Handlungen, Darstellungen oder Mythen. Ziel ist es, den Sinngehalt der unterschiedlichen Religionen zu untersuchen; dies kann etwa durch den Vergleich der verschiedenen Gebetsformen geschehen.

Welche Religion kannte den Sonnengott Huitzilopochtli?

Die Religion der Azteken. Wie die meisten Götter forderte auch er Menschenopfer. Gleichzeitig war er Gott des Krieges.

Was versteht man unter Exegese?

Unter den Begriff fasst man die Auslegung von Texten, im Speziellen die Auslegung der Bibel. Die kritische Auslegung der Texte rechtfertigte man damit, dass es sich um von Menschen verfasste Texte handelte. Oft wurde in solchen Interpretationen eine Diskrepanz zwischen den Lehren der Heiligen Schrift und der zeitgenössischen Realität angeprangert. Ein frühes Beispiel hierfür ist Augustinus (354–430).

Warum verehrte man in der katholischen Kirche Reliquien?

Da es sich bei den Reliquien um angebliche Überreste, meist Knochenreste von Heiligen oder Märtyrern oder Gegenstände wie etwa Teile aus der Dornenkrone oder dem Kreuz Jesu handelt. Solche Reliquien waren oft Voraussetzungen für Kirchengründungen, weil damit auch auswärtige Pilger angezogen wurden. Die Reliquienverehrung ist ein besonderes Kennzeichen spätmittelalterlicher und frühneuzeitlicher Frömmigkeit.

Reliquienschrein

Wo entstand die Hare-Krishna-Bewegung?

In den USA. 1966 gründete A. C. Bhaktivedanta Swami Prabhupada (1896–1977) die Gemeinschaft, die sich einem enthaltsamen, drogenfreien Leben verschrieb. Ihre zentrale Gestalt ist die Gottheit Krishna. Besonders in westlich orientierten Staaten fand sie zahlreiche Anhänger; zu den bekanntesten gehörte wohl George Harrison (1943–2001).

Woher stammt das Wort Gott?

Das Wort lässt sich auf das althochdeutsche „got“ zurückführen, was so viel bedeutet wie „anrufen“. In den monotheistischen Religionen wird er als höchstes Wesen verehrt, dem Schöpfungskraft, Ewigkeit, Wissen oder auch Allmacht zugesprochen wird.

Wie heißt der Endpunkt der bekannten Rallye durch die Sahara?

Die Rallye Paris-Dakar endet, wie der Name schon sagt, alljährlich in Dakar, Hauptstadt des westafrikanischen Landes Senegal. Ganz in der Nähe von Dakar liegt übrigens das Kap Verde, der westlichste Punkt Afrikas.

Welche Vereine können alljährlich beim Spiel um den DFB-Pokal teilnehmen?

Teilnahmeberechtigt sind nicht nur die großen Bundesligavereine, sondern auch alle Vereine auf örtlicher und regionaler Ebene. Über die Spielpaarungen entscheidet das Los und über das Weiterkommen das K.-O.-System. Amateure werfen hier oft Profis aus dem Rennen. Als Fußball-Trophäe erhält die siegreiche Mannschaft den Vereinspokal des Deutschen Fußball-Bundes (DFB).

Wo werden die vier größten Tenniswettbewerbe, der so genannte Grand Slam, ausgetragen?

Die Australian Open in Melbourne, die French Open in Paris, das Wimbledon Turnier in London und die US Open in New York.

Was ist in der Fußballsprache ein Hattrick?

Wenn ein Spieler in einem Fußballspiel drei Tore nacheinander schießt. Auch drei Meister-Titel einer Mannschaft in aufeinander folgenden Jahren werden damit bezeichnet.

Was sind Inlineskates?

Rollschuhe, die im Gegensatz zu ihren veralteten Vorläufern meist vier Rollen hintereinander angeordnet haben. Das Skaten ermöglicht dadurch eine höhere Geschwindigkeit (engl. in line, „in einer Reihe“; to skate, „Rollschuh fahren“).

Biathleten am Schießstand

Warum ist das Biathlon ein „Doppelwettkampf“?

Weil die Athleten in der olympischen Disziplin (seit 1960) verschiedene Distanzen im Skilanglauf zurücklegen müssen, die durch Schießübungen unterbrochen sind. Die 4 x 7,5-km-Staffel etwa sieht je Läufer zwei Schießübungen vor.

Nach welchem Modus wird beim Fußball die Spielentscheidung durch das Elfmeterschießen herbeigeführt?

Bei einem Unentschieden nach Ablauf der regulären Spielzeit und der Nachspielzeit treten von jeder Mannschaft jeweils fünf Spieler (auch der Torwart ist zugelassen) als Elfmeterschützen an. Besteht anschließend immer noch Gleichstand, wird abwechselnd von jeder Mannschaft ein Elfmeter bis zur ersten Tordifferenz ausgeführt.

Was sind Hooligans?

Rabiate Fußball-Fans (Schlachtenbummler), die oft unangenehm auffallen (z. B. durch Schlägereien, Alkohol).

Bei welchen US-amerikanischen Veranstaltungen treten Cheerleader auf?

Bei Sportveranstaltungen wie Baseball- und Football-Spielen oder auch bei Straßenumzügen. Musikalisch untermalt bringen sie die Massen durch das rhythmische Schlagen mit großen Pompons (Quasten) in Stimmung (von engl. cheer, „Beifallsruf“; leader, „Anführer“).

Was ist das Besondere am Carving-Ski?

Der Ski ist ca. 10 Zentimeter kürzer als das Standardmaß; er läuft an den Enden schaufelartig breit aus und der Ski-Schuh steht leicht erhöht. Damit ermöglicht er es dem guten Skifahrer, extreme Kurven zu fahren (von engl. to carve, „schneiden, schnitzen").

Wie wirkt Sport auf das Immunsystem?

Regelmäßiges und leichtes Ausdauertraining (Rad fahren, Laufen, Wandern, Walken, Schwimmen) stärkt das Immunsystem gegen Husten, Schnupfen und Bronchitis. Zu intensives Training bewirkt das Gegenteil: Profisportler sind häufiger krank, weil ihr Immunsystem unter dem Dauertraining leidet. Sportliche Aktivität erhöht bei nicht vollständiger Regeneration das Infektrisiko.

Was symbolisieren die olympischen Ringe?

Die fünf Ringe symbolisieren die fünf Kontinente: Blau steht für Ozeanien und Australien, Gelb für Asien, Schwarz für Afrika, Grün für Europa und Rot für Amerika.

Braucht ein Sportler mehr Atemluft als der „Normalverbraucher"?

Ja! Auf Ausdauer trainierte Spitzensportler kommen auf ein Atemzugvolumen von etwa vier Litern, während ein untrainierter Erwachsener unter Belastung nur etwa 2,5 Liter erreicht. Das Atemzugvolumen ist das Luftvolumen, das bei einem normalen Atemzyklus ein- und ausgeatmet wird.

Welcher Superstar des Fußballs ist deutscher Rekordnationalspieler?

Lothar Matthäus (*1961) mit 150 Länderspieleinsätzen. Sein größter Erfolg war der Weltmeistertitel von 1990, zu dem er als Spielmacher maßgeblich beigetragen hatte. Matthäus kam 1984 von Borussia Mönchengladbach zum FC Bayern München; hier holte er dreimal den Deutschen Meistertitel. 1990 wechselte er für die damals gigantische Ablösesumme von 7,5 Millionen DM zu Inter Mailand (UEFA-Cup-Sieg 1991). Seit 1992 war er wieder beim FC Bayern. Mit 150 Länderspieleinsätzen führt er die Liste an.

In welcher Sportart spricht man von Par?

Beim Golf. Par bedeutet, dass ein Spieler mit der für die jeweilige Bahn übliche Anzahl von Schlägen einlocht. Braucht er einen Schlag mehr, wurde die Bahn „eins über Par" gespielt.

Golfspieler

Welcher deutsche Fußballer ging als Bomber der Nation in die internationale Fußballgeschichte ein?

Gerd Müller (*1945), der von 1966–74 in der deutschen Nationalmannschaft spielte und dabei in 62 Länderspielen 68 Tore erzielte; damit führt er bis heute die Bestenliste an. 1974 schoss Müller im Endspiel der Fußballweltmeisterschaft das entscheidende Tor zum 2:1 gegen die Niederlande. Er wurde darüber hinaus 1972 Europameister und mit dem FC Bayern München u. a. vierfacher Europapokalsieger sowie vierfacher Deutscher Meister. Der vielfache Torschützenkönig, der aus allen Positionen Tore schießen konnte, gehört zu den erfolgreichsten Stürmern aller Zeiten.

Was versteht man beim Golf unter einem Birdie?

Beim Golf ist für jede Bahn eine bestimmte Anzahl von Schlägen angegeben, mit denen der Ball normalerweise eingelocht werden soll. Spielt man eine Bahn mit einem Schlag weniger als üblich, wird dies Birdie genannt.

Wo und in welcher Sportart heißt das Finale Super Bowl?

In den USA, wo alljährlich das Endspiel im American Football ausgetragen wird. Die Amerikaner nennen ihre riesigen Footballstadien „bowls" (engl., „Schalen"). Das Endspiel ist das größte Einzelsportereignis in den USA und demgemäß ein gigantisches Medienspektakel.

Was sind die Paralympics?

Die Olympischen Spiele für körperlich behinderte Menschen. Seit 1984 werden sie jeweils im Anschluss an die Olympischen Sommer- und Winterspiele ausgetragen (seit 1992 auch für geistig Behinderte). 1994 fand die erste Leichtathletik-WM für Behinderte in Berlin statt.

Wie viele Achttausender bestieg Reinhold Messner ohne Sauerstoffgerät?

Alle 14 Achttausender der Welt (zwischen 1970 und 1986). Außerdem durchquerte er zusammen mit Arved Fuchs (*1953) die Antarktis zu Fuß über eine Strecke von 2740 Kilometer Reinhold Messner (*1944) stammt aus Südtirol/Italien, seine einsamen Erlebnisse in der Natur schildert er in mehreren Büchern.

Auf welchem Rasen spielte der ehemalige deutsche Tennisstar Boris Becker sein bestes Tennis?

Boris Becker

Auf dem Rasen des internationalen Tennisturniers von Wimbledon (London). Der Leimener gehörte von 1985 bis 1999 dem Kreis der besten und markantesten Tennisspieler im internationalen Profitennis an. Er gewann dreimal Wimbledon, wobei er 1985 mit 17 Jahren der bis dahin jüngste und gleichzeitig erste deutsche Sieger war. Insgesamt gelangen Becker (*1967) 49 Turniersiege, davon sechs Grand-Slam-Triumphe.

In welcher berühmten Reitschule werden Lipizzanerhengste seit 1735 geprüft?

In der Spanischen Reitschule in Wien. Lipizzaner (meist Schimmel) sind sehr gelehrige Warmblutpferde.

Welche chinesische Sportart wird als Tai Chi Chuan bezeichnet?

Das Schattenboxen, das in China von Millionen Menschen jeden Morgen betrieben wird. Es handelt sich dabei um gymnastische Übungen für jede Altersstufe, die der Gesunderhaltung, Selbstverteidigung und Meditation dienen.

Was ist mit dem Begriff Olympiade gemeint?

In der Antike bezeichneten die Griechen den Vierjahreszeitraum zwischen zwei Olympischen Spielen als Olympiade. Heute wird der Begriff fälschlicherweise als Synonym für die Olympischen Spiele gebraucht.

Was bezeichnet beim Tennisspiel ein Ass?

Der durch einen Aufschlag erzielte direkte Punkt. Reine Asse werden so platziert bzw. hart geschlagen, dass der Gegner den vom Boden wegspringenden Ball mit seinem Schläger nicht mehr berührt; bei so genannten halben Assen erreicht der Gegner zwar noch den Ball, kann ihn jedoch nicht mehr regelgerecht retournieren (zurückschlagen).

Was ist ein Tennisarm?

Die Muskeln für das Bewegen von Finger und Handgelenk reichen zum Teil bis zu einem kleinen Knochenvorsprung an der Außenseite des Ellenbogens. Bei einem Tennisarm (Epicondylitis humeri radialis und ulnaris) verspürt man dort Schmerzen. Schonung und Ruhigstellung hilft meist dagegen. Weil Tennisspieler gerade diese Muskelgruppe besonders stark strapazieren, ist der Name entstanden.

Was versteht man unter Doping?

Das im Amateur- und Leistungssport unzulässige Verbessern sportlicher Leistungen durch Medikamente oder andere künstliche Wirkstoffe. Mit zunehmend verfeinerten Methoden kann Doping auch nachträglich nachgewiesen werden und zur Disqualifikation führen. Gesundheitliche Schäden können eine Spätfolge der Einnahme sein.

Wann wurden die ersten Olympischen Spiele der Antike ausgetragen?

Im Jahre 776 v. Chr. fanden die ersten historisch nachweisbaren Spiele zu Ehren des Zeus in Olympia (Griechenland) statt. Vermutlich gab es aber bereits Hunderte von Jahren zuvor an diesem Ort Festspiele, die von 776 v. Chr. bis 394 n. Chr. alle vier Jahre gesellschaftliches Großereignis waren. Im Jahr 394 verbot Kaiser Theodosius (347–395) den heidnischen Kult. Mit der griechischen Religion fanden auch die Olympischen Spiele der Antike ihr Ende.

Welcher Pionier des Turnsports in Deutschland verband das Turnen mit einer patriotischen Botschaft?

Friedrich Ludwig Jahn

Friedrich Ludwig Jahn (1778–1852), auch „Turnvater Jahn“, der 1811 in der Berliner Hasenheide den ersten Turnplatz einrichtete. Das Turnen zu Jahns Zeiten schloss verschiedene Leibesübungen wie Fechten, Schwimmen und Laufen ein. Verbrämt wurde diese Volkssportbewegung mit den Forderungen nach einem freien und geeinten Deutschland.

Wer gilt als Traumpaar des deutschen Eiskunstlaufs nach dem Zweiten Weltkrieg?

Marika Kilius (*1943) und Hans-Jürgen Bäumler (*1942). Sie wurden sechsmal Europa- und zweimal Weltmeister. Kilius gewann ihre erste Deutsche Meisterschaft als Zwölfjährige. Bäumler startete seine Karriere als Einzelläufer. 1964 wechselte das Paar ins Profilager und versuchte sich von da an in mehreren Filmen als Schauspieler-Duett.

Wofür steht die Abkürzung UEFA?

Sie steht für „Union Europèene de Football Association“. Dieser europäische Fußballverband wurde im März 1955 gegründet.

Was wird beim Canyoning gemacht?

Bei dieser Extremsportart wird versucht, sich im Wildwasser gegen die starke Strömung schwimmend, tauchend oder kletternd voranzubewegen.

Segelboote

Was ist die Kieler Woche?

Ein seit 1887 durchgeführter internationaler Segel-Wettbewerb in verschiedenen Bootsklassen und Regatten, begleitet von einem tagelangen Volksfest rund um das Segel-Revier. Die bis dahin meisten Teilnehmer (über 4000 Segler aus 43 Nationen auf 1854 Booten) kamen dort 1987 zusammen.

Wo fanden die Olympischen Sommerspiele 1972 statt?

In München. Seit 1936 wurde damals erstmals wieder eine Olympiade in Deutschland ausgetragen. Hierzu ließ die Stadt München unter dem Oberbürgermeister Hans-Jochen Vogel (*1926) auf dem Oberwiesenfeld ein riesiges Olympiagelände mit U-Bahn-Anschluss in die Innenstadt entstehen. Die anfänglich großartige Atmosphäre wurde durch den von Palästinensern verübten Terrorakt gegen die Mannschaft aus Israel schwer gestört.

Wer verwandelt einen Matchball?

Tennis- und Tischtennisspieler. Der Matchball ist der Spiel entscheidende letzte Ball einer Partie.

Bei welcher Sportart wird der Begriff Break verwendet?

Beim Tennis. Break bedeutet, dass ein Spieler einen Spielgewinn beim gegnerischen Aufschlag erzielt. Gelingt keinem der Spieler im Laufe des Satzes ein Break, kommt es zum Tiebreak. Hier fällt die Satz-Entscheidung.

Was ist ein Bully?

Beim Hockey, Eis- und Rollhockey ist es die Aufnahme oder der Wiederbeginn eines Spiels. Dabei treffen je ein Spieler der beiden Mannschaften aufeinander und versuchen, den Ball bzw. Puck für ihr Team zu erkämpfen.

Was müssen Sportler beim Triathlon leisten?

Der Ende der 1970er-Jahre in den USA entstandenen Sport besteht aus Langstreckenlauf, -schwimmen sowie -radfahren. Dabei ist die Radfahrstrecke um das 30–50-fache länger als diejenige beim Schwimmen und um das 3–3,5-fache länger als der Laufkurs. Der bekannteste Triathlon ist der „Iron Man“, der auf Hawaii ausgetragen wird.

Wer war der Schwimmstar der Olympischen Spiele von 1972 in München?

Der Amerikaner Mark Spitz (*1950), der in München sieben Goldmedaillen holte und noch dazu bei jedem Sieg einen Weltrekord brach.

Wer gründete das Internationale Olympische Komitee (IOC)?

Der französische Pädagoge und Historiker Pierre Coubertin (1863–1937). 1894 gründete er die moderne olympische Bewegung und leitete bis 1925 das Internationale Olympische Komitee, die höchste Instanz für alle olympischen Fragen.

In welchem Jahr begann die sagenhafte Siegesserie von Steffi Graf?

Steffi Graf

1987. Sie gewann 45 Matches in Folge und siegte in 11 von 13 Turnieren. Ende 1987 errang sie den 1. Platz der Weltrangliste, den sie bis zum März 1991 insgesamt 189 Wochen lang innehatte: ein bisher unerreichter Rekord. Steffi Graf (*1969) gewann 1986–1998 106 Grand-Prix-Turniere, führte 1987 bis März 1997 die Weltrangliste an und errang 1988 den Grandslam. Im selben Jahr erkämpfte sie sich bei den Olympischen Spielen in Seoul eine Gold- (Einzel) und eine Bronzemedaille (Doppel).

Wer ist der einzige ungeschlagene britische Box-Schwergewichtsweltmeister des 20. Jahrhunderts?

Lennox Lewis (*1965). Seinen letzten Kampf bestritt der Engländer am 21.6.2003 gegen Vitali Klitschko (*1971), den er durch technischen K. O. besiegte. Als Grund für den Rücktritt nannte er sein Alter.

Welches Konditionstraining wurde in Deutschland Anfang der 1980er-Jahre vor allem bei Frauen beliebt?

Aerobic. Die Ursprünge gehen auf einen US-amerikanischen Arzt zurück, der in den 1960er-Jahren erstmals ein aerobes Training zur Stärkung von Herz und Lunge entwickelte. Das löste in Amerika einen Fitness-Boom aus, in dessen Folge Ausdauertraining in Gymnastikprogramme integriert wurden. Der weltweite Durchbruch kam 1982, als Jane Fonda (*1937) Aerobic als ihr Gymnastikprinzip vermarktete. Bei Aerobic handelt es um gymnastische Übungen, mit denen die Funktionen von Herz und Kreislauf trainiert werden: Die Sauerstoffaufnahme im Körper wird so verbessert und die Herztätigkeit effektiver.

Welchen persönlichen Rekord stellte der Schwimmer Eric Moussambani 2000 in Sydney auf?

Der Sportler (*1978) aus Äquatorialguinea schwamm zum ersten Mal in seinem Leben über die Distanz von 100 Metern. Er gewann den Vorlauf im Freistilschwimmen, weil alle anderen Schwimmer wegen Frühstarts disqualifiziert wurden.

Wie hieß der finnische Wunderläufer, der Leichtathletikgeschichte schrieb?

Paavo Nurmi

Paavo Nurmi (1897–1973), der auf den Strecken von 1500 m bis 20 km 22 Weltrekorde lief. Bei den olympischen Spielen von 1920, 1924 und 1928 gewann er neun Gold- und drei Silbermedaillen.

Wer ist der erfolgreichste Formel-1-Rennfahrer aller Zeiten?

Michael Schumacher (*1969). Mit seinem insgesamt 6. WM-Titel konnte er 2003 die Krone des „ewig Besten" vom Argentinier Juan Manuel Fangio übernehmen, der in den 50er-Jahren des 20. Jahrhunderts fünfmal den Titel gewonnen hatte. 2004 holte Schuhmacher auf seinem Ferrari den 7. Titel und wurde damit bereits vor dem Ende seiner Karriere zur Rennfahrer-Legende.

Welcher Basketballstar erhielt den Beinamen Magic?

Earvin „Magic" Johnson

Earvin Johnson (*1959), einer der Großen der Basketball-Geschichte. Er spielte bei den Los Angeles Lakers. 1991 verabschiedete er sich aus dem aktiven Sport wegen seiner Infektion mit dem HI-Virus. Amerika war geschockt, realisierte aber, dass AIDS jeden treffen kann und nicht auf Risikogruppen beschränkt bleibt.

Was war die größte Tiefe, die bisher ein Taucher ohne Sauerstoffgerät erreicht hat?

Der bisherige Rekord vom Januar 2000 liegt bei 162 Metern. Er wird von dem Kubaner Francisco „Pipin" Ferreras (*1962) gehalten. Für die unter Wasser zurückgelegte Strecke blieb der Apnoe-Taucher über drei Minuten unter Wasser.

Welches Fest fand im griechischen Delphi statt?

In der griechischen Antike war Delphi nicht nur Sitz des berühmten Orakels, sondern auch Austragungsort der „Pythischen Spiele", eines weniger bekannten Sportspektakels, das gewissermaßen als „Konkurrenz" zu den damals schon berühmteren Olympischen Spielen veranstaltet wurde. Diese panhellenischen Spiele wurden alle acht Jahre in Delphi (ab 582 v. Chr. alle 4) zu Ehren des Gottes Apollon veranstaltet, und zwar im 3. Jahr jeder Olympiade. In der Anfangszeit waren es rein musikalische Wettkämpfe. Später kamen Athletik und Pferderennen, Gesang, Drama und Rezitation hinzu.

An wen ging 2004 Rudi Völlers Posten als Bundestrainer der deutschen Fußball-Nationalmannschaft?

Die schwierige Aufgabe, die National-Elf zur WM 2006 zu führen, übernahm der ehemalige Nationalspieler Jürgen Klinsmann (*1964). Sein ehemaliger Teamkollege Oliver Bierhoff (*1968) wurde ihm zur Unterstützung an die Seite gestellt.

Wo fand der erste olympische Wettkampf im Snowboardfahren statt?

In Nagano in Japan war Snowboardfahren zum ersten Mal olympische Disziplin. Die dort 1998 ausgetragenen Winterspiele etablierten auch noch eine weitere – allerdings nicht ganz so dynamische – olympische Sportart, das Curling (Eisstockschießen).

Anlässlich des 70. Jubiläums der Silberpfeile präsentierte das Mercedes-Benz-Museum in Stuttgart im Juli 2004 eine Ausstellung. Wie kamen die „Silberpfeile" zu ihrem Namen?

Ursprünglich waren die Formel-1-Renner von Mercedes weiß. Da sie 1934 eine Nacht vor dem Rennen am Nürburgring aber noch ein Kilo zu schwer waren, kratzte man einfach den weißen Lack ab. Die silberne Aluminiumkarosserie wurde sichtbar.

Woran erkennt man schon von weitem ein Heimspiel in der Allianz-Arena?

Die Außenfassade des Fußballstadions besteht aus einer durchscheinenden (transluzenten), durchsichtigen (transparenten) Umhüllung, die durch Projektionen in unterschiedlichen Farben leuchtet: Weiß bei neutralen Spielen, Rot beim Heimspiel des FC Bayern München und Blau beim TSV 1860 München, dem zweiten Traditionsverein der Stadt.

Muhammad Ali im Kampf gegen Karl Mildenberger

Welcher Sportler nannte sich in seiner Autobiografie von 1976 selbst der Größte?

Der Boxer Muhammad Ali (Cassius Clay, *1942). Tatsächlich war er der erfolgreichste Schwergewichtskämpfer in der Geschichte des Profi-Boxsports. 1974 holte er sich den Weltmeistertitel zurück. Dieser war ihm wegen der Weigerung, im Vietnamkrieg zu kämpfen, zuvor aberkannt worden war. Nach zweimaligem Comeback und 81 Profikämpfen trat er 1981 ab. Der Grund war seine Parkinson-Erkrankung. 1996 entzündete der ehemalige Boxer das olympische Feuer in Atlanta.

Woher kommt eigentlich das Nordic Walking?

Nordic-Walking gibt es als eigenständigen Fitnesssport erst seit 1997. Damals wurde es in Finnland als Sommer-Trainingsmethode der Athleten aus den Bereichen Langlauf, Biathlon und der Nordischen Kombination vorgestellt. In kurzer Zeit erreichte die Welle des neuen Fitnesssports mit zwei Stöcken über Skandinavien, die USA und Japan auch Mitteleuropa. Nordic Walking ist ein gesundheitsorientiertes Ganzkörperausdauertraining und für jede Alters- und Fitnessstufe geeignet. Es nutzt den diagonalen Bewegungsablauf des Walkings durch bewussten Einsatz der Stöcke. Nordic Walking zählt zu den Ausdauersportarten und wirkt sich somit in vielen Bereichen auf den Körper aus. Da beim Nordic Walking zusätzlich die Stöcke genutzt werden, ergeben sich hierdurch weitere positive Wirkungen vor allem auf den Oberkörper und die Arme. Darüber hinaus ist Nordic Walking eine gute Koordinationsschulung von Armen und Beinen.

Welche berühmten Schach-Kontrahenten sind im Dezember 2002 noch einmal gegeneinander angetreten?

Die beiden mehrmaligen Weltmeister Garry Kasparov (*1963) und Anatoly Karpov (*1951) traten in einem Schnellschachmatch über vier Partien gegeneinander an. Das Match wurde live im Internet übertragen und für Karpov entschieden.

Was ist ein Muskelkater?

Muskelkater ist oft eine Begleiterscheinung beim Training Ungeübter oder eine Folge ungewohnter Belastungen. Er tritt meistens acht bis 24 Stunden später auf und verliert nach drei bis sechs Tagen wieder seine schmerzhafte Wirkung. Die Muskeln schmerzen bei der Bewegung, sie sind druckschmerzempfindlich und es kann zu leichten Muskelschwellungen und Verhärtungen kommen. In Ruhe ist der Muskel schmerzfrei. Eigentlich ist Muskelkater eine Verletzung, denn es „reißen" dünne Muskelfasern, die nach weinigen Tagen jedoch wieder zusammenheilen. Sportler vermeiden den Muskelkater durch ein sinnvolles Aufbau- und Dehntraining.

In welcher sportlichen Disziplin war Carl Lewis einer der erfolgreichsten Sportler?

Carl Lewis

In der Leichtathletik. Hier gewann er 1984 bei den Olympischen Spielen in Los Angeles vier Goldmedaillen (100 m; 200 m; 4 x 100 m; Weitsprung). 1988 errang Lewis (*1961) in Seoul erneut Gold im Weitsprung und über 100 m; 1992 in Barcelona wiederum im Weitsprung und mit der 4 x 100-m-Staffel. Schließlich gewann er 1996 in Atlanta im Weitsprung seine neunte Goldmedaille.

Was lieferte die Bundeszentrale für Gesundheitliche Aufklärung dem deutschen Olympiateam 2000 ins Olympische Dorf?

Eine Sonderedition goldener Kondome mit dem Aufdruck „Go for Gold". Die Bundeszentrale war erstmals eine Kooperation mit dem deutschen Nationalen Olympischen Komitee NOK eingegangen.

Was verkündete Michael Jordan nach der Basketball-Saison 1997–98?

Das Ende seiner Karriere. Der 1,98 Meter große Ausnahmeathlet wurde achtmal zum wertvollsten Spieler der Nordamerikanischen Basketball Liga gewählt. Im Durchschnitt erzielte „Air Jordan" (*1960) während seiner Karriere 31,5 Punkte pro Spiel.

Welche Weltmeere hat die Windsurferin Raphaëla Le Gouvello überquert?

Die Französin (*1960) hatte 2000 das Mittelmeer auf einem speziellen Surfbrett überquert. 2002 surfte sie dann über den Atlantik. Im Folgejahr setzte sie ihre Abenteuer fort und benötigte drei Monate für die Allein-Überquerung des Pazifiks.

Wie heißt der einzige deutsche Tour-de-France-Sieger?

Jan Ullrich (*1973 in Rostock), der 1997 die französische Radrundfahrt gewann. Darüber hinaus war er fünfmal Zweiter, einmal Dritter und einmal Vierter der Tour. Weitere Erfolge: Amateurweltmeister im Straßenrennen, zweimal Weltmeister im Einzelzeitfahren sowie Sieger im olympischen Straßenrennen.

Was meint die Bezeichnung Centre-Court?

So bezeichnen Tennisspieler den Platz einer Tennisanlage mit der besten Lage und der größten Zuschauerkapazität.

Tennisanlage mit Centre-Court

Mit welchem Erfolg konnte Sven Hannawald glänzen?

Der Skispringer (*1974) gewann im Winter 2001/2002 als erster Skispringer überhaupt alle vier Teilwettbewerbe der Vierschanzentournee in einer Saison. Dazu kamen vier Medaillen bei nordischen Ski-Weltmeisterschaften sowie jeweils drei Medaillen bei Olympischen Spielen und Skiflug-Weltmeisterschaften. Im Sommer 2005 beendete er seine Karriere als Skispringer, die ihm neben den Erfolgen gesundheitliche Probleme gebracht hatte.

Was ist ein Oxer?

Ein Hindernis beim Springreiten, das bis zu 1,60 Meter hoch und zwei Meter weit sein kann. Es besteht aus vier Hindernisständern. Darin werden mindestens zwei Stangen parallel eingehängt. Unterbauten können zum Einsatz kommen. Namen wie Alwin Schockemühle, Hans-Günther Winkler und der legendäre Fritz Thiedemann belegen die Jahrzehnte lange Dominanz deutscher Springreiter bei internationalen Turnieren.

Wie viele Turn- und Sportvereine gibt es in Deutschland?

Rund 90.000! Sie sind in den 90 Mitgliedsorganisationen des Deutschen Sportbunds e. V. zusammengeschlossen, der rund 27 Millionen Mitglieder hat und damit die größte deutsche Personengesellschaft darstellt.

Wo und wann fanden die ersten Olympischen Spiele der Neuzeit statt?

1896 in Athen. Obwohl damals lediglich 250 Athleten teilnahmen, stellten sie das größte internationale Sportereignis seit der Antike dar. Die Zahl der Teilnehmer wuchs ständig: bei den Sommerspielen 2004 in Athen waren es bereits über 10.500 Athleten aus 202 Ländern. Seit 1924 finden in der kalten Jahreszeit Olympische Winterspiele statt.

Welcher Fußballer wird als der Kaiser bezeichnet?

Franz Beckenbauer

Franz Beckenbauer (*1945). Er wurde als Spieler (1974) und als Trainer (1990) Weltmeister. Bekannt wurde der Fußballer bereits als offensiv ausgerichteter Libero beim FC Bayern München, mit dem er mehrmals Deutscher Meister und Europacupsieger wurde. Im Anschluss an seine Zeit als Akteur auf und am Platz wechselte Beckenbauer als Präsidiumsmitglied des Münchner Vereins sowie national und international in das Lager der Fußball-Funktionäre.

Wo liegt der Unterschied zwischen anaerobem und aerobem Training?

Aerobes Training bedeutet „Training mit Luft". Der Körper wird nur bis zu einer bestimmten Grenze belastet. Das fördert das Herz-Kreislauf-System sowie die Lunge und den Stoffwechsel. Hierbei werden Kohlenhydrate und Fette (nach 30 Minuten Ausdauertraining) zur Energiegewinnung in den Muskelzellen verbrannt. Durch ein gutes aerobes Training kommt es zu einer besseren Sauerstoffnutzung, der Organismus wird leistungsfähiger und arbeitet ökonomischer. Ein Ausdauer-Training von dreimal 30–40 Minuten pro Woche wird als ausreichend betrachtet. Typische Sportarten sind Jogging, Radfahren oder Schwimmen. Wer lieber indoor trainiert, für den gibt es Fahrradergometer (Hometrainer), Stepper, Crosstrainer oder (Step)Aerobic in Sportvereinen oder Fitness-Studios. Das anaerobe Training (erschöpfende Anstrengung ohne „richtige Atmung") dagegen dient der Leistungssteigerung, setzt allerdings einen guten Gesundheitszustand voraus. Der Körper greift auf anaerobe Energiebereitstellung zurück, wenn er kurzfristig eine hohe Leistung vollbringen muss. Die Verwertung der Energiereserven erfolgt dann ohne Sauerstoff (anaerob = ohne Luft). Dies kann zum Beispiel der Fall sein, wenn wir ein Gewicht hochstemmen müssen.

Wie werden Regelverstöße beim Handball bestraft?

Verstöße werden von den zwei Schiedsrichtern mit Freiwürfen, gelben Karten oder Zwei-Minuten-Strafen geahndet. Die dritte Zeitstrafe für einen Spieler beziehungsweise die rote Karte zieht die Disqualifikation nach sich.

Was bedeutet Gelb-Rot im Fußball?

Der Schiedsrichter zeigt erst die Gelbe und sofort darauf die Rote Karte, wenn ein Spieler wegen einer zweiten Regelübertretung (auch für die erste muss er Gelb gesehen haben) in einem Match das Spielfeld verlassen muss. Im Gegensatz dazu kann er bei einem schweren Regelverstoß (ohne Vorwarnung durch Gelb) einen Spieler auch gleich und nur mit der Roten Karte des Feldes verweisen.

Welche Nation führte Trainer Otto Rehhagel zu ihrem bislang größten Fußballerfolg?

Griechenland 2004. Mit dem sensationellen EM-Gewinn seiner Mannschaft in Portugal wurde der deutsche Trainer in Hellas zum „Fußballgott". Tagelang feierten die Griechen euphorisch. Seine größten Erfolge als Vereinstrainer konnte Rehhagel mit Werder Bremen feiern, wo er 14 Jahre von 1981–95 tätig war.

Wie kräftig pumpt das Herz eines Spitzensportlers?

Die vergrößerten Sportherzen von Spitzensportlern können pro Minute bis zu 40 Liter Blut durch den Körperkreislauf und durch den Lungenkreislauf pumpen.

Diskuswerfer

Bei welcher olympischen Disziplin verwendeten bereits die alten Griechen scheibenförmige Wurfgeräte?

Beim Diskuswerfen (griech. diskos, „Scheibe"). Die bei Ausgrabungen gefundenen antiken Scheiben hatten vermutlich ein Gewicht von bis zu 7 Kilogramm. Der seit 1912 gültige Diskus besteht überwiegend aus Holz, hat aber einen Metallkern und einen Metallring; er wiegt bei den Herren 2 Kilogramm, bei Frauen 1 Kilogramm.

Seit wann gibt es die Tour de France?

Das bedeutendste Radrennen der Welt wird seit 1903 alljährlich während dreier Wochen im Juli ausgetragen (Ausnahmen: die Zeiten des Ersten und Zweiten Weltkriegs) und führt dabei in wechselnder Streckenführung quer durch Frankreich und das nahe Ausland.

Wann spricht man von Rafting?

Das Rafting entwickelte sich in den 90er-Jahren des 20. Jahrhunderts aus normalen Floß- und Schlauchbootfahrten als eine der Extremsportarten und als beliebtes Freizeit- und Urlaubsvergnügen. Es werden spezielle Schlauchboote verwendet, die extrem belastbar und stabil sind und bis zu 30 Menschen Platz bieten. Alle Teilnehmer werden mit Schwimmweste, Helm und Neoprenanzug ausgerüstet. Raftingtouren dauern oft mehrere Tage und werden hauptsächlich in den Canyons Nordamerikas sowie in den Alpen – insbesondere in Österreich – angeboten.

Tour de France

Wie viele amerikanischen Radfahrer gewannen bisher die Tour de France?

Bisher haben lediglich zwei Amerikaner dieses prestigeträchtige Fahrradrennen gewonnen. Der erste war Greg LeMond (*1961), der dreimal gewann. In den Jahren 1999–2005 dominierte dann Lance Armstrong (*1971). Er gewann das Rennen siebenmal hintereinander.

Wer fliegt praktisch über das Wasser?

Der Kitesurfer. Kitesurfer surfen auf einem kleinen Brett (ähnlich einem Wakeboard), typischerweise zwischen 140–200 Zentimeter Länge. Dabei lässt sich der Kiter von einem Lenkdrachen über das Wasser ziehen. Durch den Auftrieb des Drachens lassen sich dabei extreme Sprünge – teils schon Flüge – vollbringen.

Was ist eigentlich Bodybuilding?

Der Name Bodybuilding kommt aus dem Englischen und heißt wörtlich übersetzt soviel wie „Körperbildung“. Der Körper soll beim Bodybuilding durch spezielles und regelmäßiges Krafttraining an dafür geeigneten Geräten immer weiter „gebildet“ und „geformt“ werden - hinzu kommt eine angemessene Lebensweise und Ernährung, die den Muskelaufbau begleiten. Besondere Bekanntheit erlang die Sportart durch den Österreicher Arnold Schwarzenegger (*1947), der zwischen 1970 und 1980 siebenmal den Titel „Mister Olympia“ und 1970 und 1971 den Titel „Mister Universum“ erreichen konnte.

Wann feierte der Frauenfußball in Deutschland seinen bislang größten Triumph?

2003 holte das deutsche Nationalteam in den USA erstmals den WM-Titel durch ein 2:1 im Finale gegen Schweden. Doch auch ansonsten konnten die deutschen Damen häufig mehr glänzen als Herrenmannschaft: Nach 1989, 1991, 1995, 1997 und 2001 gelang 2005 durch einen 3:1-Finalsieg gegen Norwegen im englischen Blackburn bereits zum sechsten Mal der EM-Gewinn.

Wer gilt auch heute noch als bester Fußballer aller Zeiten?

Edson Arantes do Nascimento, genannt Pelé (*1940). Der Brasilianer führte die brasilianische Nationalmannschaft 1958, 1962 und 1970 zur Weltmeisterschaft. 1995 wurde er Sportminister.

Pelé

A

B

C

D

E

F

G

H

I

J

K

L

M

N

O

P

Q

R

S

T

U

V

X/Y

Z